DICTIONNAIRE
FRANÇAIS-MALGACHE,

RÉDIGÉ PAR

LES MISSIONNAIRES CATHOLIQUES

DE

MADAGASCAR,

ET

ADAPTÉ AUX DIALECTES

DE

TOUTES LES PROVINCES.

A. M. D. G.

ÉTABLISSEMENT MALGACHE
de
NOTRE-DAME DE LA RESSOURCE.
ÎLE BOURBON.
1855.

ABBRÉVIATIONS.

a	Adjectif.	q	Quelqu'un, un individu.
ac	Actif; pris activement.	s	Substantif.
ad, adv.	Adverbe.	sk	Sakalave.
af	Affaire.	v	Verbe.
c-à-d	C'est-à-dire.	v a	Verbe actif.
conj	Conjonction.	v n	Verbe neutre.
dh	Dictionnaire hova. *	vo	Voyez.
e	Côte-Est.	z	Závatra, zaka, raha.
ex	Exemple.	?	Douteux.
fg	Figuré.	&	Et cætera.
g	Généralement.		
h	Hova.		
int.	Interjection.		
k	Kabary.		
n	Neutre, dans le sens neutre ou réfléchi.		
o	(*isolé*) ólona.		
p	Participe.		
pr, pron.	Pronom.		
pv	Province.		

— Dans la phrase malgache, remplace le mot ou tous les mots racines ou dérivés, qui viennent d'être énoncés.

— Dans la phrase française, ne remplace ordinairement que le dernier mot énoncé.

Les mots qui ne sont précédés d'aucune des lettres g, h, sk, peuvent être regardés comme généralement reçus, à moins qu'ils ne soient après l'indication, vo (voyez).

---

* *C'est-à-dire*, copié tel quel dans un Dictionnaire imprimé à Tananarivo en 1835, et sans qu'on ait pu s'en rendre compte.

DICTIONNAIRE
FRANÇAIS-MALGACHE.

A

A: Il a de l'esprit, misy saina, misy jery izy, manam-pa-ñahy izy. Il y a de l'eau, misy rano. vo Avoir.

A prp: *Marquant le datif*, il se rend qqf par AMY NY; Et lorsqu'on ne peut pas confondre le régime indirect avec le direct, il ne se rend pas, ou il se rend par l'accusatif (any). Porter qc à q, mañati-draha amy ny o. Donner qc à q, offrir un présent à la Reine, manome z olona, manolo-panompóana ny andriambavy, h manome hásina any tompokovavy. Lui (pour à LUI) donner qc, mañome azy z.

Marquant le lieu: AMY NY, ANY, contractés souvent en AM-, AN-, A-; I: à bord, amy ny sambo, an-tsambo; à terre, an-tany; au rocher, am-bato; au bord, A-mórona; à Mamo, i-Mamo. Blessé à la tête, voa amy ny loha &.

Suivi d'un infinitif qui peut se tourner par le passif, il se rend par le p tantôt au présent, tantôt au futur: Bon à jeter (c-à-d à être jeté), à boire, à manger, à prendre, TSARA ARÍANA, TSARA INÓMINA, TSARA HÁNINA, tsara alaina. Difficile à faire, à raconter, sarotr'atao, saro-tro-lazaina (pour saro-ko-lazaina). Facile à ôter, à s'échapper, mora alána, mora áfaka. Qc à porter là-bas, z héntina añy. J'ai qc à vous dire, zaho misy vólana hambára ko anao. Donne-moi à manger, à boire, omeo hánina aho, omeo z ho hánina aho, omeo z ho hani'ko, ho sotroi'ko. Terrible à voir, tahoran'ólona hizahána (ou ho zahána), tsy tanti-maso &.

Dans les autres sens, il se rend de différentes manières: Je suis à manger, Hómana aho, mbola hómana aho. J'étais encore à manger, mbola TAMPIHINÁNANA aho. Il aime à jouer, ta-hisoma izy, ti-hisoma izy. L'engager à étudier, mitaona azy hiánatra. Aller trois à trois, mandeha TELOTELO, ou, TSI-TELOTELO. Peu à peu, TSIKÉLIKELY. Le suivre pas à pas, MA-NARAKÁRAKA azy, manarakaraka ny dia ny. Arrachez poil à poil, OMBOTROMBÓTO BAIKIBAIKY ny volo ny. Q à grande barbe, o be sómotra. Etoffe à poil, lamba MISY VOLO. Bon à qc, TSARA HATAO Z. A cheval, amy ny sovaly; à deux genoux, noton alika vity roy. Mettez votre riz a une piastre les cinq boisseaux, ataovo dimy parata raiky, dimy parata raiky ny vary nao. S'habiller à la française, Manao fisikinany Farantsy. Fait à l'aiguille, natao amy ny fanjaitra. D'ici à cent ans, afaka herintaona zato. Aux genoux &, vo Jusque. à DESSEIN, A L'ÉCART, A L'ÉTROIT, A MIDI &, vo Dessein, Écart &.

Abaisser un mur, un terrain, q. g manetaka, h manivaiva, pv niankaivaiva, g manetry, pv manjetro, pv manjeka rora, tany, o; g maudatsaka tany. — les voiles, g mampandrorona, h mampidina, pv manjotso ny lay, mandatsa-day. — la gloire des autres, maneta-pady o. S'—, co un terrain, midtaka, mihiaiva, mitandatsaka, mietry, mizetra, mianjetro, vo s'affaisser, diminuer; co q. manetri-tena, manjetratena, manje-batana, manetak'aina, h mandrorona, miandelana; vo s'avilir. p Ce que l'on abaisse, ny aetaka, ivaivaina, aetry, uzetra, azeka, alatsaka, arorona, aidina, azotso. p Abaissez-le, aetaho, ivaivao, aetrio, azefo, uaero, azeho, alatsaho, arorono, aidino, azotsoa izy. Abaissement, ac Fanetahana, Fanivaivana, Fanetrena, pv Fanetriana, Fanjefana azy, n Fietahana, Fietrena, Fietriana, Finefaha, Fanadrordniana, Fidinana, Fizotsoana.

Abasodrdir, q. manadala o. p adalaina, ankadalainy

Abandonner, q, qc, g mienga o, mienga amy ny o, miala amy ny o, h mandao o, vo Quitter; g Manaroy, pv manatinoky, manambela, g mamela, manandefa, g mandefa az. S'—, Mamela tena, manolotr'aina, mamoi-tena, manari-tena, mamono, vo livrer; à la vague, au courant, g milamberry, g mivalana, manara-dreni-rano ; à la conduite d'un autre, h maneki-tempona, vo Suivre. Ce que l'on abandonne, ny engana, ialana, pilaozana ; avela, foy, tindry, alefa. qc Abandonné, Fienigana, nialana, g nilaozana ; ce dont on a fait l'abandom, z foy, tindry, navela. qc à l'abandon, tsy ambesana, avela foana, avela ho ravana. Abandon, Abandonnement, Fiengana, Fialana, Famelána, h Famoizana, pv famoezana.

Abasourdir, g Mankarenina, ? maharenina qc qui abasourdit, pv z matsintsina. vo consterner, étourdir, étonner.

Abâtardir, manaboka, mankaratsy, mankafaika azy, manova-ratsy azy, manala-laro azy, manala-hasina azy, manala-fadindrazana azy, manova karazana azy. — le courage, mankavozo, mankalemi-fo, manosa, mahosa. S'—, Mihiaboka, miharatsy, miova-ratsy, manjary ratsy, miala ny fady ndrazana, mihafabafa, tsy mahaleo ny nentin-drazana. Abâtardi, efa boka, efa ratsy, efa ts'izy teo, efa miharo z, efa niova ratsy, efa afaka-hamamy, afa-daro, afaka-hasina, efa hafa karazana, efa hafa laitra ; tsy mitovy koa amy ny rázany; efa vetaveta. vo Découragé, Énervé. ABÂ-TARDISSEMENT, fiovan-dratsy; — du courage, Fiosány ny fo.

Abattre *ce qui est debout*, un bœuf, une statue, une case, g MANDAVO azy; mamótraka, mamétsaka, mandópaka, mandripaka, manópaka, manóngana azy; une moisson, g mamitsaka, pv mampipitsa, mandámaka azy. — un arbre, mitevy hazo. — une forêt, g mifira ala, mitetik'ala, mijinja ala. — un mur, une butte, g MANOA, g manoatoa, h manakoa, mahatoa tany. vo Démolir, Renverser. — *ce qui est en l'air*, un cavalier, g mandátsaka; la poussière, mampandry vorotány; des fruits, mandráraka, mandatsadátsaka, manintsankíntsana voankazo; sa robe, manjotso akanjo; la téte, manapa-doha. vo jeter, précipiter. —, Affaiblir, mandréraka, manosa. p ce que l'on abat, ny alavo, apótraka, afétsaka, alópaka, aripaka; aópaka, aóngana, afitsaka, apitsa, tevéna, firaina, tetéhina, jinjaina; atoa, akoa; alátsaka, aráraka, hintsankintsánina; tapáhina; reráhina, osaina. Se laisser —, g miréraka, pv mivoréraka, h mivaréraka. S'—, tomber, g LAVO; mitandavo, mpótraka, miantonta, mitréka, miantréka, miongana, mifitsaka, mipipitsa, látsaka; mitandátsaka, midabóboka, midalabóboka, mifófoka, misafófoka; miampófoka, h mizera, mianjera, h mitáboka. vo Fondre dessus, se calmer, se décourager, s'affaiblir, diminuer. ABATTU, lavo, pótraka; courage —, fo réraka, kétraka, matimaty. — de tristesse, kindrian'alahelo. vo accablé, découragé, brisé, triste. ABATTEMENT, haosúna, fireráhana, hareráhana. ABATTIS, z maro nalavo, hazo maro lavo; les —, ny tapatapa-bátana madinika. Faire un — de gibier, mandavolavo, mamono biby maro. ABATTAGE, fandavóana. ABATTOIR, tany fandavoan-aomby, trano famonóan'aomby. ABAT-JOUR, fandatsahan-java, fitari-java. ABAT-VOIX, fandatsaham-péo, fahjotsoan'eno, famindri-feo. ABAT-VENT, famola-tsioka, fiaro rivotra.

Abbaye, trano fitokán'olona maro, manompo Zanahary ioana. ABBÉ, lehilahy talé ny namany amy ny abbaye. ABBESSE, ny viavy mpifehy ny viavy ao amy ny abbaye. ABNÉ, o misikin'ampijoro.

ABC, taratasy fianaran-tsoratra. Il est à l'—, vao fianatra izy, mbola amy ny loha ny fianarana izy.

Abcès, bay manasaka, z uxouto, vay, monina, kifongo, mihory, manásaka.

ABDIQUER, g mialafoy, miafela, pv manambela. ABDICATION, Fampoézena, h fahafoizana. vo abandonner.

Abdomen, S. ventre. — d'unonsecte, ny vody ny voankolany ny. Les muscles ABDOMINAUX, ny ozatry ny kibo. ABDUCTEUR, muscle —, ozatry mampihataka, oza-papataka, voan-papa-váraka.

Abécedaire s, ş d'ABC. Un vieillard —; antitady vao hianatra.

Abecquer, abéquer un oiseau, mamaham-bórona; manditra hánina azy. La béquée que sa mère lui donne, ny fáhana aiditra (ou afindra) ny reny ny amy ny váva ny ; ny z afáha'ny azy. ABÈCHEMENT, famahánam-bórona.

Abeille, g reni-tantely, reninantely, renitentely, sk renimpandráma ou renifandráma.

ABERRATION des étoiles, ny Fifindrafindrány, ny fihetsiketséhany ny anakintana. De la lumière, ny Fieléany, fielézany ny hazavána; ny fifafázany ny tsirinandro. De l'esprit, h fiviliany, g faniasiány, hadisóany ny jery.

Abêtir, g mañadála, h mankabadrahodra o, pv manadidery o; manadala fanahy o. vo abrutir.

AB HOC ET AB HAC: parler, agir —, mivolambólana foana tsisy fótony, manaotao foana, mandikadika, manao mosalahy g, tsy malaka lañy ny asa, tsy mañarakáraka ny atao.

Abhorrer, vo détester.

Abigeat, halatr'aomby, fangaláran'aomby, famarinan' aomby, fanesian'aomby, varin'aomby.

ABÎME, g Tévana, g Fámpana, g aloalo, h Hántsana, lavadálina, lálina, halíñana, kótona lálina, pv ? korampa, lávaka mañantára, h lavaka tsy hita noanoa. — d'eau, ántara, dengy. L'—, l'enfer, afo lálina. Vous êtes un — de science, lalin-jery anao, fampan-dálina ny fanahy nao. L'ABIMER, le précipiter dans l'abîme; le ruiner; le gâter. S'— dans la douleur, dans l'étude, mamarin'aiña, mitandátsaka amy ny alahelo, manitrik'aina, mandevim-bátana amy ny fianarandálina. vo se plonger, se perdre.

ABJECT: q —, o ratsy, o fariana, abilin'ólona, o miabiby, h o vetaveta; o mahafo:tena, o tsy manan-kantenaina, o manala-bara-tena. qc —, z tsy misy vidiny. Etat —, fitoérana miabily, fitoérana fifantána. Un sang —, o iva rázana, fahitr'ólona ratsy áty. ABJECTION, habiliana, haivána, fanivan-tena. Vivre dans l'—, miabily toérana.

ABJURER une opinion, mañary, mamétraka jery nalaina, mañala ny natao. vo abandonner. ABJURATION, ac Fandávana, fañariana; n fialána, h kimbato, voady arahin-titik' aiña. Faire —, abjurer, mandá, h mikimbato, h mikíombato; miala, mivoady, mañamboho, mifanta tsy hanao koa, h manda ka mianiana.

ABLACTATION, g fañotazan'ánaka, pv fañotásan'ánaka.

Ablatif, teny milaza ny nañalána z, ny nañesórana z, ny niboáhany z.

Ablégat, Iraky papa. vo légat.

Abluer, mamelon-tsóratra matimaty, mamelom-bolo sóvatra. Remede ABLUANT, aody mahadio, mahasasa. Une ABLUTION, fandróana, tiséhana, fasirano; falitr'óny, lólotra, filolórana, fanasam-bátana; Afana, fafiloha, fandióvana. Boire les ABLUTIONS, minona ny idin-drano fárany; minona ny fandióvana.

Abnegation de soi-même, ny Fandávan-tena, tsy faneken-tena, tsy fañaránan'aiña. Vivre dans l'—, tsy mañaran-trok*a*, tsy manjak'aina, tsy manao ny sitraky ny fo; tsy mañeky tena, tsy mañáraka-jery ntena.

Aboi, ABOIEMENT. g HOA, pv HÓMAKA; h vovo, sk hiaka sud; h? kaonkáona. ABOYER contre q, mihoa, mihoahoa, mañómaka, mivovo; mihiaka, mikaonkáona o. Celui après qui le chien aboie, ny o? ihoány, homáhiny, vovóziny ny amboa. vo oria, aholo.

Abois, tsisy fialána. Il est réduit aux —, efa vesóhana, efa vesohesóhana, efa lahóina izy, tsy áfaka izy, efa ho faty izy, tsisy fialána izy, efa tratr'ambory izy. Le réduire aux —, mamono lálana izy.

Abolir une loi, mañala, mañisotra, mamono, mandrava, manimba, mahafoana diditany. C'est ABOLI, efa naláma, efa tsy fatao koa; ça s'EST ABOLI, efa tápitra, efa áfaka, efa very, efa naty, efa róbaka, efa foana, efa tafatsoaka. ABOLISSEMENT, ABOLITION, fañaláma, fanisórana, fandravána, fahafoánana.

Abominable: conduite —, fitoérana mañantsóntsana; proférer des paroles —, manantsontsam-bava. vo détestable. Il écrit, il chante, il parle ABOMINABLEMENT, ratsy fanorátana izy; loza, ratsy indrindra, hala ko mena ny fiántsa ny; tsy mahay miantsa ankitiny, manota antsa mena izy; mañantambo volana izy. ABOMINATION, antsóntsana, lozabe, z ratsy be, h fahavetavetána; z hala, pv fañantsontsánana. Commettre des—, mañantsóntsana. Avoir en —, vo détester.

Abondance, hamaróana, habetsáhana, habé, ankabiázany; q dans l'—, o feno, o feno haréana, o hénika, ampi-raha, heni-draha; mpañarivo; h énona, manan'avokoa, misy lóndona, manambé. — de paroles, vólana tsy támpitra, volana mandraña. Lui donner des biens en —, mameno hareana azy, mañénika azy, mañampi-haréana azy. Il y a — de riz, des fruits en —, dites: le riz est ABONDANT, be ny vary; bétsaka, boba, marobe ny voankazo. qc —, z disovala, manontsóraka, tsy ritra, tsy áfaka, tsy támpitra, doáfina, loarána, tsy lany, tsentsin-tsi-omby, mandongóatra, mandróatra, manjivóvoka, mivóvona. Pays —, tany vañondraha; — en riz, vañom-bary. Qui parle ABONDAMMENT, tsy tampi-bólana, o vavariana; en donner —, mamóraka maro.

ABONDER, § d'être abondant. Les acheteurs abondent, miloatra ny mpividy. — en son sens, h mitompo-teni-fántatra. J'abonde en votre sens, ombá'ko aby ny jery nao. vo h mamoretra, mamorifotra, seschena, disovala, disofáimpana.

Abonné, g nifofo, namofo, nañisoka, mpifofo; o fandafòsana, mpitrosa, mpálaka-trosa z, mpividy isanandro, mpividy lava; h? mpanofa. ABONNER q à qc, mampifofo o z. S'— à qc, mifofo z, mamofo z, mañisoka z, mitrosa, málaka-trosa z; mamehi-vólana hividy. Abonnez-moi à votre pain, zaho ataovo fandafosa'nao mofo nao. Je m'y abonne, fofói'ko izy, isóhi'ko izy, ho falai'ko trosa izy, ho fovidi'ko izy, tsy hengá' ko fividiana izy. ABONNEMENT, fifofóana, fañisóhana.

Abonnir qc, mankatsara, manatsara, mañeva, mankaeva z. S'—, mihatsara, mody tsara.

ABORDER sur le sable, g mitody, sk mitoly ampásina. — q, un navire ennemi, g manátona, manjó, manjozó o, sambo ny fahavalo; mandeha amy ny o. — la question, málaka ny fótony ny k, mamóaka fotony ny k, mamótsika maso ny k. —, l'—, heurter contre, mikoña, g migóña amy ny. S'— pour causer, mifanátona hihiratra. S'— avec joie, s'— en disputant, mifampitondra haravóana, mifampanday ankany. Navires, pirogues qui s'abordent, sambo, lákana mifampikóña, lákana miady. vo heurter. p ce que l'on aborde, o, sambo hatóñina, ozóina, zozóina; k alaina fótony, k abóaka fótony, k potséhina maso; sambo ikóñana. Lieu où L'ON ABORDE, tany itodiana. ABORDEZ-LE, hatóno, ozóa, zozóa, aláo fotony, aboáho fótony izy; ikóño izy. ABORDEZ-Y, itodio izy. ABORDAGE, fañatóñana; fandravítana; konkóña. Saisir un navire à l'—, manávitra, mirómbaka, misámbotra azy. ABORD (ACCÈS): port, q d'un facile —, (§ q ABORDABLE), serañana mora ITODIANA, o mora hatóñina, azo akekéna h. A mon — dans l'île, andro nitodia'ko tamy ny nosy. Défendre l'—, mitána lálana, misákana fidírana. Lui faciliter l'— de q, manome azy fidírana amy ny o; manava lálana handehána'ny amy ny o. Lieu de grand —, tany fandehánany, fihaóñany, fitraófany o maro. Au premier — il fut étonné, vao ho tsérika izy, tsérika maloha izy. Mangez d'—, mihinána maloha, homána antséndrika anao. vo approcher, longer.

Abortif: enfant —, vo avorton. Plante ABORTIVE, hazo nandoly. Médecine —, aody mahafa-jaza, mampandoly.

ABOUCHER deux personnes, mampiharo ou mampitraotra o roy hiera. S'— ensemble, miharo hifampiera, mifanátona hifampirasa vólana, mivory hifampálaka jery. mifampiteny; mifañatri-bava. S'— avec q, manjo azy himalo. ABOUCHEMENT, fifampirasána vólana, h firesáhana. vo causer.

Abouter deux pièces de bois, g manohy, manéhina hazo roy, manohi-tendro azy, manehim-body azy. p atohy, atéhina. Bois qui s'aboutent, hazo mitohy, mifanchina, mifanéhika, h ambodi-hidy, mihidi-vody, natao tohihánkana.

Aboutir, qui aboutit à la mer, h mitsófotra, mitéhina, mitéhika, mpáka, h mihátra, mihidy, mahazo, mahatákatra, h manákatra, migáña, avy, tody, málaka any andranomásina. Les tenants et les ABOUTISSANTS de ma terre, d'une af, ny lany, ny fiférany, ny manodídina ny tany ko; ny mikámbina amy ny fotony ny k; ny loha ny k sy ny farany. vo bout.

Aboyer, vo à aboi.

Abréger qc, g mankafohy, h manafohy, g mamohy, mamóritra, mankahely azy. p ce que l'on abrège, ny fohézina, hafohézina, ankafohézina, helézina, borísana. qc ABRÉGÉ, en abrégé, z fohy, vitsy teny, vitsi-volana, g fohifohy, pv fohipóhika, nanaláña, kely. S'abréger, mihafohy, mihafohifohy. Un ABRÉGÉ d'histoire, teny fohy milaza ny k ny tany. vo restreindre.

Abreuver l'âne, mampinona, mampinondrano, h mampisotro ampondra, mampigáka-rano, h mampigoka-rano azy, mañome rano azy. — la terre, mandéña tany. L'— par trop d'eau, mampibóboka, mankabobo-drano azy. S'—, boire. ABREUVOIR, finomandrano, fampinóman'aomby, fisotroandrano, fampisotróan-tsovaly.

Abréviateur, mpamohifohy, mpanafohy. ABRÉVIATIF, mahafohifohy. ABRÉVIATION, famohézana, fanafohifohézana, fahafohézana, fanakelézana. Une —, vólana tápana, tapabólana, tapaki-teny, teny tápaka. Ecrire par —, tsy mankefa sóratra, manao soratra tápana, tsy mañampi-sóratra.

Abri sous lequel on s'abrite, g áloka, ialófana, fialófana; h elo; g farafara, pv talatala. Derrière lequel on s'abrite, rova, fefy, aro, fiampíana, fifefíana. A l'— du vent, tsy azon' ánina, tsy taka-drivotra, tsy takatry tsíoka. ABRITER qc, g manáloka, h manelo z; manisy aloka azy; mandrova, miaro, mamefy, manéfina, manampy z; contre le vent, miaro azy amy ny tsíoka; avec des pieux, des bornes, amy ny tsato-kazo, orim-bato. S'—, mialoka, mielo, mifefy, miampy, milampy, miaro tena; vo mifálitra. p ce que l'on abrite, ny alófana, elóana, aróvana, hefénana, feféna. Un moyen pour l'abriter, fanalófana, fiaróvana, famefíana, fanampíana azy. ABRIVENT, fandrara-tsíoka, fiaro-rívotra. Arbres qui abritent du vent, hazo misakan-drívotra.

Abricot, añaramboankazo.

Abroger, abrogation, vo abolir.

Abrouti : arbre — par les bœufs, hazo niraofin'aomby. Payer l'abroutissement, mankefa vav'omby h, vavaomby, pv vavanaomby. vo mordre, brouter.

Abrutir q, mampanjary biby o, mankabiby, manala jery

o, mamono fanahy. S'—, manjary kaka, miabily, mihzabiby, mankabiby tena. Il est abruti, efa aomby erika izy, efa abily, efa mitovy amy ny aomby, efa mati-fanahy, efa tsy olona koa izy, efa nody kaka izy. Liqueur abrutissante, toaka mahabiby o, mahaveri-jery o, manala-saina o. L'abrutissement du peuple, ny habibiany, habiliany, fihzabibiany, hadalány, haverezan-kevitry ny tanibe-mónina.

Absent : il est —, tsy eo izy, tsy eto, tsy any izy. Les —, ny nandeha, ny tsy ao. q — d'esprit, o lasa jery, mifafi-jery, mati-árika, vo distrait. S'absenter, miala, mandeha, tsy avy. Pourquoi vous êtes-vous absenté de l'instruction? manino anao tsy tamy ny fanañárana? l'absence d'un parent, ny halavirany ny havana. Ce fut en mon —, tamboho ko zany, mbola zaho tsy teto zany, faha zaho tsy tany zany. L'— des lois a perdu son royaume, tsisy diditany, efa áfaka diditany ny fanjakána anazy, kala very izy.

Absinthe, h taimborontsiloza. vo amertume.

Absolu: bonheur —, haravóana tsy miharo táṅy, tsy miharo rano, ánona, vántana. Roi —, mpanjaka be, mahatókana, mahaleo fanjakána, mahatontolo, tsisy fetra, tsy voa fetra, tsy fáhana, mahatápaka, tsisy tompo, mañito hiany; mahadiditany, tsy mala-dránitra, tsisy fahanámany. Pouvoir —, fanapáhana mahatókana, tsisy fetra, tsisy sámpona, tsisámpona. Terme —, vólana mahatókana, teny tsisy momba. Parler d'un ton —, manao fiteny n'ampañito. Jendi —, ny alakamisy tókana. L'—, ny mahaleo tena, ny tsisy iankínana, ny tsy mila iankínana, tsy miánkina. Je n'en ferai absolument rien, tsy hatao ko tsy akory izy, zaho tsy hahefa tsy akory. Il faut — que vous partiez, anao tsy mahay tsy handeha, tsy maitsy handeha; ndre akory ndre akory, anao handeha; ndre ino ndre ino anao handeha. Il s'emploie —, mahatókana izy. vo souverainement.

Absolution, faṅala-tsiñy, famotsòrana, fañafáhana, famahána, fañalan'ota, fambelan'ota, fañandefána.

Absorber un liquide, g mandritra, g mifóka, mifo-drano; qc, g mandány, manélina. p rítina, ritrívina, fóhina, lanina, atélina. S'—, ritra, milévina; absorbant, qui absorbe, maharitra, mahatelina be, mifóka, mabalány. absorption, fandritrivana, fifóhana, fandaniana, fitelémana.

Absoudre q, mamótsotra, mañala-tsiñy, h mañala-héloka, mamaha azy. absout, áfaka tsiny, h afakéloka, vótsotra, voavaha, nalefa. Je vous absous, alá'ko tsiñy anao.

Abstenir: s'— de qc, g mifady, sk mifaly z; pv memy, maota z. S'— de parler, manger, décider, mifady vólana, hánina, ito; mañimo-bólana, mañimo-bava, tsy mamoa-bólana; tsy mihinana, mifehivava; tsy mañito mala. S'—, miáritra Qui sait s'—, ABSTINENT, mahafady, maharitra, mahafetra tena, mahatam-bátana. Ce dont on s'abstient, ny z fadina, pv fadiánana, fadiana, memiana.

Absterger une plaie, manasa, mañala-nana, mikáoka ba, p sasána, kaóhina. Remède ABSTERGENT, aody mahakaoka, mahadio, mahasasa, maháfaka nana.

Abstinence, g fifadiana, pv fifadiánana, pv faotásana, L fiotázana. Jour d'—, andro fifadiana nofo, andro fady nofo, fifadian-kena. Une soi-disant —, fadifotsy.

Abstraction, fanaráhana. En faire —,(L'ABSTRAIRE,)manésotra, manáraka, mañala, manilika, manókana, mañávaka azy, tsy mañahy azy. — faite, en faisant — de son nez, de son vilain nez, il est joli, alao órona izy, izikoa afak'orona izy, izikoa afak'orondratsy izy, tsara sora izy; takófo ny oro' ny ratsy, aza zaha'nao ny oro'ny ratsy, tsara sora izy. Des —, vólana tsisy fótony, vólana afa-pótony, teny tsy hita fótony, teny tsisy tena, vólana mila iankinana. — mentale, teny tsy loa-body. qe ABSTRACTIVEMENT pris, z atókana, tafisáraka, voa sáraka. ABSTRAIT, voa sáraka, saro-pantárina, saropántatra, sarotr'azo-jery; q —, dh variana, varivariana, mati-árika, anabo hévitra.

Abstrus: qe —, z sarotr'ianárana, sarotr'azo ny jery, mafy, tsimora, adiny h, tsy daika, tsy dai-panahy lóatra, sárotra hita, tsihita, mivony, h voáfina, tsy tákatra, mila-hadina, ianaran-drékitra, tsi-loa-body.

Absurde: qe —, tsy mety, adala, tsisy fótony tsy akory, tsy manampotórana, tsisy ántony, o adala-jery, hafa saina, h mirediredy, fotsihévitra, mivirotra jery, mifoti-pañahy, mivirio-tsaina, miota-panahy, mengo-panahy. Une ABSURDITÉ, hadalána, hevi-potsy, jery miótaka, h rediredy.

Abus: les —, ny fatao ratsy, ny ratsy amy ny fatao, ny tsy mety, ny tsy fatao, ny tsy tókony hatao; ny halilárana, halongoárana, hadisóana. Il s'est commis bien des —, maro ny ratsy nataotao, maro ny o nanaotao ratsy, nihoatroárin-dreo ny fetra ziaby, voa-ovaova aby ny fatao, maro ny fepétra voadika, maro nahomby ratsy, maro ny ratsy omby, maro ny ratsy, maro nañotaóta fady. — du pouvoir, fady mandremby pv, fady misengy. Faire —, ABUSER de son sang, mañary, mankaratsy, h? mametaveta, tsy mahafady, tsy mandala, tsy midóña, tsy mañáhy ny ra ny, manday azy hanao ratsy, manday azy amy ny ratsy, mamorery azy; de son pouvoir, manday ou manao fadimandremby, misengy handriánana; manao fangadi-belela. De ses forces, misengy habézana; de q, misengy viavy, manao ankery azy; des liqueurs, minon-toaka loatra; d'une expression, mandiso vólana. S'—, diso hévitra, mamitak'aiña. On vous abuse, fitá hin-dreo anao. L'abus de la grâce, ny fanariana ny fanasoávana. L'abus que tu as fait de mes dons, ny hasoáva'ko naria'nao, nidiá'nao; ny soa nome'ko anao nentin'ao hanao ratsy. vo Mampíditra amy ny izay ts'izy, tsy mańiditra amy izay izy, manao vava ratsy, mańompa; mitsongohalokely, manao antendrivary, mitsongo-rávina, maka ny tsy antena, mandiso fôtony. L'usage ABUSIF des armes, ny fandaisandéfona hanao ratsy, ny tora-défona tsy andráriny. Langage abusif, teny miótaka, tsy mahítsy, tsy fatao, tsy fatao loatra.

Acabit, katsioka, tsioka, makiana. Son —, ny tsiony.

Académie, havorian'o'onkendry miray hévitra hampandroso ny fahaizan'jávatra; trano fianárana ny fahaian-draha. ACADÉMICIEN, mpiánatra ao amy ny académie, o momba ny académie.

Acagnarder q, mankavozo toérana azy. S'—, mihiavozo toérana, mihiavotsa, miborétaka toérana.

Acajou, ańarankazo. ? mabibo.

Acariâtre, saro-boláńina, antsiaka, saro-po, mora tézitra, malaki-vinitra, h sorisoréna, h kisokiso, manjomóka, kafiry; madíro, matsiko; mafaika.

ACCABLER, g MANINDRY, mankavésatra, mandresy, mamokéka, mandrébaka, manindri-lavo, manjénjina. ACCABLANT, mahatsindry, maharesy, mahatrótraka, mahapótraka, mahavokéka, mahafokéhina, mahavokéhana, mahavongaka, mahavézaka, manampi-trótraka, mahavaha, maharébaka, maharéraka, g maharera-po, mainpamoi-fo, mankafonty, mahafonty, mampalahelo, mahory, mampiory, manahírana; cris —, tsindri-akora, natao ndreo tsindriakora aho. ACCABLÉ, mavésatra, h vesárana, pv vesárina, resy, vokéka, vokéhana, h vohéka, fokéhana, mivongengy, mivongáka, mivongika, h vandrózana. — de travail, tsindrian'asa, vesárin'asa, tototr'asa, vokéhany ny asa. Il fut — d'injures, nitotòfan-dreo asáha izy. ACCABLEMENT, havesárana, fahavesárana, hatsindríana; éntana; alahelo, fioríana. vo fatigué; chaleur.

Accaparer les marchandises, mifofo ny vidiana ziaby, mandrao-bidiana, mamao-bidiana; mandáńona, mańaonkáona, mamory, mividy, mańórona, mańolonkólona, málaka ziaby. — q, mifofo, manísoka, mitána, málaka o; — les suffrages, mividy ny ankimbólana ny hamaróana. ACCAPAREMENT, fifofóana, fanaonkaóńana, fingoaińana, fahazóana aloha; Vidiana voafofo, voahaonkáona. ACCAPAREUR, mpifofo, mpanaonkaona, mpandraoka, mpamaoka, h mpanańgom-bárotra.

Accéder, consentir.

Accélération, fampalakiana, dh fampahafaingáńana; fahaméhana. L'accélerer, le hâter. Accéléré, vite.

Accent facile, fanoñónana mora. D'un — facile, mora tóñonina. De tristes —, tány, áfatra, taraiña. Les — de sa voix, ny eno ny feo ny. Ajouter un —, mañisy tendrintsóratra, manisy lamárika fanoñónana. ACCENTUATION, fanoñónana, fitenénana, fombána ny toñon'antsa, h fanaráhana ny tononkira. ACCENTUER, manóñona, manoñontóñona tsara.

Accepter qc, h mandray, mandramby; dh mandray sitrapo; g málaka, h maka z, mañeky. Je l'accepte avec plaisir, mánitra izy, mamy ko izy, sitraky ny fo ko izy, rambesi'ko izy, raisi'ko izy. ACCEPTATION, fandraisana, fandrambésana, fakana; fanekéna. ACCEPTABLE, tsara raisina, tokony ho rambésina, mánitra, fy, mankasitraka, mámy, mahatchotia; dh sitraka sy télina. ACCEPTION des personnes, h fifidiana o, fizahan-tavan'ólona, pv fizahan-tsora n'olona; fanajána. Faire — de personne, g mifidy o, mijóbona o, mizaha sora n'olona, manao mizana tsindrian'ila, mifidifidy o, h miángatra. L'— du mot, ny hévitry ny teny.

Accès: d'un — facile, (ACCESSIBLE,) mora idírana, mora ankarinína, mora rikítina, h mora akekéna. Avoir — à la cour, mahazo dónaka, misy fanatóñana doany. VO ABORD, ENTRÉE. J'ai eu deux — de fièvre, voa tazo indroy aho. Elle vient par —, mañávy izy. Il eut un — de colère, nazon-tsiaka izy. Ses —, ny toto ny, ny vango ny, ny fofo'ny, ny fañavia' ny. Les jours d'—, ny andro fañaviany ny arétina.

Accessoire: qc —, z momba foana, tafaray, mikámbana; mpomba. L'—, ny hámbiny foana, ny zañozaño ny, ny áviny, ny volo ny, ny amby ny, ny volólony.

ACCIDENT, z omby foana, z avy foana, z tsy nahiny, z tsy satry, tsy nian'ólona, tsy kini'atao; tsy nalaina; rofy, voina, fahitandoza. Il lui est arrivé un —, voa z, nozoin-draha, navian-draha ratsy, nahita loza, tra-boina, tojy z izy. — de terrain, bongobongo, limbandímbantány. Pays ACCIDENTÉ, tany montomóntotra, miavotrávotra. Ses —, ny sórany, ny hódi'ny. Chose ACCIDENTELLE, h tsy nampoízina, pv tsy nampokóina, h tsy nokía saina; non essentiel, z momba ny tena fa tsy tena biany, z mora alána, mora asáraka, z ao foana, tsi-tena, tsi-fotony. ACCIDENTELLEMENT, par HASARD.

Acclamateur, h mpandóka, g mpandróboka, h mpihoby, mpanakóra, mpiholahala. ACCLAMATIONS, h akora, pv holahala, résaka, u hogahoga, h fideránà, fihobíana. Pousser des —, manakora, h mihoby, pv ? mihó; miholahala, marésaka, mihogahoga.

Acclimater un arbre, mankazátra hazo. S'—, ACCLIMATÉ, zatra, za-tany, za-démboka, za-pofontány, zatra fofontány; zatra-masoandro.

Accolade, óroka; lui donner une —, mióroka azy, mitolona azy. Se donner l'—, mifampitólona, mióroka. Tirer une —, manao sóritra, sori-mitohy, sóritra-mitohy, soritr'éfitra, sori-paneférana, sori-pañohónana. ACCOLER deux paragraphes, manisy soritréfitra izy roy, manao tokanéfitra izy. manefitra raiky izy roy. — une vigne, mamétaka, mampañdrekitra, mamehy vahimboalómbona. — deux personnes, mampikámbana ◦ roy. S'— à qc, mandrékitra amy ny z; mikámbina, mihámbina.

Accommoder sa maison, ses affaires, le dîner, un différent, g MAÑAJÁRY, mañantsary trano, hánina, ankány; mahandro hánina, h mitsara k, mimalo ankány. — son goût à celui du prince, mampitovy kibo ntena amy nihiny andriana. Cette chose m'accommode, sahaza ahy, tandry ahy, tsara amy ko, sitrak'o, tía ko, manjary, fanoko ahy izy. Cet homme vous accommodera, hañome anao zay ilai'nao izy; hankaravo anao izy. Vous vous accommoderez, hifanka-azo, hifañéky tsara anareo. q ACCOMMODANT, o mora, o ifankaazóana. o mora azahóan-draha, mora ifampieráňa, o mandongo, o mahalongo. qc ACCOMMODÉ, z voa hajary, efa tsara, h voa voatra. ACCOMMODEMENT, fifanaráhana. Cette maison exige bien des —, mila ovaována izy, maro z mila hajarína izy. Il est avec lui des —, misy fihavánana izy. Faire — à l'amiable, manao teni-miera, mifampiera k; s'accommoder, mody antónony, mifañáraka, miray. L'ACCOMMODAGE des mets, ny fañantsariana, fandrahóana hánina. D'un mauvais —, ratsy ro, ratsy fanaóvana, tsy voa hajary.

Accompagner q, g momba azy, miarak'ámy ny, miara-dia amy ny, miraik'amy ny, mañáraka azy. S'— de q, málaka o homba, málaka mpomba. S'— avec le violon, mampirai-peo amy ny jejy, miara-miantsa amy ny jejy. L'— avec la flûte, momba azy amy ny anjomary. ACCOMPAGNÉ de... ombány, aráhiny, tsy engány ny..., misy... Chant avec ACCOMPAGNEMENT, antsa misy fiaráhana, misy momba, misy fomba; de piano, misy fiaráham-batramañéno, antsa ombambatra-maneno.

Accomplir qc, g manody, mankefa, h mahatantéraka, mahatontosa, g mahavita, mahefa, mankató, mamita; mahalavorary, mandavorary. — un vœu, mañala voady. — un temps, mahatapitr'andro, mahatóndroka taona, mahampitaona. p atody, efaina, tantaráhina, tontosaina, vitaina, atao lavorary; alaina. ACCOMPLI, tody, tantéraka, efa, tontosa, vita; lavorary; támpitra, tóndroka, ampy. Vœu —, voady áfaka, nalána. J'ai dix ans —, áfaka folo taona efa folo taona, efa ampy folo taona aho. Qne mes vœux s'accomplissent, sándraka ho tody (ho avy) ny z nisôara'ko. ACCOMPLISSEMENT, fanodiana, fahatanterahana, fahavitana, fahefana. vo révolu, parfait.

Accord, teni-miera, teni-mitovy, vola-mérana, h soamiera, vólana tókana, k miera, fanekéna, fihavánana, fiharóana, fiadánana. Faire —, manao —; mifañéky, mifanka-azo, mihávana, miharo. Nous sommes d'—, (nous nous ACCORDONS) efa tokan-teny, efa mifampiera k, tokan-tsitra-po, mihaondoha, miharo vólana zahay. Ce sur quoi on est d'—, (on s'ACCORDE) ny k famperána, fampierána, fanaóvana, fanekéna; k rékitra, ekéna. Sons d'—, eno mifañáraka, mirédona tsara, tokan-dródona, mifankatsara. Violon d'—, jejy mifanarak'eno. Les mettre d'—, les ACCORDER, mampiraik'eno jejy, mampitokan-peo o, mampifañarak'eno jejy; mampirai-kévitra o, mampivítrana o, mampiháv ana o, mamitrana o. — qc, manome, mañandefa z, maneky. S' — à dire, miaramilaza, tokan-teny, tokambava.

Accoster, vo aborder, s'approcher. — le navire, mañólotra azy.

Accoter, appuyer.

Accoucher, n mitéraka, mamaitra. ac mampitéraka, mampamaitra. Elle a, elle est accouchée, velon-jaza, tera-jaza, tera-bao, nitéraka izy. ACCOUCHEUR, mpamélona. ACCOUCHEMENT, fiteráhana, faimairana.

Accouder: s'—, manombo-kiho, manombo-minko, miánkina amy ny kiho. Accoudoir, fanombóhan-kiho.

Accoupler deux choses, mampivady azy, manao roiroy azy, mampikámbana azy. S'—, mivady; miraiky, miharo; co les animaux, (milomy).

Accourcir qc, g mamohy, mankafohy, manafohifohy z. S'—, miháfohy. ACCOURCISSEMENT, fihiafohézana; fanafohézana, vo abréger.

Accourir, courir vers, avy malaky.

Accoutrement, sikina adala, tafy maola, sikina arahinkehy, akanjo mampihomehy. L'accoutrer, mampisikina azy adala. q ACCOUTRÉ, o adala lamba, maola akanjo, adala fisikinana.

Accoutumer q, g mankazátra, mahazatra, g manamána o. Je ne puis m'y —, tsy mahazatra ahy izy, tsy mety zatra azy aho. S'—, miházatra. ACCOUTUMÉ au travail, zatra asa; à la case, tamána. vo aka.

Accréditer q, une nouvelle, g mankalaza, manisy laza o, mankamasin-daza o, mankabe-anárana o, mañampady o, mankamami-hóditra o; mankató k honóhina. C'est ce qui m'a ACCRÉDITÉ, zany no nampatoky ny o amy ko. q —, o be laza, o mahafatoky, o atokiana, malaza, reñilaza.

Accrocher qc, vo pendre. Gare d'— votre habit, ny akanjo dad ava havitina, havicina, riombitra, rovitra, azondralu. — un canot, une roue, sindra vitra fatana, tangerina. S'—, q. mandrekitra, mifavitra, miyanana, milanipy amy n'... II.p.+ des accabés, misy rombitra, h'ombana, rovidrovitra, hariaka, harivitana ay. Ł ai faire des —, mandrombitra, mandrovitra azy. vo brèche, déchirure.

Accroire: en faire —, milaza vandy, miborata, q, mampino *** o, tonnenisana bolana, manenesin-denga, mahainaming fadiny o. S'en faire —, mihaboka mahay, mihambo, mahalala, ***, maoroso, mandroso. — o ...

Accroître qc, manopitombo, manomboo, manovotra, manakumaro, mankabé, manampy azy. S'—, mitombo, mihabetsaka, mihabé, mihalampy. accroissement, itombosana, ny itombosana, ny *** h'anampy, g tombo, antombony, tovony. vo croître.

Accroupir: s'—, g miningiringy, mitangitingina, mitringiringy, mitabotetaka, h'milabokely. Accroupissement, ringiringy, fingitringirana, fitabotetahana, tabokely.

Accrue, sosoka, amby, tombo.

Accueillir q, vo accepter, g mampiditra, h mampiandraho, mananti-dia o, manatrika, malaka. ***, fandraisana, fandraambesana. Lui faire bon —, mandongo azy, manatrik azy, tsitulbahina.

Acculer qc, manosita azy an jore, mampipaka, manakify azy amy ny rita. S'—, miaka-vohu, mitify, mideise, ***ho amy ny rita, am jore.

Accumuler des choses, mandovontovona, manaboaboa ***. — des biens, ***. Objets accumulés, mitovontovona, mifanindrintsindry, miaboaboa, h tsifanongoa, *** tombo, mianakar. vo ***.

Accuser q, g mampanga, h mampanga, mamosa, manoso-pótaka, manisi-fotaka, h *** ***. Accusé, ny ampangaina, voampanga, tsinina. vo hosopotaka, h o vaky. Accusateur, mpanampanga, mpanan *** ro, mpitan-bolana. Accusation, ampanga, fampangana, tomboteny. — fausse, H ***, h tomboteny ***, h'tsipianaratsy. vo déclarer, découvrir, blâmer. S'accuser, manampan *** tena. Q s'en accuse à son vélé, zabe nanga *** nanganadra eny aho. vo soupçon.

Acerbe, g mafaika, h maharikivy, h ***. vo ***. Ackarir, mafaika, harika, tsiparikivimy.

Acerer une pioche, manisy sily, h manisy By azy. — az, misy sitily, misy tsy vo ***.

Acétone, math, h manisy, ***

Acouva, ***

Achalander q, mampitsaha azy, mpitan *** mampan-

ACQ

dakaezy lu. S—, mpitarika mpividy maro, h. bicu. ACHA-
LANDE, esuaso mpividy (chaland).

Acharner un chien, mankalahana, mankasety ampoa. S—,
mientitra, mentitra, mifontitra, milena, mivandibanditra,
mandreki-batana amy ny z, manekitra azy, manorin-ky
amy ny...

Achat, yo acheter.

Acheminer q aux honneurs, mampandroso o, mandroso
o hahazo, y minahitra. — un cheval, mampiana-dia, mani-
tsi-dia sovaly. S—, mandroso, mandroso-dia, mandeha,
mantsafary, manafary, ny mizozozozo. ACHEMINEMENT, la-
lana, safary, fandrosoan-dia.

ACHETER qc, g mividy, sk mividy, z p vidina. ACHETE, voa-vi-
dy, ACHAT, fividiana. ACHETEUR, mpividy.

Acheve, efa, vita; tampitra, tanteraka, g tonjosa, tondroka,
lany, fingana, tsara avokoa; fg tandro-boa-hily h, zozoro-
voni-tsaika h. yo ACCOMPLI. L'ACHEVER, mankela, manela,
mamita, mahavita, manampitra, manala fara, mamara, ma-
naratara; manondroka, mandany; mamono, manimba, ma-
namontsana. ACCOMPLIR, lanketsana, laneiana, fahavitana,
fanampirana, famarana.

Acherpement, pierre d'—, vato mahatontohina, ox
mahatontohina, pv mahatsitohina, g mahalavo, mahavoy.

ACIDE, qg, ACIDITE, ACR q z madiro, matsitso, matsiko, h ma-
harikivy, makira, ACIDITE, ACRETE, diro, tsiko, hadiro, ha-
tsiko, h faharikiviana. Un peu acide, handaira, madrodiro
h somari-maharikivy. ACIDULER qc, mankadiro z.

Acrurh tsy, pv sitly, corum d — fo vv. yo ACERER. ACIE-
RER le fer, mankahery vy, manala tsy azy.

Acolyte: mon —, mes —, ny faharoy ko, ny anila ko, ny
tsy mandao ahy, ny mpitahy ahy, ny mpomba ahy. Accuse, q...

AcCOMPTE, vola azo sasara.

ACCOQUINER, mampiboretaka, mankavozo, maharesy,
mahatsaga e. S— mihavozo au jeu, miboretaka, mipetraka
foana, tsy afaka amy ny soma, yo ACCAPARER.

Acoustique, ny haparan eno, ny eno, ako, talango, talan-
joua, Cornet —, tandro-panda-eno; lieu — tany mamaly
pv manalango, manoina, h ne ako, pv be talango, be talan-
joua; nerf —, oza-pagarenesana, oza-pitarik eno.

Acquerir qc s — de la gloire, mahazo. AcqUERIR, mpi-
vidy, mahazo. yo ACHETER.

Acerbe o malaika h...

AcqUIESCER, consentir; AcqUIESCEMENT, consentement.

Acquis, q qui a beaucoup d —, o ampi-hanarana, befi-
nahy, maro zava-paptatra, h veri-zava-tsi-hay.

ACQUIT a, azo, AcqUISITION, fahazoana, ny azo.

AcqUITTER q, mamoaka, mandefa, manafaka, mamotsotra

o, manala-tsiñy o; une dette, mankefa trosa; sa conscience, mialatsiñy, miala fañadiana. S'—, de ses devoirs, manao, mahavita raharaha, mamoa-hátana, mamoaka tena, manao zay tòkony. Un ACQUIT, taratasy famoáhana. Agir par manière d'—, manaotao foana, mañal'antsa foana, h mialasafay, h ? mitsirambina, h manao antéfaka, mamatapátatra. ACQUITTÉ, tafivóaka, áfaka trosa; afaka tsiny, nalefa, vótsotra Acre, vo acide.

Acre, atao, anóina; asa, kabary. Mes —, ny natao ko. — de foi, finóana; de charité, hatiávana, fitiávana; de zèle, hazotoampo; de folie, hadalána; de soumission, fanekéna. Faire — d'autorité, mamoa-panapáhana, mañito, manápaka. Un — d'autorité, diditany, malo voa ito. L'— de divorce, ny taratasy fisaórambady, ny sora-pañitósam-bady. En trois —, telo tápaka. ACTEUR; mpanao; mpirébika, mpitávana, mpitondra laolao, tompon-tsoma, mpilaolao.

Actif, maláky, mafády, féngana; mavitrika, mailaka, maimay, mavio, marisika, h rótotra; h mirotoroto; olonjávatra, mazoto; a tout préparer, h mpempéna.

ACTION, vo ACTE. — de grâces, fankasitráhana, fisaórana, h fideràna; mouvement &, hetsika, hery, ady, vango. Langage d'—, vólana aráhin-tsarirébika, teny ombantsaritávana, teny may. qc en —, z marésaka, mandeha, roso dia. q en —, miantokántoka, mihetsiketsika, mivango.

ACTIVER un travail, g mampaláky, h manaféngana, mampalady asa. ACTIVEMENT, maláky. ACTIVITÉ, halaky, hafengana, hafengánana, havitríhana.

Actuel, atao, anoina; paiement —, fankefána ankítiny. —, ACTUELLEMENT, atáonio, anóinio, ankehitriñy.

Adage, proverbe.

Adapter qc, manajary, mañampisary, mampira, mampitovy, mandráfitra, namboatra. ADAPTÉ, efa mañjary, erany, antónony, anéraña, anohany, sahaza, tandry, omby, mety; mira, fanoko.

ADDITIONNER, g mañisa, pv manisaka, manóvomtóvona, mañori-fsa, manámbana, manindry, mampiharo azy. ADDITION, FANISÁÑA, famisáhana. —, qe additionnel, amby ny, h fanampy ny, tóvona, sósoka, g fanampiana, z manampy, z mahampy, z amboniampanga, h ny anampy ny, g ny asósoka, g ny atsindry, g ny atòvona, ny tombony, antomboñisa, antomboñjara, antombondrasa.

Adducteur: muscle —, oza-pitárika.

Adepte, mpianatra, latsak amy ny fianárana, tafiditra ny mpanáraka ó disompiana-tsikidy.

Adhérer á qc, g mandréketra, mirekitra amy ny z; á une opinion, amy ny jery n'olona, mañeky jery n'olona. — ñifikitra. ADHÉSION, ADHÉRENCE, fandrekétana, fanekena ; fifikirana ; fahaditiana. ADHÉRENT, mandrékitra, miraiky, mikámbana, miáraka, mirávitra, mipétaka, tsiáfaka amy ny..; ses —, ny náma'ny, ny fahanáma'ny.

AD HOC: q —, o mahefa, mahavita, mahatody; o mahefa azy. Qc —, z érany, z sahaza azy, tandry azy.

ADIEU M., g velóma tompo ko; g masína, g tsara, h saláma, pv sambía tsára, sk héka mbe, sk sambía senga, pv fináritra, h madiafo, manaova soa, anó tsara, maevá anao, efa tsara zaho mandeha, h sengá anareo, h salamanga e, h traránttra, h sarasara, h tsara mihono, hotahín'andriamánitra anao. Lui dire —, manóme azy fináritra, manome azy veloma, manao veloma, mitsio-drano azy, misaotra azy. Faire ses adieux, manao vangi-fialána, manao fialána.

ADJACENT : pays —, tany tokam-pieférana, mifanólotra. VO VOISIN.

ADJECTIF, teny milaza ny fombány ny raha, teni-fomba; soso-bólana, teni-asósoka, teni-momba foana.

Adjoindre q à q, manósoka o, manisy námana o, manampy o. S'— à q, miampy amy ny o. Que l'on ADJOINT à q, ny asósoka, aharo, atohy, akámbana amy ny o. Un ADJOINT, sósoka, faharoy, solo.

ADJUDANT, mpitahy, solo-talé.

ADJUGER qc, g manólotra, manandéfa, manome z nikabaróana; mimalo, manito, manendry, mitsara z, s'—, málaka. L'ADJUDICATEUR, ny mpanólotra, mpañandefa, mpañito. L'ADJUDICATAIRE, ny o tolórana, ny o mahazo. ADJUGÉ! rékitra! létaka! efa!

Adjurer q, g manantso, h miantso, maniraka, manókatra, mandróaka, manása ázy amy ny anárany ny Zanahary; h ?mampianiana. ADJURATION, fanantsóvana, h fiantsóana amy ny anárany ny Zanahary.

ADMETTRE q, mampíditra, mandray o. Je n'admets pas cela, tsy ombá'ko, tsy ankatózi"ko, tsy inóa'ko zany.

ADMINISTRER un pays, des biens, mitándrina tany, fanáñana; manina, mandidy tany raharaha ny fanjakána. — les sacrements, mañome, mirasa, mitátana ny z ny Zanahary. —un malade, mañásina, mankamásina, manósotra, mijoro o marary. ADMINISTRATEUR, mpitándrina raharaha, mpañina, mpiántoka. ADMINISTRATION, fitandrémana, fitondrandraharaha, fañinána; firasána, fitatánana; reo mpitándrina; mpanolo-tsaina ny andríana.

ADMIRER qc, être ÉTONNÉ, ADMIRATEUR de qc, pv Tsérika, h gaga, h talánjona, pv mánana amy ny z; rikiana z. qc ADMIRABLE, QU'ON ADMIRE, z Mahatsérika, mahagaga, mahatalánjona, mahamánana, tsara indrindra, maharikiana.

Je vous admire, mahatsérika ahy anao, gaga amy nao aho. ADMIRATION, fitserèhana, figagána; fahatseréhana, fahagagána. Il est l'— de tous, mahatsérika o ziaby izy. Être dans l'—, admirer.

Admissible, tókony ho raisina, tsara aiditra, azo ampidirina; azo ekéna. ADMISSION, fampidirana, fandrambésana. Le jour de mon —, ny andro nidira'ko, ny andro nampidirandreo ahy.

Admonéter q. mañánatra o an-kodiatra, mañady azy añindrany. ADMONITION, anatra, fañanárana, fandrarána, fepétra.

Adné: mousse —, somo-kazo mikámbina.

Adolescent, efa be, tovo be, tovonólona. Un —, jao, kijao-jao, mangidi-vaoka, zatovo, tovolahy. ADOLESCENTE, ? somoudrára, tovóvavy. ADOLESCENCE, fahatañoràna.

Adonis, zatovo mpihámin-dóatra.

ADONNÉ au jeu, au jurement, azon-tsóma, rikian-tsóma, azompisána, azompisomána; ompa hiany no sai'ny, tsy áfaka amy ny váva ny ny ompa. S'ADONNER au travail, mametak' aiña, manisi-téna, mipétaka, mandréki-bátana, pv méntititra, mivánditra, tsiáfaka, h mifóntitra, pv miféña, misampy amy ny asa, misázoka asa; azo ny asa. à q, manome-tena azy, manolotr' aina azy.

ADOPTER un enfant, manangan'ánaka, malak'ánaka. Enfant ADOPTÉ, ADOPTIF, zánaka natsángana. Mon père ADOPTIF, ada nanángana ahy. vo zazalava. ADOPTION, fanangánan'ánaka.

ADORER Dieu, Manompo, Mañandríana, h mitsaoka; misaotra, h midéra, mijoro, h misórona, mankamásina Zanahary; h mivávaka, miankóhoka ámy ny, milela-paladia azy, miláfika ámy ny. ADORATION, fanompóaña, fisaórana, saotra, fiankohófana, fideràna, filelàfam-paladia, fijoróana, fisaóhana. ADORABLE, tókony biankohófana, tókony ho lelafimpaladia, tókony ho tompóina, mahafihifihy, mahahifihify, tókony ho saórana; ijoróana. ADORATEUR, mpanompo.

ADOSSER qc, g manánkina z amy ny z, g mañankim-boho azy. S'—, g miánkina, miánkim-boho. Maison adossée à la montagne, à la forêt, g tráno manibabi-bongo, trano babi-vóhitra, trano babila.

ADOUCIR des commestibles, g mahamamy, g mankamamy, h manamamy, mañala faitra z; — une glace, pv mankadozo, g mandaina, pv mandámatra, fitáraka. — une pente, g mankamora; — q. mankamóra, g mañamána, h mampiónina, mandrávoravo, pv mangatrakátraka, manambitamby o. S'—, miñamora, mihamamy, miómina. ADOUCI, efa mamy, efa mora. ADOUCISSEMENT, fahamoréña, fankamamiana, mahamora, mahamamy.

ADRESSER qc à q &, g mampitondra, g mampanday, g mampañatitra, mañampaitra z amy ny o; mañiraka o amy ny o; ses prières; mañati-joro; S'—, miteny, mivólana amy ny o, inanjó o. A son ADRESSE, amy ny o ozóina, amy ny nañáhana azy. Ecrivez l'—, soráto ny añarany ny o ozóina. Il n'y a pas d'—, tsisy añaran'olona izy. — au travail, hitsintáñana, hahitsiantáñana, fahaízan-jávatra. vo Ruse.

ADROIT, g mahitsi-táñana, mazó-táñana, pv mahíhitra, h hendry, g mavitri-táñana, h fetsy, mahay závatra, verizava-tsi-hay. Il travaille ADROITEMENT, mahitsi-fanaovan-draha izy.

ADULER q, h mandrobo, pv mandeóboka o. vo mipelipélika. ADULATION, h robo, pv róboka, fandrobóhana, h doka, fandokána; h kobakambáva, langomalemy; pelipélika.

ADULTE, efa be, tovo be, h fanjai-be. vo adolescent.

ADULTÈRE, h fakambady n'ólona, g fandchánana amy ny vady n'ólona. Commettre l'—, h maka-vady n'ólona, h imabady n'ólona, g mala-bady n'ólona, mandeha amy ny vady n'ólona, maninta-bady n'ólona; misengy ou mañamato ou mandranto vady n'ólona, h mandrañi-bady n'ólona. Q —, mpala-bady n'ólona, h mpaka-vady n'ólona, h mpa-bady n'ólona, mpanabodo vady n'ólona. Enfant ADULTÉRIN, ánaka tamy ny vady n'olona. ? zazasary h, ? zanadránitra h. ADULTÉRER qc, manka hafa azy; vo ALTÉRER, ABÂTARDIR.

ADVENIR, avy foana. vo ACCIDENTEL.

ADVERBE, teny asósoka ny VERBE, soso-bólana, fanañónam-bólana, fanosóham-bólana.

ADVERSAIRE, g fahavalo, g rafy, h rafilahy, mpánóhitra, Parti ADVERSE, ny láñiny raiky, ny andáñiny, ny añila, ny manetra, ny setraina. vo manahirana, mahasósotra, tsi-mifanáraka. ADVERSITÉ, g rofy, h fotóantsimihátra, fotoan-dilatra, loza, antambo-ndraha, fahalahelóana.

AÉRÉ: lieu —, h hatsiodrívotra, h ankatsiodrivotra, tany misy iañana, tany misy tsioka, tany maka rívotra. L'AÉRER, mañiditra rivotra, mampidi-drivotra ámy ny, mankanaranára, pv mankanintsy, h mampangatsiaka azy. AÉRIEN, andáñitra, añ'abo, ambóny, mañeriñérina anabo; ? habakábaka. AÉRIFÈRE, mitondra rivotra, lalandrivotra, fidirantsioka. AÉROLOGIE, filazána ny tsioka. AÉROSTAT, BALLON, trano lay voháno amy ny sétroka na amy ny fofondraha, ka misóndrotra, trano lay miákatra, trano mákatra. AÉRONAUTE, mpilay-an-dánitra anaty. BALLON.

AFFABLE, g mora, mora fanahy, malemifanahy, mañaja, tia-ólona, pv tsy malain-kihiratra, mazavafó, h ? mitselatselaka, h sarésaka, g bonéka, bonika, bonóka, g jabonéka; h akisa, akisakisa; pv kisakisabe; mahai-ólona, h satriatra, pv satria, mpiasabe. Peu —, móntsina, mimóntsina, h mongéna. AFFABILITÉ, hamorána, hamoram-pañáhy, lemi-mpañahy, halémi-mpañahy, h halemém-panahy, pv halemiampanahy.

AFFADIR qc, g manatsatso, manabóka, h ? manatsabóaka. — le cœur; mahatola fo, mahamamo fo, mañosa fo.

AFFAIBLIR q, qc, mankalemy, h manalemy, pv mankafonty, mankalebo, mankaosa, g mahosa, mañosa, mahafonty, mahavozo. S'—, mihálemy, mihálebolebo, miháfonty, miosa. AFFAIBLI, áfaka hery, efa malemy, málemivátana, efa mafonty, efa lebolebo. AFFAIBLISSEMENT, fiosána.

AFFAIRE, g kabary, h závatra, sk zaka, pv raha ; g raharaha; h teny; h kanonkánona; ady. Avoir — à q, avec q, manan-kabaro amy ny o. Qu'ai-je — de cela ? ino ko zany? hatao ko ino zany ? mañino aby zany ? Qu'ai-je — avec toi? ino ko amy nao? J'ai une — sur les bras, h manan-teny, manankabary aho. Q AFFAIRE, o maro kabary, be asa.

AFFAISSER q, g manindry, mañetry , h mandetsy z. S'—, miletry, pv mizétra, mizéka, pv mianjétra, h miletsy, h mitandetsy, miétaka, g mibébaka, g mitabébaka, g miborétaka, g mibotétaka, g mitabotétaka, miándavo, mitandavo, miródana, mikoródana, mandry, vo mídina, milátsaka, mihena. AFFAISSEMENT, g fietréna, tizéfana, fianjéfana, fietáhana, fiboretáhana.

AFFAMÉ, QUI A FAIM, mosary, g mosaréna, pv molengy, h molangéna, pv silaona, h nóana; liana, h liaka, pv sijy. — de riz, silaona vary. AFFAMER q, mankamosary azy, mankasilaona, mankanóana o, mahafaty mosary o.

AFFECTATION, pv jihijihy, pv tsikitsiky, g hámina; h tsingitsingy, h tsingina; h otinótina, h Hontihonty; otikótika, lantidántika, h hantsikántsika; hétrakétraka. — de dignité, h hehoneho, h nevonevo, pv nekoneko, pv tabotabo, g rendrárendra, h lefalefa, h rendrirendry. De bel esprit, h sitika, sititsitika. — dans la démarche, g tabiha, g bekabéka, jehojeho, g bitaka, dasidasy, h tschatscha; reharcha, h edikédika. AFFECTÉ, QUI A DE L'AFFECTION, QUI AFFECTE, Mi—; be fihaminan-toétra, be fijihijihiana, mihamin-toetra, miaboabo-toérana, mihambo toetra, h malimálina, h mihaingohaingo, miñáboka. AFFECTER qc, RECHERCHER. — des fonds, les ATTACHER, DESTINER. — d'être savant, mirehareha mahay z, manao mahay z, milanja fañahy, mamoabóaka fañahy. — q, lui faire impression, mahavoafo, mampalahelo, mampangótaka, mampiferinaiña azy. S'—, voafo, malahelo, h mangóraka, h mangorakóraka, maferinaiña. Qui ne s'affecte de rien, tsy manahy z, tsy voafo.

AFFECTION: les — de l'âme, tialiy, saina, toetry ny fa-
nahy, fo. — du corps, — cérébrale, arétina, aretindoha. —
envers q, qc, hatiavana, hatia, fatidvana, fiantrána, ha-
niña. Marque d'—, h lalampo. AFFECTIONNER, tia, manka-
tia, mankatavy, mankamánitra. S'— à q, s'y ATTACHER af-
FECTUEUX, tia, mora, mazoto.
    AFFERMER un champ, pv mavondro tany, h manofa tany.
    AFFERMIR qc, mankafátatra, h mahafátratra, mamatoatra,
g mankahery, mahatánjaka, mankafonitsa, mankamafy, h
manamafy. S'—, mihafatatra, h mihafátratra, milvamafy,
mihatánjaka. AFFERMISSEMENT, famatrárana, fahatanja-
hana, fankafonirana, fanamafiana, pv giogina, pv kin-
kina, h dindina, h gigigigy.
    AFFICHE, taratasy apétaka an-dálana, pétaka-taratasy
on peta-tsoratra milaza ny k. AFFICHER un papier, une af.
mametaka azy ambélany trano, mameta-tsoratra amy ny
riba. S'—, mamoaboa-batana amy ny o.
    AFFIDÉ: q —, pv o mahafatoky, h mahatoky, o atokiana.
    AFFILER, AIGUISER.
    Affilier q, malaka o ho zanaka, manangana o ho zanaka,
vo ADMETTRE. S'—, manjary ánaka. AFFILIATION, fanangá-
nan jaza, fahazanahana.
    AFFINER qc, mankatify, manify z; des métaux, mankadio,
mandio, h manantavana, pv manavana vy. Des clous, man-
dránitra fatsika, mandrani-pátsika.
    AFFINITÉ, fihiavánana avy amy ny fanambadiana, filon-
goana, h firaisana, pv firaibana, h fampiraisana, fikambá-
nana. vo Beau-père &.
    AFFIRMER, h manao eny, pv manao he, manao heka, ma-
noina; manántoka, miántoka, mankato, mahato, manka-
márina, mahamafy, mankahitsy volana, manéfaka, mamá-
hana, mankafátatra k; h mitompo-teny, maneky, mifanta.
AFFIRMATIF, mahato, maneky. AFFIRMATION, antoka, fianto-
hana, he, eny, heka, fanaovana eny, famatráram-bolana,
fankatozan-teny. Il a affirmé, eny hoy izy, to hoy izy, he
hoy izy, heka hoy izy, zany tsy vandy hoy izy.
    AFFIXE, volana kely asosoka, teny hely anampy pamaha,
soso-bolana madinika.
    AFFLICTION, g alahelo, g rofy, g kabary ratsy, loza, tabo-
riana, fialiana, h trimondahy. AFFLIGÉ, QUI S'AFFLIGE, mala-
helo, keli-troka, kelifo, h mitsetra, pv mitseka, pv mitse-
tsetra, mitsetseka, mitse-po, pv mite-kibo, pv miviaka, mi-
taraina. AFFLIGÉ, h feno rano, pv miory, otoey, h ory;
kombo, mahantra. vo taminjo. AFFLIGER q, mampalahelo,
mankeli-troka, mampitsetsetra, mahavoao, mampiory,
manory, mankalilo o. manémpo o.

Afistoler q, manisy fibaminana madinika azy.

Agacer les dents, g mankadiro, g mahadiro, mahasiko, mahatsiko, mahatsitsо mahalilo, mahadilo, mahalalilo h— g mitsokitsokitra, mikétina, musekitra, mifolaka, mandrisika, manatsika, mitsokirika, mimibotsiboka, manihitrika, manlikilika, pv mangikilika, manotikotika, mahatezitra, mitarikady, mamoniho, h manihokiho q, mikidikidy amynym — les nerfs, pv mampangetsaketsaka, mitarika, manesitrevitra, manatsiketsika, mampangitakitaka, mampangapikapika, ozatra. S'—, mifampitsokitsokitra, mifanátsika, mifandrísika, mifampitarik'ady, mifampitsibotsiboka. AGACEMENT des dents, g hadirôany ny hy, hadinkanký; des nerfs, ny fiketsikеtchany ny ozatra. AGACERIES, fitaômana, fanatsihana, jamby.

Agaillardir: s'—, mifalifaly, mihasilasila, pv vakivary.

Age, g taona, andro. Quel — avez-vous? firy taona anao? j'ai 10 ans, efa folo taona aho. Du même —, tokan taona nivolomana; h mifamatra tandroka. L'un grand — age, g antitra, pv matey sela, mam taona, h kopantitra, koey, h gossa, h sisia, b kouka, efa lehibe, h gologony, homandroka. Le plus âgé, ny ngoky ny, Tu es moins — que moi, zandry ko anao, tafara ko anao, fanarak'o anao. Le plus — ny matey, h ny matey, pv ny talanolo. Enfant — de 10 ans, zaza folo taona roy amby, zaza nahampy taona folo roy amby.

Agence, raharaha, fatao, asa ny solo. Pendant mon —, tamy ny taona nisolóa'ko. Porte-le à l'—, ento antrano ny solo.

Agencer les parties d'une machine, h mamorónga, pv mamorónkona, pv mandrónkona vi-somalika; manombiomby, mampiharoharo ny tapatápany ny ziahy, manantsary. S'—, s'AJUSTER, SE PARER.

Agenda, teratesy fahatsarôvana ny hatao.

Agenouiller: s'—, maso gélika, pv mitongalika, h mandobálika, pv miantongálika. AGENOUILLOIR, h fanongadihana, pv fitongalifana.

Agent, mpanao, solo, solo tena, solo vava, mpisolo, h maso ivoho ineka, antony.

Agglomérer, pv manandroka, g mamorivory. S'—, se réunir, mivorivory, mitobórona, h midobibika, h mitabibika.

Agglutiner les chairs, les peaux, mampilamy, mampihaonana, mamodifody, mamodivondro hay, mamitrana, manambana, mampiraiky, mampandréketra, manompitra, manakámbana hoditra ninatra e manohy.

Aggraver qc, g mankavésatra, Mahavésatra, g mankabe, mahabe, manindry, mahasósoka,; mahósoka, h manindrihasoléna.

Agile, g mavitrika, mario, madikatra, mailaka, g maivana, fengana, malaky, h toatsitúny. Agitati, havitrihana, haivánana, halakíana.

Agio, g soso–bola, h sandambola, hsandany. Agioteur, mpivaro–bola.

Agir, manao, miasa; mitaharaha, manano z, manino, tsy mandry. —en fou, manao adala; co celui qui bâtit, manao o manorin–trano. —sur le cœur, mahavoa, manetsikétsika, manotsipótsika ny fo. —contre q mandrébitra, misákana, mamuntoka o, miady amy ny o. De quoi s'agit-il? akory kabary? q Agissant, tsy Mandry; remède —, aody manetsikétsika.

Agitation, g hetsika, g hetsikétsika, hevikévika, g hevitrévitra, tsingévitra, g hefikéfika, tsingevingévina. —d'un pays, g kótrana, gódana, kótana, g ola, h hotakótaka, tabataba. —d'une sonnerie, g kitrana, g kitrankítrana; —de bagages, pv korókaka, pv kotrókaka; —de l'eau, g kóbana, g kobankóbana, kóbaka, kobakóbaka, pv kalóaka, kabóaka, kabakabóaka, h tobatoba, pv tabataba. —des ailes, g kepakepa, h kepakepaka, pv hembahemba, hevaheva. —des oreilles d'âne, g kopakópaka, g hopakópaka. —d'un possédé, énjika. S'agiter, être agité, Mi—. L'agiter, g manetsika, g manetsikétsika, manevikévika, g manevitrévitra, manefikéfika, maningevingévina, migódana, g mikótrana, mampigódana, mampiola, manotakótaka, mampitabataba, mampikitrankítrana, mikorókaka, mikotrókaka, mikóbana, mikobankóbana, mikóbaka, mikalóaka, manobatoba, mampikepakepa, manembahemba, mampihevahéva, manopakópaka, manénjika azy. vo hofokófoka, hifikifika, ahiahy, hóntsana, hezonkózona, foha, taitra.

Agneau, zanak'ondry, ondry hely, pv zanak'aondry, zanak'ondrikóndrika. Agneler, (ondrivavy) miterak a.

Agonie, adi-aiña, fiadivan'aiña, fialan'aiña, fanalan'aiña. q à l'—, agonisant, miadi-aiña, manal'aiña, mial'aiña, vesóhana, vesobesóhana, lahóina, efa ho faty, mariny ho faty, homby ambavahóana, h? fadiranóvana.

Agrafe, h bándrotra, handrotr'akanjo, pv fándrotra, pv vándrotra, frango, hávitra, fitan-akanjo. — de collier, h vanimbero. L'agrafer, manávitra, mandrékitra azy.

Agrandir qc, mankabe, h manabe, mankalehibe; h manalehibe, mamoba; pv manétatra, h manitatra azy. S'—, mihabe, mihialehibe, mitatra, misátatra; miroha. Agrandissement, fankabézana, fihabézana, h fahalehibiásana.

Agréable, mamy, mamihóditra, máritra, tiana, sitraky ny fo, maharavo, azoaso, tsara, sóa, ankasitráhina, mahafináritra. — à entendre, sitraky ny sófina, ankasitráhiny ny tadiñy. L'avoir pour —, l'agréer, g mankasitraka, g mankamámy, mankamaúitra, h mandray, mandramby q, mety, maneky, manátrika.

Agrégat, havoriana.

Agrégation à qc, fidirana. — de qc, havoriana, firaihana, h firaisana, havoriandrahą z mikámbana, midraka, z tafaraiky, h voángona, tafavóry.

Agréger, mampiditra, mampiharo, mampiaraka.

Agrément: plein d'—, be hanitra, be hamatsana, misavaka; vo Agréable. Y trouver des agréments, S'l'avoir pour agréable. Demander l'—, miera, mila era amy ny o —, fanekéna, fankasitráhana, sitraky ny fo, soamiera.

Agrès d'un navire, pv ny karamáoky; h ny fánaky ny sambo, vo vorongo, voróukoma.

Agresseur, ny mpitarik'ady, mpanátsika, mipóa-basy aloha, mpil'ady, pv mikántsy, somila mamely, mpalak'ady. AGRESSION, fitarihan'ady, pv kántsy.

Agreste, antanindra, anála, antanála, mady, dy, h dia.

AGRICULTURE, fitsaboantany, fasantany, famboleantany. AGRICULTEUR, mpitsabo-tany, mpiase-tany, mpamboli-ny. Nation AGRICOLE, fahier'olona fitsabo-tany, mahatsabo-tany.

Agriffer, g misávika, ? manoho, ? mandngóto, mamikitra, mamikitra, mamihina. p savihina, hohoina, fihihina. S'— á q, mamáhana, g mamihutra, g manoriu-kuho, manorin'angófo amy ny v, mandrangotra z.

Agrion, tsipéko.

Agriophages, karazan'olona hómana bibydy, o homankaka mady.

Agripper qc, g mandráoka, mamaoka, g misámbotra, mandromotra, mandrómatra, mandróatra z, malaka malaky.

Agronome, mahafanta-pitsaboantany, mahay famboliana. AGRONOMIE, fahalalam-pambollana.

Agrouper, grouper.

Aguerrir les troupes, mankazátr'ady ny miaramila, mankabery azy. — q contre la douleur, mampahari-piry azy, mankaza-piry azy. S'—, mankaza-bátana amy ny ady. AGUÉRI, flady, zatr'ady, malaleo-ady, mahaïte'ady —à la douleur, za-píry, mahari-piry.

Aguets: être aux —, ș être à l'affût.

Ah! endre! ka! ma! maia! hoba! andray! indrisy!

Ahan, g hoïka. Un dernier —, zamo indraïky. haleter, mihoïka, hoïka, sekoka. manao zamo indraïky.

Aheurter, s'—, s'OBSTINER. AHEURTEMENT, obstination.

Ahuri, veri-jery, avoam'q, mahaveri-saina'o.

Aide, assistant, mpitahy, faharoy — de camp, h Deka-wa, Daika.

Aide, assistance, tahy, fanhiana, h fanampiana, vonjy. demander l'—— de q, mangataka ho tahi' ny, mangata-bonjy amy ny o. Je lui ai a l'... d'un ferjasy no namosa' ko azy. A l'— de Dieu, ho tahiny ny Zanahary izao no azy. Connaître les aises où les êtes de la maison, mahalala ny zozon-trano, ny zorozoro-trano, ny takolon-trano, ny efitrefitrano, ny sobika, ny zaman-trano. Les —— du cheval, ny lafy kely, hosin-kely. Aroka q, mitahy, h mahampy, mumonjy. —— q a q c, manosoka, manampy azy. S'——, mifampitahy, tsifandriaka, mifandrimbona. s'—— de l'épée, misa-tsabatra.

Aïeul, daty, dadilahy, razandahy, dh rai-be. Aïeule, razana, razainbavy, dadivavy, dh reni-be. Aïeux, g razana, ntaolo, antaolo, antaloha.

Aigle, voro-mahery, papango be. Aiglon, zana'boro-mahery.

Aigre, g madiro, handatra, h masiloka, q parole——, o, volana mafaika. vo acide, aigre. aigrelet, aigre-doux, kindatrandatra. vo aigu. Parler, répondre aigrement, mivolana mafaika, mafai-bolana, mafai-bava, mamaly mafaitra. aigreur, hadiro, batsitsoana, hafaika; lolompo, atsipo, fotsiempaka. Il y a de l'—— entre eux, mifankasimbo hoditra reo.

Aigrette, g sanga, sangasanga, sangatampony, pv tsokotsoko. ——, vorompotsy be rangaranga volondoha, vorombe misy sanga.

Aigrir q c, mankadiro, mankafaika. h mampaharikivy azy. —— le caractère, mahavinitra, mankasia-panahy. s'——, inihafaika, mihiatsiko, mihvitsitso, mihiadiro, vo haitra.

Aigu, g maranitra, mifilofilo, mijilanjilana, mipilopilo, marani-loha, kitsoloha, tsokiloha. douleur——, sindrika, aretintsindrika, aretina mitsilo, mitsilotsilo, aretintevika, anglè——, zoro matsiraka. Qui a une voix——, o maran-peo, mijomari-feo.

Aiguade, fantsakana, robi-ndrano, rakoba-drano, tabataba, rano-vory. ——,

Aiguayer q c, manieka, manjoboka azy an-drano.

Aiguière, kapoaka, fanjan-drano.

Aiguille, g fanjaitra, fanjaifana, fanjairana, filo. Grosse —— pour coudre le channe, tsoko, h tsaikia, h tsiveritsiala, g fitrebika. Ouvrage à l'——, zaitra, zotra, zai-butela, zopotra &.

Aiguillée de fil, tavin-taretra, sarintaretra. Donne-moi deux——, de fil, omeo taretra sariny roy, tariny roa, tarihany roy, tarihiny roy, tapanyeroa, orampanjaitra roy.

Aiguillon, g tsindrona, tsilo, pv tsilona, fitrebika, fatsika, fatsy. aiguillonner un bœuf, manindrona, mitrebika, mitrebitrebika, mamlo, manilona aomby, p tsindrónina, tsilónana, tsebéhina.

Aiguisé, maranitra, masinitra, Veloatsánitra; voa ránitra, Voa-asa, voalóditra. Aiguiser qc, mandránitra; manásà, mandéditra. — l'appétit, mankazava troka. Aiguiser, sondranitana, sanaséna, saodódirana.

Ail, dongolo-kely maheri-imbo.

Aile d'oiseau, gélatra, ses —, ny ela' ny. Qui bat de l' —, pyvézaka. Qui ne bat que d'une aile, vézak'ila. — d'une armée, tanan' ady. — de chapeau, soufin-tsátroka. — de bâtiment, tapan-trano, ilan-trano, ny ila ny, ny tapany. Qui a des ailes, aile, manan'élatra. Des châteaux ailés, trano manan'élatra, sambo. ailes, loh'élatra, tendron' élatra. — de poisson, élain-pilao, sofim-pilao.

Ailleurs, an-tany hafa, an-kafá, h anihoány. Il vient d' —, avy tamy ny tany hafa izy. Il est d'— très sage, afak' izany izy tsara, tsara izy laha tsy zany, c'est un enfant d' — très sage, zaza tsara izy raha tsy amy ny izany.

Aimable, tiana, tókony ho tiana, mahatitia, mahatari-po, h mahatehotiana, manitra, mani-koditra. enfans —, h mahafatifaty.

Aimant, h. ? andriamby, famantárana avóratra, Vy masim-pitarihana, vy mahatari-kávana; vy manavaratra, vy manzra une aiguille, manosotr' vizimi fanjaitra, maokamasimpitarihana tsy.

Aimer qc, g tia, mitia, mankatia z, mankafy, mankatafy. — et chercher a avoir, h milonalena. — beaucoup, tia fatratra, fatra-pitia, matimpitia, h maty ny hiany. N'entr' — mifankatia, mifankamamy, aime, tiana, sitrak' ny, fg, h ampelatánana, wo chéri.

Aine, h taitra, ny lohatena.

Ainé, ny talahiolo, son fils —, h ny lahimatoa ny. Mon g roky ko, sk ampoky ko. ainesse, fizokiana, fahazokiana.

Ainsi: faites-le —, ataovo hoe, ataovo toy zao. Ce n'est pas —, tsy zany, tsy zao, tsy io; —tomba cette puissance, zany no nahalátsaka zany fanjakána zany. — vous ne voules pas, ka tsy tia'nao, kala tsy mety anao; ka dia tsy mety bianao. Est-ce — que vous vous asseyez? que vous le liez? izy io atao nao mifitakal io edy va atao nao mamehy azy. — il mourut, kala naty izy, h koa amy ny zany izy maty, ary dia naty izy, ka dia naty izy. Comme le soleil chasse les ténèbres, — la science chasse l'erreur, ny masoandro mandróaka ny maizina, ka ny fahendrena mandroaka ny ota; ny atao ny masoandro mitora ny haizinana, atao ny fahihirana mitora ny hadisóana. Le roi — que le peuple, yo —. — que la verte le crime a ses degrés, karaha ny tsara ny ratsy, samby misy le.

tatra. vo COMME. —soit-il, ataovo: atavy izany. S'il en est—, raha izany; izikoa zany; raha izany no izy.

Air, tsioka, h rivotra, tsiotsioka, l'habakabaka, ny rivokely maniotsioka manodidina ny tany. — d'un chant, d'un couplet, ny tonony, ny antsany. Quel en est l'—? akory atao miantsa azy? Prendre des —, h misitisity, h miselaseta g minekoneko, h minehoneho, vo AFFECTÉ. Ils ont beaucoup l'— l'un de l'autre, mifanahaka, mpisongo, mира reo. Chose faite en l'—, z tsisy fotony, tsy nasiana fotorana. Le faire en l'—, tsy manisy fotorana azy. Il a l'— d'un fou, de rire, py karaha adala, g misari-adala, h miendrik adala, tahaka adala, mitareby adala izy, karaha mihomehy izy. son AIR, sa MINE.

Airain, g varahina, pv saba.

Aire, g tany fivelezambary, h famolóana. L'aire d'un pont, d'un bassin, d'un champ, ny lisaka anivony, ny ampitany, ny anivony, ny rapa ny, ny rapaka ambany. —d'oiseau, NID.

Ais, falana, hazo fisaka malevy.

Aisance dans l'action, havitrihana, hahitsiantanana. Qui a de l'—, mavitrika, mahitsitanana, mavitripanaovan-draha, malaki-tanana; pv matsindrana. Avoir ses —, ses AISES. Lieux d'—, trano fangereana.

Aise: être à son —, à l'—, malalaka, tsy maletra, tsy andetra. Vivre à l'—, (dans l'AISANCE) ampi-raha, miadana toerana, tsara toerana, tsy mijali-raha. Chercher ses —, h mila mazava ho diavina, g tsy tialerana, h tsitia-etrena. S'asseoir à son —, miketraka, misaketraka, h misondretaka, miampatra, mivetraka, mitsilany. vo SE REPOSER. Se coucher à son —, mivalan'etraka, mivalan'ampatra, h mivalahetraka. Mal à son —, hirana, sahirana, maletra, an-driran'antsy, an-tendrondétona, madisadisa. Agir à son —, manao lomano tsy mikobaka. q a son —, sans façon, morainy, moramorainy.

Aise: j'en suis bien—, content.

Aisé, facile, riche. AISÉMENT, facilement.

Aisselle, helika, sakelika. Porter qc sous l'—, sous le bras, manelika, manikelika, h manakelika, misakelika z. p helehina, sikelebina, sakelebina, p sakelebina.

Ajourner une af, h manisotr'andro, pv mandiso-andro, mandriso andro, pv mampidriso-andro k, mampihazohazo k. — q, pv mamantoka o, AJOURNEMENT, fanisoran'andro, fampidrisoan'andro; famantohana.

Ajouter à qc, g manósoka, manampy z. Y — par dessus, g manovona, maniadry azy. Y — au bout, g manony azy. Ce à quoi on ajoute, ny sosohana, ampiana, tovónana, tsindriana, tohizina. Ce que l'on ajoute, ny asosoka, h anzmpy, atòvona, atsindry, atohy. Ajoutage, sósoka, anampy, tóvona, h tózana, h tóvana. J'ajouterai à ce que vous dites, ho tohiza'ko ny fiteny nao.

Ajuster des poids, mampèrana, mampira vatomizana. — des choses, mandrary, mambóatra, mañantsary, mandráfitra, mandáhatra, mandrindra. — le but, mikendry sòlatra. — une statue, L'HABILLER. S'—, S'ACCOMMODER; SE PARER.

Alambic, fitavánana, fanavánana, VO FILTRER. ALAMBIQUER l'esprit, mandrórotra, mandritra, maharitra ny fanahy n'ólona, mandroci-panahy, mananjakánja-panahy o. Il ne sait qu'—, mila fanavan-tsaina foana izy.

Alarguer, mandeha aláotra, málaka ambóny, miditra amy ny bámbana.

Alarme, g hataírana, hafombóana, táhotra, fitahórana. Donner l'— à q, ALARMER q, g manaitra, mampitaitra, mamombo, mampatáhotra, g manahirana, g mandrívana, g mampañahiáhy, mañaráro o. ALARME, mañahiáhy, taitra, fombo, mangóvotra, matáhotra, h tsirávina.

Albâtre, añarambato fotsy sady malemy mangarangárana.

Albinos, o fotsi-jéaka, h bobo; pv vo anakiana, kalanoro, kavaho &.

Albugo, panda fotsy amy ny maso, pv sóvaka, pv kavaho, h angola amy ny maso; maso fotsy.

Albumine, tafótsiny.

Alcali, añaran-tsiran-draha.

Alchimie, ny fanovam-by.

Alcohol, tóaka; fototry ny toaka, laro ny toaka, lahy ny barandy; toaka mahery.

Alcove, efi-pandríana, tóndrika fasian-kibáuy.

Aléatoire : contrat —, teni-miera mandiñy fañankínana.

Alène, fitrébika.

Alentour, Mañodídina, miariary.

Alentours : Ses —, ny tany (ou ny o) mañodídina azy.

Alerte, mazoto noho maláky; madikatra, maílaka mavío, h haingankaingana. VO VIGILANT.

Alerte, g hataírana, hafombóana.

Alevin, filao hely alátsaka amy ny mahetsa-bory hiteráka maro. ALEVINER un étang, mañisy hazandrano farihy.

Alexipharmaque: médicine —; aody fampitsóaka; fampisoáhana tangéna, fanabóka, raijaba, fandáfika; famonoan'ody ratsy, maharesy ody mahafaty.

Alexiphrétique: reméde —, aody fanala tazo, fandróaka tazo.

Algarade, vorak'ómpa, totsak'ompa, forafora marésaka. faire une — à q, mamorótsaka amy ny o, mandrótsaka ompa amy ny o, manorak'asaha azy.

Algèbre, anaram-panisána inalak'òhatra ny habòsandraha. C'est de l'— pour moi, tsy azo ko aronárona, tsy azo ko vetsivétsy izy.

Algue, ahi-dranomásina.

Alibi, s, an-tany hafa, ankafá. prouver un —, mankató izy tankafá.

Aliboron, adala-hendry, h mpieboébo, mpiháboka.

Aliéner qc, m: ndafo, mambidy, mamindra, manova z. — l'esprit, mankadala. — les esprits, mankatézitra, mahafadikidiky o, manova jery o. S'— le cœur de q, very fonkávana. S'— d'une société, s'en séparer. Biens ALIÉNÉS, haréana voafindra, lafo. Un ALIÉNÉ, o adala. ALIÉNATION d'un bien, fandafòsana, lamindrána. — des esprits, COLÈRE. — de l'esprit, FOLIE.

Aligner, g mandáhatra, g mandrántina, g mandratiránty. S'—, miláhatra, mirántina, mirantiránty; de front mitálana. ALIGNEMENT, ac fandranténana, fandahárana; u firanténana, filahárana; à droite —! miranténa ankavánana!

Aliment, hánina, fáhana, sésika, mahatánjaka; fivelòmana. ALIMENTER, inarome hánina azy, mampihínana. mamáhana, mamélona, manésika, mitaiza. mitahiry, mitaríny azy. ALIMENTAIRE, mahavélona, mahatánjaka, mahafáhana; pension —, h? fahatelotanana.

Alinéa, tokon-tsòratra. Deux —, tókony roy.

Aliquante, h tsy antsahala.

Aliquot, h antsahala.

Aliter q. mampandry o, mamótraka o ampandríana, s'—, ALITÉ, amy ny kibány, potrak'amparafara, marary amy ny fandríana; mikomby.

Allaiter son enfant, g mampinono ánaka. ALLAITEMENT, fampinonóana.

Allant, mpandeha; les — et les venants, ny mpiverivery.

Allécher q, mampálaka makiana azy, mitárika azy amy ny z many, mitaona azy.

Alléger q, qc, g mankaivana azy, manala éntana azy.

Allégorie, oha-draha, òhatra, fanohárana, oha-bólana, oha-teny lava reny. Discours ALLÉGORIQUE, toriteny omban'oha-bólana.

Allégresse, vo Joie, h riadríaka.

Allégro, maláky.

Alléguer, mamóaka, mamóha; manambara, milaza, manoro. Il allègue pour raison qu'il est malade, ny atao ny fòtony, izy marary.

Aller, g mandeha; mengo, mamindra, mandia, miasa-dia, mandroso-dia, h mankány. — avec q, miarak'amy ny o —

mieux, h sitrantsitrana, pv jangajanga, maivanivana. — a la messe, mamonjy, manátona lamesy. Y —, mandeha ámy ny. — et venir, g miverivery, mivoivoy, miverimbérina, h mihevohevo, g misavembéna, mitamberivery. — sur 10 ans, efa ho folo taona. — par mer, en pirogue, momba ranomasina, lákana. — par terre, momba antety ; par les hauts, mananety, manazoa; momba tanety. Qui peut —, mahaleha. — à cheval, à pied, mandeha ambóny sovaly, miténgina amy ny sovaly, mandeha amy ny vity, an-tóngotra. — en montant, miákatra. — de biais, sirana. — à 5o, mahampy dimiampolo. — trouver q, mamonjy o, manjó o. Se laisser —, vo s'abandonner. — contre q, manetra azy, vo s'opposer. — jusqu'aux nues, mahataka-dánitra. — jusqu'à terre, mahazo tany, mikararavy an-tany. Cette chose va à telle autre, z ity momba iano, z ity hávany iano. Cette clef va à la serrure, ty fañalahidy tv omby amy ny gadra. Cela Va sans dire, ankitiny izany, ndre tsy lazaina izany. Il y va de ma gloire, isampázany ou iankinany ny voninahitr'o izy. Allons, courage, matokia. J'y vais de 5 francs, añankina'ko parata raiky izy. Etoffe qui va à la lessive, lamba sasána, mety sasúna, fosasána. Ils Vont bien ensemble, mifañáraka tsara, fañoko, mifanka-azo tsara reo. Allons-nous en, andeha isik'e, andeha tsik'e, isika handeha, mandehána atsika. Vas-t'en, andao. Allez, mandehána. Où vas-tu, ho aiza anao? mandeha aia anao? Je vais là-bas, ho añy aho, mandeha any aho. Il va tomber, mourir, ho látsaka izy, efa ho faty izy. Je vais chercher de l'eau, báláka rano aho. Il vient d'arriver, de mourir, vao ho avy izy, vao ho faty izy. Il venait d'entrer, avy níditra. S'en aller, mody, mandeha mody, lasa, roso. Le lieu où je vais, ny tany andehána'ko, ou aleha ko. Où je veux aller, tia ko handehána'ko. Qc qui va bien, qui a les qualités voulues, z manjary, erana, ohatra, tandry, sahaza, fañoko, mety. Il me va bien, eran'aby, sahaza ahy izy.

Aller: Vous me faites votre pis —, h izaho atao nao filandrahatsimahita, ou fiantontan-draha-resy. pv tiláña (ou Fiantontána) laha tsy mahita.

Alléser, (agrandir) une lumière de fusil, les parois d'un tube, mamósitra basy, hirika; mamoha, misitry, mikaoka fontróaka.

Alliage, vy miharo, harom-by, vy voa haro. qc sans —, z tsy miharo, tsy miharo rano.

Alliance, tihavánana, filongóana, fañekena. vo affiniti. Allié, hávana, longo, námana; h tamingíana. Allier, mampiharo, manakámbana, mampiraiky; mampihávana, mampitongo. s' —, mifañeky, miháro, mifampiraiky, mihája na, milongo.

Allocation, vola omena, ? tsindri vola.

Allocution, Discours.

Allonger, vo alonger

Allouer une somme, mañome vola, manolo-bola, mamin-drivola azy.

Allucination, hadisóany ou hatafány ny maso.

Allumer la chandelle, mandréhitra jiro, mañisy afo azy. — du feu, mamelon' afo. — la guerre, mamélona, mamoha ady. s'—, miréhitra, mitsétsaka. Le feu est ALLUMÉ, vélona ny afo. D'un teint ALLUMÉ, mena midoréhitra, mena mangatraka, mena ka. ALLUMETTE, hazo-afo, hazo miréhitra, fandrehétana.

Allure: Il a une belle —, tsara fandeha, mahitsi-dia, tsara famindra, tsara fitondra-tena.

Allusion, añjáño, y faire —, mañanjáno azy, milaza ny zañozáño ny. Ce à quoi on fait —, ny añjañóina. vo teni-tsi-loa-body, saoteny, antsafa.

Allavion, terre d'—, tany nengan-drano, tany nakoa ny rano, tombo tany, fitomboan-tany.

Almanach, Calendrier.

Aloës, añaran-kazo, h ? vahona.

Alonger une bâtisse, g manohy, g manósoka, mankalava, mandava trano. — un discours, mandava, mitárika, mitari-dava vólana; mañanjakanja-bólana. — du fer; mañanjaka vy, mañanjakánja-by, h manézaka vy. — les jambes, g mañámpatra, g manénjana vity. — le temps, un procès, mankaela, mahela, mañela andro, mampihazoházo k. — une peau, une corde en tirant, mitárika, g mandrórotra, h mandróritra, h mandríritra. S'—, mihialava, mirórotra, pv mizózaka. Une ALONGE, sósoka, atohy. son —, ny sósony, ny natohy azy. ALONGEMENT, fandavána, fahalavána, fañanjáhana.

Alors. la mode d'—, ny fatao fahíñy g, fahizay, androtríñy, fahizany, androtrizay, androniñy; ny fatao ndreo tañy. Des hommes jusqu'à —inconnus, o tsy ary hita, tsy fohita, tsy mLo'a fántatra. — il partit, aviteo izy roso, lasa izy tamy ny zany. Vous sentirez —..., efa avy añy anareo, haharéñy...; — que, LORSQUE. Et — pourquoi ne voulez-vous pas ? ka mañino ndreky anao tsy mety?

Alouette, añarambórona, kirombo.

Alourdir, mankavésatra. AGGRAVER.

Alphabet, ny sôratra ziaby; ny fianáran-tsóratra. ny fototry ny fianáran-draha, foto-pianárana; Alifabety. vo A BC.

ALPHABÉTIQUE, mifañara-tsôratra.

Altérer qc, mañova ratsy azy, manovaóva, manatsatso,

mankahata azy. — les paroles du roi, h mandikasoamanahary. — q, mampangetaheta o S'—, miova ratsy. Qc ALTÉ-
RE, voa ova, h valézina, nody ratsy, h mavingy, pv mavingotra, g mavao, niova ratsy. Q—, o mangetateta. Qc non
—, hirihíriny, tsy miharo rano, vátana. ALTÉRABLE, mora
ována, azo ována. Travail ALTÉRANT, asa mampangetaheta.
Substance ALTÉRATIVE, z mahova, mahova ratsy, mahabóka. ALTÉRATION, fiována, fiovan-dratsy. VO ABÂTARDIR; PUR.
ALTERNER, être ALTERNATIF, agn' ALTERNATIVEMENT, mifandimby, mifanóatra, mifampisolo; h mifanandro. ALTERNATIVE de biens et de maux, z tsara maro mifandimby amy
ny ratsy. ALTERNAT, fifandimbázana, fifanoárana, fifampisolóana.
Altesse: visiter son —, mamangy ny Andríana, ny zanadónaka, zanak'andriana.
Altier, miaboabo, mianjonánjona, miavonávona. vo orgueilleux.
Alun, siran-draha.
Alvéole, trano, ou efitréfitry ny zanak'antely.
Amabilité, ny hamy ny hóditra, hóditra mamy, hamamian-kóditra, hamoram-panahy. vo aimable, agréable.
Amadou, h hoto, pv bókaka.
Amadouer q, (passer sur lui une main douce,) misafosafo, manambitamby azy hitaona azy amy ny z; manao fandria-malemi-láfika, mandróboka, vo caresser, tromper. A-
MADOUÉ, h sódoka, h voa sólika, h voa sódika.
Amaigrir, ac, g mankahia, g mampihéña azy. n, mihíahia, miheña. vo maigre.
Amalgame d'un miroir, vanja, harombanja; h manjany, ny
mánja ny ao amboho ny. — d'idées, hévitra samby hafa maro miharoharo foana. AMALGAMER, mampiharoharo foana
S'—, miharoharo foana. VO UNIR.
Amande, añaramboankazo; víhiny ny voankazo.
Amant, fankatia, sombin'aiña, silak'aiña, mpitia.
Amarre, tady, kofehy, h mahazáka.
Amariner un navire, manóatra bahariá sambo sinámbotra. — q, mankaza-dranomásina o. AMARRER, mamehy,
mandrékitra. AMAREZ, fehézo, fehéo, arekéto, mamehéza.
AMARRAGE, famehézana. D'un bon —, tsara fehy, fatra-pehy.
Amas, antóntany, tontandraha, tovónjávatra. — de pierres, de gens, havorian'olona, havoriambato, *ombato,
olona mivory; vato mitovontóvona, mifanéngina, mifanindritsindry, mifanindry, mifanóngoa, misavóvona, mitafotafo. AMASSER, mamory, manaonkáona, h manángona, pv mandánona, manándroka, manovontóvona, h manámbatra. S'—,
mivory, mihaonkaona, miángona, miándroka mitámbatra

Amateur de qe, maharaka, mpitia, g mpanaraka, mpanjengy. Ce dont on est —, z áraka, tiana, aráhina.

Ambages, vólana somalika, teny somangérina, teny miolikólika, volana sosontsósona, teny ariary, badabada.

Ambassade, ny raharaha ny Iraka; reo momba ny iraka. Se charger d'une —, mitondra háfatra, fotóana, k,h alálana. AMBASSADEUR, Iraky mpanjaka, Irak'andríana, ?asa,h alálana, maso-ivoho, mpintondra tény. — ordinaire, firáhina, fasaina.

Ambiant: fluide —, rano manodídina, mamóno.

Ambidextre, mahay roa, roy havánana, mahitsi-tánana roy.

Ambigu : des termes —, DES AMBIGUITÉS, volana misampam-pòteny, roy fòtony samby hafa, tsy hita fotony ankitiny; volana baka, sabáka, misabáka, p sambáka; teny mahasabáka, pv mahasambakána, mahasambakaina, h mahasadéka, mahasadáka, tsiloabody; teny tsy azoazo, mahasalasala, mampisalasala, teni-miólaka, teni-miolikólika, teniólaka, teni-arakáraka, teny hafahafa, fiteny roy, teny roa hévitra; olakola-bólana. Faire des —, parler AMBIGUEMENT, mañolakóla-bólana, mañolikoli-bólana. VO AMBAGES, ÉQUIVOQUE.

AMBITIEUX, ngoaim-boninahitra, ti-hisándratra, ti-hasándratra, tia ho be,h mitsiriri-boninahitra; tia ho ambony ny námana. AMBITIONNER la gloire, mañiry, tia, ta-hahazo, mitady, mila, mikátsaka,h mitsiriritra, h mitsirítra voninábitra. — de plaire, tia ho tiana. AMBITION, ny fingoainamboninábitra, fañirian'eñárana.

Amble, pv ritirity. aller l' —, AMBLER, miritirity; mifañara-bily, mora dia, malemi-dia, misononóka.

Ambon, tora-páfana añaty trano fijoróana, sandrátana. Tribune.

Ambre, loko mánitra.

AMBULANCE, fitahána ny marary amy ny ady,h fitsaboana ny marary, fitahána mandeha, taha mandeha. AMBULANT, tsisy fitsangánana, nandehandeha, mandehaleha, mibarera, miverivery, mivembéña, misavembéña, mizenjéna, mitsangatsángana foana, tsy manam-ponéñana. Mener une vie —. Manao fitoérana mitsangantsángana. Juridiction AMBULATOIRE, fañitósana mifindrafindra; Volonté —, fo miovaova.

Ame, fañáhy, aromoy, amiroy, arimoy, h ambiroa. vo avelo, dindo; lolo, ángatra. Il n'a pas d —, tsisy fo, tsy manam-po, tsy may fo. Il a rendu l'—, afak'aiña izy. L'— des vertus, c'est la charité, ny Renibe, ou ny loharano, ou ny fotony ny hatsarána ziaby, ny fitiávana Zanahary. L'âme d'un fagot, d'un soufflet, ny anaty ny, ny lahy ny.

Améliorer qc, mankatsaratsara z, manoso-katsarána azy. S'—, mihratsaratsara. amélioration, fihżatsaratsarána, fandrosóana amy ny tsara. Il y a de l'—, efa tsaratsara izy.

Amen, ataovo, atavy izany, to izany. Dire —, maneky. Jusqu'à —, andrak'amy ny fárany.

Aménager une forêt, des eaux, mamepétra, manéfitra, manefitréfitra tetik'ala, rasa-rano.

Amende, h sazy, ? dina; pv voina. A l'—, h voa sazy, sazina, g asaina handoa vola, voa voina, analam-bola, pv voa réhitra. Le mettre à l'—, mampandoa vola azy, manala vola azy, h manazy azy, mankalilo, mandréhitra.

Amender q, une loi, des terres, mankalilo o, manitsy malo, manala amy ny diditany, manovaova malontany; mamóndraka ou mankavóndraka tany. S'—, mivalo, manitsifitoérana. Le blé est bien amendé, efa tamoraina, efa mora-vidy ny vary.

Amener q, manátitra o, mitari-dálana o. — les voiles, le pavillon, mandatsa-day, mandátsaka, mampídina, inanjotso, mampandrórona lay, saina. — l'embarcation sur le sable, mitárika lákana, mitari-dákana am-pásina. vo mitondra, manday, mahatonga, mitaona, mampanátona.

Aménité, halemi-mpanahy, hamorána, h fihamokamóhana, h hámoka, hamokámoka, hatsara-mpanahy. Plein d'—, malemy fanahy, mihámoka, mihamokámoka, mandintoérana, mántona.

Amenuiser un bâton, mankadínika, manify, mankatify kibay, mitétika, manatsáka azy, manalála ámy ny.

Amer, pv mafaika, h mafaitra; h héntona, h mangidy. Très —, — koaika. Un peu —, mafaipaika. Se plaindre amèrement, mitretré fátatra, mitsétra, mitsetsétra maré. amertume, hafaika, hafaitra, hafairana, afero, ngidy.

Améthyste, vato sarobidy ambara-ndreo tsy mahamamo.

Ameublement, h tánaka, pv karamaoka, g ny éntana ziaby.

Ameublir une terre, mankalemy, maméfika, mamókaka, mipongy tany.

Ameulonner du blé, du riz, mamátatra vary, mamatra-bary, manao tontambary, antontam-bary.

Ameuter des chiens, la populace, mamorivory, manokotóko amboa maro hangórona, o maro harísika; mamoiboitra, manónjona, h mamporísika ny vahóaka; manétsika, mampiódina, mandrísika ny rorohan-tay n'ólona. S'—, mivorivory hangórona; mivivoiboitra hiódina; miángona, miódina, miónjona maro.

Ami, g drako, g sakaíza, sakutovo; námana, o tiana; vadilahy, longo, olom-pántatra, hávana, faharoy, fahanámana.

silak'aina, sombiky ny aina, h sombin'aina, tohy ny aina. — perfide, sakaiza manody. Agir, vivre en —, être AMI, milongo, misakaiza, midrako. Le traiter en —, le prendre en AMITIÉ, le traiter AMICALEMENT, mandrako, mandongo azy. p drakóina, longóina, sakaizaina. AMIABLE, tia ólona, tsy miady, tsy miankány. Vendre à l'—, mandafo z tsy amy ny ady, tsy miadi-várotra, tsy miadi-tónona.

Amiante, foly tsy miréhitra fatao lamba.

Amical: paroles —, vólana mora, mahalongo.

Amict, lombok'avay, lombo-tsóroka ny mpijoro.

Amidon, lokon bary fañenjañan-damba, miramira amy ny kabija.

Amincir qc, g manify, mankatify, mahatify z. p tifisina, h hanifisina.

Amiral, mpifehy utsambo maro ny mpanjaka. Amirauté, raharaha ny amiral.

Amissible, mora very. Son amissibilité, ny mahamora-very izy.

Amitié, fisakaizána, filongóana, fitiávana, fidrakóana, hatia mifamaly. Avoir de l'— pour lui, l'aimer. Lettre d'—, sora-pihiavánana, sora-pitiávana. Une marque d'—, h lalampó. Faites-moi l'— de parler de mon af au roi, mba sakaizáo aho, ambarao ny mpanjaka ny k ko; mba ambarao ny andriana ny k ko, sakaiza. Présentez-lui mes amitiés, mba omeo fináritra izy, fa sakaiza ko.

Ammoniac, añaran-tsira fañala-haino.

Amnios, soñonjaza.

Amnistie, fanadiñovana, fanadiñóany ny mpanjaka ny ratsy natao ny vahóaka niódina. Jour d'—, h androtsimaty ny andríana.

Amoindrir qc, g manakelikely, mankakely, mankahely, mámpiheña, mankabítika, manakítika azy. S'—, mihiakely, mihena, mihiabítika, mihiakítsika, mihiakelikely. On l'a amoindri, nañaléna izy. Il s'est amoindri, nahafahána izy. AMOINDRISSEMENT, fihiakelézana, fihénana.

Amollir q, qc, g mankalemy, mankafonty, mahalemy, mahafonty. S'—, mihialemy, mihiafonty, mihialemilemy. AMOLLI, efa malemy, efa mafonty; dródroka, g bóboka, móhaka. AMOLLISSEMENT, ac fankalemíana, h fankalemèna; n haleména, halemy, fahosána, haosána; toe-bavy, tombambavy, sarim-bavy, fijejojejóana. vo EFFÉMINER.

Amonceler des choses, manovontóvona, mañaboabo, manao fanindritsindry, h manao antóntany, h mampifanongoa, mamongádina, h manángona, h manámbatra z maro. S'—, être amoncelés, mifanovontóvona, mifanindritsindry, miaboabo, h miavoavo, h mifanongoa. vo amas.

Amorce d'un piege, hòfana, g òfana, h jono, pv mahisa. Du fusil, ny antsòfiny, h bó. AMORCER l'hameçon, manìsy òfana, h manjono, manòfana vintana; le fusil, manatao ou manìsy an-tsòfiny; le poisson en semant qe sur l'eau, mandàny ou mankalány rano. — q, mampala-pòfona, mampálaka makiana, mitaona azy; manatao sakafo an-dálana. — un trou, manòlatra hirika, manampòna lávaka.

Amortir qe, mankafatifaty, mahafatifaty, mamonovóno z, mampiosa, mampihena z; h mampiónona. S'—, mihżafatifaty, mihżalemilemy, mihżafontifonty, miónona; s'— en terre, pv mihánitra, h mihámitra, milévina, maty, miálina an-tany.

Amour, hatia, hatiávana, fitiávana. — mutuel, — mifamaly. Rendre — pour —, mifamaly —. Je l'ai fait par — pour vous, ny hatia ko anao ou amy nao, ny hatiáva'ko anao ou amy nao, ny fitiáva'ko anao no nanaova'ko azy. L'— de Dieu (pour Dieu), ny fitiávana Zanahary, ny hatiávana amy ny Zanahary. L'— de Dieu (pour nous), ny fitiávany ny Zanahary antsika, ny hatia ny antsika, ny hatiáva'ny antsika, ny hatiáva'ny amy ntsika. Travaillez par — pour Dieu, asio hatiávana amy ny Zanaháry ny asa nao. Les livres sont mes —, ny taratasy no mahery tia ko, no fotia'ko, no afanany ny fo ko. — PROPRE, fitiávan-tena, hambompó, angimpó, hambonkibo, anginkibo, rehareha, avonávona, h nehoneho, pv nekoneko. Avoir de l'— propre, mitia-tena, mihambompo, miangim-pó, mirehareha, miavonávona, minehoneho, minekoneko, h mamifovélona. Lui faire l'—, mitia, manarakáraka, manìry, manara-boa-maso, mila azy. — apparent, hatia-miboréraka, hatia-voréraka. S'en AMOURACHER, mitia azy fátatra, maty ny fitiáva'nazy, h matiny hiany, marary ny fitiáva'nazy; mániña azy. AMOURETTE, hatia mora áfaka; antsa hatiávana, h vazo, ? kalo, filam-bady. AMOUREUSEMENT, avec amour. En être AMOUREUX, l'aimer. Son —, vo amant.

Amovible, mora aísotra, h azo esórina, mora alána, mora adiso, mora adriso, mor'afindra. Son amovibilité, ny mahisotra azy.

Amphibie, sady mitoetra anaty rano mitoétra antety, toy ny mamba; sady vélona an-drano velona antety. C'est un —. roy fiainana, roy fombána izy.

Amphibologie, ambiguité.

Amphithéâtre, lafadafa-tany, h tany misy ambaratonga; trano be misy lafadáfatra mifandány.

Ample, matáhitra, be, lehibé; besákana, malálaka. Il y en a AMPLEMENT, il est ample, abondant. Son AMPLEUR, ny hatahírany, ny habe ny, h halehibiázany, habézany. AMPLIFIER qe, manáhitra, mankahebé, mankahe, pv manátatra, h munitatra, manatatratatra, mamelatra, mamavatra z; — une nouvelle, mampitombo, manòsoka, manòvona k.

Ampoule, tavohangy hely tohóboka (h takóboka), tavohangy kely voréraka. Il a des — à la main, misy maémpaka, h manémpoka amy ny tánana izy ; miémpaka ny hodi'ny. Style AMPOULÉ, teny mivoréraka, volam-boréraka, teny bóboka, drádraka, bóntaka, dródroka, foañaty, poakaty.

Amputer un bras, manápaka tánana. AMPUTATION, fanapáhana. On lui a fait une —, nanapáhan-dreo izy.

Amulette, ody, pv aody, betály; sikidy.

Ammunitionner la place, manampy fiadívana ny rova, manampi-pondy ny tanána.

Amurer la grande voile, mandreki-joro ny lai-be. Amurez-la, areketo zoro izy. Elle est AMURÉE, efa reki-joro izy. Les AMURES, ny tadi-njóro ny, vo Border.

Amusant, maharavoravo, maharikiana. q —, g kisakisa be, h akisa, h akisakisa, h miakisakisa, h angan ongáno. vo kabíaka. AMUSER q, mankaravo, mampahafináritra, mampihomehy o; mampisoma o, mañal'andro o, mampandany andro o, mamily o; mampidondórina o. vo TROMPER. S'—, milaolao, milalao, misoma, midola, h misomonga, mirekireky, misangisangy, mandány andro, mamono andro. vo mitaredrétra, mitsirambina. AMUSEMENT, soma, lalao, dola, fisána, h sangy, h sangisangy, somonga.

Amygdales, ny vihiny roy ambány ny lela; h amboakelintenda.

An, g herintaona, taona. Le jour de l'—, h fanuróana, h toñon-taona. Il y a 10 ans qu'il est mort, efa folo taona nifatésa'ny. Je ne resterai pas un an, zaho tsy hipétraka taona raiky; ça durera un an, hañerin-taona izy.

Anachorète, o mónina irery, mitókana, mitoetra ra'ky. vo solitaire.

Anachronisme, isa taona ota, fañisan'andro diso. Où il y a un —, diso fanisan'andro, diso isak'andro.

Analogie, hamirána, fitoviana. Raisonner par —, mampirampira, manòhatra. Qui ont de l'—, qui sont ANALOGUES, ANALOGIQUES, miramira, mitovitovy, fankaríny.

Analyse, fanaratsaráhana ny fotondraha; fizarány, fampisehóany ny fòtony. L'ANALYSER, manaratsáraka ny fòtony, manjengy ou mikátsaka ny fòtony; mandínika, mandinidínika ny fotony; manokantókana ny vólana; mitsimpontsimpom-bólana; mampody z amy ny fotony.

Ananas, g mananásy, pv manasy.

Anarchie, fanjakána tsìsy didy, tany tsisy mpanjaka, tany tsisy malo; fanjakány be-zanozáño, h rabantsáhona, pv fanjakána tsi-mivala

Anathème, g fañozónana, h fiozonana, ózona. Qu'il soit—, ozóno, roáho izy. Il est l'— de tout le monde, ozóniny, titíhiny, roáhiny, fifantány, fivoadiany ny o ziaby izy; voa ózony, voa títiky ny o ziaby izy. Le frapper d'—, L'ANATHÉMATISER, manózona, mitítika, manabóho, misahato, mandróaka, mitora azy, vo excommunié, exécrable.

Anatomie, fandidididiana ou fanapatapáhana ny faty ndraha, ndre olona ndre biby, hizaha ny fombany. Une —, rakaraka n'ólona, faty njávatra mirakaraka, taolandraha, faty njaka voa hihy. L'—, ny fahalalána ny vatan'ólona. En faire l'—, l'anatomiser, mandidididy, manapatápaka, manatrokátroka azy. ANATOMISTE, mpandidy faty ndraha.

Ancêtres, g rázana; razambe; dady, ntaolo, antaloha. ? karázana, ? firazánana, ? karazambe. Qui vient des —, avy amy ny rázana. Du temps des — les plus reculés, Faharazandrazánina.

Anche de basson, ny antsoly ny kely, ny tavolo ny kely, ny tendro ny. — de moulin, ny lakalákany.

Ancien: meuble —, vatra ela, elaela, sk lehánika, tratr' ela. Je suis l' — maire de la ville, Be-ntanána teo aho. C'était l' — maire, tompo ny tanána taloha izy. S'asseoir parmi les — du village, mifitaka amy ny ántitra, matoy, lohólona, be, beántitra ny tanána. Surpasser les —, les peuples—, mihóatra ny taloha, antaloha, olontaloha, antaolo, ny firazánana lasa. ANCIENNEMENT, taloha, h fony taloha, h fahagola, h fahagolantany. ANCIENNETÉ, haeléna, hantérana, hatoézana, hatoy; fizokíana.

Ancipité: feuille —, rávina roy sánitra, maráni-droy.

Ancre, andrísa, vato-fántsika, pv vato-fatsika. Jeter l'—, (ANCRER,) mandatsa-batofatsika, mandatsak'andrisa. Lever l' —, mañómbotr' andrisa, mañombo-batofátsika. Il est à l' —, h mifántsika, mifátsika, miházona izy. S'ancrer, miórina, mamáhatra, mifatsika. ANCRAGE, fandatsahan'andrisa, fitodian-tsambo, fiantsónana. Droit d'—, fadi-ntseránana.

Andouille, tsentsindambo, tsinay ndambo voa tséntsina nofo.

Ane, ampondra; lavasófina; — fabuleux, songaomby, h songomby. En dos d'—, sompirana. Qui prend l'— par la queue, tsy mahalala ny forindákana, tsy málaka ny lány ny asa. Le plus — des trois n'est pas celui qu'on pense, ny mahery ampondra (adala) amy ndreo telo tsy izy ahihí'nareo.

Anéantir qc, mahafoana z, mañála azy jabiaka; manjabiaka, manao jabiaka azy, mamóngana, mamóngotra, mampanjávona, mampilévona, mamono, mandrávona, mandány azy jabiaka, ? mahatsimisy, ? mahatonga ho tsinontsinona. S'—, mihafoana, milévona, maty, mirávona, manao jabíaka, manjávona, mody tsinontsinona. s'— devant Dieu, s'humulier. ANÉANTI, efa lany jabíaka, efa fóngana, efa fóngotra, efa fiana, nanao safiana, nanao safisafiana, efa lévona, efa niravona, efa tsisy, efa tsy misy, efa foana, efa tsy závatra izy; efa nody tsioka, efa tsioka izy. ANÉANTISSEMENT, fandaniana, fahafoáñana, fahalevónana, fanimbána, famonóana, fanalána

Anecdote, angano.

Ânerie, hadidány ny ampondra, fitovian-jery amy ny ampondra; jery n'ampondra, hadideriany ny ampondra.

Anesse, ampondra vavy.

Anévrisme, handron-drá, liho-vory.

Anfractueux, miolikólika, folapólaka, mengoméngoka; tomoantóana, misy montomóntotra, misy kitoantóana. Anfractuosité, olikólika; montomóntotra, kitoante..na.

Ange, fañahy, hiañ'ólona, hiaña, fihitra; fanahy firahiny ny Zanahary, iraky Zanahary, Anjely. Mauvais —, démon. Etre aux —, pv varivary, ravoravo. Rire aux —, manimoka hehy, mihimokimoka. Comme un —, tsara indrindra. ANGÉLIQUE, toy ny anjely, momba ny anjely, manao toetr' anjely. Vertu —, hatsara mampitovy amy ny anjely, mira amy nihy ny anjely. Salutation —, ny arahaba, ou ny koezy néntiny ny anjely.

Anglais, Angilisy.

Angle, g zoro, zórony, vo kihío, takólaka; rirany.

Anglicisme, hakimbólana, fohankimbolana, fataombolana, saimbólana, fisaiñambolan-dreo Angilisy.

Angoisse, alahelo be, fangirifiriana, fioriana, jery mahaletra fo, fo-andétra, fanolañam-panahy, fanetréna, fandérana. Dans les —, malahelo be, an-detra, mangirifiry, antsaly. vo affligé.

Anguille, g amálona. Grosse —, tona. Pécher aux —, manamálona.

Angulaire, misy zoro, manan-jóro. Colonne —, andry anjoro. Pierre —, vato anjoro, vato fehi-zoro.

Anhélation, h? sohika, pv sefo, séhoka, sefosefo, h fisempórana.

Anicroche, sákana, sámpona, émbitra, z mahasávika, maharátra, maharómbitra, maharómbina ny k n'ólona.

Anier, mpanesy ampondra.

Animadversion, fañadíana, tsiñy. Il a encouru l'— publique, nitsiñíny ny o ziaby; adiny, h adidiny ny o ziaby izy: efa hala ny tany ziaby hóditra izy.

Animal, s: z miaiña, manañ'aiña, vélona, misy fiaiñana. Biby, kaka. — domestique, biby mora, kaka tamána, biby manompo. — raisonnable, z misy jery. Vivre comme les ANImaux, manao fitoeran aomby, manao firaihan-janaborona.

Animal, a: le règne —, ny hamaróana ny biby, ny karázany ny biby. Vie —, famelòman-tróka, fañaránan'kibofoaña. Les esprits ANIMAUX, ny fiaiñana, ny aiña.

Animalcule, vóaña madínika indrindra, biby kiritika, kaka kitika.

Animaliser l'homme, mankabiby o. — les aliments, mampiaiña ny hánina, mañova ny hánina ho vatan'ólona, mampanjary azy vatan-draha-miaiña. L'ANIMALISATION des substances, ny fañováña ny hánina ho vatan-java-miaiña. L'ANIMALITÉ, ny aiña, ny fiaiñana. Son —, ny mampiaiña azy, ny mahabiby azy.

Animation des corps, ny fañisian'aiña ny vatan-draha; ny fidirany ny aiña amy ny vátana.

ANIMÉ, be aiña: être —, z manañ'aiña, z manam-piaiñana; z vélona. Yeux —, maso h midoréhitra, g .niréhitra, hénjana, manjélaka, pv baliaka, h bonáka, g mamongátraka, g mamongítrika, mena, h mangatrakátraka. Teint—, sora mena, menamena. Style —, teny may, mandevy, maharísika, ménjika. — au travail, may, mai-fo, maheri-fo, marísika, mazoto amy ny asa. — contre qc, VO IRRITÉ. q — d'un bon esprit, o arísiky, aronjy, enjébiny on velóminy fanahy tsara, o irehétany fanahy tsara. ANIMER un corps, mampiaiña, mañisy aiña vatan-draha, mamélona, mahavelona azy. — q, son discours, mañénjika, mandréhitra, mañisy afo, mañisy fo azy. VO EXCITER, IRRITER. S'—, ménjika, miénjika; vao hiréhitra, vao handevy, vao ho may; vao hiaiña, mihávitrika. Animez-vous, mienjéha, mavitríha, mahereza fo anao, asio fo ny asa nao.

Animosité, vo haine.

Annales, h tantara, g filazáña ny natao ny o mañáraky ny andro nanaovany azy. ANNALISTE, h mpamoron-tantara.

Anneau (bague), h fera, pv pératra, pv ampety, ? kivorivory. — de chaîne, maso. — au bras, pv vangovango.

Année, vo AN. — bissextile, taona manan-tombo. Souhaiter la bonne — a q, misaotra o ho soa-taona. — mauvaise, taona mangidy, taon-tsárotra.

Annexe, sôsoka, z natohy, z nakámbana. Son —, ny soso' ny, ny amby ny, ny natohy azy, ny nakámbana ámy ny, ny kambi'ny, h ny nanampy azy, ny nasósoka azy, ny zana'ny. Y ANNEXER qc, une terre, manohy azy, manósoka tany azy manohy tany ámy ny. Ce à quoi on annexe, ny tohízina, sosóhana, ampíana.

Annihiler, vo anéantir. Annihilation, anéantissement.

Anniversaire: qc —, z mihérina isantaona, fatao isany herintaona. L'— de sa naissance, ny iherénany, ny fiheréñany, ny fitsingerénany ny taona nivelóma'ny. Le jour — de..., ny andro itsingerénany ny taona ny...

Annonce, kabary, k ambara; fañambaràna, filazana, fanatoróana. En faire l'—, L'ANNONCER, mañambara, manoro, manatoro, milaza, mitadidy, mitory, miventy azy. S'.—les nouvelles, mifañambara, mifanatoro, mifampilaza k. S'— soi-même, se produire.

Annonciation, filazána; ny andro nilazány ny anjely Gabriely amy ny Virijiny másina hitéraka ny zanaky Zanahary.

Annotation, soso-tsóratra, soso-bólana milaza ny fótony ny teny; filazána. fañambarána, fañampiana. L'ANNOTER, manòratra azy, manao antsòratra azy;— un livre, manosotsòratra azy, manòsoka ny soratr'ólona.

Annuel: supérieur —, talé mañerin-taona, soafana isantaona. Pension —, vola aloa isan-taona. Qc —, z avy isantaona, mañáraka ny herintaona, maháritra herintaona, tsy maharoy taona. ANNUELLEMENT, isantaona, isany herintaona.

Annuité, trosa efaina tápaka isantaona.

Annulaire, vorivory, karaha fera. Doigt —, ny tondro fasiam-pera, pv fasiam-pératra.

Annuler, vo anéantir. Annulation, anéantissement.

Annulé : tige —, tsorakazo misy vániny, misy tóñona, maro tóñona; misy pératra.

Anoblir q, mañandríana, mahandriana, ? mandráñitra, mañisy voñináhitra, manandra-pady, mañome añárana, sk ? manao senga-vélona azy. ANOBLI, vao hasándratra, efa andriana, efa misy añárana, vao hasiam-boñináhitra. ANOBLISSEMENT, ac fañandriánana, fanandratam-boñináhitra; n voñináhitra, handriánana.

Anodin: remède —, potion ANODINE, aody mañala téhoka, mahafa-pery, mahafatifaty hòtsoka; fañala-hòtsoka.

Anomal: pouls, fièvres, plantes —, tsy mañáraka ny fatao; mandika, mandikadika andro (ou taona); mañelañélana, tsy mifañarakáraka; mañantambo. ANOMALIE, tsy fanaráhana ny fanao; tsy fatao; Dikadika, fandikadikána; elañélana, antambon-draha, loza, ajima, samánkona, sabábona, ijy.

Ânon, zanak'ampondra.

Ânonner: q qui ÂNONNE, o miahañáham-bólana, ampondra feo. vo mifato-dela, h mikodedy, mikodedidedy, pv fafá, mikodada. Ânesse, animal qui —, ampondravavy mitéraka, biby miterak'ampondra.

Anonyme, tsisy añárana; écrit —, sòratra tsisy añaran' ólona. Auteur —, tompo tsy hay añárana. Garder l'—, manóny, ou tsy mañambara añaran-tena.

Anordie, rivo-dahy aváratra; aváraka. Le vent ANORDIT,

manavaratra ny tsioka, h n.ianavaratra ny rivotra.

Anorexie, izin-kibo, kibo maïzina.

Anse de vase, sófina, táñana. —, baie, lóvoka hely, vavarano hely. ANSETTE, hori-kelikely; — de voile, ny tady a-molo-day, tady amólotra.

Antagoniste, fahavalo, rafy, dovy, mpiady, rafilahy. Qui sont —, miady, mifandrafy. Muscles —, ózatra mifampitárika, mifandróritra.

Antalgique, vo anodin.

Antankares, peuples du nord de Madagascar, Antankárana.

Antarctique, ambálaka, atsimo ; tsy mañaváratra.

Antécédemment, taloha, aloha. Qui est ANTÉCÉDENT, mialoha. L'—, ny mialoha, ny fanalóha ny. Les —, ny taloha.

Antéchrist, rafy ny Jeso-Kry, mpiady i Jeso-Kry.

Antédiluvien, taloha ny safodrano be, taloha ny sangoaka be.

Antémétique, tsy mampandoa.

Antenne, sákana, sakampalazy.

Antépénultième, ny mialoha ny aloha ny fárany, ny mialohaloha ny fárany.

Antérieur, taloha, aloha. La face — d'un bâtiment, sa FAÇADE. ANTÉRIEUREMENT, taloha. ANTÉRIORITÉ, fialoháña. vo antécédent, ancien.

Antestature, rova-hazo miharo tany.

Anthropophage, o homan'ólona, mpihinan'olombélona. L'ANTHROPOPHAGIE, ny fihinánana ólona.

Antichambre, éfitra fidírana, efi-trano fidírana, efi-pidírana, alo-bahíny. Faire —, mandíñy amy ny efi-pidírana.

Antichrétien, miadi-kretiena, malaiña kretiena.

Anticiper, mialoha, mañaloha, manao aloha, maka aloha, manao saandra, mamahavaha. — un paiement, mankefa aloha ou sandra. — sur ses revenus, mandány haréana sandra. — sur les temps, mandika taona, mañiana andro, mamokin' andro, misarombak'andro. — sur le bien d'autrui, manao fangady belela, mangálatra. vo Usurper. ANTICIPÉ, maláky loatra, mañiana, mialoha andro. ANTICIPATION, fialoháña, fanaláña aloha, fahazóana aloha, fañiánana. Par—, d'avance.

Antidartreux: remèdes —, fañala kesa.

Antidate, andro tsy éndrika avy, andro ts'izy. L'ANTIDATER, milaza andro aloha lóatra

Antidote, aody, fañafody, fañéfitra, fandáfika, vo alexipharmaque.

Antienne, lohanantsa masina, tapak'antsa ; h fialohankira, fañalohan'antsa.

Antilaiteux, maharítra ronóno, mahasitrana ronono.

Antilope, osy mivolimbólina tandroka.
Antipape, rafy ny Papa, papa boka, mpibáboka ho papa
Antipathie, fo tsy tia; tsy fitiávana, h f ankahalána. HAINE.
Sentiments ANTIPATHIQUES, fo mifankalaiña, h mifankahala, mifamótitra, mifandrafy, tsy mifañáraka, tsy mifañeky, tsy mifankatia, tsy mifanka-azo, tsy miraiky.
Antiphonier, antiphonaire, taratasy ny lohanantsa.
Antiphysique, mañantambo, mandoza, manamánkona
Antipodes, ny ambány ny tany. Les —, ny o mónina ambany ny tany, mifamoti-bity amy ntsika, ou mánana tóngotra tandrify ny tongo'ntsika, ou mifanandrify tómboka amy ntsika.
Antiputride, tsy mahaló, tsy mahamótraka, tsy mahamántsina.
Antiquaille, závatra ela avy amy ontaolo.
ANTIQUAIRE, o mahafántatra ny z ela, mpandinika ny taozávatra faharazandrazáñina.
Antique, ela, sk lehánika, tsy vao, hay, haihay, haihaihay; fah'antaloha, fah'antaolo. ANTIQUTRÉ, fahelána, dh faheía, dh fahíny; fahanterána. L'— a eu ses arts, ny antaloha mba nahay z maro. Les — de Rome, ny tao-závatra ela anaty Roma. vo ancien, âgé.
Antispasmodique, mahaketrak'ozatra, mampandry ózatra, miaro ny miendatréndatra, dh miaro ny voly, miaro ny tévika, ? fañala tromba.
Antithèse, teny mifandiso, hévitra mifanísotra.
Antivénérien, dh miaro ny kibay.
Antre, hítsika, lava-tany, lava-bato, hitsi-bato, lávaka, pv jómana, h zoma; tranombiby, torabintsy.
Anuiter: s'—, mañariva, mañálina, tratr'alina.
Anus, fory.
Anxiété, g ahiahy, fañahiahiana. Longue —, h tapitapy. Etre dans l'—, mañahiahy, manahy, miahy, miahiahy, h maro heréhina; pour q, h mahína, mahinahína; avec —, añ'ahiahy. Dans une —continuelle, g mandri-andriran antsy, h mandri-tsirangaranga, mandri-vodivodiana, mandri-antendron-tsaboha, mandri-andriran-défona, mandri-añahiahy, h mitapitapy. vo angoisse.
Août, h ? alahamady, pv volambita.
Apaiser q, mankamora, pv mañala héloka, mañala hasira, manambitamby, mañatrakátraka, mampangiña, mañala fo, mampiádana, h mampiónona, h mampiónina o. — la colère, les vents, mañétraka, mampandry ny hasira &. — la faim, la soif, mañala mosary, hetaheta; mañétsaka ny kibo; mahétsaka. S'—, mihamora, kétraka: afakáfaka, miónona, miónina, mandry.

Apanage, anjara, zara, anjady.

Apathie, aran'ahy, fiaránan'ahy, baran'ahy, tsy fanahiana, fo maty, fo tsy mahareñy z, fo miborétaka. APATHIQUE, miaran'ahy, baran'ahy, mibaran'ahy, tsisy fo, maty fo, tsy mañahy raha, tsy mahareñy z na hafaliana na alahelo, matoro fo, tola fo, manara fo, tsivinitra, h moramoraina, dh tsy mahatsiaro.

Apercevoir qc, s'— de qc, mihita z. S'— l'un l'autre, mifankahita. Qc aperçu, z hita. Qc qui s'aperçoit, z hita, vo APPARAITRE, COMPRENDRE. Un APERÇU, fahitána, fizahána; tápany; en donner un —, manoro tápaka, mañambara azy hely, mamotsifotsy, mamándana. En —, en abrégé.

Apéritif: remède —, aody mahazava kibo, aody mampandeha, mamaha, mamoha, mahasókatra; ? fankaodeha.

Apetisser, h manakely, mankahely.

A-PEU-PRÈS mort, karaha maty, karaha ho faty. C'est — fini, kelikely foana no tsy efa, efa ho efa izy, kely foana no tavela, kelikely no sisa. Se contenter d'un —, tsy mañahy ny kely tavela, ny ila hoho sisa. Faire les choses —, manao-tao foana, tsy mahavita, tsy mahatody, tsy mamara asa, tsy mañala fara asa. Ils sont — semblables, miramira reo. — la, aoao, h aohoao. vo madiva, saiky, vaiky, mitsitsy; Environ, Presque.

Aphélie, ny aleha ny *Planète* manalávitra ny masoandro indrindra. vo apogée.

Apiquer, manangánga, mampitsingánga, maningánga ny sakampalazy.

Apitoyer q, h mampiantra, pv mampitse-kibo, mampitsepo o, g mampal helo o. S'—, h miantra, pv mite-po, mafiraina, mite-kibo, mitsetsétra.

Aplanir un chemin, manamárina, mankamarimárina, mampira, mampírana, mampérana, mampirampira, mampitevy, manamarin-drano lálana, mañala montomóntotra azy. — une montagne &, mañetry, manjetra, mamísaka, mañetraka vóhitra; mampandry volo; mamáukona fafa. — les difficultés, manala ny sárotra, mahamora ny sarotra. S'—, mihiamárina, mizétra, vao ho mira, vao ho kétraka, efa ho áfaka. APLANISSEMENT, ac fanamarínana, fampiràna, fampiránana; n hamarénana, hamirána, hamiránana.

Aplatir qc, mamísaka, mamisapísaka z. APLATISSEMENT, famisáhana, famisapisáhana. vo aplanir.

APLOMB, g árina; tsiñariñárina, hamarénana. D'—, márina; mijolo, h mijoro. Le mettre d'—, mañárina azy. Se mettre d'—, miárina. Qui a de l'— dans sa conduite, marintoetra. Le porter d'—, manao tsiariñárina azy. Son —, ny hamaréna ny.

Apocalypse, taratasy amy ny *Bibily*, misy ny k nambara ny Zanahary amy ny masindahy *Jean*; fañambarána. Style d'—, fivólana sarotr'azo fótony.

Apocryphe, tsy to lóatra, tsy mahatoky, tsy hay tompo.

Apogée, ny aleha ny *Planète* manalávitra ny tany indrindra. L'— de la gloire, le SOMMET.

Apologie, ac fañalan-tsiñy, fiarôvana, fiderána; n fialan-tsiñy. Faire l'— de q, manala-tsiñy, miaro, h midera, pv mañengy, mandrangy, mañángy, mankalaza, mampiala-tsiny o. Faire sa propre —, miala-tsiny, miaro tena, pv mandrengy vátana, manao hialána, mankalaza tena. Discours APOLOGÉTIQUE, toriteny misy fañalan-tsiñy.

APOLOGUE, angano hely tsara fañanáran'olona; h arira, h hatsikiana. vo fable.

Apoplexie, aretin-doha avy támpoka mahatórana tsitra, ka indraikindraiky mahafaty.

Apostasie, fialána amy ny Zanahary, fihemórana, fiodínana, fañodínana. APOSTASIER, mahafoy Zanahary, miala amy ny Zanahary, mihémotra. vo abandonner. Un APOS-TAT, o nahafoy, namádika Zanahary, niódina támy ny.

Apostème, fery, tsongo; h ? tsevodrano. vo abcès.

Aposter q, manoetra, manátoka, manángana, mampitoetra o hifilo.

Apostille, soso-tsóratra, h anampy, pv fañampian-tsóratra. APOSTILLER une lettre, mañampy sôratra, manoso-tsóratra azy, mañisy soratra amy ny sorítan-tavela.

Apostolat, fatao ny *Apôtre*, raharaha ny iraka. Pendant son —, tamy ny taona nandaisa'ny ánatra tamy ny o, mbola izy mitondra ánatra. La carrière APOSTOLIQUE, ny nombány ny apòtra. Préfet —, solo papa, iraky papa; bref —, taratasy avy amy ny papa. La doctrine —, ny k nambára, nampianáriny, no lazainy ny apôtra, ny fañambarány, ny fañanárana avy amy ny apotra. Prêcher à l'—, APOSTOLI-QUEMENT, manao toriánatry apôtra, mira fañanárany amy ny apotra, toy apotra izy manánatra.

Apostrophe à q, todi-bólana, tora-bólana tampotámpoka; teny atóraka, pv ranteha-bólana. — orthographique, (') tebo-tsóritra fanesórana sôratra vakiteo. APOSTROPHER q, mitodi-bólana o, mitora bólana amy ny o, miantso o tampotámpoka, manao vólana mamaky hándrina. L'— d'un soufflet, mitoraka tefamaina azy, mitopy téfaka azy.

Apostumer, pv mañásaka, pv miveñaveña, h mibenabéna.

Apothéose, fanandrátana olona hanjary Zanahary. Le jour de son —, ny andro niakárany hanjary andriamánitra. En faire l'—, le Déifier.

Apothicaire, mpivárotra aody, pv mpikopok'aody, mpanao ódy. APOTHICAIRERIE, fikopóhan aody.

Apôtre, anaran-dreo fololahy roy araby nofidiny i Jeso-Kry, niráhi'ny hilaza ny filazan-tsara amy ny tany ziaby. Iraka, apòtra.

Apparaitre, g miseho, mibóaka, h mivóaka. Mampiseho tena, maneho tena, mamoa-bátana, h mipósaka, pv mipótsaka, h mipoitra, pv mipótsika. vo manirinkina, g mitranga, mifókatra, miókatra. — tout à coup, h — támpoka, pv — sobéraka; h miranga, misémbana. — à peine, h mamelovelo. — en songe, h maniudri-mandry, azo nofy. Qui apparait, hita, hita maso, tafiseho, tafivóaka, tafipósaka. vo Paraitre.

Apparat, g fihaminana, h fihaingóana, rehareha, g tabiha, g rendrarendra, pv tabotabo, dh rendrirendry. Parler avec —, mirchareha mivólana. vo pompe.

Apparaux d'un navire, vo agrès.

Appareil, vo vorongo, vorónkona, rónkona. — d'une cérémonie, ny hámina, fihaminana, h fihaingóana, filavánana. — d'une plaie, foño, famboárana; fehy, famehézana. D'une fracture, pv lotsátsa, h hámatra. Lever l'—, manala foño azy, mamaha azy.

Appareiller des objets, mampiharo, mampiraiky, mampiáraka, mampivady, h mambóatra, pv manantsary, manokotóko z mira; mampira, mampitovy z. S'—, miraiky, miharo amy ny fahanámana. Le navire APPAREILLE, mamela-day, mamaha lay, mamava-day ny sambo. APPAREILLAGE, vava-day, vela-day, famaváran-day, fameláran-day, famahán-day.

Apparemment qu'il viendra, tandry ho avy izy, karaha ho avy izy, ahihi'ko ho avy izy; ho avy izy angaha, angaha ho avy izy, handra ho avy izy. vo Peut-être.

Apparence: ses —, ny sora ny, taréhy ny, lahara ny, vajihy ny, volo ny, saro'ny, h éndri'ny, nódi'ny, rávi'ny, h bika ny, toi'ny, fôfo'ny, siki'ny; foño ny; ny ivélany, ambélany; ny hoso'ny, ny nahósotra azy; ny sikini'ny, ny manákona azy, ny hita maso ámy ny, ny ambony; ny fisehóany, fipotsáhany. Fausse —, h ankósotra. VO APPARAT. Sauver les —, pv manal'antsa, h miala salay. D'une — trompeuse, malaza rávina. Se laisser prendre aux —, mividy vólony. Prendre, avoir l'— d'un bœuf, misary, mivolo, miéndrika aomby. Sous l'— d'une brebis, mivolo ondry, misáfotra hoditr'ondry. Sous les — du pain, takófany ny sora ny mofo. Ce n'est qu'une —, tsy tenandraha ankitiny izy. Des passions sous une — de piété, fo ratsy voa foño hóditra másina. Beau en —, karaha tsara, sk koazaka senga; sage en —, tsara toetra imaso. Travailler en —, manao sary miasa. Qe de grande —, z voréraka, mivoréraka, bóboka. Il y a grande — de guerre, hiady reo hónoka; vao hamófona ny ady, misy fofon'ady.

Apparent, visible, hita, miharihary, h mibaribary, h mijohary, tsy mivóny, tsy miáfina, h manjala, g mijalajala. vo APPARAÎTRE. Un talent —, fañahy bóboka, foañáty, poak'aty, voréraka; jery drádraka, kapoak'aty.

Apparenter q, l'allier. S'—, s'allier. Ce mariage l'a mal apparenté, vady ny zay nampahazo azy hávana ratsy, efa ratsy hávana izy efa manambady.

Apparier, vo accoupler. Ils sont appariés, efa tsiroiroy, efa mivady reo.

Apparition, fisehoána, fiboáhana, fiposáhana; z miseho. J'ai eu une —, niboáhany énjika, nisehóa'ny nofy to aho. vo matoatoa, nofy, ambiroa, tsindrimandry. Le jour de son —, ny andro nisehóa'ny. J'en ai vu l'—, hita ko tafi-pótsa-ka izy. Faire une légère —, mamántana, miviona foana, nanao viona foana. vo apparaître.

Appartement, trano miéfitra, trano.

APPARTENIR à q, APPARTENANT à q, misy tompo, manantompo. Ce qui APPARTIENT à q, raha n'ólona, zavatr'olona. Il m'—, h ahy, g anahy, sk anakahy, pv nihin'ahy, sk nihinakahy izy. (C-à-d il est Mien; vo tien, sien &). Il — à q, an'ólona izy, nihin'ólona izy. L'homme — à Dieu, Zanahary no tompo ny olona; nihiny Zanahary, h an'andriamanitra ny ólona. A qui — ceci? an'ia, h an'iza, g an-jovy, pv nihin'ia, nihin-jovy ity? zovy no tompo ny ity? Il ne m'— pas de parler, tsy zaho no tókony hivólana, tsy zaho no tompo ny teny, ou ny fit nénana. Il n'— pas à tout le monde de juger, tsy ny o ziaby no mahamaly, ou no mpañito, ou no tompo ny fimalóana. Cette vis-ci — au fusil, celle-ci — à la presse, ity fatsika ity MOMBA ny basy, ity FOMBA ny fañeréna; io NIBY ny basy, ity TÁPAKY ny fañeréna; io MIÁRAKA ámy ny basy. Remettez-les chacune à l'objet auquel elle—, ampodio samby amy ny z OMBÁNY ou FOMBÁNY.

Appât, ófana, pv hófana, h jono, pv mahísa; z mahatia; fitaómana; langomalemy. vo amorce; odeur, ruse. APPÂTER q, mitárika o amy ny hánina, vo amorcer q. — un oiseau, l'abecquer. — une volaille, l'engraisser.

Appauvrir q, mañala haréana o, mañalala fanáñana o, mandrébaka, manjénjina, mankahalala o, manao ono-bélona, manao halala vélona o, mampalahelo o. — les terres, mamono dity, mañala dity tany. — le sang, mahafatifaty ny ra. S'—, very haréana, mihiahalala, mihialahélo; nahafáhana, matimaty, matimaty dity; mihiakely baréna, manjary halala. APPAUVRISSEMENT, haverezan-karéana. vo RUINE

Appeau, z fitsiofina fikaiham-bórona. Vorona mpikaika havana amy ny fandrika. Fikaika, fañantso.

Appel, antso, fiantsóana, pv fañantsóvana; kaika, fikaihana, h haika. Faire l'— nominal, manantso ny o samby amy ny añárany, manónona ny o. Jugement sans —, ito, malo tsy impodiánana. Faire —, vo Recourir, DEMANDER; DÉFIER, ASSIGNER. APPELER q, miantso, pv mañantso, mikaika, h mihaika o; mampiavy o, mañasa o avy. — du geste, mañátsika o. — à grands cris, h mihohahoha, pv mandróntona; vo CRIER. — les choses par leurs noms, manónona ny z samby amy ny añárany, tsy mañovaova añárana ny z. — du secours, mala-bonjy, mikai-bonjy. — le malheur, mampidi-doza, mandatsa-boina. En — au roi, mangátaka ho maloíny ny mpanjaka. Cri pour appeler q, Oie! oh toi ! Là où on l'APPELLE, amy ny tany misy mañantso azy, amy ny tany añiráhana azy. J'en — de votre décision, ny malo nao tsy ombá'ko, tsy eké'ko. J'en — au roi, hengo an-dapa aho; mila malo, mitady fitsarána amy ny andríana aho. Je m'—, (je me Nomme) Rakoto, ny añara'ko, Rakoto; i Rakoto no anára'ko. Comment s'— t-il ? ino ny añára'ny ? Q qu'on —, qui s'— Rano, o añárana Rano, ataondreo Rano; h o atao ny añarany hoe, Rano? Qu'appellez-vous kabija? ino ny kabija voláñi'nao? ino atao nao kabija? Il s'appela Paul, málaka anarana i Paoly izy. Comment l'appelez-vous ? ino anarana atao nao azy ? ino no añárana ome'nao azy? Appelez-le Fáraka, ataovo Fáraka ny anara'ny. Appelez-le par son nom, toñóno izy, toñóno ny anara'ny. L'APPELANT et L'INTIMÉ, ny mpikaika ndraky ny kaíhina, h ny mpihaika sy ny hekaina, ny niantso sy ny voantso.

Appendice, sósoka, fañampíana, h fanampy ny, h anampy; tóvona.

Appendre, mañantona. vo pendre.

Appentis, pv trano komby, trano salámpana, aloka; aloka mifify riba; alok'amboa, trano-ila.

Appesantir qc, mankavésatra, mahavesatra azy. S' —, mihavésatra, manjary mavésatra. S' — sur qc, mitambésatra amy ny z, manindry, mamokéka, mañetry, manjetra o. APPESANTI par l'eau, efa mavésatra amy ny rano. Le sommeil appesantit les paupières, ny toro maso mahatsindry ny hodimaso. J'appesantirai ma main sur lui, ny tana'ko hatsindry ko azy, havela ko hanindry azy, havela ko hitambésatra ámy ny; ho vesari'ko ny taña'ko izy, ho tsindria'ko tánana izy, hanindry tánana azy aho. vo aggraver. APPESANTISSEMENT, havesárana, fahavesárana.

Appéter les aliments, mila, mañiry, ti-hahazo, tia, h mitsiriritra hánina, ngoain-kanina; miliaka, sk sijy, pv liana.

APPÉTIBLE, mahasijy, mahahana.

Appétit, hazavan-kibo, hazavan-troka;filan-kanina,mosary; hanoánana;kibo. Qui a bon—,homam-be,tia-hánina, ti-tihinana, mahatélim-be, be tihinánana, mosary, silaona, mazava kibo, tsy vintsina, tsy voky, be tihóta, saro-boky, saro-bintsina, saro-bokisina, saro-bintsiñana, liana, sijy, h? liaka. Qui n'a pas d'—, maizim-bótraka, tsy mosary,tsy liana, kely tihinánana. — sensuel, — désordonné, fingoaiñana; des richesses,fingoaiñan-karéana. Qui ôte l'—, mañizin-troka. Qe APPÉTISSANT, z mahasijy, mahatiana, mahatia, mahangoaina, matavy, mahazava vòtraka, firò, mahavoky. Selon son appétit, érany ny kibo.

Applaudir q, h mitéhaka, mitehatéhaka, pv manéhaka, manchatéhaka, pv mirombo,? mandrombo o; h mandoka, manakòra; mandróboka. — à q, miarahaba o. VO LOUER. S'—, se louer. APPLAUDISSEMENT, téhaka, téfaka, fitefáhana, h fitehàhana, rombo, firombóana, akora. vo louanges. APPLAUDISSEUR, mpandaza, h mpandrobo, pv mpandróboka; h mpidera,h mpandóka; mpitéhaka,mpanéfaka, mpirombo.

Appliquer qe sur qc, Mamétaka, mañatao z amy ny z; qe a q, Manindra z amy ny o; une somme, mañisy vola, vo ALLOUER; un soufflet à q, manéfaka o, mamely rantéhaka o; une couleur à qc, manósotra z; son esprit, S'— à qc, (être APPLIQUÉ,) manómbina jery, h mañampa-tsaina, mametak' aina, mifántsika, manao ny fanahy ziaby, mamory jery amy ny z; mitándrina, misaina, mikinia, mañampóko, h mañampó, mihévitra z, vo s'ADONNER; TÂCHER. S'— qe, mihaboka, mihambo, málaka, maka; mifofo, mañisoka z. Ce mot s'applique à nous, h mihátra, pv mipáka, avy, inisampy, misangávina amy ntsika, maharo mahatákatra, mahavoa antsika; nihy ntsika, h ho antsika zany vola'ny zany. APPLICABLE, mora apétaka, mora afindra. APPLICATION, famétáhana, famindrána; fametáhan'aiña, fanombénan-jery. S'en faire l'—, mamindra azy amy ny tena. Etudier avec —, s'appliquer à l'étude, miana-drekitra.

Appointements, karama, GAGES. L'appointer, manome karama azy.L'— d'une corvée,mañikotra azy amy ny asa be.

Apporter qc, dites: PORTER qc ICI.

Apposer les scellés, mandoko azy; mameta-petra, mañatao loko-fetra amy ny, mametra azy amy ny loko. — le sceau, manisy kasé azy, manisy sora-pady azy, manisy azy ny máriky ny fanjakána.

Apprécier qc, h manómbana z; une marchandise, manisy tóñona, manisy vídiny azy. Qc qu'on ne peut —, z tsisy vidiny. Qui sait —, h mahatombana, mahalala ny hatsára ny z, mahay ny toñombidiana, ny fividiana, vo mibango, mankafy, mankatavy ; manóhatra , ESTIMER, APPRÉCIABLE, azo tombánana, mora asíana tónona, mora obárina. APPRÉCIATION, tómbana, fanombánana, h? tetíny, vídiny; fibangóana.

Appréhender, pv midóna, g matahotra, marimárika, vodivodíana, mañahiahy. vo taminjo. — , saisir. APPRÉHENSION, táhotra, fidónana, ahiahy, hamarimarihana, fimarimarihana, fañahiahíana, fisambórana, fahitána.

Apprendre qc, miánatra z; une nouvelle, mahareñy, h mandré k. — qc à q, L'ENSEIGNER. Que l'on apprend, qui s'apprend, ianárana, reñy, h re. APPRENTI, mpiánatra, vao hiánatra, anila ny mahay. Le mettre en APPRENTISSAGE, mampíditra azy amy ny Fianárana, manatao azy anila ny mahay, mampiánatra azy.

Apprêter qc &, mañajary, mañatsary z, mahandro hánina, mamboatra, mamoatra; mañinahina, mañóhotra. — à rire, mampihomehy. S'—, mihinahina, pv miháña ; efa ho avy, efa ho roso. S'— à partir, manoho-dia. S'—, se parer. APPRÊTS, fañajaríana, fañávana, fandrahóana, famboárana; — de guerre, fañinahinána, fañohórana-tafika, tafika hinahinaina.

Apprivoiser, manamána, mankazátra, mahazátra, mankamora, mandresy, mamólaka. S'—, mihazátra, mihzatamána. APPRIVOISÉ, tamána, zatra, fólaka.

Approbateur, mpiántoka, mpañeky, mpandaza, mety, mankasítraka, tia, mpañáraka, mpidera. APPROBATION, fiantóhana, ántoka, era. Demander l'—, mangátaka lálana, ou ántoka; miera amy ny o. vo manóka, miantóka.

Approchant, miramira, mitovitovy, manahatáhaka, songo, sakaváviny. — l'un de l'autre, vo voisins.

Approcher qc, mandroso z. p aroso. — , s'avancer; mandroso, mañátona, avy, miteka, mitetéka, mankaríny, h manakeky, mandríkitra. vo mitsenatsena, mitezantézana. S'— de qc, mandroso, avy, miteka amy ny z; manátona z, mankariny, manakeky, mandríkitra, h manantánona, mamonjy, mitezantézana, mitsena azy. — doucement et courbé co le chasseur, g misoko, misokosoko, h mijoko, manjoko azy. Le faire —, mampandroso, mampiavy, mampañátona azy. S'— l'un de l'autre, mifañátona, mifañariny, mifanakeky, mifandríkitra, mifampitsenatsena, mieka, vo se serrer. Dont on approche, hatónina, ankarinina, akekéna, rikitina, vonjéna, tezantezánina, tsenatsenaina, sokosokóina. APPROCHE, fañatónana; dia. vo abords, accès. Craindre l'— de la mort, matahotra hatóniny ny faty, matahotra ny faty efa mariny.

Approfondir un trou, mankalálina, mandalina, h manalalina lavaka, mangady eka. — une question, h manadina, mañalina, mañaliñaliña, g mandinika. APPROFONDISSEMENT, fandalínana; fanadinana, fañaliñaliñana, fañaliñalémana, fandinihana.

Approprier qc, mañajary, mañatsary, mambóatra. S'— qc, mihaboka, mihambo z; mifofo, mañisoka, mitana z; malaka raha n'ólona, málaka z nihin-tena, maka z ho antena. APPROPRIATION, fihambóana.

Approuver, mety, miántoka, mañántoka, tia, mañáraka, mañome lálana; mankasitraka, mankatsara, mañéky, mandefa, manángana, mandaza, mañórina, mandréritra, mankafátratra, mankató, mankafónitra, mankalaza, mañátrika, manoina, tsy mañady. Il approuve, tsara hoy izy, ataovo hoy izy; mety izy. vo ACCEPTER, agréable.

Approvisionner q, mamatsy o, mañampi-raha o, manisy be azy, mameno z o, manénika o, manome be azy. S'—, málaka z maro. Bien APPROVISIONNÉ, ampi-raha, ari-fánaka, feno raha tiana, heni-draha ilaina, voa vatsy. APPROVISIONNEMENT, famatsiana, vatsy; z mahénika. APPROVISIONNEUR, mpamatsy, mpanénika, mpamélona, mpambóatra, mpanome.

Appui, tóhaña, fáhaña, iankinana, fiankínana; éfaka, saléka, famatrárana, h fiantehérana, fanoháñana, famaháñana. Appuyer une muraille, mañisy —azy, manóhaña, mamáhaña, manafátratra, manamafy azy. — le fusil contre la cloison, mañánkina basy amy ny riba. — sur qc, manindry z. p tsindríana. — la main sur qc, manindry tañana amy ny z. p atsindry. — sur une pensée, Insister. S'— sur qc, miánkina, h miantéhitra amy ny z. vo mitavandra, matoky, misengy. Sur un bâton, mitéhina.

Âpre au goût, madiro, matsiko, matsitso, mafaika, maharikivy, mahafangolisoly, mangídy, h héntona, ? mangintsy. au toucher, marokoroko, marao, maraorao; q —, o masiatarehy, masia-bólana, sárotra, mafai-bolana. APREMENT, vo âcrement. ÂPRETÉ, hadiro, hafaika, faharikivíana, ngidy; harokorokóana, rao, raorao, ? faharaoraóvana; hasiaka, hasiáhana, hasarótana.

Après le dîner, — avoir mangé, — la prière, — la messe, j'irai, avy nihínana, efa nijoro, h nony nihinana, lebefa nijiro, h rehefa nivávaka, efa ny lamesy, avy tamy ny lamesy, afárany lamesy zaho handeha. — cela, j'irai, — j'irai, efa zany zaho handeha, aviteo, avieo, avitankeo zaho handeha; h ary dia handeha, ary koa handeha, ary amy ny zany handeha izaho. Il est arrivé —, tafárany izy, navy taoriana izy. J'irai —, hañáraka aho, ho avy afárany aho, tetéky zabo handeha, h atonohoato izaho handeha. L'année d'— son départ, ny taona fañáraka ny nandéhana'ny. Qui vient

— vous? zovy no fañaraka anao ? — qu'il eut parlé il mourut, lehefa, h rehefa, h nony nivólana izy, naty, h dia naty. Quelques jours—, áfaka (*ou* lasa, maty) andro raiky raiky. Peu — , betibétika. Assez longtemps — , efa nahampy elaela. Eh bien ! — ! akory ndreky ! ino koa ?— lui je n'aime rien tant que la solitude, afak'izy, zaho tsy tia z koa laha tsy ny hatokánana; ny faharoy ny mahery tia ko, ny hatokánana. Il est le plus savant après vous, fañáraka anao amy ny habezampanahy izy, izy no bebe fanahy afaran'ao, izy no mahay fañáraka anao. — coup, fg ranomaso tsy miarak' amim-paty; afarany, hariva lóatra. Régner — q, lui succéder. Courir — q, crier — q, le poursuivre, appeler. Je suis— un ouvrage, amy ny asa aho, miasa aho, mamara asa nalaï' ko aho. Être —q, le tourmenter &. J'irai longtemps— vous, havela ko ho ela anao aviteo zaho handeha , efa roso ela anao zaho handeha. Il est mort longtemps — Radama, naty ela tafárany i Radama izy, ela tafárany i Radama no nifatesa'ny; efa naty ela i Radama, naty izy. Que l'on citera ci—, ho lazaina betibétika, ambanimbány (ou alohaloha, plus avant, plus loin). — tout il n'y a pas grand mal, tsy mañino lóatra, tsisy víntana.

APRÈS-DEMAIN, afak'amaray, h rahafak'ampitso. Aprèsmidi, après-dînée , vers 1 heure ou 2, g folak'andro, h tolak'andro, miveñ'andro, mivena kely, andromivena kely; h mitsidik'andro, h efa nitaotao vovòñana. Vers 3 heures, folak'andro malemy, mivenabe, folak'androbe. efa malemy andro, Vers 4 heures, modi-ombi-tera-bao.

Après-soupée, efa hômana hariva.

Âpreté, hatsiko, hafaika, h hafaitra.

Apte, mahefa, mahay, ampi-jery, maha- avec la racine. Aptitude, faháiana, h faháirana, fahefána, pv jery, saina, fañahy, hafaínganan-tsaina. vo adresse.

Aquatique, an-drano, vélona *ou* maniry anaty rano. Herbe —, ahi-drano, Oiseau —, vorondrano. Terre —, Marais.

Aqueduc, lakandrano, hadirano, ranomandika-námana.

Aqueux, be rano, mandranorano, maranorano, mitsiranorano, misy rano; bobo-drano, fenorano, h mitsaotsao.

Aquilin, vókoka ámbaky ny soñy ny papango, Qui a un nez —, o vokok'órona, melok'órona.

Aquilon, rívotr'aváratra, ny aváraka, varatráza. AQUILONAIRE, avy aváratra.

Aquosité, ny rano be ámy ny; ny habobóhana.

Arabe, Arabo; Antalaotra, h Talaotra. L'ARABIE, ny tany ny Arabo. Gomme ARABIQUE, loko arabo, lokonarabo, loko avy amy ny Arabo. ARABISME, fataombolan-dreo Arabo.

Arable : terre —, tany mora pongísina amy ny *Charrue*

Arack, *ou* Rack, araka, tóaka, barandy, barisa.

Araignée, renimparóratra, raimparóratra, h ba... Grosse —, vankòhy.

Araser, vo arraser.

Aratoire: instruments —, z fitsabóan-tany, z fizavàran-tany.

Arbalète, antsáky misy zàhana; h tsipika. Tirer à l'—, manantsaky.

Arbitre, o foana natsángany (*ou* nofidiny) ny námany hañito ankíny; elanelam-panahy, o mahavitrana k; mpitsara, mpimalo, mpañito. Prendre un —, manangana o himalo. Se constituer l'— de qc, mitsangana foana himalo z. Je vous en fais l'—, avela ko ho malóin'ao izy, anao tia ko himalo azy. —, maître absolu, mpanápaka, mpañito, mpandidy, tompo be; vo absolu. Le libre —, fo vótsotra, fo mahefa ny tiary, fo tompo ny diany, fo mahafidy; ny fifidíana, pv fifidiánana, fahafidíana; havotsóram-pó, ? safidy. vo LIBERTÉ. Selon son libre —, sa volonté. ARBITRER, mimalomalo, vo juger. ARBITRAGE, malo n'olona, fimalóana, h fitsarána, fanapáhana. Se soumettre à l'—, mañeky malomalo nkávana, ny ito nkávana, ny orimbato ny námana, ny farateny ny námana nimalo. ARBITRAIRE, manáraka ny sitra-po, dh tsy azo zehéna, dh? tsy azo didiana, ataotao foana erany ny kibo; manao ny sitra-po, mitompo-teny, manáraka ny jery ntena, mañaram-po. vo absolu.

Arborer, manángana, mañórina, mampákatra.

Arbre, hazo, kakazo. Le gros de l'—, ny vatany, ny fótony ny hazo. L'— de la croix, ny hazo-misákana. — généalogique, ? tohitohy n'olona,? razan'olona mitohitohy.

Arbrisseau, arbuste, hazo madínika. vo kirihitra.

Arc pour tirer, pv antsáky, h tsipika. Qui a plusieurs cordes à son —, o maro fanaovana, sadró-roi-lela. —, cintre, vonto, vóhotra, kibítsoka; z manao volantsiñana; vòvona, tafo; z mivókoka, mivóhotra, mivonto, vo milántika. Son —, ny ivontósany, ny ivohóra'ny, ny mivonto. ARCADE, varavàrana *ou* áloka mivóhotra, hítsika mivonto ambóny.

Arc-boutant, tóhana, fáhana. vo appui.

Arceau, vóhotra, mivóhotra. — pour les fractures, ? vovo, vóvona.

Arc-en-ciel, pv sobeha; h ávana, h antsibe-n'andriamánitra.

Archal: fil d'—, tari-bý, tari-baráhina.

Archange, anjely be, arikanjely.

Arche de pont, ny vovóñana, ny vóvona, ny tora-páfana, ny mivóhotra. — de Noé, sambo, h fiara, lakandráfitra nitoérany i Noé tamy ny safadrano. L'— d'alliance, h ny vatra ny fanekéna, pv vatra ny filongóana.

Archéologie, ny fahalalána ny z maro natao ny ontaolo, na trano na sarin'ólona na sókitra.

Archer, mpitan'antsáky, h mpitana tsipika, mpañantsaky.

Archet (de violon), ny zána'ny, tsôrany, tsorakazo, fitendréna, fititihana, ? sohóana, ? famerivery.

Archevèque, *Evéque* be, mifehy *Evéque*, mpifehy; Arisivéka. ARCHEVÊCHÉ, ny trano ny *Archevéque* ndraky ny tany fehéziny.

Archi-, indrindra, be. — fou, adala indrindra, adala be.

Archidiacre, mpijoro be natsángany ny *Evéque* hifehy ny námany; talé ny *Curé*. Arisidiáka.

Archiduc, andriandahy any an-tany *Autriche*. ARCHIDUCHESSE, andriambavy hávany ny *Archiduc*. ARCHIDUCHÉ, ny tokotany ny *Archiduc*.

Archiépiscopal, any ny (pv nihy ny) *Archevéque*. ARCHIÉPISCOPAT, ny handriánany ny *Archevéque*.

Archipel, nosi-maro, ranomasina maromaro nosy; nosy mivorivory; ? toko-nosy.

Archiprètre, mpijoro voalóhany, lohanampijoro.

Architecte, mpiasa trano, mahafórona trano, mpamórona, mpandráfitra, mpamoron-tsaina amy ny fanavan-trano, mahay fandrafétana, mahay ráfitra. ARCHITECTURE, fahaizan-dráfitra, fandrafétana. — navale, ny fanavan-tsambo. — militaire, fanangánan-drova.

Archives, taratasy ela, sora-pady faharázana. Aux —, amy ny fitehirizan taratasy ela. ARCHIVISTE, mpiambina *Archives*.

Arçon, hazo vòhotra asampy amy ny sovaly hanjary fipetráhana. Perdre les —, látsaka amy ny sovaly; veri-jery, resy. Ferme dans ses —, sur ses —, tsy resy, tsy rébaka. ARÇONNER q, le tourmenter.

Arctique, aváratra.

Ardélion, mpitsolokóaka, mpitsolóhotra, mpitsotróaka, mpitsotsotróaka; mparebik'antsa n'ólona.

Ardent, may, miréhitra, be afo, mireda, miredareda, mitselatsélaka, midedadeda, mibobobobo. Soleil —, masoandro (ou hainandro, mahamay) be-daindaina, be-rendréna, midaindaina, mandrendréna, mangankáña, manginkina, mibaina. Fièvre —, tazo mahamay, mafana be. Q —, o may, fátatra, may fo, maimay, mafana fo, mazoto, h dódona, h dódoka, g meka, vésoka, setra, marísika; be aina, loza, h maty ny hiany; maheri-víntana. vo h mivandry, miadi-fó; mánina, mandoro, mañoro. ARDEMMENT, amy ny fo may. ARDEUR, afo, hafanána; heri-mpó, zoto-mpo, hazoto-mpo, harisihana, havitrihana. — du soleil, hainandro.

taninandro, haimahamay, tanimahamay.

Ardillon, ny fátsika amy ny hándrotra, ny fitrébika amy ny fampoéhana, ny taólana amy ny gadra n'etra.

Ardoise, solétra, sila-bato. Des —, silatsila-bato.

Ardu, sárotra, anihina, abo, sárotra-tákatra, rangaina, rangávina, pv rangásina, sarotr'anihina, mitsángana.

Are, òhatry ny ampísany; tokotany efa-joro alaina òhatra hanerànana ny tany

Arène, sable. Descendre dans l'—, mizotso amy ny haramanja fiadívana, mivárina hiady.

Aréole de tissu, maso. L'— de la lune, ny fáritry ny vòlana, fari-bólana, fari-danónana. — de bouton, ny faribory ny, ny fári'ny. ARÉOLÉ, misy fáritra.

Aréopage, trano fitsarána tany i *Athènes*. havorian'olombeventy; areopazy.

Aréotique, mahely, maharava. Médecine —, fanély, faneli-ra, fandrava-liho, faneli-nana.

Arête, fátsika, taólana, taolampilao, fatsi-pilao, h fatsihazandrano. — d'un angle, ny rirany. A vive —, maranidrirany, velon-drirany. —, croûtes, kóko, kókony. —, queue, ohy. — d'un épi, sómotra, ny somo'ny. — de baleine, somo-trózona.

ARGENT ou OR, monnayé ou non, VOLA, sk FANJAVA. ARGENT, —fotsy. Cuiller d'argent, sotro-vola —. Drap d'—, lamba mandeha vola fotsy; d'— demi-fin, de faux —, lamba mandeha-firaka. Mauvais —, h tombankova, tontankova. — comptant, h tora-bótsotra, vola 'mby antánana. ARGENTÉ, voa hoso-bola fotsy, ankósotra vola fotsy, mihoso-bola fotsy. Ruisseau —, rano vola, rano mipelapélatra, mangarangárana. L'ARGENTER, manoso-bola fotsy azy, manao ankoso-bola fotsy azy, manisy vola azy. De L'ARGENTERIE, vola, raha-vola, h zava-bola, h fánaka-vola, sk zaka-fanjava. ARGENTEUR, mpanoso-bola fotsy, mpanao ankoso-bola fotsy. ARGENTIN, karaha vola. Teint —, mangantsa, h mangatsohatso, fotsy mangantsa, fotsi-jéaka, fotsy manjoríaka, fotsy manjéaka. Son—, feo vola, eno vola, feo madio, feo maneno.

Argile, tani-mora, h tani-manga, g tani-ditra. ? fótaka, h dilatra; tani-dilatra, tani-ditsaka, feta; pako, tani-fiteféna, lémboka, tany. ARGILEUX, misy tani-manga; be tanimanga; dítsaka.

Argot, fiteny ndreo mpifilo, volan'olika, teny miolikólika; beko, verobéroka. vo ambiguités. — d'arbre, tendrondrántsana, zanozano. ARGOTER, manápaka ny tendrondráhaka.

Argue, fananjaham-bola, h fanezáham-bola, fitaríhambola. ARGUER l'argent, mananja-bola, maneza-bola; mitaripanjava.

Arguer qc de faux, pv manandra,h manandry lenga azy, maniny azy, h manendrikéndrika lenga azy. — de là, Conclure.

Argument, teny maharesy, vólana maharébaka, teny maható; hévitra, fótotra, ántony,foto-bólana,fòtony; h? laha-bólana, lafi-teny, lafi-bólana; volana aláfika, teny aláhatra, adi-hévitra; ? fifandírana, adi-jery. — pressant,teny mahasetra, mahateri-setra, mahateri-méka. — captieux, fandri-bólana, fandripandri-bólana. Vaincu par —, h resiláhatra. J'en tire un — contre vous, manjary fôtony, ou misy fotony anadia'kc anao izy; vo PREUVE, INDICE. ARGUMENTER, pv miadi-jery, miadi-hévitra, h mandaha-teny, mandafi-bólana. — l'un contre l'autre, mifandaha-teny, mifandítra, mifandresi-teny, mifandresi-jery, mifandaha-kévitra. ARGUMENTATION, adijery, fandaharan-teny, fandafiran-teny, fifandírana.

Argus, zato maso; maromaro maso; fg mpitsikilo,pv mpitsilo.

Argutie, vólana fanavan-tsaina, adiadi-hévitra.

Arianisme, hadisoan-jery ndreo fehény i *Arius*, tsy nankató ny Hazanaháry ny Jeso-Kry.

Aride, maina, pv maika ; káfana ; pv kéntana, mangéntana. vo kiha, ritra. ARIDITÉ, hamainana, hamaihana, haritrívana. Dans une — complète, maika káfana.

Ariette, antsa kely maivanívana no maitoito.

Aristocratie, fanjakána didian'andriandahy maro. ARISTOCRATE, o tia ny *Aristocratie*, o andány ndreo beventy, momba ny olombe.

Arithmétique, fanisána, sk fanisáhana. ARITHMÉTICIEN, o mahay *Arithmétique*, o mahisa,mahay fanisána.

Arlequin. o kabiaka, misora tarondro, mivolo tarondro hampihomehy ; vo amusant ; fg o fito-vava, o maro-vava; akanga roy tany ; evanevan'ólona, o tsintsinga, tantanandroa-léla, dafi-maintina, koto-vilavila.

Armateur, o mampanóndrana amy ny sambo; Mpamondro sambo; mpamónona sambo.

Armature, ny fehivý maro mahatána ny vi-somalika.

Arme, fiadíana, pv fiadívana, z fiadívana. — offensive,— blanche, léfona, saboha, salohy, sábatra. — à feu, basy, ampingáratra, fitifírana, poleta. — défensive, ampinga. Q sous les —, o mitan-défona, mitam-basy, ambasy, an-défona, o mitsangan-défona. Faire, tirer des —, miana-défona, miánatra tora-défona, mitavan'amin'antsy. Déposer les —, mametra-defona. Exercé aux —, fiady. Le faire passer par les —, mandéfona azy. Des — de noblesse, fady, sorapady, voninahitra. Aux —! foha! foha!

Armé, mitana z fiadivana. — jusqu'aux dents, maro lé- fona. A main —, amy ny léfona (ou basy &). Bâton — de fer, kibay misy vy. Navire —, sambo vónona, vonon-dra- ha, ampy z fiadivana, ampy karamaoka, hénika, vonon- piadívana.

Armée, táfika, eka, h aikia, bétsaka, maro, láhatra; mia- ramila maro. — navale, sambo-miady maro, táfika andra- nomásina.

Armement, fanéhana táfika, fañamboaran'ady, fanangá- nana táfika, famorian-tafika, famorian-zava-piadívana. L'— d'une troupe, ses armes. L'— d'un navire, ny fanisiana z amy ny sambo, famonónan-tsambo.

Arménie, tany any amy ny Asie. Arimenía.

Armer q, manome azy léfona, basy, fiadívana; mamo- ñon-draha azy. — un navire, mamónona azy; mañampy z azy; de guerre, mañondram-piadívana amy ny sambo; de commerce, mañisy karamaoka azy, h mañondram-pánaka amy ny. — un canon, mañisy bala tafondro. — le fusil, man- dátsaka azy ambékany, h manátrana azy. Les — les uns contre les autres, les Exciter. Armez les avirons, asakáno ny fivé, ababóha antsákany ny fivé. S'ARMER, mala-piadívana, mala-défona &. S'— de qc contre q, maka, mandray z hia- dy o; mala-pamangóana azy.

Armistice, andro fanekéna tsy iadívana, elan'andro fa- metrahan-défona, andro itsahárana; toetr'andro tsy iadí- vana; fitsaháran'ady, ala-voly, ala-disaka.

Armoire, vatra-mitsángana, toeran'éntana; g Lalimoára, Lalomoára.

Armoiries, voñináhitra ny rázana. famantaram-boniná- hitra.

Armure, foño-mbátana.

Armurier, mpanao fiadívana, mpizávatra basy, léfona &.

Aromate, z mánitra, zava-mánitra, fihánitra, pv fifínto, z mahafínto. AROMATIQUE, manitra, mafínto, mahafínto, be hánitra, be finto. L'AROMATISER, manisy z manitra azy, ma- nisy fihanitra azy, maukamanitra, h manamánitra, man- kafínto, mahamanitra, mahafínto azy.

Arôme, hánitra, fófona mánitra, z manitra.

Aronde, hirondelle. Entaille en queue d'—, vava-n'aomby.

Arpent, tokotany efa-joro alaina ohatra hañeránana tany. vo are. ARPENTER un terrain, mañóhatra, mañérana tany, ? mandrefy tany. Q qui arpente, o abodia. ARPEN- TAGE, fañoháran-tany.

Arquebuse, basy fentin-dreo taloha.

Arquer qc, pv mamóhotra, pv mamónkoka, D mamókoka L, mamao volantsiñana. S'—, mivôhotra, mivónkoka, mivòkoka. ARQUE, vòhotra.

Arracher un arbre, un clou &, manómbotra, miómbotra, manávotra azy, manombo-kazo, manombo-pátsika; une corne, h manóvoka tándroka; un brin d'herbe, manóaka, manatsóaka áhitra; une épine, manóaka, manókitra, manala fatsi-kazo. vo mandróritra, mandrórotra, mandríritra, maka ankery, mandrómbaka, mamóhatra, mamóngotra, manókatra. S'—, miómbotra, miávotra, miévotra, matsóaka, áfaka, miala, fóhatra. S'— qc l'un à l'autre, mifandróritra z. ARRACHEMENT, fanombótana, fanavótana. ARRACHEUR de dents, mpanombo-ký, mpanómbotra nify.

Arranger qc, manajary, manatsary, h mambóatra; mandáhatra, mandrántina, mandrantiranty, mandrindra, mandámina, h mandanto, manandálana, mampiandálana; manómpy, mikajy; manavangávana, manavankávana; h mikajakaja, mandavo-rary, mandrékitra, mankatsara z. S'—, mihíajary, mihíatsary; miláhatra, miránina, milámina, milanto, miandálana. S'— pour l'avoir, manao zay tókony hahazóana azy, manao hazahóana azy. S'— ensemble, mifaneky, mifanka-azo, mifanáraka. Arrangez-vous comme vous pouvez, anareo manaova; zay hatao nareo; anareo mizahá ny fanaóvana azy. ARRANGEMENT, fanajaríana, fanátsaríana, famboárana, fandaharana, fandrindrána; andahatra, láhatra, éndrika, andálana; filahárana; fanekéna, fifanekéna, fifanaráhana, vo tsipi-ríany, laha-páhitra. C'est ARRANGÉ, efa manjary, efa voa hajary, efa tsara, efa andáhatra izy.

Arraser un mur, pv mamángitra, h mamárana rova; mampira, mampitovy azy amy ny námana; mankamarina azy.

Arrenter, h manofa. vo louer.

Arrérages, ny tavela tsy voa loa; h ny sisa tsy voa loa, ny tsy voa efa; vólana tóndroka tsy voa efa.

Arrêter qc, mampitsáhatra, mampitsángana, mampijánona, mampiánona, manángana, mampiáhana, h mampiáfitra, manáfitra, h mampiato, h mampiáhona, h mampiáhotra, manáhotra; misákana; h mandáfatra; h manantefa. —qc pour soi, mifofo, mamofo, manisoka, mitana. —, saisir, misámbotra, manámbotra, h mihàzona, mitána. —, fixer, mandrékitra, mandidy, mañito. — une vigne, un arbre, manápaka tendro azy, mamono lálana azy. — ou s'—, mitsángana, mitsáhatra, miáhana, mijánona, miáfitra, miáhona; miantóana, miantóka, miato, miáhona; mipétraka, mifitaka, h miantefa, mihándrona, miónina; rekitra, mandrékitra. S'— de temps en temps, ça et là, mitsahatsáhatra, miahanáhana, miafitráfitra. Il est ARRÊTÉ, tafitsángana, tafitsáhatra izy; voa sámbotra izy; azo, rékitra izy. Un ARRÊT, un ARRÊTE, malo rékitra, k voa ito; ito, malo, didy, fetra. vo sákana, sámpona. Un point D'ARRÊT, vékany ; fitsahárana, fitsangánana. Il est aux —, en ARRESTATION, ambala-hóngotra izy, natao fato-bava izy, efa ampáhitra izy, ampahitr'ety izy. ARRESTATION, fisambórana, fanambórana, fitánana.

Arrhes, pv fitána, h fitánana, h fampitánana, pv débaka, h ampontánana ; fiantôhana. Donner des —, mametra-pitána, ? mampitána, mametra-débaka.

Arriéré, tavela; tsy efa; ela.

Arrière: l'— du navire, ny vody ny. Il est en —, afárany izy. Il était en —, tafárany izy. En parler en —, mivólana azy amboho, ivoho, aoriana, ankodíatra. Je suis fort en —, mbola lávitra afárany aho. Aller en —, mandeha voho, miótra, miaǹôtra, manao dia miaǹôtra. Rentrer en —, mihémotra. Regarder en —, mitódika, h mihérika. Retourner en —, miamboho, mivérina. Rester en —, S'ARRIÉRER, mitambótsotra afárany, h midanésaka, h midarésaka, pv mikirindreva, sk mikirireva, h mihenahena afárany, mitambotsóaka afarany. En — tout le monde ! mialá anareo ! miengá anareo ! mihemóra anareo ! midrisóa anareo !

Arrière-corps, efi-trano amboho; ny efitra afárany.

Arrière-faix, g tavóny, h áhitra; des animaux, h vavaony.

Arrière-garde, ny vodiady ; vodi-lálana, vodi-dia ; vodin-táfika.

Arrière-goût, ny makiana tavela ambava nihinan-draha, ny farankánitra, faranimbo, farany hanitra, imbo fara.

Arrière-neveu, zánaka lahy ny *Neveu* va ny *Nièce*.

Arrière-nièce, zanaka vavy ny *Neveu* va ny *Nièce*.

Arrière-petit fils, arrière-petite fille, zanaka lahy va zánaka vavy ny zafy; g zafiafy, pv ? tsingafiafy.

Arrière-point, zai-mody.

Arriérer, mahela, mankaela, mampidriso, mamela afárany. S'—, mitambótsotra afárany, tavela afárany ; ? miaoríana, miafárany.

Arrière-saison, ny fararano.

Arrimer, vo arranger; mamotrétrika, mamótrika, mamétraka, mamátatra.

Arrivage, fahatongávana, ou fiaviany ny sambo ; sambo tody ; ny tany faǹontsahan 'éntana ; tafiana ; sambo vao ho avy.

Arriver, avy; tonga, tody; tamy; vo tantéraka. — à, — jusque, vo ATTEINDRE. Laisser —, miambevy, miválana. Le jour où arriva sa mort, ny andro nifatesa'ny. ARRIVÉE, fiaviana, h fahatongávana. Le jour de son —, ny andro n'avia' ny, h nihiavia'ny, h nahatongáva'ny, pv nitongá'ny. Il ARRIVE un navire, avy sambo Il lui est arrivé un malheur, voina nanjo azy, nozonn-bóina izy, tra-boina izy. S'il arrive que je..., dites, Sı je...

Arrogance, pv angatrángatra, h angitrángitra, fiangatrangárana, fiangitrangírana, h tehatcha, h tehintéhina, pv tehotcho, pv te.otefo. ARROGANT, miangatrángatra, mia:gitrangitra, mitehatcha, mitehotcho &. vo avonávona, evaeva, eva, anjonánjona, andranándrana, angánga, reharéha, ? zakazaka, ? tsikiona, réhaka.

Arroger: s'—, vo s'approprier. S'— le droit de commander, h manetrétra; ? mihambo fanapáhana; de juger sa propre cause, h manakoli-vahy.

Arrondir une face ou une boule, mamoribory, mamorivory, mamborivory; une boule, manakiboribory; qc long, mainòny, mankavòny. S'—, mih*a*boribory. ARRONDISSEMENT, ac famoriboríana; famonésana, fankavonésana; n haboribory, haboriboríana. —, District.

Arroser les plants, manden*a* tsabo; la chambre, mamafirano ny trano. vo manopy rano, manidin-drano, manomparano. L'— de larmes, mandena rano maso azy. ARROSÉ, efa lena, efa nilémana, efa misy rano, efa voa fafi-rano izy. ARROSOIR, z fandeman-tsabo, z famafázan-drano.

Arrow-root, kabija, h tavolo.

Arsenal, trano fanaovam-piadívana, trano fitahiríz im-piadívana, trano ny fiadívana.

Arsenic, *Minéral* mahafaty.

Arsin, nay, voa-oro

Art, h fahaízan-jávatra, pv fahaian-draha; fanavan-jávatra, fananòvan-draha, fizaváran-draha, fisainan-jávatra. Qc fait avec —, tao-závatra misy saina, z nisainina maéva, nasiana jery, nasiana fanahy. L'— de la guerre, ny fisainan'ady, fandaháran'ady; apprendre l'— de la guerre, miánatra ny fiadívana, miana-panavan'ady. Les — d'agrément, fanavan-tsoma. Apprendre les — libéraux, mianapanahy. Les gens de l'—, ny mahay. Habile dans son art, mavitrika amy ny z fatao ny.

Artère, ny òzatra mitondra ny ra avy amy ny fo hiely amy ny vátana ziaby.

Article: Divisé en 3 —, telo toko, tókony, rasa, firasána, bongo, h zara, h fizarána. Un — à vendre, vidíana, z havidy. Un — important, kabary, závatra, raha bevava, zaka be fiavíana. Un— de foi, z finóana, z fanekéna. A l'— de la mort, Raha'mby amy ny hifatésana, lahefa ho faty. L'— de deux os, h famavána, itohízana, tohy, fanandríana, tónona; LEUR JOINTURE. L'— LE, Ny zana-bólana NY, ny tsivolam-bólana NY.

Articulation des os, fikatróhana, fanandriana, h famavána; Itohizana, tonona, tohy. ---, prononciation, fanono-nana, fanonontonónana tsara.

Articulé, tsara fanonónana, ? antónona, tsara tónona. ARTICULER, manónona tsara, tsy mampiharoharo ny teny, tsy mibadabada; manokantòkana teny, miteny mora.

Artifice, Art, saina &. —, ruse, fitaka, sombeha, angoly, h sándoka, h solóky, famorónan-tsaina, famoronam-pitaka; fándrika, fandripándrika, fandri-totófana, h safeli-jaza mi-nono, safélika, h pelipélika, g félika, ? fángoka, ? fangopán-goka. User d'—, être ARTIFICIEUX, mamitaka, mihendry, manao saina, manambáka, mamelipélika, mamálana, ma-nangoly, mifelipélika, mamorom-pitaka, manao soloky, mandiso, mandainga, manao félika, manao safélika, ma-mándrotra. ARTIFICIEL, atao ny o; tsy izy loatra fa avy amy ny fanahy. Fleurs —, indram-boninkazo, voninkazo min-drana, sari-mboninkazo. Mémoire—, fanahy mindrana, tsy izy loatra. ARTIFICIEUSEMENT, amy ny fitaka. Agir—, manao saina; hendrihendry. FEU D'ARTIFICE, filalaovam-banja, afo vanja.

Artificier, mpanao filalaovam-banja.

Artillerie, ny tafondro maro ndraka ny z maro fomba azy; ny tafoudro. Antiliry, dh antily. Officier d'—, tompo ny ta-fondro. Les ARTILLEURS, ny miaramila mpandefa tafondro, mpanandefa tafondro, mpitan-tafondro.

Artimon, andry ntsambo ambody ny.

Artisan, mpiasa z mila tánana mahitsy, mpizávatra, mpanao zavatra.

Artiste, mpiasa z mila fanahy be; o mahay z. Qc ARTIS-TEMENT travaillé, asa-mbazaha, h voa-bazaha; z mivendri-vendry, pv mirendrirendry, tsara fanaovana, tsara fizavá-rana; mirijarija, ? koa tinefy, koa zinávatra, koa naloa, koa nivánina, koa vinánina.

Aruspice, mpisikidy amy ny tsinay mbiby. ? mpaminany; mpanao hitsak'andro, pv isak'andro; mpanontány amy ny tsinay mbiby.

Asbeste, anarambato tsy mety levon'afo.

Ascarides, hánkana kely mavóny anaty kibo; sakoitra; kánkana.

ASCENDANCE, ASCENDANT, (supériorité,) habézana, fiam-boniana. Avoir de l'— sur les autres, mahiraka, mahazétra, mahétaka, maharesy o; bebé ny námana, h ambonimbóny noho ny námana. Prendre de l'— sur q, miambonimbony, miaboabo amy ny o, manétaka o, vo abaisser.

Ascendant a, makatra, miákatra, misóndrotra, manon-dro-lánitra, manondro-hiboka, mananika. Signes —, kin-tana manaváratra Mes , ny raza'ko

Ascention, fiakárana, fanongana, fisondrótana, fisandra-tana. Le jour de l'—de N. S., ny andro niakárany ny tompo ntsika an-dánitra. Sa force ASCENSIONNELLE, ny herimba-tana mahasóndrotra azy.

Ascète, tsy mpiátaka, *ou* tsy mañala jery amy ny fijo-róana. Ouvrage ASCÉTIQUE, taratasy fianárana ny fanahy ny Zanahary.

Asie, añarany tany be añy avaratr'atsiñanana iboáhany ireo *Indiens*, *Chinois* &.

Asile, Azyle, trano fifalirana; rova, fefy, vala, fifefiana; fiaròvana; fivoniana, h fierena.

Aspect, maso, h taréhy, pv sora, pv lahara, h tava, pv va-jihy, h éndrika, h bika, toetra; toi-bíntana, toe-tsora, vín-tana; h tokotanintarehy. Il a un vilain —, ratsy — izy. Il craint à l'— de la mort, efa imaso ny faty izy matáhotra; ma-táhotra izy mahita mahafaty. Maison qui présente un bel— de loin, maharavo maso, mañeriñérina, mieriñérina, ma-zava, mérina, miérina, pv miharinkárina, h miharihary, mirendrarendra; tsara fahitána, tsara fisehóana, tsara fije-réna, tsara fidírana, tsara añatréfana, tsara añolóana. — fa-rouche, pv forofóro, haforofóro.

Asperge, añaran'añana tsara fohánina karaha volo vao haniry.

Asperger qc, mamafi-rano azy. vo mañáfana. ASPERGÈS, ASPERSOIR, famafazan-drano. ASPERSION, fafi-rano; vo áfana.

Aspérité, harokorokóana, marokoroko, haraoraóvana, bongobongo, avotrávotra, tongotóngona, montomóntotra, ongonóngona.

Asphalte, loko maintina miháhery lahefa omby amy ny tsioka.

Asphyxie, hasempòrana, fahasempòrana. ASPHYXIÉ, sém-potra, ? sempórina. ASPHYXIER q, manémpotra, mahasémpo-tra, mamono fiaiñana azy. s'—, manempotr'aiña.

Aspic, bilava hely mañékitra mena ka mahafaty.

Aspirer, malak'aiña, mala-piaiñana; Mitséntsitra, mifo ka, mitsóntsona. Manónona an-tenda, toy ny manao HA-RY, fa tsy ARY. — à qc, tia, mañiry, mila, mitady, ta-haha-zo, mandiñy. ASPIRANT, mpila, mpitady, mpangátaka. ASPI-RATION, fitariham-piaiñana; faniríana, fikatsáhana, faniñana. Fanoñónana antenda.

Assaillir q, une place, manao adi-rímbona, adi-sarímbo-na, adi-amparímbona azy, mirímbona azy, mañótotra, ma-náfotra, manárona, manodidina azy; mandatsak'azy ambory (*ou* andetra, antsárona); manao ambory azy, mandetra, mankaletra azy, mañariary azy; miantonta, miantòraka amy ny o, mifankaletra hiady o, miady o. ASSSAILLANT, ny mpamely aloha, mpipoa-basy aloha, ny mpitarik'ady, mpiady, mpitondra ady, mpanátona, mpanampon'ady, ? manantatr' ady, h mpanombok'ady, mpandrómbaka, mpanóhitra, mpirimbona, mpanodidina, mpamely. vo assaut.

Assainir qc, mañala fofondratsy azy. — un vase en terre, manala térona azy, h manantsohára azy.

Assaisonner qc, mañisy rò (ou sira,laoka, siramamy, sólika, fihánitra, zaka-mamy) azy; mankafi-rò azy, mankatavy, mandaoka azy, mañatao z mamy ámy ny. Assaisonnement, z mahafirò, fankafizana, z hankafizana, laoka; sira, sólika, z alaoka.

Assassin, mpamono o ankodiatra; mpanao lefompohy, mpanao hala-bonóana, mpangala-bonóana o; jiolahy. Assassinat, g vonoan'ólona amboho, hala-bonóana, vono-mòka, vono-trebotrebo, von'olona. Assassiner q, mangala-bonóana o, manao lefompohy azy, manao vonomoka azy, mamono o añindrana.

Assaut, adi-sarómbaka, adi-rómbaka. Livrer l'—, monter à l'—, prendre d'—, mirómbaka, misarombaka, mandrómbaka, manao adi-sarombaka azy; mañani-drova. Pris d'—, áfaka. Faire — de vitesse à la course, mifañia lomay, mifañala hazakázaka, manao saromba-day, misaromba-domay; manao lai-sarómbaka, manao sakalolo. Faire — d'esprit, mifañia híhitra. vo assaillir.

Assécher, mankamaika, manamaina.

Assembler, mamory, mandáñona, h manángona; mañaonkaona, mañándroka. vo mamómpona, mamómpotra, manobibika. — une case, mampiraiky, mampiharo ny hazo ziaby, Réunir. S'—, mivory, miláñona, mihaona, h miángona, mihaonkaona, miharo. Assemblée, g havoriana; ? fiangónana, g lañónana. — joyeuse, voak'ampinga; pour jouer, lanónana; bruyante, kabarintsáhona, kabarimbehivavy; générale, mavolamba, podrindrina, velirindrina; publique, kabary. Le lieu de l'—, fivoriana, fiangónana, filañónana. Assemblés en masse, vorihiky, voriéka. Assemblage, amas, tas. Un — de vices et de vertus, hatsarampanahy maro miharoharo ratsy.

Asséner un coup, un coup de bâton à q, mandómona, mandóna, mandondóna, mandonadona o; mamely tsika (ou tsitotra, poka, litsaka) o; mandómiona kibay o; mamango, mamely, mikápoka o.

Assentiment, consentement. Exprimer son —, miántoka, mañeky. vo approuver.

Asseoir qc, mamétraka, mampifitaka, mampitoetra, manoetra, mampipetraka, manómbina z. S'—, être assis, mifitaka, mipétraka, mitoetra, mantoetra, mitómbina; mantomboka. Sur les talons, g mitringitringy, h mienginéngina, miringiringy, mingitringitra. A son aise, les jambes étendues, mivalañétraka, mikétraka, mivalámpatra, mivalan'ámpatra, miámpatra, dh mivalahétraka. Par terre, h mitorovoka. Les jambes croisées l'une sur l'autre, h mitalapétraka, g mamandi-bity, manovom-bity ; croisées à l'orientale, mitambolopoza.

Assermenter q, pv mampiloka, mampifanta, h mampianiana, h? mampingoso, pv? mampiangosa, mampiáfaka, h manao vely rano, ou sk tsindronaomby, ou h lefon'omby azy. ASSERMENTÉ, niloka, nifanta, nianíana, natao veli-rano &; h nivelirano, h nilefonomby, efa namehi-téna, mifetra.

Assertion, teny avóaka

Asservir q, mampañeky; mañandevo, mañamporia, mampanompo. S'— à qc, mañeky, manompo azy. ASSERVI, efa resy, efa andevo, efa amporia, efa mampañekéna, efa manompo. ASSERVISSABLE, mora handevózina ; tôkony hampañekéna. ASSERVISSANT, mahavery, maharesy, mahandevo. ASSERVISSEMENT d'un pays, n ny fiandevózana, handevózana; ac fanandevózana, fahandevozana, fampañekéna azy. — à qc, ny fanekéna, fanompóana azy. vo assujettir.

Assesseur, o añila ny mpitsara, faharoy ny mpimalo. ny fañáraka azy.

Assette, ? antsi-kanonta.

Assez, c'est ———, il y en a ———, sahaza, tandry, h aoka, h aok'ary; ampy. C'est - —— pour le moment, pv tandry maloha, h aok'aloha, h aoka angaloha. J'ai ——— de richesses, ——— de voyages, ——— voyagé, sahaza haréana, voly ny dia, étsaka ny dia aho; ——— d'esclaves, efa ampy andevo aho. Qui n'en a jamais ———, tsy étsaka, tsy voky, tsy hénika. Un bœuf ——— petit, aomby kelikely; ——— gros, bebé. Il a ——— étudié, efa ampy fianárana izy; ——— de connaissances, efa ampy raha fántatra izy. Un chapeau ——— grand pour ma téte, un vêtement ——— large pour moi &, dites, un chapeau, un vêtement SUFFISANT pour..; sátroka tandry ny loha ko, óhatra ny loha ko; akanjo sahaza ahy, sahaza ny vata'ko. Mettez-en ——— pour nous trois, ataovo sahaza antsika telo, érany antsika telo izy. Ce n'est pas ——— (de centimes) pour une piastre, Tsy mahampy parata raiky izy, (de marchandises) tsy erany ny parata, tsy sahaza ny parata izy. J'en ai —, vo fatigué. Arriver ——— à temps, mahatákatra, mahatrátra. — bon, tsy ratsy. Il y en a ——— et de reste, et plus qu'il n'en faut, tséntsina tsi-omby izy; misy sisa izy, misy tavela izy; loatra izy. C'est assez pour moi de le voir, étsaka aho mahita azy. Je ne suis pas ——— fort pour le porter, zaho tsy mahaleo azy; ——— méchant pour cela, pour le tuer, zaho tsy mahasaky zany, tsy mahefa zany, tsy mahasaky hamono azy.

Assidu auprès de q, mazoto, tsy áfaka, rékitra, tsy miala, tsy mienga, fipétraka, fandéha, tsy mpiáfaka, mitántsika, tsy mihétsika, milasy, mitoby, tsy voly amy ny o, tsy mandao, tsy mankalávitra, mañarakaraka o. —, aux petits soins, mañantóana, manikotra o. Travail —, asa tsisy fialána, tsy engána, maharékitra, tsisy toetr'andro, ASSIDUITÉ, hazotóano, zoto. Fañantoána, fañikórana.

Assiéger une ville, manárona tanána, manao fahi-rano, pv fehi-rano azy, manodidina, mandetra, mamehi-rano azy, mitoby manodidina azy; mamáhitra, mamala azy, mandátsaka azy ambory (*ou* an-tsárona, antsaròñana, antsalòvana, andetra), mamono lálana azy. vo assaillir. Les ASSIÉGEANTS, ny mpanárona, reo mpamehi-rano, reo sárona, reo manodidina. Les assiégés, reo atao fahirano, voa fehirano, reo látsaka antsárona, (*ou* ambory &); reo hodidínina.

Assiette, h lovia, h vilia, pv kapila; finga. vo saháñy. — plate, —talélaka, taliaka, telésaka, talelak'aty, marivo aty.— profonde, — lalin'aty. Piqueur d'—, mpila hánina an-trano n'ólona, pv mpikápoka. —, situation stable, fipetráhana, fitoérana, fitombénana, fandriana. Sortir de son —, n'être plus dans son —, miavotrávotra, miómbotrómbotra, matsoatsóaka, tsy mandry koa. Être dans son —, mantoetra tsara, mitómbina tsara. Le tenir dans son —, mainpandry azy, tsy mampihétsika azy, mampitoetra azy. Une ASSIETTÉE, eran-kapila, kapila raiky, kapila feno; de riz, vary eran-kapila.

Assigner q, h miantso o ho tsaraina, pv mañantso o ho maloina; mañáfatra, mamotóana o ho kabaroina; mamántoka o. — un jour, mametra, mamotóana, mamántoka, manátoka andro. — des limites à qc, mañéfitra azy, mañisy fieférana azy. — un terrain, manoro, mañambara, manendry, mañome tany. ASSIGNATION, pv fañantsóvana o ho maloina; h fiantsóvana o ho tsaraina, famotoánana, fañafárana. — d'un fonds &, fanendréna, fanoróana, fanokánana. L'ASSIGNÉ, ny nifotoánana, nihafárana, nantsóina, nikaihina, vo'antso, voa fotóana.

Assimiler, mankamira, mampitovy, mampira, mampirampira, mampanáhaka; mampifañáraka; mañóhatra. S'— à lui, mampitovy tena ámy ny. vo COMPARER. ASSIMILATION, fampirána, fampitoviana, fañoháraana.

Assise, vato maro mirántina mipétraka; petrapetra-bato mirántina; rari-vato. Les —, fitsarána, fimalóana, fikabaríana. Tenir les—, mivory himalo, h miángona hitsara.

Assistance, vo AIDE; — réciproque, vali-ntáñana, valimpetáñana, tahy mifamaly, valintahy. L'—, le droit d'—, ny fidirana, *ou* fipetrahana amy ny havoriana hihaino.

Assister qc, mitahy, manósoka, mañampy, mamonjy o, dh manindry. Se faire —, málaka o hitahy, málaka *ou* mangátaka tahy amy ny o. Avez-vous ASSISTÉ à l'instruction? tamy ny tañanárana anao va? Oui, j'y ai assisté he, teo aho; namonjy, nañátona, nitandréñy, nitsátsika, mitáraña azy aho. Les ASSISTANTS, ny eo, ny any, ny anatréfany; *au passé*, ny teo, ny tany, ny tañatréfany

Associer q, málaka o hímbona asa amy ntsika, mampiditra, mandrav o. L'— à l'empire, mampákatra, *ou* manángana azy hiara-manjaka, himbom-panjakána. Lui — q, mañome námana azy, mañisy faharoy azy, mampimbona o amy ny. Les —ensemble, mampimbona, mampiraiky, mampiharo, mampiáraka, mampikámbana reo. S'— avec q, mímbona, *ou* miditra hímbona amy ny, h miómbona. S'— a sa joie, miara-miravoravo ámy ny. S'— à q, miáraka, miraiky amy ny o, momba o. On m'a associé à lui, zaho mampimbóñin-dreo támy ny. S'— ensemble, être ASSOCIÉS, mímbona, h miómbona, h miray, miraiky, miáraka, mihávana, mifoko, mifamehi-vátana, miara-manao. ASSOCIÉ, námana faharoy. ASSOCIATION, fimbóñana, fiombóñana, firaihana, h firaisana, fihiavánana. Une —de marchands, mpivárotra mímbona, o miara-mivárotra, o mimbom-pivarótana, mimbom-bárotra.

Assombrir, vo à sombre.

Assommer q, mamono o amy ny z, mavésatra adóna azy, mandómona, mandóna, mandonadona, mandondóna azy. fg vo Accabler, Fatiguer, Opprimer. ASSOMMOIR, kinonga, kononga, kinonga valorírany, fandomónana; fanonta.

Assomption, fampakárana, fampanongána any an-danitra. L'— de la S. V., ny andro Nampakárana ny Virijiny másina an-dánitra.

Assonant, mitovy eno fara. ASSONANCE, hamiram-peo fara, fitoviam-peo.

Assortir, mampiharo z maro tokam-páhitra (*ou* tokampótony) voa fidy fa hafahafa sora; mamory z mifanka-azo, manámbana z mifanáraka, h manángona, mampivady, mampiáraka, mampifañáraka, manokotoko, manao antókony, mampihávana, mañañona. — un magasin, mameno, mañañona, *ou* mamóñona, manampy, mañénika, mamorón kona vidíana azy, vo Approvisionner. Magasin ASSORTI, trano ampi-vidíana, voñom-bidiana, ampi-raha, feno z samby hafahafa, añom-bidiana. Epoux —, vady mifañáraka, mifanka-azo, tokan-jery, mihávana tsara. ASSORTIMENT, fiharoharóana, fifañaráhana, h firaisana, pv firaihana, fivadiana; ambángony mifañáraka. Un — de caractères, sóratra añona, hamaroan-tsòratra àñona, sòratra vòñona, ampy, mivorónkona, h mivorongo, mirónkona.

Assoupir q, mahavoa toroτaaso (h tori-maso) o; manindri-toromaso o, mampandry o, mampatory, mampatoro; fg mahafatifaty, mampandriandry; mandévina, manótotra, mananjo; mampiónona. S'—, être ASSOUPI, matoro, h matory, pv miroro, ti-bandry, pv mirorótra, h rendréhana, h rendremana; mandritsinandry; mandriandry; en balançant la tête, miozinózina, mirozy, miroziroz, mirozindrózina. ASSOUPISSEMENT, toromaso, h tori-maso.

ASSOUPLIR, ASSOURDIR, vo à SOUPLE, SOURD.

Assouvir, mankavintsina, mamoky, mahavintsina, mahavoky; mañétsaka, mahétsaka, mahamamo, mankamamo; mañárana. — la faim, mañála mosary, mamoky kibo mosary. S'—, mamoky troka, mañaran-kibo. ASSOUVI, voky, vintsina, étsaka, mamo, feno. ASSOUVISSEMENT, havokisana, haviutsiñana; fahavokisana, fahamamòana.

Assujettir, mandresy, mandrébaka, mampañeky; manóndrika, manindry, mañandevo, mañamporia, mangeka, mangegéka, mañetry, manjetra, mañétaka; mandia, mandásitra, mañitsaka, mañambanimbany azy. L'— au travail, mampiasa azy, mamàtsika, mandrékitra azy amy ny asa. — un piquet, l'affermir. S'—, mañeky, miòndrika. S'— au travail, mañetak'aina hitondra asa, ? mandéfitra amy ny asa. vo tsy manary, tsy malaiña, málaka. Q ASSUJETTI au travail, o tsy áfaka, voa fántsika, rékitra, látsaka, voa rohy, voa fehy, naóndrika amy ny asa; géhina, gegéhina, teréna, nasaina hiasa. ASSUJETTISSANT, maharesy, mahafátsika, tsisy hihetséhana, mahaletra, mahatsindry, mahavery. ASSUJETTISSEMENT, n handevózana; n fandreséna. vo ASSERVIR.

Assumer la responsabilité de qc, miántoka z; mitondra k, miloloha k, málaka azy amy ny loha; manampy azy amy ny aiña.

ASSURER, *donner pour sûr*, vo AFFIRMER. *Rendre ferme*, vo AFFERMIR. —, *rendre sûr, garantir* des vivres à l'armée, tsy mampiala, tsy manáfaka hánina amy ny táfika, tsy mampijaly bánina ny tafika, mampatóky ny tafika amy ny hánina, *ou* hahazo hanina; tsy mampiahiahy azy amy ny hánina. — q, le RASSURER, mampatóky azy, mañala ahiahy azy, mañome toky az , mañisy toky azy. — une ville contre les ennemis, miaro azy, mamefy azy tsoho azo ny fahavalo. — un navire, le prendre en assurance, miántoka, malak'antoka, mitrátra sambo. S'—, matoky; málaka toky, tokimpó, tavandram-po, miala nénina. S'— de q, mitady hatokiana azy; misámbotra azy. Soyez assuré que je ne vous quitterai pas, zaho tsy hiala amy nao, matokia. Je vous assure qu'il y est allé, nandeha ankitiny izy. Navire assuré, sambo iantohan'ólona, nalain'olona ántoka. Démarche —, dia matoky. vo tsy mañahiahy, mahasaky, h sahisahy, betoky; mahafatoky; tsy áfaka. ASSURÉMENT, ankitiny, tokoa, mihitsy, to, tatao. ASSURANCE, toky, hatokiana, fatokiana, fahatokiana, h fitokiana, tsy fiahiana, ántoka, fiantóhana. Quelle—as-tu contre la vengeance divine ? ino mahafatoky anao tsy ho valiany ny Zanahary voina ? vo ARRHES. Les ASSUREURS, reo mpiántoka, mpalak'ántoka.

Astérisque, (*) márika hely amy ny taratasy.

Asthme, pv satra, h satrasatra; h sóhika, pv ? sefo ; ? kitratra, aretin-tratra. ASTHMATIQUE, satraina, sefoina, misóhika, sohihina, h kitratraina, g tratraina.

Astico, hánkana atao ófana amy ny víntana.

Asticoter q, manahirana, mahasósotra o.

Astre, kintana, anakintana, ? hintana. Il est né sous un—favorable, tsara víntana nivelômana izy ; o vintáñina izy. L'—du jour, ny masoandro. Monter jusqu'aux —, manakadánitra, mahatákatra ny lanitra. vo reni-víntana.

Astreindre q à qc, mamátsika, mandrékitra, mampirékitra, mamehy, mandrohy o amy ny z; mangeka, manéry o. S'—, mamehy tena, mandrekitra ; mamatsik'aina.

ASTRINGENT, mahalétra, maharéritra, mahagéka, mahagegéka, mahasogéka, mahafémpina, tsy mampandeha, mahatana, mahafehy, tsy mañandefa. vo Assujettir.

Astrolabe, z fañohárana ny halavírany ny anakintana.

Astrologie, h hitsak'andro, pv Isakandro; teti-víntana, tetivólana, fitetezam-bintana, fañandróana. ASTROLOGUE, mpanao isak'andro; mpiteti-víntana, mpiteti-vólana, mpañandro; mpisikidy amy ny anakintana andraina; mpaminany.

Astronome, o mahalala ny kintana; mpisaina ny fombany ny lánitra sy ny toetry ny kintana. ASTRONOMIE, fisaiñaná ou fahaialána ny kintana.

Astuce, fitaka, solóky, fanavan-tsaina, fañambakána, sombeha. ASTUCIEUX, mahafitaka, mañambáka, mpanao saina, manao soloky, mamitaka, h fetsy, h fetsifetsy. h kanto; h konjo, konjokonjo.

Atelier, trano fiasana ou fizavárana. Il est à l'—, any ampiasána izy.

Atermoyer, mampidriso ny andro fankefána trosa.

Athée, o tsisy Zanahary, o mañala Zanhary, tsy mankato azy, manda, mañisotra azy; manao hoe, tsy misy Zanahary. ATHÉISME, fañalána Zanahary.

Athlète, mpiady; mpitólona; h mpihaika, mpikantsy; o bevátana no mahéry, ozárina, zoárina, fatratr'ainá, maòzatra, matómboka, tatatra, matánjaka; mahatólona. Les — de la foi, reo niaro ny finóana i Jeso-Kry.

Atlas, fehian-taratasy misy sarintany maro; sarintany maro mifehy.

Atmosphère, ny *Air* manodídina ny tany. — de corruption, imbo be, hantsimbe manáfotra ny tany.

Atòme, z madinika indrindra tsy azo rasaina; z bitika, borítika, biritsika, kitika, kirítika, h kololy

Atonie, hery áfaka. Qui est dans une — complète, o áfaka hery, efa malemy vátana; osa.

A TORT ET À TRAVERS, vo Ab hoc et ab hac.

Atours, fihaminany ny viavy.

Atrabilaire : q—, o be afero, maintina afero, mafaika. Mélancolique, ATRABILE, afero maintina.

Âtre, fátana.

Atroce, masiaka mena, sataina, ratsy indrindra; loza; mahafangorohoro. ATROCITÉ, hasiahana, hasiaka, z ratsy mena.

Attabler, s'—, mipétraka amy ny latabatra hihinana ka miborétaka ela.

ATTACHER, mamehy, py maminty, mandrékitra, mampandrékitra, manohy; mahafehy, maharékitra; mamántsika, mandrolvy, vo unitaona, mitana, mamétaka, mamáhotra, mamátotra, mahazo, mampaneky, mitárika; maharikiana. S'—, mamehy tena, mamehi-vátana; mandrékitra, mivánditra, vo S'ADONNER, S'APPLIQUER, mifetaka, misaina, manáraka, tia, misakaiza, h mihihitra, mikíkitra; mililotra, milóditra, miómpana, mandaitra. ATTACHE, fehy, kofehy, tady, famehézana, famehiana. Le mettre à l'—, mandrohy azy. Qui est à l'—, mirohy. Avoir de l'—, de l'ATTACHEMENT au travail, mifehi-vatana, mifehi-fo amy ny asa.

Attaquer, Miady ; Mandrafitr'ady, manampòn'ady, mipoa-basy aloha; mitora-défona aloha ; h manombok'ady, ? manántair'ady, misótroka, miantsótroka, manetra; manátona, mitarik'ady, mamoba ady, mamelon'ady; mamango, mamely, mitifitra aloha; mitoto, mandona; mitsokitsókitra; maniana; misámbotra, manátsika, mandrafy, mandratra, mahavoa, mahazo, mamófoka; m indróbaka. vo ASSAILLIR, AGACER. — la corde, Mitsongo, mititika, maré; la note, Manónona, maré, mahatákatra. S' — à q, l'attaquer. ATTAQUE, rafitr'ady, fanamponan'ady, ady; toto, vango, fófoka. Avoir une —, être ATTAQUÉ de maladie, être ATTEINT. ATTAQUANT, mpanombok'ady, mpanampon'ady, mpamely, mpiady.

Atteindre, Mahatrátra, mahatákatra, h manakatra, Mahazo azy; h mihátra, mifatra, tonga, avy, mitéhika, mitéhina, mipáka ; miharitra; Migána, h mingádona, migóna amy ny. — en frappant, touchant, Mahavoa. ATTEINT, tákatra, tratra, azo; voa. — de maladie, voa arétina, azon'aretina, takatr'arétina izy. Les ATTEINTES du malheur, ny narátina ny voina; ny vango ny; ny bay natao ny. Porter — à qc, le Blesser, Mandrátra. Hors d'—, tsy tákatra, tsy tratra.

Atteler les chevaux, la voiture, mamehy, manatao, manisy sovaly amy ny lasarety. ATTELAGE, sovaly roy va aomby roy miara-mitárika. La voiture est-elle ATTELÉE? efa misy sovaly va ny lasarety? efa voa fehy amy ny lasarety va ny sovaly?

Attenant à la maison, Mipáka, mifañólotra, mifandrékitra, mifañátona, fankarikitra amy ny trano; akeky azy.

ATTENDRE q, Mandiñy, Miámbina, miandry o. p diásana, diñásana, sk liásana, liñásana, linísana; ambénana, ambésana; andrásana. S'— à, compter sur qc, Manantéña, h manampó, pv manampóko. S'— à l'arrivée de q, Maniahy o ho avy. vo mihána, matoky, mahato, mahadiñy, sk mahaliñy. ATTENDEZ, mandiñésa, miambéna. — moi, diáso, liñíso, ambeso aho. Je ne m'attendais pas qu'il en fut ainsi, tsy nahy ko ho zany. S'asseoir en r.'ATTENDANT, mifitaka handiñy azy. En — qu'il vienne, miámbina izy avy; amparafara ou farafara, amparapara fiavia'ny; ambáraka ou ándraka izy avy.

Attendrir, Mankalemy, mankafonty, mahalemy, mandemy; mankalemy fo, mampiferinaina, mampiantra, h mampangorakóraka, mampalahelo, mankalahelo, ? mampitsekibo. S'— sur q, maferiñaina, pv mafiraiña, h miantra, malahelo o. S'—, mihialemy, mihiafonty. ATTENDRISSANT, Mahalahelo, pv mahafalahelo; Mahavoa fo. ATTENDRISSEMENT, fo maferiñaina, fo malahelo, fo malemy, lemimpo; h ? antra.

Attendu son âge, noho ny hatañorána, ou fa tañóra izy. vo h satria, amy ny. — que, Car.

Attentat, sata be, sata ratsy; h héloka be, fankaratsiana, fandrobátana; pv fikiñiana ratsy, h fikiásana ratsy, fikalikalíana ratsy; fionjónana; pv komikómy ou fikomikomiana handróbaka z. vo attenter. ATTENTATOIRE, mahavoa, maharátra, maharóbaka.

Attente, pv fandiñésana, fiambénana, fiandrásana, fanantenána. Dans l'—, qui attend. Il surpasse mon —, Mihóatra ny nanteñai'ko izy. Tromper son —, le Décevoir. vo h miofiakondrovava.

Attenter à la vie de q, Mikomikómy, mala-défona, mamaham-basy, manao lampihazo, mikinia, miónjóna hamono o; Mihaza ain'ólona; manáo ny hery zin by hamono o; miady o; mila hamono.

ATTENTIF, Qui fait ou qui prête ATTENTION, qui agit ATTEN-

TIVEMENT, h mitandro ; h mitsimbina , g manahy; mikinia, minia , h mikiasa. vo mitandréñy, mitsátsika , mitárana; mandinika, mitaino , mihaino ; misaiva , mihévitra , mieritréritra; h mikajakaja , h kerikery. ATTENTION, fitandrémana ; tándrina ; tsimbina ; fañahiana , fiahiana, ahy. Des — pour q, fanikórana, fañantoánana , fañisóhana azy, ikotra. Avoir des — pour lui , mañikotra, mañantóana azy, mañahy azy.

Atténuant, mankahely, h manakély, mahakelikely; mankatify, h mampanify ; pv Mahagodragodra. ATTÉNUER, mamotipótika, mañinikinika , mandretidrétika, mandrotidrótika. Mampimána , maneno. Mampíhéña , mañosa, Manakelikely. s'—, mihíatify.

Atterrer q, Mandavo, mamótraka, pv mamitsa, mandrápaka, mamitsaka; Manóngana; pv mandrampy. vo abattre.

Atterrir, mitody; sk mitoly. Atterrissage, fitodiana.

Attester, Mahato, mankato, mankamárina. Mankafátratra. — q, malaka, miantso azy ho vavolombélona. Ils l'attestent, sabada reo, vavolombélona reo. ATTESTATION, fañambarána, taratasy fañambarána; vavolombélona.

Attiédir, Mankamarítra, mankamarimárítra, mankanaranára, mampangatsiatsiaka, pv mankapiptsinintsy, mahafafifaty azy. S'—, mihiamarítra. ATTIÉDI, efa marimárítra, matimaty.

Attirail, ny hamaroan-draha féntina, ny éntana maro fandaisiny ndre amy ny ady ndre amy ny dia atao. vo vorongo. son —, ny z fomba azy; L'— de guerre, ny z fiadivana kony.

Attirer q, Mitárika. vo mitaona, mampihavy, mahazo, mampañatona, mampiditra. vo misoitra, manóndroka; manándoka ; mañera ; S'— malheur, Málaka, maka voina, mala-boina. S'— des reproches, malaka tsiñy. ATTIRANT, Mabatárika, mahataona, mahazo. vo attrayant.

Attiser, Misoron' afo, mamoron' afo; misoitr' afo, vo mamélona, manétsika, mampiréhitra, mandrisika, mamporésika. ATTISEUR, mpanoitr' afo, ATTISOIR, fisitr' afo.

Attitré: marchand —, mpivanga fivídian ı. Témoin—, sahada tambázana, oména karama, omena tamby, fondróina.

Attitude, toetra, toe-bátana. — droite, — mitsángana, l'— du respect, — ny mañaja.

Attouchement, fitsapána, tóhina, fapohinana. Il guérit par l'—, mahasitrana ny tána'ny, ny tsapai' ny, ny tohini' ny, ny voa tohi' ny izy. Masin-tánana izy ; ny tana' ny foana mahasitrana.

Attractif, Mabatárika, mitárika; masim-pitarihana; mampañátona, mampiavy, mitaona. ATTRACTION, fitarihana; basim-pitarihana.

Attrait, hasim-pitarihana ; z mahamasim-pitarihana ; z mahatárika, z masim-pitarihana; hánitra, hamamy; vintana tsara; éndrika; fitaómana, fitarihana; fihaminana ; taritárika, fitaritárika.

Attrape, fitaka, fándrika. ATTRAPER, *saisir*, Mahazo, misámbotra, mandrampy, h miházona, mitána, mitangázona; h mandrámbona. — sur le fait, Mahatákatra, mahatrátra. vo manámpoka. — un coup, voa; — la fièvre, voa tazo. Piège qui peut — (qui ATTRAPE) des cailles, fándrika mahavoa kibo. —, *tromper*, Mañambáka, mañangoly, h mamakaváka, pv Mamañavaña, manolo-bato-mafána, mandátsaka andrò-may, *ou* an-tsóboka ; misódika; mankavoty azy; mahazo fitaka azy. Qui ne se laisse pas —, tsy ambáka, tsy latsak'antsóboka, h tsy lavoantsórona.

Attrayant, Mahatárika, masim-pitarihana ; tiana, mahatia, mahangoaina, mahasijy, mahallana, maharikiana, mahataona, tsy mety iengána, maharékitra, mahasándoka, mahatána, mahazo era o; tsy mahavoly, tsy mahadísaka.

Attribuer qc à qc, Mamehy, mamindra, mañatao z amy ny z. S'— qc, mihambo, miháboka z n'olona, maláka, mangalatra z. Lui — un vol, Manandra, h manandry hálatra azy. On m'attribue le travail de Boba, ny asa ny Boba atao ndreo asa ko, *ou* ho asa ko;zaho atao ndreo tompo ny asa ny Boba. vo adjuger, approprier. Ses ATTRIBUTS, ny fomba azy; ny fomba ny tena ny, ny z anazy, ny z tsy áfaka ámy ny, ny silaky ny ai'ny, tápaky ny ai'ny, ny voninahi'ny, anara'ny, Famantárana. Ses ATTRIBUTIONS, ny azy; ny asa ny, ny fiasa' ny, tokon'ása ny, diany, faria ny, lány ny, firasá'ny, tokony, tokóa'ny, antókony, vala ny.

Attrister q, Mampalahelo, mankalahelo ; mahafalahelo, mahalahelo, mankafiraina, mampiory, mampítseka o; mankabeli-fo, mampitse-po, h mampiferinaina. vo Pleurer; Mélancolique. S'—, Mihalahelo, mitsetra, mitseka, mitse-po, mitsetsetra, mitseka. ATTRISTANT, Mahalahelo, pv mahafalahelo, mahakeli-troka. vo affliger.

Attrition de deux corps, fifandrokótan-draha roy. — du cœur, faneñénana avy ámy ny táhotra; néñina, alahelo, valo.

Attrouper, Mamory o hitabataba. vo assembler. S'—, h miángona hikomy. S'—, se serrer, h mitangízina; mifañizina. ATTROUPEMENT, tokotokon'ólona, havoriana; tabataba, korataba, fikomiana.

Au, article, pour À LE. vo A.

Aubade, kalo maraina, titi-jejy maraindraina. Lui donner une —, mandihy azy ampalakiaka. fg, Insulte.

Aubain, hafa rázana; vahiny; hafa tany niveloma'ny.

Aubaine, lova azo n'olona vahiny, ? lova-lávitra, lova avy

tampoka, lova tsy nahiny. fg bambo, zara, z tsara azo tampoka.

Aube du jour, kiak'andro, mitata-bodilánitra, manga-bodilánitra, androkiaka, palakiaka, ampolakiaka, vakima-soandro, piak'andro, mamango-atsiñanana, h mangoan' atsiñanana, mangáka-vodilanitra, mazav'atsiñanana, tata-bodilánitra, mazava-ratsy, vao hazava andro. — du prêtre, akanjo be sarórona, akanjo fotsy jolóbaka sikinìny ny mpijoro. Aoba; Oba.

Aubépine, hazo fátsika fotsy félana, fatsi-kazo, tsilo fotsy, hery fo tsy.

Auberge, trano fihaónany ny mpandeha hihinana sy handry. Trano fividia-kani-masaka. Alo-bahíny, alok'ampenjika; tranombahiny, trano famahánam-bahiny.

Aubergiste, tompo ny tranombahíny; mpamaham-bahiny, mpanesi-bahiny.

Aubergine, barenjely, baranjely.

Aubier, tapotsin-kazo. Son —, ny tafótsiny, pv tapótsiny, h kotofótsiny.

Aucun n'est mort, tsy misy naty ndre aiky asa; h tsisy naty na diu iray akory aza. Tsy raiky, h tsy iray.

Aucunement, tsia, hehe. Je ne le connais —, tsy tanta'ko tsy akory. Je ne me le rappelle —, tsy tiaro ko vetsivetsy ou aroñarona.

Audace, hasahiana, hasahisahiana, fahasahisahiana, pv hasakiana; h haikiahaikia. vo hadrahadra, hatrakátraka; hetrahetra, hendrahendra; sokátraka; tsololóaka, tsotróaka, katróaka, tsolóhotra, katrakátraka. Audacieux, pv mahasaky, h sahisahy; h mihaikahaika; be hasahiana, tsy mañaja, dh borobosy, h kidaondaona, h lakalaka, maheri-zaka; tsy mahafady fetra; tsy mahay sámpona, misótroka foana.

Audience, fitandreñésana, h fandreñésana, fihainóana, fahazóana-miteny, famelan-kiteny. Demander — au roi, mangátaka ho tandreñésany ny Andriana, hirasa-volana ámy ny. Accorder — à q, mampíditra o hirasa vólana, manondri-tsófina amy ny o, mitandréñy, h mandré o. Le lieu de l' —, ny fitoérana handrenésana. L' —, ny o mivory hihaino. Les auditeurs, reo mpihaino, mpitandréñy, h mpandré, mpitsátsika. Audition, fahareñésana; fitandreñésana, h fandreñésana. Auditoire, o mivory hihaino, mpitandreny; ny trano fitorian-teny.

Auge, pv lókalòka; h tavy. Une augée, — feno, érany —.

Auget, tavy kely, lokaloka hely.

Augment, fitombóana, tomby, antómbony, antombondrasa, antombonjaza; h ? tombondahy. Augmenter qc, mampitombo, ? mamombo, manósoka, manósona, mañampv, mankabe, h manabe, h manalehibe. —, s'—, mitombo, mihiabe, mihialehibe, miampy. Le riz augmente, mihiabe vidy ny vary. AUGMENTATION, fitombóana, fitombòsana, fampitombosana; fanampíana; tombo, tòvona.

Augure, mpanintana, ? mpaniana, h mpaminany amy ny fanidinany (sk fitiliñany, pv fitsidíñany) ny vórona. Faminaniana (ou fisikidiana, teti-vintana) amy ny fitiliñam-borona, h vinany. Aogory. Un mauvais —, h tambara, g sámpona; antambo, loza, hintana, ijy, ajima, samánkona, sahábona. Un bon —, z tsara andro, tsara vintana, h atodibe, tsi-loza. AUGURER, h maminany, pv manahialy; manintana, maniana, h mamatovato, mamato; pv mamatravátra, manao hitsak'andro, pv isak'andro, h mitovantóvana, ? manendrikéndrika, ? manampó; h manandro.

Auguste, lehibe, malaza, manan'asy, mánana-haja; g maéndrika; g méndrika, h manéndrika, g tsara endrika.

Aujourd'hui, niány, h ny any, andro niany; h anio, andro ány, androány, andro aneto; sk nankihía. — en huit, herin'androány, herin'anio, hérin'andro niány, h mifanérin'anio.

Aumòne, z oména ny malahelo, pv fisatriávana, hasatriávana, h fiantrána, fitseham-po, fitserampo; fanomézana. Faire l'—, manome z ny malahelo, mirasa z ámy ny. AUMÒNIER, (taloha) mpijoro tompo ny firasam-bola amy ny malahelo. (ataonio) mpijoro, h mpisórona ny trano ny mpanjaka, va ny táfika, va ny sambo, va ny trano fitoeran'olona maro.

Aumusse, hóditra malemi-volo asampy ndreo *Chanoines* amy ny tánana.

Aune, hazo fanohárana lamba; refy kely; ? h manindao; mamaki-tratra noho zehy. AUNER, manòhatra, maudrefy.

Auparavant, taloha; lahatány, h rahatany, lahateo, h rahateo; sandra. vo fony, hatreo, fahiñy, fahizany, angololha, el'ela hiany. Il faut aimer Dieu —, Zanahary no ho tiana aloha. — je vous parlerai, hivólana amy nao maloha ou antséndrika aho.

Auprès de toi, mariny, marikitra, h akeky anao; anila nao, ankila nao.

Auréole, avánavana ou fáritra mazava atao amy ny loha ny sary ny olo-másina. Fari-doha, ? fari-java, fari-bonináhitra.

Auriculaire: témoin —, sahada naharéñy, h vavolombélona nandre; o mba nahareny. Confession —, famosána mangingína, famambáhana amy ny tadíny ny mpijoro. Doigt —, tondro fikarónan-tsófina. Remède —, aody sófina, atao sófina, atao an-tsófina.

Aurore, ny andro maraina, zava ny kiakandro, mazav

atsiñanana, mazava maraina; fipotsahany ny andro, miposak'andro; tsirin'andro maraina. vo Aube. L'— d'une époque, ny lóhany, fanampònany ; vo lohambintana. — boréale, mazav'aváratra; zava be aváratra.

Auspice, faminaniana amy ny tilim-bórona, vo augure. AUSPICES, fiaróvana, fitahíana. Fait sous de bons —, tsara ny víntana nanaovana azy; h vintánina izy.

Aussi : Moi —, zaho koa, h izaho kosa, ndraiky zaho, ndraka zaho. Moi — j'irai, zaho mba handeha. Il est — savant que fort, ny bahery ny mitovy amy ny fahalala'ny z. Je le veux —, zaho koa tia. — nous l'avons récompensé, kala (ou koa, h ary dia, h koa amy ny izany, ary amy ny izany) novalia'nay tsara izy. Les Noirs ont une âme aussi bien que les Blancs, ny o Maintina amy ny Fotsy samby mánana aromoy ; mira amy ny Fotsy ny o Maintina, mánana arimoy. Nous sommes — ignorants l'un que l'autre, atsika samby tsy mahay z. — peu que rien, TRÈS PEU.

Aussitôt: il revint —, nimpody h vetivety, pv vetikétika, pv betibety, betibétika izy, siaka izy nimpody. — pris, — exécuté, efa azo izy, novonóina. vo faingana, tsiampi-toinona, toa-tsi-tany, toatsiteo, atohoato ; pv santa. — qu'il eut mangé il sortit, efa, lehefa, h rehefa, h rehefefa, h nony, nihinana izy, avy nihinana izy, nibóaka, h dia nivóaka izy.

Austère, d'un goût —, h maisatra, pv mafotrafótra; madirodiro; mafaipaika, hándatra, handatrándatra. Règle —, Mahafatifaty tena, sárotra. Q —, saro-po, sárotra, manjomóka, mafaika, maro-fady. AUSTÉRITÉ, hasarótana, z sárotra; fifadíana, pv fifadiánana, fankalilovan-tena, fivalózana. ? hamaisárana, hafotrafòtra.

Austral, atsimo, ambálaka; sk atimo.

Autan, añim-bálaka. Le souffle des —, ny rivotra atsimo.

Autant: mettez-en — qu'il en faut, ataovo érany, ampy, sahaza izy; — d'un côté que de l'autre, ataovo mira izy roy, mira anila mira anila izy. Il n'a pas — de courage que d'éloquence, ny heri-mpo ny tsy mira (tsy mitovy) amy ny herimbava ny. A la charge d'—, ho valíana mira izy. — que tu voudras, zay hatao nao. Cent fois —, in-jato heny (ou indrindra, pv akény).

Autel, latabatra fijoróana, talatala másina, fametrahantenanjoro, tandambánan-kánina, ? toñy; fivoadíana, ou fañalamboady. Otely.

Auteur, tompo, fótony, manao, manampòna ; aviana, h ihíavíana; o nanóratra taratasy ; mpamoron-kévitra.

Authentique, to, ankítiny, h hai-roa-lahy, pv hailahy, hay, tatao; pv ankatózina, h tóvina, pv tózina, hankatóvana, ankatoávina. AUTHENTICITÉ, ható, hatózana ; h fahatóvana; hamarmana; fahana, tohana, efaka; ny mahafatratra, mahamárina azy.

Autocrate, mpanjáka tsy manan-tompo. AUTOCRATIF, gouvernement absolu. vo ABSOLU.

Autographe, nisorátany izy tompo ny vólana edy. dh sora-tánana. Mes —, ny taratasy nisorátany tana'ko edy.

Automate, z mihétsika ho azy. fg adála.

Automne, fararáno, faraôrana. AUTOMNAL, faha-fararano.

Autoriser, mety, miántoka. — q, Manome lálana (*ou* fanapáhana, fahefána, hery, teny, taratasy) azy; mampahefa azy, manome azy ny mahefa. S'—, málaka lálana, mangálatra lálana, mangala-dia, milohaloha. S'— sur, s'appuyer sur. AUTORISÉ, nahazo lálana, nomena ny mahefa, manam-pahefána, mahavita. AUTORISATION, lálana, fahefána, fanapáhana. L'— de commercer, ny fivarótana; de le faire, ny fanávana azy. vo approuver.

AUTORITÉ, fanapáhana, fandidíana, fahefána, fifehézana. Qui a l'—, mahadidy, mahatápaka; vo AUTORISE. Q sans —, fangadi-tsi-mahatapak'áhitra. Qe fait sans —, didi-ambonimbánkona.

Autour de qc, Manodidina, manariary z; ? anodidina z. Un enfant — de sa mère, anila ny reny ny. Être ou se tourner autour d'un arbre, mivánditra, mivandibánditra, fifadiditra.

Autre: ôtez l'—, aláo ny raiky. Les — sont malades, ny sásany, ny sanákany, ny sásaka, ny sanámany marary. Mettez-le avec les —, aharóa amy ny námana *ou* hávana izy. C'est un —, hafa izy. Q d'une — nation, o hafa rázana. C'est un — que moi, tsy zaho fa o hafa. Il n'y en a pas d'— que toi, tsisy hafa laha tsy anao. Tout —, bien —, hafa lávitra, hafa indrindra. Le bien des —, ny raha n'olona; h l'—, anankiray (après anankiray, l'un). Il n'en fait point d'—, zany foana no fatao ny. Vous voilà un — homme, efa o vao anao. Une — fois, andro hafa. vo L'UN. Il parle AUTREMENT qu'il n'agit, hafa ny vola'ny hafa ny atao ny. Obéissez, — vous serez puni, laha tsy mino ánatra anao hankalilóvina. — j'irai, laha tsy zany, raha tsy izany izaho handeha. Celui-ci est bien — beau, itoy tsaratsara, h tsaratsara kokoa, bebe hatsara indríndra.

Autrefois, táloha; fahíny. vo elabe, lchánika, fahizay, fahíreny, fahizany, tany.

Autre-part, an-tany hafa, ankafá; aoao, anány, h any ho any, amy ny fitoérana hafa. D'—, vo d'ailleurs.

Autriche, fanjakána be any amy ny *Europe*. Aositria, aotrisy.

Autruche, anaram-boron-dehibe indrindra.

Autrui, ólona. Le bien d'—, ny raha n'olona. C'est à —, an'olona, nihin'olona izy.

Auvent, fialòfana ao alatrano, áloka.

Aux, pour A LES. vo A.

Auxiliaire, mahasòsoka, mahavònona, manòvona, manampy, mamonjy, mitahy. Des —, mpitahy.

Avachir: s'—, mihzalemy vátana. vo tamàna.

Aval: pays d'—, tany fivalànan-drano.

Avalage, fampivalànana lákana; válana; fivalànany ny lákana; fanjotsóana ny barika amy ny kòtona.

Avalaison, h boráraka, h kararàna, h bosásaka, h bororóaka; rano mi—; g rano ráraka; rano róraka; rano be, miantòraka. vo tòndraka.

Avalanche, ou avalange, Neige be koa, ou toa.

Avalant, miválana, miambevy.

Avaler qc, mitélina, manélina. p atélina. Avale-le, atelémo, ateléno izy. Est-il AVALÉ? efa tafa-télina izy va? J'ai — de l'eau sans le vouloir, voa tsitelin-drano, tafa-telindrano aho. vo Manao-teli-moka, manelim-bélona; mambósika, mamosibósika, mandrápaka; migáka, misotrasótra, misotasóta. — du vin dans une cave, mampandrôrona azy. Bateau qui AVALE, lákana miválana, miambevy. AVALOIRE, fitelémana be.

Avancer qc, Mandroso z. —, s'—, Mandroso; mandroso dia. vo APPROCHER. — le bras, Manénjana tánana. — son départ, un ouvrage, la saison, les HÂTER. Le faire —, Mampandroso azy. — un employé, manándratra azy; ÉLEVER. — qc à q, manòlotra azy z, mañampy o. — les fruits, le jugement, mampitombo azy; AUGMENTER. —, ALLER VITE, maláky, féngana — une proposition, miteny, mamoa-bólona. — de l'argent, Donner. — trop, sortir de l'alignement, des règles, Lilatra, longóatra, lingoatra, Mandilatra, mandongoatra, manontsòraka. —, former relief, bosse, h mitrinitríny, h mitringitríngy, pv miriniríny; —, co des dents, g mitrañitráñy, dh mitsintsíndrana, pv mitrakatráka. vo Mitranga. S'— lentement, h mizótra, h mizétra, mitozétra, g mitarétra, pv mibátana, mitsaika, mitsehatseha. — rapidement, mijojojojo. S'— trop en paroles, lila-bólana, tsontsora-bólana. AVANCE, z mitrinitríny, miriniríny, mitrañitráñy, mandilatra, z omena aloha. Prendre l'—, mialoha, mialohaloha. Le payer d'—, mankefa aloba, ataonio, aneto, sandra. Je le savais d'—, efa fanta'ko sandra izy. Il était gros d'—, be laha tany, be lahateo, h rahateo, taloha izy. Je le sens d'—, reñy ko laheto, aneto. Faire les —, manao aloha; mialoha. AVANCÉ: Le jour est —, efa roso lávitra, efa lasan-dávitra, efa lávitra, efa avy lávitra ny andro. Saison

—, taona mañiana. Sentinelle —, tilitily lavitra. Esprit —, fañahy matoy. Fruits —, voankazo másaka loatra, loló, vao ho mótraka. AVANCEMENT, fandrosóana, fanatóñana ; dia, leha; tombo, fitomboana ; fisandrátana. Occupé de l'— des siens, mañahy hampandroso hávana. Il a obtenu de l'—, nahazo voñinahitra; nisándratra,nasándratra izy.Une AVAN- CÉE, mpiámbina lávitra ou aloha.

Avanie, ompa, eso, fitsokoríhana o, fitsokitsokírana, fikotráñana, fankaratsiana o ; hasiábana amy ny o. vo Insulte, affront.

AVANT moi, aloha ko. Plus —, alohaloha. — que je partisse, mbola zaho tsy éndrika roso. — que je parte, mbola zaho eto ; izikoa zaho tsy mbola roso. — le jour, aloha ny kiak'andro. Aller de l'—, Mandroso. — qu'il montât, taloha ny niakára'ny. — de manger, aloha ny mihinana, ou ny fihinánana. Creuser —, mangady lálina, lávitra, anaty indrindra. vo fony, antsany, angaloha, indra.

AVANT du navire, ny lohantsambo; ny loha ny.

Avantage, soa azo; tómbony, antómbony, tombo; várany, bófona; fiamboriana, fandreséna, fahazóan-tombo. Un léger —, h sitranikoa. Quel — avez-vous de plus que nous? inona no tombo nao noho izahay ? ino no tsara nazo nao tsy nazo nay? AVANTAGER q, Mañome ou mañisy soa azy, mankasoa, mankatsara azy, mahasenga azy ; Mampandroso, mampitombo azy, manòvona tsara azy. Avantageusement situé, tsara tany itoérana. AVANTAGEUX, mahasoa, mahatsara, soa; azahoan-tombo; tsara. Terrain — pour combatre, h santany, tsantany. AVANTAGÉ, nahazo soa, manan-tombo.

Avant-bras, bao-ntáñana ; h aféñana, h lantontáñana, ? sandry.

Avant-corps, trano ou efi-trano aloha ? lohantrano.

Avant-cour, haramanja aloha; ? loha ny haramanja.

Avant-coureur, mpialoha ; ? mpanandro ; famantáraña.

Avant-dernier, aloha ny fara. L'— mois, ? tamy ny volana afak'iñy.

Avant-garde, lohalálana; ny miaramila mialoha ; tilitily, tilotilo.

Avant-goût, hamamy azo sandra. ? fañandrámana aloha; ? ándrana, ? sántatra.

Avant-hier, afak'omaly.

Avant-midi, aloha ny miarin'andro, laha tsy mbola mitatao-vovónana.

Avant-propos, lohateny; lohavólana;fanambaráña aloha; ventin-teny ; h famakian-tsárona ; filazáña ou famahaváhaña ny fótony ny k.

Avant-toit, fialòfana, visitry ny trano, alok'alika, alok

umboa. ? haratra.

Avant-veille, ny andro faharoy aloha.

Avare, pv mahetry, pv matity, pv mahidy ; h mahihitra; matsitsy, tiakely, h manao fihinkzala. AVARICE, pv fahetriana, h fahihirana; h hihitra; fatitiana, fahidiana, hetry, tity, hidy.

AVARIE, ou qc AVARIÉ, z narátra, z simba, z robadróbaka, z voarátra, z efa ratsy AVARIER qc, mandrátra, mandrobadróbaka, manimba, mankaratsy z. S'—, marátra.

A-vau-l'eau, miválana, mañara-drano. Aller —, roso foana, áfaka foana.

Avec un fusil, amy ny basy. Il règne — moi, Miara-manjaka amy ko izy. Aller — Koto, momba i Koto, Miarak'amy ny Koto. Prenez-le et partez —, aláo izy andaiso mandeha. Du riz — de l'huile, vary miharo sólika, voaharo solika. Mettez-le — le riz, aharéa amy ny vary izy. Le bois— lequel j'ai bâti ma case, ny hazo natao ko trano ko. La hachette — laquelle je l'ai coupé, travaillé &, ny antsy nanapáha ko azy, niasá'ko azy. Je le donne — joie, ome'ko ankaravóana, ou amy ny haravóa'ko izy. vo mbamy ny; ámana, ndraka.

Avenant: biens — à q, manjó azy. Q—, o miéndrika. A l'—, vo antónony, mifanáraka, mety ; faranilóhany.

Avènement, fiaviana, h fihiaviana; fahatongávana, fisandrátana.

Avenir: l'—, ny ho avy. A l'—, amy ny ho avy, DÉSORMAIS.

Avent, h fihiaviana; fiaviana ; ? aviana.

Aventure, z avy foana; z manjó, z tonga, z natao, z tsy nahy natao; h tovantóvana. Agir à l'—, h manao antéhaka (ou antéfaka, anjamba, h antelo); tsy manóhatra, h manarangárana tsy manóhatra; h ? manao be fahatány, tsy mañoutány fitána. Aventurer qc, mitono z, manampy z amy ny z. masíaka, manao vy very, manao mosalahy. S'—, être AVENTUREUX, miteno aina, manampi-aina ou manankin'aina amy ny mahafaty; manari-tena, h manao hitsak'ampondrano, mahasaky, h sahisahy, h minena, manao aina tsy závatra, manao vy very, h tsymila láfatra. AVENTURIER, o mitsimpontsimpon'asa ; málaka potipótik'asa. ? mpijirika, ? jiri-dahy, ? pv manao lav'angira ; pv mpitóha, pv ? mpitrango, mpandehandehu, jiolahy; manaovivery.

Avenue, fidírana, lálana, safáry; fihiaviana; ? aleha.

Avérer, manamárina, maható, mankató.

AVERSE: une —, òrana be, g patrapátraka, vatravátra. Il pleut A VERSE, mipatrapátraka, ou mivatravatra, pv mivatrabátraka ny òrana.

Aversion, Haine.

Avertir q, Mañambara, Manatoro o; de qc, amy ny k. Il

est AVERTI, efa nambarána, efa notoróana izy. vo mirasa-vólana, manánatra; manampoasa; mitadidy, milaza. AVERTISSEMENT, fanambarána, fanatoróana, filazána; ánatra, fananárana; faniñiana, fañadíana.

Aveu, fitsórana, tsotra;fanekéna. En faire l'—, les avouer.

Aveugle, tsy mahita, g jamba; pv zamba; goa, goamaso roy, anjamba; sanja, sanjaina; maizina-maso, jembi-maso, malaza-maso, mati-maso. vo lótsitra, mañarak' andondóna, mañara-dondóna, lotsi-maso, potsi-maso, mamokátrana-maso, foi-maso, fotsi-maso. Suivre en —, ou AVEUGLÉMENT, mañarak 'ambókony, mañara-póritra, maneky lémpona; acheter en —, mividy anjamba. Aveugler q, manajamba, mahajamba, monkajamba, managoa, mandótsitra azy, mamoi-maso azy. AVEUGLEMENT, hajambána, hagóa, hagoána.

Avide, ngoaina, ngoain-kánina;maniry; ta-hahazo, tsiri-ritra, tsirítra, mitsiriritra, mitsiritra, liana, sk sijy, h liaka, miliaka, milela-maoka, milela-maoña, milela-miótra; h tsivelomisalahy. — d'entendre, liantsófina. — de gloire, ngoaim-bonináhitra. AVIDITÉ, fingoainana, lela-maoka, faniríana, haliánana, filána. Manger avec —, AVIDEMENT, mañafokáfoka, mañapokápoka, mandrepodrépoka, mandrapadrápaka, mamosibósika; manolotsóloka, manelotséloka, manolantsólana, manjolanjólana.

Avilir q, Mañetry, pv manjetra, mañétaka, mañivaíva, h manazimba, mametaveta, mañébaka, manabóka, manosopótaka, manálatra o. S'—, Manetri-tena, manje-bátana; mietry, mizétra, h mañala-bara-tena; Miandevo, miabily, h mialakaforo, h? mavointena; manamavo tena, mizimba; mihosi-fótaka, mandoto tena, mihiaivaiva, mandrorombintana. AVILISSEMENT, fanjérana, fanetréna, fanivána; habiliana. vo Baráka.

Aviner, mandéna divay azy, mameno divay azy.

Aviron, fivé, h fivoy; fivézana.

Avis, ánatra, fananárana, fañondréhana; Hévitra, jery, saina. Lui donner un —, Mañánatra azy. Q AVISÉ, h hendry, pv mahíhitra; manan-jery, matoi-fañahy. AVISER q, mañánatra o; mañambara o. —, songer, miraharaha, misaintsaina, mihevitrévitra, mijery; mila (ou maka, málaka) jery. S'—, trouver, mahita; misaina, mihévitra. Il s'avisa de quitter, nanao jery hafa izy, niala izy. Si vous vous AVISEZ de mal parler de lui..., anao koa mahasaky mivolan-dratsy azy...

Aviso, sambo maivana mitondra teny.

Avitailler un camp, mamatsy, mamáhana, manisy hánina &. AVITAILLEMENT, famatsiana, famahánana; vatsy, fáhana, hánina. vo approvisionner.

Aviver, mamélona, mamotsy, manazava, mampangílotra, mampamirapiratra.

Avocat, mpiaro, mpanéfina, mpananti-ra ; solovava , solombava , mpanohan-kabary ; mpifóna ; mpandaha-teny, h ranofanalakénda, h vatofioláhana, h tohankabary. Je serai votre — auprès de lui , zaho humáhana ny k nao amy n'azy any; zaho hifona ámy ny; hiaro anao ahó.

Avoine, anaram-bary foména sovaly.

Avoir, *posséder*, Mánana. — faim, soif, chaud & , vo AFFAMÉ, ALTÉRÉ, CHAUD &. — de l'orgueil, miavonávona; misy *ou* mitána fiavónana. — beau étudier , ndre miánatra be. Vous n'avez qu'à parler, mivoláña foana. Qu'avez-vous à pleurer , Mañino anao mitomány? ino no mampitomány anao? ino tañia'nao? J'ai du travail, j'ai à travailler, misy asa aho, misy z hasai'ko aho. J'ai eu un franc, nahazo *ou* teky kirobo-bory aho. J'ai 20 ans, efa roa-polo taona aho. Il a un beau chapeau, tsara sattóka izy. Il a perdu son argent, very vola izy.

Avoir, *possessions*, Fanáñana; pv Haréana; h haréna.

Avoisiner la ville, Mariny ny tanána. — les cieux, Manákatra *ou* mipáka lánitra. vo VOISIN.

Avorter, afa-jaza. Elle (cette femme) a AVORTÉ , afa-jaza, tsy tonga vólana , tsy tondro-bolana , vaki-manta izy; ? tsy vañona téraka izy. Vache, fruit qui a — , aomby , voankazo nandoly; œufs, grains qui ont —, atody & nandamóka. Entreprise qui a —, q qui y a —, nandoly, nandamóka.

Avorton, (enfant) zaza áfaka, z tsy tongavólana. (Plantes, fruits) loly, nandóly; (œufs, grains) lamóka, nandamóka.

Avoué, s, solovava, o mitondra ny k n'olona.

Avouer , mañeky , mamámbaka , mamókatra , mamosa, manambara z ; mieky, mitsótra, mihitsi-loha, mivari-lavo, mivalo, Mahafántatra, Mankáto; mañeki-lémpona. — une action, l'approuver. Je m'avoue coupable, ratsy ankitíny aho.

Avril, h alakaósy, pv volamáka.

Axe, ny tsorakazo *ou* tsora-by; mahintéraka, z toboribory.

Axiome, teni-márina, teny ekéna, teny fiekéna.

Azote, tsy mampiaiña.

Azur, AZURÉ, maitso jény , h manga toy ny vodi-lanitra.

Azyme, tsisy laró.

B

Babeurre, ranondronóno, rohono áfaka ménaka, ronono boka; dh ranombatsíny.

Babil, volambólana lava, h Bedibedy, pv Namínamy , pv namanáma, g bebobéboka, h Tsehontselóna, g vetsovetso, h vetsivetsy, h vezovezo, h Dádaka, g Resadrésaka , pv korána-lava ; h vétrika , h vantsavantsa ; vo taria , h vésoka, h tafa , h tafasiry , badabada. BABILLER , Mi—. BABILLARD, Mpi—; vavána, lelána, malia-bava, h katsorómbina, mantavava, h mpiritsodrítsoka, h mpikaraméntsona, mahay vava, h sarésaka, maro vava, milazalaza; h ketsoketso et mpi—.

Babine, mólotra réraka. Qui a des — (co la vache, le singe), rera-mólotra, rera-tsoñy, latsa-tsony, vadi-tsony, ? trabitrabi-tsony.

Babiole, tsiraharáha, tsizakazáka, tsizavajávatra ; h taintsiraha, vo Bagatelle.

Babion, anúma kely.

Babord, ny ilany ny sambo ankavia.

Babouin, antima lehibe, masíaka no lava-vava.

Bac, lakam-pitána, lokalóka vato.

Baccalauréat, ny voninábitra voalóhany azo ndreo miánatra. Bakaloréa. vo Bachelier.

Bacchanales, laolao mikoratába , soma n'ólona mamo; dh ? fileony.

Bacchante, viavy misafóaka, vehivavy misamóntitra, viavy loza be.

Bâche, lómboka be tsy mahaléña ny entana añaty lasarety va añaty lákana.

Bachelier, nahazo ny voninábitra ny Baccalauréat. Efa raiky vonináhitra.

Bachique, tiany ny o mamo, ombány ny mpinon-tóaka; ny fisotróan-divay.

Bachot, lákam-fitána hely.

BÂCLER une porte, mandriba ou mandrindrina tamíana amy ny hazo asákana azy, — un port, Mamody ny fidirana ny tafia amy ny rojo asákana azy. — un navire, Mandáhatra azy añaty ny tafia. — une besogne, manáotao azy maláky, mamatrapátratra azy, manao malaky, ? manáo tsirambintánana. BÂCLAGE, fandaháraña ny sambo ; famodiaña vavarano.

Badaud, adaladála misanáka foana mizahazaha ny z ziaby; pv andrendry, h miahonáhona, h ondránana, h ondranondránana. vo girigia, gegigegy, geigy.

Badigeon, rano sóndrana ou feta vony hahósotra ny riba vato. BADIGEONNER une muraille , manoso-póndraña azy, manoso-peta vony azy.

Badin, tia-laolao, misomasoma foana, silasila, h hindrahindra, h konja, h koniania. vo pv silasila, h jilajila; pv kabíaka; vazivazy. BADINER, misoma , milaolao; h mihindrahindra, h mikoniania , h misangisangy, h mamosobósotra, mivazivazy; pv manao kivazivazy ; ? h milpíaka. BADINAGE, soma , laolao; h vósotra , vosobósotra, vazivazy , h sangy, h sangisangy, ? h pelipelika; anganongano.

Bafouer q, mikizaka o, mametaveta azy, mandronjironjy azy.

Bâfrer, Mihinana be malaky; mamosibósika &, vo AVIDE.

Bagage, éntana. vo entampotsy, h anéntana. Plier —, mañoron-damba, h mandáñon-kaházana; et partir, ? manentana, miéntana; sk Mifehy.

Bagarre, fiharoharóana lasarety maro; ady, korataba. Se tirer de la —, miala amy ny sárotra, ou amy ny tabataba.

Bagatelle, z kelikely tsisy fotony, potipoti-draha, retidreti-draha, tapatapa-draha, tsizávatra, h tsiñontsinona, z tsy misy vidy ny; h taintsiraha, ? h tsirahany, g tsipiáhitra, g tsipitany, dh tsiratsira. S'amuser à des —, mipótika, mipotipótika.

Bagne, trano-maizina ny olo-véry.

Bague, h fera, pv pératra, pv ampety.

Baguette, tsora-kazo, rotsakazo, ritsokazo, firitsokazo, faritsokazo, firitsoka, fitsokazo, g angira, pv sangira, hazo madinika. — de fusil, p fihótsoka, fihotso-basy; h firitsobasy; h fihitso-basy, pv fihótsok'ampingáratra, pv fañótsoka. Des —, tsoratsora-kazo, fitsopitso-kazo, rotsadrotsakazo &.

Bai, mena-mavo, mena-maitso; ? vondro-may; pv ? vásotra, h ? vásoka.

Baie, hory, lóvoka; vo vavarano; rano mitsópaka amy ny tany. Grande — très ouverte, hoala.

Baigner un enfant, Mampiséka, Mampandro, Mampitóndraka zaza. Se —, Mandro, Miseka, Mitondraka. — la terre &, mandena, mandóna, manditsaka; h mahakotsakotsa, pv mahakotsakótsaka. BAIGNEUR, mpandro, mpiseka. BAIGNOIRE, fandróana, fiséhana, fitondráhana.

Bail, famondróana; h fanofána.

Baille, gamela be, tápaky barika, fitobiandrano, fitabáhan-drano, fidobibihan-drano.

Bâiller, h Manoaka, pv Mañóatra. BÂILLEMENT, h hoaka, h fañoáhana; pv hoatra, pv fanoárana. Porte qui bâille, varavárana misañaka, misañana, misañasaña.

Bailler, Donner, Livrer.

Bâillon, sakambava, gadrambava. Le BÂILLONNER, manisy sakambava azy, mangadra ny vava ny; manakombava, manampim-bava, manentsimbava azy, mampangiña azy.

Bain, fandróana, fiséhana. Prendre un —, se Baigner.

Baïonnette, h bénitra, pv bazanety.

Baiser qc, Mioroka, Mañoroka azy; h mitsamiontsámona, h mitséntsitra azy. Un baiser, óroka. Lui donner un —, le baiser. Se —, mioroka, mifañoroka. BAISEMENT, fiorófana,

fanorófana; fitsentséfana. Le BAISOTTER, miorokóroka azy.
Baisse, fietrény ny vidy.
Baisser qc, VO ABAISSER. — la tête, — l'oreille, miondri-doha, miondri-tsófina, mañondri-doha. —, n, mietry, mizetra, mitandetsy, mizotso, mídina, mandròrona. Se —, mióndrika.
Bal, Havorian'olona handihy. Fandihízana. Donner un —, manory ou mañaona o hitsinjaka.
Baladin, o kabiaka; o mampihomehy; mandihidihy.
Balafre, bay be amy ny fify; fify nikolontsoaka ou nikirémbaka. Le BALÂFRER, mandratra fify azy; mañirindriaka, mañoròvaka, manatsoliaka fify azy.
Balai, kifáfa, Famafa, h kofafa.
Balance, Mizúna, filanjána, fandanjána. vo fitsarána, fampitoviana, fitovian-danja.
Balancement, ozinózina, rozirozy, savily, savilivily.
Balancer q *de haut en bas*; mamoambóana, mampakatrákatra, mampionganóngana azy; mandanjalanja azy. — l'encensoir, l'escarpolette, g Mamiombióna, h manávilivily, mampisavilivily, mampihelihely, mampihebiheby, mampihelankélana, mañelankélana, mampihelinkélina azy. — un peuplier, mañosinózina, mandrozirozy. —, vo Hésiter. — une raison, être égale à elle. — n, Miozinózina, mirozirozy; miviombíona, misangiongiona, misavilivily, mihebiheby, mihelihely, mihelinkélina; mihevihevy, mihevingévina, mitsingévina, mitsingevingévina, miraviravy. Se—, manao sangiongahy, h manao savilivily; miviombiona. BALANCHER de pirogue, de danseur, Fañary (? fañárira, vo Árina). — de pendule, antsavily. — de balance, taña-mizána, vovonamizána. BALANÇOIRE, h antsavily, pv sangiondahy, tangeongahy, tangiondahy.
Balayer la chambre, Mamafa trano. — les ordures, les ennemis, Mamako áhitra; mamaoka áhitra, ny fahavalo. vo expulser. BALAYURES, áhitra, fako, fakofako, zézika, akata. Ramasser les —, Mifako. BALAYAGE, Famafána. BALAYEUR, Mpamafa.
Balbutiement, g badabada, pv dabadaba, h kodada, h kodádaka, h kodedy, h kodedidedy, h bodáhoda. BALBUTIER, Mi—. vo mibebobéboka, miverobéroka; h miroaroa, h mivakaváka, adala-vava.
Balcon, varángana añabo; talatala ou torapáfana mitohy amy ny trano.
Baldaquin, áloka, fañalófana. Baladakina.
Baleine, trózona; be-lomaño. BALEINEAU, zana-trózona. BALEINIER, mive-trózona, mpive-trózona, mpitopi-trózona.
▮Balise, kôsa ou kady an-drano hahafantárana misy vato.

Baliste, z tanopiam-bato.
Baliverne, volambólana tsisy fótony. BALIVERNER, mivolambolana tsisy fotony.
Balle de fusil, bala; kiboribory, taboribory. — des graminées, pv koròfana, h akótry, h akofa. Riz dans sa —, vary koròfana.
Ballon, z taboribory foan'aty fanopitopíana ; z tsipihantóngotra. —, Aérostat.
Ballot, éntana ampoño, éntana voafoño.
Balloter une af, mañetsikétsika k ; — un liquide, manobankóbana azy. — deux candidats, Manonjonónjona, Manangantsángana azy. — qe, mamoambóana, Mañindrahindra, Mañaitraitra, Mamímbina. vo mamerivery, mamerimbérina, ? manao savoambóana; mifidy, mandínika.
Balourd, adaladala, tsy manan-tsaina, mafi-sófina, mavesa-tsaina ; h geigy, h gerigia. BALOURDISE, hevi-potsy, z tsy andráriny, tsy fisaíñana, hadalána.
Balsamique, mánitra, mafinto.
Balustrade, fieférana, vala, fiaróvana, tsi-mahalavo,fefy.
Balustre, andry kely ; hazo hely milahadáhatra misy tataóvina. —, BALUSTRADE.
Bambin, zazakely, zazabodo.
Bamboche, sarin'ólona hetsiketséhina amy ny tari-by.—, o kely mahia. —, fihinanambe ndraka hamamóana. BAMBOCHEUR, mpilaolao loatra, mpisotro sy mpihinana loatra, homan-karéna, mpandany hareana, tsy mitsapa-fárany.
Bambou, volo; valiha, volotara, volotsángana; bararáta, volovato, voloandotra
Ban, Fañambarána k; kabary antsena. — de mariage, filazána-fanambadíana.
Banal : témoin —, sahada imbóñana, ikambánana. —, ratsiratsy, iva, tsy misy vidy ny.
Banane, akondro, ontsy, katakáta ; barabahy. BANANIER, vatan'akondro, vatan'ontsy.
Banc, fiketráhana ou fipetráhana lava. — de canot, sákana. — de sable, tamboho ; tambohon-drano, tambohompásina. — de poisson, laoka miróvana, filao mandongo.
Bancal, bingo, bingobingo; très —, — be laza, — mena, — malaza. vo tivaka ; mivádika tóngotra.
Bandage, famehézana; fehi-kibo.
Bande, famehézana, fehy. — de linge, irin-damba. — de fer, fehi-vy fisaka, vatrítravý. Une — de gens,o mirai-dia,o miraiky dia, o miáraka, o antókony, o andíany.
Bandeau, fehiloha. Avoir un — sur les yeux, mitákona-maso, mifehy maso.
Bandelette, famehézana hely, irin-damba kely, fehy kely.

Bander qe, mamehy z. — l'arc, manénjana, h manatrana. — les yeux, manámpina *ou* manákona maso.

Banderolle, saina, fañéva, hémbana. — de fusil, ny tady ny. — de giberne, fifehiana, fehi-kibo. vo tambevy, kotra, ? tambálana.

Bandit, jiolahy, karin'ólona; kafiry, mpijirika.

Bandoulier, jiolahy mirai-dia, jiolahy manao kitapo miara-peno, mpanao lampi-hazo, mpijirika.

Bandoulière, sampy; savòko. ? sampilahy. Porter une —, misavoko, misy sampy, manao sampy.

Banlieue, tany manodidina tanána; tany fehény tanána.

Banne, lay be atao áloka ambóny ny lákana &.

Banneret, mahatondra saina amy ny ady.

Bannière, g saina, sk fañéva, pv berámbona, g hémbana.

Bannir q, Mandróaka, manesi-tany, mandroaka-tany, mandronji-tany azy, mitora azy. BANNI, voa roaka, niroáhina, voa sesi-tany. BANNISSEMENT, fandroáhana, fitorávana.

Banque, fividíam-bola; fanakalovam-bola; trano famelam-bola hisòsoka. Billet de —, taratasy fividiam-bola.

Banqueroute, tsy fankefána trosa. Faire —, tsy ampy vola hanefána trosa; reki-trosa.

Banquet, fihinánana be ipetráhan'olombe maro; fañasána; fihinanam-pý; zava-py, z fi-ró. BANQUETER, mañasa, manao fihinánam-pý, mihinan-java-pý, homam-piró.

Banquette, fipetráhana; Talatala, farafara, láfatra.

Banquier, ny tompo ny *Banque.* Mpamidy vola; ny mpitana vola mizánaka; mapanakalo vola.

Baobab, Bozo.

Baptême, batemy, fanasána, ? fanéhana másina; ny rano ny Zanahary, ny rano mahadio; h batisa. Le BAPTISER, manome-batemy, mambatize, mambatemy, h mambatisa, h manao batisa azy; manome azy ny rano ny Zanahary, mandio *ou* Manasa azy amy ny rano ny Zanahary.—une cloche, Mijoro famohamandry. Eau BAPTISMALE, rano-batemy, rano fanávana batize, rano ny Zanahary, rano fambatizéna. BAPTISÉ, efa batize, efa nahazo batemy; h efa batisa, efa misy batisa. Le BAPTISTÈRE, ny trano fanavam-batize.

Baquet, h tavy, g gamela, sajoa, h siny, fitobian-drano; kanovo, fanovózana, trobáka.

Baqueter, manala rano ny lákana amy ny fitovízana, mitrobo rano ny lákana.

Baragouin, Veroberoka, h beroberoka, h boeriboérika, g gedrogedro; beko. BARAGOUINER, Mi—. vo badabada, bebobéboka. BARAGOUINAGE, fiveroberóhana; fibekóana.

Baraque, trano ratsy, kivohy, kiboko, kivoko; tranofotsy, tranobózaka; h tranobongo; trano-tómboka. BARAQUER, manao trano foana.

baratte, sajoa-hazo fañontsankóntsánana ronono-mandry hanaláña sólika azy. baratter, mañontsankóntsana.

barbacane, lóaka aboabo mahífitra fiboáhany ny rano; hirika fitifirana; pv herakéraka, h harakáraka,h hirangírana.

barbare, masíaka, tsy miantra, lozabe; marokoroko fanahy; badrahodra; avy lávitra, avy tañy andafy, tsy vókatry ny tany; añala, madý; tsy mañaja, tsy mahay závatra;hafa. Langage —, vólana miotakótaka, tsy mahitsy, beko, veroberoka. barbarie, hasiáhaña, hasarótam-po, tsy hantrana; tsy fahaizan-jávatra; harokorokóana, tsy fahitsiana, tsy fañajána. barbarisme, teny tsy mahitsy, fiteny miótaka; antambombólana. Faire des —, mañantambo-vólana.

barbe, sómotra; volontsaoka, h volontsomaka. — de riz, somo-bary. — de baleine, somo-trózona. Jeune —, vakisómotra, mangidi-vaoka; sans —, hori-saoka. Faire la —, Mañala sómotra.

barbelé : dard —, léfona somórina.

barbet, amboa miolikoli-bolo mahery milomáño.

barbier, mpanala sómotra.

barboter, mikárona añaty fótaka, mamoha fótaka amy ny soñy toy ny dókotra; ? midabadaba; ? mitsikapokápoka.—, Manetsikétsika rano amy ny tánana. Mandia fótaka, mañitsa-pótaka, mandrevorevo.

barbouillage, Fotétaka, somapétroka; hósotra ratsy fanaóvana; be-tsikoko; sóratra ratsiratsy; téntina; somabida; somabidandraha; somabida-ntsóratra; somabidam-bólana; z sosontsósona; petapeta-doko tsisy fotony. barbouiller, mamotétaka, manao somapétroka, manao ratsy fanósotra, manosotrósotra foana; mañéntina foana, h manávona; manao sarinjávatra tsy mahay; manoratsóratra foana, manao sóratra somabida. vo Salir, Embrouiller, Gâter. Se —, mihósotra, mihosotrósotra, miténtina, h mitávona, mihíalotoloto, mihosi-fótaka; g mifotétaka, mipotétaka, h mikotétaka, mihósina, mipótaka. barbouilleur, mpanao somapétroka, mpanao somabida, mpamotetaka, mpanoratsóratra foana; mpanao sarindraha tsy mahay; mpanao ratsy fanósotra.

barbu, somórina, besómotra, lavasómotra.

bard, fibatabatána, fibalabalána.

bardeau, sila-kazo, silatsilakazo, h kapila hazo hatafo trano.

barguinage, adi-várotra. ? Firoa-saina,? fisalasaláña. barguiner, miadi-várotra. Miroa-saina, misalasala, ? mihefahefa.

baril, barika hely, vatra boribory holok'aty.— de poudre, barika-pondy; h kasaka, h kasa-banja.

barillage, ny mamindra divay amy ny tavohangy.

bariolage, sóratra maro *ou* loko maro samby hafa volo miharoharo. vo barbouillage. BARIOLER, mamentimpéntina foana, mandrangirangy foana, manoratsóratra hafahafa. BARIOLÉ, misoratsóratra hafahafa; maromaro sóratra; pentimpéntina.

barlong, lava-ila.

baromètre, z fañohárana ny havesárany ny *Atmosphère* sy ny fiová'ny. barométra.

baron, olom-be, ombe lahy, sojá, soja lahy, teña lahy; andríana. BARONNE, andóna, andóna-vavy; andriambávy. BARONNAGE, ny handriánany ny *Baron*.

baroque, tsy boribory tsara, marokoroko; kabiaka,? tsy antsahala, adala fanaovana, sirantsirana; h sámpona, ratsy fórona.

barque, lákana, sambo hely, hondránana.

barre, sákana, bárany; — de fer, ánjaka, anja-by. — de porte, sákana, sakambaravárana, tapakazo lava, h hidy, fanidíana. — d'appui, fiankínana. — sur un mot, sóritra. — de tribunal, fieférana, sákana. Argent en —, h akora, akorambola, valongam-bola. Réduire qc en barre, mañánjaka, mañanjakánjaka. Appelé à la —, antsóina amy ny fitsaráana, pv fimalóana. Jouer aux —, mifaníana, mifanámbotra. BARRER un passage, Misákana lálana; y mettre une barré, manisy sakana azy; manidy azy. — un mot, mamono sóratra. vo mandrara, miaro, mamala, manimba, mandrava, mahafoana. vo bâton.

barreau, sákana,? hidy, fieférana. Le —, ny tokotány fitsangánana ireo mpandaha-teny amy ny fimalóana. Quitter le —, miala amy ny fikabaríana.

barrette, sátroka hely mena no marirana féntiny ireo *Cardinaux*.

barricade, tampin-dálana, esi-dalana, támpina, támpika, ésika, sákana; z maro atovontóvona hamono lálana. Le BARRICADER, Mañésika, manámpina, manámpika, misákana, mamémpina azy. Se —, manao fefy hivoníana, manangandrova hiaro tena.

barrière, sákana; Fieférana, fefy, rova, manda, vala; fiarovana.

barrique, barika, pipa.

bas, basse, iva, ivaíva; ambány. Terrain —, tany kétraka, látsaka, lémpona. Âme —, o abily fanahy. Esprit —, fañahy marivo; o tsy lalin-tsaina. A — prix, mora vidy. Eau —, rano marivo. La mer est —, efa haka ny ranomásina. La marée —, ny rano haka. vo rano gegy. Le — peuple, ny otróhan-tay n'olona, h ny faraidina, ny bozak'aman'ahitra.

ny olona foana, olom-poana. Arbre —, hazo boteta, botétaka, boleta. Panier —, hárona talélaka, tabébaka. Messe —, Mesa tsy omban'antsa. Parler à voix —, mibisibísika. Avoir l'oreille —, miondri-tsófina, lavo sofina. En — âge, mbola tañora, mbola vitsy taona, mbola zaza. Vue —, maso manjávona. Qui a la vue —, o manjavona maso.

BAS : le —, ny ambány ny, ny vody ny, ny fótotra, ny fotony, ny fanambániny. Le vin est au —, kely sisa izy, efa faribódiny foana, arivódiny foana, marimbody foana izy. L'envoyer en —, Mamárina azy.

BAS ad : Parler —, Mivólana moramora, mibisibísika, manjotso feo, mañeta-peo. En —, ambány. Plus —, ambanimbány. Là —, añy ambány añy. A —! apotráho! ravào! robáto! simbáo! mizotsóa! midina! Mettre — (un petit), Mitéraka, mamaitra ; (plusieurs petits) Mañídina. Mettre chapeau —, manala sátroka. Mettre — les armes, Mametradéfona, mamétraka basy. Le tirer en —, Mitárika azy hizotso.

BAS: des —, ba, saronkógotra, soñom-bity. Porter des —, miba, mifono-tóngotra.

Basalte, añarambato-maintina.

Basané, mavo, maintinintina.

Bascule, z mora miangánga ou mitsinganga ; z mitsingatsinga. ? filanjána, ? lanjána. ? antsavily,? savilivily.

Base, vody, ambány, fañambániny; añangánana, ioréñana, fototra, tombóana ; vodi-andry. Sur quoi on doit le BASER, se —, ce qui doit en être la base.

Bas-fond, tany lémpona, látsaka, kétraka, lémaka.

Basilic, añaram-bibilava (ny maso ny mahafaty ny zahána, hónoka.)

Basilique, Église be no tsara. bazilika.

Basin, lamba hafa fáhana; fahan-tsiatohy.

Basse: la —, ny lémona, ny ambáviny, ny be feo.

Basse-cour, tokotány ambany fitoérany ny akoko, ny aomby &. vala n'akoho, rova n'akoho ; kijá; fañanganam-biby.

Bassement: se conduire —, s'abaisser. Penser —, iva-jery. vo bas.

Bassesse, haïvána, haïvaïvána; habiliana; ? havetána;fanjeram-bátana, fanetren-tena; kolélana, kolélaka, fikolelá-hana. Faire des —, miláfika, mibáboka, mikolélana, mikolelaka, milélatra tóngotra, mandady, milela-paladia, miambanimbány.

Basset, amboa fohy ranjo: ? amboatokovato.

Bassin, lovia, vilia; kapila, tavy. — dans les terres, kamory, farihy, rano-vory, tobindrano, mahetsabory, vavarano, hory, lóvoka.

Bassiner un lit, Mamána fandríana. Se — les yeux, Manasasasa maso amy ny rano mafána. BASSINOIRE, z famanám-pandríana. vo tésana.

Bassinet, sofim-basy, sófina; fátana.

Basson, mozika fitsiófina mira amy ny valiha abo.valiha, volo fitsiofina.

Bastion, rova-tany matsiraka. manda-tany, fiaròvana.

Bastonnade, vangovango-kibay. Le BASTONNER, le BÂTONNER, Mameliveli-tehim-pohy, Mikapokapoka-kibay, mandómona-kibay, mandona-hazo azy, mamitsopitseka azy.

Bât d'âne, *selle* misy fitoeran'éntana.

Bataclan, karamaoka, h fánaka.

bataille, ady; fiadívana, h fiadíana. Livrer —, attaquer. Gagner —, vaincre. Corps de —, troñ'ady. BATAILLER, Miady; Miadiady. BATAILLON, saramba be, beloha; miaramila vorihiky, *ou* mirai-dia.

Bâtard : enfant —, zanak'ampásina, anak'aminámbina, h zaza sary; zanak'amonto, zanak'ambélany, anak'antány, h zana-dranitra. Fruit —, voankazo ratsy, mafotrafòtra. Animal —, roi-karázana, tsy hay rázana. Chat —, sakavavimpiso. Plante —, maniry ho azy. vo abàtardir.

Batardeau, esi-drano, sakandrano; fanesehan-drano; h fefiloha, ? faria; famonóan-dálana ny rano.

Bateau, sambo kely, lakam-be, lakan-dráfitra; botry; fiara.

Batelage, ny hakabiáhany ny *Bateleur*, ny soma ny

Batelet, *Bateau* kely.

Bateleur, o kabiaka mampihomehy amy ny laolao atao ny.

Batelier, mpivé lákana, mpitehin-dákana, mpampíta, mpampitsáka, mpitan-dakana, tompondákana; baharia.

Batifoler, misomasoma foana, manao fisoman-jaza.

Bâtiment, trano; zomba; orintrano; sambo.

Bâtir une maison, Manórina, manángana, mitsabo, manao trano. — un village, Mamórona tanána. — un vaisseau, Mandráfitra, mitsabo, mizávatra, miasa sambo. — en pierres, Manovontòvom-bato.

Bâtisse, trano; asa, závatra, ráfitra, orintrano.

Batiste, lamba fotsy tsara; h harivy tsara.

Bâton, kibay, Tehina; kibango, hazo, tapakazo; h langilangy, kironga. vo baguette. — de vieillesse, fiankínana. Travailler à — rompus, Mandikadika, Manelanélana. — de cire, loko nantely mivalóngana lava; anja-doko, vatritrandoko, loko mavòny; loko matsòraka, tsora-doko. — de sucre, tsòraka-siramamy, tsora-tsiramamy, ? vonimbatomamy. BÂTONNER, bastonner. — un article, Effacer. BÂTONNIER, mpitan-téhina. BÂTONNISTE, mpiady amy ny kibay, mahaviombíona tehina.

Battage, fivelézam-bary, h famolóana

battant de cloche, lay vy hely anaty ny famohamandry. ? lively, ? voany, ? lela. Porte à deux —, varavárana vaki-roy. Un —, ny ilany raiky, ny fafary raiky.

battant, mpively, mpitehaka. Métier —, asa marésaka. Pluie battante, Averse.

batte, famely, famisáhana, vatrítra.

battement, vango, vely, kápoka; toto. — des mains, tehaka, pv téfaka, vo Applaudir. — du cœur, tebotéboka, tipatipaka, tepotepo ny fo. — des ailes, kopakópaka, popóka.

batterie, famangóana; rova misy tafondro, batiry, batery. — de cuisine, karamaoka fahandróana.

batteur, mpamely, mpikápoka, mpamango; mpitoto. — à la chasse, mpikena. — de pavés, mpiriorio. — d'estrade, miaramila mpitsapa tany; mpisafosafo, tilitily.

battoir, famely; vatrítra, tantanan-kazo.

battre, ac, Mamango, Mamely, Mively, h mikápoka, pv manáboka, h mandáboka, h mandínaka, h manávoka; mamangovango, mamelively, mikapokápoka, manabokáboka; mandóna, mandonadóna, mandondóna, mandómona, miady, mamófoka, h mipaika, mipaipaika, h manjofo, h mandinadinaka, h manjézika, h mandákotra, mamétsaka, h mandaina, h manetsakétsaka, h mandároka. — la terre, l'ennemi, Mitoto azy. — en brèche, Mamango handrómbina. — le linge, h manonitóny; pv manotóka, mamopóka. — co le cœur, mitebotéboka, mitipatipaka, mitsibotsiboka, mitepotepo. — le beurre, Manontsankóntsana ronóno. — des mains, Applaudir. — la campagne, Déraisonner. — le pavé, Roder. — monnaie, manao, vola. — des ailes, manofokófoka élatra. — de l'aile, ketrak'ila, vézaka; mirépaka, mikoréfaka, mikotrépaka, mikolépaka; mikolítsaka. — contre qc, mikóna, migána amy ny z; vo Heurter. Se —, Miady, sk Mialy; mifamango, mifamely. Le tambour bat, Mivango.

battu de l'orage, donainy, domóniny ny orambáratra. Chemin —, lálana másaka, madisa, velona, diávin'ólona, dian'ólona.

battue, fikéñana; fikapokapóhana.

baudet, ampondra.

baudrier, fehikibo, fandaisan-tsábatra; fifehiana; tambevy, tambálana.

baume, ranonkazo mánitra; ménaka mánitra, fihánitra, fifinto, zava-manitra, raha mafinto, sólika-mafinto. baumier, hazo avíany ny Baume.

bavard, babillard. bavarder, babiller. bavardage, babil.

bave, vorimbava, farora-bava, fari-bava; ranívy, forafora. baver, baveur, Mamóry, mamorivóry; mamorafóra vorimbava, rara-borimbava, rara-bóry, misy very, ivina, rarak'ivy, mifotafota ranivy, mitsororó-dranivy, mitorak'ivy, mifari-hava, mandatsa-bory, maditsa-bava.

Bavette, lamba atao amy ny tratra ny zaza mamóry, ou rarak'ivy; fiaro-vory, fiaro-ranivy, hefin-trara, hefin-akanjo, fiaro-vérimbava.

Bavoche, misy vory, mamory; behósotra, tsy madio. Bavocher, ˜ andoto, tsy mankadio.

Bayer, misañasaña, misañáka, misamaña; misoka-bava; vo h manóaka, pv mañoatra; h mibánjina, pv mañéritra, pv mijeriana, pv mitsėndrina.

Bazar, tena. Au —, Any an-tsena.

Béant, mibéaña, misókatra, mibañabána; mivoha, bevava. vo bayer.

Béat, miháboka mijoro tsara.

Béatifier q, Manángana olo-másina, Mampiditra o amy ny olo-bezara an-dánitra, Mankamúsina o; manángana azy andaniny ny olo-bezara, mankabezara, mankafinaritra o. Milaza izy efa bezara, efa Finaritra. Béatification, fanangánana, fanandrátana o amy ny olo-bezara andánitra; filazána izy efa an-dánitra. Béatifié, efa tafiditra amy ny finaritra; efa bezara, efa finaritra. Béatifique, Mahafinaritra, mahasámbatra, mahabezara.

Beau, bel, belle, Tsara, soa, senga; maeva, h méndrika, g maéndrika, dh manéndrika; h feja, meja, maleja, mifejaféja, g tsara-endrika, tsara-vintana, vintanina, tsara-sora, tsara tarehy, tian-ko-jeréna, tian-ko-zaháña, te-hojeréna, mahatehizaña. vo h mavana. Beau mais fragile, h fg lokanga-hísatra. Beau-père, rafozan-dahy; ? ray kely. Belle-mère, rafozam-bavy. Beau-fils, vinanto-lahy. Belle-fille, vinanto-vavy. Beau-frère, h zaotra, pv rañaotra, zao-dahy, ranao-dahy. Belle-sœur, zao-bavy, rañao-bavy ? akory anao rañaotra?

Beau ad: J'ai — vous chercher; manjengy anao foana aho, na dia mitady anao ela aho, ndre mila anao ela aho. Tout —! ne vous fâchez pas, moramora anao! volia anao, aza tézitra anao! anao e! aza vinitra anao.

Beaucoup, BR. maro, bétsaka, boba, maro be. vo Fátatra, Fónitra, álina, arivo; sesehena, disovala; rohontany, tambo; vari-ráraka.

Beaupré, ny falazy mandry mibóaka alóha ny sambo; fanondro-manga; liona.

Beauté, hatsara, hasenga, hasoa; haevána, hatsarána, hasoávana, hasengána, éndrika, haéndrika, hamaendréhana; vintana, h bika; hatsara-ntsora, hatsara-mbajihy.

Bec, vavam-bórona, sóny, mólotra, pv tótoka. — de plume, ny tendro ny; loha ny. Qui a le — de lièvre, sima.

vo rómbina.

Bécarre, anaran-tsóratra mahónjom-peo amy ny lamozika.

Bec-d'âne, fándraka-mahítitra, fitorak'òmpaka.

Bêche, fangady, antsoro, fihady, sk fihaly ; antsétra, fikápa; rápaka. Vieille —, h mondrampangady. BÊCHER, mamókaka, mitongy, h mitrongy, mipongy tany. vo mangady, mikady, sk mihaly.

Béchique, tsy mampikóhaka. Remède —, aody tratra.

Becquée, vo Abecquer.

Becqueter, pv mitékoka, pv mitékotra, pv mitséngoka. ? mitotóka. vo mitsindróka. Se —, mifampitékotra.

Bedaine, kibo, kibo be.

Bedeau, o mitan-téhina anaty *l'Église*.

Beffroi, trano abo indrindra misy lakilosy fanairana.

BÉGAYER, BÈGUE, pv Fafá, mifafá; h miakáka. vo tambalela, tambatamba-lela, ámbátra, amba-dela, miambatrámba-lela, miafitráfitra, miahanáhana ; bredouiller. BÉGAIEMENT, fifafána, akáka, fiakakána.

Bégueule, viavy adala miavonávona. Faire la —, mianganángana,g mihetrahétra, manetrahetra. vo Mílantidántika; mihatrakátraka, mihetrakétraka, h mihendrahendra, mihandrahandra.

Béguin, lamba-ndoha fotsy.

Béguine, *Religieuse* tsy manao voady. BÉGUINAGE, trano firaiñan-dreo *Béguines*.

Bel, belle, vo bean.

BÊLER, BÊLANT, h mibararéoka, pv mibé. BÊLEMENT, barareoka, fibararcoka; be, fibéana.

Belette, anáram-biby; h kionkióna, pv boky.

Bélier, ondri-lahy, pv aondri-lahy, anaran-kintana.

Bélitre, karin'ólona, karilahy, lahifády.

Bellement, moramora.

Belligérant, miady, manáfika, mpanáfika.

Belliqueux, fiady, ti-hiady, mahéri-miady, tia ady.

Bellot, bellotte: enfant —, zaza tsara, mahafatifaty, meja, mafeja, tsara dia tsara.

Belvédère, trano hely mitikina amy ny trano be ka fizaháña lávitra.

Bémol, sóratra mahazotso ny feo amy ny lamozika.

Bénédicité, fijoróana áloha ny fihinánana. benedisité.

Bénédiction, fafirano; fisaórana, fijoróana, joro, saotra, tsiodrano; tahy, fitahíana ; añoaño. vo sambasambá. Demander la —, mangátaka fafirano, ho saórana, ho joróina, ho tahína. Lui donner la —, le bénir.

Bénéfice, z azo, tombo, antómbony; tombombárotra; tamby. BÉNÉFICIER, mahazo z; mahazo antombony.

BEN 9

nenet, ambaka, maola, lefaka, adala, marivo-fanahy, mora ambakaina.

BÉNÉVOLE, agissant bénévolement, manao z an-jotompó, manao foana, manao tsy géhina. vo mora, miantra, malemi-fanahy.

BÉNIN, qui agit BÉNIGNEMENT, mora, mora fañahy, malemi-fanahy, tsy mahafaty, tia olona, h miantra. vo Affable. BÉNIGNITÉ, hamoràna, halemimpanáhy.

BÉNIR une église &, Mijoro; misaotra, h? misórona; mamafi-rano, h mitsio-drano azy. — Dieu, mankasitraka azy. vo Louer. —, protéger, mitahy, manambina, manasoa, mahafinaritra, manatrika, mañome zara, Objet BÉNIT, eau BÉNITE, z voa-joro, nijoroina, jinoro; voa saotra, voa fafirano. Famille BÉNIE du ciel, o mpifoko tahiny, ambininy, atréfiny, soáviny, hasoáviny ny Zanahary; h trétrika; bezara, finaritra, h sámbatra. Bénissez-moi, saóro, h saóry, joró, fafazorano; tsiofo-rano, tahio, atrefo aho. BÉNITIER, fasian-drano voa joro, fitoeran-drano fijoroana, —, coquille fiina.

BENJOIN, emboka-abo banitra.

BÉQUILLE, tohan'olona, tébina, téhina helehina, fiankinana. BÉQUILLER, mitehina, mandehandeha, manoham-bátana.

BERCAIL, vala n'ondry; h fisoko; vala; dh? kobiza.

BERCEAU, kibány njaza mena; fandrian-jaza minóno. Trano rantsankazo; Fialófana, áloka, tsitrañotrano-rantsankazo.

BERCER un enfant, mañilankilana, mañilangilana, mañetsikétsika, manarinkárina, h manásina, manasinkásina, manimbadibádika, mamoambóana zaza hampiroro azy. —, tromper. Se —, espérer.

BERGER, bergère, Mpiambin'ondry, mpiandry ondry, mpañahy ondry. BERGERETTE, BERGERONNETTE, zazà vavy mpiambin'ondry. BERGERIE, berçail.

BERGÈRE, fiketráhana, fiankinana malemi-láfika.

BERLUE, závona amy ny maso; h tsy fihirátana. Avoir la—, maizina maso, manjavona maso, sanjaina, h pahina, pahimpahina. ? ny masony manjapiaka, manjopiaka.

BERNABLE, o tókony hankadalaina, h o fanadala.

BERNER, mamoambóana, mampitsambókimbókina, mampitsinjaka ambóny gony be hetsiketséhina. — q, le Railler.

BESACE, kitapo; jamóra kifóka.

BÉSICLES, solomaso asampy amy ny órona.

BESOGNE, Asa, raharaha; h labasa. Qui va vite en —, maláky fanavan-draha.

BESOIN, filàna; tsy fanañana. Avoir — de qc, mila z. Ce dont on a —, les —, ny z ilaina. Qui est dans le —, mijaly, misérana, malahelo, mila; h tsapodilana. Au —, an-kaserana, amy ny havesóhana, an-kamehána; izikoa mila.

bestial, BESTIALEMENT, tahaky ny biby, mitovy amy ny biby. BESTIALITÉ, Fandehánana amy ny biby.

bestiaux, biby manompo, aomby, omby.

bestiole, biby madinika; zaza vavy adaladala.

bêta ou bestiasse, didery, ambáka, h badrahodra, g vanavána, vakaváka, tsy ary saina, tsy mahay z, mafi-sófina, adala, maola, mavesabesa-tsaina.

bétail, vo bestiaux.

bête, biby; kaka. — féroce, — masiaka, — tsy fólaka, — dy, — mady. — de somme, — manompo. Q—, vo bêta. Agir BÊTEMENT, miadala, adala fanavan-draha, karaha adala.

BÉTISE, hadalána, haolána, halefáhana.

betterave, anaran'áñana miramira amy ny mahogo ka fatao siramamy.

beuglement, Ma; beugler, Mima, mimamá. vo mitróna, mitréna, mifontréka; miérona, mirohondróhona; mifofofofo; mitréfona.

beurre, soli-dronóno, mena-dronono. vo hero-dronono, ronono-mandry, hendro-dronono voa hontsankóntsana, lohamandri-ndronono. BEURRÉE, silaka-mofo voa-hoso-tsoli-dronono. Le beurrer, Manoso-tsoli-dronono azy, manisy mena-dronono azy.

bévue, Erreur.

bezeau, tapakazo sirana.

biais: il y a du —, il va de —, il est en —, sirana, h misompirana izy. Un peu de—, sirantsirana. Le couper en —, manao didy sirana azy; mamirana, manompirana azy; manao didy manompirana azy. Il (le chemin) va de biais, h mibirioka, g mivirioka, pv mitsibirioka, h mibisioka, mania, maniasia. Prendre q en biais, mamélika, mamálana, mamelipélika azy. Biaiser avec q, mifelipélika, miary, miolikólika. Biaisement, hasiránana, hasiávana, birioka, virioka, tsibirioka, felipélika, olikólika, fiariana.

biberon, fg o maheri-misótro, lian-tenda, be finómana.

bible, ny taratasy be itsangánany ny teny ny Zanahary; ny sóratra-másina; ny teny n'Andriamánitra. ny bibily, biboly; dh baiboly.

bibliographe, o mahisa ny karázany taratasy ziaby.

bibliomane, o ta-hánana taratasy maro;ngoain-taratasy.

bibliophile, o tia taratasy.

bibliothécaire, mpiámbina (ou mpiandry, mpitahiry, mpitarimy, mpikájy) taratasy. BIBLIOTHÈQUE, talatala fanangánan-taratasy, famorian-taratasy, trano famorian-taratasy, trano-ntaratasy.

biche, Cerf vavy.

bichique, anaram-pilao madinika indrindra.

Bichon, amboakely miolikoli-bolo. BICHONNER ses cheveux, manolikoli-bolo, manotakótaka volo.
Bicoque, trano ratsy; trano ratsy fihinánana.
Bidet, sovaly madínika.
Bidon, kapóaka fasiaña rano hinómina.
Bien : le —, c'est —, tsara, sk senga ; sk sud Soa ; maeva. En parler en —, Mivolan-tsara azy. Lui faire du —, l'Avantager, l'Aider. — différent, hafa indríndra, hafa lávitra, hafa érika. —, des —, hareana, h haréna, fanáñana, zavatsoa, fánaka, karamaoka. Mon —, ny ahy, ny anahy. —! très —! hëka! Faites-le tant — que mal, ataovo foana izy ; ndre tsara fanaóvana izy ndre ratsy. Eh —? akory?
Bien-aimé, tiana fátratra, malala, tsi-tindry, tsi-foy.
Bien-être, ny mahafináritra; fahafinarétana.
Bienfait, z soa oména o; soa atao; fitahíana, hatsarána (ou hasoávana, hasengána, hazavam-pó) atao amy ny o; h fiantrana ; basatriávana. BIENFAISANT, mahasoa, mahatsara, mahasitrana; masin-tánana; satria, π azava-fó, h miantra. BIENFAISANCE, fanavan-tsoa amy ny o, h fiantrána, fitahíana, fo mazava, pv fo satria. BIENFAITEUR, BIENFAITRICE, mpanao soa, manao soa amy ny o; mpitahy, mpiantra.
Bienheureux, très heureux.
Biennal, maháritra taona roy.
Bien que, Quoique.
Bienséance, ny fanaóvana ny tókony ; ny fatao manjary, h ny fanao tsara; ny manjary, ny márina, ny mahitsy, ny mety, ny fanajána, ny fitondran-teña tókony. Qui a de la —, mahay haja, mahay fanajána, mahay ny tókony. BIENSÉANT, tókony, manjary, fatao, antónony, mety; ? onony.
Bientôt: j'irai —, tsy ela, tsielatsiela, h vetivety, pv vetikétika, pv betibétika, sk betibety zaho handeha. vo toa-tsitany, maláky, malady.
Bienveillance, fitiávana hanao soa amy ny o; fo mazava amy ny o, hazavam-po, fo ti-hanao soa amy ny o, fo mazoto hitahy o; findra-fo, hatiávana. BIENVEILLANT, ta-hanao soa amy ny o; mazava-fo, tsarafo, h miantra, mpamindra-fo.
Bienvenu, tsara fiaviana; rambésina ankaravóana; h ampiandrañóina.
Bienvenue, fiavíana, fidírana tsara.
Bière, vatra fasian'olo-maty, pv tamango, h tranovóroña, h tranombóroña, h vata fandevéñana.
Bière, z finómina, biéry, rano-biéry.
Bifère, Mamony in-droy isan-kerin-taona.
Biffer un mot, Mamono, mandróbaka, manimba sóratra.
Bifide, vaki-roy.
Biftek, éndin'aomby, aomby voa enty.

Bifurque, se bifurquer, misampana, manelaka, mandeka, manaléka. bifurcation, sámpana, sampánana.

Bigame, mampirafy, h mamporafy; roy vady. bigamie, fampirafésana roa.

Bigarré, misoratsòratra. Le bigarrer, manoratsòratra hafahafa azy, manisy sòratra maro samby hafa. bigarrure, sòratra hafahafa, soratsòratra, volo-njávatra maro loha.

Bigle, Louche.—, amboa mahery maniana. bigler, loucher.

Bigorne, *Enclume* roi-tándroka.

Bigot, Manao sary mijoro lava; h mpivávaka mihiatsaravelatsihy, h mpihiatsaravelatsihy amy ny fanompóana an' Andriamánitra, mijoro imaso foana; maromaro fady, maromaro fijoróana loatra. bigoterie, fijoróana imaso n'olona fa tsy ampó.

Bigue, falazy hely fanentánana éntana, falazy fanonjónana.

Bijou, gravaka; vákana, pv harea firaváhana, vato soa. bijouterie, fanavan-drávaka; fivarotam-bákana; tranon-drávaka, trano fitahirízana ny vákany ny andriana. bijoutier, mpanao rávaka; mpivaro-bákana, mpivaro-drávaka.

Bilan, taratasy fasian'anárana ny o nividy ndraka ny z voavidy.

Bilboquet, anaran-daolao.

Bile, afero; rano nafero. Qui en vomit, vaki-afero. fg colère. Conduit biliaire, lálany ny afero. bilieux, bilieuse, be-afero. fg Irascible.

Billard, anaram-pilalaovana famiribiríana balabala.

Bille, balabala, kiboribory, taboribory. —de bois &, vóngana, volóngana, hazo mivolóngana, volongan-kazo, volongam-bato, vongankazo. vo bloc.

Billet, taratasy hely, tápaka-taratasy. —d'entrée, taratasy fidirana, *ou* mahatafiditra.

Billion, arivo-tapitrisa.

Billon, vola tsy soa.

Billot, h voditronga, vodihazo, fototra, fototra-hazo, hazo, h akálana; hálana. vo Bûche.

Bimbelot, z filaolaòvin-jaza, z fisomaina. bimbeloterie, fivarotan-draha fisomaina.

Binage, fanaòvana in-droy.

Binaire, roy fótony, roy sósona, roy soratr'isa.

Biner, manindroy. Mipongy tany indroy. Manao Lamesa roy.

Binoculaire, roi-maso, roi-fizahána.

Biographe, mpanòratra ny havelômany ny o. Mpanoratra-kavelómana. biographie, filazána ny havelómany ny o.

Bipédal, roy dia ny halava'ny.

Bipède, roi-tóngotra, roi-vity.

Bique, osi-vavy, bengi-vavy.
Biquet, zanak'osy. Mizam-bola, filanjana-vola. BIQUETTE, miterak'osy. Mandanja-vola
Bis, indroy,h indroa.—! ataovo indraiky,h atavy indray.
Bisaïeul, Ada ny dady, ada ny ràzana: dadi-be,razam-be. BISAÏEULE, reny ny dady.
Bisannuel, maháritra taona roy.
Bisbille, Adiady, ankány kely, h adi-antsanga, h adi-anoano, pv adi-volombalala. Etre en —, Mi—.
Bis-blanc, h ? manjamanja; g mavo. h ? mará, ? marara.
Biscornu, vo baroque. roi-tándroka.
Biscuit, mofo voahandro in-droy, mofo mafy, mokary mahery, mofo maditra. Sans —, tsisy vatsy.
Bise, rivotr'aváratra; aváraka; rivotr'antaváratra.
Biseau, vo sírana, sompírana, misompírana. Un —, hazo-sírana.
Biser, mody manja; malazo.
Bison, Aomby mady, h ombimanga; aomby anála.
Bisquer, pester.
Bissac, kitapo; lasáka vaky anivo.
Bissection, fizaran-droa, pv firasan-droy.
Bissexe, sady lahy no vavy; sékatra.
Bissexte, Andro raiky asôsoka ny vólana Février isany éfatra taona. Année BISSEXTILE, taona manan-tombo.
Bistori, famatérana, fanatárana; meso hely maránitra.
Bistourné, miotakótaka, dimbandímbana.
Bisulce ou bisulque, vaki-hotro, h vaki-kotro.
Bitord, ? tady, ? hendrivándritra.
Bitume, anaran-dity. Loko, bitómy.
Bivalve, ankora miléfitra, ankora fandrákotra.
Biviaire, itraôfan-dálana roy.
Bivial, misámpana.
Bivouac, Toby tsisy lay, lasy, tobi-álina. vo kija. Bivouaquer, mitoby, milasy; mitoby álina tsy amy ny lay.
Bizarre, manantambo toérana, hafahafa, hafafiaiña, hafafiaiñana, manao toeran-tsakan'ólona, manao antambo-térana, maniji-térana, manantambo-toérana; mitsivalampandry, tsy fatao loatra,h miangesongeso. vo miangentsangéntsana; h mihaitraitra; sámpona, h tsy antsahala; tsy mira; kabíaka. Bizarrerie, fihafahafána, toeran'antambo, antambotoérana, toeran-tsakan'ólona, h angesongeso, fiangesongesóana; haitraitra, fihaitrairana; vo angéntsana.
Blafard, fotsifotsy, malandilandy; mavomavo; ? fotsi-mátroka; fotsi-mavo.
Blâme, tsiñy, faniñiana; pv ady, fanadiana; h adídy, fanadidiana; ánatra, fañarárana. vo latsa, h ngidinkóditra;

h orinórina, sokéta, antsolafaka, fondro, aala, voina. Qui occasionne le —, h Mahasaroposérana, g mahavoa tsiny. Le BLÀMER, Mauiñy, pv mañady, h manadidy; mañanatra, pv mañantsa, mandatsa, manorinórina, mañisy tsiñy. BLÂMABLE, tòkony ho tsiñiana; azo tsiñiana; misy tsiny, tokony hadina, h tokony hadidina; h fanadidy; h fañampanga; mila tsiny.

BLANC, BLANCHE, Fotsy, sk foty; sk malandy. Très —, jiaka, jeaka, manjéaka, pv mangantsa, mangantsangantsa; h mangatsohatso, h botsatsaka, manjoríaka, g mangolakólaka &, ou Fotsy jeaka, fotsy mangantsa &. — et éclatant (co qc de grand au loin), pv Manjoriaka, h manjopíaka. Linge —, lamba madio, voasasa, misasa, sinása. Papier —, taratasy tsy voa sòratra, tsy misòratra. Terre —, h ravoravo. Donner dans le —, mahavoa. Le —, ny sòlatra, ny z kendréna, z tifirina. s, — d'œuf, tafótsiny, fotsin'atody. — de baleine, atidoha-ntrózona. — d'Espagne, tany fotsy malemy. Les BLANCS, ny Vazaha; sk ny Karány, Gara-maso.

Blanchâtre, fotsifotsy, ? somary fotsy.
Blancheur, hafotsy, hafotsiana, halandy.
Blanchir qc, mamotsy; mankafotsy; mahafotsy, mahalandy, mankalandy z; mandio z. — du linge, mañasa. — q, Mandio o, mañala tsiñy azy. —, n, mihafotsy, mihalandy. Se —, midio, mandio tena, miala tsiñy; mamotsy vátana. BLANCHIMENT, famotsiana. BLANCHISSAGE, Sasa, fanasána. BLANCHISSEUR, mpanasa-lamba, h mpanoza. BLANCHISSERIE, fanasána; famotsiana.

Blanc-seing, ? añárana foan-tsòratra.
Blaser, h Mandombo, pv Mandómona, Mahadombo, mahadómona, h mahadófoka, mahadófotra; manosa, manosa saina, mahadofoka saina. Se —, mihadófoka. BLASÉ, dómona, dombo, dófoka, matisánitra; étsaka, voky, émpaka; osa saina.

Blason, Fahalaláña ny *Armoiries*.
Blasphème, Fañompáña Zanahary va ny raha anazy; ompa; asaha, fanasahána; volan-dratsy, teni-ratsy; ózona. Le BLASPHÉMER, Mañompa, mañasáha, mivolan-dratsy, miteni-ratsy, mañózona azy; mamorafora ou mamóraka volan-drátsy ámy ny. BLASPHÉMATEUR, mpañompa Zanahary.

Blé, voan-draha miramira ámy ny vary; vari-mbazaha.
Blême, mavo-vava, h hátsatra. vo mavana, mivalo-árika; pv ? kotsatra, ? makotsatra.

Blessure, bay; fery; voa, narátra; nakiaka. — dans l'âme, ferinaiña, pv firaiña. Toujours couvert de —, o feréna, feriferéna, tsy ialam-pery; laxabay. BLESSÉ, voa bay, misy bay, misy fery; voa, narátra, naradrátra, narátin'olona. vo miferinaina, pv mafiraina; voa sélatra. Le BLESSER, mahavoa, mandrátra, maharátra, mañisi-bay, manisi-fery azy; mahaferinaina, mankarary; mahadidy, mahadaika. BLESSANT, mahavoa; mahavoa fo, mahatézitra.

Blet, blette, masa-dóatra, másaka loatra.

Bleu, maïtso; maitso-lánitra, maïtso-jeny, maitso-vodilánitra; h manga. — foncé, kaniky. BLEUÂTRE, maitsoïtso; h magamanga. BLEUIR, Mihźaïtso, mihźamaïtso.

Bloc, vóngana, volóngana, vongádina, valóngana; vongan-draha, h voditronga. — de marbre, volongambato, vatobe, vongambato, vato mivolóngana, vongadimbato. — de marchandises, marchandises en —, vongam-bangána, valongam-bidíana, vidiana-mivalóngana ou mivongádina, mivóngana. Vente en —, h varo-balóngana. Les mettre en —, mamóngana, mamongádina, mamalóngana azy. Mettez-les en —, ataovo valóngana & izy; avongáno izy. En faire plusieurs —, mamongambóngana azy. vo bille. Le mettre au —, mandrohy, mamátotra, mamalóngana azy.

Blocage, potipoti-bato haséfaka; Solo-sòratra, kisolosolosòratra.

Blocus, h fahirano, pv fehirano. En faire le— la BLOQUER, vo Assiéger.

Blond, mavo-álánana, fotsi-mavo, fotsi-mena, menamena. BLONDIN, mavo-volo, mazava-volo. BLONDIR, mihźamavo-mena, mihiafotsy.

Bloquer une ville, l'Assiéger. Le — dans le trou, mandétra, manéfaka, manófotra, mandévina azy an-dávaka. p alétra, aséfaka, atsófotra, alevina. — des fondations, manefatséfaka, manémbana, mańésika voditrano; manisi-sefatséfaka azy. p sefatsefáhana, sembánana, seséhana.

Blottir: se —, mitambótrika, mivótrika; mitabokély, initabotétaka, mivónkina, mamonkim-bity, mitala pétaka, mamori-tóngotra; h manjony.

Blouse, akanjo be mangabakábaka, akanjo jolóbaku; salòvana, akanjò-salóvana; ? salovan-dahy. —,lávaka. Le BLOUSER, mandátsaka azy an-dávaka (ou antsóboka, ambory, antsalóvana), mamárina azy.

Bluette, kilalaon'afo (pv kalalaon'afo, pik'afo) matimaty.

Bluter, Tamiser.

Boa, bibilava be, dô, be-mora.

Bobèche, tanti-loko.

Bobine, tapa-bolo; ? antsody,? antsoly, sohóana. Le BOBINER, mamolimbólina, mamompóna, mamadiditra azy; mamandibánditra azy amy ny volo hely.

Bobo, bay kelikely; fery madinidinika; marátra kely.

Bocage, alakely, alavory, vorinala, h kiríhitra, kiríhitr'ala;

BOM

pv hirihitr'ala, hirihitra, kocaoxa, an'alakely, ankirihitr'ala.

bocal, tavohangy be vava; kapoaka be vava.

bœuf, pv aomby, h omby; h ombé; — lahy; — sauvage, h — manga; pv — ala, — anala, h ombehaolo. — marqueté, — volavita. Les — du roi, ny tsimirango. — qu'on laisse sans gardien, h ombinahery.

boire, minona, h misotro; — au virse à longs traits, migaka, h migoka; mitsontsona. Papier qui boit, vo Absorbea. Bois-le, inomo izy, sotrov izy. Le — , ny z inomina ; z finomina, h fisotroina; h fisotro. vo A.

bois, du bois, Hazo, kakazo. — à brûler, h kitay, pv kitaina, pv hitaina, pv ataina; pv alamaty, hazomaty. Menu —, zanozano, ripadripatr'ala, lengony, lengolengony, ripidripitr'ala. — de fer, hazomby. — de teinture, hazo fanohana. — de lit, kibany, farafara, hazo fandriana. — vieux et dur, h loditra. — d'un cerf, tandroka, ampondo. — vert, hazo-lera. — sur pied, hazo velona. — de construction, hazo fatao trano. — , forêt, Ala. Aller dans le Bois, mianala. Habitant des —, o Ahala, antanala, h tanala. Petit —, bocage.

boisé, misy hazo, be hazo, vanona-hazo. Le boisen, manisy hazo azy, manao rindrin-kazo, manisy lamaka hazo. boisexatr, riba-hazo; rindrina hazo; peta-drindriha.

boisilier, Mpanapaka hazo, mpijinja afo, mpilifa ala.

boisseau, vatra faneranam-bary, h vata, h famarana; pv pisy, gamela h? vata mahalany.

boisson, z finomina, fisotroina; h fisotro. ? finomana.

boîte, vatra, h vata, vo harona, sarona, hekitra; fasiandraha, pv saravy, pv sandetra; pv tsiandetra.

boitra, boitrux, Mitrongaitra, mittongay, mikondray, h kotrefa, h kotrifa, h kotringa, mikotrefa, mikotringa, mikotringatringa. — par une jambe plus courte, pv mikolitsaka, pv mikotsilaka, ketrak'ila! — par une blessure au pied, pv mitringo, miringotra, pv? mitringatra. vo h toringana, h mirepaka, h mikolepaka, h mikolefaka, mariao tongo-dovia, h tolita, h tolitsika, mitolila, mitolitsika, mandringaringa, vo Mairlier.

bol, bakoly, kopy; linga. vo lovia lalin'aty; lempona. —, aody taboribory atao telimoka.

bombance, fihinanam-piro, fihinanana. Faire —, hemana raha-fi-ro.

bombarde, tafondro mivoha vava. bombarder, mamelibomba; mitora-bomba. bombav, balabala-ntafondro lehibe holok'aty fasiam-banja; bomba; ? tavo-vy.

bombé, pv vohotra, pv vonkoka, h vokoka. Se bomber, Mi —; mibohitra, mivohitra, mivovona, mitafotafo, mivonto. Le —, mamohotra, mamonkoka, mamokoka; mampivo-

'itra, mampivohopafana azy. BOMBEMENT, ny vonto ny, ny voho ny.

bombétok, Ampombitókana.

BON, BONNE, Tsara; sk senga; manjary; mety. vo soa; mae va. Q —, h olonkova, h olombe, h olonkova be; g o mora; h tsiambaibay. Un — homme, h ikiaky, g kaky, Rangahy. Une — femme, h rafotsy. Son — PLAISIR, ny soampó ny, vo VOLONTÉ. Un — mot, vólana aráhin-kehy, teni-omban-kehy, vólana fihehiana. ? kilalaontsaina. Tiens —, táno maré. A quoi — cela, hatao ino izy ? tsara hatao ino izy ? Tout de —? ankítiny va? Trouver —, Approuver.

BON, taratasy ny petra-bólana; taratasy fahazóan-draha ou fakam-bola.

bonace, fiketráhany ny ranomásina. Il survint une grande —, kétraka aby, nandry aby ny ranomásina.

bonasse, ambáka, vakaváka, didery, dadara, manekilémpona, mora, moraina, h rainazy, h rainazibe.

bonbon, z mamy; pátsaka mamy; z mamy fañaránan-jazu, ou fazikórana, fañantoánana, yolavola ndraha-mamy. BONNIÈRE, py kipondy; vatra hely fasiam-*Bonbon*.

BOND, Tsambókina, lópatra; tróatra, troatróatra; voambóana; h anteza, BONDIR, mitsambókina, mitsambokimbókina; mandópatra; mitroatra, Mitroatróatra, miantóraka, miantopy. vo mikarenjy, mikarenjirenjy, mitarémbana, mihendratréndratra; mivoambóana, mihetrahètra, mihiavatrávatra, mihedrahedra, mikevikevy, mitsinjaka; miantsámbotra, miantsambotsambotra; mandifika. ? mihinjakinjaka, mamikina, mamókina. Faire — le cœur, mamnoambóana, manónjona, mamókaka ny fo; mahaloiloy, maharikoriko. BONDISSANT, mitroatróatra, mirodorodo.

BONDE d'étang, ésika, támpika, esi-drano, vavahadi-ndrano, —, trou, Hirika, lóaka. —, BONDON. BONDÉ, FENO, — be, — piaka, — pitsaka, — gána, — eky, — mórona, tótotra; mifátratra, voafátratra, Le BONDER, mameno-mórona, mameno-piaka azy, manótotra, mamenofeno, manésika, mamoky. BONDON, támpina, tákony, tákotra, h tséntsina, tséntsimbarika. La BONDONNER, manisi-tákotra, h manéntsina, g manámpina azy.

bonheur, zara, anjara, h aujady; hafinarétana, fahafinarétana, h hasambárana; dh oronórona, g roandróana, firoandroánana; fiadánana. Qui a du —, manam-jara. Quel —! par —! zara! zara tany! Quel — que je ne suis pas mort, zara ko tsy naty! Par — pour moi qu'il ne soit pas cassé! zara ko! izy tsy vaky. Tsontso ko! drindra ko! ooro ko! izy tsy vaky.

BONI, Tómbony, tavela, ambin' ny; ambóny. bonifier; mankatsara, h manatsara.

BONJOUR mon ami, Akory anao, drako? h akory hiany anao? finaritra anao. — a mon père, finaritra amy ny adako. Se donner le —, mifanao akory anao? mifanome finaritra. vo ADIEU.

BONNE, viavy mpitarimy zaza; h vehivavy mpitaiza.

BONNE-AVENTURE, z tsara ianjó; vintana tsara, hintana tsara, h fanaòvan-kitsak'andro; sikidy, h virany, fanandróana. Diseur de —, mpisikidy, mpanandro; ? mpitady vintan'ólona, vo Astrologie.

BONNE-FOI, fo-mahitsy, hitsimpó, hahitsiampó; fo tsy mahafitaka; finóana tsy mañahiahy.

BONNE-FORTUNE, z tsara azo tsy nanteñaina. Bonheur.

BONNE-GRÂCE, fitondra-tena tsara, fahaizana mitondra tena. tarehy tsara. vo MINE.

BONNES-GRÂCES, fitiávana; fo. Dans ses —, ampelatána'ny.

BONNEMENT, tsy amy ny fitaka, tsy nañahy; tsy nahiny.

BONNET, satroka; fono-loha, saron-doha. — de nuit, ? satro-inandry, ? satrok'álina. — carré (arbre), fota-be. — chinois, h hazo-mamoha-vola. Lui mettre un —, manatroka azy.

BONNETTE, satro-behivavy, satro-bavy. —, soso-day, elatra.

BONSOIR, fiarahabána hariva. —, mandria tsara.

BONTÉ, hatsarána, hatsára, hamorána; hazavaia-po, zavam-po, hasoávana, hasengána.

BORBORIGME, borborisme, h Koraraika, h korereika, pv kororaiky, pv kororéka, pv koréka; h goraréka, pv gororéka, goréka; hotrokótroka. J'ai des —, mi— ny tsinay ko zany; mangotrokótroka ny kibo ko zany.

BORD, ólotra, mólotra, mórona, h sisiny, vivitra. Au — de l'eau, añolo-drano, amoron-drano, amy ny sisindrano. Au — du toit, avívitry ny trano, ambivi-trano. Au —, ampirina; du précipice, ampirim-pámpana; andríriny. — d'une étoffe, molo-damba; vo lohandamba, rambondamba. Approcher du —, en suivre le —, Manólotra, h manamórona azy. vo ranta, fefiloha. — d'un chapeau, ny sófina. A —, an-tsámbo. Je l'avais sur le — des lèvres, tam-bivi-tsoñy ko izy, tainy ny molo-bava ko izy. Sortir du —, miontsaka. Vaisseau de haut —, sambo lalin'aty, sambo abo; de bas —, sambo talélaka, talélak'aty; sambo iva. Je suis de votre —, miandány, milány amy nao aho; andány nao aho. Plein jusqu'au —, feno-mórona, feno-pitsaka, feno-diboka, fenogána; sórona. Des deux —, amy ny lañy ny roy, anilany roy. Qui sont — à —, mifañolotra.

BORDAGE, rindrina; riba ny sambo va ny trano.

BORDÉE, tafondro maro miarak'alefa; réhony tafondro, rehoky tafondro, ? rehok'ila, ? rehon'añila. Courir des —,

BOU

miviriviry, h mivilivily; manao dia mivilivily, dia miolikólika, dia n'olitra.

BORDER un navire, mandrindrina, mandriba azy, manisy rindrina azy. — un champ, manodidina, manólotra azy; mamala, mamefy azy. — un habit, g Maadrongo, màndrongorongo, h manakotso, h maníny azy. — la voile, manénjaka lay, manenja-day. — un parterre, mamáritra tsabo.

BORDEREAU, taratasy fanorátana isan-javatra.

BORDIER, mavesatr'ila, maheri-ila.

BORDURE, fáritra. vo rongo, sisiny, mólotra, loha, akotso, ólotra.

BORÉAL, any avaratra.

BORGNE, g Gila, maty maso raiky; goa masoraiky; goa ila. toka-maso.

BORNE, fieférana, éfitra, fetra; fáritra, fari-tany. vo fángitra, ongonóngona, tsinongonóngona; vatolahy; vato-mitsángana, orimbato; fárany, fanampérana. BORNÉ, misy fieférana; g andetra, g malétra, g anétry, anéty, h maétry, h maety; g maledétra; misy fepétra, misy fetra; mifáritra. Le BORNER, manisi-fieférana azy; namáritra; h mamángitra; mandétra, mankalétra; h manetry, h manety; manéfitra; mamala, mamefy; mametra, manámpitra, mampitsáhatra, misákana azy. Se —, manefitr'aina, mitsáhatra, tsy manao koa; manisy fanampérana.

BORNOYER, Manangantsángana kady ou kosa, kiráka. —, pv mangiróhiro, manicohiro; h mihirinkirina, maniringirina.

BOSQUET, bocage.

BOSSE sur le dos, pv tongoa, h trafo. —, BOSSAGE, BOSSELURE, vóhitra, bóhitra, bóntsina; móntotra; montomóntotra; vonto, bongo; h tringitringy, h trinitriny; ? montórana; z mamohitra, mivóhitra, mibóhitra; z miávotra, mibóntsina, mivonto; h bóbaka. Le BOSSELER, mampivóhitra, mampiavotrávotra azy, manisy vóhitra, manisy móntotra azy; mampibontsimbóntsina, h mampibóbaka azy. BOSSU, misy tongoa; misy trafo; misy bongo; mivohi-boho; vókoka.

BOTANIQUE, ny fahaizana ny z maniry na hazo pa áhitra. BOTANISTE, o mahalala ny z maniry.

BOTTE de qc, fehiana, fehian-draha, fehezan-jávatra. Une petite —, sékiny, sekimbéhana; h angoby. Une — de brèdes, sekin'ánana. Le botteler, mamefy azy.

BOTTE, saronkóngotra abo, kiraro abo. baoty, dh behoty. Le BOTTER, manisy baoty azy. Se —, manatao baoty. BOTTINES, Bottes fohy.

BOUC, osi-lahy, bengi-lahy. — émissaire, osi-alefa.

Boucan, Tany fanatsihana; tany fanalázana. z fanatsihana; Salázana, saliranto. Trano fanaovan-dratsy. Tabataba

BOUCANER du poisson, Mapatsika, manaly, manetroka fi lao. —, mangorona aomby añala, h mihaza ombimanga. Poisson BOUCANÉ, filao tsatsika, tsatsi-pilao.

BOUCAUT, barika salasala fasiam-bidiana.

Bouche, Vava. A petite —, h jobovava. A grande —, h sava, samavava, g bevava. A vilaine —, h voravora, mivoravora-vava. Qui a la — mauvaise, mantsim-bava. La — d'un soufflet, ny soñiny. Une BOUCHÉE, crambavo, h indraimbava; vava raiky. Le souiller en le portant à la bouche, g Mitsábaka, h Mitábaka azy. Présenter la —, mitáboka, manókoka vava. Le BOUCHER, Manákotra, h Manákona, manémpina, Manéntsina azy. BOUCHÉ, misy tákotra, mitákotra, témpina, voa tséntsina, voa támpina.

BOUCHER, mpamono aomby, mpivaro-kena; tsi-tia-velona. BOUCHERIE, famonóan'aomby, varo-kena. —, Massacre.

BOUCHE-trou, kisolosolo.

BOUCHOIR, takotry lokotra, takon-dokotra, takon-drafangotroka, tamiany ny fanonarana, támpiny ny fananéhana; ? tako-memy, ? tako-mpitanéhana.

BOUCHON, tákotra, h tákona, h tséntsina. BOUCHONNER du linge, Mandiditra, Mamadiditra lamba, mandidi-damba, manotakota-damba; — un cheval, mandrókotra, mandrokedrokotra, Mikasokásoka sovaly amy ny didity abitra ou amy ny fehian'ahitra.

BOUCLE, gadra n'étra; gadra, fitanan' ankanjo, h handrotr'akanjo, ? fitarihana, h fampoéhana. vo oly, foto-bolo, kivorivory. fera. — d'oreille, kávina, h hávina; vadintsófina kiviro, horontsófina, vo kavin-tety, kavintsikóvoka; telambola. BOUCLER ses souliers, manisy gadra azy. — ses cheveux, mitály, mirándrana. Mandrándrana, manorikóritra, h manolioly, mampiolikólika volo. Cheveux bouclés, volo mitály, mirándrana, h oly, korikóritra, mikorikóritra, mibolimbólina, mitambolimbólina, miolikólika.

BOUCLIER, ampinga; ? aro. Le milieu du —, foitr'ampinga.

BOUDER, h miangelongélona, h miangéntsana, pv miangaly. Manjonóka, manjonaina, manjonótra, h mijokaika, h mijohijohy; pv manjónina, h manjoréna, monjimónjitra, pv mirindrarindra, miérina, pv miciry, mimonjomónjo, h midongidóngy, h miviníviny, h miromodrómotra, h miromoromo, h malóny, h malónilóny, mividina, mikoinkoina. pv ? misabélina. BOUDEUR, h angelongélona, h angéntsana, pv angaly fierénana, firiríana, h dongidongy, h monjomonjo, fanjonórana, fanjonóhana. BOUDERIE, mpanjomóka, mpiangelongélona

BOUDIN, tsinai-ndambo voa féno-tsin-dra miharo nofo, tsenan-damba.

andoir, efi-trano fitokanana.
bone, fotaka; vo Pako, loto, fetu, lotidotika; horaka.
bouée, z be taboribory mitsingatona ambony rano ho tamantaranu.

BOUKUR, mpanala fotaka; BOUKUX, be-fotaka, misy fotaka; Mangoraka, mandrevo, mangonahuna, miletidotika; be pako, h'hetrina; maloto, kapotra:

BOUFFEE, ? tsio-bava avoraka, ? voru-tsioka, ? setro-bava; sofom'aña aforafora be, ? hiboka, ? hibo-bava, sofombava atoraka.

BOUFFER, n, (BOUFFANT,) mibontsina, mibontsimbontsina, mibontaka, midradraka, misaboboka, miboboka, mibontabontaka, h mikibotabota, h mianiany, h mibotabota, mivontovonto, mingitringitra; mivoha, mivohotra, mivokaka, mientana. — une bête, Mampi— azy —, manger, Mamosibosika &. vo Avidement.

BOUFFI, boboka; bontaka, vontaka, dradraka, drodroka. Le BOUFFIR, Mampi— azy &. vo bouffer. —, n; Mi—, &. bouffissure, habobohana, hadradrahana, vonto, haventosana, mivonto. vo taviranó.

BOUFFON, kabiaka, mpampihoniehy; o manao adala. BOUFFONNER, manao soma kabiaka, mampihomehy; manao saviadala. BOUFFONNERIE, soma kabiaka; ? h vosobosotra; ? berirarira.

BOUGE, efi-trano maloto. — de futaille, ny vontony, ny montorany.

BOUGEOIR, fitoeran-jiro, h fataovan-jiro.

BOUGER, Mihetsika, mihetsiketsika. Le faire —, manetsika, manetsiketsika, mampihetsika azy.

BOUGIE, jiro; labozy; fanilovana. Regarder avec la —, mahilo; h ? mitsilo.

BOUGIER, manidoko.

BOUGIÈRE, harato malaluka.

BOUGONNER, Murmurer.

BOUGRAN, lamba mateviña voa hosondoku.

BOUILLANT, may; mandevy; mafana. — de colère, may hatezerana; vo bouillir.

BOUILLE, tehina fandotoan-drano, fameletan-drano. Bouiller l'eau, Mandoto rano hamoha filao.

BOUILLI, aombi-matы voahandro amy ny rano.

BOUILLIE, koba; hanina magodragodra; sosoa-vondraka, sosoa-beda, sosoa-maditsaka.

BOUILLIR, Mandevy, Mandevilevy; miketrika, miketriketrika; mangotroka, mangotrokotroka; h mangotraka, mangotrakotraka. Faire — de l'eau, Mamana, Mampandevy, manetrika rano; des cendres, du linge, mahandro lavenoka.

lamba; qc promptement, h mandeno azy. bouillotte, fiketrehana; famanan-drano.

bouillon, ro-nkena, rò. — de l'eau au feu, vòry, levy. Elle bout à gros —, mangotrokótroka, mikotrakòtra, misohafoha, mandevy be; be fandevézana izy.

bouillonner, Mandevilevy, h mangorovítsika; vo bouillir. Commencer à —, h mitokovory. — et jaillir, Miboiboika, mitaboika; vo mibobobóbo.

boulanger, mpanao mofo, mpamolavola mofo. mpanefimokary. — v n, manao mofo, mamako mofo, mamolavola mofo. boulangerie, fanávana-mofo.

boule, ztaboribóry, z kiboribóry; balabala. — à jouer, h kodiarana.

boulée, fekan-jabora.

bouler, mampibonta-bozo, mamoha vozo.

boulet, bala, bala-ntafondro. — rouge, bala mandevy.

boulette, balabala madinika; bolabola-nkena, pako-nkena.

boulevard, manda, rova, fefy, roho.

bouleverser, maŉaroharo, mamadibádika; maŉotrankótrana, mamotipótitra, mandrobadróbaka, manonganóngana. bouleversement, faŉaroharóana, vadibádika, famadibadihana; kotrankótrana, gódana; tabataba, betsikétsika, famotipotérana.

boulon, fátsika famehézana, ? fatsi-pehy, tsora-by famehézana.

bouquet de fleurs, fehiam-boninkazo, fehezam-pelankazo, sekimbońinkazo; voninkazo iray fehy (ou rai-pehy, mifehy); ? fabim-boninkazo; d'herbes, fehezan áhitra. bouquetier, bakoly fasiam-boninkazo. bouquetière, viavy mpivanga voninkazo.

bouquetin, osi-lahy añala, bengi-lahy mady.

bouquin, osi-ántitra, osi-matoy. Taratasy ela. bouquiner, mamory ou mila taratasy ántitra. bouquiniste, mpivárotra taratasy ela.

bourbe, fótaka mandry ambány n' rano godra; godrandraha. bourbeux, misy fotaka, magodra, vo boueux. bourbier, hòraka, fótaka, hona, honahona, h hótsaka, tany mangonahóna, h beniheny; ? ranompótaka, rano be fotaka.

bourbillon, nana.

bourdon, ada n'antely, tompo ndreo reninantely, tale ny renitantely; tale n'antely. —, lémona, réhona, ródona, rehondréhona (amy ny lamozika). —, famohamandri-maventy mandreondréona; réona. —, téhiny ny mpivahiny. bourdonnement du moucheron, g moimoy; nomonómona, h zozozozo, h jejijejy. vo dredridredry, dridridridry; dradradradra. — de personnes, emonémona, nemonémona, h monomónona, nomonómona, pv ? rimorimo; bisibisika, h bitsibitsika, g réona, réhona, réhoka, reondréona ; ródona , ródona. BOURDONNER, Mi—.

BOURG, tanána misy tsena; tanána tsy renivóhitra, tanána behé. BOURGADE, tanána kelikely, *Bourg* hely.

Bourgeois, antamhóhitra , h tambóhitra ; ? antantanána; h borizany. Tompontrano. La BOURGEOISIE, ny borizány rehétra.

Bourgeon, pv botiboty; tsiry; tárcka,? tsimokazo; z mirófotra, z mibontsimbóntsina. BOURGEONNER, Mamotiboty, pv manirifatra, h mamorófotra , maniry , manároka, pv mandrongorongo, h mitrébona, h mitróbona, mitsimoka.

Bourgmestre, mpifehy ny tanána.

BOURRADE, toto, totovodi-mbasy.

BOURRASQUE , rivotra be avy rómoka , rivotra rómoka , h tsiodrivotra tampoka; fororo, ? valazy, rivodahy.

BOURRE, volondraha; tséntsina. — de fusil, hoto, sk? toto, ? totovory.

BOURREAU, mpamono, fihitra mpamono; mpañozon-doha, mpanapa-doha.

BOURRÉE, sekin-dripadripatr'ala , fehian-kazo madinika. h kitay iray éntana, tsinjaka me-dava, dihy ravo.

BOURRELER, mampiory , manólana , mañotakótaka , mampijaly, mañékitra.

BOURRELET, hefin-doha, héfina, he' -doha. — d'un canon, ny válona, valombávany. — d'une grue, ny tongoa ny.

BOURRELIER, mpanjaitra sampisampy ntsovaly.

BOURRER un oreiller, Manéntsina óndana. — le fusil , manisy hoto azy; mañótsoka, manoto, mitoto.

BOURRIQUE, ampondra-vavy; ampondra, borika; h boraika. BOURRIQUET, zanak'ampondra.

BOURRU : fil —, taretra mivombóna , marokoroko. Q —, saro-po , saro-bolánina. vo bondeur ; Fomanga., kisokiso, miangolangola, h foizina , mongéna , séhotra , sorisoréna, sosisosy, malomilóny, tezitézitra, be-forofoto.

BOURSE, lasáka fasiam-bola, kitapo, jamora, kitapombola; kibango ; fikajiam-bola. Faire — commune, manao kitapo miara-peno, mimbom-bola, tsi-misara-bola; miara-mameno, miara-mamory.

BOURSOUFFLÉ , h mibohibohy &, vo bouffer, se bouffir. Le BOURSOUFFLER, Mampi—, &.

Bousculer qc, mandronjironjy , mañaroharo , manositósika, mandroba-dábatra azy &, vo bouleverser.

Bouse, tain'aomby, h tain'omby.

BOUSILLAGE, pako miharoharo áhitra ; fótaka batao trano, tanimora miharo áhitra; vo ampiantany, ampentany. Bou-

BOU

siller, mamako, manao ampiantany, miasa fôtaka.

bousin, tabataba; trano tanavan-dratsy.

boussole, z mihetsikétsika manaváratra, famantárana ny aváratra; kómpana; bosola.

bout, tendro, loha; d'une corde, lany; le gros —, ny vody ny. — d'en haut, des branches, zañozáno, lengo, lengolengo, volólona, fizio. Qui sont — à —, mitohy, mifanéhina ; vo Abouter. — de bougie, tapa-jiro; un —, tápaka, tápany raiky. Etre au — de son voyage, támpitra dia, tampi-dálana, Vêtement à —, lamba tápitra, tónta. Un — d'homme, tapak'ólona, o boteta. Le — du monde, ny faravodi-lánitra, ny fanampérany ny tany, ny lañy ny tany. Venir à — de qc, mahefa, mahatody, mahatámpitra; — de tout, maha-tontolo. — d'aile, loh'élatra.

boutade, z atao an-góka, z atónjika, z atao antsiaka, z atao angoka-ntróka; z afatrapátraka. vo ? hévitra antsélaka;? hévitra ambóny; tsinahinahy, h fiangesongesóana, fihendrátana, famporisihana, angéntsana. Agir par —, ? mandika-dika; ? manarakáraka dia ny kibo; ? mitsirambindrámbina.

boute-en-train, mpandrisika havana; loha ny korovetsy.

boute-feu, fanehénan'afo; téhina fonofóran'afo. fg mpamoha ady, h mpikomy.

bouteille, tavohangy, h tavoahangy; sk folapay; sk sud, folakao ou folakoho (fr flacon).

bouterolle, lohan v tsaron-tsábatra; tendro-ntsárona.

boutique, trano fivarótana; trano-mbidiana, tsena. Trano fiasána, trano fizavárana. Ny karamaoka ziaby; ny antrano; fao-bidiana, faoka-tóhitra; vidíana tavela

boutis, tongim-dambo.

boutoir, oron-dambo; órona.

bouton des arbres, d'habit, boty, h botiboty, bókotra, bókitra, vo fetsy. Des — sur le corps, boty, g rófotra, h forófotra, h rófatra, h rifatra, h vadiditra;z mi—. Couvert de—, o rofótina, rofátina, rifótina. Arbre en —, hazo mamotiboty, pv mandrongorongo, mamirifatra, mamorifótra. vo bourgeonner.

boutonner, être en boutons. — son habit, Mandrékitra akanjo amy ny bókitra. vo mamehy, mandetra, mandréritra. **boutonnière**, ? lava-bókotra; lóaka, hírika.

bouture, rantsan-kazo atsabo, tapakazo amboly.

bouveril, valan'aomby, trano-n'omby.

bouvet, vánkona fangadíana lakandákana.

bouvier, mpiandry omby, mpiambin'aomby.

bouvillon, ombilahy tanora, aombilahy hely; jaojao.

boxer, se —, mifameli-toto hondry, mifanoto-hondry, mifamokondry, h mifanoto-fétrika, h mifamétrika; pv mifameli-tetsi-bana, boxeur, mpameli-totohondry, mpanotohondry; h mpamétrika, mpameli-fetsi-bána.

boyau, Tsinay, sk tinay.

bracelet, fehi-tánana, pv vangovango, pv vavambola; h haba.

brachial, amy ny tánana *ou* sandry.

brachigraphie, fanorátana fohifohy.

braconnier, mpihaza vórona amy ny tany n'ólona, mpanala vorona, mpitifi-bórona.

brai, loko hahósotra ny sambo.

BRAILLARD, BRAILLER, maresa-bava, abo vólana, reñi-vólana, abo vava, mivántsavantsa, mivólana maré, mitréña. vo bavard.

braiment, Tañy. braire, Mitáñy. vo mitréña, mitrôna.

braise, g vain'afo, pv vaik'afo. BRAISER qc, mitono azy. BRAISIÈRE, vatra vy famonóana vain'afo.

brancard, filakónana, fibatabatána; fandaisan-draha ambetraka; h fiara.

branchage, ny rántsana ziaby.

branche, rantsankazo, rántsana, ráhaka, randráhaka, randrána; sampankazo, h ráhana, g sandráhaka, h sandréhaka ; rahankazo, randran-kazo. Qui a des —, Miráhaka, mirántsana, mirandrána, miráhana, misandráhaka, mirandráhaka. Qui pousse des —, Mandrántsana, mirántsandrántsana, mandráhaka, mandrandrána, mandráhana, manandráhaka. Qui étend ses —, manahantráhana. Qui se divise en —, misámpana, manámpana, manampantsámpana. — de perles enfilées, h tsipiriány, antsipiriany; sk snd, sitiliny

branchu, maro rántsana, mirahadráhaka, malétra ráhana.

brande, anjavidy; sk anjavily. —, tany lavavolo.

brandebourg, sakónoka misy tánana.

brandillement, Viombíona, h savilivily; tsingevingévina, hevihevy, BRANDILLER, mamiombíona, manevingévina, mampihevihevy, pv mampigevigevy, manao antsavily, mampiraviravy. Se —, Miviombiona, mitsingevingévina, misavilivily, mihevihevy, mihevingévina, migevigevy, miraviravy.

brandir, Manitrikitrika, manetrikétrika, mamelapélana, manetsikétsika, manelankélana.

brandon, fanilo, diditr'áhitra, fanilóvana. —, kalalaon' afo. —, forohana.

branle, Víona, viombiona, g hevihevy, pv gevigevy, hetsika, betsikétsika; hevikévika, tsingevikévika, pv tsingevingévina, hovotróyotra, tositósika; hozonkózona, hofokófoka; ónjina, onjinónjina, ozinózina, rózika, rozindrózina, hilangilana, h kofokófoka, pv hofokófoka, hopakópaka, h hefahefa, h jefijety. Etre en —, BRANLANT, BRANLER N, Mi—. Le mettre en BRANLE, le BRANLER, Mamiombiona, mañetsikétsika, manevingévina, mañovetrόvotra, mañofokóloka, mañozonkózona, manositósika, mañilangilana, mañepaképaka; mañónjina, mañozinózina, mandrózika, mandrozindrózina. BRANLOIRE, saviondahy, ? sangiondahy, h antsavily, ankolány, volondanjána.

BRAQUE, Endrinéndrina, Silasila. —, fandróaka fisa-bolo, ou mandrivolo.

BRAQUER un canon, manóhoka, ? manóhotra tafondro. p atóhotra, manao azy tandrify; mikendry amy ny tafondro. BRAQUÉ, mitóhoka, mamongitrika, mikendry.

BRAS, Tánana, sk fametsa; sandry; siraka; hery. — de rivière, sampandráno. — de mer, vavarano. — de fauteuil, fiankínana. — dessus, — dessous, mifanampi-tánana. Le porter dans les —, pv mamorovoro, mamotrovotro azy; sur les —, mibanabana, mibatabata azy. vo Embrasser.

BRASIER, afo be, vainafo maro, foròhana maro, afo maro foròhana. —, fitondran'afo.

BRASILLEMENT, famirapirátana. BRASILLER, mamirapiratra. Le —, mitóno azy.

BRAS-LE-CORPS, tari-baniana. Le saisir à —, manao tari-baniana azy; mitólona, mitráhana azy.

BRASSE, refy. Une demi-brasse, tratra, tapa-drefy, akanjo. D'une demi-brasse, mamaki-tratra. Trois brasses, h fahatelo, pv refy telo. Le mesurer par —, Mandrefy azy.

BRASSÉE, ? ótrona. 3 —, ótrony telo.

BRASSER un liquide, mañaroharo azy. —, manao Bière. — (à bord), mitaritárika, mitárika. BRASSEUR, mpahandro ou mpanao Bière. Brasserie, fanávana biery.

BRAVACHE, Fanfaron.

BRAVADE, h haikahaika; fiavónana, g ráhona, pv kantsy, pv amana, pv ? tavantávana, rebidrébika, tavan'tsaboha, g réhaka, vava marésaka, filan'ady, sari-ady; fandrahónana, fañamánana, h fanambánana, fireharehána, hambo, dóka, toky, h haika, fieváña, fihabóbana, fihambóana, avombava, h hatsy. — par jeu, h nekaneka; pv vo nehaneha, nekoneko. Faire des —, mihaikahaika, mandráhona, mianjonánjona, mañámana, manámbana; minehaneka.

BRAVE, tsy matáhotra, tsimataho-draha, mahasáky, h sahy, sahisahy; matóky, malaza, matánjaka, maheri-fo, maheri-miady. Les —, ny mpahery; ? tombandahy. Un — homme, vo Loyal.

BRAVER, miváza, miérina; mahasáky; mihatsy, pv mikantsy, h mihaika, h máninana, mañóhitra, manankénjy, miótroka, manantondry

Bravo! Tsara! héka! Des —, akora, akora-lava.

Bravoure, haherezam-pó, fo mahery, tsy fatahòran-draha, toky, hatokiana. ? salakafohy.

Brayer, mandoko, mandity.

Brebis, h ondry vavy ; pv aondry vavy; pv ondrikóndrika vavy, ondrikondri-bavy; sk be-hôfaka. — tachetée, h sadika.

Brèche s, Ébréché a, g rómbina, g rímbana, pv rómtana, pv baña, h banga, pv róña, pv droña, pv rómpa, pv kompa; g rómbitra, g róvitra, h rómbotra; vaky,g natriaka. brèche, harombiñana. ébréché, naharombiñana, nandrombiñana. Y faire des brèches, l'ébrécher, Mandrómbina, mandrímbana, manabaña, mambanga, manabanga, mandroña, mandrómpa, mamaky, mandrómbitra, mandróvitra, mandrómbotra, mandríatra azy.

Brèche-dents, baña-hy, banga-hy; ? rampa.

Brechet, tratra ny biby; vavafó.

Brèdes, áñana, félika; ladimboatavo, ladimbomanga.

Bredouillement, vo balbutiement. Bredouiller, balbutier. vo boadaboada.

Bref, Fohy, fohifohy ; tsy lavareny ; maétry, maletra, h maety. Un —, taratasy iráhiny ny Papa; sòratra avy tamy ny papa.

Brelan, añaran-daolao. brelander, misoma mandrahariva.

Brelle, záhitra hely, lakambózaka, kidóny (hely).

Breloque, rávaka mihevihevy, rávaka mihántona, mihetiketsika. Battre la —, mamangovango foaña, ? manao soma-vely.

Breneux, soma-pétroka tay, mifotétaka, mihoso-tay, sipotapótaka tay.

Brésiller, mamotipótika, mandretidrétika, mandrotidróika, mañinikínika, manapatápaka, mamakiváky, mandididy.

Bretauder un cheval, Manófina azy.—q, Manety volo azy, manala volo aby azy; manao hetimiana ou hetisátrana azy.

Bretelle, ? sampi-ntsóroka ; tady tsy mahalátsaka síkina. beritély, h beritelo.

Brette, sábatra lava.

Bretté, misy nify.

Bretter une pierre, Mamipíka vato, mamipi-bato.

Bretteur, tia hiady, tia ady, mpila ady.

Breuvage, boisson.

Brevet, taratasy fanandratam-boñináhitra o. bréveté, mánana Brevet. Le bréveter, Mañome azy Brevet.

Bréviaire, taratasy fijoroan-dreo mpijoro; taratasy fentin'ny mpijoro; h taratasy fiváváhany ny mpisoróna.

Bribe, Vóngana-moto, tápaka mofo be.
Brick, sambo roy falazy; roi-falazy; pv roi-mongory.
Bride, Tady, hósina, hosy, kofehy, laboridy. Le BRIDER, manisy tady azy; mamehy, mamátotra azy; manisy gadra ny vava ny; mangadra-vava azy.
Bridon, *Bride* kely.
Brief, Vitsi-teny, maláky efa; vo COURT. Brièvement, en ABRÉGÉ. Brièveté, hafohy, hafohézana, havitsy nteny; teny vitsy.
Brigade, toko ny miaramila; sorodána raiki-dia, tokon' ólona, h miaramila iray fehy. ? fehezan'olona. brigady. BRIGADIER, iray voninàhitra, rai-boninàhitra.
Brigand, g jiolahy, mpijirika, karin'ólona, jiri-dahy, h jirika; o fanérona, jao-fanérona; o fandány, koranely, kafiry; mpangálatra, mpamabó, h mpitòha, mpanao ankery, mpamono o andálana, mpanao lámpi-hazo, mpandróbaka; mpandrava. BRIGANDAGE, jirika, fijirihana, famabóana, fangalárana, fandaniana, fanerónana; hálatra be.
Brigantin, sambo hely roi-falazy tòkana rápaka.
Brigue, Félika, felipélika; fálana, famalánana; safélika; olikólika, olakalólaka bahazóana raha; hátaka, fangatáhana; hanta; pv fiangaliana. BRIGUER, h miambezo, h mitampésona, ? mitampésina, mamelipélika, mamalampálana, manariary habazo z; mangátaka, mihantahanta, miangaly, miangoty, mila, mitady z.
BRILLANT, BRILLER, g mihanankánana, manganankánana, h manganungúnana, g mamirapiratra, pv mipelapélatra, pv mipelapélaka, mipilapílaka, pv mipilopílotra; pv mangílotra, mangilotrílotra, pv mangilokíloka, h mihilontrílona; Mañelatrélatra, manèlatra; ? manitrikítrika, ? mipelapélana; mañavañávana, maniritsiry; pv mangilatrílatra; dh mihalòntrálona, mazava, madio; dh mangarahara; g mangarangárana, mitselatsélaka; manantsélatra, h manjelajélatra, mijélatra; g mibélaka, bélaka; bonáka, mibonáka, ? manganohano, h mipendrampéndrana, h mamendrampéndrana; h mifarejo; h mangiakíaka, g mangáka. Blanc brillant, vo blanc. Le BRILLANT, s, un —, ny hazavána, hadio, famirapirátana, avanávana, pelapélaka, tsiritsiry mazava, helatrélatra, tsélaka, tselatsélaka, hilotrílotra, hilokíloka, hilontrílona; farejo.
Brillanter qc, mampamirapiratra, mampangilotra, mampañavanávana azy.
Brimbaler, mamiombióna, mahevinkévina, vo branle.
Brimborion, potipoti-draha fihamínana, vo bagatelle.
Brin, Tsoak'áhitra, tapak'áhitra madínika. Un — de qc, tapa-draha, tápany kely; sómbiny, *ou* silany kely. Les ôter

— a —, manoatsoaka, mitsongotsongo, mitsimpontsimpona azy; manala azy raikiraiky.

Bringèle, baranjely, beranjely.

Brioche, mofo; voankazo mifono mofo; volavola.

Brion, somo-kazo, somotr'ala. —, Erreur.

Brique, vongan-tany loky; pakontany másaka; ongonóngon-tany, tongontongon-tany, fótaka loky; tani-loky mivolóngana; bolabola-tany, tani-loky, tanimora voahandro; ? vato tany; labirika. — de savon, volóngana-savóny; vo bloc

Briquet, h paik'afo; pv kapéky. vo rengv. —, sábatra, fohy.

Briqueter, manoratsóratra; mala-tsóratra ny *Brique*. BRIQUETERIE, trano fandokíana (*ou* fanefèna, famolavolána) *Brique*; famakoan-tany.

Bris, fandrobátana. — de navire, fifefihana.

Brisable, mora fólaka, mora vakina.

Brisants, Ecueils. —, vagnes.

Brise, tsioka, ánina; h tafiotra; rivotra malemy; — de mer, h tafio-drano.

Brise-cou, mpamola-bozo, famola-bozo; o mahafólaka ny sovaly vao.

Brisées, Petrak'áhitra *ou* von'áhitra andálana; sanjo-lálana, sanjondálana; dia. Marcher sur les — de q, mandia ny petrak'ahitr'ólona; les suivre, manáraka ny von'áhitra natao n'ólona.

Briser une glace, marmite, Mamaky, Mamakivaky, maninikinika. — une canne, q, mamólaka, Mamolapólaka. — une corde, Manito, Manitoito. vo mamotipótika, maméfika, mandretidrétika, mandrotidrótika; mandróbaka, mandrobadróbaka; manorotoro; mainiaka, mamiapiaka. Se —, BRISÉ, vaky, vakivaky, fólaka, maito, marátra, róbaka; h trésaka, h trésatra, h tósaka; pv nitrésaka, nitrésatra, nitósaka; pv nitrénaka, g hinikínika, h hinika, nihinikínika, torotoro, h salésaka, nisalésaka. vo h manjilatra, miselatsélaka, miselatsélatra. BRISE-TOUT, mpandróbaka. BRISE-VENT, Famola-drívotra, fiaro-tsíoka.

Brisure, ny fólaka. —, ny leférana.

Broc, kapóaka be fasiana divay; sájoa, siñy.

Brocanter, mivarobárotra; manakalo vidiana, mivangavanga z tonta. BROCANTEUR, mpanakalo z maro; mpivarobárotra.

Brocard, h haraby, h eso, h latsa, g Asaha. vo Raillerie. BROCARDER, Railler.

Brocart, lamba landy misoratsóratra; lamba mandeha firaka; lamba mandeha vola; lamba misy hirijy vola.

Brochant, manalika, mamókina, manao somalika; mihoatra.

Broche, hazo-trébika, saly ; tsatsika, fanalazana, fanatsihana, trébika ; sali-trébika, sali-vaky, tsatsi-baky, tsatsitrebika. Il est à la —, an-tsaly izy. Le faire rôtir à la —, Manaly, manátsika azy. —, fátsika, tsorakazo fohy, h hombo, fántaka, vo hávitra. — de toilette, h tsitakonála, trebik' akanjo.

Brocher une étoffe, manisy hirijy, manisy vola, manidibola, manoso-bola ny ténona ; mandrary vola ou landy; mamitravitra amy ny vola ; manisi-zai-bola. — un livre, mamehifehy foana. — un travail, manaotao foana; miasa-asa foana, mamatrapátratra.

Brochette, sali-trébika, tsorakazo.

Brocheur, mpanao hirijy, mpanjaitra amy ny vola.

Brochure, taratasy ou livatra tsy mifono, ratsy fehy, mageragera fehy, mifehifehy foana.

Brodequin, kiraro ndreo antaplo.

Broder, Manirijy, manisy hirijy, manao be-tarétra. ? mandrongo. BRODERIE, hirijy, zai-pehy. BRODEUR, mpanao hirijy, mpanirijy.

Broie, faméfika, famely, fanorotoro, fanoto. BROIEMENT, fanorotoróana, faméfehana.

Broncher, h mamingana, g tontóhina, g tontóhina, tontóhitra, h tafintóhina; saiky ho lavo, — miahanáhana. Faire —, mahatontóhina, h mahatafintóhina, mamingana, pv ? manipéloka azy.

Bronze, varáhina miharo firaka ; saba, varáhina. BRONZER qc, manoso-baráhina azy.

Broquette, fátsika hely be loha; fetsy.

Brosse, kifafa, famafa; boroesy. BROSSER qc, mamafa, manala-vóvoka, miborosy, mamborosy, mampandri-volo, mipasoka azy. BROSSIER, mpanao kifafa.

Brou, hóditra ny korókany ny voankazo.

Brouée, òrana madinika, závona mahalendéna.

Brouet, godragodrandraha misy ronono miharo sira maniy, sosoa mamy, koba malemy.

Brouette, boroety, lasarety tokan-tangérina, lasarety aroso amy ny tánana; h kodia hely; ? vatra-tangérina, ? vatra-farosy. BROUETTIER, mpandroso-laboroety, mpitsintsin-daboroéty.

Brouhaha, h horakóraka, py korovetsy, holabala, h hobahoba, h hórika, horikórika, reondréona, réhaka.

Brouillamini, haroharo, boadiboádika, h boediboédika, h potipótika, h rabantsáhona. vo Désordre.

Brouillard, závona. —, vo brouillon. Papier —, taratasy mifo-drano. Il fait du —, Manjávona, — ny andro. — léger, kizavonjávona.

Brouiller, Mañaroharo, h mangaroharo, mampiharoharo; manosontsòsona, manosotsòsotra; manala-làhatra, mandroba-dàhatra, mandroba-dràntina. Se —, être BROUILLÉ, miharoharo, roba-dàhatra, roba-dràntina, tsy mifañáraka, sòsona, sòsotra, sosontsòsona. Gens —, o miankány, miadiády, mifanditra, mifankalaina. Temps —, andro mañizina. BROUILLERIE, ankány, h fifandirana.

Brouillon, sòratra ratsiratsy, bidabidantsòratra, somabidantsòratra, sòratra misabida (*ou* misomabida, mibidabida foana); soratra mbola hafindra.

Brouir, Mandazo; mahavoa, mahamay, mandótra, mandritra.

Broussailles, folopólotra, áhitra, alahely, fako, akata, hazo madinika, ritsodritso-kazo, ripadripatr'ala, zañozañonkazo, potipotik'ala. vo bocage.

Brousser, maninterak'ala.

Brout, g tároka, tarotároka tsirinkazo malemy, volólona, lengolengo. BROUTER, broutant, pv Miraotra, pv Miórotra, Manórotra; Homa n'áhitra.

Broyer, Manorotoro, mañinikínika, mandisa, mitoto, manoto, mamotipótika, mandretidrétika; h mañisoka, pv mañòsoka, maméfika. BROYÉ, g voa-torotoro, h motsimótsika, g mótika, g hinikínika, h móntsana, montsamóntsana.

Bru, vinanto-vavy.

Brugnon, *Pêche* maheri-nofo madozo-hóditra.

Bruine, òrana-kely, ? òrana manjávona; h tongo-jávona.
Il —, mañòrana hely, ? mipitipítika ny òrana.

Bruir, mamónotra, mañar..o.

Bruissement, réona, reondréona, réhoka, ródona, rehondréhona. — de la graisse au feu, pv Tsaotsao, pv tsiaotsiao, h Tsehatseha, h Tsatsatsatsa, pitripítrika; du fer rouge dans l'eau, tsotsotsotso. BRUIRE, Mi—.

Bruit en général, Résaka, resadrésaka. Faire du —, ma—. Bruit propre à certains objets, vo Tabataba, korovetsy; h horikórika, pv helahela, h horakóraka; h kótraka, kotrakótraka, koratata, h katraoka, katraotraoka, pv katrókaka, ngádona, ngódana, ngoródona, ródona; kona, konkóña, gáña, gagóna, gangána; poka, pófaka; g dabóka, h debóka, dabóboka, dalabóboka; kirintsana &, vo bruissement. Faire du —, Mi—. Mangótroka, mañetrikétrika, mañitrikítrika. Ne faites pas de — en marchant, aza atao nao mikatrókaka ny vity nao. —de ville, g Tsaho, pv hónoka, h hono. tsahotsaho, laza, lazalaza, h sahosaho, h sahoa; tenimbahóaka, h tetiafo; fosa, fosafosa, h fosan'olona, h fosavava.

Brûlant, qui BRÛLE, May; mahamay; miróhitra, mafána be; Maimay; miredareda, miroborobo, mitaina, mitsétsaka, mai-vololom-po; mai-tratra. BRÛLER qc, pv Mañoro, h mandoro; Mandótra; mandazo; mañérona. BRÛLÉ, nay ; pv kétrona, h dódana; voa-oro, voa-doro; karankaina, g tsántsana; érona, fórona. Il sent le —, maïmbo érona (ou lótra, tóntona). BRÛLEUR, mpañoro; mpañérona, mpandány. BRÛLOT, sambo feno závatra mora miréhitra hanoróana ny sambo ny fahavalo. Il y a une BRÛLURE, misy Nay.

brumal, Mandririñina, mahari-dririñina, faha-ririnina.

brume, závona be; érika. Il fait de la —, Manjávona. BRUMEUX, Bezávona, mañérika, manjávona. Jour —, h Tomoro.

brun, g vasobásotra; maintinintina, maiziñizina, h ? manja; h tsilemita. BRUNET, h vásoka ; ? mavo. A la BRUNE, Takarivo, harivariva. BRUNIR, n, mihavásotra, mivalo vasobásotra. Le —, Mankavásotra, mankamavo azy.

brusque, pv marofarofa, h mafozafoza; —tánana, —fanavan-draha, — fañanárana ; Maharofarofa, Antsiaka, saropo; tsy mañaja; mandronjironjy, manositósika, maláky, támpoka; mafy, mahéry, mahatézitra, mahasósotra, mahasaropo, manao malady, tsy mitándrina. BRUSQUERIE, rofarofa, h fozafoza, g lepidépitra; fandrofarofána, ronjironjy, fandronjiana, tósika. BRUSQUER qc, Mandrofarofa, h mamozafoza, mandepidépitra, mandronjironjy.

brut, marokoróko, h marokaroka ; tsy voakásoka; matevintévina, maraorao, tsy voa-asa, tsy voa závatra, tsy voavoatra.

brutal, masiaka, masiatsiaka, saro-po, madi-po, loza, loza be, ? mandoza, h fozina, ? biby; h kétrika, antsiaka. BRUTALISER q, mandronjironjy, mamelively o; masíaka amy ny o; vo brusquer. BRUTALITÉ, Hasiáhana.

brute, biby, kaka.

bruyant, Marésaka, tsi-fandreñésana, mahatsintsina, maharéñina, vara-dátsaka, mañetrikétrika, mangotrokótroka ; vo BRUIT.

bruyère, h Anjavidy, pv Anjavily.

buanderie, Trano fanasan-damba. BUANDIÈRE, mpanasa lamba.

bube, z miróſotra, émpaka, maémpaka.

bubon, h Atodintaria, h atodintarina, pv Mañandréhy, g hánatra; z mivonto.

buccin, antsiva, bakóra, h angaróha. BUCCINATEUR, mpitsiok'antsiva.

bûche, tapakazo horóana. vo bloc, billot. Rester là comme une —, Mivalóngana, mivongady, mivóngana. BÛCHER, tany fanovónana hazo maty; fitchirizan-kitay, — tovon-kazo maty fandoróana vatan-drahá; fandoroam-paty.

bûcher, g Manétika, Manetitétika, Mitétika, g Manatsika,

h. Manarátsaka hazo. BÛCHERON, Mpitevi-hazo, mpitir'ala, mpitetik'ala, mpinjinja ala, mpanapa-kazo, mpandavo hazo.

Buchette, vongan-kazo madínika ; tapa-kázo madínika.

Bucolique, milaza ny toetry ny mpiandry ondry any antsaha.

Budget, Toetry ny vola azo sy ny lasa. Vola.

Buffet, vatra be mitsángana fikájiana ny éntana fihinánana. — d'orgues, Vatra manéno.

Buffeter, Mandóaka barika n'olona ka mifóka divay ; Minom-pampaitra, minon'ampaitra; mitséntsitra divay n'ólona.

Buffle, anaram-biby mira amy ny Aomby; aomby. ? songaomby. —, hoditr'aomby. Buffleterie, h Anjaka, g Anjakóditra; ? vatrítra hóditra. BUFLETIN, zanak'aomby.

Buis, Anaran-kazo mahery tsy rara-drávina, tsy malazo.

Buisson, hazo madínika vori-rávina, ala hely, folopólotra, kiritik'ala, hiritik'ala; hery, pv roitra, h roy, hazo fátsika. BUISSONNEUX, misy ala hely. BUISSONNIER, misitrika an'ala. Faire l'école buissonnière, h Mibolidibolidy, g Misitritsitrika; milefa, miala amy ny asa.

Bulbe, z taboribory táhaky ny dongolo. BULBEUX, misy taboribory.

Bullaire, Lívatra ivoriany *Bulles* maro. BULLE, VO BREF du Pape. —, rano taboribory foan'aty, balabala-rano; rano poak'aty ; rano bóntaka.

Bulletin, taratasy fanambarána, sóratra ántoka, taratasy vav'olombélona.

Buraliste, o Mifántsika an-trano fanorátana; tompo ny *Bureau;* mpanóratra; h mpandray hetra.

Bureau, Latábatra fanorátana. Trano fanorátana; Trano fandraisan-ketra.

Burette, Tavohangy madínika.

Burin, Fisokírana, Fisókitra; h ? fanorítana. Travail au—, sókitra. BURINER, Misókitra; h manóritra.

Burlesque, kabiaka; vo bouffon, bizarre.

Busc, Anja-by apetaky reo viavy amy ny tratra hahahénjana azy ; tohantratra, fahan-tratra; ? toha-nono ; ? fanénjana.

Buse, anaram-bórona adala; ? Dadara;? didery. fg, o didery, vakaváka.

Busquer, Manisy *Busc*; manisi-tohan-tratra azy, manenjan-tratra azy.

Buste, sarin'ólona tápaka; sary bólona, tapa-tsarin'ólona.

But, sólatra, diany ; ny kendréna ; ny voa másony, voa masombólana; fótony, ántony; ny kasaina, ny ilaina, ny tiana; fárany, fanampérana; aleha, andehánana. De but en blanc, Inconsidérément.

buter, mahavoa; Mikendry, h mikasa, pv mikinia ; mila. C'est à quoi je bute, zany no fòtony ny dia ko, zany no dia ko. Se BUTER, être BUTÉ à qc, s'opiniâtrer, résister.

Butin, h babo, pv bambo, Tàvana, sámbotra, toha, h remby; trapa. BUTINER, Mamabo, Mamambo; misámbotra, mitoha, miremby.

Butor, Vano. fg badrahodra, bondofo-panáhy, mavesatsaina, marokoroko-fanahy.

Butte, Tòvon-tany, kiborontany, bongo, kibongobongo; ongonongon-tany, tongontongon-tany. En butte à, exposé à, efa sòlatra kendréna. BUTTER, Manongontóngona, h manongonóngona, manovontòvona tany; manao kiborontany. —, broncher.

Buvable, mety sotróina, mety inómina; finómina, h fisotro.

Buvetier, mpivanga z finómina. BUVETTE, trano finómana.

BUVEUR, mpinona, h mpisotro, mahery minona. BUVOTTER, minominona, misotrosotro, minona hely mazàna.

C

ça, vo Cela. Faites-le comme ça, ataovo hoe, ataovo manao hoe.

ÇA ET LÀ (est souvent renfermé dans la forme duplicative des verbes). Aller —, Mandehandeha, mandehaleha. Placés —, Mipetrapétraka. Dispersés—, mifalifaly, mibarakaika &.

Caablé: bois —, hazo lavo ny tsioka.

Cabale, Malomalo amboho, h tétika ; malo hanao ratsy; malo tòkana, tétika tòkana ; h ? kitsina; ? kotsina. CABALER, Mimalomalo amboho hanao ratsy, manao safélika, h mifoko, miraiky jery, h miray tétika, mifanka-azo hamandripandrika, mifampiera hionjona.

Cabaliste, o mahay ny fanisan-dreo Juifs. Cabalistique, saro-pantárina, saro-pantatra.

Caban, sakónoka misy lombo-doha.

Cabane, vo baraque.

Cabaret, Trano fandafòsan-divay, trano finómana, trano fivaròtan-draha finòmina. Kapila be fisaka fanaugánana ny kapóaka finómana. Láfiky ny lobaloba. CABARETIER, Mpandafo divay, mpivaro-javatra fisotroína.

Cabas, hárona; ? haron-défitra.

Cabestan, Tangérina fitarihana z mavésatra ; fanoírana.

Cabine, Efi-trano anaty sambo.

Cabinet, Efi-trano fiavárana ; trano fisaiñana ; h fieréna, efi-trano fitoérana mangina. Trano famorian-draha. — de toilette, trano fisikinana. — d'aisance, fangeréana. — de verdure, trano, alo-dráhaka, raha-bahy; vo berceau.

Câble, Tadi-be fandrohizana ny sambo va ny andrisa.

h Mahazaka, tady. Câbler, manósina.

Caboche, loha be. —, fátsika hely be loha, fetsy.

Cabochon, Vato saro-bidy voa kásoka fa tsy voadidy.

Cabotage, filaízana manólotra. CABOTER, milay manólotra tany. CABOTEUR, baharia mpanólotra tany. CABOTIER, sambo manólotra.

Cabrer: se —, Mitsángana; mitsangam-bity; uianganángam-bity, miárina, mitringo, miringotra; miangatrángatra, mianganga, miandrándra, mañéntam-bity; miandra-vity. Se —, se révolter, s'effaroucher.

Cabri, bengy; zana-bengy, zanak'osy.

Cabriole, VO BOND; Rodorodo. Cabrioler, Mi —, VO BONDIR.

Cabriolet, kalesy raiky sovaly.

Cabron, hoditr'osy, hóditry bengy.

Cabus : choux —, kabijy be loha; kábitra be.

Cacade, fangeréana; k mandoly; z nanteñaina fa tsy tonga.

Cacao, Vihinkazo fatao *Chocolat*. kakao. Cacaoyer, cacaotier, vatan-*Cacao*.

Cacarder, Mihahohaho; migagáka, migagiáka; h mikakaka, ? mikakakaka.

Cachalot, añaran-trózona hely.

Cache, fivoniana, h lieréna, fisitrihana. Jouer à CACHE-CACHE, Mifampivóny, mifampiéry, h mifanalampiéry, manao kivonivóny. CACHÉ, maizina, tsy fántatra, tsy hita, misárona, mifoño, milómboka, takófana. CACHER qc, Mamony, h manáfina, mampiery, manárona, manarom-pótotra, manákona, mandrákotra, manítrika; mamósitra, h maníritra, mainótrika; mandómboka. Se —, Mivóny, miáfina, miery; misárona, mifoño, misitrika, milómboka, mitrózona, inisalóndona, h mikóbona, mikobonkóbona ; py mikoróbona, h misakóñona.

Cachet, peta-doko, sora-pady; loko-mena, fady, kasé. Fametahan-doko. Y apposer son —, mameta-padv, manisy peta-doko. CACHETER une lettre, mandóko, manditý taratasy.

Cachette, CACHE. En —, Mivóny; vo misóko, misokosóko, tsy hita, mangingíña; amboho, añindrany, añkodiatra. Sortir en —, mamóny dia, mangala-dia, mangala-dálana. vo Dérobée.

Cachot, Trano-maizina; fg sárona, vatra, salóvaná Le mettre au —, Manófotra azy an-trano-maizina; mandátsaka azy an-tsárona &.

Cachotterie, fañahiana hamóny z tsisy fótony. CACHOTTIER, o mañahy lava hanarom-pótotra z tsisy fótony.

Cacochyme, ratsy fiainana ka mora azo n'arétina; farary, mora marary. Q —, bourru.

Cacographie; Fanorátana diso. Volana ratsy fanorátana.

Cacologie, vólana ratsy láhatra, vólana tsy an-dahatra; Fandaháram-bólana miótaka.

Cacophonie, eno tsy mifanáraka; eno mifandiso; rehondréhona mifanota.

Cadastre, Fañisána ny tokotany ny fanjakána.

Cadavre, Olo-maty vao hántsina; Olo-maty, faty, faty n'ólona, z maty, vátana-maty. CADAVÉREUX, ? mantsinamaty, ? mantsim-paty; karaha olo-maty; mántsina.

Cadeau, z ornéna; z amiana, fañomézana, fañamiana; fihevérana, fanompóana. kadó.

Cadenas, Gadra; h ? hidy, pv hily. Le CADENASSER, Mañisy gadra azy, mañidy, mañily azy.

Cadence, Dihy mifañáraka amy ny antsa, dia mifanáraka; dia miara-toto, toto-dia mifanáraka; fiarahan-dia. —, hetsiketsi-peo. CADENCÉ, karáha mitsínjaka. CADENCER, n, Manetsiketsi-peo. — ses pas, Mampiara-dia amy ny antsa; Mampifañara-dia, mampifanáraka.

Cadenette, rambombolo, randram-bolo amy ny hátoka; volo mitaly an-katok'angídina.

CADET, CADETTE, Zandry, zeny, fañáraka, afárany, faharoy; fara, faralahy, faravavy. vo Aívo, andrianaívo, fanivo, fanivivo.

Cadran, Ampisany (ou z fisaka) misy sòratra famantárana andro; sòratra famantaran'andro. — solaire, tandindona famantaran'andro; famantaran'andro manindona ou manandindona; famantaran'andro amy ny maso-andro.

Cadre, Fáritra; fefy, feñ-ntsary. CADRER, n, mifanóko, mifañaraka, mety, antónony, andráriny, mérana, añérany añóhany, mifañérana.

CADUC, CADUQUE, efa ho róbaka; h Koay, pv kaina, matoy koay; h kainkana; efa ho maty, mora ráraka, mora maty, maláky simba; ? malia; mihíntsana. CADUCITÉ, fahosána, haosána; haleména; ? firaráhana, ? fipotráhana, ? hararáhana, ? hapotráhana. La — commence à 70 ans, efa fitompolo taona ny ólona, vao ho ráraka.

Cafard, hypocrite.

Café, añaram-boankazo fioróana hatao rano finómina. kafé; rano-kafé. Trañ̀o finómana kafe. CAFÉIER, CAFIER, vatan-kafe. CAFÉIRIE, CAFÉIÈRIE, tany famboliana kafe. CAFETIÈRE, z fanaovana kafe, fitaváñana kafe, fahandróana kafe.

Cage, Trañ̀o-mbórona; Trañ̀o fasiam-biby madý. Trañ̀o maizina.

CAGNARD, CAGNARDER, komo, mavozo, naholy. vo Acagnarder.

Cagneux, Mikou-doháhka. vo tivaka; liingo ?

Cagot, Bigot.

Cahier, Fehian-taratasy, fehezan-taratasy, fehian-dravin-taratasy. 2 —, fehézany roy, séky ny roy.
Cahot, Voambóana, ? savoambóana; onganôngana, tsi-kongankóngana, hongankóngana, hozongózona, pv hozon-kózona. CAHOTER, Mi—. Le —, Mamoambóana, mañonga-nóngana, mañozonkózona azy.
Cahutte, baraque.
Caille, Añáram-bórona miramira amy ny kibo.? sapélika.
Caillé, Mandry; matévina.
Cailleboter, Mampandry. vo Manala, mahatola.
Cailler: le—, Mampandry azy. Se—, Mandry, mihiatévina.
Cailleter, babiller, bavarder. CAILLETTE, babillard. CAIL-LETAGE, bavardage.
Caillot, Ra mandry.
Caillou, vato, (pierre à fusil, vato-afo, vato faliaka); h ki-longozy, h kolongozy, vato madinika. Des —, pv karabato, h karaobato, pv rokabato. vo tsingimbato. CAILLOUTAGE, rari-vato. CAILLOUTER un chemin, mañisy vato, mañisy rari-vato azy; mamafi-vato ámy ny. CAILLOUTEUX, maro-vato; karaobato, misy roka-bato. CAILLOUTIS, tovombato madi-nika mandiñy hafafy amy ny lálana.
Caïman, Voay, Mamba.
Caire, Ny hóditry ny voaniho.
Caisse, vatra, h vata; lakisy, lakesy. —, Fikajiam-bola, —, Tamboar.
Caissier, Mpitahiry vola.
Caisson, Lasarety milémboka fandaisana éntana añy an-táfika. —, vatra-be.
Cajoler, h Manolikoly, h Mañambosy, h Mañejokejo, h manojikojy, Misafosafo, mipasopásoka, mañambitamby, pv mandróboka, h mandrobo, h mandóka, mandátsaka, h mi-tsétsaka, h manao teny maléfaka, mitaona, manao fandria-malemi-láfika, manao vava maléfaka. CAJOLERIE, h kolikoly, fanambosiana, h kejokejo, kojikojy, róboka, fandrobóhana, teny maléfaka, fisafosafoana, teny malemy, h lokangahisatra.
Cal, Mivonto tsy maharary.
Calaison, Ny halaliñany ny sambo.
Calamité, Rofy, vóina, móvina, loza, hifona, antambo, mana, z mahavoa, fijaliana; fiseránana, alahelo, faho-riana, angano; valan'arétina; h trimondahy. — publique, lozantány, h po-tany, Antambontany, ijintany. Temps CA-LAMITEUX, taona be voina, marofy, mangidy, mañantambo, be fijaliana, be z mahavoa, malahelo, mangirifiry; h ? ma-mohéhatra, dh mifohéhatra, dh fohéhatra, mahita angano.
Calendrer, Mikásoka, mipásoka, mampandri-volo, man-dáma, pv mandámatra : ? Mandrendri-damba. CALENDRE,

tikasóhan-damba. —, hao-mbary.

Calcaire, Vato fatan sokay (*chaux*); misy sokay.

Calcédoine, Añaram-bato totsy soa.

Calciner, Mañoro, h mandoro azy hatao sokay.

Calcul, Fañisana, pv fañisáhana; isa, isaka. —, vato añaty tatavia, pv vato añaty trañon'amány; h Fiafia. CALCULABLE, azo isa, azo isaina, takatr'isa, tratr'isa. CALCULER, Mañisa, Mañisaka; vo mamatovato. CALCULEUX, faséhina, fasénina, vatovatóina.

Cale, hálana. — du navire, kótona, róaña; kantóana; kibo-ntsambo.

Calebasse, Voatavo, tavo, kasingy, h andrivolahy, arivolahy.

Calèche, kalesy.

Caleçon, sadika, helintsikina; ? foño-mbody.

Caléfaction, Fanafanána, fankafanána.

Calembourg, Teny roy fótony; famantatra; vo Anjaño, fañanjañóana; ? teny mifelipélika.

Calendes, Ny Voalohan'andro amy ny isambólana tamy ny ireo Romány. Volana antety. Les — grecques., Fotoan' andro tsy ho avy andrakizay.

Calendrier, Taratasy fañisana ny volana sy ny andro.

Calepin, Taratasy fanorátana ny z ho tsarovana.

Caler un meuble, Mañálana, manisy hálana azy. Navire qui commence à —, sambo mañaly hizotso an-drano; ? vao hitandréndrika.

Calfater, Mitsipika, mamodi-vondro, manéntsin-doaka, manámpina, mandoko, manompa-sávoka. CALFAT, Mpitsipika sambo, mpandoko sambo. CALFATAGE, famodiam-bondro.

Calfeutrer, manéntsina ny vakiváky; manámpina ny herakéraka.

Calibre, Vava. Fusil de —, be vava. Balle de —, bala érany; érany ny vava; fañóko. Du même —, Mira habézana, mitovy vátana.

Calice, kapóaka, — fijoróana; — másina. kalisy.

Calicot, lamba fotsy; hamy voapásoka; hámina matify.

Califourchon : être à —, Misampy. Le mettre à —, Manampy azy. vo bekabèka, báhana, sabáka.

CÂLIN; CÂLINER, kamo, miangoty, miangotingóty, miangaly, ? milia, mihantahanta; manao safeli-jaza minono, mikolélana. Se CÂLINER, Miárana, mañaram-bátana, mañaran-tróka.

Calleux, mafy, mahery.

Calligraphie, Fahefána sóratra tsara, fahaian-tsóratra.

Callosité, ny haditry ny hóditra.

Calme, a, Mándina, Mántona, mora, moraina, h tony,

h miónina, miádana, h mádana; tsivinitra, pv mahihitra, giña, h jonénika, h maotona, mora-fañahy. Mer —, kétraka, mandry;? mañendo. CALMES, Hamoràna, fimandinana, fimantónana, fiadánana, hagiñana; ? fitoniana; heketráhana. CALMER, Mankamora, mampimántona, manóny, mampandry, manétraka; mañala-hasira, mañala-héloka, mañatrakátraka, mañala-fo, mampangiña, mampipétraka, manambitamby. Se —, mihamora, mimándina, mipetraka, h mionona, miónina, mitsáhatra, mikétraka, mangiña, mitóny. CALMÉ, áfaka hasira, afa-po. CALMANT, mahagiña, mahakétraka, maháfaka firy, mampandry, mahafatifaty téhoka, mahatafandry arétina; mahamora. vo Apaiser.

Calomnie, ? Tombo-bólana, ? kétrina, ? fosa tsy to, h ? endrikéndrika, ? lainga, ? tandra-ratsy, h ? lefon'ivoho; hosopótaka. Le calomnier, Manombo-bólana, mikétrina, h manendrikéndrika, manandra-ratsy, mivolañ-dratsy tsy to azy, mandratsi-laza; mivólana ratsy tsy natao ny, manosopótaka.

Calorimètre, fañoháran-kafanána.

Calotte, koha, sátroka-hely. —, téfaka amy ny loha. Le CALOTTER, Manéfaka, Mandómona azy; mively loha azy.

Calquer, mala-tsóratra, h maka sòratra, mala-damy. vo Mamindra-sòratra; miana-damy; mampitovy, mampira.

Calumet, h kilanjy ny o añála.

Calus, Bokotra, vòna; hamafíana.

Calvaire, kalivéry; bongo hely misy hazo-misákañy ny Jeso-Kry.

Calvitie, hasolána.

Camaïen, Vato soa misoratsòratra ho azy; Soratsòratra tokam-bolo.

Camail, Lombo-tsóroka, lombok'avay ndreo Chanoìnex &.

Camarade, Námana, fahanámana, faharoy; tsy mpiáfaka, tsy mpisáraka. vo Ami. Camaraderie, fisakaìvána.

Camard, Lésoka, lesok'órona, pv selak'órona, fisak'órona, petak'órona, h sondry.

Cambare ou Ignames, Ovy, — ala, — fántaka, — tsañgaña, — randrana.

Cambiste: place —, Tanána be fañakalòvana.

CAMBRER, Mandántika, h Mandántsika, h manóntsika, h ? mamántsika; mandétaka. vo Arquer, Bomber. Se —, Milántika, milantidántika, midántsika, h mifántsika, milétaka; miléfitra. CAMBRURE, Filantihana, lántika, dántsika.

Cambuse, Fikajian-kánina añaty sambo. CAMBUSIER, mpitan-kánina; mpitatan-kánina añaty sambo.

Camée, Vato soa tsara sókitra.

Caméléon, Ta, tarondro, h tána, h kaitso, kamaitso, h kamara, kamara be; amboalava, amboalava-vava.

Camelot, Lamba volom-bengy miharo landy amy ny volo-n'ondry.

Camelote, Asa ratsy fanaovana.

Camérier, O manambonináhitra mpitam-buravarana ny efi-trano ny Papa; Mpiambin-trano ny Papa

Camerlingue, *Cardinal* voalóhany.

Camisole, Akanjo.

Camouflet, ? setro-basa avoraka acopy amy ny orona n'olona.

Camp, Toby, lasy, vo Alamenga.

Campagne : la —, Ny antonda, h antsaha, ambanivolo, anindrana. A la —, Any —. La —, tany famboliana, tanimboly, tsabo, hiaka. Une —, Fitoérana any antsaha. Entrer en —, Mandroso hanáfika. —, Fanafihana; caona. Les CAMPAGNARDS, ny Mpónina antsaha, ny o antonda, ny o antsaha, ny antambanivolo, ny antanindrana.

Campaniforme, misary lakilósy; lalin'aty.

Campêche, Anaran-kazo.

Camper, Mitoby, milasy; manorin-day. CAMPEMENT, Fitobiana, filasiana.

Camphre, Dity nkazo manitra atao fanafody. ? kampiry.

Campos, Vacances.

Camp-volant, ? tsi-mitoby, tsimanam-ponénana.

Camus, vo camard.

Canaille, Amboan'olona ; rorohan-tay n'olona. ? fekan' olona; ny o ambány indrindra; h ny faraidina.

Canal, hadindrano, lakandrano, lalandrano, lakalakandrano, masonony, masoudrano, sk halindrano. CANALISER, mangady lakandrano.

Canapé, Fipetrahana lava, farafara, kibány.

Canard, Ganagana, drakidraky, vorombazaha, dokotra, h arosy. vo angaka.

Canarder, Mitifitra. —, miantsotroka an-trano. CANARDIÈRE, hirika fitifirana. —, basy abo.

Canari, Anarambórona mavomavo tsara feo.

Cancan, vo Babillage, Bruit de ville.

Canceller, mamono soratra.

Cancer, Bay mangady; Arétina mihady. —, anaran-kintana amy ny *Zodiaque*; Foza.

Cancre, Foza, vo komajiya, orandretra.

Cancrela, kalalao, h kilalao, pv kalangeta.

Candelabre., Fitoéran-jiro mitsampantsámpana *ou* mirántsana.

Candeur, fanahy marina, hadiompanahy, fanahy madio, hamarinana, tsy fitaka, fanahy tsara. Avec —, marimárina, tsy amy ny fitaka, mazava.

Candi: sucre —, Vato mamy, siramamy mangarangarana.

Candidat, mpitady, mpila, mandiñy hasándratra. vo Aspirant.

Candide, Marimárina, tsy mahay fitaka, Madio fañahy, mazava fo, mazava fañahy, marim-pañahy. Candidement, marimárina.

Candir, Mampandry. Se —, Mandry, manjary vato.

Cane, *Canard* vavy. Ganagana vavy.

Caneter, Manao fandehánany drakidráky; mihilankilana, midekadéka, mibekabéka; ? mikolepadépaka.

Canette, Ganagana vavy mbola hely. —, kapóaka fanerañana ny *Bière*.

Canevas, Lamba be mangarakáraka mandiñy hirijy.

Cange, sosoa.

Caniche, Añaran'amboa.

CANICULE, Añaran'anakintana miara-mipósaka ka miara-miléntika amy ny maso-mahamay amy ny alohotsy; ny kintan'amboa; h ny alohotsy; sk ny sakavé; h volampadina.

Canif, Meso hely fandrangitana fanorátana, h pik*ia*.

Canines, ny hy añila.

Canne, Tehina, kibay. vo BAGUETTE. — à sucre, g Fary; sk Fisika.

Cannelle, Hodi-kazo mánitra. Cannelier, Añaran-kazo mañitra bóditra.

CANNELURE, Lakandákana. Canneler, Manisy —, Manao —. CANNELÉ, Misy —.

Cannibal, *Antropophages*.

Canon, Tafondro. — de fusil, vofo, tavolo, volobeny; vava; kanóna.

Canon de la messe, Ny añivo ny lamesy, ny fijoróana tsy ováha, tsy áfaka amy ny lamesy. kanóna. Droit —, didítany ny *Eglise*; h laléna. CANONIAL, Anérany, manáraka ny didítany. Messe —, lamesy ny *Chanoines*. CANONICAT, ny voñináhitry ny *Chanoines*. CANONIQUE, Andráriny, añóhány, manáraka ny laléna márina. Droit —, ny didítany ny *Église*. Livres —, ny sóratra másina.

Canoniser, Mankamásina; manándratra amy ny olo-másina.

Canoniste, o Mahalala ny didítany ny *Église*.

Canonnade, veli-tafondro lava; fanandefána tafondro; poapóaky tafondro. CANONNER, Mañandefa tafondro, mampipoapóaka tafondro; mitifitra amy ny tafondro. Se —, Mifamango tafondro, miady amy ny tafondro.

CANONNIER, ARTILLEUR.

Canonnière, Hírika ou lóaka fitifirana. —, Fontróaka,

h tsirika, h Fitsirika; ? basy ambiaty.

Canot, Lákana; fiondránana. CANOTIER, mpive, h mpivoy; mpanátitra lákana.

CANTATE, chant. CANTATRICE, chanteuse.

Cantharide, Lálitra torotoróina hatao aody fanempáhana.

Cantine, Vatra miefitréfitra fandaisana z finómina anaty tavohangy. —, trano finómana divay &. CANTINIER, CANTINIÈRE, Mpitondra divay, mpivárotra divay.

Cantique, Antsa másina, òsika, pv sánitra; h hira; fiantsána, fihirána, fioséhana, fisamírana.

Canton, Tokotány maro tanána; tany; firasan-tany, h fizaran-tany. CANTONNER, se —, Mitobitoby, Milasilasy; misaratsáraka toby. Les —, Manaratsáraka toby azy.

Cantonnier, Mpiasa-lálana, Mpamboatra lalam-be.

Canule, ny volo kely amy ny basi-rano; ny loha ny, ? ny tsoky ny; ? ny kitso ny, ny tendro ny.

Cap de navire, Loha. — de terre, tsiraka, órona, tsiratany, oron-tány. De pied en —, hatr'amy ny tóngotra hatr' amy ny loha.

Capable, Mahefa; mahavita, mahasáky; mahay; ampy fanahy, ampy fahaïana. MAHA- (suivi d'une racine verbale): — de supporter, de forger &, Maha-tanty, Maha-tefy &. vo Mahazáka, mahaséhaka, mahomby; hendry, tandry, tandrify, taláky, APTE. Je n'en suis pas —, tsy saky ko izy. CAPACITÉ, Fahaizana, pv Fahaïana, fahefána; saina, fanahy. — de l'estomac, ny érany ny kibo. Chacun selon sa —, samby manao ny efa ny, ny leo ny, ny taka'ny, ny hay ny, ny zaka ny. Sa —, ny habe ny aty ny, halaláhana; ny omby ámy ny, ny tafíditra ámy ny.

Caparaçon, Lómboky sovaly, lamba alómboka sovaly. Le CAPARAÇONNER, Manisy lómboka, mandómboka azy.

Cape, Sakónoka misy lombo-doha. Etre à la —, tsy milay, mifehi-lay, ritra lay; mivori-lay, mihoron-day.

Capillaire, Madínika toy ny volon-doha. —, Anaran' áhitra.

Capilotade, Endi-nofo voa torotoro.

Capitaine, Talé, loha, mpifehy; kapiteny. — de navire, Tompo.

Capital s, Ny z voalóhany, ny z mahery tsara, ny hatao aloha; fótony, loha; maso, mason-karéana, reni-vola. CAPITAL a, voalóhany, aloha, be, lehibe, be-vava, be fiavíana. —, mahafaty, mamono, mahavery.

Capitale, Doány, lónaka; reni-vóhitra, reni-tanána, tanan' ampanjáka.

Capitaliste, Manam-bola be.

Capitane, Ny sambo ny mpifehy.

Capiteux: vin —, Divay mahamamo, mahery, mahavoa, mafy; maheri-fófona.

Capituler, Mañeky, manao fañekéna. CAPITULATION, Fañekéna, pv Fañekiana.

Capon a, Caponner n, mañeky foana; mavozo, maholy, tsy mahasáky. Lâche.

Capot, tsy teky z, tsy nahazo; háraka foana; kerikery, votivoty, h kamo, fólaka-'aña-manondro, azo ny fotoan-tsimiévina, azo ny fotoan-tsi-mihátra, pv azo ny fotoan-dilatra, sóboka.

Capote, sakónoka be.

Câpre, sambo mpijirika. Des —, añaram-boankazo.

Caprice, Jihijihy, Angalim-pó, h angéntsana, h haitraitra, h angola, angolangola, fiangaliana, fiangentsánana, fiangoláua, fiangotiana; sitraky ny fo, érany ny kibo, nahy ny fo, aram-po; hévitra ambóny, dh vaitra, nahimpo, fiovaována, h valivaikiany, fitiavam-bao. CAPRICIEUX, sárotra, mijihijihy; kako; sarótina, sarotsarótina; saro-po, saro-kibo, Miangaly, miangéntsana, mihaitraitra, miangolangola, h ? miangesongeso, miovaova, tia-vao, mpierin-draha, madikidiky, mpiriry, tia vao; dh mivaitra. vo Bizarre.

Capricorne, añaran'anakíntana; ny osy lahy.

Caprification, g Fanaóvana Antsásaka; Fañantsasáhana.

Capsule des graines, Korófana, korókana, kindráñony. —de fusil, vato-afo varáhina.

Capter, Malaka, mitárika, mangálatra, mila, misámbotra.

Captieux, Mahafitaka, mahangoly, mamandripándrika, mamangopángoka, mañambáka, manolóky. Discours —, fandripandri-bólana.

Captif, Sámbotra, sambo-dahy, sambo-bélona, ? sambopia, ? sambo-bia; tavan-dahy, tantsámbotra, babo, bambo; andevo, h kapy, pv papy. vo tsonga, trapa, very. CAPTIVE, sambo-bavy, sambo-tánana, tavambavy. Rendre —, CAPTIVER, misámbotra, mamery, mamátotra; vo Assujettir. — l'attention, Maharikíana. Se —, Mañandevo-tena, mamantsik'aina.

Captivité, Haverézana, handevózana, fiandevózana.

Capture, Babo, pv bambo; sámbotra, z sinámbotra; h sazy. CAPTURER, Mamabo, mamambo, misámbotra.

Capuce, Capuchon, Saron-doha, lombo-doha.

Capucin, Religieux fehény i Masindahy François. kaposína.

CAPUCINE, Añaram-boñinkazo. — de fusil, Fehy.

CAQUER, ENCAQUER des harengs, Mamótrika filao añaty baríka.

CAQUET, vo Babil; h kakaka, h dádaka. CAQUETER, Mikakaka, Mikakakáka, miladaka ; migagaka ; vo Babiller, mivantsavantsa. CAQUETEUR, mpikakaka, manta-vava &.

Car, Fa. (vo sady, ka, dia, satria, sangy, noho.)

Carabine, karabina, basy fohy. CARABINIER, mpitan-karabina.

Caracole, Falipálitra, fadipáditra, falampálana, olikólika, dia-n'ólitra. CARACOLER ; Mamalipálitra, mifalipálitra, mamalampálana, miolikólika, mamelipélika.

Caractère, Sôratra ; famantárana, márika. D'un bon —, tsara fanahy. vo fomba, fombána, toetra; ny ahafantárana. Le caractériser, Manambara ny ahafantárana azy, milaza ny fanáhy ny ; Manatoro azy tsara ; milaza ny fómba ny sy ny toe'ny. Un signe CARACTÉRISTIQUE, famantárana ; marika mampahafántatra.

Carafe, Tavohangy fotsy.

Caravane, Vahíny maro miara-dia,mpandranto ndrai-dia.

Carbone, Árina foana. CARBONE, misy árina. CARBONISER, manao árina.

Carcan, fchivozo-vy mavésatra fangadrána ólona voa héloka.

Carcasse, karánkana; vatan-draha maty áfaka nofo; faty miránkana, z mirakaráka; rakaraka-ndraha. Taólana.

Carder, Manjaotra, manjaojaotra. vo mihogo, mamohavoha. CARDE, fanjaófana, fanjaojaófana.

Cardiaque, Mahafatra-po, mahatánjaka.

Cardinal a, voalóhany, be, lehibe; ny lóhany. — s, Ranitry ny Papa. karidinaly,kadinaly. —,añarambórona, vody, vodilahi-mena.

Carême, Vòlana fifadiana; volampifadiana ; ny efa poloandro fifadiánana; karemy; ny efa polo-andro.

Carène, ny ambány ny sambo, ny takibaka, montséfona. L'abattre en —,Manánkina, mañilana, manokilana, manongilana, mampitsikilana azy. Le CARÉNER, Manampin-dóaka, manentsin-doaka, mandoko azy.

Caresse, Safosafo; fisafóana, fihatsiana, pv fañatíana, fañatikatihana. CARESSER, Misafo, Misafosafo,manambitamby, mitantána, h mihatsy, pv mañaty, mañatikátika, manefatéfaka, mañotra. vo mandambolambo, mandemilemy, mitsétsaka; tsontsónina. CARESSANT, tia hisafosafo,mahay hatikátika, tia kidikidy ; ? manan-tombo-mpitia ; mileladélaka; mamelipelik'ohy.

Caret, fano, fano-fandranto, ? reré. —, taretra be fatao tady ntsambo.

Cargaison, Ny éntana añaty sambo, ny antsambo. —, ny fañondránana.

Cargue, Tady fañoróñan-day. CARGUER, Mañórona. Manolona, dh mangòrona; manoron-day.

Caricature, Sarin'òlona kabiaka, sarindraha fikizahana, sary mamoha hehy.

Carie, Arétina mahaló ny taòlana va ny hy va ny hazo. Ca-rié, olérina, lo. CARIER, mahaló.

Carillon, kiríntsana, karíntsana, kirintsankiríntsana, ko-rintsana, h korintsandríntsana, g kíntsana; kitrankítrana. CARILLONNER, Mi—.

Carlin, Amboa kely kérona.

CARME, CARMÉLITE, *Religieux* hàvany ireo any amy ny bongo *Carmel*.

Carmin, Vòvoka mena ká.

Carminatif, Maharóaka tsioka; mampangetotra.

Carnage, Vonóana be, famonóana be, vonoan'olona ma-ro, beló; maty maro; fatimbalala, farilavo; z maro nivo-nóina, z vinóno.

Carnassier, Tia nofo, py liana, sk sijy; vo liaka.

Carnassière, kitapo fandaisana z nazo tifitra.

Carnaval, Andro fisomána aloha ny *Carême*.

Carné, Menamena. CARNER, Mihia —.

Carnifier : se —, Manjary nofo, mody nofo; mihianofo.

Carnivore, Hômana nofo, tia-nofo. Liana, sijy.

Carotte, karoty. — de tabac, Didi-dobáka, lili-dobáka, fadidi-dobáka, vandi-dobáka, dorindobáka, olam-paráky.

Carpe, Anaram-pilao.

Carquois, Saron-janak'antsaky;h fitondran-jana-tsipikia.

Carre: qui a bonne —, Matahi-tsóroka.

CARRÉ : terrain —, tany efa-joro. Poutre —, hazo efa-drírany. Tête —, loha marirana. Bonnet —, sátroka efatr' ampisany, sátroka marirana ou efa-drirana. Période —, to-rivólana éfatra toko. Un — de fleur &, faria, fariambonin-kazo. Un —, z efa-joro, z efa-drirany, efatr'ampisany, vo Homeringérina, somangérina.

Carreau, Vato efa-joro. — de vitre, fitáratra efa-joro. Sur le —, an-tany. Sur un —, amy ny óndana. Mouchoir à —, lamba misy sòratra efa-joro. —, (maladie) ? tambavy.

Carrefour, Sampánandálana; Haramanja itsofòran-dá-lana maro.

Carrelage, Rary, Rarivato, raribazo; h? lampivato. CAR-RELER, Manao —; Manisy —.

Carrelet, Fanjaitra telo-rirana. —, harato. —, fanjao-jaófana hely.

Carrer, Manao efa-drirana ou efa-joro. Se —, Mircha-reha fandeha; milantidántika, miotikótika, mitabiha, mihe-nikénika.

Carrière, Tany malálaka fanalána hazakazaka; tany filomaizana. Donner —, Mañandefa, Mamótsotra, Mañomelálana. Qui a terminé sa —, Tampi-dálana, tampi-dia. La — de la gloire, ny lálana ny voñináhitra, ny lálana ahazóam-boninàhitra. — de pierre, lávaka fañalam-bato, tany fakambato, tany vañombato; tany fikaróñam-bato. Se donner —. mañaram-po.

Carriole, kalesy hely tsisy tafo.

Carrosse, kalesy be éfatra tangérina; h fiara kodia. CARROSSIER, Mpanao kalesy.

Carrousel, Laolao amy ny sovaly ndraky kalesy be.

Carrure, Ny hatahirany ny volio.

Carte, Taratasy. — géographique, sarin-tany, sòratry ny tany. Perdre la —, very saina, very jery. Voir le dessous des —, mahafántatra ny felik'oby ny.

Cartel, pv Taratasy fikantsiana, h taratasy faninánana ou fihaikána. Filan'ady. Proposer un —, Mikantsy, Manínana. Régler un —, Mifanka-azo hifanakalo sambo-dahy. —, Famántaran'andro.

Cartilage, Vololon-taólana, lengolengo ntaolana; ? ozatra.

Carton, Taratasy matévina hafoño livatra; pako-ntaratasy. —, Vatra taratasy. Taratasy mahery misy sarindraha halaina lamy. Lamy. karitóny. Le CARTONNER, Mamoño azy amy ny taratasy mavéntina.

Cartouche, Hatsivo. karitosy. CARTOUCHIER, kotra

Cas : Il y a des — où il faut travailler (dites : des jours, lieux, état &,) Misy andro tsy fialána amy ny asa. Un — important, kabaro bevava. En — que, en — de, SI. — fortuit, ACCIDENT. Son —, ny tay ny. En tout —, Ndre zany, na dia izany aza. En faire —, Mibango, Mañaja, mandala, mitarimy azy, milanja, mibanabána azy. En faire peu de —, tsy manahy azy, miérina azy; h mamingy, mamingivingy, pv mitsíntsina, sk mitíntina azy.

Casanier, Mikótrika, pv mihótrika an-trano; mpihótrika; tia-trano, mpónina ao an-trano, tsy mpiáfak'amy ny trano; tsy mibóaka, tsy fibóaka.

Casaque, Sakónoka be misy tánana. Tourner —, Mivaditsátroka, miova, miódina; mifindra andáñiny.

Casaquin, Akanjo lava. Lui donner sur le —, le Battre.

Cascade, Rano-miantóraka, rano-míantopy; h kararána, h rano-mikararána; rano-ráraka, rano-miboráraka ou ? mibororóaka; rano-mikorótsaka. vo ríana, mandríana.

Case, Trano. Fitoérana, fonéñana. vo Baraqac, Palais.

Casemate, Hitsi-tany, torà-bíntsy be an-tány.

Caser, Mañatao an-trano, Mañoetra, mampitoetra, manomby an-trano. Se —, Manao ou mahazo trano. CASÉ, efa misy trano, efa an-trano.

Caserne, Trano be fitoérany miaramila ; trano ny soro-daña, kazérina. Les CASERNER, vo caser.

Casque, Sátroka vy, satro-by; aron-doha. —, coquillage, Menavava.

Casquette, Sátroka hely, sátroka iva.

Casse d'imprimerie, Vatra miefitréfitra fasiana sóratra.

Casser, Mamaky; Mamólaka, Mañito; mandrátra. vo BRI-SER, ÉBRÉCHER à Brèche. —une décision, ? Manohy ito; mañala malo, mandróbaka didy. CASSÉ, vaky, fólaka, róbaka. CASSANT, mora vaky, mora fólaka, mora maïto; h marefo, pv marefy, pv matékana, matekantékana. CASSATION, ? fa-nohizan-ito, fañalána malo, fandrobátana malo. CASSE-COU, Mahalátsaka, mahafólaka, mahafola-bozo. CASSE-NOISETTE, Famakiam-boan-kazo. CASSE-TÊTE, kinonga, kononga, — valorirana.

Casserole, Fañendázana.

Cassetin, Ísany ny éfitra amy ny Casse.

Cassette, Vatra hely mirákotra; rákitra; h vata kely fitehirizam-bola.

Cassolette, Vatra hely fikajiana fihánitra. —, Fátana hely fañoroan'émboka; fañembóhana, h fandoróan-java-mánitra.

Cassonade, Siramamy tsy voadio ou tsy afa-pékana. ? siramamy hinikínika.

Cassure, ny vaky, ny banga, ny fólaka, ny ivakíana, ny napíaka.

Castagnettes, pv Tsikarétika. Jouer des —, Mamango —.

Caste, Fáhitr'ólona. vo Tribu.

Castor, Añaram-biby mira amy ny amboa, ny volo ny malemy fatao sátroka.

Casuel a, Avy foana, h sendra, h sendrasendra; tsy satry, tsy nahy, tsy nian'ólona; tsy hay handra ho avy handra tsy ho avy; indraiky avy indraiky tsy avy. Le —, ny ambóny ny karama; ny vola azo foana ndre tsy nifanaóvana; ny tsi-nifanaovana.

Casuiste, Mpimalo ny k añontaniana; mpañambara ny mety ndraiky ny tsy mety.

Catacombes, hitsika ou torabintsy be fandevéñana.

Cataphalque, ? sarimpásana; ? tsangambato, ? fásana foana; ? tafontamango, ? sósoka-tamango; ? hamin-paty.

Catalepsie, Aretina mahatórana.

Catalogue, Fehian'añárana, von-tadi-n'añárana, vombontadi-n'añárana, fameperan'añarana, ? fepetr'añárana; ? tohi-n'añárana, fizaban añarana.

Cataplasme, g Fésana, fesafesa, fesan'aody, pv fisan'aody.

Cataracte, Óny miantóraka, riana miantóraka. vo Cascade. Les — du ciel, Ny tobindrano any an-dánitra. —,

Areti-maso mahajamba, maso-fotsy; fotsy amy ny maso. Qui a la —, fotsi-maso.

Catarrhe, h Sery, pv réhoka. Qui a un —, marari-ntsery, seréna; pv be-réhoka, ? tratraina.

Catastrophe, Fanampérana, fárany, loza, antambo. ? loza famarána; voina fárany; ? fiodinana támpoka.

Catéchiser, Manámbara ny k ny Zanahary amy ny o. Manánatra o; Manatoro katesizy azy; Mampiánatra o; manambara o ny lálany ny Zanahary. CATÉCHISME, katesizy, ny k ny Zanahary, ny fanambarány ny Zanahary, ny anatry ny Zanahary, ny fananárany ny Zanahary. CATÉCHISTE, Mpañambara katesizy amy ny o; mpanánatra; o fianárana katesizy.

Catéchumène, Mpiánatra hatao batizé; katekoména.

Catégorie, Fáhitra, karázana; lálana, fombána; holáfany, holáfiny; láfany, láfiny.

Catégorique, Mahitsy, márina tsy miótaka, ? tsotra; andiáriny, amy ny hitsy ny.

Cathédrale, Église misy Evêque; reni-legilizy. Reny ny trano fijóroana.

Catholicisme, Ny fanompóana Zanahary fatao amy ny tany ziaby faharazandrazánina. CATHOLIQUE, Mino ny fañambarány ny J.-K. Manáraka ny Papa. Fatao laitrizay; Faharazandrazánina; Fatao amy ny zao tontolo zao. katolika. La CATHOLICITÉ, Ny olo-katolika rehétra; ny tany katolika ziaby. Ny finóany ny ireo katolíka.

Cauchemar, Nofy mahaséhoka, nofy mahatsindry; nofy tsy mampiaiña.

Caudataire, Mpitondra ny rambon'akanjo ny mpijoro be. CAURIS ou CORIS, Tsako-riaka.

Cause, Fótony, Tombóana, Antony. Sans —, tsisy —; foana. Sa —, ny mahatonga azy; ny ihiaviany ny avia'ny. Se charger de la — de q, Mitóhana ny kabary n'ólona. Gagner sa —, mahazo, Maharesy. Perdre sa —, Resi-láhatra; rebaka, resy. La — de son élévation, Ny NAHA-sándratra, ny Naha-bé azy. Faire — commune, Mimbona; tokan-kabary. vo PARTI, OCCASION, INTÉRÊTS. A — de, h satria, g noho, h satrikoa. Je suis venu à — de vous, anao no fotony na ia' ko; laha tsy anao tsy avy aho.

Causer, Mitéraka, Mamaitra, mañely, mampiavy, h mampihíavy, mampaniry, mahatonga, mañisy, mamoha, mamélona. — de la peine, Mampalahelo. — des pleurs, Mampitomány. — la maladie, Mankarary.

Causerie, pv koráña, hiratra. h résaka, resadrésaka; vólana, taria, safá, h tafa, tafasiry, tati-bólana; zaka, ? tadidy, sk talily. En CAUSER, Mi— azy. CAUSEUR, Mpi—. vo Babil.

Caustique, Mahóro nofo, Mahalány nofo; manóro, h mandoro; mahakékitra. fg Satirique.

Cautère, Aody manoro; fanoróana, h fandoróana. CAUTÉRISER une plaie, Manoro, h mandoro bay ; manisy hòlatra. Conscience CAUTÉRISÉE, fo maditra, fo vato.

Caution, Débaka, ántoka, Fiantóhana, fahatokiana &, vo ABRHES. — juratoire, Deba-pamantóhana. Sujet à—, tsy tokony hiantóhana, tsy mahatoky. En être —, le CAUTIONNER, miántoka azy. CAUTIONNEMENT, vola atao débaka.

Cavalcade, Dia mitabiha amy ny sovaly.

Cavale, sovaly vavy.

CAVALERIE, CAVALIER, Miaramila an-tsovaly ou ambony sovaly. Bon CAVALIER, Mahay miténgina amy ny sovaly.

Cavalier, cavalière, vo LESTE; BRUSQUE.

Cave, Trano ambány tany, kòtona, lávaka; torabintsy; zohy.

Cave a, Lémpona ; foan aty, bóboka, hóloka, holok'aty.

Caveau, Cave hely fitchirízan-divay. Torabintsy fandevénana.

Caver, Mangady, mihady, sk mihaly; mandémpona.

Caverne, Hitsika, hitsibato, h zohy ; lávaka mitsidíhitra; trano an-tány, pv jómana, h zoma; tora-bintsy — de voleur, fanjoam-borompotsy. CAVERNEUX, maro hitsika, maro zohy &.

Cavité, Lémpona, halempónana; foana.

CE pr; CF, CET, CETTE, CES a: C'est votre ami, sakaiza nao izy. C'est moi qui l'ai fait, izaho no nanao azy. CET homme-ci, itý o itý. CET homme-là, io o io, zay o zay, h izay o izay; zany o zany, h izany o izany. CES hommes, ireo o ireo, ireny o ireny. Cet individu, ley iny, leh'iñy. Ce vieillard, ley ántitra. C'EST POURQUOI j'y suis allé, izany no nandehána'ko tany. CE QUE vous faites, Ny atao nao, zay ou izay atao nao.

CECI, Ty, h ity, itoy, h itikitra. CELA, zany, h izany ; zao, h izao ; io. C'est pour CELA que je me suis fâché, zany no nitezéza'ko.

Cécité, Hajambána, hagoána, hagóa; hasanjáoa.h? hapahimpahínana.

Céder q, Mahafoy, mahatindry, mamela, manóme, mamótsotra, mandefa, manandefa. — n, Mieky, Maneky, h maneki-lémpona. — en pliant, s'enfonçant &., g milétaka, g milebolebo, g milénjotra, milenjolénjotra, h milónjitra, milonjéhitra; h midempa, h midemba, mangorábaka, mandrevo. vo milenjolenjo, milejolejo, mitabotétaka, mibotétaka, h miletsy; miheña.

Cédille, Sóritra atao ambány ny C (Ç) aloha ny A o u hankalemilemy fanonóoana azy. sedila.

Cèdre, Anaran-kazo be manitra mitrahantrahana. Sedry

Cèdrie, Loko ny *Cèdre*. Loko-ntsedry.

Cédule, Taratasy misy petra-bólana. — évocatoire, taratasy famotoánana *ou* fañafárana.

Ceindre une ville, Mañodidina, Mamáritra, mamefy, mamala, mandríndrina, mandriba tanána. — le diadème, mamehy loha amy ny satroboñináhitra, málaka satro-boñináhitra, mifehy loha. Se —, g Mietra, h misikina. Dont il le CEIGNIT, nafehy ny ny loha ny, nafehy ny ny kibo ny.

Ceinture, Fehi-kibo, Etra, fehi-ntsikina, h fisikinana; fifehiana; fitehézana, fehi-vaniana. vo sadíka, sarándrana.

Ceinturon, Etra fañantónan-tsábatra; ? tambálana, ? tambevy.

CELA, vo CECI.

Célébrant, h Ny mpisórona, pv mpijoro; ny mijoro; mpanao sórona, tompo ny joro, tompo ny saotra. CÉLÉBRATION, Fanávana.

Célèbre, Malaza, be-laza, reñi-laza, manan-daza, mandeha-laza, h re-laza, ? masa-daza, mihótroka, mihotrodaza, mangotrokotro-daza, hotróhin-daza, maresa-daza, mangetrikétrika, pv mañetrikétrika. CÉLÉBRER, — la messe, Manao lamesy, Mijoro, manao joro, h misórona, manao sorona. — un mariage, Mijoro, mankamásina fanambadíana, mijoro o hivady. — q, Mandaza, mankalaza, mañisy laza, mampandeha-laza, mankabe-laza, mañaboabo, mañaja, mañome laza, manañoáño, mahatsiaro, manandra-daza, mañeli-laza, mamafi-laza o. CÉLÉBRITÉ, laza, hotro-dáza, añárana, vonináhitra, eno-ndaza, laza-mangótroka, laza-mandeha; hotrokótroka. ? zo, ? da.

Céler, cacher.

Céleri, Añaran'áñana. Selerý.

Célérifère, Maládi-mitondra; malaki-fañdaisana.

Célérité, Halakiana, h hafengánana, h hafaingíanana, haladiana, laky, lady.

Céleste, An-dánitra, Avy *ou* mibóaka amy ny lánitra. Bleu —, Mira sora amy ny lánitra, maïtso jeny; lánitra.

Célibat, Fitôvóana, hatóvóana. CÉLIBATAIRE, lehilahy tòvo, lehilahy mitôvo, lehilahy tomóetra, viavy tôvo, viavy mitôvo, viavy mitoetra. Garder le —, mitôvo.

Celle, vo CELUI.

Cellérier, Mpividy hánina, mpiambin-kánina. Cellier, trano fitehirízan-divay; traño fikajían-kánina.

Cellule, Trano hely, efi-trano hely fitokánana, trano fitokánana. CELLULEUX, miefitréfiitra, loadóaka; maro éfitra, maro lóaka.

CELUI, CELLE, Ny, zay, h izay; izy, lay, ley. — de mon père, ny any ny ray ko; pv nihiny ny ada ko. — ci, Ty;

h ity, itoy, itony, itikitra — la, io, iny; h itsy, itsiakatra, itsiana, itsiny. CEUX, CELLES, ny, zay, izay, reo, ireo, izareo — ci, irety. — la, ireny, reny; ireo, reo.

cénacle, Trano fihinánana; trano fialémana. Senáloka.

cendre, pv Lavénoka, h lavénona; jofo. CENDRÉ, mavomavo, h? vásoka. vo vásotra. CENDRÉE, pátsaka madínika. CENDREUX, misy lavénona; vovohina. CENDRIER, tantindavénona, fitondran-jofo. Mpivanga jofo

cène, Fihinánana hariva (ou fanasána, hanmana) natao ny Jeso-Kry ny andro taloha nifatesa'ny. fara-fihinánana.

cénobite, Mimbon-toérana amy ny námana Vie cénobitique, ny fimbónan-toérana.

cénotaphe, h Fásana foana, sarim-pásana, tsangambato.

cens, Fanisan'olona. h Hetra; Hetra ny o rehetra.

censé: Il fut censé juge, natao ndreo ho mpimalo izy; karaha mpimalo izy, ambaran-dreo ou volánin-dreo, antsindreo mpimalo izy.

censeur, Mpanady, h Mpanadidy, Mpaniny; mpanánatra. CENSURABLE, tokony ho tsinina (sk tiñina); tokony ho tsiniana, misy tsiny, tokony hanárina. CENSURE, Fanadiana, tsiny, sk tiny, Faniñiana, Ady, h Adidy, h Fanadidiana, h fondro. CENSURER, Maniny, pv Manady, h Manadidy, manisy tsiny, manisy fondro, mampitsiny; h? manaméloka, pv? mankaméngoka.

CENT, Zato. — fois, in-jato. — pour un, raiky mahazo zato, raiky mamoa zato. Quatre-cents, Efa-jato. Un — pied, trambo. Une CENTAINE d'hommes, Olona zato lahy. CENTENAIRE, zato-taona. CENTENIER, Talé n'olon-jato; mpifehy o zato; tompo zato fehéna; ambonin-jato. CENTIARE, ny fahazátony ny Are. CENTIÈME, a, fahazato, ampahazátony. S, Fahazátony. CENTIGRADE, Manjato, zato-rasa; zato-tápaka, zato-láfatra. CENTIGRAMME, fahazatony ny Gramme. CENTILITRE, fahazatony ny Litre. CENTIME, fahazatony ny Franc. CENTIMÈTRE, fahazatony ny Mètre. CENTISTERE, fahazatony ny Stère.

central, anivo, anivony, h Afovóany, pv ampovóany. h? aïvo; antenaténa; h Mamátona, h mamóntona, amátona. Point —, foitra. Le CENTRE, Ny —; ny fo, foi-beny, foitra, clanélana, vóntony. vc Antséfany, h kobany; fotony iboahany; — de l'armée, ny iron'ady. — de commerce, fitraofany, fihaónany ny mpivárotra. Au — du pays, ampontány; de la vallée, ampontsaha. Il est dans son —, efa amy ny tiany izy; efa am-ponénany, ampitoérany, amy ny tany tiany izy. Le CENTRALISER, Mamory azy ziaby, mandángona azy anivo. CENTRER, Mampivonto ny anivo. CENTRIFUGE, miala amy ny afovóany. CENTRIPÈDE, Mank'amy ny anivony, maka ny anivony.

centuple: au —, donner le —, mamoa zato heny. Le CENTUPLER, manao zato heny, mampamoa zato azy ; manovonjato , manoso-jato azy. Se —, manjary zato , mamoa zato, mihamaro indrindra.

centurie, o zato; taona zato. Par —, mirasa zato zato. Chaque —, isan-jato. CENTURION, centenier.

cep, pv Vodi-mboalómbona, h vodi-mboalóboka. pv ? vodintakifotra, h fotomboalóboka; h tahomboalóboka. Des —, Famatórana; gadra; h parapingo, h ampaingio, h parapaingio; bolóky.

céphalalgie, Aretindoha; daindaina, rendréna, daindaindoha.

cependant, pv Tsantsala, pv tsentsela, pv tsantsay; h kandrefa, h kanefa, h lanefa; pv Ndre-zany, sala-zany, sambazany, pv tsari-zany ; h na dia izany aza. ? nefa zany. vo kanga, kanjo, kanja &.

cérat, Loko-aody, menak'aody, savok'aody.

cerceau, Fehi-barika, hazo-lomavy.

cercle, Fari-bory , faritra boribory ; tambólina, ? volindraha, fehibarika, fehimbarika; fari-bolana, fera be, peratra be, fehi-boribory. ? kivorivory, vorivory , boribory. vo fihodidinana ; fivoriana , fitsingerénana , fiverimberénana, fiangonana.

cercler un tonneau, Mamehy barika.

cercueil, Tamango &, vo Bière.

céréal, Hanim-potsy manary, toy ny vary , ny ampemba &. Vary.

cérébral; Anaty loha; amy ny ati-doha.

cérémonie, Ny fatao , h fanao ; fanajana , fitandrémana; fandaisana haja: tabiha; ? fihitihy, hitibify , jibijihy. CÉRÉMONIEUX, be fanajána , maromaro fanajána, maro fatao; mifihifihy, mihifififify, mijihijihy. Marofady , be ahiahy , be tandrémana , maro-tandrémana , maro-ahina , mitandrintándrina loatra. CÉRÉMONIAL, livatra manambara ny fatao amy ny fijoróana.

cerf, Anaram-biby miramira amy ny ampondra, malady milomay izy, ka ny tandro'ny misampantsampana.

cerf-volant, Sari-papango, papango-taratasy , papango-hazo. Sarivolána.

cerise, Anaram-boankazo mena taboribory. Voan'amóntana. CERISIER , h ? Amóntana , pv ? Amótana. vo Lamoty.

cerner, Manodidina, Mamélika, mamala, mamáritra ; vo Bloquer, Assiéger.

cérofèraire, Mpitan-jiro, mpitondra-jiro

certain, To, ankitiny, tokoa, démoka, márina, tsy manan

ahiahy, mahitsy ; h hairoalahy , pv hailahy ; tsy ahiahina, mahafatóky. Je ne le crois pas —, tsy ankatózi'ko zany. Un —, h ólona anankiray ; pv olona , olona raiky. A — jours, amy ny fetr'andro; amy ny andro nifanaóvana, amy ny fetr' andro nifanaóvana; indraikindraiky. CERTAINEMENT, ankitiny, tokoa, hiany.

certes, CERTAINEMENT.

certificat, Taratasy vav'olombélona; taratasy mahafatóky; taratasy maható; fankatózana. CERTIFIER, mankató, maható, mankamárina, ? mañankitiny.

certitude, ható, hatózana; hamarinana ; fahalalána , atokiana, mahafatoky.

cérumen, Tai-ntadiny, taintsófina.

céruse, Loko fotsy avy amy ny firaka.

cerveau, h Ati-doha, pv betro, ny atindoha. — creux, loha foan'aty, loha foan-jery.

cervelle, h Ati-doha, pv Betro ; h rondoha. Sans —, tsy manan-tsaina, loha foan'aty. Bonne —, manam-pañaby, be fañahy. — de lièvre, mahadiño, loa-pañahy.

cervical, Amy ny tonda ou vozo.

ces pr, irea, reo, ireny, ireto. vo CE.

césarienne : Faire l'opération —, mandidy ou mamaky vótraka hañala ny zaza.

cesser n, Voly, Méñina, Miéñina; mitsáhatra, mipétraka; mijánona; maïto, támpitra , efa. vo S'ARRÊTER. — qc, Mamela, mamétraka tsy manao koa ; mañito. CESSATION, fiefána , fanampérana , fijanónana , fitsahárana ; fameléna, fametrahana, fañitósana. La pluie CESSA, Naïto ny orana. Parler sans CESSE, tsy voly mivólana , tsy méñina fivolánana, tsy voly vólana, tsy tampi-bólana, mivólana lava ; miteny mandrakariva; mivólana andrakizay.

cessible, Mety foy, mety avela.

cession, Fameléna, pv fambeléna ; h famoizana , pv famoézana, fahafoézana.

c'est-à-dire: La Géographie, — la description de la terre, ny sòratry ny tany ATAO N'ÓLONA ou ATAO HOE, ou AÑARANA Géographie. ? tsentséna, ? tsentséka;? izany hoe;? hoy zany, ? hozany, ? hoe, ? hoy, ? izay hoe.

césure, fanapáhana, fanandriana , fañitósana.

cet, cette, vo CE.

ceux; vo CELUI.

chablis, Hazo lavo ny rivotra.

CHACUN son travail, Samy, pv samby amy ny asa ny. Allez-vous en — chez vous, anareo mimpodiána samby amy ny traño ny. — en a, samby mánana aby reo. Ils reçurent — un denier, h nahazo voamena misesy avy (aby) izy.

vo Isany, isam-batana, isan-doha ; rehetra, avokoa, ziaby; tsy raikiraiky, tsirairay; manesy.

chagrin, s, Alahelo ; h fahalahelóvana. vo fitscham-po, tsetsétra ; fahoríana. — a, Malahelo, malahelo-fó, be alahelo; keli-tróka, keli-fo; mitsetsétra, mitse-po, mite-po, mite-kibo; mafiraiña, h maferinaina, pv misory; h sorena, h sorisoréna; h mandrainikiho ; h ? sósotra. vo Bouder. —, peau, h boditrimo. CHAGRINER, vo Attrister, Affliger; Mahadikidiky, manahirana, mampañahiahy. Se—, vo S'Attrister.

chaine, Rojo; masombý mitohitohy ou mifanohy ; gadra; h tongálika, fama òrana. Faire la —, mifanohitohy, mitohitohy. — de cou, valimbozo, tsindri-akanjo. — de tissu, teña, tenanténona. — de montagne, bongo lava ; bongo mibáboka, bongo mitohy, tazoa-mibáboka.

chainé, Mitohitohy.

chaineau, Lakandrano, Lakandákana.

chainette, Rojo hely.

chainon, Maso-ndrojo ; ? masomby. Chaine de cent —, Rojo zato maso.

chair, g Nofo, pv nófotra, hena.

chaire, Fipetráhana abo, fitoérana ny mpitori-teny, fitorian-teny, fitorian'ánatra; fiketráhany ny Papa. Fiñtábany mpijoro-be.

chaise, Fiketráhana, fipetráhana, fifitáhana. Seza, lasezy. — à porteur, fibatabatána, fitakónana. —percée, vatra fangeréana. — de poste, kalesy maláky.

chaland, Mpividy. —, Lákana be talélaka fañendránana.

chalcographe, Mpanóratra ou mpisókitra amy ny varáhina.

châle, Lombo-tsóroka, lombok'avay ndry zavavy ; saly; h ngorimanginy. — boiteux, saly takila.

châlet, Trano hely fanaóvana Fromages amy ny tany Suisse.

chaleur, Hafanána, haiñandro, haimahamay, tanin'andro, tani-mahamay; mahamay, andromay. vo tanikórana. Il fait une — brûlante, étouffante, Midaindaina ou mandrendréna, ou be daindaina, ou be rendréna, ou mangankána, ou manginkína, ou mibaina ny hainandro &. — moyenne, hainandrondolo, hainandro malemy. Brûler de —, May. Femelle en —, Mañankíntsina, ? mañantsintsina. CHALEUREUX, May, mafána, marisika, mazoto, maimay. vo ARDENT.

chaloupe, Lákana be. Salopy, lasalopy. Zanaky ny sambo.

chalumeau, Tapak'áhitra foan'aty, tsoak'áhitra, antsody, antsoly, pv anjomary, h sódina.

chamailler, ou se —, Miadiady, mienkány, manao adi-volombalala, *ou* h adi-antsanga, h adi-anoano; mifanditra, mihahohaho. CHAMAILLIS, acìady, tolonjaza, adiantsanga &.

Chamarré, Maro sôratra samby hafa volo. CHAMARRER, manoratsòratra, manao sòratra maro samby hafa volo, manao soratra somapétroka, mandrary soratra, mandrarirary. CHAMARRURE, soratra somapétroka, soratra misomabida, bidabidantsòratra.

Chambellan, Manamboñináhitra *ou* zafisy miàmbina ny efi-trano ny mpanjáka. vo Camérier.

Cambranle, Fari-baravárana.

Chambre, Trañò, efi-trano, éfitra an-traño. Valet de —, femme de —, ankizy an-trano, ankizy ampátana. — à coucher, traño fandríana. — des députés, l'Assemblée. CHAMBRÉE, tokon'ólona tokan-trano; o mimbon-trano; ? Ankohónana. CHAMBRER, Mimbon-trano, tokan-trano, tokan'éfitra.

Chambrière, Ankizy vavy manompo an-trano. Fitso-tady lava-záhana hamitsopitsóhana sovaly.

Chameau, Songaomby abo-vozo roi-tongoa; h Angamenavava, pv ? Angamiana.

Chamois, añaram-biby. Hóditry *Chamois*.

Champ, Tany, tany fitsabóana, tsabo, h voly, tany famboliana, tanimboly, saha. — de riz, tanimbary, jinja. — de bataille, tany fiadivana. Les —, ny Hiaka, hay. Dans les —, an-kíaka, an-kay, an-tany kétraka. CHAMPÊTRE, Antsaha, antonda, ankiaka, vo Campagnards.

Champignon, Hòlatra. Champignonnière, tany vañonkólatra.

Champion, Mpiady, h mpihaika, mpikantsy; mahery miady. vo h kalaza.

Chance, Víntana, Anjady, zara, anjara. Qui n'a plus qu'une —, h Mandrai-ni-sisa. Qni a de la —, tsara-dínitra, sk senga-línitra; mahita-mila; mazó, mazo-táñana; ? vintáñina. Qui n'a pas de —, ratsi-dínitra, sk rati-línitra; tsy mahita-mila, mafána-tratra, manala-tratra; manala; pv kandríñina; sarotim-piłána, saro-pilána.

CHANCELER, CHANCELANT, g Mirepirepy, pv mirebireby; h mivézina, mivezimbézina, mihilangilana; h mivezivezy. vo misalasala, miovaova, miroa-saina, miahiahy, miahañahana; mihebinkébina.

Chancelier, Loha ny andriambaventy, mpimalo-be, mpañito be.

Chanceux, qui a de la CHANCE. C'est fort —, tsoho tsy mazó izy, sao ratsy víntana izy; tsy hay víntana izy; tsy fántatra zay ho vínta'ny; dóñana tsy ho tody izy; ahihína izy; tsy hay izy ho tody.

Chanci, g Mavao, maïmbo reny, maïmbo reha, mómoka.

h bobongolo ; misy bobongolo , be-bobongolo. CHANCIR n, se —, Vao havao, vao haímbo.

Chancre, Fery mihady, vay hòmana nofo; ? bay mibena-bena *ou* miveñaveña.

Chandelier , Fitoeran-jiro , h fataòvan-jiro , fañataòvan-jiro, fasian-jiro, fanangánan-jiro, vodinjiro.

Chandelle, Jiro; labozy ; fanilóvana.

Change , Takalo ; Fanakalózana. Perdre au — , ? manao takalo kely. Donner le —, TROMPER. Prendre le —, se TROM-PER; diso zavatr'alaina. CHANGER, Manakalo. — qc, la *Remplacer*, Manolo, manóatra, mañova; mañatao hafa. —, *Altérer*, Mañova, Mañovaóva. Le — en or , Mañova azy ho vola. — un enfant, Mañova-síkina azy. Le — de lieu , Mamindra, manapika, mamalo azy. Le — de face , Mamádika azy; de bout, Mamótitra azy ; de côté , Namindra azy añila; mañerina azy. CHANGER n, Miova , miovaova , mihiafahafa , mañafahafa. — d'habits , miova síkina. — de lieu, de maison, Mifindra, pv mifalo , pv mitsapika, — tany , — trano. — de couleur, mivalo. Se — en or, manjary vola ; mody ho vola, miova ho vola. — de place ensemble , Mifañova tany; de case , Mifamindra trano. Se — en rouge , Mivalo mena. Qui ne CHANGE pas, Tsimiova-tsimivalo. CHANGÉ , efa voaova, nována; voa-solo, voa-sóatra; nosolóana, efa hafa, hafahafa , efa tsy izy teo ; vo Rambézina , valézina , zavárina, rendrika , olaina. CHANGEANT , Miovaova, tia fiována ; fito-vava, vadikádika, tsy maháritra, tsy mitoetra. CHANGEMENT, ac, fañována, fanolóana, fanoárana, famindrána, fanapihana; n, fiována, fifindrána, fitsapihana. — de lune, Vòlana antety; h 'sínana, ? vòlana tsíñana. CHANGEUR, Mpanakalo-vola.

Chanoine, Mpijoro mónina ; mpijoro fomba ny *Evéque*. Sanoána.

Chanson, Antsa foana, kalo, korira. vo CANTIQUE. Chansonner q, manao antsa fikizáhana azy. CHANSONNIER , Mpanao antsa &.

Chant, Antsa , h hira; ósika, pv sánitra , fiontsána , fihirana, fiosébana, fisañirana; vo kalo, korira, h Atoa, h sasy, kalokalo, kalosisika ; rary, firarésana , ? rango. Eno , fañenóana, fañenóvana. Au — du coq, Mañeno-akoho. CHANTER, Miantsa, h mihira, miósika, misánitra; mañeno. vo mikalo, mikorira, manao korira, manatoa, mikalokalo, misasy , mirary, mandrango, mikolondoy ; ? misa. Mañeno. CHANTANT, mora antsaina , mora hiraina. CHANTEUR , CHANTRE , Mpiantsa, mpihira, mpiósika &.

Chantier, Tany famorian-kazo hatao *g* fanovónan-kazo, fitovóñan-kazo ; h fiangónan-kazo. —, Tany fiasána hazo; tany fandrafetan-tsambo. — pour tonneaux , hálana , kiisany, farafara, h akalana.

Chantonner, Miosikòsika, miantsantsa, h mihirahira.

Chantre, vo chanteur.

Chanvre, h rongony.

Chaos, h ? ambàngòny be; tovondraha miharoharo; haroharo, voatr'ampango; z miharoharo; z sosontsòsona, h z mipotipótika; ? somaharo; z tsy voa-voatra.

Chape, Sakónoka be mahasáfotra ny mpijoro; safotra. Sapa, kapa.

Chapeau, Sátroka; ? satrétraka, vo satro-dava, satro-pisaka, sátroka barita.

Chapelain, Mpisórona mitoetra amy ny andríana; mpijoro manao lamesa amy ny legilizy hely.

Chapeler du pain, mañóditra mofo, manombintsómbina ny ambóny ny mofo manetiteti-kóditra mofo; mañolontsóaka, mañirindríaka, mañorovaka; mañirémbaka mofo. vo Dégrader.

Chapelet, Vihindraha mitohitohy; tohi-fijoróana; tohitohy. Sapilé.

Chapelier, mpanao sátroka.

Chapelle, trano-fijoróana kely; legilizy hely. Ny hamaróany ny z fanávana lamesy. Sapély. — ardente, sapely arivo-jiro.

Chapelure, Sómbiny, sombintsómbiny ny hodi-mofo.

Chaperon, sátroka; tafo. Anti-bavy mpiámbina. Sarondoha, saron'avay, lombo-doha, trózona. Sampy an'avay. Ny ambóny ny. CHAPERONNER un mur, manafo, mamòvona, manárona, mandómboka azy.

Chapier, mpisikina ou mitafy Chape. antsárona.

Chapiteau, Loha ny andry, támpony n'andry, loha n'andry.

Chapitre, g Toko, pv tókony; loha, firasána, tápany, bóngony, fizaráña; rasa. —, ny fivoríany ou havoríany ny Religieux &.

Chapitrer q, Mañanatra o ampahibemaso; mañady o iñaso ny maro.

Chapon, Akoho vósitra; akoho-bosy. Le CHAPONNER, Mamósitra azy.

CHAQUE homme, isany o, isan'ólona, isandohan'ólona, isambatan'olona. — jour, isany andro, isan'andro, isa-mahamay, isany mahamay. — fois que je le fais, isany anaòva' ko azy. — annéc, isankerintaona, isantaona. — semaine, isankerinandro. — enfant, isandoha ntsaiky, vo CHACUN.

Char, Kalesy, h fiarakodia, h kodia, h kiarakodia. — funèbre, kalesy fitondram-paty. CHAR-À-BANCS, Lasarety misy fiketráhana lava.

Charade, Teny tsy loa-body; famántatra, h fanónona

Charançon, Hao-mbary.
Charbon froid, Arina. — de terre, arintany, de bois, arinkazo. — ardent, vainafo, pv vaikafo, vai-mahamay; foróhana. Réduit en —, Fórona, Érona. Le réduire en —, Manérona. Faire du —, manao árina, mañoro hazo, mañoro árina. Le CHARBONNER, manosotr'arina azy; manòratra azy amy ny árina. CHARBONNIER, mpanao ou mpivárotra ou mpangady árina. Le —, ny Vatra fikajian'árina. La CHARBONNIÈRE, tany tañoroána ou fanávana árina.
Charbouiller le riz, Mandazo, mañérona ny vary.
Charbulle ou charbucle, Arétina manérona ny vary.
Charcuter, Mandididídy, manapatápaka ny nofo ny.
Charcuterie, fivarótana hena-ndambo. CHARCUTIER, Mpahandro ou mpandato hena-nkosó, h hena-nkisóa.
Chardon, pv Roitra; h roy, vo tsilo, hery; roi-memy, roi-mena, roi-potsy, roi-madinika, roi-bevavy; roi-belaby. CHARDONNIÈRE, tany beroitra.
Chardonneret, Anaram-bórona tsara feo.
CHARGE, Éntana; ? anéntana; z mavésatra; z mahavésatra. — d'un homme, sahaza éntiny n'olona raiky, entana eran'olona raiky. Vous m'êtes à —, tsy leo ko anao, mavésatra anao, sárotr'éntina anao, entana tsy leo ko anao. Il est à — à lui-même, tsy mahaleo vátana izy. Les — du royaume, ny raharaha ny fanjakána. En avoir la —, mitondra; mañahy, miántoka azy. — contre q., Ampanga, tsiny, fañadiana, h Adidy, teny. Battre la —, manango ny rafitr'ady, ny fandrafetan'ady. Revenir à la —, Akimpody amy ny lohan'asa. — de fusil, fahana, faham-basy; ? vava. — en quatre temps, Famaháñana manéfatra. J'en ai la —, miánkina, ? misároka, mihántona, misampy, misangázona amy ko izy. CHARGER un âne, Manisy éntana azy, mañatao éntana ámy ny; mankavésatra azy. vo ACCABLER. — le navire, Manóndrana éntana amy ny sambo, mameno ny sambo. — l'ennemi, vo ATTAQUER. Le — d'un crime, Manandra ratsy, h manandry ratsy azy. — le fusil, Mamáhana, manisy táhana. Le — de gouverner, manasa azy hitondra ny fanjakána. Le — de qc, Manome azy z héntina, manipitondra azy z; mañánkina, mañántona, manangázona, manampy z amy ny. Le — d'aller, de faire, manípaka azy, mañasa azy handeha; mampandeha azy, mañasa azy hanao. — un récit, manôsoka ny volan'ólona. — trop; mañóndrana lóatra. Le — de dire qe à q, manome azy volana handaisina amy ny o, manome azy k hambara o. Se — de qc, málaka z héntina; miántoka, malak'ántoka z; misároka, manday, mitondra. CHARGÉ, be éntana, misy éntana, efa nanondránana, vo Accablé. Temps —, andro mañiboka, mihiboka. Un CHARGÉ-D'AFFAIRE, solo-

vava, solotena, solombava, solontena, maso-ivoho.

Chariot, Kalèsy be; fipetrahana be ou kibány be tarihina; kibany mandeha

Charitable, pv Mazava-fo amy ny o, mazava-tròka, pv Matárika, pv Satria; mafiraiña hávana, tsara-fo, tia-ólona; h miántra, mpamindra-fó; pv mirasa, mitse-po, be fitiávan' ólona, mora-fo. CHARITÉ, Fitiávana másina; hatiávana; hazavam-pó, zavam-po; fisatriávana; famindram-pó, findra-fo, fitseham-po; h fiantrána; vola na zavátra oména o; fo mazava, fo misy fitiávana. Lui faire la —, mafiraina azy ka mañome azy z.

Charivari, Lamozika mikorataba fikizáhana ólona; kirintsankirintsana fiesóana. —, Lamozika tsy mifañáraka; lamozika miady eno.

Charlatan, Mpiháboka ou Mpihámbo mahay aody. CHARLATANERIE, CHARLATANISME, fihabóhana, fihambóana.

Charmant, Maharikíana, Mami-hóditra, mahafináritra, tiana, mahatsérika, mahatari-po, sitraky ny to, máñitra, soa dia soa, sk senga la senga;? mampitia, mahatia, h tehojeréna, h mahatehizaha, mankaravo, mahafalifaly, mahataona, masim-pitaríhana, mahatérika. Enfant —, h zaza mahafatifaty. CHARME, Ody, aody; ody fitia, h ody fankatóvana, ody fankatiávana; vo tsiláky, fónoka &. —, vo Attraits. Plein de —, charmant. CHARMÉ, Rikíana, ravoravo, falifaly, etsa-po. Le CHARMER, Maharikíana, mankarikíana, mankáravoravo, mampifalifaly azy; mañisy aody fitia azy, mañazary, mitaona, mampinona fankatóvana azy. — les oreilles, Mañitikítika, mañilikítika ny tadiny.

Charnel, Tia troka, mañáran-tróka foana, tia-kibo; manantena kibo foana.

Charneux, Misy nofo, be nofo.

Charnier, Trano fitehirízana ny taólana n'olo-maty; Taolana maro. Sajoa be fikajian-drano, fitabahan-drano, fidobibihan-drano.

Charnière, Leférana, leferan-tákona, leféram-baravárana. ? savily.

Charnu, Be nofo, be nófotra, be hena, nofósana, matavy, vóndraka; h saingiona.

Charogne, Biby maty mántsina; faty mbiby tsy foháninn, vatambiby maty.

Charpente, Hazo voa závatra hatao trano. Raka ntrano, rakaráka. CHARPENTER, Manétika, manetitétika, mitétika, manatsáka, h manarátsaka, manapatápaka. CHARPENTIER, Mpiasa hazo, mpiñavatra trano-hazo, mpandiáfitra, mpizava-kazo. CHARPENTERIE, Fandrafetan-kazo, ráfitra, fiasána hazo.

Charpie, Hotondamba, hotohotondamba, hoto; tsoatsoa-damba; volovolondamba, voroboro-damba,? vorodrongony. Faire de la —, Mañotohoto, manoat ɔaka, mañónotra, ma-ñinikinika, ? mandrotidróñka, ? mamotipótika, ? mandria-triatra lamba.

Charretée, Entana érany lasarety, sahaza ny sarety; lasa-rety raiky; éntana mahafeno lasarety. CHARRETIER, Mpañati-dasarety. CHARRETTE, Vatra-mandeha, vatra-tarihina; sare-ty, lasarety; vatra misy tangérina; h kodia, h fiarakodia, h kiarakodia. Chemin de —, lálana ombyny sarety. CHARRIAGE, CHARROI, fitatéran'entana amy ny sarety, karama ny sarety. CHARRIER, CHARROYER, mitátitra ou mitondra z añaty sarety. Fleuve qui CHARRIE, Manday, manindao, mitondra.

CHARROI, vo charriage. CHARROYER, vo charrier.

Charron, Mpanao Charrettes, h mplasa kodia.

Charrue, Fangadi-be leka tarihin'aomby, fangadi-tari-hina, sk fihali-tarihina.

Charte, Taratasy milaza ny didi-tany; Vontady ny fan-jakána. — partie, Taratasy ou vontady fañekén'olona roy. Taratasy fañekéna roy.

CHARTREUX, CHARTREUSE, Añárany *Religieux* fehény ma-sindahy *Bruno*. Saritró. CHARTREUSE, trano ndreo *Chartreux*.

Chas, Hírika, lóaka.

Châsse, Vatra (h vata) fikojiana ny tadíana (o ʋ ny jiny) ny olo-másina. Tamango-másina. Vatra fasiam-batan'olo-másina.

Chasse en poursuivant, Hórona, fañgoróñana ; h haza; fihazána; pv tadia, fitadiávana. Fañiáñana ou fañenjéhana, fañiudríana biby. En tirant, Tîfitra, tifi-bórona, fitifirana, h fitofirana. Aller à la —, faire la —, CHASSER au sanglier, Mangórona, mihaza, máníana, mañénjika, mañindry lam-bódy; aux oiseaux, Mitifitra, mitî-bórona, vo miremby. CHASSER q, Mandróaka, mitora, mandrítatra, mañifika; mampiala, mampibóaka, manesi-tany o; manésotra, mam-pidriso. — devant soi, Manesy, mampándroso, mandrosó. — sur ses ancres, Mirara. — les mouches, Mandráratra lálitra.

Chasse-avant, Mpañina asa.

Chasse-chien, Mpandroak'amboa ; mpitam-baravárana.

Chasse-marée, Sambo hely roi-falazy.

Chasse-mouche, Fañimpa, fihimpa, firáratra, fandrára-tra lálitra.

Chasseur, Mpangórona, h mpihaza ; mpitifîtra ; mpan-dróaka; fandróaka.

Chassie, Moty ; nana ny masó, h sopitsopy. CHASSIEUX, Loli-maso, didi-maso, lili-maso, kirohi-maso, pv lodlodi-maso, pv lodi-maso ; ny maso ny mihinaká ou mihinahina, h mitsopitsopy.

Châssis, Fàvitra. ? fehy.

Chaste, Madio, madio-aiña, mame-bátana, mahafètra teña, madio-fitondran-tena; tsy verery, tsy voa-loto, mifady halotóana, mifady. Vivre CHASTEMENT, Manao fitoérana madio; ? mitrambo. CHASTEVÉ, hadióvana, hadiovan-tena, fameram-bátana; fifadiana; fifadiánana; fitondran-tena madio.

Chasuble, Sakónoky ny mpijoro manao lamesy. Sazóby.

Chat, Piso, bosy, rabosy, h saka. ? labia. — blanc, — vola. — noir, sauvage, kary. Il n'y a pas un —, h tsy misy kitoto, tsy misy tapa-jaza ou tapak'olona iray akory. CHATE, piso vavy.

Châtaigne, Añaram-boankazo.

Châtain, Mavo, mavo-teña.

Château, Tanána mirova; trano fiarovana. Zomba n'andriana. — d'eau, tobi-udrano, fitobian-drano. Faire des — en Espagne, manao Hevi-drávina, mabazo Nofy tsara, maninofy Ariari-zato-ampandriana, manao saimpotsy.

Chat-huant, Vorón-dolo.

Châtier, Mankalilo, Mañala lilo (p'alána lilo); Mamólaka; h mamay, manóndrika; mañitsy, mañanatra. VO BATTRE. Mañala antsa ou tsiñy, ou fañadiana.

Chatière, Lóaka fombány ny piso. Fandri-piso.

Châtiment, Fankalilóvana, fañaláña lilo, fanondréfana, famoláhana, fañanárana, h famaizana; fampijaliana, kápoka; fampioriana.

Chaton, Piso hely, zánaky piso.

Chatouillement, Hitikítika, pv hilikilika, hilikítika, pv kitikítika, h kibokibo. CHATOUILLER, Mañitikítika, manilikítika, mañilikilika, h manibokilo, manibo; mitsibotsiboka, mitsokitsókitra, mañatrakátraka. Se —, mifañitikítika; vo mikidikidy. Se sentir CHATOUILLÉ, Mañitikítika. Chatouillé par l'amour-propre, Mihitikítika. CHATOUILLEUX, tsy mahadiñy hitikítika; dh saro-kitikítika; mora hitikitíbina; sarobolánina, mora-vinitra.

Châtré, Vósitra. CHÂTRER, Mamósitra. CHÂTREUR, Mpamósitra.

Chattemite : Faire la —, Mañambosy; malemi-tsi-mora, malemi-mahangoly.

Chatter, Mañidina, mitéraka piso.

Chaud s, VO CHALEUR. —, a, Mafána; h maótroka, h mangótraka; may. Il fait —, mafána ny andro. VO ARDENT, BRÛLANT, BOUILLANT. S'habiller CHAUDEMENT, Misíkina mafána. Le poursuivre —, Mandréhitra azy.

Chaude, Afo be, afo mampandevy.

Chaudeau, Ro mafána.

Chaudière, Vilány be indrindra.

Chaudron, Vilány varáhina. CHAUDRONNIER, Mpiasa vilány varáhina.

Chauffage, vo Bois à brûler.

Chauffe-pied, Famanán-tóngotra, famanam-bity.

Chauffer qc, Mamána, mankafána, mahafana. — n, Mihafána, manaly mafána, vao-hafána. Se —, Mamindro, h mikánina; h mitsikánina; mitaran'afo, vo mitsátsika, mitánina. Se — le dos, mitolo-boho, manolo-boho amy ny afo. Le vapeur CHAUFFE, Mamelon'afo izy. CHAUFFERETTE, Fátana hely famanam-bity. CHAUFFEUR, Mpamelon'afo, Mpisoron'afo, mpanoron'afo, mpisoitr'afo. —, jiolahy mpañoro ólona. CHAUFFOIR, trano famindróana.

Chaufour, Lávaka ou hitsika fañoróan'antsoká, h fandoróan-tsokay.

Chauler le blé, Mandóna vary amy ny rano ntsokay mora izy haláky tivóana.

Chaume, Vodimbary, pv tsatsángona, tsatsangombary, foto-bary, ? ahi-bary, h ? tahombary. CHAUMER, Manápaka ny —. CHAUMIÈRE, trano mitafo vodimbary &, ou mitafovóndrona, mitafo-bózaka. CHAUMINE, Chaumière hely; vo Baraque.

Chausse, Lamba ou kitapo fitaváñana.

Chaussée, Lalam-be abo; lálana nasóndrotra. Fefiloha, valamporia, rova-tany; ? tongontóngona. — d'une rue &, ny vóntony.

Chausser, vo chaussure.

CHAUSSE-TRAPPE, Fandri-bity, fandrika-tóngotra; h tonta. Fandrí-posa.

CHAUSSURE, saron-tóngotra, saro-kóngotra, fonombity, sarom-bity, sarontómboka, fono-ntómboka. CHAUSSON, — fohy. CHAUSSETTE, — aboabo. CHAUSSER q, Mañisy — azy. Se —, málaka ou mañatao —. — un pied, Manárona, mamóño vity, mañisy sárona azy. Pied —, Vity misy sárona, misárona, an-tsárona, mifoño, ampoño. Q —, h Mibá, mibehoty; o mikiraro, mifono-tómboka, misaronkóngotra. CHAUSSANT, qui CHAUSSE, Erany ny tóngotra, sahaza ny vity, eram-bity, fanôko; tandry, mipáka.

Chauve, pv Solaina, h sola, pv be sola, mazao-doha, mazaojao-doha; vitsi-volondoha.

Chauve-souris, Manavy; grosse —, fanihy; Angavo. vo ? kananavy, ? kina.

Chauveté, Hasoláana.

Chauvir, Mañoron-tsófina, moñondri-tsófina, mióndrika tadiny, mañôho-tsófina, lavo sófina.

Chaux, h Sokay, pv Antsoká; Hárana loky, hara-másaka;

CHE

sk ? hara-loky.

Chavirer, Réndrika ; miréndrika; mihorirana, mandrirana. vo Midobo. Le faire —, Mandréndrika azy.

Chef, Loha, Talé, mpifehy, tompo, Be, Ambóny, nahoda, masondrano, fótony. vo tompontany, antoñiny, anakandríana, tándroka, lohólona, lehibé, mpitarika, mpañina, mpanápaka, mpanjáka, mpañito, ombé, tándrokinilány, joary, fiasy, vadintány, katrikátrány, beventy, vaventy, maro-lahy, maro-serañana, maro-fehéna.

Chef-d'œuvre, Tao-zavatra lavo rary; Asa tody ou rekitra maeva, mivendri vendry, tsara fanaovana indrindra, mirijarija, koazáka naloa, koazáka viñariña.

Chemin, Lálana, safüry, Fombána. vo Fandehánana, aliatongávana. Se mettre en —, Mañtsafary, manafary, menga. Aller son —, CHEMINER, Mandroso dia, mandeha foana, Liomba lálana ; ? mizozozo, misonohóka. — droit, Mahitsy dia.

Cheminé, Fiboahan-tsetroka; lalan-tsetroka, Fátana. Sous la —, Anipátana, añjofó, andavénona. — du fusil, Fátana.

Chemise, Akanjo lóbaka; lóbaka, somizy. CHEMISETTE, somizy kely.

Chenal, Rano mitsororóka. Fombány ny sambo. — ou CHENEAU, Lakalákana faniantásana ny rano ny tafontrano.

'Chenapan, Karin'olona, liólahy, olon-dratsy, o tsy manjary, lava-fé, ? bolody.

Chêne, Añaran-kazo be. Seny.

Cheneau, vo chenal.

Chenet, Toko fitoérany ny haz-omaty eo am-pátana.

Chènevière, Tany misy rongony Chanvre. CHÈNEVIS, h voan-drongony.

Chenil, Trano n'amboa.

Chenille, Añaran-biby hely hónan-dravinkazo tóy ny bibintsaonjo. ? sabábola, Anakamboahjanaháry, ? kanjehy, ? Oli-panjehy. ? Panjéhy, ? soherina.

Chenu, Mazzo-doha, fotsy loha. vo chauve.

Cher, Tiana, tsi-tindry, tsi-foy, malala. vo CHERI. —, saro-bidy, bevidy, sárotra, tsy azo vidina, hevava, h henitoña; be-tónona ; sarotr'azo. Acheter —, h Mihentohento. Marchand —, qui vend —, o Saro-bárotra, saro-bidiana, sarobangána. Bonjour mon —, Akory añao fiaoky, raokilahy, zandry, laky, zálahy, drako? ma chère? Zandriko vavy, zavavy ? h rizavavy?

Chercher, h Mitady, py Manjengy, infia, h mikátsaka, mikatsakatsaka — q de tout côté ; Mainarifáry, ? Mamarivary z very. vo Mitsapatsapa, mamovo, mihaza, mikárona, mikaronkárona, miambezo, mandinika, mizáka, miláván iny, malatónony, mila mazava hodiávina. Aller —, Malaka. — à, ESSAYER; DÉSIRER.

Chère, Hánina, Nahandro, pv Ahandro. Faire bonne —, Mihinana z fi-rò, homain-piró, mihinam-py.

Chèrement: l'aimer —, le CHERIR. Le payer —, mividy azy sárotra. Il vendit — sa vie, Tsy naty bòry izy; natao ny sarobidy indrindra ny ai'ny, tsy naty tsy nivaliana izy.

Chérir, Tia fátatra, tia fátratra, tia fónitra, tia maré; mankatia be, mankafy; tsy mahafoy, tsy mahatindry; mániña, mañampóko, h manampó, mañanteña; h manolokólo; mamofo, mañikotra, mañantóana, mañisoka, mañótrona, mankatavy, mankamamy, mitrotro, mamotrovótro. CHÈRI, Tiana fátratra, Ankatiávina maré, tiany ny fo, tsi-tindry, tsi-foy, antoánana, ikórina, fofóina, aniñana, h kolokolóina, anteñaina, ampokóina, ampoizina; mamy, máñitra, malala, pv kobabína, pv kobikobína, hobohobóina, tarimína, ahina, andreketam-pó; mahetsa-po, sitraky ny fo, áraky ny fo, tsy hadiño; ampelatáñana. Mon enfant —, Zanak'o tsi-foy ko, fofo-ának'o, isok'ának'o, zanak'o malala ko. CHÉRISSABLE, tókony ho tiana.

Cherté, Hasarotam-bidy, Hasarótan-tóñona.

Chérubin, Anjely be valo voñináhitra. Serobimy, kerobimy, serobina.

Chétif, Ratsy, ratsiratsy; tsisy várany, foana, tsy malaza; iva, mahía; h boleta; pv bodékana; mahantra; malahelo; kely, madinika, tsy vántana; nandoly, nandamóka; loly, lamóka, tsy tody.

Cheval, Sovaly, h soavaly. vo songaomby. Etre à —, se mettre à —, Miténgina, mitikina, miritika, misampy amy ny —. Que l'on met à —, Aténgina, atikina, asampy amy ny—.

Chevalement, ETAIE. CHEVALER, étayer.

Chevalerie, Voñináhitry ny Chevalier.

Chevalet, Kibány fañoláñana o. — de violon, tóhana, hálana, fañénjana. — de peintre, tetézana; fanengénana, fanikínana, fametráhana, fáfana, fáhana; farafara; sovaly hazo.

Chevalier, o Manambonináhitra; manam-pady. Sovalié. — d'industrie, ESCROC. — errant, Mpahery tsy manam-ponéñana, mpahery mireniréñy foana.

Chevaucher, Mandeha amy ny sovaly, mitengin-tsovaly. — n, mifandia, mifañitsaka, mifanindritsíndry, mifampitikina, mifambaby.

Chevelu, Be volo, maro volo, be marománana, volóina, lava volo, maletra-volo, male-bolo, be fañeva.

Chevelure, vo cheveux.

Chevet, óndana, fiháláñana, hálana; h akálana, lañaláñana.

CHI

Chevec, Volondoha. Les cheveux, la chevelure, Volo, volondoha, sk marománana; e vorondoha; faneva. — de devant, volonkándrina Longue —, volo mirótsaka, mikorótsaka, mitsorótsaka, mirotsadrótsaka, h mitrahotraho, h miranorano, g mitsiratsíraka, matsiratsíraka, mirajorajo, miraviravy, misangazongázona. — tressée, — mitaly, — mirándrana, taly, rándrana. — par touffes, — mibongobongo, h mibangobango, mibango, mitokotoko, mivombóna. — crépue, — ríngitra, — miríngitra, — ringidríngitra; ngita. — déliée et hérissée, — mibôhaka, mióbona, mivoha. — mêlée, — mifamátitra. — démêlée, — afa-pátitra. vo tokodora, fatr'ifôtony, maivon-tendro, mivoha-vody, saringíta, kirikitiny.

Cheville, Fátsika, h homho, fántsika, pv rántsana; fántaka; sémbana, séfaka. — de bois, — hazo. — de fer, —vy; rantsamby, fatsi-by; h tsimatra. — du pied, pv pokopóko, h kitrokely. — du bœuf, hotrokely. — fg. támpina. chevillé, voa fátsika tsara, tsy áfaka, maro támpina. cheviller, Mamántsika, pv mamatsika, h manombo, pv mandrántsana; h mamántoka, mamántaka.

Chèvre, Osy vavy, bengy vavy. —, fampakáran-javamavésatra; fanentánana.

Chevreau, Zanak'osy, zánaky bengy, zana-bengy.

Chèvre-pieds, ? o osi-tómboka; ? o tómbok'osy, o misy vity mbengy. ? o tongotr'osy.

Chevrette, Orana, patsa, patsanôrana; orantsaha, orandrétra; tsivakína; harandráno.

Chevreuil, Anarambiby miramira amy ny Cerf.

Chevrier, Mpiandry osy, mpiambim-bengy.

Chevron, Saka-mandimby, ny hazo manantv ny rápaka, ? tanti-rápaka, ? háratra, h háraka. ? tsikala, tsikálana.

Chevroter, Mitéraka (osy). Manao feo n'osy. Mitroatróatra.

Chevrotin, Hodi-janak'osy, hoditr'osy.

Chevrotine, Bala kely.

Chez q, Amy ny o. — moi, amy ko. Mon — moi, ny misy zaho, ny trano misy zaho. Aller — soi, Mody. Un — soi, trano, fitoérana.

Chiasse, Tambý; faikany ny Metal. Tay. C'est une —, adala tay izy.

Chicane, Tsongorávina, h antsongorávina, h antendrivár y, h antsongotsóngo, antsoláfaka, antsóntsany. Chercher —, chicaner, Manao —; mitsongorávina, maka-vavadiso, miankány, mifanditra, mitsongo-teny, mila ady, mila levilevy (ou levolevo, ou sotasota); milatónony, milavániny. — q, mandevilevy o; vo agacer; chamailler. Se —, miankány, mifanozitra, mifanao di-doha, mifanditra. chicane-

rie, Ankány, ady, adiady, filan'ady, fiankaniana. vo chi-
cane. chicaneur, mpila ankány, mpitsongoravina, h lava-
ráriny, be ditra; sárotra

Chiche, Mahetry, vo Avare; mandala, tsy mañome be,
be fandalána. — de paroles, Matiti-vólana. Il le récompensa
chichement, novalia'ny raha kely foana izy.

Chicorée, Añaran'áñana.

Chicot, Fótotra, foto-kazo; voditronga, vodihazo. — de
maïs, taólan-tsakotsako.

Chicoter, vo chamailler.

Chien, Amboa; pv Fandróaka, alika, h kiváhy. — sau-
vage, amboa-dý, h amboa-dia, amboahaolo. Entre — et
loup, Mivoa-dambo. — de fusil, Feny, Fembasy. chienne,
Amboa vavy.

Chiendent, pv Apisaka; h ? Fandrotrárana.

Chier, Mangery.

Chiffon, Voro-damba, voroboro-damba, vorotsikina, ta-
padamba ratsy; h vorokitsay, lamba tratríatra, lamba ratsy.
— de papier, voroboro-taratasy. Le chiffonner, Mandrofa-
rofa, h mamozafoza, mandepidépitra, mañotikótika, miko-
trankótrana, g mamirávira, mamotsipótsika, mamoripóri-
tra, mandrátra, manetronkétrona, mampangérotra. Se —,
miotikótika. vo mifentsáhona.

Chiffonnier, Mpamory voro-damba.

Chiffre, Soratr'isa, isa; fañisána; pv isaka, fañisáhana,
márika. chiffrer, Manóratra isa, manisy sòratr'isa, maña-
tao sora-panisána, manisy márika; mañisa, mañisaka.

Chignon, Hátoka, hatokangidiny, heringérina, volon-
kátoka.

Chimère, Hevi-drávina, jery foana, hevitr'ambóny.

Chimie, Fahalalána ny dity ndraha ou ny fototry ny te-
nandraha. chimiste, Mahalala ny Chimie. Mahasaratsáraka
ny fotony ny teñanjávatra.

Chine, Añaran-tany be any amy ny Asie. Sina, siuy, ta-
ni-sina.

Chiorme, Overy atao mpivé sambo-hely.

Chiper, Mangálatra. vo Agripper.

Chipoter, Mihenikénika, h miheninkénina; mitofézaka; vo-
tsa fanaovan-draha; meda, vozavoza. vo Barguiner; chicaner.

Chique, Hota; fitsáko ambavo. ? tsakomparáky. chiquer,
Mitsako lobáka, mihota paráky. vo manger.

Chiquenaude, h Tsipindy, pv Pinjy. Lui donner une —,
maminjy, manipindy azy. vo mandífika, manditsika.

Chiquet, Tápaka.

Chiragre, Añaran'aretin-táñana.

Chirologie, Fivoláñana amy ny táñana hetsiketséhina.

Chiromancie, Fisikidíana *ou* Fanavan-tsikidy amy ny tanána zahána ôzatra.

Chirurgie, Fandidididiana *ou* Fanapatapáhana vatan' olona hahasitrana azy. Sirojy. CHIRURGIEN, Mpitaha mangatsia-tánana, *ou* manara-tánana.

Chiure, Tain-dálitra, tay.

Choc, pv Kóña, konkóña; h gáña, gangaña; g goña, g gagóña, h góana, goangóana; tóhina; ady; tósika, ronjy ; pófaka, páfaka; toto, tsipaka, tikóñana, tigáñana. Au moindre — il tombe, izikoa voa-kon-draha *ou* kóñin-jaka, voatsikon-jávatra izy, lavo.

Chocolat, Pako mamy, pako n-*Cacao* miharo ronono amy ny sira-mamy. Sokolá.

Chœur, O miara-mihira, tokon'olona miraik'antsa; antókony. —, Ny éfitra itoérany ny mpiantsa añaty legilizy, ny efi-piantsána. —, ny Fañarahan'antsa antsainy ny hamaróana.

Choir, Lavo. Tomber.

Choisir, Mifidy, sk mitily; mijóbona, mitsimpona, mitsimpina, mifántina, maka, málaka ; mañisoka, ? mamofo, manómbika; mitsonga. CHOISI, de CHOIX, Voa-fidy, finídy, notidína , pv nofidiánana ; sk voafily , finily &; jóbona , voajóbona, jinóbona, tsara, méndrika, tsara-fidy. Gens —, isok'ólona, jobon'ólona, h tsangan'ólona.? fidin'ólona.CHOIX, fidy, h safidy, fifidíana, fifidiánana, jóbona, fijobónana. Un — d'homme, gens choisis.

Chômer, Manoetr'andro , Mametrak'andro ; mibonéka, mijabonéka , mitabonéka ; miárana, tsy miasa , mipétraka foana. Jour CHÒMÉ, toetr'andro , andro atoetra , andro tsy iasána, andro fitabonéhana. Fête —, toetr'andro fety, andro fety atoetra; fety fanoéran'andro. Saint —, olo-másina fanoéran'andro.

Chopine, Kapóaka fañeránan-drano. CHOPINER, misotrosotro, minominona, minon-dava.

Chopper , Mikóña amy ny z ; voatsitóhina. vo Broncher, se Tromper.

Choquant, Mahasósotra, marofarofa, mandronjy ; mañisotrisotra-hávana lava , sárotra-hatóñina , mahadikidíky, mahadikitra, maharikoriko, mahatézitra. Choquer q. mikóña, migaña, migóaña, migagóña, migóana amy ny o. Se —, —; sósotra. vo CHOC; CHOQUANT. CHOQUÉ, fâché.

Choriste, Mpiantsa ao an-trano n'Andriamáñitra.

Chorographie, Filazána ny sarintány.

Chorus, O miraik'antsa Faire —, Miarak'antsa , tokambava.

Chose, h Závatra, pv raha; sk zaka; kabary. Une — quelconque, Antsinika, antika; z ndre ino ndre ino. C'est la même —, mira reo, tókana reo; mbola izy. M. —, Iano, h Iánona, ránona.

Chou, Añaran'áñana; kabijy, kabétra, so.

Chouette, Vorondolo kely. ? vorombózaka.

Chou-fleur, Añárany *Chou* mamóñy.

Chou-palmiste, òvaka; vo ova-drafia, ova-dara, òvaka-tanávy. En òter le chou, Mañòvaka azy.

Choyer, Mañikotra, mañantóana, mikobaby, manobohobo, mañárana; ? momolavola, mitarímy tsara; mitaiza. vo CHÉRIR. Se —, mañaram-bátana, mañaran-trók*a*.

Chrème, Ménaka másina, sólika voajoro.

Chrétien, O efa-batize ka manáraka i Jeso-Kry. Kiritiána, kiritiéna, kretiana, kirisitiana. Se conduire CHRÉTIENNEMENT, mañaó fitoérana *ou* fitòndran-teña kiritiena. La CHRÉTIENTÉ; Ny Hamaróany ny olo-kretiána; ny tany kretiéna.

Christ, Ny voa hósotry ny Zanahary. Kristy; sary ny Jeso-Kry amy ny hazo-misákana. Le —, i Jeso-Kry, i Jeso-Kristy.

Christianisme, Ny fanompóana Zanahary nambara ny Jeso-Kry; ny fañambarány ny Jeso-Kry; ny fañekéna any Jeso-Kry.

Chronique, Filazána; sòratra milaza ny atao isan'andro. ? tantara, angano. ? tetiarana. Maladie —, a, Aretim-piandry, aretin'ela; fiandry; arétina miáritra.

Chronologie, Filazána ny taona sy ny andro. Filazána ny z ñatao manáraky ny taona nanaóvana azy.

Chronomètre, z Fañeránana ny andro.

Chrysalide, Toetry ny vóaña mbola ampoño ka mandiñy hanañ élatra toy ny sohérina; g sohérina, soberindandy.

Chrysocale, ? Varáhina tsara mitovy amy ny volamena, varáhim-bola. ? tsivolaména.

Chrysolithe, Añaram-bato soa fondrana.

Chucheter, g Mitsiatsiaka.

Chuchotement, Bisibísika, h bitsibitsika, g jomojomo, h ritsodrítsoka, g tsiatsiaka, h takoritsika, h sahosaho. CHUCHOTER, Mi—. CHUCHOTERIE, bítsika, fibisibisihana, fijomojomóana.

Chut! Mangiña.

Chute, Halavóana. Faire une —, vo Tomber. La — des feuilles, firaráhany ny rávina.

Chyle, Ny rò ny hánina tafatélina, ronono-nkánina.

CI, vo à Ce, CELUI. PAR-CI, PAR-LÀ, vo ÇA-ET-LÀ, QUELQUEFOIS. CI-DEVANT, Taloha, Aloha, fahíñy, lasa, fahizay, rahateo; vo Auparavant. CI-DESSUS, Alohaloha ny izy ty, ambóny ny ity. CI-DESSOUS, CI-APRÈS, Afárany ity, ambanimbány ny ity, manáraka izy ty.

Cible, Sólatra. Tirer a la —, Manao —, Manólatra.

ciboire, Kapoa-bola mirákotra fasiana ny *Eucharistie* masina *ou* ny Petra-kánina voahásina. kapóaka sitoérany i Jeso-Kry.

ciboule, Añaran'áñana mira amy ny dongolo.

cicatrice, Hólatra, hola-bay, hola-pery. CICATRISER une plaie, la sécher. Se —, se sécher; manjary hólatra.

cidre, Rano ny *Pomme*.

ciel, Láñitra. vo Habakábaka. Regarder vers le —, Miandra, miandra lánitra. vo manondro-lánitra, savoan-dáñitra. — de lit, h ? tataromparafara, vovom-pandriana.

cierge, Jiro, jiro-sávoka, jiro-lokon'antely.

cigale, Añaram-bóaña. ? pinjy.

cigare, Horóñam-paráky kely, didi-dobáka hely; pakondobáka hely, vo carotte. CIGARETTE, Foñosam-paráky hely. Faire une —, Mamoño lobáka hely.

cigogne, Vorompotsy be abo-tómboka lava-vózona.

ciguë, Añaran'áhitra mahafaty. Boire la —, Minona tangéna.

cil, Volo-maso.

cilice, Akanjo volondrambo ntsovaly sikinina hankalilo vátana, *ou* fehivátana fijaliana ; akanjo mangidy *ou* mahalilo; akanjo falilóvana *ou* fivalózana.

cilié, Misy volo; misy sómotra, somórina.

ciller, Mipy, mipipy; mipi-maso, mipipi-maso. CILLEMENT, pipy, py; pi-maso.

cime: sa —, Támpony, tendro ny, loha ny, lengoléngo ny, añabo ny. — d'une montagne, tendrom-bóhitra.

ciment, Loko, dity; pako-mahadity. Le CIMENTER, Mandoko, mandity azy; mameby, mampandrékitra, mampikámbana azy amy ny dity.

cimeterre, Sábatra be, saba-bónkoka matahi-dela.

cimetière, Tany fandeveñana ; tani-manara, tani-manintsy.

cimier, Sangasanga-ntsátroka. vo tokodara.

cinéraire: Urne —, Kapóaka misy jiny *ou* fonok'ólona; fikajiana amónoka *ou* josfo-n'ólo-maty.

cingler n, Ménjika; milay maláky. Le —, Mamítsoka, mamitsopítsoka, mandrítsaka azy; — lady, — tsorakazo azy. — Manóritra amy ny lady henjánina; h mitsípika.

cinq, Dimy, sk Limy ; sk faifo, ? paipo; fañarak'éfatra. — fois, in-dimy. En —, Midimy, mandimy. — jours, h hadimiana.

CINQUANTE, Dimam-polo, pv dimiam-polo. Une CINQUANTAINE d'hommes, O dimiam-polo. Le CINQUANTIÈME, Fahadimiampolo ny. Un —, h Ampahadimiampolo.

cinquième a, Fahadiny ny; s h Ampahadiny ny.
cintre, vo Arc, Arcade. cintrer, Arquer.
cippe, Tapak'andry, Andri-tàpaka.
cirage, Loko maintina fahósotra kiraro.
circoncision, Fora, famoràna; sk sàvatra, fisavàrana; diditsókiny. ? didifoitra. circoncire, Mamora, misàvatra, mandidi-tsoky. ? mandidi-foitra. circoncis, Voafora, voasàvatra. — naturellement, Forananahary.
circonférence, Fari-bory, vala vory, fanodidinana, manodidina; fieférana, faneférana; fari-bólana, hadi-vory, fanotronana, fitrahanana.
circonflexe, Màrika misàmpana atikina ambóny ny sòratra yakifeo-sàsany (â, ê, î, ô, û); Tendrinisòrana misàmpana.
circonlocution, Volan'ariary, felipoli-bólana ; olikoli-bólana, teny mifahpilitra az mamalangitana, vòlana miolakóLka, Faire des —, Manao— ; mifariary, mianarom-pototra, manodidina.
circonscription, Fieférana, faneférana ; éfitra ; tokolany.
circonscrire, Manisy fieférana ; miametra, manèfitra, mamàritra, mankalétra, mandetra, mamafa.
circonspect, Mitàndrina, h hendry, pv mahihitra; miàmbina lela, mahatam-bava; be fitandreinana. circonspection, fitandremana, fahendrena, bihitra, fahihirana.
circonstance, Ny z momba; ny ampomba; ny manodidina, ny z miàraka; ny ràvina, ny zañozaño, hóditra; zana-draha, kirabaraha. vo vintana, vonto, tònona; fanao, kiany, toetra, ahatongàvana; autony. Loi de —, Didilany an-kaséraña ou an-kaméhana, an-kavesòhana. circonstancier, Milaza ny momba &; mandinidinika, mitsimpontsimpona.
circonvallation, Hady manodidina, hadi-vory, fahi-rano, fehi-rano, manda; hady fameranan ou faneférana.
circonvenir, Manodidina, g mamangepangoka. — , Manàndoka, mamélika, mamelipélika, mamitaka; manangóly, manolóky, manao-goróbaka, mañambàka. circonvention, Tromperie.
circonvoisin, Manodidina, mariny, marikitra, hakeky, fankariny, mipàka.
circuit, Fiariana, fihodidinana. Faire un —, Miary; miariary, mihodidina. — de parole, vo circonlocution.
circulaire a, Vorivory, Boribory, h songérina, pv sangérina; mivangérina, mitsingérina, mihodidina, manodidina, miariary, miherinkérina, mifalipàlitra, manmalipálitra. Lettre —, taratasy mitéty o maro ou ampandaisina amy ny o maro.
circuler (en rond), Miherinkérina, mitsingerinkérina, mihodidina, manodidina; miariary, n añariary. — en sens di-

vers, Mihalohalo, miverimbérina, miverivery, mandehaleha, miolikólika, miolakólaka; miasadia; mibarera, mivembéña, miely, mifafifafy, mifindrafindra, manao dia n'ólitra, mitamberivery, mitsimberivery.

cire, Loko-tantely, loko n'antely, sávoka. Le cirer, Mañósotra, mañisi-loko, mampangilotra, mampangiloka azy.

ciron. Añaram-bóaña madinika indrindra.

cirque, Tokotány vory filaolaóvana ; trano vorivory filañónana; vala sangérina, vala vory.

cisailler, Mañety, manetihety, manapatápaka amy ny hety. cisailles, Hety be fanapáhana varáhina &.

ciseau, Fándraka, vo Angadi-mitóraka. Le percer au ciseau, Mamándraka azy. Travailler au —, misókitra. Des ciseaux, hety. Les couper aux —, mañety azy.

ciseler, Misókitra, g manókitra, mamándraka, h ? manóritra. ciselet, Fisókitra, fisokírana, fándraka. ciseleur, Mpanókitra, mpiasa sókitra, mpanóritra. ciselure, g sókitra, h ? sóritra.

citadelle, Zana-tanána-mirova, fiaróvana, roho, rova.

citadin, Antambóhitra, h tambóhitra, mpónina ao antanána be. — de la capitale, Antidoány, antandónaka.

citation, Volan'ólona ambara ; z natao n'ólona atoro ; k aboaka; z lazaina, famoáhan-teny n'ólona, filazána. —, Assignation.

cité, Tanána, tanam-bé.

citer, Mamóaka, mañambara, manoro, mamoha, milaza, manondro, maneudry, manóñona. —, Assigner. Se —, Mizaho, mamoa-bátana, mancho tena.

citérieur, Atý, mankatý.

citerne, Tobíndrano, rano mitoby, fitobiandrano, takobadrano, lávaka fitabáhan-drano, kótona fidobibihan-drano, ? Hadintsékatra, kantóana.

cithare, Jejy ndreo Grecs taloha. Sitara.

citoyen, Antambóhitra, h Tambóhitra ; tsi-andevo, vóhitra; tompontány, zana-tany. Un bon —, o tia-tanána nivelóma'ny. Les — romains, Ny Anti-Roma.

citrin, Mivolomboasary.

citron, Voasary, tsoha, voantsoha. citronnier, vatamboasary, vodintsoha, hazo- mboasary.

citronnelle, Fataka-máñitra.

citrouille, Tsirébika; ? voatavo fotsy, ? voatavo hova.

civière, Hazo fibatabatána, fitakónana, fibetabetána. Le porter sur une —, mibatabata azy amy ny hazo; mitákona azy.

civette, Añáram-biby miramira amy ny boky.

civil. Vie —, Fitondran-tena ou Toetry ny antambóhitra. Droits —, lálany ny tany. Guerre —, h adi-antrano, h adiandrano; pv adi-milongo. Officier —, ranitry ny mpanjaka. Emplois —, raharaha ny fanjakána. Mort —, haverézana. Q —, CIVILISÉ, mahay haja, manome-haja, manome-asy, mahay asy, mahay mitondra-tena, mahalala ny fatao tsara, hendry, mahay olona. Mort CIVILEMENT, very; hériny ny maty, tsy ahina koa. CIVILISER, Mampiánatra, menánatra, pv mankahihitra, h mankahendry, mamindra-fanahy; mankatsara-tany, manala ny fatao ratsy, mampianatra fitoérana tsara; mankazatra ny mady; manala hadizana. CIVILISATION, Fanánarana, famindram-panahy. CIVILITÉ, fanajána, haja, asy, fanomezan-haja ou asy fitondran-tena tsara, fahaizamitondra tena; ny fatao ny olombé, vo Citoyen.

civisme, Fitiavana ny tany nteña.

clabaud, Amboa mihoahoa foana.

clabauder, Mihoahoa, mihomakómaka foana. —, Mibehobéboka, mivolambólana, pv minaminamy, h minamanáma tsisy fotony. vo Babiller. CLABAUDEUR, mpihoahoa, patso-bava, patsopatso-bava, fintsambava &. CLABAUDERIE, Hoa,hómaka, resadresatra, bebobéboka, résaka, h pentsompéntsona, sk patsopatsoka; fentsampéntsana.

claie, Tenon-kira, rari-kira, rari-mangarakáraka. Fitsongórana. ? rari-bazo-vokovoko.

clair, Mazava. Voix —, Madio. Eau —, madio, mangarangárana. Tissu —, h mangirangirana, g mangarakáraka. Papier —, homerakéraka, mangerakéraka, miverangérana. miverambérana, h tomaratara. Temps —, manerinérina. Plants —, malálaka, malaladálaka, malánka, mahálana, mahálankálana. Liquide —, h matsora. Soupe —, be rano, madio-rano lóatra, magódra lóatra. Discours —, Fántatra, azo fotony, hay, márina, mahitsy. Yeux —, mahita. Yeux grands et —, Bary, baribary, mibaribary, bonáka, mibonáka. vo mérina, miharinkárina, miharihary, hita, mora hita, misava, voasava, miboliaka, mavana; BRILLANT, Apparaître.

CLAIRS, Hazavána. — de la lune, g Da-vólana, dia-vólana, pv dio-mpanjava; sk lio-mpanjava. Il fait —, mazava ny andro, efa kiaka ny andro. vo Aube. Le tirer au —, mitávana azy. CLAIR-OBSCUR, mazava-ratsy.

clair, clairement, Márina, marimárina, mahitsy, ankitiny; tsara; mazava.

clairet, Menamena.

claire-voie, Rari-bazo atao varavárana; tamiana mangarakáraka.

clairière dans une forêt, h Fátrana, pv hoapátra, tombak' ala, hoak'ala, tomba-kiaka. ? somoron-kiaka. — dans une toile, mangarakáraka. vo CLAIR.

clairon, Antsiva-varáhina, trompetra, bakora-saba, h angaroha-varáhina.

clair-semé, vo (Plants) CLAIRS.

clairvoyant, Mahita ny fotón-jávatra; lalin-tsaina, faingan-tsaina, h mahiratra, h hendry, pv mahihitra, mahadaika. CLAIRVOYANCE, saina lálina, fanahy mahita, hafaingánan-tsaina, fahendrena, pv fahihirana.

clameur, h Hóraka, horakóraka, pv holahala, g akora, g korovetsy, rôntona, pv resaka; h horika, horikórika, reondréona, h kahonkáhona, h hahohaho; h káfara, tabataba, h vazaváza. Pousser des —, Mi—; manakóra &. CLAMEUR, Akora, tsindriakora, herimbava.

clandestin, CLANDESTINEMENT, en CACHETTE; qui se CACHE. CLANDESTINITÉ, Fivoniana, h fierena, h fiafénana, fanginana.

clapet, Fiboáhana.

clapier, Lávaka fisitrihany ny Lapins. Trano ny Lapins.

clapir: se —, Misitrika amy ny lávaka, vo se Blottir.

clapotage ou CLAPOTIS, g Kobankóbana, kóbana, h kobakóbaka, kóbaka, pv korobana, pv katróbaka, pv kotróbaka; g tobatoba, pv tabataba, h dabadaba; vo daboka, h deboka. CLAPOTER, CLAPOTEUSE, Mi—; mihetsikètsika, mifandronjironjy, manipatipaka.

claque, Téfaka, h téhaka, h tehamaina, pv tefamaina, pv rantéhaka, pv raratéhaka. Lui donner une —, le CLAQUER, Manéfaka, manéhaka; mamely tehamaina, mamango rantéhaka azy.

claque ou chapeau à —, Sátroka miléfitra, sátroka fisaka, satro-pisaka helehina, satro-kelehina.

claquedent, O Halala mena-hy, halala, halala-vélona.

claquement des dents, Katráfoka, hatráfoka, hatrifoka, h kátraka; ? tsiatsiaka; des mains, téfaka, tefatefaka, h tehatéhaka. CLAQUER n, Mi—. vo Mipoaka, mipóka, ? midridridridro, ? milodilody. — q, vo à CLAQUE. — des mains, APPLAUDIR.

claquemurer q, Manisy rindrina, mandriba, mamala, h mamahy, mamahitra, mametra, manéfitra, h manakátona o. Se —, — tena; miditra an-tsárona; mivóny ambory ou an-trano.

claque-oreilles, Sátroka lavo-sófina; sátroka mihoho-tsofina, sátroka mikópaka.

clarifier, Mandio, mankadio; manávana. Se —, midio, mihiadio, sk milio. CLARIFICATION, Fandiovana, fanavanana.

clarinette, Anjomary; mozíka fitsófina. CLARINETTISTE, Mpitsiok'anjomary.

clarté, Hazavána, zava, mázava, fahazavána; vo Avanavana, herakéraka, herakerak'andro; tsirinandro, hadio.

classe, Toko, tokon'ólona, rantina, rantiranty, holáfany, holáfiny, diany, h andiany, láhatra, andálana, h andáhatra. Ils sont en trois —, telo — ireo. —, École, Traño fianárana, lakilasy. Faire la —, Mampiánatra, mañanatra. Mañamba-ra-taratasy. Les CLASSER, Manokotóko, mandáhatra, mandrantiranty azy; mañatao azy samby amy ny DIANY ou holáüny &. CLASSEMENT, CLASSIFICATION, ac, Fanokotokóana, fandahárana; n fitokotokóana, filahárana, firanténana. Livre CLASSIQUE, Taratasy fianárana. Auteur —, O manóratra tarotasy fianárana.

claudication, Fikolitsáhana, fikotringána, fikotsiláhana, vo Boiter.

clause, Fetra, fepétra, fieférana; farafarambólana, farafarantény, h farateny, farambólana; farany. ? farafarantalévana.

clavecin, Vatra-mañéno titihina mira amy ny *Piano*.

clavette, Vaitra, sákana, fátsika, fatsi-tsákana; bitra.

clavicule, Taolam-panávy; ? tekinána.

clavier, Fititihana, h fitendréna; ? fotetézina, ? fotetezintondro, ? tetézan-tondro.

clef, Fañala-gadra, h fañala-hidy, sk fañala-hily. Le fermer à —, Manidy, mañily; mangadra azy. Fermé à —, Miradra, mihidy, mihily. Sous —, Añaty vatia migadra. — d'un pays, Fidirana amy ny tany. — des champs, Lálana hibóaka. — de musique, — de robinet, ? séfaka; tákona, sákana. — d'instrument, Támpina, tákona. — de voûte, ? vato fehi-ráfitra.

clémence, Hamoram-pañahy, hamorána, halemempañahy; findra-fo, famindram-pó. CLÉMENT, Mora fanahy, malemi-fanahy, tsy mañaran-kéloka, morabé, mpamindrafo; h miantra, tsy mankalilo lóatra.

clerc, Mpijoro manta, ? tovon'ampijoro, mpijoro tsy tody. ? tsotsak'ampijoro. Mpomba ny mpisórona, mpanao raharaha an-trano n'Andriamánitra. —, Mpanóratra. kilery.

clergé, Reo ampijoro; ny fahitr'ampijoro.

cléricature, Ny fiamboníany ou fitoérany ny *Clerc*. Ny raharaha ny *Clerc*.

client, O fehéna, o fehézina, o aróvana, o hefénina; mpiánkina; vaviana.

clientèle, Vaviana. —, Protection.

clignement, Py, pimaso, kimpinakoho. CLIGNER l'œil, Mipy, mipimaso, mami-maso; mihiringirina, mihirinkirina, mihirina, mañiringirina, pv mañirohiro, pv mañirobiro, manimpi-maso, mañipika maso, mikimpi-maso, mihimpimaso. vo Ngila; Pi-rómotra.

Cligne-musette : Jouer à la —, ou à la CACHETTE.

Clignotement, Pipý, pipi-maso. ? fipipý. CLIGNOTER, CLIGNOTANT, Mipipý, mipipi-maso, mamipý maso. vo mipempéna, mipindapinda, mipepipepy, ? mikikira, mipipira; mipendrampendrana, ? milompilompy, mipenimpénina.

Climat, Toetry ny tany manáraky ny halavira'ny amy ny *Equateur.* — brûlant, Tany fátratra mahamay, be hafanana. — différents, Tany samby hafa hainandro, samby hafa toetra, samy hafa fofon-tany, samby hafa safotány.

Clin-d'œil, Pi-maso, py. vo CLIGNER. Lui faire un —, Manatsi-maso azy, mipi-maso azy. Se faire des —, Mifampipi-maso, mifanara-boamaso, mifanatsi-maso. En un —, AUSSITÔT, IMMÉDIATEMENT, EN MOINS DE RIEN il mourut, Pirora, pimaso, tsiampi-piróra, tsiampi-masompý, tsimahampi-piróra, tsiampi-to'inona, tsiampi-otr'ino, tsiampi-hoen'io izy naty. vo AUSSITÔT.

Clinique : Maladie —, Arétina tsy maháfaka amy ny fandriana.

Clinquant, Takelam-baráhina voa hoso-bola, hosobola, ankósotra; tsivolavola, rávaka foana, haingo, z mamirapíratra foana. vo BRILLANT.

Clique, Olon-dratsy miraiky jery, tokon'olon-dratsy, fehezan'olon-dratsy. vo BANDE.

Cliquetis, Pipika, pika, h tikitiky; h paika, pepéka, paipaika; kirintsana &. vo Carillon. CLIQUETER, Mi—.

Cliquettes, pv Tsikarétika. — de filet, Takitsoka.

Clisse, Rari-hazo mangerakéraka. *Claie* hely. — pour fracture, pv Lotsátsa, h hainatra. CLISSER, Manisy —.

Cloaque, Hady fiboáhany ny rano mántsina, lávaka fanarian-tay; hona mántsina, hinaka mántsina, tay mangonahóna, honahona-tay, takobaka-tay, fitabáhan-drano mántsina.

Cloche, Famoha-mandry; lakilósy —, Ampoule. — pour plat, plantes, pv Sáfy, sáfiny; lómboka. — de plongeur, ? safo-pitangirífana; trano *ou* lómboka fitangirífana.

Clochement, g Papapapa, h kolépaka, h koléfaka, h répaka, g kotrépaka, pv kolitsaka, pv kotsilaka, h paikompaikona, h paikopaiko. CLOCHER, Mi—, Mandringaringa, mibekabéka, mikotrefa, BOITER. Expression qui CLOCHE, Miótaka, tsy mety.

Clocher s, Trano ny *Cloche*, tranondakilosy. Tsio, tsiotsiony ; ? fizio-ntrano. ? trano mijilajila ; ? jilajila-ntrano. ? sangasanga-ntrano.

Clochette, Famoha-mandry kely.

Cloison, Éfitra, eférana. Qui a une —, Miéfitra; des —, miefitréfitra.

Cloître, Trano miróva fitoérany reo *Religieux.* Tokotány

mivala; vala, roho, kiloatra. CLOITRÉ, Mirova, tsy mivóaka, anaty vala, inónina; mantoetra, ampahy, am-bóry, antsárona. Le CLOÎTRER, Mañatao azy an-drova, mamala, tsy mampibóaka, mamahy, mame-dálana, mañisy vala azy. Se —, Mandevim-bátana, mamala tena, tsy mamoa-bátana.

CLOPINER, Aller CLOPIN-CLOPANT, h Midrekodréko, h midrehodrého; pv midrekadréka, pv midrekidréky, h mipaikompaikona, h mipaikopaiko. vo Mivengovengo, mivirobirotra; CLOCHER.

Clore, Mandríndrina, mandriba; h manakómbona, h manómbona, mamody, manidy; —, Mamefy, mamala, mañisy fefy. fg ACHEVER.

Clos a, Miríndrina, miriba; h mikóbona, mihóbona; mihidy, mifefy, mivala. Passage —, Bouché. BOUCHE CLOSE, Mihimpi-vava, mañimo-bólana, mifodi-vava. Un CLOS s, Tany mifefy, tsabo mivala.

Clôture, Fefy, vala, roho, rova, manda. — d'une séance, Fanampérana, famarána, farany.

Clou, pv Fátsika, h fántsika, h hombo, h fántoka, g fántaka, g rántsana; ou — vý; fatsi-bv, rantsam-bý, h tsimatra, vo fetsy. —, FURONCLE. — de girofle, Voany *Girofle*. CLOUÉ, ditántsika, mihombo, voa fátsika, voa hombo. Le CLOUER, Mamántsika, mamátsika, manombo, mamántoka, mamántaka, mandrántsana azy.

Clouter, Mañisy fetsy azy.

Clouterie, Fanaóvam-pátsika.

Cloutier, Mpanao hombo, mpanefy fátsika.

Club, Havorian'olona; o mivory himale ny k ny fanjakána.

Clystère, Ranon'aody asórona amy ny fory; Aody apiritsika an-tróka; Aody atsiririka am-bótraka. On l'a clystérisé, Nitsoforan-dreo *ou* nañidíran-dreo fañafody amy ny fory izy; nanirírihan-dreo rano an-kibo izy.

Coaccusé, Miarak'ampangaina, mba ampangaina.

Coactif, Mahatery, mahasétra, mahiraka, mahateri-setra, mahateri-méka, mahateri-heky. COACTION, Terisétra, teriheky, terimeka, fañeréna, fanaóvana ankery.

Coadjuteur, Mpitahy, mpañampy, námana, faharoy. COADJUTERIE, Fitahiana, fañampiana.

Coaguler le sang, Mampandry. Se —, COAGULÉ, Mandry; manjary pako; mandriandry, ? mihándrona. COAGULATION, fiovan-ko z mandry, h fitambárana, pv fikambánana, firaihana, h fipakóana.

Coaliser: se —, Miraika, mikámbana, miharo, h miray; mirímbona. COALITION, firaihana, h firaísana, fikambánana.

Coassement, h Goraidraika &, vo BORBORIGME. COASSER, Mi— toy ny sáhona; mañeno, marésaka.

Cocagne: Pays de —, Tany maro hànina, tany màsaka, tany misy lóndona. Màt de —, Hazo maláma aníhina hahazo ny z tsara mihántona añabo.

Cocarde, Fehintsátroka; fehi-síntaka, sali-síntaka, sala-síntaka. — de shako, félana.

Cocasse, Kabíaka, hafahafa, mampihomehy; mahafalifaly.

Coche, Kalesy be va sambo fandeha isan'andro.

Coche, Veka, vaika; láfatra; didy. vo Brèche.

Coche, Lambo vavy.

Cochenille, Vóaña atao rano mena fanòhana.

Cocher, Mpitondra ou mpañátitra kalesy.

Cochère: Porte —, Varavaram-be fombány ny kalesy.

Cochon, Lambo, kosó, h kisóa; kamomaso, komankóry, lamboresy. — de mer, lambondrano, lambondríaka. — d'Inde, ? trándraka ny Inde. COCHONNERIE, halotóana; z maloto, loto, fahavetavetána, z ratsy; fatao ny kosó.

Coco, Voaniho, h voanihío. ? voanio. COCOTIER, Vodivoaniho, vatamboaniho.

Cocon, Trano ndréni-landy.

Coction, Fahalevónana z ao an-kibo; fahamasáhana.

Code, Taratasy ivoríany ny diditány ziaby, ny vombontady ny fanjakána; h fanangónan-dalána, h ny lalána rehétra; ny malontány ziaby.

Codicille, Fañampian-káfatra.

Coercible, Mora lérana.

Coercitif, vo coactif. COERCITION, vo coaction.

Coéternel, h Samy mandrakizay, pv samby andrakizay.

Cœur physique, Fo, fiaiñana, ? fiaiña. — moral, Fo, kibo, tròka; ? vòtraka; hévitra, fañahy; fitiávana, herimpó, saina. — d'arbre &, Aty, atinkazo, ankirengo, teza; atindraha; òvaka. Au —, vo centre, Anòvany, ampó, ampovóany, h afovóany. De bon —, An-jotompó, anjavampo. Le savoir par —, Mahatsiaro azy, mánana azy añaty ny jery. A contre —, An-góka, angoka-mpó, añ'izimpó. Homme de —, O maheri-fo amy ny atao ny.

Coexistant, COEXISTER, Miáraka. COEXISTENCE, Fiarábana.

Coffre, Vatra, h Vata. — fort, — fitehirizam-bola, — fikajiam-panjava; h rákitra. Le COFFRER, Mamótrika ou mañatao, ou mandátsaka azy am-bátra, ou an-trano maizina. COFFRET, Vatra hely.

Cognassier ou COIGNASSIER, ou COIGNER, Añaran-kazo mamoa Coing.

Cognée, Famáky, antsy; h kalaza. Mettre la — à l'arbre, Manántatra, manólatra, h manoláfaka.

Cogner un clou, — à la porte, Mamely, mandómona, mandóna, mandoudóna, mitoto azy, vo BATTRE. — n ou se —

la porte, Mikóna, g migóna, h migána, mingadona, g migagóna, g mikonkóna, mipófaka, mipóka, migádona ámy ny. Se — la tête contre, Mikon-doha ámy ny.

Cohabiter, Mimbon-trano, miara-mónina, h mirai-fonénana; mivady. COHABITATION, Firaihan-trano ny mpivady.

Cohérent, Mifanáraka, mifampirávitra, mifandrávitra, mifandravidrávitra, mifandrékitra, mitohitohy, tsy maito. COHÉRENCE, Firaihana, h firaisana, firekétana, fifanarábana; fitohitohizana, fifandrekétana.

Cohéritier, Miara-mandova; tokan-dova, iray lova, pv rai-dova, mimbon-dova, mikámbana amy ny lova.

Cohésion, Firekétana, fifandrafétana, vo cohérence.

Cohorte, Miaramila diman-jato tany i Roma. Tokon'ólona, mpiady rai-dia; o andiany, ? o antókony.

Cohue, O maromaro mitabataba, mivoibóitra.

Coi, coire : Se tenir —, demeurer — Tsy mihétsika, mangiña, tsy miteny.

Coiffe, Sátroka, satro-behivavy, satroky viavy, satro-bavy, kofia, saron-doha ny viavy. — de chapeau, Soson-tsátroka, sósony, ny lamba an'átiny. COIFFER q, la tête, Manátroka, mañisy sátroka azy, manaron-doha, mandombo-doha, manafi-loha, h manaingo loha, mampihamin-doha azy. — les cheveux, Mañajary volo; vo manombóna volo, mitaly ou mandrándrana volo; mainongobongo volo. Se —, Mañatsary loha, mañatao sátroka, mitaly. COIFFÉ, Misy sátroka, misátroka; mihamin-doha; mitaly. Chien —, Besófina. Mal —, lava sófina, lavo sófina, mihopa-tsófina. COIFFEUR, Mpandrandrambolo n'olona, mpitaly volo, mpañajary volo, mpamboatra volondoha n'ólona. COIFFURE, coiffe. —, Taly, randrambolo, fitaliana, fandrandránana.

Coin, Zoro. — de la case, zorontraño. — aux poules, zoron'akoho. — d'une rue, Takólaka, takola-dálana, kiho. — en entrant, Takola-baravárana. Au — du feu, Ampátana, anjofo, andavénoka. Regarder du — de l'œil, Mizaha mañorirana; h mangárika, h mihárika, pv mañampálana. —, l'Arête, Rira, rirany. — à fendre, Séfaka, sémbana, h matsa, h kaka, h ? tséfaka. —, Poinçon; Fanaòvana márika.

Coïncider, coïncident, Miáraka, miarak'avy, miara-tonga, miara-dia, mitanáraka; ? mandialoka, mifampipáka. COÏNCIDENCE, fiarábana, firaihana, h firaisana, fifanarábana.

Coing, Añaram-boankazo.

Coke, Arintány voa-oro ou voa-dotra. Arina mati-dity.

Col, cou, Vózona. — de chemise, d'habit, Vozon'akanjo. —, Passage, Dílana, hadilánana; héntika.

Colégataire, Miara-mañome.

Colère, g Hatezérana, g havinirana, fahatezérana, fahavinitrana; pv hasira, pv héloka, fihelófana (et filófana); safóaka, tafóaka. En —, Tézitra, vinitra, méloka, misamóntitra, mifóaka, misafóaka, mitsafóaka. vo h mivizatra, mandrívotra, mandrivomaina, misamóntitra, riadríatra; h kifo, h kintokinto, h mifotróaka, h fozina, h foizina; lozabe. Un sujet de —, z mahatézitra. Q —, a, o mora-tézitra, o antsiaka, maláky vinitra.

Colibri, Añaram-bórona, pv soy, pv antsiona. Le mâle, Soingaly, Antsiondahy.

Colifichet, Hámina foana, h haingobaingo foana, potipotidraha filaváñana, tsiraharaha fiteráña. Tapadamba fihamínana; hamim-poana.

Colimaçon, Sífotra an-tanety.

Colin-Maillard, Añárany filaolaóvana mitampi-maso. Jouer à —, manao fehi-maso.

Colique, Tsongofoitra, g tambolivoly, tambolovolo, h mandalo. J'ai des —, voa — aho; mitambolimbólina ny *.inay ko, marary vòtraka aho.

Collaborateur, Mpiara-miasa, miarak'asa, tokan'asa.

Collage, Fandokóana, fanditíana.

Collant, Madity. Pantalon —, Mipáka, malétra.

Collatéral, Anila.

Collateur, Mpañome, mpanólotra; mahatólotra.

Collation, Fanolórana, fanomézana. —, fampitatánana.

Collation, Sakáfo, fihinánana kely, hanin-kely.

Collationner, Manóhatra sóratra amy ny taratasy nanaléna azy. Mañérana ou mampitátana sóratra roy. Mampitovy. — n, misakafo ou mihinan-kely hariva.

Colle, Dity, loko, z madity; pako. COLLÉ, miloko, voaloko, misy dity, mandrékitra, rékitra.

Collecte, Famoriam-bola, vola navory. —, fijoróana fohifohy amy ny Mesa.

Collecteur, Mpamory.

Collectif, Milaza maro; mamory, h manángona.

Collection, Hamaróan-draha voa fidy; havorian-draha samby hafahafa volo. En faire une —, Mamory ny tsara, mifidy ny tsara havory.

Collectivement, Mivory; izy ziaby. Prendre tout —, Mamory, h manángona. vo BLOC.

Collége, ? Fahitr'ólona, ? fehezan'olona. — des cardinaux, Havoríany ireo kadinály. —, Trañó fianáran-taratasy, trano fivorian-tsaiky hiánatra. kolezy.

Collégiale, ou Eglise —, Legilizy misy *Chanoines* ndre tsy misy *Evéque*.

Collégien, Tsaiky mpiánatra amy ny *Collége*. Tsaiky ny kolezy

Collègue, Nàmana, fahanàmana, faharoy; tokan'asa, miray raharaha, miarak'asa.

Coller qc, Mandóko, mandity; mandrékitra, mampandrékitra z; mametaka, mamako. Les — ensemble, ? mamako azy. S'y —, Mandrékitra, mirékitra, mifétaka, mipétaka, mipáka, mitify, mitampy, miolampy, mipitsa, mitampisaka, miràpaka, mifitsaka, mikepitsa amy ny. vo APPLIQUER.

Collerette, Fehivózona mihembahemba amy ny viavy. ? tretrak'akanjo.

Collet, Vózona, vozon'akanjo; fehivózona; hamim-bózona. — de plante, fòtotra. — de canon, dilana. Le prendre au —, le COLLETER, Mikenda, mamózona, manéky, maneki-vózona azy, misambo-bózona azy; misámbotra azy amy ny vózona. vo mikenda, mikela, mangoeka; misambo-bozona. Se —, Mifamózona, mifaneky; mifanambo-bózona.

Collétique, Madity.

Colleur, Mpandoko, mpandity, mpanoso-doko, mpamako.

Collier, Fehivózona, valimbozo; tsindriakanjo, fehimbozona; rado. vo vákana, tsipiriany, ? sitiliny. Donner un coup de —, Manao zamo indraiky.

Colline, Bongo hely, zana-bongo; vóhitra kely, tanéty, tazóa, habóana, h havóana, kiborontány.

Collision. vo CHOC. La — de deux objets, Z roy mikóna ou mifampikóna &. La — du caillou et de l'acier, Ny vatoafo kóniny ou voatsikóny ny vi-mahery.

Collocation, Fandahárana azy samby amy ny lafa'ny.

Colloque, h Résaka, pv híratra, koràna; firesáhana, fihirátana, fikoránana. vo causerie.

Colloquer, Placer.

Colluder, Miara-mamitaka, miraiky jery hamitaka, miara-manao saina.

Colombe, Pizy vavy, voromahailala, voromailala. vo domóhina. COLOMBIER, Trano-mboro-mahailala.

Colombine, Tay mboromailala; taindomóhina; taimbórona.

Colon, O apétraka namórona amy ny tany vao ho azo. Voanjo. —, Mpitsabo, mpamboly, mpiasa-tany.

Colonel, Kolonely, koronely.

Coloniale: Qc —, z r y *Colonie*.

Colonie, Tany vao ao azo honénana; tany vao hamorónana; voanjo. Tany fonenambahíny. COLONISER, Mamoanjo, mamórona, manisy o azy; mametra-boanjo ámy ny. COLONISATION, fametrabam-boanjo, famorónana, fahaforónana. COLONISATEUR, Mahafórona, mahaforona tanána amy ny tany vao ho azo.

Colonnade, Andry andáhatra, rantin'andry, filaharan'

andry, andry maro.

Colonne qui supporte, Andry; tóhana, fáhana. vo hálana, akálana. fg éfaka , leka , saléka. — isolée , Orim-bato ; tsio, tsiotsio; fizio , vato mitsángana. — de troupes , táfika , éka, hamaróana, troñ'ady, toko , saramba. — de gazette , faría, tomoro, ila, táriny. — vertébrale, ny taolan-damósina mitohitohy, ny tohizan-taòlana amy ny lakamboho;? tohitaolamboho. — de chiffre &, láhatra, rántina ; filahárana , soratr' isa mirantiranty. — de fumée &, ou fumée qui s'ÉLÈVE en —, sétrok'afo mitsio , ou manondro-lánitra , mijofo , mitsémboka; miákatra.

Coloré , Menamena ; vándana ; misòratra volo , misorabolo; misy sora. COLORER, COLORIER qc, Mandrangy, manora-bolo , mañosotrósotra , mañisy rangy , manoratra sora, manósotra; manisi-sòratra, manoratsòratra, manòka , manangiangy , manisy hoso-draha , manisy volo , mampivalosora , mañova-volo , mamelom-bolo , mañeva sora azy, mamándana, manisy mena &, mankamena &. COLORIS, Volo, sora , tarehy ; hamenána , havandánana. vo BRILLANT. COLORISTE , Mpanisy rangy , mpandrangy , mpanora-bolo; mpanosotrósotra, mpamándam-bolo; mahatonga volo-njavatra.

Colosse , Olo-makadiry , sarin'òlona be indrindra ; h o antson'aiña, pv añon'aiña. COLOSSAL, Makadiry be, loza.

Colporter, Mandriorio ou mandranto vidiana, mitety tanána mitondra vangána , mitety vóhitra mivaro-jávatra ; milanja vidíana an-tanána. COLPORTEUR, Mpandriorio vidiana, mpandroto vangána.

Combat, Ady, sk Aly ; fiadívana , h fiadíana. Combattre, Miady, mialy. — pour la supériorité, h miadilahy, pv ? miadifady. — plusieurs contre un , Misarimbona , manao adirímbona, ady sarimbona , h adi-amparímbona o. COMBATTANT, Mpiady, mpialy.

COMBIEN d'hommes? o Firy? — de jours? Hafiríana? andro firy? — de fois? Impiry? — a-t-il de parties, d'unités &, ou en — se divise-t-il? Mifiry izy? mamiry izy? firy tápaka izy? Dans — de jours ? Ombíana , h rahovíana. — est-il grand? Mañino ou Akory ny habosa'ny. — coûte-t-il? Mañino izy, manino ny tóño'ny ? ou ny vidy ny? manakòry izy? manino ny fandafósan'azy? — coûte-t-il de piastre? Parata firy izy? parata firy ny tóño'ny, ou ny fividiana azy. En être sur le—, Miady toñóm-bidiana, miadi-várotra. — font 3 fois 4? Intelo éfatra firy? Je ne sais pas —, tsy fantatr'o ny Isany, ou dans —, ny Haelána; ny Andro. — d'eau faut-il mettre? Hatao ko ERAN'INO ou OÑATR'INO ny rano? Voyez — je l'aime! Zahá ny érany ou ny habé ny hatiáva'ko azy! — sont morts! Maro be no maty! be isa ny maty!

Combiner, Mampikàmbana, mampiáraka, mampiraika, h mampiray, mampiharoharo, mampifañáraka, h mambóatra, mañajary. —, Misaina, misaint-aina, mihevitrévitra. Se —, Miharo, miharoharo, mikámbana. COMBINAISON, ac, Fañambánana, fampikambánana, fampiraihana &, fisaiñana. n Fikambánana, firaisana, fiaráhana, fiharoharóana. COMBINE, Miharo, miharo-rano.

Comble s, Loha, tafotafo, savòvona, lohalambo; tàmpony, téndrony; hafenóana, habétsaka. — des honneurs, a, Fànampiana, fanosóhana azy. Pour — de malheur il s'est cassé la jambe, Ny nahampy fijaliana azy ou ny nahasoso-pijaliana azy, izy fola-bity. Sa colère est à son —, sórona ny hasira ny. Mesure à son —, mesure COMBLE, a, Gamela misy loha, misy lohalambo; famárana mitafotafo, mivòvona, misavòvona, fenobe, feno-indrindra. Ruiné de fond en comble, fóngotra; efa fongo-body, tapi-body, fóngana; forom-pótotra. Le combler, y mettre le comble, Mampitafotafo, mampivòvona, mampisavòvona azy, mañisy loha azy; mameno be azy; mañampy, manòsoka, mamóky azy. COMBLER un trou, Manótotra, mahalélika, mananjo, mameno lávaka. COMBLE, Tótotra, voa tótotra, h lélika; feno, hénika; voa sanjo.

Combustible, Miréhitra, mora-miréhitra, h mareda.

Combustion, Fañoróana, h fandoróana; fañerónana. vo Tumulte, Sédition.

Comédie, Laolao fañadiana o, soma fikizáhana o. komedy, komedia. —, Traño fanaòvana Comédie; traño-filalaòvana. COMÉDIEN, Mpilalao amy ny Comédie.

Comestible, z Fohánina, h z fihínana; hánina, z tsara hánina.

Comète, Kintana misy rámbona, kintana lavavolo; anakintana malánka fiboáhana.

Comique, Kabíaka, mahafalifaly, ampihomehy.

Comité, O mivory handínika k; o miara-mitándrina raharaha.

Comma, Fijanónana toy io (:). Tebo-droy.

Commandant, Talé ny miaramila; tompo ny tanána. Mpanjáka, mpandidi-tany, mpanápaka, mpañina, mpifehy; tompo; komandá.

Commande, Fañasána hanao z. Ouvrage de —, Asa nasaina hatao, asa nampanaòvinan'olona, asa nangatáhina n'ólona. Maladie de —, Feinte.

Commander sur un pays, Mandidy, manápaka, mimalo tany; manjáka, mañito. — à une armée, Manina, mifehy táfika. VO CHEF. — à q de faire qc, de se taire, Manása o ha nao z, mampanao z o, maniraka o hanao z ; manpangiña o, de venir, mampiavy azy. — un siège, Mañina fahi-rano. Se — à soi-même, Maharesy tena, mandresy kibo, mampangiña azy; mañira-bátana. Qc qui ne se COMMANDE pas, INVOLONTAIRE. Montagne qui — la ville, Bongo baben-tanána; bongo aboabo ny tanána, vóhitra manetry tanána. COMMANDEMENT, Diditany, didy, malo, vólana fañiráhana; fañiráhana, vólana, ito, h lalána; fandidiana, fanapáhana; voa tápaka, voadidy, voa-ito. COMMANDEUR d'une habitation, Mpañina, mpitándrina, mpañahy.

Comme, DE MÊME QUE, g Koa; toa, h tábaka, pv karáha, sk koazáka, hériny, sk ámbaka, otry, totry, h toy; érany, òhatry, òhany; manao, manáhaka; mira; mitovy. Faites-moi, Manaòva ny atao ko, ou ny natao ko. Ce n'est pas — cela qu'on le fait, Tsy zany ny fanaòvana azy. Faites-le — ça, ataovo hoe izy, ataovo mañano hoe izy. Il demanda, — Salomon, la sagesse, Nañáraka i Salomona izy, nangátaka ny fahendréna. Il agit — un roi, Manao ny fatao ny mpanjáka izy. Voyez — je le lie, Zahá ny atao ko mamehy azy. C'est — auparavant, Faranilòhany. — vous êtes son ami je vous charge de l'avertir, Anao no sakaíza ny, ou Sakaíza ny anao, kala anao no asai'ko hañánatra azy. — c'est grand! Be izy! mba be izy! C'est — ça, Zany. Ecoutez — il le blâme, Tandreñéso ny fañadia'ny azy. Ils sont l'un — l'autre, Mira, fanáhaka, mitovy, érany, mifañérana, mérana izy roy. Faire — si on mangeait, Manao sary mihinan-draha. — ci, — ça, h tsizarizary; tsy manjary lóatra, tsy tsara lóatra. vo tòraka, tóroka, tóvitra, tóvotra, somary, songo, sakavavy, òvany, lalo.

Commémoraison, COMMÉMORATION, Fahatsaròvana, fahatsiaròvana, h fahataròvana. COMMÉMORATIF, mampahatsiaro, sk mampahatiaro.

Commencer qe, Manampòna, h manómboka, manántatra, manólatra z, vao hanao z, h vao manao z. — à grandir, Manampona ho be, mañály ho be, vao ho be, h vao be, efa ho be. — n, Mañaloha, mialoha, aloha. — par dîner, homana maloha ou antséndrika aloha. Aujourd'hui COMMENCE l'année, Niány ny fanampònany ny taona. COMMENCEMENT, Fanampònana, h fanombòhana, fanantárana, fanolárana; loha; fototra. vo ihíaviana, pv aviana, isehóana; mampiloha, voalóhany; h vakisárona, h vakisátrana, miandóhany. COMMENÇANT, Mpanampòna, mpanómboka, mpanántatra; vao manao, pv vao hanao.

Commensal, Miara-mihínana.

Commensurable, Mora ohárina ou azo ohárina amy ny hafa.

COMMENT a-t-il fait pour l'avoir? Ahory natao ny nahazo

azy? Je ne sais —, Tsy hay ko ny natao ny, tsy fanta'ko ny nahazóa'ny azy. Le —, Ny fanávana. — allez-vous? akory anao? — dites-vous? akory hoy anao? Je ne sais pas — il peut vivre, Tsy lala ko ny mampiaiña azy, ou ny mahavélona azy. — faire ou Que faire pour l'avoir? Ino nó hatao hahazóana azy? —!vous voilà, ha bá! efa avy anao. vo ahóana, nahóana.

Commentaire, Filazány ny hévitry ny teny; fañambaràna, filazán-kevitra, fañambarán-kévitra. COMMENTATEUR, Mpanóratra ou mpilaza izay hévitry ny teny. COMMENTER, Milaza izay hévitry ny teny; mamávatra vólana; mañambára ny fótony ny vólana. — n, Manombo-teny, manoso-bólana; mivolambólana.

Commérage, h Bedibedy foana; pv namínámy, bebobéboka. vo caquet.

Commercer, Mivárotra, mivanga; vo mandranto, mamidy, h mijírika, manakalo-vidiana. COMMERCE, Fivarótana, fivangána; várotra, vanga, ranto; takalo, fanakalózana; h jírika. — en gros, vo BLOC. Faire le — des Indes, Mifanakalo vidiana amy ny Indy. Etre en — de lettres, Mifamaly ou mifampitondra taratasy. vo Union. COMMERÇANT s, Mpivárotra, mpivanga; mpandranto; mpamidy; mpanakalo. Peuple —, o tia fivarótana, olo-mivárotra.

Commère, Vehivavy miáraka amy ny lehilahy mibanabára zaza mena amy ny batemy. C'est ma —, Reninjanak'o amy ny batemy izy; niara-niántoka zaza amy ny batemy zahay. Une —, viavy mpibebobéboka; vo BAVARDE.

Commettant, Tompo, nañiraka, nampiántoka; mampisolo.

Commettre des fautes, Manao ou mañano ratsy. — q à la garde des esclaves, Mañasa, manángana o hiámbina ny andevo; — qc à q, Mañome, manólotra o z hambésana. vo mampiántoka, mampiámbina; mamétraka z amy ny tánan' ólona; EXPOSER, COMPROMETTRE.

Commination, menace. COMMINATOIRE, menaçant.

Commis, O miasa amy ny mpivárotra; mitahy mpivanga; añila ny mpivárotra, firáhiny ny mpivanga, iraky ou ankizy ny mpivárotra.

Commisération, Fitseham-pó, findra-fó. vo Pitié.

Commissaire, Iraka, solo. —, Mpiahy ny karamaoky anáty sambo. — de police, Mpiámbina ny tanána, o mampangíña ny tanána.

Commission, fonction, Raharaha; qc à dire, vólana oména héntina; háfatra: fotóana, k hambara o; qc à porter, ampaitra; ampai-draha, fai-draha, z ampaitra. L'envoyer en —, Mañiraka azy amy ny o. Je suis en —, Irahin'ólona aho, mitondra háfatra ou ampaitra, ou raba, ou vólana amy ny o aho. commissionnaire, Iraka, irakiraka; o irahina, o asaina; firáhina, fasaina; o apitondra z. vo solo, alálana.

Commode s, *Armoire* fiankinana misy efitréfitra mifandrákotra.

Commode a, Mora. vo mety; tsara, malálaka, tsy malétra, tsy sárotra, antóngoy; maneky, tsy mifáhana ; manivoany. commodité, z tsara; z mahatsara; ny mahamora, z tsy mankaletra, z tsy mahaletra, tsy mahasárotra, z maháfaka amy ny sárotra, z malálaka; hatsarána; hamorána, fanampiana, hainy, hamamiana, lóndona, z ilaina , z fanaránan'aiña ; z mahamamy , z manampy. Chercher ses —, fg Mila mazava hipetráhana, mila maleny hanoremain-pangady, mila fandriana malemy láfika; mila ny mora. Les — des voyages, Ny mahamora ny dia atao.

Commotion, Hozonkózona, hózona, h hozongózona; horohoro. Etre en —, Mihozonkózona ; mangorohoro. vo kótrana, kotrankótrana , h kotankótana; gódana ; táhotra, tabataba; mifanarétsaka, mivoitra; taitra, fombo.

Commuer une peine, Manóva, manakalo, manóatra fankalilóvana. commuable, azo ována, mety solóana, mora atakalo.

Commun, commune: Passage —, Lálana Imbónana, marotompo. Butin—, Bambo Ikambánana. Etre — en biens avec q, Mimbona *ou* miraika hareana. Sacrifices — autrefois, joro fatao ny maro taloha. D'un — accord, d'une voix —, Tokan-teny, tokantsátoka, tokam-bava, miera. Les fruits sont —, Abondants. Fonctions —, Basses. — à beaucoup de monde, Maro-mánana.

Commun s : Biens en —, Haréana imbónana. Le — des hommes, ny Hamaróana (*ou* ny habetsáhana, ankabiázana) ny olona; ny maro, ny vahóaka; h ny ambángony, h ny antsa-habény. Gens du —, O iva-rázana , ny vahóaka, ny bozak'amin'áhitra , ny valalabemandry, ny o ambány , ny faraidina. Vivre sur le —, h Mitakárina.

Communs, Trano fangeréana.

Communal: Bien —, Fanánany ny tanána; Tany *ou* z imbónany ny tanána.

Communauté, O maro mimbona; fimbónana , h fiombónana, firaihana, h firaisana; firahalahiana, fibavánana ; ny hamaróana.

Communaux , Tany imbónany tanána maro na tanána raiky.

Commune , Tanána ; ny o ny tanána ; ny tany ny tanána.

Communément: Qui se fait —, Atao mazána , atao matétika, atao ny maro; fatao, fanóina, h fanao. vo F.

Communiant, Mpikomonio; mpahazo komonio. commusitik, Mikomonio, mahazo komonio; malaka ou maka komonio;mahazo ny Okarisity;mahazo ny vátany i Jeso-Kry.— q. Manome azy komonio, manome azy ny vátany i Jeso-Kry. COMMUNION, Fahazóana ny vátany i Jeso-Kry,fandraisana ny Okarisity; firaiham-batana ou h firaisan-tena amy ny Jeso-Kry.

Communicable, Mora afindra, mora oména, azo rasaina, mora ambara. —, Mora ampiraihina, mora atohy. COMMUNICATIF, Mirasa, manome; ti-hirasa-vólana amy ny hávana: h tsy sómpatra. COMMUNICATION, Firasána, fibirána; fanomézana, famindrána; fihavánana; firaihana, h firaisana; ialana, fifindrána; fiveriveriana; fihirátana, h firesábana. COMMUNIQUER, Mirasa; manome, manólotra, mamindra, milaza, manambara; mancho; mirasa-vólana; mampahazo; h mampiómbona, pv mampimbona. —, Miraiky; nifampiditra; misy lálana; mandeha amy ny; mitohy; miharo; mankamy ny; manátona; mitraotra. vo causer. Se — mutuellement qe, Mifampirasa vólana, nifamindra z, mifanome z. Se — à q, Mirasa tena amy ny o, maneho tena am' ny.

Commutatif, azo ována, mety hatakalo, mo: a soáfana. COMMUTATION, fañována, fanakalózana; fanolóana, fanoárana.

Comore (ile), ? Angajija.

Compacité, Hatevénana, tévina: fiéhana, hamafiana, halérana. COMPACTE, Matévina, malétra, miéka, vorihíky, voriéka. vo balangondángony, badobádony, dongadonga, h kátona, botrabotra, botátaka.

COMPAGNE, COMPAGNON, Námana, fahanánana, faharoy; tsy mandao, mpomba, fomba, mpiáraka, tsy mpiáfaka, momba. Nous étions — de jeu, Niara-nisoma, niara-tsoma, nirai-pisomána zahay tany. vo AMI. Une COMPAGNIE, O maro miáraka, tokon olona; o tokan-dia, havoriana. Aller en—, h Miróhitra, h miróhotra. vo miróatra, mitótra, mipómaka, ? miróvana. Fuire la —, h miolonólona, mijóno, mikonjy.

Comparable, Azo ampitovina, tókony hampiraina, mety hatátana; mira, mitovy; sahala, óhatra; miramira; mety haóhatra. COMPARAISON, Oha-draha, óhatra; fanohárana, fampitatánana, fampirána, fampéránana. En — de celui-ci, COMPARATIVEMENT à celui-ci, izikoa atátana ou ohárina amy ny ity, h raha ampitahaina amy ny ity.

Comparaître, Miseho, avy, mitsángana anatréfana, avy imaso, hita.

Comparatif, Manóhatra; fanohárana, fampitatánana.

Comparer, Manóhatra; mampitátana, h mampitaha; mampitovy, mampira, mampérana. Que l'on COMPARE à la tête, aóhatra amin-doha. A quoi on le —, anohárana azy.

Compartiment, Éfitra Des—, Efitréfitra A—, Mi— A

trois —, Miefitra telo.

comparution, Fisehóana.

compas, Sámpana fanerànana ; kompa. —, Boussole. COMPASSER, Manérana, manôhatra; mitándrina lóatra, mamboaboatra. COMPASSÉ, Affecté.

compassion, commisération. Faire —, Mampiferinaina, mahavoafó, h mahántra, mampitse-po, mampalahelo.

compatibilité, Fifanaráhana ; fifankaazóana ; hametézana. COMPATIBLE, Mifankaazo, mifanáraka, mifanéky ; mety; antónony, mifampitondra; ? mifandéfitra. — avec lui, mety haharo azy, mety hampiraihina ámy ny ; leo ny, tanty ny. Charges —, Raharaha mety hampiaráhina.

compatir à q, Mite-po, mitse-pó, mite-kibo, h miántra, pv ? mafiraiña o, mamindra-fó ámy ny. —(ensemble), miara-malahelo, miara-mitaraiña ; mifamindrafó. COMPATISSANT, qui compatit ; be findrafó, be famindram-po ; mafiraiña o; be fitsehampo o.

compatriote, O tokan-tany, tokan-tanána, tani-raiky, rano-raiky, h rano-iray, tokan-drano.

compendium, Teny fohy; filazána ny loha ny. Abrégé.

compensation, Fomodifodiana; fankefána ; valy, solo-fo; karama, soki-pátsika; támpina, h ónitra, fanonérana. COMPENSER, Mamodifody ; manámpina, mamodivondro; h manónitra, mankefa; mamaly, mamitrana; manisy tamby azy; manolo, mahasolo, mamáhana.

compère: c'est mon —, Niara-nálaka ánaka amy ny batemy zahay; Nama'ko nalaka anaka amy ny batemy izy; Ada ny zanak'o amy ny batemy izy. — le rat, Ra-valavo.

compétent, Tókony ; mety, sahaza. —, Mahefa, mahay, mahasáky, mahazáka, maha-. Qui a l'âge —, ampy taona. COMPÉTENCE, Fahefána, fahaiana, h fahaizana, fahazakána. Ce n'est pas de ma —, Tsy zaka ko izy ; tsy saky ko, tsy efa ko, tsy voa ito ko izy, tsy azo ko itósana izy;tsy anjara ko izy, tsy hay ko izy, tsy ombá'ko mahay izy. COMPÉTITEUR, o miara-mila, mpiara-mangátaka, mpiara-ta-hahazo.

compiler, Mitsimpontsímpona ou mitsongotsongo, manála amy ny taratasy natao n'ólona. Maka sòratra n'ólona; mamory, mamórona.

complaignant, Mpiampanga; manáraka ; h ampanga.

complainte, Antsa malahelo; antsa fitarainana; òsika milaza voina; fitretrérana. —, Ampanga.

complaire à q, Mankasítraka, manárana, manantahanta, mankaravo, mampifalifaly, maharavo. ? manangolangola; mahafináritra o. Se — en qc, tia z, mankamamy z, mibango z, miárana amy ny z. Se — en soi-même, h mami-tovélona; mankafy tena, manaram-po, tia-tena. En quoi on se complait, ankasitráhina, ankamamina; mamy, tiana. vo mihanta, miangola. COMPLAISANCE, fañajána, fankasitráhana, fañaránana, fanangolangolána; haravóana; sitra-po; angalimpó. Q COMPLAISANT, o tia hanao tsara amy ny o; mazoto hitahy námana, o ahazóana, o azahóana; o fiaránana, o fihantahantána, o fiangolangolána; o mora, mañaja, malemy fanahy, mahasitraka, mañeky foana; mañárana, tia olona, mazava fo, mankasitraka.

complément de qc, Ny fañampiana ou fañañónana azy; h ny fanampy ny; ny mahampy, maháñona, mahavóñona azy. COMPLET, Ampy, añona, vóñona; tóndroka, efa ziaby; ari-fánaka, ampy z, sahaza. vo ary tómbana, feno, tantéraka, vorongo, ngarangidina; tody, lavorary. COMPLÉTER, Mañámpy, mañáñona, mamóñona, manóndroka, mahavita, mamita; mahatody, mahatantéraka. COMPLÉTIF, COMPLÉMENTAIRE, Mahampy, maháñona, mahavoñona.

complexe: idée —, Jery maro loha, maro fótony, misámpana.

complexion, Toetry ny vátana. Qui a une — délicate, o malemy vátana.

complication, Toetry ny z maro-loha miharoharo; fiharoharóana; somalika. — de maladies, Arétina miharoharo.

complice, O nitahy námana nanao ratsy; námana, niarananao ratsy, nomba nanao ratsy; nimbona ratsy. vo tefibemivaona. COMPLICITÉ, firaihan-dratsy amy ny námana.

complies, Fijoróana hariva; fanampérana fijoróana, fivaváhan-kariva.

compliment, Hajam-bólana, vólana matavi-lela; volana fanajána; voninahitra, h fideránna; fandazána, haja, asy. Lui faire des —, Mañome fináritra azy, h mañome traránitra azy; mañome tsara azy. Le COMPLIMENTER, Mañaja azy amy ny vólana tsara; midera azy; manome azy hajam-bólana; mañome asy ou voninahitra azy; mankalaza azy. vo Louer.

compliqué, Miharoharo, sòsona; mifameby, maro-tapany; manao somalika; maro-loha; mifandikadika, ? maro-dika; misampantsámpana; mifadíditra, mifalílitra. COMPLIQUER, Mañaroharo, h mangaroharo; manosontsosona, mamadiditra, manao somalika ou maro-loha, mankasárotra. vo mamolimbólina, manohy, manámbatra. Se —, Miharoharo; miháamaro loha, mihiasárotra; mifadíditra, mivandibánditra.

complot, Jery ratsy iharóana; firaihan-jery ratsy; malo ratsy; h teti-be; h tetika, teti-dratsy; fiodinana, h fikomiana, fikomikomiana. COMPLOTER, Mifankaazo jery ou mifamehivólana handróbaka; h mikomy; pv ? mikomikómy; miódina, h miray tétika, pv miraiky malo, h miteti-dratsy; mimalo hanao ratsy.

componction, Neñina, fanéñenana; fo voa.

comporter, Mahaleo, mahatanty; maháritra. vo manaritra, n.amela, mety. Se — bien, Mitondra-tena tsara; tsara fitondran-tena, tsara fitoérana, tsara toetra, marin-toetra, manao fitoerana tsara; en enfant, manao zaza, misari-zaza; manao fitoeran-jaza; en femme, mankovavy.

composer, Mañaro, mampiharo; mampikámbana, h manámbatra; mamboatra; manamba-teny; mamoron-teny, mandaha-bólana, mandáhatra, mamory; mamórona; manao. — en écriture, Mifañia, sòratra. — n, Mifañéky; mifampiera; mandoa ny anasasa-bola haháfaka ny trosa rehétra. Se — de dix cases, Trano folo miharo izy, folo trano izy. Se —, — son visage, Miova sora, manòva sora, mihiatsara tarehy, málaka vajihy hafa, manajary tena, mamory tena; mándina, mántona; mampimándina tena; h miónina, maotona. COMPOSÉ a, miharo; voaharo z, noharoan-draha, miharo-rano. Q —, mántona, mándina, h maotona, manao sary matoy jery; manao sary manton-toérana. Un — s, haro, z miharo. C'est un — de trois choses, z telo miharo ou naharo izy; ? fiharoan-draha telo izy. COMPOSITEUR, mpanao ou mpamórona lamozika vao, mpisaina lamozika. Mpamory sòratra hanoratan-taratasy amy ny fanerena. COMPOSITION, Fanaòvana, famorónana; fañajariana; famboárana, fan.laharana, filaharana, firaisana, fiharóana, fikambánana. Finekéna, fanekéna. Tany voa láhatra, z voa haro, z voa fórona; soratra voa vory, sòratra andáhatra. Q de bonne —, o mora ahazoana. vo Complaisant.

composteur, Tsilakandákan famorían-tsòratra ou fandaharan-tsòratra hanaovan-taratasy.

compote, Koba-mboankazo, godragodra mboankazo; voankazo loky véhaka; sabeda mamy. En —, Véhaka, méhaka, vehabehaka, tròhaka. COMPOTIER, finga fasiana koba mamy.

compréhensible, Fántatra, azo fòtony, mora fántatra, azo fantárina, azo. COMPRÉHENSION, Fahazóana, fahalalána, fahafantárana; fahazóana fòtotra.

comprendre qc, Mahafántatra, mahalala, mahay; mahazo fòtony azy. Le — un peu, Mahazoazo azy. En — le langage, mahazo-vólana azy. Le — parmi les autres, mampiáraka, mampiharo, mampiraiky, mampomba azy amy ny sásany. — toutes les vertus, Mánana, mahasárona, mahafofo, mahatráhana, manótrona, ? omby, misy ny hatsarána rehetra. Se — l'un l'autre, mifanka-azo, mifankahay. Y compris son enfant, h Mba amy ny zana'ny, mbamy ny zana'ny, pv miharo amy ny zana'ny, ndraiky ny zana'ny.

compresse, Fesafesa, fésana.

compressibilité, Mahamora-teréna izy. COMPRESSIBLE, mora-teréna, mora fetsaina, azo tsindriana. COMPRESSIF, mahatsindry, mahatery. COMPRESSION, fanindriana, faneréna.

comprimer, Manindry, manery; mametsa, mamézaka. Se —, manindry fo.

compromettre q, qc, Manampy ou mañánkina azy amy ny z masiaka; mañatao azy añaty z mahavoa, mañántona k ratsy ámy ny; manaly, mitono azy, mañatao azy andriry. Mitsintsina, mamingivingy azy. — n, Mifañeky ho maloina ny mpañelañélana.

compromis, Teni-miera hifidiánana o himalo.

comptabilité, Fiantóhana. COMPTABLE, mpiántoka. Chacun est — de ses actions envers Dieu, Samby harábiny ny Zanahary amy ny natao ny. Charge —, Raharaha misy fiantóhana.

comptant: Argent —, Vola aloa eo edy, vola atao tarabótsotra; tolo-tánana. Payer —, manolo-bola, mandoa vola, tsy mitrosa, mamotso-bola; mankefa eo edy. Traiter au —, mifanólotra.

compte, Isa, isaka (sabo, hasabo). — rond, isa tsisy amby ny. Il y a le —, Ampy izy, ziaby izy. Faire le —, mañisa, (misabo), mandrékitra ny isa ny. Qui n'entre pas en —, Tsy añaty ny isa ny. Livre de —, Taratasy fañisána. A bon —, mora, moravidy. Donner qc à —, mankefa tápany. Ce que j'ai donné à —, Ny tapa-bola natolo'ko. Ce que j'ai appris sur ton —,? Ny z nahareñésa'ko anao. Le mettre sur le — de q, manangázona, manampy azy amy ny o. En rendre —, mañambara azy marimárina; mirasa vólana.

compter, Mañisa, pv mañisaka. Sans — les enfants, Laha tsy ny zaza; ny zaza tsy atao añ'isaka. — sur qc, Misengy, mitórona z; mañantéña z; matóky, miantéhitra, miánkina amy ny z. A — de demain, manampòna amaray. Les mauvais ne COMPTENT pas, Ny ratsy tsy mba atao añ'isaka. vo Payer, Estimer, Croire, Réputer, Espérer, Se Fier.

comptoir, Latábatra fivarotan-jávatra. Traño fihaóñany ny mpandranto vidiana.

compulser, Mizahazaha ny hévitry ny taratasy.

comput, Fañisan-taona. COMPUTISTE, mpañisa taona.

comte, Olombe, manan-tany. COMTESSE, Andriambavy manan-tany, Andóñavavy. COMTÉ, Tany ny Comte.

concasser, Manoretóro; mandisa; mañinikinika; mamotipótika, mandrotidrótika, mandretidrétika; mitoto, g mañisoka, pv mañósoka.

concave, Lémpona; h pepo, h mipepo, vo foañ'aty; marivo; talélaka. Sa CONCAVITÉ, ny lémpona ámy ny; ny Halempóna'ny. CONCAVO-CONCAVE, lempon-daniroa, lempona anila ny toy. CONCAVO-CONVEXE, Sady lémpona no mivóhitra; lémpona anila mivóhitra anila.

Concéder, Mañome; mahafoy.

Concentrer qc, Mamory azy añivo; manaika, mañeka ou mampieka azy ao afovóany; mampifanaika. Se —, Mivory, mifanaika, mifanátona. CONCENTRATION, Famoriana ao am-povóany.

Conception, Ny fiarémany ny zaza an-kibo ndreny. Fana-ñanan'ánaka ou fahazoan'anaka am-bôtraka. —, Hévitra, saina, jery; h anakampó; fikasána. —, Fahalalána.

Concernant, Amy ny.

Concerner, Momba; miáraka. ça vous concerne, k nao izy, k manjó anao izy; pv nihinao izy, ho anao izy.

Concert, Lamozika mireondréona tsara; réhona, rédona. Antsa miera, feo mifañáraka ou miharo tsara. —, Firaihan-jery, jery tókana. Agir de —, Mimbona; miara-manao, miáraka.

Concerter, Miara-manao; miara-miantsa, mambóatra, mamórona, mandáhatra, misaina. Se —, Miera, mifampie-ra, mifampálaka jery, miara-misaina.

Concerto, Lamozika atao n'olona maro.

Concession, Z oményn ny mpanjáka ólona; lálana oména, fañekéna, fañomézana. Lui faire —, Accorder. CONCESSION-NAIRE, o nomena z; o mahazo, o mandray.

Concetti, Haingohaingo-nkévitra foana; saim-potsy, saina foana; jery mivoréraka fa tsy mahitsy.

Concevable, Mora fántatra, azo jery, azo sainina;fántatra.

Concevoir, Mahazo ánaka ambôtraka. —, comprendre. Qui a conçu, Manan'ánaka, manan'ambôtraka,misy ánaka; ? mitoe-jaza. Qui est —, Efa niárina ambôtraka, efa miaiña, efa tañárina,, efa voa fórona ambôtraka, efa nanjary ánaka.

Conchyle, Akora aviany ny Pourpre. CONCHYLIOLOGIE, filazána ny Akora.

Concierge, Mpitambaravárana ny trano be. CONCIERGE-RIE, Trano ny Concierge.

Concile, Havorian'Evéques maro himalo.Lañónan'Evéky. CONCILIABULE, Havorian' Evéques tsisy talé ka tsy mahito malo.

Conciliable, Mety ampiaráhina, azo ampifañekéna, azo ampihavánina.CONCILIANT, CONCILIER,Mampihávana,mam-pifanéky, mampifañáraka. Lui —qc, Mampahazo azy z, mi-tárika z amy ny. Se —, Mahazo, mahatarika, mahatákatra, mampanéky. CONCILIATEUR, Mpampisakaiza, mpampilongo.

Concis, Fohy, fohi-teny, vitsi-volana; fohifohy, h tsy la-vareny; maletra vólana. CONCISION, Hafohézana; halérana.

Concitoyen, O tokan-tanána, o tanána raiky, o miraitanana.

Conclamation, Róntona n'olona maro mikaika o maty.
Conclave, Havorian-dreo *Cardinaux* hanángana Papa vao. —, Trano fiangónany ny *Cardinaux* hifidy Papa.
Concluant, Mahatápaka, mahito, mahavita ; maható, to; tsy mety isalasalána.
Conclure, Mamara, mamarafara; vo Achever. —, Prouver, Maható, mahamárina, mahafátatra. —, Tirer une conséquence, Maka hévitra, málaka jery, mañala hévitra. —, Arrêter, Mandrékitra. Se —, être CONCLU, Efa, támpitra. Marché —, rékitra, sk létaka. CONCLUSIF, concluant. CONCLUSION, Faravólana, faratény, farafarambólana; farambólana; farafara; fárany, fanampérana, h fahatapérana; famarána, famarafarána, hévitra álaina, ny avy, ny manáraka.
Concombre, Voantango, — ndolo.
Concomitance, Fiaráhana, fañaráhana; firaihana. CONCOMITANT, Miáraka, momba, miraiky.
Concordance, Firaihana, fifanaráhana. —, Taratasy milaza ny toko ny sy ny andininy ao amy ny *Bible*.
Concordat, Fañekéna, fifañekéna, Accord.
Concorde, Firaihan-jery, h firaisan-tsaina, firaiham-panahy; fihavánana; firaiham-po. CONCORDER, Miraiky jery, mirai-po, tokam-panahy; mifañáraka; miáraka.
Concourir à qc, Miara-manao, miraiky, h miray ; mimbona, momba, miara-mañampy; mifampitahy, mifandriaka. — pour qc, mifañia ; mirómbaka, misarómbaka. —, miharo, mitraotra, mihaoña.
Concours, Fimbóñana, fiaráhana, firaihana ; fihaóñana, fibaróana, fifañiáña. Ady sambi-te-ho-mánana, h Anjaika; lañónana, fañampíana, fitahíana.
Concret, Mikámbana, mitámbatra, mivóngana, misy tena, misy vátana. CONCRÉTION, fitambárana, fikambánana, vóngana.
Concubine, Viavy tsy vady; sindráño; vadisindraño, sengy, h tsindrifé; vaditsiñeny, ? vadiranto, vadiampásina, vadiambélany, vadiantány, h tokantrañomaso ; ? vadifady. CONCUBINAIRE, Mitana—; manary fady; manambady tsy heny. CONCUBINAGE, fitanana —.
Concupiscence, Fañirian-dratsy, filan-dratsy.
Concurrence, Fifañiáña; sarómbaka, rómbaka, fisarombáhana, Ady sambi-te-ho-mánana. CONCURRENT, mifania: mpiady, miara-milomay ; mpisarómbaka ; námana miaramiia.
Concussion, Fanávana ankery ny, fangalárana ny vola ny fanjakána ; fandrombáhana, fandromótana, fandaniana. Qui commet des —, un CONCUSSIONNAIRE, h homa-montso;

mangala-pihínana, mpandrómbaka, mpandány; mpanao ankery.

Condamner, h Manaméloka, pv mankaméngoka, mañéngoka; mandrébaka, mandresy. —, Blâmer; censurer. Le — à mort, Mañasa ou mañiraka azy ho vonóina. Se —, mitsotra, maneky, mibáboka; maniñy tena, miampanga tena. CONDAMNÉ, h Méloka; pv méngoka; pv voa héloka, voa malo, voa kabary; h nohelóhina, nohamelóhina, pv naéngoka; nihelófana; tsiñiana. — à mort, voa malo mahafaty; nasain-ko vonóina. —, vaincu, Resy, rebaka. CONDAMNABLE, Manantsiñy, h tòkony hohelóhina, tokony hankalilóvina, azo tsiñiana. CONDAMNATION, h fanamelóhana, fankameugóhana, fañengóhana, faniñiana; malo mahavoa, kabary mahavoa. — à mort, malo mahafaty ou mamano.

Condensable, Mora lérana, azo hatevénina. CONDENSATION, halérana; fankalérana; hatevénana, fahatevénana. CONDENSÉ, matévina, malétra; mandry. CONDENSER, manámbatra, mankatévina, mankalétra, mamory; h manakátona, mampandry. Se —, mihialetra, mifankaletra, mitámbatra, mandry; mitera-drano.

CONDESCENDANT, CONDESCENDRE, Mañeky, mieky; mañetak'aina ou miréraka hanao zay tiany ny námana. ? manavóana, mañanta, manantahanta, mañárana. vo complaisant. CONDESCENDANCE, fiekéna; fanantahantána, fañaránana; ? fañavoánana; fañetren-tena.

Condisciple, Miara-miánatra; mirai-pianárana, tokantompo fianárana.

Condition, Etat, Toetra, toi-bintana, víntana, h bika, fitoérana. ? fomba, fombána; h fanao, fatao. — sine quâ non, fañankinana, fiankinana; éfaka, leka; — vo CLAUSE. Vendu sous —, Vangána mahay mody. Gens de haute —, Olom-be, o ambóny; o añabo holáfiny. Qui a les — voulues, bien CONDITIONNÉ, tsara toetra, tsara víntana; tsara fanaóvana, tody fanaóvana. CONDITIONNEL, misy fetra; misy fañankinana, misy fieférana; miánkina amy ny Z. CONDITIONNER, manao azy tsara; mañampy, mamóñona, manáñona azy.

Condoléance, Ati-drano-maso, fañateran-drano-maso; firaihan'alahelo. Faire une visite de —, mañati-dranomaso, mamangy o hañala alahelo azy. Se CONDOULOIR avec q, miarak'alahelo, miara-malahelo amy ny o.

Conduire, Mitárika, mañátitra; mitari-dálana. vo mandroso, mampandeba, mampomba; mitondra; manesy. — un travail &, vo commander. Se —, se comporter. Se — en ennemi, manao fahavalo. Se — sagement, mándina, mántona, mandin-toérana; mibonéka; h mihámoka, mihamokómoka; maótona. CONDUCTEUR, Mpitárika, mpañátitra.

mpitari-dálana, mpitari-dia; mpandroso, mpanesy, mpitondra loha. vo filóhany; lahiloha. ʋo chef.

Conduit, Lakandákana, lakalákana, lakandrano, fombána, hady; tátatra; fándrana, volo.

Conduite, ac, Fitaríhana, fañatérana, fitaríhan-dálana; fañamoriana, fandrosóana, tari-dálana; fitondrána, fifchézana. n. fitondran-tena, fitondra-tena; fitoérana, toetra, fatao, h fanao.

Cône, Z kitso-loha, z tsokiloha; z matsio-doha, z kitsokitso; kitso, z jongoa. En —, CONIQUE, kitso-loha &; h jongoa; kitso, kitsokitso. vo sompirana, misompirana; mitsopiaka.

Confectionner, Manao, miasa, mizávatra, mitsabo, h mamboatra; mandrary, mamórona. vo Achever.

Confédération, Fihavánana, filongóana, firaihana, fimbóñana. Se CONFÉDÉRER, Milongo, miraika, mikámbana, miháváña; mímbona, mifañeky. CONFÉDÉRÉS, longo,hávana.

Conférer des passages, COMPARER. — une grâce, DONNER. — sur qc, CAUSER; mifampálaka jery, mifampila jery; mifañontány, mimalo. CONFÉRENCE des lois, fampitaránana ny diditány. — des magistrats, Havoriany ny beventy himalo. — sur qc, koráña, fikoráñana; p hiratra, fihirátana; h résaka, firesáhana. vo causerie; filan-jery, fitadian-kévitra, kabary, fikabariana; fimalóana.

Confesse: Aller à —, Mandeha hikofesy ou hamosa. Venir de —, avy nikofesy. CONFESSER ses fautes, se —, Mamosa, mamámbaka, mañôkatra, h mamókatra, mañambara, mañéky, milaza ny ratsy natao ntena; mikofesy. — qu'on a tort, Mañeky, mibáboka, mitsotra, mivalo, meky, mibébaka. — Jésus-Christ, Mañeky i Jeso-Kry, h any i Jeso-Kry, amy ny Jeso-Kry. —q, Mikofesy o, mitandréñy o mikofesy. Confessez vos fautes, Afosáo, avambaho, okáro, koáro, ambaráo, atoróa ny ratsy natao nao. Celui à qui je me suis CONFESSÉ, ny nikofesía'ko; ny namosá'ko. Q que j'ai —, o nikofesy tamy ko, o nikofesí'ko. Je CONFESSE que j'ai tort, Diso aho, mieky aho, ota aho ankitiny. CONFESSEUR, Mpikofesy o, mpijoro fikofesiana. Qui est ton —? Ray zovy no fikofesia'nao? — de la foi, Mpañeky, nañeky i Jeso-Kry. CONFESSION, famosána, famambáhana, fañokárana; fañambaráña, fañatoróana ny ratsy natao ntena; fañampangan-tena. — détournée, fosaariary. vo fibabóhana, fibebáhana; fitsórana, fitsófana; fivalózana. — de foi, fañekéna ny finóana; fañambaráña ny z finóana. CONFESSIONNAL, Trano fikofesiana, efi-trano famambáhana; efi-pamosána.

Confiance, Toky, hatokíana, tokimpó, hatokíam-pó; fahatokiana, fatokiana, tavandra, tavandram-pó, fitavandrampo, fañanteñána, hasahíana. Q de —, o mahatóky, mahata toky; o atokiana, o fatokiana. J'ai sa—, atokia'ny aho. Avoir — en q, Matoky o, *ou* amy ny o. CONFIANT, Matoky; mitavandra, mahasáky, tsy mañahiahy, tsy midon-draha; tsy mba mataho-draha.

Confidence, Firasam-bólana an-kodíatra; fañambarána amboho. En faire —, Manatoro azy amboho. Je suis dans sa —, firasá'ny vólana ankodiadiatra aho, fambará'ny ny k tsy fambára ny (*ou* tsy fatoro ny) ólona aho. CONFIDENT, o firasám-bólana, o fambaréna k, o fatoróana k. Il est le — de mes peines, Izy no firasá'ko vólana amy ny alahelo ko. Lettre CONFIDENTIELLE, Taratasy filazána z ankodiatra *ou* anjoro, amy ny takola-baravárana.

Confier qc à q, Mamétraka z an-tánana n'ólona hambésa'ny; mampiántoka o z, manampy, mañánkina z amy ny, manome *ou* manólotra azy z ho tehirizina; manompy *ou* mikajy z amy ny o, mañambara azy k. Se — en Dieu, Matoky azy *ou* amy ny; mitavandra azy, mametrak'aiña *ou* mañánkina aiña, manompy aiña amy ny; mañanteña azy, miantéhitra, *ou* miánkina amy ny.

Configuration, Éndrika, tarehy, sora; toetra, toe-bíntana, toe-bátana.

Confiner à un royaume, Tokam-pieférana ámy ny; ? misanólotra amy ny; mipáka amy ny. — q, Mamáhitra, h inamahy; mandrindrina, mandriba, mamala o; manéfitra o, mañisy fieférana azy, inametra o; manólotra azy am-bory; mamono-lálana azy. Se—, Mandevim-bátana, mandrif vátana, mañefi-bátana.

Confins, g Fieférana; pv fiférana; éfitra, vo moron-tany, furitra, mólotra, sisiny.

Confire des fruits, Mandóna *ou* mamótrika voankazo amy ny siramamy va amy ny ranondraha tsy mahaló azy.

CONFIRMATIF, CONFIRMER, Mahamafy, mankahery, mankafátratra, mamátratra, mahafónitra; mampitoetra, maható. Se —, Mihiató, mihamárina, mihafátratra. CONFIRMATION, fankaherézana, famatrárana, fankafonirana.

Confisquer des biens, Málaka ny haréana ny o voa kabary; h maka, mañosy, mamery, h manazy azy, mamaoka, mikaoka fanáñana. CONFISCATION, fañaláña *ou* fahaverézana ny fanáñany ny o ratsy; h sazy.

Confitures, Voankazo naloky amy ny siramamy. vo compote.

Conflagration du globe, Ny firedaredány *ou* firehétany ny tany ziaby. fg Révolution.

Conflit, CHOC, COMBAT, Ady; kóna. En —, Mi—; mifampikóna.

Confluent, Vinány, vinañin-drano, fibaroan-drano rov: fitraòfana.

Confondre des objets, Mañaroharo, h manaríraka, h manasaríraka, h manorokoro, pv mikorókaka. vo BROUILLER. — une chose avec une autre, Mampiharo, mañaro; tsy mahasáraka. — un imposteur, Mandrébaka, mandresy, manabóka, mampañéky. — l'orgueil &, Mandréndrika, mandavo; mamono; mañetry, manjetra; mamáboka. — q, mahaméñatra, mampameñatra, pv mañerikery, pv mamotivoty; mahavery jery, mahavery hévitra, mandiso, mañota; mampibadabada, h mampangaihay, mañadala, mahatalánjona. Se —, se Brouiller.

Conformation, Toetra, toi-bátana, toe-bíntana, famorónana, tarehy; fórona.

Conforme, Mira, mitovy; érany, òhatry, manáhaka, táhaka; mifañáraka. CONFORMÉMENT, araka, mañáraka. CONFORMER, mampira, mampérana, mampitovy, mampanáhaka. Se —, — tena; mañéky, mañáraka, mala-damy, miana-damy, mañarakáraka, mañara-dia. CONFORMITÉ, Hamiránã, fitoviana; fifañaráhana.

CONFORTABLE, CONFORTANT, CONFORTER, Mahatánjaka, mahafátratra; mankahery, mankafatra-po, mahavíntsina, mahavóky; mahafináritra, maharavo.

Confraternité, Firahalahiana; fihavánana. CONFRÈRE, Rahalahy. vo Fati-drá. CONFRÈRES, Mpirahalahy. CONFRÉRIE d'hommes, havorian'olon-dahy, firahalahiana, reo mpirahalahy; de femme, havoriam-behivavy; firahavaviana, reo mpirahavavy.

Confronter, Mampitátana, h mampitaha. vo comparer. CONFRONTATION, fampitatánana, fampitahána.

Confus, pêle-mêle, Miharoharo, voaharoharo, sòsona, sosontsòsona, h mikorokoro; pv misaríraka, h mipotipótika; h mifotofoto, h misafotofoto, pv mipotopoto, g misavorovoro; mivoibóitra. vo fotafota, sampótina, fótina. —, Honteux, méñatra, meñaméñatra, votivoty, kerikery, mangaihay, mihaihay, kémaka; h teramena, h vakiafero, h vakibétroka, resy, very jery, vakiatratra, mitondra-héñatra; dans ses paroles (ou parler CONFUSÉMENT), g mibadabada, pv midabadaba, h miboadaboada, mibebohéboka; miverobéroka. —, trouble, Tsy mazava, h mitsilopilopy, g manjávona; h manjombonjómbona, g maizinizina. CONFUSION, honte, héñatra, heñatréñatra; heñatra an-kándrina, fiheñárana; havotivotiana, hakerikeriana. —, désordre, haroharo, savorovoro, safotofoto, saríraka, g sebiseby; rabantsáhona. — de mots, g badabada, h boadaboada, h boediboédika, pv dabadaba.

Congé, Fialána, lalan-kiála; fiiengána, lálana; fitsahárana, tsio-drano, famelána, fañandefána, fañafáhana. Prendre —, dire adieu. —, jour de —, vo CHÔMÉ. On a —

aujourd'hui, on chôme. CONGÉDIER l'armée, Manandéfa, mandefa; mampody, mampandeha, mamótsotra ny miaramila; mamela azy bandeha, manome azy lálana hiala. vo mitsio-drano, mampirava, mamóraka; CHASSER.

Congélable, Mety hampandrína. CONGELER, vo coaguler. CONGÉLATION, vo coagulation.

Congestion, Hándrona. vo Amas.

Conglomérer, Amasser.

Conglutiner, Mandoko, mandity, mandrekitra azy; manisy azy z madity.

Congratuler, vo féliciter, Miara-paly, miara-dravoravo; mirai-karavóana, miarahaba.

Congrégation, Havorian'olona fibaro hijoro; lanónana, h fiangónana, fivoriana, fihavánana, firaihana. vo CONFRÉRIE. CONGRÉGANISTES, o añaty ny havoriana, mpirahalahy; mpivory, ? fivory. ? favory; tafavory; h tafángona.

Congrès, Havorian-dreo mpanjaka himalo tany.

Congru, suffisant. A portion —, ampy zara, ampy haréana.

Conifère, Mamoa kitsoloha; mamóny matsio-doha. vo còne.

Conique, vo còne.

Conjecture, h Vinány, h anoano; pv ahiáhy; z ataotao foana, z anoanoim-poana; pv z ahihina foana, h taheny, h toatoa, h kitoatoa, h kianoano be, kinoanoa be, h tsinjovorimazoto; h tovantóvana, fanao fotsy, h toramaso, h toramasoandro; ? fanandrátana. Faire une —, CONJECTURER, pv mahahiahy, pv marimárika, pv mamato, pv mamatovato, pv mamatravátra, pv ? mañiana. ? manintana. h maminány; h manendrikéndrika; manao anoano (ou kitoatoa, taheny), h mitovantóvana, g manaotao foana, manánoáno foana. pv ? manándra; h manandry. vo Augurer.

Conjoindre, Mampiraika, mampikámbana, manámbatra; mampivady. CONJOINT, miraika, h miray; mikámbana; mivady. Les —, mpividy. Agir CONJOINTEMENT, miáraka, miraika; mímbona; mirímbona; mifampitahy, mifanósoka. — avec lui, mba amy ny, mb'amy ny. vo concert.

Conjonctif, Mamehy, mahakámbana, mahafehy; famehézana; fehy.

Conjonction, Firaihana, firaisana, fikambánana. — grammaticale, fanohizambólana, famehezan-teny.

Conjoncture, vo circonstance, Víntana, andro, fotóana, sámpona; z manjó, z an-dálana, sákana; anjady.

Conjugaison des nerfs, Fanambárana, fampikambanána; fikambánana. — d'un verbe, ? fitetézana, ? fiventiventésana; ? fijijiana, fitaritarihana, fandrorótana.

Conjugal: qe —, Z ny mpivady, z ny fanambadiana. CONJUGALEMENT, karaha o mivady, tox ny mpivady.

Conjuguer, Miventiventy, mahavatra, mitety; mamélatra; ? mijijy, mitaritárika; mifanitohy, mampikámbana.

Conjurer contre l'état &, Mikasa handróbaka azy. vo comploter. — l'orage &, mandrara, mandróaka; vo mikaï-báratra, manao fankatóvana. — Dieu, mifóna ámy ny ; mihanta, mihantahanta. vo Supplier. conjuration, vo complot, serment. —, fandroáhana, fandraràna, fitorávana.—, fifónana, fihantána; hanta.

Connaissance, Fahafantárana, h fahalalána, sk fahaiana. —, savoir, h zava-pántatra, pv raha-fántatra, sk zakahay, h ? zava-dala. vo saina, fanahy, jery, hihitra, hahihírana, habendréna. Q de —, olom-pántatra, olona hay; izátirina. Gens de —, o mifankahay, mifankalala, mifankazátra. vo Amis. En prendre —, miánatra, mizaha, mañontány azy. En donner —, mañambara, manoro, manatoro azy. Il a beaucoup de —, mahalala o maro, oh z maro izy; maro raha-fántatra izy. Faire — avec q , ? mandongo azy. Faire — ensemble, ? mifandongo, ? mifamántatra. Avoir —, connaisseur, connaitre, Mahafantatra, h mahalala, sk mahay. Se —, — tena. Se faire —, Mamóaka tena, mamoa-bátana, manoro-tena, mañambara-tena. Je le connais, fanta'ko, fautatr'o, lala ko, hay ko, zari'ko izy.

Connétable, Ránitra mpiámbina ny sovaly ny mpanjáka. Ránitra be.

Connexe, Miraiky, h miray ; mitohy, mifandrékitra, mifampirávitra, mikánbana. connexion, fitohizana, firaihana, h firaisana, fikambánana.

Conniver ou être de connivence avec q, Miraika-jery ou mifankaazo amy ny o mañao ratsy. Tsy mandrara zay tókony ho rarána. Mitampi-maso amy ny z tókony ho sakánana. vo complice.

Connu, Fántatra, h lala, sk hay.

Conque, Antsiva, h angaroha, h bakora, akora be.

Conquérir, Mahazo azy amy ny ady; maka, málaka, mandresy, mandrébaka; mampañéky, maháfaka. conquérant, Mpandresy tany; mpandrébaka, mpahazo, maharesy. conquis, Azo, resy, rébaka; áfaka. conquête, Fandreséna, fandrebáhana, fahazóana; z azo, h babo, pv bambo. En faire la —, le conquérir.

Consacrer un calice &, Mankamásina ; mankafady. — qc à Dieu, Mañome z azy, manolotra z azy, manókana, mamehy, manántona z amy ny, manókana z ho azy. Se — à lui, manolo-bátana azy, mañome-tena azy, mamehy tena amy ny. vo s'Appliquer. — un usage, l'Autoriser. Se — qc , Se l'Attribuer. consacré, Másina, voa hásina ; efa z ny Zanahary ; efa nihiny Zanahary, efa an'andriamánitra. Mot —,

Vólana satao, maresaka atao n'olona.

Consanguins. Tokan'dray namaitra, tokan'ada, ada raiky, rai-draiky, h irai-ray, h irai-ada. vo tokan'atyatihávana, atirékitra. CONSANGUINITÉ, Firaihan'ada ; h firaisan'ada, fitokánan-dray, fihavánana ny o tokan-dray, atihávana, atirékitra, atinkávana.

Conscience, Fo; jery, fanahy; eritréritra.; jery ny fo ; hitsim-po; hamarinam-po. Q de —, (CONSCIENCIEUX), o mahitsy fo ; márina ; marim-po ; manáraka ny hitsimpó & ; o tsiny anenénana; tsisy nénina, tsy málaka tsiñy ; tsy mamitaka. Satisfaire à sa —, manala ou miala nénina. Qui y a satisfait à sa —, afaka nénina. vo Rétotra, rénoka, kondeko.

Conscription, Famoriana o ou fandatsahana o ho miaramila. vo Latsa-bato.

Conscrit, Miaramila vao látsaka.

Consécration, Fankamasinana, h fanamasínana, fanokánana.

Consécutif, Lava, tsy maito, tsy mielanélana, tsisy elanélana, tsisy elanelan'andro ; mitohy, mitohitohy; tsisy dikadika, tsy dikadikaina; mifandimby, mifanáraka.

Conseil, Jery oména; jery ilaina ; saina, ánatra. Demander — à q, Mila jery, málaka jery, maka saina amy ny o, miera, mifampiera amy ny o. Donner — à q,(CONSEILLER q,) Manome jery, mamindr'ánatra, mannáatra, manolo-tsaina o. Tenir —, Mimalo, mikabary, mifampila jery, mifampálaka hévitra; h mitétika, mirai-tétika, miara-misaina. Mauvais —, Era, fanerána ; tsitsika. Lui en donner, Manera, mitsitsika azy. —, O mivory himalo; havoriana ny mpimalo. Les — de Dieu, Ny malo; ny voa-ito, voa-tápaka, h nikasaina ny Zanahary. vo fikiniana, fikasána, fanomezan-tsaina. Un CONSEILLER, O fañalan-jery, mpanolo-tsaina, o ahazóan-jery. CONSEILLER la guerre, Mitaona hiady; mampiady, mandrisika hiady, mampijery hiady, mampitia-ady. — le mal, Manera, mitsitsika o.

Consentement, Era, fierána; ántoka, fiantóhana; fickéna, fanekéna. Tenimiera, vola-miera, vólana fampierána, vólana-mera, h soamiera. Demander son —, Miera amy ny, mila ántoka ou lálana amy ny. vo Agrément. CONSENTANT, CONSENTIR. Mety; tia, mieky, maneky; miántoka, manóina, momba, manáraka ; mihaon-doha. J'y consens, Mety aho; ombá'ko izy, aráhi'ko izy, tia'ko izy; anéké'ko izy. vo Miera.

Conséquence, Z avy tamy ny, z manáraka ; fanaráhana; z tsy azo ahílana; z atéraka, z abóaka; voany; fárany, fanampérana, vómbony, fanáraka. Qc sans —, z tsy mamino, z tsy manahy, z tsisy várany, z tsisy bona. De grande —, z be fótotra, be fiaviana, be vava, be fárany. En —, CONSÉQUEM-

MENT, Amy ny zany; kala amy ny zany; kala, ka ; h ary dia, ary amy ny izany , h ka dia ; áraky izany , mañaraky zany; araka, arakáraka, mañáraka. CONSÉQUENT, a, Maháraka ny atao ny ; mahampi-tety ny lálana ombá'ny , tsy miova , tsy vadikádika, tsy mania, tsy miviry, mandroso ny dia atao ny; mahitsy márina; mieritréritra ny atao ny, mifañáraka , mifañeky. Le —, ny fañáraka.

Conserver, Mitána, miámbina, miandry , h mitahiry , pv mitarimy; miaro; h mirákitra, pv mikajy , mañompy , mamélona, mamáhatra, tsy mañary, tsy mamótsotra; tsy mañala. — la tête, tsy very jery, tsy áfaka fañahy. Se —, matána, miáritra , mahampy ela , tsy mora lo ; mitarimy aina ; tsy áfaka, tsy simba. CONSERVATEUR, Mpitána, mpiámbina; maharo, mahatána. CONSERVATION, fitánana, fiambénana, fitahirízana, firakétana; fiarovana, fitarimiana. CONSERVE, hánina voa kajy; hánina másaka ela, hánina tsy lo vo tavoara, varanga. — , confiture. Des — , ? hefi-maso, ? fiaro-maso. vo Lunettes.

Considérable, Be, lehibé ; be vava , be hiany , tòkony ho hevérina. CONSIDÉRATION , fihevérana , fisaiñana ; hévitra, fitandrénana. Qui jouit d'une grande —, Mánana haja , be haja. En — de , Noho ny. vo Motif , Estime. CONSIDÉRER, Mihévitra; misaina, mandinika , mañádina , mañaliñalina; mizaha, h mijery, mitázana, mañaja , mañome asy ou haja. vo Manómbana

Consigner une somme &, Mamétraka, manólotra. — une loi & , Mametra azy amy ny taratasy , mamoña azy amy ny tady. — q, Mametra, mamono lálana azy. vo confiner; Arrêts. CONSIGNATION , fanolórana , fametrábana. CONSIGNE, fetra, fepétra, fandrarána; didy; famérana.

Consistance, Hamafiana , haherézana. Sans — , Malemy, magodra; magedragedra, reradréraka, galigaly , vaha, kétraka, tsy matána, tsy maháritra; mafontifonty ; tsisy tena. Esprit sans —, Tsisy fitsangánana, tsy tafipétraka , tsy tafitoetra; tsy mantoetra, miovaova. La vertu CONSISTE dans un juste milieu, Ny tsara ankítiny, ny añivo márina ; ny fitoérany ny tsara , añivo márina. Ce en quoi il — , ny tena ny, mah'izy.

Consistoire, Havoríany ireo Cardinaux amy ny Papa.

Consoler, Mañala alahelo , manambitamby , mañatrakátraka, mampangíña; mankaravoravo , mahafalifaly, mahafiñáritra; misafosafo; h mampiónina. Se —, Mañary alahelo, mangíña, miónina; mitambitamby ; tsy malahelo koa. CONSOLÉ, afak'alahelo. Un peu —, afakafak'alahelo , efa nahafáhana ny alahelo ny. CONSOLABLE; mora alan'alahelo, mora ampangiñina. CONSOLATEUR, Mpanambitamby , mpanala alahelo, h mpampionona. CONSOLANT, Mahatak'alahelo, maharavoravo. CONSOLATION, fañaláua alahelo (ou háuiña; fihaniñana); fanambatambázana; tambitamby; fahara-vóana, fahafinarétana.

Console, Latábatra hely mifify amy ny riba.

Consolider, vo AFFERMIR; Mamáhana, manóhana. CONSOLIDATION, Affermissement.

Consommer, Manámpitra, h manápitra, mandány; mahalány, mamonga, manjabiaka, maharitra; mifóka. —, vo ACHEVER, ACCOMPLIR. Faire — de la viande, Mandoky véhaka azy. CONSOMMATION, fandaniana, fahalaniana; fanampérana, h fahatapérana; fárany, famaráana; fiefána, fahafatésana, fahatodiana, fahalevónana, fara-fiaiñana. CONSOMMÉ, lany, támpitra, fóngana, h fonga; efa jabiaka, efa fiana, ritra efa lany fiana; lévona, efa tsisy. vo Achevé. CONSOMMATEUR, Mpandany, mpamóngana, mpanjabiaka. —, mpanefa, mpanámpitra, mpanody, mpamita; nahantéraka, nahatody. Du CONSOMMÉ, Ro n'aomby loky véhaka; ro vóndraka.

Consomption, Filaniana, halaniana, halevónana, filevónana. Aretina hômana.

Consonnance, Fitoviam-peo, hamirán'eno; tokan'eno. Eno mifañáraka, eno-mira. CONSONNANT, mitovy eno, tokan'eno; mifañara-peo, mifañaraka, mety.

Consonne, Sóratra tsy vaki-feo; tena-sóratra, reni-sóratra.

Consorts, Námana, mirai-jara; tokam-bambo, miray anjady; mikámbana.

Conspiration, vo complot; h Komy, fikomiana; pv komikomy handróbaka, fikomikomiana; fikiniana, h takatsika, h komahay. CONSPIRER contre, vo COMPLOTER; miara-mikasa, pv miara-mikinia, miraika fikiniana.— pour, — à qc, miaramanao, mifampitahy hanao, mifañampy, samby mañampy.

Conspuer q, Mitóra-dranivy, mitorak'ivy o. fg mépriser.

Constant, Maháritra, matána, maheri-fo, fátratra, mafy, mahery; miéntitra, miféna, h miféntitra lava, mahatanty, mihadiñy tsy réraka, tsy kétraka, tsy vaha, tsy voly, tsy meñina, tsy miova. vo miáritra, h mijájirika, h mijárika, h mikiribiby. vo certain. Travailler CONSTAMMENT, miasa mandrakariva, tsy voly asa, tsy afak'amy ny asa, miasa lava, rékitra amy ny asa. vo Appliqué. CONSTANCE, faharétana; fahadiñasana; fienterana, fiféñana, fifontérana; fiarétana, pv fahatanána, h hamafiana, hafomirana, lalandava, jajírika, haelána.

Constater, Mankató. —, consigner.

Constellation, Tokon'anakintana, h tokonkintana; kintana mitoko. Né sous une bonne —, o tsara vintana nivelômana.

Consterné, Rera-pó, mivarcraka, ketra-po, matimati-fo, malemi-fo, malemi-tróka, mivarera-poana ; malahelo, matáhotra.; manjonaina. Le CONSTERNER , mahatera-po azy, mankalemi-fo azy; mahatalánjona; mampalahelo. CONSTERNATION, fo réraka, fo malemy ; hareraham-pó. vo Bouder; Abattre.

Constipé, h Mitóhana, h tsy miválana, rékitra , (pv rekitay), mitampinn-body , miésika ; tsy mahefa mandeha. Enfant —, h mifarona. CONSTIPER , manóhana , mandreki-tay, manésika, manámpina. CONSTIPATION, (fireketan-tay,) fireketana.

Constituer l'homme , Maha-ólona. vo mahary , mahaforona, mahefa, mahatody, mahatonga ny o; mahamisy o. Le —, mah'azy. — q en place &, manoetra, manángana, manórina, manao.— un peuple, manisy diditány azy. Se —, Mi—, ? tonga ho izy, ? tonga ho tena , manjary , mihiamafy. Se — en nation, manjary firazánana , mamórona fanjakána , mivory. Mal CONSTITUÉ, ratsy vátana, ratsy aina, ratsy toe-bátana. Ses parties CONSTITUANTES, ny mah'azy, ny fotony, ny tena ny. CONSTITUTION du corps, Toe-bátana, vátana , teña, aiña; ? fórona, famorónana. —, Diditány, malontány, fotótry ny fanjakána ; ny mahafátratra ny fanjakána ; éfaka, tóhana, fáhana.

Construire, BÂTIR. CONSTRUCTION, fanaóvana, fizavárana, fitsabóana, fañorénana, fandrafétana, famorónana,fiasána. —, traño, orin-trano, ráfitra, asa. — d'une phrase , filaharan-teny,fandaharam-bólana. CONSTRUCTEUR,vo Architecte.

Consubstantialité, Firaihan-tena. CONSUBSTANTIEL, tokantena, tókan'aina, tokam-piaiñana; tsy samby tena , tokampototra.

Consul, Solo-mpanjáka mipétraka amy ny fanjakána n'olon-kafa. —, mpanápaka tany, mpañito, mpitsara. consoly. CONSULAT, raharaha ny Consul.

Consulter q, Málaka jery,maka saina, mila jery amy ny o. Se — ensemble, mifampiera, mifampálaka jery, mifampila saina, miera. Se — soi-même , miera , miera ampó, mihévitra. —, Examiner, Interroger. CONSULTATION , conseil.

Consumer, Mañoro, mandány, mañérona , mamóngotra, mandévona ; mandritra , mandriry hómana , mihínana. vo consommer. Se —, mandóditra tena , milóditra , mihena, mihialany , mikeli-aiña. CONSUMÉ, fórona, lany, forompótotra, fóngotra, nay, finórgana, fonga, h foréhitra. vo forohan-tápitra.

Contact, Tóhina , fipéhana ; fotra, béña. En — , mifótra, mipáka; tefótra , tsibéña , tibéñina; tekásika ; voatsitóhina. voatóhina

Contagieux : Mai —, Arétina milindra, mora milindra. —, mahavoa, mankaraçy, mahera, mahafaty, mántsina. CONTAGION, fifindrány ny arétina; arétina mifindra, ny arétina afindra, hántsina.

Conte, Tsilengalenga, tsivandivandy, kivandivandy, angano mavandy; anganongano, h arira, h hatsikiana, h haga, h hatsotso, h baránkana; vandy, lainga, saimpotsy, h habobo; antsangatsiamin'òrana, pv tapatonona, pv tapasiry.

CONTEMPLER qc, CONTEMPLATIE, pv Manéritra, pv mijeriana, pv mitséndrina, h mibánjina z; mandreki-maso amy ny z; mizaha-rékitra, reki-maso; mihévitra, mijery, misaina, misaintsaina; mitsinjo, miandra; rikiana. CONTEMPLATEUR, mpanéritra, mpijery &. CONTEMPLATION, fanerétana, fijeriánana, fitsendrenana, fibánjinana; fisaintsainana, fijeriana.

Coutemporain, Tokan-taona nivelòmana,? miara-bélona, ? niara-bélona; h indray mihiça, miáraka, h mifamatra; fg tándroka-miarak'amin-tsófina.

Contempteur, Mpivaza, mpiérina, mpanétaka, mpanetry, mpanjetra; mpikizaka, h mpaneso, h mpanaraby, mpanamavo, mpanala-baráka; mpanaratsy, mpianjonánjona, mpanao tsy ho závatra.

Contenance, capacité. —, Toetra, litondran-tena. — respectueuse &, vo óndrika, bàboka, fihifihy. — fernie, vo tsángana, hénjana, deza, jádona. Perdre —, kétraka; mirepirepy.

Contenant : Son —, Ny asiana azy, ny misy azy, ny vatra ny, ny trano ny.

Contenir deux boisseaux, Omby (ou érany, tandry) gamela roy izy; mamofo, mahafofo, mahalány, manòadrana, mahaleo. Gamela roy omby azy ou omby ámy ny. — qc, misy z. —, mitána, mahatána, misákana, mametra, manámpona, mandrara, miaro. Se —, mitam-po, mitanafò, mitambátana, mitan'aiña. Qui sait se —, mahatam-pó, mahafebátana, mahatan'aina.

Content, Ravo, ravoravo, falifaly, h faly, varivary; mi —; étsaka, etsa-po, empa-pó, heni-pó, hénika; finaritra; mety; tsy miérina; nahazo érany ny kibo, mitsaha-pilána; h zina, tapi-java-nirina, vo noro ko; tsoutso'ko, drindra ko, zara ko; zara, tsivelomisalahy. CONTENTER, Mankaravo, mankaravoravo, mankafalifaly, mahafaly, maharavo; manétsaka, manárana, manénika; manikasitraka; tsy mampiérina; mahafinaritra. Se —, manáran-tròka, manaran'aiña. Il sait se — de peu, tsy mila be izy; kely mahétsaka azy,? étsaka amy ny kely izy. CONTENTEMENT, haravóana, hafaliana, haravoravóana, hafalifaliána; firavóaña, faharavóana; fiadánana; tsy fierénana, erampo, sitra-po, eran-kibo.

Contention, Hahenjanana-panahy, filénana, fienterana, h fifontérana. —, contestation. vo alainampandairana. CONTENTIEUX, tia aoy, maditra, madi-panahy, te-hiady, mila ady, miady, madiady, tia ankány; mila kisa, foizina. —, iankaniana, fifandirana.

Contenu, s, Ny anáty ny, ny omby amy ny, ny eo amy ny, ny aty ny.

Conter, Milaza, niventy, mañambara, manoro. En —, Mañangáno, h manarira; mavandy lava, miboriaka, miforiaka, milaza vandy.

Contester, Miady, miankány, h mifanditra, h mifanjihitra, mifañólana, manao di-boréngina; mibozéka; mila kisa. CONTESTABLE, tókony hanaóvana di-doha, azo iadiana, pv azo iadívana; tsy tókony hekéna lóatra; ? fiady. CONTESTATION, ady, adiady, ankány, fiankaniana, h fanjihitra, g fifandirana, ditra, di-doha, di-boréngina, voréngina, h bozéka, h bozika, h botreka, kisa.

Conteur, Mpilaza angano, vo CONTE; mpanao tantara, h arira be; h hatsotso be; h haránkana, h hatsikiana; mpilaza hatsotso &.

Contexte, Ny teny mañodidina azy, ny teny mirántina amy ny, ny teny momba azy. —, teny iray leha, toko-mbòlana, teny fankariny. vo ténona, rary.

Contexture, Firaihana, filahárana; fisoman-dika, somalika, ? fandrariana, ? fandadimana; rary, dádina.

Contigu, Mariny, maríkitra, h akeky; amórona, h antsisiny; mifify, mipáka. CONTIGUS, Mifankariny, mifankarikitra, mifañakéky; mifañólotra, mifañila, tsy misy elañélana. CONTIGUITÉ, fipáhana, fifífiana. vo confiner.

Continence, Fameram-bátana. CONTINENT, mahafe-bátana. vo chaste.

Continent s, Tany be, tany mitohy, tsy nosy; tany tsy hodidinin-dráno, tsy vario.

Contingence, Ny toetry ny z tonga ho azy; vintana. vo accident. CONTINGENT, a, s, avy foana, h tonga ho azy. vo casuel. Futur —, ny z tsy hay ho avy, ny z mora tsy ho avy. — s, tápany, tápaka; zara, bira; angady.

CONTINU, CONTINUEL, Lava, mitohy, tsy mañélana, mitohitohy, tsy maito; tohilany, lalandava, hitsa-dany; tohivóvoka, mifandrávitra; tsy mitápaka, tsy misy elañélana, tsy dikadikaina, h mandrakariva. Travail —, asa tsy mañélana; tsy mitsáhatra, tsy mijánona, tsisy fitsahárana, tsy iankòana. CONTINUATEUR, mpanohy, mpanósoka. CONTINUATION, ac fanohizana; fañaráhana; handraisana. n fitohízana, firaisana. —, ny z atohy, ny sósoka; mbola izy. CONTINUER, Manohy, mañáraka, manao éka, manao koa, mbola manao

mandroso; tsy menina, tsy voly, tsy mitsahatra, tsy mane-
lana, tsy mandika; mahela, manela; tsy tampitra. — jus-
qu'au bout, mamántana, manefa. vo Achever; constant.
continuité, fitohizana, halavána, haelána, tetezan-tsi-efa,
? lava nono; tohy, tohitohy; z mitohy.

Contorsion, ólana, olanólana, otakótaka, czanézana. Faire
ces —, Mi—; en parlant, niotakota-tsoñy, manotakóta-ba-
va, manoatsoa-tsaoka, mandatsa-tsaoka, manabitraby soñy,
mamadibadi-tsoñy.

Contour, vo circuit, circonférence; Olikólika, olakólaka,
tachy. Le contourner, manótaka, manólana. —, miary;
manodidina. Se —, miólaka, miotakótaka.

Contracter, Mifañeky; mifanántoka k, mifamehi-vólana,
mifamchi-vátana, mifanao'k; mifampiera volana; mifanohy;
mifandrékitra; mifandrékitra k ou teny. vo mifofo. — une
alliance &, Manao fihavánana, fanambadiana &. — une
maladie, Málaka ou mahazo arétina, voa arétina. Se —, Mi-
vónkina, pv misónkina, h miónkina; mikérotra, pv mihen-
kina, h mifintina; vo mivótrika, mihiakely vátana, mihéna,
mitihina, mifézaka, mitampísaka; mihémotra; mihiafohy.
Le —, Mamónkina, manónkina, mamíntina, manénkina —,
mampikámbana. contraction, fivonkinana, fisonkínana,
fihenkénana, fifintinana, fikerótana; fihemórana, fikam-
bánana.

Contradictoires, en contradiction ensemble, Mifamó-
titra, mifandimbana, mifañóta, mifandiso, mifañisotra;
mifandronjy, mifanólaka, mifandróbaka, mifampisákana,
miady, mifanétra, h mifanóhitra, mifañala, mifankalaiña,
mifamono, mifañamboho, mifankalávitra; tsy mifañáraka.
contradiction, fifamotérana, fifotérana, fandávana, fana-
lána, fanohérana, fisakánana, fótitra.

Contraindre, Mangéka, pv mangegéka, manery; h man-
gehy, h mangeja, h mangejageja, h mangija, h mangia, h
mamia; pv mandrampy; manao ankery, h mamózona, ma-
nólana; manao terisétra (ou teriheky, terimeka, h terivai-
manta) azy. vo mamokeky, mamokeka; manésika, mamo-
trétrika. Se —, Mangeka tena, mangegé-bátana, mangegek'
aiña, mandrisi-bátana, mitana vátana; mandetra tena,
mankaletra tena. contraint, an-tsály, an-detra; voageka,
gegéhina; migéka. — dans ses habits, mivotrétrika, mivo-
kéka, malétra añaty akanjo; géhina ou vokéhiny ny akanjo
ny. contrainte, geka, gegéka, fangegéhana; tery, terisetra.
teriheky, terimeka; faneréna; famaóvana au-kery; ankery
ny. —, filérana, figéhana, fivokéhana.

Contraire, vo contradictoire. Lui être —. Manóhitra,
manétra. misákana, mamálana, miady, mandronjy, manó-

jaka azy? manimpantsimpana amy ny o; manota ny atao ny. Faire le —, manota, mandimbana, mandika, tsy manáraka azy, manao hafa; mamótitra, mamádika; manova, mandróbaka. C'est le —, hafa izy; dimbana, mandimbana izy; hafa lávitra, samby hafa izy; mifótitra, manambóho, mivádika izy, ota izy; ts'izy.

Contrarika q, contrariant, Misakantsákana, mikotrankótrana, manolanólana, miadiady, mamándrotra, mamálana, mitsokitsókitra, mampijaly, mampiory, manetrasetra, mandronjy, manolatólaka, manohitóhitra o. Se —, miadiády, mifampisakantsákana.

Contrariété, Hahafána, halavirana. —, sámpona, sákana.

Contraste, Sora samby hafa lávitra. Faire —, contraster, Misania hafa, mifanala sora; samby hafa sora, samby hafa lávitra; tsy mitovy, tsy mira, tsy akory; vo contradictoire.

Contrat, Teni-miera, vólana-mera, h soamiera; fanekéna, fifanekéna; k fanaóvana, k fanantóhana, k fampierának, k nifampierának, k fanerának, k fankaazóana. Notre —, ny k nifankaazóa'ntsika, ny k fanaova'ntsika.

Contravention, Fandikána, pv fandikávana, fanotának, fisotróhana. — aux lois, fisotróham-petra, fandikam-diditány.

Contre prep se rend par des verbes: Agir — lui, Manóhitra, manankenjy, manétra, misótroka, misákana, tsy manáraka; manólaka azy. Marcher —, mandroso hiady azy. Pied — pied, mifamótitra vity. — ma maison, contigu. vo contradictoire. Soutenir le pour et le —, vadikádika; vo akanga-roi-tany, dafimaintina.

Contre-balancer, Mampira ou mampitovy lanja azy? manárinarina azy. contre-balancés, mitovy lanja; ? mifanarinarina.

Contrebande, Fanidírana vidiana am-petra. contrebandier, Mpaniditra vangána rarának; mpandika ny fadintseránana; manao tsy andoáva'ny ny fady ntseránana.

Contre-basse, Befeo indrindra.

Contre-batterie, ? Vali-tafondro.

Contre-carrer q, Misákana o.

Contre-charme, Famono-mosavy, famono-ody, famonóan-ody, famono-dindo, fanala-vórika.

Contre-cœur: à —, Malaindaina, angóka, an'izim-pó, tsy an-javampó, melomélok.

Contre-coup: J'ai reçu le —, Nanípaka ahy izy; nivádika, niviry, nandifika, niávotra, nimpody amy ko izy; ? namaly vely amy ko izy. Le —, ? Vali-vango, ? vali-vely; típaka, vali-típaka; fiverénana.

Contre-dater, Manova soratr'andro azy.

Contredire q, (contredisant,) Manala-vólana azy, manala

ou manésotra ny volany; mampandainga azy; mamono ny teny ny; mandá, manóhitra. Se—, vadikádika, miova vólana, manala teny natao. VO CONTRADICTOIRE. Sans CONTREDIT, ankítiny, tokoa; tsy azo isalasalána.

Contrée, Tany; tokotány; fanjakána.

Contre-échange, Vali-takalo. Faire des —, mifamaly takalo, mifanakalo.

Contrefaçon, Fanávana tsy izy; fangalaram-panaóvana, hala-panávana. —, z nangalárim-panávana; z nampiraina amy ny natao n'ólona.

Contrefaire q, Mitsikomba, miánatra o; mandainga o. manáraka ny fatao ny; mala-damy azy. — son écriture, miova, manova sòratra, manao sòratra hafa. —,? mangálatra fanaovan-draha. ? mangala-panávana; manao mira. Se —, miova sora; mihiafahafa, mañafahafa, manao sary hafa; málaka vajihy hafa; mody ho olonkafa; mavandy.

CONTREFAIT, Mengoméngoka, DIFFORME.

Contre-finesse, Vali-fitaka; famaliam-pitaka.

Contre-jour : Se placer à —, Mañizina, mañáloka, mañamboho.

Contre-maitre, Solo-mpañina, solotalé, sololóha, solotompo.

Contremander q, ? Mañala-fotóana azy; mampody azy.— un ordre, manala diditány vao hatao, manatsóaka azy.

Contre-marche, Dia mifóritra, ou mody, mimpodiloha.

Contremarque, Soso-pamantárana, sósoka-márika. Les contremarquer, manosoka-márika azy.

Contre-mine, Tora-bintsy hadína hankanésana amy ny hady ny zohy ny fahavalo, vali-hady. CONTRE-MINER, mamali-hady.

Contre-ordre, fañalána-maio, ? Ala-malo. Donner —, manala didy.

Contre-peser, contre-balancer.

Contre-pied, ? Foti-dia. Prendre le —, ? mifoti-dia; vo être contradictoire.

Contre-poids, Fañáry.

Contre-poil, Fiorihany ny volo mandry. Le prendre à —, manangantsangam-bolo azy, mamohafoha volo azy; mórika.

Contre-poison, Fañala-vórika, famono mahafaty, mañéfitra. vo contre-charme, Alexipharmaque.

Contre-révolution, Godan-tany hamono ny godantany taloha.

Contre-salut, Vali-arahaba, vali-finárit a.

Contresens, Fótitra. Il est à —, mifótitra, mivádika. En prendre le —, le faire à —, mamótitra, mamádika azy. Des —, ota, vólana tsy izy, antambo-mbólana ; teny mandim bana, tony dimbana.

Contre-signer, Mba manisy anarana ; manoso-tsoratra, mañampy sora-pady.

Contre-temps, Fotoan-tsi-mihátra, fotoan-tsi-miharo, fotoan-dilatra. Éprouver des —, voa ny —. Agir à —, ratsy andro fanaôvana.

Contre-val: à —, Miválana.

Contrevenir à qc, Manetra, mañankenjy, manóhitra, mañantondry, misótroka, mandika, mañota, mandiso, miady, misákana azy.

Contrevent, Varavárana fiaro rívotra; varavaran-kely.

Contribuer, Samby mañome, samy mandoa ; mba manome, samby manósoka, miara-manome. CONTRIBUTION, z indray oména, h hetra ; z aloa ny maro. Le mettre à —, mampandoa azy z , mangátaka z ámy ny ; mañasa azy mba hañome.

Contrister, Attrister.

Contrit, Malahelo-fo, torotoro-fo, manéñina, voafo, koapo, vadi-po, mivadi-po. CONTRITION, alahelo, faneñénana, fo torotoro; fo malahelo, falilóvana, fivalózana, alahelompo, fanorotoroam-po.

Contrôle, Taratasy famérana, famérana k. Márika apétaka amy ny vola; fetra, fepétra.—, Blâme. Le CONTROLER, inamepetra azy amy ny taratasy. Manisy márika ou sora-petra, ou sora-pamérana azy.

Controuver, Mamoron-dainga, mamoron-tsaina ; mavandy.

Controverse, Adijery, adi-hévitra. Le mettre en —, miadi-saina azy. CONTROVERSÉ, iadívana; h iadíana, fiady, fiankaníana, ifandírana.

Contumace. Fialána tsoho malóina. —, o vo'antso ho malóina fa nilefa; manao tsilíotra.

Contusion, Marátra, bay, fery, vonto, voa ; h mangana.

Convaincre, Mandrébaka, mandresy; mampañéky, manabóka; h manaméloka, mandátsaka, mandéntika, maníñy; h mandresi-láhatra ; tsy mampisalasala, h mamaki-bétroka, h mamaki-tambérona, h mamaki-hadisóana ; ? mamaki-hándrina. CONVAINCU, resy, rébaka, efa mahay, efa maneky, efa mino; vaki-bétroka, vaki-hadisóana. CONVAINCANT, maharesy, mahavaki-hándrina.

Convalescent, h Vao sitrana, pv vao ho janga, vao haivana; maivañívana, mianko; h mikirikiry, avi-aiña. CONVALESCENCE, fiankoankóana ou fialána amy ny arétina, hasitsitrátrannana, haivañiváñana.

CONVENABLE, CONVENANT, CONVENIR, Tókony, tókotra, mety, manjary, tsara, h tokonany, h tokonazy, sahaza, tandry; anérany, anóhany; antónony fatao, marina, mahitsy, h onony. Sa CONVENANCE, ny mahatókony, mahamety, mahatsara azy; ny hametéza'ny, hatsara ny, habitsia'ny, hamarina'ny.

CONVENIR d'un tort, L'AVOUER. — ensemble, Miera, mifampiera, mifaneky, mifankaazo; vo être D'ACCORD. — d'un jour, mifametr'andro, mifamotóan-andro, mifanatok'andro. — du prix, mifankaazo tónona. Se —, mifankaazo, fanoko, mifanáraka. ça ne me CONVIENT pas, tsy ombá'ko, tsy arak' o, tsy áraky ny fo ko zany. Votre maison me —, fanoko ahy sahaza ahy. CONVENU, CONVENTIONNEL, sur quoi on est D'ACCORD. Jour convenu, andro famotoánana, fotoan'andro. paik'andro.

CONVENTUEL: qc —, Z ny *Couvent*.

CONVERGENT, CONVERGER, Mifanátona, mifampitráotra, mifampiháona.

Convers, *Religieux* mpiasa an-trano; mpitahy; am-pátana.

Conversation, vo causerie; Fihirátana, firesáhana, fikoránana, fisafána &. CONVERSER, vo causer.

Conversion, Fiována; fiována ho tsara, fañována, fimpodiánana amy ny Zanahary. Faire — à droite, TOURNER. CONVERTIR, mañova. Se —, miova; miova fanahy; miova ho tsara, mody tsara, mivérina amy ny Zanahary. CONVERTI, voa ova; efa niova, efa tafi-ova; efa tsara, efa tafimpody amy ny Zanahary.

Convexe, Mibóhitra, mivóhitra, mamóhitra, móntotra, mivóhotra; vohompafana, mivonto. CONVEXITÉ, montórana, voho, vóhitra, vonto.

Conviction, Fahitána ny márina; finóana, fiekéna, fanekena, fandrebáhana, fandreséna, harebáhana, haresíana.

Convier, Mañasa o hihinana; mampiandraño. vo mampíditra, mampandroso, mampañátona, mitaona. CONVIVE, convié, o nasaina hihinana; asaina; vo'ása, vo'antso; ampiandrañóina, ampihinánina; mpiara-mihinana.

CONVOCATION, Fañantsóvana, h fiantsóana, fikaihana *ou* fañasána o hivory.

Convoi, Aro any an-dálana, o maro miaro z an-dálana, (ndre olo-maty éntina halévina, ndre hánina éntina any antáfika). Mpiaro, mpiámbina; fiaróvana, fiambésana.

Convoiter, Mañiry; tia, ti-hahazo, mila, h mitsiriritra, h mitsiritra. CONVOITABLE, tsongoim-bolo, irína. CONVOITISE, fañiriana, filána, fanjengiana, filan-dratsy.

Convoquer, Mañasa o hivory, mamory, mañantso, miantso, mikaika; mampihaoña.

Convoyer, Miaro z an-dálana.

Convulsif, Hendratréndratra, hendratra, mi...

dra, taitra; menjika. —, Mampibendratrendratra. CONVULSION, hendratrendratra, h hondratróndratra ; ? havatrávatra, fihendrátana, fihendratendrátana, arétin' òzatra.? aretim-bórona; olanólana. CONVULSIONNAIRE, Azon-kéndratra, azontréndratra, torantórana.

Coopérer, Miara-manao, miraik'asa, miara-miasa, mitahy, mba miasa. COOPÉRATEUR, mpiara-miasa, h mpiray asa; mpitahy. COOPÉRATION, fiaráhana amy ny asa; firaihan'asa.

Coordonner, Mandáhatra, manatsary, vo COMBINER. COORDONNÉ, an-dáhatra, miláhatra, tafi-kámbana. COORDINATION, fandaharana; filaharana, firaisan-dáhatra &.

Copartager, Mirasa amy ny námana. COPARTAGEANT, teky tápany; teky; mbateky.

Copeau, pv òmpaka, ompakazo, h òvaka, h òvana, pv tsikômpaka, pv pakôvana; silakazo, tapakazo, sombinkazo, taimbáukona. Des —, Ompakômpaka, tsikompakômpaka, silatsila-kazo, sombintsómbin-kazo.

Copie, Sòratra nalaina, lamy nalaina; sòratra voafindra; kopý. Sary, sarintsòratra. ? findrantsòratra. —, Lamy, taratasy fanalan-tsoratra. Original, sans —, tòkana fa tsy roa. Le COPIER, Málaka sòratra azy; maka-sòratra, mamindra sòratra, miánatra, mala-damy.

Copieusement, COPIEUX. vo En Abondance.

Copiste, Mpala-damy, mpamindra-sòratra, mpaka sòratra; mpiánatra, mpiana-damy; mpala-tsòratra.

Copter, ? Mamango-ila lakilosy tsy mamiombiona azy. ? Mikeña ou mikenkéña lakilosy; ? mampikinkina azy; mampañeno azy añila.

Copulatif, Mahafehy, mamehy, mampikámbana. COPULATION, firaihana, fikambánana.

Coq, Akoho-lahy.

Coq-à-l'âne, Teny tsy mifañáraka; vólana miamañámana.

Coque, Korêkany, korókana, h kárany; kindráñony; karákony. A la —, An-korókany.

Coqueluche, Réhoka amy ny zaza; kóhaka.

Coquemar, Bouilloire.

Coquerico, Vólany ny akoho mañeno : koveriko hoy ny akoho lahy mañéno.

Coquet, Coquette, ? Tia fihaminana; mihaminkámina, mila ho tiana. ? miotikótika, ? milantidántika.

Coquillage, Sifotra ; hazan-drano misy koròkana. vo coquille.

Coquille, Ankora, h Akora; h akórany, h akárana, vo coque. COQUILLEUX, Maro ankora; misy akórany. COQUILLER, Akóra maro, Havorian'ankora.

Coquin, Jiolahy, karin'òlona, olondratsy, h jiri-dahy,

zava-dratsy; mpangalatra, h dirondoza. Ce —, lehi-fady, la-hifadiafoahara iñy. Coquine, karivavy, h jiribavy. Coquiner, Voler, tromper. Coquinerie, Ruse.

Cor, Añaran-damozika mivolimbólina; Trompétra mitambólimbólina. — au pied,? kotro kely.

Corail, Hárana. Pêcher dans les Coraux, Miankárana, manankárana. Perle de —,? Voahangy.

Corbeau, goáka, h goaika.

corbeille, Hárona, Hélitra, Antomby, Tanty. vo sobika. h sobiky, haron-tabébaka, harontoabódy, sómpitra, h sonina. Une corbeillée de pain, Mofo iray hárona, ou? eran-károna.

Corbillard, kalesy fitondram-paty.

Cordage, des Cordes, une corde, Tady, kofehy; hósina; sk taly, sk hosy; h mahazáka, famehézana, famehiana: vo Rándrana, randram-bálo, randrantelo, randrandimy; tsipika; rohy; torimbaliha, z mitohy, tsinainjávatra fatao tady ndokanga. — qui traverse d'un bord à l'autre, Tadi-vita.

Cordeau, Tady; h fitsipíhana. vo toratady,

Cordelier, Añárany Religieux mifehi-kibo amy ny tady.

Corder du chanvre &, Mañósina, manády azy: vo Manasinkásina, Mañendry, Mandrándrana, Mitaly, Mandiditra, mañólana, mañótaka. — un ballot, Mamehy, Mamáhotra, mamándraka. — du bois, mañóhatra azy amy ny tady. Se —, Mihosinkósina. Corderie, Fanaóvan-tady; fañosinana.

Cordial: remède —, aody mahafatra-po, mankahery fo. mampiaiña. Ami —, sakaiza misy hatiávana. Avec cordialité, Cordialement, amy ny fo ziaby, ampo, amy ny hatiávana.

Cordier, Mpanao tady, Mpañósina, Mpanády; Mpañolan-kofehy.

Cordon, Tady kely, hósina madínika; — de souliers, fehikiráro, fehinkiraro, h fehinkapa. Corde à trois —, Tady telo rándrana, mirándrana telo. —, Fáritra. —, Miaramila mirántina manodídina z. Cordonner, Corder. vo tangólika.

Cordonnerie, Fanaóvan-kiraro; fivarotan-kiraro. Cordonnier, Mpanao ou Mpanjaitra kiraro.

Coriace, Maditra, manao hadiran-koditr'aomby; ozátina, ozárina, maózatra; mafy, mahery.

Corne, Tándroka, Ampondo, vo tsifa. — du pied, hotro, h kotro. vo Bila, trañorava.

Corné, sady mahery madio; matsifa.

Corneille, h? Voronkáhaka goáka, h goaika

Cornement, Reondreona anaty sófina.
Corner, Manántsiva. — aux oreilles de q, — o. — une nouvelle, — k. —, Bourdonner.
Cornet, Trompetra hely; antsiva. Ampondo, Téndroka.
Cornette, saron-doha ny viavy; lombo-doha, satro-bavy. Tampon-tsatro-behivavy. —, pavillon.
Corniche, Fáritra anabo ny riba; válona anabo ny andry, loha n'andry; rava-dráfitra
Cornichon, tándroka hely. —, voantango madinika.
Cornu, Misy tándroka; manampondo; manan-tándroka. —, maro zoro, maro tendro.
Cornupède, misy hotro, h misy kotro.
Corporal, Lamba másina aláfika ambony lotely hametráhana ny vátany ny Jeso-Kry. Láfika másina.
Corporation, Association.
Corporel, Manam-bátana, misy vátana. —, mahavoa ny vátana; amy ny vátana. Il y est CORPORELLEMENT, ao lany ny vátany izy.
Corps, Vátana; tena. ?vatantena; aina; sandry. Un — dur, z mahery. Lutter — à —, mitólona, mifampitólona. Rejoindre le —, Manjó ny Hamaróana, ny ankabiázana. Le - de l'armée, ny Tron'ady, táfika. — de réserve, vodi-ady; h fonja —, Toko, Havoriana, tókony. — de garde, Trano fiambésana; Miaramila miámbina; Mpiámbina.
Corpulence, hatevénana; Haventésana, Habézana. CORPULENT, Bevátana, maventy, beventy; Makadiry, lehibé, donga; dongara be, do be; anon'aina, be aina.
Corpuscule, z madini-bátana indrindra; z bítika, kítika, kirítika, kirikítika.
Correct, Tsy misy ota; mahitsy, márina; rékitra, méndrika. Phrase —, vólana Avy amy ny ráriny, Avy amy ny hitsiny, Avy amy ny fandríany. Qui parle CORRECTEMENT, Mahitsy vólana ou fivolánana.
correcteur, Mpanaia ota, Mpanitsy.
Correction, Fanitsiana, fanalan'ota; Fananárana. vo châtiment. Loi CORRECTIONNELLE, Malo fankalilóvana.
correlat f, Mifanáraka, mifamaly, mifanohy.
Correspondance, Famaliana. Taratasy mifamaly. Etre en — de lettres, Mifamaly taratasy; .. commerciale, mifamaly vidíana. La —, Service de —, Fanohízana. Avoir de la —, Être CORRESPONDANT, CORRESPONDRE, Mifamaly, mifankaríny; tandrify, mifanandrify, mifanátrika; Mifanohy, h mifanátrika, mifampitátana; Mifanohy, mitohy, mitohitohy, mifanéhina, mifanéhika; mifanjó. — à l'amitié de q, Mamaly hatiáv aka azy. vo conforme, convenable.

corridor, Lalana anaty trano miefitrefitra; fombana; salákana, dilana.

Corriger qc, Mañala ota, Mañala antsa, mañala héloka ou éngoka azy; Mañitsy, Mankahitsy; sk mañity, Mankahity; Mañárina, Mankamárina azy. — q, châtier. se —, Mañitsy teña, mihiatsara, miova tsara, vao ho mahitsy, mihiahitsy. CORRIGÉ, Afak'ota, nalan'ota, afa-dratsy; efa mahitsy, afak'éngoka, efa tsara. Il n'est pas CORRIGIBLE, Tsy azo hitsina, ou ankahitsina, ahitsy izy.

CORROBORATIF a, CORROBORER, Mahafátratra, Mamáhana, mahafáhana, mahatánjaka, mankahery, mahatómboka; manóhana, mañisy éfaka, mañisy tóhana. Un CORROBORATIF, Tóhana, fáhana, éfaka.

CORROYER, mandóna hóditra, mandon-kóditra, mandio angozy. CORROYEUR, mpandon-kóditra. mpañala volo hoditra.

Corrompre qc, Mankaló, mahaló, mandó, Mankamótraka, mahamótraka; vo mandrátra, manimba, manova. mankamántsina. —q, mañéra, manándoka; mañova-ratsy; h manangolingoly, pv mañebo; manitsika Se —, mihialó, mihiamótraka, miova ratsy, vao ho mántsina. CORROMPU, Lo, mótraka, mavao, mavingy, mavíngotra.

corrupteur, Mpañera, mpañova ratsy; mahaló, maharatsy.

corruptible, Mora-ló, mora mótraka; mora véhaka. Mora azo n'era, mora eraina. Sa CORRUPTIBILITÉ, Ny mahamora lo azy. CORRUPTIF, Mahaló, Mahamótraka, CORRUPTION, Lo, mótraka, ? halóvana; Nana, hántsina. Fiována ratsy. Faneràna, Fanitsihana.

corsage, Tratra, ? tranontrátra; ny habe ny tratra.
corsaire, Jiolahy mangálatra ny sambo andranomásina.
corset, Akanjo- ntratra; tohanono.
cortège, Mpomba, mpañáraka, mpiáraka. h tsindranolahy.
corvée, Asa rómbaka, asa vésoka, asa meka.
corvette, Sambo miady.
coriphée, chef.
cosmétique, Mahatsara ou mahadio hóditra.
cosmographie, Filazána ny toetry izao tontolo izao.
cosmopolite, Tsy mánana antom-ponéñana.
cosse des embrevattes &, Ny koròfany ny ambátry; hóditra.

Cosser, Se —, Mifampiady loha, mifampikon-doha; ? manao kotrak'ondry.

cossu, Be ampombo, be koròfany, be hóditra. fg riche.
costume, ritafiana, risikinana, tafy, sikina, sikina fiso-

mána.

côte du corps, Taolan-tahezana; Tritry, taolan-boho, taolan-tratra;? manampitsoka. — d'un pays, Boɴɴ. A — rude, Mitsangam-bava. Etre — à —, Mifampandrirana, Mifanila, mifankila.

Côté, Rírana, rirany, lanimandry; lemy; Ila, Ilany; lafy. Au — gauche, ankavia. A —, Anila, Ankila; anilany; Akeky, mariny; andániny. Se ranger du — de q, Mandány, Miláṅy amy ny o. Porte-le de l'autre —, Andaiso anila izy, ou anila aroana, anila rò. De ce — ci, aty, anila aty, anila ty. De l'autre — de l'eau, Andafy ny rano, andafy rò. Etre couché, se mettre sur le —, Mandrírana, mandri-mandrírana, mihorirana; miandani-mandry. Le coucher sur le —, Mandrírana, manórirana azy. Passer de —, se mettre de — pour laisser passer, pv Mitakila, g Mitaṅila, miaṅila, g mihila, manala ila, málaka ny ila. Le mettre de —, en réserve, Mikajy, manompy, mitahiry; l'Ecarter, Manísotra, manésotra. Avoir des douleurs de —, h mitróaka, mitroatróaka. Qui manque d'un —, Takila. Les — de la case, ny Riba, Rindrina. Passer à —, ᴍiary. Aller de — et d'autre, de tout —, vo Errer. De quelque — que ce soit, ndre aiza ndre aiza. De quel — ? Aiza? Douleur de —, Arétin-tsindrika, tévika.

coteau, Bongo hely, Tanety, tazoa, havóana, habósana, kiborontány.

coter, ᴍaṅisy márika.

Coterie, Laṅonan'ólona, havoriana kely, h horonkórona, pv Oroṅórona, koroṅórona; h kaon-doha. ꜰaire des —, ᴍihoronkórona, mioroṅórona, mikaondoha.

cotier, ᴍaṅólotra; aṅolotra, amórona.

cotiser: Se --- pour payer, ᴍifampitahy handoa vola, samby mandoa tápany; ᴍifampandoa vola.

Coton, Foly, pv tsahilika, h Foli-landihazo. — filé, hásina, hendry. — des plantes, sómotra, volo malemy.

Cotoɴɴer, se —, misy sómotra, vao ho misy sómotra, be volo, misy volo. Cotoɴɴier, ? hazo-landy.

côtoyer un pays, Maṅólotra azy. Se —, mifaṅólotra.

cou, Vózona, Tenda. vo Colleter.

Couchant; le —, ny itsofòrany ou ilentéhany ny masoandro; ny Andréfana. Le soleil —, ny Masomahamay ho tsófotra, ny masoandro miléntika. Faire le chien —, Mandady, mandadilady; mikolélana, mirápaka, miláfika, milámaka an-tany hangátaka z. Etre sur son —, miveña, miveña be, mihílana, mandróroṅa.

Couche, Lit, Fandríana, Kibány, Farafara. Láfika, Faire une fausse —, Avorter. Les —, Fiteráhana, Famaírana. Elle est en —, Efa hitéraka izy. h mikomby, an-komby;

'mitana izy Faire ses —, Accoucher. Une—, Láfika, Hósotra. Une—de sel, sira maláfika, mipetsapetsa, ? miranarana, mirápaka, mandómboka, milámaka. — de couleur, hósotra. Y étendre une — de sucre, Mandamba, mandáfika siramamy amy ny. Lui donner une — d'huile, Manósotra sólika azy, Manoso-tsólika azy.

COUCHER un enfant, Mampandry zaza. — un bois, Mamáboka hazo; Mamalóngana, Memongádina; — q par terre, le Renverser. — une Couleur, l'Etendre. — son écriture, l'Incliner.—en joue, Mikendry.—par terre, se —, Mandry, Mibáboka an-tany. vo Miroro, mandriándry. Aller— Mody mandry. se — (co les astres), Tsófotra, Miléntika, ? Misaoka. s, le— du soleil, ny fitsofórany, h Ilentébany ny masoandro;ny masoandro tsófotra;Tsofotr'andro, maty masoandro. COUCHÉ, Mandry, Mibáboka ; Mivalóngana, Mivongádina. — sur le ventre, MANDRY ankòhoka; sur le dos, mandry mitsilány, mitsiláni-mándry; sur le côté, Mandri-mandrírana; de tout son long, mandry lava, manao fandry ndákana; les uns à moitié sur les autres, h Manao Fandriavolo ou Fandrianavolo.

Coucou, Añaram-bórona miseho amy ny lohataona. ? Toloho.

Coude, kiho, Minko. Takólaka; vo s'Accouder. Faire le—, Être COUDÉ, Misy kiho, Misy zoro, ? Mikiho, ? Maniho; Mitakólaka, Manakólaka. Une COUDÉE, g Hakiho, pv Mokokiho. Le COUDER, ? Mandéfitra, Mampikiho, Maniho, manao kiho, Manakólaka azy.

Cou-de-pied, Hato-tóngotra, Hato-bity.

Coudoyer q, Maniho o. se — , Mifaniho , Mifampikiho, mifampikóña kiho.

Coudre, Manjaitra. —, assembler, Mamitrana; Manohy. — grossièrement, Manjótra. vo Mamitravitra, Manompirana, Manetséka, manjehizeby, Mamikavika; Mitrébika.

Couenne, Hodi-dambo.

Coulant: Nœud—, h Fehi-songoro. Discours —, Vólana malama, malámatra, malamalama. Vin —, mitsororóka ioana. vo Halohalo-nténona.

Coulée, Ecriture —, sòratra mitokilana mitohitohy.

Couler dans les veines, Mitsororóka añaty òzatra. vo Misononóka, mitsororóka, mibosásaka, mibororóaka, migoróana, mibaráraka, miboráraka, mipasasáka, midororóka, mikororóka, mikororosy, mikorótsaka, midina, mikoródana, Mandríana, mitsoriaka, mandriaka, mandróatra, miparíritra, mipararátra, mipiríritra, pv mipararaka, mingoródana; mihélina, mibolásitra, mitsopilaka, Tóndraka, mitsika, manámika. —bas, à fond, Miléntika, pv miirany.

vo **Midobo**, rendrika, Mideka, mitandréndrika, mihítsoka, mitakitsoka, mala-tany; Fofo. — la pirogue, Mandéntika. — un canon, Mandréndrika, mañidina azy. se—, se Glisser. La barrique coule, Mandeha izy, mandeha rano izy. Le toit coule, Miteté *ou* miteté-rano izy, mijora izy. L'eau coule du toit, à travers le toit, Ny rano miteté, mijóra.

Couleur, sora, volo. Rangy. Loko hahó-otra, Loko fahangiana, *ou* fanangiangiana; loko fihaminana, rano fanóhana; sóratra. vo coloré. Changer de —, Mivalo, mivalo-sora, mivalo-mainty. D'une même—, tokam-bolo, tokan-tsora. De couleur mélangée, h Ngara.

couleuvre, Bibilava kely.

Coulis, h Hatrotro, ? Ro-kena, ? rano-nkena. —, Taimpiraka.

coulisse, Lakandákana fitoeran-draha miverivéry. Efitra *ou* Varavárana Taríhina. Efitra fiboáhan' olona; ? Salaka-fóhy ; Dilana. Halohalo.

couloir, Lalan-kely fanohízana traño roy. Dilana, Hadiláñana. —, Fitavánana, Fanavánana.

coulpe, Tsiñy, sk Tiñy; Antsa, h Héloka, Ota.

Coup, Vango, Vely, Tóto, Fófoka. Vo cuoc. Donner un coup, Batrak. — de pied, Tipaka, tsipaka, Daka, Diamanga, vodróka; lui en donner, Mamely — azy, Manipaka, Mitipaka, mandáka, mamodróka azy. — de poing, Totohondry, mokondry, h fétrika, pv fetsi-báña ; Lui en donner, Mamely — azy; mamokondry, mañondry azy; vo Boxer. — de poing en assommant, Dómona. Mandómona o. — de genou, Totoloháika, pv vorengy. — de pied sur le pied, Totohitsaka. — de canon, Póaka tafondro. — de pierre, Torabato, topi-vato. — de tonnerre, Hótroka, hotro-báratra, — de foudre, Váratra. — d'œil, topi-maso, h jery kely. Jeter un — d'œil, mitora-maso, manopi-maso; h manarangárana. vo Hárika. — de fouet, Fitsoka. — de sifflet, pv Fioka, h sioka, siaka. —de dent, kékitra. — de soleil , Panda. — de vent, Tsio-dahy, Rivo-dahy, rivotra mahery, fororo be, Valazy. Qui a reçu un —, Voa, voa raha; misy bay, misy fery, narátra;—de soleil, de hache, de fusil, de bâton &, Voa mahamay, voa hainandro, voa famaky, voa basy, voa bala, voa tífitra; voa kibay &. Un — du ciel, Asa *ou* Atao ny Zanahary. — de désespoir, Famoezam-po, fanaríampo. — de Bonheur, d'Essai, de Hazard, vo Bonheur &. —de maitre, z lavo-rary, z tsara fanaóvana. Manquer son —, Tsy mahavoa, tsy mahazo. En un seul —, Indray manao, indrai-maka, indrai-mandeha, indrai-mitóraka. Qui n'a plus qu'un — à jouer, Mandrai-sisa. Fusil a deux —, Basy roi-vava. Après —, Afárany, afárany lóatra. Tout à —,

Subitement, vo-katekaka, siaka, titsaka, titatra &.

Coupable, Manan-tsiñy, misy tsiñy, tsiñiana; misy ratsy; nanao ratsy; k méloka, misy héloka; ota. Qui rend —, mahavoa tsiñy.

Coupe, kapóaka; bakoly, finga, z finómana. vo Tóhoka.

Coupe, Fanapáhana, famirána, fanctéhana; fandidiana. La — des cheveux, fañctezam-bolondoha.

Couper en travers, Manápaka; en long, Mandidy, sk mandily; en plusieurs, Manapaiápaka, mandidididy —le riz &, Mamira, mifira, manétika, mijinja. — par petits bouts, manetrétra. —la montagne, mañentitra, mandilana azy. — q, Misákana, misakan-dálana, manámpona o. — un animal, mamósitra azy. —la ville en deux, —du vin, mamaky tanána, mamaky divay, mamaki-rano divay. —, ouvrir en deux, maméndrana. Pierre qui se coupe, vatodidy, vato mora lapáhina. Lignes qui se —, sóritra mifandikadika, mifanakantsákana. Roc qui se —, vakiváky, miriadríatra, mitatáka. Il craint de se couper, Matáhotra didy izy. Je me suis coupé, voa meso aho, voa famáky aho.

Couperet, Antsy, famaky, fandidian-kéna, vi-arara.

couple: Une — d'œufs, atody roy. Un —, Un — d'amis, o mivady o roy mikámbana, sakaiza roy. Par —, Tsi-roiroy, Roi-roy; h Tsi-roaroa. COUPLER, manao tsiroiroy; mampivady; mampiraiky roy.

Couplet, Tapany; tapak'antsa; Rasa, firasána; Andininy; Tokombólana amy ny antsa; Toko, tókony.

Couple, Vovónana boribory.

Coupon, Tapadamba sisa; sisany; sisa, tápaka, tápany.

Coupure, Didy, sk Lily; tátaka, tátatra, fátitra; voadidy. vo Rigole.

Cour, Haramanja, h karamanja, Fovoantanána, kiánja. tokotány mirova. — du roi, Lapa, Doány, Lónaka, Trano ny Andría-manjáka. Gens de la —, h Tsindrañolahy, Anadonaka, Marolahy, Maroseráñana. Faire la —, Courtoiser.

Courage, Hery, herim-po, haherczam-po, fo mahery. vo toky, fahatokiana, faha sahíana, ? salakafohy, fitomban-dahy. —! Maheréza! Matokia! h Asity! Ataovo, ataovo! COURAGEUX, Maheri-fo, Mázam-po, Mahíam-po. vo mahery, mpahery, matóky, Sahizávatra, ? Mahari-pery, Sahisahy.

COURAGEUSEMENT, Amy ny fo mahery.

Couramment, Tsy miahatáhana, tsy mitsáhatra; mamántana.

Courant d'eau, (Eau COURANTE,) Rano mandeha, rano midororóka, Ríana; rano mandríaka, rano maria, rano mandríana; kinga, kingakinga. vo couler. Le — de l'eau, Válana, Fivaláñana. suivre le —, Misálana, mañara-drano

Remonter le—, Miórika, Mórika; manoha-rano.

courante, Diarrhée.

courbature, Hararáhana, Hasasárana. Lassitude.

COURBE, COURBÉ, Méngoka, farengo, pv Méloka, vóhotra, vónkoka, kóvika; h mibaingobaingo, h mibarengo, h mifarengo, h vaingo, h miféngoka. Le COURBER, Manéngoka, mamôhotra, mamónkoka, maméngoka, manóndrika azy. Se —, Mióndrika, mivôhotra, mivónkoka. vo mivaona, mivaitra; manonta; miléfitra, milefi-doha; milénjotra, milónjitra, milonjéhitra, milebolebo, milenjolenjo.

courbette: faire des —, Miondrikóndrika; mandadilady, mikolélana amy ny o. COURBETTER, mionganóngana hely, mitsikongankóngana kely, Mitsambokimhókina.

courbure, Éngoka, héloka; haéngoka; havohórana; haengóhana; ny fileférana, leférana; ny méngoka &; vo courbe.

coureur, Mpilomay, Mpihazakázaka, maláky lomay, maláky vity. ? Tetezan' olona. Un —, mpirenirény, mpiriorio, mpandehandeha, vémbana, Ebo, haolahy, h jiri-dahy. Une COURKUSE, korombémbana, viavy koro, viavy maivam-bity, h janga; ngelingely; pv viavy ngely, viavy ebo.

courge, voatavo.

Courir, Mihazakázaka, Milomay; Manday. vo Mídodo, Midodododo, Miriona, miríotra, miríntona, miézaka, mijekijeky, h mikododoka, miróhitra, mitangidingidina, mitratreva, pv mitratrévaka, mandringito, h mimaona, miritirity, mihejaheja, manejaheja, — ça et là, Mandehandeha, mandehaleha, mitrevatreva, mirenireny, miriorio foana, miverivery, mizenjéna, misavembéna; ombienombiény. — après q, milomay o, mandodo o, maniana, manindry, h manénjika o. — les villes, mitety tanána, mihalohalo. vo mandróatra, mitóbaka; COULER. faire — des bruits, mitsaho, manatsaho, manday tsaho; ...le bruit qu'il est mort, — izy naty. vo Bruit. — ensemble, miródona, mikorodorodo, mikoródona, mikorodódona, mikorodondródona; pour saisir qé, misarómbaka, mirómbaka, mandrómbaka z. — à son secours, mandomba, mamonjy azy. — au nord, manaváratra. — la carrière des armes, momba lálana fiadívana, momba ry miaramila. — sa dixième année, Efa omby amy ny taona fahafolo ny. Travail fait en courant, asa rómbaka. mandrombadrómbaka asa.

Couronne, fehiloha; sátroka, satro-bonináhitra. ? Tsimanélo; vari-doha. koróna. COURONNÉ, misy —, mifehi-loha. Tête — de fleurs, Loha mifehi-voninkazo. COURONNEMENT, mólotra, Fáritra; Támpona; fanampérana; Lépika, válana. vo Bord. Le COURONNER, mamehi-loha, manisy fehi-loha, manao bonináhitra azy — un ouvrage, l'achever.

courrier, Iraka milomay, Ira-may; mpitondra taratasy; mpilomay; Iraka tsy mandry. ? tetezan'olona. vo Alálana.

courroie, Anjaka, Anja-kóditra, hóditra famehézana, vatritra hóditr'aomby; Iriu-kóditra.

courroux, colère. courrousser, mankivinitra, mankatézitra, mampiheloka, mahatézitra, mampiafonáfona. se ---. En colère.

cours, Dia, Lálana; Halavána, fitetézana. Donner ---, manome lálana, manandéfa. voyage de long ---, Dia mi-doróka. vo Filahárana; fiainana; fitondrána; fandeha; fanao, fianárana. --- d'eau, vo courant.

course, Hazakázaka, Lomay; Lay; rihazakazáhana, filomaizana. vo Ríotra, samoina, samoimoina, tangidingídina. Jouer à la ---, mifanala-hazakázaka, mifania lomay.

coursier, sovaly fatra-day, mahery lomay, maláky vity.

court, fohy, fohifohy, pv fohipóhika. vo Boleta, botétaka, boteta, botry, mozimoziny, bozeny, bozenizény, bozy,bozibozy, debodébo; pv Debadéba, debadébana; ambány; tsy ampy, tsy mahatrátra, tsy mahatákatra.

Courtaud: cheval—, fohy no maventy, botrabótra, bory; bólona, fólona, gólona, kólona; bolon'óhy, bolon-tsólina. Courtauder un chien, mamory, mamólona, mankabólona azy; manapak'ohy azy.

courtier, O manahy ny vidian'olon-kafa.

courtisan, mpanáraka ny Andríana; h? sindranolaby; o fomba ny mpanjáka; Tsy mandao ny andriana. Tsy áfaka amy ny lapa; o mahazo lónaka. vo Flatterie.

courtisane, viavy ngely; h janga, jangajanga, jejo, ngelingely, vazo; miandralahy.

courtiser q, manajahája azy hahazo z. manompotómpo.

cousin, cousine, zanak'olomirahaláhy, zanak'olomirahavavy, zanak'olomianadáhy, zanak'olo-mianabávy; mpirahaláhy, ou mpirahavávy tamy ny dady. C'est mon cousin, rahaláhy ko ou anadahy ko izy; tokan-dady namaitra amy ko izy; tokan-dady namaitra zahay. vo Ada, anabavy. cousinage, ny Fibavána-ndreo Cousins.

cousin, moka, pv aloy. cousinière, fandrara-moka, fiaro-aloy.

coussin, óndana. coussinet, Héfina, héfindoha; hálana, fihalánana.

cousu, voa zaitra, misy zaitra; mivítrana, mizaitra.

coût, prix coûtant, vidy ny; fividíana azy, ny nividiana, uzy.

conteau, meso, sk kiso; pv sambia, jambia; pv sambe, sambea; fandidy; h pikia, vo fitohy; antsy. --- de poche, meso inilefitra.

COUTELAS, meso-be, vi-arara, antsy, antsi-fotsy.
COUTETIER, mpanefy meso. COUTELLERIE, Fanávana meso, fivarótana meso.
coûter, coûteux, mahalány vola be, be tónona, tsy mora, bevava; h mangerokéroka; vo CHER. combien COÛTE-T-IL? manino izy? manino ny vidy ny *ou* ny tono'ny ny fividíana azy, ny fandafósana azy? Il coûte 3 piastres, parata telo ny vidy ny. Il ne COÛTE rien, bory izy, azo bory, h hanimaina izy. Qui coûte peu, h mora-vidy h fondrofondro.
coutil, lamba maventy no maletra hafoño óndana.
coutume, fatao, fanóina; h fanao. — générale, — ntany. — des ancêtres, — ndrázana, —ela; somban-drázana, fitondran-drázana, vontady ndrázana. vo samho, volontány, fandriandríany, sata, toatr'andro ny. J'ai — de le faire, d'y aller, ZATRA manao azy, fanao azy aho; fatao ko izy; fandeha any aho, fandehána'ko *ou* faleha ko izy. vo Accoutumer; F. Le COUTUMIER, ny taratasy filazána ny fatao.
couture, zaitra; h vitravítra; vítrana, zotra. Sans —, tsy mivítrana. vo zai-pohy, zai-mody, zai-pehy; vali-zaitra.
COUTURIÈRE, mpanjaitra, mpámitrana,
couvaison, vólana famanána atody, h fikiotréhana, fañotréhana.
couvée, ny hamaróana ny atody fanainy ny vórona; ny zánany niara-nifánainy;? fana-raiky. zana-bórona niarapoy; kibo-raiky. COUVER, mamána, h mikótrika, mañotrika; h mitómbina. Le—des yeux, manómbina maso amy ny. — n, mandritsimandry,
couvercle, Tákony, tákotra, rákotra. safy, sáfiny.
couvert, karamaoka fihinánana.
couvert, ABRIT. A — des balles, Tsy tratry *ou* tsy tákatry ny bala, tsy azo ny bala.
couvert a, voa lómboka; miáloka, mivóvona, mitáfo, misy tafo; misy tákony, takofan-draha; tsy miharihary; misalómboka. Temps —, andro mañízina, mandombo, maízina, mañíboka, h máloka, pv.? málotra.
couverture, Lómboka, h Lóboka, sanjo, sáfotra. — de livre, foño taratasy. — de lit, lombo-pandríana, h bodofotsy; sáfotra. — de case, Tafo, Vóvora.
couvi: œuf —, Atody lamóka, atody nandamóka.
couvre-chef, Lombo-doha, Saron-doha. COUVRE-FEU, sanjo-afo, Rakotr' afo. COUVRE-PIED, Lombo-bity, h rakotóngotra; safo-bity.
couvreur, Mpanafo-trano, Mpamovon-trano.
couvrir, Mandómboka, h mandóboka, manalómboka; manakómbona, Manáfotra, manánjo, mandévina, mamóño, manáfona, manótotra, manákona; mamóvona, manáfo, man-

drakotra. vo cacher. se —, milomboko, misatotra, mandombo-bátana; misíkina, mitafy; misátroka; mitrózona, misalóndona; manatao-sátroka. se —, mihiamaizina, manizina. se —, mifanákona, mifandrákotra. couvrez-vous, misatrófa anao; Ataovo ny satrok' ao.

crabe, Fòza, Drákaka; ambíko, antsánjy. vo fozaláňana, fozahala &.

CRAC, CRIC CRAC, CRAQUEMENT, h Dridrodrídro, Dredrétra, Rekadrékatra, h Dredridrédry; repidrépitra, repodrépotra, rikodrikotra, h gidrogídro, dilodilotra; réfotra, refodréfotra; rémotra, repodrépoka, karépoka, képoka ; h titítra, refodréfotra. Faire CRAC, CRAQUER, CRAQUETER, mi—, miriadriatra. CRAC ! le voila parti, síaka izy roso, fiaňa izy efa lasa.

crachat, Rôra ; tsipi-rora. vo Bave.

CRACHER, mandrôra, manipi-rôra, mitsipi-rôra. Tousser et —, mikáhaka , miháhaka, berchoka. CRACHEMENT, fandroráña. CRACHOIR, z fandroráña. CRACHOTER, mandroraròra , manipitsipi-rôra.

craie, Tany fotsy malemy.

Craindre, Matáhotra, midóña. vo taitra, kéfina, kéfotra, h mipitsipitsika, mipitipítika, mifihifíhy, mihifihífy, mijihijihy, mivihivíhy, maňahy, Hevv, vo Appréhender. CRAINTE, Táhotra, fitahôrana, fahatahôrana. De — de, Tsoho, tsaho, g tsao; h fandrao, andrao, fandroa. sans—, matóky, tsy matáhotra, tsy maňahy. CRAINTIF, Matahotáhotra, tsy mahasáky, h tsy sahy, h inádina, madimádina, meña-maso, mifihifíhy &. ? somaingisaingy. CRAINT, atahôrana.

crampe, Fisonkénany ny ôzatra. J'ai des —, mivónkina ny ozatr'o. vo se contracter.

crampon, Hávitra, firáňgo, víntana. Le CRAMPONNER, manávitra, Manávika azy. se —, Mamáhatra, mamáhaña, h ? xisaráňgotra, misávika; vo mamihina, mamíkitra, mamíbitra.

Cran, Láfatra. Des—, lafadáfatra. à —, mi—. Y faire des —, Mandafadáfatra azy. vo Dílana, héntika; vaika, veka

Crâne, Taólan-dóha, haran-dóha, karan-dóha.

crânerie, Bravade.

crapaud, h Saobakáka. Sáhoňa ratsy sora.

crapule, Fatao ny rorôhan-tay n'olona ; finoman-tòaka foana. Vivre dans la—, miabily toérana, mamoréry téña. vo s'avilir.

craquer, vo CRAC. fg miforíaka , miboríaka , mavándy, mandéňga foana, manatsáho, mitondra tsaho; miréhaka.

craqueter, vo CRAC.

crasse g, Tséroka, léotra, loto, étroka. CRASSEUX, tseróhina, leórina, maéotra, hekeotra, vo kapótra, maetroka, maloto koaika; h mátroka, pv maétroka, maetrokétroka; makóta, beménaka. fg Avare.

cratère, Vava ny tendrombóhitra misy afo aňaty ny.

cravache, Fitsokázo, fitsoka, karavasy.

cravate, Fehivózona, fehinténda, fehimbózona. karavátra.

crayon, Tsorakazo hely ou Tsora-bato hely fanorátana. kirióna. fg sóritra, soritsóritra; sarin-jávatra tsy efa sóratra. crayonner, Manoritsóritra amy ny taratasy, manaotáo sarinjávatra ambóny ny taratasy, manorasóratra sarindraha.

Créance, Trosa, Iona. Avoir des —, Être créancier, manan-trosa, tompon-trosa, manan-dóna. Je suis votre —, Anáña'ko trosa anao. vo Dette. — importun, mpitáky trosa. créance, Foi, croyance.

créateur, créatrice (au présent), Créer, Mahary, ? mahafórona, mahéfa, mpanao, manao, mampisy, mitéraka, mahamisy, mahisy, mañisy. (au passé) Nahary. Le —, Zanahary, Andríana-Nahary. création, Fanaóvana, Famorónana, ? raharíana, ? faňisiana, fanávana amy ny tsinontsinona. La —, ny Nanaóvany ny Zanahary zao daholo zao. créature, Raha natao ou noforóniny ny Zanahary.

crécelle, ? Tsikarétika.

crèche, Lokalóka fihinánany ny aomby áhitra. z fihinanam-bilona; fasian'áhitra.

crédence, console.

crédit, Fahatokiana. Qui a du —, Mahatóky, mahafatóky, be laza. Vendre à —, Faire —, mampitròsa, mampálaka trosa. Acheter à —, mala-trosa z, mitrosa z. Je l'ai vendu à —, Nampalai'ko trosa o izy, nampitrosai'ko o izy. Je l'ai acheté à —, Nalai'ko trosa izy, nitrosai'ko izy.

credo, Filazána ny z finóana.

crédule, mino foana, maňeky foana, h maňeky lémpona, mino lóatra. crédulité, finóana foana. fanekéna lémpona.

créer, vo créateur.

crémaillère, vy milafadáfatra fanantóňana viláňy.

crème, Lohandronóno, soli-dronóno, h hero-dronóno, loha-mandri-ndronóno, hérotra, herotrérony; pv Hendrodronóno. crémer, crémeux, h maňérotra, pv maňéndrona.

crément, Tombo, fitombóana, sósoka.

créneau, Báña, h banga. à —, maro —, misy —, mi —, créneler, manabáña, manabánga, mambánga. vo Brèche.

crêpe, Irindámba maintina fandalána. Lamba mangarakáraka.

crêper les cheveux, vo Boucler. maňorikócitra ny volón-

crépi., Loko amy ny rafi-bato. crépir un mur , mameta doko amy ny, manoso-peta azy, mandoko-sokay azv.

crépitation , Résaka ny afo mihetsikétsika; popóka, poapóaka. vo Tsaotsáo, tsetsatsétsa, tsatsatsátsa; CRAC.

crépu, mikorikóritra, mikoritróritra. ngita, makanga.

crépuscule, mazava-ratsy, mivoa-dambo, andro mañiziriva, mazavazáva atsiñánana, maikiky andro; —du soir, takariva, andromody.

Cresson, Añana-mafána, aña-mafána; aña-malao, félika-mafána.

crête de coq, sanga, sangasánga n'akoholahy. tampondoha, tampon-tsátroka. —, cime. crêté, misy sangasánga. vo Akoho-sátroka.

crêteler, pv mitsokáka; h ? mikăkakáka, ? mikakáka.

creuser, mangády, mihády, sk mihály , mandémpona, misitry; misotro; mánala aty, mañala hóaña; mañohy; vo APPROFONDIR. mandávaka. Se—, mihialémpona, mihiafóañ' aty.

creuset, h ? meny, ? lokótra.

creux, creuse, foan'áty, foaña; kapoak'áty, kaboak'áty, kapóaka, h kabóaka; tsisy aty. hóboka, hóbok'áty, hóloka, mangóloka. Songer creux, manao saim-potsy, mijery foana. Son—, hótroka, kidóndona. Un—, Lémpona, foana; láva-ka, lava-tany, hítsika, tora-bíntsy; pepo, trañoj foan'áty. vo Antre.

crevasse, tatáka, vaky, riatra, h héntana. Qui a des —, Est CREVASSÉ, se CREVASSER, mitatáka, vakiváky, riadriatra, voa tsélaka. mangéntana; h mitséfaka, ? miséfaka, ? mivendrambéndrana. ? mipoapóaka, miloadóaka.

crève-cœur.

crever, mamóv. CREVÉ, CREVER n, fóv. vo mipóaka, mitapóaka, mivéraka; mamótsika; BRISÉ. — de rire , tórany (ou maty, jihitry, dangy, látsaky) ny hehy; mivadik'áty.

cri, pv Résaka; vólana maré, teny máfy, g Afatráfatra; h Dradradrádra, h kiakíaka, h kaikúika, h bababába, h Jafajáfa, h hogahóga, h nananána; vo pentsompéntsona, feutsampéntsana; dredridrédry; Eno, salasála, patsopátsoka; CLAMEUR, BRUIT, CRAC, BRUISSEMENT, BORBORIGME. — de joie, Akora, bohalava, hoby; pv salasala. — de plainte, Taraina, toréo, h saona, teréo, afatráfatra, h gagagága, g tány, tomány. — pour appeler, kaika, Antso, Róntona. — pour protester contre, h kafankáfana. — public, Teny ny Vahóaka , Demander qc à grands—, marésaka mangátaka z. CRIER, mi—, EXCEPTÉ avec Résaka; Eno, Akora et Róntona qui font marésaka, mañeno, manakora, mandeóntona.

criard , maresatresy, maresadresaka, mipentsampentsona, mipatsopátsoka, mifentsampéntsana. CRIAILLEUR, CRIARD, patso-báva, patsopatso-báva, maresa-báva, fintsam-báva; vavána, be váva, maro váva. CRIANT, Beváva, loza, lehibe, mila valy.

CRIBLE, Raha loadóaka; ritsongoránа; fitavánana; h fañofána; pv sahafa. CRIBLER, mitsongóra, mitávana, mañofa. ——, mandoadóaka.

cric, z fampakárana z mavésatra.

cric-crac, vo crac.

criée, Antso-kabary, antso várotra.

crier, vo à cri.

crieur public, mpiantso-kabary, mpilaza.

crime, z ratsy be; Haratsiana be; h héloka beváva; sata, satabe; ota, hadisóana. — contre qc, Fañotána azy, fankaratsiana azy. Lui en faire un —, l'en BLAMER.

criminel, Nanao ratsy; h méloka, méngoka; mpanota, nanota, nandiso, Loi—, diditány fankaliloνana. vo coupable.

crin, Volo ny rambo ny sovaly va ny hato'ny. Voloadrambo ny, volonkátoka. CRINIÈRE, Vombo, vombontsovaly.

crise, Fienjéhany ny aretina. Il eut une—, ménjika ny aréti'ny; Nitsipáhiny ou nototói'ny, nolañany ny areti'ny maré izy.

crispation, contraction. J'ai des — de nerfs, mes nerfs se CRISPENT, se CONTRACTENT, sont AGACÉS, mivónkina, miolikólika, mihoronkòrona, mikorikóritra ny ozatr'o; mangatsakátsaka izy.

cristal, Vato mangarangárana misy ampisany. Vato-harañana; h vato-sanga. CRISTALLIN, mangarangárana, madio—, manganohano. Le— de l'œil, ?ny voa ny maso, ?voa-maso, ?Anakandriamáso. se cristalliter, manjary vato-harañana, mody vato; se CONGELER.

critiquer, CENSURER, BLAMER; RAILLER. La CRITIQUE, la censure, le blâme. Un—, un censeur. CRITIQUABLE, blâmable. vo maka-vava, diso. MOMENT—, Andro sárotra, mahavóa.

croassement, Eno ny goáka ; goáka, h goaika. CROASSER, migoagoáka.

croc, hávitra, farango, firango, víntana; fátsika méngoka. Le saisir avec un —, mañávitra, mamarángo, mamirángo, mamintana azy. — pour pêcher, fihávitra, vo crampon.

croc-en-jambe, h ríngana, pv Tsipéloka. Lui faire un —, mamíngana, Manipéloka azy, manipelo-bity azy.

crochet, croc. La CROCHETER, mañala-gadra azy amy ny crochet.

crochu, mengoka, mifirango, mitarengo.
crocodile, Mamba, voay.
Croire, Mino, mankató; mañampó, mañampóko, mañéky, micky. vo matoky. Je le crois, To zany, Ankitiny zany, inóa' ko zany, ankatózi' ko zany; eké' ko zany. Je crois qu'il viendra, atao ko ho avy, ahihí' ko ho avy izy. c'est ce que je crois, zany edy amy ny jery ko. Je croyais que c'était de l'or, ambara' ko ou voláni' ko, antsi' ko, vola' ko volamena izy. Se croire roi, miháboka, mihmáboka mpanjáka. Se croire au dessus des autres, manao tsy mitovy amy ny námana. Tu me crois manvais? Zaho atao nao ratsy? vo mabotanilálana.
croisade, Ady nataó ndreo CROISÉS, kretiena nivory nañáfika reo tsy mino i Jeso-kry.
croisé, Bois —, hazo fanákana, ou mifanákana, misákana, mifampisákana, mifandikadika, mifanampisámpy, mitsiválana, mivokovóko. Bras —, tánana mifanóvona, mitovóna, mifanámpy, mifanampisámpy. Etoffe —, ? tenontsaoka, ? tenombánditra.
croiser des bois, mampitsiválana, mampifanákana, manao mitsiválana azy, manákana azy. p Asákana. — les jambes, manovom-bity, manampy tómboka. — la bayonnette, ? manindrika azy, ? manéhina azy. p atsindrika, atéhina, atéhitra. — q, misákana o. Se —, être croisés. — sur n er, miverivéry ou miriorío amy ny ranomásina hisákana lálana o, mamakiváky ranomásina.
croiseur, Sambo misákana lálana.
croissance, Fitombóana, pv fitombósana; Tóvo, Tombo; faniriana; faniry. vo Fakafaka, Voañantay, Támpi-tombo; vántony, vántotra. Jeune homme en —, Tovolahy.
croissant, Volantsiñana, z mañampondo.
croître, mitombo; tovóana, tivóana. vo n aniry, h mitrébona, h mitróbona, mitsimoka, Mitrámaka, mihzabé, mibialehibe; Miróroka, miroboróbo, mihzalava, miampy, mibóntsina; vatonangy, hetry.
croix, Tsiválana, bois en —, hazo-mitsiválana, hazo (ou raha) mifanákana, hazo-misákana, hazo-fanákana, hazo-vokovóko. fg hazo-fijaliana. vo kirý, Hazo-lomay.
CROQUANT a, CROQUER n, Qui CROQUE, g mikarépoka, mikarepodrépoka, pv mikarémoka, h mikarétoka, h miksokéoka, mikatsioka. vo tsamotsámoka. Le croquer, — azy; mañeokéoka azy. vo Ramondrámona, réfotra, hafokáfoka; Avidement.
croquis, Sarin-jávatra tsy efa.
crosse d'Évéque, Téhina, tehin-kóvika. — de fusil, vody mbasy. crossé, mitan-téhina.

crotte, Fótaka, Loto, pako; Lotidótika; Tay mavony, tay borihory. Crotté, h milotidótika, pv mipotapótaka; pv mihosi-fótaka. vo h mihosim-pótaka; misy fótaka, misy pako. Le Crotter, manopy fótaka azy, mamindra pako amy ny, mañosi-fótaka, mandotidótika, mandotsidótsika, manoso-pótaka, mandoto azy. vo Salir. Se —, malaka-fótaka, mala-pótaka. mihosi-fótaka. mihosihósi-fótaka.

crottin, Tay ntsovaly maina.

crouler, ? Miróhaka, koa, toa, pótraka, mitandávo, h miródana, pv miropaka, mikoropaka, mirótsaka, mikorótsaka, midáboka, miantónta, ? mianjera, miléntika, Látsaka, mitandátsaka. vo S'Affaisser.

croupe, Vody ny sovaly, ny Vohombódy. ? Tambóho. —, tampony.

croupière, ? Fehi-adrambon-tsovaly, ? tady n'ohy ny.

croupion de Volaille, kotrikótriny; h Trítriny; vody n'akoho. — de l'homme, kokóro.

croupir, mandry karaha rano malóto, mihiamótraka; miborétaka ka mihialó. midobibika, mitábaka, midábaka.

croustiller n, croquer.

croûte, hóditra; ? tsiaka. — d'une plaie, koko, mokoko, tako-péry, takombay. Tápaka mofo be hóditra.

croyable, Tókony hinóana, azo inóana. croyant, mino, mpino. croyance, Finóana, ny z finóana, z inóana.

crû, Tanimboly.

cru, manta. Tsy másaka, tsy loky; Leña. Un peu--, mantamánta. pv ? mbola mirótotra, h mantoanto. Le manger--, Tamánta, mitamánta azy.

cru, p de croire, Inóana.

crû, p de croître, Nitombo, naniry.

cruauté, Hasiáhana, siaka, hasiaka; ? sata. vo loza, lozabe. Hakafiríana, hakafiriánana. vo cruel.

cruche, h Siny, pv sajoa, tsafótitra, sinibé. fg, o tsisy saina, bondófoka fanahy, navesa-tsaina, mafisólina. Une cruchée d'eau, Rano erany ny siny, eran-tsajoa. cruchon, sajoa kely.

crucifère, cruciforme, mitsiválana, misy z mitsiválana ou mifanákana; karaha hazo-misákana. crucifier q, mamátsika, mandrékitra azy amy ny hazo-misákana.

crucifix, Sary ny Jeso-Kry mifáotsika amy ny Hazo-fanákana. vo croix.

crudité, Hamantána.

crue des Eaux, Ny Rano-tóndraka, ny tondra-drano. --d'un enfant, croissance.

cruel, masíaka; malao. masia-pó; sataina, kafiry; saro-pó, catsi-fo, mahery sata, h tsimitondra roa; h forovato, h fórina. Il m'a traité CRUELLEMENT, Nasiaha'ny aho.

crustacé, misy korókany miefitréfitra.

cube, z énina ampisany mitovy. koby.

cueillir, mamiaka, mamiapiaka, mitsongo; h mioty, manoty. cueillage, famiáhana, fitsongóana, fanotázana, fiotásana. vo mitsímpona, mitímpona.

cuiller, Sôtro. vo — vava ; — belavatango. Feuille servant de —, sotro-rávina; h sondrindrávina. Le manger à la —, misotro azy. — à pot, sadrò, sadrobe, h zingía, fitrobo. La puiser avec, manjinga, mitrobo azy. Une CUILLERÉE, Eran-tsótro. Une — de vin, Divena —.

cuir, Hóditra maika; fatao kiráro; hoditr'aomby.

cuirasse, h Aro-ntrátra Akanjo-vý, ronotrátra-vý. CUIRASSIER, miaramila miakanjo-vý. Le CUIRASSER, manisy akanjo-vý azy.

Cuire qc, mahándro, mandóky, manásaka, manisatra; manétrika, miketrikétrika z. — à la poêle, manéndy. — sous la cendre, mamósitra; --- sur la braise, mitono --. au four, mitono azy amy ny lokótra, ou an-dokotra-may; h manónaka ou manónatra azy; manao ténatra azy; manao lokótra azy, manao ramangótroka azy. Il cuit n, vao ho másaka izy; ho loky izy; ? manásaka izy.

cuisant, mangidy, mangirifiry, manindrona, mahory, masiaka.

cuisine. Trano fahandróana, pv fandrahóana, fandokiana. Lakozina. Faire la ---, CUISINER, mahandro-hánina, cuire. CUISINIER, mpahandro-hánina, mpandoky.

cuisse, FC. Le gras de la ---, pv voampé, voavoampé, h Amboampé. --- de bœuf, Losonkena. --- de poulet, h Amboankena.

CUISSON, CUITE Fahandróana, pv fandrahóana, fandokiana; fitonóana, fanendázana; Hamasáhana. CUISSON, Douleur.

cuit, cuite, másaka, loky. Trop — (trop mon), véhaka, vehabéhaka, méhaka; loky véhaka.

Cuivre, g Varáhina; pv saba. CUIVRÉ, mivolo varáhina, menaména. Le CUIVRER, mamono-varáhina azy, manao an-koso-baráhina, manisy hoso-baráhina azy, manoso-baráhina azy.

Cul, vody, tampénaka; kondro. —de sac, lálana tsisy fi-boáhana; tsy loa-body.

culasse, vody ny tafondro, vody ny volombasy.

Culbute, Tsinganga. Faire la—, miongana; latsak'antsingánga; látsaka mitsinganga, lavo látsaka nitsipótitra; pótraka, midabóboka, midalabóboka. vo crouler. Le CULBUTER, manóngana, mamótraka, mandátsaka, mandabóboka azy. ? mandátsaka azy mitsipótitra.

culer, mimpody voho, mandeha-voho, miañòtra, miòtra, manao dia miañòtra.

culminant: Le point—, h ny kitsámbina, h kitsambony; h kitsombiny; ny támpony; ny tendro ny añabo indrindra. CULMINER, avy añabo indrindra, tampitr'ákatra, tampipiakárana; ? miárina anabo, h ? mitataovovóñana.

culot, farany, faranánaka, ? faratéraka.

culotte, sadika mbazaha, sarom-pé, foño-mpé, ? Salóvana. Se CULOTTER, ? mandatsa-pé an-tsárona, manarom-pé, mamoño-vody, manarom-body.

culpabilité, Tsiñy; h héloka, éngoka; antsa ; ? hamelóhana.

culte, vanompóana Zañahary ? vijoróana, h fisoróñana; fisaórana; fañajána, fivaváhana.

cultiver la terre &, mitsabo tany, miása, mizavatra, mamboly tany; mitahiry, mambóatra, mitaiza, mitarimy, mamálona azy. h manolokolo; mampamóa, mampitivóana azy. Pays CULTIVABLE, Tany tsara hitsabóana, tsara amboléna, tsara ambolian-draha. CULTIVATEUR, Mpiasa tany, mpiasa tsabo; mpitsabo-tañy, mpamboly; Mpambóatra tany. La CULTURE, ny Fitsabóana, fiasána-tany hahavañon-tsabo azy.

cumuler, Manovontóvona, Manóvona, Manámbatra. Amasser.

cunéiforme, Matsiraka; pv ? matséraka.

cupide, Ngoain-karéana, Ngoaim-bola. vo Avide. CUPIDITÉ, Fingoaiñam-bola; Fañirian-karéana. vo Avarice.

curable, mora jangaina, azo sitránina.

curateur, O miántoka ny fanáñana ny zaza, mpitarimy, mpiámbina haréana n'olona.

curatif, Mahasitrana, mahajánga; maháfaka arétina.

curation, Fahasitránana, fañkaiváñana, rankajangána. Aody, fañafody.

cure, Fahasitránana. curation. —, Raharaha ny *Curé*. Trano ny *Curé*. CURÉ, mpijoro ny tanána, h mpisórona mifehy tanána. mpifehy.

cure-dent, Fitsokiram-bázana ; fitsokorihan-ký, fitsokibázana. h fisokiram-bázana.

cure-oreilles, Fitsokiran-tsófina.

curer qc, mañala fótaka azy, mañala tay azy; mandio azy. Se — les dents, mitsoki-bázana, mitsokori-bázana; les oreilles, mitsoki-tsófina, manókitra tadíny, mitsokórika azy; avec une plume, h mihorokóroka, mikorokóroka.

curieux, Tia hizaha, te-hizaha, ti-hizaha; ngoaim-kizaha; ta-hahalala, ti-hahay; mañontány lava; tsi-étsaka-maso; mpitsokórika; mpizahazáha; mpikárona. chose CURIEUSE, z mahatchizaha, tehojeréna, ti-ho-zahána, mahatsérika, maharikiana. CURIOSITÉ, vitiavan-kizaha, fingoainan-kizaha. ---, chose curieuse.

curseur, z miverivéry, mihalohálo.

cursive, maláky, milomay, malady.

cusson, ólitra hómana hazo. CUSSONNÉ, olérina.

custode, sárona.---, vatra hely.---, mpiámbina, mpiandry.

cutané, amy ny hóditra. affection ---, arétina miróʃotra, miróʃatra; Rifatra, rifotra. Qui a la ---, o rofótina, rofátina, rifátina rifótina.

cuve, Vilañi-varáhina be.

cuver n, mitábaka, midobibika, midábaka, mandry anaty vilany be. --- son vin, manámika divay an-ki...

cuvette, kapila fanasána tánana. finga.

cycle, Fiherénana, fihodinana.

cygne, Vorom-be mira amy ny gisy.

cylindre, z mavóny. --- de fer &, Vy mavóny; ? Vónimby, vóninkazo, vonimbáto. cylindrique, mavòny.

cymbale, h kipántsona, h kitsántsona.

cynique, o Alikalíka ; alíka. ? alikamoso, Amboalambo. Discours ---, vólana mañantsóntsana. CYNISME, ʃatao mañantsóntsana; Fañantsontsánana , Hakafiriánana.

cyprès, Añaran-kazo sary ny fahafatésana.

Czar, mpanjáka ndreo *Russes*. CZARINE, Andriambavy ny tany *Russie*; vady ny *Czar*.

D

Da : Oui ---, Héka.

d'abord, Maloha, aloha, antséndrika. ---, le premier, somila, faharaika, voalóhany; Manampóna.

nagorne, aombivavy tokan-tándroka.

darue, sábatra ʃohy matahi-dela.

Daigner, Tsy malaiña; mety , mitia , tia , tsy mikiry, tsy mandà.

Daim, Aañaram-biby mira amy ny *Cerf*.

Dais, Baldaquin.

Dalle, Vato fisaka , Lampi-vato, vato-lampy.

Dalmatique, Sakónoka ny *Diacre* va ny *Sousdiacre*.

Dam, Haverézana andrakizay.

Dame, Andriam-bavy, ʃompovavy. Viavy be; rafotsy, mañangy.---, Añaran-daolao.

Dame-jeanne, Tavohangy be.

Damnable, maliavery. DAMNATION, Haverézana andrakizay. Fahaverézana. DAMNÉ; Very andrakizay, very amy ny afobe, Very ny Zanahary, Variany ny Zanahary ; ρv voa Héloky Zanahary. vo condamné. DAMNER, mamery, mahavery, manary; vo condamner. Se —, manary tena, mamery tena; mamarin'aiña amy ny afobe, mahafoy tena; mahazo Haverézana, mila ho very.

Damoiseau, Zatòvo mpihámina mora ho tian-javavy.

Dandiner, Mandihidihy, mitsinjatsinjaka, ? Mirary; manao firari-áñina; ? mihetsikétsika; manetrabétra, mihetrakétraka. vo ? mangitakitaka, ? mangapikápika, ? mangebekébika, ? mitsingevikévika, ? mitsingevingévina, mikevikévy. vo mititikóitra; miasiásy.

Danger, Z mahavóa, rofy; vo Loza, Antambo; Fampidiran-doza; faty, afo, sarotra, fahasarótana, voina. En —, vo Vesóhana, vesobesóhana, Lahóina; ahina; mampatáhotra; mariny ny rofy, dónana ho voa; dónana ho látsaka &. DANGEREUX, mahavoa, mampidi-doza, mahalátsaka, mahafaty, ahina, beloza. Hors de danger, Afaka amy ny may, afaka amy ny afo; afak' afo, áfaka amy ny faty, afa-paty

DANS le coffre, Añaty vatra, Añaty ny vatra, Amy ny vatra, Am-bátra. Il était — un trou, Tañaty lávaka izy. — 8 jours, áfaka ou maty andro valo. — la maison, An-trano.

Danse, Dihy, Tsínjaka, Rébika. vo dihifaly, totorébika, h dada, h dadamanainga, torintány. DANSER, mitsinjaka, mandiny; mirébika. DANSEUR, mpandihy; mpitsinjaka, mpirébika, mpitari-drébika.

Dard, Tsíndrona, fitsindrona; fitrébika; tsílo, tsilona; lela mahatsindrona. vo Léfona, saboha, trébika; lefom-pohy atóraka. DARDER qc, manotóraka, manopy azy; manórina, manindrika azy amy ny o. vo manantsáky, milelaléla, mitselatsélaka, mijejajéja.

Dartre, Kesa, kolá. vo pepo. DARTREUX, misy —.

Date, Andro nanaóvana z; ? soratr'andro. vo Fetr'andro, fotoan'andro. Le DATER, manòratra ou milaza ny andro anaóvana azy.

Datif, Ny Tolórana.

Datte, Antrendry. (Petite sauvage,) Dara.

Dauphin, Añaram-pilao be. ? Sorokav.

Davantage, Bebé, maromaro, h bebe kokóa. celui là est bon mais celui-ci l'est —, Io tsara fa ity tsaratsára, ou ity mihóatra, ity lombolómbo, ity mandilatra.

De: La maison de la mère, de la prière, de détention, de q, Ny trano Ny reny, ny trano fijoróana, ny trano fitananana o; trano n'olona. Il vient de sortir, Voa hibóaka izy, h voa nivóaka izy. Aller de maison en maison, Mitety trano n'olona. Venir de Nosi-bé, Mibóaka i Nosi-bé, avy ty Nosi-bé, tamyny Nosi-bé. De là, Ary amy ny izány, Amy ny zany, Ary dia; Aviteo. Parler de q, Mivólana o. Craindre de mourir, Matahòtra ho maty. Les gens de la maison, Ny ólona an-trano. Les poissons de la mer, Ny filao An-drano-másina. Il est fâché de ce que j'ai dit, de ce que je l'ai puni, Tézitra amy ny z nivoláni'ko izy; Vinitra amy ny nankali-lóva' ko azy izy. Homme de cœur, d'esprit, Olona maheri-fó, misy fo; ólona be fanáhy. Sortir de nuit, Mivóaka álina. De Paris à Rome, Lany ny Parý avy any i Roma; vo Depuis. Aimé de tout le monde, Tiany ny olon-jiaby. Il naquit de Jacob, Natéraky i Jakoby izy. L'ôter de là, Manala azy eo. Je vous écrirai de là-bas, Any zaho hanòratra amy nao.

Dé à coudre, Loha-tondro fanjairana, Loha-tsifa, Fan-droso-fanjaitra.

Débâcle, Firavána; firobátana, Barantsénaka, Barakaika. Débâcler un port, Manala-sambo azy, Mamóana, maha-fóana azy; manava azy; mandrava azy.

Déballer, Manala-fono azy; manókatra, mamamba; ima-móaka azy. DÉBALLAGE, fanaláno-fono; famahána, fanoká-rana.

Débander, une plaie, Manala fehiana azy, mamáha azy. — un arc, Manétraka, mangedragédra, managedragédra, mamotsobótsotra, mamahaváha azy. DÉBANDADE, g Bara-kaika, Barantsénaka, Paritaka, g Pariaka, g Piriaka, Pa-réka; paripariaka, Paredréka; Fafifáfy, Ely, Eliély. Être à la ---, (se Débander,) mi---; miháhaka, mihahakáhaka; mi-saratsáraka; mieli-ahy, tsisy fifehiana. vo Déroute.

Débaptiser q, Manòva anárana azy. Se ---, miòva aná-rana, famoáhana.

Débarbouiller, Manasa, h manoza; manala fótaka (ou fo-tétaka, loto, somapétroka, léotra). Se ---, manasa sora, ma-nasa tánana; misáfo, misándry.

Débarcadaire, Fiontsáhana, Fanontsáhana. vo fitodian-dákana, Tafia; fiondránana; h fiantsónana.

Débarquer qe, Manóntsaka éntana, manjótso éntana, ma-nala z amy ny sambo. ---, n, Mióntsaka; mizotso; miala amy ny sambo; man'tsaka tány. Un nouveau DÉBARQUÉ, o vao hióntsaka, h o vao nióntsaka.

Débarras, Havotsòrana. Le DÉBARRASSER, Manáfaka azy amy ny sárotra; mamótsotra azy; manala-kótrana, manala-sárotra, manala-raha, manala-vánditra, manala-fadíditra, manala-ólana, manala-éntana azy. — la route, Manava lálana, mandío. S'en ---, Manífika azy, manary, mandróaka azy. Se ---, Manáfak'aiña; miála. DÉBARRASSÉ, Afaka, afak' éntana, afa-draha, afak'ólana, afa-kótrana, afa-tsárotra, afaka amy ny sárotra; vótsotra, maívana.

Débarrer qe, Manala-sákana azy, manala hidy azy.

Débat, Ady, Adiady. vo contester, combattre. DÉBATTRE

le prix, Miady tónona, miadiady tónona. vo Miankány, Mandinika, mihévitra. Se—, Mitsipatsipaka, Manipatsipaka, g Mihofokófoka, h mikofikófika, miolanólana, mikorofodrófoka, Mitrafantráfana, mikorófoka, mikorópaka, mikorápaka, miholantrólana, mitrehantréhana, mikoropadrópaka, mitsingárona, mitólona, miézaka, mihoalahoála, miókitra, mimókitra, mioitra, mila ho ataka, miola. vo S'acitre. Débattu, ladivana, h Iadiana; dinihina, isalasaléna.

Débauche, Fañaránan-trôka amy ny tóaka ndraka hánina be. Hamamóana; finoman-tóaka, finómam-bé. ? fingeliana, hajiléna; h fijejojéoana, ? fijilajiléna. fidódóana fanaovana dodo; pv fieloana. débauché, h Dodó, pv ebo, Korombémbana, ngely, ngelingély; h janganjánga, h jejojéjo; h fileontoaka. Le Débaucher, Mañóva ratsy azy, mankaébo, manébo, manangély, manangélingély, h mampijangajánja, h mampijejojéjo azy; manéra, manitsíka azy. Se—, Miova ratsy, manjáry korombémbana, manjáry ngély. Débaucheur, Mpañéra o, mpitaona o amy ny ratsy.

Débile, Osa, malemy; h somázoka, h somazotsázoka. vo mandránoka, mandranodránoka, gorerarera, garerarera, borerarera, boreraka, mafonty, botretra, marisarisa, réraka, kétraka, tsy matánjaka, hozohózo, malemilémy. bako, bakobáko, bakoraka, koréra, miborerarera, migorerarera, migarerarera, joréry, lezolézo, malonilóny, milónika, tandeménâ, mihozangózana, misahontsáhona. Débilité, Haosána, halemena, fahosána; h sahontsáhona, h toretra, toredrétra, hozangózana. Débilitation, Fiosána. Débiliter, Mañósa, mañosa; mankalémy, mankafónty.

Débit, Várotra maláky, fandafósana. Fiventésana, fanonónana. Débiter, Mivárobárotra, mamidivídy, mandafoláfo, manao várotra madinika. Vo Réciter.

Débiteur, o misy trosa, o anánana trosa. Il est mon —, anañáko trosa izy.

Déblai, Tany aláña; fañaláña tany. Le déblayer, Manala-raha azy, mandio, manava, manráfa, mamapka azy; Manaó kao-porónana azy. vo mandráva.

Déblaterer contre q, Mamora-bólan-dratsy, mamorafóra volan-dratsy amy ny o.

Déboire, Hafairana tavela amy ny váva ninon-drahá. fg, dégoût, affliction.

Déboîtement, Kitsoka, tsókaka, tsékaka. Déboîté, Ni —, (natsókaka). Se déboîter, mi —; matsóaka. Le —, Manatsóaka, mampikitsoka azy. vo Bitsoka, Vilana, pitsoka.

Débonder, n, h Miboráraka, h mitraráraka, h miborróaka, h mibosásaka, rákaka, tómpa, tóndraka, mandróatra, mandroadróatra, miporótaka. Se —, vo Mivóraka, mipóaka, milou-báva, miteoka, ? mihoa-pámpana. Le —, Mañala-tákona azy, mañala-tséntsina, mañala-támpina azy.

Débonnaire, Mora, malemi-fañáhy, vo bonéka, mántona, maótona; h olombé, h olonkova, h olonkovabé.

Débordé, Être —; Débordér n, se —, Mandróatra, mandroadróatra; tóndraka; ? mihóatra fámpana, ? mihoa-pámpana, vo Mangenihény, midábaka; mibóhitra; tsontsóraka, mandílatra.

Débotter, Mañala-baoty; manatsoaka kiraro, Manálatra kiraro abo.

Déboucher a, Se déboucher, Afaka-támpina, afaka-tákony, afaka-tséntsina. Le —, Mañala támpina (ou tákony, tséntsina) azy. vo Manókatra; mandóaka; déharrasser —dans la mer, Mitsófotra, maminány, miditra an-dranomásina. Un débouché, Fivoáhana, fiboáhana; famoáhana vidíana, vilány.

Déboucler, Mañala-gádra, mañala-fampochana, mañalahándrotra azy, mamaha-vólo; mañala taly, mamoha.

Débouquer, Miditr' ankiaka, miditr' ambámbana, mibóaka amy ny dilana.

Débourber qc, Mañala fótaka azy, mandío azy, manómbotra azy amy ny fótaka.

Débourrer qc, Mañala tséntsina; mañala hóto azy.

Débourser, Mamóaka vola ; ? Mandóa vola. Déboursement, Famoáham-bola.

Debout, Mitsángana; tafi-tsángana. vo Miárina, mideza, mijánona, mijidina, mihezahéza, mihezohézo, mihezihézy, h mijoro, mitsátoka. Le mettre —, manángana azy.

Déboutonner, Mamaha-bókitra ; mamótsotra-bókitra, manatáka, mamaha.

Débrailler : Se —, Mamaha (ou mamahaváha, mamelabélatra) síkina amy ny trátra. Débraillé, mibenabéna (ou miveñaveña, mibanabána, mivelabélatra) lamba, midvaka.

Débrider, Mañala-hósiny, mañala-laboridy azy, mamaha azy; mañala-gádra azy.

Débris, Bakílana, Bakilan-dráha; vóroka, vorobóro draha. — de navire, de case, Bakilan-tsámbo; sambo robadróbaka, tapatapa-tsámbo, sisa-ntsambo; voroboro-trâño, vo Pako, áhitra, antsánga.

Débrouiller qc, Mañala-sósona; mañala-fotimpótina, mañala-safotimpótina, mañala-sampótina, mañala-volimbólina, mañala-fotofóto, pv mañala-potopóto, mañala-vánditra, mañala-fadíditra, mañala-fátotra, mañala-ólana, mañala-sárotra azy; mañáfaka, mamótsotra, mankazáva, mankadio, mandáhatra azy. mankamora azy; mamarabáraka, manaratsáraka. Débrouillé, Afa-tsósona, h Afa-tsósotra;

afála, afa-banditra &. DÉABOUILLEMENT, Fanalana-Snòsoa.

Débrutir qe, mañala-rokoroko, mañalamontomóntotra azy.

Débusquer q, Manésotra o hisolo azy, mañála, mandróaka, mitóra, mañatsóaka, mampiála. vo mamingana, manipéloka, mandéntika, mandréndrika, mamárina; mampibitsoka.

Début, Commencement. DÉBUTER, Commencer.

Deça : En deça, añila ty, añila aty, aty. Il est en deça de la rivière, Aty ny rano izy.

Déca, Folo.

Décacheter une lettre, mañala-lóko azy, mamáky, manòkatra azy, mandróba-doko, mañala-kasé azy. DÉCACHETÉ, Afa-dóko, misòkatra

Décade, Andro-folo, folo andro.

Décadence, Fivéñana, firóñana, fitandavóana, fitokilánana, Fandroróñana, fihéñana, fihiakelézana. Être en ---, mivéña, miróña, Mizótso midina, mandróṛona, ho lavo, mitandávo; mihialávo, mitandátsaka, ho látsaka, ho róbaka, mihena, mihiaróbaka, mihiakély. Efa Nahafáhana, efa naharombíñana; h nangilahilana.

Décagone, Folo-rirana; folo-ampísany.

Décagramme, Folo-*grammes*. *Grammes* folo.

Décaisser qe, mañala azy amy ny vatra; mamóaka.

Décalitre, *Litres* folo. folo-*litres*.

Décalogue, Ny malo folo ny Zanahary; ny Didy *ou* ny diditán y folo ny Andriamánitra.

Décamètre, *Mètres* folo. Folo-*mètres*.

Décamper, mañala tòby, mamindra-toby, miala, mañéntana-toby; mitsapíka, mifíndra, miléfa, mandósitra.

Décanter, mañidina moramóra.

Décapiter qe, Manapa-doha, pv mandénta, h Manominda, manapa-bózona azy. DÉCAPITÉ, Voa-ienta, vou-sominda, Afa-doha, nalan-doha; voatapa-doha, tinapa-doha, notapañin-doha; ? bolon-doha. DÉCAPITATION, Fanapáhandoha, fanapáham-bózona, fandentána, fanomindána.

Décarreler qe, mañala rari-vato, mañala-lampihazo azy.

Décastère, *Stères* folo. folo-*stères*.

Décasyllabe, Vólana Folo tápaka; vaki-folo, vólana folo váñiny *ou* folo-tónona.

Décédé, Naty, Nihílana, Nafoy, Afak' aiña. DÉCÉDER, maty, mihílana, modi-mandry, miamboho; ? mañal'aiña, ? miala aiña.

Déceler, Découvrir.

Décembre, h Alabasaty, pv Asótry. vo Vólana.

Décence, Fatao manjary, fatao tsy mahaméñatra; ---, dans les habits. Habits DÉCENTS, Sikina mahavóny vátana.

akanjo tsy misókatra, tsy mangarakaraka, tsy mampahita vátana; manjary, akanjo tsy mety, tsy f.heñarana, mahaméñatra. S'habiller DÉCEMMENT, Mamony vátana, manao fisíkina manjary. vo Tókony, sahaza, mety, ampy, tsara, antónony, anérany, anóhany, ónony, BIENSÉANCE.

Déception, Fotóana tsy mihátra, fotoan-dilatra, tsy sabatongávany ny nanteñaina. Fítaka, Angóly, h solóky, felik-ohy, flikyé ny rámbona. Être Déçu.

Décevable, mora fitáhina, mor'ambakaina, mor'azo-fitaka.

Décerner, donner.

Décès, Ny ifatésana. Le jour de son —, Ny andro niakány amy ny ty tany ty. Ny andro nihiláña 'ny. vo Mort.

Decevoir q, Tsy mañome azy ny nanteñai'ny; Mankafórona, Mankasóboka o, Mandátsaka o an-tsóboka (ou amporóñana, an-kórona, an-dróana); Mamárina o an-dró may. Manolo-bato-mafána amy ny o, mankadrádraka, mamítaka, mañangoly, h manolóky o; mañome voho. Déçu, tsy nahazo ny nanteñai'ny; sóboka, fórona, Látsaka antsóboka (ou an-dró may &); voa fitaka, fórona, nangoléna, finitaka; Háraka foana; tsy teky; drádraka; fólaka-tañamanóndro, foana, azo ny fotoan-tsi-mihátra, (ou azo ny fotoan-dílatra, azo ny fotoana-tsi-évina); azo ny mazao-drándra; misazirambonósy.

Déchaîner q, Mañala-gadra o; mamaha-gadra, mamaha, mamótsotra o. mañandefa o. Se —, Mañary gadra, mañífika gadra. vo Se Courrousser.

Décharger des bagages, Mañala éntana. vo Débarquer. — q, un navire, Mañala-éntana, mañala z azy. — un canon, Mañandéfa, mandéfa tafondro. S'en —, Mañífika, mañary azy. Se — sur q, Mamindra éntana, mamindra safitra, h mamindra pitra amy ny o. Se — dans la mer, Mamináñy, midina, mañidina, miválana an-dranomásina. vo Couler. Marchandises DÉCHARGÉES, Vidiana afaka amy ny sambo, tafióntsaka, efa nazotso. Q —, o Afak' éntana, afa-draharáha; maivana, vo afaka-tsiñy, afak' adídy.

Décharné, Mirakaráka, mahia; áfaka-nofo; h Mihazingáziny, h miharingáriny, pv midazodázo, fézaka, mifézaka, h kaózatra, h kébaka, h makébaka, matify, h manify. Le DÉCHARNER, mañala-nofo azy; mankahia azy.

Déchaumer une terre, mañala vodim-bary azy.

Déchausser q, Mañala ou Manálotra kiraro o, mañala saro-kóngotra azy. — un arbre, Mañókatra vody azy, mañoka-body azy; ? Mañavankávaña ny vody ny; Mangady manódidina azy.

Déchéance.

Déchet, Tsy afaka. Qui a eprouvé du —, Nahafáhana, naharombiñana, nahaverézana, naharosóana, nangilahitana, nahalania: a, nihiakély, nihéña, nitantápana

nécheveler q. Mamaha volondoha azy, mamoha, mampióbona, mampibóhaka, mamótsotra volo azy; mampirakaraka.

Déchiffrer, Mamaky sòratra saro-bakiny; mañokatra isa; Mahazo isaka azy, mahazo fotony, mahita fotony azy. Chercher à —, Mamántatra. vo Débrouiller.

Déchiqueter, Mandriadríatra, mandriatriaka, mamiravira, mañotikótika, manapatápaka, mandididídy.

Déchirant, maharia-po, mahatriatria-po. Affligeant. mahafiraiña, h mahaferinaiña.

Déchiré, Déchirure, g Triatra, g Riatra, pv Triaka, h Tsiaka; triatriatra, h tsiatsiaka; Na—, Misy —, misy Na—. Se Déchirer, Mi—, pv Ma—. Le —, Mandríatra, mandriatriatra, mandrotidrótika, h mañatsiaka. vo mamiravira, mañotohoto, mañotikótika, Mandrota, mándrotaróta, manátaka, mamotipótika, mandrobaka. Brèche.

Déchoir, déchu, Pótraka, Látsaka. vo Mandròrona, mizotso, miandálana, mizétra, miétry; miléntika.

Déciare, h Ampahafolo (pv ? Fahafolo) ny Are.

Décidé p, Voa-ito, voa-tápaka, voa-didy. Q —, Rékitra, tsy miova, mat oky, mafy, fatatra; mitompo tény sántatra. vo Mikiribíby, mihenahéna, miantefa. Décider qc, Mañito; manapaka, mandídy; mandrékitra, mañantéfa. Mimalo. Achever. Se — a aller, Mañito handeha. vo mikzasa, mikinia.

Décigramme, Ampahafolo (pv ? Fahafolo) ny Gramme.
Décilitre, Ampahafolo (pv ? Fahafolo) ny Litre.

Décimal: Calcul —, Fañisána ny isam-polo. Fañisána folofólo, mamolo, mamolofólo; fañisana tsifolofolo.

Décime, Ampahafolo (pv ? Fahafolo) ny Franc.
Décimer, Malaka ny fahafolo ny. maka ny isampolo ny.
Décimation, Fañaláña ny isampolo ny.
Décimètre, Ampahafolo (pv ? Fahafolo) ny Mètre.
Décisif, mañito, mañito; mahatápaka; mahefa, mahavita; tsy iahanahánana. vo Absolu.

Décision, Ito, fañitósana; malo; k voa ito; fara-tény. vo Conclusion; Hévitra, fañany ny hévitra; ? fari-háva.

Décistère, Ampahafólo (pv ? Fahafólo) ny Stère.

Déclamer, Mivólana maré, Miláza fátatra, mivénty k; Mitadidy k; Mitory k, ? mandrésaka k; Mikabáry; Mampañéno k. Miholahála k. déclamateur, Mpiteny maré, mpitory k amy ny tény marésaka; mpikabáry, ? mpamporisika amy ny k. déclamation, Fitoríana tény, filazána k, fivolánana marésaka; fitenénana abo no lava.

Déclarer, vo Annoncer. Se —, Apparaitre. déclaration, Fañambárána, fañatoróana, filazána. — préalable, vo h

Vahavalo, nginkazo, vo Mingiokazo.

Décliner n, vo Être en Décadence; Lanjamandrórona, S'eloigner, Miviry, h mivily; mania, h mivirioka, pv miviriotra, h mibirioka, vo mivavahóana; miala. — un tribunal Mjary lapa. — un nom, mañovaova tendro azy, mañova farany azy, manoñontóñona azy. déclin, l écadence. déclinable, mety ovaovana tendro.

Déclinaison, n, Fiviriana; h fiviliana. — ac, fañovaováṇa téndro.

Décliviter, Firóñana, fitokilánana, fitsidihirana.

Déclore, Mañala vala. Déclos, Afa-bála, nalaṃ-bála

Déclouer qc, mañala fátsika azy; mañala azy.

Décocher une flèche, mañandéfa zanak' antsaky, manopy, manóraka azy.

Décoction, Robok' aody, róboka, Ro n' aody. En faire une —, Mandróboka azy, mahandro azy amy ny rano, manétrika azy.

Décoiffer q, Mañala sátroka azy; mañala-taly azy. décoiffé, Afa-tsárotra.

Décoller q, Le Décapiter. — du papier, mañoso, Mañémpaka, mañendaka, manilaka, manélaka, mañala azy; mañala loko azy. Se —, maóso, maémpaka, maéndaka, miéndaka, misélaka, miélatra, miselatsélatra, mingitringitra, mibontsibóntsina, áfaka.

Décolleter q, Mañala-lamba-mbózona azy; mampihalovózona azy, mañovaka tenda; mañenda-bózona, mamamba-vózona, mañova-bózona azy. Décolleté, miova-bózona, maénda-bózona.

Décolorer qc, Mañofo, mañofofo; h ? mañóhaka; Mañova sóra, mañova vólo, mandázo, Mahalázo, pv Mañétroka; mamonovóno sóra, mahafáty sóra, mahamátroka, h ? Mañátroka azy. Se —, miofo, miofofo, manjélana, matimáty volo; miova sóra; malázo, h mivalo sóra. décoloré, niofo, matimáty volo, voa ofo, afa-tsóra, maty sóratra, h Mátroka, matromátroka, pv maétroka, maetroketróka; mavo.

Décembre, vo débri.

Décomposer qc, manaratsáraka ny tapatápany ou ny fótony; mamahavaha fotony azy; manokantókana ny fotony. vo Analyser. Se —, Véhaka, vehabéhaka; móhaka, mótraka, mómoka, Le miova; afa-pófona, afa-daro, afa-pótony, misara-pótony.

Décompter, mañala tápany; mañala amy ny isa ny. décompte, ny tsy mahaampy isa. Où il y a du —, tsy añon' isa, tsy ampy; nañaláṇa,

Déconcerté, se déconcerter, Kerikery, votivoty; malemy fo; very jery; rivana, ?hirana, sahirana;vo Confus. Le

DÉCONSEILLER, manakerikery, mankavotivoty, mankaleu, vifó, mampamoy fo, mahavery jery, mankarivandrivamiń-mañírana manahirana, mampanahy, mampanohiahy, h mampiroáhana, mamakaváka, mamendrivéndry, mañarátra, maharésy, mampivadi-pó, mamaki-bétroka, mamakitambérona azy.

déconseiller qc à q, mañéra o tsy hanao azy, mañova jery o, mañararo o.

déconsidérer q, Mankahely laza azy, mañala amy ny laza ny.

déconstenancer, déconcerter.

DÉCOR. DÉCORATION, Rávaka, Hámina, Angy, Angiángy. h Omana, Lávana; z fihaminana, z fiománana, z filavánana; z fanangiana, z fanangiangiana, z fankaevána, z fanevána, z fihaingóana, z fandraváhana. Vonináhitra, voninkázo. DÉCORÉ, Misy rávaka &, voa angiángy. —, Se DÉCORER, Mihámina, miómana, milávana. Le —, Mandrávaka, mampihámina, mañángy, mampihaingo, mandávana, mampilávana, mañeva, mankaéva, mañangiángy azy. Mamisy rávaka &.

décorder, Mañala taly, mañala-rándrana; mampibóhaka, mamoha; mañala-fadiditra, mamahaváha. Mañala tady.

décortiquer qc, mañala-hóditra; mañofy, mañéndaka, mañémpaka, mañorondróaka, mañirémbaka, vokolontsóaka.

décorum, Bienséance.

découcher, Mandry an-trano n'ólona ou an-trano hafa.

Découdre qc, Mañala-zaitra azy, manátaka, manata-bitrana, mañala-vitrana azy. vo Déchirer. Se —, DÉCOUSU, Afaka zaitra, afa-jaitra, Mitátaka, mitata-bitrana, afa-bitrana, vaha. style —, vólana (ou torivólana, filazána) maitoito.

Découler, Mitsororóka; — de, Mihóaka —; — sur, — amy ny...

Découper, Mandidididy, Manapatápaka. DÉCOUPURE, Didy, didididy; héntitra, hentitréntitra, loadóaka; tátatra, fátitra; fatipátitra. vo Brèches.

Décourager q, Mañala-fo, mampañary fo, mankalemy fo, Mampamoy fo, mañala tokimpó, mañetra-po, mahaketrapo, mañala hery, mahakivy, mahakivi-troka, mañala haherezam-po, Mahonena azy, mañary ny fo ny. vo DÉCONSERTER. se —, Mamoy fo, mahafoy fo, mañary fo, mañary tokimpo. vo Craindre. DÉCOURAGEMENT, famoizam-po, pv fanoezam-po, faháfoezam-pó, fañariam-po, hareraham-po, haketraham-po, haverezam-po. DÉCOURAGÉ, Afa-po, rerapo, ketra-po, namoi-fo, nahafoi-fo, roso-fo, veri-fo. g kivy, kivy troka ; h onena ; g Tófoka, h soretra, soredrétra, h sorery, g tófoka. vo Déconcerté, Désespéré.

Décousu, vo Décondre.

Découvert: Pays —, Tany mibenabéna, pv miveñavéña, mieriñerina, mañeriñérina, h mivanavána, ? bambala. tany foan-draha. Qc —, à —, z hita, tsy milómboka, tsy mitákona, tsy takonfan-draha, Afa-dómboka, afaka-tákotra, afa-drákotra. vo Miharihary, g Miharinkárina, mangarinkárina, mihanjahanja, vamba, mióvaka. Q —, Afa-tsátroka, tsy misátroka. vo Apparaître, apparent, ouvert. Le Découvrir, Mañala lómboka (ou tákona, tákotra, rákotra, ráhona, foño, sárona) azy; Mamamba, Manóvaka, mañokatra, mañiaka, mañiakíaka, h mamókatra. —, Mahita. —, Mañambara, mamámbaka, milaza, manoro, manatoro; manókatra, mampibéaña, Manava. Se —, Mañala sátroka; misava. Découverte, Fahitána; z hita. vo mañirínkina.

Décrasser, Mañala tséroka &. vo Crasse.

Décréditer q, Mañala laza ou hánitra azy, Mahafatifaty laza azy; mankaimbo, mankamavo azy.? manala-baráka; mañisy tsiñy, Maniñy, h mañendrikéndrika, h mandatsa, mamirabasy azy. se —, mihiakely laza, very laza. Il est Décrédite, Afa-daza, very laza, efa tsy mánitra izy, Efa nahafáhana ny laza ny.

Décrépit, Matoy, kaina ; Matoi-kaina. h kainkana. vo Agé. Décrépitude, Hantérana be, haosány ny olon' ántitra.

Décret, Diditány, malo; ito. Décréter, ? Mandidy; Mandrékitra; manao malo.

Décrier q, Mañébaka, h manébaka; Manálatra, Mañebaheha o. vo Décréditer.

Décrire qc, Manóratra z, manatao z an-tsôratra, Milaza z amy ny sóratra. mamávatra, Mahavávatra, mamélatra k; Milaza, mañambara. Description, famavárana k, famelárana, filazána, fanorátana, fañambarána.

Décrocher q; Mañala z mihántona, mañala z amy ny fátsika hiantóña'ny.

Décroître, Miratra; mihena, mihiakely, Nahafáhana, kely tavela; miveña. Le décroit de la lune, Mira-bòlana.

Décrotter qc, Mañala fotaka azy. vo Crotte. Décrottoir, fañalana fotaka amy ny kiraro; fandrokotan-kiraro.

Décrue, Ny tápany áfaka.

Décupeler, Mañídina moramora ny ambóny.

Déçu, p de Décevoir.

Décuple, folo heny. folo; impolo, im-polo akeny. Décupler ? Mankafolo, manao folo heny, manao im-polo.

Décurie, Miaramila folo; isampolo. Décurion, Talé mifehy ólona folo; ambonimpolo.

Dédaigner, DÉDAIGNEUX, Miérina, mivazo; tsiriry, tsy tia, tsy mitia, malaiña, malaindaiña; mañivaiva, h maneso, h manaraby mamingivingy, mitintina, manamavo, Mankaimbo, Mañétaka. vo Abaisser, Railler manao tsy ho z; miandranandrana, miadonadona, mianjonanjona, mametaveta; maini-maso. DÉDAIN, fierénana, fivazana, fiririana. Avec —, Dédaigneux.

Dedans: Le —, ny añaty ny, ny aty ny; ny añovany an —, Añaty ny, anòvany. Il était au — de moi, Tañaty ko izy.

Dédicace d'une Église, Fankamasinana, fijoroana, famafazan-drano azy; fanolórana azy amy ny Zanahary. vo fafirano, Afana. Dédier, Consacrer, Donner.

Dédire q, le Blâmer. Se —, vadikadika, manala volana natao, manatsóaka teny, manatsoa-bolana, manaha volana nafehy, mivólana hafa, matsoa-teny.

Dédommager q, Mamodifody amy ny o, manámpina ny loaka; mamitrana ny róbaka añy ny, mankefa ny lany. vo Compenser. Manolo, manóatra. Se —, málaka hatámpina ny loaka.

Dédoubler qe, Mañala sosony azy.

Déduire, Mañala, , manésotra. vo conclure. DÉDUCTION, Conclusion.

Déesse, Zanahary vavy.

Défaillance, hatoránana. Tomber en —, fánina, Tórana. vo Ana, varivariana. ? matimaty fiañana. Défaillir, s'Affaiblir.

Défaire, Mañala, mandróbaka, mañátroka, mandrátra, mañatrokátroka, mamaha, mañáraka; maminba, mandrébaka, mandresy; manatsoatsóaka. Se —, Róbaka, matóaka, matsoatsóaka. DÉFAIT, róbaka. vo vaha, réraka, geragera, malálaka DÉFAITE, Harebáhana, Haresíana, harobáhana, firobátana; fandreséna, fandraváfia.

Défaut, Antsa, Handra Se mettre en —, Málaka —. Qui a des —, misy —; antsaina, sandraina Lui trouver des —, Mañántsa azy. antsa nao mivólana loatra, Vous avez le — de trop parler. vo Brèche, Déchirure; Tache &. Hadisóana, ota, kilema, h kinkiany, tsiñy. Par — d'argent, fa tsy manam-bola — de la cuirasse &, ny Lañilañy ny, fitohizany, vitrana, fanandríany.

Défaveur, fialány ny hatiávana. Tombé en —, efa tsy tiana, efa tsy máfiitra, efa tsy mamy, efa maimbo. DÉFAVORABLE, Tsy mankasítraka, tsy mitahy, tsy miantra; tsy mañámbina.

Défectif a, Tsy áñona, tsy ampy, tsy tantéraka.

Défection, Fialáña, fiengána; fiodinana.

Défectueux. Misy antsa, misy Handra; antsaina, handrai-

na; tsy efa, tsy to lv, tsy amby, tsy ànon i. tsy anòhany, tsy
aàèrany; h Tsizariètry, tsy n t ijarv bot r i, rat iratsy. Dé-
fectuosité, vo défant, ny tlama, ny tsy mahi t npy, ny tsy
mahañona.

Défendre q, miaro, manéfina; — qc, — à q l'aller, man-
drara, m inetra z ; mandrara azy han-leha. se —, miaro te-
na mandrara tena. Le — contre le fro d , Tsy mampaharé-
ñynara azy. Ville défendue, Tanàna mirova oz mifefy, mi-
manda. Action —, z raràna ; fadv , sk faly, ampétra , mifé-
tra, misy fetra, tsy mety atao. défense, Fiaròvana, aro; fan-
draàna, fetra, famérana, sàkana, fisakànana. vo miady, ma-
nóhtra, mahàritra; haviavava, ankaviavava, antambo, Lo-
za; stra; fadintàny , tsentsimpano. mort sans —, naty bory,
naty tsy nivaliana.

défenses, hy mitràka; hy mitsintsindrana; Vangy. défen-
seur, mpiaro , mpanéfina. vo mpananti-ra , mifélana ; vato
fiolànaua. défensif, maharo, tsy mahavoa. La défensive,
Fiaròv ana. se tenir sur la — , miaro-tena , miàmbina tena.

déféquer qc, mañala fékana azy ; mandio, maniaka, ma-
nàvana.

déférer qc, donner. —q , pénoncer. — à qc, condescen-
dre. déférence, Haja, Asy; fandeférana ; fanekéna; fañan-
tahanàna,

Déferrer qc, manala-vy azy. se —, very-vý, afa-bý, latsa-
bý. fg veri-jery.

défeuillé, Rava-dràvina, latsa-dràvina ; veri-ràvina ma-
zaojaetra. Le défeuiller, man-lrara-dràvina , mañ 1 - ra-
vina, omandatsa-dràvina azy; manjaojaotra azy.

défi, pv kantsy, Fikantsiana; h Inina, faminàñana; h h tika,
héka, heika, fihaikàna; g kaika, fikaihana; g Hà-ika, fañ -
tsihana , vo natsy , hatikàtika. Antso , fañantsóana Le dé-
fier, mikantsy, maninana, miheka, mikaika, nañàtsika azy.
vo manaty , mañatsikàtsika, mañ itikàtika , ? manatibatv , h
mihatsy; mandràhona; Agacer. se — d · q, être défiant, ma-
ñahiàhy, marimàrika azy ; tsy matóky ainy ny; ? mitro azy.
vo Matàhotra, midòñz; misalasàla Défiance, Fañahi ahia-
na, ahiahy; fiahiahiana; tsy fatokiana; vo fi lòñana, fitahò-
rana; ? fitaóana, ? fitaóvana.

déficit, Ny tsy ampy, tsy mahampy, ny àfaka. Combler
un —, manampy z.

Défigurer, Mañantsa, mañandra, mandràtra, Manimba,
mandróbaka, mañòva sora, u andràtra tarehy; mañòva ra-
tsy; mandi nbana. Défiguré, Simba , naràtra , antsaina,
handraina; róbaka tarehy, niòva ratsy, efa hafa sòra.

défilé, Làlana maletra , lalan' ety ; Dilana , Hadilàña-
na. Salàkana.

Défiler des perles, Manoatsóaka, mañala azy. — n, mamávatra dia, mañosin-dia, mihósina, mifanésy, mifañarakáraka, mandeha raikiraiky, mandeha tsiraidraiky; mitohitóhy.

Définir un jour, Mamétra, mamotóana, manátoka andro. — un mot, Mañambára ny fótony, milaza ny hévi'ny. vo mamáritra, mañéfitra, mamarafára, mamepétra; manóñona, manoñontóñona; manamárina, mandrindra, maható. Mañito, manápaka, mandidy. DÉFINI, voa ito, voa tápaka; voa fétra. vo Achevé. DÉFINITIF, Rékitra, fárany, famaràna, famitána, fiefána, fankefána, fanampérana; Mahito, mahatápaka, mahavita; tsy impodiana, tsy azo alána, tsy áfaka. Définition, Filazána ny fótony.

Défleurir, Mandráraka voñinkazo, mandrara-boñy, mandrara-pélana, mañala-voñy. — n, se —, Rara-boñy, rara-pélana; mandráraka.

Déflorer q, mañala hadio azy; mañala háñitra azy.

Défoncer qc, Mandóaka, mandoa-body, manomba-body azy, g mamboróana, h mamboróaka, mangoróbaka. Manaboróaka azy, mamáky vody azy. Se —, DÉFONCÉ, Lóaka, loabody, afa-body, tómbaka, boróaka, boróana, h goróbaka, taboróaka.

Déformer, vo défigurer.

Défrayer q, Mankefa ny vola nalóa ny; vo mañefa, mandóa; h manóñitra.

Défricher un champ, Mikapa, miasa tombokáhitra, mañakiaka; — une forêt, mitetik'ala, mifir'ala, vo mihevo, mipongy, miava; mandrevorevo; manjaojáotra, mandio. DÉFRICHEMENT, kapa, fikapána, tombok'áhitra, kapa-hivoka; tetik'ala, fir'ala, fitetéhan'ala, fitirán'ala. DÉFRICHÉ, afak'áhitra, voa kapa, mazaojáotra.

Défriser qc, Mañala-korikóritra, mañala volimbólina azy.

Défroncer, Mañala kérotra, mañala vónkina; mañala foripóritra; mañénjana, mamélatra.

Défunt, vo décédé. (vo Trobo.) fóngana.

Dégagé, Afaka; afak' élana, afa-báhotra, vótsotra, afatsár' tra, álaka amy ny sárotra. DÉGAGER, Mañáfaka, Mamótsotra, mamáha; mañala-éntana ou Vándítra &; mañávotra, mañómbotra, mamóaka, manáraka, mañatsóaka. Se —, mañafak' aiña, miála; mañífika z, miávotra. DÉGAGEMENT, Fañafáhana, famotsórana, Havotsórana.

Dégaîner, son sabre, manatsóaka, manoaka azy; mitárika, mañala azy amy ny sárona.

Dégarnir qc, mañala-rávaka azy. vo Décors. — un arbre, Mañala ámy ny. Se —, Mazaojaotra, vao bazaojaotra. vo Défeuillé : Dépouillé.

Dégât, Marátra, róbaka, lany, simba, simbana; g Roda-róda, fandrodarodána, fandaníana, fanimbánana, vo Vavómbiny, vavaomby; Brèche. Faire du —, mandrodaróda. vo Gâter, Consommer, Détruire.

dégauchir qc, manala éngoka azy, manitsy, mankahitsy.

dégeler qc, mampimána, manémpo, mandévona; g Manéno, mampiténo ny rano mandry &.— n, mimána, miémpo, lévona.

dégénérer, s'Abâtardir. dégénération, Fiovan-dratsy.

dégluer, manala-dity, manala-loko.

déglution, Fitelémana; ny mitélina, fitélina.

dégobiller, mandoa hánina be.

dégoiser, milazaláza ny ampó, mitsiatsiaka, manta-vava. vo Babiller.

dégommer, manala-loko, manala dity.

dégorger un tuyau, Mampandóa azy, mandóaka azy; manala ny mamémpina ny dílany, manáfaka ny rano anaty ny; ?mampiválana. —, déborder.

Dégourdi, Mavítrika, mavíngana, mavingambingana, jánjana; maimay, mafána; maláky fanaôvan-draha, malady tánana, h tsy ngoly, h tsy voly, pv tsy máritra. —, tsy azo ambakaina, tsy ambáka. vo Actif. Le Dégourdir, Mankavítrika, Mankavingana, mampaláky, mankafanafána, mankafaingana azy; manala máritra, manala nára, manala voly azy, tsy mampandry azy, mankamaimay, mampihetsikétsika azy. Se —, mihiavítrika, manífika toromaso, manetsiketsi-bátana.

Dégoût, Dikidíky, Likilíky, Rihirihy, Dingodíngo, ivivy, loiloy; ? rikoriko. Dégoûté, avoir du Dégoût, se Dégoûter, ma—; mangolisóly, mangaroháro, h Dimpóana, h Dimpodimpóana; étsaka, ámpoka; tsy tia koa, efa tsy tia; h fay; malilo, manéñina, h monaina, monamonaina. Dégoûter, Dégoûtant, mampangolisóly, mahadikidiky, maharihirihy mahadingodíngo, mahafadikidiky, mahafenoténo, mampangaroháro, mampanolisóly; mamay, mankalilo; mahatahandóa, mampandóa, vo Siontsíona, sointsóina; malaiña, voly, dísaka, mamo, maizin-kíbo, mivoady; miriry, miérina.

dégoutter, Miteté, pv mijora, h mipararátra, pv mipararáka, h mipariritra. vo mikiririka; Raradráraka; ? mitaitaika, mitsitetéka.

Dégradation, kolontsóaka, korondróaka, kirindríaka, koróaka, koróvaka, korondróvaka, koróinbaka, kirémbaka, Tsolóaka; Ma —, Na —, Ni —. vo Difformité, Brèche.

Dégradé, Ma —, Na —, Ni —; misy Na —, misy Ma —; Narátra, simba, símbana, naéndaka, naoso; niôvaka; makíaka, makiakíaka; —, destitué, Afa-bonináhitra, very voninahitra, latsa-boninahitra, nalatn-boninahitru, potra-pady, latsa-pady. Dégrader qc, Mañolontsóaka, mañorondróaka, mañirindríaka, mañoróaka, mañoróvoka, mañorondróvoka, mañorómbaka, mañirémbaka, Manolíaka, manotsolíaka, manatsoliaka; Mañíaka, mañiakiaka, manoso, mañóvaka, Mandrátra, mandróbaka, mañéndaka. — q, Mañala voñinahitra azy, Mañénda-pady, mandatsa-boninahitra, mamotra-pady, mañeta-boninahitra, mañiva, manetry, manjetra azy. se —, Makolontsóaka &; maoso; Mihíasimba, Mañary voninahitra. Dégradation de q, Fañaláña voninahitra, fanalam-pady.

dégraffer, Mamaha fampoéhana, mañala hávitra, mamaha gadra azy.

dégraisser, Mañala-ménaka. Décrasser.

Degré, Láfatra, Holáfatra, holáfiny, holáfany. vo h antóana, pv Antóka; toetra, filahárana, tañantóhatra, fiakárana; ambaratonga; tóhatra, fitoérana, Par—, Tsitaitaika, tsitetéka, tsikelikely, mitsitetéka, tsiraikiraiky, h tsirairay; kely masesy. vo Miandálana, miandalandálana, misokosoko, mandrosoroso.

dégréer un navire, Mahafoana sambo, Mañala lay (ou tady, h fánaka, h korónkana, pv karamaoka) azy.

dégringoler, Misaróroña, mitsorótsaka, mibiribiry, Mikorótsaka, mitaborótsaka, mirotsadrótsaka, mivarimbárina, mivaringárina.

dégrossir, Mankadínika, mankatify, manatsáka azy, mañala móntotra azy, mañalala ámy ny.

déguenillé, Tria-damba, triatria-tsikina, riadria-damba. pv rotarota, rotarota lamba, mitafy voroboro-damba.

déguerpir, Abandonner, Quitter.

déguignonner q, mañala loza, mañala rofy azy.

déguiser q, qc, mañova sikina (ou sora, tarehy, hóditra) azy mora izy tsy fántatra; manafy, manárona, mañisy sikina azy. vo Couvrir, Cacher. Se —, manao tsy amantárana; miova tafy, málaka sora hafa, mañova teña; h mihíatsaravelatsihy, manarondoha, milombo-doha, manan'ampó. Se — en brebis, mitafo hoditr'aondry. Déguisement, Lómboka, sárona, fitaka; sikina hafa, hóditra hafa; ? tafi-mavandy, sikina tsy mampahafántatra. pv sikina tsy amantárana.

déguster de vin, mañandrana azy, manandram-pófona azy. Dégustation, Fañandramánana.

déháler qc, mañala hainandro azy. Se —, miala amy ny hainandro.

déharnacher, mañala sampisampy azy.

déhonté, h ? Tsivalahara. tsi-ménatra, pv nivalavala, h ? valavana, tsy mahay héñatra.

Dehors, au—, Ambélany, h Ivelany, an-tany, an-demboka, ala-trano, amonto, ambelan-trano. Le—, ny Ambelany, Ivélany, hodi'ny.

Déifier q, Manandriamànitra, mananjanahary azy, mankazanahary azy. DÉIFICATION, Apothéose.

Déiste, o mankató misy Zanahary fa malain-kino ny teny ny.

Déja; J'en avais —, Efa nànana sandra aho. Je l'ai — vu Efa hita ko izy. C'est — fait? Efa efa izy va? vo sahady, Rahateo, lahateo, lahatány.

Déjeter : se —, se Cambrer, se courber.

Déjeûner, s, sakafo maraina. — v n, Mi—.

Déjoindre, Manáraka, Manaratsáraka, mampisáraka. vo Manátaka, manatakátaka; h manálaka; manátaka, manintaka; mañalankálana; mamaha, mamahaváha, manátroka, manatrokátroka; h mampivika; mamarabáraka, mankalálaka, mandaladálaka, mañavakávaka, mañilikilika, mampangarakáraka, mañelañelana. Se —, misáraka, mihatáka. vo misíntaka, matsóaka, mivika, mivarabáraka, h miháhaka, váha, h mipika; malálaka, mipitsoka, mibítsoka, h.? mióritra. vo mivóraka, mivoravora. DÉJOINTS, Tafisáraka. vo efa mihátaka, mangérakéraka; geragera. g mitsikerakéra, voatsikerakéra, mielañélana, mangarakáraka.

Déjouer, Mandróbaka, mañala; mañota, misákana. Manámpona.

Delà; Au —, Añy, h aroana, pv aróho, pv aróy; andafy, au — de la rivière, Añy ny saha; dela montagne, Ankóatry ny bongo. Dix et au —; folo misy amby ny. Au — de dix, mandilatra folo, vo Dépasser. Depuis 20 ans et au —, h hatr' amy ny roapolo taona no miákatra.

Délabrer, Mandrobadróbaka, mandróbaka. mañinikinika. vo Déchirer, Briser. DÉLABREMENT, Harobátana, firobátana.

Délacer, manala-dádina, mamaha.

Délai, Tatalava, amaray, fañomezan'andro, andro omena, Haelána, andro-lava, amarai-lava, andro lávitra, h ampitso lava; amarai-tsilány. Demander un —, mangátaka andro. vo Ajournement.

Délaisser, Mamela, mambela, mahafoy, mahatindry, mañáry.

DÉLAISSÉ, foy, 'tindry, navela, niengána,! niladzana, tsiahóana, nialána. vo Botry; Boty; mandrifebariva, hala, halala, halalavélona. DÉLAISSEMENT, Abandon.

Délasser. Le —, manala disaka, mañala sásatra, manalamókotra, manala voly, manala vaha azy. Se —, manala disaka &; h miala-sásatra; h mialatsábatra. DÉLASSEMENT, fañalána disaka, fañalana-mókotra &; h alatsahatra, h fialantsahárana; fitsahárana.

DÉLATEUR, Mpiampanga ankodiatra, mpañampanga amboho, mpañambara, mpanoro, mpilaza. DÉLATION, Accusation.

Délayer qc, mandróboka azy; mañáro rano azy, mañaroháro azy amy ny rano, mañisy rano ámy ny; manatsatso, manabóka azy; mampimána, maneno, mañempo azy amy ny rano; manao koba. Sucre DÉLAYÉ, Robo-tsiramamy. vo Robok'antely, robo-tsoha, robo-madiro. Remède DÉLAYANT, faneli-ra, fandrava-liho.

Délectable, maharavoravo, pv mahaforaha, mahafalifaly, ? mahavarivary, mahetsa-po, mamy dia mamy; matavy, bangóina, fibangóina, ankafizina, fy, mafý. vo Agréable. Délectation, Haravóana, Hafalifaliana, Hafaliana. S'y délecter, mibángo, mankafý, mankatavy azy, mahazo fý azy; mifalifaly amy ny; foraha. — q, Le Réjouir.

DÉLÉGATION, fañ áhana; fanoáfana, fanolóana; famindran' ántoka. DÉLÉGUÉ, Íraka, solo, sóatra, o nasolo, o nasóatra; o niráhina; h masoivôho, solo-teña, solon-tena, solovava, Déléguer q, mañiraka o, mañiraka solom-bátana.

Délester, la pirogue, mañala vato fañárina azy.

DÉLÉTÈRE, maharátra fiaiñana, mahafatifaty.

Délibération, malo, fimalóana; h Tétika; fandinihana, fanadínana, fañaliñaliñana; fierána, fisaiñana, fihevérana; Ito, kabary voa ito; fara hévitra. vo CONSEIL. DÉLIBÉRER sur q, mimalo, miéra, mifampiera; mandinika, h manádina, pv, mañaliñálina, misaina, mihévitra, misalasála, &, vo Tenir CONSEIL. — qc, manito, Conclure. DÉLIBÉRÉ, voa ito, rékitra, voa hévitra, nojeréna, nosaínina. Fait de propos —, DÉLIBÉRÉMENT, g náhy, nikiniana, kinia natao, satry.

Délicat: Vin —, Divéna mañi-pófona, abo hánitra, mamy, soa, tsara. Travail —, Asa mivendrivendry, madinika, tsara fanaóvana, méndrika, mora marátra; mafonty, malemy. Q —, o majihy, majihijihy, sárotra; mañaran'aiña; tia kely, tia tsara, tsy tia manta. vo mahafináritra, dimpóana, dimpondimpóana; lóndona, lengolengo, volólony, rano, maranorano, sahontsáhona, tañora, trótsana; tsy mahasáky, maro fady, meja, madio, sarotindoloy, mora vaky; bakobako, tálotra DÉLICATER q, mampajihy, mankajihy azy; h mañangolangola, g mañarano; mitaika; mankalemy, mankavozo azy &. vo CHOYER. Se —, mañaram-po. DÉLICATESSE, Jihijihy, fijihíana, fijihijihiana; fañaráñantroka. vo havendrivendréna, ? harendrirendréna; toe-bavy, hasarótana, hadinihana

DEM

Délice, délices, hamamiana, hamámy, hamy; hatavy, ha-
tavézana, Hafizana; z mamy, z fy; Haravóana, hafalifalia-
na, Hafinarétana, fahafinarétana; hasiloka. En faire ses —,
mankamámy, mankafý, mankatavy azy. Délicieux, mamy,
fy, fírò, matavy; mahetsa-po, masiloka mahafinaritra, ma-
haravo; fibangóina, ankafizina, ankamamina, mamina, an-
katavézina, bangóina, be-hamamiana, be hafizana; tsara
dia tsara. mami-fófona, tsara-makiana.

Délié p, vaha, voa vaha, afa-pehy, afa-pamehézana, afa-
ka-tady; vótsotra; galigaly, geragera, gedragedra, mibora-
bora, malálaka. Desserré. — a, madinika, tsara; madilana,
mafeja, feja, mafejafeja, mifejafeja; matify; marànitra, ma-
rótsaka, matsóraka; hendry. Le DÉLIER, mamaha, mahava-
ha, h manaha; mamótsotra, mañala tady azy.

Délire, Haverezan-jery antséndrika; h haverezam-pana-
hy; Hadaláua; radarada Hatambáoana, sadéraka. firada-
radána; pv badabada, ? redii edy, bebobéboka; Être dans le
—, very jery, very fañahy; adaladala, adala , very saina;
miradaráda. vo támbana, sadéraka, saderáhina, azontsa-
déraka.

Délit, Haotána, hadisóana, ota, diso, ratsy. vo Crime.

Délivré, Afaka, vótsotra; vo' ávotra. vo Afa-doza, afak'
afo; áfaka amy ny may, afa-paty, afak' éntana ; maivana.
Le DÉLIVRER, Mañafaka, Mamótsotra, Mandéfa, mamóaka,
mañandéfa, mañávotra; mankaivana; mamélona. Se —,
— téna. S'en —, s'en Débarrasser. DÉLIVRANCE, Fañafáha-
na, famotsôrana, fañandefána, famonjéna. vo Miandrian-
dro, miandrivóhoka.

Déloger q, Mampibóaka azy amy ny trano ny; mamóaka,
mamindra, manésotra, manapíka, mamalo; manésotra, ma-
natsóaka azy. — n , Mibóaka; mifindra , mitsapika ; mifin-
dra trano; matsóaka, niala.

Déloyal, Tsv mahatóky , vadikádika , mamádika, mami-
taka, malain-kanompo ny andriana.

Déluge, Tondra-drano be mahasáfotra ny tany ziaby;
rano tóndraka ; safo-drano , ? sangoaka be ; órana be; rano
mamofo (ou mandifotra, mandimpotra, mañémpotra, ma-
ñifotra) ny tany ziaby. — de maux, Valan'arétina.

Démagogue, o mandrisika ny vahóaka; miraiky jery amy
ny tanibemónina; miaro ny olom-poana.

Demailloter un enfant, Mañala foño zaza mena.

Demain, Amaray, h ampitso , h rah'ampitso , Rah'ama-
ray; maty aneto, maty niany. vo Après-demain.

Démancher qe, Mañala, (ou manátroka, manóaka, ma-
natsóaka) záhana azy. Se —, matsóaka. DÉMANCHÉ, Afaka
záhana, afaka bazo, natsoaka záhana izy

DEMANDE (*pour avoir qc*), hátaka, fangatáhana, laho, fangahóana; Laho, filahóana, hávina, fangavínana; z anga-táhina, z angahóina, z lahóina z, haviñana. — *pour savoir qc*, vo INTERROGATION. DEMANDER qc à q, Mangátaka, Mangaho, Mihaho; milaho, mangávina, h miangavy, mila z amy ny o. — souvent, Mangatakátaka, mangahohaho. — pardon malilo, mivalo; mañeky. DEMANDEUR, Mpangátaka; fangá-taka. — en justice Mpitáky, mpañáraka, h ampanga. vo Mihantahanta, mila, mitáky, maka; palésina.

Démangeaison, Laílay, hidihidy, sk hilihily. — de faire qc, Hilikítika. Q qui a des —, Est DÉMANGÉ, Mangidy, Mangidihidy, malailay. Qc qui DÉMANGE, z Mangidy, Mahalailay. vo Chatouiller.

Démanteler, Mandroba-drova, Mandrava manda, mandavo roho.

Démarcation, signe de —, Fiefèrana, pv fiférana.

Démarche, Fandeha. Qui a une — fière, Mireharcha fandeha. vo pia, fandehánana, Jaiko, Jaikojaiko; Jehojeho, jekijeky, joko, bekabeka, vekaveka, h paikopaiko, papapapa, sokosoko, vengovengo, virobirotra; tabiha, tivaka; Bingobingo; danésaka, daresaka, kirindreva, kirireva, dasidasy; fitondram-bátana. Faire des —, Manao dia, mandehaleha miasa dia, Maningana. vo Marcher.

Démarquer qc, Mañala múrika (*ou* fango, famantárana, kosa, kady) azy.

Démarrer, Délier. Quitter.

Démasquer q, Mañala saron-doha *ou* lombo-doha o. Manóvaka, Mañókatra, Mamamba. DÉMASQUÉ, afa-dombo-doha, afa-tsaron-doha; voa ókatra, voa óvaka, afa-poño.

Démater, ac, Mandavo (*ou* manápaka, mañala, mamólaka) falazy. —, se —, DÉMÂTÉ, fola-palazy, lavo-falazy, afa-palazy.

Démêlé, Ankány; contestation; avoir un —, contester.

Démêler, Mamarabáraka, Manjaojaotra, Mañala-sósotra, mañavakávaka; mañala-haroharo; manaratsáraka. vo DÉBROUILLER; CONTESTER. Se — la tête, — volon-doha; mihogo, mitráboka. Se —, Démêlé, Afa-tsòsona, afa-tsárotra; DÉBROUILLÉ.

Démembrer, Mañatrokátroka, manandry, manandrisandry, h mamava azy; mirasarasa; vo Déjoindre, Déchirer.

Déménagement, famindran'éntana; fifidran-trano. DÉMÉNAGER, mamindra, *ou* manapíka éntana; vo Déloger n.

Démence, Haverezan-tsaina, Hadalána. Folie.

Démener: Se —, Se débattre.

Démentir q, mivólana amy ny o anao navandy, mandá ny teny ny; ? mankavandy o, ? mampadainga o; manabóka vólana azy. Se —, vadikádika, miova vólana, misólana hafa, vo mihoditr' ovy, mivalo, mihemotra, miodina.

démérité, haotána, mahavoa tsiñy. chose BLAMABLE. DÉMÉRITER, Efa tsy tòkony ho valian-tsara koa; málaka tsiñy; very hatiávana; vo BLAMÂBLE.

démesuré, mandilatr'òhatra, lilatr'òhatra; mandongòatra, mihóatra; manontsòraka, tsontsorak'òhatra, be loatra; lehibe, makadiry, tsy anòhany, tsy anérany.

démettre, mampipitsoka, mampihitsoka, mampitsókaka, mampitsékaka. h mampivika; vo mihíolaitra, mivika, mióritra, mihodivitra; mivadik'ozatra. Se --- de q. s'en débarasser. Il s'est démis le bras, nitsókaka, ou nibitsoka tánaña izy.

démeubler la case, MANALA entana azy; mankafoana, mañoana azy; mañala karamaoka ou fanaka azy.

Demeurer, mitoetra, mitoitra, Tomoetra, mitomoetra; mipétraka, mónina, mifitaka, misy. DEMEURE, Fitoérana, fonénana, fipetráhana, trano.

Demi, demie, a: Un --- jour, Tapak' andro. deux et ---, Roy noho Tápany, roa sy ilany.Il est à---, Támpana, tápana, tápany, tápaka, tampaka; fanátona, uae piastre, Loso, vakindélany. Un demi-mois, tapa-bólana. ---brasse, tratra, vakitratra; qui a une -- brasse, mamakitratra. à -- joyeux, ravo-ila, ravo-tápaka. à — fou, Adaladala, à — cuit, mantamanta; h lózotra. à -- achevé, efa tápaka, efa ila. à — mort, Tórana, karaha maty, saiky ho maty, kely ho maty, maty, nati-tápaka; mati-ila, efa ho maty. Savoir à ---, à — savant, mahaihay, mahafantapántatra, mahalalalála. à — droit, mahitsy tsy mahitsy; tsy mahitsy lóatra. Domir à .---, Mandri-tsi-mandry; manao fandrimbólana, mandriandry. Prendre un -- bain, miséka tápaka. Une DEMIE s, Tápany, tápany; ilany. vo sásaka sásany, antsásany; antsásaka.

Demi-cercle, ? Volan-tsiñana, ? Ila-mpáritra. vo arc.

Demi-colonne, ? Andry takila.

Demie. vo à Demi.

Demi-fin, Rongo miharo saba, rongo mandeha firaka.

Démission, Abandon. DÉMISSIONNAIRE, Namela, nahafoy ny raharáha ny.

Démocratie, Fanjakána éntiny ny vahóaka ; fanjakána didiany ny vahóaka.

Demoiselle, Kalo, Safy; h kala, ikala; Zaza-vavy, tovo vavy; ampela hely, ampisáfy hely, Andriambávy tsy manambady; viavy mitòvo. vo vántotra, andoñavavy.

Démolir, Mandróbaka, mandráva, mandávo, ? mampiróaka, mampiródana, mandrótsaka, mandródana. DÉMOLISSEUR, Mpandróbaka, mpandráva. DÉMOLITION, Fandrobátana, fandraváña.

Démon, Anga-dratsy, lolo ratsy, fañahi-ratsy, demòny,

h devoly; ángatra, lolo. DÉMONIAQUE, o sampazan' angatra, saforan-dolo, isazohan-dolo, sazòhany ny demôny; ? angárina, ? ataon'anga-drátsy, ? anoin'ángatra.
Démonstration. vo Démontrer.

Démonter un cavalieer, Mandátsaka, mamótraka azy. — un fusil, manatrokátroka, mañátroka azy, manaratsáraka ny tápany. vo Démembrer. Se —, matsóaka, matsoatsóaka; mora katróhana.

Démontrer, Mañambára, manóro, mañatóro; manóndro. vo Mampahafántatra, mañambára fòtotra, mampahita manamárina, maható; tsy mampisalasála. Ce qui Démontre, qc DÉMONSTRATIF, ny Ahafantárana, ny famantárana; tsy azo isalasalána. DÉMONSTRATION, Fañambarána, fanoróana, teny maható, filazána marimárina, fampizahána.

Démoralisé, Rivana, very jery, fanahy; sahirana. Démoraliser, mahavery jery, Manahírana, mandrivana, mankariyana, mankalemy fo, mampatáhotra, manakivy. —, Débaucher.

Démordre, Mahafoy z kekérina. Ne pas en —, mifóntitra, miféña, miéntitra, mivánditra, miórina, mandrékitra ámy ny.

Démunir une place, mañala ny z fiadívana amy ny tanána.

Dénaturer qc, Mañova fótony azy, mañota, mandiso, mamótitra azy. vo Abâtardir.

Dénicher du miel, des oiseaux, Mikárona, h mihárona, mangárona tantely, vórona &. vo Déloger ac et n.

Dénier, vo Nier, Refuser.

Denier, Vola madínika, eran'ambátry, Voamena; ? mariké. denary.

Dénigrer q, Mankainty laza azy ; manoso-pótaka azy, mandòto-laza azy. vo Noircir, Décréditer.

Dénombrer, vo Compter. Dénombrement, Fañisána, pv fañisáhana. vo Rarakisa.

Dénommer q, Manónona o, Mañíntsy o, Milaza ny añára'ny. DÉNOMINATION, Añárana.

Dénoncer qc, Mañambara, vo ANNONCER. — q, mañampanga, miampanga; Mañôkaira, mamamba, mañebaheba, h mamókatra, mañóvaka. DÉNONCIATION, Fañambarána, fañatoróana, filazána; famambána, famambáhana, fañokárana; Ampánga, fañampangána. vo DÉCLARER, ACCUSER.

Dénoter, Mampahafántra; mañótraka. Ce qui dénote, n famantárana, ny ahafantárana. Désigner.

Dénouer, Mamaha, mañala-vóña; mampibòhaka, mamoha, mampióbona, mañáfaka. vo Délier, Débrouiller. Se —, DÉNOUÉ, Vaha, mibòhaka, mióbona, mivòha.

Denrée, salaitra ny z fohànina avidy ; ? hanimbókatra; vidiana.

Dense, Malétra, fankalétra, h ? mìlobolóbo, h miboalaboala, pv miroborobo, h mikirindro, vo Compacte. Densité, Halérana; h lobolobo, pv roborobo, h kirindro

Dent, Hy, nify, pv lfy. — de devant, Anakandrianify. Longues — canines, Vangy. — mollaires, vázana. Grandes —, h hy batry, g hy tráka, mitrakatráka, h mitsintsindrana. Qui a des grandes —, h o batry hy; pv, o traka nify, trakify, trakahy, traky, h trakinify; h vangy. Serrer les — Mañidy *ou* mihidy vázana, Mañehi-vázana. Mal de —, h ólitra, oli-manara. Qui a perdu ses —, tsisy nify, tiótrakanify, áfaka hy. Qui en a perdu, Roña hy, Baña hy. vo Brèche. Qc Dentaire, Dentale, z amy ny hy, momba ny hy. Denté, Misy nify. Qc Dentelé, une Dentelure, misy nify, matsiratsiraka, h tanjomiólaka, bañabáña, h bangabanga Le Denteler, Mambáña, manabáña, h mambánga, ? Manabañabáña azy.

Dentelle, Rongo (*ou* tenon-kely, rary hely) mangarakáraka; Ténona hely matsiratsiraka.

Dentifrice, z famotsian-ký, fandióvana nify.

Dentition, Ny fipotsáñany ny nify amy ny zaza.

Denture, Ny hy ziaby.

Dénué, Afa-póño, tsy am-poño, midvaka, mihalo. Dénué d'habits, Tsy mánana sikina, mijaly lamba, mila akanjo; tsisy sikina. —, — de tout, tsy manan-draha; fóana, mila, h botry. vo Nu. Le dénuer, Mañala ny z ámy ny, mañala z azy, tsy mampánaña, tsy mampahazo. Le — de tout, le dépouiller. Dénûment, Fihalóana; fijalian-draha, tsy fanáñana; h forofóro, h Havetána. vo Nudité.

Dépareiller des choses, Mañala námana azy; tsy mampitóvy koa, tsy mampira, tsy mampivady. Dépareillé, Tsiantsa, lasa-faharoy, very námana, very vady, tsy mivady koa, tsy izy ziaby.

Déparer qc, Mañala rávaka azy, mañala tilaváñana azy.

Déparier, dépareiller.

Déparler : Ne pas —, Tsy voly vólana, tsy voly fivoláñana, tsy manimo-bólana, tsy tampi-bólana, tsy efa koráña, tsy ritra-vólana.

Départ, Fandehánana, Fandrosóana, fandrosóan-dia; filasáñana; fialáña, fiboáhana, fandehánana. Le jour du —, Ny andro andehánana. Être sur son —, Efa ho róso, efa bandeha, tongotr'ombi-andákana

Département, Tokotány maro tanána fa tokan-talé; zarantány, fizarantány, firasantány. —, Raharáha.

Départir, distribuer, donner. S'en—. l'Abandonner.

Dépasser, Mandílatra, mihóatra, mandongóatra, tsoatsóraka, lílatra, mihéaloha, alohaloha, lavidávitra; tonga aloha, —un cordon, mañémotra (*ou* mañala, mampody volio) tady tafibóaka.

Dépaver, mañala rari-vato *ou* h lampivato azv.

Dépayser q, mamindra-tany o, manovahiny azy, mañova tany azy. Se—, mifindra tany, miova tany.

Dépecer une volaille, mandriatriatra, mañotikótika, manapatápaka, mandididídy, manandrisandry, manatrokátroka azy, mandrasarasa. vo Déchirer.

Dépêche, taratasy tsy mandry, taratasy iráhina; taratasy miákatra, taratasy an-sasárian. Dépêcher q, in taraka o, ? manao ira-may *ou* iraka may azv; mampaláky o. Se—, maláky, malády, h faingana, méka, setra.

Dépeindre, milaza sora azy. Décrire.

Dépendre qc, mañala *ou* manjotso z mihántona. —de q, Miánkina, miantéhitra amy ny o; inana, fehéna, fehézina, babéna; inam'ólona; amin n o o; mitavándra, mañanteña. Celui de qui il dépend, Ny o iankin'ny, iantehéra'ny, ny tompo ny, vo Chef. L'effet —de la cause, ny fototra no mitéraka ny vóany, *ou* no aviany ny vóany. ça—de moi, zaho no tompo ny, zaho no mahefa azy, zaho no isazóha'ny, zaho no isangazóna'ny. Ce qui — de mon métier, ny nomba ny fiasa'ko, ny z foasai'ko, fozavári'ko. Terre qui—de la mienne, Tany momba ny ahy, miáraka amy nihínahy, fehény ny ahy; manompo, mañeky ny ahy, Ce de quoi ça—, dites, Ce qui peut le Procurer, Permettre, Décider, Effectuer. Mon départ—de vous, anao no maharoso ny dia ko. Sa solidité—du nombre des clous, ny hamaróana ny fátsika no mahafátatra azy. ça—de la prière, ny fijoroana no mampahazo *ou* no ahazóana zany. vò tándroka miarak'amindoha, tsy mahazáka tena. Dépendance, fañekéna, fiambaniana; fanompóana. Etre sous la —, Dépendre. Ses —, ce qui en dépend, ny z momba azy.

Dépens, vola fañefána. A mes—, zaho hankefa azy; amy ny vola ko izy. Il s'amuse a mes—, zaho alai'ny hisomai'ny, zaho atao ny lisomai'ny.

Dépense, fandaniam-bola, vola lanina, fanjava lany, vola lanina. —, garde manger. Faire des—, dépenser de l'argent, Mandány, mamóngana, h mamanga, manjabiaka, mandringana, mañámpitra; mañary Mandiródona; mandrótsaka, mandrodaroda, mandroda. I épensé, lany, áfaka; ringana, lany ringana. Consommé, vo Tsivakiravintoto, lanifatotramampondra, kao-porohana, poporóhana, fóngotra, midodó, vatokeliváva, laniantsávony, tsirofo. Dépensier, Mpandány vola, mpañary vola, mpandány foana, tsy mahatam-pananana, mpandány hareana, barabosy, dodó, Tsiródona.

Dépérir, mihena, mihásimba, mihiakely, manjary malia, efa mahia, Nahafáhana, nahalaniana, mihialány, mihiaróbaka. vo Affaibli, Décharné. Dépérissement, fihénana.

Dépêtrer q, manómbotra o revo, manafa-bity azy. Dégager, débarrasser.

Dépeupler un pays, Manala o, manesotr'olona, mandány o, mankafoana o, mankavitsy o, manalala o, mankalálaka o azy. Dépeuplé, Foana; Efa tsisy o, lasa o, áfaka o, lao o, foana o, vitsy o, nanaláua o, milao, malálaka o, lemby, vo tananaolo, nangetòran-katoto, nangetoram-posa.

De peur que, de Crainte que.

Dépiécer, manatrokátroka. vo démembrer, déchirer.

Dépiler, Mandráraka volo, mandrara-bolo.

Dépister, Mahita z narakarahin-dia

Dépit, hasira hely; vo Colère. En — de lui, malgré lui, Dépiter q, le Fâcher; mahasósotra, mahadikidiky. vo Mahakisokiso, mampisamóntitra. se — n, vo en Colère; madikidiky, sósotra tezitézitra, vinibinitra, manao an-goka, ou an'izinkibo; melo-troka, h foizina. vo Otri-po, lolompó, folèntika, h lavenan'ovy.

Déplacer, Manêsotra, manisotra; mamindra, manapika, mampiala, manala. vo mampidriso, mampiteteka, mampibísatra; tsy mahatafa-toetra. Se — miésotra, mifindra, mitsapika, miála. Déplacement, ac famindrána, fanapíhana; n fifindrána, fitsapíhana. Q Déplacé, o amy ny tany tsy tokony. Action —, z tsy tòkony.

Déplaire, qui déplait, tsy tiana, tsy sitraky ny fo, tsy áraky ny fo, tsy áraka; mahafalahelo, mankarary fo, tsy mankasítraka, halavolo, halasora, hala, tsy ankasítráhina, tsy mamy; mafaikóditra, maimbo-hod tra; tsy mankaravo, tsy mahafalifaly; mafaika, mangidy, mahalailav; vo Qui dégoûte, manala haravóana. S'y déplaire, s'y ennuyer. Déplaisir, hafairana, dikidiky, fahadikidikíana, fahasosórana; alahelo, hafaika, hidihidy, ? solisoly; fahoriana; z mahasósotra &, qui dégoûte, afflige.

Déplanter, Manómbotra, ou manávotra hazo naketsa.

Déplier qc, Mamélatra; Mamávatra, maméndrana, manámpatra, manénjana, mandámaka, mamaha, manala léfitra, manala fóritra azy. Se —, mivélatra; miámpatra.

Déplisser, Mamélatra, manala lefidéfitra; vo défroncer, chiffonner.

Déplorer qc, Mitséka, mite-po. mise-po; h mitsetra, mitsetsetra, mitse-kibo, malahelo, matirana, h materinaiña, mitomany, mániña' h miantra, mandala, misaona? initeri-kibo.

Déploiment, famelárana; famavárana; fandamáhana.
DÉPLORABLE, mampitséka, mahafiraina, mampániña, h mahántra, mahafalahelo, tókony ho taniana, tokony haniñana.? mampiteri-kibo. vo Tsitonimanjó, loza, fadiranóvana, mampiory.

Déployer, Mamélatra, —les voiles, mamela-day. vo Déplier. Se—, mivélatra, mivelabélatra. vo mivalombálona.

Déplumer, Mañónotra; mañómbo-bolo azy. Se—, miónotra; rara-bolo.

Dépolir, Mañala lámatra (ou lama, doso,? dozo) azy; mankarokoróko azy. Se—, Afa-dámatra, áfaka-doso.

Dépopulariser qc, mankafaikóditra azy amy ny vahóaka.
Dépopulation, Hafoánana ny tany tsisy ólona koa.

Déporter q, vo Bannir, Mamindra tany o, h mamárina. DÉPORTÉ, naronji-tany, voasesi-tany, navárina. DÉPORTATION, fanesiana o an-tany hafa, fandroáhana o, famindran-tany o; famarinana.

Déportements, Fitondran-tena ratsy.

Déposer, Mamétraka. —un magistrat, mamótraka, mandátsaka, mañala, manésotra. vo Mikajy, manómpy. —en justice, Accuser. Eau qui DÉPOSE, misy fekana, misy mandry ambány, mambela z ambany. Le DÉPOSITAIRE de qc, ny o nametráhana, nikajíana, nanompíana, nanokánana azy; ny mpiámbina, mpiántoka, mpitána azy; ny o nampiantóhina azy. DÉPOSITION, fametráhana; famotráhana, fandatsáhana, fañaláña, fanesórana. —, ny teny ny vavolombélona, ampanga.

Déposséder q de sa maison, mañala ny trano ny, tsy mampánana azy trano koa; de ses biens, mañéndaka haréana azy. vo Dépouiller.

Dépôt, z kajína amy ny o, Ankera, z ampitchirizina, z napétraka amy ny o;? petra-draha; z nompíana, h rákitra. trano fanompiana, fikajíana, fitahirizana. — fékana, ry godra mandry ambány rano.

Dépouiller, mañofo; Mañéndaka, Mañendakéndaka azy, — hóditra, — sikina azy; Mañóditra, mañónotra, mañovaka, mañofy; mañoso; mañala síkina, mañala haréana azy; manjaojaotra, manao ono-bélona, manao halalavélona; mañalo, mampihalo; —une branche, mandrófotra tsorakazo. vo Mitango, DÉGRADER. Se—, miofo, h miohaka; s'en—, mañimpa, mañifika, mañary, mamétraka, mañala azy. DÉPOUILLÉ, Afakóditra, nalan-tsikina voaéndaka, miovaka, voa ofy. — des ses feuilles, afa-drávina, rara-drávina, h

majanjána, vo fatanimondry, ringitra, ringidrangitra. Dé-
rouille, ofo, hóditra naláña va navela; ny z naláña amy ny
nendáhana ; vo Butin. — d'un serpent, ofo-mbibilava. —
mortelle, ny vatan'olo-maty; faty, ny sisam-paty, taólana,
sisantaólana. Dépouillement, ac fañendáhana, fañodíra-
na, fañonórana, fampihalóana, fañovásana; n fihalóana, h
tazotazo. vo Nudité.

Dépourvoir, vo Démmer, Dépouiller. S'en —, Mañandéfa
azy; maóta, mahafoy azy. Dépourvu, denué. Le prendre au
—, Manámpoka azy, misokosóko azy.

Dépraver, Corrompre. Dépravation, Haratsíana, Hamo-
tráhana. Corruption.

Déprécation, Fitónana ny malilo; vólana fivalózana.

Déprécier, mañetry vidy azy; mañétaka, maniva, h ma-
nazimba, mañébaka vidy ndraha; mañéta-bidy azy; h ma-
namavo, mankaimbo, mañala-háñitra azy, mivaza azy.

Dépréder, mangálatra, mandróbaka, mamabo, mandróba.

Dépression, Fietáhana, Hareráhana; fianjérana, fietréna,
filentéhana, halempónana.

Déprimer, mañétaka, mañétry, manjétra, manindry.

Dépriser, Tsy mankafy azy lóatra; miérina, miriry, mi-
vaza azy. Déprécier.

Depuis, h Hatra; py Laitra (pour le temps); py Láñi-
ny (pour le lieu). — ici jusque la bas, hatra aty hatr'añy,
py láñiny aty Avy añy, malak'aty avy añy, mibóak'aty avy
añy; aty andrak'añy, lahateto malak'añy. — le matin, hatry
ny maraina, laitry maraindraina. — avant-hier, hatra afa-
komaly, laitra afakomaly. Je le connais — long-temps, fan-
ta'ko Ela (ou Ela zay, zay ela zay, lehánika) izy; Ela zaho
mahay azy; Laitr'ela nahía' ko azy. — que je vis, h Hatri-
zay niaiña'ko; py Laitry nivelóma'ko. Je le connais — mon
enfance, Zaho mbola kely nahalala azy. — lors, — cela il ne
revint plus, Laitry zay, Laitrizay, laitrivazay, dimbiny zay,
Dimbinizay, (ou efa zany, aviteo, tamy ny zany, Laitrizány,
dimbiny zany) izy tsy navy koa. — le commencement du
monde, laitry (ou dimbiny) nanampónany ny ólona. —
quand est-il arrivé? Dimbin'ombiana ou laitr'ombiana no
navia'ny? Il est ici — quelque temps, Elaéla navia'ny, Re-
findréfiny navia'ny;—dix jours, folo andro navia'ny; —peu
de temps, tsy ela navia'ny, vetikétika no navia'ny, vao ho avy
betibétika izy. — France jusqu'ici, Laha ti-Farantsy avy
aty. vo fony, noho.

Dépuratif, Mahadio ra, fandio-ra, mandio liho.

Député, íraky mpanjáka; íraky ny vahóaka amy ny an-
driana; solonteña, solovava, h masoivoho. o iráhina, asai-
na; mpitendra teny. Envoyer un —, une députation, dé-

PUTER q, Maniraka o, maniraka solotena. DÉPUTATION, fañiráhana o hitondra teny.

déraciner, Mañómbotra, mañávotra, mamóhatra, mamóhapóhatra, mamóngotra, h manóngotra; manóaka, vo mandringana, mamóngana, mamorompótotra. Se — maómbotra, fóhatra, miómbotra, miávotra. DÉRACINÉ, fóhatra, natsoa-pótotra.

dérader, Aronjy ny rivotra ka miala tafia; miala serañana.

déraidir, mañétraka; mankalemilémy, Mankafontifónty.

déraison, tsy saina, tsy jery, tsy fañahy; hadalána; teny foana, saimpotsy, jery foana; hévitra adala. DÉRAISONNABLE, tsy misy saina, adala, tsy tókony, tsy márina, very fañahy, méngoka fañahy, tsy mahitsy, tsy mety hekéna, tsy ankitiny, tsy avy amy ny hitsy ny, Mañantámbo, mandóza, havia, ota, mandimbàna, diso, tsy ary saina, tsy mahita, tsy mahazo, tsy mahay ny tókony. DÉRAISONNER, mivólana tsy mahitsy, very fañahy, mivólana tsisy fótony, mitény tsy márina, diso vava, havia vava, manao saimpotsy, mibadabáda, mibebobéboka &. vo Balbutier.

déranger une chose de sa place, Mañésotra, mamindra, mamótitra, mamádika, nanóaka, manatsóaka, mandrónjy, mamóhatra, mañala, mampiala azy. — un ensemble, des choses en ordre, mandróbaka, Mandrobadróbaka; BROUILLER, BOULVERSER; h manorokóro, Mandrátra, mandráva rántina, Mañala toetra, mañala, vávatra azy, pv mikorókaka, mikotrókaka; mikótrana, migódana, mikitrankitrana, mampirokaróka; — q, Mandétra, mankalétra azy, mañary andro azy, mañary jery azy, misákana, mahasákana, misámpona; Mankaízina, mañízina azy, mandrátra jery azy; Mahasósotra; mañota, mandiso azy, vo h mañelohélo azy, mihelihély amy ny. — q, Mankaráry vótraka, mandroba-bótraka, mampandeha azy. Se —, Miala, mialála; miávotra, miavotrávotra, matsóaka, mitsókaka, mibitsoka, áfaka, miésotra, midriso. DÉRANGÉ, Róbaka, robadróbaka, vo BROUILLÉ, Confus; Narátra; h mikorokóro; efa tsy an-dáhatra; natsóaka, nibitsoka, h korétika, mikorókaka, voa kótrana, mirokaróka, very lany. —, marary vótraka, mangery láva. DÉRANGEMENT, ac fandrobátana; fanahiránana, fandérana, fañalan-dáhatra; n Harobátana, Harobáhana, h korokoro, sósona, sósotra, Haverezan-dáhatra, fiharoharóana. CONFUSION.

déraper, mirara, áfaka, maómbotra, miávotra, fóhatra (ny Andrisa).

Dératé, o Afak'áriny, nalan'ariny, pv áfaka katry, afadambíñana. Le DÉRATER, Mañala ariny (ou kátry, lambíñana) azy.

DER

berechef, indraiky, h indray; indróa; koa.

Déréglé, Tsy anòhany, tsy anérany ; mandikadika; manary dia, mañantámbo, mandóza ; antámbo, loza; tsy mañara-dálana, mifótitra, tsy mañáraka ny lálana, tsy momba lálana, tsy fatao, ota, diso, jeby; tsy mahitsy, tsy márina, Mania, mañavía, havia, mañantsóntsana, tsy tókony, tsy manjáry, tsisy fetra, tsisy fiférana; tsy miláhatra; róbaka, miolikólika. D'une conduite —, mañantámbo toérana, ratsy fitondran-téna. vo Dérangé. Le Dérégler, Mampañary dia, mampandikadika, mañota, mandiso, mampaniasia, mamótitra, mandroba-dia, tsy mampañáraka, mañéngo-dia. mankamengoméngo-dia, mampiolikólika azy; mañóva ratsy, Mankaratsy lálana, Mampandoza, mampañantambo azy. vo Déranger. Déréglement, Fandikadikána, fañotána, faniasiána, Engokéngoka; famotérana, Antambondráha, antsóntsana; fandrobátana; dia ratsy.

Dérider, mañala kétrona (pv kérotra; horonkórona) azy. fg Mangatrakátraka, Réjouir.

Dérision, moquerie. Le tourner en —, s'en moquer. Qc Dérisoire, z fikizáhana.

Dérivation d'un fleuve, fañovan-dálana oñy. — famindrána arétina ankafá. —, fiaviany ny rantsam-bólana amy ny fótotra. Dérive du navire, Haveviany. En —, vevy, vevin-drano vo féfika. Se laisser aller en —, miambévy; miválana. Un dérivé, zana-bólana, rantsam-bólana, randram-bólana. Dériver — du latin, Avy amy ny volana latina. —, mankalávitra ny molo-drano, vevy; (rano) miviry, h mivily. — de, miboaka, avy amy ny... D'où ils dérivent, ny iboáha' ny, ivoáha'ny, avia' ny, iboaboáha' ny; ny mamafifáfy azy, ny mañely, mañeliely, mitéraka, mampiritsadrítsaka, mampatsiratsíraka azy; ny foto' ny, ny reny ny, ny loharano ny, ny teñan-drano ny. Goubille qui se Dérive, Fátsika matsoaka, afa-doha, afa-baitra.

Dernier, Dernière, fara, fárany; au — jour, amy ny andro fara. C'est aujourd'hui notre — jour, fara andro ntsika ou fara-mahamay ntsika aneto. mon — enfant, fara anak'o, faran-janak'o. mon — mot, fara teny ko, fara vola' ko, faram-bóla' ko. L'an —, taona áfaka. La — année de son règne, ny fara taona nanjaká' ny. Il est le —, Afárany, Aoriana izy. il était le — de tous, tafárany indrindra, taoriana indrindraka izy. Voici le —, ty ny fárany, fanampérana. Y mettre la — main, mamara, marafára, mañala fara azy. En — lieu, Afára, tafára. Jouer une — fois pour en finir, malaka ny faran-tsóma. Les — pluies, Ny fara-rano, fara órana. La — classe du peuple, h ny fara idina. Les —

arrivés, qui viennent les —, Zay avy afarany, ou afara Je l'ai vu DERNIÈREMENT, hita ko tsy ela izy. Il est entré —, vao hiditra tsy ela izy.

Dérobé, nangalárina. chemin —, Lálana mivóny, fivoniana. fangaláran-dia; Caché. S'en aller à la —, Mangaladálana, mangala-dia. Aller à la —, misokosoko. L'attaquer à la —, mangálatr'ady, misokosóke, h mijokojoko azy. DÉROBER qc, mangálatra, valaka. —, CACHER. Se —, milefa manginginã, mandósitra; miala; misitrisitrika, lasa tsy hita, h milodilody, g mibolidilidy, h mibolodilody.

Déroger à une loi &; mandika, mañésotra, manala, tsy mañahy, manimba, tsy mahafady, mañota, mandiso, mandrátra, mandróimbina azy. vo ENFREINDRE, déchirer, Avilir. DÉROGATION, fañotána fetra; fandikána, fañesórana azy.

Dérougir, mañala-mena azy. Se —, matimaty hamenana.

Dérouiller du fer, mañala hérika azy, mamotsy azy. — q, mikásoka fañahy azy. Se —, Afaka hérika, latsa-kérika; mangery.

Dérouler, mamélatra, mamávatra, maméraka; mañala holonkólona. vo DÉPLIER

Déroute, Fandosiranv ny resy, vo débandade. Barakaika, &. Être, Se mettre En —, se débander. Les mettre en —, mamparakaika, mamarakaika, mamarantsénaka, manaritaka, mamariaka, mamiriaka, mamaréka, mampiparaika, mañeliely, mamafifáfy azy. DÉROUTER q, mandiso ou mañota lálana azy, mampania azy, mahavery lálana azy, mankajéby; mahadiso lálana azy. —, déconcerter. Se —, DÉROUTÉ, Very lálana, jeby, very dia, diso safary, mania, vevy, Tamberintány, taverintány, pv azontamberintány, azontambérina. vo nitsimberivery, initamberivery, mifarifáry; mihelihely, misavembéña, mizenjéna.

Derrière: Le — de la case, ny Vóho, Ambóho, h ivoho aoriana ny trano. — de q, Vody, sk voly, Tampénaka; kondro. de bœuf, Vodihéna. Il est —, — moi, ao amboho, ivoho, aoriana izy; amboho ko, ankamboho ko, aoria'ko izy; afara ko izy. Suivre par —, miafara; mañarak'an boho, ? miaoriana. Il était —, tamboho, tivoho, taoriana izy; tafara, tafárany izy. vo mambaby, Lamósina, andamósina, vaniana.

Dès: Il y a — gens, misy o, misy o maro. La maison — enfants, ny trano NY tsaiky, ou NDRY tsaika, ndreo zaza, njareo zaza.

Dès, vo DEPUIS. — demain, manampòna amaray. — que je le vis, Lehefa, lahefa, h rehefa, h rahefa hita ko izy, h oony efa hita ko izy. — que j'arriverai, zaho koa éfa avy, zaho koa avy. — qu'il eût parlé il partit. Efa nivólana izy lasa; nivólana izy kala roso, vo Quand.

Désabuser q, mañitsy o diso hévitra, mañala o amy ny hadisóana; mañambara azy, mañala diso ou ota azy, mañala era; manitsy fañahy, mañárina jery, mañala fitaka, mankazava jery azy, mañala vórika ou mosavy azy; mañala hadisóana azy; mampody azy amy ny lálana. Se—, mañary haotána, mahita ny fitaka, tsy mino fitaka koa; mahita ny to, mahafántatra.

Désaccord, tsy firaíhana, tsy fifañaráhana; Ady; vo karantsandrántsana. En—, tsy mifankaazo; En—, mifañésotra, miady, mifandriatríatra, tsy añérany, tsy añóhany, tsy tokan-tóñony, Hafa tóñony; tsy miraik'eno, mifañota, mifandiso, mifankalaiña, tsy mifañáraka. Les désaccorder, mandróbaka tóñona azy, mampiady, mampisáraka, tsy mampifanáraka, tsy mampiraika. Se—, ? látsaka tóñona, marátra eno.

Désaccoutumer, tsy mampahazátra, tsy mankazatra koa, mampitsáhatra amy ny fanao; mañala fatao azy. Se—, Mañary z fatao, miala, mitsáhatra amy ny fatao; mody tsy zatra, tsy zatra koa.

Désachalander, Mañala mpividy azy, mampiala ny mpividy.

Désagréable, vo qui déplaît, dégoûtant. —à voir, tsy maharavo maso, tsy tiana ho zahána, tsy tiany ny maso, tsy tanty ny maso, hala ny maso, tsy mahate-hizaha. Qui a un accent—, Tsy mamy fanoñónana.

Désagrément, z tsy tíana, z mahasósotra, z mahadikidíky, z mangidy, z malailay, z mafaika, z mahafalahelo; fahoriana. vo Déplaire; Defectuosité.

Désajuster, Déranger, Déjoindre.

Désaligner, Mandroba-dáhatra, mandrava-rántina azy.

Désaltérer, Mañétsaka, mahétsaka azy. —, Se—, mañala hetaheta. désaltéré, Étsaka.

Désappointé, Déçu, Désappointer, Décevoir. Désappointement, ou Déception.

Désapprendre, Oublier.

Désapprouver, vo Blâmer, Condammer. Mañary, tsy mañeky, mandá, tsy mandray; Tsy, avec approuver.

Désargenter, mañala hoso-bola fotsy (h ankoso-bola fotsy) azy.

Désarmé, Afaka hatezérana. colère—, fo efa mañóntika, hasira kétraka, maty. Navire, ville—, sambo nalána z fiadivana, foan-draha fiadivana, afa-piadíana. Le—, Mañala ny z fiadivana amy ny; Mañala léfona (tafondro, basy azy. —, Dégréer.

Désassembler, Déjoindre.

Désastre, Rofy be, vintan-dratsy, valan'atelina, safo-tany, faneron-tany, antambon-tány, loza, lozantány, loza be; fahoriana, fijaliana, fanimbána, fandravána. DÉSASTREUX, Mahavoa rofy, mampidi-doza, mamparofy, h mamohéhatra, h mifohéhatra; Mandrava, maharóbaka tány. h ? mahamaizina.

Désattrister q, Mañala alahelo azy. Se—, mañary ou manifika alahelo.

Désavantage, ny tsy mampitovy z amy ny raiky; faharseña; fietréna. Qui a le —, tsy mira zara amy ny raiky; resy, rébaka. vo fatiántoka. NUIRE. Le DÉSAVANTAGER, désavantageux, Mahavery tapa-jara azy, mañala tapa-draha azy, tsy mankasoa azy; maharesy, maharébaka, mahafatiántoka, mañala amy ny zara ny, mañala ny be amy ny, tsy manámbina mañala soso-jara azy.

Désaveu, fandávana, FAÑALÁNA, tsy fañekéna. DÉSAVOUER, Mandá, tsy mañeky, mañala, manatsoa-teny. mihémotra.

Désaveugler, Mankazava maso, h mampihíratra maso, mankadio maso azy; mampahita azy, mañisy maso azy, mañala tako-maso azy, mañofo maso azy, mañala hajambána ou Hagoána azy.

Désavouer, vo à désaveu.

Descendants, Zafy, Afy, zánaka. vo h taránaka, h ? tetiárana, firázana, h tamingíana, hávana. Avy, mídina.

DESCENDRE, DESCENDANT, Mandrôrona, mizotso, h mídina; mivárina. Le faire —, mampandrôrona, manjotso, mampídina azy. — la rivière, miválana. vo miléntika, mifántaka, miantefa, DÉGRINGOLER. DESCENTE, fandrorôñana, fizotsó na, fidínana, fivariñana; faire une—, mivárina, mañitsa-tany, miôntsaka. —, Pente.

Description, vo à décrire.

Désembourber q, manómbotra o revo.

Désemparer, Quitter; désarmer.

Désemplir qc, mañala amy ny z feno. Mañala tápany azy. —n, mitantápana, mitantápaka, nahafáhana, nañalána, famátona, nahalaniana.

Désemprisonner q, Mañáfaka ou mañala azy amy ny trano maizina.

Desenchainer, mañala gadra azy; mamótsotra, mamaha azy.

Désenchanter q, — mamono ody, mamono aody azy; ? mañala Hatambáñana azy, tsy mampirikíana azy koa.

Désenclouer, mañala fátsika (h hombo) azy.

Désenfler qc, Mañala vonto azy, mañeta-bonto, mañetry vonto, tsy mampivonto. Se —, latsa-bonto, áfaka havontósana.

DES

Désenivrer q, mañala hamo *ou* hamohamo azy. Ne pas —, Tsy iengány ny hamo, tsy iengan-kamo, mamo lava, tsy áfaka hamamóana, lava hamamóana.

Désennuyer q, mañala jerinjérina (*ou* jerijery, pv diandiana, h? sorisory, fahasorisoréna) azy. vo dondórina, márana. vo Réjouir.

Désenrhûmer q, mañala réhoka (*ou* kóhaka, h sery) azy, tsy mampandréhoka azy koa, tsy mampikóhaka.

Désenrouer q, mankad o feo, tsy mampangara feo koa, ? mañala mangara amy ny feo ny, mañala faróratra amy ny tenda ny, mañafa-peo azy, mamotso-peo azy, mañala rokoroko amy ny feo ny; mankalama-peo azy.

Désensorceler, mañala vórika (*ou* mosavy, hazary, ody ratsy) azy, manatsóaka *ou* mamono ny vórika ámy ny. DÉSENSORCELLEMENT, fañalam-bórika, fanaláda-mosavy; fañatsoáhana aody ratsy.

Désentêter q, mañala di-doha *ou* herin-kátoka azy; mankalemy hátoka azy, mamólaka hátoka azy; mañondri-kátoka.

Désentortiller, mañala vandibánditra (vánditra, fadiditra, váhotra, fatopátotra, fotimpótina, volimbólina) azy.

Désentraver, mamotso-bity azy, mañala-váhotra, h mañala parapaingo (ampingo, parapíngo) azy. mamaha tóngotra azy, mañala gadra ny hongo'ny.

Désenvenimer, Mañala raibóboka (*ou* rai-drádraka, raiméloka, mahafaty azy).

Désert, Tany foana, *ou* foan'olona; tsisy ólona, giña, mangiña). vo efitra, indrantány; tany mila ólona. Rendu —, DÉSERTÉ, Lemby, niengan'olona, lasa olona, áfak' ólona; nañenóvan-katoto, tananaolo, nangetoram-posa. Le DÉSERTER, L'abandonner. — n, milefa. Le rendre désert, Mandemby azy, mahafoana, mankafoana azy. DÉSERTEUR, miaramila mpilefa; mpandósitra, mpilefa, h lavafé. DESERTION, filefána; tandosírana, fialána, fandaózana.

DÉSESPÉRÉ, DÉSESPÉRER, se —, vo *Découragé*; Mañary toky; Tsy matoky koa, tsy mañanténa koa; very Hatokiana, very fandiñésana, Afaka toky, mañary fo, mañary teña; ? manao toky ratsy, tsy manan-kanteñaina koa; mivoadivoady. —, maharera-po, tsy mahatóky koa, mahavery toky, tsy azo vonjéna, tsy azo anteñaina koa. vo fadiranóvana, mifadiranóvana;? fivoadíana. DÉSESPÉRER q, Mañala toky (*ou* tokimpo, fañateñána) azy, mampañary toky azy, vo Décourager. DÉSESPOIR; Fañarian-toky, fañarian-katokiana, vo Découragement.

DÉSHABILLER q, se —, Mañala sikina (*ou* lamba, saimbo, tafy, akanjo) azy. vo DÉPOUILLER, v.

Déshabillé a, Afaka sikina, áfaka tafy, afak'akanjo, afa-tsikina, tsy an-tsikina, tsy amin-tsikina, nañala sikina, na-metrak'akanjo.

Déhabituer, désaccoutumer.

Déshériter q, Tsy mampandova azy, mañala lova azy.

Déshonnête, tsy mety, tsy manjary, mahaménatra, ra-tsy, fiheñárana, feñárana, mañantsóntsana; mahavorery, mahavery laza, mahavery haja, mántsina, mañantambo, maloto, h vetaveta; tsy madio, tsy miéndrika, fatao ny ro-rohan-tav n'olona, tsy tòkony; ? mahafabaráka. Paroles —, teny mántsina, hantsimbava, vólana havia ou mañavia; vólana mañantsóntsana; en dire, Manantsontsam-bava. Avoir une conduite —, Mañantambo toérana, mañantsón-tsana fitoérana.

Déshonneur, Hénatra, tsiñy, faniñiana, z mahaména-tra, fañalána-haja, fañalán'asy, fañalam-boniñáhitra, faña-lan-daza, ompa, ? fésana, ? fañalam-baráka. DESHONORANT, DÉSHONORER, Mañala haja (ou voñináhitra, asy, laza, ? ba-ráka) azy, mankavery ou Mahavery voñináhitra, Mahafa-boniñáhitra, mahafa-daza, maháfaka haja, ? mahafa-bará-ka, mahavoa hénatra, mahavoa tsiñy; mankaménatra, mahaménatra, se — Mañary laza, málaka tsiñy. DÉSHONO-RÉ, áfaka haja, Very haja, afa-daza, latsa-boniñáhitra, la-tsa-pady, afak'asy; voa hénatra, naláua haja; ? afa-baráka, ? efabaráka, voa tsiny. vo Mañomba, manombaomba.

Désigner, Manondro, h mitendry, manóñona; manoro. — un jour, mametra, mamotóana, manátoka andro. Le jour DÉSIGNÉ, fetr'andro, fotoan'andro, tsatok'andro. q —, o voa tónona, voa tondro, voa tendry, tinendry, tinondro; tendriloha. DÉSIGNATION, fanondróana, fanendréna, fano-nónana, fañambaránana.

Désinfecter, Mañala hántsina azy, mañésotra ny imbo ny.

Désintéressé, Mahafoy; Tsy mila tamby; tsy azontambi-támby; tsy mila soa ho any ny tena ny hiany; tsy mañiry raha, tsy mila ho valiana, tsy mangata-poudro, mahadiño teña, tsy mañiry; tsy manao antendrivary, tsy mitsongo-rávina. DÉSINTÉRESSER q, Dédommager.

Désinviter q, Mañala fañasána azy.

Désir, Fañiríana; fitiávana, filána; fo mañiry, z ilaina, z irina; fihaniñana. suivre ses —, Mañáraka ny sitraky ny fo, sitra-po, dany ny kibo, eram-po, ngalimpo, h nga-rampo, h ngarangaram-po; fo, kibo, troka. vo Hániña, le-la maoka, h'oka, haokaoka; pilampílana; Contenter. DÉSI-RABLE, Irina, tòkony hirina, h faniry, h fila; tsongoim-bolo. ? maha-tahahazo, ? Mahatia, mampañiry. DÉSIRER qc; Ma-ñiry; ta-hahazo, tia z; — faire, ta-hanao, mañiry ta-hanao, mijery ta-hanao z. vo mila; mañampó, mikinia; maniña, tomány, h miliaka, h Mantsana, faráka, arára, Mitsiritra, mitsiriritra, milelamaoka, mandranga, mipilampilana, mitelindrora; mikaoka; mihaokaoka, milavoatsiary, milenalena, tomañivorondánitra. DÉSIREUX, Avide. vo Convoiter. Qui n'a plus rien à —, tapi-java-nirina.

Désister: se—, Voly, ménina; s'en—, Mamela, mametraka, mahafoy azy. DÉSISTEMENT, abandonnement.

dès-lors, pv Laitrizay, laitrivazay; h hatrizay; tamy ny zany; efa izany, h ? hatr'iñy.

DÉSOBÉISSANT, DÉSOBÉIR, Tsy mino ánatra ou fañanárana; maheri-hátoka, mañankenjy, manao di-doha, ? mitoha ánatra, tsy folak'ánatra, h mañankinjitra, manóhitra, malaiña, manetra, sarotr'iráhina, mifáhaña, tsy azo inaina, tsy azo iráhina, tsy azo-ahoan'amin'ahoana; mahafotsiroia, mahafarimpeo; tsy azo iraka. h ? tsy manoa; ? tsy manóina. — à q, Tsy mañeky azy ou ámy ny; tsy mañáraka azy ou ny didy ny. — à la loi, Mandika fetra, mañary ny malo, mañota ny diditány, ? mamáhaña ánatra, tsy mahafady ny fetra, mandiso ny didy; misotro-petra. vo h f. Loha-voangi-tsi-manoa-rándrana.. DÉSOBÉISSANCE, fandikávam-petra. fandikána didy, fañotána malo, fañariana ánatra, ? fandikan-dálana, fisotróham-petra, fañankenjiana, tsy finoan'ánatra, falain-kañeky, heri-hátoka, di-doha; fetra nodikaina, fetra dinika, fetra voa dika, ? dika-fetra; ? fitohan'ánatra; tsy fañaráhana.

DÉSOBLIGEANT, DÉSOBLIGER, Tsy mankasitraka, tsy mankaravo: h sómpatra, tsi-ahazoandraha, tsi-anjengíana, mampitamby, tsy mitahy ná.nana, tsy fangatáhana, tsy mañárana, tsy mañantahanta, tsy ihantahantána; tsy isengisengiana, tsy iangolangolána. Parole DÉSOBLIGEANTE, qui DÉPLAIT.

Désobstruer, Mañala ésika (ou sákana, támpina, sésika).

DÉSOCCUPÉ, DÉSŒUVRÉ, Tsy manao raha, miárana foana, mipétraka foana, tsisy asa, tsy miasa, tsisy raharaha, miborétaka foana, malala-draharaha; malalaka'asa; h kamo, pv ? ebo; g midonánaka, g midanánaka. g midoréraka, h misonánaka, h midonána, vo chômer. DÉSŒUVREMENT, fipetráhana tsy miasa; fiboretáhana, fitabonéhana, hadonanána: fanoeran'andro, fametraha-mahamay.

DÉSOLANT, DÉSOLER, mahafalahelo, mankalahelo, vo AFFLIGER. DÉSOLATION, affliction, destruction. DÉSOLER, affliger, Ravager. se —, DÉSOLE, malahelo, maferiñaina; mafiraiña, torotoro fo, h mahantra. AFFLIGÉ, DÉSESPÉRÉ.

Désordonné, déréglé.

Désordre vo CONFUSION, DÉRANGEMENT, DÉROUTE.

corpus, dérange. Mettre en—, brouiller, bouleverser. — des passions, agitation. —, dérèglement.

désorganiser, déranger, démonter.

désorienter, dérouter, déconcerter.

désormais, Dimbin'aneto, dimbin'io. vo? hatr'izay? rahatr'izay; intsóny, koa.

désosser, Mañala taólana azy, manatsóaka taólana; mañala fátsika filao. désossé, Afaka taólana, nalan-taólana. afa-pátsika.

désourdir, mandroba-drary, ? mandróbaka ténona, Mañala ira.

despote, Mpanjáka mandidy (ou mandidididy, manapatápaka, mañitoito) foana érany ny kibo; manao sitra-po ny; masiaka, masia-po, mañaram-po. despotique, absolu. despotisme, fanapáhana tsy mahay fetra

dessaisir: se—, Mañandefa, mandefa, mahafoy, mamela, mambela.

dessaler, Mañala sira azy; Mankabóka azy. dessalé, Afaka sira, afa-tsira; efa boka.

dessangler, Mañala (ou mamaha, mandálaka) fehikibo; mamotso-pehi-kibo.

desséché. Maina, pv maika; ritra; káfana; maika-káfana. Makíana, háraka, harak'afo, nalazo, azo ny hainandro, voa tanińandro, voa mahamay; vo rofo, rofolcha. se dessécher, mihiamaina, malazo, mihiaritra, ho di ra. ? Mikétrona, miritraina. Le—, mankamaika, manamaika, mandazo, mankalazo, mand ira, mankaritra, mal ira ra azy. vo manánina, manapy, manahy.

dessein, Saiña, jery; z kinjana; fikas áoa, fikisána; vo But, Tonitoany, tónony. Je l'ai fait —, vo del bérément; nahy ko izy, kinia natao ko, nilai'ko, nao'ko izy. En avoir le—, mikinia: mikasa azy. A--de, mor , mba, biaka.

desseller, Mañala lasely, mañala tipotráhana amy ny sovaly.

desserrer, mankalálaka, mandálaka, mamahaváha, mamotsobótsotra; mañétraka, mañálaka, mamoha; mangedragedra. déjoindre. Ne pas — les dents, manimo-bólana. Se—, desserré, Malálaka, vahavaha, vo delie; déjoint, gedragedra, magedragedra, borera, miborerarera, garera, gorerarera, migorerarera.

dessert, Farahánina, farankánina; ? hánina fara. ? famaran-kánina.

desservant, Solo ny *Curé*.

desservir, Mañala ny kapila amy ny latábatra; mankafoana latábatra nihinánana.—q, tsy mankasítraka, tsy mañárana, tsy mañantahanta o. —, Manao raharaha ny Zanahary anaty *Église*; misolo ny *Curé*

Dessication, fanamainana; fankamainana; fandritrivana.

Dessiller les yeux, Manòkatra maso (*ou* volomaso, hodimaso) maneso-bolo-maso. vo Désaveugler.

Dessin, Sary, sarin-draha amy ny taratasy, sari-njaka, sari-njávatra, sarisarindraha; sòratra, soratsòratra; sarin' ólona, òhatra fianárana. Etoffe à —, Lamba misòratra. Dessinateur, Mpanao—. Faire des—, Dessiner. Manao —; Manòratra; — q, Málaka sora, málaka tarehy, maka sary, mala-tsora azy. p alain-tsora. Dessinez-les, Alao sora izy, sorato, ataovo an-tsòratra izy.

Dessouder, h Mañala solohoto (pv? alahemo, g loko, dity) azy. vo déjoindre. Dessoudé, áfaka solohoto, ? afak'alahemo, afa-tsolohoto, afa-doto, áfaka, tafisáraka, latsa-tsolohoto.

Dessoûler, désenivrer.

Dessous, Par—, au—, Ambáry. Le—, ny—. Un peu au —, Ambanimbány, ambanivány. Il est au— de moi, ambány ko, ambanimbány ko izy. au— de 100 piastres, Tsy mahampy parata zato. Il était —, tambány izy. vo Dessus.

Dessus, Par—, au—, Ambòny; vo añabo, antety. Le —, ny—. Un peu au —, ambonimbóny, ambonivóny. Au — de toi, ambony nao, ambonimbony nao. au — de 10 piastres, Mandilatra parata folo, parata folo misy ámby ny. Il était au—, tambóny izy. s'élever au—des autres, aboabo, ambonimbóny ny námana; miaboabo, miambonivény amy ny námana. Sens — dessous, Mifótitra, miváidka, mihóhoka. Placé au —, Miténgina, mitikina, mitikitra, mitongoa ámy ny. Par — le marché, ? ambony ampanga, ambony farafára. Au — de mes forces, tsy leo ko. Ajouter qc par —, Manòvona, manindry, manòsoka azy Passer par —, Mandika, mamòkina azy. mihóatra. Avoir le —, Maharésy, Mandrébaka Qui est au — des injures, tsy resy ny ompa. Depuis le milieu et au —, h? ambony ny ao afovòany noho miákatra. Depuis deux ans et au —, h hatra amy ny roa taona noho miákatra. Ceux de deux ans et au Dessous, ? izay nahatrátra roa taona sy izay látsaka izany. Depuis une piastre et au dessous, hatr'amy ny ariary noho (*ou* no) midina. vo galagala, jilajila.

Destin, Víntana; Anjara, h anjady, zara.

Destiner q à qc, h manendry; g Manondro, Manóñona, Manòkana, manávaka, mañilika, manáraka o hanao z. — qc à q, mitahiry, mañompy z homena azy. Se — à., mikinia híditra amy ny... A sa Destination, amy ny nañiráhana azy, namindrána azy.

Destinée. Destin

Destituer q, Manesotra, mañala, manatsóaka, mamótraka, mandátsaka, mampiala, mandróaka azy. vo Dégrader, Dépourvoir. Destitué de —, Dénué. DESTITUTION, fanesórana, fanatsoáhana, famotráhana, fandatsáhana, fandroáhana.

Destructeur, Mpandráva, Mpandróboka, Mpanérona, mpanimba, mpandány, Jao fañérona, o fañérona, ? koranelo. DESTRUCTIF, Maharóbaka, maharava, Mahafaty, mamono. DESTRUCTION, Fandraváva, fandrobátana, fandrobáhana; fandaníana, fañaláña, famonóana. vo kilaohatoto; Détruire.

Désuétude; Tombé en —, Efa tsy fatao koa, efa áfaka, ? efa mótraka, ? efa ló.

Désunir, Manáraka; tsy mampiraiky, tsy mampiray. vo Déjoindre.

Détacher un tableau; Mañala z mandrékitra; —un chien, mamótsotra, Mañáfaka, mamaha; —q de. Manintaka, manáraka. vo Déjoindre. — des troupes, mañilika, mañávaka miaramila. Se —, Misintaka, misáraka, miávaka, mílika; miala; Maïto; mañala fo, mañombo-po, manáraka tena; vótsotra, áfaka, mitambótsotra; miborera; miborabora. vo Se DÉLIER; S'en Désister. Détaché, Afaka, vótsotra.

Détacher, Mañala panda (ou h, loto, leotra; pentimpéntina, pv ? téntina, ? téboka).

Détail, Fandinihana, fandinidinihana; faninjarána; firasarasána; Tsinjara, dínika, tokotoko; madinika, madinidinika. vo Circonstance. L'Examiner en —, Mandínika azy, mamariváry, g mamasavasa, Mizaha azy tsy raidraiky (ou tsiraikiraiky, h tsirairay). Vendre en —, DÉTAILLER, Mivarobárotra zmádinika; Mandafolafo, Mandinidinika vidíana. — un bœuf, Mandidididy, manapatápaka, mandrasarasa, mirararára, h maninjara, mandinidinika aomby. — un fait, Mandinidinika k, milaza ny zotipoti-draha nomba azy; milazalaza ny zanovano ny koa.

Détaler les marchandises, Manoronkórona, Mañolonkólona, manórona vidiana, — n, h mandañon-kaházana hilefa; Mañoron-damba, mifehy maláky.

Déteindre, Décolorer. DÉTEINT, Décoloré.

Dételer, Mamótsotra ny sovaly amy ny Iasarety; mañáfaka; mañala.

Détendre une corde, Mañétraka; mamótsotra, Mañetrakétraka, mamotsobótsotra; Mangedragedra, Mankalálaka. Se —, DÉTENDU, kétraka, gedragedra. vo Desserrer.

Détenir q, qc, Mitana ou Mamokeky azy an-trano maizina. Tsy mañandefa raha n'ólona; vo mamáhaña, mitánjaka, mitoha. DÉTENTION, fitanána. DÉTENU, tánana an-trano maizina. vo aux Arrêts.

détente du fusil, h Fihátsiny, pv fanonóana; fihatsim basy. Due à la —, mahery hátsika; facile, maláky hátsika. Tirer la —, manátsika.

Déterquer une plaie, Manasa fery.

Détériorer, mandrátra, mandróbaka. vo dégrader.

Déterminer un terrain, Mañéfitra, mamaritra azy, mañisi-fieferana amy ny; un jour, des remèdes, mametr' andro, mametr' aody. —q, DÉSIGNER. — q a, l'y EXCITER.— qc, DÉCIDER, ACHEVER. se —a, mañampóko, mandrékitra; mañito. se — pour..., CHOISIR. Déterminé, Rékitra ; voa éfitra, natétra , voa ito, voa tsátoka. q —, Intrépide, décidé. Jour —, fêtr' andro. DÉTERMINANT, mahárisika, maharoso, mahatósika; mahavita, mahatody.

DÉTERMINATION, faratény, faravólana; fikéasana, pv fikiniana. íto, malo, fara malo. fañitósana.

Déterrer un mort, pv mañokatra, h mamókatra faty. mañohy faty. Déterré, voa ókatra, miókatra, mifókatra.

Détester, mandrafy, ? mañala. ? mangala; tsy tia, malaiña azy. ? mankahala. se —, mifandráfy, mifankahala, mifankalaiña. Je le déteste, hala ko, hala ko maintina, hala ko mena , rafesi' ko izy. DÉTESTABLE, Hala, hala volo, hala sora; fifantána, fivoadiana, h lávina, h vetaveta; tokony ho hala; mantsina; vo DÉGOÛTANT. Qui DÉPLAIT. DÉTESTATION, fandrafésana, ? fañaláña, ? fankahaláña,falaiñana, tsy fitiávana, fañaríana. vo fivoadiana.

Détirer, mañátatra, h manitatra; manatatrátatra, mañitatritatra.

Détiser, mamono afo, manorotoro vainafo.

Détisser, Manatsoatsóaka, mamaha ténona ou rary.

Détoner, Mipóaka. Détonation, póaka.

Détonner, ota tóñon' antsa, mañota toñon' antsa, h tononkira, mandrátra antsa ; ota eno, mañota eno , ratsy fañéno.

Détordre une corde, mamaha, mainahaváha tady, mañala ótaka, mañala vánditra, mampibóhaka, mampióbona; mamohavoha azy. Se—, afak'ótaka. Se—le bras, mivádika vza-ntáñana.

Détorquer un passage, Mañóza-bólana, mampiviry vólana.

Détors, Tsy miótaka koa, tsy mihósina koa, afak' ótaka, vaha, voa vaha, mibóhaka.

Détortiller, mañala otakótaka (ou vánditra , vandibánditra , volimbólina, fatopátotra, fotimpótina , ólona)

Détouper, Mañala tséntsina ou tako-tséntsina

safélika; ólika, olekolaka, ariary, tálana, falampalana ; hodidina, fihodidinana; nia n'olitra ; kiho, takólaka. sans —, sans faire de —, Tsy miariary, tsy manariary, tsy mamálana, tsy mamelipélika, tsy miolikolika ; tsy miviriviry ; tsy manodidina ny fototra, tsy mila fialána; marimárina, mahitsy. Parler avec —, manao vólana ariary, s'accuser avec —, manao fosa ariary. Prendre par —, Mamálana, mamélika, manao télika azy Chemin DÉTOURNÉ, Lálana ankodiatra (ou mihodiatra, misodiatra, miary, mibisioka, miviriotra, h mivirioka, mitakólaka, tsy mahitsy, miólaka ; fiariana, fialána mivony ; sampan-dálana. DÉTOURNER q, pv Mampiviry, h mampivily, mamiry ; mamily. vo Manésotra, mampiala, mampania, mandiso, manararo, mandrara, mamádika, mamindra, mamóritra, mamevy, mamérina, mampody, mampivérina, manódina, mañéra, manitsika. Se —, miary, pv miviry, h mivily; h miviriviry, mivilivily; miala, mibisioka. vo de CÔTÉ.

Détracter, mivolan-dratsy azy, manébaka, manálatra, mankáratsy, mifosa azy. DÉTRACTEUR, mpifosa, mpanébaka, mpanaratsy o. DÉTRACTION, fifosána; fanebáhana, fanalárana. vo Calomnie, Déprécier.

Détraquer, Déranger.

Détremper, Délayer. — l'acier, manala ófana azy. Amollir, Énerver.

Détresse; vo Angoisse. —, vo besoin, fijaliana. —, danger. dans la —, azo-mpélana, azo-mbilona, ho maty, efa ho réndrika.

Détresser, mamaha taly ou rándrana; mamoha. mampibóhaka; —une natte, mamaha rary tsihy.

Détriment, Ny zafaka amy ny z miofo; ? ofo; tay, taindraha; causer un—, Dégarder.

Détripler, manala-fahatelo.

Détritus, tay ny ; fómpotra, fompo-draha, foróm-potra. vo Débris

Détroit, vavarano, vavan-drano, saláka ; lalanéty. — entre deux hauteurs, Dilana, Hadilánana, héntitra.

Détromper q, mañitsy o diso hévitra, manala fitaka; mañambara, mampahafántatra o. Manókatra ny fitaka. Se—, mahita ny fitaka.

Détrôner, mamóraka Ampanjáka, mandátsaka, mandróaka, manóaka, vo Dégrader q. Il est détrôné, Efa pétraka, látsaka, bóka izy; napótraka, nalátsaka izy.

Détrousser sa manche, mamávatra tañan'akanjo voa sisitra ou voa sisika. —q, mandrava, mamingotra o an-dálana.

Détruire, mandróbaka, mamóngotra, mandríngana, mamorompotra. g Mandrodaroda, h mirodaroda, manimba, mamóngana, manongo, mahafoana, mankafoana, mamono, mandrimba, mandány, manámpitra, mahatápitra, h manápitra; manala, mandripaka. vo Démolir, Anéantir, Abattre, Déraciner. Se— mutuellement, Mifamono, mifandrava, mifandróbaka, mifandány. Se —, Mihzaróbaka, ? mirava; ho rava, ho lany, CROULER. DÉTRUIT, Rébaka, rava, fóngana, fóngotra, lany, simba, foana; ripaka, voa ripaka.

Dette, Trosa, Lona. Avoir des—, misy—. Se mettre en—, mitrosa, málaka trosa, mala-dona. Ma — envers vous, Ny trosa nao amy ko. Votre—envers moi, Ny trosa ko amy nao. Je suis en—avec vous, anána'nao trosa aho; zaho misy trosa nao, misy trosa nao amy ko. vo Créance.

Deuil, Lala, fandalána, h Saona, h sóana, fisaónana. Être en — pour q, Mandála olo maty, h Misaona, h Misóana. Quitter le —, ? Miáfana, h Mialafano.

Deutéronome, Ny livre fahadimy amy ny Bible. Deotenómy.

Deux hommes, o Roy, h Roa. Ils sont tous — bons, samby, h samy tsara reo; reo roy tsara. h ? tsara izy roroa. — à —, Roaroa, roiroy; tsiroaroa, tsiroiroy, kiroiroy.—fois, i n droa, in-droy. Qu'on ne fait pas — fois, tsy in-droy atao, Tous les—jours, Isan-droy andro. Laisser un jour entre —, Manèlana andro, mampoélana andro. Le partager, L'ouvrir en —, Maméndrana, mamaky, h Manásaka. Qui a —fois l'unité, Mandroy, mandroa. Aller à deux, Miáraka. Agir, paraître & — fois, une DEUXIEME fois, Se RENOUVELER, Manindroy, manindroa. Le —, h ny faharoa ny, pv faharoy. Un —, h ampaharoa ny, pv faharoy ny.

Dévaliser q, Mandrava, mandrodaróda o. vo Dépouiller.

Devancer, Mialóha; viandoha ny, mandeha aloha; manoatra; mihóatra; h Mandingina, manaloha. vo Dépasser.

Devancier; mon —, ny taloha ko, ny nisoáfa'ko, ny solóa ko. vo ancêtres.

Devant, prép, Anatréfana, h Anatréhana, anolóana, tandrify, imaso. Il était — moi, Tanatréfa'ko, tan ivo ko izy. Le — de l'autel &, Ny anatréfa'ny, ano'óz ny. Je suis gros comme —, Mbola habesa'ko taloha. vo auparavant. Ci —, fahiñy, fahizay. vo faranilóhany Aller au — de q. Mitsenatséna o, h mitséna; g mananty dia, Manantitanty dia, g mitezantézana o. vo Rencontrer.

Devanture, ny Anolóana, anatréfana.

Dévaster, mandrava, mandrodaroda. vo Désirer.

Développer une armée, Mamávatra, mamélatra, manampatra, mandámaka, manéojana. — un paquet, manala fono azy. vo Se —, Mivávatra, mivélatra, mizampatra; vo Mandrántsana &, à BRANCHE. vo mamela-bako, mamelaaaann. Dévtouement, Famelárana, famavárana, faha-vavárana.

Devenir grand, Vanjary be, mihàabe. — rouge, mivalomena. Il est devenu grand, Efa Nanjary be, efa be, body be, ? tonga be, ? avy be, h efa zary be, efa niova be.

Dévergondé, Tsy mahalála hénatra, korombémbana, tsy manan-kéñatra; ? silasila lóatra.

Déverser, Incliner, Répandre.

Déviation. vo Dévier.

Dévider, Mañira, h mañany. vo Mamompéona, mamolimbólina, mamorimbórina, mamorivóry, manohóana; manantsody, mamalombálona, manodina. Dévidoir, Fañirána, fañaniana; fañantsodiara, fañantsodiánana, h tólotra, pv Kaniana.

Dévier, Mania, miviriotra, h mivirioka, mibirioka, mivirotra, misavilaka, miviry, h miŝily; mitañila; mañota; maméla lálana. Déviation, Fiviriana, h fiviliana, faniána, faniasiána, faniávana; viriotra, savilaka. vo Détour, Côté.

Devin, o Mihaboka mahita ny ho avy; Mpisikidy, sk mpisikily; mpifany, mpanao sikidy, omasy, ombiasa, mpimasy. vo Mosôsa, Rambololo, Ramahavály; ? mpanao mosalahy, mpanao toatoa. vo Astrologue. Deviner l'avenir, Milaza, mañambára, manóñona, mahita, mahafantatra ny ho avy. Chercher à —, Mamántatra, mamantapántatra; mijery hahafántatra. vo Misikidy. Difficile à —, saro-pantárina. vo Conjecturer, Diviser.

Divise, Famántatra, h fanóñona; tapatóñona. Se proposer des —, manao —. pv manao fampila bihitra.

Dévisser un fusil, mañátroka, manatrokátroka azy. —une vis, mampody heriakérina azy, ? mañerikérina azy mody

Dévoiement, Fangerean-dava; h ? tsinjak'amboa, ? fiborahana; arétina m: mpandeha. Avoir le —, mangery lava, mandeha lava; h ? mitéhitra, ? miválana. Qui cause le —, mampangery lava, mampandeha; ? fankandeha, ? mampiválana; mampanéhitra.

Dévoiler, mañala lómboka (ou lómbo-doha, ? trózona). vo Découvrir.

Devoir, s, Ny z tókony hatao, ny asa tókony hatao; ny hatao, ny fatao, tsy azo ahilana, raharaha, fanompóana, ny asa tsy maitsy hatao, ? ny tsy azo lavina, tsy azo ahifika, ny tsy ho áfaka, tsy azo avela, tsy iengána. se mettre en —, vo se Disposer. Rendre ses —, manómpo, mankamásina, mañásina; mihévitra. vo Hommages.

Devoir de l'argent, Etre en dette. Je dois respect, je dois —aller, zaho tókony hañome haja, tokony handeha; tsy mahay tsy ou tsy maitsy handeha, tsy mety tsy handé ha. Je le dois a vous, je le tiens de vous, Anao no nahazóa' ko azy, anao no nampahazo azy ahy, anao no foto'ny. Je dois vous accompagner, homba anao aho. Ce que je me dois, ny tókony hatao ko amy ny teña ko.

Dévolu: ça vous est—, Efa azo nao, avy amy nao, tafimpody amy nao, efa lova nao, mivérina amy nao, efa nihy nao, efa ho anao izy; efa anao ny tompo ny.

Dévorer, Mandriatríatra amy ny hy; hômana, mandány, mitélina. vo Avidité, Déchirer, Consumer.

Dévot, mazoto fo (*ou* marisi-pó, marísika, maríky) amy ny Zanahary, *ou* hanompo Zanahary; tia (*ou* mankamamy, mankafy) ny fijoróana; efa namehy fo amy ny Andriamánitra. Chant—, antsa mahatondra fo, mahazoto fo, maharisi-po amy ny Zanahary. DÉVOTION, Hazotoan:-po, zotompó, hazotóana, harikiana, hatiávana, famehezan-tena amy ny Zanahary; Fo mazoto, fo maimay hanompo Zanahary; fiti vana, fankafizana, fankamamiana; fañaráhana, fañekéna azy, famehezan-téna amy ny. DÉVOTEMENT, amy ny fo mazoto, amy ny zotom-po, amy ny hatiávana.

Dévouer, Mañome, manólotra, Mahafoy; Mañánkina. manôkana, manampy, mamehy; se —, — teña, — aiña. DÉVOUÉ, mazoto, marísika; vo dévot. DÉVOUEMENT, famehézan-teña, fañankinan'aiña, fanolóran-tena, hazotóana &, vo Dévotion.

Dévoyer, Détourner. se —, Dévier.

Dextérité, Hahitsian-tánana, taña-mahitsy; fahaizan-jávatra; h hafaingánan-tsaina. vo Adroit.

Diable, vo Démon. Qui a le — au corps, ? Angárina, raharahaina. DIABLERIE, vórika, mosavy. Diablesse, viavy sataina. DIABLOTIN, Lolo kely; zaza angárina. Qc DIABOLIQUE, avy amy ny lolo ratsy, fatao ny demôny; sataina; ratsy indrindra.

Diaconat, Ny láfatry ny *Diacre.* DIACRE, mpijoro tsy tody, Diakóny.

Diadème, Fehi-loha ny mpanjáka. vo Couronne.

Diagonale, Sírana; h misompirana.

Dialecte, fitény, fivólana; béko. Langage.

Dialectique, Adi-hévitra, fiadían-kévitra, fiadivan-jery.

Dialogue, Koraña n'olona roy va maro. Causerie.

Diamant, Vato mahery mangarangárana ka saro-bidy indrindra; lohavóny ny vato ziaby.

Diamètre, sóritra mamaky mira fari-bory. DIAMÉTRALEMENT opposés, mifamótitra. vo Contradictoire.

Diapason, Vy misámpana Fañalan-toñon'antsa; h fakantonon-kíra.

Diaphane, Transparent.

Diaphragme, òzatra be misákana ambony ny kibo. ? sakantràtra.

Diaphrétique, mahadiñirina, mampaévoka, mahatsémboka.

Diarrhée, dévoiement.

Dictateur, Anàrany ny mpanápaka tany i-Roma taloha.

Dicter qc, Manónona (milaza, inventy) z ho soratan' ólona. vo Inspirer, Prescrire. Écrire sous la DICTÉE, manòratra ny z'tonónin'òlona, manòratra teny n'olona; Mala-bolan'olona amy ny sòratra, manora-bólana sarombáhina, Misaromba-bolan'ólona ho sorátana. Une —, ? sora-bólana nosarombáhina. Vólana nalaina tam-báva.

Dictionnaire, Taratasy fivoríany ny vólana ziaby, taratasy fitenénana ou fivolánana, famoriam-bólana, fianárambólana. Dikisionáry.

Didactique, Fañanárana o, fañitsíana o, fañarémana o.

Dideau, Harato asákana amy ny oñy; fanihifana, sihitra.

Diégo-suarez, Antómboka.

Dièse, Sòratra mampaka-peo kely; fanandra-peo, fañentanam-peo, fañonjonan'eno.

Diète, Hánina kelikely; Fifadiánan-kánina; fáratra, fifarátana. Faire —, Mifady, mifáratra; ? mifehy vava. Lui prescrire la —, mampifady, mampifáratra azy. Lui òter la —, mañala fáratra, mandatsa-páratra, manala fady azy.

—. Havorian'andríana.

Dieu, Zanaháry, Andríana-Nahary, (et par Ctr ? Ndranahary;) h Andriamánitra. vo Andrian-Tompo, Tompomanitra.

Diffamer q, Mandratsy (ou mañala, mandoto, mankamavo, mamono, mañary, mamery, mankaratsy, mankaïmbo) laza o; mañala hánitra, Mandroba-daza; mañebaheba, manálatra, mañébaka, manazimba, mivolan-dratsy, manatriatria-daza, h mametaveta, h mañendrikéndrika o. vo DÉTRACTER, DESHONORER, BLÂMER. DIFFAMANT, Mahavery (ou Maharatsy, mahafaty) laza, mahafa-daza, maharoba-daza &. DIFFAMÉ, Efa very laza, afa-daza, roba-daza, maïmbo laza, mavo laza. DIFFAMATION, fañalána laza, fañalan-daza, fañarian-daza, fandrobatan-daza, o? fañalam-baráka; laza very, laza ratsy.

Différent: Contestation.

Différent, (DIFFÉRER n), Hafa. — entre eux, samby —, h samy —. De — sentiment, o samby — jery, samy — saina; misara-kévitra, misara-tsaina. Très —, — lávitra, — indrindra. Un peu —, hafahafa. vo Tsy mitovy, tsy mira, hafa volo. La DIFFÉRENCE, (Ce en quoi il DIFFÈRE,) Ny isaráhana, fisaráhana, ny Hahafána, tsy fitoviana; Ny ihahafà'ny;

ny mahahafa, tsy mahamira azy; ny tsy itovia' ny. Y mettre une —, Les DIFFÉRENCIER, Mahasáraka, manáraka, tsy mampiharo. Ils DIFFÈRENT en ce que l'un est plus haut, Ny mahabafa reo, ny raiky abo.

DIFFÉRER qc, Mañéla, mankaéla z. — n. manao ampitsolava *ou* amaraitsilány, mangátak' andro, mandiñy, ela. miatoato, miantáha. —, être différent.

Difficile, Sárotra. vo máfy, sarótina, tsy daika, sarotsarótina, adiny, tsy mora. ARDU. — à faire, à avoir. Sarotr'atao, sarotr'azo. — à comprendre, saro-pántatra. DIFFICULTÉ, Hasarótana; ady, adiady, hafy. Où on arrive avec —, sarotr' aleha. Y trouver, y mettre des —, Mankasárotra azv. Qu'on prononce DIFFICILEMENT, saro-panoñónana. DIFFICULTUEUX, ? sarótina; mankasárotra zaka.

Difforme, Ratsy sòra, ratsy lahara, h ratsy tarehy; ratsiratsy, h tsy méndrika, tsy añòhany, tsy érana; antsaina, handraina; ratsy fanaòvana; kabiaka, mibiríeka, marokoróko, Badiaka, badibadíaka, balíaka, bodíaka, bodibodíaka, jabadíaka, jabalíaka, mijabadiaka, midabadíaka. vo DÉFECTUEUX. DIFFORMER, Mandroba-tsora, mandrátra, nanimba, mankaratsy lahara azy, mañova azy. DIFFORMITÉ, Haratsiantarehy, haratsian-dahara; DÉFAUT.

Diffus: q —. o Lava fivoláñana *ou* fitenénana, o mandámaka vólana lava. Style —, teny lava reny, mipasasáka, mieliély. DIFFUSION, Fipasasáhana, fiposasáhana, fipetsapetsána, fielézana.

Digérer, Mahalátsaka (*ou* Mahalévona, mandévona, mahamásaka. mandátsaka) hánina an-kibo. Qui DIGÈRE bien, mazava troka. Ne — pas, maizin-troka. fg — un affront, Avaler. DIGÉRÉ, Efa látsaka an-kibo, efa lévona, efa nimána an-kibo. DIGESTIF, Mahalevon-kánina. DIGESTION, fahalevonan-kánina, fandevonan-kánina.

Digne de lui, Tókony hahazo azv. — de récompense, tòkony ho valian-tsoa. vo tandry, méndrika; talaky, tandrify. q —, o tsara, manjary, márina, mahitsy. Le rendre —, Mankatsara, mañajáry, manéndrika azy.

Dignitaires, g Manam-boñináhitra, pv manam-pady; h ? sandrátana. DIGNITÉ, grade, Voñináhitra, h vónitra, pv fady; fiamboniana, fifehézana. —, hatsara, handriánana; h fidasidasíana, g fidosidosíana, hadasidasy. Qui a de la —, Mitoetr'andriana; midasidasy. Marcher avec —, Midosidosy dia. L'Élever en —, Manandra-boñináhitra, manandra-pady azy.

Digression, Vólana mania &. Faire des —, vo Dévier; roso vólana, miamañámaña, miamañámam-bólana, miviriviry, maniasía, matsoa-kévitra.

nigue, Fefy fiaro rano, ? esi-drano, h fefiloha, esika. vo valamparia, ongonóngona, tongontóngona, sompitány.

Dilacérer, vo Déchirer. DILACÉRATION , Fandriatriátana, fandriátana, fandrotidrotéhana, fandrotarotána.

Dilapider ses biens, Mandány haréana foana, mandródona haréana, h mandrótsaka haréna. —, voler. vo Détruire.

Dilater, Mamòha, mamohavòha. Se —, Mivòha. vo Mibóhaka, mióbona; drádraka, bóboka; mihàabé, miátatra. vo Raréfier. DILATATION, fivohána.

Dilemme, h Tény mahasabáka, pv vólana mahasambáka, mahasambakaina, mahasabakána; h teny mahasadéka, mahasengenéhana. Teny misámpana, vólana roy lela.

Diligent, vo ACTIF, maimay; SOIGNEUX. DILIGENCE, Halakíana, haladíana, vo ACTIVITÉ; zoto, hazotóana, Harisihana, vo DÉVOUEMENT.

Dimanche, Alahady, sk alahomáry, mahamai-mahery; andro ny Zanahary.

Dîme, ny fahafolon-karéana, ny fahafolo ny. Sujet à la—, añalána —. DÎMER, Málaka (ou maka, mañala) ny —.

Dimension, Érana, Habézana, h halehibé, ? fañeránana.

Diminuer qc, Mañala amy ny, Mañalála amy ny, mañala tápany, manakely, mankavitsy azy; vo Amoindrir.— n, Mitantápana, mitantápaka, mihàakely, mihàavitsy, miheña. vo mirarirary, mitongika; mivónkina. Qui a DIMINUÉ, Nahafáhana, nañalána, efa tápana; vitsy, h nihilangilana, efa kely. DIMINUTION, fihàakelézana, fietréna, fihéñana.

Dimissoire, Taratasy fañandefána, taratasy fañomézandálana.

Dinatoire: Heure —, tapak'andro fihinánana. Déjeûner —, sakafo mahavíntsina.

Dindon, Voron-tsiloza, pv kolokólo. DINDE, — vavy. DINDONNEAU, Zana-borontsiloza.

DÎNER, DÎNÉ, Fihinánana antoándro (ou h aniantoandro, pv matsáña). DÎNER, Hómana antoándro; mihínana matsàna. Faire la DÎNETTE, Manao kivarivary ou tsihaninkánina.

Diocèse, Tokotány fehéziny ny Évéque; Tany tandrémany ny Eveka.

Diphtongue, (Sòratra) roa-feo, soratra roy eno.

DIPLOMATIE, fahalalána ny fitondrána ny fanjakána.

Diplome, Taratasy fañomezam-boninàhitra. vo létatra.

Dire qc à q, Milaza, Mañambára k amy ny o. En — du mal, Mivolan-dratsy, miteny ratsy azy. —, milaza, mivólaña, miteny, h manao hòe. Vous le dites voleur, atao nao mpangálatra izy ? mpangálatra izy, hoy anao ? Un DIT-ON,

DIS

un ox-DIT, vo Bœuf de ville. Comment dites-vous? akory hoy anao? Je dis que vous vous trompez, Diso anao, hoy aho ; ota anao hoy zaho. C'est bon te dis-je. Tsara izy hoy aho. Dites-le, Lazáo, ambaráo izy. Ce qu'ils m'ont dit, ny k nolazain-dreo *ou* nambara ndreo tamy ko. Ils m'ont dit qc, Nambarán-dreo k aho, nilazán-dreo k aho. Avia anao hoy izy, Il vous dit, il vous fait dire de venir. Tsy átaka aho, hoa amy ny *ou* hoa amy n'azy, dis-lui que je suis retenu. Asáo hantsáka izy, dis-lui de puiser de l'eau. Ambaráo azy zaho ho avy amaray, dis-lui que je viendrai demain. Lui dire d'aller, Mampandeha azy. Dites-lui d'entrer, ampidiro izy. On dirait de l'argent, c'est pour ainsi dire de l'argent, karaha (*ou* táhaka, koazáka, toy, vola'ko, voláni'ko) volafótsy. vo Croire. Se —, se Croire. Se dire à soi-même, h Manáo anak'ampo hoe, ? Mañampóko, Mañampo, Manao hoe. vo C'est-à-dire. Qu'avez-vous à dire sur cela? Akory hoy anao amy ny zany? Akory ny hevitr'ao amy ny zany? Qc qui ne se dit pas, qu'on ne doit pas dire, z tsy fambára, tsy folazaina, h tsy fanambara, h tsy filaza. Qu'on a jamais ouï-dire, Tsy foreñy n'ólona. Pour qu'il ne soit pas dit que j'ai été vaincu, Tsoho atao ndreo resy aho. Qc qui ne dit rien, vo Insignifiant.

Direct, Mahitsy, mihitsy; sk Mahity, mihity. vo hitsiloha, mahitsy loha, tora-tady. DIRECTEMENT opposés. Contradictoires. DIRECTEUR, Mpañina, Mpitárika, Mpañitsy, mpitándrina, mpañamory, mpañátitra, mpanondro, mpanéro, mpañambára; vo Chef. Direction d'un fleuve, ny Dia atao ny, ny Lálana ombány. —. Fañinána &. vo Conduite.

Diriger, Mitárika &. vo CONDUIRE, Mañina, Mifehy, Mañamóry. Se — soi-même, Mitari-bátana, mitarik'aiña, mandeha foana, Mandroso vátana, mañira-bátana. Se — vers le Nord, Mañaváratra, mandeha aváratra, mankány any aváratra. vo Mikéndry; Mank'any, Mank'aty.

Dirimant, Mahito, mahafoana, maháfaka, mahatsóaka, Mahafólaka.

Discerner qc, Mahafántatra, Mahalála, mahita. — le bien et le mal, mahasáraka, manáraka, mampisáraka ny tsara amy ny ratsy. DISCERNEMENT, fahafantárana, fahalálána, fahitána; fahasaráhana.

Disciple, Mpiánatra; ampianárina, miánatra, añila ny mahay; anárina, amindran'ánatra.

Discipline, fañanárana; fañinána; fañondréhana, fañitsiana, famolahan'ánatra. vo Loi. —, Fitsopitso-tady fankalilovan-tena. Se donner la —, Mamitsopitso-bátana amy ny tady. DISCIPLINER, Manánatra, Mañitsy fitoérana, manóndrika, mamólak' ànatra, Mahitsy azy.

Discontinuer — un travail; — de travailler, Miáhana asa, miahanáhana, mitsàhatra; manito asa, mamétraka ou mamela asa antséndrika. Travailler sans —, midoróka miasa, miasa lava. vo Cesser. S'Arrêter. La pluie a discontinué, Naïto ny òrana. DISCONTINUATION. Haïtósana; Dílana, fitsaháraṅa, fáhana, fiahánana; élana, elanélana. vo CONTINU.

Disconvenir, Tsy maneky, tsy mieky; mandá, tsy mankató, tsy mino; tsy málaka. DISCONVENANCE, vo Différence. —, tsy fifanaráhana. Qui ont de la —, mifanésotra, mifañala, tsy mifankaazo.

Discordant, en Désaccord. DISCORDE, Ady, ankány, jery miady, fo mifanésotra; tsy firaiham-po; Y semer la —, Mampisaratsara-po, mampiadi-fo reo.

Discours, Vólana, teny, torivólana, toriteny, tetivólana, laha-bólana, loha-teny, fandaháran-teny, fitorían-teny, filazána, filaza, fanambarána; h firesáhana. vo CAUSERIE. DISCOURIR, mitory teny, mitory vólana, mitety vólana, mandaha-bólana, h mandaha-teny; milaza k, mivólana k, mandaha-báva, vo Causer.

Discrédit, Laza very tápaka, laza nahafáhana. Discréditer, vo Décréditer, Diffamer.

Discret, Mahatam-báva, tsy antomo-báva, h tsy antémoka, tsy marivo vava, mahatam-bólana, tsy lila-bólana, mahafe-bava, mahafe-bólana. —, h hendry, pv mahíhitra, h maótona. DISCRÉTION, fahatanam-báva, fameram-báva, ? fe-bava, ?vavamifetra. —, sagesse. A l'âge de —, efa ampi-jery, ampy saina, anon-jery, mahafántatra ny z, ampy fanahy, ampy fahendréna. —, volonté. Se rendre à —, Maneky foana, h maneky lémpona, h maneky lembenana. Du riz à —, Vary érany ny kibo, sahaza ny troka.

Disculper, Mañala tsiny, mandio; mañala antsa, mankahitsy,¹ manitsy, mankamárina, tsy manìny. se —, Midio, mandio-teña, mañala tsiny, miala tsiny, manamárin-téna, miáfaka. DISCULPÉ, Afa-tsiny, áfaka-tsiny.

Discussion, Adi-hévitra, adi-saina, pv adi-jery. adiady jery. —, fandinihana, fañalinalinana, fañalinalénana; h fanadínana; fitampiadian-jery, fimalóana; fifandírana; kabáry. Soulever des —, Mampiady hévitra. DISCUTER; Miadi-hévitra, miadi-saina, miadi-jery, mandínika, mikabáro, mimalo, Manalinálina, manádina. vo Débattre. Contester.

Disert, Mahitsy vólana, ou fivoláhana; mahitsy tena ou fitenénana; tsara fandaharan-teny, mahay vólana, maháláma vólana, mahalaha-bólana.

Disette, Fijalian-kánina; mosary, Hanoanana, h mavovava, tsy fanañan-kánina. — , de gens, Havitsy ny olona. Dénûment. Être dans la — mijaly hánina, mosary, noāna, h mosaréna, molengy; mijaly raha.

Diseur, Mpivólana, mpiteny, mpivolambólana, mpilaza. — de fables, Mpañangano. — de bonne aventure, Mpilaza vintana amy ny isan'olona, mpisikidy. Astrologue. — de nouvelles, mpilazalaza lava, — de riens, mpivolam-poana, mpiteny foana, mpanao vólana foan'aty, mpivolambólana tsisy fótony. Beau —, Mpanao volam-boréraka, mpitandrin-teny.

Disgrâce, Défaveur. DISGRACIÉ, vo en Défaveur; afaka hánitra, efa tsy ambinina, efa tsy an éfina. vo Dégradé. Disgrâcier q, Tsy mañambina, ou tsy mankasoa azy koa; tsy mamindra tsara koa amy ny. manésotra, mañamboho. mankamboho azy; DÉGRADER.

Disjoindre, vo Déjoindre. DISJOINT, mielañélana, misy elañélana. DISJONCTION, fisarahana.

Disloquer, démettre, déboiter. —, démonter.

Disparaître, Tsy hita koa; fofo, roso, lasa, mitsófotra, miléntika, miravona, lévona, fanisava. — d'ici, Afaka, miala amy ny tany ty. — dans, se coucher. — sous les voiles, fofo lay. Disparition, fialána amy ny maso.

Disparité, Tsy fitoviana, tsy hamirana.

Dispendieux, Mahalány vola be; fandaniam-bola be, be vava.

Dispensaire, Taratasy filazána ny fikopóhan'aody.

Dispensateur, Distributeur. DISPENSATION, Distribution.

Dispenser q, l'Exempter. — qc, vo Distribuer. DISPENSE, Exemption.

Disperser, Mamafy, mamafifafy, mañely, mañeliély, mampiely, manaha, manáhaka, mampihábaka, mandroadróaka, mampisáva, mampipátsaka, manava, mambarakaika &, vo à DÉROUTE. se —, mieliély, miely, mifafy, mifafifafy; misava, mihaha, mihahaka, mipátsaka, mibarakaika, mibarantsénaka, misaritaka, miparaika, mipariaka. DISPENSATION, Eliely, fielézana, ps fieliana, fafifafy, fifafázana; ac fañelézana.

Disponible, azo oméra, azo atólotra, tsisy sampona, tsy samponan-draha; azo alaina, azo.

Dispos, agile. — en santé, Maívana.

Disposer qc, l'arranger. — le diner, Mametra-kánina, mametrapetrakánina. — de qc, la donner, l'aliéner. — q. l'Engager. se —, se préparer. DISPOSITION de qc, filaháraua, vo Arrangement. Ses —, Préparatifs. —, partage. —, sentiment. —, État. Qui a des — à la fièvre, mora azo ny tazo. vo Aptitude.

Disproportionné, tsy mitaherana. vo Proportionné, semblable. Disproportionner, Mañala hamirána ou fitoviana; tsv mampitovy.

Disputable, azo iankaniana, azo ifandirana; fiady.? azo dirina.

Disputailler, Miankány lava, Fiankány, Chamailler.

Dispute, Ankány, h fanditra; h fanjihitra, ady vólana; levilevy, h sotasota, fiankaniana; kabarimbehivavy, kabarintsáhona, kitozankabáry, tolonjaza, fanjihitra; kanonkánona, di-doha. —, Concours.—, fitandaharan-teny. Disputer, Miankány, h Mifanditra; Miady, h Mifanjihitra, mifanozitra. vo mifaka, miházona. Se — qe, Miankány z, miady z. vo Concourir pour qe. Disputeur, Mpiankány, mpila ankány, mpanao ady antsanga, te-hiankány, mila ady.

Disque, z fisaka boribory; taboribory fisaka; z bory, z vory. —, hatabory.

Dissection, fandidididiana, fanaratsaráhana.

Dissemblable, Tsy mira. vo Semblable, Différent. Dissemblance, Tsy hamirána.

Disséminer, Mamafy, mamafifafy; mandrabaraba, mampipátsaka. vo Disperser.

Dissention, fisarahan-jery, fisaráhan-tsaina.

Disséquer, Mandidididy ny faty ndraha; manetitétika, vo Mañihy;? Mikiky; vo Anatomiser. — une fleur, l'analyser.

Disserter, Discourir. Dissertation, Torivólana; fandinihana (ou fañaliñaliñana, fañaliñalémana; fandinihana) z.

Dissident, Hafa jery, misara-tsaina, tsy mirai-kévitra. Différent.

Dissimuler, vo Cacher, Couvrir. Mamonjy jery. —, ou se— un affront, mañimpy maso, mañala maso, amy ny haratsiana; manao sary tsy mahita; manala azy amy ny maso, mañamboho azy. Dissimulé, o tsy hita jery, mamony fañahy. vo roa vava, roa lela, marovava, kapóaka, kapóak'aty? mihatsaravelatsihy. Dissimulation, famoniana, fanafénana. vo komahay, fihatsaram-belatsihy.

Dissiper les nuages, Manava, Mandrávana, mandrava; vo Disperser, Chasser. — ses biens, Mandány azy foana; mañary azy; mandródona azy foana. vo Dépenser, détruire, consumer. — q, mampiendrinéndrina azy. Se—, misava, mirávona, mirava, miely, vo se disperser. Se—, Dissipé Endrinéndrina. vo distrait.

Dissolu, vo Débauché.

Dissolution, Fahalevónana, halevónana, fimanána, fiempóana, fitenóana. —fandravána; fisaráhana; fañitósana, hañitósana.

Dissoudre, Mandevona, Mampimana, maneno, manempo, vo mampisaratsáraka, mamana, mandrava. Se —, Mimána, miempo. Dissout, teno, lévona, rava.

Dissuader q. Mañera o tsy hanao ny mampokói'ny; mitaona azy tsy hanao, mambiova jery azy, manararo, Manitsika azy.

Dissyllabe, Vólana vaky roy, h teny vaki-roa.

Distance, éloignement. Distant, éloigné.

Distiller ac, Mampiteté, mampijora; ? manávana; ? manámika, mampitánika. ? manao sitiliny. —, verser. — n, vo dégoutter, Couler; ? uitánika. DISTILTATION, fampitetévana, ? fananéhana; ? fa.naóvana sitiliny.

Distinct: Ils sont —, samby olona reo, tsy tókana, tsy raiky reo; hafa, samby hafa. —, tsy miharo, tokana, mitokotoko, fántatra; mazáva, mácina. Distinctement, tsy miharoháro; mitokantókana, misaratsáraka. DISTINCTIF, mahasáraka, mampahafántatra. Signe—, famantárana. Distinction, ny tsy itoviana, famantárana; fanaráhana, fisaráhana; firasána; fitokotokóana. —, voñináhitra. Sans —, ndre tsy manokotoko, tsy manaratsáraka, tsy manilika, tsy manokantókana.

Distinguer, Manáraka, mampisáraka; manisy famantárana. —, mahasáraka; mahafántatra, mahita ou manambara ny tsy itoviany ny zy tsy mampiharo; manokantókana.— q. l'élever. Se —, Misándratra, mieriñérina, mahazo voñináhitra, vo APPARAITRE. DISTINGUÉ, Manam-boñináhitra, mihary, ? marévaka, vo CÉLÈBRE.

Distortion, Olañólana, otakótaka; fiolañolánana, fiotakotáhana.

Distraction, Fafazan-jery, jery mifafy, jery lasa, jery lávitra. DISTRAIRE q, mampiely jery o; mampijery azy hafa, mampañahy azy, mahasósotra azy. —q de son travail, L'en ôter. DISTRAIT, mifafy jery, miely saina, lasa hévitra, mifafifafy saina, mieliely jery, miréndrina fañahy, tsy namory saina, miriosio hévitra, tsy mitándrina, tsy manómbina jery, mitiárika; lasa jery, roso hévitra.

Distribuer, Mirasa, mibira, h mizara; mandrasa, mirasarasa, mibirabira, mizarazara, mitátana z. mañome anjara, mañome rasa. Manokotoko, mametrapétraka. se—qe, mifampirasa, mifampizara z. Se— en dix, mirasa folo, folo zara, folo toko, folofirasána; misáraka, mitokotoko; misampantsámpana, miritsadritsaka, mitsiratsíraka. DISTRIBUTION, Firasána, fandrasána, fizarána, fitatánana, fañomezana ho any isam-bátana.

District, Takotány, tany, fizaran-tany. Vo Voromahery.

Dit, DITE n, Voalaza, efa nambara vólana, oha-bóla.

Diurne, mañeriñ'andro; —, atao matsaña, atao amy ny andro.

Divagation, Siasia, faniasiávana; volana miamañámana, teny tsy mifañaraka; amañámam-bólana, vo DIGRESSION. divaaner, miamañamana, mivolambólana foana tsisy fotony, mañary vólana.

Diverger, divergent, Misámpana, misampantsámpana, mifankalávitra, misáraka, miràntsana, mandrántsana, mañary dia; baka, mibáka, sabáka. vo bekabeka, dakadáka.

Divers, samby hafa, maro loha, tsy mira, maro karázana, hafahafa. —, Plusieurs. DIVERSIFIER, Mañovaova, mankahafahafa azy, manao maroloha, tsy mampitovy.

Diversion, Famiriana, h familiana, fampiviliana, fariana; fialána.

Diversité, Tsy fitoviana, hahafána, tsy hamiràna.

Divertir qc, détourner, prendre. —q, vo l'AMUSER, DÉLASSER. mampidola, se—, s'amuser; se RÉJOUIR, DIVERTISSEMENT, amusement. DIVERTISSANT, amusant.

Dividende, ny ho rasaina, ho zaraina.

Divin: dites, Qui est Dieu, qui vient de Dieu, du Ciel &. vo miendrik'andriamánitra.

Divinateur, Mpisikidy, sk mpisikily. vo Devin. DIVINATION, sikidy, sikily, fisikidiana, fanaòvana sikidy; fampiláña. Exercer la—, misikidy, manao sikidy; mampila, mifány.

Diviniser, Mañanjanahary, Mankazanahary, Mañandriamañitra azy. Mampitovy azy amy ny Zanahary; Manao Zanahary azy. Divinité, Dieu, sa —, ny Hazanahary ny, ny Maha-zanahary azy, ny Mah'andriamánitra azy; ? ny Handriána'ny máñitra.

Diviser, Mirasa, Mibira, h mizara z, vo distribuer. Mamaky, maméndrana, Mandidy, mañéfitra, manívaka, mañivakívaka, maninjara; manokotóko. —, désunir. Se —, divisé en 2, Mirasa roy, mizara roa; roa toko, roa loha; vaky roa, misámpana; mitsatsa; miéfitra. — en 4, misampan'éfatra.— en lots, mitokotoko, mit-injara. vo DIVERGENT. DIVISIBLE, mora rasaina, azo zaraina. DIVISION, fizaràna, firasána, fibiràna; fisaráhana; sampáñana; Toko; Efitra; avakávaka. —,zara, anjara, rasa; tapany, tápaka. vo Zara-vilana; Vakifotsy. — DISCORDE.

Divorcer, h Misao-bady, pv Mañito-vady, h mitsio-drano vady, mañary vady, mandroa-bady. — avec qc, s'en détacher. DIVORCE, pv fañitosam-bady, h fisaòram-bady.

Divulguer qc, Milaza k ampohibemaso, ou k amy ny olona maro; vo ANNONCER; Mampiely k, mamafy k, mañeliely k. — un secret, h loa-bólana, miloabólana.

Dix, Folo. (vo DEUX et dites) tsy — —; im-polo, mifolo.

Maimalo, manimpolo taxcisi, c. Falafolo, fahafolo ny. Un —, s. fahafolo ny, h ampahafólony. Je le fais pour la fois, fanimpolo ko *ou* ampanimpelo ko manao. DIX-SEPT, folo fito amby, h fito ambinifolo. DIX-HUITIÈME, fahafolo-valo-amby, h fahavalo-amby ny folo. DIX-HUIT FOIS, Impolo-valo"amby, h imbalo amby ny folo.

Dizain, Isam-polo; folo, toko

Docile, mora anárina, malak'ánatra, mora inaina, mora iráhina, zaka anárina, azo anárina, azo ampianárina, mino ánatra; maneky, mino vólana, manarak'ánatra, ? folak' ánatra, mizaino, mihaino, mitandreny. DOCILITÉ, finoan' anatra, fandraisan'ánatra, fanarahan'ánatra, hamorampanahy, fanekéna amy ny ánatra.

Docte, docteur, vo SAVANT. Docteur, Mpampiánatra, mpamindra ánatra. — de la loi, — en droit, h Mpandáhatra ny lálana, mpamávatra ny malontány, o fianárana ny didi-tány. —, Médecin. DOCTORAT, Vonináhitry oy *Docteur*.

Doctrine, Fanambaránara, fampianárana; z ambara, z ampianárina. —, Science.

Document sur qc, z fianárana, z mampahafantatra z, taratasy fahafantárana k, taratasy manambara.

Dodiner: se —, mitarimy tena, h mitaiza tena, manambitámby kibo, mananta tena. Se choyer.

Dodu, Botrabótra; ratsiratsy; vóndraka. vo badobadony, balángony, balangodángony, botátaka, matavy, dófotra, dófoka, fatro, fatrofatro, botréfona, donga, ? saing*i*ona:

Dogme, Fivólana tokony hekena, liteny tsy azo lavina, fanambarána, raha to. DOGMATISER, Manao mafy filaza, mitompo-teny. DOGMATISEUR, Mpampiánatra mianjonánjona. DOGMATIQUE, milaza marimárina, mahadidy, mitompoteny. DOGMATIQUEMENT, toy ny mpitompo teny, manao teny anjonánjona, toy ny mpandidy.

Dogue, Amboa lehibe letak'óroma.

Doigt, Tondro. Les — de la main, ny rantsan-tánana; de pied, rantsan-tómboka, h rantan-tóngotra. Le petit —, ankihely, ankisay. Un — d'épaisseur, ankisaintánana, ankisaim-bity, voan-tondro. Toucher du —, manendry, manendritendry, mitendry.

Doléances, Rano-maso éntina amy ny ólona malahelo. (*ou* Taraina, tretré, fitarainana, litretréana, alahelo) Faire ses —, mitretré, manátitra tretré.

Domaine, Fanánany ny mpanjáka, faujakána, lova, tsimirango, tsianononana. h menakely, tongoamihónkona.

Dôme, Tafontrano boribory mifoitr'ampinga, vovontraño boribory ka lémpona ny ao analy ny.

Domestique, Mpanompo; ankizy; maromita, ankizy ampátana, ny o an-trano, dans son an-trano. Animal Biby manompo (ou an-trano, zatra, iamana, mangingina, fólaka, resy).

domicile, Fonénana, fitoérana, trano. DOMICILIÉ, móni-na, mitoetra misy.

dominant, Aboabo noho ny namana, abo-indrindra, ambóny, mihóatra, manetry, mizósaka, milangalanga, mibontsina, mandílatra, vo mitranga, miderondérona, andrama, mitondra, mifehy. DOMINATEUR, Mpanjáka, mpanápaka, mpandresy, mpanetry; ? mpanao forovato. — maharesy. DOMINATION, fanjakána, hery, fanapáhana, ? forovato. DOMINER, Tompo; manjáka, manápaka, mitompo, mifehy, mitondra, mandresy. DOMINANT, mihoatra.

dominicale: Oraison —, ny fierdany ny Tompo ntsika. Lettre —, sóratry ny alahady.

dommage, Marátra, róbaka, lany, simba, simbana; rómbina, róvitra, natriaka; fanímbana, vo bréche, dégat, déchirure. C'est — qu'il ne connaisse pas lire, ny antsa ny, izy tsy mahay taratasy. Causer —, être DOMMAGEABLE, maharatra, mandratra, mahasimba, maharóbaka, mahalány.

DOMPTÉ, Fólaka, resy, róbaka. DOMPTABLE, azo folahina, mora reséna. DOMPTER, mamólaka, mandresy, mandrébaka, mampaneky, manondrika, manetry.

DON, z oména, z amíana; fanomézana, fanamiana, z atólotra, fanolórana; z atérina, fanatérana, h fanátitra; tambitamby. —, fahaízana, saina, fahalaláma.

DONATAIRE, o omen-draba, o tolórana z, o mahazo. DONATEUR, mpanome, o manome. DONATION, Fanomézana, fanamiana, fanolórana.

donc, h Ary, Ary dia, ka, ary amy ny zany, ka dia; ps kala, ka, kala zany, koa amy ny zany, amy ny zany.

dondon, Viavy botrabótra.

donjon, Trano hely lolohaviny, trano be, trano tataóvina.

Donner qc à q, Manome z o, Manólotra z o. Manamy z o Lui — de l'ardeur, du travail, manisy fo, asa amy ny o. — parole, Promettre. — de l'encens, flatter. — cours à, Mampiely, mamely. — carrière, Lacher. — tout aux apparences, manáraka ny taréhy foana. — part, Communiquer. — un coup, vo BATTRE, coup. — la vie, mamélona, mananti-ra, tsy mamono. — la mort, Tuer. — sa vie, mahafoy teña. — des fuits, Mamoa. — signe de vie, Mamoaka fiaiñana, ahitána fiaiñana, reñy fiaiñana. — à penser, Mampieritréritra. — sur la rue, Nañátrika lálana. — contre, heurter. — dans le sens de q, Mihaon-doha, mikaon-doha amy ny o. — au but, Mahavoa, avy amy ny maso ny. — dans le panneau, Látsaka amy ny fándrika, látsaka an-kótona. — à parler,

DOU

mampivólana. — tête baissée dans.. misótroka azy, mañary teña amy ny. — à boire à q, Mampinona, mampisotro o.
— la main, aider. Se — la main, mifampitána tánana, mifanólotra tánana; le bras, mifanampy tánana, mifañélika. Se — de la peine, Malak'asa, Maka fijaliana, mandóditra teña, mikely aiña. S'en —, mivango; mañaram-po, mañétsaka troka. Se — pour habile, Mihàboka mahay; Mihambo mahay. Se — garde de, s'abstenir, vo Sañatria.

DONT (est ou sous entendu, ou renfermé dans le participe ou la forme instrumentale). Celui — on parle, ny o voláñina, ny o lazáina; — on s'amuse, somaina. — le père est mort, ny o naty ada; — j'ai détruit la case, ny o rirobátï'ko trano. Ce — je mange, ny z ihinána'ko. Ce dont je suis triste, ny z alahelóa'ko.

Doré, Voa hoso-bolamena, mihósotra volaména, misy hósotra volamena. vo miráhona. Le DORER, manoso-bolamena azy, h manao ankoso-bolamena azy, manósotra volamena azy; mampamirampiratra. Se —, inivolo volamena, miráhona karaha volamena.

Dorénavant, désormais.

Dorloter un enfant, mikobaby azy, mitarimy azy tsara, h manolokolo; mañantóana, mamolavóla, mañantahánta, vo Choyer.

Dormir, Mandry; mahazo ou voa toromaso, h mahita torimaso; pv Matoro, h matory, miroro. vo mandritsimandry, manao fandrimbólana, matorotoro, rendrémana, milondolóndo; alin-droa. Faire —, Mampandry. DORMITIF, mahavoa toromaso, ? h mampahatory, mampandry.

Dortoir, Trano fandrian'olona maro.

Dorure, Hoso-bolamena, foño-volamena, h ankósotra volamena.

Dos, Voho. vo Lamósina, lambósina, tahézana. Lui tourner le ---, Mañamboho, miamboho azy. --- à ---, se tourner le ---, Mifañamboho. Tourner le ---, miváḋika, miódina, miamboho; vo mitolo-boho, manolo-boho. Qui ne tourne jamais le ---, tsimivohovoho. Conché sur le ---, mitsiláñy, mitsiláñy mandry. Le porter sur le ---, ñambaby azy. Qui a le -- enfoncé, milántika, h mifántsika, h mitofántsika.

Dossier, Voho ny fiketráhana, liankínana.

Dot, Fanáñana éntina ny viavy ampankárina.

Dotation, don. Doter une fille, Mañome haréana zazavavy efa hanambady, mampánana azy, mañisy fanáñana amy ny.

D'où venez vous? Avy taiza anao? Le pays d'où je viens, ny tany avia'ko. —il viendra ici, izy añy mbola ho avy atý. ---vient que..? vo Pourquoi?

Douaire, Hareana o nroy ny lehilahy ny vady ny. h fahatelontanana. Doairière, viavy mánana ny fahatelontanana; viavy mpitondra tena.

Douane, Traño fandraisam-padintseránana; traño fandoávana tsimirango; h ladoána. Douanier, Mpandray fadintseránana, mpiámbina tafia.

Double, a, Roi-sòsona, mifanòsona; kámbana, hámbana; roy, roa heny, h avy sásaka, mivady, misy sòsoka, misy sòsony; h avy roy heny. roi-miléfitra. Q---, o roa saina, mahay roa; tantanan-droa lela, roy vava. Mot à---sens, teny roy hévitra, tsy loabody. Qui voit---, h mandroroa, h mandroria. vo sosonify. Le ---, ny sòsony, ny faharoy ny. vo Copie.. Doublement, roa, roy, indroa, indroy. Doubler, manòsoka; manao roa, manao avy sasaka, manao avy roa heny; mañámbana, manao roy sosona, manisy sosona. mañórona, mamálona, mandéfitra; h mandalo tany mitsópaka, miary. Doublure, sosony, lamba añaty ny, ny anaty ny.

Douçâtre, somary mamy, mamimamy.

Doucement, Moramóra, mora. Saisir ---, manao, tantsivihy, tan-tsivínitra. Marcher ---, Miádana, miadanádana. vo midanésaka, midanésaka, votsavotsa, h vozavoza, mivotsavotsa, mibonéka, mikirindreva, mandrifaizay, malaiña. ---! Moramorá, morá! miadána.

Doucereux, mamimamy; moramora, toa mamy, koa malemy, karaha malahelo, toa maótona. vo malefak'ambava, malefa-bava.

Douceur, Hamamy, Hamamiana, hamy. Hamoràna, hamoram-po, hamoram-pañahy, halemíam-pañahy, halemi-mpañahy, Lemi-mpañahy, fahalemim-pañahy, famindram-po, h hámoka, hamokámoka. ---, zava-py, z mamy.

Douche, Rano kororóhina amy ny marary. Doucher q Mañoróroka ou mandátsaka rano amy ny.

Doucin, rano masirasira, ou boka, masimásina.

Douer q de qc, Mañome azy z. Donner.

Douille, Traño ny záhana. --- de soufflet, soñy.

Douillet, malemy, malemilemy. vo mitoa-bavy, tsy mahari-piry.

Douleur, Hòtsoka, firy, téhoka, fangotsòhana, fanehòfana, arétina, fahararíana, alahelo. vo fangirifiríana; fahoriana, fijaliana; esikésika. --- aiguë aretin-tsíndrika, tevika, aretintévika; en ressentir, manévika. --- de tête, tevidoha, taintaina, paindaina, rendréna. J'ai des --- de tête, mi ---, mangáñy, mitévika ny loha ko, mañelo aho. --- de ventre, tsongofoitra? lolo, aretin-kibo. --- de l'enfantement, pia. Sans ---, tsy marary. Douloureux, Mangótsoka, mampangótsoka, manehoka, mampanehoka, marary, mankarary, mangirifiry, maharary, mahory. vo h mangolóntsona, mangoróntsona, h mangorangórana; Torovana. Ankahoriana.

Doute, Ahiáhy, fiahiahíana; salasala, fisalasalána, ahanábana; jery miahanáhana, fiahanahánana. Sans—, tsy azo isalasalána. douter, Manahiahy, miahiahy, miahanábana; misalasala; midona, matáhotra; miroáhana. mifarifary, tsy matoky, marimárika, vodivodíana. J'en doute, asa, válaka; asa izy, válaka izy, dona'ko tsy izy, tsy hay ko loatra izy, ahihí'ko tsy izy, ahiahi'ko tsy zany. Se—, mahitahita raha teo, mahitahita ny tsy mbola tonga. Maharény lahateo, miahiahy; mahazoazo. douteux, Ahiahína, ahihína, isalasalána, abina, tsy to loatra, tsy azaazo loatra. vo Ambigu.

douve, Hazo fisaka hatao baríka.

Doux au goût, Mamy. vo Agréable. —, Mora, mora fanahy; malemy, malemy fanahy. vo Matoy, mándina, mántona, h maotona, boneka, miádana, malemilemy, moramora, malemi-paika; tsy mahavely vava n'amboa; mánitra, tsy tia ady, tsy mil'ady; malama, maléfaka, malambolambo, misononóka, manganangánana, olombe, olonkova, olonkovabe, tsy sárotra, tsy masirasira, moraina, rainazy, rainazibe, tsy mifáhana, tsi-mahasásatra, bonika, mihamokámoka, mijamoka, jonenika, minondaka. — mais énergique, malemimaòzatra. Filer—, mody mora, manandefa tápany; mitantápana, mihíamora; kétraka.

douze, douzaine, Folo roy amby, ou folo roiamby; h roamby ny folo, roa amby ny folo. douzièment, douzième, Faha —. Le —, ny Faha — ny. Un—, faha—, h ampaha—. vo à dix-sept.

doyen, ny zoky, matoy, lehibe, ántitra.

dragme, vola kely tòkony ho sikajy.

dragée, Voandraha mamy madinika; pátsaka mamy, h fatsaka mamy. drazé.

Dragon, Bibilchibe lava manan'élatra; ? bibiloza. vo fito loha, fanánina. —, Olondozabe, foizina, fozina, —, Miaramila miady na an-tóngotra na ambony sovaly.

Drague, Sihitra tarihina hanalána fásina; fanihífana; fandraófana. Draguer, manihika, pv manihitra; mandraoka; mitárika; ? misotro.

Drap, Lamba volonóndry. —, Lamba; de lit, —fandríana; mortuaire, —fandevénana, —alombo-paty, lombo-paty.

drapeau, vo Bannière. Des—, chiffons.

Draper qc, Manaron-damba azy; Manaty, mamono-lamba, manisi-lamba, manafo-damba azy. Manántona lamba mivalombálona ámy ny. Draperie, fanévana drap, faravan-damba. —, Lamba filaváñana avalombálona.

Drelin, Kiríntsana, karíntsana, kirintsankiríntsana &. vo Carillon. Faire —, —, Mi —; mangintsankintsana.

Dresser, Mañángana, mampitsángana. vo h Mampijóro, mampideza; mañórina. — sa tente, mañórin-day. — des embûches à q, Mamándrika, mamandripándrika o. — un cheval, mañárina, mampiárina; vo Dompter. — un bois, mañitsy, mankahitsy; sk mañity, mankahity. Se —, Mitsángana, mideza, miárina, h mijoro, mianganga; manondro láñitra; mitsidradra, misóndrotra, mitsinganga.

Drogue, Fañafody, ranonaody, ranonody; aody, ody. Droguer, Mampinona —, mampisotro —. mañome — lóatra. DROGUISTE, Mpivaro-panafody.

Droit, s Fady; Fahazakána, fahefána, lálana. — de commercer, fivarótana. Chacun son —, samby amy ny FÁDY ny. — de port, fadintseráñana. vo hamarínana, ráriny, ny azy, ny to, ny mahitsy, ny márina, fiamboníana, antóñony. — Civil, Diditány ny fanjakána, — Canon, Diditány; ny *Eglise*. vo Loi. — Commun, fombány ny tány, lálany ny tany, fadi-ntány. Aller tout —, manao hitsin-dálana, mahitsi-dia.

Droit a, Mahitsy; —, debout, márina, miárina, maórina, h maorona. vo marótsaka, farítsoka, matsôraka; miánjona, mijádona, mijídina, toratady, mihitsy. Se tenir —, miárina. Le mettre —, mañárina azy. La Droite, ny Havánana, ny ankavánana. A —, Ankavánana. Aller à —, mañavánana. Qui pense DROITEMENT, o Mahitsy jery. DROITURE, hahitsiana, hitsy, sk hity, hahitíana, fahitsíana; hamarínana, árina; hitsin-dálana.

Drôle a, kabiaka; mampihomehy, mahatsikeky, arira be. anganongano, h arirarira, manao vosobósotra. vo Amusant. DROLERIE, hakabiáhana; h vosobósotra,? voso-dratsy.

Drôle, s, Mpamítaka, Mpanao saina, jiri-dáhy; h sahisáhy; mahasáky lóatra, ratsiratsy, madítra. DROLESSE, viavy ratsy. Ce — la, ? h akairoana, ? akaitsiana.

Dromadaire, CHAMEAU tokan-tongoa.

Dru, Maletra, mifankalétra, bétsaka; fátratra.

Du: La maison DU père, ny tráño NY ray. Venir du Ciel, Avy amy ny láñitra.

Dû, azo takéna, trosa, tókony homena, an-tóñony, tókony.

Duc, Andríana misy tany; vo maroseráñana, maroláhy. DUCHESSE, vady ny *Duc*. DUCHÉ, Tany ny *Duc*; Handriánany ny *Duc*. vo Comte.

Ductile, Azo teféna, azo anjábina, mora tarihina, azo halavaina.

Duel, Ady n'ólona roy. Appeler en—, vo défier.
Dunes, Bongo fásina amoron-dranomásina, heniheny fásina, fasy mangeniheny.
Dunette, Vodin-tsambo, tráño ambodin-tsambo.
Duo, Antsa ny roy, h hírany ny roa. Roy.
Dupe, o azo fitaka, voa ambáka, voa angoly, oloin-pinitaka; mora ambakaina, vakaváka, vañaváña; h fanadala, h fanambosy. Duper, mañangoly, mamitaka, mañambáka, mamakaváka; manao goróbaka, mañambosy, mankadála, mañome voan-dambo. vo DÉCEVOIR. DUPERIE, Fitaka, Angoly, h solóky; fañambakána, famakavakána; h, ambosy, goróbaka. vo antohim-báto, vóhony.
Duplicata, z mitovy amy ny voalóhany hiany; námana, faharoy.
Duplication, fanávana azy sásaka; famorétana, famalónana; ny mifóritra, miléfitra.
Duplicité, Fahaíana roy; Ny miléfitra, roy sôsona, saina roa, jery roy; fitaka, roy lela, fanavan-tsaina, komahay; sotro be lava tango. Agir avec—, mahay roa.
Dur, mahery, mafy, maditra; tsy daika, tsy laitra, vo sárotra, sarotra atao, mahasósotra, mikómbona, mikatona, saro-po, tsy miantra, mahory, tsy leo, mafôtra, maraorao, tsy malemy, mikiribiby, vatolahy, dinadína, ditra, diridiry, fáfatra, fomanga, gigía, gigigigy, komerakera, homezaheza, mamato, mamatovato. Tahotaho, tahontáhona, mafisófina, madi-doha; maherianjoro.
Durable, Matána, matéza; ántitra, maháritra, ? mahadiñy, mahela, fáfatra. Rendre—, h mañántitra.
Durant, vo pendant. Mbola, raha mbola; mandritra, h ? antsany; miáraka. Mandra...; ambáraka...; mandrak'.... no, dieny, amy ny. —toute l'année, mandrítra ny herintaona, mañerin-taona.
Durcir, Makahery, mankaditra, mankamafy, manamafy, vo mañôfana:mitoto.—n, se—, mihíahery, mihíamafy, mody maditra. DURCISSEMENT, fanamañiana; fankadírana; fihíamafíana.
Durée, Haelána, fahatezána, Hatezána, faharétana, andro, taona, hantérana, járika, teza.
Durement, vo dur, cruellement.
Durer, Mateza, matána; mahadiñy ela; lava, ela, mitoetra, mahela; vo mijarika, miáritra, mandéfitra, mihafy, mañántitra.
Dureté, Hamafiana, hadirana; hery, haherézana, hasarótana; hamatiam-po. vo ny mafy la, ny malakaforo, fanavan-dítra, tsy fiantrana, tsy halemíana, teny mafy, eso, vatolahy, hafy, hamafy.

nurillon, vonto (ou mivonto) tsy maharary. — au pied, kotro kely, hotro hely.

duvet, Volo malemy, volomalemilemy. — des plantes, farora-dànitra. DUVETEUX, bevolomalemy; malemilemy, malambolambo.

dynaste, Mpanjaka kely misy tompo. DYNASTIE, Razan' ampanjaka, mpanjaka mitohitohy.

dyssenterie, Aretin-kibo mampangery ra; h manehitra. vo dévoiement. Qui a la—, mangery ra.

dysurie, Arétina tsy mampamany, h ? ángatra, ? fiandry, ? lavanána; angaboribory.

E

EAU, RANO; — de senteur, —mánitra; de riz, —n'ampango, —mbary; de mer, —másina, —sira; courante, —maria; bénite, —voa joro, —fijoróana; douce, —mamy, —finómina, mahétsaka; de source, — an-tany, —mbovo; — de vie, —mafána, tóaka; barandy; laodivý; de pluie, — n'òrana, òrana, mahaleña; de coco, —voaniho, —mboaniho; de ravenale,—n'antrandra; de rafia, —n'arafa. Il fait —, mandeha rano; miteté, miteté rano. vo mitsika, míditra rano, manamika. Faire de l'—, Mantsáka, maka-rano, mala-drano. Avoir l'— à la bouche, mitelin-drora; La faire venir, mampitelin-drora. Les Habitans du bord de l'—, ny Antandrano, h Tandrano. Verser de l'—dessus, Manóndraka azy. (Plante) qui a trop d'—, tsinanaina. Se mettre à l'—, miribika, mivárina, mijóboka an-drano. —forte, rano mahery, vo Aqueux.

Ébahir : S'—, Tsérika, gaga, mitambava, talánjona, varivarian-tsaina.

Ébat, ébattement, Lalao, fitsangatsanganana, haravóana. Prendre ses—, Maningantsíngana; mitroatróatra, mirodorodo, mitsangantsángana, milaolao, miramírana, mivarivary, mizinazina, ? mivazivazy, mikoniania.

Ébauche, Sarindraha tsy efa, loha hévitra, tarehy tsy voa voatra, Sarin-jávatra tsy tody, sarisary, kisarisary; fanampónan-tsary. ÉBAUCHER, manampóna, manómboka, manántatra, manélatra.

Ebbe, Fiverénany ny rano, fidínana ny rano miválana.

Ébène, Hazo-mainty, ? pingo, ? mapingo; h volombodimpony, hazo nkitsikítsika; hazo-árina.

Ébéniste, Mpanao vatra amy ny hazo tsara, mpanao ráfitra madinidínika.

Éblouir; h mipendrampéndrana, h mamendrampéndrana, h manjapíaka, h manjopíaka; manelatrélatra; manjambéna, sanjaina ; h mandrorao, h mandroria. ÉBLOUIR, ÉBLOUISSANT, mamendrampéndrana, manjapíaka, mampipendrampéndrana, mampanjambéna, mitáratra; mangantsa, manjiaka, manjoriaka; mampanjapiaka maso; vo Blanc, brillant.

Éborgner, mankagila; manajamba maso raiky, mañala maso iray.

Ébouler, s'—, Toa, koa, mitoa, mikoa, mikópaka, mibiribiry, p mirópaka, pv miróhaka, miródona, milatsadátsaka, miverabéraka, mivárina, mivarimbárina; Crouler. vo rava, ? misombintsómbina. ÉBOULEMENT, tany koa, tany toa, tany látsaka.

Ébourgeonner, Mañala ny tsiry, manápaka ny tsimokazo (botiboty, zañozáño, ny taro'ny), mañala amy ny hazo.

Ébouriffé, Rakaráka vólo, mibôhaka volo, mivôha volo.

Ébrancher, mañala rántsana, manápaka randráña ou ráhaka, randráhaka. ? manimaka.

Ébranler qc, mañozonkózona, mañetsikétsika, mañovotróvotra; mañofokófoka, vo Branler. S'—, être ÉBRANLÉ, mihozonkózona, mihetsikétsika, mihovotróvotra, mihofokófoka. ÉBRANLEMENT, Hozonkózona, hovotróvotra, kofokófoka, hetsikétsika. vo mampiala, mampihémotra, manatsóaka, mampatáhotra; misindra, mihisatra, ma Iroso, mandeha.

Ébrécher, vo à Brèche.

Ébrouer : S'—, Mitréfona; ? mitreña.

Ébruiter, milazalaza, mifosafosa, mampieliély, mañambara, mamahaváha, misahosaho.

Ébullition, Levy, levilevy, hótroka, fandevézana. Être en —, Bouillir.

Écafer, mitory rafia, mamaky rafia.

Écaille de poisson, Sisika. vo hihy, kira. — de Tortue, hara, haram-pano. vo Coque; z mielakélaka, mitsikerakéraka, ela-drano, z misilatsilaka, akaranjávatra. L' ÉCAILLER, mañala sísika, mañihy; mañofy, miofy, manelatsélaka. vo miféfika, manéfika, mañéndaka, manélatra. S'—, miselatsélaka, misélatra; mihélaka, miofo, miofy, miôhaka, miôvaka, miséndaka, misíndaka, misílaka. vo selamaina, selamanta, sendamanga, sendamanta, somísika; sisikoho. ÉCAILLEUX, be sísika; miselatsélaka; ? misy hara; ? bekirany, ? misy kira.

Écale des noix &, korókana, h ? akôrany; hóditra, hodijávatra.

Écarlate, Jáky; mena ká, ? mangatrakátraka, midoréhitra.

Écarrir, manao efa-drirany, manao marirany, mamisaka, mañisy rirana.

Écart, Hóntsina, héndratra, h hondratra, hávatra; virioká, birioka, vírotra, viríotra; hodíatra, sodíatra; h fiviliana, faniána. à l'——, Ankodíatra, an-takólaka, an-kodikodiatra. mitókana; mangingína. Faire un ——, mihóntsina, mihéndratra, taìtra, mihendra. ÉCARTER, mamakabáka, mampibekabéka, mampidehadeha, mampidakadáka, tsy mampiraiky, manáraka ; vo Déjoindre , Manésotra, manísotra, mañala, manílika, manávaka, manívaka, mañivakívaka, mañavana, mañavankávana, mañémotra, manilakila; manava, mandróaka, mañely, mampisava. —— les jambes, Mibekabéka, midehadeha, mvehaveha, misabáka, mibakabáka, mibáhana, midakadál a; manao dingandava. S'——, mania, mivirioka, mihoníatra, misodiatra, misavílaka, mibirioka, miviry, h mivily; mankalávitra, mihifika, matsóaka, midífika, mipátsaka, misáraka, misaratsáraka, miésotra, mivilivily, maninda, miely, mañari-dia, misobilaka, mipareka, mipariaka, mihila, vo de Côté. ÉCARTEMENT, famakabakána, fanaráhana, fañesórana; Halavírana, ? habekabekána.

Écarteler, Mirasa éfatra, mañito efatra.

Ecclésiastique, Añaran-taratasy amy ny *Bible*.

Ecclésiastique, Mpanao ny raharaha ny Zanahary añaty ny *Eglise*; mpijoro, mpisórona, olony ny Zanahary, o manam-bonináhitra amy ny *Église*.

Écervelé, Endrinéndrina, tsy mitándrina, tsy mihévitra, tia vao, miovaova; ? manao víntana alohotsy.

Échaffaud, Rari-hazo aboabo fanchoan-jávatra, va famonóana olona; kibány, sandrátana.

Échaffaudage, g Tavárina; pv tsikálana; h kombárika, h kombarina, kombárin-trano; pv falampálana, pv talatálany, sakantsákana, ? varivárina. ÉCHAFFAUDER, manao ——, manángana ——.

échalas, Toham-boalóboka ; fanohánana ; ïankínana. ÉCHALASSER, Manóhaña.

Échancrer, Manéntika, mandílana, mankadílana, manentikéntika. ÉCHANCRURE, Héntika, dílana, Hadilánana. ? didy mandímbana; ? lóvoka, ? Hory, ? vava; didy madilana; vo Brèche.

Échange, Takalo, fanakalózana. ÉCHANGER qc, manakalo z ; ——, mamaly, mamérina, mifanakalo.

Échanson, Mpanídina z hinóminy ny mpanjaka ; mpitondra divay, mpitana ny kapóaka, mpanólotra ny kapóaka, mpanolo-kinómina, mpampínona ny andríana.

Échantillon, Tapa-draha (*ou* sila-draha, sómbina, tapadamba) atoro ho zahána ny ti-hivídy; fizahána, fañentiana; fampizahána, ? sántatra, ? óhatra; raiky ho zahána.

Échappatoire, fiporotáhana, fialána, fandosirana, fiafáhana, filefána.

Échapper, S'—, Àfaka, vótsotra, matsóaka, milefa, miala, mandífika, mihodiatra, misodiatra, miáfaka, misoláfaka, miporótaka; miporótsaka, mandósitra, mirofatra, mipika, mibolásitra, mandao, mihífika; mitaika, mileté; roso, lasa; miávotra, mitsororóka. S'—en paroles, matsoa-bólana, roso vólana, lila-bólana, mandiso teny. vo mikípika, mikópika, miborítsaka. ÉCHAPPÉ au danger, afak'amy ny may, afak' amy ny faty; matinohovélona.

Écharde, Tapakazo va fátsika tafíditra amy ny vátana; tsilo, tsíndrona.

Écharner, Mañala nofo amy ny hóditra, mañihy hóditra.

Écharpe, Lamba atao fehivátana, va asampy amy ny avay; sampy fehikibo; etra; berámbona. vo Antsamotady.

Écharper, Manétika, Manatsáka, manoláfaka, manólatra, mandrómbina; mandidididy, mandriatríatra, manetitétika, manatriaka.

Échasses, Tongo-kazo, h jaingy; soso-bity, viti-hazo, Tombo-kazo abo.

Échauder, Manóntona, Mandótra amy ny rano may; mañoro volólony, mandoro volo, mankamay amy ny rano may. ÉCHAUDÉ, voa tóntona, voa lotra, voa dotra, nay volólony.

Échauffer, Mamána, mankafána, h manafána; mankafanafána. vo mankamaimay, Mankamay, mandrísika. S'—, mihiafána, mihiamay.

Échauffourée, Adiady támpoka, ady tsy nahy lahateo; atao ratsy tsy ambínina.

Échéance, Andro fankefána trosa, fahatongávana; fetr' andro.

Échec, Loza fahaverézana, fandreséna, vono, vonóana, tanimbána.

Échelle, Fiakárana, tetézana, tetezana-fanongána, fañanihana; ? tóhatra, vo ambaratonga.

Échelon, Láfatra, láfitra; sákana, sakantsákana ? sakante tézana, h tanan-tóhatra, ? tóhatra, dia. ÉCHELONNÉ, milafadáfatra; ? tohárana, ? farafarantány; —, mitokotoko lava, mitohitóhy, mitokotoko fañara károka.

ÉCHENAL, ÉCHENEAU, ÉCHENET, Lakaláka fanantásana rano ambany vovontraño; Tantirano, lakandrano.

Écheveau, Ira, Tarétra raiky ira; deux —, írany roy ? añirany roa.

Échevelé, Vaha volo, sosom-bolondoha, votso-bolo; mivoha *ou* mibólraka, mirakaráka volo; mihaha volo; mikorotsa-bolo, mitsorotsa-bolo, mirotsadrotsa-bolo.

Échine, Lakamboho, lakalakamboho, h lakamósina, Taolandamósina, salakamboho, lakandambósina, vakimboho. ? tahézana? hazondava. ÉCHINER, mamólaka taolandamósina &. mahatrótraka. S'---, trótraka, mandodi-teña, mamolak'aiña.

Échiquier, Fafa fikatrána; lahárana. ÉCHECS, katra, fanga.

Écho, h Ako; pv Talango, tako-bava, ? talánjona, feo mamaly, feo manóina, valy, aoò. Avoir de l'---, manako, manalango, mamaly, manóina; ? miatidrohona, mifamaly.

Échoir, ÉCHU; Avy, h Tonga; tóndroka, vita, tápitra, vo mifandimby, mifindra; manjó, sendrasendra; rékitra.

Échouer n, Rékitra ; tsy áfaka. --- dans une entreprise, MANDOLY, mandamóka. vo tsy nahatody ; féfika. --- ac, maméfika, mankarékitra, mampitody.

Écimer, manápaka támpony, manapa-doha hazo.

Éclabousser q, mampandífika (ou mañífika, mampipirítsika, mamiritsika) fótaka amy ny o. Je fus ÉCLABOUSSÉ, nandifiham-pótaka, nipiritsihampótaka. ÉCLABOUSSURE, fótaka nandífika, nipiritsika, nipítsoka; ? difi-pótaka, ? pitipitika.

Éclair, Hélatra, helatrélatra, hela-báratra; tsélaka, tselatsélaka, pelapélaka, jélaka; fañclárana; firoboroboan'afo. Il fait des---, mañélatra; mañelatrélatra; jeter des---, mitsélaka, mitselatsélaka, mañantsélatra, manjélaka. vo afo mikaretsadrétsaka.

Éclairage, fañazáva, fankazavána, fañilóvana.

Éclaircir, MANDIO, mankadio, manava; mandrava; mañavankávana, mampangerakéraka, mampangarakáraka, makalálaka, mankalaladálaka azy. mañalala ámy ny. vo déjoindre, desserrer. vo mampamirapíratra, mampischo, mamerabéraka. s'---, mihíazava, misava, mihíadio, mañaly mazava; misava-ráhona, mihíalaladálaka.

Éclairer, mañilo, mankazava, mañazava, mahazava; mankazava jery. Misafo tany, mitsikílo. ---, n mañelatrélatra, mamirapíratra. vo Briller, Éclair.

Éclaireur, Mpisafo tany, mpitsikílo, mpitsapatány.

ÉCLAT de bois &, Difika, sk lifika; dífi-kazo; h hámatra, simakazo, sílaka, sila-kazo; tapakazo nandífika, ou napiaka; òmpaka. ---de tonnerre, Difi-báratra, ---de lumière, tsélaka, pelapélaka, jélaka, ? difi-java, difi-kazavána, tsiri-mahamay, avanávana. vo ÉCLAIR, CLARTÉ, le Brillant. --- de rire, h kakakáka, g Tokáka, toháka, tolakáka, h tokakakáka, pv Tohélaka, h tokélaka, h tokelakélaka, pv totokélaka. Rire aux ---, (éclater de rire,) Mi---. ---de voix, h horakóraka, pv holahala, résaka, akora, CRI. Voler en---, Mandífika, mandifidifika; vo se BRISER. vo misílaka, misilatsílaka; póaka, fipoáhana, fitefóhona, famirapirátana; poapoaka, tefotéfoka.

Éclatant, vo BRILLANT; mazava, madio, mazavazava; mena. Blanc—, fotsy manjoríaka, vo BLANC. Rouge—, Mena ká, mena dá, mena midoréhitra, h mangatrakátraka. Bruit —, póaka, téfoka. Son —, Résaka, feo marésaka mena. vo BRUYANT. mangorakóraka, miorakóraka, midradradradra; kátraka, katráfoka.

Éclater, Crever, Mándéfoka, mipóaka, mandifika, mipóka, mitapóaka, vaky, mitéfoka. —, vo BRILLER, —, se briser. —de rire, vo éclat. — en injures, Mandífika ompa. vo miramírana, mandimándina, miverabéraka, misalésaka, miseho támpoka, midedadeda, miafonáfona, mipósaka, mitifaka, midifika.

Éclipse, Masoandro takofan-draha, vólana tampenandraha, masoandro-lo, fitakófany ny masoandro. maty ny masoandro. Il y a une —, rékitra ny masoandro, takófana izy, maízina izy; álina kely. ÉCLIPSER, manákona, manízina; manámpina. ? mandráhona. Cacher. S'—. vo DISPARAÎTRE, Se CACHER, mitámpina, takófona, h takónana.

Écliptique, Ny lálana ombány ny tany mañariary ny masoandro. ca ny lálana ombany ny masoandro manodídina ny tany mañerin-taona.

Éclisse, pv Lotsatsa, h hámatra. ÉCLISSER, manámatra, manisy lotsatsa.

Éclos, Éclore, co un oiseau, Foy; co les fleurs, vaky; co le jour, vaky, kiaka, mipóaka. vo mitsidika, mitranga, mitsirika, mivóaka. Faire—, Mamoy, mamaky; vo mamántsika.

Écluse, Varavaran-drano; fiainan-drano, h vavahadindrano. ? fefiloha.

École, Trano fianárany ny zaza; trano fampianárana, EKOly, lekoly. ÉCOLIER, Mpiánatra, mahalala kely foana, vao hiánatra, mbola miánatra; anila ny mahay, ampianárina.

Éconduire q, manífika ou mandróaka o moramora.

Économe, s, Mpandala fanánana, tsi-mandány, mpitandrim-panánana, mpitahiry fánaka, mpitarímy karamaoka. —a, ÉCONOMISER, Mandala baréana, tsy mandany foana, mahalany kely, mitahiry fanánana, mitondra fanánana, mahay mitahiry; tsy mandródona hareana; h mahihitra. vo Avare. ÉCONOMIE, tsy fandaniana foana, fandalána haréana; fitahirízam-panánana, tsy fandrodónana, tsy fandanian-karena foana, fahetríana tsara, fatsitsíana tsara.

Écope, Sotro be fanovízana rano amy ny lákana, sadrò fitovízana; fanovy.

Écorce, Hóditra; sk hólitra; hodi-kazo, hodi-jávatra. ÉCORCER, manala hóditra, manóditra, manofy; vo manéndaka, manenda-kóditra; vo manélaka, manitaka, miofy.

Écorcher, Mañóditra, mañólitra, mañala hóditra, mañofy, mañenda-kóditra; mañiaka, mañiakíaka. vo Dégrader. — la langue, Mañota-bólana. Je me suis ÉCORCHÉ la main, nakiaka, naéndaka, naoso, afakóditra ny tana'ko, natríaka, nisélatra, voa sòlatra izy. ÉCORCHURE. vo Dégradation.

Écorner, Mamólaka ny tándroka, manápaka ny tendro ny; mamiaka ny zoro; mamory, mankabóry. vo manóvoka; mañómbotra ampondo. ÉCORNÉ, bory, folak'ampondo.

Écornifleur, h mpitakárina, mpihinana an-trano n'olona pv mpikápoka.

Écosser, Mañofy, h miofy; p voásana; h mikofo; mañóditra.

Écôter, Mañala kira ny rávim-paráky.

Écouer, Manápaka rámbona ou ohy; mamólona, mankabólona, mambory rámbona, mankabory vody.

Écoufe, Écoufle, Papango.

Écouler, S'—, Mitsororóka avy amy ny raha, misononóka miala, vo Couler; mivóaka, mitsika, mandeha, mizotso. vo mizotra, miriotra; mamántana, mandilatra, lasa, roso, mibolaly, mibolásitra, mikororósy, mitsolítsaka.

Écourter, manápaka ho fohy, mamóritra, mankafohy; mamólona; mamongotra, mijinja, mitétika azy, mañala amy ny.

Écoute, Tany fitandreñésana. Être aux —, mifify hitandreñy, g mitsikilo. —, Tady an-joro nday, tadinjoro, tadinday, tady fañenjánan-day.

Écouter, Mitandréñy, h Mandré, mitaino, h mihaino, mitsátsika, mino; manongilan-tsófina. S'— trop, mañarantroka, malemilemy, osaosa. vo mañeky, momba, miáraka, mañáraka, manóina, mety, mitándrina; tadini-nompandrasa.

Écouvillon, Fihôtsoka, fikaroñana; rotsakazo fandióvana ny volombasy.

Écran, fialófana ny mamindro, fiaro afo.

Écrasé, Vokeka, votrétrika, mivotrétrika, h vohéka; vokéhana, fokéhina, h dongaingy; fisaka.

Écraser, Mamokeky, mamotrétrika, mahavokeka, manindry; — sous les pieds, mandia, mandiadia, mañitsaka; vo mandásitra, manorotoro, mitoto, manoto, mandisa, maméfika, mamakiváky. — dans la main, mamia, mametsa, mamoy, mamina; Mañisoka, mañosoka.

Écrémer, mañala hérotra ny ronono, pv mañala héndrotra ou loha, mañala ny tsaratsara. vo manódika. ÉCRÉMÉ, Afakéndrotra, nalan-kerotrérony.

Écrêter, mañala támpony, mañala sangasanga azy.

Ecrevisse, órana, foza, tsivakina, vo orantsaha, orandretra.

Écrier: s'—, mandróntona, mihaika, miáfatra, mitaraiña, miantso mafy.

Écrille, Rary mangarakáraka tsy mampibóaka ny filao amy ny farihy ivoríany.

Écrire, manóratra. mettre par écrit, manatao antsóratra, ou añaty rano maintina. Papier écrit, taratasy voa sôratra, misy sôratra, misôratra. Un écrit, écriture, sôratra.? soratáñana. écritoire, z fanorâtana. écrivain, Mpanôratra. Les écritures, Ny Sôratra'másina, Bible.

écrou, ? Lóaka ny ríndra'ny, ? loha, ? vaitra.

écrouler: s'—, vo Crouler.

écroùter, Mañala hóditry ny mofo, mañisatra mofo; manatsáka manetitétika, mañéndaka, manofo, vo Dégrader. Manombintsómbina.

écu, Ampinga: —parata, vola.

écueil, Vato be andranomásina maharéndrika ny sambo; fahatafintohínana.

écueille, Finga, lovia, kapila, kopy, bakóly, écuellée, Eram-pinga, eran-dovia.

Écume, Vôry, vorin-drano, vorin-dríaka. —du pôt, vorinahandro, vôrinkísatra, roatr'ahandro. vo faikany, farorabava, vorinjávatra, g róatra. écumer qc, Mañala vóry, ou faikana, mañéso-paikana;[h Misódika, pv manódika. — n, mamóry, misy vôry, mamorivóry, mandróatra, mifotafóta, vo mamorafôra. écumeux, bevóry, voréna, mandróatra, mandróadróatra. écumoir, fañalam-bóry, ? fisodihana, ? fanodihana, fañesoram-bôry, h fakam-paikana. écumeur de mer, Corsaire. —de nouvelles, mila sy milaza ny kabary vao, ny vao ho reñy ny.

écurer, manasa kapila &.

écurie, Trano-ntsovaly.

écusson, Féiana; felana va sarinjávatra filazam-boñináhitra. —, hodin-kazo misy maso vélona akambina amy ny hazo maniry. écussonner, Mampikámbina masonkazo, amy ny hazo hafa. ? Manófoka rantsan-kazo amy ny hazo hafa.

écuyer, Mpampiánatra hitaingin-tsovaly; — tranchant, Mpandídy hena, mpanetitétika hena.

Édenté, Banga-hy, banga, rompa, h rompa; áfaka nify, fola-ký, fólaka hy. édenter, Mambanga, mamáky hy, mamólaka nify, vo ébrécher.

Édifiant, o fañalan-damy tsara, fianaran-damy tsara, Lamy tsara; fianárana fañahy tsara; tókony haráhina, Mahatárika amy ny tsara. Édifier q, Mampala-damy tsara, Mandrísika (ou Mitaona, mitárika) amy ny tsara hatao;

mampiánatra fitondran-teña tsara; mampiana-damy tsara; Mañisy fañahy tsara, mankatsara fañahy, mamindra jery tsara amy ny — une maison, Bâtir. ÉDIFICATION, Fañomezan-damy tsara, famindrána fañahi-tsara. ÉDIFICE, Trano be, ? ráfitra.

Édit, Teny ny mpajáka, didy, malo, diditány, h dina, kabary, h laléna, filazána. Porter un —, Mamóaka teny.

Éditeur, Mpañely (ou Mpamóaka, Mpanery, Mpamórona) taratasy; Mpanao an-tsôratra, mpanao lívatra. ÉDITION, Famorónana taratasy: C'est la première —, samba ny niforónina; somila natao, vao hatao. La deuxième, faharoy natao.

Éducation, ac Fampianárana fitondran-teña, fañanárana, fitarimíana; famindrana fañahy, fañarémana. Fianúrarana, fitombosan-tsaina. ÉDUQUER, Mampiánatra azy; Mamindra saina ámy ny; mampitondra-teña tsara, Mampitombo saina, mitaiza; mitarímy, mañánatra.

Éfanfiler, Mamáha, rary, mañatsoatsóaka ténona, mangala-páhana, mañala rary.

Effacer, Mañala, mamóno, mandróbaka, mañésotra, mamimba, mandrátra, mañihy. EFFAÇABLE, Azo vouóina, azo alána, azo esórina, azo simbana.

Effarer, Mahatalánjona, mampitalánjona, mahalánjona, havery saina, mampitáhotra, mahatsirávina. S'—, Talánmajona, pv Lánjona, matahotáhotra, veri-jery, ? mihagahaga, mitsirávina. vo tampitr'aiña.

Effarouché, vo Effrayé.

Effectif, To, márina, vátana, tokoa, tatao, ankítiny, démoka; ny izy, vo teña. EFFECTUER, Manódy, manao, mañano, vo ACCOMPLIR; mahomby, mahavánona, mahaleitra. S' —, mañandry, tody.

Efféminé, Mikovavy, h kovavy, Mankovavy, mavavy, manao sékatra; sekatsékatra, sékatra; toa-bavy, sarimbavy, tombam-bavy, miendri-bavy; ? jejojejo; malemilémy. EFFÉMINER, Mampikovavy; mampisékatra; mampira amy ny viavy, mampanjary viavy; mankafonty, mahôsa. EFFIMINATION, Toa-bavy, toe-bavy, tombam-bavy.

Effervescence, Levilevy, boiboika, hafanána, tsotsotsotso, kétrika, hotrokótroka; famorivoriny. Faire —, EFFERVESCENT, mandevy, mamorivóry, mitokovory, may, mafána. vo Bouiller, mitsotsotsotso.

Effet, Hásina; ny zatéraka, ny atao, ny vóany, ny varany, ny atody, ny avy amy ny, ny tonga, ny izy, ny afaitra, ny hery, ny to. vo fanefána, fahavitána, farany. sans —, tsy mamoa, tsy mitera-draha, tsy mañino, tsy mahefa, tsisy várany, fosna, tsy m. hatontosa. Faire l'— de son père, karaha, tahaka, manahaka ny ray ny : miramira amy ny, mañandry azy. Il a eu son — en moi, Nañandry amy ko izy, nandrésiny aho. Avoir son—, Másina. Faire de l'—, Talaky be: En —, Ankítiny, tokoa; déanoka, to; márina zany; hèka; e, zany. Des —, éntana, h fánaka, py karamaoka, anéntana, fanánana.

Effeniller, Mitsongo-rávina, mañala rávina; mandraradrávina. S'—, mandráraka, rara-drávina; latsa-drávina.

Efficace, Efficent, Másina, mahefa, mahavita ny atao, mahatody, mahatonga, mahery, mahadaika. Efficacité, Hásina, hamasinana, héry, fahefána, fahatanteráhana, fahatodíana, fahatongávana, fahatontósana.

Effigie, sary, sary asolo ny teña. Décapiter en—, Manapa-doha ny sary n'ólona tsy azo.

Effiler, Manoatsóaka rary, mañala; s'—, matsóaka, matsoatsóaka. ? mirongo, mivorovoro. —qe, mandráñitra azy. Effilé, Avo madinika, langalanga' dangadanga, mafeja, matsóraka, milejolejo, milénjotra; h mifizofizo; ? mipizopizoka.

Efflanqué, Fisaka, fézaka, kétraka, mahía, fisa-body, fisa-dravim-body; vo homaranantsody, matify.

Effleurer, Mañála voñy, mitsóngo voñy. —, Mikásika, misérana, manérana azy, mifótra amy ny; misélatra, mandalo; vo mikasikásika, mikarétsaka, mihélina, mañiaka, mikiaka, mitsinkáfona, misóitra, mandrátra, mifindra féngana; manaotao foana.

Efflorescence, vo moisissure; vóvoka; —, fiposáhan'arétina amy ny hóditra; faniriany ny sira &, amy ny tany.

Effondrer, Mipongy, mitongy; —, enfoncer; vider.

Efforcer: s'—, Manao ny hery nteña ziaby, méntitra, miéntitra, mirikiríky, mandrísik'aiña, mifeña, manao zay tratry ny aiña, manao ny zakany ny aiña, manao ny herim-po ziaby, miraharáha, mizáka, miása, mikómy, mikomikómy, mikeli-aiña, mimaty, mandóditr'aiña, mandóditra teña, miézaka, mitólona, mañolan-teña, mañezaka, mimati-mikeli-aiña, miadi-fo, mimókitra, mifóntitra, mila; manao zay tókony hahavitána, tsimananohaino, mandrisibátana, miókitra. vo se débattre. s'— d'obtenir, mitáky.

Effort, Hery, herim-po, ny tratry ny aiña, ny zákany ny aiña, asa, ady; vo zamo, komikómy.

Effraction, Famakian-traño mora hangálatra, tami-traño, fanamian-traño. Commettre une—, manamy traño, mandroba-bátra hangálatra.

Effrayant, Mahatáhotra, mahataitra, mahafatáhotra, loza, loza-be, &: Effrayer, mampatáhotra, mampitáhotra, mahataitra, manataitra, mampangóvitra, mahatsirávina, xxxxxxx-vilona, maxxxnbana, mandrivana, mahatalànjona, mamombo, mahafombo; mampihóntsina, mampangorohóro, mampivadi-po, mampivadik'áty, mampikoa-po, mampitai-poitra. s'—, Effrayé, Taitra, fombo, matáhotra, rívana, vadi-po, koa-po; azom-bilona, azom-pélana, azontsa-róra, vilóñina, vilombilóñina, vadik'áty; tapitr'aiña, mangóvitra, mitsirávina; vo mipitipitika, mipitsipítsika, mipo-riatra.

Effréné, Saro-pehézina, sarotr'inaina, saro-poláhina, tsy zaka anárina, tsy azo tánana, tsy azo fehézina, tsy fólaka, tsy voa fólaka, tsy azo fatórana, tsy mahatanty fetra. vo tsy mañeky ny lálana, maditra; vo miranga maso, mijejojejo, mijijajila.

Effroi, Táhotra, hóvotra, Hatairana, hafombéana, fangovítana, horohoro, vilona; félana.

Effronté, Tsy manan-kéñatra, mahasáky loatra, valavala, pv mivalavala, h lakalaka, h miselintsélina, h sahisahy, tsy misaron-tava, vo alikalika, tsy valahara; tsy vaki-afero. Effronterie, tsy fahalalan-kéñatra, selintsélina, hasahíandóatra, fahasahiana. vo Audace.

Effroyable, Mahafati-vilona, vo Effrayant.

Effusion, Fañidíñana, z aidina; fanompána, z atompa; ny mandrotsaka.

Égal, Mira, mírana, mitovy, érany, òhatra; mérana, ámbaka, táhaka, manáhaka, tókana; vo Mifañérana, mifanáhaka, sahala, indrai-mihira, fehi-tratra, kátroka, lanizara, tandra-bináky, ? tsimisihilána, tsy misy tónona; márina, toa, koa, karaha, kámbana, tsimisi-bifañinona, tsifidiánana, tsimisi-hivoásana. D'— grosseur, mira habézana, mitovihena, mitovy vátana. C'est—, tsy mañino, tsy mañahy. Sans—, tsisy mitovy amy ny, tsisy fahanámana, tsisy námana, mihóatra; isafatsiroa, tsy azo ohárina, tsy toha, tsy hita avanávana, tsy mana-námana, tampitr'òhatra, bakalanisahaza, babantány, veri-sahala, voa tsiary, tsihitazambazamba. vo mamela-báka, mamelatókana. Également arrangés, Mitovy tátana, mira láhatra. Égaler, Mampira. mampítovy, mampérana, mankamira; mampanáhaka. S'— à..,
— tena amy ny...

Égaliser, Mampira, mankamárina, mankamarimárina, mampitovy, mandámatra, mandáma, mampirampira. Égalisation, Fampiráṅa, fampiráṅana, fankamarimarémana. Égalité, Hamiráṅa, hamiráṅana, hameráṅana, fitoviana, ny imiráṅa, ny itovíana. — d'âme, tsy fiována fañahy.

Égard, Fitandrémana, haja, asy, voñináhitra, fañajána, h tsimbina, fitsimbínana, fañomezan'asy, fihevérana; vo jiba, maja; ravim-pihavánana. Avoir—, Mañája, mañáhy, mijery, mitándrina, mihévitra, misaina; mamaly, h mitsimbina. Des—, vo ATTENTION. A l'—de, Amy ny Agir sans—, manao foana. Eu —, vo à CAUSE.

Égaré, Jeby, jebi-lálana, veri-lálana, diso-lálana, nania, veri-dia, trobo lálana; veri-jery, veri-saina, ÉGARER q. Mamyynia, mampaniasia, mankaveri-lálana, mandiso-lálana, mahaveri-dia, mahaveri-saina; mampirenireny, mampivilivily, mampiriorio, mampañari-dia, mamerivery, mahavery. S'—, Mania, maniasia, mañari-dia, mandiso, veri-dia, jeby; mirenireny, miriorio; mibisioka. vo DÉVIER. ÉGAREMENT, haverezan-dálana, faniasiána, faniávana, diso, hadisoan-dálana; dia diso; renireny, tsy fañarahan-dálana.

Égayer, Mangatrakútraka, mankaravoravo, mampifalifaly, mahafalifaly, maharavo, mampihomehy, h mamalifaly, h mandravo, h mandravoravo, mahavarivary; vo mamporisika, mahavitrika.S' —, miravoravo, manary alahelo, mivárivary, mihiaravoravo, miziñazíña.

Église, Ny Havoriany ny *Chrétiens* maneky ny *Pape*. Lanónana; h fiangónana. —, Trano fijoróana, trano ny Zanaháry, h trano fivaváhana, h trano fisorónana.

Égoïser, Mizaho, mankalaza-tena. ÉGOÏSME, Fañahiantena foana, filána ho amy ny tena hiany; h l'angola, angolangola. ?h fihirinambélona, h selontsélona.

ÉGOÏSTE, o Mila ho any ny tena ny foana, tia tena, mihirimbélona, mamifovélona, verombesimba, miselontsélona, mahetry, tsy mirasa amy ny o.

Égorger, Mandenta, manapa-bózona, mamono. S'—, mifanapa-bózona, mifamono.

Égosiller; S'—, Farim-peo, mamono-feo, manao áfatra mahafarim-peo, midradradradra. vo Manota-peo, maholam-peo.

Égout, Lakandrano *ou* hady fiboáhany ny rano maloto, arirano, lalan-tav. —, écoulement.

Égoutter, s'—, Miteté miadanádana. —, faire —, Mampiteté, mitávana, manavantávana.

Égratigner, Mihaotra, Mandrángotra, mañiaka, mañiakiaka ; ? misoitra. ÉGRATIGNURE, marátra, rángotra ; voa rángotra, h kotriatra.

ÉGRÉNER, ÉGRAINER, Mamiapíaka ny voany, Mandráraka ny voany, manala ny vihiny; manintsam-boa. S'—, mapiapíaka voa, raradrara-boa, mandrara-boa, latsadatsaboa, mihintsam-boa; mandrabaraba voa, mandráraka.

Égueler, Mamola-bózona tavohangy &. Mamáky vózona.

Égypte, Tany añaty *Afrique*, Ejipitra, Ezipitra.

Eh toi ! Anao e ! Oie ! vo Ma ! Mma ! ha bà ! ha ! Éhonté, Tsy mahay héñatra; vo Effronté.

Éjaculer, Manóraka z aloa, mandefa, mitòraka, manandefa.

Éjection, Fañariana, famoáhana, faudoávana; famoráhana, fandroáhana; vòraka, z avòraka, z aloa, z ariana, z aforafòra.

Élaborer, Mizávatra, mañajary, mambóatra, miasa, mamolavola, mamitsopítsoka; mañasaka, mankamásaka.

Élaguer, Mañala ny lóatra tsisy várany, mandio; mañésotra ny zañozaño ny foana, mijinja, mitétika, mikapa, miava, mandrántsana, mañala amy ny.

Élan , Tòraka, Topy; tsambókina , tsipy, fiantoráhana, fiantopiana; hèndratra, antòraka, antopy; fihendrátana, tsipy, tora-po, tora-karavóana; fiavotravótana, porótaka; fiporotáhana , sótroka , fisotróhana , antsámbotra , torak' aiña, tora-bátana. ÉLANCÉ, Effilé. ÉLANCEMENT, vo élan; — d'une douleur, Tsilo, tsilona, sindrika, tévika; retsidrétsika. ÉLANCER n, Mitsilo, mitsilona, manindrika, mañévika, h miretsidrétsika. — ac, Mampitsambókina, Manóraka, mampiantòraka, mampitroatróatra, manopy, mampiantopy. S'—, Miantòraka, miantopy, manora-bátana, manopy teña, mitsambókina, h miantsámbotra; mamorótsaka, miporítsika; vo mitrébona, milefa, mikarétsaka, mitranga, miporisika, mipótsaka, mandifika, mikoródana, mitaitra, mitsipy, miriotra, miboridana, miboridandridana, mimaona.

Élargir qc, Manáhitra, mankatáhitra; Manalehibé, mankabé, mankalálaka, mamoha, manòsoka, mañátatra, h manitatra. — q, Momótsotra, sk mamótotra; mandefa, mañandefa, mañáfaka. Q ÉLARGI, o vótsotra, sk vótotra; nivotsòrana, vinótsotra. S'—, mihzatáhitra, mivòha, mihzalehibé, mivélatra, miátatra, h mítatra; miveñaveña, h mivazavaza, mihzalálaka. ÉLARGISSEMENT, Famotsòrana, fañafáhana, fañandefána, havotsòrana; Fankatahírana, Fanahírana, sòsoka; fahalaláhana, fahalehibiázana.

ÉLASTIQUE, Misinkérotra; sinkérotra , mora miróritra, mora rorótina, mora atatratárina, mora mizózaka. ÉLASTICITÉ, ? hasinkerótana, fisinkerótana; ny mahasinkérotra, firor.tana.

Électeur, Mpifidy zay hatsángana ho talé; tompony ny fidiny. ÉLECTIF. fidina, fidiánana. vo h fanténana, jobónina. ÉLECTION, Fifidiánana, safidy, fidy, fántina.

Électricité, ny hery añaty ny vatan-draha mampitérak' afo azy laha rokodrokótina, va mahatárika ny raha. Elikitrisite. ÉLECTRISER, Mandéhitra, mankamay, mankamay fo azy; manisy afo, mamélona afo amy ny, mankavítrika, mandrisika.

Élégant, Marótsaka, Méndrika, maéndrika, senga labara.

tsara tarehy, marázoka, maja, mafeja, mirijarija, maeva, mirojorojo, h kilezondézona, mihámina, mihaingo, mivendrivendry, ÉLÉGANCE, Rótsaka, ? Harotsáhana, ny marótsaka; fiendréhana, Haéndrika, haeváua, hatsaran-tsoı a, h lohodóhony, h bika, rijarija, rojorojo, hatsaran-bátana, hatsaran-bintana.

Élément, Ny Fótotry ny z, foto'ny, ny izy, ny tena ny, ny ántony. ÉLÉMENTAIRE, tápany ny tena ny, milaza ny fótotry.

Élpéhant, Añaram-biby lehibe indrindra mahíhitra.

Élévation, Fanandrátana, fanondrótana, fampakárana, fanonjóuana, fañaboabóana, fanangánana ; fisandrátana, fiamboniana, habósana, habóana; joajózka, joalajoala; joijoika, jokajoka, jirajira, jilajila, pv jalajala, dingidingy. Une —, Tanety, Bongo, vóhitra. vo Élever.

Éléve, o ampianárina, o miánatra, mpiánatra.

Élevé, Abo, ambo, h avo ; tafákatra, tafasándratra, efa añabo, efa ambony; mitsángana, h mijilajila, pv mijalajala, mijokajoka, mijoalajoala, mijirajira, mijoijoika, milangalanga, midangadanga; pv milingilingy, h midingidingy; móntotra, mivóhitra, miahoabo, miambóny, vo miderondérona, mienginéngina, mierinérina, miemonémona.

Élever, Manándratra. manóndrotra, mañéntana, mampiákatra, mampákatra, mampanónga, mañenga, h manaingia, manónjona, mañamboambo, h mañavoavo, manambonivóny. — un enfant, Mitarimy, h mitahiry, h mitaiza. — un édifice, Manángana, mañórina. vo Mamboly, mitsabo; mandroso, mampandroso, mamahy, miompy, mañompy, mambóatra, mahalehibé, mañárina, mampitombo, mampirehareha, mampiavonávona ; miténgina, mitíkitra, miti̇́ngina; lolohávina, tataòvina. s'—, Misándratra, misóndrotra, miákatra, mákatra, miaboabo, h miavoavo, manonga, miambonivóny, mivóhitra; mitafotafo, miónjona, mingitríngitra, vo misavóvona ; mitombo, mitrébona, mipósaka, miseho, mikomy, miróngatra, mijilajila &, vo Élevé; mitranga ; mitsinganga, mitsingantotra, mivóhotra; milántika, miárina, mitsángana; mibóaka amy ny.

Élider, Manésotra sòratra vakifeo, mañala soratra raiky. S'—, aésotra, alána.

Éligible, Azo fidína, azo fidiánana.

Éliminer, Mamóaka, mandróaka, mañésotra. vo Chasser.

Élingue, Tady famonjána éntana, Tadi-mody. sangoro.

Élire, Choisir. L'ÉLITE, Ny voa fidy, ny fidy, ny finidy, ny nofidína; safady, voa jóbona, jinóbona, tsongan'olona, tsongan-dahy, tsongam-bavy.

Elle, Izy. Élles, Izy, reo, zareo, izareo.

Ellipse, Vólana aésotra, fañesoram-bólana, fivoláiana

misy rombina, tsv vantana. —, z mavòny, z boribory lavn.

Élocution, Fivólana, fíteny, fandaharam-bólana, rarivólana, fandrariam-bólana; fanoñónana.

Éloge, Teny fankalazána, vólana fañaboabóana, ou fañengiana, fanañoanóana, fandazána.

Éloigné, Lávitra; mihátaka. Un peu—, lavidávitra.—l'un de l'autre, mifankalávitra, fankalávitra; vo déjoints. ÉLOIGNER qc, Mañésotra, mandroso azy lávitra, mañatao azy lávitra, mampiala, manesi-tany, ? Mankalávitra z amy ny z; mampanalávitra, tsy mampañátona ; mampidriso. S'— de qc, Mankalávitra z, h manalávitra z; miala, miésotra, midriso, mihialávitra. vo mihoripika, mikoripika. ÉLOIGNEMENT, Halavírana, fahalavírana; elañélana, élana, ficláñana, halaláhana, fihatáhana, fahelána; fanesórana, fialána; fandaòvana, fisaráhana, tsy fañaráhana, falaiñana.

Éloquence, Fivoláñana ou fitenénana maharesy. ? voateny; teny tsy voafáhana, fahaizan-teny maharebaka. ÉLOQUENT, Maharesy amy ny fivoláñana, ? maharesi-váva, ? maharesi-láhatra ; mahay kabary, mahay mitory teny, mahaláhatra-teny, mahery fitenénana, masim-patarihana.

Élu, voa fidy, finidy, olom-pinidy, nofidiánana, h: voa fántina, vo Choisi.

Éluder qc, Miary moramora, vo miáfaka, miala moramora, mivirioka; ? misóroka; miery, mivony, mitañila; mitakila, miañila, mihila, mifindra.

Émanation, Ny avy amy ny z; fofon-draha, fófona. — d' un terrain, fofontány. vo ny manamika, mitsika. Produire des —, mamófona.

Émanciper, Mamótsotra, mandefa, mañandefa, mañáfaka, mañávotra, mambóhitra. S' —, — teña, miávotra. ÉMANCIPATION, Famotsòrana, Fañavótana, fáñafáhana, fambohírana.

Émaner, Avy amy ny, miboaka amy ny.

Émarger, Manóratra amy ny soritan-tavela, va amy ny sisiny ny taratasy. Mamóritra ny moron-taratasy.

Emballer, Mamoño éntana, mañatao ambátra, mamehy éntana. EMBALLAGE, Famoñósana, feño. Toile d'—? Gony ou Lamba afoño éntana.

Embarcadère, Tany fiondránana. EMBARCATION, Lákana, kanota, fiondránana, sambo hely. vo lakan-jílo, lakampiara, laka-fiara, fañondránana z. EMBARQUEMENT, óndrana; n fiondránana; ac fañondránana. EMBARQUER qc, Mañóndrana z. S' —, Mióndrana; miakatr' an-tsambo; mandeha an-tsambo.

Embargo, Fitanan-dálana ny sambo tsy hivóaka amy ny seránana. ? Fe-dálana.

Embarras, z tsy maharoso-dia, z tsy mahalefa, z tsy mampandeha; z tsy mahavótsotra ; sámpona, famakavakána, sákana, fadíditra, ólana, olanólana, vánditra, vandibánditra. sárotra, hasarótana, váhotra; Letra, halérana; z mahasabáka ny jery &, vo DILEMME; z mampañahiáhy; fanahiránana. fankalérana, fahasosórana. Faire ses—, Mitabiha, mirehareha. Dans l'—, EMBARRASSÉ, Tsy áfaka, vakaváka, vañavaña, an-detra, ivandiran-draha, antsárotra, maletra, fankaletra, tsy maharoso-dia, tsy mahaleha, sámpona, sampònana, sabaka-jery; Baka saina; sambaka-hévitra, sambakána, sambakaina; sadéka-jery, sadáka-fanahy. mibadabada; mifarifary. Qui a la langue—, Ambátra, amba-dela, miambátra, miamba-dela, miambatramba-dela. EMBARRASSANT, EMBARRASSER, Mamakaváka, mamañaváña; manahirana; mandetra, mankaletra, manámpona, misákana, tsy mampandroso-dia azy; mitana lálana, tsy manáfaka, manarira, mañadaladala, mahasósotra, mahory, mahasabákajery, mahasabakaina : mampañahiahy, mankaveri-jery, mankaveri-saina, mampibadabada, misákana; mahadikidíky, ? mañiditríditra. ? Miselontsélona; Mankasaro-dia, vo Brouiller, Déranger. S'—, Mañahy z, miahy, mihévitra, mijery, miraharaha; vo miditríditra, mikorokoro; mamandibánditra azy amy ny tena. Ne s'—de rien, Tsy mañahy z. S'—de tout, mitsolofóaka, mitsolóhotra, mitsotróaka, initsotsotróaka, pv mikatróaka, pv mikatrakátraka, ? miatikátika; mirébika ny antsa n'ólona.

Embaucher, Mañéra ny miaramila, Mitárika va mamofo o amy ny fítaka; ? manamby. mitaona.

Embaumer, Mañisy hañitra amy ny faty n'ólona tsy hahaló azy; mankamáñitra, mankafinto, manaotao zava-máñitra, mañiditra fiháñitra amy ny.

Embellir, Mandrávaka, Mañangiangy &, vo Décorer; h mampiómana, h manaingo, manéndrika, mahaméndrika, mandrangy, mankatsara; mañisy rávaka &, vo Décorer. S'—, manjary maeva, mody méndrika, mihzaméndrika, vao hihámina. EMBELLISSEMENT, vo Décors.

Emblée: d'—, indray manao, indraiky manao; indraiky misarómbaka.

Emboîter, Mañomby, manao mifanomby. S'—, omby, S'—les uns dans les autres, mifañomby, mifadrákotra. mifanákona, mifampíditra, mifanárona, mifanátroka.

Emblême, Oha-draha, Famantárana, sarin-draha hañoárana z hafa; sary; tandindona.

Embonpoint, Habotrabotrána, havondráhana, Haventésam-bátana, Hatavézana; toe-bátana tsara, ny vóndraka, ny matavy. Plein d'—, botrabotra, maventy, vóndraka, vo mirisacisa.

Embosser contre... Mamify azy amy ny...; EMBOSSÉ, mifify; vo misákana.

Emboucher, manóhoka trompetra & amy ny vava; ? mitsábaka; mañatao azy amy ny vava. — q, ? Mañambava. EMBOUCHURE de trompette &, Vava, sóñiny; de rivière, vavarano, fitsofôrany ny oñy an-dranomásina; ? vináñy

Embourbé, Revo, tafiditra ampótaka, Rétsotra, Lótsika, tafiórina ampótaka; tafihótsaka; miléntika, léntika; L'EMBOURBER, Mandótsika, mankarevo, mankahótsaka, mampihótsaka, maharétsotra, ? Mandrevo, ? Mandrétsotra; Mañórina ou mandátsaka, mampiditra am-pótaka. S'—, miribika, miditra am-pótaka.

Embranchement, Sámpana; Sampan-dálana, Sampánandálana. Former un—, Misámpana; des—, Misampantsámpana.

Embraser, Mandréhitra, Mampiréhitra, Mankamay; mañisy afo, mañoro, h mandoro. S'—, miréhitra, may.

EMBRASSADE, EMBRASSEMENT, Tólona, fitolónan'olona mifampióroka;h fitrotróana,h fitsentséfana, fiorófana, fañorófana; fifanorófana, óroka. EMBRASSER, Manóhona, mitólona, mióroka, mañótrona, mitráhana, h misakámbina, h manakámbina. vo BAISER; misangy, mandray,manodídina, mahótrona, mánana, misy; omby, 'mby amy ny, mbamy ny, námana, mahalala, miandány, mañaraka; mitana, mitantána, misámbotra, misávika, h mamihina; g mamina amy ny tratra. S'—, Mifañótrona, mifampitráhana, mifañóroka, mifampitólona, mifampitrotro, mióroka, misakámbina, mitamina, mifamihina.

Embrasure, Lóaka ou hírika añidírana vava-ntafondro.

Embrevattes, Ambátry, Antsótry.

Embrocher, Manao sali-trébika azy, Mitrébika. Manintera-tsábatra, mamboróaka; les—, manohitohy azy amy ny trébika.

Embrouillement, Haroharo, safotimpótina, fótina, fotimpótina, vorovoro, savorovoro, korokoro, safotofoto, sebiseby, sosontsósona, sampotimpótina, h fontimpótina, fotampótana, fóntina, sariraka, h boedibóedika, h boadaboada &. EMBROUILLÉ, S'EMBROUILLER, Mi—; sôsona, sosontsósona, voa haroharo, veriláñy, veri-tendro, misebiseby; mivandibánditra, mifadiditra, miolañólana. EMBROUILLER, Mamotimpótina, Mañaroharo, mamontimpóntina, mamotofóto, mamorovoro, mampikorokoro, mampifelipélika, maniditriditra, mampibadabada, mañolañólana, manariraka, mahaveri-lañy, mameri-tendro, ? mampiboedibóedika. vo Confusion, Déranger.

Embruiné, manòrana hely, manerikérika.
Embrumé, Manjávona, manérika.
Embrunir, ? manamanja.
Embryon, zánaka vao hiárina am-bòtraka, h arifady, fg z tsy mbola vita, z maniry tsy mbola mamarabáraka.
Embûches, Fándrika, fandripándrika, h fanotréhana, ? famitsáhana. Dresser des — à q, mamándrika, mamandripándrika o; h manótrika, h manendrihendry, h mihendrihéndry, ? mamítsaka.
Embusquer: S'—, Mivony handiñy ny fahavalo; h miery, milampy, miolampy, mitampítsaka, miótrika; ? mamítsaka, manótrika.
Émergent, mipósaka, mitranga.
émerveillé, Tsérika, Mánana, Gaga; Rikíana. ÉMERVEILLER, Maha—, Manka—; Mampi—.
émétique, Sira-ndraha mahery mampandoa.
Émettre, Mamóaka; manámbara; manely, mandefa, mivólana, miteny.
Émeute, Godan-tany, kotran-tanána, kotran-tany, adintany, Tabatába ny vahóaka ti-hiady; h fikomíana h komy; ? helo-tany.
émietter, Manombintsómbina, Mamotipótika, mandretidrétika. S'—, Misombintsómbina, mihinikinika.
Émigrer, Mifindra, mifindra-tany, mitsapika; mifalo, miala ou miénga amy ny tany; sk mifehy handeha. ÉMIGRATION, Fifindran-tany, fitsapíhana, fifalóana.
Éminemment, Indrindra; ambouivóny ny námana; mihóatra noho ny námana. ÉMINENCE, Habóana, Havóana, tany abo, tanéty, Vóhitra, bóngo, kiborontány. ÉMINENT, Abo manerinérina, avo mierinérina; ambo indrindra, vo ÉLEVÉ; madera, mijohary, sandrátana, mihariháry.
Émirne, Dites IMÉRINA, La Province Hova dont la Capitale est TANANARIVO.
émissaire, o iráhina hisafosáfo ny kabary n'ólona; Íraka, mpitsikílo. —, Alefa, votsórana.
émission, Famoáhana; fanandefána, fanariana.
Emmailloter, Mamóño zaza mena.
Emmancher, Manisy záhana; manómby ny záhana amy ny trano ny. S'—, omby.
Emmariner, Manisy baharia, manampy baharia sambo. manénika sambo.
Emménager n, Mamindra-trano ny karamaoka; manajary ny karamaoka an-trano hafa.
Emmener, Mamindra; málaka ka mitondra an-tany hafa, Mahatonga, manesy, Manday; mamárina.
Emmenotter, Manisy gadra fohy amy ny tánana, man-

gadra tànana; mamahotra ou Mamátotra tànana.

Emmieller, Mañisy tantely, mañosotr'antely azy, mankamamy azy.

Emmuseler, Mamchi-vava (amboa), mangadra vava.

Émoi, Hatairana, Ahiahy, fahatañòrana. En —, Taitaitra; mitabataba; mañahiahy.

Émollient, Ody Mahalemilemy, mahamásaka.

Émolument, Karama, fondro; z. azo ambony ny tamby nifanaôvana; tómbony.

Émonder un arbre, des graines, Mandio azy. Mandrántsana hazo; mitsongora vary.

Émotion, Hétsika, hetsi-po, hozonkózona, horohoro, Hatairana, fihendrátana,? sémbona, tabataba hovotróvotra. vo ÉMEUTE. Éprouver une —, EMU, héndratra, Mangorohoro, mihozonkózona, mihetsi-po, azo-nkéndratra, mihéndratra; azo'néndratra; tai-po, Mandrémbona, manémbona; taitai-po.

Émotter, Mamakivaky ny vongantány, Mamoiboitra tany, mamoiboi-tany.

Émoucher, Mandráratra ou mañimpa, mandróaka lálitra.

ÉMOUCHOIR, Fandrara-dálitra, firara-dálitra; fañimpa lálitra; famafifafazan-dálitra.

Émoudre, Aiguiser.

Émoussé, Tsy marañitra koa; Dómoka, sk dómona; dófoka, dófotra, h dombo, áfaka tendro. — afa-tsómotra, —, áfaka hery, osa; bondófoka-fañahy, osa saina ? vomondro, kótrona. ÉMOUSSER, Mandómona, Mandombo, mandófoka, mañala sañitra, mamólaka tendro azy; mahadombo, mahamatimaty, mamonovono. —, Mañala sómotra hazo. vo bólana.

Émoustillé, Mavítrika; vo Dégourdi; miramirana, mihenjihenjy; falihavanja. ÉMOUSTILLER, mankavítrika, h mampirampírana, mankavingambíngana, mamporisika.

Émouvoir, Mañétsika; mañetsikétsika; vo Agiter. Mañétsi-po, mañetsikétsi-po, mahavoa fo, Mañozonkozom-po; mamparisika, mandroso; mampiferinaiña; mahatézitra. S'—, Mihétsika, miola; Mihetsi-po, mihetsiketsi-po, mihovotrovo-po; mionjonónjona, mivoiboitra, miola, miolaola; mifindrafindra, mihebiheby, mihefikéfika. vo ATTENDRIR.

Empailler un oiseau, manéntsina áhitra hodi-bórona, manéntsina vórona maty. — une chaise, mamoño áhitra azy, mañisy rary azy.

Empan, Zehy. Le mesurer par —, manjehy azy. vo Vodivoampelatáñana.

Empanacher, mañisy Saranga ou sangasanga; mampihámina, h manaingo amy ny volon-bórona.

Empaqueter, manao éntana, mamoño; mameby z; mamótrika *ou* manéntsina z añaty z; manao an-detra, mankaletra o.

Emparer: S'—, málaka ho any ny teña; maka ; mahazo; mamokeky, mamikeky; misámbotra ; mamofo , mifofo z; miantsampy, misampy amy ny; misázoka azy. vo Mamdresy, mandrébaka , mahafaka , mañáfaka; mitólona, mitráhana.

Empâter, mañisy pako, mahavoa pako, mahadity; — des volailles, mamaham-pako akohc. S'—, homam-pako.

Empêchement, Sámpona, fanampónana, émbitra, támbana, tabá; sákana, fisakánana ; fandrarána, z maharara. EMPÊCHÉ, Samponan-draha , azo-ntsámpona , azo-némbitra, tanan'émbitra , tanan-tabá. EMPÊCHER , manámpona, manémbitra , mandrara , misákana ; Manámbana ; mahasámpona, mañisy sámpona *ou* émbitra & ; manoha, mitoha. Tsy Mampi-, tsy mampam-, tsy maha-; vo mitánjaka, mamáhana, mañéfitra, mampitsáhatra, manetra. Qui t'empêche de parler , d'aller ? qu'est ce qui t'empêche de voir, d'avancer? Zovy no tsy mampandry anao, tsy mampandeha anao; zovy mitana lálana anao? Ino tsy mampahita anao, tsy maharoso-dia anao? Ne pouvoir s'— d'aller, Tsy mahay tsy handeha, tsy mety tsy handeha, Tòkony handeha; de parler, tsy mahatam-báva.

Empeigne, Ny ambony ny kiraro.

Empenner, Mañisy volom-bórona ny zanak' antsáky.

Empereur, Mpanjaka be; vo tehim-bola.

Empeser du linge, Maneka lamba amy ny rano madity; mandity lamba hañenjankénjana azy.

Empester, Mankamántsina, Mañántsina, mankaïmbo; mañisy hántsina. Mamindra arétina mahafaty.

Empêtrer, mamáhotra vity azy; mandrohi-vity, mandátsaka azy, mamohobaho-bity amy ny vandibánditra *ou* añ'ólana, an-detra; mamatopátotra azy. vo ? mampirongorongo, mamongíka, mampisafotimpótina.

EMPHASE, style EMPHATIQUE, Volam-borératka, teny drádraka, volam-bóboka, vólana mahafeno vava, fanoñómana mafy.

Empiéter, málaka an-tány n'ólona, h manao fangady be-lela; mangálatra ny mólotra ny tany n'ólona; h ? mila hihi' ny; mítatra, miátatra, ? miandalandálana; mandia *ou* mañitsaka tany n'ólona.

Empiffrer q, Mampihinana azy loatra, mampamosibósika, mamóky be, mameno kibo azy. S'—, Mihinam-be ka manjary beventy.

Empiler, Manovontóvona, mampifanongoa, Manao fanovontòvona *on* fanindritsindry, manámbatra, manaboabo, manao an-tòntany. Empilés, Mifanovontòvona, mifanongoa, mifanindritsindry, miaboabo.

Empire, Fanjakána bé; Fanapáhana, fahefána, fandidiana; fiamboniana; hery. Avoir de l'—, Maharesy, mahatárika, mahataona, mahefa, mahíraka.

Empirer, mihiaratsirátsy, ménjika, mivenavéna, misósoka (toy ny arétina). manjary ratsiratsy, mihialóza.

Empirique, Mpanaotao aody tsy hay ny loatra.

Emplacement, Tany hanangánana tráno, tokotány, h kototány; fitoeran-trano.

Emplâtre, Cataplasme. Rester là comme une —, Miborétaka, mivorétaka foana.

Emplette, z novilina, z voa vidy, z vinidy. fividiana.

Emplir, mameno, mahafeno; mamóky, manérana; manénika; manéntsina; mamenofeno. L'— d'eau, mameno rano azy. S'—, mihiafeno, vo Dibadiba, tibatiba, dibidiby, tibitiby, tibatibaka, díboka; et mi —. ampy, víntsina.

Emploi, Raharaha, asa, h lahasa, z hatao.—fixe, asa ifantséhana. Employé, miraharaha, miasa z; mizávatra, mizaka, mpiasa, manana asa. Employer q, qc, Manisy asa amy ny, mampiasa, mampiraharáha o; malaka azy hiasa; manday z hiasána. vo se servir. — le temps, tsy manáry andro.

Emplumé, Volóina, be volo, male-bolo. Emplumer, manisy volom-bórona maro, mankamaro volo, mameno volo azy.

Empocher, mandátsaka an-kitápo.

Empoigner, misámbotra, manámbotra, mametsa; h mameja, h mamenja; mamíhitra, mifíhitra, h mamíkitra; h mangeja, mibeda, mambeda, h mamíhina, pv mamína; vo mamángoka, misávika, manéky, mamokeky, mangéka, mangegéka; mandraoka, mandrómotra, mandrómatra, mandróatra, málaka, maka, mitána.

Empois, z madity (toy ny kabija) tsara fanenankenjánana ny lamba.

Empoisonné, voa z mahafaty, misy z mahafaty, voa vórika mamono; misy rai-vóboka, voa tangéna; naty ny tangéna, naty ny z mahafaty nohániny, naty mbórika. Empoisonner, Manisy *ou* Mampinona, mampihinana z mahafaty; manisy rai-bóboka *ou* aody ratsy, mamórika, mamosavy. vo Altérer, Empester. Empoisonneur, mpamóno o amy ny vórika, mpamosávy, mpamórika; mpanimba.

Empoisser, manisy dity.

Emporté, Antsiaka, mora tézitra, maláky vínitra, miafonáfona. Emportement, vo Colère; afonáfona.

Emporter qc, Manala z amy ny tany itoéra'ny ka mitondra azy an-tany hafa; Mahatonga, manday, mitondra, manindao; málaka, maka, mifaoka. S'—, Tézitra, mandrivotra, misafóaka, h mifotróaka, h miafonáfona. Qui l'a emporté ? Tonga ny zovy izy ? nalainy zovy izy ? Emporte-le, Adaiso izy; alao izy énto añy.

Empoter, Mamótrika (ou mañatao, mañómpy) azy añaty kapóaka ho tehirízina ela.

Empreindre, Mamóratra, mamidabída, mamindra; vo manindry, manery, mamindra márika, mamadi-tsóratra. S'—, Mifindra, mivádika, mibidabída, misomabída, misabída. Qui est EMPREINT de..., ivadihana nifindrána, ibidabidána, isabidána ..., EMPREINTE, Sóratra, márika, dia, famantárana, bidabída, pandu, téboka, téntina.

Empressé, (S'empresser,) Méka, Vésoka, Sétra; h Dódoka, h Dódona; maimay, marisika, mitaitay, mihiaméky, ti-hanao, arara. vo mai-trano-ntrátra, mioti-manta, miteté foana, h misesoséso, h misesisésy, misososóso, forehitra, maifo, maika, maina, korobobo, kododóna, mikorodódo, milomay, maláky, féngana, mirotoróto, mirótotra, ta-hahazo, mañiry, h misaléhotra; malady, liaka, mitsevotsévo; mikorapadrápaka. Trop —, meka tsy féngana, vésoka-tsi-malaky. La foule —, mifanarétsaka, mifandrónjy. EMPRESSEMENT, Haméhana, Havesóhana, Hasérana; vo h sesoséso, sesisésy, somadódoka; dodo, rótotra; fañiríana, zoto, hazotóana, hafengánana, korobóbo, korodódo, taitay, tefintéfina, saléhotra.

Emprissonné, An-trano maizina. L'EMPRISONNER, Mañatao (ou Mamáhotra, mamótrika, mampíditra, mamongádina, mamárina, manófotra, mañiboka, mañary, mamáhitra, mamahy, mandátsaka, mañíditra, ? mandrindrina, mañéfitra; mamátotra, mamáhotra, mamáboka, mañómby, manao) azy an-trano maizina ou an-gádra.

Emprunt, z indrámina, Indran-draha. —d'argent, Trosa alaina, vola sambórina. Habit d'—, Indran'akanjo, akanjo mindrana. vo tsy izy, an'ólona, nihin'olona; Artificiel. Donner à—, mampíndrana; mampitrosa. EMPRUNTER qe, míndrana z; de l'argent, mitrosa; misambo-bola. Emprunteur, mpíndrana, mpisámbotra.

Empuanter, mankaimbo, mañántsina, mankamántsina.

Empyrée, Ny Lánitra ambony indrindra itoérany ny Olomásina.

ÉMU, vo s'ÉMOUVOIR.

Émule de q, Zay ti-hitovy amy ny, ti-hihóatra azy, ti-handresy azy; lia ho ambony. Des—, o mifania, mifaniaia, mifanía hifandresy; h mifanínana, mifandrísika, ÉMULATION, fifaniána, fisarombáhana; adv. fañirian-ko-ambony.

Émulsion, Rano-mboan-kazo voa tery atao fañafody.

En parler, mivólana azy. J'en ai, mánana aho ; J'en ai oté, nanalá'ko izy. L'œil en est gros, ny maso ny, be. En terre, an-tany, amy ny tany, anaty tany. Porte-le en allant, andaiso mandeha izy. Rire en mangeant, mihomehy ampihinánana. En travaillant on apprend, Ny miasa, miánatra. Il va en montant, miakatra izy. en avant, Aloha, an'atréfana. S'en aller, mody, mandeha mody, S'en revenir, mimpody, mivérina. J'en aime la vue, les jardins &, tia ko hita ko izy; tia ko tsabo izy. En hiver, Faha-ririnina; En été, Faha-váratra. En colère, Tézitra. Bâtissez-la en bois, ataovo hazo izy. Maison en pierres, Trañovato. En habit, miakanjo. En une fois, indraika manao, En deux coups, indroi-mitòraka ou mamango. En 8 jours, h Havalóana; pv amy ny andro valo. Je l'ai fait en un an, manerin-taona aho nanao azy.

Encadrement, Fáritra; efi-tsary, éfitra, fieférana. mólotra. Encadrer, Mamáritra, manisy fáritra, manéfitra. Manisy z manodidina azy.

Encager, Mañatao vórona antrano hely. vo Emprisonner.

Encaisser, Mañatao am-batra, h manao am-bata, anaty vatra. —une rivière... Mandríndrina, mandríbaoñy.

Encan, Várotra ifampihoárana.

Enceinte a, Manan'ánaka am-bòtraka; mánana, be vohóka, be vòtraka, mavésatra. vo mañaválina.

Enceinte, Rova, vala, fieférana, fefy, fáritra, manda, roho, h fenifeny. enceint, mivala, mifefy; misy—. Enceindre. Manisy—, manao—, manángana — amy ny; mamefy, mamala, manéfitra, mamáritra, mandroho azy.

Encens, zava-mánitra oróana; fofo-ndraha mánitra oróana; emboka manitra, sétroka manitra; fofo-mánitra, loko manitra. Mettre l'—, mametrak'émboka. L'Encenser, manémboka azy; manoro émboka ou z manitra amy ny. Encensoir, Fanémbôhana; z fandoróana z manitra, fañoroan' émboka.

Enchaîner q, manisy gadra azy, mamáhotra, mamátotra, mangadra, mamehy, mamaho-by, manao vahotr'olana azy; à qc, mandrohy azy. S'—, mitohy, mitohitohy, mifandrávitra. vo mampanéky, mampikámbana, mañandévo; manohitóhy. enchainement, famatòrana, famahòrana, váhotra, fátotra; rohy, fandrohizana. Fitohitohízana, fanohitohízana; fangadrána; fifandravítana, fifandravidravítana; tohitóhy, filahárana, firaihana, fikambánana, fifañaráhana.

Enchanter, vo Charmer. enchantement, Charme. enchanteur, mpanao ody fankatóvana; mahatsiriritra, mampaniry; masin' aody.

Enchasser, mañómby, mañetsa, mañíditra, manófotra, mañatao, mametsifetsy, mañórina, mandrékitra, manetsakétsa, mamátsika z añaty ny z. vo Enclaver.

Enchérir, ac, manandra-bidy, mankabe tónona ny vidiana; h manóngona, manongom-bárotra. — n, mihàabe tónona, mihàabe-vidy. ENCHÉRISSEMENT, h sóngona, songombárotra.

Enclaver, manéfaka, manémbana, mandétra, manésika, manórona z añaty z. P aséfaka, asémbana, alétra, asésika, asórona. S' — , miletra, miséfaka, h mitséfaka, misémbana, misésika.

Enclin au mal, miróña, mitokílana, mitsidíhitra, mazoto, maláky, marisika, mora roso, mora lávo, mora látsaka amy ny ratsy; mora hanao, malady hanao, ti-hanao ratsy; mañiry ratsy; maháraka, mañaraka ny ratsy. A quoi on est —, áraka, áraky ny fo.

Enclore, vo ENCEINDRE, ENCLOS, vo ENCEINTE; tokotány voa féfy, tany mivala.

Enclouer, Mañisy fatsika añaty ny, manófotra fátsika amy ny. vo ENCHASSER.

Enclume, h Riandríana , pv Randría, h rindríana, pv Landaizana, fandandánam-by.

Encocher, Mañatao ny tady ny antsáky ambékany.

Encoffrer, Mandátsaka, mañómpy ou mamótriky am bátra. vo à Emprisonner.

Encoignure, Encognure, zoro, Rírana.

Encolure, Toetry ny sovaly tañiny ny loha ny ndrak' amy ny soro'ny ; ny amboni-ntrátra.

Encombre, Encombrement, z mahafémpina ny lálana, tampin-dálana, sakan-dálana, éntana mitana lálana. ? fivongéhana; z mahalélika, mahaletra, mahatótotra. ENCOMBRER, Manótotra, mahalélika, mamémpina, mandétra, mankalétra, maméno, manámpina, misákana. ENCOMBRÉ d'effets totófan' éntana, lelik' éntana, tótotr' éntana. mivongáka, mivongika, vokéka, vokéhina, leléfana, malétra.

Encore bon, Mbola tsara. Tirez — , tariho indraiky, h indray, ou érika, eka. Pas —, tsy mbola, tsy éndrika. Je ne l'ai pas — vu, tsy mbola hita ko izy, sk mbo ou mboña tsy hita ko, tsy hita ko indrindra, tsiary hita ko izy. Je le ferai —, mbola hatao ko koa. — qu'il soit bon, ndre tsara, h na dia tsara izy. Le mien est — plus gros, ny anahy bebe, h ny ahy bebe kokoa. Non seulement il est grand mais encore il est savant, sady be (sakady be, salakady be) izy, mahay z. Celui-ci l'est — plus, itý mihóatra, itý mandílatra. — que, vo Quoique.

Encorné , Manan-tándroka , manan'ampondo. Haut —, abo tándroka.

ENCOURAGER, ENCOURAGEANT, Mankahery fo -zy, mañisy fo amy ny ; maukafatra-po, mamatra-po, mahafoni-po, manome toky, mampatoky azy. Mandrisika, mankavitrika.

ENCOURAGEMENT, z mahafatra-po, toky, famatraram-po, fandrisiham-po, z mahafoni-po.

Encourir le blâme, Ozóiny ou dodósiny ny tsiñy, voa tsiñy, tsiniana; málaka, mitárika tsiñy amy ny teña.

Encrasser, Mañisy tséroka (ou léotra, étroka) azy, mandoto, mankaleotra. S'—, vo Crasseux.

Encre, Rano maintina, rano fanorátana; loko fanorátana, h rano-maïnty. ENCRER, Mañisy —; ENCRIER, Fitoerandrano-mainty.

Encroûter, misy hóditra mahery; no maloto; mahery maloto koko. s'Encroûter, manoko, mikoko.

Encyclopédie, Ny Havoríany ny fahalaláua sy ny fahaizany ny z ziaby rehetra. Fahalalána mahatontolo; fahaiana manontolo.

Endente, Firailhan-kazo roy mifañombiomby.

Endenter, Mañisy nify; mambanga.

Endetté, misy trosa, misy trosa n'olona, anañan'olona trosa. ENDETTER, Mampitrosa. S'—, mitrosa, málaka trosa.

Endêver: Faire —, Mahasosotsósotra, mahadikidíky, mahasósotra, mahavinibinitra. vo agacer.

Endiablé, Furieux, enragé.

Endimancher: S'—, mihámina, milávana, h miómana.

Endoctriner, Mañanatránatra mora hañera; manindra ánatra mahafítaka; mameno ánatra, manéntsina ánatra azy.

Endommager, mandrátra, manimba, mandróbaka, mandrobadróbaka; maudrómbina, maharatsy, mahasimba. S'—, narátra, Róbaka, Simba. ENDOMMAGEMENT, ny marátra, fanimbána, fandrobátana; fandrátana. Fanaratsiana; Harombínana. vo Brèche.

Endormir, Mañisy toro-maso (h torimaso); mahavoa (ou manindry, mankamamo) toromaso; m.mpiroro, mampatoro, h mampatory. S'—, matoro, h matory; voa toromaso, matorotoro, mahita ou mahazo toromaso, ta-hatory, ti-handry, ti-hiroro, mandriandry; vo mirozirozy, mirozindrózina, miozinózina, milondolondo, milondolondo-maso.

Endosser son habit, Mambaby akanjo. — un billet, manòratra amboho ny taratasy.

Endroit, Tany, fitoérana, tokotány; ila ny, lafy ny, zara ny. En quelque — que ce soit, Na aiza na aiza, ndre aia ndre aia. L'—, ny anatréfana, ny añolóany, ny ambony.

Enduit, z ahósotra; ou loko, feta, pako, dity; &. Enduire, mañósotra, mandóko, mandíty, mañisy feta &.

Endurant, Mahari-po, maháritra, mahadiñy, mahavátra z.

Endurcir, vo durcir; mahasaro-po. S'—, se durcir. ENDURCI, Dur, vo sarotim-po, hasarótim-po, hasarótina; tamána, zatra. ENDURCISSEMENT, vo Dureté; hasarotam-po.

Endurer, Miáritra, h mihíafy, mitondra azy; mandéfitra amy ny. Savoir —, vo Endurant. vo Mamela, tsy mandrara, mikimpy maso.

Énergie, Hery, haharézana; hatanjáhana, hafatrárana. ÉNERGIQUE, mahery, matánjaka, matómboka, mázana, mahiaña; maózatra, ozátina, zoárina. maheri-fo, fátatra, fatrapo, h komama, h kimama. tsy misatri-fañahy, tsy osa.

Énervation, vo amollissement n. ÉNERVÉ, Osa, malemy aiña, miraviravi-táñana, mafonty. ÉNERVER, mahosa, mankaosa, mankafonty, mankalemy.

Enfaîter, Manákona ny támpony ny tafon-trano.

Enfance, Hazazána, fahazazána. Pendant mon —, mbola zaho zaza, raha izaho mbola zaza. Où j'ai passé mon —, ny tany nibéza'ko, ny tany nahabe ahy, vo fahabodóana, faáahi-njaza. Retomber dans l'— Mihíazaza, mody zaza, miverin-tsaina noho ny fahantérana, mibodo. ENFANT, zaza, zaza madínika, tsaika, tsaiky, vo bodo, zaza bodo, zaza tsimiteny, rano, zazamena, ankizy, ambin-jaza, zaza hely, voatavotsimifándraka; sómony, akanahy, zazandráñitra. Faire l'—, manao habanjaza, manao fañahy njaza, mibodo. manao saláka ravintoto; Bouder.

Enfanter, Mitéraka, mamaitra. ENFANTEMENT, Famaírana, fiteráhana, vo accoucher; mamélona, manao, mahary.

Enfantillage, somanjaza, kisomasoma-njaza, fatao njaza, fañahy njaza, fahabodóana, hazazána, fahazazána. ENFANTIN, h bodobodony; bodo; Toy zaza, karaha zazy, fatao njaza; mihindrahindra, tañora fañahy, vo batritra.

Enfariner, Mandrabarába vovo-bary amy ny. Enfariné, vovóhina. La bouche —, mavo-vava.

Enfer, Afobe andrakizay fitoérany ndry demony sy ny olondratsy.

Enfermer, Mamáhitra; h mamahy azy. Mañatao azy añaty. vo EMPRISONNER, ENCEINDRE; Mañompy, mikajy, mitahiry. ENFERMÉ, Ampáhitra, mifahy, mifáhitra, nifahérana, voafáhitra, voa fahy, ampahy, ? mikátona, vo EMPRISONNÉ, ENCEINDRER, Mandríndrina, mandriba; manodídina, mandátsaka am-bory, mamóno-lálana; mandatsak' an-kótona.

Enferrer, Mandéfona o, Mitombo-tsaboha, manombodéfona, Manintera-défona, Mamboroa-tsábatra, mondóka, mandokalóka azy, S'—, — tena.

Enfilade de choses, z maro mitohitóhy, tóhy, tohitóhy, tohin-draha; fitohízana; z mifañarakáraka. ENFILER des perles..., manohitohy azy. — une aigale, mañiditra ou manórona tarétra amy ny hirika. — un chemin, Miditra, misórona amy ny; — un discours, mitory teny, manohitóhy vólana.

Enfin, Efa zany, aviteo, lahefa zany, no ny efa zany; afarany zany; afarany ziaby; ny farany; ary, ary dia, kala, farany, farany ziaby, ? fahafárany. vo vao, vao ho. — je vous recommande d'aller... ny farateny ko amy nao, anao mandehána...

Enflammer, Mampiréhitra, mandréhitra, mampidedadéda. Par le frottement, Mandréngy, mamósitra. S' —, Enflammé, miréhitra, midedadéda, may, mitsétsaka. vo Embraser.

Enflure, Vonto, havontòsana, fivontòsana; mivonto. vo vo bonibóny, bohy, bohibohy, binabina, bonabóna, bóntaka; bóntsina, bontsimbóntsina, móntotra; réhaka, rehareha, doka, hambo. Enflé, S'enfler, mivónto; bóntsina, mi —; bóboka, mi —; drádraka, mi —; bóntaka, mi —; vóntaka, mi —; drodroka, mi —; et mihía —. vo mibókitra, mibónaka, mivóhitra, mibonabona, mibonibony, midaridáry, mibóntana, mamoanjo, mibóbaka, mibinabina, mibohy, mibohibóhy, midinadina, mivotrítrika; mivóha, mivozihitra, mizihitra; mianiány, mitombo; miavonávona; mieboebo, mianjonánjona. Enfler qc, Mampivónto, mamóha, mampobóntsina, mankabóboka, mankadrádraka, mampibóntaka; mampibohibohy &.

Enfoncement, Endroit enfoncé, Lémpona, tany lémpona; halempónana; des —, lempondempon-tany; kitoantóana, kantoantóana, ? tany kétraka, tany lálina; lávaka. vo Lálina, halaliñana, creux. Enfoncer, mañórina, mandevina, manitrika, mandéntika, mandréndrika, mañitsoka, mañiditra, mamóny, manórona, manátoka, mañomby azy amy ny z; manésika, mandetra, manéfaka, manémbana, mamátsika, mamáhana, mamósika, manjádona, manjídina, manjódina; mangoróbaka, manjoróbana azy anaty z. mampirévo azy. p aórina, alévina &; asésika, aletra &; asindrika, atómboka, atintéraka, atsátoka, ajádona &. vo manóboka, Décevoir. — une porte, un tonneau, mandrónjy varavárana; vo Défoncer. S' —, Révo, rétsotra; réndrika, misitrika, mihitsoka, mitakitsoka, miléntika, miórina, mitsátoka, milétra, miditra, latsak' anaty z; h migoróbaka, h migorábaka, g mijoróbana, pv mijolóbaka, mijoróbaka, h mijaróbaka; mijádona; mifántsika, mijídina; miálina, mihánta, pv mihánitra, h mihámitra, mitsófotra, h mitsófoka; miríbika, mijóboka, mivárina; mandévim-mbátana, manitrika teña, vo Dégringoler au fond... Plonger, s'Engloutir. Enfoncé, Révo, réndrika, léntika, tañórina, tafalévina, milévina, fófo, difotra, limpotra, sémpotra, hifotra. Terrain où l'on S' Enfonce, tany mandrévo, mandrétsotra, maharévo, maharétsotra; — beaucoup, tany lalim-pandrevóana.

Enfouir, Mandévina (*ou* manitrika, h maníritra, mamóny, manáfina) z an-tany. S' —, — teña an-tany, mandévim-bátana.

Enfourcher son cheval, Misámpy, misalámpy, mibaka, misabáka, miantsámpy amy ny sovály; mibekabéka ambony sovály.

Enfourner, Mañatao (*ou* Misórona, mañíditra) azy amy ny lokótra-may, h anaty memy.

Enfreindre, Mandíka, mañota, mandiso; tsy mahafády.

Enfuir: s'—, Milefa; h Mandósitra. vo mirífatra, mirídana, miénjika, mienjikénjika, miríatra, miríotra, mirintona, miráfatra, miríona, mamalavo, mañamboa, mienga, miala. vo s'Échapper.

Enfumer, Manétroka azy, mañisy sétroka amy ny, mankaïnti-molaly azy. Enfumé, voa sétroka, be sétroka, mainti-sétroka, maïnti-molaly.

Engager son bien, sa parole &, Mamehy, manánkina, mandrékitra azy; des ouvriers, Mamondro, manamby; vo mamofo, mañisoka, málaka; le combat, mandrafitr'ady. —, vo exciter, Introduire. S'—, Mamehi-teña, milóka hanao; mifondro, mitamby, mikarama, málaka tamby, mala-pondro: mandrekitr'aiña, mamántsika teña, mañeky, miántoka; míditra; omby, mandroso-vátana, misórona; latsaka. vo s'Enfoncer, s'Embarrasser. Engageant Mahataona, mahatárika; vo Attrayant. Engagement, Faméhézana, fehivólana, ankimbólana, famehezan-teña, loka, filokána, fañekéna, fandrekétana; fiantòhana; sora-pañekéna, fihavánana; rafitr'ady. vo Contrat.

Engainé, Antsárona, am-poño. Engainer des couteaux, Mañíditra (*ou* mandátsaka, manórona, mañomby) meso an-tsárona, *ou* an-traño; manárona azy.

Engeance, Karázana. L'Engeancer de q, l'en embarrasser, manangázona o amy ny.

Engelure, Havontósany, ny hóditra amy ny hatsíaka, vonte avy amy ny nara.

Engendrer, mamaitra, mitéraka, mamoa; mahatonga, mampitéraka. S'—, téraka; avy; mivóaka, mitrébona, maniry, mitsimoka, atéraka, afaitra, velómina.

Engerber, Mamehifehi-vary atao Sekimbéhana, manao seky azy, manao véhana.

Englober, Mamory sy mampiraiky, mampikámbana, vo mañórona, mandrónkona, mamoronkona.

Engloutir, pv Manolotsóloka, h manelotséloka, sk manolantsolana, h manjolanjólana; manélina. p Atsolotsóloka &, manelim-bélona, manao teli-moka. S'— dans, mivárina, mihitsoka, mitakitsoka, mitandátsaka, h migoróbaka, g mijoróbana, pv mijolóbaka, h migorábaka, h mijoróbaka, h mijaróbaka; miantónta, miantóraka; midóbo, miantópy, mitsófotra, mitandréndrika, midéka, mamarin-téna, mandrendrik' aiña, mitangirika añaty... ENGLOUTI sous, Fofo, tótotra, totofan-draha, voa tótotra, ritra; voa sáfotra.

Engluer, Mandity, mandoko; mañisy dity. S'—, azo ny dity (karaha vórona), latsak'an-doko.

Engorger un conduit, Mamémpina, manipika, manámpina lakan-drano. S'—, fémpina, voa támpina; tsy áfaka. vo sakánan-draha, tanan-draha, maty lálana.

Engoué, S'ENGOUER, Bohía.

Engouffrer: s'—, vo s'Engloutir.

Engouler, málaka maláky amy ny vava. mandrápaka.

ENGOURDI, máritra,? marimáritra, pv mamosiana; h voly, g váhotra, h ngoly. vo? antara, mandriandry, dombo; mavésatra, mavesa-tsaina, osa-saina,? vosiana, h ánkona. ENGOURDIR, mankamáritra, mahaváhotra, mahavoly, mahangoly. ENGOURDISSEMENT, ny máritra; havolíana.

Engrais, Z mahavóndraka ny aomby, va akoho va ny tany. ENGRAISSER ac, Mahavóndraka, mankavóndraka, mamóndraka; vo Mamahy; mahasaingona. —, mañisy ménaka, mañisy zézika, mahavókatra; — u, mihiavóndraka; mihiatavy; mihiavókatra.

Engraver, mandrékitra azy ampásina. S'—, Rékitra amy ny fasy. vo miántsona.

Engrenage, Vy somalika mifañékitra; vy mifandrávitra, vy mifanámbotra. ENGRENER, s'—, mifañekitra, mifanéhitra; mifanorim-ky, mifañiditriditra hy; mifandrángotra, mifañorin-koho, mifañifatra, mifañehi-bázana.

Enhardir, mampahasáky, mañala táhotra. vo ENCOURAGER. s'—, h mihiasahy; pv mahiasáky, vao hahasáky.

Enharnacher, Mañatao ou Mañisy ny sampisampy amy ny sovaly. Mambóatra, mañajary ny sovaly.

Énigme, Tapatónona, h fanónona, pv famántatra; tampasiry. h fampáka, h fampanónona, teny tsi-loa-body, vólana saro-pantárina, saro-pántatra, sárotra bita fótotra. vo Divise.

ENIVRER, (ENIVRANT,) Mahamamo, mankamamo, h mahaleo; mahavoa. s'—, Mamo; giregy, geregy, mimamo, manamamo teña; h leony; voa-toaka; h karajy. ENIVREMENT, Hamo, hamamóana;? fanakarajíana;? fileony.

Enjamber, Mandika, mamókina, h mamikina, h misa-

ENO 3o3

báko, mandikadika; h mandingana, —, manao dingan-dava.
ENJAMBÉR, Dika, vókina, dingana.
Enjeu, h z filokána; z famárana. ? loka.
Enjoindre, Manóñona, mamepétra, mañambara, mañasa, mandidy ny z hatao. — à q, lui Commander.
Enjoler, Mitaona amy ny fitaka, Mañangoly, mandátsakaļan-drô may; h manambosy, mamitaka. vo Débaucher, manao teny maléfaka ; o maléfak'ambava , ? salamatsivántana.
Enjoliver, vo Décorer.
Enjoué, vo Gai.
Enlacer, Mandádina , mañiditriditra , mampandikadika, mampoinba ; manao somadika azy. S'— mifandádina, mifandikadika, mifampitólona, manao soma-dika; mifamandibánditra, mifampiolikólika, mifañesolrésotra , mifamelipélika, mifamalampálana , mifamokimbókina, mifampitráhana; mifelipélika, miolikólika, mandikadika.
Enlaidir, Mandrátra lahara , maharatsy tarehy.
Enlever , Mañéntana, mañonjona , mañátaka; mahatonga, mitaona; málaka amy ny hery; mifaoka, mipaoka, mamaoka. vo EMPORTER, EMMENER. ENLÉVÉ , tonga n'olona, nentin'olona.
Enluminer, vo Colorier.
Ennemi, Fahavalo , dovy, rafy ; ? fahatelo, odovy. — secret, somisidolo, sondro-dolo. vo Mpanóhitra, mpanénjika, mpisimba-hava-mánana, mpandrafy.
Ennoblir, Anoblir.
Ennui, pv Hajerinjerénana, fijerinjerénana; fanahirana, fahasasárana, hadiandiánana. Ennuyé , S'ENNUYER, pv Jerinjérina, pv dondórina , pv márana; pv Diandiana; sahírana; vo sorena, sorisoréna. ENNUYER, ENNUYANT, Mahajerinjérina , mahadiandíana , mahamárana , manahirana, mahavoly; manorisory, manorisoréna , mahasásatra , mahadikidiky.
Énoncer, miláza, manóñona, mañambara, manoro, mañintsy, miventy, mizáka azy. S' —, miloa-bava, miteny, mivólana. ÉNONCIATION, fanoñónana, filazána , fiventésana.
Enorgueillir, mampiavonávona, mamindra fiavonavónana, mampirehareha, mampianjonánjona. S'—, miavonávona, mirehareha, mala-piavonavónana. vo Orgueil.
Énorme, maventi-be, beventy, h vaventy indrindra; lehibe indrindra; makadiry, beforoforo, mamoroforo, amporoforobe; beloatra, loza; manjáhitra, mandringana, mivóvona, misañóvona, mitáfotafo, mantsafofo, manjivóvoka , mijóhana, manjolazola, miantsañgengy, mivongádina; mivóhitra. ÉNORMITÉ, halehibe, haventésana, habézana; foro-

toro, drahodraho.

Enquête, Fañontaniana amy ny sabada amy ny k ho maloina; Qntány; fañadinana, tsikéka, fañalinalemana, fitsikéhana; ? fanavénana. vo antsafa, anjaño, kadaha, katso. S'enquérir de qc, manontany z, mamótotra k; vo mitsikeka, h manádina, pv manalinálina, manantsafa, manantjaño, manávina, mikadaha, mikatso; mizaha.

Enraciner: S'—, mamábatra, h mamáka. Enraciné. Efa misy váhatra, h befaka; nahaváhatra, efa latsa-paka. ? mifaka, mifakafaka, tañórina.

Enragé, Enragée n., (qui à la rage comme un chien, Tézitrabe táhaka amboa,) misafóaka, mitsafóaka, misasóñititra, h fozina, foizina, miafonáfona. Faire —, Enrageant, mampisafóaka, mampiafonáfona, mahavínitra; mahadikidiky, mahasósotra.

Enrayer, Manisy tsiry (ou táhara) ny tangerin-dasarety; —, Manisy sákana ny lasarety tsy hampandeha azy; mandreki-dia azy amy ny sákana asórona amy ny kodia ny; misákana azy.

Enrégimenter, Mamóry miaramila; manao fehiana ou fehézana; mampiraiky sorodána maro, manokotoko reo. Enrégimentés, mitokotóko; misy mpifehy; fehézin-talé.

Enregistrer, Manòratra azy anaty ny taratasy be fanangánana ny k maro; ou añaty ny taratasy ny fanjakána.

Enrhumé, S'Enrhumer, pv be-rehorého, Be réhoka, satraina, be kóhaka, misátra, h seréna, h marari-ntsery; mandrehotra. — q, mahaberéhoka, mampikóhaka, mankarary trátra; mahavoa sery.

Enrichir q, Mankabe-haréana, mahabe-fanánana, mampánana haréna ; Maha-mpañarivo, ? mampahavókatra. S'—, Mahazo haréana, manjato; manjáry mpañarivo; vo Mahavókatra.

Enrôler, manòratra añárany ny miaramila, manao an-tsóratra ny sorodána, mandátsaka miaramila. S' —, míditra ho miaramila. mandátsaka teña.

Enroué, S'Enrouer, Marary feo, farim-péo, farimpárina, h barabara-feo, mibarabára. — ac, mahafarimpéo; mampibarabara féo.

Enrouiller, Mahavoa-hérika, mahaberéfina, h maha-herefésina. S'—, Herefína, h herefésina, málaka hérika.

Ensabler: S'—, S'engraver.

Ensacher, Manómby (ou mañíditra, mandétra, manao, mañatao, mamátatra, mamosésika, mænésika, mamótrika) azy anaty lasáka.

Ensanglanter, Manoso-drá, manisy rá, mahavoa ra. Ensanglanté, misy ra, voa ra, latsa-dro, mandeha-liho, mihoso-dra, be lio, ipetsapetsa-drá, miranarana ra, feno ra, mañindalo-ra, mitsororo-drá maloto-ra. voa-safo-dra.

Enseigne; Saina, berámbona ; fañeva, hémbona. —, famantárana, sora-pamantárana, fango, kosa, márika, kady. —, Mpitondra saina an-táfika. Regarder les —, Miandrándra foana an-dalambé; misañána, misañáka, misañasána, an-dalambe.

Enseigner q, Mampiánatra, mañambára, mañánatra o. — qc à q, Mañambára, manoro z o, *ou* — o z. maného z amy ny o. ENSEIGNEMENT, Ny z ambára, ampianárina, atoro; ny fañambaránа, fampianárana, fañanárana, filazána; ánatra.

Ensellé: Cheval —, Sovaly lántika, h mifántsika, h mihántsika, milétaka, létaka.

ENSEMBLE, être —, agir —, Miáraka, miraika, h miray; Travailler—, miraik'asa, mimbon'asa, miara-miasa; vo mirimbona. Aller —, miara-mandeha, miáraka-dia, mirai-dia; manao dia raika. Manger —, Miara-mihinana, miara-kômana, mirai-pihinánana; Rester—, Mimbon-trano, tokan-trano, miraiky trano. Tirez—, miáraha mitárika anareo. Les faire aller—, Mampiáraka azy, mampiara-dia azy. Tire-les—, Pousse-les —, miáraka tariho, miarak'arosóy reo; tariho miáraka, arosóa miaraka reo; ataovo miara-tarihina, miara-pitaríhana, miarak'aroso, miara-pandrosóana reo. Mettre tout —, Assembler mandrónkona azy. Ils sont bien—, mifanáraka tsara reo, tandrok'amindoha reo, tandroka miarak'amintsófina reo. L'—, le tout —, Ny ziaby, izy rehétra, ny hamaróana, ny Vorongo, pv vorónkona, rónkona.

Ensemenser la terre, Mamafy voan-jávatra, vary & antany. Terre que l'on ensemence de riz, Tany fafazam-bary, tsabóambary, amboliam-bary. vo Semer.

Ensevelir, Mamoño olo-maty ; —, mandévina azy. vo maníritra, mañompy, manitrika. s'—, mandevim-bátana. vo s'Engloutir, s'enfoncer; tótotra, fofo, voa-sáfotra.

Ensorcellement, Vórika, mosávy, Hazary, Aody ratsy, aody mahery, fankatóvana, fankatoávana. ENSORCELLÉ, voa—, vinórika. ENSORCELLER, Mamórika, mamosavy, mañazary. ENSORCELEUR, mpamórika, mpamosavy, mpañazary, mpanao ody mahery.

ENSUITE, Aviteo, avieo, avy añy, avy tañy, avitankeo, h ary, ary dia; amy ny zany; efa zany, farany zany, lehefa zany, h rehefa izany, mañáraka zany. ? dabeo, ? dambeo.

Ensuivre: s'—, avy amy ny, mibóaka amy ny; ny aterany.

Entacher, Tácher. S'—, mandoto teña : málaka tsiñy.

Entaille, Héntika, dilana, sk lilana; Lady, banga; Hadilánana, vo BRÈCHE. ENTAILLER, Manéntika, mankadilana, mandilana azy. vo ébrécher.

Entamure, Ny tápany hely alána aloha; sòlatra, fanolárana, fanantárana. ENTAMER, manápaka (ou manala, mandidy) hely amy ny; manòlatra, manántatra, mandròmbina, mandróvina, mandronga azy; manampóna, h manómboka, mamólona. ENTAMMÉ, Nañalána, nahafáhana, maharombiñana, bólona; vo sòlatra, voa sántatra; vo ÉBRÉCHÉ.

Entasser, Manovontóvona z; manámvatra, vo AMASSER, Enfoncer. — du riz, &, manao antontam-bary, tontambary, mamátatra vary, mamata-báry; h mamatra-báry, mampifanongóa &. ENTASSÉS, vo Empilés; mivongádina. S'—, mifankalétra, miledétra, mifamokéka, mifamótrika, Ente, vo Greffe.

Entendre, Mahareñy, h mandré, Maharé. —, Comprendre. —, Écouter. — bien. Malady sófina. Il n'y a pas moyen d'—, tsisy hahareñésana. Qu'on peut —, Reñy, Re; Azo ny sófina, tratry ny sófina. S'—, vo être D'ACCORD, Se CONNAÎTRE. Dont on n'ENTEND rien, tsy re hótroka, tsire-poka, tsy reñi-hótroka. Je l'—, Reñy ko, h re ko izy. ENTENDEMENT, Fahalalána, fañahy, saina, fahafantárana; fahareñésana. ENTENDU, Capable. Faire l'—, h Midihindihina; pv. miantikántika. Un mal —, h tailanandreñésana; ? tadini-sinda, ? sofin'óta.

Enter, Greffer.

Entériner un acte, Mankafátatra k voa malo; mamóña azy amy ny tady, mametra azy amy ny rafia, manòratra azy amy ny taratasy ny fanjakána.

Enterrer, Mandévina an-tany. Enterrement, Levéñana; fandevéñana. vo mañiritra.

ENTÊTÉ, S'ENTÊTER, Madi-doha, maheri-hátoka, maheri-loha, maditra. vo bohihy, bohika, boribory midongadóngana, midongidongy, mibozika, mibozeka, botraika, h mihenahena, mikiribiby, mafiloha, baibo, baibobaibo, mibodo, bohy; mibotraika, mibohibohy, maheri-záka. ENTÊTER, Mankarary loha, mahavoa loha. ENTÊTEMENT, Hadiran-doha, di-doha, heri-hátoka, h bozika, h bozéka, botreka, di-boraingina, ? h didiboraingina. rongirongy, rongaronga, fanaovan-ditra, fibozéhana, fibozihana, fibotréhana.

Enthousiasme, Hatambáñana, hévitra ny ólona manao tena ho tsindrian'Andriamánitra. Hetsiketsi-pañahy, fihetsiketséhany ny fañahy arísiky Zanahary, fañahy ménjika, ou maimay. vo Sadéraka, tsarora, foka. ENTHOUSIASTE, Támbana, Ménjika hanao, maimay, may, mazoto, mañéngy, loatra, mpañaboabo; vo misotro tsiláky. mankalaza loatra, gaga, tsérika, máñana, rikiana, azompóka. ENTHOUSIASMER,

Mandrisika, mandrisi-panahy, mankamaimay, mampatóky loatra, mankazoto.

antiché, S'—, h Mitompo-teni-fántatra.

Entier, Añona, vónona, tsy nanalána, tsy nahafáhana, taisy rómbina; mivolóngana, mivalóngana. Un pain — une patate ENTIÈRE, & volonga-mofo, volongam-batata, volongan'ovy &. Quatre—, volóngany éfatra. Laissez-le—, ataovo mivalóngana. Vendez-le tout—, ataovo vidiana mivalóngana. — s, izy rehetra, izy ziaby, ny daholo; — a, aby, rehetra, avokoa, tontolo, daholo, manontolo, mahatontolo, mamahóaka; mihenahena. Le parcourir en—, mamántana azy. ENTIÈREMENT brisé, vaky avokoa, vaky aby, vaky indrindra. tsitokotsiforóhana. — Dépensé, lany jabíaka, lany fiana, tsisy tavela;— oublié, hadiño jibáka. Le faire disparaître—, Mandány, manjabíaka azy. S'y appliquer—, manánkina ny tena ziaby amy ny.

Entité; Son —, ny Mahízy azy, ny izy, ny tena ny.

Entonner du vin, manobibika, mampidábaka, manidina, mañatao, manao, mamáhitra azy añaty baríka. ENTONNOIR, ? Loha-tavo, loha voatavo fañidiñan-drano amy ny z kely hirika.

entonner le chant, MANÓK'antsa, manóky antsa, manóñon'antsa; manéntana, manónjona, mitárika antsa; miventy híra; MALAKA toñon'antsa.

entorse, vadik'ózatra. Il s'est fait une — au pied, Nivadik' ózatra; nipitsoka, nibitsoka, niholaitra ny vity ny.

Entortillement, Vánditra, vandibánditra, fadiditra, felipélika, falampálana, fotimpótina, safotimpótina, olikólika, somadikadíka. Tout ENTORTILLÉ, S'Entortiller, Mi—, autour de.. Mi—amy ny. — dans du papier, Mamandibánditra taratasy amy ny. ENTORTILLÉ de cordes, ivandibandiran-tady, ifadidiran-kofehy, ivandiran-tady, hodidínin-tady. vo Enlacer,

Entourage, Vala, roho, rova, fefy, h fenifeny, fáritra; h fatsifatsy, fatifaty. — du palais, Vala-mena, valampanjakána. ENTOURER, MAÑISY —, manao — ; manángana —; mamala, mandroho, mamefy, mamáritra. — de soins, MAñótrona, manóhona; — q. MANODÍDINA, mañariary; h mitangórona. vo manémitra; mamélika, mamálana, mandátsaka am-bory, mamono lálana.

s'Entr'accuser, mifañampanga.

Entr'acte, Lalao anivo ny; soma antséfany.

s'Entr'aider, mifampitahy, mifañampy, mifandríaka, mifañdriinbona.

Entrailles, Tsinay, sk tinay. vo taovany, kibo; fo, vótraka; Coliques.

s'Entr'aimer, mifankatia, ? mifampitia, mifankamámy.

Entrain, Dia maláky, Dia ménjika; fahatarihana, qui a de l'—, ménjika, menjika dia, mahatárika, maharísika, maresa-dia, mangotro-dia.

Entrainement, Fitarihana, fitaómana; hery mahatárika.

Entrainer, mitárika, mahatárika, mañantsoritsory, mitaritárika, manaritsárika, vo mitaona, mitondra, manday, mamindra, mampañéky, mandresy.

s'Entr'appeler, mitampañantso, mifampiaatso, mifampikaika, vo mifanátsika; mifandróntona.

Entraves, Gadra amy ny vity, h parapingo, h ampingo. vo Singotra, sóngotra, pingotra. ENTRAVÉ, Amparapingo; manday ampingo, miampaingo, voa fátotra, migadra vity, mifátotra, ambáhotra, voa tangózana. ENTRAVER, Mangadra hóngotra, mamaho-bity, mamátotra tóngotra azy, manisy parapingo; vo mamingotra; manóngotra, h mitangózana; Misákana, mandrara; Embarrasser.

s'Entr'avertir, mifañánatra, mifañambara.

ENTRE le Ciel et la Terre, Añélana (ou Añelañélana, Antséfany, Añivo) ny Tany amin-Dánitra. Ce qui est entre, ny—. Entre quoi il y a qc, Miélana, eláñan-draha; sefahan-draha, sembánana; voa séfaka, voa sémbana; il y a du rouge, miélana mena, eláñana mena. Être ---, Antséfaka; se mettre ---, manélana azy, miantséfaka, misefaka. vo Atriatry, salasála. Que l'on met ENTRE, Aséfaka, asémbana, aélana, aelañélana; aiditríditra, aíditra, alétra, asísitra, asefatséfaka, aledétra, asisitsísika. ENTRE tous, Amy ny ziaby, Parmi. Un bœuf entre dix personnes, Aomby raiky ikambanan'olom-pólo, imbóñan'olona folo.

ENTRE suivi d'un verbe marquant une action diminutive, se rend par la forme DUPLICATIVE. vo ENTREVOIR, ENTR'OUVRIR. Marquant réciprocité, il se rend par la forme RÉCIPROQUE, MIFAÑ-, MIFAM-, MIFAMPAN-, MIFAMPI-, MIFANKA-. vo s'ENTR'AIDER.

Entrechat, Vokim-piso, tsambókim-piso.

s'Entre-choquer, miady, mifampikonkóña, mikonkóña, mifampigagóña, mifandrónjy, mifañiho, mifampikiho.

Entre-colonnes, Ny Elañelan'andry, antsófaky ny andry.

Entre-coupé, Vakivakina, mielañélana, elañeláñana, sefatseféhana, miharoháro, mifañelañélana, sámpoña. — de blanc, —fotsy. ENTRECOUPER, mamakiváky, mañelañélana, mañefatséfaka; mañitoíto; misakantsákana, manampontsámpona, mirasarása: vo Gedragédra; gádraka.

Entre-deux, ny Antséfany, Antséfaka; añélany, añelañélany.

s'Entre-dévorer, mifandriatriatra, mifandány, mifamono,

mifanekitra.

s'Entre-donner qc, mifanome, mifanólotra, mifamály, mifamindra z.

Entrée, Fidirana, sk filirana; fampidirana, lálana, fanatonana, varavárana, tumiana, vavahády; famelan-kiditra, flaviana.

s'Entre-fâcher, mifampihéloka, mifankatézitra, mifankavinitra.

Entrefaites: Sur ces—, mbola tamy ny zany, amy ny zany, Raha mbola zany, laha mbola zany.

s'Entre-frapper, mifamely, mifamángo, h mifampikápoka; pv mifanabokáboka, mifandómona.

s'Entr'égorger, mifandénta, mifanapa-bozoná, mifamózona; mifamim-bózona, mifanota-bózona.

s'Entre-hair, mifankahála, mifankalaiña, mifandrafy; mifanisotra.

s'Entre-heurter, s'entre-choquer.

ENTRELACER les cheveux de fleurs, Mañiditríditra, mamandibánditra, manitritsítrika, Mandrarirary; manisitsísika, manisitsisitra voñinkazo amy ny volo; Mandádina volondoha amy voninkazo. S'—, Mifandikadika, mifandádina, mifamelipélika, mifamalampálana, mafañolikólika, misomádika, manao somadika, miharoharo, mifameri-lany, mifañiditríditra, mifamatopátotra, mifandrarirary, mifampiharoharo, mifadíditra, mifámandibánditra, mifamchifehy, mifañesotrésotra; mifañotak'aka.

Entrelarder, mañetsa (ou mañetsakétsa, mametsifetsy, mañiditríditra &;) henandambo amy ny vo enclaver.

Entre-luire, mangerakéraka, mangirangirana, mazavazava.

s'Entre-manger, mifampihinan-teña; mifandáry aiña.

Entre-mêler des fleurs blanches parmi les rouges, mañaroharo (h mangaroharo, ou maniditríditra) voninkazo fotsy amy ny mena. S'— dans une affaire. miditra, miletra, misisika, miséfaka, miharo amy ny k. S'—, ENTREMÊLÉS, miharoharo, mifampiharoharo; vo mifañélana, mifañelañelana, mifampielañélana, mifanefatséfaka, mifanembantsémbana. vo s'ENTRELACER: Les fleurs dont on les a ENTREMÊLÉS, ny Voñinkazo naharoharo, nasefatséfaka, nasembantsémbana azy ou amy ny; naiditríditra, nasitritsítrika, nasisitsísitra, nasisitsísika, naelañélana ámy ny. Cheveux EXTREMÊLÉS de fleurs, Volondoha miharoharo voninkazo, haroharoám- (ou sefatsefaham-, sembantsembánam-, iditridíram-, ivañdibándiram-, sakantsakánam-, elañelañamvakivakim-, sampoatsampónam-, isitritsitriham-, isisitsísiham-) -boninkazo; mandeha-voninkazo.

Entremets, Hanina añelañelany ny bosary; elañelan-kánina , sefa-kanina.

ENTREMETTEUR, elanelan'olona, elanelampanahy, mpanélana, mpanelanelana. ? Alálana , mpanalálana, vo mpanenga.

s'Entremettre, Manélana, manelanélana, miséfaka, miantséfaka; manalálana. vo miditra, misórona, manira-bátana, manéfina, miaro.

Entremise, fanelánana; fielánana, fanelanelánana;? alálana. Par l'—de q, amy ny o aélana, amy ny o atao elanélana.

Entre-nœuds, Vany ny.

s'Entre-nuire, mifandrátra, mifandróbaka.

s'Entrepercer, mifanómboka, mifanintéraka , mifandóaka,

Entrepont, Ny rarihazo anélany (ou antséfany) ny ambony sy ny ambany amy ny sambo; lampihazo anaty ny sambo.

Entreposer des marchandises, manompy, mampandry, mamáhitra vidíana. ENTREPOT, Trano fanompíana (ou fitarimiana, h fitehirizana, fiambénana, famahérana) vidiana; fandrian'éntana.

Entreprenant, mahótrona asa maro, mahazáka (ou mahatólona, mahasámbotra, misámbotra) asa ; ngoain'asa, mahasáky hisázoka z hatao, ti-hitólona, olon-jávatra, sahizávatra; mahasáky asa; ta-hanao, tsy etsak'asa ; vo tsy manahy, borobosy; mahatontolo. ENTREPRENDRE qc, misázoka z hatao, miantsámpy , mivánditra amy ny; manótrona, misámbotra, mitólona, málaka, maka ; mamaky, mamakisárona; manampóna, manántatra, manándrana, manólatra, manóhotra k hatao; mikinia, h mikasa, maneky manampóko, h manampó hanao; —, miántoka asa n'olona. — sur, Usurper.

Entreprise, asa voasámbotra, raharaha otrónina , závatra ivandirana, iantsampázana; asa n'olona, asa ikaramána; fisazóhana, fanotrónana, fitolónana , fisambórana, fanampónana, fanohórana asa; fikiniána, fikzasána.

Entrer, Míditra, sk militra; omby. vo Misórona, mitsófotra, h mitsófoka, mitsópoka, mitsópaka, mitsorófoka, mitsorópaka, mikarétsaka; misésika, mibosésika, milétra, miséfaka, miantséfaka, tamy, anaty, vo S' enfoncer. Faire —, Mampiditra, maniditra. Je n'entre pas dans votre sentiment, Zaho tsy anaty ny malo nareo, ny jery nareo tsy ombá ko. Il y entre 10 brasses, Idirana (ou maharitra, mandritra, mahafofo, mahalány, misy) refy folo izy.

Entre-regarder, mitsidika, sk mitilika, vo mitaratra S' —, mifampizáha, mifanénty; mifanatsi-maso, mifanara-boa-maso.

s'Entre-répondre, mifamály, —taratasy.

s'Entre-secourir, mifanónjy, mifampiláka, mifanampy

entre-sol, h Ambara-tonga.

s'Entre-suivre, mifañáraka, mifañarakáraka, mifanésy, mifampandróso.

s'Entre-tailler, (sovály) mikon-dohálika.

Entretenir, Miféhy, mitána, mahaféhy, maméhy, mahafátatra; tsy mahaváha; —, h Mitahíry, pv mitariny; mamélona, miámbina, miaro, mitaiza; manónitra; tsy mahafáty. — le feu, misóroñ' áfo, manóron' áfo, mamélona ny afo. — sa maison, manámpy z ny tráño ou ny olo an-t ráño. — q de qc, ? mamélon-tsófina azy, ? mamáhan-tsófina azy amy ny k ambára. L' — de linge, mamáhana, manámpy, manénika lamba azy. S' — , vo Causer à Causerie. vo Mitárona, mizaika. La piété s'entretient par la prière, ny fijoróana no mampitoetra, (mamáhaña, manóhaña, tsy mahafáty, tsy mahalávo, mamélona,) ny fitiávana Zanaháry. Femme entretenue, h Ráñitra, h vehivávy rañítina; h vázo, tale-mbehivávy, vo Concubine.

Entretien, Fitehirizina, fitarimíana, famelômana, fiaróvana, famboárana, fiambénana, fampitoérana tamby, karáma. —, vo Conversation.

s'Entre-tuer, mifamono.

Entrevoir, mahitahita, mahita hely. s' —, mifankahita helihely, Entrevue, fifankahitana.

Entr'ouïr, mahareñireñy hely, mahazoazo hely, h mandré kely.

Entr'ouvrir, manókatra kely, manokatsókatra; mamíéraka, mitsokórika. s' —, entr'ouvert, misokatsókatra, mipý, mipipý, mibéaña hely, misañáka, misañasaña, h manóaka, pv mañóatra, mangerakéraka; — en grand, h mangoakóaka, mangobakóbaka, mangoahoa, mangoangóana. vo mangevakévaka, vaky, riatra, triaka, mitatáka, pv mañirohiro; pv mangirohiro, h mihiringirana, maniringirina.

Énumérer, Mañisa tsiraikiraiky, mañisa tsirairay, milaza, miventiventy.

Envahir un pays, Manáfika tany; mamofo, manáfotra tany, málaka, maka ankery; mivárina amy ny, míditra ankery, mañánika. —, Usurper. Envahissement, Fañafihana; fañaláña tany.

Enveloppe, Foño, sáròna. z afoño, famoñósana, z asároña. vo salóvana. Envelopper, Mamoño, manároña, manáfotra, vo mamálona, manodidina, manalóvaña. Misakónok' ánaka, manomba. Enveloppé, Ampoño, mifoño, miantsároña; voafoño, voasároña; ambory. s' —, — teña; Misáfotra, misakónoka. vo se couvrir. s' — les bras dans son manteau, misakónoka tañanañ Dont on s'enveloppe, Safóriña, afoño vátana.

Envenimer, Mañisy rai-bóboka amy ny, manósotra rai-drábaka azy, mañatao mahafaty amy ny. vo Empoisonner. S'—, vo s'irriter; comme une blessure, vo miródaka, mivénaveña, mangóaka, mangady; h mangevakévaka.

Envergure, Hatahírany ny lay hénjana va ny élatra miámpatra.

Envers, Amy ny. — et contre tous, ndre sakanan-jovy ndre sakanan-jovy, na toherin'iza na toherin'iza.

Envers: l'—, ny voho, ny ambóhony, ny ivelany, ny ambélany, ny ila takófana. Il est à l'—, mivádika izy, Le mettre à l'—, mamádika azy.

Envi: Faire qc à l'—, Mifañia, h mifanínana hanao z. vo mifanjáña. vo émulation.

Envie, Alahelo amy ny zara azo ny námana; h fialónana; pv fibezam-po, fibezan-kibo; figoaiñan-kávana; h álona, vo lolom-pó, lavenanovy, fañiriana, filána, fitiávana, fanjengiana, fiangaliana. Digne d'—, h tsongoimbolo, irína, mampañiry, tókony hirína. Qui n'a plus —, Etsaka, afapo. Porter — aux autres, Etre envieux; Envier ses biens, h Miálona námana, pv Ngoain-kávana, befo amy ny námana. Envier ses biens, h Miálona ny hare'ny; pv ngoaina ny harea'ny, befo amy ny fanáña'ny. vo Convoiter.

Enviné, Mamofon-divay.

Environ dix, Tókony ho folo. Combien —? tókony ho firy?

Environner, Manodídina, mañariary, mamehi-rano, mitangórona. vo Entourrer, Enceindre.

Environs: Les —, ny tany manodídina, mañariary; ny tany mariny; antsaha, antonda, añindrany, zana-bóhitra, zana-tanána.

Envisager, Mizáha rékitra ny lahára ny; h Mibánjina, pv Mañéritra, pv mijeriana, pv mitséndrina; manenty, Mañatrika, mañolóana, mitsinjo, miandra; misaina, misaintsaina, mijery, mieritréritra. s'—, — tena.

Envoi, z ampandaisina amy ny o; Ampaitra, Fampaitra, ampai-draha, z ampaitra, ? faitra, fai-draha; háfatra, fotóana. z iráhina, —, fañampairana z, fañiráhana z.

Envoler: S'—, Mitílina, miléfa, h Manídina, mandósitra. lasa hitílina. vo S'enfuir; Mandálo, mihélina; miboridana, miboridandrídana; Tonga ny tsioka, tsiófina; mirávona.

Envoyé, Iraka, o iráhina, niráhina; asa, fiasa, h masoivoho. Envoyer, Mañiraka o, z; mañasa o handeha, mampandeha, mandefa, mañandéfa; vo manésy, mandróso, mandrónjy. — qc, Mampanday, ..ampitondra, mañampaitra z. — un javelot, Manóraka, manópy, manao torabótsotra, torak' aléfa.

Epacte, Ny andro vitsivitsy asósoka amy ny Vólana hampitoviana herin-taona azy amy ny masoandro. andro anampy, fañampian' andro, andro fañampiana (ou ? ahampy, ? aampy.)

Épais, Matévina, beventy, mavénty, h vaventy, botrabótra, bevátana, fátatr' aiña. Liquide —, magódra, marihitra, befaikana, magodeagódra, marihidrihitra. Semis, champ —, Malétra, maledétra, mifankalétra; mañizina, mifañizina, vo DENSE. Ténèbres ÉPAISSES, ízina fátatra, haiziñam-pónitra. Pluie —, h òrana tomefy, pv mivatravátra ; vo h kátona. Étoffe —, lamba matómboka, h makótroka. vo Mikirindro, manimbòza, madonda, madondadónda. matétika, masésika, masésy. ÉPAISSEUR, Hatevéñana, Hatévina, Tévina; hafonirana hafatrárana, haveniésana, habezam-bátana, habotrabotrána, halérana; boalaboala, roborobo. ÉPAISSIR, Mankatévina, mankavénty, h manatévina, mankagódra, mankaríhitra, mankalétra. —; S' —, Mihzatévina, Mihzaventy, mihzalétra.

Épancher, Mañidina, sk Mañilina, h manaidina; mandráraka, mandrótsaka. S'—, Mídina, matsororóka, ráraka; mpasasáka, mandroadróatra. vo COULER.

Épanouir les fleurs, Mamoha, mamohavoha, mamarabáraka, manòkatra, mampibòhaka ny voñinkazo. S'—, mivoha, mivarabáraka, misòkatra, mibòhaka; vaky félana, vaky voñy; fg S'Égayer.

Épargne, Tsy fandaniana foana; fandalána, fidòñana, tsy famoezana; fañahiana, fiahiana; fitehirizana, fitarimiana: fahatanam-pañañana. vo Avarice. ÉPARGNER, Tsy mandány loatra, Mandala, midòña, mitarimy, tsy mahafoy foana, miaro, tsy mañandefa loatra, mañantóana; mañéfina. S'—, —tena; tsy mañary tena. S'—des regrets, mañala néñina, tsy malaka néñina.

Éparpiller, Mamafifafy, Mandrabaraba, mamatsapátsaka, mamarakaika, mañeliely, manáhaka. S'—, Mipátsaka, h mifátsaka, mipatsapátsaka, mirabaraba, mifafifafy, mieliely, mibarakaika, vo DÉBANDADE, DÉROUTE. épars, mi —, mipetrapétraka; cheveux—, volondoha mivoha, mivarabáraka, vaha.

Épaté, Afaka tómboka; fohy no br. Bébaka, tabébaka; nez —, órona léseka, fisaka. vo lémaka, létaka, marivo.

Épaule, sóroka, pv avay —de bœuf, sirany; h boraikina. vo PORTER.

Épaulettes, z Voñinábitra an-tsóroka, an'avay; Zipolety, zepoleta.

Épée, Sábatra lava, sábatra matsóraka, saba-dava.

Épeler, Mamakiváky teny, miventiventy, manonontónona ny vólana; tsikelikely, mañisaisa ny sóratra, *ou* mitety ny vanim-bólana, *ou* ny tonom-bólana, ny tapa-bólana.

éperdu, Támbana, azom-poka, adaladala, veriveri-jery amy ny fitiavan-doatra. L'aimer ÉPERDUMENT, Támbana amy ny fitiavan-azy; ? saréraka izy mitia azy.

éperon, Fatsy amy ny kiraro hitrebébana ny sovaly itengénana. Zepero. fatsy n'akoholahy. pv hintona. ÉPERONNER, Mitrébika azy amy ny fatsy, mañorim-patsy amy ny, manindrona.

épervier, Añaram-bórona.? Papango. un petit—; ? kitsikitsika.

éphémère, Maháritra, *ou* matána andro raiky foana, z indraik'andro, h indrai-andro. ÉPHÉMÉRIDES, Taratasy miláza ny k amy ny isan'andro.

éphod, Fehivátana ny mpijoro amy ny *Hébreux* taloha.

Épi de riz, fahim-pary, sofim-bary, salohim-pary. — de maïs, voto-tsakotsako. 3—, fáhiny, salóhiny, sófiny, voto ny telo. vo halokely. Monter en—, Épier, Mamahy, mitéraka.

épice, Hazo-mánitra va z mánitra aharoharo hánina; karaha ny pilipily, ny laro, ny kafe, ny sirámamy, ny ravintsara.

épidémie, Arétina mifindra, manáfotra tany, safo-tany, valan'arétina.

épiderme, Ny hóditra ambonivóny, matifi-verambérana.

épier, g Mitsikilo, pv mitsilo, mijilojilo, mifilofilo; mifilo, Mipapy. vo mizaha; mitáratra, mitilitily, micilotilo; miámbina, miandry ny hatao n'olona; mitsokórika.

épier, vo Épi.

Épieu, Téhina be anisy vy hamindronana ny lambody, fitsindron-abo, fitrebik'abo.

épigastre, Ny ambony ny kibo, pv ? Tarafó.

épigraphe, Sóratra añabo ndraha, sóratra amy ny iohandraha, sóratra ambony.

épilatoire, fandraraham-bolo, fandrara-bolo, fañintsanam-bolo.

épilepsie, h Androbe, pv Aretimbóroña, ? pv sañatry, g Ambo, aretin'ambo, pv Tromba, ambolahy; h ? kanáhitra. Qui a une attaque d'—, Azo-nambo, leonam'ɔo, rebak' ambo. ÉPILEPTIQUE, mora azonambo.

épiler, Mandrara-bolo, mañowotra, mañala máromána-na, mañintsan-bolo, mañombo-bolo, mandatsa-bolo azy.

épiloguer, Maka vava diso, manao antendrivary, mañiñitsiñy foana ny atao n'olona, manao tsongoravina.

épinards, añaran'añana masimásina mahalevon-kánina. Zepinary.

Épine, Fátsika, fántsika, sk fátika, fatsi-kafu. votsilo,

hombo, lay. —, Peinc. — dorsale, vo échine. Oter l'—, mitsoki-pátsika. Être sur les—, Mandry andriran'antsy (ou andriran'défona; antendro-ntsaboha; vodivodiana, tsirangaranga). Arbre épineux, Hazo-fátsika, maro fátsika, misy fátsika.

épingle, Fitan-jaitra, fátsika fitan-jaitra. h hombo; pingitra, pingotra.

épinglette, Fátsika fitsokirana ny hirik'ampigáratra.

épinière, ao amy ny taolan-damósina.

épiphanie, Andro nanompoan-dry Mages i Jeso-Kry.

épiscopal, Momba ny Évéque, avy amy ny Évéqne.

Épiscopat, Ny Handriánany (ou fifehézany, famboniany) ny Évéque.

épisode, Angano hely aséfaka ao amy ny filazan-draha; z kely lazaina ao antenaténany ny hira, zanak'angano. ? fanampidrésaka.

Épitaphe, Sóratra ambony ny Levénana, ou amy ny tsangam-báto.

Épithalame, Ántsa amy ny fanambadiana.

Épithète, sósok'anarana, Anarana fikizáhana; teny atóhy.

Épitre, Taratásy iráhina amy ny o. Epitra.

Éploré, Látsa-dranomáso, mitomány, mitomitomány.

Éplucher, Mitsimpona ánana, vihin-dráha &; mitsimpona ny átatra, mitsóngo ny ravin-drátsy, manala ny ratsy amy ny; h mitángo ánana; Mandio azy. h Mifántina, mamántina, mifidy váry &. manófy, mandinika.

Épointer, Manala ou Mamólaka tendro. Épointé, Folaka téndro, Dófoka, h dófotra; bondófoka. vo Émousser.

Éponge, z malémy maniry an-dranomásina, izy loadóaka miramira amy ny hólatra va amy t.v. papin'antely. z mifo-dráno, z mandri-dráno. Éponger de l'eau, manala ou mamótra, mamáfa, mamaoka rano amy ny éponge va amy ny lamba.

Épontilles, Tóhana, tómboka.

Époque, Taona, fétra-taona. Tsátoka-taona amy ny fanisána ny taona lása.

Époudrer, Manala vóvoka azy, mamáfa, maneso-bóvoka azy.

Épouiller, Manala hao.

Époumoner: S'—, ? Mandritr' aiña. ? h Maukadisaka, havokavoka; ? mifampitárik' aiña, ? misatrasatra; mitari-piaiñana.

Épouse, vo époux.

Épousseter, maneso-bóvoka amy ny vátra amy ny kifáfa akapokápoka, manifi-bóvoka, mamáfa lembo-tány, manitsopitso-bóvoka; mamopoka. Époussette, Famáfa, kifáfa.

ÉPOUVANTER, ÉPOUVANTABLE, ÉPOUVANTE, vo Effrayer, Effrayant, Effroi.
Épouvantail, kady (oo kosa, h' kalo, hazo) atsañgana soipitahorana ny vorona añ-tsabo, sandrata vorona, sandrara-borona.
Époux, épouse, Vady, sk valy. vo — be, — kely, — bitika, — masay; — tokana; h — fotsinaty. Toi et ton —, Anao mivady. Des époux, Mpivady, o mivady. Épouser q, mañambady o. p Vadina. Homme qui épouse, Lehilahy mampaka-bady; pv mañenga vady. Femme qui épouse, Viavy ampakarina, engaina. ÉPOUSAILLES, sampakarambady, sañengam-bady.
Épreindre, Mamina z hañala rano azy; Mamiaka. vo mamia, mamétsa, mangia, mangeka, manéry.
Épreuve, Fañandramana, sañoharana, sañerañana; fitsapana, fizahan-toetra, raiky alaina hizahana ny ota amy ny. vo Vonosotry; vavolombelona, fitsapam-po, fitsapampañahy, fisafoana. A l' —, Tsy daika, tsy laika.
Épris, Tanam-pitiavana be. vo Aimer.
Éprouver, Mañandrana, mañohatra, mañérana, mitsapa, mitsapatsapa, mitsapa-fo, manantatra, mizaha toetra ou sañahy, mitandreny azy. — le froid, maharény nara. vo mamonosotry, manantatra, mamantapantatra; Mampinon-tangena, manangena, mikadaha, mikatso.
Épuiser, Mandritra, maharitra; mañala rano azy; mandany, manjabiaka, manampitra, h manjifa, manjifajifa. — q. mañasatra, mahasasatra, mahatrotraka, mandreraka. S' —, mandritr' iña, miritr' iña, mandoditéña, mihialany; nahalaniana, mihasasatra; mikely iña. ÉPUISÉ, Ritra, foforitra; lany, lani-jabiaka, afak' avokoa; sasatra, trotraka, réraka, ritr' iña, ri-piañana, mireraka, h mivareraka, pv mivoreraka; lamba-latsaka; simba, vaha, tasahonaka. ÉPUISEMENT, Fandritana, ? Haritana, ? haritrivana; Halaniana, sandaniana; hasasarana, fahasasarana, fanimbana, Harerahana, hozangozana. ÉPUISABLE, mora ritra, mora lany, azo lanina, mety lany, azo ritrivina.
Épurer, Mandio, mankadio, mahadio (solika, vy, rano); manala herika. S' —, —tena, Midio, mihiadio, mañary loto. Épuration, sandiovana, sankadiovana.
Équarrir, vo Écarrir.
Équateur, Soritra mañodidina ny tany ziaby mirasa mira azy ka manaraka ny avaratra amy ny atsimo. Efi-taona, sehikibo ny tany, sizaran-tany.
Équerre, Eram-pamoritsana. Ekéra, lekera.
Équiangle, Mitovy zoro, mira rirana.
Équidistant, misa hasatrana.

Équilatéral, Mira ampisany, mitovy lafy.

Équilibre, Arina, Tsiariñarina, fiarémana, hamarémana; fitovian-danja. en —, márina, mitovy lanja. Le mettre en—, Manárina azy. Le tenir en —, Manao tsiariñárina azy. vo mandanja, mampitovy lanja; mihevihevy ; mianganga.

Équinoxe, Fitoviany ny alinandro amy ny matsáña.

Équipage, Ny hamaróan-draha momba ny olom-be, tahaka ny sovaly, ny lasarety, ny andevo, ny sorodána &. ny mpomba; mpañáraka. Tabiha. —, Ny baharia rehétra antsambo. vo fanánana, fambana, famboárana.

Équiper, h Mahari-fánaka, mañampi-raha, mamoñona karamaoka azy. manénika, mameno azy; mamboatra. ÉQUIPEMENT, Fañampíana, famoñónana, fañañónana. ÉQUIPÉ, Ampi-raha, voñon-draha, feno, hénika, ampi-závatra.

Équitable, Mahitsy malo, mahitsy, márina, tsy miángatra. ÉQUITABLEMENT, amy ny hahitsiana. Équité, vo Droiture; ráriny, tsy fiangárana.

Équitation, Fahaizana miténgina amy ny sovaly.

ÉQUIVALENT, ÉQUIVALOMA, Mitovy, mira; —lanja, —tóñona, —hatsarána, mifamaly tóñona, mitovi-fividíana, mifanérana. Égal.

Équivoque, (teny) roy hévitra. vo Ambigu, Douteux. Dilemne. mampañahiahy, mahamarimárika , is alasalána, mampiroáhana.

Éradication, Fañombótana hazo, fañavótana, fanongótana, famotórana.

Érafler, Manjaka hely , mandrángotra, miháotra , mandrátra. vo Dégrader , Effleurer, Écorcher.

Érater, ? Mañala áriny ólona.

Ére, Ny Taona fanamponan'isa, ny taona isaina.

Érection, Fanangánana, tañorénana ; famboárana, fampitoérana, famatrárana.

Éreinter, Mamola-damósina, mamola-banina.

Ergot de coq, fatsy n'akoholahy, hintona, de chien, hotro-kely.

Ergoter, Miadiady , vo Chamailler , mitsibotsiboka, mitsokitsókitra o amy ny vólana. ERGOTAGE , vólana fitsokitsokirana fitsibotsibóhana. vo CHAMAILLIS.

Ériger, Manángana, mañorina; s'— en roi, — tena hanjáka. Miháboka ou Mihambo mpanjáka.

Erminette, Famaky kóvika famisáhana (ou fañisárana, fanelárana) hazo.

Ermite, Mpitoka-mónina ; pv o mirérika, h o mirery; o mañirery; o irery, o irezitéña , pv o rérika ; Mpijonjy, pv mpijalo , pv mpijóna mpanókana, mpilóhotra; lohotr'olona lohodohotr'olona , o konjy , o mikonjy , h o honjihonjy, h o hozihozy, h o hozingózina, pv o jalo, o mijalo, o mijona, ? h lóhotra, ? o lohodóhotra. Ermitage, Trano fitokánana *ou* tikenjiena; tokotány fijalóana.

Errant, Errer, Mandehandeha tsisy fotony, pv Minene, pv miréndana, mandehaléha foana ; pv mizer.zény. h Mirenireny; g miriorio, mizenjéna, h mijiojio; h mijio, mijiajia, mivoivoy. vo mivembéña, misavembeña, very, mirendrirendry, ombienombiény, mihaolohaolo, mirendréna, misobilaka, mitotototo, ? mirendraréndra, miovaova ; manirendrina. Errer, errové, se tromper, Ota. Diso, tafa, Mania ; vo Dévier. Induire q en erreur, Manota, Mandiso o. Les Errata, Ny soratra ota, ny diso. Erreur, Haotána, Hadisóana, Hahotána, fahotána; ota, diso, fahadisóana.

Érudit, Mahalala z maro ; maro zava-pántatra. Érudition, fahafantárana *ou* fahalalána z maro.

Éruption, Vóraka miporítsaka *ou* miforítsaka; vora-draha miporótaka; Fiporitsáhana, fiboritsáhana; famoráhana — de volcan —, vorak'afo ; afo miporitsaka, afo be misafóaka, Mibóaka amy ny tany. Faire —, Miporítsaka, miborítsaka; misafóaka, mibóaka, mivóraka, mipóaka, miboiboika, mipósaka, miboabóaka; h mivoabóaka. vo Cutané. mirófotra, mirófatra, miobonóbona, mirómpotra.

Escabeau, Hálana fametraham-bi'y, halankóngotra, tsikálana, h Akálana, kálana, fandiavan-tóngotra.

Escadre, Sambo maro iray dia, *ou* raiky toko, mirai-dia, miara-dia.

Escadron, Miaramila ambony sovaly miara-dia, toko sorodána.

Escalader, Manánika. Escalaur, Fananihana.

Escalier, Tetézana fiakárana; fiakárana, fanongána, fananihana.

Escamoter, manao faoka tsy hita; mifaoka, mipaoka, mamaoka ; mangálatra maláky, ? mangalatety. Escamoteur, mpangálatra maláki-tánana, mpifaopaoka, mpanáfina ampelan-tánana, mahatákatra maláky, mahasámbotra malaky.

Escapade, Faniávany Sovaly malain-kanáraka; filefána, fandosirana, fialána; lósitra.

Escarbot Anaram-bóana miramira amy ny Anjely.

Escargot, Sifotra, ankora antety.

Escarmouche, Adiady n'ampijirika fanojy.

Escarpé: Terrain —, Tany mitsángana *ou* Mitsangambava, manánika, miákatra, manonga, abo, anihina, sarotr' iakárana, miárina. vo tévana, támpana, hántsana, tsingy.

Escarpin, Kiraro maivana.

Escarpolette, Savion-dahy; h Antsavily, savilivily, vo

Balançoire.

Esclandre, Ankúny mitabataba añatréfany ny maro.

Esclavage n, Handevózana, haverézana, fahaverézana, fiverézana; vo fiabilíana. ac Fañandevózana, fahaverézana, fanamporiána. ESCLAVE, andevo, amporia, h ondevo; o very; ankizy, vo abily; abilin'olona. vo Ompikely, zazahova, kilonja. Réduire en —, Mañandevo, mañamporia, mamery, mahavery.

Escogriffe, Mpálaka foana tsy mangátaka, o tañan-tsipeko, o tsipeko-táñana; o abo tsy méndrika.

Escompte, ? Vola foy, ? sara-bola, ? iso-bola. ESCOMPTER ? Manakalo vola, mahafoy vola; mañala (ou mañésotra, mañáraka) tápaky ny vola isaina.

Escorte, Miaramila mañátitra ka miaro an-dálana; aro an-dálana; fiaróvana. ESCORTER ; Momba azy hiaro azy; miaro, mañodidina, mañariary, momba.

Escouade, Miaramila vitsivitsy fehezin'ólona vitsi-Voñináhitra.

Escrime, Fahain'ady amy ny sábatra va amy ny saboha; fahaizan-défona, fianaran-tsábatra, fañitrikitrihan-tsábatra; fianaran-tsindrika. ESCRIMER, s'—, Manitrikitri-tsábatra, mañitrkitri-défona; manetriketrika sábatra; miaro teña. vo se Débattre.

Escroc, Mpangálatra malaki-táñana tahaka tsipeko. Escroquer, Mangálatra amy ny nafaingánan-táñana.

Espace, Halaláhana, ha ankána; Bambana, Bambala, babala, babangóana; bahakábaka vanavána; pv Bañabaña, h tanatána; veñavéña. — entre, Flana, Elañélana. Une —, Séfaka, sémbana. ESPACÉ, Malálaka, malanka. ESPACÉS, Mielañélana, miélana, mifañélana, mitañelañélana; h makáka, voa tsikerakera, malálaka, mifankalávitra; h mahálana, mahalankálana, mihalankálana, h mihalangálana, mifañalankálana; mitsikerakéra, vo DÉJOINTS. ESPACER, Mañelañélana, mañélana, mandálaka, mankalálaka, mañalankalana, mañalangálana, mahalálaka, mañerakera, mamarabáraka; vo DÉJOINDRE.

Espadon, Sábatra lehibé táñana amy ny táñana roy.

Espagne, Anaram-panjakána raiky añy amy ny *Europe*. Isipáñy, Esipáña. ESPAGNOL, olon'Isipaña, Ant'Esipáña.

Espalier, Hazo-mamoa ampárina apétaka amy ny ribantraño.

Espèce, Karázana, fáhitra, vizana, firazáñana, foko, fókony. vo fomba, taránaka, loha, teña; andálana, anisipiriany. —; apparence. —, Argent.

Espérer qe, Mañantéña, Mandiñy azy; vo miantéhitra, h mañampó; mañampóko; Matóky, vo atao ko ho, atokiana ho. Espérance, Fanantenána, fandiñesana; h fanampoézana; pv fanampokóana ; fatokiana, fahatokiana; fiantehérana; z anteñaina, z diñásana, sk z liñisana ; z diásana; z ampoizina, z ampokóina, z ampo.

Espiègle: Enfant —, Zaza angárina, maheri-vintana, silasila, ? raharabaina; vo awganongano, tia lalao ; tsepotsepony. Epièglerie, Hasilasiláña, ? herimbintana ; ? vosobósotra lalao, fisomána.

Espion, Mpikatso; mpisafo-tany, mpisafosafo, mpitsapatsapa; g tilitily, tilotilo, mpitsikilo, mpifilo, mpifilofilo; mpitilitily, mpitilotilo. Espionner, Mikatso, mitsikilo ; misafo, misafosafo, mitilitily, mifilo, mitsapatsapa. vo ÉPIER. Espionnage, Fitilitiliana, fitilotilóvana; fikatsóana, fitsikilóana, fisafóana; fitsapána.

Esplanade, Tany be marimárina ; Haramanja, ampofoantanána; h tany fanava-matso; hamarémana.

Espoir, vo Espérance.

Esprit, Fañahy. vo hiaña, hian-draha, hian'ólona, avelo, matoatoa; ángatra, lolo, saina, jery, hévitra; rondoha, árika; fofon'aiña, aiña, faiñana ; ambiroa, amiroa, amiroy, aromoy; matoatoa, avelo.

Esquif, Lákana maivana.

Esquinancie, Aretin'an-'enda.

Esquisse, vo Ébauche. Esquisser, Ébaucher.

Esquiver q, Miary o. S'—, Miáfaka, milefa, miala, miésotra; h Mibolidy ; matsóaka, mibalásitra , h mibolidilidy, h milediolody , h mibolodilody ; pv misiliotra , misodíatra, mihodíatra.

Essai, vo Épreuve. Essayer, Manérana, manóhatra, manándrana; mamántatra, manántatra , manao zay hahitána ny toe'ny; manao zay hahavitána

Essain, Renin'antely maro mifindra ; hamaroan-dreniu' antely. Hamaróana, ankabiázana.

Essence, Ny izy; Fótony, teña, ny mahizy azy ; fomba. ? fisy. Les —, sólika mánitra ; fofony, hánitra, finto. Essentiel, a, Mahamisy, Mahisy azy, tsy áfak'amy ny, tsy engány; tsy mahay tsy. — s, fótony, teña, lóhany, ? fomba.

Essieu, Tsora-by maninteraka ny tangérina ; ny sakandasarety, ny andry ny kodia.

Essor, Tilina miákatra; fitiliñana; fisondrótana , savoandáñitra. Prendre son —, s'envoler. Donner l'—, Lâcher. vo mampisándratra, mampisavóana, manao savoandáñitra, mampiriodríotra.

Essoriller, Manapa-tsófina, Manófina.

Essoufflé, s'essouffler, pv Séhoka, h séhaka; g tineñana. vo miaiñaiña, sesik'aiña, miéfona, miemponémpona, hoiks.

miéhaka ; tiheky. ? matihento. Essouffler , Mahaséhoka,
mahaséhaka , mahatinéhana. vo mampiemponémpona,
miempoempo, manémpotra.

Essuie-mains, Lamba famoran-tánana.

Essuyer, Mamòtra, mamítra. vo Mamaoka, mamafa. —,
vo Endurer , être exposé à ; mifótra amy ny. Que l'on
essuie avec qc, fòrana, fírina; snr qc, Afótra, afítra amy ny.

Est , Atsiñánana , sk Atiñánana. A l'—, Any —. Aller à
l'—, Mañ —, h miantsiñánana, pv Maniñánana

Estampe, Sary.

Estimer, vo Apprécier, Compter. —, Mañaja , mieky,
mihévitra , mañengy azy. vo Faire Cas , Aimer. S'—, se
croire. Estimation , Appréciation: Estime, Fañajána, fano-
mezan'asy, fihevérana.

Estomac , Sarótro, ? tarafó. vo tratra, kibo. Le Creux de
l'—, vavafo. vo maivolòlon'pò, mañotikótika.

Estrade, Fitoérana abo, Lapa, kibány, sandrátana, tala-
tala fipetráhana. —, chemin.

Estropié, g Bólona, g.tólona; gólona, pv kólona; misy an-
tsa, misy handra, antsaina, handraina; kilemaina; mará-
tra; simba. vo Éréché, Boiteux; bolon-tánana, bolon-
tondro &. Estropier, Mankabólona, mamólona, man-
drátra, mandróbaka, mañándra, mañisy handra (ou antsa,
kilema) ; manimba, h manilema. vo Dégrader, Briser;
Mandíso, mañóva.

Et, g Ndraka, Ndraika; h Sy, h Ary; g No ou Noo , ou
Noho; (pv ? na, ? naa, ? naha); pv kela; g amy ny; h áma-
na; pv Mae; pv Mántaka; g miharo; g ka; g kala; h dia,
h ary dia; h sady, pv sakady, pv salakady; Et souvent il
ne se rend pas. Rakoto et Joary, i R — ndraka (ou sy,
miharo, mae, kala, amy ny, no) i J — . R—, J — et Boto,
h i R — sy i J — ary i R. Toi et R —, Anareo ny R; R — et
moi, Zahay ny R. Une piastre et un franc, Parata no (ou
noho) kirobo. Père et Mère, Reny amin-dray, Ray amin-
dreny. Il est Blanc et Noir, Fotsy no (ou noho) maintina,
No fotsy no mainty, fotsy amy ny mainty izy ; fotsy om-
bána mainty izy; sady fotsy izy maintina , sady fotsy no
maintina izy; h fotsy sy no mainty, sady fotsy sady mainty .
Il fut blessé et il mourut, voa léfona izy, ka (ou kala, h dia,
h ka dia, ary dia) naty, voa sabóha izy, naty. Il est haut et
gros, sakady abo izy be vátana. Il le voit et il l'affronte, hi-
tany noho sotròhi'ny. Me voici dégagé et en liberté , afak'
ólana aho noho vótsotra. Et, vo Mais, Cependant.

Et cætera, Ndraka ny tavela, sy ny sásany, sy ny hafa
rebétra ; &.

Étable, Vala n'aomby, trano n'aomby; vo fáhitra, fahy, kijá.

établi, Latábatra fiasána.

Établir, Mampitoetra, mampifitaka, manoetra, mamétraka, mampipétraka; manórina; manángana; manatao; mankafátatra; mamátratra, mankamafi-toérana; mampiónina, mampónina. —, Mampivady, mampanambády , vo mampiraharáha, manamáfy, manándratra, mamétra, mamórona; manisy; mankamásina, mametra-boanjo; mamántsika; mampamáhatra. S'—, mamáhatra, mifántsika, manórina fitoérana, mitoctra, mónina; Mamórona, mamáhatra, manangan-tráno, mifitaka mipétraka, mifántsika, miórina, manorin-téna. —, N'anambady, mampáka-bady. Établi, Efa tafatoetra, tafipétraka, tafiórina; nahafórona, naháváhatra. Établissement, Famorónana, fanoérana, fanorénana, fampitoérana; Fórona; voanjo.

Étage, Isany fanongoávany; Efi-trano ambóny, Efite' ambony. Des—, Efitrano mifanongoa, Maison à 3—, trano telo éfitra mifanongoa, trano telo fiakárana, telo talatala. vo Tóhitra, láfatra holáfany, ankoláfany, riha, ríhana, Ambaratonga, tora-páfana, lampihazo. Depuis le 3 —, hatr'amy ny trano fahatelo mifanongoa. vo Antóka, antóana, fiantóhana, fiantoánana.

Étagère, Talatala, toeran'éntana. —pour boucaner, Salázana.

Étai, Tóhana, Fáhana; ? tóhatra. famahánana, fanohánana, fanankínana; iankínana.

Étain, Firaka. ? trokonengimalandy. ? fomahery.

Étaler, Mamélatra, mamelabélatra ny z havidy; mamávatra, manámpatra, mandámaka, mandrápaka, mamaha, mamahaváha, maneho, mamóaka; manantonkántona. vo Milanja handriánana. S'—, se montrer, S'étendre. Étalage, Famelárana, famoáhana, fanehóana, famavárana, fahavavárana; vo hánina, haingo, ómana; fireharehána, fidosíana.

Étalon, Lahy ntsovaly.

Étamer, Manósotra firaka azy, manóso-piraka, manao ankoso-piraka.

Étamine, Lambamalálaka fitavánana z, Lamba mangarakáraka fitsongorána, —, Lahi-mboninkazo.

Étamure, firaka ahósotra.

Étancher le sang &, Mampitsángana ra mitsororóka, mandreki-dra, mampitsaha-dra, manampin-dra, mandridio. — la soif, manáfaka, manala ny hetaheta.

Étang, Farihy, ranovory, mahetsa-bory, ? vorirano, Kamory. vo faria.

Étape, vatsy ny miaramila ampandehánana, ny dia atao ny miaramila indraik'andro.

État, Toetra; fitoérena; vo toe-bintana. —, fanjakána, tany. —, raharaha, fanao, antony; hatsarána. En bon—, h antsalamany. En—de péché, Ituérany ny ratsy, misy ratsy.
Étau, g Vahoho.
Étayer, Manóhana, mamáhana, Mañisy tóhana (ou fáhana; éfaka). Manánkina. S'—, Miánkina.
Été, Lohataona, Fahaváratra.
Éteindre le feu, Mamono afo, Mahafaty motro. vo manimba, mandévona, mahavery, S'—, maty. vo very, lévona, simba, efa foana. ÉTEINT, naty, efa naty, maty. ÉTEIGNOIR, Famonoan-jiro, famonoan'ilo.
Étendart, Saina, faneva, berámbona; hémbana.
Étendre, Mamélatra, mamávatra; Mandámaka, mandáfika, mamáboka, mañénjana, mañámpatra; mañitatra, mañátatra; mandrórotra; mañely, mampandroso. S'—, ÉTENDU, mivélatra, miámpatra, hénjana, mihénjana, miátatra, mitatra, milámaka, mirápaka, mibáboka, miézaka, mihénjitra, mivalámpatra, miely, miróritra, mitsótra, mitsítra, mivalandotra; iniveñaveña. vo ATTEINDRE. bamba, Lambaray, misabóboka, manao masa-daza, mitsingádina,
Étendue, Ny habézany ny halavána ndraky ny hatahírana; vo Espace.? fivelárana, L'—de son pouvoir, ny táka'ny, ny fahefá'ny, ny tra'ny.
Éternel, Tsy manan-taloha tsy manam-panampérana; tsisy taona, tsy nisy fanampônana tsy ho misy fahatapérana; laitrizay andrakizay; tsy támpitra, tsy maty, tsy tsófotra andrakizay doria; mandrakizay, ambarakizay, tsisy fiefána; ? tsisy lañy. ÉTERNISER, Mampaháritra andrakizay.
ÉTERNITÉ, Ny andrakizay, ny tsy fanampérana.
Éternuer, Miévina, pv mitsihena, pv mivéna. ÉTERNUEMENT, Evina, tsihena, vena, fievénana, fivénana. vo ho velona! tsik'aby. Tsitiandrofy.
Étêter un clou, Manapa-doha, mañala loha azy.
Éteule, Esteule, Vodivary afa-páhiny.
Étincelle, Difik'afo, pik'afo, kalalaon'afo, tsirinafo; afo mipítsoka. vo éclair. ÉTINCELANT, étinceler, mandifik'afo, mandifika, maniritsiry; manorak'afo. vo BRILLANT.
Étique, Marary Étisie. Mahia, tratraina.
Étiquette, Sóratra apétaka ambony ny fañósana hahafantárana ny z añaty ny. Márika, famantárana. —, Fañajána, fanao, fatao.
Étirer, Mañátatra, mañitatra, mañénjana, mañánjaka, mañanjakánjaka, mandrórotra, mandróritra, mitárika, mañézaka. S'—, miróritra, mihénjana, miátatra, miézaka.
Étisie, Arétintratra mankahia.
Étoffe, Lamba. —, matière. Étoffer, Mañisy — amy ny;

mamoño — azy, manafy azy. vo Sikina, tafy, saïmbo.

Étoile, h kintana, pv Anakintana. — du matin, — fitarik' andro. — tombante, Tai-nkintana. ve Vasiana, Basia. Destinée. Feuille étoilée, rávina misampantsámpana, bœuf —, Aomby pai-doha.

Étole, Sampy ny mpijoro; Lamba atao Sampiamponga.

Étonnné, s'étonner, Tsérika, Gaga, mañana, talánjona. vo rikiana, varivariana, h kéhaka, h kéhana, h képoka, kepoképoka; h mahorara, mitanaka, mivanaka, h zendana; mitam-bava, misañaka. misañaña. —, étonnant, nahatsérika, mahagaga, mahamáñana; mahatalánjona, vo mahazendana, mahavariana, mampivadi-po, mahaveri-saina. Étonnement, Fitseréhana, hatseréhana, fahatseréhana, fahagagána, hagagána, figagána, fahatalanjónana. Je m'étonne qu'il n'y en ait pas, gaga aho no tsy misy.

Étouffé, s'étouffer, Sémpotra, maty fiaiñana, sétroka, málitra, tsisy iaiñana, sempórina; setróhana; bohia, kenda. Étouffer, Manémpotra, mahasémpotra ; mahabohia, mañenda, mahakenda, manetroka, mamono fiañiana, mamono, tsy manpiaiña. vo Chaleur étouffante.

Étoupe, ? Vémbaka, hotontady, hoto ratsy, ? bókaka. Étouper, manéntsina.

Étourdi, Endrinéndrina, miendrinéndrina, tsy mitándrina, vañavaña, adaladala, deridery. vo Distrait; mitoditódika, miandrandra, fúnina, veriveri-jéry. mivendrivendry, mifarifary. — fánina, fanimpánina: tórana; mañantselatsélatra. —, maréñina. Rendre —, Mañendrinéndrina, mampiendrinéndrina. Étourdir, Maharéñina, mahatsintsiña, mankaréñina; mamánina, mahafánina, mahaveri-saina; manórana, mahatórana.

Étourderie, Haendrinendrérana, haendrinéndrina. Étourdissement, hafaniñana, fahafaniñana

Étrange, Hafa, hafafiaiñana, hafafiaiña ; mañantambo toérana, tsy fatao loatra, hafa-fatao, hafahafa; loza, mandoza.

Étranger, Vahiny, ampénjika, hafarázana, olonkafa, olontrafa, olon-ko-azy, olombahiny, tsy tamána, tsy zatra, vahiny avy añy an-dafy, hafa-tany, hafa-fatao; añindrany; antañindrany; o mihafahafa.

Étranglé, s'étrangler, Kenda, sakáhina, kela. vo kendatsintsiny, goeka, geoka. Étrangler, Mañenda, mahakenda, mikenda, mikela o, mahasakáhina, maneri-feo, manageoka, managoeka, mamim-peo azy.

Être, *Il est compris dans les formes neutres ou bien il ne se rend pas.* Il est malade, grand, entré, sorti, Marary izy, abo izy ; efa tafiditra, efa tafibóaka izy. Comment est-il, Akory izy? J'étais debout, nitsángana aho. J'y étais, tany aho; C'est moi qui y étais, Zaho no tany. C'est à moi, Ahy, anahy, anakahy izy. Le temps est à la pluie, Hañòrana ny andro. vo Ary, misy, no.

Être s, Raha, sk Zaka, h Závatra.

Étrécir, Mankahifitra; mandétra, mankaletra; h manety. S'—, mihahifitra, mody maletra; mahzalétra; vo se Contracter; mikainkona. Étrécissement, hahifirana, halérana, ? haety.

Éteindre, Mamehy maré; mamiña, mamihina, mangeja, mangia. vo manòtaka, manotakótaka, manólana.

Étrenne, vo cadeau. —, ny z faharaiky avidy maraindraina. —, z omena o amy ny taom-bao; h Jaka, z omena amy ny fandróana. Sambasamba. Lui donner des —, manjáka azy. Étrenner un marchand, somila mividy z amy ny. — qe, Mañala sambasamba azy, Manántatra azy.

Étrier, Fitoéran-tóngotra ny o ambony sovaly. Tsi-mahalátsaka. Avoir le pied à l'—, tongotr'ombi-an-dákana.

Étrille, Fihogo ntsovaly, borosi-lahy; fihogo-lahy, fandrokotan-tsovaly. Étriller, mandrókotra, mihogo, mitráboka, mandrángotra, mamborosy sovaly. — q, le Battre.

Étriper, Mañala tsinay, mamòraka tsinay.

Étriqué, Maletra.

Étrivières, Tady ny *Étriers*.

Étroit, g Malétra, h maetry, h maéty; mahifitra. espri, —, Mivonkin-tsaina, mamokin-tsaina. A l'—, Andetrat anéty, anétry; mifankaletra, mifandetra, mifampandetra, mifanety; vokeky. vo teréna, tsindriana. Étroitement unis, Miraika pámaka, maray páka.

Étronçonner un arbre, Manapa-doha hazo, mamólona azy indrindra, Mamóngotra hazo.

Étude, Fianárana. Étudiant, Mpiánatra. Qc étudié, Z nianárana; Affectée. Étudier, Miánatra. S'—, — teña; Mihévitra zay hahavitána; mamoron-tsaina, mimenin eny ny tókony hahefána. vo s'Appliquer.

Étui, Sárona, trano-njávatra; sarom-panjaitra, tranom-panjaitra. Mettre dans l'—, manomby, mandátsaka, manórona azy antsárona.

Étuve, Trano mafána be.

Étymologie, Fòtotry ny vola, foto-bólana, foto-teny; aviany ny vólana, fihaviany ny teny.

Eucharistie, Okarisitý, Eokarisitý.

Eunuque, Olom-bósitra, olona vósitra, ? vositr'ólona.

Euphonie, Eno malemy, feo mahafináritra. Eno maléfaka ambava.

Europe, Tany be any avaratr'any aviany ny Farantsy,

ny Angilisy &; Tany ny vazaha. Eoropa, Oropa. EUROPÉEN, Olon'Eoropa, Anti-Eoropa ; Vazaha.

Eux, Reo, ireo, zareo, izareo, izy.

Évacuer des humeurs, Mamòraka ny z an-kibo, mangery, mandròaka, mañary azy. — la salle, mivòraka, mibóraka, mivóaka, miala amy ny trano ; mamoana, mahafoy, mamoy ny trano. — n, mangery, mamòraka. — des troupes, Faire — le monde, Mamòraka, mampibóaka ny o. ÉVACUATION, Famoráhana; fivoráhana; vóraka, z avóraka.

Évader : s'— ; Mangala-dálana hilefa ; s'ÉCHAPPER, s'ENFUIR.

Évagation, Fifafifafizany ny jery, vo DISTRACTION.

Évaluer, Mañisy tóñona z havidy; h manómbana, milaza ny vidy ny ou ny tòkony handefòsana azy; mañisa. ÉVALUATION, h fanombánana, tómbana; vidy ny; vo tetiny.

Évangile, Filazan-tsara ; ny Fañambarány ny *Jesus-Christ*; Evanjily. EVANGÉLISER un peuple, Mañambara azy ny —.

Évanoui, s'ÉVANOUIR, Tòrana; fánina; lévona, mirávona; tonga zava-poana. vo Disparaître, annéanti. Faire —, Manórana, manánina, mahafánina. ÉVANOUISSEMENT, Hatoránana; hafañiñana

Évaporé, s'ÉVAPORER, Miráratra, Lévona, lasan-ko-rivotra; manjary fòfona, ritra, manjary ráhona, roso-ho-fòfona. —, Afa-pòfona. Mirávona. vo s'EGARER, CESSER; mirara-kévitra. ÉVAPORER, Mandráratra, mandritra, mahalevon-ko-fòfona; DISSIPER.

Évasé, Misoka-bava, mivoha vava, talélaka, talela-bava, talia-bava. vo mibanabána, malálaka, mivava, mivazavaza. ÉVASER, Mamoha, mamoha-vava, manókatra, mankaláaka, mampibéaña, mampibanabána, mankatalélaka.

Évasion, fiariana, fialána, filefána, fandosirana. Réponse ÉVASIVE, Valy —.

Évêché, Tany va trano ny *Evêque*.

Éveil, Famoházana sófina. Donner l'—, Mamoha sófina, mampitándrina.

ÉVEILLÉ, Tsy mandry. vo Dégourdi, Actif.

Éveiller, Mamoha, mampifoha, manala toro-maso. s'—, Mahatsiaro, mifoha, áfaka toro-maso.

Évènement, z tonga, k avy, z manjó; h z sendra, tonga. vo Po-tany, antambontány, hintantány.

Éventail, Fihimpa,fañimpa; firáratra, fandráratra. ÉVENTER q, Mañimpa o; — et dissiper un secret, Mandráratra; mamahavaha, mañeliely azy. vo Kororóka, tánina, tapy. — du vin, Mañafa-pòfona, mañala-fòfona, manabóka, manatsatso azy; mañidi-drivotra aminy. s'—, mañimpa teña; miraratra, miravona; s'—, ÉVENTÉ, Afa-pófona, matsatso, afa-daro, efa-boka; áfaka, roso.

Éventrer, Mamaky kibo, mañala tsinay azy, mandriatria-bòtraka, mandoa-bòtraka; ? manao sarikáty azy, mamó-traka ny tsinay ny.

Éventuel, Avy foana, h sendra tonga; vo Accidentel.

Évéque, mpijoro be mifehy mpijoro maro. Evêka. mpijoro mpiandry, mpitándrina.

Évertuer: s'—, mañary havozóana; mihíavitrika, mihía-hery. vo s'EFFORCER.

Évident, hita mazava; hita avokoa, hita indrindra; tsy mitakona, tsy takofandraha; h miharihary, pv miharinkári-na, g mañerinérina, mierinérina, mérina, miérina; mischo. vo ? ankarihary; baribary, mibaribary, ankazihazy, miva-navána, an-kay, mibanabána, márina, mahitsy. APPARAÎ-TRE. ÉVIDENCE, ny hazavány ny z hita; ny tsy azo isalasalá-na, fisehóana, ny mahahita azy; hamarinana, ny to, ny márina, ny hita mazava.

Évider du linge, Mamíaka, manótoka lamba. vo Échan-crer, Canneler, Découper. Mañalála amy ny, manal'aty, mi-sitry. vo Homároka.

Éviter, Miary azy, vo Miala, miésotra, milefa, mandósi-tra, miáfaka amy ny; vo ABANDONNER, (Passer de) CÔTE. — de faire... miary ny fanaóvana... s'—, Mifampiary, mifampiala, mifampilefa, mifandósitra. ÉVITABLE, azo-iariana, azo ilefána, azo andosirana.

Évolution, Vava-dia ou velabela-dia ny maramila maro. famindran-dia. Faire des —, Mamindrafindra-dia, mamo-ripori-dia, manao dia mivalombálona; mivélatra, mifelipé-lika.

Évoquer les morts, Mañantso ny maty bibóaka.

Ex-: Ex-ministre, Ex-roi, Ránitra taloha, mpanjáka fa-hiny.

Exact, Tsy misy diso ndre kely, avy amy ny maso ny, avy amy ny hítsiny, andráriny, andríndrany, latsak'an-drindrany, márina, mahitsy indrindra, mihitsy; tsy diso fo-tóana, avy amy ny fandríany, rékitra maeva. Q—, tsy ma-ñota, tsy mandiso na kely aza, mazoto hanao z. EXACTITU-DE, Fitandreman-kanao amy ny hítsiny; Ráriny, hahitsia-na, hitsy, hamarinana; fañitsiana.

Exacteur, Mampandoa loatra, ? mpangala-pihínana, h ho-ramontso, mpanao rombabahona, mpanao ankery. EXAC-TION, fampandoávana loatra, ny maka mihóatra noho ny azy, ny maka ny tsy antónony ny málaka ankery.

Exagérer, EXAGÉRATEUR, Mampitombo laza, mandaza loa-tra, lila-pandazána, manóvona, manao ma sa-daza, manao laza másaka, mankadradra-daza, mankabobo-daza. Exagération, Tombon-daza, lazabóboka, fandazan-doatra, laza-diso, laza lilatra, fampitombosan-daza, havontosandaza, laza tsy anérany, fandazána diso érany; ? laza-másaka, masa-daza, laza-mbositr'andafy. masakidina.

Exalter, Manándratra, manaboabo, mananoáno. vo Élever. mankalaza, h midéra, mandáza, manéngy; manandriana. manandra-dáza, mankabe-láza, mamparésa-dáza; ? miarahába. S'—, S' Enthousiasmer. Exalté, vo sangána, sandrátana, sandrasandraina, nasándratra. Exaltation, vo Élévation, Enthousiasme.

Examiner, h Manádina, pv manaliñáliña, mieritréritra, g mañeriñéritra, mandinika, h mitaratara; g mamasavása, misaina, mizaha tsara, mihevitrévitra; mizaha toetra. vo Manávina, mamótotra. —, Interroger. S' —, — teña; — nv am-pó, — ny ratsy am-pó, manjéngy ny ratsy ampó. Examinateur, mpanádina, mpanaliñálina; mpanentány. Examen, Fanadiñana, fanaliñalinana, fanaliñalénana; fañeriñerénana; fieritrerétana, fandin'hana, fitaratarána, famasavasána. — de Conscience, fanjengiana, h fitadiávana nv ratsy am-pó. — Interrogation.

Exaspérer, mankatézitra loatra. Exaspération, haliláran-katezérana, haviniran-tsontsôraka; héloka be. Exaspéré, vo Courroucé.

Exaucer, mitaino hátaka, nihaino, manéky, manáraka, manóina, mino; manátrika, manámbina.

Excaver, mangady lálina, mandávaka, mandálina, mandóaka. vo creuser. Excavation, fangadiana, fandempónana; vo Un Creux.

Excéder, mandilatra, anon-tsôraka, mandikoatra, mihóatra, mandongóatra, lilatra, tsontsôraka. —, manan' amby, misy amby; loatra. vo mihoapámpana, lilatr'ohatra, mandroadróatra, mandokótra, mandompotra, mitorak'ampivalánana, disolaka. l' Excédant, ny amby ny, ny loatra; vo sisa, tombo, songony, tsentsintsiomby. —, fatigant.

Excellent, Tsara indrindra, soa alohalóha nv námana, tsara dia tsara, sksenga la senga;angiangy ny ziaby. Vo pehina, tsihitapesenina, lani-era, tsihitavanávana; fg, matavy, mamy. Exceller, mihóatra nv námana; ambonivóny, lombolómbo, tsaratsara noho ny námana ziaby, maharésy; vo Dépasser. Excellence, hatsára, hasénga-be, hatsarána, hasengána, haevána; hatavézana, hamamíana; vonináhitra abo indrindra; ? saranga be, habézana, Handriánana, babôsana, halláran-katsarána.

Excentrique, mankalávitra ny anívo, mifoti-dia amy

ny maro, mañambóho ny fiheóñana, mañantámbo fatao. vo Bizarre.

Excepté les enfans, à l'Exception des enfans, pv Laha (h Raha, h Afa) tsy ny zaza; ny zaza foana *no* aílika (*ou* áfaka, tsy isaina, tsy añáty ny, aésotra, asáraka, alána, tsy alaina, avela, apétraka). Les Excepter, tsy mañatao azy añ'isa; manilika, mañésotra, manáraka, mañáfaka, mañala azy. vo Sañatría.

Excès, ny Amby, ny ambonivóny ny tókony, ny mihóatra, ny be noho ny ilaina. vo Excéder. — fg, Intempérance, Outrage.

Excessif, be loatra, mandílatra, manan'ámby; tsy hita halalíñana (*ou* halavírana, halavána, hatsarána). Mandroadróatra, tsontsòraka. vo loárana, doáfina; loza; loza lóatra.

Exciter, mamóha, mampiavy, Mandrísika, h mamporísika. vo Mampi-, Mampan-, Maha-; Manándrina, manétsika, manindrona, manílona, mampitaitra, mañónjona, mandrónjy, manao sesi-ákoka, mañome tóky; mitárika, mañátsika, mankaménjika. S' —, Mifandrísika. vo Mifandrónjy, mifanésy, mifampitárika; mifanjáña. Excitation, Fandrisihana, famohazana, fañonjónana, fandronjíana, fañetséfana, fañandrínana.

Exclamation, Tarañia, fitaraiñana, fiantsóana; Résaka fitserehana, teny haravóana. Point d' —, sora-pigagána.

Exclure, Tsy mampíditra; mañésotra; mamela, tsy mañatao añ'isa, tsy mañísa, vo Chasser. S' —, Mifañísotra, mifañála, mifamóaka. Exclusion, Famoáhana, fañesórana, fandroáhana.

Excommunier q, Tsy mampímbona azy koa amy ny kretiena; Mandróaka azy amy ny Egilizy; mañávaka, mañilika azy. Excommunié, o fady, tsy imbóñana, nariana, naílika. Excommunication, fandroáhana amy ny Egilizy, tsy fampimbóñana, fañaváhana amy ny kretiena.

Excorier, vo Écorcher.

Excrément, Tay, taim-bódy; vo taindroroha, tambôraka; rorohantain' ólona.

Excrétion, Tay, taindráha.

Excroissance, h kiambo, ? Dórina. sòsoka nofo amy ny vátana.

Excursion, Dia an-tany lavidávitra. Faire des —, mandehaleha, misitrisítrika. vo Errer.

Excuser q, Mañala tsíñy, mañal'ántsa, tsy maníñy, tsy mañády; mañome lálana, mañandéfa, mandéfa; mañáfaka azy. S' —, mila fialána, mila fiaríana, Mila ho áfaka, manao zay hialána; mañála tsíñy teña, miala tsíñy, h miаla safay, h manalady, mila fañatábantena; mañariary, mila fandávana, mihémotra. vo Mañodiody. Excuse, Vólana fañalan-tsiñy; fialána; fiariana tsiñy. Excusez-moi, Azafady, aza maty; matesany aho; ekeo ny fandáva' ko, alefao aho, aza tsiñian' ao aho, alao tsiñy aho. Excusable, tòkony ho tsiñiana, tòkony haléfa, tsy tòkony ahina, tsy eta loatra, tòkony halána tsiñy.

Exeat, Fañomézan-dá ana hibóaka, ialan-kivoaka.

Exécration, pv Sabóho, h Sahato; g fititihana, titika; pv hótoka, h sahely, h sariko; fañotóhana, ózona, fañozónana, sao-dratsy, saotra, fisao an-dratsy, vo Détestation. Qe en —, Exécrable, z fivoadiana, z fifantána, z hala, sabobóina, ozóñina, tòkony hozóñina. Exécrer, Manabobo; misahato, mitilika, manótoka, misahely, misariko; misao-dratsy, mañózona.

Exécuter qc, vo Accomplir. — q, Monsono, manámpitra, vo manao vono-trebotrebo, ou vonomóka. Exécution, fanodiana, fahatanteráhana, famonóana, fanampérana. Exécutif, Mahavita, maheta, mahatámpitra; mahefa mamono.

Exemple, s, Lamy, z fiañárana, óhatra, érana, z ianárana, z aráhina; fañalan'óhatra, fañalan-damy, fianaran-damy. —D'écriture, Lamy fanoratana. Donner bon—, Mampala-damy tsara. Prendre—, Mala-damy, maka lamy, maka óhatra, miánatra, mañáraka. Exemplaire, tòkony halaina óhatra, tòkony halaina lamy, tòkony haráhina.

Exempt, Afaka amy ny fanompóana, tsy añaty, nasáraka, nailika; naésotra, tsy azo ny fañiráhana, tsy añaty ny isa, tsy azo ny malo, tsy azo ny diditány. Exempter, Mañáfaka, mañávaka, mamótsotra, manáraka, mañésotra, mamela. Exemption, fañafáhana amy ny fanompóana, fañaváhana, fañesórana, fañilihana.

Exercer q, Mampiasa azy mora izy zatra; mankazátra azy, mampanao z azy, mampanaotao z azy; mampihétsika, mañositósika, tsy mampandry, mampiraharaha, mampizáka, mampizava-draha azy. — un art, manáraka, manao, miasa. —, Éprouver S'—, manaotao mora hahay, miraharaha, mizáka, mizávatra, miánatra; mila ho zatra miasaása, mitsapatsapa, mañándrana; miasadia, misaintsaina. Exercice, Asa atao inarárana, fianárana, asa fankazárana, asa mahazátra, sari-ady, fianáran'ady; ady fianárana, Faire l'—, Mianatr'ady, miana-défona, miana-basy, miánatra tora-défona; ...a feu, mifañoro.

Exfolier: S'—, Miselatsélaka, misilatsilaka, miofo, maendakéndaka. Exfoliation, fiselatseláhana.

Exhalaison, Fófona; de la terre, fofontány Produire des —. Exhaler une odeur. Mamófona, manoa-pófona. S'—,

Mamòfona, mamoa-pòfona, afa-pòfona, miraratra, afaka, vòtsotra, roso, lasa, lèvona, miràvona, miely, mieliely, mifafy, misòndrotra, manjary rahona. vo S'ÉVAPORER.

EXHAUSSER une case, Manòndrotra trano, mañaboaho azy.
EXHIBER un papier, Mamòaka, maneho, manoro taratasy.
Exhorter au bien, Mitaona, mitá.ika, mitaritárika, mandrísika amy ny tsara. vo mañanatra, mamporísika, mandroso, mampandeha. S'—, —tena, Mifampitaona.

Exhumer, vo DÉTERRER; mamoha, mañòmbotra. ExHUMATION, fañokòram-paty, fanohizam-paty, h famokòrampaty.

Exiger qc de q, Mitaky z amy ny o; mangeka (ou mañasa, mandidy, manery, mametsa mangegàka) o hañome z; manao terisetra (ou teriheky, teriméka, teri-vaimanta) azy hañome z. vo Mampandoa azy z; mitaky, mila, mitady z amy ny; mangátaka an-kery. EXIGENCE, Fitakíana, vo fangacahana an-kery; fanerèna o, filàna, fitadiávana. Teriheky, terisetra, teriméka; fangegéhana e hañome va hanao. — rigoureuse, h Antsongorávina, pv tsengorávina, h antsoláfaka, h antendrivary, h antsongotsóngo, antsóntsany, Être EXIGEANT, Manao—; mitsongo halokely. EXIGIBLE, azo takéna, tòkony ho takéna. vo Alain-jazabodo, alainjazatsimiteny.

Exigu, Madinika indrindra, sk malinika, bítika, birítika, kely hiany, kítika, kirítika, kirikítika, kilikítika, matify. EXIGUITÉ, hadinihana, halinihana; hadinidinihana, ? habitihana; hatifisan.

Exil, Sesi-tany, roaka-tany, ronji-tany; fanesian-tany o, fandroáhan-tany o. — de q, tany ivahinia'ny, ny tany lávitra namarínana azy, ou nanokánana azy, nanesíana azy, nandronjíana azy; ny tany itokánna'ny, ny tani-mbahiny itoéra'ny. EXILÉ, vo BANNI. EXILER q, vo BANNIR, Mamárina, mañiraka azy an-tani-mbahiny. Il a été exilé en Afrique, navárin-dreo tamy ny ny Tani-Afirika azy.

EXISTER, EXISTANT, Ary; vo Vélona, zary; misy, manjary, efa, ao, miaiña, vo Être. EXISTENCE, Havelòmana, fahavelòmana, fiaiñana.

Exode, (Fivoáhana,) Ny livatra faharoy amy ny Bible.
EXORable, Azo ivalòzana.

Exhorbitant, vo EXCESSIF, EXAGÉRÉ.
Exorciser q, Mandróaka ny demony ámy ny, mañala-lolo azy, mamáditra, mañáfana azy, manala-faditra azy. —l'eau, Mijoro ny rano. EXORCISME, Teny fandroáhana ou famoáhana, fanatsoáhana ny anga-dratsy amy ny o itoera'ny; famadirana. EXORCISTE, Mpamòaka ny demony.

Exorde, Filazan'aloha, Vólana fidirana, Lohateny, vo

Famakian-tsárona ny k; fanampônam-bólana, ventinteny.

Exotique, Tsy vókatry ny tany; avy amy ny tany hafa; antanindrany, h tanindrany.

Expansible, mety mivoha, mety mitatra, mety mivélatra.
EXPANSIBILITÉ, ny ahazoany hivoha, ny etézany hivélatra.
EXPANSION, Fivohána, fivelárana. — épanchement.

Expatrier, vo Exiler. s'—, miala tany ndrázana, mandeha hivahiny an-tany hafa.

EXPECTATION, vo Attente.

EXPECTORER, vo CRACHER.

Expédient, z nahatahy hahefan-draha; fanaóvana, fahavitána z, fahatongávana, fanampíana; z tsara hahatodíana. — a, tókony

Expédier, manámpitra (ou manáfaka, mandány, mamita, mankéfa, mamono) malady; maniraka o malady, manao iraka may azy. EXPÉDITIF, mahefa asa maláky, malady fanaovan-jávatra. h faingam-panao z; maháfaka asa malady. EXPÉDITION, faniráhana, malaky; fanaóvana malady; fanirahan-táfika; táfika iráhina.

Expérimenter, manándrana, mitandreñy; ou — hásina, — hery, — hatairana, — fófona, — fanahy azy. vo ÉPROUVER. EXPÉRIMENTÉ, efa nanándrana ka mahafantátra; mahalála, hendry, efa zatra.

EXPÉRIENCE, ? Fizárana, fahaizan-jávatra, fanandrámana.. Dont on a l'—, z zárina; z hay, z fatao, voa ándrana, efa azo fanaóvana, fanta-panaóvana.

Expert, efa mahay, efa zatra manao.

Expier un crime, mankalilo tena (ou mankefa) amy ny ratsy natao; mamodifody ou manala, manésotra ny ratsy natao; málaka fijaliana hanaláña ny ratsy natao; manala héloka ou loza, manao tsara hasolo ny ratsy; EXPIATOIRE, maháfaka ny ratsy natao..

Expirer l'air, Manandéfa ou mamóaka ny fofon'aiña, —n, manal'aiña, mial'aiña, afak'aiña, tampitr'aiña, maty, naty; lasan'aiña, roso aiña. EXPIRATION, famoáhana ny fofon'aiña; fanampérana, fahafatésana.

Explétif, Ambi-mbólana, amby ny, fanampíana, ? fanampindrésaka; ? fianonam-bólana; ? teny manampy.

Explicable, Azo lazaina hévitra, azo vavárana. EXPLICATIF, milaza zay hévi'ny, milaza marimárina, mahavávatra ny fótony. EXPLICATION, Filazána ny hevi'ny, filazán-kévitra, famelárana, famavárana, fahavavárana ny fotony k; fanambaráña marimárina.

Explicite, Voa tónona tsara, ? voa fepétra, ? nafepétra; voa laza marimárina; ? namepérana, ? namérana.

Expliquer, Manambára marimárina ny hévi'ny ou ny fotony. mamélatra, mamávatra, mahavávatra maméraka azy. milaza zay ántony. S'—, — ny ampó; —, misehosého. S'—, mifampiláza jery ntena; mifamávatra jery.

Exploit, Ny atao ny mpahéry amy ny ady, atao amy ny ady, atao tókony ho valian-dráriny, atao tókony ho deraina; ady reñy láza.

Exploiter, Mampitéraka haréana azy; mikárona ny haréana añaty; mambóatra z ho vókatra.—une forêt, la Couper. Une mine d'or, mangady tany misy vola ; mikarom-bola añaty ny tany. EXPLOITATION, Fikaróñana ny haréana añaty ny, fangadíana hal.azo haréana.

Explorer un pays, Mizahazáha tany hahita ny z ao amy ny; vo mitsapatsápa, misafosáfo, mandiadía, mañitsakítsaka tany; EXAMINER. EXPLORATION, Fizabazaháňa, fitsapatsapána, fandinihana.

Explosion , Póaka , Poka; fipoáhana , fipóhana , h takótroka, h réfotra, vo rémotra, tapóaka, pv réfoka, Eno. Faire —, mipoaka, mipóka; mañéno, mirémotra , mitapóaka, mitakótroka, mirohona.

Exporter, mamóaka azy amy ny fanjakána , mitondra azy an-tany hafa; mamárina. EXPORTATION, famoáhana azy ho añy amy ny tany hafa.

Exposé, s, z voa laza; filazan-draha; famakian-kabary; zambara, fañambarána. vo vakimbantsílana. vo Explication. — a, hita mazáva, miharinkárina, h miharihary. vo ÉVIDENT. — au danger, ho voa ratsy , mora ho voa, maríny z mahavoa , miánkina ou misampy amy ny z masiaka; au feu, an-tsaly; au vent, Antsíoka , ankatsíodrivotra, — à tomber, anedinédina, mora látsaka. vo en DANGER. EXPOSER, mamóaka z ho hita, manoro, mañambara, maneho azy; mamélatra azy imaso ny o. L'—au nord, Mampañaváratra azy; à l'Est, mampaniñánana azy. — un af , Mamaky, maméndrana, milaza k; mañantóka, ? manóka, h mañantóana k; mano-bólana, mirasa-vólana amy ny k; mañambara, mamoaka, maneho; mamaky, mamélatra h ; ? manátoka, manángana; vo DÉCOUVRIR, DÉTERRER. l'— au danger, Miánkina, manampy, mitono, maméla, manoetra azy amy ny z masiaka; mampidi-doza amy ny. — les enfants, mañáry ánaka; mañóhoka zaza. — sa vie, s'—, mañánkina aiña, aminy z masiaka; manampy aiña amy ny z mahavoa, mitoaiña, manao-vivery, manao aiña tsy ho z, mañary teña; mahasaky loatra.. mitono fo. S'— à des reproches, mila tsiñy, mila fañadiana, mila ho tsiñiana. EXPOSITION, n Toetra imaso ny maro; fitoérana, fipetráhana; ac de famoáhana; famakiana; fanehóana, famelárana; filazána, fañambaráaa, fañokárana; fanala-poño, famendránana.

Exprès, Íraka, o iráhina. Je l'ai fait —, Nahy ko, nahy natao ko, kinia natao ko, nikinia'ko, h nokasai'ko; sátry natao ko, satry ko, nía'ko. Qc que l'on fait —, z satry atao, kini'atao, nahy, z kiniana. Ne faites pas de faute —, aza Nahy manota, aza kinia mandiso.

Exprès, Ordre —, Défense EXPRESSE, Fepétra, h Pépetra; vo EXPLICITE. Recommander EXPRESSÉMENT, ? Mamepetra.

Expressif, misy tónona, reñv tónona ; vo mahatónona, manambara antónony.

Expression, Famiáhana ; rano-ndraha voafiaka. — d'orange, Rano-ntsohamamy voa fiaka. — juste, vólana (teny, fiteny, fivólana) mahitsy.—, tónona. EXPRIMABLE, azo tónonina, azo lazaina.

Exprimer le jus de qc, Mamíaka, h mifiaka z; manávana, manavantávana azy. —, milaza, manónona, manambara marimárina, mamóaka. S'—, miteny, mivólana, manónona.

Exproprier q, Manala ny fanánany, mikaoka o. — entièrement, vo Dépouiller.

Expulser, Mandróaka &, vo Chasser q. EXPULSION, fandroáhana, fitorávana.

EXQUIS, Fy, firò, mafy, matavy, mamy indrindra, matavy andela; soa dia soa.

Extase, Fandrekétany ny jery ambony any; fanahy rekitra amy ny z ; harikiánana ; haravóana maharikíana, ? tsindrimandry; fahatseréhana maharékitra. En —, EXTASIÉ. S'EXTASIER, Rékitra jery, rikiana, tafákatra saina, reki-panahy, tafasandra-panahy, ? h misebiseby; tsérika, gaga; pv mánana, h talánjona. Faire EXTASIER, Maharikíana, mandrékitra jery azy, mahatsérika, mahagaga azy.

Extensible, Azo atárina ou anjáhina, anjakanjáhina, tarihina, ampárina, ankabézina, halehibiázina. EXTENSION, vo ÉTENDUE; Prendre de l'—, S'ÉTENDRE.

Extenué, Fézaka, mahia, malazo-Vátana; afa-kery. Par la faim, malazo-mólotra, fézaka kibo, resy ny mosary. EXTÉNUER, AFFAIBLIR.

Extérieur a, h Ivóhony, h ivélany, pv ambélany, ambóhony. Son —, ny —; ny —, ny vóhony, hódiny, tareby ny, trano ny, fono ny, saro'ny. à l'—, An-tány, an-démboka; an indrana. Ceux de l'—, ny Antanindrana, h Tanindrana.

Exterminer, Mamono avokoa, manámpitra, mamóngotra, mandrìngana, mamóngana, mandány. EXTERMINÉ, Tani-fóngana, támpitra, fóngana, fóngotra, maty, fórona, forom-pótotra; vo DÉTRUIT, kao-poróhana, foróhan-támpitra. EXTERMINATION, Famongórana, fanampérana, fandaniana, fandringánana. vo Destruction.

Externe, Ulpiánatra mody hariva, manarak'andro mody, tsy mandry an-trano ianára' ny; h, ivélany, pv, ambélany.

Extinction, famonóana; fanimbána; fahafatésana, fafahatongávan-tsinontsínona.

Extirper, Manómbotra, mamóhatra, manóngotra. vo Déraciner, Exterminer. Extirpation, fanómbótana; vo Destruction.

Extorquer, Málaka amy ny hery va amy ny fitaka, amy ny fándrika; Mandrómotra, Mandráoka, manávitra; mangálatra, mitárika. Extorqué, azo amy ny hery, no fandríhina, finándrika, azo fándrika; niangaliana, niangotiana, karaha nangalárina, noramótina, rinaoka, noraofina. vo Mamovo. Extorsion, Fanaláña an-kéry; fandromótana, fandraófana, fangalárana, fikaróñana, fanarihana, fandrombáhana, fihavitana.

Extraire qc, Mamóaka, mitárika azy hibóaka; mikárona hanála, mitsókitra hanála; mamóaka, manatsóaka; manómbotra, manávotra, manésotra. — les bons, mitsimpona, mifántina, manáraka, manilika, manala ny tsara. Extraction, Famoáhana, fanombótana, fitsokírana, fitarihana. Extrait, ny tápany nalaina, ou naboaka; ? indram-bólana; sómbina, silaka; — de naissance de q, taratasy milaza ny andro niveloma' ny.

Extrajudiciaire, Tsy mifanáraka ou tsy omby amy ny lálana fimalóana.

extra-muros, Ao ambélany ny rova, h Ivélany ny rova.

Extraordinaire, Tsy fatao (ou tsy avy, tsy manjó, tsy hita) mazáña, tsy fanao loatra; tsy fohita, tsy foavy, tsy foreñy, tsy matétika, tsy mazáña; malala-piaviana, malanka-fiaviana, tsy manáraka ny fatao; manantambo, mandoza, manijy, manamánkona, manabôbona; Hafa, hafa indrindra. Qc d'—, Antambo, Loza, Ijy, Ajima, Samánkona, Sabòbona; et mieux, —ndraha, —njávatra. —njaka. vo Étonnant, Bizarre, Étrange.

Extravaguer, extravaguant, Mizenizeny jery, maniasiajery, mieliely saina, adaladala jery. Extravagance, Jery mizenizeny, vo Erber; fanahy minené; fielielezan-tsaina, hadalan-jery.

Extrême, Tody amy ny fanampérana indrindra, tampidia, be indrindra, tsy mety bebe, fárany indrindra, ambony indrindra, mihoatra, tsy laka-dañy, Ses—, ny lany ny, tendro ny roy, ny fanampérany; Extrêmement bon, tsara indrindra. — cruel, Loza loatra ny hasiáhany; masiaka mena izy. L'—onction, Ny Fara-hósotra, hoso-párany, fanosoram-párany, fanosórana ny marary. L'Extrémité, ny Tendro ny, loha ny, támpony, fizíony, fárany, lany ny, faravody ny, vázany ? faraletsy. —de la machoire, ny Lanilany; —des gencives, ny lanivázana; —de la terre, ny Vazan-tany. Q à l'—, o mariny ho faty, efa ho tampitr'aiña; h ambavahoana, 'mby ambavahoana. vo Edinédina, anedinedin'ala, ankedihédintány; enginéngina.

Extrinsèque, vo Extérieur.

Exubérant, Marisarisa, mandrisarisa; ? mihisahisa, mañisahisa, milenodénoka, ? milobolobo, mandroadróatra.

Exulcérer, Mody fery, mihady, hômana.

Exulter, Mitroatróatra, miravoravo, mivarivary, mirodondródona amy ny hafaliana, ? miramírana.

Ex-voto, z atérina amy ny Zanahary hanalan-boady, z fanalam-boady.

F

Fable, Angano madenga, tsilengalenga, tsivandivandy, h Arira, h hatsikiana, h hatsotso, h harankana. Conter des —, Mañangano, miangano, mianganongano; h manarira, h miarira.

Fabriquer, Manao, mañano, mizávatra; mamefy, mamórona. vo mandráfitra, mandréndrika, masaintsaina, manénona, mandrary. fabrique, Fanávana, fañanóvana, fanaovana, fizavárana; fanefiana, famorónana, fandrariana. —, fitehirizana ny fanáñany ny Egilizy. fabricant, Mpanao, mpizávatra, mpamórona, mpanefy.

Fabuleux, Be angano, foana, be vandy, tsy to, mandenga, mavandivandy, angano, anganongano; vo fable. Qui tient du—, Mil'angano, ombán'angano foana. fabuliste, mpanóratra angano &; mpañangano, h mpanarira.

Façade de la maison, ny Añatréfany, h añatréhany, añolóany, tandrify, aloha ny trano; ? ny maso ny.

Face, pv Lahara, h Tarehy, h tava, h éndrika, pv vajihy, pv sora. vo tokotanintarehy, toetra. A 3 faces, Telo lafy, ampísany. Lui faire—, Mañátrika, mañolóana, mañándrina, miátrika azy. vo satisfaire. — à —, Mifanátrika, mifañandrify, mifañolóana, mifanjó. vo Mifampitátana, mifañándrina. Changer de —, Mivádika. En—, Añatréfana, h añatréhana, tandrify; vo fañandrify, fanjó, imaso. Reproches en—, vólana mamaky hándrina. vo Tóhoka. A large —, fenománana, bory, bélaka, bolálaka, honáka.

Facétie, Vólana kabiaka, teny mampihomehy, h vósotra, vosobósotra, anganongano. Q facétieux, h arira be, anganongano; h akisakisa; mampihomehy; kabiaka.

Facher q. Mankatézitra, mahatézitra; mankavínitra, mahavinitra; mampihéloka, mankaméloka; mahasósotra, mahadikidiky, mahadikitra. Se—, être FACHÉ, vinitra, tézitra, méloka, madikidiky, mirihirihy. vo miviniviny, sôsotra. FACHERIE, vo DÉPLAISIR, BOUDERIE, COLÈRE.

Fâcheux, Mahasósotra, manahirana, mahadikidiky, vo DÉPLAIRE.

Facile, Mora, moramora, tsy sárotra; vo tamoraina, moraina, moramoraina. — à Comprendre, mora fántatra; à apprendre, mora azo jery. Rainazibe, olombe, olonkovabe. Expression—, vólana mavitrik'ambava, malefak'ambava. Il parle FACILEMENT, Mahay vólana, mahay mivólana, mavitri-bava. FACILITÉ, Hamoránà, fahamorána. vo Léfaka, lefadéfaka; fahaizana. FACILITER, Mankamora, manala hasarôtana, mahamora. vo malia, nalea, mariaka.

Façon, Toe-bátana, toé-bíntana; fasainana, fisainandraha; fórona, tsara fanaóvana; tsara fórona. Il est de ma —, natao ko izy, Zaho no nisaina ou nanao azy, zaho no tompo ny fanaóvana azy. Chacun à sa —, samby amy ny fisaiñany (ou fatao ny, fiána'ny, tia'ny, ombá'ny, lála'ny, fanaóvana aráhi'ny, haky ny, hanky ny, foháky ny, foháñky ny, faháky ny, sai'ny, jery ny, fihevera'ny, fisaintsaina'ny, h heja'ny). Une — de parler, fisaiñam-bólana, saimbólana. —, fañajána, fañomézan'asy. Avoir bonne —, Mahay fañajána, mahay mañaja, ou mañome asy, mahay mitondra vátana, mahay haja, tsara toe-bátana. Faire trop de —, Misaintsaina loatra; mañajahaja loatra, Misaintsaina haja loatra; mitoha mety, mety tsy mety; mifihifihy;? mañaja tsy mahay,? fatra-pañaja. Qui a mauvaise —, Tsy mahay mitondra vátana, badrahodra, drahodraho, midrahodraho, mibadrahodra, mavesa-pitondram-bátana, marokoroko fisaiñan-draha, adala-dia, adaladala-fandehánana, adalatáñana. Agir sans —, Miárana, misengisengy, mihantahanta, h miangolangola, vo familier. FAÇONNER qc, Mizávatra, pv mivána z, mañisy várany, mañisy sora ou éndrika amv ny, mambóatra, mañajary, manefy, manao, miasa, mitsabo, mamórona,? h mandrijarija, mankarijarija. — ACCOUTUMER, ÉDUQUER.

Facteur, Mpanao, Mpañano. — mpitondra taratasy tsimandry. —, solo n'ampivárotra.

Factice, Natao n'ólona, nampitoví'ny amy ny natao ny Zanahary; tsy izy, karaha izy, mandénga, mavándy; Qc—, indran-draha, z mindrana, kiraharáha, tsizavajávatra, sari-ndraha.

Factieux, Miláñy hafa, miandáñy hafa, tsy miraika amy ny mpanjáka, manao toko hafa; h mikomy,? vo vonon'ady

Faction, Fisaráhana amy ny mpanjáka; andáñy, fiandañiana, fikomiana, fitokóana hafa, fiodinana, navábana, filihana. Un soldat en—, Un FACTIONNAIRE, Miaramila mitsángana miámbina, mpiámbina, mpiandry. vo tilitily, tilotilo.

FACTOTUM, Mpanao ny raharaha ziaby an-trano, o iankinany ny trano; mpanontolo, manontolo.

FACTURE, Taratasy milaza ny tónony ny z navidy ndraky ny isany, taratasy filazan-tono-mbidiana, ? filazambidy. —, fanaóvana.

FACULE, Ny Márika mazava amy ny masoandro.

FACULTATIF, mety tsy irihina, ndre tsy atao.

Faculté, h Fahaizana, pv fahaiana; fahefána. Les — physiques, ny — ny vátana; herimbatana, baherezam-bátana. Intellectuelles, ny — ny fanahy; ny saina, ny jery, ny fanahy. La — de Voir, de comprendre, ny fahitána, ny fahafantárana. Qui a la — d'aller, manan-DÀLANA handeha; de purger, MAHADIO, MANKADIO; d'attirer le fer, MAHA-tariby, d'endormir, MAMP-andry; de commercer, manam-Pivarótana, manam-PAHEFÁN-kivárotra. Lui donner la — de..., Mampahefa azy... mampahay azy... manome azy lálana.... vo fanapáhana. Ses —, ny fanána'ny, harea'ny, h hare'ny.

FADAISE, Hevi-potsy, saim-potsy, teny fotsy, volam-boka; tsy z, tsinontsinona, teny foana, teny matsatso.

FADE, Matsatso, boka, tsy másina, tsy mamy, tsisy laro; pv mavezabézaka, h matrabotráboka, pv marabodráboka, pv ? majabóaka; h ? matsabóaka; mafiaka. FADEUR, Hab)‍kána, Tsatso, Hatsatsóana, hatsatso ny.

Fagot, Fehian-kazo-maty, fihézan-katay, h ? anentankitay, h kitay iray éntana. 3—, fehíany, fehézany, fehy ny telo. FAGOTER, MAMCHIFÉHY azy. FAGOTÉ, Ratsiratsy fehy, geragéra, gedragédra fehy, nafatapátatra fóana; énta-ni-malaina.

FAGOTIN, Antima mitáfy.

Faible, Mafónty, malemy, tsy mahéry; tsy fátratra; tsy mahafáhana, tsy mahatánjaka. vo DÉBILE; mitoretra, mitoredrétra, somazotsázoka, (milezolézo, pv lenjolénjo; káboka, kabok'áty, gorera, lako, mararirary, mavózo, sahozánina, ana, dabo-dráno, rano; tanóra, dimpoana, migodragódra, hontsa; BRANLER, CHANCELER. Esprit —, Osa-saina, votsa-saina, marivo-jéry. Son—, ny lemy ny, ny mora resy amy ny, ny mora daika. Avoir du — pour q. Tsy mahatampo, tsy mahafetra téna, tsy mahasákana teña amy ny hatiávana azy. vo Diso, ota, faniriana. FAIBLESSE, hafontésana, hafonty; halemy; halemíana, h haleména, halemileména; fahosaosána, haosána. vo gódra, godragódra, lony, lonilony, lonika, sahontsáhona, hozangózana, toretra, toredrétra. Tomber en—, DÉFAILANCE. FAIBLEMENT, malemilemy, moramora, tsy fátatra. FAIBLIR, áfaka hery, Mihálémy, mi-

goragóra, mandranodránoka.
Faïence, Tany soa atao lovia.
Failli, qui fait BANQUEROUTE. FAILLITE, Banqueroute.
Faillir, Mañóta, mandiso, ota, diso. vo támpitra, máty, efa, tsy ampy, réraka; tsy tonga, tsy mahavita, tsy vañona; nalázo. J' ai FAILLI tomber, saiky ho lavo, kely ho lavo. Jouer à coup faillant; misolo ny diso amy ny fisomána. FAILLIBILITÉ, ny Hamoran-ko-diso. FAILLIBLE, Mora diso, mora ota, mety diso.
Faim, Mosary, h Hanoánana. J' ai —, g Mosáry, h nóana, pv molengy, mosaréna, kisáry, molengéna, ti-hihínana, ti-hómana. vo kémpana, fézaka. Jusqu' à ce qu'il soit appaisé sa —, h ? ambarapah' afa-po ny mihínana.
FAINÉANT a, FAINÉANTER, v n, Malain-kanao z, tsy miasa tsy akory, tsy manao z; miborétaka foana, miárana foana, mandaay andro, mañary andro foana, mahóly, mavózo; k kamo; h mitoráraka, h mitoréraka, kosiaka, midonánaka; vo DÉSOCCUPÉ. FAINÉANTISE, fiboretáhana, tsy miasa; hadonanáhana, falaiñan'ása, havozóana, haholíana; fiaránan'ása. ? hakamóana.
Faire, Manao, Mañano; vo mitsabo, mahary, ?, manisy, mizávatra, miasa, mamórona, mitéraka, mamaitra. Le — entrer, MAMP-iditra, sortir, MAMPI-boaka azy; aller, MAMPANdeha. — travailler les esclaves, MAMPIASA ny andevo; — — une case par les ouvriers, mampanao trano ny mpiasa, manasa ny mpiasa hanao trano. Le coffre que j'ai fait — par le menhisier, ny Vátra nampanaòvi'ko ny mpandráfitra; celui à qui j'ai fait — (j'ai dit de —) un habit, ny o nampanaovi'ko akanjo; celui pour lequel j'ai fait — un chapeau, ny o nampanaova'ko sátroka. — son lit, l'ARRANGER, mandáfika, mandámaka fandríana. — la barbe, manala sómotra. — la moisson, moissonner. En — ses délices, mankamamy, mankafý, mankatavy azy. Faire un métier, mañáraka asa ou fiasána. Pou en — une case, HATAO trano. Qu'en —? Hatao ino izy ? En — le portrait, mala-tsora azy. vo — EAU. Que —? Ino hatao ko ? Comment —? Akory hatao ko? Ne — que parler, mivólana foana, mivolambólana foana, mivolan-dava, tsy tampi-bólana, tsy manao z laha tsy ny mivólana. vo — Attention, PITIÉ. — le mort, Manao-sary maty. S'y —, s'y ACCOUTUMER. Lui — honte, Mankaménatra azy. — de l'argent, du bois, vo AMASSER, PRENDRE. ça ne peut se —, Tsy mety hatao zany. Se — des injustes, Mifangálatra, mifamaly ratsy. Se — vieux, mihiántitra, vao ántitra, mañaly ho ántitra. Se — justice, málaka ny to. — des réprimandes, une chute, Dites, Réprimander, Chuter. Se — militaire, Manao miaramila; v

s'est fait..., nanao (*ou* efa, nanjary) sorodana, tafiditra amy ny maramila izy. ça fait 10 piastres, Parata folo izy, mahampy parata folo izy. 2 et 2 font 4, Indroy roy, éfatra; h Indroa roa, éfatra. Deux choses font sa beauté, roy ny z mahatsara azy. On le fait riche, Atao ndreo ho mpañarivo izy. Il se fait bien des choses, Maro ny z atao n'olona. Il FAIT... *en parlant du Temps*, dites: Le jour est... la saison est..: Il FAIT chaud, mafána ny andro. Il fait de la pluie, mañórana; manórana ny andro. Il fait jour, efa lóaka ny andro. Demain quand il fera jour, kiak'andro, (*ou* vakimasoandro, vaki-andro) amaray. Il se fait tard, Efa lasandávitra ny andro, efa hañálina ny andro.

Faisable, Azo atao, mora atao, mety atao, efa n'olona, azo anóina.

Faisan, Añarambórona.

Faisander, Manamasamásaka. Se—, Mihiamasamásaka.

Faisceaux, Fehiana, fehézana; éntana, fehy. Un—de lances, Fehian-tsáboha; léfona iray éntana.

Faiseur, Mpanao, Mpanaotao. vo Mpan—, Mpi—.

Fait, un —, Atao, anóina; z natao, z nanóina; asa, kabary. vo Raharaha, anjara ny, ántony, fombany, toetra; ny izy. Aller au —, Milaza ny fotony ny k, ny teña ny k, mamótsika ny maso ny k, Mañátona ny tombóany ny k.

Fait, a, Efa; matoy, matoy jery; Bien —, tsara vátana, — fanaóvana. —à, ACCOUTUMÉ.

Faîtage, Ny hazo andríany ny tafon-traño; ny man-likamandry, maharitr'émboka, lohantraño. vo Háratra; vovontraño, vovóñana, ? talandoha, ? herivoniny.

Faîte, Támpony, vovóñana; vo COMBLE.

Faîtière, Ny lómboky ny támpony, lombo-bovóñaña.

Faix, Enta-mavésatra; havesárana, fahavesárana.

Falaise, Moron-dranomásina mitsángana; Moron-tsángana; sisindrano-tsángana, fiantontan-dranomásina.

Fallacieux, Mamítaka, Mahafítaka. Tromper.

Falloir: Il Faut que je parte, Tókony handeha, tsy mahay tsy ho roso, tsy maitsy ho lasa, tsy mety tsy ho lásana aho; mila ho roso aho. Il lui faut de l'eau, mila rano izy. Pour cela il faut de l'argent, Vola no ilain-kanaóvana zany, vola no hahefa zany, mila vola hahéfa zany. Faut-il le jeter? haría'ko izy. Combien faut-il de francs pour une piastre? kirobo bory firy no mahampy parata ? Ce qu'il faut jeter, ny ario, ny hariana; ce qu'il faut arracher, ny omboto, ny hombótana. Il faut punir les méchants, ankalilóvo ny olondratsy. Il faut servir Dieu avant tout, Zanahary no ho tompóina aloha indrindra. Il s'en faut de peu, kelikely ny tavela. Il s'en faut peu pour qu'il touche, kely no tsy mahapáka azy. Il s'en est fallu de peu que je ne tombasse, saiky ho lavo, kely ho lavo aho.

Falot, Fañázava (ou fanalabe) abo záhana.

Falot a, Adaladala, maòla, léfaka.

Falsifier, Mañova, — ratsy, mankahafa, manatsatso. vo ALTÉRER. Falsification, fañováua, fankahafána.

Famé: Q bien—, o tsara laza.

Famélique, Mati-mosary, mosaréna, mavovava.

Fameux, Malaza, be laza, reñi-laza, mañeno-laza, mandeha-laza, manan-daza, manan'añárana, mangetriketri-daza. vo h ngezo, h —be; voailahy, ngoailahy.

Familiarisé, Tamána, zatra. vo h aka. se FAMILIARISER, Mihia—. Le—, Maha—, manka—azy. vo Manaotao foana amy ny. FAMILIARITÉ, Fahatamanána, fahazárana, ? fisengisengiana, ? fiaránana, ? fihantahantána amy ny o. h ? fanaóvana ho aka; fisakaizán-doatra, fidrakóana. Q FAMILIER, o Tamána, zatra, h aka, manao ho aka; fankazátra; hávana, misakaíza, drako, fántatra, mora, zárina, mahazátra, tia koráña fiaránana. trop—, ? misengisengy ? mihantahanta, ? miárana loatra amy ny o, h nakanaka, mikamikamy, mikanéfoka. Vivre familièrement, misakaíza.

Famille, h Foko, pv fòkony; mpifoko; féhiny, féhitra, fehitr'ólona; h Mpianakavy, mpianakaby, o miánaka, ankohónana, taránaka, firenéna. vo firazáñana, tangorompozo, vaviana, fehézina; zafy, zánaka; tokantraño. Lui et sa —, Izy sy ny azy rehetra. Les affaires de —, Ny raharaha ny traño, ou an-traño. Enfant de —, Anak'andríana, de bonne —, nahazo diditra tsara; de mauvaise, nahazo didi-ratsy.

Famine, Mosary be; hanoánana. Molengy be, mavováva; ? taona mangídy. La — arrive, Látsaka ny mosáry.

Fanal, Fañazáva añaty fitáratra, fanala; —, PHARE.

Fanatique, Adaladala, Támbana, manao teña narísiky Zanabary; vo h toatoa, h ? Mandrendréna, mirendriréndry, toa tsindrían' Andriamáñitra. Un —, mpandrendréna. FANATISME, ? firendrirendréna, hazotóana madítra. vo ENTÊTEMENT.

Fané, Nalazo. FANER, Mankalazo, Mahalázo, mandázo; —, manánina, manápy,| mankamaina áhitra. Se—, Malazo; mihalazo, matimaty, h mifena; vo mikainkona, fóhatra.

Fanfare, Feno ntrompetra maro, resadresa-ntrompetra, rehondrehon' antsiva, fifañaráhan-trompetra.

Fanfaronnade, g Réhaka, Rehadréhaka, firehána, firehadreháhana; pv Tabotabo, fitabotabóana, rendrarendra, firendrarendrána; Rehareha, fireharehána; bambo, fihambóana; háboka, fihabóhana; h haikahaika, fihaikaháikana; h tsinekanéka; nehanéha. vo h nekanéka,

finchanchána, finckanekána; ? hasiringitána, fikamikami-
ana, fiatepóhana, fikanefóhana, fikatroáhana; vo Teson-
tésona, tehatcha, pv tchoteho, h tchintéhina, tefotefo,
tefontéfona, satasata. FANFARON, Mpiréhaka, mpirehadré-
haka, o miréhaka; mpihaikahaika, mpirendraréndra, mpi-
tabotabo, mpiafonáfom-pañáhy, miefon-toérana, miembo-
nembon-jery, mpiefonéfona, h kanévoka, mpañámana,
mpircharcha, mpandaza-téña, mpandoka teña, maheri-an-
joro. vo minehanéha, mikamikámy, mihatépoka, mikanc-
foka, mikatróaka; mianganángana.

Fanfreluche, Tapatapa-dámba fihaminana ratsirátsy,
voroboro-damba filavánana, haingohaingo foana.

Fange, vo BOURBIER. FANGEUX, vo BOUEUX.

Fanon, Rôroka, rorok'aomby; h siranandony, pv kabin-
kabin'aomby. vo tsapa-rôroka, kenda-rôroka.

Fantaisie, Hatia mifindrafindra, fitiávana adaladala, jery
hafahafa, sitra-po miovaova, fo miovaova tiana, hevidravi-
na; hivitr'ambóny, h ? endrikéndrika; hévitra antsélaka;
—, vo CAPRICE.

Fantasmagorie, Fanaóvana (ou fanehóana, famoáhana,)
tandindon-dráha, sk talinjon-jaka; soma amy ny Tandin-
don-dolo; Tandindon-dráha hetsiketséhina.

Fantasque, pv miangaly, miangalingaly; mihaitraitra,
h miangesongéso, h miangolangola, h miangentsangéntsa-
na, miangotingoty. miovaova áraky ny sitra-po ny, mihe-
vi-drávina; vo CAPRICIEUX.

Fantassin, Miaramila an-tóngotra tsy ambony sovaly.

Fantôme, Sarin-dolo, lolo azonofy, kilolololo, tsiangatrán-
gatra; tandindon-dolo, talinjon'ángatra; h ? matoatoa. he-
vi-potsy, hevi-póana. vo ? anakandríana.

Faquin, o tsisy várany, o iva; mpitabotábo, mpirendra-
réndra, h mieboébo, mpitabiha; mpinekoneko.

Farce, Nofo atséntsina ou asésika añaty akoho &.
Tséntsina, Sésika. —, Lalao mampihomehy, soma kabia-
biaka, vólana badibadiaka, ou jabadiaka; h ? vosobósotra,
? Esoeso. FARCEUR, Mpampihomehy, h mpamosobósotra,
o anganongano, h o satriatria, o kabikabiaka.

Farcin, Hátiny ny sovaly, arétina mibontsimbóntsina
amy ny sovaly.

Farcir, Manéntsina, manentsintséntsina akoho, tsinay &;
manésika, mameno, mamoky azy; vo mamátatra hena añá-
ty ny.

Fard, Vóvoka ahósotra amy ny lahara; ? lokotava, ? loko
vajihy; Pentimpéntina; téntina. vo FARDÉ, Voa téntina, voa
pentimpéntina, miténtina, mipentimpéntina; voa hoso-bó-
voka, vovóhina; mamítaka, manao vohony, tsy izy, hafa-

hafa. Farder son visage, Manoso-bóvoka labára, manéntina azy.

Fardeau, Éntana mavésatra. vo mivongáka, mivongíka, mivongaingy; mivotrétrika.

Farfouiller, Mikarokároka, mikarokaro-jávatra, miharokároka; mikárona, mitsapatsápa mila z.

Faribole, Vólana badiadiaka, volom-potsy, hevi-potsy. volambólana fóana; anganongano foana, zañozanondráha.

Farine, *Blé*, voa kísoka; Lafarína. —, kiso-draha, h koso-jávatra; ampombo, mongo. vo ? kisosy, totonkoba. FARINEUX, misy *farine*; mora kisóhina. —, vovóhina.

Farouche, Sady madý masíaka; dý, sk lý; tsy fólaka, tsy tamána; be forofóro, mamorofóro, saro-pó; h fozina, loza.

Fascine, Fehían-drantsan-kazo hatótotra ny hady, va hafefy ny tafondro.

Fasciner q, Mamórika o mora izy tsy hahafántatra. manota-maso (*ou* mandiso-maso, mahaveri-maso) azy amy ny z zahána. vo ENSORCELER, AVEUGLER.

Fashionable, Maháraka ny fihaminam-bao; mañáraka ny *mode*.

Faste a: jour—, Andro tsara víntana, sara tónona, vintánina, tsara fanoñónana.

Faste, Ny z maro fitabihána (*ou* fireharehána, fidasidasiana, fiteráña, firebáhana, fihamínana). g ny fitabotabóana, firendrarendrána, Rendraréndra. vo h rendriréndry.

Fastes, Taratasy fahatsarôvana ny k be taloha; Vontady ndrázana.

Fastidieux, vo ENNUYANT, DÉGOÛTANT.

Fastueux, Mireharéha, mitabotábo, mirendraréndra, mitabíha, midasidásy, miréhaka, mihaingohaingo, miómano, mihambohámbo, ? manganohano.

Fat, Adaladala miavonávona, adalahéndry, maola, mihambohambo. ? miaboabo.

Fatal, g Mahafaty, mamono; tsy azo ilefána *ou* andosírana; Loza, mampidi-doza. FATALISTE, o tsy mankató ny fañahíany ny Zanahary antsika; o manao hoe: ny víntana avokoa no mitondra ny z rehetra. FATALITÉ, Loza be tsy azo iaríana; vintan-dratsy; híntana, anjady ratsy; fahafatésana.

Fatigué, Disaka, mókotra, sásatra, vaha. vo disadísaka, sasatsásatra, réraka, lezo, lezolezo, mirozirozy; sasadahasa. trótraka, tónjana, vízana, h valaka, mamoratsy, marafodráfoka, monamonaina, rébaka. FATIGUANT. FATIGUER, Mahadísaka, mahamókotra, mahasásatra; maharébaka, mahatrótraka; vo mampitamby; ENNUYANT. FATIGUE, Dísaka, mókotra, sásatra, hadisáhana, basasárana, hamokórana, fahadisáhana, fahasasárana. Habit de—, sikina matómboka éntina miasa.

Fatras, z foana miharoharo; vo Desordre.

Fatuité, hadaladalána ombam-piavonavónana.

Faubourg, Zana-tanána, h zanabóhitra. vo tamboho.

Faucher le riz, l'herbe, Mitapa-pary, manapa-bary, manapak'áhitra; mijinja azy. Faucheur, mpijinja, mpanapabary.

Faucille Fijinjána madínika, fanapahan'áhitra.

Faufiler, Manao zaitra be ratsiratsy, manjehizehy, manetséka, h mamitravitra, h mamikavika, manjotra. Se—, miléfra, miséfaka, misésika, misítrika, misisitra.

Faussaire, Mandenga sòratra.

Fausse-alarme, Hatairam-poana, Hafombóana tsisy fótony.

Fausse-attaque, Sari-adv, ? sari-sarómbaka, ambara adv.

Fausse-couche, Fiteráhana diso, famairana tsy tody, fitondrána diso, vólana tsy tonga. Faire une—, vo Avorter.

Fausse-monnaie, Vola madenga, tsi-vola, ? tsi-fanjava.

Fausse-porte, Tsi-varavárana, sarintamiana, ambara tamiana.

Faussement, Mandainga, tsy to, vandy, lenga.

Fausser, Mañota, mandiso, mandenga.—, Mandémpona, mandrátra, manimba. —, mañota antsa, ota eno.

Fausset, Feo madínika abo tónona, feo maráñitra.

Fausseté, Ny tsy maható; ny vandy, lénga, tsy to, habokána, fitaka, hafoánana.

Faute, Ota, diso; haotána, hahotána; fahotána; hadisóana, fahadisóana, hatafána, héloka, ratsy natao. vo tsiñy, toudro, kilema, antsa, sata. Faire une —contre qc, être en —, mañota, mandiso z, méloka. se mettre en —, Malak'antsa. Faire —, Manquer. Ce n'est pas ma — s'il est blessé, tsy antsa ko izy voa.

Fauteuil Chaise, fiankínana, Chaise misy táñana.

Fauteur, mpandrisika, h mpamporírika, mpanóhana.

Fautif, mora ota, maro diso.—, maro ota, maro diso, misy ota maro; misy tsiñy, be tsiñy, azo tsiñina.

Fauve, ? Mavo-mena, menamena, mavóñi-mena, ? mena-vasobásotra. ? vondromay, ? tombambóroka. Bêtes —, Biby añala.

Faux; Lela-vý fijinjána, Antsibe fanapaham-bary, fitapahan' áhitra, fanapa-bary.

Faux, Fausse, Mandainga, mandénga, mavandy. vo tsy to, tsy márina, Sándoka, mamítaka; bóka, tsy izy, fóana, kapoak'aty, fotsy, tsisy fótony, tsisy fiankínana, ota diso; mañòta, mania, tsara imaso. Fausse barbe, indran-tsómotra, ambara-sómotra, sómotra míndrana. faux bruits, fosafosa

fosa n'olona, fosa vava; honoka vandy, tsaho mandenga, vo goróbaka, boróaka, drádraka, bóboka, róboka.

faux s, Vandy, lenga. —, Sòratra mandénga.

faux-bourdon, Reondreon'ántsa, rodon'ántsa; antsa mirehondréhona.

faux-col, Indram-bózona, vozo-mindrana, solo-vózona. soa-bózona, ambara-vózona.

faux-coup, Vango diso, vely ota, káboka mania.

faux-fuyant, Lálana filefána, fialána, fandosirana.

Faux-pas, h fingana, tsipéloka. Faire un —, mi —, vo Broncher ; mitsopilaka, misoláfaka ; vity mamitaka, mavandy.

Faveur, Z soa omena; fahasoávana, fañomézana, fañamiana, fañambinana, fitahiana; h fitia, h lalampó. vo fankatiávana, anampy, fanampiana, hamoràna, fiantrána; rarimpitia. Faire qe en sa —, Mankasóa, miaro, mankatsara azy, mamindra tsara amy ny ; mañámbina, mitahy, mañámpy azy. Fait en sa —, atao hankasoávana azy. Je l'ai fait à la — de la nuit, notahin'álina aho nanao azy, vo Bienfait, vogue; mila handitra, verindoha, antóana.

Favorable, Mora, sóa, tsara; mitahy, mahasóa, mañámbina; mañátrika, h miantra azy, manao soa amy ny; maharoso dia, mankasitraka. Regardee favorablement, Mañátrika. Écouter —, mitaino, mihaino, mino, manóina.

Favori, Tiana, mahery tiana, malála; sombin'aiña, silak' aiña, sakaiza, sakatóvo. vo Chéri, favoriser, Manao soa amy ny, Miaro; Mañikotra, mañisoka, mañantóana, mikobaby, mañobohobo, mañámpy, mañámbina, mitahy &. vo Favorable, Chérir.

Fébricitant, Marari-ntázo, marari-tázo, azontázo, atao ntázo, anointázo, mafanafána, tazóina, voa tázo.

Fébrifuge, Maháfaka tazo, fanala-tazo, odi-tazo, aoditazo.

Fécale: matière —, Tay n'olona.

Fèces, Godra, — ndraha, faikany, ny mandry ambany ny rano.

Fécond, Mitéraka be, mamaitra maro, mamoa-be; váhona; vañon'ánaka, vañon-draha, vañontsabo; vókatra; mánana bétsaka, maro ánaka, maro voa. vo manahady, ondry vavy tsy mamótsotra. Pluie féconde, òrana mahavañondraha ny tany. féconder, Mahavókatra, mampitéraka be, mampamoa be; mahavañon-draha; mampaniry. fécondité, fahavokárana, havokárana; ? havañónana.

Féculence, faikan'amány.

Féculent, Befaikany, magodra, maloto, fekána

Fédération, vo Confédération.

Feindre une maladie, Manao sary marary. ? mandenga ou mavandy arétina, vo manao saina; manao anganongáno, miarirarira, manao karaha...; —, CACHER. Se —, manao tena ho. Tu feins être malade, Arétin' ao lénga nao.

Feinte, vo Dissimulation, Artifice.

Fêlé, Niríatra, natríatra, natríaka. Le FÊLER, mandríatra, mandríaka tavohángy &. vo DÉCHIRER; mameraberaka, maméndrana. Se —, Vaky, mitatáka; mangéntana, miríatra, matríaka.

Féliciter, Miarahába azy, mitondra haravóana (ou hajambólana, fináritra, fandazána, arahába) amy ny, miaradravorávo, miara-palifaly, miara-karavóana ; vo COMPLIMENTER, Bénir. Se —, se RÉJOUIR, être HEUREUX. FÉLICITÉ, vo BONHEUR. vo salamalama, salamánga. FÉLICITATION, Arahába, fiarahabána, fañomézana finaritra ou traránlitra; vo COMPLIMENT; sitraniniterinanjo.

Félure s, ny natríatra amy ny Vilany; vakíana, vakivakíana, &. héntana. vo DÉCHIRURE.

Femelle, Vavy.

Féminin, Vavy, vo EFFÉMINÉ. FÉMINISER, Mankavávy.

Femme, h Vahivavy, pv Viavy. Ampela, Ampisafy, mañangy, movavy. vo vohézina, vinjo.—, ÉPOUSE.—de chambre, Ankizivavy mampiakanjo ny Tompo ny vavy. Sage—, Viavy mpamélona, mpampitéraka, ? mpimásina. vo Biby ny mpanjáka, Rafy. FEMMELETTE, Viavy madínika, ou kelisaina, ampelapela, safy. vo fille.

Fémur, Taolam-pé.

FENDILLÉ, se FENDILLER, Vakiváky, triatríatra. CREVASSÉ.

Fendre, Mamáky, mahaváky, mamakiváky; maméraka, mamerabéraka; maméndrana, mamendrambéndrana, manilatsílaka, mampitátaka, mitory; manímaka, manélaka. manámaka, mampangéntana, mampitséfaka, manatséfaka. vo DÉCHIRER. se —, Vaky, vakiváky, mitatáka ; miríatra, mitríatra, mitríaka, mitriatríatra, miriadríatra; mangéntana, miveraka, miverabéraka, mivéndrana ; mitrésaka, misílaka, misilatsílaka, mitséfaka, mitséfotra, misalésaka, mitsikála. Se — en deux, vaky roy, vaki-mira. FENDU, vaky, miríatra, misy tatáka.

Fenêtre, Varavaran-kely; tamiam-bítika fitsidihana; tamian-doha.

Fente, Vaky, vakiváky, tatáka, héntana, triatra; sefabato, herakéraka, hirangírana, h tsefa-bato. à —, mangirangirana, mangirankírana ? mangerakéraka.

Féodal, Avy amy ny FIEF ; h ny menakely. Féodalité, ny mánana menakely.

Fer, Vý vo valovoka. - à repasser, vý Fipasian-damba.

tipasóhana. — à cheval, kirarontsovaly. — blanc, vy fotsy, takelam-bý voa hósotra trokonengy. FERS, gadra, gadra fohy, gadra-lava. Mettre aux —, Miñisy gadra amy ny, mangadra, mamáhotra, mamátotra azy.

Ferblantier, Mpanefy vi-fotsy.

Férie, Andro foana, andro tsisy fety

Ferme, h tany hofána, tany aláim-pondro.

Ferme, Fátratra, fónitra, fátatra, mafy, h migigigigy, manginkína, h midindína; fátatra-migína. vo tsy matsóaka, tsy miova, matána, mafi-toetra, tsy azo hetséhina, rékitra, mihizina, mikiribiby, makatóky, matánjaka, madítra, tsy toha, tsy lavo, tsy fáhana, fáfatra, vatonikaky, tsy mihilangílana. — dans sa foi, Fatra-pinóana, mahery finoana. Tiens le —, Tano maré izy. FERMEMENT, fátratra.

Fermenter, ? Mitánika táhaky ny tantely efa hanjary barisa, mandevy; mamorivory, misóndrotra, mandróatra, mihiáfána, ? mahasirasira Faire —, Manánika, mampandevy. FERMENTATION, Fitaníhana, levy, levilevy, fandevézana, famorivoríana. — des esprits, AGITATION.

Fermer, Mamody, mandrindrina, mandriba, mañidy; mañápika, mañaona, mampihaona; mañírina, mampipy, manakímpy. vo mañómbona, manakómbona, mampitraotra, mampikámbana. BOUCHER, CLORE, — l'œil, vo CLIGNER. se —, FERMÉ, Mifody, miríndrina, miriba, mihidy; mikápika, tafahaona.

Fermeté, Haherézana, hamafiana, hery; Hafatrárana, hafonírana, hatanjáhana, hamafy, tsy fiována, hahenjáñana, tsy fihetséfana, faharétana.

Fermeture, Famodiana, fandrindrinana.

Fermier, Mpitsabo tany fondróina ; h mpamboatra tany hofána.

Fermoir, Gadra, fampitraófana, fampihaóñana.

Féroce, vo CRUEL, FAROUCHE. vo hadrahadra, tsimitondra roa. FÉROCITÉ, Cruauté.

Ferraille, Tapatapa-bý ratsiratsy, vý ela.

Ferrant : Maréchal —, Mpanao kirarontsovaly; Mpanoso-bý ny vity ntsovaly.

Ferré, misy vy.

Ferrement, Vý famehézana traño.

Ferrer, Mañisy vy amy ny.

Ferrure, Vy voa asa.

Fertile: terrain —, Tany Vañondraha, vañontsabo, mahavókatra, ?]Vókatra. vo Fécond. vo mamoretra. FERTILISER, Mahavañon-draha, mahavañon-tsabo azy. FERTILITÉ, Havokárana.

Férule, Hazo fisaka amangóana ny zaza añaty tañaua.

Fervent, May, mazoto be. vo ARDENT. FERVEMMENT. Amy ny fo may &. FERVEUR, vo ARDEUR.

Fesses, Ravimbody, bakilambody, Vody; vodihena. fesser q, Mamitsopitsoka ny vody ny.

Festin, fihinanam-be, h fanasana.

Feston, Ravaka mitohitohy, ou mifehifehy; ? olikoli-drávaka, fehiam-pelankazo, voninkazo misomadika, didi-boninkazo arávaka. FESTONNER des rideaux, Manao didi-ólika, manao tanjomiólaka, manentikéntika, mankadilandilana azy, mandidididy azy ho haingo.

Fête, Andro fandazan-draha, andro atoetra, andro-fety, andro-malaza, andromásina, andro befijoróana, andro fahatsaróvana. vo fandróana; mandro. FÊTER, Mandaza, manabeabo, mankamásina. —q, vo CHOYER. vo mihinahina.

Fétiche, Sarindraha ijoróan-dreo olo-maintina.

Fétide, maïmbo. vo mampy, h mavóroka; malány, maïmboreha, h many.

Fétu, Tsoak'ahitra, tapak'ahitra madinika, ditsika, sombin-jávatra biritika, silakazo bitika, difika, difi-kazo.

Feu Afo; sk mahamay; motro, h fg sakaizamanody. vo ? haintrano. — follet, Afondolo, pv afomatoitoy, pv mangiongáva; afomalemilemy mibarera ambony ny honahona. — de joie, vo h baréndrina, pv kiréndrina. Le coin du —, fátana. Au coin du —, Ampátana, mariny fátana, anjorompátana. Prendre feu, miréhitra, may. Y mettre le —, mandréhitra azy; manófotra afo, mitchin'afo amy ny. vo ENTRETENIR le—; rosolány, rosovátana, mitóhoka. Mettre tout à — et à sang, Mamono sy manoro. faire du — dessous, mitaina, mitaintaina azy. Pêcher au—, Manilo filao. faire — (au fusil), manátsika. ten! hatsiho! Au —! trano may! Lombao ny afo!

Feu mon père, pv Trobo ada ko; ny nánana ahy; vo rabevoina, naty.

Feudataire, h mánana menakely.

Feuillage, Ravinkazo. Rantsankazo misy rávina. FEUILLAISON, fandravinana. FEUILLE, Rávina, Ravinkazo; de rafia, Rantsandrafia, Angaráta. à Couvrir, Ravin'ala, antrandra, ravin'antrandra, kásaka. Produire des —, Mandráviña. Perdre ses —, Rara-drávina, mandráraka. — non développées, Volólony, vololon-drávina. — de papier, de tôle, Rávina, takélaka, ravin-taratasy, takela-by. Se détacher par —, vo s'Exfolier. feuillé, FEUILLU, malaza-rávina.

Feuillet, Tapa-drávin-taratasy, ila-ntakélaka. Gâteau FEUILLETÉ, qui s'EXFOLIE. FEUILLETER un livre, Mitety ny takélany ziaby, mizakazáka livatra maláky, mamántana livatra.

feuillure, Lakandákana amy fáfa.
feutre, Lamba volon'ondry tsy tenómina.
fève, Lojy be, Lojimbazaha; ? tsaramaso.
février, h? Adimizána, (h? Alakarabo.) pv ? Volasira, (pv? Volamposa.)
fi! h Eisy, h eisy, h aisy, h esy; ? sia, h ede, h editay, h adra. vo engade; pv vo Bitra, bitrantay, sañatria.
fiançailles, fifofoam-bady imaso ny mpijoro ; fañekéna ou Petrabélana hifanambady. FIANCER q, mifofo azy ho vady. Se —, mifamofo, mifampifofo vady; mifamehi-vólana hanambady. FIANCÉ, FIANCÉE, g Vadivoafofo; tofombady. h fofovady, h vadifofo.
fibre, ôzatra madinidínika amy ny vátana, vahivahy, ozatrôzatra; tady mbátana. fibreux, maro ôzatra madínika, ozátina.
ficelle, Tady madinika, tarètra be, kefehy hely. FICELÉR, mamehy azy amy ny tady.
fiche, fátsika fanohízana vý roy, fantsi-panohízana. FICHER, Mañórina, manátoka. Que l'on FICHE, afátsika, afántaka, afántoka, aórina, atsátoka.
fichu, fehivózona ny viavy, lamba-mbózona.
fictif : Arbre —, Ambara-hazo. Barbe fictive, Ambarasómotra, sarintsómotra.
fiction, Lenga, vandy, tsilengalénga; vo angano, arira, hatsotso, haga.
fideicommis, Lova azo n'ólona namehi-vólana hamindra azy amy ny Iano.
Fidèle, Mahatóky, mahafatóky, tsy vadikádika; Mazoto; vo tsy miova, tsy mihétsika, tsy mamitaka, tsy miódina, tsy manody; márina, matana-toérana, miáritra toérana, maháraka, mañáraka; tsy mañota vólana natao ny; masimbava; atokiana; tsy áfaka, tsy mandao. Les —, O mino, ny Mpino. FIDÉLITÉ, Fandrekétana amy ny tókony hatao, fahatanan-toérana, fiaretan-toérana, hafatrárana, hazotóana, fahazotóana, ? fankatoávana. Serment de —, h Velirano, h lefon'omby, sk tsindron'aomby.
fief, Tany anjakan'andriana fehéziny ny Mpanjáka, h menakely.
Fiel, Aféro. z mafaika.
Feinte, Tay mbiby. vo taimbala, tambóraka, zézika, diky.
Fier : Se — à, vo se CONFIER en.
Fier, a, Miavonávona g, mievaéva g, Mianjonánjona miaboabo, mianganángana, mievoévo, miedikédika, miderondérona, miadonádona, miang. rángatra, miangitrángitra, miandranándrana ; mihadrahádra, miandrandra, miangiangy, misetrasétra, misetaséta, mihakohako, mire-

hareha, misengy, misengiséngy. FIERTÉ, fireharébana, fiavonavónana, fiangatrangárana, fianjonanjónana, h sihadrahadrána, fievána, fianganangánana, fiandranandránana; rehareha, avonávona, anjonánjona, angitrángitra, satasata, hakohako. FIÈREMENT, Amy**g**ny fireharehána &.
Marcher —, mirehareha fandehánana.

Fièvre, Tázo, vo Tazondrindrina. Qui a la —, azo ntazo, Tazóina, marary tazo; mafána, manára, voa tazo, atao ntazo. Fruit FIÈVREUX, mahavoa-tazo.

Figer, Mampándry, mandrékitra. Se —, mandry, rékitra, vo ánkona.

Figue, Voan'aviavy, voanadábo, voamboara; vo — Banane. FIGUIER, Aviavy, vatan'aviavy, adabo, vatanadabo; voara, voaranala, voarapeky, voarandámbo, zaviala, harakásaka.

FIGURE, pv sora, h tava, h éndrika, Vajihy, Lahára, h tarehy, bika, vintana, tsangánana, tandindona, óhatra, fañohárana, oha-drába, oha-bólana. —, Sary, famantárana, FIGURATIF, FIGURÉ, óhatra, fañohárana. Parler au —, Manóhatra. FIGURER qc, Manao sarindraha, oha-draha, manisy éndrika, mañóhatra. On le figure par un chien, Amboa no oha'ny ou fañohárana azy, añohárana azy. — n, Miseho tsara, mba ao, méndrika. — ensemble, mifañáraka, mifankatsara. Se —, Mañahy, mihévitra, misaina.

Fil, Tarétra; foly tsahilika, hásina, foly voa hendry, hendri-vánditra.—de fer, Tari-bý; d'or, tari-bolaména, d'archal, Tari-baráhina. — d'un rasoir, ny ráñiny, ránginy.—d'araignée, foli-hala, faróratra. — de l'eau, le COURANT. Le — du discours, ny fitohizany, lálana, fifañaráhany.

Filaments, Vahivahy, Vahindraha, ózatra madínika indrindra. — glutineux, faróratra.

Filandreux, Maro vahivahy, maro ózatra, be faróratra, farorátina; ? mamaróratra.

Filao, filao.

Filasse, Foly tsara ho hendréna, ? h rongony.

File, Rántina, rantiranty, andálana, filahárana, láhatra, rantárana. — de gens, gens à la —, o maro mifanésy, mifanesisésy, mifañarakáraka, mifañáraka, mitohitóhy.

Filé d'or, Tari-bolamena, Sari-bolamena.

Filer du coton, Mamoly, mañéndry, manásina.—de l'or, mandrórotra, h mandríritra, mitárika azy, mitari-bola, mandroro-bola; des jours, mitarik'ándro. — le cable, mamotsobótsotra ny tady, mandefaléfa. — n (co l'araignée), Mandrary, mañendry, mamaróratra, mañira, mañány, manénona. — n, misódiatra ; mitsororóaka, mikororósy; mitsitsirika, mikirikika, ? misélatra; miléfa moramora, mi sononoaka, vo COULER, DÉFILER; à la FILE. FILARIE, Trane famolésana *ou* fañendríana, fañasíñana.

Filet, Tarétra hely, tady madínika. —, tadi-ndela. — d'eau, Rano mitsiriríka, mikiririka, ? tsiriri-drano. — de bœuf &, ny nofo amy ny lakamboho. —, Haráto. Pécher au filet, Mañaráto; vo mamovo, manihitra, vôvo. sihitra. —, Lelafiraka. —, Sóritra; tárika, tsárika, táriny, tsáriny.

Fileur, Mpamoly, mpañendry.

Filiale, de fils.

Filiation, Fizanáhana, fitohizany ny zafy.

Filière, Fanávana tari-bý, fitariham-by, fandrorotam-by, fandriritam-bý, ? fandrori-bý. vo Anjaka.

Fille, Zánaka-vavy, ánaka-vavy; zaza-vavy, tsaika vavy; kalo. —, unique enfant, vavi-lahy. Jeune—, Tóvo-vavy. —, viavy tsy manambady; mitovo, viavy tôvo, viavy tomoetra; vo vántona, vanto-bavy, mpisafimbántotra. FILLETTE, zazavavy madínika, kétaka, safy, ampelapela.

Filleul, ánaka natsángana tamy ny batemy, zana-batemy.

Filou, ESCROC.

Fils, Zánaka-lahy, ánaka-lahy, zánaka. Etre père et —, miánaka, mpiánaka. vo Petit—.

Filtrer ac, Manávana, mitávana; h Manatantávana. — n, g mitsíka; vo mijora, mijorajôra, miteté.

Fin s, fiefána, fifána, fanampérana, fahatapérana, famaràna, fanefána, itapérana; fara, farany; fitsahárana. —, MORT. —, BUT. Y mettre—, le FINIR, A la—, ENFIN.

FIN a, Matify; madinika, matifi-vérana, matifi-verambérana; piripítika, tsikirítika, bitika, kítika, mivendrivendry. —, maránitra; vo AIGU. Or—, madio. Q—, o tsy ambaka, tsy azo fitáhina, ? marañi-pañahy, marañi-tsaina; h fetsy, fetsifetsy, h konjo, h kanto. mahihitra, hendry, be saina; h kololoka, h mifatsafatsa, faingan-tsaina. vo miharo, soa, meja, kinga, kingakinga, tsilavoantsorona, tsihelénana, tándrina, fatsora, fátsaka, mamakiakotry.

Final, fara, fárany; Lettre—, fara-sóratra. vo FIN

Finances, Vala; vola ny fanjakána. vo hetra. FINANCIER, Mpamory vola na hetra; mpitahiry ny vola ny fanjakána.

Finasser, Mamitapítaka, ? mametsy, mametsifetsy.

Finaud, Mahangoly amy ny z madinika; h fetsifetsy, h konjokonjo. vo FIN.

Finement; Railler—, Manao kizaka maránitra; marañitra fikizáhana; manao kizaka omban-jery.

Finesse, hatifisana, h ? hañifisana; hadiñihana; havendrivendreña; Ránitra, sánitra, rángitra; hatsara, fahazampítaka, hahibirana, fanambakána, fitaka; ? hafetsifetsiana

Fini, Efa, Vita; támpitra, h tápitra; lavorary, lavoraŕy

efa efa, efa vita. Finir ac, mamita, mahéfa, vo Achever. — n, Efa, vita, ho efa, ho vita. — de parler, voly vólana. J'ai fini mon ouvrage, efa asa aho, mon voyage, tampidia aho. J'en ai fini 3, nahefa telo, nahavita telo aho. vo fóngana, lany, simba, maty, fórona, fóngotra.

Fiole, Tavohangy kely.

Firmament, Ny lánitra hita ntsik'aty, tafo-nanahárv tafon-dánitra; habakábaky ny lánitra; Ny habakábaka itoérany ny kintana ziaby.

Fisc, Vola ny fanjakána, trano fitehirizam-bóla ny Andriana; famorian-kétra, fanangónan-kásina.

Fissure, vaky hely, héntana, natriaka, vo Fente.

Fistule, Vay lálina kely hirika, Bay be aty kely váva, ? vay vato. Fistuleux, lava loak' aty, boróaka. mifontróaka; fontróaka.

Fixation, Fanatóhana, famantséhana; fandrekétana.

Fixe, Tsy mihétsika, rékitra, mikinkina, migingina, midingidingy, mifántsika, tafaórina, tafa-tsátoka; miánjona, tsy miova. Regard —, Maso rékitra; h fibanjénana, pv fanerétana, fijeriánana, fitsendrénana. Jour —, tsatok' andro. Prix —, vidy rékitra. fixe ! Rekéta ! Fixer, Manátoka, mañórina, mamátsika, mandrékitra, mankafátratra, mankamafy, tsy mampihétsika, tsy mañétsika. vo mamétraka, mampitoetra, manoetra, mampitsángana, mampijánona, manondro. Se —, Mifitaka, mañorin-teña, manatok'aiña. — la vue sur lui, le Regarder Fixément, h Mibánjina, pv Mañéritra, pv mijeríana, pv mitséndrina azy. Qui fixe l'attention, andrekétany ny maso n'ólona, maharikiana; maharékitra ny maso n'ólona. Fixité, fandrekétana, fitsatóhana, hafy, hamafiana.

Flacon, Tavohangy takófana pámaka.

Flageller, vo Fouetter, Battre. Flagellation, Famitsopitsóhana; fikapóhana, famofóhana.

Flageolet, Anjomáry, h sodina, h sobába.

Flagorner q, Mikolélana-mísáfo azy, miladilády-mandróboka azy; vo misafovodinandriana; h manolikóly.

Flagrant: Le prendre en — à délit, mankatrátra azy.

Flairer, Mióroka, mañántsona, malaka, hánitra, malak' imbo, h manimbolo; mañantsonántsona.

Flamand, Ny Anti-*Flandre*.

Flambeau, Ilo, fañilo, fañaváva; vo jiro, járika; —, Chandelier.

Flamber une volaille, Mampómba azy amy ny leláfo, Nandótra, mandotr' áfo azy. — n, midedadéda, midédaka, miredaréda, miroboróbo, mijejajéja, mivaiombálona; mamalombálona ny lélany.

Flamboyant, vo BRILLANT, FLAMBER. Le —, Hitsankintsana.

Flamme, Lel'áfo, lela-mahamay, lela-mótro. vo FLAMBER.
Flammèche, Pik' áfo, kalalaonafo, difik' áfo.
Flan, koba-ndronóno miharo atodin' akóho.
Flanc, Lémy; vo fonty, kima, vaniana. —, Íla, Côté. —, kibo, tróka, tróny. Se battre les —, Mikomikomy foana.
Flandre; Tany aváratry ny France.
Flanelle, h Bodofótsy.
Flaner, Mañáry ou mandány, mamono andro foana; h mitsirendréna, mitsimberivéry. vo ? olimánga.
Flanquer une muraille avec des tours, Mamáhana róva amy ny jômana afify ámy ny; mamify jómana amy ny róva. Les —, mifify amy ny. — qc par... LANCER, manólaka, manóraka. Le — à terre, Mamioka, mandrámpy. Se — dans la boue, miantónta, mitandávo, miandrámpy, miampófoka, misafófoka am-pótaka. TOMBER.
Flaque, Petsapétsan-dráno, takoba-dráno, rano véry, rano tafihándrona, farihy kély.
Flasque, Malémy, mafónty, tsy mahéry, magódra. vo mandranodránoka, maranodránoka, vâha, mageragera, osa, borabóra.
Flatter, pv Mandróboka, h Mandróbo; manambitámby. vo misafosáfo, ? misafovódy, manefatéfaka, mileladélaka, h manambósy, manompotompo, h mandambolámbo, mipasopásoka, manafosáfo; mipelipélika, manéngy, h mandóka; vo mankadrádraka, mankabóboka, h mandrávo. le — du succès, mampatóky, mampananteña azy hahâzo. Se —, s'Attendre a; se CROIRE... ; vo Tsontsómina. FLATTERIE, Róboka, fandrobóhana; Róbo, fandrobóana; volamahadrádraka; vo langomalémy, kobak' ambáva, tambitámby, fanambatambázana; lokangahisatra, h ambósy, h fandokána, h Doka; kamonéhaka. FLATTEUR, mpandróboka, mpandróbo, maharóboka, maharóbo; ?malefa-báva. h kamoréraka.
Flatueux, h manontava, h manintava; mampangétotra; be tsioka, be rivotra; ? manioka, mandrivotra.
Fléau, Faméli-vary; hazo famelézam-báry; — de balance, Vovónamizána; ? sakamandimby, ? saka-mizána, sákany. —, CALAMITÉ.
Flèche, Zanak'antsáky, h zana-tsipíka, h Ampitika, Ampitikely; Tsorakazo atóraka. vo tavólony. — de clocher, Tendro, fizio, kitso. vo volólony. En —, kitso-loha, marangi-dóha, so'ánga, misolánga, milangalánga.
Fléchir ac, Mañóndrika, mandéfitra, manétraka, mampañóntika, mahafanóntika, mamólaka; mandrésy, mam-

panéky, vo Afaisra. — n , p Miréfaka, h minépaka; Milépaka, mikolépaka, mikoléfaka, mikotrépaka; miléfitra, manjóko, mirefadréfaka, refadréfaka, revadrévaka; mióndrika. Mitongálika, manongálika. vo Céder n, se Couaber. Se —, manóntika, mitantápany, mihiakétraka.

Flegme, Rora ny olona beréhoka, ? hatsia-pó, nara-mpó, nintsi-mpó. flegmatique, Mandroru be, fg tsy maimay, mangatsia-pó, manara fo, tsy vinitra, tsy marisika, tsy taitra, tsy fómbo, tsy tai-dráha, tsy azo hetsefin-dráha, manton-jéry, mandin-jéry, mitombin-jéry.

Flétri, Nalázo, voalázo; niófo, matimáty. Flétrir, Mandázo, mahalázo, mahafatifáty. mampangérotra; vo mampikétrona, mahamátroka. —, Déshonorer, Diffamer. Se—, Malázo, mihialázo, mangérotra, mifena, fóhatra; miofo; vo mihomaranantsody. Flétrissure, Pánda, handra, antsa, h kilema, tsiñy, ? halazóana, ? kérotra, ? hola-bay; téntina, ? fésana. vo Déshonneur.

Fleur, Voninkázo, felankázo, vony, kinjana, félana.— de l'âge, Hatanoram-panáhy, hatanoránu; à la —.., Tañorafanáhy. A — d'eau , mitovy rano, ? marin-drano. La —, ny lohavóny ny, ny herotrérony. vo Crème, Élite. En —, Fleuri, Vaki-vony, vaki-félana, vo misy kiana, mirávaka, menaména. Fleurir, Fleurissant, Memóny, mamélana. maninjana, misy vony ou félana; vo manoróbona. —, Prospérer. Fleuriste, Mpitsabo voninkázo.

Fleuron, Voninkazo arávaka, félana.

Fleuve, Ony, ony be, oni-lahy, tenandrano be, Renirano be, ranobe mandriana, sahabe.

Flexible, Mora aléfitra, mora alántika, azo alantidándika, mora avóhotra; azo alefidéfitra, mora aforipóritra, mora aválona, malemilemy, mafonty, milejoléjo, milenjolénjo, milénjotra, milenjolénjotra; vo maléfaka, malefadéfaka mora maneky; h milefalefa. Flexibilité, hafontésana, halémy, ? lefaka, ny mahamora aléfitra izy; ny ahazoan-kandéfitra azy.

Flexion, firefáhana, fikolefáhana, filetérana; —, havohórana, halantsihana, lántika, filantíhana.

Flexueux, mengokéngoka, mengoméngoka, meloméloka; miforipóritra, mivohobóhotra.

Flic-flac , Fitsoka-fitsoka; ritsaka-ritsaka, litsaka-litsaka.

Flocon, z maivana mifompóna; fompóna, pompóna; volo mivóngana, foly rai-hóngana, volu mitámbatra; en—, mibongobongo , mitokoloko. vo helabakáka.

Florissant: Royaume —, fanjakána misy lóndony, miroandréana, maey, miádana, manoróbona, vánona, ambínina, tahina, hasoávina, mitombo, kántana; tody.

Flot, Valondrano, válona; onjandrano, onja; halondranó, álona; riaka; tontandrano. —, Marée. Des — de sang, onjaniǹdra, riaǹdra; Ra manǹdriana, mǹdorohòka, miborároka, mandriaka, mivalombálona, manálona, manónja. vo Cou-lra. A Flot, Flotter sur l'eau, pv Mitsikémbona, h mitsi-kébona, pv mitsikéfona, pv miémbona, h mitsikáfona, pv miáfona. vo Vevy. Flottant, Misavombóana. mivoam-bóana, misavóana, mivalombálona, miembonémbona, mia-fonáfona, h mihefahefa, pv ? mihefankéfana, pv mihemba-hemba, h mihevalieva, h mihevihevy; mikepekepa; maña-bakábaka; milobaloba. vo ? mialontrálona, mitopatopa, mi-roa saina, miraviravy. Cheveux —, mirotsadrótsaka, mi-tsorótsaka, mikorótsaka. vo miranoráno. Le remettre à Flot, Mampiémbona, mampitsikémbona, mampitsikébona, manikémbona, manikébona, mampiáfona, maninkáfona, mampiéfona, manikéfona, mampitsikéfona, mañáfona azy.

Flottable, Lakána.

Flotte, Sambo maro raiky dia, h irai-dia, mirai-dia.

Flou-flou; Koróſana. Robe qui fait —, Roba mi—.

Fluctuation, Hetsik !tsika ou fiolaolány ny rano, koban-kóbana, fiolána, fiováná, tobatoba, h topatopa; savoam-bóana, fañonjána, verimbérina.

Fluctueux, Miolaola, miola, mitobatoba, mitopatopa, mi-tabataba, mikobankóbana.

Fluet, mahia madinika, matify.

Fluide, z mora aidina táhaky ny rano ça ny tsioka; rano-ndraha; rano-njávatra; aidina; faidina; z somary rano; ? z mandranorano; maranorano, mitsiranorano; kiranorano.

Flûte, mozika fitsiófina, anjomary, sobaba, sodina. —, Tóngotra mahia. Flûter, mitsioka anjomary. misoma soba-ba. — minona be.

Flux, Fientánany ou fiakárany ny ranomásina; — et re-flux, fientanentánana, verimbérina, fiverimberénana, dia. Elle a son — et reflux, makatrákatra-midinídina; mienta-néntana; avi-mandeha avi-mandeha. — de sang, de parole, Ra, vólana mandriana, tsi-ritra, mañavy, tsi-támpitra, mi-doróka, lava; — de bouche, Ranívy manavy be.

Fluxion, Handron-dra, havontósany ny fify. Qui a une —, mivonto fify.

Fœtus, Zánaka mbola am-bótraka; h arifady, zaza an-kibo; zanabórona an-karákony.

Foi; Pinóana, fankatózana, fañekéna; ny z inóana, aa-pinóana. —, fahatokíana, toky. Bonne —, fañahy tsy ma-mitaka, tsy fitaka, hamarinana; hitsy, fañahy mahatóky, fañahy mariaka. Homme de bonne —, o mahatóky, marian-bava, márina, mahitsy vava, madio fo, mariaka, tsy man-deñga. De peur de —, kely finóana, tsy ampy finóana.

roie, Aty ny o, &.

Foin, Ahitra maika, ahi-maina; vilona; akata maika.

roire, Tsena. — , Diarrhée. foirkux, Mavozo, osa tay, mitränga-tay, latsa-tay.

Fois, Iv-. Une —, Indray, indraiky; 2—, indroa, indroy. 10 fois, im-polo. Combien de —, Impiry? Chaque — que, Toutes les — que j'y vais, Isany andehána'ko any. Plusieurs —, Quelque —, Par—, h indraindray, pv indraikindraika. Un a la —, tsiraikiraiky, h tsirairay, raikiraiky. 2 à la —, tsiroaroa, roiroy. Plusieurs à la —, Maro miáraka. Peu à la —, tsikelikely. En une—, Indray manao (ou málaka, mandela, mitéraka &, selon l'action dont on parle). C'est la première — que je le vois, Samba ko (ou fañindrai'ko, ampañindrai'ko) mahita azy. C'est la deuxième fois que Koto vient ici, Fañindroy ou Ampañindroy ny Koto avy eto. Agir une seconde—, une autre—, Mañindroy, h mañindroa; une troisième fois, mañintelo. Venez une autre—, Avia amy ny andro hafa ou taonkafa. La dernière — que j'y fus, tamy ny dia ko tany tafárany, tamy ny farany ny dia ko tany. Une — passé il faut longer, Tafatsáka indraiky, mañólotra. Cette —, amy ny ty, ataonio; ity, itoy. Une autre — je n'irai plus, Dimbin'io, dimbin'anéto zaho tsy handeha koa. 3—3 font 9, intelo telo, sivy. Qui ne mange qu'une —, tsy mañindroy hômana. Je préfère mourir mille—, sitrany zaho in'arivo maty. Tant de — que tu voudras, zay tia'nao ndre impiry ndre impiry. 22 fois, indroa-polo roy amby, h indroa amby ny roa-polo. voCent — autant. C'est la dernière — que vous me voyez, fárany ny ahitá'nao ahy itý. Qui ne se fait qu'une —, z tsy mañindroy; tsy indroy atao; qu'on ne reçoit qu'une fois, tsy indroy azo. La première—c'est difficile, ny faharaiky (ou ny voalohany, ny fanampónana), sárotra. La — suivante... ny fañáraka, ny fabaroy...

foisonner, vo Abonder; mité 'aka maro, mihíamaro. à foison, arondamment.

Folâtre, polátaka, h Karenjirenjy, mi—; mitroatróatra, mivarivary, miriadríaka; h mitrífana, mitrifantrífana; misomasoma, mifalifaly; mikidikidy; vo rikian-tsoma, variandaolao, mivaitra, h misangy, misangisangy, midola, manaingisaingy, mitohenjy; mijejojejo, silasila, mijilajila, miangitrángitra, h miangatrángatra, adaladala; zinjina, akisakisa.

rolie, Hadaláṅa, halefáhaṅa, óla, fabadaláṅa; hadaladaláṅa.

roliforme, Somary rávina.

Folio: In —, Taken défitra, roi-défitra, Lavatra be rávina

rollement, amy ny Hadalána.

rollet, Adaladala, vo feu —, Poli —, volo malemy.

Fomenter, une plaie, mamána azy amy ny rano naody apetsapetsa amy ny; maneka, mampiseka, mampandro, manòtra azy amy ny aody mafána. FOMENTATION, rano naody mafana apétaka ; ? Petsapetsandrano naody, petadrano mafána, hoso-drano mafána.

Foncé, Joby análoka, maiziñizina, maintinintina. — RICHE, HABILE.

Foncer une barrique, Manámpim-body baríka; mañisy vody ou fañambániny amy ny. —, REMBRUNIR. — sur, ASSAILLIR.

foncièrement, Indrindra, am-po ankítiny.

fonction, Raharaha, asa, fanòmpoana, h lahasa, závatra, z atao; ? fitondrána, fiasána. FONCTIONNAIRE public, Mpitondra rahárahà ou ny fanjakána. FONCTIONNER, miraharaha, miasa, mizávatra.

fond, vody, ny ambany indrindra, ny fañambány ny; ny añaty ny fo, ny ampovòana; 10 brasse de —, folo refy ny haláli'ny ou halaliñany. Sur un — d'or, ambony lafi-bolamena. Le — de la vallée, ny lohasaha, loh'alo, andohasaha, andohalo. Le — de l'affaire, ny fòtony, ántony; du liquide, ny godra ny, faikany. vo hántsana, aloalo, maso. Au — des bois, des terres, añedinedin'ala, ankedihedin'ala, añedinedin-tany. Sans —, tsy taka-body, tsy tra-párany, h tsy taka-polopolórina, tsy hita-noanoa, hita zay halálina, tsitaka-tady, tsy taka-dompondro, tsy taka-téhina, tsy ta-katr'erana. — de magasin, fao-bidiana, lafi-batra, fao-trano, lali-bidiana.

fondamental, fòtotra; iorémana, vody, fañambaniana, fiankinana, ipetráhana; Loha, voalóhany.

fondateur, fondatrice, Mpamórona, Namórona; fòtotra, fótony, ántony; Nañórina, manao, M'pañisy, ny aviana, nahefa.

fondation, FAMORÓNANA; fañorémana. vo fanaóvana, fanampónana. —, vola omena isan-taona; famaháňana. —, FONDEMENT, Vody, fòtotra, fipetráhana, fiankinana, vo BASE. sans —, tsisy ántony ou fòtony, tombóany. —, fory.

fonder, Mamórona; mañórina: vo mamboly, mampitoetra, manángana, manátoka, mañisy Se —, miánkina, mipetraka, mifitaka, matoky.

fonderie, Trano fanenóana (ou fampimanána, fanempoana, fañidiñana, fañidreñana, fanañilinana) vy. FONDEUR, Mpaneno vy. FONDRE ac, Maneno, mampiteno, mampimana, manempo; mandèvona, vo mandréndrika, manidina, h mahaidina. —, n, —, miasaha, miempo, mihialevona. — sur, Miantonta, h miánjera, miantóraka, miantony, ? mipaoka? mitandréndrika, mitandatsaka. FON- DU, Teno, mana; efa —, efa nimana, lévona; réndrika, nanjary rano, nody rano.

Fondrière, hadi-ntsékatra. —, BOURBIER.

Fondrilles, Faikany ny ro, tekan-dró.

Fonds, Tany ahazoan-karéana, foto-karéana, foto-panñana, fanjatóana; tokotany, fitoérana, lafi-tany, masonkaréana, fanánana; renivola, vola voa vory, vola hanavandraharáha. —, Source.

Fontaine, Loharano, fantsakána, vóvo, loha-vovo, rano an-tany. —, siny be loak'ambany. FONTAINIER, Mpiambindoharano.

Fonte, fimanána, fitenóana, fanenóana. —, Vy teno, metaly réndrika. vo FONDRE.

Fonts, — Baptismaux, Ny siny itoérany ny rano fambatizéna.

Forage, Fanirifana, fandoáhana.

Forain, Avy amy ny tany hafa, vahiny, antanindrany, avy anindrany. Marchands —, Mpandranto vidiana, vahiny mpivárotra.

Forban, Jiolahy ambony ranomásina.

Forçat, Olona very gegéhina amy ny asa mahery ny fanjakána.

Force, Hery, hahery, haherézana; hatanjáhana, fahatanjáhana, tanjaka, hatoxbóhana, hafatrárana, hafonírana; bafy, hamañana. vo haré, ré; sarinaina, tahézana, h tchézana; gegeka, fangegéhana, ankery, fanávana an-kery, ny hay ny, herimpó, herimbátana. —, CONTRAINTE. Sans —, gedragédra, borabóra, geragéra, galigály, godragódra, malémy, osa. Prendre de —, Mandrómbaka, manafaka, miady azy. Travailler de —, FORCEMENT, Miasa ankery (ou ankézatra, ankinjitra, angóka, angóka-ntróka, anizim-pó). Teréna ou gegéhina, géhina, aronjy hiasa. vo CONTRAINDRE; hery ko.

Forcé, Tsy maléfaka, teréna, hénjana, oláñana, miótaka, tsy mariaka, rorútina, vo] CONTRAINT, Sarótina, sarotsarótina.

Forcené, Adala masiaka, misy tromba.

Forcer, Manery, manao ankery, mandrómbaka, manánjaka, mandresy, mandrébaka, mandroñy; miady; mampi-, mampan-. —, CONTRAINDRE; ACCÉLÉRER. — la marche, manénjana, manézaka, manénjaka dia. Se —, miézaka, miémana, manolak'aiña, mangegeka tena.

Forer, maniraka, mandóaka, h mamboróakic, mamboróana, mangeróbaka, manboróaka, mamubaka.

FOR

forestier, ny ala; Garde —, mpiambin'ala.
forêt, Vy fanirihana; fandoàhana, fambòroahana.
forêt, Ala. Aller dans —, Mianàla. Habitants des —, ny antanàla.

Forfait, Crime, Forfaire, manòta, manào ratsy.

Forge, fanefèna, fanefem-by, trano —. FORGEABLE, azo teféna, mora teféna. FORGER, Manefy; manefitefy, vomiànanjaka; mamòrona; manaosaina, mamorontsaina, misàina, mahita, manandòka. FORGERON, Mpanefy. — vy. FORGEUR, mpamòrona, mpamoron-tsaina, mpisaina.

forjeter n, mibòntsina, mibòhitra, mingitringitra, tsy mirapaka, tsy mirantina amy ny hàvana, miavotra, miboaka amy ny firantènana.

formaliser; se —, Sòsotra, vinibinitra, melomeloka.
formalité, fatao, fanòina, h fanao; fanaòvana.
format, ny Habé ny taratasy.
formation, famorònana; fanaòvana, fizavàrana.

Forme, fòrona, famorònana; —, Configuration, FIGURE —, Ohatra, èrana; lamy; MOULE; Qui a de la —, mèndrika, maèndrika, tsara tarehy, toa zinàvatra, naloa, nivànina, vinànina, mirijarija, tsarasora, misy vintana, tsara vintana; vo FORMÉ. Sans —, marokoroko. Qui a des — rudes, o marofarofa, — fivolànana. Y donner de la —, Former. En—, selon les —, Anòhany, anèrany, andràriny; manarakany fatao.

formel, Namèrana, misy fepètra, nafepètra, voa tonòna, voa laza, tinònona, nitonònina. Paroles —, teny fatatra, nafepètra tsara.

Former, mamòrona; manèndrika, mivàna, mambòatra, miasa, mizàvatra, manefy, mandràry, manajary, mampiàrina azy; manisy sora (oú endrika, tarehy, bika, vintana) amy ny; manaò, manano, misaina. —, ACCOUTUMER. — une, se — en colline, manjary vòhitra, mivòhitra; mody ho vòhitra. Se —, miàrina, manjary tsara, mody tsara, mihàtsara, mihaèndrika; miànatra. vao mahay, vao ho mahay. FORMÉ, Ary, manjary, h ela zary, Bien —, maròtsaka, matsòraka, meja, mèzaka, tsòraka, h patendro. — dans l'épi, Tèraka.

Fornication, Picotement. Qui éprouve la —, Virsilinkòditra.

formidable, vo EFFRAYANT; mampàhoforo; Jaòntàny, lòza.
formulaire, Taratasy milaza ny teny tokony harahina.
formule, teny fatao, teny arahina amy ny fanòvana a, fataombòlana. Ohatra. — d'absolution, volàna fanafahana. vo FAÇON de parler.
formuler, vamboatra (oandàhatra, maudrary) teny ha-

ráhina; mandavorary.

Fornicateur, Mpañamato, mpisengy, mpañenga; mpandranto, h janga, jangajanga. Fornication, fañamatosana, fisengiana, fañengána, fandrantóana; fijejojejóana, fandehánana amy ny viavy (*ou* lehilahy). Commettre la—, mañamato ; mandeha amy ny viavy *ou* lehilahy; misengy *ou* mandranto azy.

fort a, Mahery, mázana, mahiana; matómboka, matánjaka, hénjana; mafy, fátratra, fónitra, fatratr'aiña. vo aviaiña, h fakafáka, h mifakafáka, be aiña, madonda, madondadoda, mavika, borobosy. Q assez fort pour.., mahaleo, mahasaky, mahasahy. Qe trop — pour moi, ztsy leo ko, tsy efa ko, tsy saky ko, tsy erany ny Vata'ko. A plus forte raison, Sándraka, lombolombo, h mainka. Ville —, Tanána mirova.

fort s, Tanána mirova; rova, roho, manda; vóhitra mafy, batiry. Au — du combat, du travail, An-drehirehy ny fiadívana, ny asa; de l'été,? amy ny Vonton-taona; le—de l'armée, ny tron'ady. vo hery; afovoany, fo, troka, trony, adiny.

fort, ad: frapper —, Mamango maré. —aimé, tiana fátratra, (*ou* fónitra, indrindra, mena).

forteresse, Fort s.

fortification, Rovavato, rohovato, rova, fefy, manda, h bamba; fiaróvana.

fortifiant, Mahatánjaka.

fortifier q, Mankahery, mankafátatra, mahatánjaka, mankamafy azy; une ville, mañisy rova, vo Enceindre. Se—, mahahery, vo s'Affermir, Ferme. s'y —, mifefy, miolampy, milampy amy ny.

fortuit, Avy foana, vo Accident. cas —, toramaso, toramasoandro.

fortune, Vintana, anjady. Mauvaise —, vintandratsy, loza, haratsianjávatra. —, vo Bonheur. —, Biens. vo hatsaranjávatra. Fortuné, Vintánina, tsaravíntana, manan-jara, ambínina, finárirra, sámbatra, bezara, ampi-zara, trétrika, beharéana, befanáñana. lavony, arivoara.

Forum, Karamanja fikabariana.

fosse, Lávaka; vo hadintsékatra, kótona, kantóana, kantoantóana, kitoantóana. hántsana, aloalo, fámpana, vava; h fásana.

fossé, Hady, sk haly; vo hadivory, lakandrano, aloalo.

fossette, Lávaka hely hanaóvana antsipivato. —, Lávaka madinika amy ny fify; h fandengána.

fossoyer, Mangady, mihady; — lávaka; — un champ, manao hadivory amy ny. Fossoyeur, Mpangady lávaka handevéñana; h mpihady fásana; mpanao levénana; mpandévina,

Fou, Adala; maola, lefaka; à Demi —, adaladala, lefadéfaka, maofaola. Devenir —, mihiadaladala. Veri-jery. vo ondranondránana, gegy, gorigia; miadaladala.

Foudre, Hela-báratra, váratra. FOUDROYANT; FOUDROYER q, Manora-báratra, mandatsa-báratra, manopi-váratra, manandefa váratra, manira-báratra amy ny; mamango váratra azy. —, TERRASSER. FOUDROYÉ, vinaky mbáratra, nilatsaham-báratra, vinely mbáratra, maty ny váratra, voa tora-báratra, niantontam-báratra.

Fouée, Fihazam-bórona álina amy ny afo; mamándri-bórona álina.

Fouet, Fitsopitso-tády, fitsopitsoka-tády, tady famitsopitsóhana; ritsadritsa-tády, Le FOUETTER, Mamitsopitsoká, Mamítsoka, mamitsopitso-tady azy; h mamioka, mamófoka, Mandrítsaka, mamely rítsaka, mandrítsoka tady, manditsaka tady; mamango litsaka, mamely tady azy. vo BATTRE.

Fougade, Risi-po tsy ela.

Fouger, Misotro tany amy ny órona otry ny lámbo; mitóngy. mamókaka ny tsabo amy ny órona.

Fougère, Anaran'áhitra, h Ampanga. Arbre —, Ampanga-ravina.

Fougue, Rísika, ha-isíhan'omban-kóloka; risika may, risi-po tézitra, fo marísika; afonáfona. FOUGUEUX, Marísika-may, be afo, Mandrivotra, may fo, be aina, mai-tra non-trátra, an-tsíaka, miafonáfona, mandrisi-bátana, misafóaka, maimay, foizina, maláky tézitra, loza be.

Fouille, Fikarónana; —, hady, lávaka fikarónana. Le FOUILLER, v —, Mikarona amy ny, mangárona anáty ny, Mangády hahita ny anáty ny; mitády, mitsapatsápa, manjéngy azy anáty. — pour le trouver, Mikárona, mikarokároka azy.. vo Mihálotra, misoitra.

Fouir, Mangády, mipongy tány.

Foulard, Lamba landy malémy.

Foule, O maro mifankaletra, h mifananety, mifandrónjy, mifanéry, mifanizina; h mitribitriby, pv mitrebitréby, h mitribitríbika; ? midalabóboka; o mandeha maro, manao andíany, miraiky dia. Entrer en —, Mibosésika, mivosésika, mifanésika, mifamosésika, milóatra, mamosésika. Sortir en —, Mivóraka, míbóraka. La —, ny hamaróana, ny maro. vo valalabemandry. Vodiáhitr' arivo, mpanosi-áhitra, vahóaka.

Fouler, Manindry, manery, mamátatra, manetry, mamia, manjetra; mamíaka lamba vao tenómina. vo mandásitra, mitoto, manorotoro, mangia, mamíña, —aux pieds, manítsaka, mandia, mandiadia, manitsakitsaka azy. se—

le pied, vo Dèmettre, Entoase, Fouluae, Fourneau, Traño tanerèna ny lamba vao ho tenómina. Foulon, faniahan-damba. Mpanery lamba, mpamin-damba.

Foulure, vadik'òzatra, vonto, ny miòritra, mikàsoka, mivika amy ny tánana &. vo Entorse.

Four, pv Lokótra, lokotra-may; pv Ramangótroka, sk Ramangóraka; h Memy, ? tananéhana, h fanonárana; Lá-vaka ou trano tanendazana; — à chaux, lávaka fandoroan-tsokay, pv fanoroan'antsoká. — de campagne, lokótra afindra.

Fourbe, Trompeur. Fourberie, Tromperie.

Fourbir son fusil, Mamótsy basy; mandio, mamotsifotsy, mamótra, mampangilotra, mikásoka, mampamirapiratra azy.

Fourche, Éfaka, leka, saléka; efaka-bazo, lekankazo, sa-lekankazo; sámpana, sampankazo; bazo manéfaka. Four-cher n, Fourchu, Manéfaka, mandeka, manaléka, misám-pana, manámpana, Baka, sabáka, mibáka, misabáka.

Fourchette, fitrébika misampantsámpana, fitsíndrona ma-dekaléka, fitrébika fihinánana.

Fourchon, ny tendro ny fitrébika misámpana.

Fourchu, vo Fourcher. Au pied —, vaky hotro.

Fourchure, Isampánana, fisampánana, isampánana.

Fourgon, viarakodia fitondran'éntana any antáfika. —, Fisoitr'afo. Fourgonner, Misoitr'afo, misoitra; manóndro-ka, misoitsoitra. vo fouiller, mitsokitsókitra, mihálotra, mikárona, mikarokároka,

Fou-rire, hehy tsy zaka.

Fourmi, Vítsika, sk vitika, vitsik'ambo. Fourmilière, ha-maroam-bitsika; trano mbitsika. Fourmillement. Fourmil-ler Maro betsaka tahaky ny vitsika, manesikésika, mireko-reko, mikevikevy, mafanizina, — d'animaux, totofam-biby. La main ne fourmille, j'y éprouve un fourmillement, Vitsi-hin-kóditra ny tana'ko, vitsihin-tánana aho, pv mandre-marema, marimáritra, h miretsidrétsika ny tana'ko.

Fournaise, Lavak'afo; h Memy ou lokotra fandrendréha-na; Afobe. vo four.

Fourneau, fátana. —, halam-pátana.

Fournée, mofo voatono indray manao, z vita indray man-deha; érauy ny fanonárana.

Fourni, bien —, Ampy z, ari-fánaka, ampi-karamaoka, feno, henika, ampi-mánana, feno-mánana. Fournir qe a q. Manome, manólotra, z azy. — q. manahana; manésika, manamby, mameno, manénika, matatsy azy, manóyowa, mamónona, mansoka. Le — de vivres, Manampy vatsy azy. — à tout, mafanotolo, mahafana, mahefika tokantra.

fohana, sesika, z mahafohana; fanaka pv karamaoka, z hanta.

Fourrage, Ahitra fohanin-tsovaly, h fihinan-tsovaly, fatakana. Fourrager; Manjengy ahitra, mitady hanin'aomby, mamory vilona. — un pays, Mandrava, mamabo tany.

Fourré: Langue —, Lela mifono, am-pono, fesan-dela, fisan-dela. Pays —, Tany be ala, maletr' ala, totofan' ala, henik' ala, saforan' ala, tototr' ala. Coups —, Vango mifampaly. Paix —, Fiadanana mandenga. Botte de foin —, Fehiam-bilona misy tsentsina ratsy, voa tsentsina. Fourrer qc dans qc, Manesika, manentsina, Mamosesika mandetra, manembana, manefuka, manitrika, manisitra, manisika z anaty z ou z amy ny z. dans qc de long, Manjoloka, manorona z amy ny. Y — qc, manesika, manentsina azy. Ce que l'on y fourre, ny Asesika, atsentsina, asorona, aletra, asembana, asefaka, asitrika, asisika, aiditra, ajoloka amy ny. Ce dans quoi l'on fourre qc, Ny z sesehana, tsentsenana, sefahana, sembanana, anoronana, anidirana, anitrihana, anisitana, jolohana z. — un oreiller, Manentsina ondana. S'y —, Misesika, miletra, misefaka, misorona, mijoloka, mibosesika, misisika, misitrika, miditra, misembana. Se — partout, mitsafoloaka, mitsolohotra, mitsotroaka, mitsotsetroaka, niantikantika, mitsintsefotra, Nakanaka, pv mikatroaka, h miatikatika, h mijojo, mijojojojo; misosososo, h mijolonjolona, h mijolojolo, h mijongojongo, h mijongijongy; misesoseso, misesisesy.

Fourrier, Mpitandrina ny vatsy ndraky ny trano ny miaramila.

Fourrure, Tsentsina, hoditra velom-bolo atsentsina amy ny akanjo.

Fourvoyer q, Mankavery lalana azy, mankajeby, vo Egarer, Détourner. Se —, Mania lalana, s'Égarer.

Foyer, Fatana, vo halampatana. —, foibény, Vontony, ampovoany.

Fracas, Rekadrekaka ny z folaka; Rehodrehoka, katrokaka, katraoka, kotrokaka, rokaroka, kokskoka, tabataba, Rekona, rodondrodona, korodorodo, korodondrodona, Faire —, Mi —. Fracasser, Mamolapolaka, maninikinika, mamarantsenaka.

Fraction, Silaka, sombina, tapany, ilany, firasana, rasa, fizarana; bira.

Fracture, Taolana folaka. Fracturer, mamolaka taolana.

Fragile, mora vaky, mora folaka, pv marefy, h marefo, marefirefy, marefotrefo; maraloka, marafodrafoka, pv marekana, marekantekana, h malia, vo malea, mariaka.

milaka; makéfaka; mora simba, mora rombina. **Fatoriri,** harefiana, haréfy, barafodrafóhana, barafóhana, **p- Tékana,** hátekánana.

Fragment, Tápany napiaka, silaka, sómbina, tápany ny z vaky, tapatápany.

Frai, Atodi-nkazandrano, atodimpilao, atodintsáhona; filao voa ho téraka. —, fahasimbány ny vola.

Frais, FRAICHE, Manaranara, manintsinintsy, mangatsiatsiaka, antara, antarantara; — et vermeil, minendo, minendonendo. Il fait —, manaranara ny andro. Pain —, mofo vao, vaovao. Viande—, hena lena. vo dárony, darondarony, firifirina, milenalena; tañora, tsótsana; matánjaka. au —, amy ny fanintsina. Qui a le poil —, velòm-bolo. Le —, ny Manara; hatsiaka, nara, nintsy, hatsiatsiaka, naranara; alokáloka. FRAICHEUR, vo le FRAIS; Hatanorána, hatsotsánana. FRAICHIR, Mihanara, Mihranintsy, mañaly mangatsiaka.

FRAIS s, Vola lany, vola nividian-draha; karáma, fondro. fandaniam-bola. à grands—, Mahalany vola be, saro-bidy. Sans—, Bóry, azo bory. Faire les—, mamoa-bola hankefána azy.

Fraise, Añaram-boankazo. —, fehitenda, tretrak'akanjo milefidéfitra madinika, *ou* mikolidipika madinika.

Framboise, Añaram-boankazo.

Franc, kirobo bory.

FRANC, FRANCHE, Tsy fatoran-dráha, vótsotra, áfaka, Port—, Seránana tsy andaovam-pady, tsisy fetra. homme —, o tsy manaron-draha, tsy mavandy, tsy mamony ny ampo ny. mihitsy, marimarim-bava; ? maria-bava, mazavà vava, votso-bava; hifa fo, tsy mifana ampo, tsy mlolikoli-bólana, tsy mañariary fotony, marim-bava, mazava fo, ? malefa-bava; ? madio fo, misoka-po. — de port, azo bory, tsy mila karáma. Terre—, tany tsy miharo rokavato, tany vátana, Un jour—, Raik'andro jitra. vo — ARBITRE.

Français, O ny *France*; Anti-Farantsy, Olona Farantsy, Farantsy. FRANCE, Farantsy, a Tani-Farantsa.

Franchir le fossé, Mitsambókina hady, mihóatra, mamókina, h mamíkina hady, mitsambókina an-koatra, h ? mankóatra; vo Mitróatra roho, mihoa-dròva.

Franchise, havotsórana; hitsi-mbáva, hamaríñana, házavam-bava. —, fanafáhana amy ny fañampóana; teny tsy mahavery o.

Franciscain, *Religieux* fellíny t Masin-dahy François

Frange, g Rongo miraviravy, rogondamba mibevikevika lohandamba, rámbona, h akorso, sisimdamba matsóatsóaka, ravak'anjo, sonitr-tsikina. Y —, FRANGE, Mirongo

Le Franger, Mandrongoróngo azy, h manakotso azy, vorongo-jirika, hirijy, manirijy.

Frappant, Mahatalánjona, pv mahalánjona, mahataitra.

Frapper, vo BATTRE, et Mandabóboka, mamitsaka, mamioka. —à la porte, Mandóna, madondóna, mandonadóna azy, pv mikóna, mikonkóna, h migona, migagóna, mangóana azy; mipoka amy ny, manoka, mamelv azy.

Fraternel: Amour —, ? Hatia n'ampirahalahy ; Charité —, fitiávana námana. FRATERNELLEMENT, Tahaka olo-mirahalahy, karaha zánaka tokan-dray, otry hávana kiboraiky. FRATERNISER, Mihávana, milongo ; manao fanahy n'ampirahalahy. FRATERNITÉ, Firahalahiana, firaihan'ampirahalahy. FRATRICIDE, Famonóana rahalahy, Vonoan-drahalahy; Mpameno rahalahy.

Fraude, Fitaka, famitáhana; Angoly, fanangoliana, h fanangoléna; h sándoka; h soloky, pv sombeha, h solia, h sombia, h goróbaka, vo solohóto, trangaléla, ankobohóbo.

FRAUDER, Mamitaka, manangoly ; Manombeha, h manolóky, h manao goróbaka, manao nósoka ou lakósotra; manome vohony, h manalokiloky ; misódika. vo CONTREBANDIER. FRAUDULEUSEMENT, amy ny fitaka, ou bam-pitaka.

Frayer un chemin, Mamaky, Misava, manókatra, manjaojaotra, mandia, manitsaka, mamafa lálana; vo mitari-dálana. — n , milomy (otry ny filao). Y —, mifotra amy ny, mikásika azy.

Frayeur, Vitona, vo EFFROI; vadi-po, pitipitika, pitsipitsika, levilevy, mitora-kóvotra.

Fredaine, Hadalány ny zatovo, ny ratsiratsy atao ny silasila.

Fredon, FREDONNEMENT, Hovotrovo-peo, horohoro-mpeo, h parare-peo. FREDONNER, Manovotróvo-peo, manetsikétsi-peo, miparare-peo, manolikólika feo; feo miolikólika, mihovotróvotra, mipararétra, mangorohoro.

Frégate, Anaram-bórona. —, sambo-miady be.

Frein, Gadra ntsovály, gadra-mbáva, sakam-báva, febáva; fisakánana, famérana, fetra.

Frélater, Manatsatso, vo FALSIFIER.

Prêle, fragile.

Frêlon, guêpe.

Freluquet, O mihaminkamina foana, mieboebo, adaladála saina. DAMOISEAU.

Frémir, Mangóvitra, pv mangóvotra, mitora-kóvotra, mihovotróvotra otry ny tády, ny tsioka, ny riaka, ny lakilósy ; mihetsikétsika. ? mitrona , ? mitréna. ? mifontréka. vo misinjifinjy, mijihijihy; ? mieronérona. FRÉMISSEMENT, hovotróvotra, torakóvitra, hetsikétsika; ? finjifinjy; eronérona, fitreñana.

Frénésie, Hadalana omban-kasiahana, ? Tromba. FRÉNÉ-
TIQUE, adala-masiaka, misy tromba.

Fréquent, FRÉQUEMMENT, Matetika, mazâna; pv masé-
ka, h masesy, Ir kosesy, h seallany, h kotsetsy; ? mitetitéty.
FRÉQUENTER q, Manileha matetika amy ny, miverivery,
miverimberina amy ny; fandeha amy nv; famangy azy. Q
Que l'on FRÉQUENTE, o fandehánana, o fovangiana, o fiha-
róana. Qui —, mazana fandehánana. Fréquentation, fan-
dehánana matetika. Route FRÉQUENTÉE, Lalana fomban'
olona maro. Ville —, Tanana fandehánany ny maro.

Frère d'un homme, Rahalahy kibo raiky (ou ada raiky)
amy ny. Qui sont —, Mirahalahy; des —, Mpirahalahy. —
d'une femme, Anadahy; qui sont — et sœur, Mianadahy.
Un — avec sa sœur, Mpianadahy. — ainé, Zoky. — cadet,
Zandry. — par serment d'amitié, Fati-drá, (ata-drá, vaki-
ra; Se faire..., Manao —; mifamati-drá, mifamaki-ra. Être
— de lait, miolonono.

Fressure, Ny aty ny aomby, ny fo ny, ny áriny ndraka
ny havokávo'ny miharo.

Fret, Karama ny sambo, fondro ny entana nentin-dáka-
na, tambintsambo; g sara, sarandákana. FRÉTER, Manam-
by, manara, misara sambo.

Frétillement, Hetsiketsika, olaola, olañolana, otikótika,
otakótaka, h hedrahedra, h hidrahidra, troatróatra, soma-
riaka, varivary. FRÉTILLER, FRÉTILLANT, MI—, silasila; man-
dihidihy, h mikoropadrópaka, marisika, miramirana; vo
mijihijihy, mihenileny, mifatifaly, milalao.

Fretin, Hazandrano madinidinika.

Friable, Mora torotoróina, h mora montsánina; mora fi-
sóhina, pv mora hosóhina, mora atao vóvoka.

FRIANDISES, Hánina mamy, hánina fi-ró, zava-py, z firó.
FRIAND, Tia —; mahay —, mibango hánina, ? saro-manta.
Morceau —, ? hánina mahatia, mahatárika. FRIANDISE, Fi-
bangoan-kanin-pi-ró, fitiávana háni-matavy, fitiavam-
py, fihantan-java-py, ? hasarotam-pihinánana.

Fricandeau, Hena-njanak'aomby nanitritsitrihan-kena-
ndambo.

Fricassée, Endi-nkena voa tapatápaka madinika, ? endi-
torotoro, Rotidroti-kena voa endy. FRICASSER, ? Manao
endi-torotoro, manendy. fg Dissiper. FRICASSEUR, Mpa-
handro ratsy.

Friche, Terre en —, Tany lavavoló.

Fricot, Hena-ndraha voa handro.

Frictionner une jambe, Mandrokodrókotra, Misafosafo,
maneritery, mikasokásoka, mahotra, mahotrotra tongotra

marary.

Friction, Rakodrókotra, safosafo; otra, fañórana, fañotrórana, kasokásoka, fandrokótana.

Frigotter, M. tsiatsiaka (toy ny vórona *Pinson*)

Frileux, Matáhotra nara, tsy mabáritra-nintsy; maharéñy batsiaka, mora tamy nara, mora azo ny nara; mangatsiaka; h ? firifirina.

Frimas, Fanala, fanala-manidina; havandra, havandra-látsaka.

Frime, Semblant.

Fringuant, ? Mianganángana. h miangitrángitra, angárina, angatrangárina, h angitrangírina; silasila, raharabaina, miangatrángatra, , be aiña, maherizáka. Cheval—, ?sovaly mihadrahádra, mihedrahédra, pv mihetrahétra, maní trahétra.

Fripé, (síkina) Tonta, voa rofaróſa; vo támpitra, róvitra, rómbitra; simba, lány. Friper, Manónta, mandrofaróſa, mandróvitra, mandrepodrépoka, mandramondrámona, mamoripóritra, migodangódana. vo Chiffonner, Friperie, Fivarotan-jávatra tonta; Fripier, Mpivaro-tsikina tonta.

Fripon, Mpangálatra mahitsy tánana, karinólona, jiridáhy, h mpandroba; olon-dóza. Friponner, vo Escroquer, Frauder.

Frire ac, faire—, Mañéndy. Qc frit, z voa éndy, endindráha.

Friser les cheveux, mañotakótaka, mamolimbólina, mañakorikóritra, nañolikólika, mañosinkósina, mañcronkórona, h manoliòly volón dóha. vo Boucler.—n, Effleurer.—n, Frisé, n ikorikóritra, miotakótaka, miolikólika, miforipóritra, mihosinkósina, miheronkórona.

Frisson, Angóntsina, h jihijihy, g fihifihy, g hifihiſy, h vihivihy, h finjifinjy; hóvitra, pv hovotrovotra. Frissonner, Mi—; et Mangóntsina, mangóvotra; mangorohóro. vo Atodintázo, foſoka, torakóvitra.

Frisure, Korikóritra, Kolikólika, otakótaka, volimbólina, horonkórona, holonkólona.

Friture, z voa éndy, endi-mpiláo.

Frivole, Foana, mañao saim-poana, mañahy z foana, tsy ho závatra, tsiſy fólony. Frivolité, z foana, zava-poana, tsinontsinona, tsy z saim-pótsy, hadalána. vo Bagatelle. Futile.

Froid, (Froideur), Nara, batsíaka, nintsy. vo sery. Qui est—, a, Qui a—, Manara, mangatsiaka, manintsy; vo antara cénkona, antarapiana, rano, fiſy, firina, firifirina; mari-kóditra, mangótsina. Il fait—, manara ny andro. vo matimaty, tsy mav, tsy marisika, miádana, maotona, manjomótra, malaiña. Froidir, Mihanara, mihiamintsy, ? mihiatsiaka, mañaly hanara.

Froisser, Mandrátra, maharátra; —, Frotter. —, Mandrofarofa, h mamozafoza, mamiravira, mañotikótika; h, ? mampivilika, ? mamíloka. —, Fâcher. vo mifentsáhona, mamoripóritra; Brusque. Froissure, ny marátra, ny fery, bay, ny voa rofarofa.

Fromage, Ronono mandry ; ? Pako-ndronono ; volavolandronono mandry, ronono n ahery.

Froment, Blé tsara indrindra.

Froncis, Lefidéfitra madinidinika amy ny lamba; pv kérotra, h kétrona, holonkólona, hórona, horonkórona. Froncer, pv Mampangérotra , mampikérotra , ? mangérotra, h manétrona, manetronkétrona, mampikétrona; mandefidéfitra medínika, mañórona, mañoronkórona, mañolonkólona, mamónkina, pv marónkina. — les sourcils, — hándrina, —volomaso, mangero-kándrina , h miketron-kandrina. vo manjombonjombona. Se —, pv mikérotra, h mikétrona, pv mihénkina, mivónkina, misónkina, milefidéfitra, h mikehankehana.

Fronde, h samotady, h antsamotady, hósina, fanopiambato ou fanoraham-bato, tady fanopíana, Jeu de —, Torak'antady, topi-antady. Fronder, manao torak'antady, mamanera-bato amy ny antsamontady, — fg. Critiquer.

Front, Hándrina. vo salóvana , vajihy, lahara. Large —, sola. Qui a un large —, solaina, h sondaina. —, vo façade, Devant, Cimf ; Audace. Faire —, Être de — , Mitátana, mañátrika, mañandrify, mañolóana. Marcher de —, mitátana mandeha, manao sarambabe, manao beloha. L'attaquer de —, Misótroka, manetra azy.

Frontal, fronteau, s, rehiloha.

Frontière, Fieférana, fieferan-tány.? fiférana; moron-tány, sisintány. vo fefintany , fari-tany. — a, antsisin-tany, amoron-tány.

Frontispice, ny Añatréfany, añolóany ; ny ila-njávatra añatréfany ny sary; ny hándrina.

Frotter, Mandrókotra ; mikásoka, manásoka, mikasokásoka, h Mikasaoka, mikasaotsáoka. vo mamotra ; mañósotra, mandóditra, mañasa ; mañósoka, mañísoka ; mandilodílotra, mamafa, mamaoka. Se —, mifotra , mikásoka. Se — d'huile, mañoso-bátana amy ny sólika. Frottage, fandrokótana. Frottement, kásoka, fotra.

Fructifier, Mamoa; mitéraka , mamoa-boa , mañely voa. vo Mamihina, vókatra, mahavókatra, maróroka; mandroso, miádana. Fructification, famoázana. Fructueux, mamoa Le; h mamoa fampana, pv mamoa-lénjotra. Misy várany, fanjatóana, h zina, vókatra.

Frugal, Tsy mandány hanim-be, h mitsitsy hánina, matsitsy hánina, kely fihinánana, mihinan-kély hiany, tsy maro hánina, vitsy hánina, tsy sarotr'ankánina.

Frugivore, Mihinam-boankazo, tia-voankazo, ngoaim-boankazo.

Fruit, Voankazo, voa, voandraha ;? vihinkazo. vo zavabókatra, tombo ny; ánaka, naifaitra, natéraka. Saison des —, famoázana;? famihíana; vo fararano-mboa.

FRUITERIE, Fikajiam-boankazo, fitoeram-boankázo. —, fivarotam-boankazo.

FRUITIER, Mamóa; vañom-boankazo, vañon-kazo mamóa. —, mpivaro-boankazo.

Frusquin, Ny vola ndraka ny karamaoka. Perdre son saint —, very karamaoka.

Fruste: Piastre—, parata maty sary, nahafáhana, dómoka.

Frustrer q, Mankasóboka &. vo DÉCEVOIR; tsy mampiávy,? tsy mampahatonga ny antenaina, tsy mampahazo.

Fugitif, milefa, mpilefa, lava fe.

Fuir, Milefa, h mandósitra azy. vo Abandonner. — n, — vo mirímotra, miríatra, miridana, mirífatra, roso, lasa, miríntona, miríona, mitangidingidina, mañandrovo, mamalavo, mañamboa, miala faingana, mipika, miala, mienga, midífika. vo COURIR, COULER, FUITE, filefána, fandosirana, lefa, h lósitra. vo ríntona, riotra, ríona, tangidingidina, fialána, fiengána.

Fuligineux, Misy molaly, mainti-molaly, be molaly, molaléna, misari-molály.

Fulminant, Manora-báratra, manopy hela-báratra. —, Mangótroka, Mandráhona maré.

Fulminer une bulle, Mampangótroka malo, milaza mafy, manadidy. —, mikótroka, mangótroka, mandráhona, mamora-bolan-dratsy; madrara fátatra.

FUMÉE, Sétroka; émboka, h étona, h tsembok'afo. vo Závona, fófona, dónaka, évoka; saim-potsy, saim-poana, hevi-poana. FUMANT, FUMER n, Manétroka, h manétona. vo mitsémboka, manémboka; manjávona, mamóvoka, mamófona; midónaka; miémboka, misy sétroka, misy émboka; miévoka, mitora-jofo, mitora-tsétroka.— de colère, mitsémboka. — un jambon, l'ENFUMER. — (le tabac), Mitari-dobáka, mitro-dobáka, mitróka paráky, mifóka paráky, mitsentsi-dobáka. — une vigne, manisy Zézika amy ny vody ny. vo AMENDER.

Fumet, Fófona tsara, fofo-mánitra Qui a du —, manipófona.

Fumeur, Mpifo-dobáka, Mpitro-dobáka.

Fumier, Zézika, taimbóraka, tainaomby, taimbala, tay, taindraha, áhitra lo, ahi-dó, áhitra-mótraka. —, fitoeran-jézika, fañarian'áhitra.

Fumigation, Famafázana émboka, fañelezam-pôfona, sétroka afafy; fôfona atsémboka. FUMIGER, Mañévoka, manétroka, manémboka.

Funambule, Mpandihy ambony kofehy hénjana.

Funèbre, fatao amy ny fandevénana ou amy ny maty. Chant —, antsa fandevéñana; pv Baheza. —, mahafalahelo, mampañinofy faty, maiziñizina. vo misy fambara, mitondra loza, fadirañovana, malahelo. FUNÉRAILLES, Levénana, fandevéñana; h Lofo; áfana, fanafánana; h andrávana.

Funeste, Be rofy, mahavoa rofy, mahafaty, be loza, loza, mampidi-doza; mahasimba, mandráva.

au FUR et à mesure, kely masesy, kely mazáña, tsikelikely, kely matétika; vo miandálana.

Furet, Añarambiby mikárona ny *Lapins* andávaka. FURETER, vo FOUILLER, CHERCHER.

Fureur, Hatezeram-be; hasira omban-kadaláña; h Rimorimo, afonáfona, safóaka; tsafóaka; fororo, foróaka, ? fienjéhana. En —, FURIEUX, furibond, Misañaka, fmifotróaka, misamóntitra, tézitra be, ménjika be, mifetopétoka, mifotofoto, mifotafota, tézitra dia tézitra, mimamamama; loza, loza be. FURIR, vo FUREUR: —, viavy lozabe.

Furoncle, Vay, vailahy, móñina, ? tombokafo, h ? kifongo.

Furtif, FURTIVEMENT, vo DÉROBÉE, en CACHETTE. Entrer —, Mangala-pidirana, mitsololóaka, mitsotsotróaka.

Fuseau, hazo hely mavony kitsoloha fañendriana; h ampela, fañolésana. ? antsody. Le mettre sur le —, ? Manantsody azy.

Fusée, Ny taretra manodidina ny ampela —, afo-mbanja, kilalao-mbanja miákatra añ-dánitra.

Fusible: Fer —, vy mora tenóina, ou ampimanaina, empóina.

Fusil, h Basy, pv Ampingáratra. ? Fanopi-bala; vo Betoháka, h bedoháka, belelo, belakara, bosy, befáhana, basikátsaka, basibasy. FUSILIER, Mpitam-basy, mpitan'ampingáratra. FUSILLADE, Poa-basy, poapoak'ampingáratra, ? tifitra, ? tifitifitra. Fusiller q, Mitifitra azy.

Fusion, Fanenóana, fañempóana, fampimanána; —, fañaróhana, fampiraihana, firaihana.

Fustiger, Mamango kibay, vo BATTRE, FLAGELLER.

Fût de fusil, hazo-mbasy; de colonne, ny vólony, tavólohy, vátany; de canon, ny Hálana, akálany. —, futaille,

Futaie, Ala abo hazo; hazo abo, tampitra tombo.
Futaille, Barika.
Futé, vo Rusé.
Futile, vo Frivole.
Futur, ho avy, mbola ho avy. Le —, ny —.
Fuyard, Mpilefa, mpandósitra.

G

Gabare, Lákana lehibe matáhitra no talélaka.
Gabier, Baharia mpiámbina ny koféhy añabo ny falázy.
Cácher, Mañaroharo fótaka, h mangaroharo feta.
Cáchette du fusil, Fihátsika, fihátsiny; pv famonóana.
Cácheur, Mpañaroharo feta, mpañitsa-pótaka, mpan-drevorévo, mpandia gódra.
Cácheux: Chemin —, Lálana Petsa, petsapétsa, pétsa-ka, madíty. vo Bourbeux.
Cáchis, Petsapetsa-mpótaka, rano-mpótaka, loto mibi-dabida, bidabida-mpótaka, somabida.
Cage, vo Caution, Arrhes; fampitanána, fampiantóha-na, kitaritárika. —, karáma, tamby, fondro. — marque.
Cager n. g Milóka, Mañala-famátra, mifañome.— q, Ma-námby, mamóndro, manaráma. Gageure, Lóka, lokamán-ta, filokána, z filokána; ny petra-bóla hañalam-památra.
Cagiste, o Fondróina, karamaina, tambázana, mikará-na, mitámby.
Gagner, Gagnant, Maházo; mandrébaka, maharésy, mandrésy, vo maházo tombo, manantómbo, mitombo. — l'ile, Maka ou málaka nósy; vo Atteindre, Approcher. Maladie qui se gagne, arétina mifindra, mora ázo.
Gai, Ravorávo, falifály, rávo; mi —; variváry; miramí-rana; g miriadríaka, g maríaka; h sakiakía, ? mizinazína, ? ?zina, ? zinjína. ? sinisíny, mi—. —, qui égaie, vo Égayer. Gaieté, hafalifaliana, hafalíana, haravóana, hazavam-pó; vo riadríaka, h robiroby. Gaiement, Amy ny haravóana; ankaravóana, an-jávam-pó.
Gaïac, Harahara.
Gaillard, Maheri-vintana, silasila, maheri-záka, angá-rina, angatrangárina, raharahaina, fátatra haravóana, va-rivary, miramirana; mahasáky, mahasáhy, h sahy. Le — d'avant, ny loha-ntsambo; d'arrière, vodi-ntsambo. Gail-lardise, haravóana maimay ou marísika.
Gain, Tombo azo, Tombo-mbárotra, tombo ny, ny soa azo, ny azo.
Gaine, Sórona, trano.
Cala, Fihinanam-be an-trano ny Mpanjáka.
Galant, vo Q Civil. —, mila ho tiany viavy, mandongo

viavy. GALANTERIE, vo CIVILITÉ; —, fanompotompóana ny viavy, fañajañajana ny viavy.

cale, Hátina, pv haty, kizavo. vo ròfotra, forófotra, ròfatra, rifotra.

calère, Sambo lava mety vézina ou voizina.

calerie, Aloka maro andry; fitoeran'ambony, lava-rang'ambony; Alok'ambony. GALÉRIEN, òlona very mivélákana.

calet, Vato, h kilongozo, h kolongozy.

caletas, ny Efi-trano ambony indrindra.

calette, Mofo fisaka, fesa-mofo.

caleux, Haténa, h haténina, misy haty, misy hátina. vo ? kongónina, tsingaohina, kirambaina, rofótina, rofátina, rifátina, rifótina.

calimatrée, Sisa-nkánina aharoharo andrahóina.

Galimatias, Volambólana tsisy fótony miharoharo; Badabada, bebobéboka, verobéroka, h boadaboada, h boeriboérika, rediredy; mi—.

calipot, Ditinkazo Pin; Dity ny Pin.

Gallicisme, Fisaiñam-bolana (ou fataombólana, hakimbólana, antombolana) ndreo Farantsy.

caloche, Sòsoka kiraro, kiraro hazo.

calon, Rongo;galóna. Galonner, manisy —, mandrongo, mandrongorongo.

Galop, pv Ringito, h ríntona, h ríona, h ríotra, samoina, samoimóina; pv ringito. GALOPER n, mi—; mandringito, mandrívotra, mañandrovo, milomay maré. vo COURIR, mimaona, mitratreva. — un cheval, Mampandringito azy. — q, Milomay azy.

calopin, Zaza irakíraka; —, zaza batrítra.

cambades, Tsambokimbókina, troatra, tsinjatsínjaka. GAMBADER, Mi—; manari-vity, manopitopy tóngotra, mandihidihy, mitotototo tany.

cambiller, Mamiombiona tóngotra, mañetsiketsi-bity, manipatsipaka.

camelle, ringa imbóñana; gamela. Manger à la —, mimbon-kapila; mitsábaka; miharo lovia.

camin, zaza manao ratsy andálana, h zaza batrítra ou botretra.

camme, Tetezan-toñon'antsa. Réciter, mitety ny toñon-kira. manohy ny toñon'òsika.

ganache, Taolam-bava ny sovaly; h ? Adisaon-tsovaly. —, o badiaka, badibadíaka, mibadibadíaka, bodiaka, bodibodiaka, jabadiaka, mijabadiaka, midabadíaka; badrahodra, be-adala.

ganglion, Tamboavoa; voa maniry amy ny òzatra.

cangrène, very mihady; fery mihialó. Gangrener, mihialó, mihiamótraka.

Gant, Saron-tánana, foño-ntánana; gá. Ganter ac, Mamoño-tánana, manaron-tánana.

Garant, Mpiántoka, ántoka, débaka. Etre —, Miántoka azy. Garantie, Fiantóhana. garantir, Miántoka; —, miaro, mañéfina; Se —, miaro tena, mifofy.

Garçon, Zazalahy, tsaika lahy, koto, boto, tovondahy, lahikely, laikely, sakandahy; mpitovo lahy; kijaojao, jao. —, ankizi-lahy.

Garde, Àmbina, andry, fiambénana, fiambésana, fiandrásana; aro, fiaróvana; fitchirízana, fikajíana. Etre de —, Monter la —, miámbina, miandry La —, les gens de —, Mpiámbina, mpiandry; n.piaro, Fihitra. Bonne —, Ambindahy, andrilahy; Faire....., n.nao —. Y prendre — Etre sur ses —, Mitándrina, mañahy azy ; miahy. — de l'épée, aro, fiaróvana, fiaro. Se mettre en —, miaro tena, misákan-tena. — champêtre, Mpiandri-tsabo, mpiambim-bary. — chasse, mpiandry haza.— côtes, mpiaro ny morondrano; sambo miaro ny tany. — feu, Fiaro-afo, tsy mahalat ak' amy ny afo. — forestier, Mpiambin'ala. — fous, haro-adala, sákana tsy mahalátsaka am-pámpana. — magasins, mpiambin-trano fivarótana, mpiandry vidíana. — main, fiaro-tánana, halan-tánana, hefin-tánana, lafi-ntánana, láfika tsy mahaloto. — malade, mpiámbina olo-marary, mpitaha, mpitsabo azy. — manger, Fikajian-kánina, fitchirízan-kánina. — robes, Vatra fikajian'akanjo, fitchirízan-damba.

Garder, Miámbina, miandry; mitahiry, mikajy; miaro, mandrara; mitána vo Mañótrona, mañahy, — à vue, miambi-maso, miandri-maso azy. — le secret, n.itam-bava, mifato-bava. vo Mialintaona.

Gardien, Mpiámbina, mpiady; mpiaro; aro, kady; mpitahiry, mpitána, mpañahy.

Gare, interj. Amy nao, amy nareo, mañahia. — le bâton, amy nao ny kibay, ahio ny kibay, avy kibay.

Garenne, Tany fihariana Lapins.

Gargariser: Se —, Mañontsam-bava sy tenda, manontsankontsam-bava, mihomokómoka. Gargarisme, Rano ihomokomóhana, rano tanasam-bava, fañontsánam-bava.

Gargote, Traño fivarotan-káni-másaka fa ratsiratsy.

Gargoter, Maloto fihinánana.

Gargouillement, vo Borborigme.

Gargousse, Hatsivo-ntafondro.

Garnement, Karin'olona, olondratsy.

Garnir une maison, Mañisy z, mañisy éntana amy ny;

mañampy z azy; mameno, mañénika, mandósoka azy. vo Décorer.

carnison, Ny miaramila miámbina tanána, miaramila mipétraka.

carniture, Sósoka, soso-pihamínana; fañampíana, —, haingo, rávaka. vo Décors. —, Élana, séfaka, simbana.

carrotter, mamátatra, mamáhotra; mamehy, mangadra, manao vahotr'ólana.

casconnade, fg, fanfaronnade.

caspiller, Mandány foana, mañary, vo Mandródona, mandrótsaka; vo Dissiper.

Gastriloque, Mpiteni-an-kibo, o mahova feo táhaka olona samby hafa no miteny.

castronome, Mpisain-kánina; mahalala-hánina, mpibango hánina, ngoain-kánina. Gastronomie, fisaiñan-kánina, fibangoan-kánina, fingoaiñan-kánina; fahalalan-kánina, filazan-kánina.

câteau, Mofo mamy, Volavola-mofo, ampemba, mokary be mamy.

câte-métier, mpandatsa-bídy lóatra, mpandatsa-tómbana lóatra.

Gâté, Efa ratsy, narátra, marátra, róbaka, robadróbaka, simba, voa vilaka, mivilaka, ló, mavao, mavingy; vo Dégradé. Gâter, Mandrátra, mankarátsy, manaratsy, manimba, mandrása, mandróbaka. vo mañárana lóatra; mankaló. Se —, g Marátra, h mirátra; mihialó, vo mihena; mirava, mihiasimba. Achever de —, Mañampi-trótraka.

Gauche s, Havia, ankavia, tanan-kavia. A —, An-kavia. Donner à —, aller à —, mañavia. Q —, o havia, mañavia, — au travail, à la hachette &, — tánana, — tétika; vo badrahodra, badíaka, mijabadíaka, drahodráho, tsy kingia, mipilapila, mibilabila, mivaikavaika, mitombaitra, tonéndrina, tondrendréna, tonéndrina, tonendrinéndrina, bontólo, didéry, adala-tánana. Marcher Gauchement, havia dia, manavia dia. Gaucher, Havia. Gaucherie, z havia, z manavia; diso; ota. Faire des —, manavia, — vava, — asa; havia asa; muñota, mandiso; mitombaitra.

cauchir, Mivaoña, Miótaka, mitombaitra, mañavia, mibirioka, mivirioka, mikemo, mikemokémo. vo se Cambrer.

Gaufre, Mofo mamy miefitréfitra karaha ny lamba-tantely. Gaufrer, mampira azy amy ny lamba-tantely, mandakandákana, mankadilandílana, mañefitréfitra azy.

Gaule, Hazo lava, fitóroka, téhina, hau, tsorakazo be, rotsakazo be, ? langilangy abo, kibay lava. Gauler des fruits, Mandátsaka voankazo amy ny téhina, mandrítsaka, mamioka, mitébina, mikápoka, manóndroka, mamango, ma-

melivély amy ny fitóraka.
 Gosseur, vo Menteur, Moqueur.
 Gavotte, Tsinjak' ólon-dróy.
 Gaz, Fofon-jávatra mora miréhitra. Gázy.
 Gaze, Lamba matifi-vérana, matifi-verambérana, h manifi-mangarakáraka.
 Gazette, Ravin-taratasy milaza ny kabary ny tany ho fántatry ny Vahóaka.
 Gazeux, Misy Gaz; mamófona.
 Gazomètre, z fanerànana ny Gaz.
 Gazon, Lafik' áhitra; ? lamak' áhitra, ahi-bélona miláfika; h ? fandrotrárana.
 Gazouillement de l'oiseau, Tsiatsiaka, bisibisika, h bitsibitsika, volambólana; du ruisseau, sononóka, zozozózo.
 Gazouiller, Mi—.
 Géant, O tsontsòra-kabósana; abo indrindra, o makadiri-be, h rapeto; pv o antson' aiña, pv añon' aiña.
 Geindre, Mitaraiña amy ny z kelikély.
 Gelée, Hatsiaka fátatra mampándry ny rano.—, z mándry toy ny hatrotro. — blanche, fanala, — manidina, ? havándra. Le Geler, Manamy nara, mandreki-katsíaka azy; mampandry (rano.) Il Gèle, mandry ny rano, mamamala ny andro; mampandry ny rano ny andro. Gelé, Mándry, reki-katsíaka, tami-nára.
 Gemeaux, Añaran-kintana, ny hámbana, h ny kámbana.
 Géminé: Feuilles —, Rávina mitsiroiróy, miroiroy, miroaroa.
 Gémir, Mitaraiña, mitretré, mitsetséka, mitoreo, mihoriaka, mitséka; h misaona, misoana. vo midradradradra, minamanama, mikoreka, mikoraréka, manembahana, manéno, mijejijejy; misento. Gémissement, Taraiña, fituraiñana; toreo, dereo, fitoreóvana, saona, tretré, koraika, koraraika, sento, nananana, dradradradra, toloko, tolokoko.
 Génant, Qui gêne.
 Gencives, Akanjo-nify, ? nofo-nký.
 Gendarme, Miaramila mitilitily hiámbina ny tany, hisámbotra zav manao ratsy. —, kalalaonafo.
 Cendre, Vinanto, — lahy, — vavy.
 Gêne, Letra, halérana; fankalérana; maletra.
 Généalogie, Filazána ny rázana, tetézana ny rázana, f...sána rázana, h ? tetiarany.
 Gêner, Mandétra, mankaletra, h mañety; manahirana; misákana, manembitrémbitra, manampontsámpona, manery, manindry, manésika, mangia, misákana, mandrara, manorisoreña, mahory, mahasásatra, mampijaly. maha-

sósotra. Se —, mañahy, mitandétra, malétra, miletra; h mihifihify, mifihifihv.

Général a, Daholo. Loi —, malo-ntany, didi-tany, malo amy ny daholo, amy ny zao tontolo zao, amy ny ntsika tany, amy ny o ziaby rehetra *ou* ziaby kony. Malo manontolo, mamahóaka, mahatontolo. —, milaza ny maro *ou* ny loha ny, ny hamaróana; tsy milaza ny isandoha. —, mahotrona ny hamaróana, fa tsy mitsimpona isambátany. En —, Daholo. vo mivolongana, mivory; ambongony, matétika, ankabiázana, hamaróana. Ils tirent tous en —, GÉNÉRALEMENT, mipóaka daholo reo. — aimé, tiany ny o ziaby daholo. Un GÉNÉRAL, Ta'é ny táfika, mpifehy ny daholo, folo-voñináhitra. GÉNÉRALAT, ny fiamboniany ny *général*. Battre la GÉNÉRALE, mañantso daholo, mikaika izy rehetra, ? mano po lrin lrin l. GÉNÉRALISER, milaza ny hanaróana fa tsy ny linidininy; m ihely azy amy ny daholo; ? mankadaholo, ? mankatontolo, ? manontolo azy; ? atao mahatontolo. GÉNÉRALITÉ, hamaróana, maro, ankabiázana, ankabézana, antsahabény, bangobango.

Générateur, Mitéraka, mpitéraka; aviany. GÉNÉRATION, viteráhana, famairana. —, Záfy, Doria, Zánaka; vo zafiafy, zafimafy, zafindohálika, zafimpaladia. —, karázana, firenéna. De — en —, andrak' anjafinjafiana &, vo à ándraka.

Généreux, Mañome be; mahafov, mahafov tena; miantra, ta-hañome, matáhi-pó, matárika, satria; tiabe, be famoezana, mazavafó. —, mahérv, marisika. GÉNÉREUSEMENT, amy ny fo mahérv, an-jávam-pó. GÉNÉROSITÉ, hatahirampó, hazávam-po; fiantrána, zotom-pó; fo mahafov.

Genèse, Taratasy voalóhany amy ny *Bible*. Jenésy.

Genêt, Tsibólo, h kifafa-mbóhitra, kofafa-mbóhitra.

Génie, Fañáhy. — mahasa na; saina, fisainana, fahaizany ny fañíhy, ro-n loha. —, hiana; vo lólo, aro nov; andirot, mitoutoi, anankin brim; vintana. —, ny fisainam-piaróvana; reo mpisain-dróva.

Génisse, Vantotr' añ nby, vanton' áómby.

Génital, Mampitéraka; vo fitenána.

Génitif, Volana a ny ny *Grammaire* milaza ny tó noo.

Genou. Lohálika; h lo'ra nalo. Se mettre à —, Etre à —, Mitoangálika, mitoangálika, mialoliálika. Le prendre sur ses —, manofoina, mampofo azy, manetraka azy ampofóina, manpifitaka azy a n-pe.

Genre, karázana; Diany, fañitra, fóñbi, fonbina; lálana, toetra. — masculin, fombin-dáhy, toe-láhv; fémin in, fombam-bávy, toe-bávy. De tout —, manam-pómba samy hafa rehetra. Chacun selon son —, vo à sa façon.

Gentil a. keli-tsára, madinika miéva, mivendrivéndry.

meja, mirijarija, sóa, h kizokizo. Les —, La Gentilité, ny o tsy mahalála ny Zanahary to, ry tsi-mpino.

Gentilhomme, o abo rázana, andrian-dáhy, manam-boñináhitra, Andríana.

Gentillesse, Fanao miendrik' andriana; fatao maeva, ? fañajana mivendrivendry, ? haja mirijarija, fahalemempañáhy, fatao soa.

Génufléxion, fandeferan-tóngotra; fitongalifana, fandohalifana, fanongalifana. Faire la —, mitongálika, manongálika, mandohálika; à deux genoux, — vity roy.

Géographie, Filazány ny firasány ny tány, ou ny toetry ny tany; fanorátana ny tány. Géographe, Mpanôratra ny tany, mpala-tsary ny tany. Carte géographique, sarintany.

Geôle, Traño-maizina. Geôlier, Mpiámbina —.

Géologie, Filazána ny teña ny tany sy ny sôra ny sy ny fombany.

Géomancie, Sikídy, sk, Sikily; fany; fisikidíana. Géomancien, Mpisikídy, Mpifány, mpanao Sikídy.

Géométrie, Fañeránana ny hatahírany ny tany.

Géophages, O homan-tány.

Gérant, Mpitondra raharáka, mpiféhy, mpandáhatra, mpañina, mpitóndra.

Gerbe de riz &, h salohi-mbáry, vary iray féhy, fehiam-báry, fehezam-báry; seki-mbáry, sekimbeham-báry. 3 —, fehíany telo, sékiny telo. Le Gerber, Mamehy azy, manao rai-pehy azy; ? manéky azy, manao sekimbéhana azy, h? manao amboarany azy.

Gerçure, Ny vakiváky amy ny hazo va amy ny hó.litra. Tatáka, tríaka, triatra, riatra, héntana Gercer, manatáka. Se —, mitatáka, mangéntana, váky, vakiváky, miverabéraka. vo Fendre, Crevasser, Déchirer.

Gérer; Mitondra raharáha, miféhy, manao, miraharáha.

Germain, cousin —, Zanak' ólo-mirahaláhy va mirahavávy.

Germe, Maso ny vóany. ? tsímoka, ? trébona, sakeli' ny kitrófony, voan-jávatra; tsiry, kitsom-báry. Germer, Vaki-vázana (otry ny váry), mitsimoka, mitrébona, mitróbona, maniry, tivoana. vo mitrámaka, mipósaka, mikiarétsaka; mamilo. Germination, faniríana.

Gésier, Tabori-mbámbony ny vóroua, tsitsékany, h? bokony, h ? harananv.

Gésir, Gir, Il gît, Mándry, vo Couché.

Geste, Helan-táñana, hetsiketsi-ntáñana, fañetsehan-táñana, távana, rébika, ? véli-rívotra; h áñana, pv ámbana. fañamañana, fañambánana, fañelañan-táñana. Gesticuler, Mañétsika táñana, mañetsiketsika táñana, mitávana.

manao tavana amin-tànana, manelankelan-tànana, manetsiketsika tànana, Manetsiketsi-bátana, mamiombíona tànana, mameli-rívotra, manamanámana, manámbana.

Gestion, Fitondrána raharáha; faninána.

Gibbeux, Misy tongóa, mivóhitra, ? mikéoboitra, mibóngo, vókoka. GIBBOSITÉ, vo BOSSE.

Gibecière, Kitapo ny mpihaza; kitapo láva afehy vátana.
—, lasáka fitondram-pátsaka hatifi-bórona; jamora-mpátsaka.

Giberne, Kotra, tambálana, fitondran-katsivo, vatran-katsívo.

Gibet, Hazo fanantónana ny méloka.

Gibier, Hánina azo tifítra, na vórona dý, na biby dý; haza, ? hazanála.

Giboulée, órana be mipatrapátraka; patrapátraka, rano-nòrana támpoka.

Giboyer, Mihaza vórona na kaka dý, mitifi-bórona, mihaza an'ala. Terre GIBOYEUSE, tany tsara fihazána, maro vórona, tsara fitifirana.

Gigantesque, Makadiry be, lehibé indrindra, loza. vo géans.

Gigot, Fe-n'ondry, fe naondry, ravim-body, amboankena.

Gigoter, Mitipatipaka, manipatipaka (otry ny Lièvre voa tifitra); mihofokófoka, mikofokófoka; GAMBILLER, otry ny zaza.

Gigue, Jika. —, Dihy ravo.

Gilet, Akanjo bory, akanjo-tapany, bori-tànana, akanjo-bólona.

Gingembre, Sakamalao. — be, sakaviro.

Girafe, Anaran-tsongaomby be abo vózona indrindra fa iva vody.

Girandole, Fitoeran-jiro mandrántsana.

Girofle, Anaram-boankazo mánitra.

Giron, Fofóana, òtrona, óhona.

Girouette, Lelavý miherinkérina manondro ny rívotra, famantaran-tsíoka; firari-ánina; z misangeringérina. o miovaova jery va vólana.

Gisant, qui gît, Mandry, vo Couché.

Gîte, Fonénana, — álina; trano fanalémana, trano zóina hariva, trano fandriana álina. GÎTES, Móhina, — alina, mipetrak'álina; mandry álina.

Givre, Havandra rékitra amy ny hazo.

Glace, Rano-mandry, rano efa manjary vato. ? hangi-rano. ? vato-rano. —, froid. —, Fitárana. GLACÉ, vo GELÉ, LUSTRÉ. GLACER, GLACIAL, vo GELER sc. GLACIÈRE, Tany fi-

kajiana-rano-mandry; traño mangatsiaka indrindra. GLA-
ÇON, Rano-mandry mivolóngana, volongan-drano-man-
dry, ? vongambato-rano, tapa-drano mandry, sila-drano
mandry, ranomandry mielakélaka.
 Gladiateur, Mpiady amy ny sábatra.
 Glaire, Rora madity. — d'œuf, tapotsin' atody. GLAI-
REUX, Manáhaka ny tapotsin'atody, madity, mamaróratra.
 Glaise: Terre —, tany mora fiteféna, mora teféna; h tani-
manga.
 Glaive, Sábatra.
 Gland, Vóany *ou* Víhiny ny *Chéne*. — taborindraha
arávaka.
 Glande, Víhiny ny vatan'ólona, tabóriny, vóany. — vi-
riles, angoro, ankónjy. —, vonto mafy, vonto taboribóry.
 Glaner, Mitsimpontismpona ny vary latsadátsaka afárany
ny mpitsóngo va ny mpijinja. mitsímpona ny sisa.
 Glapissement, Tañy *ou* afatráfatra (ny zanakamboa) tsia-
tsiaka; h? konaina, h konainaina, ? kaonkaona; ? dridridri-
dry. GLAPIR, miviaka, mitomány, mihaikaika, miafatráfatra.
 Glas, Ny Feno ny lakilosy milaza ólona vao afak'aiña.
Sonner le —, Mamango lakilosy fitomañiana,; manao van-
go-fitomañiana.
 Glissade, g Tsorítsaka, h Bolásitra, h soláfaka, tsoriaka,
Tsolitsaka, pv Tsopílaka; fibolasárana, fisolafáhana, fitso-
ritsáhana. GLISSANT, g Maláma, pv Malámatra, malamala-
ma, malamadámatra, madóso, malambolámbo, komalásitra,
sarotr' anihina, ? tsisy hamahánana, tsisy hamahárana.
GLISSER n, Mitsorítsaka, mitsoriaka, misoláfaka, mibolási-
tra, mitsopílaka, mikorítsaka, mikororósy; mi-
tsororóka. — en bas, miborótsaka, mitaborótsaka. vo mi-
tambótsotra; ? mitamhororotra, ? mitamboritsaka, miporót-
saka. — qc, Manórona, manítrika, manisitra. Se —, misí-
trika, misísitra, mitséka, mitsaika, mandády, mandadilady,
h mikorisarísa, h mikarótsaka, misosa, mizozozózo, misoko-
sóko, mikísaka. GLISSOIRE, Tany fitsoritsáhana, fibolasira-
na, fitsopiláhana, fikororosiana.
 Globe, Taboribóri-mavony, z tavorivóry, boribóry,
vorivory.
 Globule, Taboribóry madinika poak'aty, poa-drano.
 Gloire, Voñináhitra, voñitra, avanávana, laza, vo saran-
ga, fari-kazavána, famirampirátana; fady, seva, añárana.
Vaine —, Reharéha, Hamboñambo, fiteraña, loza toana;
fireharehána. Se faire —, se GLORIFIER.
 - GLORIEUX, Tókony hometa-boniñáhitra, tókony ho vali-
ambóñitra. —, ahazam-boniñáhitra, mampahazo voñina-
hitra. —, be voñináhitra, manam-boniñahitra. —, orphan-

boñináhitra, malaza, be láza.—, qui se GLORIFIE. GLORIFIER, q, Mañome-voñináhitra, manolo-boñináhitra, manandraboñináhitra, mañandriana, manampády, Mankaláza. vo CÉLÉBRER, EXALTER. Se —, Mireharéha, midosy, midosidósy, miréhaka; midera téna, mandáza téna. vo mitedadéda, miadonádona, midoradora, midoka. GLORIFICATION, Fankalazána, fanomezam-boñináhitra, famindram-boñináhitra, fañisiam-boñináhitra, fañaboabóana, fanandratam-boñináhitra.

Gloriole, fireharehána amy ny z madinika.

Glose, Famelárana ny hévitry ny teny. GLOSER, miláza zay héviny, mamela-pótony azy; vo COMMENTER.

Glouglou, Eno ny rano mibóaka amy ny tavohangy, kolokolo, ? gologolo, ? gororóana. bobobobo. GLOUGLOUTER, GLOUGLOTER, Mikolokólo, migologólo; otry ny vorontsiloza. ? mibobobo.

Gloussement, h Kohokóho (toy ny akohovavy miantso ánaka), pv gagáka, h kakáka; kararaika. GLOUSSER, Mi—.

GLOUTON, Hómana be maláky toy ny kosó; manolotsóloka, manelotséloka, manolantsólana, manjolanjólana, mamósika, mamosibósika; vo liana, ngoaiña, maheri-hómana, tendána, misotasota, misotrasotra, n andrapad, ápaka, manafokáfoka, mimótaka. GLOUTONNERIE, fanolotsólohan-kánina.

Glu, Dity nkazo, loko fanditiam-bórona, ditimbórona. GLUANT, madity, be-dity, h mitsilolíloly, pv milonilóny. GLUAU, Tsorakazo voa-dity handokoam-bórona. La GLUER, Mañósotra dity, mandity, mandoko, mañoso-doko azy, mañisy dity amy ny; mandonilóny azy.

Glutinant: Remède —, aody mahavítrana ny nofo, mampihaona ny soñy mbay.

Glutineux, vo GLUANT.

Gobelet, kapóaka finómana, bakoly, h sombaboha; finga hely, pv lobaloba. ? tomaboha. GOBELER, misotrosotro, minomínona.

Gober, Manélina foana, manelim-bélona, manao teli-moka; ? migorodampitélina; Je l'ai GOBÉ, nateli'ko galóka, nateli'ko goródona, nagóda'ko, nagoróda'ko izy. vo AVALER.

Goberger: Se—, à son AISE

Gobet, Zay azo atélina indraimbava. Le prendre au —, Manao teli-moka azy.

Godailler, minomínona sy mihinankinana lava.

Goder v n, mandefidéfitra ratsy, mañota léfitra.

Godet, Bakoly hely. vo Gobelet.

Godiche, h gegigegy, h girigia, h gerigia; maola, lefaka, adaladala, ? mihiiihihy, ? miahonábona, ondranondránana.

Godiveau, Hánina miharoharo.
Goélette, sambo hely roy falazy.
Gogo : à —, A son AISE, abondamment; érany ny kibo.
Goguenarder, vo RAILLER.
Goguettes, Volambólana arahin-kehy, filaza omban-kehy, volana maharavo. CONTER —, manao —.
Goinfrer v n, Mamosibósika hánina be indrindra.
Goître, h z mivonto be amy ny tenda,h kiambo, Dórina ? betroka. GOITREUX, misy kiambo, kiambóina.
Golfe, Hoala; hory be; Lóvoka be indrindra.
Gomme, Diti-nkazo, loko-nkazo, ranomaso-nkazo. GOMMER, Mandity, mandoko, manisy dity. Arbre GOMMEUX, misy dity, tománi-dity, miteté dity.
Gond, Lahi-mbaravárana, h savily, savili-mbaravárana. sortir de ses —, MIÁVOTRA, matsóaka.
Gondole, Lákana maivanívana.
Gonfler n. se —, — ac, vo ENFLER.
Goret, Zana-dambo, kisó hely.
Gorge, Tenda, Vózona, feo, vo gosier. Le prendre à la—, Mikenda, mamózona, managoeka, mañageoka, mangeoka, azy. —, Dílana, héntika, hadilánana, lalan'etv.
GORGÉE, Zay azo atélina indraimbava ; indraimbava, tenda.
Gorger q, MANENTSIN-KÁNINA, mamosi-kánina azy;mameno píaka, mamoky pítsaka azy. Se—, MANENTSIM-BÁTANA. GORGÉ, feno gáña, mitotra, ? vakítainana, voky loatra.
Gorgerin, Aro-ntenda.
Gosier, Tenda, fitelémana, fangetahetána, treotreoka. —, feo. Pris du —, de la gorge, saháhina, kófiña, Rofinina; bohia. vo mangeogeoka, mameofeo.
Goudron, Dity maíntina ahósotra ny sambo, loko maimbo.
Gouffre, vo Abîme.
Gouge, Fándraka fisitríane, fisitry, famoha-lákana.
Goujat, Ankizy lahy ny miaramila; mpitondra feta, h o valavala, h o tsy valahara.
Goulée, Indraimbava be.
Goulot, Vózony ny tavohangy, dílana.
GOULU, qui mange GOULUMENT, vo AVIDEMENT et GLOUTON; milelamaika, miosanosana.
Goupille, fitanam-pátsika.
Goupillon, Rantsan-kazo famafazan-drano voa-joro.
Gourde, Voatavo, tavo, kasingy; arivolahy.
Gourmand, NGOAIN-KÁNINA, be-fihinánana, mitia-hánina, mahery hómana. tendána, fiana. vo Qui mange AVIDEMENT, GLOUTON. GOURMANDISE, Fingoaiñan-kánina, fitiavan-kanina; haliánana.

Gourmander, mañady maré, miniñy, mañánatra tátatra, h mibaibay o.

Gourmet, mahafántatra ny divay, mahay ny fofon-divay, h mahay mitsara ny divay.

Gourmette, Rojo-vy ambány ny saoka ny sovaly, rojombava, rojo-ntsaoka.

Cousse, Foño ny ambátry &; koróſany, h akotry, h akofa, akanjo, hóditra, akora ny; akaujo-mboan-draha.

Gousset, Kitapo hely amy ny akanjo.

Goût, Fañandrámana. Sans —, tsisy makíana, tsisy fófona, tsisy hatsiko, tsisy hasíloka; vo Fade. Qui a bon —, Matavy, tsara fófona, masíloka, mamy, mañitra, fý, matsiro. Bon —, tsiro, hatavy, hasíloka, basilóhana, hafizana, hamamy, hamamiana, hatavézana. Mauvais—, Imbo. Y avoir du —, y donner du —, Mankafý, mankatavy, mankamamy, maháraka azy. Fait avec —, asa misy fisaiñana, voa saina tsara. Goûter, Mañándrana.—, Mankatavy, mankafý, mankamamy, tia. —, mibango; mihinankínana, manélina. vo Essayer.

coûter s, Sakafo-folak'andro. — v n, Mi—.

coutte, Teté, ? Te ny, miteté indray. Tomber — à —, miteté. vo Dégoutter. Il pleut à grosses —, Mipatrapátraka, mivatravátra, ? miribiriby ny òrana. vo patsak'ala.

coutte, Arétina amy ny fanandríana.

couttelette, Teté madínika.

couttière, Lalan-drano, lakan-drano; fomban-drano; lahindrano, tátatra; lakalákana. Gouvernail, Hamory. Tenir le —, Mitan-kamory.

couvernante, Vady ny *Gouverneur*. vehivavy mpampiánatra. Viavy mpiandry trano.

couverne, Fañínána, fitarihana, lálana tarihina.

Gouverner, Mañamory sambo. Manápaka. mandidy, mifehy, mañina, mitárika, mitondra, manjáka tany, olona; mitondra fanjakána. Se —, Manjaka tena, manjak'aiña, mitondra tena. Les Gouvernés, zay hamorina, fehézina, inaina, tapáhina, taríhina.vo entim-bavy, entim-behivavy. Gouverneur, Mpanápaka tany, mpandidy, mpañito, mpañina. Gouvernement, Fanapáhana; fañinána, fitondrána, fanjakána, fifehézana; fitondran-draharaha. Il loge au —, Monina áo amy ny Vala-mpanjakána.

crabat, Fandriana ratsiratsy,farafara ratsy, kibány ratsy. Être sur le —, Pótraka am-parafara. Grabataire, Tsy áfak' amy ny farafara. vo homandroka.

Grabuge, vo Vacarme, Querelle.

Grâce, Fahasoávana, hasoávana, ny soa oména, ny soa azo; ny fitahiana (*ou* fañampiana, fañomézana, fiantrána, fankatsarána) ny Zanaháry antsika. Etat de —, fahamarinana, fahamasinana; toetry ny olo-másina toetra másina; En... Itoérany ny fahasoávana, misy Zanahary, mánana ny fahasoávany ny Andriamánitra. Lui rendre —, Mankasitraka, misaotra, mamaly tsara azy, mihába. Demander —, miválo, malilo, mibáboka, n mibébaka; mangá ka fitsófana, mifona, milela-paladía; vo Pardon. Trouver —, mahita sóa, mahita sítraka; ankasitráhina. Action de —, fankasitráhana, fihabána, fisaórana. — à Dieu, no hasoáviny ny Zanahary aho; hasoávany ny Zanahary amy ko zany. Andriamánitra no nitahy ahy. De —, Masina, masina hianao, ? angeha. —! Aza maty aho ! malilo aho ! De bonne —, an-jávam-pó, an-jótom-pó. De mauvaise —, angóka, angóka-ntróka, anizim-pó. —, Faveur, —, Élégance. Avec —, mihánoka, midasidásy.

Graciable, mety áfaka, mety aléfa, tsy tókony hihelófana, tókony ho áfaka.

Gracier un criminel, Manáfaka, mamótsotra, manandefa o méloka, manála ny fankalilóvana ámy ny.

Gracieuseté, Fiantrána, fanajána. Fanomézana ásy;

Gracieux, miendrik' andríana, misy másony, misy pindrony; sóa, senga, mora; midasidásy, méndrika, manája, maótina, mántona, mándina, miádana, kilezondézona, vo Agréable, Élégant.

Gradation, Fitombotombôsana. vo tombotsodina.

Grade, Vonináhitra, fiamboníana, fisandrátana, saránga. vo Dignité; Degré.

Gradin, Láfatra hely ambony ny *Autel.*

Graduation, Lafadáfatra, tonontónona; filafadafárana; andalanaálana.

Gradué: q —, o manam-bonináhitra. Qc —, z milafadáfatra, miandalandálana, misy tonontónona. Feu —, Afo mitombotombo tsikelikély.

Graduel, Taratasy fiantsána ny Mesa, giradoely.

Graduellement, Tsikelikely, tsirairay, tsiraikiraiky. vo miandalandálana, miantóana.

Graduer, mandafadáfatra, manisy tonontónona. — q, manome vonináhitra, manandra-bonináhitra.

Graillement, Eno mpeo farimpárina; dridridridry, dradradradra.

Graillon, Tápaka ménaka maleotra, masikita-ménaka, safindrina maloto.

Grain, Voan-jávatra, voa, vóany, vihiny, venty ny. — vary, hani-maintina, hanin-kótrana. Un — d'or, vola elun ambatry; de riz, vihimbary, voambary, ventiiobary. —. Averse, vo Masontoho.

Graine, Voa, vóany; vihy, vihiny ; voan-draha, voan' añana.

Grainier, Mpivaro-boan-draha; mpivárotra hani-maintina.

Graisse, Ménaka, ? sólika, ? tavy. — de cochon, menadambo. Le GRAISSER, Manósotra ménaka, manoso-tsólika azy, mañisy ménaka amy ny. GRAISSEUX, be ménaka; minendo, minendonendo.

Graisset, Sáhoña kely maitso, sahombora, sahomborera.

Grammaire, Taratasy fianárana ny hahitsiam-bólana, fianárana hankahitsy teny. Giraméry.

Gramme, ? Érana fandanjána, vato mizána madinika. girama.

Grand, Lehibé, be, abo, abobe, abo no be. vo Dò, do-be, jao, jaobe, jaojao, makadiry, maventy, vaventy, beventy; bevava, antsonaina, barabosy, batribatry, betribe, dangadanga; jirajira, mijirajira. —, Malálaka, mivenaveña. Déjà —, efa bé. vo Élevé. le — jour, Matsaña, antoandro, andromazava. — travailleur, fatra-piasa, maheri-miasa. — mangeur, be fihinánana. — buveur, fatra-pisotro. — marcheur, maheri-mandeha. Plus —, bebe, aboabo kokoa; mihoatra, mihoatra noho... Un —, Olom-be, andríana, lohólona, be. GRANDELET, aboabo, bebé. GRANDEMENT, Be, indrindra. GRANDEUR, habézana, habé; halehibézana, halehibiázana, habòsana, havóana, handriánana, fisandrátana. vo Élévation.

Grandiose, Lehibe indrindra, no tsara; abomalaza, be indrindra, be tsara.

Grandir, Mihíabé, mihialehibé, mitombo; misándratra, mandroso, maniry, mihíabo.

Grand'mère, Dadivavy; rázana vavy; h renibe, rafotsy be.

Grand-père, Dadilahy; rázana lahy; h raibe, h kakibe. Devenu —, Efa loajafy.

Grange, Traño famatraram-bary, traño ny antontambary; Rihana, tóhitra; traño fitehirizana ahi-maina na mololo.

Granit, Añaram-bato miharo fòtony.

Granivores, Ry vórona hòmana vihin'añana voansandreo.

Granuler du plomb, Manao pátsaka, mampanjary fátsaka, ? mampamorifotra, vo Broyer. GRANULATION, ? Samorifotana. GRANULEUX, Mamorífotra, misy mosontoho; karaha pátsaka, tahak'aláñana.

Grappe, Fáhiny, h salohy, h sampaho, — de raisin, fahim-boalómbona; h sampaho-mboalóboka. Pousser en ? Mamahy.

Grappiller, Mitsongotsongo ny kelikely tavela amy ny fótony.

Grappillon, Fáhiny kely, h sampaho kely.

Grappin, Andrisa kely efa-baitra, vatofátsika efa-baitra; farango efa-baitra. —, fihávitra, fisavíhana; fihazónana, fisambôrana. GRAPPINER, Manávitra, mamarángo.

Gras, Matavy, vóndraka; nofósana, be hena; botrabótra, vobonáka, saingona, botréfona, vókatra, be ménaka; be harondráhana, be batavázana, mifotapótaka, madity; somidika. —, magodra. — s, Tavy. Le — de la jambe, voavitsy, amboandranjo, kibondranjo. Parler —, GRASSEYER. Voix grasse, Feo mamarôratra, farorátina, fararôtina.

Gras-double, Rorohan-kena amy ny aomby.

Grasset, Matavitavy, vondrabóndraka.

Grasseyer, Fararôtim-peo, faroratim-peo, farora-peo; matavi-andela, matavi-bólana, vondra-bólana, ? mamarora-bólana.

Grat, Ny voahohy ny akoko. Lalan-kaotra, ? lalan-koh y

Gratification, z omena anjavampo, z avaly ny tsara, h fitia; valy, fankasitráhana, hazavampo oména. GRATIFIER q, Manome azy z anjavampo, Manome soa azy, mankasoa azy, Mankasitraka, mamaly tsara.

Gratis, Bôry, tsy andoavam-karama, azo foana, omena foana, tsy vidína, avao, foana, h fótsina, h fótsiny, h fotsifótsiny, hanimaina, ome-maina, tsisy karama; h maimaimpoana.

Gratitude, Famalian-tsoa amy ny soa azo, fankasitráhana; valimpitia, vali-nkasoávana.

Gratter, Mihaotra, mandrángotra, mihohy, h mihehy; manihy, mandraotra, mikaoka. GRATTOIR, Fandrangótana, fihaôrana; fanihísana; fikáoka, fangaoka, fikaóhana.

Gratuit, GRATUITEMENT, VO GRATIS. —, tsisy fótony.

Grave, Manton-jery, Mandim-panahy, matoi-fanahy, matoy jer y; Mándina. vo mitombin-jery, sina, maótona, mavésatra, miádana, tsy mifánahy njaza. vo Onona, mibonaika, boneka, bonóka, mijabonéka, mitabonóka, mijaboneka; hendry, mahíhitra,

Gravé, Soki-nendra, voa sókitry ny nendra.

Gravelle, Alánana miharo amy ny amány, arétina tsy mampamány; h ángatra, h anga-boribóry, h anga-borivóry; pv Fiandry, pv Lavanána.

Gravement, Miádana: Marcher —, — mandeha, — dia. vo GRAVE.

Graver, Misókitra, manókitra, h manóritra; vo manóratra. GRAVEUR, Mpisoki-tsarindraha, mpisókitra, mpanóritra.

Gravier, Alánana maventy, fásika be; ? karaobato madinidínika.

Gravir, g Mañánika, h miánika azy, miákatra ámy ny. vo maka-bóhitra.

Gravitation, fankañesana ao afovóany.

Gravité, Havesárana. —, Hatombénana, hamandinana, hamantonan-jery, hatoizan-tsaina. —, Dignité.

Graviter, Mank'amy ny afovóany, Mitambésatra ho avy amy ny.

Gravure, Sókitra; sari-ndraha misókitra, sarin-jávatra voa sókitra, z misy sókitra; ? soki-draha, ? soki-jávatra? ? sóritra. —, fahaizan-tsókitra, fisokírana; ? fanorítana. ;

Gré, Zóto, hazotóana. Agir de son — Mañira-bátana, mandéha tsy iráhina, manao tsy asaina. De bon —, anjoto-mpó, amy ny zotom-pó. vo sitra-pó, arampó, maimaimpóana, fitia tsy mba hétra; fitia fa tsy hetra. Bon — mal —, ndre anjotompó ndre angóka, ndre méty ndre tsy méty , ? na sitra-pó na ankéry ny. De — à —, Mifanéky.

Gredin, vo Coquin; Kafíry. vo faraidina.

Gréements, Ny lay sy ny tady amy ny sámbo, ny fahantsambo, ? sesi-tsambo. Le Gréer, Manampy z ny sambo, mañisy lay miharo tady, manésika, mamáhana azy.

Greffe, Sampankázo atsófoka (atsábo, akámbana, ampiraíhina, atohy, aórina, afátsika) amy ny hazo maniry. Greffer, Manohy (Manófoka, mampikámbana) rantsakazo amy ny hazo hafa.

Greffier, Mpanóratra ny k voa ito.

Grêle, s, Havándra, —látsaka, — mipatrapátraka, —mirabarába, ranomandry mirabarába, ranonórana mandry. Il grêle, — látsaka ny havándra ; manavándra.

Grêle a, Madinika abo, mifézaka, kilezondézona, mafeja; matíly. Taille —, vátana madilana. Son, Voix —, Nántsana, Nantsanántsana; feo Mi —.

Grelé : Champ —, Tsabo niravainy ny havándra látsaka.

Grelon, Voan-kavándra be

Grelot, Kiríntsana, voam-baráhina mikirintsankirintsana; fikoríntsáñana.

Grelotter, Mangóvitra, pv mangóvotra , mitora-kóvotra.

Grenade, Añaram-boankazo, girinady. —, Bombe kely atóraky ny táñana. Grenadier, Hazo-Grenade ; Miaramila abo misanga Miaramila mpanóraka Grenade.

Grener , Mampanjary azy voa madinidinika, maninikínika, mandretidrétika. —, Maróforra. —, mamóa maro. vo mihintsamboa.

Grènetier , Mpivaro-boan'áñana na vary.

Grenier, Ríhana, Tóhitra, toeram-bary, h sómpitra, fitehirizam-bary, lava-bary, trano-mbary. —, Ny efi-tranoañabo indrindra.

Grenouille, Sáhoña, Tsirévo; sahombora, sahomborér.; angoaka.

Grenouillette, Vonto hely amy ny lela; ? Tsibóboka.

Grenu, Maro víhiny. ? rotótina.

Grès, ? Vato-fátsika, ? Vato-aláñana; vato-didy, vato-rao, vato-síka.

Grésil, *gréle* kelikely mahery, sarisari-nkavandra. Grésiller ac, Mañoronkórona ; Froncer.

Grever, manindry, mamongéka, mankavésatra; mahavésatra, manery, manao forovato.

Gribouillage, Bidabida-ntsóratra, soratsôratra tsy misy ántony. vo Brouillon.

Gribouillette: ? Fifandrómbaka, sarómbaka. Jeter qc à la —, Manopy z añivo njaza maro ho sarombahin-dreo. Jouer à la —, Misaromba-draha,? misarangodrángotra, miandrapadrápaka, mifandrómbaka.

Grief a, Grave, Énorme.

Grièvement, Be, be indrindra. vo héloka bevava, héloka roamby ny folo. Grièveté. vo Énormité.

Griffe, hoho ny piso &, angofo. Griffer, Mndrángotra.

Griffonnage, vo *Brouillon*. Giffonner, manòratra tsy mahay, manôratra ratsiratsy.

Grignon, Tápany mofo be hóditra. Grignoter, mihínana moramora manihy z.

Gril, Salazam-by, salázana. Sur le —, antsaly. Grillade, saly, fanalázana. —, hena nasaly, salihena, salindambo; z voa saly, voatono; Tononaomby, tonohena. Le griller, Manaìy, sur la braise, mitono; sous la cendre, Mamósitra, manao tono fósitra, ? mandrápaka azy. —n, May, maitranontrátra. Se —, mitono aiña.

Grille, Harato vy, harato hazo manéfitra trano, Tamiana mangarakáraka, varavárana loadóaka, Rari-hazo *ou* Rari-vy mangarakáraka.

Grillon, Añaram-bóaña. ? Doróka, ? Taróka, ? hankandoróka. vo antsiona, fúraka, pinjy. Grilloter, Midorororóka otry ny hankandoróka.

Grimace, Ota-báva fikizáhana, otakota-báva, otakotabajíhy nahy atao, horonkóditra, holonkolon-tsôra, kerokérotra, kerokero-tsóra; fiovan-taréhy, fanaóvana tarehy ratsy. Grimacer, Mihoron-kóditra, mangero-bajíhy, mañova lahára, manao tarehy kabíaka, manao ratsy taréhy, mañotakota-bátana, mañota-háva, mañotakota-báva, méloka táva, manao sòra ratsy hikízaka. —, miotikótika, mihountihónty, mihotikótika, miotakótaka, milantidántika, miotakótaka. Grimacier, Mpañotakota-bátana &. —, Hypocrite.

Grimaud, Mpanjomótra, mpanjonaina; ? o valavala, tsy valahara. — s, zaza mpiánatra fa ratsirátsy.

Grimer: Se —, Mihoronkóditra, mañoronkoron-kóditra.

Grimoire, Taratasy misy ny volan'ampisikídy.

Grimper, Mañánika, h miǎnika azy. mandǎdy, h misarángotra, miákatra, manonga amy ny.

Grincement, — des dents, hehi-bázana; keki-bázana; Rikodriko-nífy, adi-nífy, kitrokitro-ký, kítroka. GRINCER les — ,Mañehi-bázana, mañeki-bázana, mikítroka, mañidi-vázana kítroka, mikitro-nífy, miadi-hý, mandrikodríkotra hý, mampandrikodríkotra hý.

Gringolter, FREDONNER, otry ny vórona.

Grippe, CAPRICE. Prendre en —, DÉTESTER. —, Catarrhe.

Gripper, Misámbotra amy ny hóho otry ny piso, mandrángotra, mandrómotra, mandraoka, mamaoka. Se —, mivónkina, misónkina, mikérotra táhaky ny lámba.

Gris, Mávo. vo gára, mavomávo; Mara. — de lin, h homazaza, volavita. — brun, manja; vásoka; ? vasobásotra. Q —, fotsy vólo, fotsifotsy vólo —, Ivre, giregy, geregy, haribáry, h bariny.

Grisailler, mankamavo, manósotra mavo azy.

Grisâtre, MAVOMAVO; somary mavo, ? mara, ? marara, ? maramara.

Griser, ENIVRER.

Gris-gris, AMULETTE.

Grison, grisonner, manampóna ho fotsi-volo, fotsifotsivolo, mihiafotsi-volo, voa ho malandi-volo. h ? mihiamaramara ; mavo-volo.

Grognement, Tróna ny kosó, trontróña, fitróñana', fitrontróñana. GROGNER, mitróña; mitrontróña. —, mieroñérona, mimonjomonjo, miñomoñómona, pv miñonoñónona, h mikoinkoina, mimonomónona, miérina, mitrífona, mitréfona. GROGNARD, GROGNEUR, mpieroñérona, mpimonjomonjo, mpiñonoñónona;h mpikoinkoina;masia-piteny,mpitróña, sorendava, h mpidongidongy.

Groin, órona (ny lambo).

Grommeler, mitrérona, mimoimoy, mieroñérona &. vo GROGNER, mitrífona.

Grondement, hótroka, róhona, rohondróhona. GRONDER, vo GROMMELER, GROGNER; mikohonkóhona. —, mangótroka, mangotrokótroka, mikótroka, mikotrokótroka.—, mikoréka, mikoraraika. vo BORBORIGME. —, h mibaibay, h manorinorina, vo GOURMANDER, GRONDERIE, Fañanárana omban-kéloka, rahon'arahin-kéloka; h baibay, fibaibaizana, GRONDEUR, fatra-pañanárana, mangotro-pañanárana

Gros, a, Be, bevátana, beventy, h vaventy, maventy, makadiry, behena, matévina; lehibé, do, dobé, jao. vo ENORME, ENFLÉ, GROSSIER; matavy, maraorao, móntotra. — temps, Andro mandrivotra. — yeux, maso móntotra, mivóhitra, mitranga; vo o monto-maso; bolálaka-maso, barimaso. ? bongo-maso. GROSSE mer, Ranomásina mitopatopa, manonja, manálona, mivalombálona, miavotrávotra, mialontrálona. Femme —, ENCEINTE. Le GROS, Ny tróny, ny, troka, tena ny, volóngany, fótony, tronga ny, habé ny, hamaróana; bangobango ny, bongo ny. Vendre en —, mettre en —, Manao vidiana mivalóngana; mamalóngana z, manao vanga-daholo, manao valóngana. vo Vongády, vóngana, tsi-tsinjaraina, ambángony, antsababény, ankabiázany, kapobeny.

GROSEILLE, Voanantsindrana.

GROSSESSSE, Toetry viavy be vohóka; fanavaliñana. Pendant sa —, Mbola izy bevohóka.

GROSSEUR, Habezam-bátana, halehibé, Venty, haventésana, fahaventésana. — sous l'aisselle, atodi-ntaria, atodintarina, bonabona, gonagona. vo ENFLURE.

GROSSIER, Marokoróko, ratsiratsy, matevintévina, maraorao, h badrahodra, h drahodraho, bondófoka, dómoka, tsy manaja, vaka, vakaváka, didery, badiaka, h tóndrina, h toudrendréna, tonéndrina, sonendrinéndrina; pv? tsitóndritra, pv? tsitsitóndritra; bibibiby, bontolo, midongagadonga, botrabotra? valavala, tsy valahara. Étoffe GROSSIÈRE, Lamba mangorakóraka, h bakóraka, bakélaka, pv bakáka. GROSSIÈRETÉ, narokorokóana, ? habadrahodrána, habakeláhana, habakoráhana, tsy fanajána; haraorao ts y fahendréna, pv tsy fahihírana, tsy bihitra, havakavakána, habadiáhana.

GROSSIR qe, Mankabe-vátana, mankavénty, mankatévina, mankabe, mal abé; mankamóntotra, vo mampibonáka, mampitombo ENFLER. — n, Mihíabe vátana, mihíaventy, mihíatévina, mihíavóndraka; mihíalehibé, mitombo, mibonáka. vo s'ENFLER.

GROTESQUE, Marokoróko, Ratsiratsy, tsy misy másony, tsy misy pindrony, ratsiratsy fanaóvana, bakáka, bakóraka, mampihomeby, mahatsikeky, tsy antsahala, tsy antónony.

GROTTE, vo ANTRE; h zohy.

GROUILLEMENT, Hetsiketsi-jávatra madinidínika; hetsikétsika, kevikevy, havatrávatra, tsingevikévika, tsingevingévina. GROUILLANT, GROUILLER, Mi —, otry zaza maro. —, FOURMILLER.

GROUINER, Mitróna tahaky ny lambo.

GROUPE, Toko, pv tókony; antokóny, tokóana, z mitoko,

toko-ndraha. Des —, Tokotoko; En petits —, Tsitokotoko, mitsitokotoko. vo Havoriana, andiany ; vo Grippe. grouppser, Manokotóko, manóko, pv manokontókona, mamory, manámbatra, ? manampaho. vo Amasser. Se —, être groupés, mitoko, mivory, mitokotóko, mitokontókona.

Grue, Añaram-bórona, ? Dadara, ? Didery. Faire le pied de —, Mitsángana foana mandiñy ela. —, o Didery, ambáka. —, z fampakáram-bato mavésatra.

Gruger du sucre, Manorotoro azy amy ny hy, vo Croquer. — q, hòmana ny baréana anazy, mandány ny azy, Mikarépoka o.

Grumeau, Tapatapa-dra-mandry, tapatapa-dronono mandry, silatsila-dra-mandry, sombintsombin-drononomandry, patsa-dronono-mandry. Se Grumeler, Miteté ka mandry, manjary potsaka.

Gué, h Fitána, pv fitsáhana. La passer à —, Mita, mitsáka azy. vo Mihánaña, miríbika, mivárina. Rivière Guéable, Rano tsara fitána, rano fitsáhana, tsara fihanáñina, azo itána, azo itsáhana, mety hanáñina.

Guenille, Voroboro-tsikina, voro-damba, h vorokisay. vo Déguenillé.

Guenon, Antima-vavy, —, ankomba, ?gidro, ? várika. —, viavy ratsy lahara.

Guêpe, Fanénitra, Nénitra; takola-panénitra; ? fanéntra. Guépier, Trano-mpanénitra. Tomber dans un —, Látsaka an —.

Guère, ou guères. Il n'y en a —, Il y en a Peu. — grand, Tsy be, Petit. Il n'a — moins de 30 ans, Tsy lávitra amy ny fahatelo polo taona nivelòmana izy. Il n'y a — que lui, karaha izy raiky foana.

Guéret, Tany voa asa tsy mbola voa tsabo; Tany asaina.

Guéridon, Latábatra kely boribory tokam-bity.

Guéri, Sitrana, pv Janga, Maivana; afak'arétina A demi —, sitrantsitrana, Jangajanga, maivañivana. Guérir n, se —, ho —; —, mihasitrana, mihajánga; manary arétina, — q, Mankasitrana, Mahasitrana, mankajánga, mahajánga, mankaivana, mañal'arétina azy. Le — de, L'en Délivrer, Débarrasser ; le Détromper. Guérison, fialan'amy ny arétina; fijangána, fahasitránana, hasitránana. Le jour de ma —, ny andro nisitrána'ko, nijangá'ko, naiváña'ko; ny andro nialány ny areti'ko. Guérissable, azo sitránina, azo jangaina, azo ankaiváñina.

Guérite, Trano kely fialòfana ny tilitily manókana, trano ntilitily, alo-piambénana.

Guerre, Ady, sk Aly. Petite —, Sari-ady, tsiadiady. Etre en —, Miady. Lui faire la —, Miady amy ny, miady azy.

Aller à la —, Manáfika. Temps de —, Taona fiadiana, fiadívana; fanafihana. — étrangère, Adi-mpirenéna, adi-lávitra, adifombo. vo CIVILE; vo Ady, jírika, táfika, fahaizan' ady, fahaian-kiady. GUERRIER, Mahery miady, fatra-piady, mpanáfika, fiady, mahay ady, ? fihitra. Travaux —, Asa fiadívana, fanampian'ady.

guerroyer, Miady, — lava, miadiady, manáfika. guerroyeur, Mpil'ady, tia ady, tsy voly ady, mpiady, mpanáfika·

guet, Fitsikilóana, fipapíana, fitsilóana, fitilofilóana, fiambénana. Chat, Q au —, Piso miandry hisámbotra; o mipapy, mitsikilo, mitándrina, miámbina. vo ÉPIER; miolampy, milampy, mifify; miandri-hisokosóko. vo mitilitily.

guet-à-pens, Fándrika miámbina o; fanotréhana.
guêtre, Saron-dranjo.
guetter, vo ÉPIER; au GUET.

Gueule, Vava ny biby. Un GUEULARD, o vavána, be vava, maresa-bava, mahay vava; Patso-bava, patsopatso-bava, fintsam-bava. GUEULER, sk Mipatsopátsoka, pv mifentsampéntsana, mifintsampíntsam-bava, h mipentsompéntsona, mivantsavantsa. vo CRIER, BABILLER. — ABOYER. Une GUEULÉE, Indraimbava, eram-bava, vava raiky.

Gueuse, Volongamby naídina fa tsy mbola voa dio.
Geuser, Mangatakátaka hameloman-tróka.
Guenserie, pv Havetána, toetry ny mpijály, fijalíana, tsy fanánana z, h hakaforoforóana; fangatakatáhana; hakafirikánana; ? habilíana.
Gueux, o tsy manan-dráha, mpangátaka hameloman-tróka, h kivífiy. —, kaforo, kafíry, karinólona, kariláhy, olon-drátsy, lehifády, abilin' ólona, jioláhy.
Guichet, Varavaran-kély anaty ny bé, Zana-baravárana. hírika ou Lóaka amy ny tamíana.
Guide, Mpitari-dálana, mpanoro lálana, mpanambaralálana, lohandia, vo CONDUCTEUR. — dans une retraite, Loha lósitra. —, tari-dálana, fitarihan-dálana, fanatérana; —, BRIDE. sans —, tsy manan-kitari-dálana. GUIDER, Manátitra, mitari-dálana, manatoro lálana. Se —, Manati-bátana.
guidon, Saina kély; berámbona; saina firanténana; márika.
Guigner, Mizaha manorírana, h mangárika, mitsivalam-pijery, mangarikárika, pv Manampálana.
Guignon, Vintandrátsy manjó ny milaolao, lóza, kajíry.
Guillemets, (« ») Soritsóritra kély famoaham-bolan'ólona. Márika fanambarána ny teny alaina.
Guilleri, Tsiatsíaka ny *Moineau*.
Guillochis, Soritsóritra misomadika, sóritra mifandika-

díka, soma-díka, vokovóko. Guillocher, manao—.

Guillotine, Fanapaham-bózona. GUILLOTINER, Manapa-bózona, manapa-dóha.

Guimauve, h ? fiandridavénona ; pv ? sondrára, ? sondrára-ntsaika, ? tsilanikoera; ? Paka, ? kisilengo, ? kisilénjo.

Guimpe, Foño-ntratra (ou sarontrátra, Lombo-bózona) ndreo *Religieuses*.

Guindeau, Fañoirana mibáboka.

Guinder un fardeau, Manéntana azy amy ny fañoírana, Manoitra éntana. ? mambeta. Se —, mianjonánjona, miaboabo, misavóana, miangatrángatra, manandra-bátana, mañoi-bátana. vo FIER.

Guinée, Tany any amy ny *Afrique*.

Guingois, Engokéngoka, helokéloka, éngoka, fibirióhana. De —, Tsy mahitsy, Mengokéngoka, melo-néloka, méloka, méngoka, miborioka, mifaingoka, mifaraingo, miolikólika, mivilivily, sirantsirana.

Guinguette, Trano kely finómana any an-tonda, trano fisotróana any an-tsaha.

Guirlande, Randram-boninkazo, felankazo mitohitohy, fehiloha, kinjankazo, voninkazo miolañolana. vo Feston.

Guise, Façon, manière. à sa —, áraky ny sitraky ny fo ny, mañaraka ny rady ny kibo. En — de chapeau, atao solo-sátroka, asolo sátroka.

Guitare, Jejy mbazaha.

Gustation, Fañandrámana.

Guttural,... amy ny tenda; toñónina an-tenda.

Gymnastique, Fianárana havitriham-bátana, Fañariñarinam-bátana, fianárana tsiariñarim-bátana, fianaran-komavitri-bátana, fankavitriham-bátana; ziminázy, Jiminazy; fahatanjáhana tena

H

HA! Habá! ha! mma! popopopopo! mamama!

Habile, Mahay. vo CAPABLE, ADROIT; vo kingakinga, hondrihondry, kinga, konjo, avanávana, tsitelina, mahalala-mahafántatra, malady; faingan-tsaina. — à succéder, Mahefa mandova, tókony handova. vo APTE. HABILETÉ, DEXTÉRITÉ.

Habilité à succéder, Fahefána handova.

Habiliter, mampahefa, mañome fahefána.

Habillement, Sikina, fitafiana.

Habiller un enfant, N'añisy tafy ou lamba, mañatao akanjo amy ny; mañome azy sikina, mampisikina, manafy, mampiakanjo, manakanjo, mampitafy. vo manárona, mañoño, ? mañomba. Manikina. S'—, Misikina, mitafy, mia-

HAL

kanjo; richement, Mihámina.

habit ou VÊTEMENT quelconque, Tafy, pv Síkina, lamba, saïmbo, akanjo. vo kitamby, sadika, saláka; —long et flottant, kopalava. vo migenagena, DÉBRAILLÉ. — à tous les jours, fitena. Le porter... mitena azy.

habiter, Mónina; DEMEURER. HABITATION, vo Demeure; —, fitoerana any an-tonda. HABITANT, Mpónina, Mpitoetra; anti-.... Les —d'ici, Ny o atý; du Menabé, ny Anti-Menabé; des bois, ny Antañala, ny o añala; des côtes, ny antandrano, h Tandrano. HABITABLE, azo oñéñana, mety itoérana, tsara ipetráhana. vo Vazimba.

Habitude, Fatao, fanóina, h fanao; sata, h sambo. vo COUTUME. HABITUÉ s, Avy mazáña, foavy, fandeha; —à qc, Zatra, tamána azy. HABITUEL, fatao; zárina; fipétraka, mónina. HABITUER, vo ACCOUTUMER. Ce que l'on garde, mange, désire HABITUELLEMENT, Ny z fo-zaháña, fo-hánina, h fihinana, fo-tiana, ou zaháña matétika &. vo F.

« Hâblerie, Foriaka, Boriaka, réhaka, rendrirendry (ou fiboriáhana, fireháhana, &). vo FANFARONNADE. HÂBLER, Mi—. HÂBLEUR, Mpi—; mpihambo, mpitabotabo, mpiléfalefa foana. vo Exagérer.

« Hache, Famaky, vilahy, antsibe, kalaza, ? fanápaka, fandidy; fitétika, ? basy.—d'armes, famaky fiadívana. HACHER, Manapatápaka, mandidididy, manetitétika, manétika. HACHETTE, fitétika hely, antsy. HACHIS, Nofo voa tetitétika.; HACHOIR, Latábatra fanapatapáhana nofo. —, Meso be, antsy.

« hagard, Dý, Madý, masiaka; loza be; œil —, Maso mivandravandra, mihagahaga, mamongitrika, mamongátraka, mivontritrika, h mivatratrôka.

« haie. Vala rantsankazo, fefy, fatsifatsy, fatsy; sisimboly, vo Enceinte. — vive, vala-vélona. —. Rangée.

« haillons, vo GUENILLES, et sikina rotarota, triatríaka.

« Haine, Otri-pó, fo ratsy, folavanandro, lolompó, fotsiémpaka, foléntika, folavan'évoka, fotsiétsaka, fankahalana, falaiñana, fandrafésana; ? halampó, ? volo hala. Il le fit en —de moi, Ny fo ny ratsy amy ko no nanaóva'ny zany. HAINEUX, Mitana otri-pó.

« HAIR, Mankahala, tsy tia, malaiña, Mandrafy, ? mañala, ? mangala azy; Manao otri-pó ou fo ratsy & amy ny. Se —, se DÉTESTER. HAÏ, hala, tsy tiana, rafésina, Lalavolo, maïmbo-hóditra, hala-sora, lávina. HAÏSSABLE, tókony ho hala, tókony ho tiana.

« haire, Lamba mangidy, lamba volombengy, lamba voloina, akanjo masiaka, lamba volo-ntsovaly.

« hâle, maimandro, Tan ipándro mahamaika. Le soleil hâle

izy mandazo, mankamaika, mañisy panda ; mankaíntina sora.

Haleine, Fofombava, fofon'aiña, fiaiñana. Qui a mauvaise —, Mantsim-bava, ratsi-fiaiñana, mantsim-pofom-bava. Reprendre —, Malak'aiña, miaiña. hors d' —, vo Essoufflé; Mettre hors d'—, vo Essoufflér ; mamono fiaiñaina, mañala fiaiñana azy. Tenir en —, Tsy mampandry. vo Mahatanty fiaiñana.

Halenée, fofon'aiña maimbo.

« Haler, vo à Hale.

« Hâler une pirogue, Mitárika azy. manao tari-dava, misárika. vo manintona.

« HALFTANT, HALFTER. vo Essoufflé; Mitsiaiñaiña, ? mifofofofo, mitepotepo.

« Halle, Tsena.

« Hallebarde, h Lefontsahazany. HALLEBARDIER, Mpitondra —, Mpitan-defontsahazany.

« Hallier, Alavory maletra.

« Halte, Fitsanganan-dia ny miaramila, fijanónana. Faire —, Mitsángana antséndrika, mijánona, h miáhotra, h miáhona; —! Mitsangána ! mijanóna !.

« Hamac, Fandríana mihántona, Harato fandríana.

« Hameau, Tanána kely, zana-tanána antonda; h vóhitra kely, zanabóhitra; ? tamboho, ? hadivory kely.

Hameçon, Vintana, firango, h faraingo , h farango. Pêcher à l'— , mamíntana , mamirango, mamarango filao. Mordre à l'—, Manóka, ou Manotóka vintana; mitotóka.

« Hampe, Záhana.

« Hanche, Ny hadilánana an-driran-kibo; h ? Montsala, h ? moja; pv Taolan-tsikina; lemy ny; ? rirany; h ? lósony; ? vaniana. Être sur la —, Mitána vaniana, mitána andilana. Jusqu'à la —, h mameta.

« Hangard, Tafo fialófana, trano fanalófana éntana, áloka. fanintsína.

« Hanter. vo FRÉQUENTER.

« Happer, Misámbotra hánina amy ny vava karaha ny amboa; pv Mikápoka. ? mandrómotra amy ny vava, mamaoka amy ny vava; ? mandróvitra.

« Harangue, vo Discours; laha-teny, teny andáhatra, teny voa láhatra. HARANGUER , DISCOURIR. HARANGUEUR , Mpandaha-bólana, mpitori-tény. — , Mpivolan-dáva, tsy tampi-bólana; h mpiresadrésaka lava.

« Haras, Tany fihariana sovaly.

« Harassé, Trótraka, sásatra be, háraka; vo très FATICUÉ. HARASSER, maha—.

« Harceler q, les ennemis, Mikotrankótrana , tsy mampándry, tsy mampiadana, mitsibotsiboka, mitsokitsókitra, mikantsikántsy, miadiády azy; vo mitrebitrébika, manindrentsindrona, mitsilotsílo, manílona; mahasósotra, mahavinibinitra, manahirana, mahatezitézitra, mandrísika, mamporisika.

« Harde, Biby dy mirai-dia, h Biby dia iray dia.

« Harder, Fitafiana, sikina. HABITS.

« Hardi, Mahasáky, Mañasáhy; — z; h sahy, sahisahy, Tsy matáhotra, h minena, h minené, h sahizávatra, h manerahéra. vo satriatría, misososóso, tsivalana. —, miántika, miantikántika, mikantikántika, mikatrakátraka, mitsintséfotra; h mihetrahétra. HARDIESSE, Hasahiana, fahasahiana, hasakiana, fahasahisahiana; vo Toky, herimpó, fahatokiana, fanavam-bi-very; herahera, ántika, fiantikantihana, h nené, solóhotra, sehaséha, sosososóso. vo AUDACE. HARDIMENT, amy ny hasahiana.

« Hareng, Añaram-pilao hely an-dranomásina.

« Hargneux, Saro-boláñina, mora tézitra, saro-toérana, sarotr'itoérana, masiatsiaka; vo ACARIÂTRE. Chien —, Tahañékitra, mañékitra, mañífatra. vo manaingotsaingoka.

« Haricot, Lojy; zarikó.

Harmonie, Rehon'antsa, Eno mifañáraka tsara, ou mifankatsara; Eno mirédona tsara; Réona, reondréona, réhona, rehondréhona, rodon'antsa, eno mirehondréhona. fifañaraham-peo, antsa tsara haro, eno miharo-tsara. HARMONIER, ACCORDER.

« Harnacher, vo Enharnacher.

« Harnais, Sampisampy ntsovaly.

« Haro, Ravao! samboro! simbao!

« Harpe, Jejy be, jejy mipétraka; valiha apétraka.

« Harpie, Biby liana misari-viavy manañ'élatra ndrak'angofo. — Viavy loza be, viavy mahay vava.

« Harpon, Lefon-trózona, pv samóndra, simpana, Roivaitra, roi-táñana. HARPONNER, Mandéfona akio &, Manora-défona, mañávitra, mamirango.

« Hart, kofehy fañantónana ny méloka.

« Hazard, Z avy foana; Mosalahy, ny atao mosalahy. h tovantóvana, vintana, anjady, zára, toramasoandro, vo ACCIDENT. h, fanavam-by very. Agir au —, Manao mosalahy; Manovantóvana, manaotao foana, Mamato, mamatovato, mamatravátra; manano mosalahy; ? manao hitsakampondráno. Partage au ---, firasána mosalahy, tolatólaka, fizara tolatólaka. Et ils se rencontrèrent par ---, h ka sendra tafahaona, pv ka fanojy foana... Arrivé par ---, Avy foana, h sendra, sendraséndra, h sendaotra, sendeotra, g tsy náhy, tsy satry, tsy kinia atao. Un meuble de —, Vatra tojy ahy. Parler au —, mivolambólana foana, Milefalefa vólana, mañariary vólana, manoratorabólana foana, miamañámam-bólana. HASARDER qc, Manao mosalahy azy; vo l'EXPOSER au danger; manao vi-véry. Se —, vo s'EXPOSER, ? manao mosalahy teña, manao vi-véry, h manaboa-maty, mañari-teña, h minena, manao lolo fotsy mitono teña; dôñana ho véry. HASARDEUX, Mahasáky; mampahita lòza, mahavéry, mampididôza.

« Hâte, halakiana, haladiana, h hafaingánana, haméhana, havesôhana, hasérana; Dodo, Dodododo; rotoroto, sefosefo; dia may, vo somadodoka, somaritaka, somebiseby, homarótotra. En —, à la —, se BÂTER, Maláky, h faingana, téngana; malády, mirotoroto, misefoséfo. Se — de manger, hômana n aláky. — qc, Mampaláky, mampalády, manafaingana; vo mankaméka, mankasétra: mankavésoka; Mandodo, h mandodona ny afo vo s'EMPRESSER.

« Hatif. Fruit —, Voankazo mialoha, Maláky matoy, malady másaka, mañalóha, ? mañiana; faingam-pihávy.

« HAUBANS, Ny tady be mamáhaña ny falázy. kofehimpalázy, faham-palázy.

« HAUSSE, z mahasóndrotra, tombo, sósoka, fitombóana, fanombòsana, fiantombóana; hálana.

« HAUSSE-col, Soso-bózona, halam-bózona, Ravak'antenda ny manam-boñináhitra.

« Hausser, ac, Manóndrotra, Mañéntana, mañónjona, mañaboabo, mampákatra, mampanonga, mambéta, manenga, mambatabáta. vo mifinjifinjy. — n, Miónjona, misóndrotra, miéntana, miaboabo, miákatra, manónga. vo miárina, mibona, mivóhitra.

« Haut, HAUTE, Abo, Ambo, h Avo; vo Añabo, añámbo; ÉLEVÉ. La mer est —, Efa sórona, feno ny rano. La — mer, ny Alaotra, ny bámbana be, ny ambóny ny ranomásina. De — naissance, Abo rázana. Le HAUT de.., Ny ambóny, añábo, lóha, támpony, téndrony, ? tandrimo. En —, Au — de, Añábo, Añámbo, añavo; ambony ny.., an-támpony, an-téndrony Elle a 3 brasses de —, telo réfy ny habòsany, h havóany. Il est plus — que moi, aboabo ko izy, h avoavo noho izaho izy Parler —, Abo fivoláñana. HAUTAIN, Abo, miaboabo, miavoavo ; miavonávona; vo miambonivóny amy ny námana, vo FIER et misatasáta, mitehintéhina, mianginángina, miefokéfoka; pv mitefotéfo, pv mitefontéfona, h mitehatéha, h mitehintéhina, avom-báva. HAUTEMENT, amy ny feo ábo; atao réñy ny maro, imaso ny maro. HAUTEUR, habôsana, habóana, h avóana, hambòsana, h fahavony. vo Avonávona, h tehatéha, pv tehotého, h tebintéhina, pv tefotéfo, pv

tefontefona, vo FRENTE. a la --- du genou, h Ha-lohálika.
pv An-doháliká; pv mañehy an-dohálik' o izy, vo Batra.

« haut-fond, Ny marivo an-dranomásina, ? rivo, harivóana.

« haut-mal, Epilepsie.

« havre, Fitodian-tsambo, tafiana, seránana, Lóvoka mora haka rano, fitoéran-tsambo, fiautsonantsambo.

He! *Interj. pour appeler:* E zalah'e, Anao e, e zavav'e; o-i-e. *Marquant la douleur:* He! Seigneur, E Zanahar'e! Zanahary endré!

hebdomadaire, mañerin' andro, avy isan-kerinandro.

Hébété, ABRUTI, GROSSIER.

Hébreu, Hebiry. HÉBRAÏSME, Fatao-mbolan-dreo Hebreux.

Hécatombe, Vonoan' aomby zato hijoroana, Omby zato foy hatao joro; famoézana omby zato.

Hectare, *Are* zato, zato-*Are*. Zato-Ara.

Hecto-gramme, *Gramme* zato; zato-*Gramme*, zato-girama.

Hectolitre, *Litre* zato, zato *Litre*. zato-litra.

Hectomètre, *Mètre* zato, zato *Mètre*. zato-metra.

Hein, *Interj.* Akory? ke; va?

Hélas! Endré! indrisy! endresy! vo endray, adre, adrey.

Hellénisme, Fisaiñam-bolan-dreo *Grecs*.

hémisphère, Ila-ndraha taboribory. Ilantany, h antsásaky izao tontolo izao; ny ila ny *Globe*.

hémorragie, Ra milefa, ra mandeha, mitsidrá, tsororodra. Qui éprouve une —, Veri-ra, milefa ra, lasa-lio, mandeha-ra.

hémorroïdes, arétina mampitranga ny tsinai-mbody, h kitso. Qui a des —, mitsidrá, h kitsóina,? kitsoimpory; mandeha rá amy ny vody, mitranga tsinai-mbody, mivonto fory.

« hennir, Mitréña. HENNISSEMENT, feo-ntsovaly, treña, fitréñana.

hepatite, haventósany ny aty.

heptagone, Fito-zoro, fito-rirana.

héraut, Mpilaza ny kabary ny Andriana, Mpiantso-kabary, mpikaika kabary. ? Mpitory, vadintány, iraka, solovava ny Andriana.

herbage, Añana, félika. —, terrain HERBAGEUX, tany be áhitra, tany be vilona.

herbe, Ahitra; akáta, Bózaka; vilona. Riz en herbe, Vilombary. HERBIER, Fitchirizan'áhitra maina. Lafik'áhitra ambány ny rano.

herboriser, Mamory ny karazan'áhitra ziaby, mila ny áhitra samby hafa karázana.

Herboriste, Mahalala ny hásiny ny áhitra.

Héréditaire, Lována, mifindra amy ny zafy, avy amy ny rázana; Lova. vo karázana, taránaka, manaránaka.

Hérédité, Fandována, fahefána handova, ny mety mandova, lálana handova. —, ny uzo lována, mety ho lována.

Hérésiarque, Tale ndreo misara-pinóana amy ny *Église*.
Hérésie, Finóana diso, fanotána finóana. Hérétique, Diso finóana, ota finóana, ratsy finóana, manóta ny finóana, hafa finóana, malain-kino, mino hafa; tsy mino ny to.

Hérissé, (se hérisser,) Mirañarana, mirangaranga, mitsángana, h mitsidradra; pv midraodrao; mivoha, mibóhaka. Tête —, Loha mitsangambolo. Eau — d'écueils, Rano misy rokavato mirañarána. Hérisser, Mampirañaraña, mampidraodrao; sa crinière, manaugam-bolo, mañenjambolo; vo h manangambombo, maningánga.

Hérisson, Tambótrika; trándraka, ? sókina.

Héritage, Lova. vo tongomihónkona, ? tongomohonkondrázana; mainti-molaly. Hériter, Mandova; — de q, — ny amy ny o. Héritier, Mpandova; ? fara. Sans —, tsy mampandova, ? tsy manampara.

Hermétiquement fermé, mihidy pámaka, mifody páka.

Hernie, Angoro-misákana. Hernieux, be angoro, vorótina.

Héroïne, Viavy mahery, manovon-dahy. Héroïque, mahery, — fo, tsy rera-po. Héroïsme, Fo mahery, herimpó. Héros, lehilahy mahery, — fo, — miady; mpahery, olompahery.

Herse, Fihogo-ntany lehibe. Herser, mamakiváky tany amy ny fihogo be, mihogo tany.

Hésitation, Ahañáhana (ny fañahy); Jery mi— ; fiahanahánana, h henikenéhana. Hésiter, (Jery) miahañáhana, miafitráfitra, h miáhona, miahonáhona; g mifarifary, mivarívary, miroahana, h miakanákana. vo mitontóhitra, miambakaváka, mitofézaka; miherinkérina. vo Douter. J'hésite, miahanáhana ny jery ko.

Hétérodoxe, Tsy mifañáraka amy ny finóana ny márina.
Hétérodoxie, ny tsy hamarinam-pinóana.

Hétérogéne, Hafa fomba, hafa fiainana, hafa karázana, hafa fótony. Hétérogénéité, ny tsy firaiham-pótony, h tsy firaisam-pomba.

Hêtre, Añaran-kazo.

Heure, Tápak'andro kely, ny tápaka faha-roa-polo roy amby amy ny andro; h ny faharo'amby ny folo amy ny andro-matsaña, refi-nandro; Ora, lora. Est-ce l'heure de diner? Ataonio va ny fihinánana? D'— en —, amy ny isantapak'andro. De bonne —, maraina, maraindraina. vo faingana, ela, ? mangiadratsy, taloha, ela, mañaloha. Tout à l'—, Tetéka, tsy ela; vetivety, betibétika, h atohoato, h rehefefa. Sur l'—, tamy ny zany. Aussitôt. Pour l'—, Ataonio, h ankehitríñy izao. A la bonne —, eka, tsara, maeva, Bakázina, e oáhiny, zany, zany edy.

Heures, Taratasy fijoróana, h fivaváhana.

Heureux, Bezara, h finaritra, h sámbatra, mananjára, miádana, ihiratan'Andriamánitra, pv miroandróana, h mioroñórona; tsara andro, manam-piadánana, tahin'Andriamánitra; ampi-zara, tsy mijaly, etsa-pó, saikinany tampi-java-nirína, hénika, heni-pó, miaiña, soahiány. vo FORTUNÉ. Heureusement!? Velon-kifahita. Régner HEUREUSEMENT, miádana fanjakána, miroandróana manjáka, miádana manjáka. —! Par BONHEUR.

« Heurt, pv Koña, konkóña; h gaña, gangáña; g goña, gagóña; h góaña, goangóaña; pófaka, kotrófoka, poka, páfaka. HEURTER contre, y —, mi — amy ny. Se —, mifampi —. — à la porte, mi — azy, mi — amy ny; mangóña, mangagóña, mangáña, mangóaña, mañonkoña azy; mandóna, mandóndona, mandonadóna, manóhina, namóka azy. y — du pied, Tontóhitra, tontóbina, tsitóhina, h tafintóhina azy ou amy ny. y — de la tête, mikon-doha amy ny; manao katrok'ondry, miady loha. —, vo mahavoa, misótroka, miantsótroka, midabóboka, mipaika, manósika, mitófina, miantónta, miantréka.

Hexagone, Enin-joro, enin-drírana.
Hexamètres, Vers Enim-bany, enin-tóñona.
Hexaphylle, Enin-drávina.
Hiatus, Fañokáfana ny vava tahaky ny manao hoe A A; soka-bava; hóaka? hóatra, mañóaka, mañóatra; sañáka, sanáña.

« Hibou, Vorondolo, vorom-hózaka, voron'álina.

« Hideux, Ratsy sora indrindra, hala ny maso. mamoroforo, halasora.

« Hie, Fanoto be, fandisa be.

Hier, g Omaly; pv nomaly. — soir, hariva —. Avant —, try g Afak'omaly. vo Ambalik'afak'omaly.

« Hiérarchie, ordre HIÉRARCHIQUE, Filaháraný ou Láhany manam-boñináhitra samby an-koláfi'ny; olona samby amy ny láfany láfany; ? fiankolafirana; fehin'olo-manam-boñináhitra.

Hiéroglyphe, Sary misolo ny vólana, sary solo-nteny.
Hilarité, vo Gaieté.
Hippodrome, Tany foana ifañalány ny sovaly hazakázaka.
Hippopotame, Sovali-ndrano, ombirano.
Hirondelle, h? Sidintsidina; ? manavi-andro.

« Hisser, Mampákatra, mampanonga z taríhina.

Histoire, Filazána (*ou* fiventésana, fizakana, fitetézana, fitoriana) ny natao n'olona va ny z tonga an—tany. Angano, angano to, h Tantara, h tetiarana, h lovantsófina; pv tampasiry; h arira; vo antsangatsiaman'òrana. Conter des —, miangano, mianganogano. Dont on fait une —, anganóina, anganonganóina. HISTORIEN, Mpilaza angano to; h mpanao tetiarana, h mpitantara, mpiangano, mpañangano. HISTORIETTE, angano kely, anganongano. HISTORIER, mañisy ravadrávaka madinika. ENJOLIVER.

Histrion, olon-kabíaka, mampihomehy.

Hiver des tropiques de Mai à Novembre, Ririñina, main-tany (*saison sèche*). C'est l'—, Mandririñina. En —, An-dririñina, faha-ririnina.

Hivernage des tropiques, ou Été de Décembre en Avril, Fahaváratra, Asara. HIVERNER, mipétraka ao fah'asara, mitoetra ao faháváratra, fahaririñina. S'—, mankaza-bátana ny ririñina, mihiazátra hatsiaka.

Ho! interj: Pour appeler: E! O-i-e! *Pour répondre*, O! ho! hiá! ia! *Par surprise*: Ma! mama! habá!

« *Hocher un prunier*. Manintsankintsana, vatandamoty, mañetsikétsika, mañozonkózona azy. — *la tête*, mañifidoha, mihifikífika, h mikifikífika, mañodinódina.

« HOCHET, z hitsankintsaniny ny zaza. ? fañintsana

«*Hola! Pour appeler*. O-i-e! e! anao e! h o ránona o! zalah'e! e lah'e! —, C'est ASSEZ. Mettre le hola, Mampangiña ankány.

« *Hollande*, Añaran-tany aváratry ny *France*. Holándy. « HOLLANDAIS, Anti-Holandy, olo-holandy, Holandy.

Holocauste, Fanoroan-draha amy ny Zanahary. Teñanjóro oróana, Lohanjoro hodórana, Isoróñana oróana ; h fanalamboady, fandotra *ou* hodórana; fañátitra hodórana. Offrir un —, Mañoro z amy ny Zanahary.

« *Homar*, òraña be, ? ambiko, ? tándraka.

Homélie, Fikoráñana ny teny n' Andriamánitra.

Homicide, Vonoan'ólona, famonóana o. —, MPAMONO o.

Hommage, Hája, fañajána; fanompóana ; fihevérana; arahaba ; hásina. Lui rendre ses —, manompo, mañaja, mañásina azy; mitondra fihevérana *ou* hásina, fanompóana amy ny.

Hommasse: Visage —, sora lahy, sorandahy; femme —, viavy manáhaka lehilahy, koa lehilahy, manovon-dahy, mankolahy, manoso-dahy, mitombandahy, toe-dahy.

Homme, ólona. —, Lehilahy ; e Lalahy. Jeune —. vo GARÇON; zatovo, sahidy.

Homogène, mitovi-fomba, mirai-pomba; tokam-piaiñana HOMOGÉNÉITÉ, fitoviam-pomba, firaihan-karázana.

homonyme : mot —, Vólana mira fanoñónana fa hafa fòtony; mitovy añárana, mira añárana.

« hongre, Sovaly vósitra. hongrer, mamósitra (sovaly).

Honnête, Tòkony, mety; añôhany, antónony, andráriny, tsy misy aniñiana, amy ny hítsiny, tsara, márina, mahitsy, tsy mamitaka, tsy mandenga, tsy manan-tsíny, madio, tsy azo tsiñiana, tôkony ho deraina. mañaja, mahay haja, mahay asy, tsy loatra, maótona, mihaminkánina. honnêteté, hitsy ny, hamarínana, hadióvana, fitondran-teña márina, fahaizan'asy, fañajána.

Honneur, Voñináhitra, haja, asy; fañomézana haja, fañomézana asy, fañajána; laza, Dera. honorable, Tòkony ho hajaina, tokony homen-kaja, misy voñináhitra, mila haja, tokony homen'asy, mánana haja, manan'asy; manan'añárana. vo menarana, ngeza, ngezabe, ngoay, ngoailahy, voailahy; fantatr'ólona, vaventy; tsy misy lenga. Vivre honorablement, marin-toetra. honoraire, s, karama, h fitia. — du médecin, h sarampanáfana, pv sarampitahána. — a, Teky voñináhitra foana. honoré, manana haja; h sangána, sandrátana, sandrasándraina, g omen-kaja. honorer, mañaja, mañome haja (ou asy, voñináhitra, añárana) azy, mañisy voñináhitra, mankalaza, mihévitra, manompo. honorifique, mampahazo voñináhitra, ahazoan-kaja.

« Honte, héñatra, fiheñárana; heñatr'an-kándrina, heñatréñatra, h haihay, hakerikeríana, h kémaka; havotivotíana; haverezam-boñináhitra, ? fitandroan-kéñatra, ? fahamao'ónana, h hangihángy. Couvrir de —, Mankaméñatra, mankavóty. honteusement, amy ny héñatra. vo Antsóntsana, mañantsontsan-toérana. honteux, Méñatra, menaméñatra; kerikéry, votivóty. vo h mihaihay, mangaihay; h mihangihángy, haingihaingy, mangenahena, resi-nkéñatra, vakiátatra, vakiaféro, mitandrohéñatra; h mikémaka, voakémaka, kemáhina; meña-máso, mendaménda, teraména; —, Mahaméñatra, mankaméñatra, mahavoa héñatra, mahakerikéry, mahavotivóty; vetavéta.

hôpital, Trañó fitahána (h fitsabóana) ny maráry. tráño ny maráry, trañó fitahána.

« Hoquet, pv Tsikéndrotra, pv sikéndrotra, pv tsikeoka, h tsakoahina, pv salikéty. Qui a le —, mitsikéndrotra, atao-ntsikéndrotra, h ? mitsikéhina; h tsakoahina; pv saliketéna.

Horaire, Amy ny isany *Heure*.

« Horde, Fehian' olona mpifindrafindra, fokompirenéna mpandehandéha. — de brigands, Jioláhy maro; miraidia; karinólona andíany.

Horizon, Vodiláñitra, sk voliláñitra; faravodiláñitra. Ho-

RIZONTAL, Mibáboka, — márina, mitovi-rano, mandry mitovy amy ny Vodilánitra.

Horloge, Famantárana andro, — maneno. HORLOGER, Mpanao —.

Hormis, vo Excepté.

Horoscope, Fisikidiana ny vintany ny andro niveloman' olona. Faire l'—, Misikidy, — vintana; manandro.

Horreur, Táhotra be, fahatahôrana; fangovítana; hóvotra; hovotróvotra; vo FRAYEUR. —, EXÉCRATION, HAINE. — d'un crime, Haiziñana; Intina, hántsina, haloto, halotóana, foroforo, haforofôro. vo tsy fitiávana, fañariana, fandávana, néñina; loza, ? halozána, fahaloiloívana, rikoriko, ivivy. En —, hala mainty, halamena; lávina; Avoir en —, mañozona, mandrafy, mankahala, manary, manamboho; tsy tia maintina; vo maloiloy, mirikoriko ? misolosonina, mangolisoly, maivívy, ? solosonina. Qui fait —, Est HORRIBLE, halasora mena, hala, mahafatáhotra be, mahatáhotra, mahafati-vílona, mampangóvitra, mahataitra, be fahatahôrana, mamoroforo, amporoforo be; loza; ratsy tarehy indrindra.

« Hors de la maison, pv Ambélany, h Ivélany ny trano, ambelan-trano, h alatrano; —, tafibóaka, efa lasa, efa tsy eo, tsy añaty koa. — de lui même, Veri-jery, lasa-saina, veri-fañahy.

Hospice, Trano fitarimiana ny malahelo, trano fiantrana, trano famaháñam-bahiny.

Hospitalier, Mamaham-bahíny, ? mora ambahiny, mora mampiandrano ny vahiny. HOSPITALITÉ, Famaháñam-bahiny.

Hostie, Tenanjoro, lohajoro, z isorôñana, z ijoróana, ? fañátitra.

Hostile: Projets —, Jery ti-hiady, fikiníana ady. vo miady, misákana, mamely; fatao ny fahavalo. HOSTILEMENT, Otry ny fahavalo. HOSTILITÉ, fatao ny fahavalo; ady, jirika.

Hôte, Hôtesse, Mpamaham-bahíny, Tompontrano. ? ihampérana, —, vahiny fahánana, ou sesehina; h ampiandranoina, ? o mihámpitra ou mihato amy ny o. Manger à table d'hôte, miara-mihinana amy ny vahiny.

Hôtel, Trano n'andriana; zomba; vala. trano fijanónany ny mpandeha, trano ny vahiny. — de ville, Trano fikabariana ao antanána, Renitrano ny tanána, trano firaharahána.

Hotellerie, Trano ny vahíny, trano mbahíny.

« Hotte, harom-babéna tandaisan-jávatra, antombiandamósina; ? karaba.

« HOUBLON, Añáram-bahy misy vóany fatao *Biére*.

« HOUE, Fangady méloka be-lela, basi-kóvika, fitongy.

HUI

« HOUER, mangady, mihady, mitongy.

« Houille, Arintány, Arina. HOUILLÈRE, Tany fikarónan' árina.

« Houle, Valondrano, ? olandrano, olaolandrano, h alondrano. Mer HOULEUSE, miola, miolaola, mitopatopa, mañonja, mihetsikétsika.

« Houlette, Téhina ny mpiandry ondry; Tehin'ampiámbina; ? Téhina miantsoro loha; antsoro, antsetra.

« Houppe, Vongambolo, sanga, sangasanga, fehiam-bolo mirañaraña, tsokotsoko; volo mitokotoko; ?támpony. HOUPPER, manao sangasanga, mampitokotoko.

« Houra, Róntona ny mpiady, akora, akoralava, horakóraka, tsindriakora. Pousser des —, manakora, mangorakóraka.

« Houspiller, Misaritsárika ka mandrátra, mandrórotra, mandróritra, mandrorodrórotra, misaritsárika, mamiravira, mandriatríatra, manetitétika.

« Houssine, Fitsokazo, Ritsokazo, ritsodritso-kazo, rotsakazo famitsopitsóhana, rotsakazo, firitsoka, firitsókazo, fitsopitsokazo. Le HOUSSINER, Mamitsopítsokaazv.

« Houssoir, Kifafa.

« Hova, Hova; Ambaniandro; vo ambanilánitra, ankova, voro-mahery.

« Hoyau, Fangadi-méloka misámpana, fitongi-misámpana.

« Hucher, Mihaika o, mandróntona-mikaika, mañantso maré, miantsoantso añala.

« Huée, Róntona ny mpañiana biby dý. Róntona fikizáhana. HUER, Mandróntona mikízika.

« Huile, Sólika; famonty; ménaka. h? ile;— de lampe, — fañilóvana; de cuisine, — foháníña. HUILER, Manisy sólika; manoso-tsólika azy. HUILEUX, Be sólika, misy sólika; minendo, minendonendo, mendo. vo somidika. HUILER, Tavohangy fasian-tsólika.

« Huissier, Mpitam-baraváraña ny Mpanjáka, mpampíditra amy ny fikabaríana; mpiantso kabary, vadimtány; Mpitondra tsitialenga.

« Huit, Valo. 8 fois, Im-balo. De 8 brasses, Valo refy. Tous les 8 jours, Isam-balo-andro, isan-kerin'andro. Qui a 8 fois l'unité, Mamalo, mivalo. Le diviser en 8, mamalo azy. Se renouveler, Agir 8 fois, Mañimbalo. Dans 8 jours, Aujourd'hui en 8, Herin'aneto; h mifancrinandro. Dimanche en 8, Herin'alahady. Qui dure 8 jours, Mañerin'andro. 8 fois autant, Im-balo, valo sòsona, valo heny. 8 jours, une HUITAINE, h hatelóana, pv andro valo. Le HUITIÈME, Ny fahavalo, — ny. Un —, h ampahafolo, — ny.

Huitre, Ankora foháníña rékitra amy ny vato; vato rékitra. pv Papaký.

Humain: Corps —, Vatan'ólona. Visage —, sora n'olona, miendrik'olombélona. Le genre —, ny olombélona, ny ólona. Un Être —, Mba ólona, manam-piaiñan'olona. Moyens —, z takatr'olona, ny fanaóvana an-tana'ntsika. Q —, o tia námana, miantra, mora, tia ólona, mafiraina o. Les choses humaines, ny z amy ny olombélona, ny z aty amy ntsika atý, ny z aty an-tany atý, ny z fatao ny o. HUMAINEMENT, Toy ny olona, mañáraka ny fatao n'olona; áraky ny ólona, amy ny fiantrána. HUMANISER q, Mañala hadízana, mankatamána, mankamora, mampiónona, tsy mampahasíaka ny o madý. S'—, mihíamora, miantra, miónina, miónona; mihíatamána. HUMANITÉ, ny mahaólona, ny toetry ou fombany, fiainana ny olombélona; ʔ haólona, ny Olombélona. Les —, ny fianárana ny fiteny tsara.

Humble, Mañeta-po, manje-po, mañetri-tena, tsy miavonávona, tsy mieva; mieta-po, miambany aiña, mankahely tena, miambanimbany amy ny námana; mañiva-tena, maniyaiva tena, miláfika, mandady; révaka, revadrévaka' iva, ivaiva; malemi-fañahy Je vous prie HUMBLEMENT, Zaho miláfika mifona amy nao.vo mitsetsetra, rainazibe, malefa-bava; HUMILITÉ.

Humecter, Mahavónotra, mamónotra, manando, mandendena, mandéna, h mahamando, h mampando. vo mandétsaka, mamétsaka, mahavonto.

« Humer un œuf frais, l'air, Mitsóntsona, mitséntsitra, mifóka atodinakoho, tsíoka.

Humeur, Ro-mbátana, rano-mbátana; nana, ranon-jávatra. —, Toetry ny fañahy; fañahy, saina. Bonne —, CONTENTEMENT. Mauvaise—, h haitraitra, angolangola; héloka, havinibinírana. vo COLÉRE, CAPRICE. être de mauvaise —, Méloka tròka, vinibínitra, vo BOUDER.

Humide, Mavónotra, lendéna, h mándo. Un peu —, mandomando, mavonobónotra, azo-mbónotra. vo lítsaka, ditsaka, madítsaka, pétsaka, petsapetsa, mitsoitsoy; Temps —, andro —, et maranorano, mandranorano, mamónotra, andóina, h mijoy; vo mitsontsóina. OEil — de pleurs, maso miranarana rano. HUMIDITÉ, Vónotra, Ando, halémana, lena, fandémana, fahalémana; hamandóana, havonórana; h Tsoitsoy; vo ketsaketsa; tany lena, andro lena.

Humilier, Mañétaka, mañetry, manjetra, manjeka, mañambány, mañiva, mañivaiva, manevateva. S'—, vo être humble. HUMILIANT, Mahétaka, mahazetra. HUMILITÉ, Fañetren-tena, fañetrian-tena, fanjeran-teña, fañetaham-po, fañiván-teña, fandávan-tena, fiambanimbaniana. HUMILIATION, fañetáhana, fanetréna, fañetriana, fañiváña, fañambaniana.

« Hune, Ambara-tonga ou láfatra be ambony ny falazy.

« Huppe, Volo mitsángana amy ny loha mbórona; Sangasanga; satro-bórona. vo Houppe. Huppé, misy sanga, misanga; poule —, akoho-sátroka.

« Hurlement, Aholo, Oria. hurler, vo Mañaólo, manoria. vo Mikiñaoñaoña, mikaonkaona, mirohondróhona, mitomány valala, midradradradra, mandróntona, mandrontondróntona, mivíaka, mihoríaka, mitañy, mivovo.

« Hutte, Traño fótaka kelikely, traño-tómboka, kivohy, traño kely ratsy, traño bongo.

Hydraulique, Fahaizan-kitari-drano anabo. Machine —, z fitarihan-drano anabo, fampakaran-drano.

Hydre, Bibilava maro loha, g fanánina, g fananim-pitoloha, g fitoloha, fitolela.

Hydrogène s, Mitera-drano. Gaz —, Tsíoka mora miréhitra.

Hydrographe, Mpanòratra ny ranomásina; mpálaka sary ny ranomásina.

Hydromel, Robok'antely, ranonantely.

Hydromètre, z fañohárana ny havesárany ny rano, faneranan-drano, fandanjan-drano.

Hydrophobe, Mataho-drano. —, Enragé. Hydrophobie, fatahórana ny rano; Arétina avy amy ny kekitr'amboa.

Hydropique, h manirano; ! marary bobo-drano. Hydropisie, h manirano.

Hygiène, Fahalalána ny tsy mankarary. Hygiénique, tsy mankarary.

Hygromètre, z fañohárana ny havesárany ny tsíoka fiaiñana.

Hymen, Hyménée, fanambadiana.

Hymne, Antsa másina, fihirána amy ny Zanahary.

Hyperbole, Teny mandílatra, teny mihóatra, filazána, mihóatra noho ny izy. vo Exagération, Hyperbolique, manantombo filaza.

Hyperborée; Hyperboréen, Añy aváratra, ny Antaváratra.

Hypercritique, Lílatra fañadiana, mahery maka vava diso.

Hyperdulie, Fanompóana ny Virijiny Másina.

Hypocondres, Lemy ny kibo. — a, Mélancolique.

Hypocrite, O mamony fañáhy, manao sary tsara fañahy imaso n'ólona, tsara imaso, mandénga; manao tsara imaso; h mpihíatsara-velatsihy, tsy izy. Hypocrisie, Famoniampañahy, hatsarána imaso; toetra mandenga, fañahy mavandy, ratsy añaty ny; h fihíatsaram-belatsihy.

Hypothèque, Fitanana ny tany n'ólona ho débaka ny trósa; vo ántoka, fiantóhana. Hypothécaire, ? mpitana ny atao ántoka. Hypothéquer, Mampitana z ho débaka.

hypothèse, hévitra atao foana.
mystérique, Torantorana.

I

Ichtyologie, Filazána ny fombany ny hazandrano.
Ici : Venez ici, avia Atý, h Atikitra. Ici dans la case, Éto *ou* Ato, Ankelo an-tráno. vo Éty, etsy, atoakatra, atoy, atokitra, etikitra, etoakatra, etoana, etokitra, etony; atoy. Ici-bas, Atý antety tány atý. Jusqu'ici, Ambarak'anéto, andrak' anéto, h ambarak' ankehitriny. Venir ici, Mankatý, manketo. Par ici par là, h Ato ho ato, h ety ho ety, pv ao ao, eto eto. Plus par ici, Atitý, atiatý.

Iconoclaste, Mpandroba-tsáry, mpandrava sari-másina.
Idée, sary ndraha anaty ny fanáhy; z hita ny fanáhy, z azo jéry. hévitra, saina, jéry; árika. vo fisehóana, fisehosehóana, tandindona, anakampó; Esquisse; Souvenir. Se former des —, Marimárika, manahiáhy azy. idéal, amy ny saina; hevi-pótsy.

Idem, Mbola izy, mbola izy téo.
Identifier, Mampiray, pv Mampiraika; mamórona z maro hanjary z raiky. S'—, miraiky, miray. Identique, tsy háfa, mbola izy, tòkana, tokam-pótony, tokan-téna; ? tokávina, izy, izy hiany, izy edy. Identité, ny hamiránantsintra, ny izy, tena ny, ny maharaika azy, ny firaihana.

Idéologie, Fahaizana ny hévitra.
Idiome, Fiteny, fivólana; fitenénana, fivolánana.
Idiopathie, Arétina ho azy fa tsy avy amy ny arétina hafa.
Idiot, Tsy manan-jery, adala saina, nahafáhana, tsy arisaina, didery, andrendry; h baibo, h miahonáhona, h mihahohaho. vo varivariána, gegigegy, geigy, gerigisy, ondranondránana. Idiotisme, hadaladalána, handrendriana, tsy fananan-tsaina indrindra, h ahonáhona, ahoaho.

Idole, Sary tompóina, ody tompóina; sarin-jávatra atao Zanahary; Andriamánitra ts'izy; h sampy. Idolatrie, Famindrána ny fanompóana Zanahary amy ny sarin-jávatra. fanompóana sarin-draha, h fivaváhana amy ny sampy, fijoróana sary foana. Idolâtre, Mpanómpo sary foana; mpivávaka amy ny sampy; manao sampy, manandríana sarindraha, mankazanahary sarin-draha. Idolâtrer q, Tia azy loatra.

Igname, Ovy, antádina.
Ignare, vo ignorant.
Igné, Misy afo, be afo; manoro, mandoro, mahamay; afo ny fótony. Substance —, zavatra fo, raha-afo.
ignation, Firehétana, réhitra.

IMA 407

Ignivome, Mandoa afo, mamoak'afo, mamorafora afo.
Ignoble, iva, ivaiva, iva-rázana, tsy manjáry.
Ignominie, vo Déshonneur, honte. IGNOMINIEUX, vo Déshonorant.
Ignorant, IGNORER, Tsy mahalala, tsy mahafántatra, tsy mahay; —z. S'—, —tena. IGNORANCE, tsi-fahalalána, tsi-fahafantárana, tsi-fahaizana, pv tsi-fahaina. Fait avec —. Tsy nahy, tsy satry; tsy kinia atao, tsy satry atao, tsy nahína. ignoré, tsy fántatra, tsy lala, tsy hay.
Il, *pron.* izy; Ny. il est là, ao izy, Ce qu'il voit, (ce vu par lui,) ny hita ny.
ile, Nosy; Vario.
Iles. Ny lemy ambany ny kibo.
Illégal, Tsy manáraka ny malo ntany; manota lálana, h manota lalána, rarány ny diditány; tsy andráriny.
Illégitime, Tsy márina, tsy mety, tsy andráriny, tsy izy, tsy amy ny hitsy ny; ampetra. Mariage —, fanambadiana fady, tsy heny. Enfant —, Zanak'ampásina, zanak'amonto, zanak'antany, zanak'ambélany; h zana-dránitra. ILLÉGITIMITÉ, ny Antsa ny, ny tsy hitsy ny, tsy hahitsiany; Toetry ny zana-dránitra.
Illicite, Tsy mety atao; rarána, misy fetra, ampetra. Fait ILLICITEMENT, atao n'olona tsy nahazo lálana.
Illimité, Tsy misy fieférana, tsy manam-pieférana, tsy mifefy, tsisy lany; tsisy fetra. ? tsy férana.
Illisible, (Taratasy) Saro-bakina, tsy azo vakina, tsy azo ventésina, tsy azo tetézana.
Illuminer, Manazava, mankazava, manilo azy, manisy *ou* manely, mamafy, mamafifafy, mamindra hazavána amy ny; — une maison, Manetsaketsa afo maro amy ny; manao haréndrina, pv kiréndrina. ILLUMINATIF, mahazava. ILLUMINATION, fahazavána, famindran-java, hazavána afindra amy ny o. Une belle —, ketsaketsa n' afo tsara.
Illusion, Fitaka, hadisóany ny maso, haotány ny fanahy. vo vohony, z tsy izy. Se faire —, ? manova ny maso ndraha, manota ny maso ntena; ota maso, tafa maso; ? mamitak'aiña, ? mamerik'aina. Qui fait —, ILLUSOIRE, mahadiso maso, manambáka, mamítaka, mampahita hafa.
Illustre, S'ILLUSTRER, Maneno laza, mangotro-daza; manamboninábitra. vo manehoneho, ngeza, ngoay, ngezabe, ngoailahy. ILLUSTRER, mampangotro-daza, manoso-daza; mampamirapira-daza; mankalaza, mankabe-laza.
ilot, Nosi-kely, Vario hely; tanikély.
Image, Sary; sarindraha, h sarinjávatra; sarinjáka; sarin'olona. ôhatra, famantárana. vo fanohárana, endri-jávavatra; saina, hévitra. Qui fait —, karaha sarindraha

Imaginable, Azo hevérina, azo jery, azo vetsivetsy. IMAGINAIRE, amy ny hévitra foana, tsisy tena; hévitra. IMAGINATION, Arika, hévitra, saina, fisaiñana; jery, eritréritra, hevi-drávina, hevi-potsy; fañahiahíana, ahiahy. vo ariarizato-ampandríana, ny mañisa rávina. ny manao volan'andrano, ny manao hitsakampo. Se monter l'—, marimárika. IMAGINER, Misaina, misaintsaina, miháritra, mijery mamórona sary. S'—, mañahiahy, (p ahihina;) marimárika; manao ho; atao ko ho. vo CROIRE.

Imbécille, Léfaka, adaladala, maola; ambáka, h mitsípy; nahaverezan-jery. vo IDIOT. IMBÉCILITÉ, vo idiotisme.

Imberbe, Tsy ari-sómotra, tsy antsómotra, tsy mbola misy sómotra, mbola bory saoka.

Imbiber, Mandena, mañetsa-drano, mañámpoka, manampo-drano, mandona, mandítsaka, mankabobo-drano, manamy rano, mampinon-drano; vo mamoka, manjóboka, mampitsoitsoy; h mankakotsa, h mankakotsakotsa, h mankotsakotsa, pv mankakotsakótsaka; pv? mankalomípaka. S'—, Milona, mifoka, mihiafeno rano, misao-drano, minondrano, mitsoitsoy, mihíabobo-drano; ditsaka, hitsaka, ditsaditsaka; h kotsa, h kotsakotsa, h kotsatsa; pv kotsakótsaka, mitróka; tamy rano.

Imbriqué, Manao fandrinavolo ou fandriavolo.

Imbu, Tamy, feno.

Imiter, Mala-damy, miana-damy, mañara-damy, mañaraka azy, manao ou momba ny atao ny; manao mira amy ny, manara-dia azy; manao tahaka izy, manáhaka azy. vo mañarak'ambókona. mitsikomba; manao ki-mpanjakampanjáka, ki-olonólona, ki-zanajánaka &. IMITATION, fañaráhana, fañarahan-damy, fanalan-damy, fianaran-damy; fanaóvana mitovy. Une — de navire, ki-sambosambo. IMITABLE, azo arahin-damy, azo lamv, mety alain-damy, mety aráhina, azo ianárana, tókony hianárana; tòkony hombána manao.

Immaculée, Tsy azo ny ratsy laha tam-bótraka, tsy voa loto, madio jiaka, tsisy panda laha tam-botróka, tsy azo ny ratsy tamy ny fòtotra.

Immanquable, Tsy mety tsy tonga, ho avy ankítiny, tsy mety diso fotóana; tsy maitsy avy, tsy mety tsy azo.

Immatériel, Tsy manam-bátana, tsy miharo vátana, tsy misy teña azo tsapa; fañahy tsy miharo.

Immédiat, Tsy miélana; tso elánina, tsisy élaña, tsy manan'élana; mitohy, mitohitohy, mifampitohy; mipáka, mitéhina. vo Arak'afo, santa, tsi-ampi-toinona, tsiampi-pirôra, vetivety foana, miaraka amy ny izay; mihitsy, faingana.

Immémorial, Tsy tiaro taona nanampónana; Fahantalo-

IMM

ha, faharazandrazánina, fahataloha indrindra, ela, haihav, tsy hita niandohany. Zay ela zay.

Immense, Lehibé, tsisy lany, Bámbana, tsy azo ohatra, tsy azo erana, tsy azo eránina; tsisy fieférana, tsy hita lany, tsisy fieférana, tsitakapárany, tsitakatr'érana, tsiazo fá. any, h tsy hita avanávana; tsy hita noanoa. IMMENSITÉ, habézana tsisy lany; tsy fisiam-pieférana, tsy fahazoan'érana, tsy fahefána hanérana, tsy fisian-dany, halehibé, tsy azo ohatra; habézana tsy tratr'érana; Bámbana, bambandraha; Bambala, babala, babangoana; hatahírana tsisy lany, habakábaka tsisy lany.

Immerger, vo Plonger. IMMERSION, h fanjobóhana, h fanobóhana an-drano.

Immeuble, Tsy azo hetsehina, tsy mihétsika, tsy azo afindra-tany; ? tsi-entana.

Imminent: Danger —, kajirindraha efa antómotra, efa mariny, efa ho látsaka, efa am-bivitra, efa akeky, efa antintiny.

s'Immiscer, vo s'ingérer, s'entremettre.

Immiscible, Tsy mety haroan-draha.

Immobile, Tsy mihétsika, tafatoetra, tsy azo hetséhina. vo FERME. IMMOBILITÉ, tsy fihetséfana; tsi-fiována.

Immodéré, Lóatra, be lóatra, mandilatra, tsontsóraka; mihóatra ny sahaza.

Immodeste, Tsy ménatra; vo tsy mántona, tsy mándina; tsy maótona, tsy manan-kénatra, tsy manjary; ? mivenavéna; h ? valavala; maloto, tsy madio; miandra; mihetrahetra. IMMODESTIE, Tsy fihenárana, tsy fahalalan-kénatra, tsy fananan-kénatra; h fivalavalána, tsy fimantónana, tsy fimandinana.

Immoler, Mahafoy z ho vonóina; mamono lohajoro; mamono z ho any Andrimanitra; mamono z hanala voady; manome, manólotra. s'—, mahafoy tena, mamono tena. Il l'immola à sa colère, no foy ny hanetsáha'ny ny fo ny tézitra. IMMOLATION, famoéza; famonóana z hatao fanala voady, famonóana ny tenanjoro.

Immonde, Tsi-madio; maloto, vorery, téfitra, vo vorétra, kapòtra, maleotra; vetaveta.

IMMONDICITÉ, Havoreréna, hateférana. IMMONDICES; z maloto; fako, tay, zézika, fótaka an-tanána, áhitra maloto.

Immoral, Rarány ny Zanahary; Tsy fatao ny olon-tsara; rarány ny fanahy mahitsy; manota ny fitondrantena tsara, mampala-damy ratsy, mampanao ratsy; mankaratsi-toetra; tsy momba lálany ny Zanahary; mankaloto fanahy o; tsy mety, tsy ombány ny Zanahary, manantsontsan-toérana, manantambotoérana, manavia fitondrantena; havia fatao.

IMMORALITÉ, Fitondrantena maloto *ou* mañantambo, mándoza; fatao manamánkona *ou* mañajima. Antambotoérana; fandozána toérana; fañotána ny fatae tsara; tsy lálany ny Zanahary.

Immortel, Tsy mety maty, tsy maty, tsy ho faty, tsy mba ho faty, tsy manam-pahafatésana, tsy tra-paty, tsy azo mpaty, tsy tákatry ny faty, tsy hay maty; ho vélona andrakizay doria; tsy mety afak'aiña. IMMORTALITÉ, Tsi-fahafatésana; fiaiñana andrakizay; ha velómana ambarakizay; ny tsy mahafaty azy; ny tsy mahavery aiña *ou* tsy mahafak' aiña azy. Andro tsy támpitra. IMMORTALISER, tsy mampahafaty, mampiaiña mandrakizay, mañala fabafatésana, mahatsitámpitr'andro azy. mahamandrakizay. — son nom, tsy mamono añárana. S'—, tsy maty añárana, tsy very añárana, tsy maty laza, velon-daza andrakizay.

Immortification, Fañaránan-teña, fañantoánam-bátana. IMMORTIFIÉ, tsy mba mampijály teña, tsy mamonovono teña; mañaran-teña, manantoan-teña; tsy mahafatifaty teña.

Immuable, Tsy miova, tsy mety miova, tsy azo ována, tsy voa ova, tsy ována; Rékitra toetra, fátratra toetra, mifántsika; tsy azo tsoáhana. IMMUTABILITÉ, Tsy fiována, tsy fiolána. vo Volankankáfotra.

Immunité, vo Exemption.

Impair, Tsy misy fahanámana; tsiantsa, tsy mivady, tsy añona;? tsy vónona;? tsy antsahala; h fanota, h fanotany, mila faharoy, mila námana; voalahy.

Impalpable, Tsy azo tsapaina, tsy azo tánana; tsy azo ny tánana.

Impardonnable: Crime —, Sata tsy azo hadiño, tsy azo ifónana, tsy azo ivalózana, tsy mety tsy valiana, mila-valy, tsy tókony halefa, mila fankalilóvana.

Imparfait, Tsy vántana, tsy tody, tsy tantéraka, misy antsa, tsy vita, tsy efa; ratsy tápany, ratsy ila; tsy áñona, tsy voñona, tsy ampy, vo Antéfaka.

Impartial, tsy manaozara vílana, tsy mifidy o, h tsy miángatra, tsy mizaha tava n'olona; tsy manao mizan-tsindrian' ila; tsy mitanila, h? tsiambaibay, márina,? tsy miandány. IMPARTIALITÉ, firasána mira, Tsy fifidiánana, tsy zara vilana, rasa-mira, zara sahala; fahitsiana, h tsy fiangárana.

Impasse, Lálana tsi-loa-body, *ou* tsy lóaka;? lálana tápany.

Impassible, Tsy mety marary, tsy azo n'arétina, tsy mahefa mijaly, tsy tratry ny fangotsóhana, tsy tratr'arétina. vo mandritsimarary. —, matimaty, — afo; vo INSENSIBLE.

Impatient, Tsy mahadíñy, tsy maháritra, tsy mandíñy, tsy mali'ambina, tsy mahandry. —, meka, maika, dódona, vèsoka, setra; arara; h sedika, ratsiaiña, mipilampilana; miteté foana, mitetevoana, ? mihefikétika; tsy mahatam-po, tsy mahasakan-tena. IMPATIENCE, Tsy faharétana, tsy fahadiñésana. vo EMPRESSEMENT. IMPATIENTER tsy mampahàritra, Mahadikididy, manahirana, mahasósotra, mahavinibínitra, mahatezitézitra. vo tsileo-entimónina, tsileo-entintody. s'—, Sosotsósotra, vinibínitra. vo IMPATIENT, FÂCHÉ.

s'Impatroniser, Mitompo, modi-tompo, miháboka tompo, mihiatompo, mivolontómpony.

Impayable, Tsy azo vidína, ? tsy telimbidina; sarobidy indrindra.

Impeccable, Tsy mahefa ratsy, tsy mañota, tsy mahefa ota, tsy ota, tsy diso, tsy mety ota. tsy mahazo manota. Son IMPECCABILITÉ, ny tsy ahazóany handiso, ny tsy mampahefa azy hanao ratsy.

Impénétrable, Tsy daika, tsv laitra, tsy tamy; (tsy azo idírana ou ribihina, aleha, diníhina, loáhana, hirifina, boroáhana) tsy saky; tsy tra-pótony, tsy azo fotony; vo maletra; tsy hita halálina. IMPÉNÉTRABILITÉ, ny tsy etézany daika, ny hahery ny tsy daika, ny hadira'ny tsy tamy.

Impénitent, Tsy mivalo, malain-kaneñina, h tsy mibébaka; tsy mibáboka, madi-po, tsy malilo. IMPÉNITENCE, Tsy fivalózana, tsy faneñénana, tsy fibabóhana, h tsy fibebáhana.

Impératif, Mañiraka mafy.

Impératrice, vady ny Empereur. Empereur vavy.

Imperceptible, Tsy azo ny maso, tsy hita, tsy azo hita; —, tsy azo ny sófina; tsy azo ny órona; tsy reñy, tsy azo reñy.

Imperfection, Antsa, handra. vo DÉFAUT.

Impérial: amy ny Empereur.

Impérieux, Mahery fañiráhana; miavonávona laha mañiraka, tsy azo fáhana, tsitohandraha, tsy fáhana; tsy azo anaovan-didoha, tsy azo ahifika.

Impérissable, tsy mety very, tsy very, tsy áfaka, tsy maty tsy mety róbaka.

Impéritie, Tsy fahaizana, tsy fahaíana.

Imperméable, Tsy tami-rano, tsy daik' órana, tsy daidrano.

Impermutable, tsy mety solóana, tsy azo soáfana, tsy azo ováana.

Impersonnel, (Verbe) tsy lazaina tompo.

Impertinent, vo insolent.

Imperturbable, Tsy hetsefin-draha, tsy azo hovotrovótina, tsy azo hetséhina, mafy, matóky, tsy taitra, tsy mety very jery; tsy mihétsika. IMPERTURBABILITÉ, hatokíana tsy mihétsika, tsy fihetséhana.

Impétrer, Mahazo.

Impétueux: Vent —, Fororo: Rivotra miforóaka, mandronjy, mamólaka, manolonkólona, ménjika, mirehodréhoka, mahéry, maré, manésika, manólaka, mandavo, miantonta. Q —, o mandrivotra, mandríana, may, manonta vátana; misáfóaka, antsíaka, h fozina, h foizina, marofarofa, tofo, mitofo, mitofofofo, miafonáfona, miantonta, miantréka. IMPÉTUOSITÉ, hery mandrivotra, hafatrárana mandronjy, h fanesehana, herimpo, harisihana, risi-bátana, hamafiana, hamaimaiana, afonáfona; fiantontána, fiantréhana; rehodréhoka; fandronjiana.

Impie, Mankahala (ou mivaza, miérina, malaiña, mangala, mankaratsy) Zanahary. IMPIÉTÉ, fivazána (ou fierénana, fankahalána, fañasáhana) Andrimánitra.

Impitoyable, tsy miántra, pv tsy mafiraiña námana; sárotra, tsy mora; saro-po, masiaka; h lozabe; tsy antra, forovato, fomanga, manao fihinkala, misimba, h sómpatra. vo antanamamba.

Implacable, Tsy mety mora, tsy mety kétraka hasira, tsy azo ivalózana, tsy áfaka hatezérana, h manontolo-fo; tsy azo ihavánana, tsy azo havánina, saro-po; h tsy miónona, h tsy miánina.

Implanter, Mamboly z anaty z, manórina, mamétraka, manakámbina, mampihámbina. S'—, mikámbana.

Implicite, Ao anaty ny filazána edy ndre tsy voatonona loatra; anaty ny vólana, mba ao anaty, mifoño vólana, foñosim-bólana, saroñam-bólana, fántatra na dia tsy ambara, mora fántatra, misarom-pótotra. vo manara-dreni-rano, homambahamba, tsy ambara.

Impliquer, Mañiditra, mañomby; mandátsaka azy anaty. vo mamálona; azo ny safotány. EMBARRASSER. —, misy.

Implorer q, Mifóna, mitantara, mihanta, mihantahanta, h mitosy amy ny o; mifona-mangátaka, miangavy amy ny o; — qe, tomany, mihanta, milaho, mangaho z. vo miangoty.

Impoli, marokoroko; — fañahy, INCIVIL. IMPOLITESSE, INCIVILITÉ.

Impondérable, Maivana tsy azo lanjaina.

Important, (k) Lehibé, Be, misy várany be, be várany; be vava, mavésatra, maventy, mañino, be fótony, misy tombóany be, misy fotórana; tsy azo lávina, ? mantsana, tsy hay tsy hatao z lehibé; tsy azo ahílana. Peu —, Tsy mañino, h tsy maninona, tsy mañino lóatra, tsisy várany, h tsiratsira, h tsirahany; tsy azo njávatra, tsy ahóana. Faire l'—, mirehareha; miavonávona; FANFARONO, mitabiha, h minitinily, minevonevo. IMPORTANCE, Várany, fótony, habe, venty, haventésana.

Importer, Mitondra z avy antány hafa, mampíditra z avy amy ny tany hafa. —. vo IMPORTANT N'IMPORTE, tsy mañino, tsy mañahy, válaka, vasa, asa. Peu m'—, tsy ahí'ko, ko?tsy mañino ahy. Que m'—? manino ahy? ino ko? ahoa ahoa'ko ino?, ahóana? ahóana ino?.

Importun, Importuner, Manahirana, amy ny fangatáhan-dava, mahasósotra, mahasosotsósotra; mikotrankótrana, mitsokitsókitra, tsy mampandry; fatra-pangátaka, mahery mangátaka,? mihanta, mihantahanta, mikolélana; mandrari-hátaka, tsy tampi-kátaka; mibozika, mibozéka, maditra fangatáhana;? mikôra hátaka,? mikorakôra hátaka; mitaky. IMPORTUNITÉ, fanahiráñana, fangatáhana mahasósotra; fahasosórana. Demander avec —, Mihanta, mihantahanta.

Imposant; IMPOSER à q, —du respect, Lehibe ka Mampañája,? mampihifihy, mampañéky, mampiéky, mahatalánjona;? mañóndrika.

Imposer. Mamétraka, mañatao. —silence, mampangiña. —des impôts, mampandoa hetra; un travail, Mampitondra, mampálaka asa. Lui — une pénitence, mañisy fankalilôvana amy ny. En —, vo Tromper; misioka. S'—, miantikántika, mitsintséfotra, mikatróaka, mikatrakátraka, misolóhotra, mitsotróaka, mitsotsotróaka. IMPOSITION, Fametráhana. —, Impôts.

Impossibilité, chose IMPOSSIBLE, z tsy azo atao, tsy efa n'ólona, tsy méty;? voatsiary. Tenter —, mandreñ-hazo-mitsángana, mañanik' andri-malama, mila foitr'ivóho.

Imposteur, Mpamítaka, mpandénga, mpañándoka; mpiháboka, mpañome vóhony. IMPOSTURE, fítaka, famitáhana, sándoka; h? trangalela.

Impôt, h hetra, isampangády, isampólo. vo sera, fanompóana, tsimirango.

Impotent, Tsy mahefa, malémy osa, mat'íla, maty íla, matimáty, osa, tsy mahaleo teña.

Impraticable, tsy azo ombána (ou aléha, diána, itoérana, atao onéñana). VO IMPOSSIBLE.

Imprécation, vo EXÉCRATION, IMPRÉCATOIRE. ombantsao-drátsy, omban-títika, mititika, manabóbo; vo EXÉCRER. Jurement —, fanta, fanta amy ny raha masiaka, fanta omban-titik' aiña.

Imprégner, vo Imbiber.

Inprenable: Ville —, Tanána tsy azo ou tsy mety azo ny fahaválo; tsy áfaka

Imprescriptible, Tsy azo lávina, tsy ho very.

Impression, Ny márika tavela amy ny z voa tsindry; dia, márika, voaj téry, lálana, voa, sóratra; ? hólatra; daika, hidabida, téboka, téntina, kérotra, pánda, famantárana; ny lémpona, ny kétraka; fanerèna. — dans l'esprit, hévitra naórina, jery nafátsika, saina narékitra amy ny o. fo nafindra, alahelo ou haravoam-po nafindra amy ny o; fo voa. Faire —, Impressionner, mahavóa; manindry, mahadaika, mahatéry; — fó. Émouvoir, mampanéky, mampihévitra, mampatáhotra.

Imprévoyant, Tsy mañahy raha teo ou rah' éto; tsy mijery sandra. Imprévoyance, Tsy fañahiana lahateo ou lah' éto, tsy fijeríana aloha.

Imprimer, Mamindra sóratra amy ny z amy ny fanerèna; Manóratra amy ny fanerèna ou amy ny sóratra terèna, amy ny sóratra apétaka; manery sóratra; manindry sóratra; ? manao findra-sóratra, ou ? teri-sóratra, peta-tsóratra, tsindri-sóratra. mamindra sóratra amy ny faneríana, h ? manónta; h ? manao taratasy antontany, manao antontany, manisy sóratra na márika na tsiñy. Imprimerie, fanorátana taratasy amy ny fanerèna; fanerian-taratásy, h ? fanontána. Imprimé, sóratra niterèna, ? teri-sóratra; h ? tontaina, h ? atao antontany; sóratra natsindry ou natery, naténtina, natebotéboka. Imprimeur, Mpanóratra taratasy amy ny firaka ou amy ny sóra-piraka, h ? mpanónta.

Improbable, Tsy azo inóana lóatra, tsy to loatra, tsy azo antenaina loatra, tsy marimarin-doatra, tandry tsy to, tandry vandy; tandrásana tsy to.

Improbateur, tsy maneky, tsy tia, maniñy, mandá; fahatelo, mañary, mañamboho. Improbation, Tsy fanekéna; faniñiana, fandávana; tsiñy.

Impromptu, Atao ankavesóhana, tsy voa hinahina sandra, Teny támpoka, atao foana, atao ao edy, tampotámpoka, pv atao sobéraka, atao treha, atao siaka, atao romóka.

Impropre: Terme —, volana tsy mahitsy lóatra, tsy izy, tsy mety, miótaka, diso fótony, ? tsirandrana, tsy antónony, tsy sahala, tsy mifañáraka. Se servir de.., h mandrondra; ? havia vava, ? mañavia vava; ? mañantambo volana.

Improuver, vo improbateur.

Improviser, Manao ou miteny támpoka, ou romóka, manao eo edy ndre tsy nañantena sandra; manao foana tsy mijery sandra, milaza na dia tsy mbola voa hévitra aza; fenjan-kévitra. Improvisé, vo impromptu. Survenir à l'Improviste, avy tampóka, tampotámpoka; avy sobréraka, treha, siaka, romóka avy tsy diásana, avy tsy ampokóina, avy tsy nahína. vo sovo-bólana.

Imprudent, Tsy hendry, pv tsy mahihitra, tsy matoy fanahy, tsy mitándrina, tsy misaina, endrinéndrina, tsy manton-jery, tsy mitsapa-fanahy. impudence, tsy fitandrémana, tsy hatoizam-panahy, fiendrinendrénana, tsy fahendréna.

Impubère, Mbola zaza, mbola tsaika, tsy mbola zatovo; Enfant —, sakan'ólona, sakasakan'olona, sakanjaza; sakasakan-daha, sakasakam-bavy.

Impudent, Tsy manan-kénatra, tsy méñatra; h alikalika, mialikalika. vo Effronté, Audacieux; S'Imposer. Impudence, vo Effronterie, Audace, et ? fivalavalána.

Impudicité, fatao maloto, famoreren-tena, halotóana, fahalotóana, fatao vorery, fahavoreréna; bateférana, fatao mahatéfitra; h fijejojejóana, filambehivavy, filandehilahy. Impudique, maloto fatao, maloto, mamoreri-tena, voreritena, téfitra; mpanao halotóana; h jejojejo, h jilajila, h jangajanga. vo maromaso, miandra-vavy, korombémbana, mañantsóntsana toérana ; mpila-viavy, mpila-lehilahy; mpanénga.

Impuissant, Tsy mahery, tsy mahefa, tsy mahazo —, tsy mahafindra maso Impuissance, tsy hery, tsy haherézana, tsy fahefána; fahaleména, fahosána; lony, lonilóny.

Impulsif, Manósika, mahatósika, maharoso, maharonjy, mampandeha. Impulsion, Ronjy, tósika, tónjina. tóndrika, fanoséhana; faneréna; sésika, famporisihana, fandrosóana.

Impunément, Tsy valiana. Impuni, tsy valiana, tsy voavaly, tsinivaliana, tsy nasiana fankalilóvana; bóry; foana, tsy ampijalina, áfaka, tsy azondoza, tsy ankalilóvina, ? h tsy maty manota. Impunité, tsy famaliana nv ratsy, tsy fankalilóvana, tsy fampijaliana; ny famelána; fañafáhana, h ? ny tsy maty manota.

Impur, Tsy madio, maloto, vorery, téfitra, misy faikana; lo, mótraka, vo Impudique; miharo loto, mijejojejo; vetaveta. Impureté, fahalotóana &, vo Impudicité; fékana.

Imputation, Tandra, fanandrásana; z atandra, hoso-pótaka, Ampanga tsy mifáhana; tsiñy, fañisian-tsiny; vo tsindrihazolena, ngidinkóditra, tsipiahimaitso. Imputer un vol à q, Manandra hálatra, h manandry hálatra azy; h mañerdrikéndrika hálatra azy. à qui on l'impute, o tandrásana, tandrána, tandrena hálatra. Que l'on impute, Hálatra atandry, atandra, asangázona, afindra, ? abósotra, atsindry azy.

Inabordable, Tsy azo itodiana. vo Inaccessible. Rivage inabordé, tany tsy mbola nitodiana.

Inacceptable, Tsy azo raisina ou rambésina.

Inaccessible, tsy azo ankarinina, tsy azo akekéna, tsy mety hatoñina, tsy azo rikitina; tsy tákatra, tsy azo, tsy azo anihina, tsy azo rangásana, tsy azo iakárana.

Inaccoutumé, Tsy mazáña fiavíana, tsy fohita, tsy fatao, tsy matétika, tsy mazáña, tsy zátra, tsy zárina; malálaka, malánka.

Inactif, Tsy maláky &, vo ACTIF; Votsa, votsavótsa, mivozavoza, mivozivozy. vo kivy, malaindaina, kamo, mavozo, maholy, milaiñalaiña, miraviravitáñana, mivaikavaika, tsivínitra, meda, medaméda, mimasimasy, máritra, marimáritra.

Inaction, Fiboretáhana, tsy miasa; hadonanáhana, tsy fiasána; fiaranan' ása, tsy fihetséhana.

Inactivité, Tsy halakiana, tsy haladiana, vo ACTIVITÉ. havotsavotsána, havotsána; vozavoza, havozavozáua; h vozivozy, h vakaváka, h hakamóana.

Inadmissible, tsy azo raisina; tsy tòkony hekéna ou halaina, tsy tòkony haiditra.

Iandvertance, Tsy fitandrémana, tsy fihevérana. Je l'ai fait par —, Tsy fitandrema' ko zany; ny tsy fitandrema' ko no nanaóva' ko azy; tsy nahí' ko, tsy nitandréma' ko, tsy nazo ko jery, tsy nahy ko, tsy nia ko, tsy satry ko, tsy kinia natao ko, tsy satry natao ko, tsy nikinia' ko.

Inaliénable, Tsy azo afindra tompo. Son INALIÉNABILITÉ, ny tsy ahazoan-kamindra azy, ny tsy ahazoa' ny hafindra.

Inalliable, Ty mety miharo, tsy azo ampiraihina.

Inaltérable, Tsy azo ována, tsimiova-tsimivalovalo.

Inamissible, tsy azo aésotra, tsy mety alána; mifátsika. —, ifatséhana, andrekétana. INAMOVIBILITÉ, ny tsy mampiétsika, ny mahafántsika, ny tsy ahazóan-kañésotra.

Inanimé, Tsy misy aiña, tsy manan'aiña, tsy manampiaíñana, tsisy fiaíñana.

Inanition, fahafoánany no kibo; hasilaónana, mahafaty. Mourir d'—, maty mosary.

Inaperçu, Tsy hita, tsy azo ny maso.

Inappétence, Tsy mahatelinkánina.

Inapplication, Tsy fitandrémana, tsy fametahan-aiña. INAPPLIQUÉ, tsy mametaka jery, tsy mametak'aiña, tsy tafipetak'aiña; tsy mitandrina. INAPPLICABLE, tsy azo apétaka.

Inappréciable, tsy azo tombánana; tsy azo vidína, ? tsy telimbidina, saro-bidy indrindra.

Inarticulé, Tsy voa tóñona, tsy azo tóñona, tsy reñy tóñona.

Inattaquable, Tsy azo iadivana, tsy azo tafíhina.

Inattendu, Tsy diñásana, tsy anteñaina, tsy nampoizina. vo à l'IMPROVISTE; sémbana, támbana, sámpona, tsóboka.

Inattentif, Tsy mitándrina; hadilañan-tsofina, ? manendri-fizaha. INATTENTION, tsy fitandrémana, tsy fandreketan-jery, tsy fitainóana, tsy fitsatsihana.

Inaugurer un temple, un roi, Mankamásina; manórina, manángana.

Incalculable, Tsy azo isaina, tsy takatr'isa, tsy tratr'isa.

Incandescent, mandevy, miréhitra.

Incantation, Fanaóvana ody fankatóvana.

Incapable, Tsy mahefa, tsy mahay; vo tsy sahala, tsy mety, tsy manantsaina. INCAPICITÉ, Tsy fahefána, tsy fahaiana, h tsy fahaizana, tsy hametézana.

Incarcérer, vo Emprisonner.

Incarnation, Ny nanjaríany ny Zánaky Zanahary ólona antety tany;? fanalam-bátana, fodian-ko-nofo, fanjaria-nofo. s'INCARNER, Málaka vátana, maka nofo, manjary manambátana, mampiólona teña, manjary olona, mody ho nofo, ? manao olona antety tany. INCARNÉ, Efa manambátana, efa olombélona, efa manjary olona, efa nala-bátana, efa lehilahy.

Incartade, Fikizáhana tsy nahína; fandrofarofána o.

Incendiaire, Manoro traño n'olona, h Mpandoro, vo fañoróana, tirintsy, fandány. INCENDIE, afo be mandány, traño may, tsabo may; firehétana, afo manoro; fandoróana. firehi'ny. INCENDIER, Mandréhitra, manoro, h mandoro, mankafórona azy. mañisy afo, manofotr'afo amy ny.

Incértain, tsy hay loatra, tsy fanta-doatra, tsy lala; tsy to loatra, azo isalasalána. —, tsy mahalala (ou tsy mahafántatra, tsy matoky) lóatra; misalasala, h miroáhana, g miahanáhana. Temps —, andro miovaova. INCERTITUDE, fiahanahánana, fisalasalána; tsy fahafantaran-dóatra, fañahiahiana, ahiahy, ahanáhana. tsy hamarinana, ny tsy to lóatra, ny tsy ahalalána ny to.

Incessament: J'irai —, Tsy ela zaho handeha. —, vo sans CESSE. INCESSANT, tsy mitsáhatra, tsy voly; vo CONTINUEL, et hitsadány, tsindrilány.

Inceste, Fandehánana amy ny hávana, fanambadíana hávana; Loza, antambo. mandry amy ny hávana. Commettre l'—, être INCESTUEUX, Mañamato (mañantambo, mandoza) hávana; mañantsóntsana; mifótitra; vo mandry tsy heny, mandry fady.

INCIDENT: Un —, une chose INCIDENTE, z manjó, avy foana, tsy nahy, tonga ao asofovóany, látsaka anivo; z avy romóka, h z avy támpoka, mahasámpona; sámpona, víntana, émbitra. Incidenter, mañisy sampontsámpona.

Incirconcis, Tsy voa fora, tsy mifora. INCIRCONCISION, Tsy famorána.

Inciser, Mandidy, mandidididy, manátatra, manatatátatra; mamátitra, mamatipátitra; mitétika, manétika. ? mamaky, mamakivaky. INCISION, Didy, tátatra, fátitra; tétika. Des —, didididy, tatatátatra, fatipátitra. vo havatsa. Dents INCISIVES, ny hy mahatápaka, ny hy aloha; vo andrianify, vangy.

Inciter, vo Exciter.

Incivil, Tsy mañaja, tsy mahavaly haja, tsy mahahaja, tsy mahatóloira haja, tsy mahay fanajána, tsy mahay mitondra-tena, h valavala, h tsy valahara; marokoroko; ? mitohatoha, tsy ampi-fitondran-tena. INCIVILISÉ, tsy mbola hendry, tsy vo'ánatra. INCIVILITÉ, tsy fañajána, tsy fahaian-kaja; harokorokoam-panahy. ? fahavalavalána; fanevateνána, fanivativána.

Incliner qc, Manokilana, manongilana, mañilana, mampihilana, mampitokilana, mampitsikilana; mandíhitra, mampitsidíhitra, manonditra, mampihílatra; mampiróña, manondrika; tsy mampiárina, tsy mañárina; h mandraika. — la tète, mióndrika; miondri-hoha, manondri-doha, mandefi-doha, milefi-doha, manjotso loha. — n, (INCLINÉ) Miróña, mitokilana, mitsidihitra, mitondrítra. mitsikílana, mihilana, mitongílana; mihílatra, h miraika; s'—, Mióndrika, miondrikóndrika; mivôhotra, miléfitra. vo mivokovóko; mibokoboko, mivokobókoka, mivohobóhotra, mijokojoko, misokosoko; COURBÉ.

INCLINATION, firôñana, fitokilánana, fihilánana; h firéhana. — ny 'o; — à qc, fo mirôna &; ses—, ny iróñany ny fo nv. suivre ses —, Mañaram-po, manao ny sítraky ny fo, ny tíany ny fo; ? misatry fanahy.

Inclus, Añaty, nasítrika, natao anaty; omby amy ny.

Incoërcible, Tsy azo teréna.

Incognito, adv, mangingína; mivony, tsy hita, tsy fántatra; voyager —, mivony dia, mamony dia, manao dia mivony.

Incohérent, Tsy mifañáraka, tsy mitohy, tsy miraika, maitoíto.

Incombustible, Tsy mety may, tsy azo oróana, h tsy azo doróana, tsy azo dóra na.

Incommensurable, Tsy azo ohárira (amy ny sásany).

Incommode, Manahírana, sárotra, tsy mora, mahasósotra, tsy vatra. Situation —, Toera-mahery. INCOMMODER manahirana, mahasôsotra; mahasásatra, mahavoly, mampijaly, mankarary INCOMMODÉ, Sahírana, sôsotra, andéna INCOMMODITÉ, Fanahiránana, fahasosórana; fijaliana; faharatsiana; z mahaletra, fankalérana; sámpona, émbitra; arétina; z sárotra; hasarótana.

Incommunicable, Tsy azo omena o, tsy azo rasaina ou zaraina amy ny o, tsy añomézana, tsy azo ifañomézana samy mitoetra ho azy.

Incommutable, tsy azo ována.
Incomparable, Tsy misy mitovy *ou* mira amy ny; tsy azo ohárina; h isafatsiroa, h safatsiroa; veri-sahala; tsy toha. lani-sahaza, tapitr'òhatra,tsy hita avanávana, tsy hita zambazamba, bakalani-sahaza, fanapéran'óny, laniera, tokanamantány; tsi-tamy, voa tsiary;? mamelabaka, ? mamelatòkana;? tsy saky.
Incompatible, Tsy mety miharo, mifañisotra, mifandronjy.
Incompétent, Tsy mahefa, tsy mahay, tsy sahaza hanao; fangadi-tsi-mahatapak'áhitra.
Incomplet, Tsy áñona, tsy ampy; tsy vóñona; vo tsy efa, tsy tantéraka, tsy vita; h tomika.
Incomplexe, (Rari-vólana) iray Icha, tokam-pótony, tsy misámpana.
Incompréhensible, Tsy hita fòtotra, tsy azo fótony, tsy fanta-pótony, tsy tákatry ny saina, tsy tratry ny fañahy; tsy taka-betsibetsy, tsy azo vetsivetsy, tsy hita zay òzany, tsy hita zay ántony, tsy azo fántatra, tsy fántatra, tsy azo fantárina. Son INCOMPRÉHENSIBILITÉ, Ny — amy ny. Ny manako-pótotra, ny tsy ahitam-pótotra, ny tsy ahafantáram-pótony azy; Ny sarom-pôto'ny
Incompressible, Tsy azo teréna. Son INCOMPRESSIBILITÉ, ny — amy ny, Ny tsy ahazoan-káncry azy, ny tsy ahazóany hoteréna.
Inconcevable, Tsy azo ny fañahy, tsy tákatry ny saina, tsy azo hevérina
Inconduite, Fitondran-tena ratsy, fitoérana ratsy. Vivre dans l' —, manao —.
Incongru, (Vólana) tsy mety, tsy mahitsy, miótaka, tsy mifañáraka. INCONGRUITÉ, z tsy mety; tsy fahametézana.
Inconnu, Tsy fántatra, tsy lala, tsy hay. Un —, o —.
Inconséquent; Tsy mifañáraka, ? fitovava. INCONSÉQUENCE, Tsy fifañaráhana.
Inconsidéré, Tsy misaina, tsy mitándrina, tsy mihévitra.
Inconsidération, tsy fitandrémana, tsy fisaiñana.
Inconsistance, Tsy hafatraran-toetra, fiovaovan-toetra, tsy fiarétana, tsy faharétana, fiovaovana;? fifanohérana.
Inconsolable, Tsy azo alána alahelo, tsy mety tambatambázana, tsy afak'alahelo, tsy iengan'alahelo; tsy azo hatrakatráhina, tsy azo ampangiñina, h tsy azo ampianínina.
Inconstance, Tsy hafatráran-toetra, fiovaovan-toetra, tsy faharétana; haendrinendrénana; vo voatr'ampango, valivaikany. INCONSTANT, miovaova; tsy matána toérana, miovaova-toetra, tsy mahàritra toetra, tia-vao, mitsoa-teny, miavotrávotra.

Incontestable, (z) tsy azo iankaniana, tsy azo ifandirana, tsy azo lávina, tsy azo isalasalúna.

Incontinence, Tsy fameram-bátana; h fijejojejóana. INCONTINENT, tsy mahafe-bátana, tsy mame-bátana, mamotso-bátana; h mijejojejo, h mijilajila. — AUSSITÔT.

INCONVENANT, tsy mety, tsy manjáry, tsy antónony; ? tsy mahamety. INCONVENANCE, z —; tsy haetézana; ny tsy etéana, ny tsy mahamety.

Inconvénient, z manjó ka mahasámpona, sámpona, fisakánana; fahasarótana, fahasosórana.

Inconvertible, Tsy azo ována, (ou avádika, ahérina, ampiverénina).

Incorporalité, Ny tsy fananam-bátana, tsy fisiana vátana.

Incorporation, firaihana, fikambánana amy ny maro, fidirana amy ny hamaróana.

Incorporel, Tsy manam-bátana, ts'isy vátana. INCORPORER, mampiraika, mañaro, mampikámbana; mampíditra anaty hamaróana. S'—, miraiky, mihámbina; miharo, míditra amy ny.

Incorrect, Tsy márina, misy diso, tsy mahítsy, misy ota, miótaka.

Incorrigible, Tsy zaka anárina, tsy mety ankahitsina, tsy mety miova tsara, malain-kióva, tsy voa fólaka, tsy azo ována tsara, ? tsy azo foizana. Son INCORRIGIBILITÉ, Ny tsy etéza' ny ankahitsína.

Incorruptible, Tsy mety lo, tsy azo ho lo, tsy ho mótraka, tsy azo taòmina hanao ratsy, tsy mety simba; ? matéza. Son INCORRUPTIBILITÉ, ny tsy ahazóa' ny ho lo, ny tsy eteza' ny ho lo, ny tsy maha lo azy. INCORRUPTION; Tsy halózana, h tsy halóvana; toetra tsy mety ló; tsy ló.

Incrédibilité, Ny tsy ahazoan-kino azy; ny tsy ahazoa'ny inóana.

Incrédule, Malain-kino, saro-pino, tsy mety mino, tsy mino. INCRÉDULITÉ, Falaiñan-kino, tsy finóana, tsy fañekéna.

Incrée, Tsisy Naháry, tsy ary n' Andriamánitra, tsym ba no ary n' ólona.

Incriminer q, maniñy o; mañady.

Incroyable, Tsy azo inóana, tsy azo ankatózina, tsy azo ekéna. vo mil' angáno, efatsízy, efazaitsizy.

Incruster; L'— de qc, Mampikámbina, mampandrékitra, mametaka z amy ny. S'—, mikámbina, mandrékitra.

Incubation, fikotréhana ou fiotréhany ny akoho mamána.

Inculper, accuser.

Inculquer qc, Mañorina z añaty ny fañahy n' ólona.

Inculte; Terre —, sávoka: Tany tsy asaina, lava volo, tsisy tsabo, tsy voa voatra, tsy voa kápa, tsy amboárina. vo tombamboroka; —, madý, dý. tsy anárina, tsy miánatra.

Incurable, Tsy azo sitránina, tsy azo jangaina, tsy mahefa jánga, tsy mety maïvana, tsy mety afak' arétina.

Incurie, Tsy fañahiana, Tsy fitandrémana, tsy fisaïnana.

Incursion, Fanafihana, dia ny fahavalo míditra an-tany, ny manani-bóhitra, ady, fivariñany ny fahavalo; míditra an-kéry ny.

Inde, Tany be any amy ny *Asie*; *Indy*.

Indécent, mahaménatra, tsy manjáry; tsy mety, h valavala, tsy mahay mitondra teña, vo miveñaveña, tsy mántona, tsy mándina, vetaveta, veta, fadifády. INDÉCENCE, z mahaménatra, mahavotivóty.

Indéchiffrable, Tsy azo fantárina, saro-pantárina, tsy hita lany, tsy azo aroñárona, tsy azo fántatra; tsy azoazo, tsy hita fótony.

Indécis: Q —, O miahañáhana, misalasála, h miherohéro; votsa saina, tsy rékitra jery, milarifáry. —, (k) tsy voa ito, tsy voa didy. —, tsy mbola rékitra, tsy tafipétraka; mbola mibaréra; misavoambóana, miviombiona. Lumière indécise, mazáva ratsy. INDÉCISION, ahañáhana, farifary, herohero; jery tsy rékitra, fañahy miviombiona, saina mivadibádika (*ou* misabáka, misámpana, Sabakaina); fisalasalána.

Indéclinable, Tsy miova.

Indécrottable, Tsy mety áfaka tay, tsy áfaka pótaka, tsy iengam-pótaka. vo GROSSIER.

Indéfectible, Tsy azo diso, tsy mety simba, tsy mety réraka, tsy azo ována. L'INDÉFECTIBILITÉ de l'Église, ny tsy mahadiso, ny tsy maharóbaka azy.

Indéfini, Tsy misy fetra, tsy misy fieférana, malálaka; tsy támpitra, tsy lany. A l'—, andrakizay. Ajourner INDÉFINIMENT, manao amaray tsi-lany.

Indéfinissable, Tsy azo lazaina fótotra, tsy azo ambára.

Indélébile, (sòratra) tsy azo vonóina, tsy mety áfaka, tsy azo alána, tsy maty, tsy mety simba.

Indélibéré, Tsy nahína, tsy nahy.

Indélicatesse, vo *Incivilité*.

Indemniser, h manónitra, g mamodifody; mamaly. vo COMPENSER.

Indemnité, famodifodíana, h fanonérana; valy, ? famodiam-bondro; vo ? ny afeno, fatiántoka, ónitra.

Indépendant, Mahaleo-téña, mahavita-teña, tsy mila iankínana, tsy manan-tompo, tsy manompo, tsisy talé, tsy fehézina. — de…, tsy momba, tsy añaty, tsy mirékitra, tsy miraik*a*, hafa amy ny... INDÉPRNDAMMENT de cela..., ndre tsy zany aza. INDÉPENDANCE, Fahaleovan-teña, tsy fiankínana amy ny o.

*I*ndestructible, Tsy azo simba, tsy mety rébaka, tsy azo robátina, tsy azo ravána, saro-dravána.

Indéterminé, Tsy misy fetra, tsy misy fieférana. vo INDÉFINI, INDÉCIS.

*I*ndévot, Tsy mazoto fo amy ny Zanahary.

*I*ndex, Fanondro, tondro.—, fanondróana, filazána isantakélany ny taratásy. INDICATIF, manondro. manóro, mañambára. INDICATION, famantárana; fonondróana, fango. kady, kosa; fañambarána.

*I*ndice, Famantárana.

Indien, Olona ny *Inde*; olon' Indy; Ant' Indy. Indy.

Indicnne, Lamba-sòratra; Zandiána, lendiana.

Indifférent, Q — pour l'un ou l'autre, o tsy mifidy, o añelañélana; misalasála. — pour qc, Milaiñalaiña, malaindaiña, tsy mazoto, tsy mañahy, tsy mitándrina, h miantaha, tsy mañanténa, tsiambaibay, matimaty. ça m'est —, Tsy mañino ahy izy; tsy ahóa'ko izy. Chose INDIFFÉRENTE, z tsy mañino, z tsisy fótony, INDIFFÉRENCE, Filaiñalaiñána, h fiantahána, tsy fañanteñána, tsy fañahiana, tsy fañaráhana; toetra añelañélana. Prendre indifféremment, málaka foana tsy mifidifidy.

*I*ndigence, Tsy fanánana, pv havetána, fijalian-draha, ropiropy, h poripory, h forofóro; fahalahelóvana. INDIGENT, Tsy manan-draha, tsy mánana; mijaly z, halála, malahelo, miporipóry, pv miropirópy, h miporedrétra, h miforofóro, pv veta; vo mandrifehariva, mafiraiña.

*I*ndigène, Tsy hafa tany nivelômana, zana-tany, talentany, tompantany; vókatry ny tany, maniry amy ny tany.

*I*ndigeste, (hánina) tsy mety látsaka *ou* tsy azo levónina an-kibo, saro-dévona. INDIGESTION, tsy fahalevónany ny hánina an-kibo. Avoir une —, Tsy látsaka hánina an-kibo, tsy mahalevon-kánina; vo fehitratra, voankánina.

*I*ndignation, Hatezérana, havinirana, héloka. INDIGNÉ, s'INDIGNER, Tézitra, vinitra; mifóaka, mifotróaka; vo mivoandraka. — q, vo FÂCHER.

*I*ndigne, Tsy tókony, vetaveta, mahaménatra, tsy manjary; tsy méndrika. Indignité; z —; havetavetána, haratsíana, z ratsy dia ratsy, tsy fahendréhana.

Indigo, h Aika, i k*a*, pv Éngitr*a*.

*I*ndiquer, Manondro. vo manéndry, miténdry, miláza, manóro, mañambára. — un jour, nametr'ándro.

*I*ndirect, Tsy mahitsy dia, mibisioka, mivirioka, miary, mihodiatra; mifarangorángo, manankólatra ? miódina. Paroles —, Anjáño, fañanjañóana; odivólana, odiodivólana, odibólana, fañodiam-bólana, fañoditrodiram-bólana. Question —, Antsáfa, fañantsafána. Avis —, h Saoteny. En parler INDIRECTEMENT, Mañanjáno azy, vo mañantsáfa, mañankólatra. — indiqué, h tambimbáva.

Indisciplinable, (miaramila) Tsy azo anárina, tsy mety folak'ánatra, saro-pehézina. INDISCIPLINÉ, tsy fólaka, tsy mino tale, tsy voa fehy. INDISCIPLINE, ny tsy fañaráhana ánatra, hasarotam-pehézina.

Indiscret, Tsy mahatam-bava, marivo-vava, talela-bava, tsy mahatam-bólana, mora lila-bava, mora roso-vólana. tsy hendry, adaladalavava. —, lilatra, loatra, mikóatra. Parler INDISCRÈTEMENT, tsy mañôhatra ny vólana atao ny, tsy hendry fivolánana, tsy mañerañeram-bólana. Indiscrétion, tsy fahatanam-bólana, halilaram-bólana, tsy fahendréna.

Indispensable, Tsy azo tsy atao, tsy mety tsy alaina, tsy hay tsy hatao, tsy azo avela.

Indisposé, Marary kely, mararirary, mafanafána, marofirofy. h fay. — contre q, tsy tia, tsy mankamamy azy, mangolisoly, madikidiky, marihirihy azy INDISPOSER q, mankararirary; mahadikidiky, mampangolisoly; tsy mampiháyana; mampandrafy, tsy mampitia. INDISPOSITION, Arétina hely, fahararíana kely.

Indissoluble, Tsy azo vahána, (fehy) tsy áfaka, mafy, fátratra; fehi-maty, tsy azo asáraka. INDISSOLUBILITÉ, ny tsy mahavaha azy, ny hafatrárana, hamafiana, ny tsy maháfaka azy, ny tsy ahazóa'ny hasáraka, ny tsy ahazóana hamaha ou hanala azy.

Indistinctement, foana, tsy mifidifidy, tsy mizahazaha; mañaroharo, tsy manaratsáraka, manolatólaka. —, tsy mazava, maiziñizina. Prononcer —, tsy manoñontóñona tsara, tsy mazava fanoñónana.

Individu, ólona. chaque —, isan-dohanólona, isandoha, isambátana, isantena. Cet —, Leh'íny, lahiroa. Cet — là, (par mépris) h akairoana, akaitsiana, aketsy, h aketsiana. Son —, Tena. INDIVIDUALISER, Manôkana, manokantôkana. INDIVIDUEL,.... ny isan'ólona, ny tena. INDIVIDUELLEMENT, tsiraikiraiky, tsirairay, raikiraiky; irery, arery, misesy, h singa, singany; mitokantôkana, asaratsáraka, atokantokana, vo voandandy.

Indivisible, Tsy azo raseina ou zaraina; tsy azo asáraka, tsy misáraka. Son INDIVISIBILITÉ, ny tsy ahazóa'ny ho biraina, ny tsy ahazoan-kizara azy.

In-dix-huit, Livre milefi-polovaloamby.

Indocile, Tsy mino ánatra, tsy mora anárina, tsy zaka

anárina, tsy malia, tsy malea, sarotr'inaina, tsy folak'ánatra. madi-doha, maheri-hátoka. INDOCILITÉ, Tsy finoan' ánatra, herinkátoka, di-doha, falaiñan'ánatra.

Indolence, Hadonanáhana, hadoraráhana, hadoreráhana, h hadonanána; fiboretáhana, h hakamóana, havozóana. INDOLENT, midonánaka foana, midoráraka, midonana, miborétaka, miavozo, h kamo, vo mivariaty.

Indomptable, Tsy azo foláhina, tsy mety fólaka. Cheval indompté, sovaly tsy fólaka, tsy voa fólaka, tsy resy.

In-douze, *Livre* milefi-polo roy amby.

Indu, (andro) Diso fotóana tsy amim-potoana, tsy anérany, tsy anóhany, tsy tókony.

Indubitable, Tsy mampisalasala, tsy azo isalasalána, tsimaitsy inóana, tsy azo iahañaháñana; tsy azo setréna.

Induction, Fitaómana, fampidirana. INDUIRE, Mitaona hiditra, mitárika, mampiditra; mampañéky. —, maka hévitra, vo sódoka, seoka.

Indulgence, Fañaránana, tsy fankalilóvana, fañantoánana, hamoram-panahy tsy mankalilo, tsy faniñíana; fanadiñóana, fameléna, fiantrána, fañafáhana; vo Androtsimaty. INDULGENT, mañárana, mañantóana, mora, tsy mankalilo, miantra, mamela. vo Tsy *Exigeant*; trop —, tsy mahavelivavanamboa.

Indult, Lálana oména ny *Pape* ólona; fanomezan-dálana.

Industrie, vo DEXTÉRITÉ. —, fizavárana *ou* fisaiñana hahazoan-karéna; fahazotóana, zoto. Les fruits de mon —, ny haréany ny tana'ko, ny filány ny tana'ko, ny haréany ny tongotr'o, ny tongohotro ny tana'ko. Chevalier d'—, q INTRIGANT. Un INDUSTRIEL, Mpisain-jávatra hahazoa-kareana, mpandranto vidiana, mpisaina asa. INDUSTRIEUX, hendry saina amy ny fizavaran-draha, mahazávatra tsara, fetsy, mahay ny fisainan-jávatra, faingan-tsaina, kanto, avanávana; mazoto. INDUSTRIEUSEMENT, amy ny fisaiñana.

Inébranlable, Tsy azo hozonkozónina, tsy azo hovotrovótina, tsy azo hetséhina; migingina, mikinkína; mafy; fátratra toetra, tsy mihétsika.

Inédit, Tsy nolazainy izy tompo tamy ny vahóaka; tsy voa laza amimbahóaka.

Ineffable, Tsy azo lazaina (*ou* tenénina, toñónina, voláñina, ambara); tsy voa ambara n'ólona. INEFFABILITÉ, ny tsy ahazóa'ny ho tenénina.

Ineffaçable, (Sóratra) tsy azo vonóina, tsy azo róbaka, tsy azo simba; tsy áfaka.

Inefficace, (Aody) tsy másina, tsy mahajánga, boka; tsy mahefa, tsy mahavita, tsy mahatody, h tsy mahatontosa. INEFFICACITÉ, Tsy hamasinaña; habokána; tsy fahatodiana

Inégal, Tsy mira; vo tsy *Égal*; mifandilatra, mifandila-dilatra; mikitoantóana, montomóntotra; miovaova; h somaka; h tafy. Esprit —, vo Bizarre. inégalité, Tsy hamiránā, tsy fitoviana; kitoantóana, montomóntotra.

Inélégance, Haratsiratsian-tareby.

Inéligible, Tsy tókony ho fidína, tsy mety atsángana (ho andriana).

Inénarrable, vo Ineffable.

Inepte, Tsy mahay, adaladala.

Ineptie, Teny foana, tsinontsinona, saim-potsy, hadalána.

Inépuisable, Tsy mety lany, tsy mety ritra. tsy azo lanina.

Inerte, Tsy mihétsika, mavésatra, tsy misy aiña; badrahodra. Au regard —, kamo maso. inertie, habadrahodrána, hakamóana, tsy fihetséhana.

Inérudit, Tsy niánatra, tsy mahay, tsy mahay taratasy.

Inespéré, Tsy antenaina, tsy diñásana, tsy ampoizina.

Inestimable, vo Inappréciable.

Inévitable, Tsy azo iaríana (*ou* ilefána, andosirana, iengána; ahifika; ? sorohana, hilánana); ts'isy fiaríana.

Inexact, Tsy márina, tsy latsak'andráriny, tsy avy amy ny maso ny; tsy mahitsy, misy diso; ota, miótaka; fanota, fanotany; ? mamintan'andro; mandikadíka, manota fotóana. Inexactitude, ota, diso; tsy ráriny, tsy fahamarinana; tsy hazotóana, hadisóana.

Inexcusable, Tsy azo alan-tsiñy, tsy tókony havela hiala, tsy tókony homena fialána, tsisy fañalan-tsiñy. tsy tókony ho áfaka; tsy manam-pandávana.

Inexécutable, Tsy azo atao. inexécution, tsy fanaóvana, tsy fanodíana.

Inexercé, Tsy zatra, tsy tamána, h tsy aka.

Inexistence, Ny tsy fisíana, tsy misy, ny tsy izy.

Inexorable, (o) tsy azo ivalózana, tsy azo itsófana; manontolofó.

Inexpérience, tsy fahazárana, tsy fizárana.

Inexpérimenté, Tsy zatra, tsy mahay, vao miánatra, tsy kinga, tsy aka.

Inexpiable, (sata) tsy misy fifónana, mahafaty, tsy mety aésotra, tsy azo afodifódy.

Inexplicable, Tsy azo avávatra, tsy azo velárina, tsy azo ambara fótony, tsy azo vaháña, tsy azo lazaina tombóany. mifangopángotra.

Inexprimable, Tsy azo tonónina (*ou* tenénina, ambara, lazaina, volánina).

Inexpugnable, (Rova) tsy mety áfaka ny fahavalo, tsy azo ny fahavalo, sarodravaina, mahaleo ady.

Inextinguible, (afo) tsy mety vonóina, tsy mety maty; (helaheta) tsy étsaka.

Inextirpable, Tsy azo ombótana, tsy mety avótana, tsy vo'ávotra.

Inextricable, Tsy afa-bandibánditra, tsy afa-pátotra, tsy azo hita lany, mifangopángotra, tsy áfaka.

Infaillible, Tsy mety diso, tsy mety ota. Son INFAILLIBI-LITÉ, ny hamarina'ny tsy mety ota, ny tsy mahadiso azy, ny tsy ahefa'ny ho diso.

Infaisable, Tsy azo atao.

Infamant, vo Diffamant.

Infâme, Ratsy láza; nalazo láza, afabaráka; very láza; vetaveta. —, DIFFAMANT. Chose —, z mañantsóntsana, ratsy indrindra, mahaménatra. vo akoraina, fadifohéhatra, mañantambo. INFAMIE, fañalambaráka, tsiñy, fahameñárana. Dire des —, Mañantsontsam-báva.

Infanterie, Miaramila mandeha an-tóngotra.

Infanticide, Famonóana záza, vonoan-jáza, vonoan'ánaka.

Infatigable, Tsy mety sásatra, tsy mety dísaka, tsy mókotra.

Infatuation, saina mampitia, saina azo sandra amy ny o. INFANTUER q, mañome saina azy rah'éto hampit'a azy z, manadála, mankabobo-katia, manolo-tsaina handéntika.

Infécond, (Tany) Tsy vañon-draha, tsy mitéraka; tsy vókatra, tsy mamoa; tsy mahavókatra tsy mahaváñona; bada, momba. INFÉCONDITÉ, tsy fahavokárana, ? hamombána.

Infect, mántsina; maïmbo be. INFECTER, mankamántsina, mankaló; mamindra hántsina. —, manova ratsy, maharátsy, manímba. INFECTION, hántsina mahafindra arétina.

Inférer, Maka, málaka; — hévitra, mañala —.

Intérieur, Ambány; iva, ivaiva, ambanimbány; tsy mitóvy; tsy mahatákatra, látsaka, olom-pehézina vo faraídina; ampivalañau-dráno. Mes —, ny o ambány ko, fehézi'ko, fehé'ko, inai' ko. INFÉRIORITÉ, toetra ambany, fiambaniana, ny tsy itovíany, ny mah'ambany azy, ? fahalatsáhana, ? haiváua, ? haivaiváua.

Infernal, Avy amy ny *Démon*, toy ny lolo ratsy; avy amy ny afo be.

Infertile, Tsy vañon-tsábo; tsy vókatra. INFERTILITÉ, Tsy havañónana, tsy fahavokárana.

Infester, Manímba, mandráva; mahasósotra, manahírana. vo saro-jávatra.

Infidèle, Tsy mahatóky tsy mahafatóky, tsy mampatóky. —, vadikádika; mamítaka, manódy, miódina; tsy márina. — à, tsy maháraka, tsy mañáraka, tsy manéky. Les —, ry tsy mpino Zanaháry, tsy mino ny Zanahary to, tsy manam-pinóana. INFIDÉLITÉ, fiodinana; Toetra tsy mahatóky; fanalána tóky, tsy hamarínana, famitáhana, fitaka, ny tsy finóana, tsy fanañam-pinóana.

s'infiltrer, MIDITRA; miditríditra táhaky ny rano añaty ny tany.

infini, Tsisy lañy, tsisy fieférana, tsy hita lañy, tsy támpitra, tsisy fanampérany, tsy manam-pahatapérana, tsy misy fára, tsy misy fárany; tsy hita fara, tsy hita noanoa, lehibe indrindra; tsy azo isa, marobétsaka, tsy lany. Se multiplier à l'—, tsy támpitra fih/amaróana. INFINITÉ, ny tsy fisiana lany, ny hatahirana tsy támpitra, halaláhana tsy mifetra; hamaróana tsy azo isa. Une — de choses, z maro tsy tratr'isa.

infinitif, Vólana amy ny *Grammaire*; ny tsy misy fetra.

infirme, Kombo, farary, tararéna, farofy, malemy, osa, oriory. INFIRMER, Annuler, diminuer. INFIRMERIE, Trano fitahána (h fitsabóana) ny marary, trano ny marary. INFIRMIER, Mpitaha, h mpitsabo ny marary. INFIRMITÉ, Rofy, arétina, hakombóana, haoríana, fahoriana, fahosána, haleména.

inflammable, Mora mirehitra; miréhitra; azo aréhitra, mora aréhitra. INFLAMMABILITÉ, Ny mahamora miréhitra izy. INFLAMMATION, Firehétana; hafanána may amy ny hóditra; vay. — à la paupière, takoduméña.

inflexible, Tsy azo aléfitra *ou* alefidéfitra, tsy azo ahórona, *ou* aholonkólona, tsy azo avókoka *ou* aóndrika, mafy, saro-po, tsy miova. vo tsiazoataodidoha, tsiazoatao ahóan' aman'ahóana, tsiazoahóana, mafila, tsiazokifika, maditra, mikiribiby, tsy azo ifónana, kiry, kirikiry, mialakaforo, mibozíka, h mitóhika, mitohimórika; mahalavavava. INFLEXIBILITÉ, hery tsy azo aléfitra, hamafiana, ny tsy ahazoan-kandéfitra azy; ditra, tsy fiována, bozika, tóhika, h sesidohálika.

inflexion, Fileférana ; firónana, fiondréhana, fiviliana. — de voix, Olikoli-peo, fiovaovam-peo, lefidefi-peo.

Infliger une peine, Manisy fankalilóvana amy ny, mankalilo, manindry fijaliana azy. Infligé, atao, atsindry.

Influence, Hery (*ou* hásina, víntana) afindra ny vatandraha amy ny raiky. Avoir de l'—, masim-pitaríhana, masim-pitaómana. INFLUENCER, mamindra héry (*ou* hásina, víntana) amy ny; mahataona, mahatárika, maharóso, mampanéky, manindry, mitaona, mitóndra, mitárika. Qui se laisse —, kofehi-manara-panjaitra.

In-folio, Taratasy milefi-droy.

Information, Ontány, fañontaniana; Tsikéka, fañambaràna. Prendre des — sur qc, vo S'Enquérir de qc. Informer q de qc, Mañambara o k, — k amy ny o. Celui que l'on informe, ny ambaràna k, toróana k. Ce dont on l'informe, ny k ambara azy, atoro azy, lazaina amy ny.

Informe, Tsy tody sóra, tsy tody fórona, tsy tody; vo Difforme.

Infortune, Rófy, toetra, malabelo, fahoriana. loza, vintan-dratsy.

Infortuné, tsy ambinina, tsy vintánina, marófy, óry, oriory, azon-drófy, azon-doza, mahita loza, mahit'angáno.

Infracteur, Mpañota, mpandíso, mpandika. Infraction à la loi, Fañotàna ny diditány, fahadisóana.

Infréquenté, Tsy fandehanan' olona lóatra, tsy faleha ny maro.

infructueux, Tsy mamóa, vitsy voany; tsy vañon-draha lóatra. Travailler infructueusement, miasa foana, tsy teky z, tsy mahazo z; háraka amy ny asa; sóboka.

infus, Naidiny Zanahary am-po n'ólona. Infuser qc, Mandona aody an-dráno, mambela azy antséndrika amy ny rano mafána; vo mandróboka. infusion, fandónana. Boire une —, minona róboka, robo-dráha, robok' aódy.

ingambe, Mavío; Maláky Víty, faingan-tóngotra, madikatra, mailaka, maélaka, malady hóngotra. malaki-día, fatra-pandéha; vo lity, litility; lava-jika, lava-fé.

s'Ingénier, Misaintsaina tsara hahita fanaovan-draha mamoron-tsaina, mihendry, mihevitrévitra ny fizavárana azy.

Ingénieur, Tale ny fanaovan-drova, Tompo ny fisañan' ady.

Ingénieux, mahitsy fisañan-draha, Be saina, be fisaiñana, faingan-tsaina, mahasaina ny z, hendry, pv mahíhitra, h kanto, mahay z. Très —, h veri-zava-tsi-hay.

Ingénu, Marimárina; tsy mamóny jery; h tsoróaka; vo Franc. Ingénuité, h hamarimarinana; tsy fitaka. Avouer ingénument, mañambara marin.árina, tsy amy ny fitaka.

s'Ingérer, Míditra (ou mañira-bátana, mañidi-bátana, miséfaka) amy ny k n'ólona. vo s'Imposer.

Inglorieux, Tsy malaza.

Ingrat, Tsy mamaly soa, tsy mankasítraka amy ny nazony, tsy misaotra; mamaly ratsy. Envers qui on est —, tsy ankasitráhana. Ingratitude, Tsy fankasitráhana, tsy famalian-tsoa, famalian-dratsy ny soa, tsy fisaórana; fo tsy mamaly soa; mitsipa-doha-lákana-nitána.

Ingrédient, Z miara-miharo, z aharo z hafa; ses —, ny z naharo azy

*I*nguérissable, Tsy azo sitránina, tsy n.ety janga, tsy azo jangaina.

*I*nhabile, Tsy mahay, tsy mahefa; tsy sahala. INHABILETÉ, tsy fahaizana, tsy fahaiana. INHABILITÉ, tsy fahefána, ny tsy etézany; ny tsy mampahéfa azy.

*I*nhabitable, TSY azo onénana (*ou* itoérana, ipetráhana). INHABITÉ, tsy oneñan'ólona, tsy itoeran'ólona; foana, foantanána, lemby; tsisy mónina; vo nañenovan-katoto.

*I*nharmonieux, TSY miara-peo, tsy mirehondréhona tsara, mifanota-feo, tsy mifanara-peo tsara.

Inhérent à qc, mandrékitra amy ny; ny momba azy indrindra, tsy mety asáraka *ou* afaka amy ny.

Inhonoré, Tsy manan-kaja, tsy omen-kája.

Inhospitalier, Tsy tia ny vahiny, tsy tia o;tsymba mamaham-bahiny. INHOSPITALITÉ, tsy famahanam-bahiny, tsy fitiavam-bahiny.

Inhumain, Masiaka, ratsi-fo, tsy miantra, saro-po, lóza, laza be, biby, misimba-hava-mánana, maherisetra. INHUMANITÉ, Haratsiam-pó, hasiáhana, hasarotam-po amy ny o; tsy fitiavan'ólona.

Inhumer, Mandévina. INHUMATION, fandevénana.

Inimaginable, Tsy azo hevérina, tsy azo vetsivétsy; tsy azo aroñárona, tsy azo jery, tsy azo sainina.

Inimitable, Tsy azo alain-damy, tsy azo aráhina, tsy azo ianaran-dámy; tsy azo ianárana.

Inimitié, Tsy fisakaizána, tsy fihavánana; vo HAINE.

Inintelligible, vo *I*ncompréhensible.

Inique, (Mpimalo) tsy márina, tsy mahitsy, h miángatra, ratsy, manao ton;bo sy hala; méloka; (malo) tsy andráriny, tsy amy ny hítsy ny. INIQUITÉ, malo tsy márina; héloka, haratsiam-be, ota be; vo fiangárana.

Initial, Manampôna, h manómboka, voalóhany, faharaiky.

Initier, Mampíditra. S'—, míditra (amy ny fahaialána z). INITIATION, fampidírana. Initiative, fidírana aloha, manampôna. Qui a pris l'—, ? mahomby aloha, somila nanao.

Injecter, Manipy rano añaty ny vátana. INJECTION, Rano atsipy amy ny basirano; tsipi-rano.

Injonction, Teny fañiráhana, fetra, fepetra, didy, malo.

Injure, Ompa, asaha, h Eso ; timbo, volan-dratsy, fañasahána, fañompána; fañaratsiana, h famingavingána, fandraváana, fanimbána. INJURIER, Mañompa, mañasaha, maneso, manimbo, mivoian-dratsy, mamira-basy azy; vo manao vava ratsy, manevateva, manaraby ; mandratra laza, manabóka, manta vava INJURIEUX, maharátra laza, mahafaharáka, manîñy.

Injuste, Tsy márina, tsy mahitsy, tsy tókony, tsy andráriny, tsy amy ny hitsy ny, tsy amy ny hahitsiana. h miángatra, h manao tombo sy hala, méloka. INJUSTEMENT, Tsy amy ny ráriny. INJUSTICE, Tsy hamarinana, tsy ráriny, tsy hitsy, tsy hahitsiana; héloka, éngoka; h fiangárana, votafi-ráry.

Innavigable, Tsy lakána, tsy azo aleha ny sambo

Inné, Momba antsika laha tam-bótraka, Tamy ntsika laha atsika tan-kibo, entintsika amy ny fivelôma' ntsika.

Innocent, Tsisy tsiñy, tsy manan-tsiñy, tsy tsiñiana, márina, madio, tsisy ratsy, mahitsy, tsy mañóla, tsisy óta; tsara, tsy mahafáty, tsy mankaráry, tsy mahavoa, mora; tsy mandrátra, tsy mampañinona, tsy mahasimba, tsy mampahita lóza, tsy manan-kéloka, tsy méloka, tsy mañino tsy mañino. Le déclarer —, mañala tsiñy azy, mampody laza amy ny. INNOCENCE, Toetra tsisy tsiñy, ny tsy fisiana ratsy, hadióvana, hamarínana, h tsy fahamelóhana; fahadióvana, fahamarínana.

Innombrable, Tsy azo isaina, tsy azo isa, tsy tratr'isa, tsy takatr'isa, tsy hita isa, arivoarivo, alik'isa, alimiaina, aliñálina. fg fásina, tany amin-dáñitra, bózak' aman' áhitra. ? manetrinkétrina, pv mañesikésika, h manesihésy.

Innovateur, Mpanova, tia vao. INNOVATION, z vao, fanována; fanao vao. INNOVER, manavao, mankavao, manao vao, manova.

Inoccupé, vo Désoccupé.

In-octavo, Livatra imbalo mifóritra isany takélany; livatra milefi-balo, valo-léfitra, valo fandelérana; taratasy imbalo.

Inoculer la petite verole, Mamindra nendra atao fanéfitra; mañetsa nendra amy ny o.

Inodore, tsy mamófona, tsy manam-pófona, tsy reñy fófona, tsy misy fófona.

Inoffensif, tsy mahavoa, tsy maharátra, tsy mañinona, tsy mankarary.

Inondation, safo-drano, tondra-drano, rano tóndraka. Pays INONDÉ, tany fofo-rano, safodrano, voa safodrano, sáfotry ny rano, sémpotry ny rano, hifotry ny rano, g difotry ny rano, tany voa tóndraka, mitóndraka; mangeniheny. INONDER, (Rano) mamofo, mandífotra, mañáfotra, manémpotra, mañífotra, mandímpotra ny tany; mangeniheny, tóndraka, manóndraka; mandróatra, mandroadróatra; manjepizepy, mipasasáka, mipetsapétsa; mandómboka.

Inopiné, vo Imprévu.

Inouï, tsy fo reñy, tsy mbola reñy n'olona.

In-quarto, Livatra in'éfatra, vo IN-OCTAVO.

Inquiet, s'inquiéter, Manahiahy, miahiahy; marimarika; tsy tafatóetra, tsy tafipétraka, tsy tafandry; miolaola, tsy miádana; tsy mahefa mandry, maro ahína, maro ôhotr'ampó, mihavatrávatra, mihetsikétsika, mikevikevy; kotránin-draha, osóñin-draha, osonosóñina, osóñintsonónona; mandry an-driran'antsy (ou antendrontsaboha, andriran-défona). vo sosotsòsotra, sorisoréna, madisadísa, mahina, mahinahina. vo Qui s'inquiète peu, h morainy, moramorainy. Inquiéter, Inquiétant, Mampanahiahy, mampiahiahy, tsy mampiádana, mikótrana, mikontrankótrana, migódana, migondangódana, tsy mampándry, mampiolaola, mitsokitsókitra, mitsibotsíboka; manahírana, mahasósotra; mahadikidíky. Inquiétude, Ahiahy, fanahiahíana; olaola ny fanahy, fiolaolána, z ahína, tsy fiadánana, tsy fandríana, z mampanahiáhy &. tsingalaboangidina, tsingalahala. vo Agitation.

Inquisition, fanadínana, fitsarána. Inquisiteur, Mpanádina; mpitsára, mpimálo.

Insalubre, (Trano) mankaráry. L'insalubrité, ny fôfona mankaráry.

Insatiable, Tsy mety vóky, tsy mety vintsina, tsy víntsina; tsy étsaka; liana, ngoaina, fatra-pila, tsy mitsahapilána. Insatiabilité, ny tsy etézany vóky, fingoaíñana tsy vóky, haliánana.

Inscription, sòratra, anárana

Inscrire qc, manatao z an-tsóratra, manôratra z, mandátsaka z an-tsóratra ou an-drano maíntina. S'—, manôratra anárana s'—en faux, Manda.

Inscrutable, Tsy azo ikarónana ou karónina; tsy azo dinihina, tsy azo adínina, ou alinalíñana, tsy hita aty, tsy daiky ny jery, tsy hita lavadávaka, tsihitavanávana, ? tsihita popoka, tsy azo kitsáhina.

Insecouable, Tsy azo ahifiká.

Insecte, Voana.

In-seize, Taratasy im-polo enin' ámby, h in' enin' amby ny folo. vo in-octavo.

Insensé, Adaladála, adála, maola, léfaka; veri-faňáhy, tsy ary saina, tsy manan-jéry. —, ratsy, tsy méty. Agir en —, manao adala, miendrik' adála, misariadala, mivoatr' adála. vo Fou.

Insensible, Tsy maharény, h tsy maharé, saro-po, mádi-pó, tsy daika, tsy miantra, tsy mamindra fo; mafiraiña o, tsy mahatsiaro, tsy azo; tsy azo taómina; tsy mankafý; tsy mankatávy; tsy mahazo hamamiana; tsy mahita, tsy mahafántatra. —, tsy reñy loatra, tsy hita loatra. Insensiblement, miandalandálana, tikelikély. vo mandritsimarary. INSENSIBILITÉ, tsy fahareñésana; hadiram-po, hasa-rotam-pó, tsy fiantrána, tsy famindram-po, tsy fahatsa-róvana.

Inséparable, Tsy azo asáraka, tsy misáraka, tsy tafisáraka.

Insérer, Manísitra, manísika, maníditra, mañísy, maña-taoz añaty z sásany; vo ENCLAVER. INSERTION, fanisífana, fañidírana.

Insidieux, mamándrika, mamoha fándrika, misy fán-drika, manándoka; mamitaka, mañangóly, mahalátsaka an-tsóboka, h manendihéndry, mihendribéndry. Présent —, sándoka.

Insigne, Maláza; indríndra, lehibé. Les —, Voñináhi-tra, famantárana.

Insignifiant, Foana. Badíaka, badibadíaka, balíaka, bodíaka, bodibodíaka, jabadíaka, jabalíaka, et mi —; tsinontsinona, tsy misy hévitra, toatsiary, tsisy várany, tsisy fótony, tsisy bóna, tsisy boka. INSIGNIFIANCE, haba-diáhana, hajabadiáhana.

Insinuant, Mahataona, mahíditra ou mahasórona z amy ny fañahy ny ólona. INSINUATION, teny fitaômana; teny fidi-rana. vo tambinambava, honambahamba, saotony, sarin-domaño, sarintondro, famoláhana. INSINUER, Mañíditra, manórona. S' —, míditra moramora.

Insipide, Boka; matsatso, matraba, matrabatraba, lafy, lafo, mafiaka, matsáboka, matrabotráboka; ? mijabóaka; h matsabóaka pv marabodróboka, pv mavezabézaka. INSI-PIDITÉ, jabóaka. Tsatso, hatsatso, habokána, tsabóaka.

Insister, Mifeña, miéntitra, mifóntitra, h miióntitra; tsy miala, mitoetra, tsy voly mangátaka, mihantahánta, ma-niana, manénjika, ménjika.

Insociable, tsy tia hiraik'amy ny o, tsy tia koráña, tsy misakaiza, sarotr'itoérana, misiliotra, lóhotra, lohodóhotra, h sodisody, misodisody.

Insolence, vo ARROGANCE, et Avombava, eto-bava, faha-valavalana, fahasahíana. INSOLENT, vo ARROGANT, miavom-bava; mahasáky lóatra, h sahisahy, mivaiavala, tsy vaha-hara, lakalaka, mahay vava, h kidaondaona, mahasósotra, ananahírana, mitohatoha.

Insolite, tsy fatao, tsy matétika; tsy añóhany.

Insoluble, tsy mety lévona, tsy azo ampimanaina. (k) tsy fántatra, tsy azo itósana, tsy azo vahána.

Insolvable, tsy mahaloa trosa, tsisy hankefána. vo veri-ántoka, fatiántóka. INSOLVABILITÉ, ny tsy ahaloanvan-trosa.

Insomnie, Ny tsy ahazoan-toromaso, h tsy fahitan-toro. Éprouver des —, tsy mahazo toromaso; saro-pandry.

Insouciant, milaiñalaiña, tsy mañahy, h miantaha, tsy

mitándrina, mibaran'ahy, tsy miahy, malaindaiña, tsy mahatsiaro, g boin-jàvatra, mahafoy, mahatsindry. INSOUCIANCE, laiñalaiña, filaiñalaiñana, fiantahána, tsy fañahiana, tsy fiahíana, falaiñana.

Insoumis, Malain-kañeky, tsy mety fólaka, tsy azo aóndrika, tsy azo inaina; miangatrángatra, mingitringitra.

Insoutenable, tsy tanty, tsy azo tantásana, tsy leo entimónina, tsy leo entintody, tsy leo.

Inspecter, Mizaha ny asa n'olona; mizahazaha, manenty, mitazantázana, misary, misarisary, maneriñérina, mitándrina, ? mañávina, mandínika. INSPECTEUR, tale mizaha, mpizaha, mpitándrina, mpiambi-maso, mpiandri-maso, mpitándrina, mpiahy; h vavahadi-mizaha-varivókatra. INSPECTION, fizahána, fitandrémana, fitazánana, fanentiana.

Inspiration, hévitra afindra amy ny o; saina omeny ny Zanahary, jery omen'olona námana; ? Enjika; jery atsindry o. —, fidirany ny tsíoka amy ny vátana. INSPIRER l'air, mitárika tsíoka. —q, Mamindra, mañisy, maniditra jery amy ny o; mañome, manólotra hévitra azy, manindri-fañahy azy, mampijery. vo manenjika, manindri-mandry. — des défiances. mampiahiahy. INSPIRÉ, omeny ou amindrány ny Zanahary jery; tsindrian'Andriamañitra, ? anenjéhany ny Zanahary.

Instabilité, Fiovaována,

Installer q, Manándratra, mañórina, manángana, mamétraka, manoetra. —, ARRANGER. INSTALLATION, fanandrátana, fanangánana, fañorénana, fanoérana; fametráhana, fañajaríana.

Instamment : Demander —, Mangátaka fátatra, fatrapangátaka.

Instance, Hátaka fátatra, fangataham-pátatra.

Instant, Tapak'ándro kely indrindra; Chaque —, isany —, isany tetéka, ? isany sombin'ándro. Dans un —, Tetéka, betibétika, tsy ela; lehefa, rehefa. Sortir un —, mibóaka tsy ela ou vetivetyfoana, vetikétika, antséndrika. A l'—, tamy ny zay, vetivety, teo noho teo, síaka; vo En un CLIN-D'ŒIL. vo tsitoateo, toatsitány, támpoka, romóka, treha. FRAYEUR INSTANTANÉE, Túhotra betibétika; tsy ela.

Instar à l'— des, Táhaka, karáha, otry, koa, toa ny.

Instauration, vo Installation.

instigateur, Mpandrísika hanao z. instigation, rísika, fandrisihana.

Instiller, Mampiteté, mañidina moramora añaty, mampitsiririka.

Instinct, ny Tsijerijery ny biby, ? híana, fanávana ho azy, ny ampo. Agir par —, manao ho azy fa tsy amin-tsaina.

INT

Instituer, Manao, manángana, mañórina, manátoka, mametra, mamátratra, manendry, mandídy, mambóatra, mandáhatra; mamétraka, mampitoetra, manoetra, mampipétraka.

institut, Didy, lálana, laláña; fatao, von-tady.

instituteur, Mpampiánatra, Mpamindr'ánatra, o ianárana, o fianárana.

institution, Fanaóvana, fandaharana. —, Trano fampianárana zaza.

instructif, Tsara ianárana, ahazoam-pañahy, mahafindra jery; mampahendry, mañome saina, mampahay z, mampiánatra.

intruction, fañanárana, fampianárana, fañambarána; ánatra. —, z fántatra, z hay, zava-pántatra.

Instruire, Mampiánatra, mañambara, mañánatra; mamindra ou mañome fañahy. — un procès, mandáhatra, mambóatra, mandínika k.s'—, málaka jery; mila fañahy amy ny o. INSTRUIT, niánatra be, maro z hay, manan-pañahy, maro zava-pántatra, mahalala z; assez —, ampy fianárana, ampy z hay, ampy fañahy.

instrument, z fizavárana, fiasána, fanaóvana; antsinika.—, z maneno, z fanaóvan-damozíka; à vent, Lamozika fitsiófina. Musique INSTRUMENTALE, Lamozika amy ny z mañeno.

insubordonné, Tsy mañeky, malain-kañeky. INSUBORDINATION, ny tsy fañekéna, falainan-kañeky, tsy fañaráhana, fingitringírana, rabantsáhona.

insuffisant, Tsy ampy, tsy mahampy. INSUFFISANCE, hakelézana, tsy fahefána.

insulaire, Mpónina amy ny Nosy; Anti-Nosy, Antanósy.

insulter, Mañasaha, mivolan-dratsy, mañompa, manimbo, h maneso, manaratsy; vo manamavo, mankaimbo, mamingivingy. INSULTE, Asaha, ompa, timbo, eso, volandratsy.

insupportable, Tsy tanty, tsy leo, tsy áritra, tsy vatra, tsy leo éntina, tsy leo entimónina, tsileoentintody, tsy zaka, tsy zaka entina, tsy laitra.

INSURGÉ, S'INSURGER. Miónjona hiady ny mpanjáka; mikomy, miódina; mingitríngitra.

Insurmontable, Tsy azo hoárina, tsy azo reséna, tsy resy, tsy azo diána.

Insurrection, fionjónana, fiodínana, h fikomíana, komy. béloky ny tany. vo Manonji-taitra.

Intact, vo ENTIER, et tsy naharombíñana, tsy simba; ? tsy ratra, tsy narátra; izy rehetra, tsy voa tendry. Tsy nakolontsóaka, vo DÉGRADÉ. IRRÉPROCHABLE.

Intarissable, Tsy mety ritra, tsy rítra, ? tsy miritra, tsy azo ritrívina.

Intégral, intégralement, Daholo, tontolo. vo Entier.

Intégrante: Parties —, ny tápany mahánona, mahavónona, ny mahamisy, mahatonga, mahavita, mahatantéraka.

Intègre, Márina, mahitsy; h tsy miángatra. INTÉGRITÉ, hamarinana, fahamarinana, hitsy ny, tsy fiangárana.

Intellect, saina, fañahy; jery: Facultés INTELLECTUELLES, ny fahaiany ny fañahy.

Intelligence, Saina, fañahy, jery, fahalalána, fahafantárana, fahaizana, h fahaizana. Être d'—, en bonne —, Miraiky jery, miray saina, mifañéky, h miray tétika; miraiky malo ; vo tsaratany. INTELLIGENT, Lalin-jery, lalin-tsaina, misy jery, misy saina, manam-pañahy, misy fañahy, manan-jery, hendry; pv mahíhitra, ari-saina, mahalala, mahafántatra. vo hendri-anátiny. INTELLIGIBLE, mora fántatra, fántatra, mora azo fòtotra, azo fantérina.

Intempérant, Mandílatra ny tòkony, mihóatra ny sahaza, loatra, tsontsóraka, be loatra, h ? tsy mahalala ny antónony. INTEMPÉRANCE, fihoárana ny sahaza, h fanoárana ny antónony; ny loatra; halilárana, fihinanan-dóatra, tsy famerankibo; ny tsy antónony.

Intempérie des saisons, Ny antambo-ntaona, ny tsy fifañaráhany ny taona, ny taona mifañiana, ny taona tsy anóhany, ny taona mañantambo, ny harobátany ny taona.

Intempestif, Tsy amy ny andro tòkony, diso andro, tsy amim-potóana, diso fotóana ; vo ranomaso-tsimiarak'amimpaty.

Intendant, Mpitándrina, mpifehy, mpitondra raharaha, mpiandri-maso. INTENDANCE, fitandrémana, fitehézana, fitondrána raharaha, fiambénana, fañahíana.

Intense, (Nara, hafanána) fátatra, be; mafy; vo CHALEUR brûlante. INTENSITÉ, hafatrárana, hamafiana, hery, haherézana.

Intenter un procès, Manampòna fántoka , manómboka, manántatra; vao manao.

Intention, Jery ti-hanao, Toetry ny fañahy, hévitra hanao; saina; fikiniána, h fikiasána, finiána; z kiníana, z irína, z ilaina, fòtony ny dia; ny dia ny; z jeren-katao, z hevérina. vo ántony, fòtony; tsy volovolo. Fait sans —, Tsy satry, tsy nahy. Bien INTENTIONNÉ , Tsara fañahy , ta-hanao soa.

Intercaler un jour , qc, Manísitra ou manísika azy antséfany ny sásany. vo à FOURRER.

Intercéder , Mifóna; mañelañélana.

Intercepter, Misákana, mitána lálana , misámbotra z andálana, manao fandro-tilina; mampijánona azy. INTERCEPTION, fisakánana.

intercession , Fifónana ; elañélana , fielañana , fañelañana, alálana. INTERCESSEUR, Mpifóna, mpanelanélana, elañelampañahy, alálana.

Intercostal, ao anelanélany ny taolan-tehézana.

Interdire, Mandrara, mametra. vo misákana, mañito, miaro, mampijánona. —, Déconcerté. INTERDICTION, INTERDIT s, fetra, meña, fady, fandrarána. — a, misy fetra, rarána, voa fetra, nafetra, ampetra, fady, tsy mety, mémy, misy meña. —, nalána amy ny fitondran-draharaha, ampetra. —, DÉCONCERTÉ.

Intéressant, Tíana. ?mahatia, ?mahafatifaty, mahataona.

Intéressé, Tsy mahafoy haréana, mahetry, matity; h malihitra, manao fihinkala, h mamifovélona, h mihirimbélona, misimba, misimba-hava-mánana, voroinbesimba. — à servir q, Mahazo z ou teky zara, manan'anjara, tsy sóboka, tsy háraka foana amy ny fanompóana azy. INTÉRESSER q, Mitárika azy mampananténa z azy, mampanan-tápany azy, mampahazo tápany azy, mampananténa zara azy, vo mampitia, mañome, mampíditra, mampimbona rasa, mirasa amy ny; mampañino. l'— au sort des pauvres, mampiferinaiña, mampalahelo, mampahatsiaro azy ny toetry ny malahelo; mampanahy, mampiahy, mampahareñy azy ny toetry ny malahelo. —, maharikiana. S'—, mañahy, ti-hanampy, mijery ti-hitahy, ta-hahasoa, ti-hanósoka, ta-hanao soa amy ny; miraharaha, miantra, manampóko, mañanteña azy. miditra amy ny; miara-manao. Qui n'intéresse guère, z ho azy, olon-ko azy, z tsisy várany.

Intérêt, Ny fitiávan-karéana, fahetriana, fatitiana. Mes —, ny mahasoa ahy; —, profit, Tombo, soa, zara, anjara; —, z maharikiana. Prendre — à sa joie, miara-karavóana, miara-miravoravo. —, Zana-bola. Prendre à —, manjánaka, h manána. Prêter à —, mampitombo, mampizánaka, h mampanána, mampitéraka vola. Placé à —, ampitomboina, ampizináhina, ampiteráhina, ampihanaina; h mizánaka, h zanáhina, h vola mihána. C'est de votre —, hahasoa anao, hampahazo tsara anao, hanampy anao zany.

Intérieur a, Ao anaty. L'—, ny añáty ny, ampo, afovóany, ampovóany, añóvany, antenatéña; ny aty ny, ny antampony; vo latsak'an-kibo, omby an-kibo; kobony. A l'—, INTÉRIEUREMENT, ao ampóny, añaty ny, afovóany, anóvany, an-kibo.

Interim, Elañelan'andro. Dans l'—, par —, Amy ny —.

Interlignes, ny Añelanélany ny tari-tsóratra, ny elan-táriny, h elanélany tsipika, anelan-drántina. INTERLIGNER, manisy —. INTERLINÉAIRE, ao añelañélany ny rantintsóratra; antséfaky ny tarintsórany.

Interlocuteur, Mpikorána, mpihiratra.

Interlope, Sambo mangálatra lálana mora tsy handoa ny fadintseránana.

Interloquer, Misákana, mahaveri-saina. vo EMBARRASSER; jeby, jemby, jebéna, jembéna.

Intermédiaire a, Anelanélany, anélany; elanélana, élana; antséfany. — s, vo Entremise, h alálana. Se servir d'—, h manalálana, pv? manáfatra. vo Evanévana, halohálo, elakélany.

Intermédiat, Elan'andro.

Interminable, Tsy mety efa, tsisy fiefána, tsy efa.

Intermission, Haitósana, fanitósana. Sans—, k tsy maito; tsy mandika andro, tsy manelan'andro.

Intermittent, Misy elanelan'andro, mandika; manavy.

Interne, Anaty ny INTÉRIEUR.

Internonce, Solo-Nonce, Iraky ny Papa, elanélana, h a'.iana.

Interpeller, Manasa azy hamaly; manontány, mitsikéka; manao tsike-may azy. INTERPELLATION, Tsike-may, Ontani-may.

Interposer qc, Mamétraka azy antséfany ou anelanélany. p atao antséfaka; aélana, aséfaka. S'—, manélana. INTERPOSITION, Toetra an'élana. —, fanelánana.

Interpréter, Mibeko, (h Mibaikio,) mamindra vólana ou teny, h mandika teny; manao ho.... — un songe, manambara ny hévitry ny nofy, milaza ny fótony. — mal, mamadi-bólana, manóva vólana, tsy mamindra teny márina, diso famindran-tény, ratsy famindrána teny. vo mandikasoa nanahary. INTERPRÉTE, Mpibéko, mpamindra teny. INTERPRÉTATION, Béko, fibekóana, famindran-tény.

Interrègne, Andro foana mpanjáka, anélany mpanjaka náty sy ny handímby, elam-panjakána, fanjakána anelanélany ny dimbázana sy ny mandímby.

Interrogation, Ontány, fanontaníana, tsikéka; fitsekéhana. — adroite, Antsáfa, fanantsafána. Point d'—, sóratra ou márika fanontaniána (?). Mot INTERROGATIF, Teny manontány ou volam-panontaniana, toy izao: Ino? Zovy? Aiza? va? moa? INTERROGATOIRE, ny Ontany ny mpimálo amy ny o malóiny. INTERROGER, Manontány, mitsikéka; vo manantsafa, mandinika, manádina.

Interrompre qc, Manito; misákana, manápaka, manámpona, tsy manóhy. — q, manito vólana azy. INTERROMPU, naito, maito, voa ito, tsy mitóhy. INTERRUPTION, fanitósana, haitósana, tsy fitohizana; vo fisakánana, sámpona, fitsahárana. Sans —, tsy maito, mamántana, mitóhy, manóhy, tsy tápaka, tsy azon-tsámpona, mifanóhy, mitohy lány, mifanéhina, tsy mandika, tsy manélana.

Interstice, Elanélana, — andro.

Intervalle, Élana, elanélana; — andro; — tany; L'—, ny anélana, anelanélana. vo habakabaka. Quel — de temps ? Combien de jours d' — ? Elan' andro firy ? dans l' —, an' élany, an' elanelany. Placés par —, miélana, mielanélana, mifanélana, mifanelanélana, ampifanelánina, elánina, elanelánina. Agir par —, manélana, manelan' andro, mandikadika andro, mampoélana. Sans —, vo sesilány, mifanjó, sesiomby.

Intervenir, Mba miditra anaty k; Miditra anélana, manélana; manao lálana; mifóna; evanévana. INTERVENTION, fanelánana, fanelanelánana; vo fanalalánana, alálana; tifònana.

Intervertir, Manova toetra, mandraba-dáhatra; mamádika, manòhoka, mamótitra, manóva, mandróbaka, mandráva.

Intestat, (o maty) tsy manan-káfatra, tsy manáfatra.

Intestin, a, intérieur. Guerre intestine, ady an-trano, adi-milóngo.

Intestin, Tsinay, sk tinay. vo roróha, taovany, kobony, fádiny; vorivorin-kéna, faratsinaibé.

Intime, Am-pó, anaty ny fo. Mon ami —, tohy ny ain' ko, silaky ny ain' ko, sómbiny ny ain' ko; tsy mandao ahy. vo mihávana, mikámbana; olom-pántatr, akeky, mahatóky. Unis INTIMEMENT, mirai-po, mikambam-pó.

Intimer, Miláza, manambara (ny malo ny mpanjáka amy ny o voa málo). vo Manása.

Intimider, Mampatáhotra; mankalemy fo, maharera-pó, mahatsirávina; mandráhona. EFFRAYER, S'—, CRAINDRE.

Intimité, Firaiham-pó, h firaisam-pó.

Intituler un livre, Manisy anárana amy ny.

Intolérable, Tsy tanty, tsy áritra, tsy díñy, vo INSOUTENABLE, tsy toditsiángatra, tsy télina. INTOLÉRANT, tsy maháritra ny antsa nv hávana, saro-pitóndra.

Intonation, fanokian' ántsa. Onjon' ántsa, fanonjonan' ántsa, tonon' ántsa, fanonnonan' ántsa, fanokian' ántsa.

Intorsion, Vánditra, vadibánditra.

Intraitable, (o) sarotr' éntina, sarotr' itoérana, tsy azo voláhina, mikiribíby, mitokozíhitra, maheri-záka, madítra, tsy azo foláhina.

Intra-muros, Anaty rova.

Intransitif, (*Verbe*) tsy mamindra.

Intrépide, Tsy mataho-draha, tsy manahy ny kajirindraha, matóky, mahasáky, h sahy, tsy mahay táhotra, tsy mivohovoho, mahery fo. INTRÉPIDITÉ, tsy fahatahoran-draha; fahasahíana, fatokiana, fahatokíana.

Intrigue, Fampanahiahiana; Félika, felipélika, safélika, hároka, h károka, h tétika; saina hamitaka, fitaka, fandripándrika, famoronan-tsaina, fanavan-tsaina, filam-pitia; safeli-jaza minono; famakavakána. INTRIGUANT, mamelipélika hamitaka, bekároka, mikarokároka, mangároka, mamandripándrika, mamitaka, mamorom-pitaka, mpitétika, h midihindihina, misésika an-draharaha n'ólona, mpamórona sain-dratsy. INTRIGUER, g Mampanahiahy, mamakaváka, mahaveri-jery, mamotimpótin-jery, mangarokároka, mampisoson-jery, mamandripándrika, makotrankótran-jery azy. S' —, manahiahy, mihinahina, misosososo, misosontsósona, sósotra, marimárika.

Intrinsèque, anaty ny; ... ny tena ny, ny izy.

Introduire qc, Maniditra, manórona; manísitra, manísika, manomby; manjóloka; mitondra anaty. — q. Mampíditra o. S' —, miditra, misórona, mijóloka; misisitra, misítrika, misésika ; vo S'ENFONCER; minakanáka, misosososo, S'IMPOSER. INTRODUCTION, fampidirana, fanidirana, vólana fidirana, filazána voalóhany; ? famakian-tsárona, ? fiventinteny; fitondrána.

Intromission, fampidirana.

Introniser un roi, manórina mpanjáka, manángana, manándratra. INTRONISATION, fanorénana, fanangánana. fanandrátana.

Introuvable, Tsy azo hita, ? tsy hita zambazamba.

Intrus, Miditra tsy nantsévina, mitsotróaka, mikatróaka. vo s'IMPOSER, minakanáka, mijojojójo, alikalika, alika. INTRUSION, fitsotroáhana, fikatroáhana, litsotsotroáhana.

Intuitive. Jouir de la vision — de Dieu, miravoravo mahita-maso azy, mahita azy amy ny maso tsy mety diso.

Inusité, Tsy fatao, tsy fanóina

Inutile, Tsisy várany, tsisy bony, tsisy bófona; foana, avao, tsisy fótony, tsy tsara hatao z, tsy azo atao z, h tsy fanao inona tsy fanao inona, tsy mahasoa, tsy vókatra, tsy vántana. vo INSIGNIFIANT. INUTILITÉ, ny tsy fisiana várana; hafoánana, ny tsy várany, ny tsy mahatsara izy atao z. —, zava-póana.

Invaincu, Tsy resy, tsy rébaka.

Invalide, (o) Efa tsy mahefa z, kómbo, narátra, bólona, handraina, farofy, farary, oriory, marary, fay, mararirary, homaranantsody; h marisarisa. INVALIDITÉ, Hakombóana, toetra tsy mahefa z. INVALIDER, Mandrátra, manabóka, manatsóaka, mahafóana, mamóana; mamono, mamólaka, mandróbaka.

Invariable, Tsy miova, tsy mahefa miova; mafy toetra; tsy mihétsika, rékitra; tsy miova, tsy mivalovalo. INVARIA-

BILITÉ, tsy fiována.

Invasion des ennemis, Ny fivariñany (*ou* fidirány, fivalánany) ny fahavalo; fidirana an-kery, fanafihana. Faire —, mivárina, miditra, miválana amy ny tany; manáfotra tany; manamy tany, mañani-bóhitra; manáfika tany.

Invectives, Injures. Invectiver contre q, l'*Injurier*.

Invendable, Tsy azo lafo, tsy mety avidy, tsy mety aláfo.

Invendu, tsy lafo.

Inventaire, Taratasy miláza ny isan-jávatra.

Inventer, (Misaintsaina ka) mahita, mahita z vaovao *ou* z tsy mbola hav, somila manao, misaina, somila mahazo jery azy, ? mitéraka, mamélona. —, mamórona, mandenga, mamoron-tsaina. *Inventeur*, Mpahita z vao; mpandénga. L'— des sikidy, Raborobósy, Rahiaka, Rakiboandrano. INVENTIF, faingan-tsaina INVENTION, fahitána, fañokárana z tsy mbola hita; famoronan-tsaina; z vao hita, z vao ho hita.

Inverse, Miváđika, mifótitra, hafa; —, mifamaly. C'est l'— de ce que je dis, Vádiky (*ou* famadihany, fanalány famotérany) ny teny ko zany.

Inversion, Fañovan-dáhatra ny teny.

Investigation, Fañadinana, fañaliñaliñana, fañalémana, fañaliñalémana; fandinihana; h karakara, h kajakaja, taratara; fitadiana. Faire des —, Mitady, mañádina, mañaliñálina; ? mikarokároka k; h mitaratára, mikajakája, mikarakára.

Investir q d'un pouvoir, Manáfotra, manátroka azy fahefána; mañome, manólotra azy fahefána. — une place, Manao fehirano tanáua, vo ASSIÉGFR.

Invétéré, Éla, ántitra, nahavábatra, tafiórina. INVÉTÉRER n, S'—, mihiántitra, mamáhatra, mihiatoy, miórina, mihiaéla, ? miela, efa ela.

Invincible, Tsy azo resena, tsy mety resy, tsy resy; tsitoha, tsitohandraha, tsy azo rebak'ády. INVINCIBILITÉ, Ny tsy ahazoan-kandresy azy, ny tsy ahazoa'ny ho reséna.

Inviolable, Fady, misy meña, misy fady; ampétra, tsy mety dikaina, tsy otaina, tsy azo simba *ou* simbana; másina. INVIOLABILITÉ, Ny mahafády azy, ny fady. ny meñaámy ny.

Invisible, Tsy azo hita, tsy hita, tsy hita maso. Son INVISIBILITÉ, Ny tsy ahitána azy, ny tsy ahazoan-kahita azy, ny tsy mahaseho azy.

Inviter, Mañasa o avy *ou* handeha, mañantso, miantso, mikaika; mampiandrano; mampandroso, mitaona. INVITATION, fanasána.

Invocation, Fiantsóana, fañantsóvana, fikaihana.

Involontaire, fait involontairement, Tsy nahy, tsy satry;

tsy nahina, tsy nahy natao, tsy satry natao, tsy kinia natao; tsy nia.

Invoquer, Miantso, manantso, mikaika; mifóna, mitaraiña, h mivávaka; ? mañambava.

Invraisemblable, Karaha tsy to, Tsy marimarin-dóatra, tsy toy ny to.

Invulnérable, Tsy mety voa bay, tsy daiky ny léfona; tsy mety voa, tsy mety marátra. i.

Iota, Márika kirikitika; kitika.

Irascible, (o) antsiaka, mora tézitra, mora viniira; h foizina, h foizina.

Iris, vo Arc-en-ciel. —, Ny manodídina ny anakandríamaso.

Ironie, Kizaka, fikizáhana. RAILLERIE. IRONIQUEMENT, Mikízaka, maneso, manaraby.

Irradiation, Fifafázany ny tsíry; tsirimasoandro, tañamasoandro, famirapirátana, fahazavána.

Irraisonnable, Tsy manan-tsaina, tsisy jery.

Irréconciable, (Fahavalo) tsy azo ampiadánina, tsy azo ampihavánina, tsy azo ampifañekéna; tsy azo avítrana; malainkiádana; manontolofo.

Irréfléchi, (z) tsy nahina lóatra, tsy voa jery, tsy satry, tsy nahy. (o) endrinéndrina, tsy mihévitra ny atao ny; tsy réndrika jery.

Irréformable, (Malo) tsy azo ována, tsy mety ankahitsina, tsy azo atohy, tsy azo ankatsaraina, tsy azo ampody.

Irréfragable, (Teny, sahada) tsy azo lávina, tsy azo tohérina, tsy azo alána, tsy mety matsóaka, tsy mety tsy ekéna.

Irrégulier, Bila, Bilabila, mibilabila, mikobila, mikobilabila; voa kobila; bilaka. Tsy miláhatra, tsy andáhatra, tsy anóhany, tsy anérany; mandikadíka, midikadíka, tsy mañara-dálana, mifandingoatra, tsy mira firasána, sirana, tsy mira, tsy mitóvy, tsy antónony, tsy mifanáraka; tsy láhatra, somaka, mipotipótika. Rendre —, Mamila, mamilabila.

Irréligieux, Tsy manompo Zanahary, mandá an'Andriamánitra, tsy maneky an'Andríana Nahary, tsy mañaja zay másina; manao Zanhary tsy ho z. IRRÉLIGION, ny tsy fanompóana an'Andriamánitra; ny tsy fanekéna azy; ny tsy fañajána ny másina.

Irrémédiable, (Rofy, ota) tsisy fañafody, tsy azo sitránina, tsy azo vonjéna.

Irrémissible, (sata) tsy azo tsy valiana, tsy azo avela, tsy mety tsy ihelófana, mila fankalilóvana, mila valy.

Irréparable, (Rombina, haverézana) tsy azo afodifody, tsy azo amboárina, tsy azo hatsaraina, tsy azo avítrana.

Irrépréhensible, Tsy misy tsiñy, tsy azo tsiñina,, tsy manan-tsiny, tsisy antsa, tsisy bandra, tsisy anadiana, tsy azo adina.

Irréprimable, (hafanam-po) tsy mety vonovonóina, tsy mety matimaty; (risi-po) tsy azo reséna, tsy resy, tsy azo sakánana.

Irréprochable, tsy azo adina, tsy azo tsiñina, tsy azo anadiana, tsy manan-tsiñy; márina, tsisy méngoka.

Irrésistible, Tsy toha, tsitohandraha, tsy fáhana, tsy voa fáhana, tsy azo anaovandi-doha; tsy azo tohérina; masimpitaríhana, maharesy, mahatárika, mahatonga; h lompitsimahery. Entrainé IRRÉSISTIBLEMENT, Tonga tsy nahafáhana.

Irrésolu, (Fañahy) misalasála, miahaháhana, mivadibádika, miroa saina, h miroahana, votsa saina; IRRÉSOLUTION, ahanábany ny jery; jery misalasala, saina votsavotsa, fiahañahánana, fisalasalána, rhiahy.

Irrévérence, Tsy fañajána, IRRÉVÉRENT, Tsy mañaja.

Irrévocable, (Ito, malo) tsy impodiánana, tsy azo ována, tsy azo tsoáhana, tsy azo avérina, tsy alána, tsy áfaka; rékitra.

Irrigation, Rano vélona taritaríhina amy ny tsabo; lakandakan-drano.

Irritable, Maláky tézitra, mora méloka, antsíaka. IRRITABILITÉ, ny mahamora vinitra izy. Irriter q, le FACHER. —la blessure, (Taninandro) mañaty, mañatsy, mañatikátika, mampénjika, mañénjika, mitsokitsókitra ny bay. s'—, tézitra, vinitra, mihiatézitra, mihiavinitra, misamóntitra; misafóaka, mifóaka, miafonáfona. s'—, (bay) ménjika, mangirifiry. IRRITATION, Fienjéhana; hatezérana, levilevy; fahasosórana.

Irruption, Fiantoráhany ou fiantontány ny fahavalo amy ny tany. vo INVASION. — des eaux, rano tóndraka, tondra-drano; rano mandroadróatra.

Ischurie, vo Gravelle

Isolé, Tókana, mitókana, manókana, irery, mirérika, tafasáraka ISOLER q, manókana, mañáraka, tsy mampiraiky, mampónina tókana. Les —, manokantókana azy. S'—, mitókana, misáraka, mirérika, mirery, h mañirery, mónina raika, mitoetra irery. ISOLEMENT, Hatokánana, fitokánana, fireréhana.

Israél, Israély. ISRAÉLITE, Olon'Israely, Ant'Israely; Israelity.

Issu de famille noble, avo-rázana, ati-nandriana, zafin-andriana; vo avy, mibóaka amy ny...; nafaitra, natéraka; zánaka.

Issue, Fiboáhana, h fisoáhana; ivoáhana; fátany, fiefána.

Isthme, Taov madilana antsefan-drano; ? Dilan-tany antsefan-drano roy; Dilana; ampandikoárana. ? fandikoárana; h keoka, tany kely andilana; ? fitohizan-tany.

Italie, Aňárany ny Tany he matsiraka misy i *Rome* itoérany ny *Pape* aňy amy ny *Europe*. Italy, Italia. ITALIEN, Olon'Italy, Ant'Italy; Italiány; reo Italy.

Item, koa; indray, indraiky. L'—, ny závatra, ny adiny, ny sárotra.

Itératif, Maňindroy; atao indraika; mihérina, miverimbérina, matétika.

Itinéraire, Ny Lálana tetézana, ny safary ombána, ny tanána notetézana; Dia. —, milaza ny lálana.

Ivoire, Hy (*ou* Tándroky) ny *Éléphant*; Ivory.

Ivraie, Ahi-dratsy miara-maniry amy ny *Blé*.

Ivre, Mamo; voa barisa, voa toaka, etsaka toaka, azontóaka; h leony, leon-toaka, h? alona, karajy. Un peu —, mamomamo, geregy, baribary, bariny. IVRESSE. Hamamóana, hamo; h leony, vo mivohi-kibo, midiridiry, miesikésika.

Ivrogne, Mamo mazáňa, matétika mamo, tia-mamo, mpinon-toaka; ? moamo; h? fileontoaka. IVROGNERIE, fankamamóan-teňa, fahamamóanaĮlava.

J

Jabot d'oiseau, h Takorobabo, h takoribabo, pv taborimbambo, taboribábony, ? tsikékany. — de chemise, Tretrak' akanjo.

JABOTTER, Mibisibísika, pv mibiratríratra, mivetsovetso; h mivezovezo, pv minaminamy.

Jacent: Biens —, Fanáňana tsy manan-tompo.

Jachère, Tany fitsabóana avela mandry; h? Tany trandráhana, h? tany tombambóroka. En —, ? mitrándraka. Laisser en —, manatrándraka. JACHÉRER, h Mihevo, mamókaka, mitongy tany.

Jacque, Voa'mpaly be. Jacquier, Ampalibe.

Jactance, Hambo, Rébaka, faňengiam-bátana, fireharehána, hambohambo.

Jaculatoire· Oraison —, fijoróana fohifohy atóraka.

Jadis, Autrefois.

Jaillir, Jaillissant, Mipiritsika, mipirítika, mitsiririka, h mifantsitsítra; mipitsoka, mipika, midifika, mandifika, mandifidifika, midifidifika; miantóraka, miantopy; mibitsoka; *par secousses*, miboiboika; miboabóaka, miavotrávotra, vo mi'sambókina, mikorontsana, mikoródana, mikararána, mipósaka, migororóana, mikorótsaka, mitsoriadriaka, mitsoriaka, misosa, mipitsipítsika, mifántsona, mitangitrika. JAILLISSEMENT, Piritsika, Pirítika, tsiririka, pítsoka; boiboika.

Jale, Bakoly be.

Jalon, Kady, kosa, pv kiráka; kirakaráka. Planter des —, Jalonner, manangantsángana —.

Jalousie, Fibezam-po amy ny námana; ngoainkávana, h fialónana; faṅiriana, fitiávana. vo fiaróvana, fahasarotam-piaro, lolompó, fifandrafésana. JALOUX, Be fó amy ny námana, ngoain kávana, h miálona, mitia, maṅiry; vo miaro, mialonálona, saro-piaro, misakantsákana, tehihóatra, tia ho ambóny, te-hitovy, te-hánana.

Jamais. Je ne l'ai — vu, Tsy mbola hita ko, tsy ary hita ko, tsy mbola hita ko indraiky, mbo tsy hita ko ndre indraiky, tsy hita ko ndre indraiky foana izy, h tsy mbola hita ko na dia indray aza izy, tsy mbola hita ko tsy akory izy. Il ne mourra —, Tsy ho faty andrakizay ou ambarakizay izy. vo sanatria. A —, pour —, Andrakizay; Ambarakizay, h — alaovalo, — doria, &. vo ándraka, ándraka día.

Jambage, Tóhana, toham-baravárana; ? tolambaravárana, tólana. vo takolabaravárana.

Jambe, h Ranjo, pv víty, sk tómboka, h tóngotra, pv hóngotra. Le bas de la —, h fingotra; Le saisir par....., mamíngotra, manóngotra, maníngotra. Le gras de la jambe, voavitsy. Qui a les — arquées, Bingo; de travers, tivaka, mivadi-tóngotra; écartés, mibekabéka; mibáhana, misabáka; étendues, mivalámpatra; courtes, fohisirana. Qui n'a qu'une jambe, h tokampilána; — de ça — de là, misámpy, misabáka.

Jambette, Meso léfitra kelikély, h pika, antsy pika.

Jambon, Fe ndámbo, fe-nkoso, h fe-nkisóa voa isy sira.

Janvier, Ny voaloham-bólana amy ny Vazáha, h ? Asombóla, (h ? alahasaty;) pv Atsia, (? asótry;). vo Vólana.

Japper, Mihóa, Mihómaka tahaky ny amboa kely; mihaikaika.

Jaquette, akanjo sálotra misy tánana.

Jardin, Tanimboly miválà, tany famboliana; voly, tsábo. — potager, Tany fambolian' ánana. Zaridéna. JARDINAGE, fitsaboan-tány, famboliana, famboáram-bóly, tsábo. JARDINIER, Mpambóly, mpitsábo, mpiandry sáha.

Jargon, vo Baragouin. JARGONNER, Baragouiner.

Jarre, h siny be, sajoa be, pv tsafótitra, kapóaka be fitehirizan-dráno.

Jarret, Leferan-tóngotra, leférana, síntaka; vo traingovázana.

Jarretière, Fehi-mbá.

Jars, Gisy láhy, vorombeláhy; h gisa láhy.
Jas, sakan' andrisa.
Jaser, vo BABILLER, et sk mipatsopátsoka, h mipentsompéntsona, mifintsampintsam-báva, mifentsampéntsana, mitati-bólana, milazaláza &. JASERIF, Babil. JASEUR, vo B ILLARD, et be résaka, mpitati-bólana, manta-váva; fintsampintsam-báva.
Jaspe, vato vándana. JASPER, Mamándana.
Jatte, Bakóly, finga, lovia lalin'áty, vo lémpona. JATTÉE, érany bakóly.
Jauge, ny hatahírana ny z foań' áty. Tsipika fańoháranà ny aty ndraha foana. JAUGER, Mańòatra, mańérana ny aty ny, ? manipika.
Jaune, Tamotámo, fóndrana; h tomamotámo, h tomahotaho. vo mavo, mavana. Du —, Vòńv. — d'œuf, taménany taménaka. JAUNÂTRE, Somarisarivóńy, tomahotáho. JAUNIR, Mamóndrana, ? manamotamo, manatamo, mańisy voń̇y, mankamavo, mankatamotamo, h ? manamavana; mańósotra tamotámo azy. Moisson JAUNUISSANTE, Vary menalohahánkana, milango be, mena reny, matoin'olon'ampandálo; vary fandráhana.
Jaunisse, h Ngorongosy, pv angorosy, pv ? kitsamby.
Javeline, JAVELOT, Lefom-pohy, fefon-kely, saboha hely, h raoka; saboha atóraka.
Javelle, Tokotoko mbary voa tápaka mibáboka mandiñy ho fehézina.
Je, Zaho, Izaho, aho. Je l'entends, (Il est entendu par moi,) Reñv ko izy.
Jérémiade, Tarain̈a, Tretré, fitretrézan-dava, fitarain̈andava.
Jérusalem, Jerosaléma, Zerozalema.
Jésus, Jeso; Zezo.
Jet, Tòraka, topy. — de pierre, Tòra-bato. — d'eau, ranomiantôraka ou miantópy. ? rambondánitra. — de lumière, tsirin̈andro, tsirimahamay. Canne d'un seul —, hazo marótsaka. Coulée d'un seul —, natao indray mańidina. — de plante, tároka, tarotároka, laingony, lengolengo, ladina; vo rántsana, tsímoka; tsipy, fanipázana; fanariana, tólaka, fanoláhana.
Jetée, Antontambato, totambato, tovombato amy ny vavarano, fefivato, famola-driaka. vo fefiloha, panda, tongotetézana, kidona, valamparia.
JETER une pierre, Manóraka, manopy, mitôraka, mitopy vato; manipy vato. vo mambalabala. —, mańary. — les yeux, manòra-maso. — à terre, manonta, manetréka, mandrampy, mamioka, mandavo, mamótraka, manjera — à la

côte, mamefika. —l'ancre, mandátsaka andrísa. — sor ses épaules, manampy, manalampy. —dehors, manólaka, pv manipakipa, h manifakifa, manifika, h manipikipy. vo manakoa, manely, mandródana, mampitrébona; mangárika, mitsingoloko, mangala-pijery. Se —, miantóraka, miantopy; manari-tena, h mianjera, vo mimaona, mikoródana, miródana, miantsambókina, miantsámbotra, midaboka; à la côte, Féfika.

Jeton, félana.

Jeu, Laolao, lalao, Soma, Dola, Lenga, Somongu. tsilalao; h sangy, sangisangy; vo katra, fanga, fanórona, basy, filanónana. vósotra, vosobósotra. —de mots, vo ENIGME, teny mifelipélika, Loniania, saoteny, teny roa hévitra. Mise en jeu, h loka, filokána, pv fanaévana.

Jeudi, Alakamisy.

Jeûn: à —, Tsy mbola nisakafo ou nihínana; manarains.

Jeune, Mbola tsaika, mbola zaza, mbo tsaiky, tanora, pv tsótsana; tanoranora; vo zandry, zeny; lejolejo, lejo, bodo, darony, darodarony; bandrolahy, —homme, —gens, tovolahy, zatovo, sahidy, h lanja miakatra. vo GARÇON. —pensonne, tovovavy, vo FILLE. Le — âge, h hentohentony. Le plus — des enfants, ny faran'ánaka, fara ánaka, faranjánaka; faralahy, faravavy; zandry.

Jeûne, Fifadian-kánina; ? fehi-vava; tsy fihinánana. JEÛNER, Mifadi-hánina, tsy hómana, tsy mihinana; ? mifehivava, mamehi-vava.

Jeunesse, Hazazára, hatanoránа, hatsotsánana. Dans ma —, mbola zaho tanora, raha izaho mbola zaza.

Joaillier, mpivaro-bákana mpivanga rávaka.

Jocrisse, Didery, andréndry, adaladála, ambáka; h geigy, h gerigia.

Joie, Haravóana, haravoravóana, hafaliana, hafalifalíana, faharavóana, firavóana. vo Robiroby, ? fahazinjinana, noro, henikenéhana. — mélée de peine, tanteliamambahona, tantefi-mbáhona. — prématurée, faliambonindoza. avec —, ankaravóana.

Joignant, CONTIGU.

Joindre des choses &; Manohy, mampiraiky, h mampiray, mampikámbana, manakámbana, manámbatra, mandráfitra, mampipáka, manáona, mampihaona, manéhina. — q, Mahatákatra, mahatrátra; miharo; mifanéhina, mifanojy, tojy. vo ATTEINDRE. — qc à, vo AJOUTER. Se —, mitohy, mitohitohy, mifanohy, mitéhina, mipáka, mifanéhina, miraiky, miray, mikámbana, mitámbatra, mihaona, mihidy, miráfitra. vo mimbona, mifikitra, mifanékitra, milaona, mikaona, mifanihina. Priêr les grains jointes, mampiraika tánana mijoro. Sauter a pieds joints. Manao vokin-tsáhona.

JOINT, JOINTURE, Tohy, fitohizana, tónona, fikambánana, h famavána, fanandríana; fikatróbana.

Jointée, Ovo, óvony; angoby, ? erantananila.

Joli, vo BEAU, et mivendrivendry, mirijarija, bikaina, mézaka, marázoka, marótsaka, kivahy, kivahivahy, kizokizo, féfika.

Jonc, Horefo, harefo, vóndrona, hérana, zozoro, hazondrano, vinda, sorira, zozorompoza, ? zorozoro. vo Sangasanga, rangy.

Joncher, Mandrabaraba ou mamafifafy (maneliely, manáhaka) voninkazo na ravinkazo amy ny; —, mipetrapétraka, mifafifafy, nafaf'afy amy ny... Terre JONCHÉE de fleurs, tany voa fafifafy ou namafifafázana, ipetrapetráhana, nandrabarabána voninkazo.

Jonction, Fitraófana, fiharóana, fihaónana, firaihana. fikambánana, vinány.

Jonglerie, Laolao fanambakána ny mpizaka. JONGLEUR, mpanao soma famitáhana, mpihambo.

Jouailler, Misomasoma, — vola kely; milaolao ampilokána kely.

Joue, Fify. ? tokólaka. ? tsiandrafásana. —de mangue. Ila ny. Coucher en —, Mikendry.

Jouer, Milaolao, milalao, misoma, midola, misomasóma, misomonga. vo misangy, misangisangy, manaingisaingy, mandenga, Contrefaire. — a qc, de qc, milalao z, de la flute, mitsioka anjomary. vo mititika, mitendry. —qc, de l'argent, Milóka. vo Tsépoka. Se — de, Misoma, mitúntina, manintina, mamímbina, mamingivingy, mivaza, miérina azy. manaotao foana amy ny. Se —, FOLÂTRER.

Jouet, z lalaóvina, z somaina, z dolaina, z folalaóvina, z fisomaina, z fidolaina, fisomána, tsilaolao, filalaóvana, lalaonjaza; kilaolao. z fisomaina. JOUEUR, mpisoma, mpilaolao; mpilóka vola, rikian-daolao, rikian-tsoma, h vaan-daolao. Mpitsioka, mpitandry, mpititika lamozika.

Joufflu, Betify, h ? betakólaka.

Joug, hazo manindry loha ny aomby miasa. ? fanindriloha, fanindrian-doha, fanondréfana, famoláhana, ? tsindriloha. vo ESCLAVAGE, Mon joug est doux, mora ny fanondrefa'ko olona, mora ny fanompóana ahy, mora ny handevózana amy ko. Mettre sous le —, vo ASSUJETTIR.

Jouir, Fináritra, bezara, miravoravo, miádana, miaiña. —de, mahazo, mánana. —de, mibango, mankafy, mankamámy azy, miravoravo-mánana azy. JOUISSANCE, haravóana, hafinarétana, hafaliana, oronórona, ibangóana, fankafizaña, faukamamiana, —, fanánana, fahazóana.

Jour, Andro; mahamay. Le —, pendant le —, Matsáña, antoandro; En plein —, Au grand —, matsáña be, benandro, antoandro be, antoandro be nanahary. Il fait —, Efa vaky, efa kiaka, efa lóaka ny andro. Au point du —, kiak'andro, vakiandro, loak'andro, mipaok'andro. vakimasoandro; mazava andro. vo maimbohondrávina. Il fait grand—, manantoandro. vo folak'andro, miveñ'andro. Tous les —, isan'andro, isany andro, isany mahamay. Tout le —, tontolo andro; mandrakariva, ? lavanandro. Tout un —, indraiandro, indraiandromanénjana, indraiandromaninjitra. En un —, indraik'andro. En deux —, indroa andro. Ce —là, andro iñy, androniñy, h androtríñy, androtrizay. Ce —ci, niany, andro niany, androáuy, anio. — et nuit, Andro amin'álina, matsáña ndrak'álina. vo manara-vava; fotóana, fetr'andro, hazavána, fahazavána, ampahibemaso. Un jour il y avait..., fahíny, talcha. J'irai un —, zaho mbola handeha. Mettre au —, Mitéraka, mamaitra, mamóaka, maneho, mañókatra, manatao amy ny mazava. vo Loa-jafy. Qc à —, z mangarakáraka, loadóaka, mangirangírana, mangirankírana. Du —, harakáraka, herakérak'andro, lóaka, hírika. Faux —, mazava ratsy. Se faire — à travers, manivakivaka, mamaky azy. Mes —, ny andro fiaiña'ko. Bon — M, Fináritra anao, h Trarántitra hianao, sk akory anao ? Bon — aussi à mon frère, mba tináritra aminy zoky.

Journal, Taratasy ny mpivárotra milaza ny lafo ny isan' ándro; Taratasy milaza ny atao isan' ándro.

Journalier: Travail —, asa isan'ándro, fatao isa-mahamay. Un —, mpitámby, mpikaráma, ampikarama, mpala-pondro, karamaina amy ny isan' andro anaóvana.

Journaliste, Mpanòratra ny atao isan' ándro.

Journée, andro; andro matsáña, isan' ándro. Asa n' andro raika; dia ny tontolo andro. Travailler à la —, mikaráma isan' ándro. mañarak' ándro, mañarak' andro módy, Une —, tontoloandro, indray andro, indraik'andro. Trois — de marche, Lalan-katelóana, dian' andro telo.

Journellement, Isanandro, isa-mahamay, isany andro.

Joute, Ady mifampisótroka, sarin' ady ambany rano. Jouter, miady mifam.pisótroka amy ny léfona, mifanéhina, mifampitéhina, mifanósika, mifandrónjy.

Jouvenceau, vo Adolescent, Garçon.

Jovial, Falifály, zina, zinjina, miramirana, mirana. vo haisikiana, hatsikantsíkana, akisa, ákisakisa; rávo, o angauongano, o satriatría.

Joyau, Rávaka, h vákana, vato firavábina.

Joyeux, Rávo, ravorávo, falifály, h faly, zina, zinjína,

miravorávo, mifalifály; variváry; h mirana, miramirana, ? sinisiny, ? misinisiny; sámbatra fináritra, mirobiróby. JOYEUSEMENT, Amy ny haravóana, ankaravóana.

Jubé, Fitoeran' abo añaty *Église.*

Jubilation, vo JOIE. Dans la —, [Variváry, varivarina; vo JOYEUX.

Jubilé, Fañafáhana ny héloka rehétra na ny trosa rehetra. Jobilé.

JUCHOIR, JUC, ny z abo itikínany ny vórona, hazo fatoriam-bórona. JUCHER, Se —, Mipétraka añabo indríndra, Mitíkina, ¡miténgina jañabo; mandry añabo indríndra.

Judaïque, Avy amy [ny *Juifs*, momba reo *Juifs*, ... ny *Juifs*; ... ndreo Jody; ... ny Jodey.

Judaïsme, Ny fatao [ndreo Jodey; JUDAÏSER, Manáraka ny ...

Judée, Añaran-tány, Tani-Jody, Jodey, Jodea.

Judicature, Raharaha ny mpañito, va ny mpimalo; ny handriánany ny mpimálo.

Judiciaire, Atao ny mpañito, asainy ny mpimálo, ampanaóviny ny mpitsára. Pouvoir —, fahefana hañito málo. vo ASTROLOGIE —. Épreuve —, fitsarána toy amy ny tangéna.

Judicieux, Hendry, pv mahihitra, manampañáhy, ary saina. JUDICIEUSEMENT, amy ny fahendréna.

Juge, Mpimálo, mpañito, h mpitsára, hetsóro, fitaramazáva; mpanápaka. vo mpañelañélana, elanélana.

JUGEMENT, Malo, ito; h fitsarána, fimalóana, fañitósana, fikabaríana. —, saina, hévitra, jery; fañáhy, fahalalána, fahafantárana, voanteny. Qui a le — droit, mahitsi-fañáhy; ... le — formé, añon-jéry, vori-jéry, ampi-fañáhy. JUGER, Mimálo, h mitsara; mihévitra, mañito, manápaka, misaina; mizaka, manao ho ... Mal —, diso hévitra, mandiso hévitra, diso málo. vo manakoli-váhy, mimalomálo.

Jugulaire, Amy ny tenda, momba ny tenda. — s, ny an-ténda.

Juif, Jodey, Jody.

Juillet, Ny volana jfahafito amy ny Vazáha. h ? Alohotsy, h ? Volam-padina ; pv ? sakavé. vo vólana.

Juin, h Ny vólana fahénina amy ny Vazáha. h ? adalo; pv ? sakamasay. vo vólana.

Jumeau, jumelle, hámbana, h kámbana.

Jument, sovaly vávy.

Jupe, Salóvana; ny mijolóbaka amy ny akánjo. JUPON, saimbo ny viávy, saimbo jolóbaka, saimbo lóbaka.

Juré a, vo ASSERMENTÉ. Ennemi —, vo Irréconciliable.
Jurement, Lóka. vo SERMENT. —, BLASPHÈME. IMPRÉCA,
TION. JURER, Milóka, h milokalóka; h mianíana, mifánta.
mipòka; mamehi-vólana; mitoto tany, mamaki-ampínga,
mitetik' andry; vo mingoso. Pour se disculper, Miáfaka.
—, vo BLASPHÉMER, INJURIER, vo EXÉCRER vo fánta, fanta
ko, fanta ko amy ny néndra &; Ngoso. —, comme des
sons, manao ratsy fanéno, tsy mifanáraka, midridridri-
dry. Se — amitié, miloka ho sakaiza, mifamehy vólana fi-
adánana; vo manao fati-drá, mifamati-drá. JUREUR, Mpi-
lóka, mpianíana, mpifánta. —, Mpanòzona, mpitítika,
mpisao-drátsy.
Juri ou Jury, Ry-asaina hitaino ny ampánga sy ny am-
pangaina, ka hilaza ny fótony amy ny mpimálo. Elanelam-
panáhy.
Juridiction, Fahefana himálo, fifehézana, fanapáhana,
Tany fehézina, tany malóina.
Juridique, fatao amy ny fimalóana, h fanao amy ny fitsa-
rána; misy ráriny, amy ny hitsy ny, andráriny; h manáraka ny laléna.
Jurisconsulte, Mpandáhatra ny diditány, h mpandáha-
tra lalána; mpandinika malon-tány, o fianárana ny diditá-
ny; mpilaza ny hévitry ny diditány.
JURISPRUDENCE, Fahalalána ny diditány.
Juron, Volan-dratsy, asaha, ompa.
Jus, Ro; ro-ndraha; rano-ndraha. — de viande, Ro-
nkena.
Jusant, Ny fiverénany ny ranomásina ; ny fidínany ny
rano miválana.
Jusque, Andraka, h mándraka, ambáraka, mbáraka. —
la bàs, ándrak'any, avy any, h hatra any; málaka any, ma-
ka any, mipáka any. Jusqu'à la poitrine &, h Ha-tratra. vo
Hafaladia, hahélika, halohálika, haranjo, à HATRA. Jusqu'
à présent, h Ambarak'ankehitríny, ándrak'ataonio. Jusqu'
à ma mort, ándraka amy ny ifatésa' ko, mbáraka zaho efa
maty. Jusqu'à quand ? h ambarapa-hoviana ? ohatr' inona
no fahelány ? Jusqu'à ses ennemis, ndre ny fahavalo, na-
dia ny fahavalo aza. vo ambara-paha..., mandra-pi...,
mandra-paha..., 'amparapara, amparafara, farafara.
Jussion, vo Commandement,
Justaucorps, Sadíka, saímbo mipáka.
Juste, Márina. vo Mahitsy, to, ankítiny; tókony, mety,
antónony, sahala, sahaza, tandry; tókonazy, tokonany, mi-
hítika; mirindra, lahapáhitra, méndrika, mikeja, geja;
érany, anôhany, anérany, andráriny, amy ny hitsy ny,
efa avy amy ny masony; rékitra, mipáka, mifanáraka. — au

milieu, anivo marina. Dites au — ce qui est à vous, ambarao marimárina ny anao. —, vous y êtes, h akaito, akaity; voa, héka. JUSTEMENT, amy ny hitsy ny, andráriny. C'est — ça, izany hiany, zany edy.

Justesse, Hahitsiana; hitsy, hamarinana, tsy misy diso, ny antónony, fifañaráhana; árina.

Justice, Hamarinana, fahamarínana; hahitsiana, hitsy; ráriny; ny márina, ny to, ny ankítiny, ny tòkony, ny mahitsy. —, les Juges. Avec —, andráriny. En appeler en —, Mañantso o an-dapa, accuser en —, mamántoka o; manampánga azy an-dapa.

Justicier, vo Punir, Tuer, Pendre.

Justificatif, Manamárina, mankahitsy; mahamárina. Pièce —, Vavolombélona.

Justification, Fahamarínana, fanamarinana, fanitsiana, fañalána tsiñy.

Justifier, Mankamárina, manamárina, mahamárina, mañitsy, mankahity, mañala tsiñy, mañala héloka; mandio. se —, — tena, miala tsiñy, midio. JUSTIFIÉ, átaka tsiñy, nalan-tsiñy.

Juteux, (voantango) be rano tsara. matavy.

Juxta-poser, Mampipáka, mandrary, mandráfitra. Se —, Mipáka, mifankariny páka, miráfitra, mifankalétra, mifandrékitra, mifampikámbana. JUXTA-POSITION, firaisan-toetra, fifandrekétana, fifanakekézana.

K

Kilo, Arivo venty ny, kilò.

Kilogramme, *Gramme* arivo, girama arivo; arivo girama.

Kilolitre, Litra arivo; arivo litra.

Kilomètre, Metra arivo; arivo metra.

Kilostère, *Stère* arivo, sitery arivo; arivo sitery.

Kyrielle, Filahárana lava; tohitohy, z mitohitohy; vo jijy, fijijiana.

L

La mère, Ny reny.

Là, *adv.* Il est Là dans le coffe, Ao (*ou* Eo, ANKEO) ambátra izy. Le maître est-il là,? Ao va ny tompo? Le voila là (*tout près*), Io izy, là bas (*en mouvement*), Iñy izy; là bas (*assez loin et immobile*), g arý izy, h AROANA izy, pv Arò (aróy, aroho, arò, rò) izy. Il est là bas dans la forêt, Any amy ny ala AÑY izy, ankáñy izy. Il était LÀ, Tao, téo, tarý, taró, tiròho, táñy, tankáñy izy. vo Ery, eroa, aroa; aríkitra, eroakatra, eroana, eroy eroikitra, erony, arony, croa;

atsy, atsiny, atsiakatra, atsikitra, atsiana, etsiakatra, etsiana. çA et Là, Par çi par là, ao ao, eo eo. DE ÇA ET DE LÀ, mivezivezy, mivoivoy, mivembéna, maniasia &, vo çA ET LÀ. Là dedans, Ao anaty ny. Là ou là, ao ao, eo eo. ALLER LÀ, h Mankány, pv manány. Qui va là? Zovy zany? h iza izao?. Ces temps là, Zany andro zany. Je ne connais pas cet homme là, zay o zay, tsy fanta'ko. Cet action là, zany natao ny zany, zao natao ny zao. En demeurer là, mipetraka amy ny zany. Là dessus il partit, Tamy ny zany, aviteo, avitankeo, ary dia, ary amy ny izany, efa zany Izy lasa. Passez par là, momba ao; par là bas, momba aroy. Il y est jambe de ça jambe de là; misampy, h mifabaka amy ny izy. De là il viendra ici, Efa avy any izy ho avy aty, izy any mbola ho avy aty, aviteo isy ho avy aty.

Labeur, Asa.
Labiales; Lettres —; Soratra tonónina amy ny molotra.
Laboratoire, Trano fikopóhana aody, trano fiasána. Dans le —, ao Ampiasána.
Laborieux, Maheri-miasa, fatra-piasa, miasa be, miasa fátratra, tia asa; o vókatra, olo'njaxatra.—, vo PÉNIBLE; mahasásatra, sárotra, mila asa, be asa, omban'asa be.
Labour, Tongy, asa (atany). Terre en —, Tany asaina, tongisina. LABOURER; — la terre, Miasa tany, g mitongy, h mitrongy, mangady, mihady; mamókaka tany; mamaky, mamakivaky, mandidididy tany amy ny antsoro tarihiny ny aomby; mandrángotra tany; fg, manao fátratra, mikely aiña, mandóditra teña, mamono teña, mikomikomy. LABOUREUR, Mpiasa tany, mpitongy tany, mpambóatra tany. Terre Labourable, tany azo asaina, mora tongisina, tany fiasa. LABOURIOE, fiasána tany, fitongisana tany, miasa tany.
Labyrinthe, Lálana very lany mifandikadika, Lálana somalika (ou mifándimbanai) mifañota, mifandiso, somañgérina, somalikasiana, misafotimpótina, mifadiditra, miolikólika; tsy hitalány); fitoérana tsy hita fiboáhana.
Lac, Farihy; mahetsa-bory, mahetsabory be, ranovoiy be. Petit —, h kamory.
Lacer, Mandádina azy; Mamehy amy ny tady adádina ou aiditriditra amy ny.
Lacérer, vo Déchirer.
Lacet, Tady fandadimana; kofehy fandrerétana akanjo, tady fampoéhana akanjo. —, Tadi-mpándrika.
Lâche, (Fehy) Tsy hénjana, kétraka, geragera, goragora, gera, migeragera, malálaka; vaha, vahavaha; gedra, gedragedra, migedragedra, g magedragedra; galigaly, reradré: aka, borera, borerarera, miborerarera, garera, go-

rera, garerarera, migorerarera, mibaha, h miborabora; vótsotra; milobaloba; g migeragena; tsy mifintina. Temps —, andromalemy, malemilemy. Q —, o Mavozo, maláky kétraka, osa, maivan'ady, kaosy, kanosa; vo teratay, mifranga tay, latsa-tay, fananga, mikovavy, mitoavavy. Travailler LÂCHEMENT, pv miantsivantsívana, miantsívana, miantsirotsiroka. Coudre —, manao zaitra malálaka. Cousu —, malala-jaitra. LÂCHER, Manétraka, mamótsotra, mandálaka, mankalálaka, mangedragedra, mampigeragera, mamahavaha, mamaha, mangeragera. — le coup, l'oiseau; — prise, Mandefa, manandefa. —, mamoy; tsy mitána. LÂCHETÉ, Havozóana.

Lacis, Harato.

Laconique, Vitsi-teny, fohi-teny. LACONISME, Teny vitsy hiany fa mora hévitra, hafohezan-teny, havitsiam-bólana.

Lacrymal, Misy ranomaso, fiboáhany ny ranomaso; mahalatsa-dranomaso, mitera-dranomaso.

Lacs, Tady famandrihana, kofehy, fandadimana; tadimpándrika; fándrika; fandripándrika, tady mifandikadika.

Lactation, Fampinonóana zaza ; fampinómana ronono zaza.

Lacté a, Manáhaka ronono; mandronono fotsy; karaha ronono. Vaisseaux —, ozatra mitondra ny *Chyle* ao anaty ny kibo. Fièvre —, Tazo ndronono, avy amy ny ronono, natera-dronono. —, mitera-dronono, mitondra ronono. Voie —, pv Efi-taona, h vahindánitra, h vavahoana.

Lactifère, Mitera-dronono ; mitondra ronono ; fombány ny ronono, lálan-dronono.

Lacune, Ny foana anivo; Hóaka, fátrana; tómbaka, lóaka; foana, foan-draha, dílana, héntika, banga, rómbina. vo hoa-patra, hoak'ala, tombok'ala, tombakiaka, somoronkiaka.

Ladre, Lépreux, —, Avare. LADRERIE, Lèpre; Trano ny boka. Avarice.

Lagune, Ranovory kely, mahétsa-bory kely, h kamory; ranovory amy heniheny, rano midábaka.

Lai, Amy ny vahóaka fa tsy amy ny *Clergé*.

Laid, Ratsy tarehy, ratsy sora, ratsy vajihy, ratsy lahara, tsy méndrika, ratsiratsy, tsy maharavo ny maso, marokoroko, tsy maeva, ratsy hóditra. vo fokafoka, mamorofono. Une LAIDERON, Viavy tsy ratsy loatra ndre ratsy lahara. LAIDEUR, Haratsian-tsora; haratsy ntarehy; haratsian-kóditra, haforoforo, harokorokóana. — du vice, ny hántsiny, imbony.

Laie, Lambo-dý vavy.

Laie, Lalan'ety, lalan-kely anala.

Lainage, Lamba volon'ondry.

Laine, Volon'ondry, volon'aondry, maromanan'ondrikóndrika. Mouton LAINEUX, ondry be volo. Cheveux —, ngita. Qui a des cheveux —, olongita, o ngita volo. Plante laineuse, ahitra misy volo, ahitra volóina, somórina. LAINIER, Mpivaro-bolonondry.

Laïque, Olona foana fa tsy mba mpijoro.

Laisse, Tady fitanana amboa atérina. Le mener en —, manátitra azy amy ny tady.

Laisser, Mamela, mambela, manambela; mahafoy, mamoy, mahatsindry azy; mienga, miala amy ny; mandao azy. — faire, Manárana. — tomber, mandátsaka. — perdre, mamery. — le travail, mamétraka ny asa. Ne pas — dormir, tsy mampandry. —, vo manáfatra, mampandova, manome, manolo-karena. — pour un temps, h miantaha. — imparfait, tsy mankefa. — dans le danger, Tsy manáfaka, tsy mamonjy. Ne rien —, (manger tout,) tsy manisa. tsy nanisa'nao ny hánina? tsy be ny nasisa'nao. —, tsy mandrara. Y — ses os, Very taolana any. — le remord après soi, aráhina ny nénina. Ne pas — de, Tsy voly, tsy ménina. LAISSER-ALLER, fañaranam-bátana, ñaranan'ahy. Se — tuer, mañambela ou mahafoy tena ho vonóina; tsy malainko vonóina. se — aller, mañaram-po, miárana; mañáraka.

Lait, Ronono. Petit —, h rononobatsy. Premier — de la vache, h songo; le second, babiba, habibandronono, habobo, habobondronono. Cochon de —, Lambo minono. Dent de —, ny nify voalóhany ny zaza. ? vo kato. Perdre ses..., mifóna ny nify ny, afa-pona, mifo-nify izy. Frères de —, miolonono.

Laitage, Ronono sy soli-dronono sy ronono mandry.

Laitance ou LAITE, Ny z mandronono fotsy anaty filao lahy. voankaran-drano, ambeo mpilao Poisson laité, tilao misy fotsy anáty.

Laiteron, Feli-dronono.

Laiteux, Mandronono fotsy, misy ronono, milango, mitera-dronono.

Laitier, Laitière, Mpitery omby, n pivaro-dronono. Vache laitière, aomby vavy mañavy be, manjotso, be ronono.

Laiton, Varáhina milaro Zinc. Fil de —, Tari-baráhina.

Laitue, Añaran'añana fatao Salade.

Lambeau, Vóroka, vorobóroka, voro-draha; sómbiny, ? rombótana. — d'étoffe, de natte &, Voroboro-damba, voro-damba, voro-tsikina; h vorokitsay, voro-tsihy, vorodámaka. En —, mivoro-tsihy, triatríatra, pv triatriaka, rotidrótika, rotarota. — de chair, voroboro-kena; masikita, safindrina, kitoza, tokoza.

Lambin, Lambiner, Ela famaovan-draha, votsa, votsavo-sa, mihenohazo; mihenahena, pv mikirindreva, sk mikirireva, mitanésaka, midanésaka, h midarésaka, h mitoréraka, h mitorévaka, h mitoréraka; miezanézana, h mikísina, mikisinkisina; kisinkisinina; mitaredrétra, h medameda, meda; miatoato. Mihenìnkenìna, mihenìkemika, mipozipozy, h mihevohevo, h mitofézaka, h mitsirendréna, h mimasimasy; midasidasy. midonánaka, midoréraka, midoréraka, ? mitarekireky, milainalaiña, malaindaiña; mitoetra; kalaina

Lambourde, Sákana' ipetráhany ny rápaka, ? Varingárina, ? karátsaka, ? karátsana. ? lafindrihana; sakamandimby. —. Vatomalemy.

Lambris, Petadríndrina, ? peta-driba; soso-driba tsara, sosondríndrina, Rindriu-kazo, lampi-házo ambony, témitra ambony; Rindrina tsara, riba senga. Lambrisser, Manao —; Manisy —; manoso-dríndrina tsara azy.

Lambruche, Lambrusque, h Tahombóaloboka anala; pv vodimboalombon'añala, —, h voalobok'anala, pv voalombon'anala.

Lame, Lela; takélaka. — de cuivre, takela-baráhina; de couteau, lela-meso, lela n'antsy, lel'antsy. — de la mer, ríaka, onjan-ndrano, valon-drano, alona, alondrano. vo sélaka, silatsilaka LAMÉ, LAMELLEUX, misy lelalela.

Lamenter qc, Mitaraiña, mitretré, Mitomány, vo GÉMIR, mikonanaika, migogogogo, miviaka, mihentohento LAMENTATION vo GÉMISSEMENT. Accident lamentable, Rofy mampitaraiña, mampitsetséka, mampiliriaka, fitomaniana, fitañiana, mampisaona, mampilatsa-dranomaso, mampalahelo, feno rano, mampiory, mahory. Cris, voix —, teninimatiandrano, vavàni matiandrano. vo miróhaka, misalambérana, CRIER.

Laminer, Mamisaka tsara, manify, mankatify, h mahanify, mandamà, mandamatra, mipasoka takela-by &. Laminoir, z famisáhana' ny takela-by.

Lampe, kapóaka faslan-tsólika fanilóvana, akora fanilóvana; fanazava, fanilo, fanala; ilo; kapóaka fanilóvana. LAMPION, akora fanilóvana, fanilo kely.

Lance, Léfona, sabona; salohy; léfon-dava, léfon'abo. Petite —, h longy; vo raoka. Le percer d'un coup de —, Mandéfona, mitombo-défona, manindri-défona azy. — à feu, fanehenan'afo.

Lancer, Manóraka, manopy, mitóraka, mitopy; manipy, mandifika, vo manólaka, manosa, manósika, mandroso; tora-paza, torak'alefa, tora-bótsotra. Se —. miantòraka, miantopy; pour taisir, miantsámbotra, vo JETER

Lanceolé, lava rávina, matsira-drávina.

Lancette, Meso kely fanaterana os famateran-dra, fandidian-kóditra, famakian-drá.

Lancier, Miaramila mitan-défona, mpitan-défona, mpitan-tsaboha, mpandéfona.

Lande, Tany foana, sávoka, tany lava volo, tany maina, hiaka be, hav, roranga-be.

Langage, Teny, Vólana; fiteny, fivólana, fitenénana, fivolánana. — étranger, Beko, volan'olona.

Langes Foño-njaza, lamba-njaza, akanjo-njaza.

Langoureux: Ton —, antsa melahelo, marary, mampalahelo, malemilemy, mitaredrétra, mijehijeby, h mijokeka, manjónina, manjomótra, mampanjomótra.

Langue, Lela. —, vo Langage. — de terre, Tsiraka, orontány. Qui a bonne —, Leláña, mavitri-bava, vaváña, mavitri-dela, malefa-bava, maletadefa-bava, votso-dela, malaky lela. Mauvaise —, manta vava, ratsy vava, fitovava, marovava; Qui a la langue liée, embarrassée, reki-dela, amba-déla, miámbatra, miamba-dela, miambatramba-dela, tamba-dela, mifato-dela. Maitre de sa —, mahatambava. vo antsáky, tsélaka, lelalela; Masikita, safindrina, kitoza, tokoza.

Languette, lela kely.

Langueur, Hareráhana, halonjána, fahareráhana, fahosána, haosána, h fianána, fahaleména, hafontésana, rozy, rozirozy, fitarozihana. Languir, Mihiaosa, mihiareraka, miosa, miheña, mihiafonty, mihiakétraka, mihialazo, h mihomaranantsody. Languissant, Réraka, osa, osaosa, tandemena, lonja, madisadisa, malemilemy, mandranodránoka, mivaróraka, mitaróziks, mirozirozy, mivaróraña, mivarózana, mivaréraka, mirórika, miózina, miozinózina, mirózina, mirozindrózina, saozanina.

Lanière, Irin-koditr' aomby lava, anja-kóditra lava.

Lanifère, Misy volo toy ny volon'óndry, ? mivolonondry.

Lanterne, Vatra mangarangárana misy fañazáva; vatra fanilóvana, fanala, fanilo. — magique, fañilo mamindra sarin-dráha. —, teny foana, saim-pótsy, tsinontsinona. Lanterner q, Manangaoangano foana, manao saim-potsy amy ny. — n, Hésiter; mandány andro foana.

Lanugineux, (voankazo) misy volo malemy, be volo malemy.

Laper, Milela-drano tahaky ny amboa, mikélaka, milélatra; minona amy ny lela.

Lapereau, Zánaky Lapin.

Lapidaire, Mpiasa vato soa, mpandrafi-bato soa, mpivaro-bato firavahina, mpamboa-bato tsara. Style —, soratra ambony vato.

Lapider q, Manora-bato, manópy vato azy, mitora-báto, mitopivato azy; mitóraka, mitopy azy; mamono azy amy ny váto. mamono torabato azy. Lapidé, voa tora-báto, nitora-ham-bato, maty ny tora-báto. Lapidation, Tora-báto, topi-vato; fanoraham-báto, fanapiam-báto, fitoráhana.

Lapidifier, Manóva azy ho váto, mampanjary vato izy, mampody ho váto.

Lapin, ? akavavim-piso; Lapina, lapiny, h Rabity (de l'Anglais Rabbit.)

Lapse, Taona lany, vo Durée.

Lapsus linguæ, Vavalatsaka, teny lasa foana, teny diso. J'ai fait un —, Latsa-báva, diso vava, lasa teny aho.

Laquais, Ankizy n' ólona.

Laque, Anaran-ditv.

Laquelle, vo Lequel.

Larcin, halatra. — amy ny havitribaa-tanana. vo roba.

Lard, Hena-ndambo, mena-damba, jabora-ndambo. — salé, Lambosira. Lardé, nanetsan-dambo. Larder, Manetsaketsa (ou maniditriditra, manitritsitrika, manisy, manésika; mametsifetsy) tapatapa-kena-ndambo ou safindrindambo amy ny hankatavy azy. Lardon, tapakena-nkisò.

Large, Matáhitra, malálaka, be sakana, be ampéhiny, lehibé, h mitanatana. vo Bámbana, bambala, babala, mangábaka, mangabakábaka; mibanabána, midanadána, mivanavana; mivenavena, Benabena, mibenabena; mangévaka, mangevakévaka, mipélaka, mipelapélaka. h mikodana, mangoabao, mangoankóana, mangoaka. Navire au —, Sambo any Alaótra, Ambony, Ambámbana. Venir du —, Miboaka Bámbana. Aller en long et en large, Mandebandeha manaodia mifandikadika, miasa dia, miverivery. Q large, qui traite largement, manobohobo; h manabahaba, tia be, mikobaby. mpirasa be; tsy mahetry, tsy matity. Donner —, manome be; ? h mandoatra, manétsaka. Largeur, hatahirana; ny ampóhiny, ny antsákany, ilakéliny, lafiny, halehibé, ny, Largesses fanobohobóana, fanabahabána; z be omena, fanomezam-be.

Largue, Mivela-day, mivoha lay; malálaka, tsy hénjana.

Larguer, Mamótsotra, mamela, mamaha, manétraka. — n, malálaka, vaha.

Larigot, Anaran'anjomarv. Boire, Chanter à tire —, minona be, migáka be, miantsa maré.

Larme, Ranomaso. Larmoyant, larmoyer n, misy —, Latsa-d—, mandatsa-d—; ? miranarána rano ny maso ny.

Larron, Mpangálatra amboho. Larronneau, zaza mpangálatra

LAV

Larve, Lolé, lolo ratsy, ángatra, matoatoa, ambiroa, avelo.

Larynx, ny Tenda, ny tiboáhany ny feo. ? takonena.

Las, lasse, Voly; Dísaka, mókotra sásatra, vaha, váhavaha; méñina, vo Fatigué et róraka, répaka, mivandrózana.

Lassif, h Mijejojejo, h mijilajila, h mijangajanga, ngely, ngelingely, ebo, mpila ratsy; h mipelipélika, h pílaka, inipílaka; silasila maloto; h misangisangy. Lascivité, fijejojejóana, fijilajiláná filan-dratsy, hasilasilan-dratsy, fisangisangiána, h pelipélika.

Lassant, lasser, Mahavoly, mahadísaka, mankadísaka, mankamókotra, mahasásatra; mahaméñina, manótraka. Se —, voly, méñina, dísaka, mihiasásatra. Lassitude, hadisáhana, vo Fatigue; vandrózana.

Latanier, Dimaka..

Latéral, An'ilà: Partie —, ny anílany, ny ila ny.

Latin, latinité, latinisme, Fiteny ny *Romains* taloha, Latina. Latiniser, Manova teny hampitovy azy amy ny *Latin*; Manao fiteny Latina. Latiniste, Mahay Latina.

Latitude, Ny halavirana amy ny *Equateur*; hatahírana; soritr'an'sákany; halaláhana; ny malálaka; tsy misy fetra.

Latrie: Culte de —, ny Fanompóana any Zanahary hiany.

Latrines, Trano fangeréana; ? maromandeha.

Latte, Hazo lava fisaka; lelahazo, fitoro-písaka; hazo lava matify, sila-kazolava, vatrítra. vo háratra; fanántana, fafanantanana ténona; vovoñankáraka. Latter, Manisy lelahazo amy ny, mamono silakazo azy. Lattis, fitóroka fisaka, fitoropisaka; háratra, fáfana atafo, fáfana avóvona,

Laudes, Ny dera, liderána.

Lauréat, Nahazo vonináhitra, nasiana febiloha timaso ny vahóaka, manam-pehi-loba.

Laurier, Añaran-kazo tsy malazo; ravintsára. fg Gloire.

Lavage, fanasána, h fanózana. —, fisotro matsatso, sosoa be rano loatra, ro be rano.

Lavandière, Viavy mpanasa lámba.

Lave, Ny vato teno mitsororóka avy amy ny *Volcan*; ny aloa ny *Volcan*.

Lave-mains, kapila fanasána tánana.

Laver, Manasa; h manóza. Se —, — tena, lahára, tánana; Se — le visage, misáfo, misándry. Se — le corps, miséka; mandro. Se — d'un crime, midio, mandio tena. Donner à —, manóndraka. Étoffe qui se lave, misása, mióza, sasána, fisasána. Lavement, Fanasána; —, fanasan-tsinay, fanasam-bótraka.

Lavette, Voro-lamba fanasan-kapila.

Laveur, laveuse. Mpanasa; mpanóza.

Lavoir, Trano fanasána.
Lavure, Rano-nanasána ? rano-ntsasa. ? ozu-ndovia; fa.kana.
Laxatif, Fañafody mampandeha, mamotso-bótraka, h mampiválana, mampangéry.
Layer, Manao lalan' ety an'áia.
Layette, Akanjo njaza vao ho téraka; lamba-njaza mena.
Lazaret, Trano *ou* tany fitahána ny vahiny avy amy ny tany misy arétina, trano fitahána ny marárv.
Le Jour, Ny andro; Les hommes, Nv ólona, Ry ólona. Je le vois, mahita azy aho, hita ko izy. Je les appelle, mañantso reo (*ou* zareo, azy) aho, antsóvi' ko reo *ou* zareo, h antsoi' ko izy. vo Lev.
Lé, Ny antsákany ny lamba, singan-dráry, síngana, ampóhiny, sákany.
Lèche, Silaka mofo matify.
Lécher, Milélatra, h milélaka.
Leçon, Ànatra, fianárana, fañanárana; teny ianárana. Donner des —, mampiánatra. Lui Faire la — manánatra azy, mamindra ánatra amy ny.
Lecteur, Mpiventy taratasy. vo Lire. LECTURE, Fiventesan-taratasy, h famakian-teny, fitetezan-tsóratra, fizakan-taratasy, fizahan-taratasy, fitorian-taratasy.
Légal, Andráriny, amy ny hitsy ny, márina, mety, mañaraka ny lálana, anóhany, anérany. LÉGALISER, Manamárina, Mankamárina, mahamety, maható. LÉGALITÉ, hitsy ny, hamarínana; fañarahan-dalána.
Légat, Iraky ny *Papa.*
Légataire, Ny o omen-draha, omen-káfatra, añampairandraha. LÉGATION, Ny raharaha ny Iraka, ny tany fehéziny ny iraka.
Légende, Angano, tantara, tetiarana; filazána, h filaza.
Léger, Maivana, maivañivana. vo Leo, faingan-tóngotra, maivam-bity, miembonembon-jery, manjióna, miovaova, tia vao; kely; endrin endrina, mora foana, miangatrángatra, tsy maháritra, tsy réndrika jery, tsy matoy fañahy, fánina, fanimpánina; káboka, kabok'aty. LÉGÈRETÉ, Haivánana; h fahamaivana. vo fiovaóvana; fitiavam-bao, saimpotsy; hevitr'ambony, fiembonembonanjery, haendrinendrénana, hadaladalána; tsy fitandrémana, halakiána.
Légion, Toko miaramila.
Législateur, Mpanao diditany, Mahadídi-tany; h mpanome lalána. LÉGISLATION, fanaóvana diditány *ou* malon-tány, h lalána. LÉGISTE, o mahalala ny....
Légitime, Mety; amy ny mety; tsisy tsiñy, Tsy rarány ny diditány, tsisy fetra, tsy ampetra, márina, andráriny,

mahitsy, tsy diso, manáraka ny laláoa; hiány, izy hiány, izy tokoa; áraky ny lalántany. Épouse —, vady heny, ankitiny, edy, an-trano. Enfant —, zánaka an-trano, tsy ampá sina, h tsy zazasary, ? tsy nangalarim-piteráhana, zánaka amy ny lalambady. ? mahitsy fiteráhana, tsisy tsiñy. Roi —, mpanjáka natsángana, maórina, ankitiny. LÉGITIMEMENT, amy ny hitsy ny, andráriny, manáraka ny diditány ny Zanahary. LÉGITIMER, Manamárina, mankamárina, mañitsy, mankahitsy; mañala antsa (ou handra, éngoka, tsiñy) azy; manao ho márina fa tsy ho zaza-sary. LÉGITIMATION, fanamarinana. LÉGITIMITÉ, ny toetra manáraka ny diditány, toetra márina, toetra andráriny ; hitsy, hamarinana.

Legs, Haréana omeny ny olona ho maty námana, háfafatra, harena voa háfatra; h vo tolobóhitra, tolobolótara ; z atao ho lovain'iano. LÉGUER, mañome, manólotra; h manáfatra; vo mañampaitra.

Légume, Añana ndre ino ndre ino, g hani-mainty,[h haninkótrana, g hanimbókatra. vo lóndona, lengo, lengolengo, herotrérony. Plante LÉGUMINEUSE, añana mamihy añaty hóditra otry ny ambátry ; añana mamoa hani-mainty.

Lendemain; Le —, ny andro fanáraka, ny amaray, h ny empitso; rah'ampitso, lah'amaray. Jusqu'au —, h ? ambarapahamaraina ny andro ; ? hatra-maraina. LE — matin, dites LE matin, ou kiak'andro amaray.

Lénifier, Mahalemy, mankafonty, mankamora. Un LÉNITIF, fañafody mahalemy, mampahalemy toy ny ménaka ahoso-pery.

Lent, Votsa, votsavotsa, tsy maláky, tsy malady, tsy féngana; miádana. vo LAMBIN, moramora foana, mavesabésatra, h mivozavoza, h mivozivozy; h somararetra, mivosavosa, ánoka, miánoka, tsivinitra; malálaka. Marcher, parler lentement, miádana, miádana dia; votsa dia; miadam-piteny, miadam-bava. LENTEUR, Havotsána, havotsavotsána, fiadánana amy ny fanavan-draha, h havozavozána; h fibanéhana, darésaka, kirindreva.

Lente, Atody nkao.

Lentille, Voan'añana fisapisaka; ? voantsanjy. —, fitáratra mivonto añila ny roy táhaky ny Lentille. LENTILLEUX, maro tebotéboka, mitentinténtina, taindalérina.

Léopard, Biby masiaka miramira amy ny piso misoratsóratra.

Lèpre, h habokána, boka; pv ? tahéna; vo GALE; ? mangina-hómana. LÉPREUX, h boka, olom-boka, pv ? misy tahéna; ratsi-hóditra. vo koko. LÉPROSERIE, trano fitahána (h fitsabóana) ny boka.

Lequel, Laquel, Zay, Izay, Izy; —? Zovy? Iza?, ny aiza?
LESQUELS, Izay, reo, zareo. —? Ry zovy? ry aiza?
Les hommes, Ny ólona, reo ólona.
Lèse: Crime de — majesté, h héloka be an'Andriana, fankaratsiana ny mpanjaka. LÉSER, Mandratra, manimba, mandrómbina, mankaratsy, mar-Iróbaka. Se —, maratra.
Lésine, vo Avarice. LÉSINER, Être Avare, tsy mahafoy, matity.
Lésion, Fanimbana, faharátoana, harombiñana, vo DOMMAGE, BLESSURE.
Lessive, Rano-ndavénoka, Rano-njofo, rano mahasasa. LESSIVER, Manasa amy ny —.
Lest, Ny vato atao ambany ny sambo fañarémana azy, vato tsy mampihilangilana.
Leste, Maláky, malady, mavio, maivana, mazingana, mavitrika.
LESTER, Manisy vato fañarémana anaty sambo.
Léthargie, Toromaso manantambo, h torimaso be manindry, h? sodriantory; h fahatoriana, fahatoréana. Sommeil LÉTHARGIQUE, toromaso heriny ny faty,? sondriantory.
Lettre, Sóratra, taratasy; vo foto-teny, letatra. — de change, Taratasy atakalo vola, ou fividiam-bola. Les —, ny fahaizan-taratasy. LETTRÉ, miánatra, mahay taratasy.
LEUR pays, ny tany Ndreo, ny tany Njareo, k ny tany Ny. LEUR parler, mivólana'amin-dreo, amin-jareo, amy ny. Le leur, ny an-dreo, an-jareo, h ny azy. Leur rendre visite, Mamangy reo, zareo, azy.
Leurre, fg fitaka fitarihana, ófana, h jono. LEURRER, mamitaka mitárika an-dro mas, mandátsaka an-tsóboka.
Levain, z masimásina mampitombo ny mofo; laro; fanasina, fanasirána, ny masirasira; vo Fade.
Levant s, ny antsiñánana, sk atiñánana; ny tany fiposáhany ny masoandro. Le soleil —, ny masoandro vaky, mipósaka. Peuple LEVANTIN, Fañitr'olona any antsiñánana.
Lever qc, Manéntana, manónjona, mambeta, manángana, mambata, mambatabáta; manenga, manainga, manóndrotra, manioha; mampifoha, mampakatra, mampanonga; manoitra. — la tête, miándra; — loha; manandra-loha; manangan-doba; h mitraka. — les yeux, miandra-maso, manandra-maso; vo miandrándra; — l'appareil, Mañala, manésotra lotsatsa; des troupes, maka o ho miaramila; les impôts, mampandoa hetra. Se —, Miónjona, mitsángana, mifoha, miéntana, miárina, misándratra, mivóhitra; comme le soleil, mipósaka, vaky, misého, miákatra. Se — de table, mienga amy ny, niala. — n, Misóndrotra, miákatra,

miónjona; mingitríngitra; —, vo GERMER. — par un bout, mianganga, mitsingánga. Aller tête LEVÉE, mianganga mandeha. La brise est LEVÉE, Efa látsaka ny tsioka. Le LEVER s, ny Fifoházana, fionjónana, fitsangánana. — du soleil, vakiandro, vaky masoandro, ny fipotsáhany ny mahamay, kiak'andro. LEVÉE, Fanangánana, fanonjónana; fañentánana.

Levier, Fañoirana, fañoitra; fañonjonan'éntana mavésatra; fañentánana. Lever avec un —, mañoitra z.

Levis: Pont —, Tetézana ampakárina sy ampidínina.

Lévite, Reo *Israélites* zafy ny *Lévi*. Levita. Reo mpitahy ny mpijoro tamy ny *Juifs* taloha.

Lévitique, Ny taratasy fahatelo amy ny *Pentateuque*.

Levraut, Zánaky *Lièvre*.

Lèvre, Mólotra, soñy. Repentir des —, Valombava. Sur les —, an-tsoñy, ambava.

Lévrier, Amboa lava-váva abo vity mpañiana *Lièvre*.

Levure, Vóry ny *Bière* fatao *Levain*.

Lexicographe, Mpanao *Dictionnaire*. LEXIQUE, Dikisionary.

Lézard (gros), Andróngo, antála, sitry; Petit —, antsiantsy, pv antsantsa; Petit — vert, Tsátsaka.

LÉZARDE, androngo vávy. —, vakiváky amy ny rafibáto; vo CREVASSE.

Liaison, Firaíhana, h firaisana, fanohízana, fitohízana, fihaónana; famehézana, fehy, tohy, fandrafétana, fikambánana. En —, mifaméhy.

Liane, Vahy. vo —mafy &.

Liant, Malémy, mafonty; madity. —, malemy fañáhy.

Liard, Vóla madínika indrindra tòkony ho vary efabenty.? eranambatry.

Liasse, Fehian-taratasy miharoharo. —, Famehíana.

Liban, Vóhitra amy ny *Syrie*.

Libation, fañidíñan-devéna hañomezam-boñináhitra ny *Idoles*; Idin-draha fijoróana, fañátitra aídina, loha-joro aídina, joro aídina.

Libelle, Taratasy fañasahána. LIBELLISTE, mpanoratra ómpa.

Libéral, Mañome be, matárika, mahafoy vola, ti-hirása, ta-hanome; miantra, tsy matíty. LIBÉRALITÉ, hataríhana, fahataríhana, fañomezam-be, firasána be, h, fiantrána, tsy fatitiana.

Libérateur, Mpamótsotra, mpañávotra, mpañáfaka, mpamélona; mpamonjy.

Libérer, Mañáfaka, mamótsotra, mañávotra, mandefa, mañandefa; mamóaka; mamaha. Se —. — tena: mankefa trosa; manitika raharaha éntina. LIBÉRÉ, áfaka, vótsotra, nalefa.

Liberté, Havotsôrana. — d'agir, Lálana, fahefána hifidy, safidy, fifidiánana, fahafidiana. Etat de —, Havotsôrana, fibarerána, toetra tsy misy sákana. — trop grande, familiarité, antikántika, kantikántika, fiantikantéhana, fikatrakatráhana, fitsintseforana, fisengisengiana. Prendre la —, Mihantahánta, mitosy, misengisengy, h miangolangola. Agir avec trop de —, trop LIBREMENT, être trop LIBRE, Miantikántika, mikatrakátraka, mitsintséfotra ; h alikalika, mialikalika, h satriatria, misengisengy loatra ; mahasáky loatra. vo mikamikamy, nikanéfoka, mikatróaka, minehaneha; minekoneko.

Libertin, Libertine, Korombémbana, pv Jengajenga, ngely, ngelingely; manira-bátana amy ny ratsy, tsy mamebátana, maromaso, miandravavy, mindralahy, h jangajanga, h mijejojejo, h mijangajanga, h mipelipélika, g manantsontsan-toérana. LIBERTINAGE, fitondran-teña ny korombémbana, toetry ny ngely, tsy fameram-bátana, h fijejojejóana, h fijangajangána.

Libraire, Mpivárotra livatra (*livres*), mpivanga taratasy, mpamidy boky. LIBRAIRIE, fivarotan-divatra.

Libre, o Tompo ny teña ny; tsy sakanan-draha, tsisy fetra, tsy ampétra, vótsotra; vóhitra, andriana, bosína, tsy manompo, áfaka, tsy teréna, miharera, manan-dálana, tsisy sákana, mibaranahy ; manampahefána, manampifidiánana; tsisy meña, tsisy fady; mety, azo. — FAMILIER. Trop —, vo à LIBERTÉ.

Lice, Tany ifañalána hazakázaka, fiadivana, tany fampiadívana ombilahy. LOH'alo fiadiana.

Licence, Tsy fahaizam-petra; fisengiana, fahasahian-dóatra; —, VO LIBERTÉ trop grande. —, vo Libertinage. La — de faire, lálana hanao; famelána, fañafáhana.

Licencier des troupes, Manáfaka maramila, mampandeha, mañandefa, mamótsotra, mañome lálana azy. manome taratasy famotsôrana. LICENCIÉ, nomena taratasy famelána; áfaka, vótsotra, nalefa.

Licencieux, h mijejojejo, pv mijengajenga, h mijangajanga, silasila loatra, sañopehézina, mañantsóntsana, ratsy be.

Licite, Mety atao ; tsy rarána, tsy ampetra, tsisy fetra; márina. Agir licitement, tsy mañota, mañáraka ny malontány.

Licorne, Kaka tokan-tándroka.

Licou, Tady famehézam-bózona ny sovaly handrohízana azy, famatoran-doha ny sovaly.

Lie, Fékana, godra; tay ny, loto. — du peuple, Rorohantav n'olona, mpanosi-áhitra, faraidina.

Liège, Hodi-kazo malemy fatao takon-tavohangy ou fatao tséntsina.

Lien, Kofehy, famehiana, famehézana, tady, famatòrana, famahórana; h mahazáka.

Lier, Mamehy; mamáhotra, mamátotra, mamehifehy. manohy, manohitohy, mandrohy. Se — à q, — tena amy ny. Se — (ensemble), mifamehy tena. vo mandrékitra, mampiray, mañambana.

Lierre, Anaran'áhitra tsy malazo mandady ka mandrékitra maré.

Lieu, Tany, fitoérana, tokotány. En tout —, amy ny — ziaby, amy ny daholo. En quelque — que ce soit, na aiza 'na aiza; ndre aia ndre aia. Dans un autre —, ankafá. J'ai — d'être surpris, tòkony ho tsérika aho. En second —, Amy ny láfatra, láhatrá, rántina faharoy; ny faharoy. Avoir —, ARRIVER. En tenir —, misolo, misoatra azy, solo ny, soatra anazy. Au — de maison, asolo trano, atao solo-trano. Au — que, Fa; vo fanga, kandeha, ka, kanjo, kanja.

Lieue, Lálana mahampy dia telo arivo; teloarivo síngana; *Mille* telo.

Lieutenant, Solo, solontena, solotena; faharoy, h dimivonináhitra, h léfitra, h lefitranátiny.

Lièvre, Sakavavimpiso maláky milomay.

Ligament, Ny òzatra mahéry mamehifehy ny taolan'olona,? fehintaólana. Plante LIGAMENTEUSE, áhitra mivolimbolim-báhatra.

Ligature, vo Lien.

Lignage, Karázana, h taránaka, tetiárana, ? tetirázana. firazánana; h tamingiana, ? tohilany, hávana, zánaka; Rázana.

Ligne, Rántina, láhatra, h tsipika, andáhatra, andínika, andálana, sóritra, táriny, sáriny, rantiranty, filahárana. Ecrire hors de —, amy ny soritana tavela. Mettre en — de compte, mañatao anaty isa. —, tady fañitsiana z, h tsipika, h fitsipika, fitsipihana; Tady fanorítana. —, Tady famintánana, tadi-mbintana. Troupe de —, Miaramila miróntina amy ny tron'ady. —de Circonvallation, hady vory, hady mañodidina.

Ligné, misoritsóritra, somóratra.

Lignée, Zánaka, zafy, atéraka, taránaka, tamingana.

Ligneul, Taretra be fanjaifan-kiraro.

Ligneux, karaha hazo, be hazo; maha-hazo. Se lignifier, Manjary hazo, mody hazo.

Lignivore, Homan-kazo.

Ligue, Firaihan-jery hanao z, fihavánana, fifañekéna, h

firaisana tétika, h kaondoha, pv haon-doha; fihaonan-doha. vo ? kitsina, ? kitsona; andániny, fiandaniana. LIGUER, mampiraiky, mampikaon-doha, mampihaon-doha, mampifanéky; h mampiray tétika; mamehy. Se —, mifamehy tena, miraiky jery; miray tétika, mifanéky; mikaon-doha, mihaondoha; miandány amy ny iano. vo mikómy, miótlina.

Limaçon, sifotra an-tány.

Limaille, Vovo-bý, vovo-baráhina.

Limbe, Fitoérany ny zaza tsy nahazo batemy. fitoerandreo Olo-márina naty taloha naviany i Jeso-Kry. Fitoeran' añaty ny tany. ny ambany ny tany.

Lime, Tsófa. vo Ravin' ampály, ohim-pay. LIMER, manófa, manatsófa; vo mamay, mañampay, mifay, manampály.

Limite, Fieférana; Éfitra; fáritra, lany, sisiny; fetra; faritány, sefy. LIMITER, mañisy fieférana, Manéfitra, mamáritra. vo BORNER. LIMITROPHE de., antsisiny, amórony, amy ny fieférany ny..; Mipáka, mifify amy ny; qui sont —, tokain-pieférana, mifanila

Limon, Fótaka, fota, tany mandrévo, faikana. LIMONEUX, be —, magódra.

Limon, Voasáry, voamándina; Tsoha be rano. ? voangy mámy. LIMONADE, Rano-mboasáry. LIMONIER, hazo-mboasáry, vodi-mboasáry.

Limpide, (Rano) Mangarangárana, madío, mazáva. LIMPIDITÉ, hadióvana mangarangárana.

Lin, Añaran' áhitra misy farórat a atao lamba tsára; h ? rongony; ? hariry; ? lamba-ndróngony.

Linceul, Lamba afoño ny maty, foño-mpáty.

Linéament, Ny soritsóritry ny sóra n' ólona.

Linge, Lamba. vo sikina, táfy, saïmbo. hariry. LINGER, LINGÈRE, Mpitahiry akanjo, mpikajy lámba, mpañompy sikina; mpiambin-dámba; mpiahy lámba. Mpivaro-dámba. LINGERIE, Trano fañompian-dámba, fikajian' akánjo, h fitehirizan-dámba. fivarotan-dámba.

Lingot, Anja-bola, volongam-bola, vongambola. h akorambola; Vola mivalólana ou mivalóvoka.

Linguiste, Mpahay ny teny n'ólona.

Linteau, Tataombaravárana.

Lion, Añarany ny mpanjáka ny biby rehetra. Lióna. vo songaomby. LIONCEAU, zana-diona.

Lippe, mólotra ambany be.

Lippitude, Nana mitsororóka avy amy ny maso; h tsopi-tsopy; didimaso. vo CHASSIEUX.

Lippu, Be mólotr'ambany.

Liquéfier. vo FONDRE. se —, manjary rano,

mody rano.

Liqueur, Rano-draha, Tóaka mamy, Larandy; fisotro mahery.

Liquide, Aídina, toy rano; rano, toe-drano.

Liquider, mandio, manáfaka, manala ny vola n'ólona amy ny. mankéfa trosa.

Liquoreux, (Divena) sady mahéry no mamy.

Lire, Miventy (ou Mamaky, mizáka, mitety, mizáha, manónona) tarátasy. --- dans le cœur, mahita ny am-po.

Lis, Voninkazo fotsy jiaka.

Lisible, (sòratra) azo vakina, azo ventésina. Écrire lisiblement, manao sòratra móra vakina.

Lisière, molo-damba, mólotra, sisiny. vo akotso.

Lisse, Malama, malámatra; malamaláma, madoso; h malambolambo. LISSER, Mandama, mandámatra, mankalámatra, mankadóso, mikásoka, mipásoka, h mandambo. LISSOIR, Fipasóhana, fankadosóana, fandama.

Liste. vo CATALOGUE; tetezan'anárana, tohitohi'nanárana.

Listel, Kira fihaminana amy ny riba.

Lit, Fandríana, kibány, farafara; láfika, lafi-pandriana. Bois de ---, kibány, farafara, h komby, h valolana, h valolavana, h tantaribe. --- de terre, láfika tany; de sable, lafi-pásina. --- sur les pirogues, kitrantrá. --- de rivière, Maso n'ony, maso-ndrano, alo, aloalo. Faire son ---, Mandáfika, mandámaka; manajary fandríana.

Litanies, Fijijíana, filaharan-dava.

Liteau, Hazo-lava matify; vatrítra.

Literie, z fandríana ndre ino ndre ino.

Lithographie, Sòratra amy ny vato.

Lithomonie, Ny manisotra vato ao amy ny tavaniana.

Litière, Lafik'áhitra andriany ny aomby. ---, Fitakónana; tákona.

Litige, Ankány anatréfany ny mpimalo; ady amy ny fitsarána; adiady. Droit LITIGIEUX, Fady azo iadivana.

Litre, Bakoly faneránana rano. Litra.

Littéral, Manáraka isan-teny. Sens ---, ny fòtony isambólana.

Littérature, Fahaizan-táratasy, Fahaian-tsóratra.

Littoral, ny Morondrano, anolodrano, sisindrano. --- a, amorondrano, manolo-drano, antsisindrano.

Liturgie, Ny Teny sy ny fatao amy ny fijoróana ; ny fanaóvana joro, ny teny fisorónana.

Livide, ? mangana. LIVIDITÉ, ? hamangánana. vo Blême, Pâle.

Livraison, Fanolórana, tólotra, tolo-tánana.

Livre, Taratasy ; g livatra, h Boky (*Book Anglais*). LIvre, Añaram-bato-mizána; añaran-danja.

Livrée, Ny tafy famantárana ny andríana tompóina; fitafiany ny mpanompo.

Livrer, Manólotra; mañome; mahafoy, mandao, mamela. Se —, — teña. — bataille, mandráñtr'ady, manantátr' ady.

Livret, Taratasy hely féntina misyñañaran-teña.

Lobe de l'oreille, ny Ravin-tsófina.

Local a, Amy ny tokotány raiky fa tsy amy ny daholo. — s, tany, fitoérana; toetry ny tany.

Locataire, Mitoetra amy ny trano tambázana ; mpanamby trano, h manofa.

Location, Fanambázana, famondróana.

Locomotif, Ny mamindra, mampifindra tany; ny mandronjy, mandroso. LOCOMOTION, fifindran-tany, fandrosóan-dia.

Locution, vo Langage.

Lofer, Manétra tsioka, misótroka, mitánjaka azy.

Loge, Trano kely, éfitra. Maison LOGEABLE, trano azo onéñana, azo itoérana. LOGEMENT, Trano, fonéñana, fitoérana, trano miéfitra. LOGER q, mampiandrano o, mampónina, mampitoetra o an-drano. — n, mónina, mitoetra, misy. Se —, mifidy ou málaka trano.

Logique, Fañitsiam-pañahy, fandaharan-kévitra mahitsy, fañareman-jery ; fahaiana adi-jery. LOGICIEN, mahay ny —; maharesy amy ny adi-jery.

Logis, Trano, fonéñana, fitoérana.

Logogriphe, vo Énigme.

Loi, Malo, diditány, sk lilitány, didy, lily, h lalána; fañiráhana, fañasána, fanapáhana. vo Hetra, randran-tarihina, fandriandríany, vontady, fetra, fepétra. Recevoir la — mañeky.

Loin, Lávitra. vo lasandávitra. Très —, lávitra indrindra, h andakira. Un peu —, plus —, Lavidávitra. — de moi, (absit,) Azanizány, eha, eisy, g sañatria, bitra. Il vient de — en —, malánka fiavíana, malálaka fiavíana izy.

Lointain, Lávitra, mihátaka, tsy misehoseho.

Loir, Biby mira amy ny voalavo be mandry foana fiharirinina.

Loisible, mety atao.

Loisir, Andro malala-draharaha, andro foan'asa, halalahan-draharaha, andro. anelanelan-draharaha, añelanelan'asa. à —, amy ny andro foan'asa, anelanelan' asa. Qui a du —, malala-draharaha, malalak'asa, misy andro.

Long, lava. Un peu —, lavalava. Temps —, andro ela.

Cable —, tady abo. vo lavareny, lavararatra, dangadanga, dingidingy, lingilingy, langalanga, rakopiarany; mitezotezo, milenjolenjo, milénjotra; mikararavy, miraviravy. — à l'action, ela fanaovan-draha; manela, miela; vo Lambin. Le — de la mer, vo Longra. Dix brasses de —, Refy folo ny halavány. Les bois de —, ny hazo andávany, ny andávany. Mets-le en —, ataovo an-dávany, ataovo manáraka ny andávany. Tomber de tout son —, lavo miandrongo. vo mitsótra, mitozozotra, mivátra, mivabátra.

Longanimité, Fo maháritra, fo mandéfitra, fo mandiñy, fandeférana, hamoram-pañahy, fahadiñásane, fi-miana; ny mahari-po.

Longe, ánjaka, hosin-dava. — de bœuf, h mananétiny, ny hena andávany ny lamósina.

Longer la mer, manólotra, manáraka, manaraka amórony ou antsisiñy.

Longévité, Ny haelány ny andro fiaiñana.

Longitude, Sóritra andávany; ny halavírany ny tany, Atsiñánana amy ny andréfana.

Long-temps, Ela, lebánika. Très —, elabé; ela zay, izay ela izay, ela dia ela. Pour —, ho ela. Depuis —, Il y a —, ela; laitrizay, laitr'elazay, hatrizaihatrizay. être —, manela. Le faire durer —, manela, mankaela azy; vo manántitra azy. Après —, à la longue, Efa nahampy ela, efa nahampy elaela. Qui vit —, ou longuement, ela ou lava; avelómana; vélona ela.

longuet, Lavalava; ela, aboabo.

Longueur, Halávana; h sandávany, habósana. Des —, teny lavareny. En —, andávany. Tirer en —, ac Mankaela, mankalavalava, manela, mampihazohazo, mitari-dava; n, ela, miela, manela, mihialava.

longue-vue, Maso-lávitra.

Loquace, Mivolambólana lava, vavána, vo Babiller, Jaser; et h miketsoketso, h mingenongéno, h mimenoménona, mitefintéfina. Loquacité, vo Babil.

loque, Voro-dambo. En —, efa vóroka, triatriátra, triatriaka.

loquet, Gadra-mora famodiam-baravárana. h fihazonam-baravárana, fitanan-tamiana; hidy onjónina.

Lorgner, Mizaha mañorirana, h mangárika, h mibánjina, mangala-pijery, h mitsingioloka, manara-boamaso, mañiry, pv manéritra, mijeriana, mitséndrina azy. —, mitáratra azy.

lorgnette, Lorgnon, Maso-lávitra kely; fangarihana, tijeriánana; solomaso; h ? fitsingiolóbana.

lors, adv. Tamy ny, laha tamy ny, raha tamy ny. — méme, na dia, ndre. Pour —, amy ny zany.

Lorsque j'étais malade, Laha, h raha zaho narary, Tamy ny nararia'ko, tamy ny zaho narary. — il eut parlé, Lahefa nivólana, h rehefa niteny, h nony efa niteny izy. — j'irai, zaho koa handeha; Izikoa ou Raha zaho handeha. vo fony.

Lot, Anjara, anjady, rasa, zara; toko, tókona, antókony. Divisé en —, mitokotoko, h mitsinjara ; voa tsinjara, voa rasarasa.

Loterie, Filokam-bola, ? fanaóvana mosalahy.

Lotion, Ody fanasána; fanasána.

Lotir, Manokotoko, manokontókona; mirasarasa, maninfijara.

Louable, Tókony hankalazaina, h tókony hoderaina; h dera. vo LOUER.

Louage de qc, Fanambázana, famondróana, h fanofána; sara, tamby. De —, tambázana, fondróina, saràna.

Louanges, Teny fankalazána ou fadazána, h fiderána, fañaboabóana, fañañoañóaña, fañengiana, fandazalazána; Déra. Qui recherche les —, te-hoderaina, h ? tefitra. Louanger, Miberadera, mandazalaza loatra.

Louche, LOUCHER, Ambala-máso, ambevi-máso, ambálana. h njola. ? mitsopiaka.

Louer q, Mankaláza, mandaza, mañaboabo, mañañoaño, h mañavoavo; h midera, mañengy, mañandriana, mandrengy o. Se —, — teña, — vátana.

Louer une piroque, Manamby, mamondro; manara, manofa. Se — à q, Mitamby, mifondro, mikarama, malaka tamby, mala-póndro, maka karama amy ny o. Il se loue cher, saro-pondro, sarotra tamby, be karama izy.

Loup, Amboa-dý, h amboa-dia. (Quand on parle du loup on en voit la queue,) vo Masimposaina.

Loup-garou, songaómby.

Loupe, Fitáratra vory mivóhitra añilany roy ka mampitombo ny z taráfana; ? h Andohandámbo; fitáratra mampitombo. —, tóñona, kiambo, vonto. Arbre LOUPEUX, hazo be tóñona, toñónana.

Lourd, Mavésatra. vo Mahavésatra; mavesabésatra, mafónja, mafonjafónja, manjéngina, votsa, maónjana, montamonta, dómbo, dómona, mivaikavaika, miraikiraiky. —, LOURDEAU, mavesa-tsaina, barabara saina, tahontáhona, Badrahódra, Tóndrina, tondrendrena, tsitondrítra &, vo GROSSIER; marofarofa táñana, et miahoaho, mavesa-bátana. mandronjirónjy. Marcher LOURDEMENT, mibekabéka, u miletaleta, militalíta, pv mibitabita. Le jeter —, manónta, mandabóboka, mandalabóboka azy. Se jeter —, miantónta, miantréka, miampôfoka.

Lourderie, hadaláma be, hadombóana, habadrahodrána.
Lourdeur, havesárana, fihavesárana. vo litalita, Bitabíta.
Loutre, Añaram-bíby karaha piso.
Louve, *Loup* vávy, amboady vávy.
Louvet, (sovaly) mivolon' amboa dy.
Louveteau, zanak' amboa(dy.
Lonveter, miterak' amboady.
Louvoyer, Miviriviry, mivilivily, miolikoli-día an-dranomásina tahaky ny sámbo.
Loyal, Marin-toetra, marim-báva, marim-pó, mahitsifó, tsy manan' am-po, tsy mamitaka, márina. —, tsy miharoráno. LOYAUTÉ, hamarinan-toetra, hamarinam-po, hahitsiam-po, hitsim-báva; ? fankatóvana.
Loyer, Támby, fóndro, karáma; h hofa. Donner à —, vo Louer.
Lubie, vo Caprice, Fantaisie.
Lubricité, vo Lascivité, Firôñany no fo amy ny o hafa diany.
Lubrifier, Mandáma, mandámatra, mankaláma, mankalámatra; Mahalambolámbo; mankadóso.
Lubrique, vo Lascif.
Lucarne, Varavaran-kely ambóny; kápika, hírika.
Lucide, Mazáva, mazavazáva, mamirapiratra, mangirangírana, mangerakéraka. Fou qui a des moments —, o adala mody saina indraikindraiky. LUCIDITÉ, hazavána, famirapirátana.
Lucratif, Mampahazo vola be *ou* tómbo be, ahazoambola-be, mahavókatra, mahasoa, fanjatóana.
Lucre, Tombo, tómbony tomboam-bárotra, ny azo; ny azo ambony; harena.
Luette, ? Tendakely; ? lanilány.
Lueur, hazavan-dratsy; herakéraka; fisehoam-betibety. ÉCLAIR, pélaka, pelapélaka, pelapélatra, pilapilaka. vo Jeter une faible —, mazava ratsy, mazavazava, mangerakéraka, ? mamelovelo, mipelapélaka, mañelatrélatra, mangílotra, mangilokiloka.
Lugubre, (antsa, taraiña) malahelo, mampalahelo, mahalahelo, mampanjomóka, manjorétra, manjomótra. (sora) maiziñizina.
Lui, Izy. Lui-même, Izy hiány, Izy edy, Izy lañy tena ny, ny Tena ny edy. De lui-même, ho Azy, maimaimpoana. C'est à lui, h Azy izany, pv Anazy zany, sk Anány zany, pv nibin'azy zany. Lui parler, mivólana Amy ny, *ou* Amin' Azy. Lui nuire, mandrátra Azy.
LUIRE, LUISANT, Mangílotra, mangilokíloka, mihilontrílona, mangilotrilotra, mipilopílotra, mipelapélaka, mipela-

pelatra, mamirapiratra, manelatsélatra, mandimandina, mihalontrálona, minendonéndo, mañiréndrina. Ver luisant, hiréndrina, kiréndrina, h haréndrina, h ? angamenavava. Le luisant, ny hílotra, hilontrílona, híloka, hilokíloka, pilopiloka.

Lumière, hazavána, fahazavána, zava; ny mazava; ilo, fañilo, fañilóvana. Apportez-la —, ento aty ny fañazáva. — du fusil, hírika, lóaka.

Lumignon, Vodinjiro támpitra, lahinjiro manétroka, tapa-jiro ho maty.

Luminaire, Fañazava, fahazavána, fanazavána.—, fañilo, jiro, fañilóvana.

Lumineux, Mazava, vo Brillant.

Lunaire, Momba ny vôlana. Rayons —, dio-mbôlana, diavôlana, diompanjava, davôlana; tsiritsirim-bôlana

Lunaison, fiovány ny vôlana, ? herimbôlana, ? vôla-mipáka.

Lunatique, adala manara-bôlana; h ? seli'ny.

Lundi, Alatsinainy, tsinainy, sk tinainy, alatinainy.

Lune, Vôlana, sk fanjava. Le clair de la —, v. diavôlana, mazavambôlana. Nouvelle —, volan-tsinana, volambao, volan'antety, fanjava antety. Sans —, Maizimbôlana. Pleine —, fenománana. vo Vôlana. Toute une —, iray vola-mipáka.

Lunette, Solo-maso, indra-maso, maso miudrana, ambara-maso, sôsoka-maso. — d'approche, maso-lávitra.

Lustral, (andro, rano) fañafánana; mahadio. Lustration, áfana, fañafánana, fandióvana; fañalam-bisa.

Lustre, vo le luisant, le Brillant. —, vo Candelabre. Un —, hadimian-taona, taona dimy. Lustré, vo Luisant.

Lustrine, Lamba malama matify verambérana.

Lut, Fótaka atámpina kapóaka atao amy ny afo.

Luth, Valiha be indrindra.

Lutin, Lolo, lololoto, kaonkaona, tsikaonkaona. —, Espiègle. Lutiner q, Mahasósotra, mitsibotsíboka, mikotrankótrana azy.

Lutrin, Latábatra fivoríana hiantsa, antóka fiantsána, Tsangan-kazo fiosehana.

Lutte, Tólona. vo ady, tari-baniana; tolonjaza. Lutter, Mitólona, mitolontólona, manao tari-baniana, mifamimbátana, mifampitólona, miady, miadiady; mifandavo; mifananjatánjaka. vo mitrafantráfana, miézaka, miolañólana; vo mikidikídy, mifañatikátika. vo Boxer. — contre les flots, miady ny ríaka, mitánjaka, mifáhana azy, manao di-doha, ? miantoto maty, mamaly toto, mamaly ronjy. Lutteur, Mpitólona, mpiady.

Luxation, Déboitement.

Luxe, Fihaminan-dóatra, fandaniam-bola, be amy ny fihamínana; fiomanan-dóatra, fiangiangiana; Tabíha; fitabihána. Qui a du —, mihamin-dóatra, mangiangi-toetra, Mitabíha; be fihamínana, lila-pihamínana, lila-pandaníana.

Luxer un os, Manatsóaka, manóaka, mampipítsoka taòlana. Se —, matsóaka, mibítsoka.

Luxure, Filan-dratsy, fahalotóana, fitiávana ny fatao maloto. vo LASCIVITÉ.

Luxuriance, fitombóana be indriadra, h Rongaronga, pv rondraróndra, faharoróhana, rôroka, bolobolo, lenodénoka, roborobo. LUXURIANT, Mamóa be, mirongarónga, mirondraróndra, miroborobo, maróroka, milobolobo, milenodénoka, mibolobólo.

Luxurieux, tia fahalotóana, mpanao halotóana, maloto, mpila ratsy; vo LASCIF.

Lymphe, Ny z mangarangárana toy ny rano anaty ny vatan'ólona. Lymphatique, misy *Lymphe*, mitondra *Lymphe*.

Lynx, Biby karaha piso mazava maso indrindra. Qui a des yeux de —, h mahiratra, mahita indrindra, ? mamongátraka maso, ? antsanjy maso.

Lyre, Valiha, jejy. Lira. LIRIQUE, mifanáraka amy ny *Lyre*; foantsaina amy ny *Lyre*.

M

Ma maison, Ny trano Ko.
MACAQUE, ? Várika, ? ankomba, ? Gidro.
MACARON, mofo mamy madinika.
MACARONI, Tárika-mofo, tari-mofo, vahi-mofo, makaróny.
MACÉRER, MAMPIJALY vátana, mankafatifáty, MANKALILO azy.
MÂCHEFER, Taï-mbý.
MÂCHELIÈRE: Dents —, Ny vázana.

Mâcher, Mihóta, mitsako, mihotahota. — sans ouvrir la bouche, h mitsakónioka. vo mihómoka, manimoka; manómoka. vo mandinika, mitsamotsámona, h manetokétoka, miramondrámona, mandramondrámona, manetitétika, manorotóro, maneokéoka, manepoképorka. — et sucer, Misika, mamíaka, mifiaka. vo CROQUER.

Machinal, Atao foana, tsy ombána jery, tsy misaina, tsy asian-tsaina, atao ny vátana foana; tsy nahy.

Machine, Antsínika somalika fizavaran-draha; fanavanjávatra; Antsínika mifaméhy fanavan-draha. fiasána. — en fer, vi-somalika.

Machiner, Mamórona; un complot, — jery hiódina, mamoron-tsaina hiódina; mandrary, maniraira, misaina, misatsama liodinana. MACHINATION, famoronan-tsaina, fanaòvan-tsaina, famandripandrihana.

Màchoire, Ny taólam-bava, taólan-tsaóka; h valañorano; h ?'adisaona. vo somaka, saoka. Qui à mal à la —, h vaki-adisaona. —, mavesa-tsaina, adaladala.

mâchonner, mihotahota, mitsakotsáko. vo terendela.

Mâchurer, Mañósotra maíntina azy. —, manao ratsi-hósotra. MACHURÉ, malóto hósotra, ratsi-téntina.

Maçon, Mpandrafi-bato, mpiasa vato, mpandrari-vato, h tambato. —, Fáraka; h fonaraka. vo Angely. MAÇONNAGE, MAÇONNERIE, Rari-vato, fandranténam-bato, taovato, trano-vato, roho-vato. MAÇONNER, Mandrafi-bato, mandrary Vato, miasa vato, manovontovom-bato, manao tovombato, manao trano-vato ou roho-vato.

Macule, Péntina téntina, panda. MACULÉ, voa —. MACULER, mamindra tentiténtina, manentiténtina, maneboteboka, mamentimpéntina.

Madagascar, Madagasikara, Tani-bé, Kara-be, Nosin'aomby, Tani-Malagasy. (à Tananarivo on écrit: Madagascar.)

Madame, Tompovavy, tompo ko vavy, andriam-bavy;]h Rafotsy; mañangy; vo h indriako, h tsiandriako.

madécasse, vo MALGACHE.

madéfaction, Fandémana. MADÉFIER, Humecter.

Mademoiselle, Tompo ko vavy (tsy manambady); andóravavy, kalo, zavavy, raókivavy, andriambavy.

madone, sary ny i masim-bavy Marý.

madré, Vándana, mipentimpéntina. —, Rusé.

madrier, Fàfa-matévina.

Magasin, Trano fañompian'éntana, ou fitehirizan-jávatra, fikajían-draha, fitoéran-karamaoka, famoríana z maro loha; trano fivarótana, trano-mbidiána. — à Riz, Ríhana, tóhitra. vo sómpitra, sobika. MAGASINIER, Mpiámbina ny—.

Mage, Ry olon-kendry namangy i Jeso-Kry vao ho téraka. Majy, Mazy.

Magie, Ny fanaóvana antambondraha, ?Hazary, sañazaríana; vo kitaritárika, mañenga lávitra, ody mahery; fankatoávana. Magicien, mpiháboka manao antambondraha, mpañázary, mpanao ody mahery (ou fankatóvana, Sikídy). MAGIQUE, karaha antambondraha; tsy hita zay nanaóvana; mahatéraka antambo.

Magister, Mpampiánatra ny zaza kely; mpañánatra. MAGISTRAL, mivolon-tompo, mihambo tompo; fatao ny tompo; mahadidy, mirehareha, miaboabo.

Magistrat, Mpanápaka tany, mpifehy, mpañito; ?mpandraharaha, Ráintry ny mpanjáka, solon'andriana, mpimalo;

vadintany. MAGISTRATURE, ny fanapahana, voninahitry ny mpanapaka, fifehezan-tány; By mpanápaka rehetra.

*M*agnanime, *M*atahi-po, mahafoy be, matárika, manome be, manao be, be z atao, tia be. MAGNANIMITÉ, hatahiram-po, fo-matahitra, fo-matárika.

*M*agnétisme, ? ny hásiny ny andriambý, ? ny fombany ny andriambý; ? hasindraha mampandry ka mampahazo nofy z maro. MAGNÉTISER, ? manome ny fombany ny andriambý.

*M*agnificence, Hatarihana, fanomezam-be. —, Famelaram-pihaminana, vela-pihaminana, fitiavan-tabiha, ómana, haingo tsara, fihaingóana, habé, habézana. MAGNIFIQUE, o Tia be, tia tabiha be, tia famirapirátana; tia handány be, matárika, manome be, manobohobo, manabahaba; be fanomézana, tia fidasidasíana, tia fiteràna be. —, tsara tarehy, misy pindrony, misy másony, mihámina (*ou* mirávaka, miómana) tsara, mamirapíratra. vo JOLI.

*M*agot, Ankera, Drémana, havoriam-bola mivony, rákitra, z tehirizina, h gáboka, angabo-bola. —, Antima be. —, o ratsy sora.

*M*ahométan, Silámo.

*M*ai, h ? Adijady, pv ? Hiahia. vo Vôlana.

*M*aigre, g (O) Mahía; pv mitsíky, h kébaka, makébaka; g miránkana, mirankandránkana, h mirakoráko, pv mirakaráka; otry karánkana, kely hena, h mitrikatríka, h miharingáriny, h mihazingáziny. —, tsy nofo, tsy hena. Jour —, andro fady nofo, fady hena. Faire —, tsy homa-nofo, mifady hena, tsy homan-kena. Du—, hena tsisy tavy. Très — h kangoana, kangoaza. vo ety, kely, saozanina, rangirangy, kaôzatra, kémpana, fézaka, kémpana, korabaka, matsora. MAIGRELET, MAIGRET, *M*ahiahia; matify. MAIGREUR, Hia; Hahia, ? hahiázana, fahiázana, h haringáriny, h hazingáziny. MAIGRIR, Mih*z*ahia, manaly mahia, vao hahia, mihèna, manjary mahia. Faire —, mankahia.

*M*aille; *M*aso (nkaráto, maso-ntály). Cotte de —, barato-vy afono trátra. *M*ailler, manao baráto. —, mampangarakáraka.

*M*aillet, Kanonta-házo, h tantanan-kázo.

*M*aillot, Lamba njáza mena, fono-njáza, famonosan-jáza.

*M*aillure, ny téntina *ou* ny maso amy ny volom-bórona.

*M*ain, Tánana. vo rantsan-tánana. Entre les—, ampelantánana, Donner un coup de —, AIDER. Battre des —, vo Applaudir, mirombo. Y mettre la —, Commencer; la dernière —, ACHEVER. Présenter la — pour recevoir, mananty tánana. (p atánty.) De — en —, mifindrafindra; mamindrafindra, mifanólotra, mifanome. Sous —, EN CA-

CHETTE. En venir aux —, mandrafitr'ády. A pleines —.
Manóvo. — de figues bananes, láfatra, lafitra, holáfatra, ankoláfiny. — de papier, Takélaka taratasy 25; sekin-taratásy, ? holonan-taratásy. Ecrit à la main, soratánana, no sorátany ny tánana.

main-d'œuvre, Asa, taozávatra.

Main-forte, Vónjy.

Maintenant, Ataonío, Avaizo; h Ankehitríny izao, sk ankahaniány, h ankehitrio, pv ankabatrio. — il veut bien, vao ho tia izy. vo fanga, fangy, sangy, Ary, ary dia.

Maintenir, Mitána; tsy manóva, tsy mandróbaka; miáro, mankafátratra, mitahíry, maható, mankató, manamáfy. Se —, Matána; mateza, maháritra, miáritra, tsy miráva, tsy mióva, tsy simba, tsy áfaka: matána toérana, miaro tena.

Maintien des usages, fitanana ny vontady ndrázana. fiaróvana. — de q, fitondram-bátana, fandaisam-bátana. Qui n'a pas de —, tsy mahatondra vátana.

Maire, Mpifehy ny tanána, mpanápaka ny reni-vóhitra. vadin-tány, antontány, mason-drano. MAIRIE, Renitrano ny tanána, trano sy fiamboniany ny Maire.

Mais, Fa. vo saingy, saingia.

Maïs, Kátsaka, tsaketsáko, tsako. katsabáto, katsabazáha, katsamanga.

Maison, Tráno. De la mème —, tokan-tráno. Aller en sa —, módy, mandeha módy. — de plaisance, h hadivory kely, tokotány, h tambóho. Les petites maisons, trano fitahána ny olon'adála. Aller de — en —, mitety tráno.

Maisonnée, Saletra reo tokantráno; ankohónana.

Maisonnette, Trano kely; kitranotráno, tsitranotráno, trano fótsy, kivohy.

Maître, Tompo, tompoláhy. vo Mpampiánatra; mahery mahay, mahefa hampiánatra, mahay indríndra; lóhany, mpiféhy, ambóny, mpitóndra, tompon-tráno, tompontanána, mpanápaka. En être —, S'en rendre —, mahazáka, maharesy azy. Faire le —, Se donner pour —, mihaboka tompo; mihambo tompo, mivolontompo, ? mitompo. — d'arme, O fianáran-tsindri-défona, fianaran-tora-défona, fianaran'ády, fianaram-básy &. — d'hotel, mpiahy karamaoka fihinánana, inpitan-draharaha ny trano. — des hautes œuvres, BOURREAU. — autel, Otely be, voalohan' otely. Petit —, mizakazáka, vo FANFARON.

Maitresse, Tompovavy. vo Maître. —, Fankatia, sakaiza, viavy sakaizaina, vazo, sombin'aina.

Maitrise, fiamboníana, fifehézana. ? fitompóana.

Maitriser, Manjáka, mandresy, mandrébaka, mahazáka,

maharesy, maharébaka; mifehy, manetry.

Majesté, Handriánana, hadasidasiana, fahandriánana. vo fiamboníana, hamboníana, vonináhitra, habe, halehibé, halehibézana, fisandrátana, habósana; fidasidasíana, dasidasy. g Dosidosy, hadosidosiana. MAJESTUEUX, Be handriánana, miendrik'andríana, midasidasy, midosidosy, hita handriánana, be hadasidasíana; abo tsara, lehibé. vo maorina, maorona.

Majeur, Efa be, efa mahazáka ny raha ntena. h efa tsy atodihorokóroka, h voatavo nnfándraka, efa ampy taona, tompo n'aiña, efa tsy zaza, mahazak'aiña, vóhitra. —, be, bebe, bebekokoa, bebe ntena; tsitoha, tsy leo, maharesy, tsy voafáhana. —, zoky, voalóhany, loha.

Major, Talé, voalóhany. ---, *Majó*, mazory.

Majorat, Lova ho any ny zoky.

Majorité, ny toetry ny tsaiky efa be, ny hazokíana; toetra be. —, Fiamboniana. La —, ny maro, ny hamaróana.

Majuscule, (Sòratra) Be, lehibe, Abo, bebe.

*M*AL, MAUX, Ratsy, Rofy, móvina, voina, óvina, haratsíana, haratíana. arétina, fijalíana, fahoríana, firy, z ratsy. Causer du —, mankarary. A quoi on a du —, Sárotra, tsy mora. — caduc, Ambo. — de ventre, arétin-kibo. Qui a — à la tête, marary loha; manelo; tevi-doha; ? marary andoha. — de cœur, NAUSÉE.

Mal a, Ratsy, sk raty; tsy tsara, tsy méndrika, tsy tokony; ota, diso. J'ai — entendu, ota sófina, tafa tadiny, sinda tadiny aho. Un — entendu, tadiny sinda, tailanandreñésana. vo tsy mahazo teny, mitaino ilany, mitondra rahalahinteny. — voir, diso maso. — comprendre, diso jery. — interpréter, diso famindran-teny. De — en pis, mitomho haratsiana, miharatsiratsy. Se trouver —, marary, fánina, tórana. vo h ana; mihiaróraka. Etre —, ratsy toetra; marary ho maty.

Malade, Marary. — à mourir, — ho faty. — de la fièvre, — tazo, voa tazo, azo ny tazo, ataontazo, tazóina, misy tazo. Un peu —, mararirary. Rendre —, mankarary, maharary. Un —, olo-marary. MALADIE, Arétina; ? faharariana Qui a la — du pays, marary ti-hody. MALADIF, Farary, mparary, taraténa, farofy; mora marary. vo marisarisa, mafiry, mararirary, mandranodránoka, maranodránoka, mandránoka, dimpodimpoana.

Maladresse, Tsy hahitsian-tánana, hadisoan-tánana, hadimbanan-tánana; tsy fahendréna, pv tsy híhitra, tsy fahaizana, tsy hahitsian-jery, havakavakána, fivakavakána, havanavañána. MALADROIT, Vakaváka, vañaváña, — tánana; tsy mahitsi-tánana; disodiso tánana, ambáka, h kavia.

h kaviavia, tóndrina, toudrintóndrina, tondrendréna, toudrintondréna, pv tsitóndritra; tsy faingan-tsaina, tsy hendry, px tsy mahíhitra, tsy avanávana, tsy kingakinga, manaotao foana, ? tsirambintánana. vo Gauche, Gauchement.

Malaise, Arétin-kely; fijaliana, fahoriana, farofiana; gêne.
Malaisé, Tsy mora, sárotra, sarotsárotra.
Mal-à-propos, Tsy amy ny andro tókony; tsy antónony, tsy sahala, tsy amim-potóana, diso fotóan'andro.
Malvisé, Tsy hendry, pv tsy mahíhitra, tsy mitandrina, ratsy ánatra.
Malbâti, Ratsy fórona, ratsy tarehy, ratsy fanaóvana, ratsy ráfitra, kabiaka; mijabadíaka, galigaly.
Mâle a, Lahy. Le —, ny lahy ny. vo viavy omandahy, toebavy, tombandahy, manovon-dahy; zaza toebaventy, mahery fo, matánjaka, matómboka.
Malédiction, Sao-dratsy, saotra, ózona, ozondratsy, fañozónana, títika, fititihana, fisaoran-dratsy; pv sabobo, h sahato, pv hótoka, fañotóhana, h sahely, h sariko. Donner sa —, maudire.
Maléfice, Vórika, mosávy, ody ratsy, odimahery, ? ohadia.
Maléfique, (kíntana) mahavoa, tsy mahasoa; mampidi-doza, mampahita-loza; maharatsi-vítana ny o, ? sómpatra.
Malencontre, Kajirin-draha, loza, vintandratsy, anjady ratsy manjó antsika. Malencontreux, mampañita loza, be loza, mampidi-doza, azo ny fotoantsimihátra, azo ny fotoandilatra, tsy tojy zara, tsy mahita mila.
Malentendu, Tailanandreñésana, fotóanatsimiharo, h fotoantsiévina, hadisoan-tsófina, sófina sinda, tadiny ota.
Mal-être, Aretin-kelekely.
Malévole, Mikinia hanao ratsy, ratsy fanahy, manao lolompó ou foléntika.
Malfaire, manao ratsy, mañota, mandíso.
Malfaisant, Mahavoa ratsy, maharátra, mankarary, masiaka, mahasimba, maharatsy, mampahita loza, ? sómpatra, manóvina.
Malfait, Ratsy fanaóvana.
Malgache, Malagasy.
Malgracieux, Tsy soa, tsy méndrika. Incivil.
Malgré son père, ndre rarány ny ada ny, na dia sakánany ny ada ny.—cela, sala zany, h nadia izany aza; tsantsala, kandrefa, andefa, nefa. vo Gré. Agir — lui, manotry, misotry, manetra azy, manao voréngina, vo Contre.
Malhabile, tsy hendry, tsy mahay, h tsy kanjo.
Malheur, Rofy, voina, móvina, óvina; kajirindraha, Loza, vintan-dratsy, fahitan-doza, fahoriana. Porter —, manóvina, mampidi-doza, mankarofy, mahavoa voina, mani-

sy rofy; manadoza. MALHEUREUX, o marofy, movínina, ovínina, mafiraiña, g maferinaiña, h mahántra, malahelo, ory, tsy oriory, tsy ambínina, mahita-loza, fiadiranóvana, tsy mahita mila, tsy mazó tánana; —, arahin-drofy, arahim-boina, be-ló. Temps —, taona mangidy, sárotra. Un —, olon'ory; olon-dratsy, karin'ólona, faraidina. vo GUEUX. fohéhatra, fadiafohara, fohéhatra. va Ikalatrótraka, ilaitrótraka.

Malhonnête, vo INCIVIL. MALHONNÊTETÉ, Tsy fañajána, fivalavalána, fahavalavalána, tsy fahaízana mitondra teña; tsy fanomezan'asy, fivazána.

Malice, Fikiniana hanao ratsy, fañahy ratsy, Otri-pó, lolompó, foléntika, fanaovan-dolompó; Siaka, hasiáhana, haratsiana, vo fanavan-tsaina, lavenanovy, levenanovy.

Malicieux, Manao lolompo *ou* foléntika, masiatsiaka, masiaka, mikinia ratsy.

Malignité, vo malice.

Malin, Masia-pañahy, mikinia ratsy, masiaka, masiatsíaka; mitana lolompó, manao saina, vo konjo, konjokonjo, fetsy, fetsifetsy, mahavoa; vo AGACER.

Maline, ny fahasamonta, ny samonta; ny samonta ny haboriany.

Malintentionné, Tsy tia hankasoa.

Malitorne, Ratsy ótaka, badrahodra, mivakaváka, drahodraho, vo GROSSIER.

Malle, Vatra, h Vata. vo sandóka, hárona.

Malléable, Mora teféna, azo teféna, azo tifísina, azo fisághina.

Malmener, Maltraiter.

Malotru, Ó tsy mánana haja, tsisy añárana, drahodraho; faraidina, karinolona, karilahy, olompoana, o veta.

Malpeigné, Sosom-bolo ndoha, draodrao-loha, tsy mandri-volo, maloto volondoha; Rakaráka.

Malpropre, Maloto, kapótra, makota, maleotra; vo mivoredretra, mikesonkésona, misotisoty. MALPROPRETÉ, Loto, halotóana, leotra, h sotisoty; dikidíky, vo fivoredretra, fisotisoty, kesonkésona.

Malsain, Tsy santa vátana, ratsy vátana. —, mankarary, maharary.

Malséant, Tsy tókony, tsy mety, tsy antónony.

Malsonnant, (Vólana) ratsy eno, tsy tiany ny sófina loatra, tsy antónony, tsy mety, miadiady.

Maltôte, Exaction.

Maltraiter, Mamelively, BATTRE; — vólana, mankaratsy; mañasaha, mivolan-dratsy, manaraby; mandrofarofa, manorafoza, mikotrankótrana, migodangódana, mibalabala, mibatabata, mamorovoro, mandrota, mandrotarota, mamira-basy, manomba, mandronjironjy, mandonadóna, h? mandronadróna. —, Mandrátra, mandrobadróbaka, mandrómbina, manímba.

Malveillance, Fo mikinia hankaratsy, fikinian-dratsy. vo MALICE. MALVEILLANT, mikinia hankaratsy, ratsy fañahy, mijery tia handrátra námana; ti-haniñy.

Malversation, Fañotána be amy ny raharaha entina. MALVERSER, Manota be amy ny fitodran-draharaha; Ratsy fitondran-draharaha.

Maman, Ineny, Neny, Reny: ima.

Mamelle, Nono. à la—, minono. MAMELON, Vatonono, lohanono, tendro-nono; ? sarinono. —, támpony ny bongo.

Mamillaire, misari-vatonono.

Mammifère, misy nono.

Mammiforme, Mira amy ny nono, misari-nono, sari-nono, somary nono, koa nono.

Manant, Mpónina antsaha ou antonda; antantonda. —, Rustre.

Manche d'instrument, Záhana, h záraný, vo tango.

Manche d'habit, Tánana, tañan'ankanjo. Sans —, bory, bori-tánana; bólona, bolon-tánana.

Manchette, Loha-ntanan'akanjo.

Manchon, Fonon-tánana.

Manchot, (o) Bolo-ntánana, folon-tánana, golon-tánana, kolon-tánana; tokan-tánana, tapa-tánana.

Maudarin, o Manambonináhitra any amy ny *Chine*, ránitra, mpanápaka.

Mandat, Taratasy fanasána ou fañiráhana; taratasy fahazoam-bola. — d'arrêt, taratasy fampisambórana o.

Mandataire, Solonténa, solotena; mpisolo, maso-ivoho.

Mandement, Malo ny *Évêque*; háfatra, hafa-bólana, teny, teny iráhina, didy, fandidiana, fanapáhana, ito.

Mander, Mampitondra teny amy ny o, milaza, mampilaza, mañambara k amy ny, mampitondra hafa-bólana amy ny. — q, mañáfatra, mamotóana o.

Mandibule, Taolan-tsaoka, h valañorano.

Mandrin, ? fitrébika; hazo hely mavóny, tsorakazo, tsoraby; ny lahy ny.

Manducation, Fihinánana.

Manège, Fampianárana ou Fañarémana ny sovaly. Fianárana hiténgina amy ny sovaly. Tany fianaram-palipálitra. —, Fálitra, falipálitra, dia miolakólaka, felipélika, falampálana. Faire le —, mifalipálitra, mamalampálana, mifelipélika, miolikoli-dia.

Mânes, Ny lolo ny olo-maty, aromoy, ambiroa, amiroy,

avelo, h matoatoa.

Mangeable, Fohánina, ? fihinana; azo hanina.

Mangeaille, Hániny ny akoho, fohánina, h fihinana.

Mangeoire, Lokalòka fihinanány ny sovaly, fihinanambilona.

Manger, Mihinana, hómana. — avec bruit, mitsamotsámoka; avec affectation, mitsingy, mitsingitsingy, pv mitsikitsiky, h mitsingina, pv mijihijihy; comme en se brûlant, mitsofatsofa; avec les mains, mikóvika, mitsábaka; au plat, mitsábaka; sans s'être rincé la bouche, homan-tsikoko; — tout, Mahalány, mandany, mahalémbana. vo AVIDEMENT; et CROQUER; mandráoka, mitélina, mitsamontsámona, misíka, mitsakotsako, mianjady, miátatra. Le MANGER, ny hánina. Donner à —, faire —, Manome hánina; mampihinana; mamáhana, manésika. MANGEUR, Mpihinana; hómana foana.

Mange-tout, Mpandany hanina, mahalémbana, mahalány. Pois —, Loy tsy voasana ou lanina amin-kóditra.

Mangue, Voa-manga, manga. — à grappes, Sondrírina. MANGUIER, Vodi-manga, fototra manga; vatany manga.

Maniable, Mora bolabolaina, mora volavolaina; mora asaina, malemy, mora tefitefena, mafonty, mora teféna; mora ataotao, mora atao, mora potsipotséhina, mora potséhina, azo zakaina, fola-kátoka, mora irakiráhina.

Maniaque, Adala-masiaka; adala-miafonáfona. FURIEUX.

Manie, Hadaladalána, fahadalána; Ola, halefálana, hadalána masiaka, fatao adala. ? sadéraka, ? hasaderáhana, ? hatambánana; fiafonafónana, fiangolangolána, fiangesongésona, fiangentsangentsánana.

Manier, Mamolavola, mamolabola, mamótsika, mamotsipótsika; h mandemolemo; h mamozafoza, pv mandrofarofa, tsitantána, mitsapatsapa, manefitefy, mandefidéfitra, maneritery, mamimpina, miraharaha, inizakazáka, mandrairay, mandrambiramby, manendritendry, ? malakálaka azy; malakálaka foana, manaotao amy ny; — ; AGITER. — une arme, pv manitrikítrika, manetriketrika, pv mamelapélana, mamiombiona saboha &. manao távana amy ny. — gauchement, ? midrahodraho fandray.

Manière, Fatao, h fanao; vo FAÇON; et COUTUMES, GESTES; — affectées, vo AFFECTATIONS, — de penser, fisaínana, fijereana, jery hevitra; d'être, toe-bintana, toe-bátana; de parler, fataombólana, fisainambólana foana, hakimbólana, sarimbólana; de voir, maso, fanenty; par — d'entretien, fatao ny mpikoraña, fikoráñana foana. Fait d'une bonne —, tsara fanaóvana; à la — d'un torrent, Mandríana, karaha riana, sa — de marcher, ny fandeha ny, et fandehána' ny;

de parler, ny fivóla'ny, liteny ny; et fivolaña'ny, litenéna' ny; de donner, ny fanome ny et fañoméza ny. Bonnes —, h kiankiany; qui a de...., kiankiánina. Par — d'acquit, mial' antsa, manal'antsa, miala safay, manaotao foana, mañanoano foana. De quelque — que ce soit, ndre akory ndre akory na inona na inona, ndre mañino ndre mañino, ndre amin'ino ndre amin'ino, na ahóana na ahóana.

Maniéré, Maro fatao; maro fataotao, h fanaotao; tsy miova fataotao; vo AFFECTÉ.

Manifeste, Efa hita avokoa, afa-drákotra, afa-dómboka, tafiseho, tafivóaka; vo ÉVIDENT. Un —, taratasy fanehóana ny jery nteña. MANIFESTER, Maného, mampiseho, mañokatra; mamóaka, mañala-lómboka, mañala-sároña, mampiharinkárina, mampiharibary, mampahita, manoro, mañambara, maméraka azy. Se —, — teña, miseho; être ÉVIDENT.

Manigance, Famorónan-tsaina, fanaóvan-tsaina. MANIGANCER, Mamórona saina famandríhana, h manótrika; manao saina.

Manioc, pv Mahógo, pv mbazáha, pv ovihazo, h mangaházo, h vomangahazo; pv kazaha.

Manipule, Sampin-táñana ny mpijoro.

Manipuler, Mamolavóla, mamotsipótsika, h mandemolemo, mandomolomo, mañaroháro, mitsapatsápa, mandrofarofa azy; manaotao. MANIPULATION, famolavolána, famotsipotséhana.

Manivelle, Fañcrinkeréñana.

Manne, Hani-many. —, hárona, antomby.

Mannequin, harom-be, sobika, sómpitra. —, Tsiolonólona mora hetsiketséhina.

Manœuvre, Ankizy ny mpiasa vato, mpitondra feta.

Manœuvre, Ny fahaizana hañátitra sambo. —, ase ny baharia. —, ny kofehi-ntsámbo. —, famindran-dia, fiasána dia; fañovaován-dia; fandehandehánana, fiverimberénana. MANŒUVRER, Mitaritárika tady; miraharaha, mañovaova lay; mamindra-dia; miasadia; manaotao; mamoron-tsaina.

Manouvrier, mpiasa amy ny táñana.

Manque d'eau, ny tsy fisiany ny rano, tsy fanañána rano; — de foi, tsy finóana. — d'esprit, saim-pótsy, saim-poana. vo filána, tsy misy.

Manquement, Famelána ny tókony hatao; hadisóana, haotána, sobilaka.

Manquer n, Mañota, mandiso, diso, ota, misobilaka, misobilatra, mandímbana. — à ses amis, mahafoy, mahatsindry, mamela, mandao sakaiza; à son devoir, Tsy manao, mamela, manadiño ny tòkony hatao; --- quelque part, Tsy éo, tsy any, tsy teo, tsy ávy, tsy tónga: --- d'eau, tsy misy rano, mila ráno, mijaly ráno, ts' isy rano, tsy misy eka. --- de cœur, mamoy fo, rera-po, lasa fo. ---(comme le pied), mamítaka, mandainga, mavándy, mitsopilaka, misaláfaka, misobilaka, mamindra. ---, (Rater) Mamé-ry, mavándy. --- de tomber, saiky ho lavo, kely ho lavo. --- de parole, vadikádika, tsy manody vólana natao ny. --- le but, tsy mahavoa --- q, Mifandilatra, mifanóa-tra amy ny; tsy tojy azy. Faire --- q, mañota, mandiso o. N'y manquez-pas, aza tsy avy anao, aza ienga' nao izy. Il en manqne deux, Roy no tsy mahampy azy, tsy ampy ny roy izy, mbola mila roy izy, roy no tavela, tsy anony ny roy izy.

Mansarde, Efi-tráno añabo indrindra.

Mansuétude, halemiam-pañáhy, lemimpañaby, hamo-ram-pañáhy.

Manteau, Sakónoka. vo h fisalombónana; salómboka, lómboka, sáfotra, sárona, fisarónana. Être dans son ---, mi ---. Le cacher sous son---, Mi --- azy.

Mantelet, sakónoka hely, sakono-kely. fisalombonam-póhy.

Mantonnet, ny Vaitra tsy maháfaka ny Loquet, saoka.

Manuel: Travail ---, Asa-ntánana, atao amy ny tána-na. Un ---, Taratasy féntina an-tánana, fandaisina am-pelan-tánana. Don ---, Tolo-tánana.

Manufacture, Fanaovan-jávatra, fizavaran-draha. --- de draps, fanaovan-damba. MANUFACTURIER, vo FABRICANT.

Manumission, vó Affranchissement.

Manuscrit, Sóratra natao amy ny tánana, nosoratan-tá-ñana, sora-tánana.

Manutention des affaires, Fitondrána ny raharaha. ---, Traño famolavolána sy fitehirízana ny mofo any ny miara-míla.

Mappemonde, Vela-draha ou vela-damba misy sari-nta-ny; vela-tany, sary ny tany ziaby.

Maquereau, Anaram-pilao. ---, Mpañera, mpañenga. ---, ny may amy ny ranjo, kavaho, sóvaka, angola.

Maquignon, Mpivaro-tsovaly, mpandafo sovaly. MAQUI-GNONER, mamony antsa ny sovaly havidy. mamboatra sy mamoky sovaly ho varótina. ---, Intriguer.

Marais, Heníheny, honahona, hona, tany mandrevo, tany mandrétsotra, tany mando, hóraka. pv hovohovondrano, pv hinihiny, h hinihinindrano. --- salant, Fakan-tsira, fa-nalan-tsira. vo MARÉCAGE. Passer par, marcher dans les ---, g Manónaka, pv mañónana, pv manona. Tsy mananety.

MAR

maranta, kabija.

marasme, Arétina mankahía; MAIGREUR.

Marâtre, Vadin-dray, vadi-náda; Sa —, — ny, vadisóatra ánazy. —, reny masiaka, ? reny kely.

maraud, Jiridahy, mpijírika, karin'olona, lehifady.

Maraude, Fimabóana, fijirihana, jírika. MARAUDER, Miriorio sy mamabo sy mangálatra otry ny miaramíla; mijírika, mamabo. MARAUDEUR, mpijírika, mpamabo, jiridahy.

Marbre, Vato mahery indrindra; vato vándana, vatosóratra, vato misoratsóratra. maribovry, mariboly. MARBRÉ, vándana, maromaro sora, somóratra. MARBRER, Mamándana, mamandambándana, manoratsóratra azy, mamidabida sóratra amy ny. ?? manamara, manamarara azy; Manentinténtina, manebotéboka azy. MARBRIER, Mpiasa *marbre*. MARBRIÈRE, Tany fanalá150 *marbre*; faka-maribory. Sa MARBRURE, ny vándana, ny somóratra amy ny.

marc, añaran-danja; vato mizána. —, fékana, fía, fíaka.

Marchand, Mpivárotra, mpivanga, mpamidy, mpandafo; mpandranto vidíana. — drapier, Mpivaro-damba volon'ondry. vo en GROS, en DÉTAIL. Riz —, Vary favidy, fambidy, famidy. Navire—, sambo mpitam-bidíana, mpitam-bangána, mivárotra; mandranto, mpivaro-jávatra, mpándranto. Ville marchande, tanána be fivarótana. Rivière —, oñy lakána ny mpandranto. Renirano fandrantovam-bidíana.

Marchander, Miadi-várotra, miadi-vidíana, miadi-vangána, miadi-toñom-bidíana, miadi-vidy; sk miali-viliana. Ne pas — q. tsy mañantóana azy.

Marchandise, z avidy, (*ou* havidy, amidy, hamidy, ambidy, hambidy); vidíana, vangána; h várotra; vanga, ?jírika.

Marché, Várotra, vanga, vidy, fivarótana, fivangána. — fait, vidy rékitra, varo-maty, reki-bárotra. A bon —, mora vidy, kelividy, mora, boba, bobarano, bobaina, bohaka, kobarano, ankamorána, angatáhina, fondrofondro, tamoraina, h mirary, tsy misy vidy. Devenir à meilleur —, h miraríary, mihíamoramora vidy. En faire bon —, tsy mañantóana, tsy mañárana azy; manao azy tsy ho záva ra, mañary azy. Par dessus le —, ambony ny fividíana, at vona, atsindry ny vidy ny; tómbony, tóvona; Amboni-ampanga.

Marché, Lieu du —, Tsena; antsena; au —, añy antsena. — journalier, tsena-lava. — pendant le deuil, tsena-malahelo. Vendre au —, mitsena. Que l'on expose au —, atsena, atao tsena. Les gens du —, Ry mpitsena.

Marche, Dia, famindran-dia, fiasan-dia; leha. fandehánana, famindrána. — militaire, h Matso; l'exécuter, manao matso. Se mettre en —, mienga, mandroso dia.

Marche-pied, Fitoeran-tóngotra, fandiána, h fandiávana.

Marcher, Mandeha, mamindra, mamindra-dia, maningana, manao dia, maningantsingana, miasa dia, mandroso dia. — dessus, mandia azy. — bien, tsara fandeha ; mahaleha. — ensemble, maray dia, miara-mandeha, miaraka dia. — à quatre pates, mandady. — raide, d'un pas ferme, h mihitrikitrika, h miridiridy, pv mitsatotsatóky. — les jambes écartées, mibékabéka, midchadeha. — mal, mifingafinga. — avec affectation, Milabiha, mibitaka. — fièrement, miedikédika, mietakétaka, misondrotsóndrotra, mianjonánjona; mirehareha-fandeha. — à la suite les uns des autres, mifanesisésy, mifanesy, mifañarakáraka. — derrière lui, mañáraka, manesy azy. — majestueusement, midasidasy, midosidosy, — dia. — en procession, mizohizohy, mikizohizohy. — courbé, mivokovóko, mibokobóko, mivokobókoka; mizokozóko; mietakétaka; pour surprendre, misokosóko. h mijokojóko. — comme les canards, mibitabita, militalita. — comme en se cramponnant, midrákaka, mirakadrákaka. — sur la pointe des pieds, miringotra, mitringo. — précipitamment, manao diandahy. — lentement, miádana, mikirindreva. — légèrement, h Manjiona. — tristement, h mijohijohy. vo Lambiner. Enfant qui commence à — h ? mitantsarasampy. vo mihetrahétra, mihetrakétraka, milantidántika, miotikótika, mlandrándra. Le faire —, mampandeha, mampaningantsingana azy. Le faire — devant soi, manesy azy. vo mikonesanesa.

Marcheur, Mahery mandeha, fatra-pandeha, mpandeha. vo Ingambe.

Marcotte, Sampan-kazo vélona avóhotra antany ka totófana mora izy hamáhatra. Marcotter, Manótotra rantsambélona. mampamáhatra rantsam-bélona ou rátsana am-pótotra.

Mardi, Talata.

Mare, Petsapetsandrano, takoba-dranomandry, takóbaka, ranompótaka, ranovory ou mahetsabory kely maloto.

Marécage, Tany mandrevo. vo Marais. Marécageux, Be heniheny, be honahona; mangeniheny, mangonahona, mandrevo, mandrétsotra; be fótaka.

Maréchal: — ferrant. mpanao kiraro-ntsovaly. —, o roa voñináhitra amby ny folo, mpifehy táfika be. — des logis, mpitándrina ny trano ny miaramila; o efa-boñináhitra; miaramila an-tsovaly.

Marée, Ny dia ny ranomásina; ny fientanentánany ou fiakatrakárany ny ranomásina. Attendre la — montante, Mandiñy Rano-mákatra, ranomanonga; rano avy. La — haute, rano sórona, ny ranofeno, la — descendante, rano mody, rano mandeha, rano mizotso, ranomidina, rano mizetra. la — basse, ranohaka, ranomaika, ranokinta, rano-latsa-kaka, rano látsaka-haka. Les grandes —, ny samonta, ny samontabe; ny rano be haka. les petites —, ny rano gegy. Le commencement des grandes marées, rano vakiloha. Les grandes — de la pleine lune, ny samonta ny antórony *ou* ny haboriany; de la nouvelle lune, ny samonta ny ivakiany *ou* ny ankidiny. La — monte, miákatra ny rano; Elle descend, mody ny rano, mizotso ny rano; est haute, efa sorona, efa feno ny rano; est basse, efa haka, efa latsaka haka ny rano.

Marge, ny soritan-tavela amy ny taratasy, ny soratan-tavela, ny fari-potsy, ny ólotra, ny tsy voa sôratra ny sisiny, ny mólotra. En — Marginal, amólotra, añ' ólotra, antsísiny, an-dálana.

Margouillis, Ranom-pótaka, maloto koeka. Mettre q dans le —, mandótsika, mankarevo o, mandátsaka azy amy ny hasarôtana sárotra engána.

Marguerite, Vonin-kazo fotsy. —, Perle.

Marguillers, R y mpitándrina ny fanánany ny *Église*.

Mari, Vady (laby); sk valy. Vous et votre —, anao mivády. Une femme avec son —, Viavy mivády. Moi et mon —, zahay ny vady ko.

Mariable, sahaza ho vadina; ampy taona hanambády; h ? fanambády. Mariage (état), fanambadiana; fivadiana. Depuis notre —, laitry nivadia' nay, mon —, laitry nivadia' ko. — (Célébration), Fampakaram-bá 'ly; py ? fanengam-bády. Loi du —, lalam-bády. Le marié, Ny mpampákatra. La mariée, Ny ampakárina. Être mariés ensemble, mivady. Les —, Ry mpivady. Il est marié, Manambady izy. Se Marier ensemble, manámbady, manambaly; avec lui, — azy. p vadina. Se —, (l'homme) Mampakabady; (la femme) Ampakárina. Se —, mivady; mikámbana, mitohy, miraika. — q, Mampanambady o, manome vady azy. Les — ensemble, mampivady reo. — des choses, mampikámbana, manohy, mampiraika, manámbana.

Marin, An-dranomásina. Les —, Ry o —, Ry Baharia; ry mpilay, ry mpivé; ? Vezo. o antsambo. —, Za-dranomásina, zatra sambo, za-tsambo. Carte MARINE, Sari-ndranomásina.

Marinade, Hena navótrika amy ny rano masirasira; aomby masirasira, henasira. —, Rano masirasira famotrehan-kena.

Marine, Ny raharaha amy ny ranomásina; Ny ho any ny sambo; ny sambo; ny tafik'an-drano; ny fañiráhana sambo; ny fahaizan-tsambo. —, ny fofondranomásina.

Mariner, Mankasirasira lilao másaka. —, mamótrika,

mañompy, mitahiry hena amy ny ranomasirasira.
Maringoin, moka, Aloy.
Marinier, mpivoy ou mpivé lákana; baharia, matilò.
Marionnette, Sarin'ólona hetsiketséhina, tsizanajánaka filalaóvina.
Marital : Pouvoir —, Ny zakainy ny vady, ny fa'iazakány ny vady. MARITALEMENT, Otry o mivady.
Maritime, momba ny ranomásina. Ville —, Tanán'amorondranomásina, an-dranomásina; Nation —, Karazan' olona tia ranomásina, Antandrano, Vezo, mpandeha andranomásina. Forces —, sambo miady, tafik'andrano. Législation —, Ny Diditány amy ny sambo.
Marmaille, Zaza madínika maro, patsa-jaza, tapatapajaza madínika; ry zaza batrítra.
Marmelade, Voankazo véhaka, ou loky véhaka, z magodra, godragodra-ndraha. En —, méhaka, véhaka, vehabéhaka, móhaka, mohy; loky véhaka. Le réduire en —, mahavéhaka, mankavéhaka azy.
Marmite, Viláñy, viláñy; en terre, — tany, — fótaka; en fer, Viláñy vy.
Marmiton, Ankizy kely ampatana, mpanasa viláñy, mpamo-biláñy.
Marmonner, Miñomoñómona, h mimonomónona; vo murmurer.
Marmot, Antima be lava ohy; sarinolona ratsy; zaza madinika, boto, zaza bodo.
Marmotte, Sakavavimboalavo be, Voalavombóhitra mandry foana fahariríñina. —, kalo kely, kétaka.
Marmotter, h miromodrómotra, pv miñomoñómona, g miñaoñáoña, h miromoromo, mibisibísika, mitsakotsako, mitsamontsámona; manao teniañórona.
Marmouset, Sarinjaza ratsy sora, boto; boto ratsy lahara, boto marokoróko, boto maraorao.
Marne, Tany menamena afafifafy amy ny tany famboliana; vo ARGILE. MARNER, mamafifafy marne. La mer marne, se Retire.
Maroquin, Hóditra maina misokitsókitra ou mraorao.
Maroquiner une peau, manokitsókitra hóditra.
Marotte, Sarin'ólona adala; famantárana ny hadalána, sary adala. fg, z tiana loatra. Il est ma —, fahadalá'ko izy, maty ny hiany aho; izy no mahasadéraka ahy.
Marque, Famantárana, márika, fango; ahafantárana; vontády; sóritra, téboka, sôratra, tombomárika; fésana, téntina, hólatra, holabay, kavaho, sóvaka, angola; voñ'áhitra, petrak'áhitra, fambara, kady, kosa, tsatokazo, orimbato, tovombato. Donner des — de tendresse, mamóaka

hatiávana. MARQUER, Mañisy márika, mañatao famantárana & amy ny; h manamárika, mamepétra azy, mamóna amy ny tady, manendry, manónona, manóritra, maneboka, manéntina.

Marqueté, Vándana, misoratsòratra, mitentinténtina, miteboteboka, mipentimpétina, sada, h mara, h marara, makanga, ? tomendry, pendimpéndina, somóratra. MARQUETERIE, taozávatra —, ketsaketsa —. vo mitanarivo, sadika, sada mainty, sadamena. MARQUETER, mamándana, mankavándana, maneboteboka, mamentimpéntina, manentinténtina, manoratsòratra azy, mamidabida sòratra amy ny; mañetsaketsa téboka amy ny.

Marquis, Andríana, marolahy, maro seráñana, o manamboñináhitra fañáraky ny *Duc.* MARQUISE, Andoña-vavy, andriam-bavy.

Marraine, Viavy miántoka zaza amy ny batemy, Reny amy ny batemy. Reni-batemy.

Marron, Añaramboankazo hodi-karabo. Esclave —, andevo milefa. Cochon —, lambo dý, nody dý, efa lý. Habit —, akanjo mavomena, hodi-karabo. MARONNER, murmurer.

Mars, Ny vólana fahatelo amy ny vazaha, h ? Alakarabo, pv Volamposa. vo vólana.

Marsouin, Lambondrano, lambondríaka, feso, fésotra

Marteau, Kanonta, fanonta; h tantánana, h fampohazo. — de la porte, h fandondóna.

Martelage, Tétika, sólatra, márika atao amy ny hazo ho tevéna.

Marteler, Mamelively amy ny kanonta, mikapokápoka. Se —, se TOURMENTER. Style martelé, Vólana tsy malama koazaka notefiteféna, koazaka tinefitefy.

Martial, mahery miady, mpiady, mahery sora.

Martin, Añaram-bórona.

Martinet, Añaram-bórona. —, fitsopitso-tady, tady famitsopitsóhana.

Martingale, Tady ntratra tsy mampiandra loha loatra ny sovaly, ? sakantratra.

Martyr, o nivonóina noho ny finoa'ny Zanahary, vinono noho ny fitanana ny finóana; very aiña amy ny finóana; nahafoy aiña sao hañota ny finóana. Sahada ny Jeso-Kry, vavolombélony ny Zanahary. MARITIRY. Le MARTYRE, ny fahafatésana, famoezan'aina noho ny finóana; fijaliana. Désirer le —, Tia ho vonóina noho ny finóana. MARTYRISER q, mamono azy noho ny finóa'ny, mampijaly be, mamonovono. MARTYROLOGE, Taratasy filazána ny fahafatésan-dreo maritiry.

Mascarade, Filalaóvana ny manao bibiólona.

Masculin, Lahy, vo toa lahy, toa lehilahy, mandahy. Genre —, fahalahiana, toe-dahy, fahalahilahiana,

Masque, Solo-lahara, ambara-lahara, tarehy mindrana, bibi-ólona, solo-vajihy, solombajihy, saron-dahara. MASQUER, manisy — azy; vo CACHER, COUVRIR. Se —, manao —, manaron-dahara, mody bibiólona, manaron-tena.

Massacre, vo CARNAGE, et halasirana. Un —, mpandrátra ny asa atao ny. MASSACRER, Mamono, h manjédana, manámpitra. manetitétika.

Masse, Antóntany, tontandraha, havoriana, vóngana, volóngana, h ambángony, hamaróana, h angábony, vongady, venga, vengavenga, savóvona, ambengavengany, habézany, antsahabény, bangobango, sarambabe, fitambárana. zevozevo, harobe, harombózaka; bongo, bogo-ndraha, bogon'ólona; tobórona, tabíbika, dobíbika, dábaka, tábaka. Une — de pierres, Des pierres en —, vo AMAS. — en fer, vo BLOC. — d'eau, Eau en —, takobadrano, rano be midábaka, mitábaka, mangeniheny, midobíbika; ranovory. — de gens, gens en —, o maro mangeniheny, manao sa rambabe, vorieky, vorihiky, mivory, mifañízina. La — de peuple, ny valalabemandry, ny tanibe mónina, ny vodiahitrarivo. Former une —, être comme une —, mivongady, mivongádina, manjóhana, miantsangengy, mantsangengy, mandringana, manjáhitra, mandríndrina, mivóvona, manjáhana, inantsafofo, manjivóvoka &, vo à AMAS. Le mettre en —, vo AMASSER et mamory be, h mamaingavainga, manobívika, mampitobórona, inamátatra. Pris en —, bongobongóina.

Masser un membre, maneritery, mamotsipótsika, manótra, mañotrôtra, manindritsindry vatan'olo-marary.

Massif, Tsy foan'atv, mivolóngana, vorihiky, mavésatra, mivory, vo formant une MASSE. Un esprit —, o mavesa-tsaina, matévina fañahy. Un — d'arbres, Alavory; alakely mitokotoko, vorinala.

Massue, kononga, kinonga, — valorírana; fandomónana.

MASTIC, Loko, dity; tany aloko.

MASTICATION, fitsakóana, fihotána, vo MÂCHER.

MASTIQUER, mandoko amy ny tany madity.

MASURE, kivohy, traño robadróbaka.

Mat, matte, (vola) tsy mamirapíratra, tsy maláma, tsy voa kásoka; h mandaviana, marokoroko, maraorao, sampay, masakosáko

Mât, Falazy, h salázana, andrintsambo, salazantsambo; pv mongoro. Les deux — des pirogues sk, Tchinday, téhina.

MATADOR, Olombe, vaventy.

MATELAS, kidoro, lafi-pandríana, láfika

matelasser, manentsina, mameno tsèntsina.

matelot, Baharia, matilo. MATELOTAGE, ny raharaha ny baharia.

mâter, manisy falazy amy ny sambo; manangam-palazy.

mater, mandresy, maharesy.

matérialiste, o malain-kino misy fanahy.

Matériaux, ny vatan-draha hatao trano, ny z, ny hazo, ny vato hatao trano.

Matériel, misy vátana foana fa tsy misy fañahy, vatandraha foana. mavésatra; matévina, mavesabésatra vátana.

Maternel, ... ny reny. Mes parents—, ny hava'ko amy ny Reny ko. Ma langue —, ny fiteny ny tany nivelòma'ko.

maternité, ny mahareny, ? firenéna, fianáhana.

Mathématiques, Ny fianárana ny amy ny závatra rehetra azo isaina sy ohárina; Matematika. Mathématique a, manáraka ny matematika. MATHÉMATICIEN, mahay matematika.

Matière, vatandraha, z tsy fanahy, tenanjávatra, závatra, zaka, raha, ny izy, ny tena ny, raharaha, fòtony, fòtony ny k, ántony.

mâtin, Amboa maventy mahery miámbina.

Matin, le —, au —, du —, Maraina; andro maraina; Un peu —, maraindraina. De bon —, maraina, mangira-dratsy, g ny maraina, h anio maraina, py niany marendraina. Il fait froid ce —, manara vava ny andro. L'étoile du —, Anakintana fitarik'andro. Se lever —, mifoha maraina. Un de ces quatre —, tsy ela, tsy hanérin'andro. Ne venez pas si —, avia matsáña, matsantsáña; aza manárainα.

matinal, manaraina, mifoha maraina.

Matinée, ny maraina, antoandro, Dormir la grasse —, h alin-droa.

matines, fijoróana maraina amy ny *Eglise*. matina.

matinière: L'étoile —, fitarik'andro.

matir, Tsy mamotsy, tsy mikásoka, mankaraorao (vola).

matois, Rusé.

matou, kary lahy, piso tsy vósitra, pisolahy.

Matrice, ny fitoérany ny zaza ambótraka, fananaáhana, h fananáhana, trano-njaza.— famorônana, eram-pamorôna-na, fandrendrehan-jávatra; Reny. Eglise —, Reni-Egilizy.

Matricule, ny Taratasy asian'anaran-dreo miditra himbon-draha.

matrimonial, fanambadiana ou amy ny —.

matrone, Vehivavy lehibe, Rafotsy; tompovavy.

Maturatif, (aody) mahamásaka ny voto, mampanisaka, manantsásaka.

maturation, ? Fimasáhana, fitoézana.

nature, Ny andri-ntsambo rehetra, so mat

*M*aturité, Hamasáhana; hatoy, hatoezana, fahatoezana, toy. --- artificielle, Antsásaka. --- d'esprit, Hatoezam-panahy. --- de l'âge, Hatoy, hantérana. Avec --, amy ny fahendréna. Amener à --, manásaka, mankamasaka, manantsásaka azy. vo fahatanteráhana, ny mahántitra, ny toa ántitra.

*M*audir, *M*anózona, manozon-dratsy; misao-dratsy, misaotra, pv mitítika, pv *M*anabobo, h misahato, h misahely, manótoka, h misariko. vo *M*alédiction. MAUDIT, Voa ózona, voa ozon-dratsy, voa sao-dratsy, voa títika; Ozónina, saoran-dratsy; ratsy, veta veta. Ce --, lahy fadiafoahára iñy, lahifady iny. Sois --, h fadia; h fadiafoahára, h fadifohéhatra, tohara-loza veréza, verezamáko.

*M*ausolée, Levénana tsara, trañomanára tsara, trañompaty tsara vo Cataphalque.

*M*aussade, *M*alain-kikoráña, maïmbo fañahy, sarobolánina, h mikararémotra, vinibínitra, manjomóka &. vo BOUDER.

*M*auvais, Ratsy, sk Raty. Qui a un -- esprit, Ratsy fañahy. Sentir --, PUER. Trouver --, Tsy mankafý, tsy mankamamy, tsy mankasítraka, mankaimbo, tsy tia. DÉSAPPROUVER. --- conducteur, tsy mahatari-dálana, ratsy fitarihandálana, diso taridálana, tsy mahay taridálana. --, mampidi-doza, vo DANGEREUX.

*M*auve, h ? fiandrilavénona, pv ? kisilenjo, sikilenjo, Paka, be-sófina, vo à GUIMAUVE.

*M*axillaire, Amy ny valañorano *ou* taolambava.

*M*axime, Teny tsy azo lávina, vólana alaina lamy fitondran-tena, ? oha-bólana, oha-pitoérana, oha-pitondrantena; fanambarána, fianárana.

*M*ayotte, *M*ahory. à --, Añy i *M*ahory.

*M*azette, o Tsy mahay asa, badiak' asa.

*M*e: Il -- voit, *M*ahita Ahy *ou* Zaho izy, hita ny Aho *ou* Zaho. Il -- parle, mivólana amy Ko izy. Je -- frappe, mamango Teña aho, mamely Aiña aho, mikápoka Vátana aho. Je -- promène, *M*itsangatsángana aho.

*M*écanique, la --, Ny fahaízana hañétsika z sy hañariñárina azy, ny fahaízana hanao *M*achine. Une --, z somálika fañetsehan-draha, z somálika mañetsikétsika. Art --, asa atao ny tånana. MOUVEMENT --, hetsikétsika tsy miova, tsy miovaova, manompo, mañáraka foana. Le *M*ÉCANISME, ny fandaháranv, filabárana, láhatra.

*M*échant, *M*asiaka, sataina, ratsy, kafíry, alíka, ratsy fañahy. Un --, olon-dratsy, karinólona. Faire le --, *M*andráhona, mitézitra, manao sary vínitra. MÉCHANCETÉ, hasiahana, haratsíana, hakafiriánana, sata. vo MALICE.

Mèche, Lahinjiro, tadinjiro. —, tady fanotoran'afo ny tafondro, tady may, fandrehétana. — de cheveux, toko volo, tokombolo, tokodara, fotobolo, sanga, sekim-bolo.

Mécompte, Isa diso, hadisoan'isa. Trouver du —, MÉCOMPTER, diso antenaina, vo DÉÇU. Se ---, diso isa, ota isaka. Horloge qui mécompte, famantaran'andro diso vango, ota eno, diso isa, diso andro.

Méconnaissable, Tsy azo fantarina, efa hafahafa indrindra, efa tsy izy teo, mahavery maso.

Méconnaître, Mandá; tsy mankató, tsy mino, malain-kahafántatra, malain-kañeky, mahafoy, mamela, mañary, mahadiño, mañadiño, efa tsy mahatsiaro koa, tsy mamaly soa, tsy mankasitraka, tsy misaotra.

Mécontent, Tsy ravoravo, tsy mifalifaly; miérina, tsy etsapo, méloka, vinitra, madikidiky, sosotra, mimonjomonjo; ? Tsy foraha, tsy étsaka &, vo à CONTENT. Dont je suis —, tsy maharavoravo ahy, tsy sitraky ny foko, tsy sitrak'o, mahasósotra ahy. MÉCONTENTEMENT, tsy haravóana, fo méloka, helok'ampo, havinirana, fo tsy étsaka, fierénana, tsy fitiávana, tsy fankasitráhana. — exprimé, fimonjomonjóana; caché, helok'ampo tsy ambara. MÉCONTENTER q, Tsy mankasitraka, tsy mankaravo, tsy mañetsa-po, mankarary fo; mampihéloka, mahavinitra, mampiérina, mahadikidiky, mandikitra, mahasósotra. vo manao azy hiany, manao foana hiany,

Mécréant, Tsy mino, tsy anaty ny finóana mihitsy.

Médaille, Lelambaráhina misy sary; Felambaráhina misy sary. Sarindraha, sary varáhina. medaly. MÉDAILLISTE o mahay medaly.

Médecin, Mpanao ody, mpahay aody, mpitaha, ombiasy, mpimasy, mpanao fañafody, tompo ny aody.

Médecine, Fañafody finómina, aody, h ody sotróina, sk aoly. vo fañely ra, fandrava lio. Prendre une —, málaka —, minona —. Être en —, h miody. Administrer une —, faire prendre une —, mañiditra aody. La —, ny fahaizan'Ody, fahaíam-pañafody. Médeciner, mampalakálaka aody. Se —, malakálaka aody.

Médianoche, Sakafo matoñálina.

Médiante, Ny toñon'antsa anteñateña ny feo, ny anivo.

Médiat, Eláñina.

Médiateur, Mañélana, mpañélana, elan'olona, elañelam-pañahy, h mpanalálana, h alálana. MÉDIATION, elañélana, h alálana, fañeláñana; fifónana.

Médical, Ny aody.

Médicament, Fañafody, aody, ody. médicamenter, manome (ou mañisy, mampálaka) — o, h manaody o. Se —, málak'aódy, makaody, mala-panafody, n miody. —, mikópoka aody.

Médicinal, fatao aody; Plante —, ahitra atao fañafody.

Médiocre, Tsy be tsy kely, tsy tsara tsy ratsy; salasala; atriátry; tsara tsy tsara, ratsy tsy ratsy, tsizarizary, bebe, kelikely, tsaratsara, tsy be loatra, antónony, sahéza, zaka. MÉDIOCRITÉ, ny — ; ny hakelikelézana, hasalasálana, tsy habézana; tsy habezandóatre.

Médire de q, Mifosa, mamosa, mañébaka, mivolandratsy, Mikétrina, mitsiko, m tsioko o; mañokatra, mañambara, milaza, mamosa ny ratsy natao ny, ratsy lela; vo matindrana, mpitondraharo, mineoneo, misálatra. MÉDISANCE, filazána (ou fañokúrana, famosána, fañambaráana) ny ratsy natao n'ólona; fifosána, fosa; ? fosa n'ólona, ? fosavava, fañebáhana, volandratsy, ? neoneo, fisalárana; lefoniroho. — exagérée, h Endrikéndrika. MÉDISANT, mpifósa o, mpañébaka o, mpisálatra, mpivolan-dratsy o, mpikétrina, mpandatsa; h mpanendrikéndrika.

Méditer, Micritréritra, Mihevitrévitra, mimenimeny, misaintsáina, mijery, misaina, mañalifiálina, ? mivetsivetsy azy. MÉDITATION, fihevérana, fihevitrevérana, fieritrerétana, fimenimenéna, fisaintsainana, hevitrévitra, saintsaina, eritréritra.

Méditerranée, Ranomásina hodidinin-tany ou afovoantany.

Médius, Ny tondro anivo.

Méfaire, manao ratsy, mañota. MÉFAIT, Ota atao, fañotána.

Méfiance, Ahiahy, fañahiahíana, fimarimarihana. Inspirer de la —, tsy mampatoky, mampañahiahy, imarimarihana, ahihina. MÉFIANT, SE MÉFIER, Tsy mátoky, marimárika, mañahiahy, vodivodiana o; midoña, mitaotao, miahiahy.

Mégarde, Tsy fitandrémana, tsy fitaóana. Par —, Involontairement.

Mégère, Viavy masiaka mena, h vehivavy lozabe.

Meilleur, Bebe hatsarána. Quel est le — ? Aiza no Tsara ? Celui-ci est bon mais celui là-est —, ity tsara, fa io tsaratsara, h io tsaratsara kokoa. Celui ci est — que l'autre, h ity tsara noho ny anankiray, pv ty tsaratsara ny raiky, h tsara mihóatra noho ny iray. Il est — que toi, tsaratsara nao izy, h tsaratsara noho hianao, h tsara noho hianao izy. Le—, ny tsara, ny tsara indrindra, ny mahery tsara, ny tsaratsara, ny mihoatra, h ny péhina; ny lóndony. Il a un — caractère que toi, tsaratsara fañahy karaha anao, h noho hianao izy.

Mélancolie, fanjonerona, fanjomóhana, jokaiky, alahelo, h jakoko, h sakoko. MÉLANCOLIQUE, Manjonóka, manjomótra, manjonaina, h mijokeky, h mijakoko, h misakoko, g mijoredretra, mimonjimónjitra, g manjorétra; tanóndrika; malahelo, miantómboka.

Mélange, Haro; z miharo, miharoharo, voharo; z samhy hafa miharo; haroharo, fiharoharóana, zevozevo, faho. Un — de bien et de mal, Tsara miharo ratsy. chose sans—, z tsy miharo, tsy miharorano, vátana, mananety, mihitsy, ankitiny; hirihiriny. MÉLANGER deux choses, mañaro, mampiharo, h mangaro, mampiharo z roy; —beaucoup de choses, mangaroharo, manaroharo azy. p aharo, aberoharo, que l'on mélange ensemble. Aharo amy ny z, que l'on mélange à qc. — en remuant, co la soupe, la salade, Manaroharo, mangaroharo azy. p haroharóina. Le — d'eau, avec de l'eau, mañaro rano azy. que l'on mélange d'eau, p haroandrano. L'eau dont on le mélange, qu'on y mélange, ny rano aharo azy. Se —, miharo, miharoharo, vo manjevozevo, mamaho.

Mélasse, Vori-ntsiramamy.

Mêlé, Miharo; — d'eau, miharo rano; — de chagrin, miharo alahelo.

Mêlée, Ady, adiady, rafitr'ady, ady miráfitra.

Mêler du vin avec l'eau, Mañaro, h mangaro, mampiharo divay amy ny rano. p aharo. Du fil, la soupe, mañaroharo, h mangaroharo azy. p haroharóina, vo BROUILLER; mamorovoro, manjevozevo, mamoiboitra. — une serrure, la GATER. — q dans.., mampiditra, mañatao anaty. Se —, miharo, miharoharo; mifadiditra, mivorovoro, misafotimpótina, mifangopángotra. Se — à, dans, miharo, miditra, manira-bátana, manidi-bátana amy ny. Se — de tout, miraharaha ny tsy azy, miantikántika, mirebik'antsanólona, midihindihina, vo s'IMPOSER.

Mélodie, Mozika mifañáraka tsara, fifanaraham-peo. Chant MÉLODIEUX, antsa miródona tsara, mifañáraka tsara.

Melon, Voantango mamy, voatango. — sauvage, voantangondolo, ? kitsao. — d'eau, voantsikíay.

Membrane, Hóditra karaha ténona matify veramberana anaty ny vátana; hóditra manify, mifanditriditra toy ny trano-nkala.

Membre, Rantsam-bátana, sampam-bátana, Rántsana, sámpana; sandry. —, sásany, momba. Bien MEMBRÉ, fatratr'aiña, fatra-bátana, matómboka, matánjaka, añoa'aiña, ozárina, zoárina, ozátina, maózatra.

Même, Tsy hafa, mbola izy: tókana, raiky, iray; ?tokana. C'est le — que tout à l'heure, mbola izy teo. Tous les deux sont la — chose, izy roy, tòkana *ou* tokávina. De la — mère, zaza kibo raika, vòtraka raika, tokan-dreny, reny raiky. Du — père, zaza tokan-dray, irairay, raik'ada, ada raiky. Qui ont la — maison, tokan-trano, mimbontrano, tokan-trano imbónana. Moi —, izaho hiany, zaho edy, zaho lany ny tena ko; ny tena ko edy. Cela —, izany biany, zany edy. Se nourir soi-même, mamélona tena, mamelon-troka. Il s'est vendu lui —, Izy Tompon'aiña no namidy Tena. Il mourut le — jour, naty tamy ny andro iny izy, Dans ce — temps, fah'iny, fahiny. Dans la — nnit, le — jour, indray álina, indraik'álina; indray andro, indraik'andre. Ils ont le — poil, Tokam-bolo, mira volo, mitovy volo reo. C'est la — chose que ce que je vous ai dit, mbola izy kabary nivolañi'ko tamy nao teo zany. Ils sont de — opinion, mifanáraka jery, tsato-tòkana reo. C'est la bonté —, hamamiandraha ànkitiny izy, hatsaran-draha edy izy, tsara hiany izy. La chose —, ny tenan-draha ny, ny vatan-draha ny, ny vátany, ny tena ny edy.

Même *adv*: Ndre, Na, samba, Tsary, h na dia. Je n'ai pas — un franc, ndre kirobo (na dia kirobo) raiky aza, tsy anaña'ko. Il n'y en a pas — un, h tsy misy na dia iray akory aza, pv tsy misy ndre raiky foana, tsy misy ndre raiky aza. Quand — ce serait ton père, ndre ada nao izy. Il en est de — de moi, mbola zany edy zaho, zany koa zaho. Je le ferai tout de —, hatao ko foana; ndre zany aza, hatao ko foana izy. Faites de —, mba manaova zany (*ou* toy zany, toy izao, to'izao) anao. Ils arrivèrent en — temps, niarak'avy, niara-niditra reo. En — temps vous l'instruirez, Indraiky anao hampiánatra izy. En — temps il mourut, tamy ny zany izy naty, naty tamy ny zay izy. — que, vo Comme.

memento, Fahatsaróvana.

Mémoire, Fahatsiaróvana, fahatsaróvana, sk fahataróvana; fitadidiana; g Arika, taratasy fahatsaróvana. mémorable, Tòkony ho tsiaro, tokony ho velon-daza andrakizay, tòkony ho tsiaróvina. memorial, z fahatsaróvana *ou* fahatsiahianaŋny natao.

Menace par paroles, Ráhona, rahombava, totovólana, rantehabólana, rahombólana, rahonteny, tefamasombólana, vólana fandrahónana, teny mampatáhotra; par gestes, h Ámbana, fañambánana, pv ámana, fañamáñana. vo hífona, tsiñy. —, h káhana, kahankáhana. menacer, Mandráhona, mandrahondráhona; mañámana, mañámbana; h mikahankáhana. — ruine, de tomber, mila hiródana, dónana ho pótraka, atahórana ho látsaka, ti-ho-róbaka. — en vain, h manao fiaro n'amboalahy ántitra. Se —, mifandráhona, mifañárhana. menaçant, Mahafatáhotra, mampatáhotra; yeux —, maso mamongitrika, mamongatroka.

Ménage, Ny fitondrána ny raharaha ao antrano; ny asa ny viavy antrano, raharaha ny vehivavy tompontrano; ankohónana. Se mettre en —, manambady. Faire bon —, miádana trano, tsara firaihana. Faire son —, Mañajary trano ou karamaoka, ny z an-trano.

Ménagement, Fitandrémana; hamoráná; fanantoánana, tsy fandrofarofána.

Ménager, Tsy mandány lóatra, tsy mandanilány foana, mandány kelikely foana, midoña, miaro, mandala, tsy mahafoy foana. — q. mañantóana, mañárana, tsy mandrofarofa, tsy mandronjironjy, vo manao moramora, ... tsy lóatra, mitándrina. Se —, mañira-bátana, tsy mañari-tena, miaro tena, mañantóana tena, mañaram-bátana, tsy miasa lóatra. —, vo PROCURER. Ménager, Ménagère, Tsy mpandany lóatra, mpiaro haréana, mahatam-panáñana, mahay mitankaréana, mpandaie haréana, mitsitsy, matsitsy. MÉNAGÈRE, tompovavy ampátana, viavy mpitandrin-trano, tómpony vavy, mpiahy trano, mpitarimy ny ao an-trano.

Ménagerie, Trano fitarimíana biby masiaka samby hafa diany. fáhitra.

Mandier son pain, Mangátaka, mangatakátaka, mangaho, milaho, mitalaho bánina ou z hamelóman-troka. vo Miangoty, miangaly, miangotingoty, miniaka, miangéntsana, miangoango, misakótika. Vivre en mandiant; mamelon-kibo amy ny z angatáhina. MANDIANT, mpangatakátaka, mpangátaka, mpandrari-hátaka, mpangaho, mpitalaho. MANDICITÉ, Fijalian-draha mampangátaka; toetra ny mpangátaka, tsy fananan-draha.

Menée, vo Intrigue, kitaritárika.

Mener, Mañátitra, mitari-dálana, mitárika. vo — par force, milóndra, manday; p éntina, andaisina, tondraina. — un troupeau, MANESY aomby. — la barque, mañamory lákana. vo MITAONA, mañina, mifehy. — q au bonheur, mahatody, mampitody, mampahatonga, mahatonga o amy ny fahafinarétana. — une bonne conduite, manao fitondranteña tsara ou fitoeran-tsara.

Ménestrel, o mitety tanána mitítika valiha; vahíny mpitendry jejy, mpiriorio manao mozika.

Ménétrier, mpitítika valiha tsy mahay loatra.

Meneur, mpañátitra, mpitan-tánana mañátitra.

Menotte, Tañan-kely, tanan-jaza. Les —, gadra fohy, gadra-ntáñana. Lui mettre les —, mangadra táñana, mamáhotra táñana azy; derrière le dos, manao vahotr'ólona azy.

Mensonge, Lainga, Lenga, Vandy, pv tomboteny; z tsy to. Petit — joyeux, vandivandy, lengalenga, tsilengalenga.

— évident, h ? vakitrinilenga. Surpris en —, h Vakibétroka, h vakitambérona. MENSONGER, mandenga, mavandy.

Menstrue, Rano fandevonan-jávatra. Ny mandeha-ia isambólana, ny marary andilana, ny mañitsa-tany.

Mensuel, Isambólana.

Mensurable, Azo oharina.

Mental, Amy ny jery, amy ny fañahy, ampo.

Menteur, mpavandy, mpandainga, fandenga.

Mention, Teny, filazána. Faire —, MENTIONNER, milaza, manónona. —, manisy laza, manónona.

Mentir, Mandainga, mandenga, mavandy; manombo teny vo tsaho mamitaka. Dire sans —, marimárina. Sans — ? Tsy vandy? Tu as menti, tu mens, Vandy nao zany, lenga nao zany.

Menton, g saoka, h somaka. Double —, trétroka, róroka.

Mentor, Mpiandry zazalahy, mpitárika, mpitándrina, mpiahy, mpañánatra, tsy mandao, mpitari-dálana azy.

Menu, Madinika, madinidinika, hely, kelikely, bitika, kitika, kirítika, kirikitika, kilikitika, vo matify, mifézaka, mafeja, kely dilana, madilana; aloy, joriry. Les — grains, hani-maintina. Le — peuple, ny olona, faraídina, ambaniandro, vodiahitrarivo.

Menuet, Dihy n'olona roy mangiña, Rébika giña. vo mañota.

Menuiserie, Fiasána hazo madinika. fandrafetam-pánaka. MENUISIER, Mpiasa hazo kely, mpandrafi-kazo, mpitsaho vatra, mpandrafi-pánaka.

Meprendre. Se—, Diso z alaina, mitombaitra, misobilatra, maninda, ota; tsonfsa, misobilaka. Se — à qc, diso maso amy ny.

Mépris, Fivazána, tierénana, h eso, h haraby, h fanenérana, fiririana, fañaivaivána, h fanazimbána; ompa, kizaka. Il a agit au—de ma défense, nivaza ny vava ko nandrara izy ka nanao foana izy. MÉPRISABLE, Tókony ho vazaina, vetaveta, tokony hivaivaina, tókony ho zimbazimbaina; lávina. MÉPRISANT, vo mépriser, et h miandranándrana, g miánjona, mianjonánjona. MÉPRISER, Mivaza, miérina, miriry, mañivaiva, manevateva; malaiña, maniviva, h mandatsa, h manaraby, h manazimba, h maneso h manénitra, mamingivingy, manamavo, manébaka, vo? mami-maso, miadra, Se MOQUER. — un ordre, mañary, manamboho, mandia, mañitsaka azy. MÉPRISÉ, h mifakofako, h fotsifotsiana, zimbazimbaina.

Méprise, Hadisóana, ota tsy nahy; sobilaka, tombaitra, sobilatra. — dans un marché, h varotsiazondahy. Faire une légère —, mitombaitra, misobilaka, misobilatra

MER

Mer, Ranomásina; ríaka; La haute —, alaotra; En pleine —, any alaotra, ambony ny rano. — haute, vo MARÉE haute.

Mercantile. Profession —, Toetra mivarobaro-javatra, mijery fivarôtana foana. Esprit —, fanahy n'ampandranto.

Mercenaire, (o) karamaina, omem-pondro, omen-karama, mila tamby, tia tamby, tambázana, mpitamby, tia vola.

Mercerie, h? fivarôtana amparasily. várotra amparasily.

Merci: A la — du Vainqueur, Ampelatánany ny nandresy, amy ny tánany (ou sitra-po, sitraky ny fo) ny nandresy. Merci, monsieur, mahavélona, Tompo ko; haba, Tompo ko; haba, habahaba, Tompo ko; mille fois —, grand—, habazato, habaribo; ou habazato-habarivo anao. — de votre service, mahavélona ny fitahia'nao ahy, habai'ko amy nao izy. —, h Traràntitra, velôma, masina, h tsaramihano.

Mercier, Mpivárotra amparasily. mpivaro-damba madinidínika.

Mercredi, Alarobia.

Mercure, Vola vélona. —, anaran-kintana.

Merdeux, misy tay, voa tay.

Mère, Reny (nitéraka ou namaitra); neny; h Inény; h Ima; pv njary, h endry. Ma —, Reny ko nitérak'ahy. Ville —, Reni-tanána, renivóhitra. Sans —, tsy manao-dreny, maty reny, h tsiandrano reny. vo De MÊME —.

Méridien, Ny sóritra mamaky ny tany ny tápany atsinanana, ny tápany andréfana; ny fivakíany ny tany; fisasahany ny tany; sori-dava, andávany.

Méridienne, Toromaso matsána, faire la —, mandry miarinándro, mandry antoandro be.

Méridional, Amy ny atsimo, ambálaka; manatsimo, manambálaka; avy amy ny atsimo. Les méridionaux, Ry antatsimo, antambálaka.

Mérite, z tókony ho valian-tsoa, z mila valy, atao mila valiana, tsara atao, hatsarána. vo fiendréhana, tómbana. Selon son —, áraky ny soa natao ny, érany ny natao ny. Q de —, MÉRITOIRE, qui MÉRITE, action MÉRITOIRE, Tòkony, hahazo, tókony ho valiana, tókony ho valian-tsoa, mila valy, mila valiana. Pourquoi, par quoi mérite-t-il de l'argent, ino no soa natao ny hahazóa'ny vola, ? Ino fôtony izy tókony ho valiam-bola, manino izy tókony homem-bola.

Merrain, Fafa madínika; silatsilakazo.

Merveille, z mahatsérika, z mahamánana, z mahagaga; fahatseréhana, fahagagána, fahatalanjónana, antambondraha, z manantambo. — du pays, h babantány. MERVEILLEUX, mahatsérika, mahagaga, mahamánana, maharikiana. vo efa loza, efa tsizy, efa zailoza, efa zaitsizy. Qui tient du

—, mila angano. Un —, mpirehareha, h mpieboebo; mpihaingohaingo.

Mésaillance, Fanambadiana tsy mitovy. Messallier, mampanambady ou mampivady tsy mitovy. Se —, manambady tsy mitovy, mampaka-bady iva-razana; manindráño.

Mésaventure, Kajirindraha ratsy, vintandratsy manjó.

Mésentère, Ny hodidininy ny tsinay.

Mésestimer, Tsy tia, tsy manája, manazimba Vidin-jávatra, manébaka.

Mésintelligence, Tsy fifañarahan-tsaina, tsy firaihan-jéry, tsy fifañekéna.

Mésoffrir, Manólotra kely noho tôkony ho vidy ny, mand atsa-bidy, manazimba vidindraha, manébaka.

Mesquin, Tia kely, mandány kely, matíty, mitsitsy; kely, madinika. MESQUINERIE, tsitsy, tity, fabatsitsiana, hatitiana, fanitsiana.

Message, z ampitondraina, teny ampandaisina; ampaitra, ampaidraha, fampaitra, z ampaitra, háfatra, z iráhina, k éntina; z n'ólona éntina. MESSAGER, Íraka, o iráhina, fiasa, ? asa, h alálana. — agile, h, Tongotr' ólona. Se servir d'un —, h manalálana; d'un — infidèle, manafaboronkáhaka. MESSAGERIE, Fañiráhana kalesy isanándro; kalesy mandeha isanandro.

MESSE, MESA Lamesa. Dire la —, MANAO mesa.

messéant, Tsy mety, tsy tôkony, tsy antóñony.

Messie, Ny Mpañávotra niráhiny ny Zanahary, Íraka; i Jeso-Kry; Kristy.

MESSIEURS, (Anareo, reo, Ry) tompo ko láhy; roandríana.

messire rat, Ra-voalavo.

Mesurable, Azo ohárina. MESURAGE, fañohárana, fañeráñana.

MESURE, Érana, ôhatra; fañeráñana, fañohárana. vo famárana, fifárana, ambata, pisy, fetra, bárona. Une — de riz, Vary raiky, vary iray; une demi —, tapa-bary. vo fahénina, tokombary; raotra, rao-táñana, ovo; seky, sekintáñana, sekimbéhana, refy, tratra, zehy, vakitrátra. Outre —, mihoa-pámpana, diso ôhatra, mandroadróatra, mihoatr' érana; lóatra, mandilatra. Il est de la — voulue, érana izy. En —, añérany, añóhany. Qui sont de la même —, érana, mifañérana. MESURÉ, añérany, añóhany. MESURER, Mañérana, mañóhatra; vo mandrefy, manjéhy, mamátra, mamátatra, mamáritra; mamóritra, mametra, mitándrina; mitsara. Ce qui peut se —, azo ôhatra. Se —, miady, te-hitovy.

Mésuser des bienfaits, málaka fahasoávana hanaovandratsy.

Métail, *métaux* miharoharo.

Métairie, Tany sy trano hofána *ou* fondróina.

Métal, z foteféna otry ny vy, ny varáhina, ny vola, ny firaka &. METALY. Se MÉTALLISER, manjary *ou* mody *métal*.

Métamorphose, fanovan' éndrika, fiovan-tsóra, fiovambajíhy, fanovan-tarehy. MÉTAMORPHOSER qc, MANOVA ny tarehy njávatra, mampody ho . . ., Se ---, iniova tarehy; miova ho . . ., mody ho . . ., manjary . . .

Métaphore, òhatra, oha-draha, oha-jávatra. Style MÉTAPHORIQUE, Teny fanohárana; oha-bólana, fivolánana maro òhatra.

Métaphysique, filazána ny fanahy n' ólona; saina, jery, hévitra hiany, fanahy.

Métayer, mpambóatra tany hofána. mpitsabo tany fondróina.

Métempsicose, Fifindrány ny aromoy amy ny vátana háfa; fíndra ny avelo.

Météore, z mazava miseho ao andánitra fa tsy miáritra, afondolo an-danitra.

Météorisme, Diridiry ny kibo feno tsíoka.

Méthode, Oha-pianárana, fianárana lany ny asa, fanalan-dány ny asa; fanaòvana. fiána' ny. Procéder avec ---, MÉTHODIQUEMENT, málaka lany ny asa. Sans ---, mandikadika, midikadika.

Méticuleux, matahotáhotra, midòna lóatra, maro fady, be hararo.

Métier, Asa, asa fatao; fiasána, fizavárana; taozávatra, h lahasa, raharaha, fanaovan-jávatra. --- de tisserand, fanenómana. Homme de ---, olon-jávatra, mpanao z. Gâte ---, mpanimba z, mpanimba ny vidin-jávatra.

Métis, Zanakamin' ámbina.

Mètre, Tapa-drefy, ? vakitrátra, tampa-tratra. metra. ---, filahárany ny tonon' antsa. MÉTRIQUE, áraky ny metra, manáraky ny metra.

Métropole, Reni-tanána, h reni-vóhitra. *Église* misy *Archevêque*. Métropolitain, *Archevêque*.

Mets, Hánina efa ambony ny latábatra; Petra-kánina; lambankánina; nahandro. Apprêter les ---, mametra-kánina.

Mettable, Azo sikínina, azo hitafiana.

Mettre, Mamétraka; manoetra, mampitoetra, mampipétraka, manatao, mampitíkina. --- dans, manisy z amy ny. --- dans en poussant, manórona, manófoka, mamósika, mamosésika. --- à part, manòkana. --- à feu et à sang, manóro sy mamono. — au fait, mampiánatra, mankazátra. — bas, mitéraka, mamaita, manídina. — à bas, en ---, mamótraka, mandátsaka. --- ses lunettes, manatao solomaso. — a profit, à intérèt, mampitombo. — en gage, manao débaka azy; atao débaka, atao ántoka. — en vente, VENDRE. — en dépôt, de côté, mamétraka, mañompy, inikájy. — qc en état, ARRANGER; —q en état d'agir, Mampahefa azy, mañome azy ny hanaóvana. — au jour, Mamóak . — à bout, manámpitra, mahalány. — ordre, en ordre, Mandáhatra. — à mort, mamóno. — en pièces, mamakiváky, mañinikínika, mandríatra &. Se —, Mipétraka, mametra-bátana, mametak' aiña, mametraka teña; mitoetra. Se — à parler, vao hivólana. S'y mettre tout de bon, h Rénoka, pv réfotra, pv kondrefo; miantotomaty.

Meuble a, azo afindra, tsy tafatoetra, tsy tany. Terre —, tany mora asaina, — s, vatra fampihamínana trano, fánaka, karamaoka; fanánana mora éntina.

Meubler une maison, Mañisy vatra (ou fánaka, karamaoka, vata &), mandrávaka, mampiháinina, mañampy vatra, mañénika, mañómana azy.

Meule du moulin, Vato-fandasírana (ou fitotóana, fandisána, fañarinkaríñana, fanorotoróana) tsakotsako &. — de riz, antontambary, fatra-bary. — à aiguiser, vato fañasána aherinkérina.

Meunier, mpandásitra vary, mpandasi-bary, mpanisobary.

Meurtre, Vonoan'ólona, famonoan'ólona, vono MEURTRIER, mpamono o; mamono, mahafaty.

Meurtrière, Lóaka misy ny vavantafondro, loaka itohófany ny tafondro; loaka mahafaty vo Jómana.

Meurtri, Narátra, nakíaka, fola-dra. MEURTRIR, mandrátra, mamola-drá, mañiaka. vo DÉGRADER. Se — marátra, makíaka, h mikíaka &. MEURTRISSURE, ny narátra, bay, fery, kíaka, nakíaka, fola-drá; h mangana.

Meute, Amboa maro mangórona ou mihaza, ? andian' amboa fangórona.

Mi, Teñateña ny: à — chemin, an-teñateña (ou antsásany, añivo, afovóany) ny lálana, antsasa-dálana; manenateña lálana, efa famátona lálana.

Miasmes, Fófona maukarary, fofon-draha lo.

Miaulement, Feo-mpiso, ñao. MIAULER, miñao, miñaoñaoña; miñaoñaoña.

Mica, Ela-drano, hela-drano.

Miche, Mofo bory mivolóngana, volonga-mofo bory. — volóngana tapotsy mofo.

Micmac, fatao mangingíña handróbaka toetr' ólona.

Microscope, Fitáratra mahabe vátana ny z taráfana; fitáratra mampitombo vátana; fitáratra fizahána ny z madinika indrindra.

Midi, Miarin'andro, miari-mahamay, h mitatao vovònana. En plein —, antoandro be. Le plein —, be n'andro, matsaña be. Après —, folak'andro.

mie, Aty ny mofo, tapótsi-mofo, ny malemy amy ny.

Miel, Tantely, antely, tentely; sk fandráma. — amer, — ambáhony, ankouko. Ramasser du —, Mañantely, pv manantsanga, miantsanga, mouche à —, reni-tantely, renin-antely. MIELLAT *ou* MIELLÉE, Ando mamy táhaky ny tantely n'akondre. MIELLEUX, misy tantely, be tantely, tahaky ny tantely; matsiro tantely.

MIEN, MIENNE, hAhy, pv Anahy, sk anakahy; nihinahy, nihinakahy. ntena. Les —, ny ahy, ny anahy.

Miette, Sómbony, sombintsómbiny, sombintsombi-mofo, sombi-mofo.

Mieux, Tsaratsara, h Tsaratsara kokoa, soasoa, senga-senga. Il sait — que moi, izy mahay aloha ko, mahay tsara noho zaho; mahay tsaratsara noho izaho, h mahay noho izaho, pv mahay tsaratsara karaha zaho, mahay lombolombo karaha zaho. Le —, ny tsara, ny tsaratsara, ny mahery tsara, ny tsara indrindra. Lequel aimez-vous —? ny aiza no tia'nao? ny aiza no mahery tia'nao? iza no tia'nao? Ce lui-là vaut —, io tsara, io tsaratsara. J'aime — aller que de rester, h aleo ko ny mandeha toy izay mónina, pv Sitrany (*ou* Andaisi'ko, alai'ko) zaho mandeha karaha (*ou* koa, koazaka) ny mpétraka. C'est —, il vaut —, ça vaut —, sitrany, zany sitrany. — vaut un tu tiens que deux tu auras, h aleo mitsangan-ko eranambátry toy izay midon-ko ariary. Agir à qui — —, mifaña, h mifanínana; mifaniaia, vo mifanjaña. De — en —, tsara miandalandálana; mihatsaratsara, mitombotombo hatsarána. Faire de son —, manao zay tratry ny aiña, ny hay ny, zay tòkony ho efa ny. Pour le —, ? farany ny soa, zay hay ny. Etre — (en santé), Sitrantsitrana, pv jangajanga, maivañivana; ? kirikiry.

Mignard, Délicat, Gentil, mila fitia. Mignarder un enfant, Mañantóana, mañárana, mañikotra, mañantahanta, ? mañaitraitra, h misangy, mihratsy ánaka.

Mignon, MADÍNIKA tsara, kely mivendrivendry; h kizokizo; GENTIL — s, sombin'aiña; tiana. Le — de sa mère, Isok' ánaky, fofoánaky ny reny ny.

Mignoter, Dorloter.

Migraine, aretin-doha anila ny raiky. Qui a la —, marary loha; mangáña ny loha ny, manelo.

Migration, Fifindran-tany, fifindrána an-tany hafa. fifindram-ponéñana.

Mijoter, Mahandro azy moramora, mandoky miádana.

mil, vo mille et millet.

Milan, Papango; tsimalaho.

Milice, Miaramila.—, milicien, Borizány manao miaramila.

Milieu, le—, ny anivo ny, anélany, tenatena ny; h afovóany, pv ampovóany. vo h elakélana, h ? kobany; vonto ny. Au —, anivo ny, anélany, antenaténany, ampovóany. afovóany, mamátona, famátona, h mamóntona. au— en bas, mamaton'ambany.

Militaire, miaramila; mpiady, mpanafika. MILITAIREMENT, otry ny ---.

Militante, miady.

Militer pour lui, miaio azy.

Mille, Arivo.

Mille, Singana arivo, lálana arivo singana, refy 880. mily.

Millet, pv ampemba, h ampemby, g varifemba.

Milliaire, Tsangambato ou orimbato isany arivo singana (mille) amy ny lálana.

Milliard, arivo tapitrisa.

Millième a, faharivo ny. Un —, pv —, h ampaharivo ny.

Millier, arivo. Un — d'hommes, élona —. par —, arivo-arivo, h alikisa, álina, alimaina, tsy omby arivo,

Milligramme, faharivo ny (h ampaharivo ny) gramme.

Millimètre, fah'arivo ny (h ampah'arivo ny) mètre.

Million, Tapitrisa, tampitrisa. Par —, tsy hita isa, tsy takatr'isa

Millionnaire, mpanarivo.

Millionnième, Fahatapitr'isa. un —, pv ---; h ampahatapitrisa.

Milord, (amy ny Angilisy) Tompoko, Andriandahy.--, mpanarivo, mpanjato, hénika haréana.

Mime, Fitsikombána ny atao n'ólona ho fihomehézana. Un —, mpitsikómba ny atao n'ólona. MIMIQUE, miánatra hitsikomba ny atao ny sásany.

Minable, Halala, veta; tsy manan-draha; h mahantra.

Minaret, Trano solanga.

Minauderies, Hontihonty, otikótika, lantidántika. MINAUDER, MINAUDIER, mi—-mora ho tiana, manao teny malemy, manotakota-bátana, mody maótona, h ? mitsetratsetra, ? mitsetsetra, ? mitsaitsaika.

Mince, Matify, h manify; — et clair, — verambérana, -- vérana. — par le milieu, madilana, h keoka, keok'andilana. vo mifézaka, mafeja, madínika, kézaka, fisaka, iraitánana, kararávina, rangirángy, ezoézo, miezoézo.

Mine, Toetry ny tarehy, toe-dahára; toe-bajihy, toe-tsora, tarehy, sora, lahara, vajihy, bándrina, toe-kándrina, h bika, bikra, h tsángana, h éndrika, ivélany, ambélany, fichóa' ny, h tokotanintarehy. Avoir bonne ---, Tsara ---

Avoir la --- d'un fou, misari-adala, karaha adala. Faire la ---, mikararémotra; mangero-tsora, mampikero-dahara. ? mimonjomónjo. ? miérina.

*M*ine de fer, d'or &, Tany mamoa vý, tany misy vý, tany maniry vola, tany fikaroñam-bola, tany fihadiam-by, lávaka tany *ou* lava-tany misy *métal*. --- de plomb, h manjarano. ---, lávaka *ou* torabintsy fasiam-bánja handriatriátana tany. Faire jouer la --, mampandópatra *ou* mandriatríatra, mamakiváky, mampipóka, mampandéfoka, mamokabókaka tany amy ny pondy; mandriatria-bato, manavotravo-bato, manifikifi-bato, mampipo-bato, mampihóntsina tany amy ny vanja aréhitra ambány.

*M*iner, *M*angady tany *ou* vato; mih*i*ady ambany, mih*i*a, dih*i*ady; mandávaka ambany trano na ambany manda handróbaka azy. vo manimba, mandrava. vo *M*ine.

*M*inéral, *M*étal, Vao halaina amy ny tany, vy hadína avy amy ny tany; vy mbola miharo tany. *M*inéralogie, fianárana ny *Minéral*.

*M*ineur, *M*pangady tany hampipóhina; mpikarom-bola an-tany, mpikárona ankibontany.

*M*ineur a, Kelikely, zeny, zandry. ---, Tsy ampy taona hanjak'aiña, h atodiorokóroka, h zatovo, tsaika. La mineure, ny teny faharoy *ou* anivo amy ny *Syllogisme*.

*M*iniature, Sarinjávatra madinidinika mivendrivendry; vo kizokizo.

*M*inime, *M*adínika indríndra, bitika, biritika, kítika.

*M*inistère, Raharaha, fanompóana, fitondran-draharaha. ---, Fehi-tany, fifehezan-tany.

*M*inistre, *R*áñitry ny mpanjáka mpitondra raharaha ny andríana, mpiraharaha; solon-teña ny mpanjáka. vo tsindrifé.

*M*inois, Lahara tsara.

*M*inorité, Ny havitsiana, ny vitsivitsy, ny vitsy. ---, Toetry ny zaza tsy ampy taona, ? fahazatóvony, hazazána; h ? fiañáhana; h atodiorokóroka.

*M*inuit, pv *M*atoñ'álina, pv matok'álina, h mamaton'álina; h misasak'álina.

*M*inuscule, (sòratra) kely, madínika. ? zandri-ntsòratra, ? zenintsòratra, zana-tsòratra.

*M*inute, Tápak'andro madinika indrindra, ny ampahenim-polo ny ora (*heure*), rapahan-tondro; tondro ny raiky, erantondro, hetr'andro, hetr*a*. ---, vetivety foana, vetikétika, tsy ela, betibétika, tsy ela. ---, Sora-táñana voalóhany.

*M*inuter, *M*andaha-tsòratra maláky. ---, manòratra madínika.

Minutie, vo BAGATELLE, et jakajáka, pv jifajifa. MINUTIEUX, Mañahy —; mitandrintándrina ou mandinidinika lóatra; sarótiny, sarotsarótiny, besakaray; —, et examiner MINUTIEUSEMENT, h mijakajáka, h mikarakára, mamasavása.

Mi-parti, Hafa-tápany, hafa-ila. Robe — de blanc et de noir, Roba sámpona fotsy noho maintina, ? Roba fotsy sampònana mainty, Roba fotsy maintin-tápaka.

Miracle, z mahatsérika atao ny Zanahary, z mahagaga, z mahamánana; fahatseréhana, fahagagána; antambo, antambon-draha, samankendraha, lozanjávatra, ajimandraha, sababondraha; z tsy fohita, z tsy foreñy; z tsy efa n'ólona. C'est un — de vous voir, Antambo érika navia' nao. MIRACULEUX, mahatsérika, mahatalánjona &. Guéri MIRACULEUSEMENT, nositráninv ny Zanahary romóka.

Mirage, Hadisóana ny maso amy ny z taláky be tandrify ny tsitin'andro; fizahána. Toetra taláky be ; talaky habézana tandrify ny masoandro; z mitáratra, mineriñérina.

Mire, Ny bókitra fikendréna amy ny loha ny basy; fikendréna. Le point de —, ny kendréna; BUT. MIRER le but, mikendry ny sòlatra. — un œuf, mitáratra atody. vo mañeriñérina. — une place, Mitsinjo, mitázana tany. Se — dans l'eau, mizaha, mitsinjo, mitáratra lahara anaty rano mamgarangárana. Se —, mizaha tena amy ny fitáratra.

Mirliton, Anjomary njaza, sobabanjaza.

Mirmidon, olona fohifohy ratsiratsy.

Miroir, Fitáratra, fitaráfana, fitsinjóvana; hetsoro. Le — des eaux, ? ny fangarangaránany ny rano. —, fizahána, fahitána.

Miroité, (sovaly) misoratsóratra.

Mis, p de mettre.

Misaine, ny Falazy alohaloha ny sambo; mizena.

Misanthrope, Tsy tia o, malaiña o. MISANTHROPIE, Tsy fitiévana o, falaiñana o.

Mise, Petra-draha fanaóvana; filokána, loka. —, Fisikina, fitafy. VO METTRE. Qui n'est plus de —, Efa tsy fentina.

Misérable, Ory, oriory, veta, halala, h mahántra, marofy, mijaly, misory, misérana. be fijaliana, be sory. movinina, mafiraiña, maferinaiña, mandrainikiho, malahelo, miantómboka, h mifakofako, h mikokokoko. —, kaforo, iva, ratsy, kafirifiry, kafiry, olon'ory, karin'ólona.

MISÈRE, fijalian-draha, fahoriana, havetána, tsy fananandraha, sory, fisoríana, Jaly, sérana, fiseránana; fahalahelóvana, fahalahelóana, kokokoko, hatrotráhana.

Miséricorde, Fitepózana, fitsekam-po, tsepo, tepó; h fiantrana, g famindram-po, h findrafo. MISÉRICORDIEUX, Mahatse-pó, mitepó, mitsepó, h miantra, mamindra fo, h an-

tr'ólona, h olon'antra, malahelo o, mafiraiña o, maferinai‑
ña o. be famindrampo, be fitepózana, be tsepo, ? miterikibo.
 missel, Taratasy misy mesa.
 Mission, Fañiráhana. —, Fitoérany ny iraka.' Mission‑
naire, Mpijoro iráhina hampiánatra o ny lálany ny Zana‑
hary; Iraka. misionary.
 missive, Taratasy hiráhina.
 mitaine, Foño-mpelatáñana, foño-utáñana kely.
 mites, vóaña madínika, ólitra.
 Mitiger, mankamora, — éntina, mankaleo, mankaivana,
mankalemy, mankahely. mitigation, fankamorána, fan‑
kaiváñana, fanakelézana.
 miton, Foño-mbaontáñana.
 Miton-mitaine: Onguent —, menakaody tsy mañino, tsy
mankaivana tsy mankarary. solik'aody boka.
 Mitonner du pain, Mangetrikétrika ou h mangótraka mo‑
fo miádana; mandóna azy. — q, Dorloter. Se —, miketri‑
kétrika, mikétrika, mikótraka.
 Mitoyen, (Vóvo, Saha) Añivo ny, antséfany, añélana,
mañélana, añelañélana, mañéfitra tany roy. mitoyenneté,
Toetra añélana.
 Mitraille, Tapatapa-by ratsiratsy; Pátsaka atífitra, fátsa‑
ka ambala; bala maro ambátra, bala maro miarak' atífitra.
mitrailler, Mitífitra amy ny pátsaka; mañandefa, ma‑
mafifafy bala maro
 Mitre, Sátroky ny Évéque; Satro-boñináhitra. Mitra. mi‑
tré, misy mitra; misátroka; misatro-boñináhitra.
 mitron, Ankizy ny mpanao mofo.
 Mixte, Miharo, miharo z, miharo rano, roy fótony; tsy
arery. miharoharo.
 Mixtion, fiharóana, aody miharo, z voa haro, ranon' aó‑
dy miharo. vo Mêler.
 mnémonique, Fahatsarovan-jávatra.
 Mobile a, Azo afindra, azo hetséhina, tsy tafatoetra, mi‑
hetsikétsika. vo miovaova, miolaola; tia vao, tsy miáritra.
— s, hery maharóso, mañétsika, mamíndra; z fandrosóa‑
na, z fañetsefana. famporisihana, faudrisihana.
 Mobilier a, vo Mobile. Le — s, ny vatra ziaby, ny vatra
rehetra an-tráño, h ny fánaka, h ny korónkana, pv ny
karamaoka, ny éntana ziaby, ny z an-tráño.
 mobilité, Fiováṅa, fiovaóváṅa; hétsika, fihetséhana.
 Mode: Son -- de gouvernement, Ny fanaóvany manjáka,
ny fanaóvany amy ny fanjákana; ny fanjáka ny. --. Toétry,
sora, éndrika, érana, ohatra, fatao, fanao; h sambo,
ny momba ny tenan-jávatra. La ---, ny fatao ny tany, ny
fanao; ny fisikiny ny tan , h l'amody. a la —, fatao;

manáraky ny fatao.

Modèle s, óhatra, fianárana Lamy, fañalána óhatra, fianaran-damy, z alain'óhatra, z alain-damy. -- d'écriture, Lamy fanorátana. MODELER, Manao sary ndraha, mamboatra, mamolavola. Le --- sur..., mampitovy, mampira amy ny. Se --- sur q, Mala-damy azy, miara-damy azy, mampitovy teña amy ny.

Modéré, Tsy mihóatra ny sahaza; tsy lóatra, tsy lilatra, mahafetra teña, tsy mai dilatra; añérany, antónony, h antoniny, moramora, tsy marisi-doatra, mahatan-teña; h mihámoka, mihamokámoka, h jonenika, h mimalo, mimalomalo. --- dans ses paro es, vitsy teny, mahatambava. MODÉRATION, Tsy fihoárana érana, tsy fihoárana, tsy fandilárana ny sahaza; ny añérany, ny antónony; fahatanan-teña. ---, Diminution. MODÉRER, Mankamora, mañala ny lóatra, mañala tápany, mañéfitra, mamóritra, h mampiónina, mampihena, mandrara, mamétra, mampiádana, mitana, mañóhatra, mañérana, mandáhatra; mampañóntika. Se ---, mitantápany, mihiakély, h miónina, h miánina, mañéfitra teña, miádana; manóntika.

Moderne, Voa, vaovao, ampénjika. Les ---, ny olon' ankehitriny; ny olon'ataonio fa tsy antaolo.

Modeste, Maton-toetra, mandin-toetra, mántona, mándina; mantom-bátana. mándina fitondranténa; h maotina, h maótona, h mimalo, mimalomalo, h mangévaka. --- des yeux, mántona maso,mandi-maso. vo sarokeñatra, meñamaso, méñatra, méndrika, mijokojóko, mifihifihy. MODESTIE, Fimandinan-toétra, fimantonan-toétra; toetra mántona, fitondran-teña mándina; h ? fahamaotínana. h malo, malomalo.

Modicité, Hakelézana, hadinihana, hakely; havitsy, havitsiana.

Modifier, Manóva, mañovaóva, manajary azy; mañalála amy ny, manatsáka, mankalétra, mankakely; mañéfitra, mamala, mametra azy. Se ---, mody ho tsara, miova ho tsara, mitantápany. MODIFICATION, Fañajaríana, famboárana, fañována, fiována; fanakelézana, famérana, faneférana; fepetra, fetra.

modique, Tsy be, kely, tsy be lóatra, antsahala.

Modulation, Fifañaraham-peo laha miántsa. MODULER, mañajary antsa, mamboatra ny feo.

Moelle, ny Aty ntaólana, h tsoka, pv pékina; mena-taólana. — d'un arbre, áty, atinkazo, votoátiny. --- de jonc, fo, fonjozoro, vo kafotsy. MOELLEUX, Misy aty, be tsoka, be pékina; feno tsoka, maventi-malemy.

Moellon, Vato maraorao fatao rova; rokabato, vato

marokoroko.

Mœurs, Fitondranteña, fitoérana, fatao, fanao.

Moi, Zaho, h Izaho. C'est ---, Izaho no izy. --- j'irai, Zaho no handeha. Pour ---, Ho ahy, nihinahy. Il vint vers ---, nanátona Ahy, nanátona Antena izy. Tué par --, naty Ko, novonói' Ko. Dire ---, ---, Mizaho. vo --- MÊME.

Moignon, Tánana bólona; Fótotra bólona, vody afadrantsana, ny bólona, ny fólona; ny gólona.

Moindre, Kelikely, --- kokoa, kely noho ny leo, látsaka. De --- longueur, kelikely halavána, fohifohy. Le ---, ny kely indrindra, ny bítika. Qui n'a pas reçu la -- chose, Tsy teky z na kelikely aza.

Moine, O manompo Zanahary foana ka tsy miboabóaka antány; Andevo ny Zanahary. vo ERMITE.

Moineau, Vórona madínika mpangala-bary. Tsiporítika, fody, karaoka.

Moins, *adv*. Kelikely. --- kokoa; kely noho, kely noho ny teo; vitsivitsy. Il est --- grand que vous, Tsy mitovy habézana amy nao izy, ny habosa ny kelikely nihi'nao, ny havoa'ny, kely noho ny anao. Il est --- heureux que sage, ny fahendré'ny mandilatra ny anjara ny; ny anjara ny ambány ny fahihíra'ny. Cent -- un, Raiky tsy ampiany ny zato, raiky tsy izatóany; ? zato tsy ampy ny raiky. Ils sont --- de 10, tsy ampy folo reo. Ils sont au -- mille, ampy arivo reo. ça fait au --- cent, mahampy zato izy. Le ---, ny kely; le -- beau, ny tsy tsara lóatra. Au -- 10 fois, sahaza tsy hazána impolo. Au -- chaque semaine, sahaza tsy hatetika isankerinandro. Au-- 100, sahaza tsy ho vitsy, zato. Cent --trois, ? zato látsaka telo; à --- que, Raha tsy, laha tsy. Je n'aime pas le vin, et encore ---, et bien --- encore l'eau-de-vie, Ny divay tsy tia'ko, sándraka (*ou* tsándrak'érika; mintsaka, h mainka, mintsak'érika) ny tóaka. Celui qui ramassait plus n'avait pas plus, et celui qui ramassait — n'avait pas —, Izay nanángona be tsy nanan'amby, izay nanángona kely tsy látsaka. En -- de rien, tsy ampy to'inona. En -- d'un clin d'œil, tsy ampy pi-maso. On se facherait à ---, ndre z kelikely zany aza, hielófana. Le prix n'en est pas -- de 100 piastres, Tsy ambány ny parata zato ny fandafósana azy. --- il y a de monde --- il faut de riz, Vitsy koa ny o kely ny vary ilaina, ny havitsiany ny o ikelézany ny vary ilaina. — on travaille — on gagne, kely koa ny asa kely ny vola azo, ny miasa kely mahazo vola kely. vo sañatria.

Moire, Lamba miovaova volo, lamba mivalovalo volo. MOIRÉ, mivolo miovaova, misy volo mivalombálona.

Moisi, moisissure, ny Mómoka, h ny bobongolo. MOISI a, h bobongolo, be ---, misy ---; g Mómoka, efa --, MOISIR,

Se —, mih/amómoka, vao ho mómoka, mómoka, avy bobongolo, avy lomotra; ? torotoróhina, — qe, mankamómoka azy, manisy bobongolo *ou* lómotra amy ny.

Moisson, Vary jinjána, vary vao ho jinjána, vary voa jinja, vary voa tsongo, Tsongo vary, vary masáka, vary mila tsongóina, vary matoy, mila sangórina. —, vólana fitsongoam-bary, fijinjam-bary, fanapaham-bary; fisangòram-bary, vo fararano, fararanonakoho, faraòrana. Faire la —, moissonner, Miasa tsongovary; mitsongovary, mijinjavary, manapa-bary, mitapa-bary, misango-bary. — peu a peu, mihazam-bary; mihazankázana, manázana, manazankázana vary, vo h sonjóina. moissonneur, Mpijinja, mpitsongo vary, mpanapa-bary, mpisango-bary, mpamory vary másaka *ou* matoy.

Moite, mavonobónotra, lendéna, mando, mandomando, maranorano, mandraporaro, mitsoitsoy. moiteur, havanobonórana, hamandóana, fahalémana, tsoitsoy. humidité.

Moitié, Tápany, ilany, sásany, sásaka, sanákana; h antsásaka, h antsásany. a — fait, efa tápany, efa ila. Il est a —, Tápany, támpana, tápaka, támpaka, famátona izy; h misásaka. a — de la longueur, an-teñateña, antsásaka. Étant à — chemin, efa famátona lálana, efa an-tenatena ny lálana, antsasa-dálana. A — joyeux, Ravo ilany, ravo tápaka. a — mort, matimaty, maty ila, mat'ila. Arriver atteindre à la — de la longueur, Maneñateña. Le partager par la —, manápaka mira, mamaky mira, maméndrana, manenatena azy. Etre de —, mahazo tápany mira. Le faire à —, manao tápany, mambela ila ny. Etoffe — coton, rafia miharo foly; rafia fahana-tsiatohy.

moitir, mamónotra, mampando, mandendéna.

molaire a, manorotoro, mandásitra. Dents —, ny vázana.

mòle, Antontambato mamémpina vavarano. h fefiloha.

Molécule, ny biritika, ny bítika, ny sómbina, ny sombintsómbiny madinika indrindra, ny isam-benty ny madinika. moléculaire, biritika indrindra.

Molester, Manahirana, mampijaly, mahasósotra, mikotrankótrana, mañory, mampiory.

Molette, Vongambato fandasirana loko fañangíana. ---, lay manindrona amy ny *Eperen*.

Mollasse, Mafonty lóatra, malemy lóatra, mangòdra, móhaka, boda, vo miborétaka, miborabora.

Mollement, Amy ny fahosána, amy ny malemy; amy ny havozóana; malemilemy, mafontifonty, moramora. Assis —, miborétaka, mivorétaka amy ny fipetráhana. Vivre —, manao toe-bavy; osa fitoérana, manao osaosa. mollesse, Mijejojejo, fahosána, haosána, hafontíana, hafontésana, halemena, halemiana, halemy; halemilemena, toe-bavy; h tijejojojóana, tombambavy, tombambavy.

Mollet a, malemilemy. Le —, ny kibondranjo, voavitsy.

Molleton, h, Bodo fotsy, lamba volonondry malemy.

Mollir, Mihíafonty, mihíalemy, mihíakétraka, mihíalemilemy; mieky, mañeky. — un câble, mañétraka, mamotsobótsotra tady. vo Céder.

Moment, Tápak'andro, sombinan lro, silak'andro. vo Instant. Dans un —, tetéka, tsy ela. Ce n'est pas encore le — de manger, tsy éndrika ny fihinánana *ou* ny ohatra fihinánana. Dans le —, ce —, vo maintenant; eo noho eo. Au — où, au — de, vo Lorsque. Dans le — même, tamy ny zay, teo noho teo, tsy ampy toy ino, tsiampitoinona, faingampaingana, siaka, romóka. Par —, Indraikindraika, h indraindray. Un —, Attendez un —, Mandiñesa antséndrika, mandiñesa kelikely. Assez pour le —, Sahaza maloha, h aok'ary, Aok'aloha, aok'angaloha. Il le relève et le baisse par—, indraiky atonga indraiky azetso. Il agit par —, mandikadika andro, mamokimbókina tapatapak'andro, mañelañélana izy. Il attend le — où je tomberai, mandiñy hilatsáha'ko *ou* izay ilatsáha'ko izy. Au — où tu voudras venir, Zay avia'nao. De bons —, elanelan'andro, tapatapak'andro tsara. Au — où j'entrais, tamy ny nidira'ko, mbola zaho níditra, mbola zaho tamy ny fidirana. Momentané, tsy ela, tsy matána ela, vetikétika.

Momerie, Grimace; hypocrisie.

Monne, Vatan'olo-maty tsy ló, faty ela, faty maika, vatamaty maina.

Mon père, Ny ada ko; ny ada ntena; — chapeau, ny sátroka anahy, sk anakahy, h ahy. vo Mes.

Monacal, Toy ny *Moine.* Monachisme, ny toetry ny *Moine.*

Monarchie, Fanjakána misy Andríana tôkana. Régir monarchiquement, ? Manontolo fanjakána. Monarque, Mpanjáka, Andría-manjáka, Andrian-tòkana.

Monastère, Trano ndreo *Religieux.* Trano ndry ankizy ny Zanahary. Monastery. Vie monastique, Toetra ndreo *Religieux*, handevózana amy ny Zanahary.

Monceau, Antóntany, tóntany, tóvona, ambángony, bóngony, h angábony, h ankábony; havoriana; — de riz, Antontambary. — de choses, z mitobórona, mitovontóvona, mitobibika. vo En masse.

Mondain, momba izao fiaiñana izao. Homme —, o tia ny fiterány ny olo-maro, tia ny fireharehána amy ny izao tany zao, tia ny mahafináritra tena. Mondanité, fitiávana ny fihaminam-poana, ny fañarahana ny fiteráma *ou* ny fireharehána; ny fitiávana ny zava-poana amy ny izao faha-velómana izao. —, fiterána, fihamínana foana, haingohain-go foana.

Monde, Ny tany ziaby, ny tany, izao tontolo izao, Zao daholo zao, ny daholo. Tout le —, ny olona ziaby rehetra, ny olombélona; atsik' aby rehetra, isika rehetra; atsika tany. Tout le — a-t-il compris ? fantatr' isika tany va ny k ? Le monde en est l' ennemi, Rafésiny ny tany izy. Un — d' ennemis, Fahavalo maro bétsaka. Sortir du —, miala amy ny maro. Mettre au —, Mitéraka. Le grand —, ry olombe. Les peines de ce —, ny fijaliana aty an-tany ty.

Monder du riz, mandio vary, mañala ny ampómbo, ma-névoka, mañóvoka azy. mañala átatra.

Mondifier, mandio, manasa féry.

MONITEUR, MONITRICE, mpañambara, mpilaza, mpañánatra.

Monition, Anatra fañanárana.

Monnaie, Vola; sk fanjáva. vola mainty, vola fividiana. — d' or, volamena. MONNAYER, manefy vola fividiana, manonta vola misarim' andriana, manao vola mainty.

Monocéros, (Biby) Tokan-tándroka, tokan' ampóndo. h iray tándroka.

Monocorde, (Jejy) raiky tady, iray tady.

Monocule, (solo maso) Toka-maso, raiky maso, iray maso.

Monogame, Nanambady iray foana. MONOGAMIE, Fanambadiana indray mandeha monja.

Monologue, fitenénana irery.

Monomanie, hadalána mahatokan-jery o, ? hadaláana manókana.

Monopétale, (Voñin-kazo) iray rávina, rai-pélana, rai-drávina.

Monopole, Várotra trano tókana, fañaonkaónam-bidíana. Monopoliser, manao várotra trano tókana, mañaonkaom-bidíana. Monopoliseur, mpivárotra manao trano tókana, Mpañaonkaom-bidíana.

Monosyllabe, Teny kély tsy vakína, vólana raiky vany, ? teny vaky raiky.

Monotone, (Antsa, fatao) tsy miova tsy akory, tsy miova tónona. MONOTOMIE, tsy tiovam-péo, feo tsotra, ? sakalahim-peo.

Monseigneur, Tompo ko, — lahy; Andriandahy. Roandriana, rondriana.

Monsieur : Oui —, Eny Tompo, tompo ko, tompo ko lahy, nahoda, sojá. Un —, Olona, lehilahy, olombe. Visiter —, mamangy ny tompo.

Monstre, Animal MONSTRUEUX, Antambo-nólona, antambo-mbiby. (ólona va biby) masíaka oe foroforo, mamoroforo, amporoforo be, fokafóka, mifokafóka; Loza n'olona, Ilozambiby, samankombiby, ajimambiby, sababombiby. Antambonkáka; ? sámpona, ? samponjávatra. Qc MONSTRUEUX, sady lehibe ratsy indrindra; z mamoroforo, makadiry, vaventy, mahatalánjona. Une MONSTRUOSITÉ, Antambondraha, lozanjávatra, samankonjáka, Loza. Ajimanjáka ; ? samponjávatra, héloka be vava.

Mont, Bongo, Vóhitra, habóana, h havóana, tendrombóhitra; tanety. MONTAGNE, — be. — escarpée, Tsingy. — d'or, Vola mivóhitra, vo En MASSE. Pays MONTAGNEUX, Tany maro bongo &. Les MONTAGNARDS, Reo Antambóngo, Antambóhitra.

Montant a, Miákatra. Un —, z mitsángana, andry. Le — (de la somme), ny sabo, h hasabo, isa, daholo, izy rehetra, hamaróana.

Mont-de-piété, Trano ampindramam-bola amy ny o mametra-débaka. trano fiantrána.

Monté, Efa mitsángana, efa tafatsángana; efa añabo; efa tonga, efa voa hajary, efa manjary; efa vónona, mifehy, mitohitohy, voa tsetatsétaka, mikámbana. Cheval haut —, sovaly abo vity, avo dia. Cavalier bien —, o tsara sovaly, tsara solontóngotra, tsara itengénana. Navire — par un tel, sambo mitondra Iano. Q bien —, o ampy z. Tête —, Fañahy ou loha misamóntitra.

Montée, Fiakárana, fanongána, tany mákatra, tany abo, tanety. —, ambaratonga. Fatigué de la —, Disaka ny akabóhitra.

Monter, Miákatra, mákatra, manonga; —, S'élever, miéntana, misóndrotra, misándratra; à un arbre, mañánika hazo. mivóana, mivoambóana, misavoambóana, mientanéntana. — au faite, mahatonga amy ny támpony. — à la brèche. Mañani-drova rómbina hanáfaka tanána. — un cheval, mitengin-tsovaly, miténgina, mitikina. mirítika amy ny sovaly, mipétraka ambóny sovaly. — de prix, mitombo vidy. — en grade, misandra-boñináhitra. — d'une coudée, mi'ombo eran'akiho. — (comme une tige), manondro lánitra, ? mitóhatra, — la garde, miámbina. — les degrés, miákatra amy ny lafadáfatra. — à 3 piastres, mahatákatra parata telo, mahampy parata telo, parata telo ny isany ou ny hasabo ny. — du riz au grenier, Mampákatra, mampanonga, h manákatra vary an-tóhitra, mampaka-bary an-drihana. vo mañénga o. — une pendule, manóitra, mañerinkérina, mampakabato ny famantaranandro. — une scie, une pioche, manisy hazo ou záhana amy ny; mañomby azy. — une machine, manohitohy, manetatsétaka, mamehifehy, mamitrambítrana, mañombiomby, mamorónkona, manángana azy; mamorivot y ny tápany. --- un habit, manjaitra azy. --- une maison, mañampy z azy. Se --- en linge, ? miampy lamba. Se---, Se ---la tête, misamóntitra, mitamóntitra. mimontimonty.

Monticule, Bongo kely, zana-bongo, zana-bóhitra, h Songo, kiborontány.

montoir, Hálana fiakárana.

Montre, Ny Tapa-biciana aboak'antány ho famantárana ny volóngany ao antrar o; ny ambara, ny atoro, ny famantarana, ny tapak'atoro, ny tápany aseho; fañambarána, fanehóana, fampizahán i. Ce n'est que pour la ---, z ambara foana zany, fañambarána foana zany. Faire --- de sa grandeur, Milanja, miloloha, mitatao, maneho handriánana; et La montrer, Manoro, mañatoro, mañambara, mamóaka, mampiseho, mampahita, mampahafántatra azy. vo mamèraka, mamélatra. Se---, miseho, mivóaka, maneho tena, mampiseho tena, mamoa-bátana. vo mifóhatra, mifókatra. miposaka, mitranga.

Montre, Famantaran'andro féntina. --- à répétition, famantaranandro mamaly.

Montueux: Terrain---, Tany montomóntotra, maro bongobongo, mibongobongo, h boagabonga.

Monture, Sovaly na biby lafa itikinan'ólona, solombity, solontóngotra. — de fusil, hazombasy, záhany, tánany.

Monument, Petra-draha ho fahatsaróvan'ólona ny k lasa; Orimbato, Tsangambato, Tovombato, Vatolahy; Vontady. Un ---, Zomba be tsara. ---, Tombeau.

Moquerie, Kízaka, h Eso; pv sabédika, Jabédika, Dédaka, sadédaka, fétika, safétika, tsékitra, séritra, kétina; h haraby, h latsa; fikizáhana, fanesóana, fisabedéhana, fisadedáhana, fisafetéhana, fitsekérana, fiketénana, fiserétana; fañadalána, h fandatsána. se moquer de q, mikizaka, h maneso, misabédika, mibédika, midédaka, misadédaka, mifétika, misafétika, miséritra, mikétina, manesoeso, h manaraby. h mandatsa, mihomehy, mañadala, misoma, milaolao, misomonga, manamavo o. vo mampilafila, mitokaka, mitokakakaka, mikizakíza. moqueur, mpikizaka, mpaneso, mpanaraby, mpijabédika

Morale. La ---, Ny fitondran-teña; ny filazána ou fiañárana ny mety sy ny tsy mety; ny lálana fitondran-teña, ny lálana ny Zanahary. Moral a, Instruction ---, fañanárana; fañanárana milaza ny mety atao sy ny tsy mety; fañitsiantoetra, fañareman-toetra. Homme ---, o tsara fitondranteña, marin-toetra, tsara fatao. moralement parlant., ? mañáraka ny fatao, táhaky ny márina. moraliser, Mañanatra maré, mañambara ny tókony hatao; mañády. mora-

LISTE, o manóratra ny z mety hatao sy ny tsy mety. MORA-
LITÉ, ny Hitsy ny z atao va ny Engo'ny, ny toetra ny z atao
toetra.

Morbide : État —, toetra marary, marofy.
Morbifique, mankaráry.

Morceau, Tápaka, tápany, sílaka, sílany, sómbina. Des
—, Tapatápaka, silatsílaka, sombintsómbina. — d'étoffe,
tapa-damba; de pain, tápaka-mofo, tapa-mofo. Réduit en
—, (MORCELÉ,) hinikínika, voa tapatápaka, voa silatsílaka,
voa retidrétika, voa potipótika, móntsana, montsamóntsa-
na. Réduire en —, MORCELER, Mañinikínika, manombin-
tsómbina, mamakivaky, manapatápaka, mandretidrétika,
mamotipótika, manetitétika; vo DÉCHIRER.

Mordacité de l'eau forte, ny hy ny rano mahery; ny ma-
ñékitra, ny mila hañékitra; ny hery ny mangady. MOR-
DANT, (Sira) mañékitra, hómana, mangady, mahálany,
mahavoa. Du —, loko enti-maháutitra ny volonjávatra.
Dity maharékitra pámaka.

Mordicus, Amy ny di-doha. Y tenir —, Mandrékitra ou
mivánditra amy ny; Mañékitra, mifikitra; mamáhatra.
Mordiller, mañekikékitra.

Mordre qc, Mañékitra, mañifatra, Manéhitra azy. Y —,
— amy ny, mañorin-ký, mamatsi-ký amy ny. On ne saurait
y —. tsy azo añekérana izy. — à l'hameçon, mala-bíntana.
More, o antaváratra ny *Afrique*. mory. olo-maintiníntina.
Morelle, Añaran'áñana.

Morfil, §, ny Tari-by mahery añaty lela-meso; ny rá-
ñitra, ráhiny, sáñitra, sáñiny.

Morfondre, Manami-nara, mahafati-nara; mampand'-
hatsiaka. Se —, mihianara, tamy nara; voly mandiñy, don-
dórina, márana.

Morfondure, Nara mankárary ny sovaly avy naévoka.
Morgue, Avoñávona, evaeva, angatrángatra. Plein de
—, mi —; be fiavoñavóñana. —, Trano anehóana ny faty
n'olona tsy fántatra hávana mora izy hangatáhiny izy
tompo.

Moribond, Efa ho faty, maríny ho maty, ambavahóana,
ho faty, efa hañal'aiña, efa hial'aiña, miadi-aiña.
Moricaud, (Vazaha) maintiníntina, mainti-mavo; mavo.
Morigéner q, Mañitsy ny fitondran-téña ny, mañitsy toe-
tra, mañánatra azy.

Morne, (Maso) matimáty, g mipindapinda, malahelo;
manjorétra, sorisoréna, soredretra, sorery; (Volo) mai-
zinízina, matimáty, mavomávo; vo dombo, midongidón-
gy, jádina.

Morose, vo mélancolique, *et* sorisoréna, soréna, h midongy, midongidongy, h sómpatra, mimonjomónjo. Mo-ROSITÉ, fanjomórana.

Mors, Vy amy ny vava-ntsovaly, gadrambava ntsovaly; vy ndaborídy; sakambava.

Morsure, Kékitra, ifatra, héhitra. Qui a reçu une —, voa —. voa keki-draha; no kekerin-draha.

Mort: La —, ny faty, fahafatésana, hafatésana, fifatésana, fañalan'aiña, farafiaiñana. Être à la —, Moribond. Combat à —, Ady mahafaty, mamono. — civile, haverézana, handevòzana. Sentence de —, Malo mahafáty, mamóno. Blessé à —. voa bay mahafáty, Mettre à —, mamóno, mahafáty; mandatsa-drá, manompa-ra, mañal'aiña azy. Mis à — sans jugement, h maty antrebotrébony, maty tsy miteny. Une — certaine, faty hita. vo Mameladindo. Craindre la —, mataho-páty. Un MORT, olo-maty, amónoka, fatinólona. Le —, ny sérana, ny jaly, rabevóina. Enterrer un —, mandevimpaty. MORT a, Il est —, maty, naty, afak'aiña, lasan'aiña izy. vo jihitra, hinjitra, hénjana, dangy, jikia, lonky, matilevy, mitsitra. — naturellement, naty an-jófo, andavénoka, antráño, am-pátana; naty foana, naty ho azy. — de la fièvre, naty ny tazo. — jeune, folakandántony. — subitement, ? alenonjávatra. — en naissant, naty tamy ny nivelómana. A moitié —, matimaty, m ti' íla.

Mortaise, Ny lávaka añaty hazo, ny vavy amy ny ráfitra, vavómbiny, vavaomby. MORTAISÉ, voa fándraka, voa lóaka, ? mifándraka. MORTAISER, Mamándraka, mandávaka, mandóaka, mañírika, mangady hazo, ? mampiady ráfitra.

Mortalité, Fahafatésana. — —, faty ndraha maro, olo-maty maro, fatimbalala; farilavo, ny isa ny maty; arétina mahafaty mifindra.

Mortel, mety maty, mora maty, ho maty, ho faty, manam-pahafatésana. Péché —, ota mahafaty, mamono; mahavery. Les —, Ry olombélona. Blessé MORTELLEMENT, voa bay mahafaty. Je le hais —, hala ko maintina izy.

Mortier, Feta; antsoká miharo fásina; sokay; Loko mbato, tanidítra, tany madíty, pako, fótaka madity; godra madity. —, Tafondro taliabava, talélaka, marivo vava. — à piler, Leoña, h laoña, h lémpona.

MORTIFÈRE, MAHAFATY

Mortifiant, MORTIFIER q, MEhadikidiky, mahadikitra, maharihirihy, mahory o. mahasósotra. mampiory, mampijaly, mampisérana, mampisory o. MORTIFICATION, z —; fahadikidikiana, faharihirihiana, fahasosórana, fijaliana. — personnelle, famonovonóana teña, fahafatefatésana teña. Se MORTIFIER, mampijaly teña, mamonovono tena, mahafatifaty tena. vo HUMILIER.

mort-ivre, ivre-morte, toran-kamo, hinji-kamo.
mort-né, Naty tambòtraka, naty mbola tambòtraka.
Mortuaire, momba ny maty. Drap —, Lombo-paty, lamba alombo-paty, lamba fandevénana, lómboky tamango, lombo-pandevénana. Registre —, Taratasy milaza ny olomaty. Extrait —, Taratasy milaza ny andro nifatésana.
morue, Añaram-pilao. — salée, Filao sira, laoka sira.
Morve, Lelo, taindelo, firingandelo, pakondelo. —, aretintsovaly. morveux, be lelo, mitsororo-delo, be foringandelo, mipakolelo, misy pakondelo.
Mosaïque, a, Avy amy ny *Moïse*, nomen'Andriamánitra any i Moizy. — s, ketsaketsa-mbato soa madinika manjary sarin-draha; Rari-vato misoratsôratra.
mosquée, Traño fivorian-dreo *Mahométans*.
Mot, Vólana, h Teny. Bon —, ? samarimpahendréna. — pour rire, vólana omban-kehy, teny arahin-kehy, h vosobósotra, tsilaolao. — à —, tsimpontsimpóna raiky raiky, arakaráhina raikiraiky, mitsimpontsimpona ny vólana tsiraikiraiky. En un —, amy ny teny iray, fohifohy, indraimbava, indraimbava-monja.
motet, Antsa fohy amy ny *Eglise*.
Moteur, Mpandroso, mpañetsika, mpamindra, mpandrísika, mpamporísika, mpampanao, ny mampandeha ; mpanolo-tsaina.
motif, Fôtony, ántony, tombóana; hévitra mampifídy.
Motion, Hétsika, fañetséfana, fihetséhana ; famindrána, fifindrána; fandehánana, fampandehánana. Hévitra mahétsika, maharísika. motiver qc, milaza ny fôtony ny k ; mañisy fotôrana amy ny; mamáhana, manóhana azy, mañisy éfaka *ou* tóhana amy ny; mañamárina azy.
Motte, Tongontány, Tóngona, tongontóngona; óngona, ongonóngona; h bongantány, bonga, h bainga, veingia. — dure, ombelahintány. Plein de —, maro tongontongona; maro bongabonga. Former des, manongontóngona, manongonóngona tany.
Motus, *interj*. Aza ambara nao ólona zany; mangiña; afeno, avonío.
mou s, Havokávoka (ny aomby *va* ny aondry &).
Mou, Molle, malemy, malemilemy, mafonty, mafontifonty, koníaka, konéaka, milótaka, véhaka, vehabéhaka, kétraka, godragodra, magodra, bo..., osa, borétaka, mivorétaka, mangorábaka, mondra, mólaka, lako, lakolako, lanto, ? tendrendela, terendela, vohavoha, minóndaka.
mouchard, vo Espion.
Mouche, Lálitra. — a miel, Reni-tantely, reninately. — à feu, Hiréndrina, kiréndrina, h haréndrina. — de beau-

té, téboka *ou* téntina fihaminana amy ny lahara.

*M*oucher la chandelle, *M*anety lahinjiro. manety jiro. —; Se —, *M*anala lelo, pv mamindelo, h manisin-delo, pv manintsin-delo.

*M*oucheron, Lálitra, lali-pangírika, aloy, mok*a*, lolofotsy.

*M*oucheté, *M*itentinténtina, mipentimpéntina, vándana, taindalérina, sada. *M*oucheter, *M*anentinténtina, mamentimpéntina, mamándana.

*M*ouchettes, Heti–njiro.

*M*ouchoir, Famin–delo, fanintsinan-delo, h fanisinan-delo. ? kiromány. — de cou, lamba-mbózona, lombo-tsóroka, lombok'avay.

*M*ouchure, Ny lavénony ny lahi-njiro.

*M*oudre, *M*anorotoro, mandásitra, manísoka, mikísoka, pv manósoka, mangárina, h mangórina.

*M*oue, ? Roro-tsoñy, ? rindrorindro. Faire la —, manenjan-tsoñy, manenja-mólotra; mikararémotra; mirindrorindro, mandroro-tsoñy. vo Bouder.

*M*ouillage, Tany fandatsaham-batofátsika; fitodian-tsambo, fihazónana, tany fifantséhana ny sambo.

*M*ouiller, *M*andéña, mankalena, mahalena; mampando, manámpoka, manditsaka, mahakotsakótsa, mandón*a*. vo Humecter. Parez à —, *M*ihinahiná handatsa-batofátsika. *M*ouillez, alatsáho. *M*ouillé, Leña; mavónotra, ditsaka, ámpoka. Navire —, sambo mifántsika, milóna.

*M*ouillette, Lela-mofo ajóboka anaty atodinakoho.

*M*oule, Ankora miléfitra fohanina.

*M*oule, un —, famorónana, érana famorónana, faudrendréhana, fanidíñana. Jeter au —, *M*ouler, *M*amórona, mandréndrika, mandrendri-jávatra, manídina. Comme moulé, ? koazáka naloa.

*M*oulin, Fangaríñana, fangoríñana; z aherinkérina hanorotoroan-draha. *M*ily, *M*oly, molina.— à eau, fangaríñana aherinkériny ny rano ; à vent, aherinkériny ny rívotra, aherindrívotra.

*M*ouliné: Bois —, hazo olérina, vovóhina. Les vers le moulinent, ny ólitra mamóvoka azy.

*M*oulinet, Tangérina ny fangaríñana. Faire le —, *M*iaro tena amy ny tcora-draha aherinkérina malady ; miherinkérina, mihodinkódina.

*M*oulure, Válona amy ny rafi-kazo, kira. Des —, valombálona, Válona amy ny riba.

*M*ourir, *M*aty, mañal'aiña, mial'aiña; mihílana, modimandry, miamboho.— sans convulsion, h tsimamonoánaka. — en grand nombre, manao fatimbalala, manao lambambary. Se laisser — de faim, ? mampahafaty tena mosary. — naturellement, maty ho azy. Plutôt —, sitrany ho maty; matésany aho. Je me meurs! maty aho ty endré! maty aho! ho maty aho!

Mousquet, Basy tsoforan'afo. MOUSQUETADE, poapoa-basy manao vero-may *ou* volomay; rerembasy.

MOUSQUETON, Basy fohy betoháka, ampingára-pohy bevolo.

Mousse, Sómotra, somo-kazo, somo-bato, volombato, savoronala? volontány. — dans l'eau, lómotra. — de bierre &, vory, vorivory. Couvert de —, sumórina, misy sómotra, lomórina.

MOUSSE, Ankizy lahy kely antsumbo.

MOUSSELINE, Lamba matify mangarakáraka.

MOUSSER, mamóry, mamorivóry.

Mousseux : Vin —, divay mamory, be vory. Rose MOUSSEUSE, Roza somórina, *ou* misy sómotra.

Mousson, Tapataona misy rivotra tsy miova; rivotra any andranomásina misy antony ny fiovány.

Moussu, somórina, be somobato, be somokazo, be sómotra.

Moustache, Somotr'anórona; Volo-mbava, volomólotra, volontsoñy, somo-bava; vaoka mpésa, somo-pesa.

Moustique, Aloy, moka; keliloha, lolofotsy. MOUSTIQUAIRE, Firo-moka, fandrara-moka; trano-lay fiarova-moka, fiaro-aloy.

Moût, Divay tsy nandevy, ranomboalómbona.

Moutarde, Anaram-boanakazo fibinana saiky toy ny sakamalao no ngidiny. Motaridy. MOUTARDIER, fasiana motaridy; mpanao motaridy.

Mouton, Ondry lahy vósitra; uondry lahy, ondri-vósitra, ondrikóndrika lahy.

Moutonner les cheveux, manolikólika, manotakótaka, manorikóritra ny volondoha. L'eau MOUTONNE, Vao hamorivóry, miolaola, mamorivóry ny rano.

Mouvant, manétsika. —, mihétsika. Sable —, fásina mandrevo; mandrétsotra, mangótroka, mangóraka.

Mouvement, Hétsika, fihetséhana, findra, fifindrána, leha, fandehánana, singana, dia; fandrosóana, vo tabataba, olaola, hefikéfika. vo AGITATION. Se donner bien du —, mihinahina, mifarifary, miraharaha, mihetsikétsika. — continuel, tsingalahala, tsingalaboangidina, mitsingalahala. Il le fit de son propre —, izy tompon'aina no nandroso vátana nanao azy. Être en —, vo s'AGITER. MOUVOIR, mampandeha, manétsika, mamindra, mandroso, mandrisika, mamporisika. Se —, mihetsikétsika, mihétsika, mandéha, maningana, maningantsingana; mandroso, mandroso dia; mifindra, manetsibátana, mioitróitra.

Moyen, z hanaóvana; fanaóvana, fañanóvana. vo Alálana, ahatongávana, elañélana, fañampy, fañampiana. Il n'y a pas—d'entrer, Tsisy idírana; de rien entendre, tsisy ahareñesan-draha; de voler, tsisy itilíñana; et *mieux au futur*, hidirana, hahareñésana, hitilíñana. Je n'ai aucun --- d'action, Tsy manan-kanaóvana aho. MOYENS, Haréana, fanáñana; fañahy, fahaízana, fahaiana.

Moyen a, Salasala, atriátry, tsy be tsy kely; varivariny; añivo, afovóany, añelañélana. (Énfant) de -- âge, g sákana, sakanjaza, sakanólona, sakandahy, sakasakambavy, h sandrahiany; de --- taille, g Papány, papanjaza.

Moyennant de l'argent, Amy ny vola, izikoa manam-bola, izikoa tahíny ny vola.

MOYEU, ny Añivo ny tangérina, ny afovóany ny kodia.

Mozambique, Mozambíka, Masambíka.

MUABLE, miovaćva, azo ována.

Mucilage, Ny dity añaty raha sásany. MUCILAGINEUX, misy dity, madíty.

MUCOSITÉ, Dity, lelo, pako.

Muer, Miofo (otry ny vórona, ny bibiláva); miónotra, h mióhaka. h mióntitra; miova feo mahery, vaky feo (otry ny tsaiky). MUE, fiofóana, volam-piofóana.

Muet a, Moa, h móana; tsy mahateny, tsy mahavólana. —, tsy tonónina, tsy vaky feo. tsisy feo. Rendre —, Mahamóa. vo sifotralandoha, vatolahy.

MUFLE, Orom-biby amim-bava ny.

Mugissement du bœuf, Ma, Mamá; des animaux, Tréña, troña, fontréka, trérona, eroñérona. — de la mer, du tonnerre, hotrokótroka, kotrokótroka; rahondráhona, réhona. — d'un torrent, Dororóka, gogogogo, kororóka, rodondródona, rehondréhona, rohondróhona, reondréona, redondrédona. MUGIR, MUGISSANT, Mi —; et mangótroka, mangotrokótroka.

Mulâtre, un —, Zanak' amin' ambim-bazaha; hodi-karabo, madio-miséka, mena-hóditra, miady hóditra, vazaha mena.

Mule, Zanakaminambintsovaly (vavy,) sakavavintsovaly (vavy.) Mulet, — (lahy). Mulet (d'eau), ? zompo, ? antafa.

MULE, kiraro ny Papa.

MULETIER, Mpiámbina *mules*.

MULOT, Voalavo antány, totozy antsaha.

MULTICAPSULAIRE. Fleur —, voñinkazo miefitréfitra.

MULTIFLORE, Maro voñy, mamoñy maro.

MULTIFORME, maro éndrika, maro sora, maro fórona.

MULTILATÈRE, maro lafy, maro ampísany, maro sisiny.

Multiloculaire: Fleur —, voùinkazo maro éfitra, miefitréfitra, maro traǹotraǹo.

Multiple, (Isa) maro sôsona, ? maro miléfitra, ? mifampitombo, maro tápany mira.

multipliable, azo ampitombóina, azo ankamaróina.

multipliant, Fitáratra mankamáro.

multiplicande, Isa mila hankamaróina ou hampitombóina.

multiplicateur, Isa mankamáro, mampitombo.

multiplication, fankamaróana isa, Fampitombóana isa.

Multiplicité de choses, z maro samby hafa. hamaroandraha samby hafa karázana.

Multiplier ac, Mankamáro, h manamaro, mahamaro; mampitombo isa. — n, Se —, Mihiamaro; mitombo isa; mihiabétsaka.

multitude, Hamaróana, habetsáhana. La —, ny —; ny maro, ny bozak' amin' áhitra.

Municipal, (Diditány) amy ny tanána; tany momba ny tanána, fehéziny ny tanána. —, mpifehy tanána. MUNICIPALITÉ, tany fehéziny ny tanána, ny momba renivóhitra. —, Reo mpifehy renivóhitra.

munificence, vo LARGESSE, Libéralité.

Muni, bien —, FOURNI: Le Munir de qc, Maǹampy z azy. vo Fournir. — de vivres, MAMATSY azy.

Munitions, z enti-miády ndre Vanja ndre Léfona &; z fiadivana kony. — de bouche, Vatsy, hánina.

muqueux, sady MALAMA madity.

Mur:— en pierre, Rafi-bato, Rova-vato, roho-vato, riba-vato, rindrim-bato, manda-vato. — en terre, roho-tany, riba-tany, h ampiantány, totorano. — de cloture, Fefi-vato, vala. — mitoyen, rova maǹéfitra, roho aǹivo. — d'appui, rova fiankiǹana, sázony, rova fisazóhana.

Mûr, Másaka, Matoy, matoitoy, loky, ántitra, tantéraka; tody. Trop —, Másaka véhaka, mótraka, manta. Age —, hatoézana. Esprit —, Faǹahy matoy, anti-paǹahy. Réfléchir MÛREMENT, mijery ela.

muraille, vo mur.

Murer, Manao ou maǹisy rova-vato &, vo MUR; mamefy. — une porte, BOUCHER. Muré, misy rova-vato &.

mûrier, h Hazo landy.

Mûrir ac, Mahamásaka, mankamásaka, maǹásaka, mahalóky, maǹántitra. — artificiellement, maǹantsásaka, maǹótrika. — n, mihiamásaka, mihialóky, ? miótrika. Commencer à —, à moitié mûr, Somaravo, MAMONTÁLANA. MÛRI artificiellement, Antsásaka; sur pied, h MASAK'IFÓTONY, pv masak'ampótotra ou ampótony.

Murmure, Moimoy, ǹonoǹónona, monjomonjo, eronérona, emoñémona, h Romoromo, h Romodromotra; vo biririoka, bizizíoka, sononóka, bisibísika, gogogogo. MURMURER, Mi — ; mandríana. — contre le gouvernement, h manao voamivonto. MURMURATEUR, mpieroñérona, mpimonjomonjo &.

Musard, Mandány andro foana, h kamo, kalaina, mitaredretra, mirekireky.

MUSC, Añaran-java-máñitra.

MUSCADE, Añaram-boankazo-máñitra.

MUSCADIN, Zatovo mpihaminkámina.

MUSCAT, máñitra *musc.*

Muscle, ózatra. MUSCLÉ, MUSCULEUX, maózatra, ozátina, ozárina, zoárina. vo matotra, mizidizidy, hénjana, aviaiña, tomady.

MUSC, moza.

MUSEAU, Ny orombiby amambáva ny.

MUSÉE, Trañofañompíana ny z tsara samby hafa rehétra.

MUSELER un chien, Mamehy vava amboa.

MUSELIÈRE, Fehivava n'amboa, gadra mbava.

Muser, Mandány andro foana amy ny potipotidraha. vo LAMBINER.

Muserolle, Tady asákana ambóny orona ny sovaly; sampin'órona, sampy añ'orona; sakan'orona; ny añórona.

MUSETTE, Anjomary ndreo ai tantonda.

Musique, Mozika, Lamozíka. MUSICIEN, manao —, mahay ---. MUSICAL, misy mozika; momba mozíka; ombána mozíka,

MUSQUER, mañisy *musc.* mankamáñitra.

MUSULMAN, Mahométan.

MUTABILITÉ, Fiována, fiovaována.

Mutation, Fiována, fañována; fanolóana, fanoárana; vo Voatr'ampango.

Mutilé, Bólona, fólona, gólona, simba, kilemaina; vo Ébréché. MUTILATION, fanimbána, famolónana, fandrátana. vo BRÈCHE. MUTILER, manimba, mamólona, mampigólona, mandrátra azy, vo Ébrécher, manápaka amy ny, manápaka amy ny, mañala amy ny.

Mutin, Madi-doha, malain-kañeky, miódina, miolaola, mandrendri-bahóaka, madítra, botraika, mikiribiby, mihenahena, mikimbato, mitóhika, miray tétika. SE MUTINER, malain-kañéky, vo DÉSOBÉIR, mitokozíhitra, pv mitokolíhitra; (enfant) h mitohenjy, h mitohinjaka. MUTINERIE, falaiñan-kañéky, ditra, fiodínana, kimbato, tóhika, tohimórika, fandirana, fikiribibiana, fihenahenána.

Mutisme, Toetry ny o moa, hamoánana, pv hamoána.

Mutuel, Mifamafy; mifanao; mifanakalo. MUTUELLEMENT se rend comme ENTRE, s'ENTRE-, s'ENTR', *par la forme*

Réciproque. s'instruire —, mifampianatra, mifañánatra. Enseignement mutuel, Fifampianárana, fifañambarána; fifamindran'ánatra; *ou* fañanárana mifamaly.

Myologie, Filazána ny ôzatra.

Myope, Tsy mahita lávitra, manjamba, manjamba-maso; h pahina. Jembi-maso, malazo maso, matimati-maso, sanjaina, ? sanja, h pahimpáhina. Miopie, Maso manjámba, ny tsy fahitána lávitra.

Myriade, Álina, iray álina, raik'álina, folo arivo. fg alin' álina, maro-bétsaka.

Myriagramme, Álina girama. Myrialitre, Álina litra. Myriamètre, álina metra. Myriare, Álina ara.

Myrrhe, Diti-nkazo mánitra.

myrte, hazo madínika mañitra tsy malazo.

Mystère, (Une chose Mysterieuse,) z tsy hita fótotra, tsy fanta-pótotra, tsy fántatra, tsy fantatr' ólona, saro-pántatra, tsy taka-tsaina, mivoni-fótotra, miafimpótony, misarom-pótotra; saro-pantárina, tsy taka-pisainana. Misitery. vo kononkónona, fanafénana, fanononkónona. En faire un —, h mañatao azy ankaro-matámpina. Agir Mystérieusement, Manárona ny atao; manonokono, h manononkónona ny atao. vo Cacher. Mystérieux, misy *mystère*; mangingiña, mamóny ny atao ny.

Mystifier q, h Mamosobósotra, Mankádala, mikízaka, h mandatsa o.

Mystique, sárotra hevérina; mivóny.

Mythologie, Ny Filazána ny z tsy to ninoan-dreo antaolo. Mytologiste, o milaza ny fótony ny angano foana ninóany ny Antaolo.

N

Nabot, (o) Fohy, iva dia, boteta, boleta, zeny, zenizony, bozeny, bozenizeny, bozy, bozibozy, mamokéhana, dovidovy.

nacelle, Lákana, — helv.

nacre, anaran'ankora; téfaka; masontéfaka.

nadir, ny ambány ny tóngotra fa tandrifv ny *zénith*.

Nage, Lomaño, laño. —d'un navire, filaízana. Passer l'eau à la —, Milomaño rano. Se sauver à la —, milefa milomaño. Etre en —, Suer.

Nageoire, five ndaoka, Sélika, séliny, élatra, vombo-mpilao, fintsinkafói ana, filomañósana, ? halálana, ? sakélika.

Nager, g Milomaño, h milano, h mandaño. —de côte, manao laño mandrirana; comme les chiens, manao laño n'amboa *ou* karok'amboa, tsikarok'amboa; avec la poitrine, manao lano-tratra. — entre deux eaux, mahay roa, tsy añy tsy atý. — dans l'abondance, mañarivo, feno haréana, dans le sang, mihosinkósina amy ny ra. Savoir —, Mahay lomaño. Dans quoi on nage, Lañósina, lomañósina. NAGER (en canot), Mivé, h mivoivoy. Nageur, Mpilomaño. —, Mpivé, mpivoivoy.

Naguère, Tsy ela, teo.

Naïfa, Tsy misy fitaka, tsy manan'ampó, márina, mahitsy, tonga ho azy, tsy miharo fitaka, mazava, tsy mifoño, tsy misárona; tsy mamony fañahy, miharihary, miseho.

Nain, fohy, iva, révaka, revadrévaka, zeny, botry; vo NABOT. vo Refadréfaka. œuf —, alody tsisy taménaka. Démarche d'un —, h konesa, konesanesa. Marcher comme un —, mi—.

Naissance, Ny ivelòmany ny zánaka, h ny ahavelómany; nivelómana; nahavelómana; fivelómana; iteráhana, h ahateráhana; itembóana. Le jour de sa —, ny andro nivelôma'ny, h nahateráhany; e nitembóany. Q de —, de haute —, o aborázana, h avorázana, zanak'andriana, nahazo díditra tsara. —, vo firazáñana, toetra ny vao ho téraka, ny mitéraka, firazana, taránaka; fiposáhana, fanampónana, h fanombóhana. — d'une fleuve, ny lohan'óñy, ny ivoáhany ny oñy. — d'une branche, ny isampánan-drátsana, ny fótotra, tombóana. Donner — à. Miteraka, mamaitra, manembo, mamélona azy. NAISSANT, maniry, mipósaka, mitrébona.

NAÎTRE, NÉ, Téraka, Vélona; e témbo. Le pays où il naquit, ny tany nivelôma'ny, h nahavelôma'ny. vo Maniry, mitombo, vao maniry, mitrébona, mipósaka, misého, tivóaka, Avy, mitsimoka. Ils naissent tous de la même manière, mira fivelómana reo ziaby.

Naïvement: Avouer —, Mañambara marimárina, mahitsy, tsy amy ny fitaka; tsy mikapetsy. NAÏVETÉ, Tsy fitaka, hamarimarínana, tsy fisian'ampo, tsy famoniam-pañahy, fañahy tsy misárona, tsy miolikólika, fañahy mazava, hazavam-pañahy, Hahitsiam-pañahy.

Nantir, Mametra-débaka, mañome ántoka amy ny z indrámina. Se —; mandray, málaka, mahazo. Être NANTI de, Mánana, efa nahazo azy. NANTISSEMENT, z apétraka ho Débaka; ántoka, fampitañana, fitañana, ántony.

Nappe, Lamba-ndatábatra, lafi-datábatra, Lámbana, láfika. Mettre la —, mandáfika amy ny latábatra. — d'eau, Rano mivélatra, mipasasáka, miñámaka.

Narcisse, anaramboninkazo, fg o tia tena, rikíana ny sora ny téna ny.

Narcotique, (aody) Mampatoro, mampandry; h mampahatory. NARCOTISME, Toromaso.

Nard, Áhitra mánitra. —, zava-mañitra; fihánitra tsara;

z mafinto indrindra.

narguer, Mépriser, se moquer; Braver.

narine, vav'órona, lavak'órona.

Narrer, Milaza, miventy, manambara, mitory, mitety, mamávatra, miteny; manangano, manisa. NARRATION, filazána, h filaza, fanambarána; z lazaina. En forme de—, atao somary filaza. NARRATEUR, Mpilaza, —lava, mpitory teny, mpanisa k.

Nasal, Amy ny órona, an'órona; h kéntsina, h kéntsona, éntsina. NASALITÉ, fanononana an'órona.

Nasarde, Tsipindy ou Pinjy amy ny órona. NASARDER q, mitsipindy ou mipinjy órona azy.

naseau, Vav'órona lavak'órona ny biby.

NASILLARD, NASILLER, NASILLONNER, manao teny an'órona, mivólana an'órona miteny amy ny órona; h kéntsona, h, kéntsina; entsina, miéntsinéntsina.

Nasse, Vovo fanalána filao, sihitra, ? treko. Pêcher à la —, mamovo, maníhitra filao. Être dans la —, Látsaka ambovo, ou ambory, ankótona, antsalóvana.

Natal: Pays —, tany nivelómana, h nahavelómana, h nahaterahana.

Natation, Lománo, laño; filomanósana. École de —, Fianaran-domaño.

Natif de Tananarivo, Téraka ou vélona an-Tananarivo. Or —, volamena tsy miharo. Vice —, antsa nomba o amy ny nivelómana. Les —, ny Zana-tany.

Nation, Firazánana, h firenéna, fahitr'ólona. l'Esprit NATIONAL, ny fanahy ny tany; fanahy tia tany ny. Les nationaux et les étrangers, Ny zana-tány sy ny vahíny.

Nativité, Andro nivelómana, h nahaterahana, h nahavelómana.

Natte, Tsihy, sk Tihy; filámaka, lámaka. — de deux lés, Tsihi-vítrana, tsy mivítrana; vo tambindahy, tambilahy. — qc, mandáfika tsihy; mandrary tsihy amy ny. — des cheveux, mitaly, mandrary, mandrándrana volondoha. NATTIER, mpandrary tsihy, mpivárotra tsihy.

Naturalisé, Efa tsy vahíny intsóny; nanjary Zana-tány, efa natao tompontány. NATURALISER, mahatonga vahíny ho tompontány; maha-tompontány. vo ACCLIMATER.

naturalisme, ny Toetry ny z tsy manantambo.

naturaliste, Mpisaina ny fomban-jávatra rehetra.

Nature, la —; Zao tontolo zao, ny z rehetra. — de qc, Fombána, fiainana, toetra; ny mah'ízy azy, ny fótony, ny tena ny, fanahy ny, fatao ny, toe-bintana; ny fo ny, ny tena ny hiany; ? fisiana, ? fisy. La —, Dieu. Un Être ou une Action contre —, Antambo, Loza, antambo-ndraha, ajima-ndraha. Agir contre —, mañantambo, mandoza, mañajima. vo Loza, misákana toeran'ólona. En —, ? káñiny ny ny teña ny hiany.

Naturel a, Arery, tsy miharo, vátana, tsy miharo-rano; Tonga ho azy, tsy antambo, fatao; fanao, fohita, foreñy, foavy, hiany, ankitiny, heny, mananety, tsy teréna, tsy teriteréna, añérany, añóhany, antóñony; avy amy ny fombány, avy amy ny maso ny; mañáraka ny fombány; nomeny ny Zanahary azy; tsy áfaka amy ny; tsy engány, tsy apétraka, féntina. vo hirihíry, hirihiriny. Enfant — vo BÂTARD.

Naturel s, Toetry ny fañahy, fatao, fanao, ? fomba, fombána. Les, —, INDIGÈNES.

Naturellement, Tonga ho azy; izy laha tany, izy laha tambótraka, ho azy, foana, tsy teréna, fatao ny, mañáraka ny fombány.

Naufrage, Haverezan-tsambo, sambo very. Faire —, être naufragé, Réndrika ou very, féfika andrano-másina. Faire faire —, Mandréndrika, mahavery, maméfika azy.

Nauséabonde, Mahaloiloy, maharikoriko, mampanolisoly, mampaïvivy, mampangaroharo, maharihirihy.

Nausée, Loiloy, ivivy, solisoly; lembolembo. Éprouver des —, Ta-handoa, Maloiloy, manolisoly, mangolisoly, mangaroharo, madikidíky, h solosonina, misalembóana, milembolembo, miehakéhaka, marikoriko. Remède contre les —, fañala-hamohamo. Causer des —, vo Nauséabonde.

Nautique, Amy ny sambo. Carte —, marine.

Nautonnier, Mpañati-dákana, mpañati-tsambo, mpañamory, tompo ndákana.

Naval, An-dranomásina. Armée —, Táfika —, miaramila an-tsambo. Combat —, Ady ambony ranomásina.

Navée, Eran-dákana, érany ny sambo.

Navet, Anaram-báhatra fohánina táhaky ny batata.

Navette, Famerivery, famahanan-ténona, sohóana. Faire la —, miverivery, miverimbérina.

Navigable, (Rano) Azo ombány ny sambo, azo ny sambo ombána; lakána. NAVIGATEUR, Mpandeha an-tsambo ou andranomásina, Baharia. NAVIGUER; Milay; manao dia andranomásina; momba sambo. NAVIGATION, Filaizana, Dia andranomásina, fandehánana ambony rano.

Navire, Sambo. — de guerre, — miady, — n'ampanjáka. — marchand, — mivanga, mitondra vidíana.

Navrer q, Mampalahelo be.

NE parlez pas, AZA (ou Aka, kaza) mivólana. Il ne veut pas, Tsy mety izy. Il ne boit que de l'eau, tsy misotro z raha tsy rano, tsy misotro afatsy rano izy; ny rano foana no finómi ny, misotro rano hiany izy.

Né, Née a, Téraka, vélona. — malin, hendry raha tambôtraka, mahihitra laha tany, hendry tamy ny nivelômany, hendry sandra. Bien —, Tsara rázana. Le PREMIER-NÉ, ny Talañolo, voalohanánaka; ? vakivody. NOUVEAU-NÉ. Vao ho téraka, h vao téraka. A qui il est né un enfant, Viavy tera-bao, velom-bao, velon-jaza.

Néamoins, vo Cependant.

Néant, Tsy raha, tsy závatra, h tsinontsinona, tsy ino tsy ino; z tsy ary, z tsy vanon-ko ino. ny foana; hafoánana. Rentrer dans le —, Mody tsy ho z, mody tsy z. Homme de —, o iva, ivarázana.

Nébuleux, (Andro, lánitra) Be ráhona, mihiboka, mañiboka, mañizina, mandráhona, be híboka, maiziñizina, h mihandrohandro, h? mitrahotraho, máloka, malomáloka. h manjombona; Málotra, malomálotra.

Nécessaire, qc —, une NÉCESSITÉ; qc qu'il faut faire, subir &, NÉCESSAIREMENT, z Tsy azo avela, tsy mety apétraka, tsy hay tsy hatao, tsy mety tsy hatao, tsy maitsy hatao, tsy mety tsy héntina; ilaina, ilaina indrindra; tsy azo ahitika, tsy azo anaovan-di-doha, tsy azo lávina, tsy maitsy tonga, tsy azo aésotra, tsisy fiariana, tsisy fialána, tókony ho. vo sahaza; antónony, añerany añóhany, érany, filána. Mes NÉCESSITÉS, ny z ilai'ko. En cas de —, dans la —, laha an-kavesóhana, an-kaméhana, an-kasérana. — n'a pas de loi, ny hasérana tsy asiana malo, ou tsy mila malo, tsy malóina. Faire le nécessaire, miantikántika, mikatrakátraka. Nécessiter, vo CONTRAINDRE, et Mampi-, MAMPAN-. — des remèdes, mila aody. NÉCESSITEUX, vo INDIGENT, tsy manan-ko-hánina tsy manan-ko-sikínina.

Nec plus ultra, Fetra tsy azo hoárina.

Nécrologe, Taratasy filazána ny olombe naty. —, NÉCROLOGIE, filazána ny maty.

Nécromancie, Ny Fahaizan-ko mpiavy ny maty hañontaniana ny ho avy. ody entin-kirésaka amy ny maty. NÉCROMANCIEN, mpiháboka mahafoha ny maty, mpanao aody entin=kihíratra amy ny maty; ? mpanandro, mpaminány.

Nectar, z finómina (ou fisotro, fisotróina) mamy indrindra.

Nef, ny hóaka anivo ny *Église*; ny añelanélana, ny afovóany.

Néfaste: Jour —, andro ratsy víntana; ratsy fanoñónana, ratsy tónona, fady, ratsy, tsy mañámbina, tsy mahasoa.

Négatif a, Mandá, mañala vólana; malaiña. NÉGATIVE, NÉGATION, Fandávana.

Négligé s, Toetra tsy mihámina. Vêtement —, akanjo migenagena, vahavaha, tsy mihámina, tsy mihaingo. NÉ-

GLIGENT, agissant NÉGLIGEMMENT, Tsy manahy ny atao ny, miantsivantsivana, miantsirotsiroka, miantsivana, malaindaina, manaotao foana, tsy mitándrina, manadiño; h mifakofako, h tsy mikajy, Mavozo, maholy; ? mialasafav. NÉGLIGENCE, Tsy fitandrémana, fanambelána; tsy fisainana, tsy fañahiana, fahadiñoana. NÉGLIGER, Tsy mitándrina, tsy manahy, manadiño, mañary, mamela, mañambela, mandao, mahafoy azy; mienga amy ny. Se—, Efa tsy manahy tena loatra.

Négoce, vo Commerce. NÉGOCIANT, Commerçant. NÉGOCIER la paix, miraharaha, mandraharaha fiadánana, mamboatra, mizáka azy; miveriverv, mitondra vólana hampiádana andriana roy; manao alálana, mañélana. miraharaha handrary fihavánana, mihinahina hamitrana o. NÉGOCIATEUR, Mpandraharaha.

Nègre, négresse, Olo-maintina, h olo-mainty, ngitavolo. —, andevo. NÉGRILLON, zaza maintina.

Neige, Ranonórana mifompóna, Ranonórana mandry ou rineki-katsiaka; rano mandry mitilina, havandra malemy; fanala manidina. Nezy. Il Neige, Látsaka ny havandra ou ny fanala.

Néologie, Teny vao, volam-bao. NÉOLOGUE, Tia—, mpanao—. NÉOLOGISME, Fanaóvana —, fitiávana —; fitenenambao, fivolañambao.

Néophyte, vao hiánatra ou vao hino i Jeso-Kry; h vao mino.

Néphrétique, amy ny vaniana. Remède —, aody vaniana —, Aretimbaniana. —, marary vaniana.

Népotisme, Fitiávana asidy, fitiávana zanaky rahalahy ntena.

Nerf, ózatra, tadimbátana, vahimbátana, — de la nuque, Tadimbózona, tadinkátoka. — de bœuf, h akaninkena. Qui du —, NERVEUX, maózatra, ozátina, ozárina, zoárina. vo fatratr'aina, matómboka, matánjaka, hénjana.

Nervure, Ny ózatra amy ny riba fihaminana; ny Kira amy ny rávina.

Net, Madio, Malio, voa faña, faiána; tsy miharo.—, Mahitsy, márina, mazáva. vo kizokizo, mangarangárana, tsy miharoharo, baribary, mibaribary; mariry, marìriríry. Mettez-le au —, Ataóvo madio sóratra, afindrao ho madio izy. Cassé —, naito dáña. — 10 piastres, Perata folo paka. Nettement, madio; marimárina, mahitsy. NETTETÉ, Hadióvana, fahadióvana, hazavána, Dio.

Nettoyer, Mandio, mankadio, mamotsy, mamafa, mandriry, mandririríry azy. mañala loto. manésotra akáta ou lolopólotra, áhitra &. mamaoka, mamótra, mamitra. manasa;miava, mañóntsana, mamótsotra, mañáfaka. NETTOYÉ, madio, voa dio, voa fáfa, voa kaok*a*; h mariry, maririry; liana. voa sasa, afak'áhitra. vo mazaotra, mazaojaotra.

Neuf, Sivy. -- fois, In-tsivy. Qui a -- fois l'unité, manivy, misivy. Le diviser en --, Manivy azy. p sivína. Agir -- fois, Mañin-tsivy. Louis IX, Loy fahasivy.

Neuf, Neuve, Vao; pv ampénjika; h Vaovao. Habit ---, Sikim-bao. S'habiller à ---, mitafy vao. vo tsy zatra, voa ho látsaka, vao hanao, vao hahay; h vao látsaka.

Neutre, Tsy momba ny añy tsy momba ny atý, tsy momba ity tsy momba irý, Tsy añy tsy atý; h evanévana, *?*zevazeva; somotr'añórona, tsisy ombana, tsy miandáñy, tsy misy iandañia'ny; añélany, añelañélany; mañélana; tsy misalasala; tsy lahy tsy vavy. Anteñaténa. Sel ---, Tsy sira tsy alikály. NEUTRALITÉ, Toetr'evanévana, tsy fiandañiana. élana, añivo, elañélana. Neutraliser, Mahafoana, manabóka. mandáñy, ANÉANTIR.

Neuvaine, h hasiviana; pv andro sivy; fijoróana amy ny andro sívy, fivaváhana manivy andro.

Neuvième, fahasívy, -- ny. Un --, -- ny; h ampahasíviny. Neuvièmement, fahasivy.

Neveu, Zánaka lahy ny rahalahy; zánaky rahavavy, zanak' anabávy, zanak' anadahy; asidy láhy; ? Zanakaina. zánaka tsy nafaitra. Petit ---, zafy lahy n'anabavy, zafy n'anadahy, zafy ny rahalahy &. Nos ---, ny zafy nay.

Nez, órona; fañántsona. --- à ---, mifanéhina órona, mifanohy órona. Parler du ---, vo Nasiller. Lever le ---, miánjona, mianjon'órona; misonisóny. vo mañántsona. Fourrer le --- partout, miditríditra amy ny k n' ólona, miantikántika, mikatrakátraka; s'INGÉRER. Mettre le --- dehors, mitsidika.

Ni, Ndre, na. Ni l'or ni la gloire ne nous rendent heureux, Ndre ny vola ndre ny voñináhitra, tsy mahafináritra antsika. Vous n'irez ni l'un ni l'autre, Anareo tsy misy handeha. Ni moi non plus je n'irai pas, Zaho koa tsy handeha.

xiable, Azo lávina.

Niais, Adaladala, pv Didery, h dridery, ambaka, pv Andrendry, h miahonáhona, h miahoahoa; h baibo, vo ondranondránana, ? gegigegy, gerigia, homaingisaingy, homaingihaingy, manasatsásaka, ? mivendrivendry, manásaka. NIAISER, Mandáñy andro foana, Manaotao z tsisy fótony. vo LAMBINER. NIAISERIE, vo BAGATELLE, *et* ahonáhona, saimpotsy, teny foana.

Niche, Lóaka asian-tsary, Trañokomby hely fasiana sary, áloka hely, Tsitrañó, trañon-tsary.---, fitaka fisomána, h vósotra, angoly. Lui faire des —, manangolingoly azy.

Nichée, Zana-bórona indray foy; ? fana-raiky; COUVÉE. NICHER, (Vórona) manao trano, h manao akány. — qc, manitrika z. Se —, misitrika, mibónoka, h mibongo, h mifónoka.

Nid, Trano-mbórona, trano-mpitihina; h akány; bongo; de rat, trano-mbalavo, h bongo-mboalavo. — de cochon, vokondambo, h bongondambo.

nidoreux, Maimbo, mántsina.

nièce, Zánaka vavy ny rahalahy &; vo Neveu, asidy vavy.

Nielle, z mankarary ny vary ampótotra ka mahavovóhina azy. NIELLER, mahavoa nielle azy.

Nier, Mandá; tsy maneky, manala vólana; vo mitototány, mamono teny.

nigaud, NIAIS, SOT; ? dadara.

Nille, Ny sómotra (ou tándroka, tady, zanabahy, ? lengoléngony, kivahivahy) mikorikóritra maniry amy ny voalómbona, ndrak'amy ny tsirébika.

Nimbe, Hazavána manodidina ny loha ny olo-másina; tari-kázavana, fáritra mazava, fari-doha.

Nippes, Fitafiana, síkina; karamaoka, éntana ; fánaka. NIPPER, Manampy karamaoka azy.

Nique: Lui faire la —, s'en moquer, mihífika, mikízaka azy.

Nitouche. sainte —, Viavy manao sary mántona, ka manao sary tsy mitia ny z mahery iri'ny; mitsikitsiky, h mitsingintsingy; g mijihijihy; manao sary boneka.

NITRATE, NITRE, Anaran-tsira-njávatra. Nitra.

Niveau, árina, Hamarémana; vo Tsiarinárina. Terrain de —, tany márina, marimárina, marindrano, mitovy rano. vo lémaka, miramira, mirávona. Un —, z fanarémana; d'eau, Rano fanarémana. Le mettre de —, NIVELER, Mankamárina tany; mahamárina; mampitovy, mampira, mampitovi-rano, mahamarindrano, mandúmaka, mandrávona. NIVELLEMENT, fankamarénana.

nobiliaire, Taratasy filazána ny o aborázana.

Noble, Aborázana, andríana, zanak'andríana, roandríana, lohandríana, nahoda, olombe, olombéventy ; malaza, lehibe, lohany, lohólona, endrik'andríana, mijirajira, miendrik'andríana, madera ; maorina, maorona, vo MAJESTUEUX, ÉLEVÉ. NOBLEMENT, miendrik'andríana, tahaka andríana. NOBLESSE, Handriánana; fiandriánana, habosandrázana, endrik'andríana, jirajira, halehibézana, toetr'andriana. vo MAJESTÉ.

Noces, Fampakaram-bady. Noce, Fihinánana amy ny fampakaram-bady.

Nocher, Mpañamory sambo, mpitari-tsambo ; Mpañati-tsambo.

Nocturne, Amy ny álina ; álina, h hálina. Course —, Dia álina, alinandro. —, fijoróana álina.

Noël, Andro nivelómany, h nahateráhany i Jeso-Kry.

Nœud à une Corde &, Vóna; des —, Vombóna; — pour abouter deux cordes, Tohy; fitohizana; des —, tohitohy; — pour serrer le lien, Fehy; — láche, fehisintaka; — ferme, fehimaty; — coulant, Tadimody; h ? tadivavarana, h ? tadivavaorana, ? tadivoavarana; h singoro; — d'arbre, Tróngony, óngotra, óngony; ses —, ny ongontróngony; foi-kazo. — de canne à sucre, Tónona. Fil plein de —, hendry bokabóka, misy bokaboka, mivombóna. vo NOUEUX. vo fehihándrotra, fehisongoro, tiraihana; famavána, fanandriana. Trois — de canne, Vanim-pary telo. Y faire un —, Mamoña azy, mamehy, manohy. Corde à —, Tady mivombóna; Vombon-tady. Les marquer, compter en faisant des — à une ficelle, Mamombóna, mamóna azy amy ny tady.

Noir, Maintina, h mainty. vo Joby, gaoma, ngizina, ngéroka, h ngéntroka, mandráhona. vo OBSCUR. Qui a du — au nez, mérona, merombava; meron'órona. — et luisant, ngilo, ngilongilo. ? ngílotra. vo LUISANT. Très —, maintimpónitra, mainty gaoma, mainty daoma, alimpito, ngaly, ngédona, ngérona, ngalingaly, piripiso. Du — z mainty, inty, intina, ? intindrahu. Les —, ny Olo-mainty, maintihóditra, mainti-maso. NOIRÂTRE, maintinintina, maintinty, maintimainty, somary mainty, kaniky; mainti-hariva, ngéroka. NOIRAUD, Mainti-volo, hodi-karabo. NOIRCEUR, Inty, intina, haintimana, hainty, h hamainty, h hamaintisana. NOIRCIR qc, Mankaintina; mankainty, manintina, h manamainty; manòsotra mainty azy; manóka. vo mahamátroka, mankaizina, mahamavo, munkaika. — n, Mivalo mainty, mihiamainty, mihiainty. NOIRCISSURE, Pëntina mainty, mérona.

Noise, Dispute. Chercher —, mila ady, antsanga, levilevy, levolevo, sotasota.

Noisette, Voankazo fohánina, mira amy ny voantsikidy.

Noix, Voankazo mira amy ny Voaního madinika, ? Zanaboaniho. — de coco, Voaního. —; Trony, óngony; vihiny.

Nom, Añárana. Sans —, Tsy manan'añarana. Décliner son —, manónona ny añaran-tena. De —, CÉLÈBRE. — commun, Añárana marománana.

Nomade, Tsy mánaná antom-ponénana. Les —, karazan'ólona mandehandeha foana, ERRANT. zevazevan'ólona, mpizévana, mpizevanjévana, o mizévana foana, miovaova fonénana.

Nombre, Isa, sk Isaka. Les —, Márika, tanisahana, soratr'isa, sora-panisána. Qui n'est pas du —, Tsy anaty ny isa; ? zevazeva. Le grand —, ny hamaróana, ny maro. Le petit —, ny havitsiana, ny vitsy; vitsivitsy. Sans —, Tsisy isa. vo INNOMBRABLE, et Zavon-tany, zézika, vítsika.
NOMBRER, Manisa, sk Manisaka. NOMBREUX, Maro, maro be, bétsaka, boba. vo Mitabariaka, molaly, ríaka, seséhana, tambo, variona, haintany, hétrina, hetrinkétrina, manetrinkétrina, mikariana, tsentsintsiomby.

NOMBRIL, Foitra, 'afovóany. Son —, ny foiny.

Nomenclature, Ny fifidiánana anárana; ny filazána ny anaran-draha; ny hamaróana ny teny alaina amy ny fanovan-draha.

Nominatif, Teny milaza ny tompo; ny tompo ny atao, ny mpanao, ny nanao.

NOMINATION, Fanonónana o asándratra; Fanandrátana.

Nominativement, Tonónina, tonónina anárana; Tonónina tsiraikiraiky.

Nommer qc, Manónona; — anárana; miantso, miantso anárana; vo manintsy, milaza. —, manisy ou manome anarana. A point nommé, Amy ny fotóana hiany, amy ny fótoanandro indrindra. Il se Nomme Rakoto, I Rakoto no Anára'ny. Comment vous nommez-vous? Ino no anára' nao? Ny anára'ko, Rasolanga.

Nompareille, s, Z madínika indrindra. Tsy mana-námana; h tsihitavanávana, tapitr' ohatra, tsy azo ohárina.

Non, Tsia, pv hehé. vo tsiary, tsindry, editay, aditay, ésika, eisy, eisie. Moi non plus, Zaho koa, ndraiky zaho. Non seulement mais encore, vo ENCORE. Gens non solvables, o tsy mahefa trósa.

NONAGÉNAIRE, o Efa siviam-polo taona.

Nonante, Siviam-pólo, sivifolo. NONANTIÈME, fahasiviampolo, h fahasivifólo ny. Un —, ampahasiviampolony, ampahasivy folo ny.

NONCE, Iraky ny Papa; vo Alálana.

Nonchalant, vo Négligent, Lambin. NONCHALANCE, vo Négligence, Lenteur. Couché NONCHALAMMENT, Mivalámpatra, mivalanétraka, mivalanámpatra, miborétaka, mitsilány mandry, h mivalandotra; manao fandri-ndákana, ? mandákana.

Nonciature; Fiamboníany ny Nonce; ny Raharaha ny iraka ny Papa.

NONE, Fijoróana amy ny ora (heure) fahasívy.

NONNE, Religieuse.

NONOBSTANT cela, Ndre zany, na izany, na dia izany aza.
NONPAREIL a, vo Nompareille.

NOT

non-plus: Ni toi non plus, Anao koa, indraiky anao.

Non-résidence, Ny Tsy fonénana amy ny tany tòkony honénana, halam-ponénana. Non-résident, Tsy mónina.

non-sens, Teny tsisy fòtony, tsy milaza z; rediredy.

Nonuple, Manívy, intsivy, misy sivy. NONUPLER, Manívy azy, manintsívy, manao intsivy; mamálona in-tsivy, manao sivy léfitra azy; manao sivy miválona.

non-valeur, Tsy vidy ny.

Nord, Le —, Au —, Aváratra. Les Peuples du —, Ry Antaváratra. Aller au —, Regarder le —, Mañaváratra, h miañaváratra. Le vent du —, et du Nord-est, ny Aváraka. Le NORD-EST, ny Avaratr'atsiñánana. NORD-OUEST, Avaratr'andréfana.

Nos amis (à nous et à vous), Ry sakaiza Ntsika; (à nous seulement,) Ry sakaiza Nay. Nos objets, Závatra ntsika, zava'tsika, zavatr'ay.

Nostalgie, Arétina te-hody an-tany nivelòmana. Qui a la —, marary te-hody amy ny tány ny.

nota, Tandrémo.

Notable, Malaza, be, tòkony hahína, tòkony ho hevérina, be tóñona, tsy azo hadiño, mampizaha, be hiany. Les —, ny Lohólona, Loha ny olombe, bevénty, vaventy, lehibé, andríana, avorázana, h araralahy.

Notaire, Ny mpanòratra ny k fanaòvana ny vahóaka; ? mpamepetra ny k n'ólona; mpanòratra ny fifañeken'ólona.

notamment, Indrindra, h mainkia, sándraka.

Note, Márika, famantárana; soso-tsòratra, famelarampòtotry ny teny, teny foy; sòratra fahatsaròvana ny fòtony ny k, vontady fahatsaròvana. vo en MARGE. —, téboka amy ny mózika, toñon'antsa. NOTER qc, Manòratra azy tsoho izy hadiño, mañisy márika amy ny, mamoña azy amy ny tady, mamepétra azy amy ny rofia; mandínika, mitándrina; — en mal, manińy.

notice, Fañambárana, filazána.

Notifier, Manadidy, mitadidy, sk mitalily, milaza, mañambara. NOTIFICATION, fanadidiana, fanambaréna.

Notion, Fahafantárana, fahalalána, hévitra, saina. Dont on a une — juste, Fántatra tsara.

Notoire, Hay ny maro, fantatr'ólona; hay n'olona, hairoalahy, hailahy, hay; no hita ny maro.

Notoriété, Fahitána ny o azy. C'est de — publique, No-hita (ou fátatra, hay) ny vahóaka rehetra izany; hay ny tany izany.

Notre, Ntsika, Nay; 'tsika, 'ay. Vo Nos. Le NÒTRE, ny Antsika, Anay; nihintsika, nihinay.

Notre-Dame, Tompo ko vavy, i Masimbavy Mary Virjiiny

noue, Ny lakandakana itraòfany tafontrano roy.

Nouer, Mamóna, manohy, mamehy; manéhina, vo nœud; Se —, Mivóna, mivombóna, mitohy; manjary voa (táhaky ny voninkazo), mamorifotra. Enfant qui se noue, zaza mivôhotra taòlana.

Noueux, Maro óngotra (tróngony, ongotróngona, tónona, vombóna); tonónana.

Nourrice, Viavy mampinono; mpampinono; h mpitaiza zaza. Nourricier, Ada mpitaiza, ada mitarimy; vady ny viavy mampinono. S ic —, Ditintány mahavélona, mamáhana, mamélona.

Nourrir, Manome hánina; Mamélona, Mihary, mamáhana, mahavélona, mampihínana; mitaiza, mitarimy, mitahiry, h miompy; mitsabo o. — à la mamelle, Mampinono zaza; un nourrisson, miboty zaza, h manomóny zaza. —des poules, Mihary akoho; Le — de patates, mamaham-batata azy, manésika batata azy; de mouches, mamahan-dálitra azy. Se —, Mamélona tena ou troka, kibo. NOURRISSANT, (hánina) Mahatánjaka, mahafáhana, mahavélona, mamélona, mahavóky, mahavíntsina.

Nourrisson, Zanak'ólona ampinonóina; pv akanahy, h Somóny; zaza taizaina, zaza somonina, zaza boténa. Avoir un —, Miboty, manomóny zaza.

Nourriture, Hánina; z fohánina, z fahánina, h z fihínana; z fameloman-troka; z afahan-kibo.

Nous (et vous), h Isika, pv Atsika, Ntsika, Intsíka. Nous (sans vous), Zahay, h Izahay. Nous y étions, Tany —. Il nous voit, hita ny —. Nous sommes épuisés, Réraka zahay, rerak'abay. Celui qui nous a appelés, zay nanantso Antsika, zay niantso Anay. Nous le comprenons, Fanta'tsika izy, fantatr'ay izy. Nous mêmes, ny Tena ntsika. C'est à —, Anay izy, antsika izy, nihinay izy, nihintsika izy.

Nouûre, Arétina mahavókoka taòlana ny zaza.? vontaòlana.

Nouveau, Nouvelle, Vao; vaovao; ampénjika. h haivao. Fleurir de NOUVEAU, Mamóny vao, mamelam-bao, — venus, vao ho avy, h vao avy; vahíny, ampénjika. vo — NÉ. Agir de —, manindroy; manao indraiky (ou kao, eka, indroa, indroy). —dans son métier, vao ho látsaka, h vao látsaka. NOUVELLEMENT acheté, vao ho vidina, h vao vidina.

Nouveauté, z vao, z vao hay, z vao atao, zava-bao; h haivao; havaózana. Sa —, ny havaóza'ny, havao ny. Qui aime les —, tia vao. Les NOUVELLES, ny kabary, kabaro vao; teny vao tonga, teny mákatra, teny ampakárina. —de la cour, ny hévitra an-dapa ny andriana. Les — de qc, ny la:a ny. En donner la —, milaza k; somila milaza k, somila mañambara k, miventy k. NOUVELLISTE, Mpilazalaza ny kabary vao.

Novale, Tany vao ho kapaina; h tany vao asaina.

Novateur, Mpanavao; Mpañova, mpanovaova. NOVATION, fañována.

Novembre, Ny vôlana faharaik'amby ny folo amy ny Vazáha. h ? Asorotány, pv ? Vatravátra.

Novice, *Religieux* Vao híditra amy ny námana, vao ho látsaka, h vao látsaka. tsy mbola zátra, mbola miánatra, vao hiánatra. Novisy. NOVICIAT, Toetra ny vao híditra; fianárana.

Noyau, Vihim-boankazo.

Noyé, se NOYER, Sémpotra an-drano, maty an-drano; sémpotry ny rano, sétrok' an-drano, málitra an-drano. vo INONDÉ. Le NOYER, Mamono azy an-drano, manémpotra. vo INONDER.

Nu, à Nu, Tsy mitáfy, tsy misíkina, tsy an-tsíkina, tsy amintsikina; g Mihalo, h mitánjaka, pv mibóngina, mikébana, mibolángina, mibodángina, mipalapala, pongaponga, h mihazihazy, h jakojako, h mihanjahanja, mitotozánjina, mitotojánjina. — tête, tsy misátroka; — pieds, tsy misy kiráro, tsy mikiraro. Mettre à nu, Mampihalo, mañala sikina *ou* táfy, lamba azy, mampibóngina, mampikébana, mampipalapala, ? manomba, mañombaomba. vo DÉPOUILLER.

Nuage, Ráhona; — épais, híboka. Sans —, mañerinerina, mazáva. — de poussière, vôvoka mijofo, tany manjávona, maízina, mitrahotraho.

Nuance, Soratsóratra, volovólony, sora mihiafahafa, sora mifankariny; volovolo miramira. NUANCER, mandáhatra sora miramira, manoratsóratra, manao volovolo ny.

Nubile, Efa ampi-tombo (*ou* ampi-taona, sahaza, tókony, másaka, tsara) hanambady; fanambady. vo somondrara.

Nudité, Fihalóana, fikebánana, fipalapaláana, h fitanjáhana, h hanjahanja, h hazihazy.

Nue, Ráhona ambóny indrindra. Jusqu'aux —, Mahataka-dáñitra, manaka-dáñitra.

Nuée, Ráhona maízina, híboka, Une — de sauterelle, Valala maro mañiboka, mañizina; Ankamaroam-balala mañiboka. vo závontány.

Nuire à q, Manimba, mandrátra o, mandróbaka. Se —, — tena; NUISIBLE, mandrátra, mahasimba, mahavoa, maharátra. vo GÂTER, ÉBRÉCHER.

Nuit, Álina, Mangóka; Alin'andro. Ne venez pas la —; de —, aza avy —. Il est mort la — dernière, naty hálina, naty ny ankálina, naty álina, lah'álina izy. Vers la —, Alin' alina, alinkély, ? halémana, ? fialémana; tsôfotr'andro. Cette —, amio álina, álina anéto. Il fait nuit, efa alin'andro, efa álina; efa manálina, efa manálina ny andro. Habit de —, sikin'álina. Rester jusqu'à la —, Manálina. Le retenir jusqu'à la —, Manálina azy. Rester toute la —, Passer la —, mitoetra miloak'átina. Bonnet de —, ? satro-mandry, satrok'álina. La — de, TÉNÈBRES.

Nuitée, Indraik'álina; asa álina.

Nul n'ira, Tsy misy handeha, ndre raiky aza, na dia iray aza. Qe —, z foana, tsisy várany, toa tsiary, tsy z. Q —, o tsy mahefa z, mijabadiak'asa, tsy mahefa z ndre ino ndre ino. Je n'irai NULLEMENT, Tsy handeha tsy akory aho, tsy handeha akory aho. —, Tsia; tsiary; sanatria, ? bitra. N'en doutez —, Aza isalasalá'nao ndre kelikely zany. NULLITÉ, Tsy fisiana Várana; hafoánana, hajabadiáhana, habadiáhana; Tsy várana.

Numéraire s, Vola isaina, vola maneno. — a, momba ny isa.

Numéral, Milaza ny isa ny.

Numérateur, (isa) Mpanisa, mpilaza ny isa ny.

Numération, Fanisána, sk tanisáhana.

Numéro, Isa, soratr'isa; Isaka, sorapanisána; Márika. Le NUMÉROTER, Manisy —.

Numismatique s, Ny fahaízana ny Médailles ela.

Nuncupatif: Testament —, Háfatra voa tonona amy ny vava fa tsy voa sóratra amy ny taratasy.

Nuptial a, ... Fampakarambady, ... fanambadiana; fatao ou féntina amy ny fampakarambady.

Nuque, Hátoka; Hatokangidiny, heringériny.

Nutritif, Nourissant. NUTRITION, fahatanjáhana vátana, famelómana, fihariana.

Nymphe, Viavy ambara ndreo artaolo Zanaharivavy tompo ny saha sy ny ala. —, viavy, ankizivavy tsara. Ny Tarehy somila alaina ny hánkana; fa ny hánkana, manjary *nymphe* antséndrika, aveteo izy manjary lálitra.

O

Ò *Interj.* ò jour heureux! Andro tsara endré! andro tsara ò! vo endray, endrisy.

O un tel! O zalahé. O toi! Anao e! anao lah'é! o zoky e! O Dieu, e Zanahary e! e Zanahar' e! Andriamanitr' O!

Obédience, Fanekéna, fanaráhana, fankatoávana, fankatózana. Pays d'---, Tany maneky ny Papa. Ambassade d'---, Iraky ny mpaneky.

Obéir à q, Maneky azy; mino vólana, mino ánatra azy, mino azy, inieky, mankató, manáraka. vo manompo, manekilempona, nahaino, manoa. — en rejumbant, h ? maneky tsisazoka. OBÉISSANCE, Finoan'ánatra, finoambólana, fanekéna, fanaráhana, faukatoávana, fankatoázana, finóana, ? fanoávana. Les Terres de son —, Ny Tany maneky azy, ny tany fehézi'ny; ny tany ny, ny fanjaká'ny. OBÉISSANT, vo OBÉIR, et tsimahafarimpeo, tsy mahafotsirora; tsy mañambanivóhitra, tsy manampiñala, tsy mañandriandroy, tsy malaiña, tsy mifáhaña. Tsy sárotra, mora aóndrika, mora iráhina, mora inaina, mora tarihina, mora taómina.

Obélisque, Tsangam-bato abo efa-joro kitso-boha voa rafitra tsara.

OBÉRER, Endetter, Mampitrosa lóatra. s'—, mitrosa lóatra.
obésité, Haventesam-bátana lóatra.

Obit, Mesa (*Messe*) Fanaóvana tani-lávitra; tani-lávitra; fijoróana olo-maty ela.

Objection, Vólana asákana, sakambólana, teny asámpona, sampon-teny, tóhitra, fanohérana, fandávana; z tsy maharoso-vólana. vo tsiñy, kiany. OBJECTER, Manisy sákana *ou* sámpona, misakam-bólana, manampon-teny; tsy maneky; Mankasárotra, mañiñy, miempanga.

Objet, Závatra, zaka, raha; fotony, antony; hévitra. L'— de la vue, ny z imaso; z zahána, atréfina; de la pensée, ny z hevérina.

Oblation, Fanolórana. —, z atólotra, fanalamboady, fanátitra, z vo'átitra.

Obligation, qc OBLIGATOIRE, qc qui OBLIGE, z tsy mety tsy hatao, tsy maitsy hatao, z mamehy o, z mabafehy, z mamátsika, z manéry, z mañiraka, z mahasétra, z mahagéka, z mahagegéka; asa tsy áfaka, asa tsy azo ahifika, z tsy maháfaka, asa mandrékitra amy ntsika, asa ifantséhany ny teña ntsika. z tsy azo láviua, tsy azo iengána, ny tókony hatao; fangegéhana, fanompóana, fankatoávana; fandrekétana. vo CONTRAINTE. Avoir de l'— envers q, Tókony hamaly soa azy. OBLIGÉ d'aller, Géhina *ou* gegéhina handeha, tsy mahefa tsy handeha. Je suis votre OBLIGÉ, *dites* MERCI. S'OBLIGER, mamehi-teña, mandrékitra teña, mangeka teña.

obligeance, Zotompó hitahy námana. OBLIGEANT, mazoto hitahy námana; h olombe, h olonkava, h olonkakabe.

Oblique, Sírana; mibiríoka, mivirioka, misobílatra, ? misobílaka, mania, maudimbana, sompírana, misompírana, manompírana, misompirampírana, mifélika, mamálana, miary, mihílana, tailana, mitailana. vo INCLINÉ, *et* méloka, méngoka, miólika, mikisolisóly. OBLIQUER, VO OBLIQUE. — à droite, mihílana, mitakila, mitañila; miañila, mihila ankavanana. Regard OBLIQUE, maso manorírana. OBLIQUITÉ

Hasiráňana; hasompiranana, virioka, sobilatra, fivirióhana, fisobilárana.

Oblitérer une inscription, Mamonovóno, mahafatifaty sóratra.

oblong, Lavalava, avoavo.vo? saikitrila, tafy ila, fohy ila.

obole, Vola madinika, ? eranambatry.

obombrer, Mañaloka, manárona.

Obreptice a, Hériny ny nangalárina, nazo sóvoka, z nandadiana. OBREPTION, fisovóhana z amy ny o, fahazóana z amy ny o fitáhina.

Obscène, Mañantsóntsana, maloto, mahaménatra. OBCÉNITE, z —; halotóana, antambo maloto, fañantsontsánana.

Obscur, Maizina, maika, maiky. vo manjombona, mañizina, mañáloka, mañiboka, jebena, jabaina, jeby, jemby, jembena, jibina, manjobojóbona, tsy hita, tsy ahitána, mitrahotraho, mitsopitsopy; matimaty, tsy misehoseho; tsy fántatra, iva-rázana; sárotra hevérina, mátroka, máloka, malomáloka, mamelovelo, matromátroka. Un peu —, M. aiziñizina, maikika; aliñálina, alinkely, ? mañiziñizina. Très —, alimpito, maizim-pátratra, fatratr'ízina, fátratra ika. OBSCURCIR, Mankaizina, mañizina, h-manamaizina, mañika, mankaika; manákona, mamlráhona, mañáloka, mahamátroka. S'—, —; et Mihiaízina, Mihiamaízina, mañiboka, mihíboka, vao ho máloka, manampòna ho malomáloka, mipempéna. Qui apparait OBSCURÉMENT, h somafo, somafosafo, somarisary, somavosavo. OBSCURITÉ, Ny maízina; ny haiziñana, h hamaiziñana, ngóka, haizina, h hamaizina; ízina, ika, íky. Demeurer dans l'—, Mitakaizina, mitoetra an' izina.

Obséder q, manòsona, manosonòsona, miòsona, miosonòsona, manodídina, mañariary o hálaka ny fañahy ny, tsy mandao, mandetra azy, misampy amy ny, tsy miala amy ny; manahirana azy. maojozó; IMPORTUNER. OBSÉDÉ, osóñin' ángatra, sampázany ny demóny. Obsèques, Fandeveñana mihámina, Fanompóana olo-maty, fañajaxa olo-maty. ? fandaláña miómana. vo-hofo, áfana.

obséquieux, mañajahaja lóatra.

Observance, Fatao, fanóina, h fatao; fañaráhana, fitandrémana. OBSERVATEUR, Mpitándrina, mpizaha, mpiambimaso, mpijery. OBSERVATION, fitandrémana, fiambénana, fiandrásana, fañaráhana, fihevérana.—, ánatra, fañañárana, fañambarána. OBSERVATOIRE, Traño fizaháña (ou fitandrémana, fitaráfana, fiandrána) ny toetry ny lánitra OBSERVER, Mitandrina; mizaha tsara, mijery, mitsinjo, miambi-maso, mitáratra, miandra, h Mibánjina, pv mañéritra, pv mijeriana, pv mitséndrina; mañerinérina, mitázana, mitazantázana.

misaintsaina, mieritreritra, mandínika. —, mankató, ma- háraka. S'—, Mitándrina tena, miambin' aiña

Obsession, Toetry uv o osóñiny ny demony, fanosóñany ny demony o, fanánana demony. vo Obsédé.

Obstacle, vo Empêchement, et támbana, fandrarána, fanohéranaa.

Obstination, vo Entêtement, et Dítra, ankenjy, fañankenjiana, ?ankinjitra, ?ankézaka, fihenahenána. fikiríbibiana, hidihidy, tokozíhitra, hziriziry, tozitra. obstiné S'obstiner, vo Entêté, et Mañankénjy, manao di-doha, mialakaforo, h milolo, mitokozíhitra, miziriziry, mafy loha, bibibiby, boribory, mihidihidy, mafila, hénjana; miáritra mifikitra, mikiry, mibohibohy, milíkitra.

Obstruer le canal, Misákana, Mamémpina, manámpina, mamángoka ny lakandrano. obstruction, sákana, sámpona, fisakánana, támpina, fángoka, famangóhana.

Obtenir, Mahazo, Teky. vo mahatrátra, mahatákatra. obtenu, azo; — en partie, Azoazy; azo tápany. obtention, fahazóana.

Obtus, h Dombo loha, g dófoka; dofo-doha, g bondófoka, pv dómona, domon-doha; madómona. matisánitra

Obus, Bombe kely. obozy. obusier, Tafondro fohy fanoráhana Obus.

Obvier à qe, Misakan-dálana sandra; misákana, mandrára, mamángoka; manetra, tsy mampiavy azy.

Occasion, Ny lálana fanojy amy ntsika, ny lálana hita ntsika hanao z, ny fombána hanao z, ny andro azo anaóvana z, andro ahatongávana ; andro malala-draharaha; fotóana; lálana hita romóka. fotóana. — favorable, lálana mora, z mahatonga antsika, z mahamora lálana; peu favorable, lálana sárotra; z mahasaro-dálana. Trouver l' — d'y aller, mahita ou mahazo lálana handeha any; de le faire, mahita zay andro hanávana azy. Les — du péché, Ny lálana misy ratsy, fahitan-dratsy, fitojiana ratsy; ny z mahatontoitra ratsy, mahalátsaka amy ny ratsy. Lui donner —, occasionner, Mañome lálana, mampiavy, mamotoana, manáfatra, mikaika, mañantso; málaka, mahatóngaz mampisy; fotony aviany. occasionnel, avy indraikindraiky, h indraindray; tonga indraindray, mahalankalana fiaviana. h ?sandrasandra. vo fandriamiiatónona.

Occident, l'—, à l'—, Andréfana. Se diriger vers l'—, Regarder l'—, Mañandréfana, h miankandréfana. Les occidentaux, Ny Antandréfana.

Occiput, hatokangidiny, pv besingériny. occipital, amy ny —.

occulte, Caché.

Occuper un pays, Efa omby amy ny tany; efa Nahazo, manana, malaka, mitana, mitrahana, manôhona, mitólona tány; mórina, mipétraka, mitoetra amy ny; efa anaty ny, efa tompo ny. — q, Manome asa, mampiasa, mampiraharaha mandraharaha o; manisy asa amy ny. S'—, Miasa, miraharaha, mizavatra, miáhy, vo mibévitra, misaina; miheninkénina, mihinahina; vato famono lolo. Toujours occupé, Mifantsika amy ny asa, maletra asa, tsy iengan'asa, tsy miala asa, pv tsy manapak'andro, h? tsy mitsahatramona. Peu —, Malala-draharaha, kely asa. Très — sur des bagatelles, Mihenikénika, h mihéninkénina. Occupation d'un pays, Fahazóana tany, fakana tany; Hitsa-tany, fanitsáhan-tany. —, Asa, raharaha, h lahasa, zavatra atao. Le premier OCCUPANT, Zay nahomby aloha, zay omby aloha.

Occurrence, z tonga foana, z avy foana, z tojy antsika, ny manjó antsika, ny z fanojy amy ntsika; h tovantóvana. vo CIRCONSTANCE, ACCIDENT.

océan, Ranomasim-be, Bambandrano be.

Océanie, Ny ampahadimy ny tany ziaby. Oseaný; havoriana Nosy any amy ny Océan.

Ocre, Anaran-tany mora lévena andrano ka atao loko tamotamo.

octaèdre, z valo ampisany, valo lafy.

Octave, Andro valo; h havalóana; herinandro; C'est demain l'— de Noël, Amaray no herinandro ny Noely. —, ny tampon'antsa, tonon'antsa fahavalo ny ambóny, ny rántsana. Chanter à l'—, ? Mandrántsana.

Octobre, Ny vólana fahafolo amy ny Vazaha. h? Adizaoza; pv? Asarabé.

Octogénaire, (o) efa valopolo taona.

octogone, Valo-zoro, valo ampisany; valo rirana, valo lafy.

Octroi, Fandoavan-ketra amy ny z aiditra an-tanána; hetra aloa hañidirana z antanána. OCTROYER, ACCORDER.

Octuple, Valo sósona, imbalo miléfitra, imbalo mivalona, imbalo, valo heny, maroalo.

Oculaire, Amy ny maso. Témoin —, Sahada mba nahita, miara-mahita; ? tangembeloravina; nahita maso.

Oculiste, Mpanao aodi-maso; mpikaoka maso, mpitaha maso.

ode, Teny fiantsána; fibirána; ? vazo.

Odeur, Fófona, fofon-jávatra; makíana; — bonne, Hánitra, finto. — mauvaise, Imbo; vo raikona, imborékona, imborcha; de poisson, lany; d'urine, hampy. — infecte, hántsina. Répandre une —, Vamófona, reny fófona; une mauvaise —, Maimbo, maimboreha, maimbolótra; malaň, mampy; mahafenofeno, mafaraka, mafoaraka, mántsina;

une bonne —, ou Être ODORANT, ODORIFÉRANT, Manitra, mafinto; mani-pòfona, tsarafòfona, mamòfona tsara; h mamerovero; vo mandráraka, mamerofero ny fòfo'ny.

Odieux, Hala, hala volo, hala sora, tsy mahatia, tokony ho hala; mántsina, lávina. L' —, ny hántsinaeny.

odontalgie, Arétina ny hy, aretin-ký.

OEIL, YEUX, Maso, Fanenty. Qui a de beaux yeux, h báholi-maso, tsara maso, o bari-maso. Qui a de grands et beaux yeux, o Bonáka maso, bolálaka maso. Yeux tout grand ouverts, maso boliaka, miboliaka, mivontiaka; mijélaka. Yeux effrayants, Maso mamongitrika, mamongátraka, mamontritrika, h mivatratroka. Lui faire de grands yeux, mamongitrika maso amy ny; manjela maso amy ny. Yeux fixes, maso midiridiry, bénjana. Réfléchir les yeux fixes, Mibaribary mijery. Qui a un œil difforme, h Ngirimaso, h ngirina, h ngiry. Qui présente un beau coup d'œil, ? Mibaribary, ? manerinérina, tsara tsinjóvina. Qui saute aux yeux, crève les yeux, Misákana ny maso; miharinkárina, miharibary. Qui commence à ouvrir l'œil, vakimaso. Avoir les yeux retournés, miváđika tapotsi-maso, h mivoandraka. Regarder entre les deux yeux, h Mangárika, ? mizaha manorírana; h ? mibánjina, vo à FIXER. Un coup d'œil, Tora-maso; vo Y jeter un coup d'œil, misary, misarisary azy, manora-maso amy ny. Avoir l'œil dessus, miambi-maso, miandri-maso azy. Qui est à vue d'œil, Hita maso, tratra maso, taka-maso. Se suivre de l'œil, Mifañara-boamaso. La dévorer des yeux, mañíry, mijeríana, mitséndrina, manéritra; h mibánjina azy; midiridiry maso amy ny; vo Mibélaka, Pi-maso, hirina, tonantónana, hirohiro, Jéláka. OEILS de fromage, maso, masomaso, loaka, loadóaka.

OEillade, Jela-maso, tora-maso; hala-pijery, hala-pizahána, fangalaram-pijery, fitsivalam-pijery, jerikely. Jeter des —, manoratora-maso amy ny; h mangala-pijery, mitsingóloka.

OEillères: Dents —, Ny hý ambány ny maso; ? vangy, ? fara-vázana

OEillet, Añaram-bóny mánitra. —, Lóaka hely ombány ny kofehy n'akanjo; hiriko, maso.

OEilleton, Taro-báhatra, tarotaro-báhatra tsara hatsabo.

OEuf, Atody; sk fandátsaka, atody. — sans coque, — malemy. Jaune d'œuf, ny tamen an'atody; le blanc, ny tatotsy ny.

OEuvé. Poisson —, Filao misy atody; filao mamorifotra, pv mañirifatra.

OEuvre, Atao, z atao, z anóina; Asa, h lahasa; pv závatra, h tao závatra. Le mettre en —, mampiasa azy. Se mettre a l'—, mañátona asa , mandray asa , miasa , mañáo ina asa.

Offense, Haratsiana atao amy ny o, fankaratsiana o, ratsy atao amy ny, fandratana o. vo INJURE, FAUTE. — de plusieurs, h fatibe. OFFENSER, Mankaratsy, manaratsy, mandrátra, manimba azy ; manota amy ny ; miady, mañota, mandiso azy. S'—, se Facher. OFFENSANT, vo CHOQUANT, FACHER; et tsy mahatia. OFFENSIF, Manampóna ady, mitarik'ady, miady. Arme OFFENSIVE, z fiadívana , z fitarihan' ady.

offertoire, Fanolórana. Oferitory.

Office, Raharaha, Asa hatao, ny tókony hatao, fanompóana, taozávatra, fatao, h fanao. De bons —, tahy, fitahiana; fankasitrahana, valin-tsoa, famalian-tsoa, fanavantsoa. — divin, Fanompóana Zanahary ; fijoróana , fivaváhana. Nommé d'—, natsángany ny izy tompo. —, Trano fanompian-kánina, ou fanajariana z fihinánana, fanohoran-kánina.

Official, Mpañito natsángany ny Évéque; mpimaso, mpitsara. OFFICIALITÉ, ny fiamboniany ny Official.

Officiant, Tompo ny joro, ? lohajoro, mpanao joro, manao sórona, ny mijoro, ny misórona ; mpijoro, mpisórona.

Officiel. nouvelle —, kilazainy ny mpanápaka; lazain'izy tompo.

Officier s, Manambonináhitra, mpiraharaha, ránitra, mpifehy talé. Zafisy, zofisy.

Officier, v n, Manao, manao joro, ? Lohajoro. Miraharaha, Tompo ny fijoróana.

Officieux, Mázoto hitahy námana; mitahy o ; mihinahina hanao tsara amy ny o. Mensonge —, Lenga fiaróvana ou fitahiana, miaro, mitahy. Faire l'—, miantikántika, mihatrakátraka hitahitahy o.

Offrande, Z atólotra Zanahary, z omena, z atérina;fanomézana, fanolórana, fanompoana atólotra ; h fanátitra, ? atidraha, ? tolo-tánana; vo ? fáditra.

offrant, Mpividy, mpanólotra vola.

Offre, Ny z atólotra , z atérina , z omena ; vola atólotra; vidy ny.

Offrir, Manólotra; manátitra, mañome, mamétraka. —, maneho, mamóaka. — et ne pas donner, Mañome tsy mahafoy. S'—, Manolotr'aiña, manolo-bátana, manolo-teña, mahafoy teña, mamoy teña, mamétrak'aiña, mañome teña. S'—, apparaitre.

Offusquer q, la maison, Mañala hazavan'andro azy, Manízina, mañáloka, manákona, ? mandráhona, tsy mampahita, misakan'andro azy ; manamaízina, mankaízina ; vo h manendrampendrana, mipendrampendrana, mahamatroka, ? mampanjambéna, mampanjapiapiaka.

ogre, ? Songaomby homan'olona.

Oh ! *Interj. d'Exclamation*: Endré ! O ! ; vo endray, indrisy, ! babarai-babareny ! edrey ! efazailoza ! efazaitsizy ! efatsizy ! hendra ! injay !. *D'Affirmation*, Ha! Mma! haba !

oie, Gisy, h gisa; vorombé.

oignon, h Tongolo, pv Dongolo.

Oindre qc, Mañósotra ménaka azy, mañoso-tsólika, mañosotra azy.

oing, Ména-dratsy ahósotra ny tangerin-dasarety.

oint, Voa hósotra, mihósotra. I Jeso-Kry.

Oiseau, Vórona; fitilina. vo voronandráno, vorondríaka. —de proie, vórona mangórona karaha ny papango. A vol d'—, Mahitsi-lálana. Comme l'— sur la branche, miengi-néngina, g mitringitríngy, pv miingitríngitra, pv miringiringy, tsy mitómbina, tsy mifitsaka, tsy mipétraka tsara: ? manao toeran'andringiringy.

Oiseler, Mamandri-bórona, mandoko *ou* mandity vórona, mihaza vórona. —, a, Mampiana-bórona hitilina.

Oiselet, Voro-madinika. CISELEUR, Mpamandri-bórona. OISELIER, Mpihari-vórona, mpivaro-bórona. OISELLERIE, famandriham-bórona; fiharian-bórona, famelomam-bórona; fiahiam-bórona.

oiseux, (teny) Foana, tsisy várany.

Oisif, Tsy miasa, mipétraka foana, miaran'asa, miárana; miborétaka, tsy mba manao z ; tsy miraharaha, foan'asa, malala-draharaha, midonánaka, midanánaka ; h midonána; midoréraka, kosiaka. mitorévaka ; h mitanontánona; h mitararaka, h mitonana, mandrávoka; kamo, mivariaty. OISIVETÉ, Tsy fiasána, hadonanáhana, fiaranan'asa, fidonanáhana; fiboretáhana tsy miasa, hadonanána, h hasonanáhana; aran'asa. vo hakosiáhana, hakamóana.

Oison, Zana-gisy. vo somóndrina, somondrin'élatra, somakondrikóndrina, boko élatra.

oléagineux, misy sólika, be sólika.

Oligarchie, Fanjakána entin'olona vitsivitsy fa tsy iray biany.

oligophylle, Vitsi-rávina, malala-drávina.

oligosperme, Vitsy vihy.

Olivaison, Famoriana *olives*, Volam-pamoriana oliva. OLIVÂTRE, mivolonoliva, maitsoitso, ? soamaravo. OLIVE, Añaram-boankazo misy sólika. Olíva, Olivy. OLIVIER, Hazo-oliva; famantárana ny fiadánana. OLIVETTE, Tanimboly ma. o olivy.

ollaire: Pierre —, Vato malemy fatao vilañy.

olympe, Añaram-bóhitra natao ndreo antaolo ho sary ny láñitra.

oly mpiade, Taona éfatra.

Ombelle, z misari-alo-bazaha; z matsiratsíraka misarihorita; Tsiratsíraka mañodidina avy amy ny foi-draha.

ombilic, Foitra. Cordon OMBILICAL, Tadi-mpoitra.

Ombrage, Sampankazo mañáloka; Aloka, Alokáloka. Lui faire —, mampañahiahy azy. OMBRAGER, mañáloka; h manelo; mañalokáloka. vo mañárona, mañákona, mandindona.

Ombrageux: Cheval —, Sovaly mora taitra, matáhotra ny tandindon-tena, mihóntsina, saro-táhotra, matahotáhotra.

Ombre, Tandíndona, sk talinjona, ? líndona; pv tandríndroña. —, áloka, alokáloka, h Elo. Faire —, Donner de l'—, mañáloka, mandindona, manadíndona. Se mettre à l'—, miáloka, miélo; mipétraka an'áloka. Le couvrir de son —, mañaloka azy.

Ombrelle, àloka féntina hialófana; alo-bazaha (kely), alokarány; Elo fandaisina, Alo-péntina. Porter —, miáloka; h mielo.

Ombrer, mañisy áloka, ou tandíndona amy ny. mañiziña, mañiziñízina azy.

omelette, Endi-natodinakoho, Atody endázana.

Omission, z tsy natao, z navela; famelána ny tókony hatao, fahadisóana; fañadiñóana.

omnivore, (Biby) hômana ny z ziaby ndre ino ndre ino.

omophage, Hómana hena lena; Liana.

Omoplate, Taolantsóroka, taolantsórony, soro-pisany, sadróny, sadrontsóroka. h rangomaina.

ON ou l'ON, On le rend, ou par la TOURNURE PASSIVE; ou par les mots, ÓLONA, REO, ZAREO; ou bien par le VERBE ACTIF sans sujet. On le lave, sasána izy. On vous appelle, antsoin' Olona, antsovin-jareo, kaihin-dreo anao; misy ólona mañantso anao. Lorsqu'on a prié on travaille puis on mange et on se repose, Rahefa nijoro dia miasa, rahefa niasa, dia hômana no mandry. D'ici on voit bien, Atý mahita tsara. vo DONT on.

Oncle paternel, Rahalahy ndray namaitra. — maternel, Anadahy ndreny nitéraka, Zama.

Onction, Hósotra, hoso-draha, fanosórana. L'— de ses paroles, ny sólika (famonty, halemy, nendo, nendonendo) ny vola'ny. ONCTUEUX, misariménaka, misarisólika, besólika, beménaka, madity, mafonty. minendo, mendo. Sermon —, teny mendo, minendo, malemy. ONCTUOSITÉ, Nendo, halemy, ny sólika añaty ny; ? hamendóana.

Onde, Onja, Riaka, alondrano; Rano; valondrano, onjan-drano. Etoffe ondé, Lamba misy volo mañónja, lamba mivalombalom-bolo. misari-alondrano.

Ondée, Ranonórana be tsy ela; g Patrapátraka, g vatravátra, Oran-dromóka tsy ela.

Ondoyant, (Lel'afo, saina) Mivalombálona, mañonjaonja, mialontrálona, miolaola, mikopakopa, milantidántika, mikepakepaka, mihembahemba, mihevaheva; h ? manalonkálona.

Ondoiement, Fañomezam-batemy an-trano. Idin-drano fambatizéna.

Ondoyer un Enfant, Mañome batemy (ou batize, batisa) azy an-trano; mañidin-drano fambatizena amy ny. —n, vo ondoyant.

Ondulation, Valombálona; onjaonja. ondulé, onduler, (volondoha ou ranom-parihy) mivalombálona, mañonjaonja, miolaola. vo ondoyant.

onéraire, Teky ny mavésatra, teky ny sárotra.

onéreux, sarotr'éntina, mavésatra, mahavésatra; éntana.

ongle, Hóho; vo angófo.

Onglée, Haveliany ny rantsan-tánana. Qui a l'—, Vahodrantsan-tánana.

Onguent, Ménaka ahósotra, Menak'aody, solik'aody; ody ahósotra.

ongulé, Misy hóho.

Onomatopée, Fanaóvana añárana áraky ny feo njávatra. Añaran-draha alaina amy ny eno ny teña ny.

Ontologie Fahaízana ny fisíany ny závatra sy ny fótony; filazána ny foto-draha.

Onze, pv Folo raik'amby, h Iraik'ambinifolo. onzième, Faha—ny. Un—, h ampaharaik' ambinifolo ny.

opacité, Tsy fangarangaránana.

opale, Vato soa fotsifotsy.

opaque, Tsy mangarangárana.

opéra, Filaolaóvana misy mozíka sy dihy.

Opérer qc, Miasa, manao, mizávatra, mitsabo azy, ? mahatonga. — n, (aody) miasa, másina.

Ophthalgie, Hòtsoka foaña amy ny maso. Ophthalmie, Areti-maso mav. Remède Ophthalmique, Aody máso.

opiler, opilatif, vo obstruer.

Opimes: Dépouilles —, ny babo vóndraka azo ny taléntáñka namono ny talé ny fahavalo.

Opiner, Mimalo am-po ka mañambara ny jery ntena. misaina, mijéry, mihévitra, mandrékitra jery.

opiniâtre, s'opiniâtrer, h Mitompo-teni-fántatra. vo Obstiné, Entêté. Opiniâtreté, fitompoan-teni-fántatra. vo Obstination, Entêtement.

Opinion, Hévitra, jery, malo, saina, ? tsato-kévitra, teny tompóina, malo ntena. De même —, ? tsato-tòkana.

Opium, Añaram-pañafody mahamamo-toromaso. h ody mampatory.

Opportun, Tonga amy ny andro tòkony, avy amy ny izay andro ilana indrindra. tsara andro aviana, amy ny fotóana, tsara andro nahatongávana; mety, tòkony, márina. OPPORTUNITÉ, Ny hatsarány ny andro ahatongávana ou aviany; andro azo anaòvana. tsy hadisoam-potóana. andro tsara hanaòvana. OCCASION.

Opposé, a, Tandrify, añatréfana, añatréhana; mañátrika. — à, s'Opposer à, miady, manóhitra, manetra, misótroka; mandrara, misákana; mifáhana, mitòha, mitánjaka azy. Rafy ny. Opposés l'un à l'autre, mifañandrify, mifañátrika, mifampitátana. S'opposer l'un à l'autre, être en opposition, miady, mifanóhitra; mifanohitóhitra, mifampisákana, mifandrára, mifandrafy; ? mifampitòha. mifañésotra, mifankalávitra. OPPOSER qc à, mañisy sákana ou sámpona. Ce que l'on y oppose, ny Asákana, asámpona, atóhitra azy. OPPOSITION, Sákana, sámpona; fisakánana, fiadiana, fanohérana, ? fitohána; fañatré'ana. Faire —, S'OPPOSER.

Oppressé, Tsindrían-draha; séhoka. vo ACCABLÉ. OPPRESSER, mahaséhoka, mankaséhoka; manindry trátra, mandétra tratra, mahory.

Oppresseur, manindry. Gouvernement —, fanjakána manindry ny vahóaka.

Oppression, Fandrembíana ny kely; Terihátoka, fanindríana, tsindry, ? hatsindríana; fahoriana, fahalahelóvana, h fiazanabórona. — de poitrine, ASTHME.

OPPRIMER, Mandremby, manindry o ; manao terihátoka (ou fiazanabórona, forovato, ankery ny), manery, mañítsaka, mahory, manday fady mandremby.

Opprobre, vo HONTE, et fañalambaráka; tsiñy, fañalamboñináhitra.

opter, mifidy.

Opticien, mpanao z fizahána otry ny masolávitra sy ny solomaso; mpanao zava-pitaráfana.

option, Fifidiánana; safidy, fifidiana, fidy.

Optique s, Ny fahalalána ny maso sy ny fanaven-java-pitaráfana toy ny masolávitra. —, a , amy ny maso, mampahita.

Opulence, Haréana be, fanánana be, h harena be. OPULENT, be haréana, feno haréna, hénika fanánana ; manankárena, hénika, mpañarivo, mañarivo, manam-be, ngétroka, tovinjaka, fenotsóka, manefohefo, métroka, trema, tremalahy, manontáninióry.

Opuscule, Taratasy filazan-javatra madinika ; asa kely.
Or, Vola-mena; sk fanjava-mena. *Age d'or*, Taona mahafináritra.
Or, *Conj*. h Ary, Dia. vo koa.
Oracle, Vólana avaly ny Zanahary ; valy ; vali-vólana, vali-teny, famaliana; vava, vavató. Qui rend des —, mahavaly.
Orage, Orambáratra, ranon'oran'ombam-báratra ; tasiodrívotra, rivo-dahy ombambáratra, rivo-be, fororo, fororo be, ? valazy, rívotra miforóaka, kotrok'òrana. ORAGEUX, mandrívotra, misy váratra, mamáratra.
Oraison, vo DISCOURS. —, Fijoróana, fivaváhana, vávaka.
Oral s, Lombo-doha ny Papa.
Oral a, Amy ny vava, tambava; notoñónina. Loi —, malo nifamindrèn'olona laza.
Orang, *ou* Orang-outang, Antimabe misary olombélona; Babakoto, sakavavinolombélona. vo kalanóro, anakíana.
Orange, Voasary mamy; Tsohamamy, voantsohamamy. ORANGÉ, mivolo voasari-mamy. ORANGER, hazo voasari-mamy. ORANGERIE, Vòli-mboasarimamy. Fañompiam-boasarimamy.
Orateur, mpitori-teny, mpivólana. mpandaha-teny; mahalahabólana, mahavava-bólana, mpañadidy, mpiventy kabary; mpikabaro, mahay mitény. Style ORATOIRE, Ny fataombólana ny mpitori-teny. Un —, Trano hely fijoróana *ou* h fivaváhana.
Orbe, Fihodidínana, fitsingerénana; fari-bory. ORBICULAIRE, bory, vory, vorivory, kivorivory.
Orbite, Ny Lálana ombány ny Masoandro va ny Anakíntana. —, Ny trano ny maso. OEil qui roule dans son orbite, maso miharinkárina. —, Ny fáritra amy ny masombórona.
Orchestre, Ny Tokotány ndreo mpanao mozika. — Havorian-dreo mpanao mozika.
Ordalie, Fitsarána amy ny z masiáka toy ny afo, ny rano, ny tangéna; fandióvana o. vo ampanga.
Ordinaire, Matétika, mazána; fatao, h fanao; zárina; tatao mazána, fatao ny maro, fatao isanandro, fohita, foreny. Il a un bon —, Tsara hánina isanandro, fihinana tsara izy; ny foháni'ny tsara. C'est son —, fatao ny zany. Q —, ólora foana, ivaiva, iviva, tsy be laza, tsy mañan-daza. ORDINAIREMENT, Matétika. J'y vais —, fandeha any aho. vo F.
Ordinal, Miláhatra, milaza ny láhatra.
Ordinand, Ny o efa hankamasíniny ny *Évéque*.
Ordinant, Ny *Évéque* mankamásina o. Mpanamásina.
Ordination, Ny fankamasinana o ho mpijoro; fanaóvana *ou* fanosórana mpisórona.

Ordonnance, Malo, didy; teny fanirahana, fanasána; teny. —, Láhatra. Habit d'—, Akanjo ny miaramila, akanjo voa fepétra.
Ordonnateur, Mpandáhatra, mpanina, mpanóhotra, mpaninahína; mpanasa.
Ordonné, bien —, Tsara láhatra, tsaraína.
Ordonner un festin, Manóhotra, mambóatra, maninahína, mandáhatra, manajary, mamétraka fihinánana — un prêtre, manamásina, mankamásina mpijoro. —, Maniraka, manása, mandidy, mar ápaka. vo COMMANDER. Que l'on ordonne de faire, asaina hatao; à qui on ordonne d'aller, asaina handeha.
Ordre, Láhatra, filahárana, fandahárana; toetra, rántina, tátana. —, láfatra, holáfiny; — Didy, Lily, didintány, malo, teny fanirahana, teny fanasána, teny fanapáhana, teny famepérana, fepétra. vo Antóka, antóana. En —, Miláhatra, mirántina, mirantiranty, miandálana; andálana, milanto, mitovy tátana, mitovy láhatra, voaláhatra. Mettre en —, Mandáhatra, mandahadáhatra, mandrántina, mandrantiranty, mandanto, mandálana, mampiandálana. Qui a reçu —, asaina, nasaina, niráhina. En sous —, talé misy tompo, asaina, iráhina, inaina.
Ordure, Tainjávatra, áhitra, zézika, z fariana, fako, h antsanga, loto, z maloto, diky, firinga, foringa; tsikoko, lotidótika, pótaka, rati-nkazo. — du nez, tain-delo; des yeux, tai-maso. ORDURIER, Maloto, vorery, kapótra; maloto vólana, mantsimbólana, maloto teny; misy tainjávatra; foringa.
Oreillard. Cheval —, Sovaly lavasófina, kopakopa sófina, misy sófina be mikopakópa.
Oreille, Sófina, tadíny. h lui tirer l'—, pv lui entailler l'—, Manófina azy. Prêter l'—, Manongilan-tsófina, manondritsófina; mitaino, mitsátsika. Parler à l'—, mibisibísika, mibitsibítsika amy ny sófina. Se boucher les —, Manentsintadíny, mamono sófina. Avoir la puce à l'—, tsy tafandry, miahiahy, osoñin-draha mampiahiahy. Se faire tirer l'—, mihemotrémotra, malaindaiña, mila taribin-tsófina. Dur d'—, madí-tsófina, maréñina, h harénina.
Oreiller, óndana; fihalánana. s'appuyer sur un —, mióndana. L'appuyer sur..., manódana azy.
Oremus, Fijoróana, h vávaka, fivaváhana. —, Isika mijoróa.
Orfèvre, Mpanefy vola; mpizava-bola. ORFÈVRERIE, fanefiam-bola, fanefem-bola. Vola voa tefy.
Organe, Ny tokotanimbátana mahareñy z. toy ny lavatsófina, ny vav'órona &;ny fahareñésana, ny fiaiñana. L'— de l'ouïe, ny fahareñésam-bólana; ny tadíny. —, Fanaò-

vana; fiasàna; faharenésana; elanélana, fitenéna, vava. vo Faha—. ORGANIQUE, misy faharenésana; —, Mifanáraka.

Organiser, Manisy faharenésana; manisy fiainana. —, mamórona; mizávatra, manao, mandáhatra, mamorónkona, manohitohy, mandrónkona; mampifanáraka, mandrátry. ORGANISATION, Ny Láhatry ny faharenésana amy ny várónana, famboárana, fampifanaróhana, firaihana.

Organiste, Mpititika vatra mañeno. h mpitendry vatra maneno.

orge, Anaram-barimbazáha ratsiratsy.

Orgies, Finoman-tóaka omban-tabataba; Raloba mitabataba, Toak'omban-draloba.

orgue, Vatra-mañeno.

Orgueil, Fiavoña vónana, Avonávona, fiavónana fievaevána. fiaboabóana, fiavoavóana, fiamboambóana; vo FIERTÉ, et pv Tehoteho, h tehateha, pv tefotefo, pv tefontéfona. ORGUEILLEUX, Mpiavonávona, mpievaeva ou miavonávona, m ievaeva; miamboambo, mitána fiavónana &. vo FIER, et m itehoteho, mitefotefo, mitefontéfona, h miefokéfoka. lohavaingo-tsimanao rándrana; miafonáfona; mianganga.

Orient, l'—, à l'—, Atsiñánana, sk Atiñánana. ORIENTAL, ao —, any — . LES ORIENTAUX, Ry o —, mónina any —; ny Antatsiñánana. vo EST. ORIENTER, Manitsi-lálana ou Maniatsi-dia azy hank'amy ny Zoron-tány ny ; Mampaniñánana azy; ma nérina azy amy ny zoron-tány, mandáhatra; mamboatra. S'—, mizaha ny Zoron-tány éfatra; mamántatra ny zoro ntány, mahay ny zorontány.

Orifice, Lóaka idírana, vava.

Oriflamme, saina, berámbona.

Originaire d'Imérina, Ant-Imérina, avy tany Imérina, avy amy ny Imérina, terak'any Imérina any.—, avy an.y ny.

originairement, Taloha, fahiny; laha tány.

Original, Somila natao; faharaiky, vealóhany. — s, ny —; ny sóratra fótony ny sásany, ny fótony, ny loha ny sásany, ny taloha ; ny aviany ou ihiaviany ny sásany. —, o hafahafa, kabíaka. vo BIZARRE.

originalité, vo BIZARRERIE.

Origine, Ny fótotra; tombóana, fanampónana, fototra aviana; aviany, ihiaviany; lóhany; nivelômany, iboáhany, isehóany. D'une — inconnue, h ? Taindronirony.

Originel, Avy amy ny fótotra; tamy ny fótotra, laha tany, taloha indrindra.

Oripeau, Takela-baráhina mam ira piratra, z ambara voolameña; tsy vola, mihodi-bola.

orme, ormeau, Anaran-kazo.

Ornement, vo Décor; et kiany, farejo, kiankiany, romaroma, romborombo, rondrorondro. ORNER, vo Décorer; et h mampiómana, manómana, manámina, manéndrika. S'—, vo se décorer; et mifarejo, mietra, mirávaka.

ornière, Lalan-dasarety, dia-ndasarety (*Charrette*).

Orphelin, o Mati-ray amin-dreny, boty, h kamboty; mati-hávana; velomihíafy. vo asorotanitsisatry. ORPHELINAGE, toetry ny kamboty, tsy fanañan-dray amin-dreny. ORPHELINAT, Trano ndry zaza-boty.

Orteil, Ankibe ntórgotra. Petit — au pied du bœuf, hotro kely.

Orthodoxe, Márina finóana, mahitsy finóana, momba ny finóana mahitsy. ORTHODOXIE, hamarinany ny zava-pinóana, hahitsiany ny z inóana; finóana márina, fañaráhana ny finóana mahitsy.

Orthographe, Fanôratra tsy diso, sôratra tsisy ota; tsy hadisoan-tsôratra, fañitsian-tsôratra. Orthographier, Manitsy sôratra, manôratra márina, tsy manota sôratra.

Ortie, Ahitra marofátsika; Tankilotra, Ampisý, h agy; vo Sampivato; amiana, miana; CHARDON.

orvet, Bibilava tsy mankarary.

orviétan, Contre-poison.

Os, Taólana. Qui n'a que la peau sur les —, Mirankana, mirankandránkana, karánkana; h mirakorako.

Oscillation, g Hebiheby, g helihely; h helohelo, helinkélina, hevingévina, tsingevingévina. OSCILLER, Mi —.

oscitation, Bâillement.

Oser, Mahasáky, mahasahy, h sahy, sahisahy. Je n'ose pas l'aborder, tsy saky ko (*ou* tsy sahy ko) hatoñi'ko izy. vo manao-vi-véry, manerahera. HARDI.

osier, Firitsokazo famehian-draha; Viko; fiko.

osselet, Taólana madínika fisomain-jaza.

Ossements, Taólana maro. OSSEUX, betaólana, ? taolánina. —, karaha taólana. Ossification, fahatongávana ho taólana, fiovan-ko-taólana. OSSIFIER, mañova ho taólana, mampody ho taólana, mampanjary taólana, mahatonga ho taólana. S'—, manjary taólana, mody taólana.

ossu, Be taólana, maro taólana, maventi-taólana.

ostensible, vo Évident; azo tondróina.

Ostensoir, Vola maniritsiry manavanávana fasiana ny Okarisity másina haseho amy ny o. fanchóana; masoandro vola.

Ostentation, Reharéha, h trehatreha, h trehantréhana; h Pioka, h piopioka, hambo, h rezareza. Qui a de l' — ; est OSTENTATEUR, Mi —.

ostrogoth, Añaran-karazan'olona. fg Impoli

Otage, Débaka, o adébaka; fitanana, fampitanana; antoka, fiantóhana; ampon-tánana.

ôter, Mañala, mañésotra, mañisotra; mañóaka, manatsóaka, mamóaka. S'—, miala, miésotra; matsóaka. midríso. Otez-en deux, Añaláo roy izy.

Ou, *Conj.* Deux ou trois, Roy Va telo, Laha tsy roy telo. h Roa sa telo, roa Na telo, Na roy na telo, ndre roy ndre telo; asa roy asa telo, Válaka roy válaka telo.

Où? *Adv. Interrog.* Aiza? Aia? Où est-il? Aiza izy? sk Aia izy? Où vas-tu? ho aiza anao? ho aia ia? mank' aiza anao? mañ' aia anao? mandcha aiza anao? D'où viens-tu? avy taiza anao? avy aiza anao? miboak' aiza anao? Où était-il? Taiza izy, Taia izy? Où, *Pronom relatif*, est compris dans la forme circonstantielle du verbe, précédé ou non de Tany, *Lieu.* Je ne sais pas où il était, Tsy hay ko nitoéra' ny, tsy hay ko ny tany nitoéra' ny. D'où il vient, ny avia'ny, ny tany avia'ny, ny ihíavia'ny, zay avia'ny, izay ihíavia'ny.

ouaille, Ondry, aondry.

Ouate, Añaram-poly malemy; ? hoto, foly, vémbaka. ouata. OUATER, Mañisy hoto malemy

Oubli, Fahadiñóana, fahadiñávana, fañadiñóana. fahafatesan' árika. OUBLIÉ, g hadiño; pv hadiña, sk haliño, haliña. tsy tsiaro, tsy tiaro. OUBLIER *involontairement*, Mahadiño; mahadiña. p hadiño. *volontairement*, Mañadiño, mañadina. p hadiñóvina, hadiñóina. vo Tsy mahatsiaro, mamela, tsy mitándrina, tsy mañahy. S'—, tsy mitándrina tena; manao z tsy nahy. S'—, mora hadiño.

oublie, Mofo matify mihólona.

Oubliettes, Trano maizina andatsáhana olona ho vonóina mangingiña.

oublieux, Mahadiño, mora mahadiño, mati-árika.

Ouest, Andréfana. Le vent est à l'—, Avy—ny tsioka. Le navire fait de l'—, mañandréfana, h miankandréfana ny sambo.

ouf! Endré! endray! endrisy!

Oui, h Eny, pv E *ou* He, h Énto. Iá; héka. vo ey? ey! enihoe.

Ouï-dire, Tsaho, tsahotsaho, hono, hónoka, teni-mbahóaka. Par—, reñy sófina, reñy ny sófina.

Ouïe, Fahareñésana, h fandreñésana; Tadíny, sófina. Ouïes, sofim-pilao, sofin-kazan-drano. Hisany. ? takola-kazandrano.

ouïr, MAHAREÑY, h MANDRÉ. mitandréñy; mitaíno, mihaino.

Ouragan, Rívotra mahery ombána gosy. Rivodahy romóka, tsio-drívotra be.

Ourdir, Mañira, h Mañány. mañiraira. OURDISSAGE, Fanirána, fañaníana. Ourdissoir, Fántsaka fañaniana; kaniana.
Ourlet, Kolípika, Dify, Lify, h vílina. OURLER, Mañolípika, mandify, h mamilina. mandéfitra ny sisin-dämba.
Ours, Añaram-biby be sady bondófoka masíaka. —, o be volo. —, o milefa o. ? lóhotra.
ourse, Ours vavy. —, Añaran-kíntana.
ourson, Zanak' Ours.
outarde, Vorontsíloza dý.
Outil, (z) Fiasána, fiza várana, fanaòvan-jávatra, fanaòvana, otry ny fándrake, meso, antsoro, tsofa. L'OUTILLER, manome ou mampánana fiasána azy.
Outrage, Fankaratsíana, fandrátana, fanimbána, fañalambaráka; tevateva, fanevatevána, pv tivativa, fanivativána, pv tihitihy, vo INJURE.
OUTRAGER, Mankaratsy, manaratsy, mandrátra, manimba, mañalabaráka, manevateva, manivativa, manihitihy, Mañómpa &. vo INJURIER; ÉBRÉCHER, DÉCHIRER. OUTRAGEANT, mahafabaráka, mahameñatra.
Outrance: Combat à —, Ady mihóatra indrindra, lilatra, maziaka lóatra, tsy misy fétra. Poursuivi à—, hiañina loatra.
outre, Hoditr'osy maina fikajiana tóaka.
Outre, ' rép. et Adv. Lavidávitra, Andafy, Ankóatra. Passer —, lihóatra. Le faire passer —, mañóatra azy. Il est — la rivièi , Añy ny rano izy. D'—mer, Andafy ny rano-másina. — la somme, Ambony ny vola, asósoka ny vola. En —, Ary koa, aviteo, ny nasósoka izany, ny natohy izany. D' — en —, Manintéraka, h tantéraka, pv tintéraka, mandóaka, mamboróaka, lóaka; mamáky.
outré, Lilatra, lóatra, mihóatra ny tòkony.
Outremesure, Mihóatr'òhatra, mihóatr'érana, lóatra, be lóatra, mihóatra indrindra.
outre-passer, mihóatra, mandílatra.
Outrer, Mampihóatra; Mandroso lóatra. —, IRRITER. —, mahasásatra be lóatra, vo FATIGUER.
Ouvert, Tafisókatra, misókatra, mibéaña, tafivóha, miveha; mibañabáña, misého, misañasáña, misañáka, mangéveka, mangevakévaka, mangóaka, mangoakóaka, mangoangóana, mangoahóa; veñavéña, mibeñabéña. Tout grand —, Mibañabáña, midañadáña, mivañaváña. A demi —, Mipý, mipipý. Pays —, Tany tsisy ròva, tsy miròva. A cœur —, Tsy manan'ampo, h tsoróaka, h sasaka, tsy mivóny fañahy. Q peu —, ? h o mijahidy, pv ? mijagina, h ? mijadina. A force ouverte, Ankery tsy mamony léfona, tsy mangalatr'ády. Tenir table —, Mampihíñana zay miditra foana.

Ouvertement, Imaso ny o; tsy mamony, miharihary, ampahibemaso; tsy ankodíatra, tsy amboho.
Ouverture, Lóaka, Hírika, varavárana, tamíana, lávaka, vava, fivoáhana, fidírana, vaky, tátatra, báña, bánga. —, Fanokáfana, famohána. Fenêtre qui a peu d'—, Tamíana kely vava, kely fisokáfana. — de cœur, Franchise. — d'un compas, fibakabakána, fisabakána.
Ouvrable: Jour —, Andro mety hiasána, andro fiasána.
Ouvrage, Asa. vo h Lahasa, taozávatra, voa-kova, voabazaha, ráfitra, závatra; atao. Ouvragé, nasiana haingo, misy rávaka; nozavárina, zinávatra, voa asa ankítiny; mivendrivendry. Ouvrager qc, Mañisy rávaka ou haingo ou éndrika amy ny; mañéndrika azy.
Ouvrant. A jour —, Am-pivakian'andro. à portes ouvrantes, Am-panokafam-baravárana.
ouvrer, Manao, mizávatra, manefy, mandrary.
Ouvré. Linge —, lamba misoratsóratra madínika, mivendrivendry; misy sari-mboñinkazo.
Ouvrier, Mpiasa; mpizávatra, mpanao z. jour —, andro fiasána.
Ouvrir, Manòkatra, mamoha, mampibéaña, mamaha, mampisókatra. vo mamava, mamazavaza, maméraka, maméndrana, mamaky, mamélatra, mañámpatra; mampibekabeka, mamakabáka, mamañabáña, mandañadáña, mambáña, mampibenabéna, mameñavéña, mamohavoha. S'—, misókatra, mibéaña, mivoha. vo mivava, mibekabeka, mibakabáka, miámpatra, mibañabáña, mivazaváza, mitanatana, mivéndrana; vo Ouvert. S'— un passage à travers, mañivakívaka azy. S'— à q, Mañambara azy ny ampó, manoka-po amy ny, maneho fo amy ny.
Ouvroir, Tany fiasána.
Ovaire, Fitoérany ny atody.
Ovale, Miendrik'atody, tabori bory lavalava.
Ovation, Triomphe.
Ovipare, Mañatody,
Oxyde, Okisidy. Oxyder, Manao oxyde. —, Rouiller. S'—, se Rouiller.
Oxygène, *Gaze* mitéraka ny maharikívy.
Oxymel, Rano maharikivy miharo tantely.
Ozène, Fety mántsina amy ny órona

P

Pacage, Pâturage. pacager, pâturer.
Pacha, Mpanápaka tokotány añy amy ndreo *Turcs*.
Pacificateur, Mpampihávana, mpampisakaiza, mpampiádana. pacification, Fampihavánana, fampiadánana, fam-

pisakaizana. PACIFIER, Mampiádana o, tany; mampisakaiza, mampilongo, mampihávana, mamitrana o; h mampiónina, h mampiánina, manala fo o; mampandry tany. PACIFIQUE, (o) tia fiadánana, tsy tia ady, tsy mil' ady; mampiádana námana. vo PAISIBLE. Pays —, tany mandry. Hostie ---, ? fañátitra hiadánana.

Pacotille, Ny Vidíana maro éntina ny mpilay. Hamaroam-bidíana madinid nika. De ---, moramora vidy; maro fa ratsiratsy; maro ratsy.

Pacte, Fañekéna, fifañekéna, fihavánana, Fehivólana. Faire un --, PACTISER, Mifañéky, mifampihávana, mifamehi-vólana.

Pagaie, Fivé, h fivoy; fivézana, fivoizana. PAGAYER, Mivé; mivoy.

paganisme, vo Idolâtrie. fivaváhana amy ny sampy.

page, Ankizy lahy manónpo ny Andríana.

Page, Ila-ntakélaka, ila-takélaka, Ila-ndravin-taratasy. Ny sóratra añ'ila. --, fehian-tsóratra. Mettre en --, Mamehy sóratra. PAGINATION, Ny Isa ou soratr'ísa amy ny isantakélany, ny márika fañisána ny ilan-takélany.

pagne, Saïmbo, lamba.

pagode, Idole añy amy ny Asie. Trano ny Idoles.

paie, vo à payer.

Païen, Tsy mahalála Zanahary, tsy mahafántatra i Jeso-Kry ; vo IDOLÂTRE.

paillard, Lascif.

Paillasse, Mololo-mpandríana. Un --, O kabiaka mitsikomba hávana; mpampihomehy.

Paillasson, Tsihy bakóraka (ou rary bakélaka, tsihy mangorakóraka) famoram-bity; Láfika; lafi-pamoram-bity. --, Farafara alómboka ny tsabo, lombo-boly.

Paille, Mololo. vo áhitra, Raty, ratiraty, akáta, bózaka; táhony, taholena. — de riz, Mololo-mbary. ---, Antsa, Handra amy ny vy aídina va a ny ny vato soa.

paille-en-queue, Añaram-borom-pótsy lava vorombody.

pailler, Ny Fitoera-mololo; Antóntany mololo.

paillet: Vin --, Divay mena mavo, menamena.

Paillette, Lelambola sady madínika matify indrindra; ? ketsa vola, fetsy vola, ketsaketsa. --, Sombimbola, sombintsombim-bola hita añaty oñy.

pailleur, mpivárotra mololo.

Pailleux: Métal ---, Vy Misy antsa, misy handra, misy vakivaky, misy loadóaka, misy tsy mitohy.

Pain, Mofo, sk mokary, h ampempa. Chercher son —, mitady hánina. — de sucre, vongan-tsiramamy, bolabolantsiramamy. siramamy mivolóngana. vo MASSE. — frais.

mofo vao. — rassis, mofo ela. — bis, mofo mainty, mofo manja. — d'autel, mofo fijoróana, isorônana. — à cacheter, mofo fandokoan-taratasy.

Pair, Mira, mitovy, mora vaky roy, mira, mitovy tátana, sahala, antsahala; ? antsa. Q sans —, o tsisy fahanámana, tsisy faharoy, tsy misy námana, mila námana. Nombre —, Isa áñona, isa tsy fañota, isa mora vaky roy mira. Non —, tsy mitovy; tsi-antsa, tsy antsahala. Être — et compagnon, Mifampitovy teña, mifampira teña. Les —, Ry andriandahy mira voñináhitra.

Paire. Une — de bœufs, aomby roy. 5 — de bœufs, aomby lahy folo; aomby dimy mivady. Une — de pistolets, poleta mivady, misy námana. Par —, Tsiroaroa, tsiroiroy, roiroy. vo Somisy, mikámbana. Une — de ciseaux, Hety.

Pairie, Ny Voñináhitry ny *Pair*.

Paisible, Mora, Mántona, miádana, bonéka, bonóka, bonika, jabonéka, h tony, mibonéka, h maótona, mándina, malemi-fañahy, mora fañahy; mora be; ? mandrifaizay; h miónona, miónina, miánina.

Paître n, — l'herbe, (aomby) mihínana áhitra, he nambílona, homan'áhitra ampòtotra; g miraotra; vo miorotra, mañórotra. — en liberté, h mikarenjy, mikarenjirenjy. vo mibarera, mibarakaika. — , faire — le troupeau, Mampihinan'áhitra ny aomby, manesy ny aomby any amy ny áhitra, mampiraotra ny aomby; mampihínana azy an-tonda; mamáhana. vo mamahy. Se ——, mihínana; mamahan-troka, mamelon-troka.

Paix, Fiadánana; tsy fisiana ady. vo fihavánana, filongóana; fandriam-po, fiadanam-po; fifañekéna, salama, salamalama, salamanga, hasalamalamána. Pays en ——, tany mandry, miádana. Faire la ——, manao fiadánana; miádana; mivítrana, mihiávana.

Paix! paix là! Mangíña! volia!

Pal, des Pals, Orinkazo marani-doha. vo PIEU.

Paladin, Andriandahy mirenireny miady.

Palais, Trañon'Andríana, zomba, vala-mpanjakána; Lapa. —— de Justice, Lapa fitsarána, lapa fimalóana.

Palais, Ny ambóny añaty vava; Lañilány.

Palanquin, Fitakónana o; tákona, ? filanjána, fiara, ? maromby.

Palastre, Ny ampísany amy ny gadra (*serrure*).

Palatale: Consonne ——, Sóratra tonóniny ny lela amy ny lañilány.

Palatine, Tséntsina afoño ndreo viavy vózona.

Pale, Sanjo ny kapóaka fijoróana. ——, ny ampísany ny fivé; ? lambampivé. ——, fiañan-drano. ——, avahadindrano.

Pâle, h Hátsatra, hatsatratsatra; ? mihoditrovy ; pv hásaka; kótsatra, mavo, mivaloárika, matsora, mavana, malandilandy.

Palée, Orinkazo be lava manjary fefy ; filaharan-tsarodravána.

Palefrenier, Mpiandri-sovaly, mpiambin-tsovaly, mpiahi-sovaly, mpamahan-tsovaly.

Paleron, Ny nofo fisaka amy ny sóroka ny biby sásany. sadròny; rangomaina.

Palestine, Anarany ny Tany misy i Jerosalema. Palesitina.

Palet, Vato fisomaina; ? tsipivato fisaka.

Palette, Tapela-kazo famelézana ny lamba sasána; famely fisaka; silakazo. —, kapila talélaka.

Pâleur, h Hahatsárana, fahatsatratsárana. hahasáhana. ? hakotsárana.

Palier, Tani-márina, fitsahárana amy ny fiakárana; Ambara-tonga.

Palinodie, Fandavána ny teny taloha; fanatsoahan-teny. Chanter la—, mandá, manévotra, manatsóaka ny teny natao.

Pâlir n, Manjary hátsatra; ? mihakótsatra, mihahásaka, mihaitsoitso, mody hátsatra, mihoditrovy, mivalo fotsy. — ac, Mankahátsatra, mankakótsatra, mankahásaka.

Palis, Orinkazo, hazotafiórina antány, sarodravána. —, tany mirova hazo.

Palissade, Fefihazo ; orinkazo mamefy, rovahazo, roho hazo; h sarodravána, pv sarodravaina. ? Aridaina. Palissader, manao —; manisy — amy ny. vo Enclore.

Pallier, Paliatif a, Manárona ny fòtotra fa tsy manómbotra azy; Manarom-pótotra, mandómboka, mamoño. Remède —, Aody tsy mamono fòtotra ny arétina. Un —, tákona, lómboka, foño, sarom-pòtotra. Hòsotra foana.

Pallium, Sampi-ntsóroka ny *Archevêque*.

Palma-Christi, Kináña;tanantánana. Huile de—, sólika—.

Palme, Rantsan-kazo *Palmier*; Ravim-banty, ravin-kindro. Rantsan-kazo sary ny Fandreséna; vonináhitra. Remporter la —, Vaincre.

Palme, Zehy. Mesurer par —, Manjehy.

Palmé, Manáhakatánana miámpatra; milámbana; (vórona) tsy vaki-rantsam-bity, ? tabetrabétra-vity.

Palmier, Palmiste, Saletra ny hazo misy òvaka fohániná otry ny Rafia, ny Banty, ny kindro.

Palmipède, Tsy vaki-rantsan-tóngotra.

Palmiste, Banty, kindro.

Palmite, Ova-drafia, òvaka, òvaka-tanavy. En prendre le —, Manòvaka azy.

Palper, Mitsapa, mitsapatsapa. vo mijabajaba, misafo,

misalosafo, maneritery, mamotsipótsika, manirakira, mandemoiemo, mandomolomo. ? mipampana —, Prendre.
PALPABLE, Azo tsapaina, reñy ny tañana, mora tákatra, mora azo. —, ÉVIDENT.

Palpitation, Tepotepo ny fo; tsipatsipaka, tipatipaka ; totóka; vo emponémpona, tebotéboka, pv kefokefo, efokéfoka, torakóvotra; ? tótotra. PALPITER, Mi— maláky.

Paltoquet, O marokoroko, o valavala; o tsy valahara.

Pâmer n, se —, Tòrana. vo Ana, variana, mihzaréraka. Se — de rire, Toran-kehy, toran-tokíky, mihomehy be.

Pamoison, Hatoránana. Tomber en —, Tórana.

Pamphelet, Livatra hely faniñiana o.

Pampre, Rantsam-boalómbona misy ny ráviny, h Tahomboalóboka misy ny ráviny.

Pan, Tápany be. —de muraille, tapa-drova be. — de robe, ny ambány ny akanjo, ny miromaroma, ny tápany mihántona, mikararavy ; ny rámbony ny akanjo lóbaka. —, ny Ampisany

Panacée, Aody mahatontolo.

Panache, Fehiam-bolombórona mihopakópaka asangasánga amy ny sátroka, sangasanga mihopakópaka.

Panaché a, Poule —, Akoho misoratsòratra, vándana. Se PANACHER, manjary vándana, mody misoratsòratra, vao hisoratsoratra. mañaly hisorat:òratra.

Panade, Koba-mofo, godragodra-mofo, ? sosoa-mofo.

Panaris, Bay amy ny lohantondro; h tsevodrano, pv kaka.

Pancarte, Lamban-taratasy be misy sòratra fañanárana o.

Panée. Eau —, Rano nandónana mofo.

Panégyrique, Teny fandazána o. Panégyriste, Mpandaza, mpidera, mpañéngy o.

Paner un roti, Mandrabaraba sombintsómbi-mofo ambony hendy naomby.

Panerée, Eran'antomby, eran-károna ; hárona raiky. Une — de pain, Mofo eran-károna.

Paneterie, Traño firasána mofo amy ny o. fañompia-mofo. PANETIER, Mpirasa mofo, mpizara mofo amy ny o.

Panetière, Kitapo fasíana mofo.

Panier, Hárona, Antomby; sobíky, Tanty. Un — de légumes, hárona feno áñana, áñana eran'antómby. vo Mirakitr'ankaron-doabody.

Panification, fanjaríana mofo.

Panique. Terreur —, Táhotra ou hatairana tsisy fòtony.

Panne, Anaran-damba. —, Ny ménaka amy ny hodidambo. —, Ny madínika amy ny kanonta. Mettre en —, Manao vadi-day mifanákana. Rester en —, tsy milay. tsy mañerin-day hálaka ny tsioka.

Panneau, Ampísany ie'fári za; Talélaka mifáritra. Comme un —, marivo aty, talésaka. —, kótona voatótotra, fándrika. Tombé dans le —, Látsaka ankótona, an-dávaka, ampándrika. PANNEAUTER, Mamándrika, mamoha fándrika.

Panneton, ny tápaky ny fanalagadra miditra amy ny gadra.

PANNON, Saina lava, be-rámbona.

PANSE, Kibo, tróka, vòtraka.

Panser une blessure, Mitaba, mitsabo, miamboatra bay. — un cheval, mitsabo sovaly, mai drókotra azy, miahy azy PANSEMENT, fitahána bay, fitsabóana fery.

PANSU, Be kibo, be tróka, be vòtraka.

Pantalon, Saimbo salórana, ? Salovan-tóngotra, ? salovam-pe, sarom-pe lava, akanjo-ntómboka, ? salo-bity. Saïmbo-misámpana, saïmbo-vaky, akanjo an-tóngotra.

Panthéon, Trano ivoriany ny zanahary tsy to rehetra, trano iangónany ny sampy rehetra.

PANTIÈRE, Harato famandriam-bórona.

Pantin, Kizanajánaka hetsiketséhina amy ny tady maditsy nika.

Pantomime, Rébika mangiña, Távana faňambarána z toňónina.

PANTOUFLE, Kiraro malemy fatao an-trano foana.

Paon, Voromvola lahy. PAONNE, Vorombola vavy. PAONNEAU, zana-borombola.

PAPA, Baba, Ada, aba, Ray, ikaky, kaky, iangy.

PAPAL, momba ny *Pape*. Autorité —, fahefány ny Papa.

Papauté, ny Fiamboníany ny *Pape*. Ny handriánany ny Papa.

Papaye, Mapaza, voapaza. PAPAYER, Mapaza, vodi-mapaza.

Pape, ny loha ny katolika ziaby; Papa.

PAPEGAI, voron-kazo.

PAPELARD, Hypocrite.

Paperasse, Taratasy voa sôratra ka tsy ahóana koa, taratasy efa tsy misy fótony; taratasy ratsiratsy. Paparasser, Mikotrankótrana taratasy foana, manôratra be tsy misy ántony.

Papeterie, Fanaòvan-taratasy; fivarotan-taratasy tsy misôratra. PAPETIER, Mpanaotaratasy, mpivárotra taratasy.

Papier, Taratasy. — blanc, — tsy misôratra. vo Takelataratasy, lambantaratasy, ravin-taratasy, sekintaratasy. — de verre, Taratasy faňampalésana. Des —, Taratasy voa sôratra. — monnaie, Taratasy misolo vola.

Papillon, Tsipelapélaka, lailay; ? valalandolo, li lolo. PA-

PILLONNER, mitiholina, misindrasindra. vo VOLTIGER.

Papillotte, Taratasy hely mamonofoño ny volondoha voa korikóritra. Taratasy hely afoño korikori-bolo; foño mbombolo; foñontaly, ? saron'oli-bolo. PAPILLOTER ac., mamonofoño ny vombom-bolo. Yeux qui papillotent, Maso mihetsikétsika foana, mipipý.

Papiste, o Mañáraka *ou* momba ny *Pape*.

Pâque, Paky, Fandróana amy ndreo *Juifs* ho fahatsaròvany ny nialan-dreo tamy ny Tany Ezipitra. PÂQUES, andro nitambélomany i Jeso-Kry. Faire ses —, *Communier* amy ny *Paky*.

Paquebot, sambo miverimbérina mitondra taratasy sy o.

Paquet, Entana, fehian-draha, h anéntana, fehézana. — de cannes, fehiam-pary, Mets-le en deux paquets, ataovo roy fehy, roa fehézana izy. vo Angoby. seky, hekimbéhana. En faire un —, MAMEHY azy, mamory azy. Faire son —, Miféhy handeha.

Par, Amy ny. — terre, momba antety; — la ville, mamaky tanána; — les haut, Mananety; — les marais, manóñaka. — où est-il venu? momba aiza izy? — où il est venu, ny nombá'ny. — où passerai-je ? homba aiza aho ? — ici, (du fleuve) aty ny oñy. — là, ao ao, ao no ao. Ce n'est point — là qu'on l'obtiendra, tsy zany no ahazóana azy, tsy zany no hampahazo azy. — ici par là, ao ao, ao no ao, eo no ho eo. vo — Fois, — DEVANT.

Parabole, Oha-bólana, oha-teny, òhatra, oha-draha; fañohárana. PARABOLIQUEMENT, amy ny oha-bólana.

Parachute, z mahatanty ny o látsaka.

Paraclet, Consolateur; Ny Fañahi-Másina.

Parade, Fanehóana z ireharehána; tameráhana, famelárana, famoáhana, fañambarána; —, tabiha, rendrarendra, tabotabo, fihaminana, fireharehána, fidosidosíana. En faire —, vo Faire MONTRE, MONTRER; — de soi, h Pipioka, h pioka, g tabiha. Faire — de soi, mirendrarendra, mitabotabo. mipioka, mipiopíoka, g mitabiha, mamóaka tena, mirehareha.

Paradis, Tanimboly mahasináritra nametráhany Zanahary i Adáma nivídy; fonéñana mahasámbatra, Tany be hamamíana. —, ny lánitra itoérany ny Olo-másina. Paradý, Paradízy. —, ny láfatra ambony indrindra.

Paradoxe, Teny misákana ny hévitry ny tany. vólana-miady ny jery n' ólona.

Parafe, *ou* PARAPHE, Sora-biríoka, sòratra mivirioka, sòratra, ? viriobirio-tsòratra; sora-pihaminana, haingontsóratra. PARAPHER, Mañisy —.

Parage. O de haut —, o abo rázana. —, Itoérana amy ny ranomásina. —, Contrée

Paragraphe, Antokontény, tokom-bólana ; toko-nteny, bongo-mbólana, fehiam-bólana.

Paraître, miseho, HITA ; taláky. vo APPARAÎTRE. *et* miherihery, miharinkárina, manerinérina. — grand, karaha be, táhaka be, taláky be, koazáka be, toa be, koa be. vo misary, mivolo. Il paraît que celui-ci ira, Izy no taláky handeha.

Parallaxe, Ny Elanélany ny fitoérana isehóany ny kintana sy ny fitoéra' ny tokoa.

Parallèle a. Lignes —, Sóritra roy Mitovi-halavírana, mira halavírana, mifampitovy halavirana, mifanáraka halavirana. mitovy tatana, mifampitátana, ? mitovi-tárika, mitovi-tsipika. — s, Fanohárana z roy, fampitatánana z roy hizaha ny fitovia' ny. h fampitahána. Les mettre en —, mampitátana, h mampitaha reo hanôhatra ny itovia' ny; mampitovy, mampira. Se mettre —, mifampitátana, mifanôhatra.

Parallélisme, Ny Fitovian-kalavírany sóritra roy.

Paralogisme, Fandaharan-teny ota.

Paralyser q, Mahafaty ila o ; —, mahafatifáty, mahamatimaty, mahosoa, mahabóka, mamono. PARALYSIE, hafatesan'ila, ny maty ila. PARALITIQUE, maty ila, o mat'ila.

Paranymphe, Lehilahy manátitra ny viavy hampakárina amy ny vady ny.

Parapet, Rovatány, fefitány, ampiantány; ? sázony, sázoka, fefy fisazóhana; fiaróvana ha-tratra. fe'y tsy mahalátsaka am-pámpana.

Paraphrase, Famelárana teny, famelaram-pótony ny teny; Teny lavalava milaza ny fótony ny teny sásany. PARAPHRASER, Mamélatra teny, mamela-bólana, Mamelapótony ny vólana.

Parapluie, Aloka féntina amy ny órana; fiaro-òrana, fanari-òrana; saròtro. Se couvrir du —, misarotro.

Parasol, Aloka, Alo-bazaha. VO OMBRELLE.

Parasite, Mpila hánina an-trano n' ólona, h mitakárina, mpitakárina, pv mpikápoka. vo alikalika, mifoka.

Paratonnerre, Fandri-báratra; fiarovam-báratra, fiarováratra.

Paravent, Fiaro-rivotra, riba miaro-rivotra. ? komby.

Parc, Vala; fáhitra, h fahy. — à bœufs, Vala naomby, vo fisoko, saha mifefy, kijá. Les mettre en —. mamala, mamáhitra, mamahy azy. En —, Ambala, ampáhitra, ampahy, mivala, mifahy.

Parcelle, sómbina, sombintsómbina, tápany kely indrindra.

PARCE QUE je suis malade, Fótony ou Akory, h satria

zaho marary. C'est parce que je suis malade que je n'y suis pas allé, je n'y suis pas allé — je suis malade, Ny tsy nandehána'ko tany, ou Ny fòtony tsy nandehana'ko tany, zaho marary; ny areti'ko no tsy nandehána'ko tany, ny areti' ko no fòtony ny tsy nandehána' ko tany. Tout cela arrive — il n' y a pas de civilisation, izany rehetra izany no tonga, ny tsy fisiany ny fahendréna. —, fa, noho ny.

*P*archemin, Hóditra atao solon-taratasy hanorátana.

*P*arcimonie, Tsitsy, fatsitsiana; tity, fatitiana. h híhitra. PARCIMONIEUX, Tsy mahafoy vola, matity, matsitsy, h mitsitsy, h mahihitra kelihoho, ? kelihíratra; mandala be.

*P*arcourir, Mitety azy. vo mamántana azy, mandehandeha, miriorio, mirenirény amy ny; mamakiváky, mamaky azy. Les — des yeux, miraharaha azy, mandriorio maso amy ny.

*P*ardon, Fañadiñóana ou fañariana haratsian' ólona, Tsy fankalilóvana, h famelan-kéloka, faméllana ny ota, fiantrána, h fañafahan-kéloka; fandefána o nanao ratsy. Demander —, malilo, mivalo, mibáboka, h mibébaka. vo mifona, milelapaladia, h manalady; mangátaka fitsòfana, ou fitsòrana, fañekéna. —! —! malilo aho! mivalo aho! —, M. Azafady, Ringahy. vo aza maty, mbailálana, mbay, mba.

*P*ardonnable, azo avela, azo aríana, tòkony ho tsy ankalilóvina, tòkony ho tsy tsiñiana. PARDONNER une faute, Mañadiño, mañary, mamela, tsy mañahy, tsy mankalilo, tsy mamaly ny haratsian' ólona. — q, tsy mankalilo o, tsy mamaly ratsy azy; mañárana azy; mandefa, mamótsotra azy.

*P*areil, Mira, mitovy. vo ÉGAL. Il n'a pas son —, tsisy fahanámana. La *P*areille, Valy ny natao n'ólona, famaliana; pv Teny, fitenéna, h tody, fitodiana. Lui rendre la —, Mamaly azy, mamaly mira; pv miteny h manody ny natao ny. Juger PAREILLEMENT, mitovy malo. Je le désire —, Izaho mba tia; Zaho koa mitia.

*P*arement, Sósoka fihamínana, soso-pihamínana. vo DÉCORS.

*P*arent, Hávana: Mpihávana, féhiny, fòkony, h lafy, atihávana. vo longo, fati-drá, Mandongo. — éloigné, havantetézina, lafinkávana. — dénaturé, havantsiaiña, tsinai-homan'áty. — par aillance, Zaotra. PARENTS, Ray amindreny, Reny amindray, h Ray amandreny.

*P*arenté, Fihavánana. —, ny hávana rehétra.

*P*arenthèse, Teny añéfitra; fañeferam-bólana, éfitra, efibólana.

*P*arer qc, vo DÉCORER. Se —, Mandravaka tena &; se DÉcorps, et miravaka; vo mietra, mitarejo, misikina tsara; haingolava. Dont on se pare, Raváhina, firaváhina. PARER le coup, aux coups, mitávoka vango, miary vango, miáfaka amy ny; manody, manódina, manífika, misákana, mandrara vango; miaro tena. —, préparer, apprêter.

Paresse, Havozóana, fahavozóana; faholiana; vo fiaránana, hakosiáhana, falañan'asa, fahakamóana, fiebóana. PARESSEUX, Mavozo, maholy; kosiaka, matáhotra ho dísaka; vo FAINÉANT; et osa, kalaina, malain'asa.

Parfaire, vo ACHEVER; et mandavorary, manody, mahatantéraka.

Parfaits, Ny andro lasa; ny lásana, ny roso; ny teo.

Parfaita, Tody, vantana, tsisy antsa, tsisy handra; tsy misy diso, tsy misy tsiñy; tsara tsintra, tsara avokoa, tsara dia tsara, sk senga la senga, lavorary, vita, tantéraka, tsisy aniñiana. vo fiefána, fanamperan'óny, voa kajy, voa kajy, avy amy ny hitsy ny, avy amy ny maso ny, avy amy ny fandriana, rekitra; ari-tómbana, áñona, vóñona. tsihitavanávana, mahitsy, márina. PARFAITEMENT, Tsara indrindra.

Parfiler, Manatsóaka lamba mandeha vola hanaratsáraka ny fótony.

Parfois, Indraikindraiky, h indraindray.

Parfondre, Mampimána avokoa.

Parfum, Háñitra; Finto. —, fiháñitra, z máñitra, z mafinto, zava-máñitra; fifinto; zava-mañi-pófona. PARFUMER, Mañisy — amy ny, mankamáñitra azy. PARFUMEUR, Mpanao z máñitra, mpivaro-piháñitra, mpañamáñitra.

Pari, Loka, filokána; fañalam-památra; famátra, ? hantónana, lokamanta. PARIER, Miloka, mañala-famátra; ? mifamátra, ? famátra, mifañome hañala-famátra; mifanamby.

Pariétaire, (Mandrékitra amy ny rova.) Añaran'áñana.

Parieur, Mpilóka, mpifamátra.

PARIS, Doány ny *France.* PARISIEN, Anti-*Paris.* Anti-Doány, Antan-Dónaka (añy i-Farantsa).

Parité, Hamiráña, fitoviana, fahasahaláña.

Parjure, Loka mandenga, Fanta-bóboka, fantavandy, fanta-tsiló, fifantána amy ny tsy to. h fianiánan-tsitó; h fanavam-bava azo n'Andriamánitra; fañankinan-denga amy ny Zanahary; h ? ngoso fisaka; —, Loka tsy atody, fanotána loka atao, tsy fanodiana loka natao; loka otaina. —; mpaniana tsy to, mpanao vava azo n'Andriamánitra, mpanao fanta-bóboka, mpanao ngoso fisaka; tsy manody loka, resiloka. Se PARJURER, h Maniana tsy to, mifanta tsy to *ou* amy ny tsy to; h manao fanta-bóboka, Mandenga amy ny Zanahary; h manao vava azo n'Andriamánitra; tsy manody loka, manota loka, tsy mahatody loka, manala teny nafehy tamy ny Zanahary.

Parlage, Verbiage,

Parlement, Ny Fihaóñany ny Mpanjaka sy ny Andriandahy sy ny iraky ny vahóaka. havoriany ny lohólona. Vaisseau PARLEMENTAIRE, sambo mitondra vólana amy ny fahavalo; mpikabary, alálana, añélana, iraka hirasa vólana.

PARLEMENTER, Mikabary fañekéna; mañiraka vólana fañekéna, mirasa vólana ti-hañeky; mivólana, mihiratra, mimalo; mañeky.

Parler de qc, Mivólana, h Miteny, h mirésaka, pv mihiratra z; à q, amy ny o. vo *Causer et* miloa-bava, mikabaro, mirasa vólana, mitori-teny, mañambara, milaza, mibisibísika, mivazavaza, mitárona, mizaika, mirézatra; miantsoro miañòtra, mirada, miradarada, marésaka. ? midalála. mirizariza; antsina. En — mal, en mal, Mivolan-dratsy azy.

Parler s, Fivólana, fiteny. PARLEUR, Mpivólana, vavána. Beau —, mpanao volam-boréraka.

Parloir, Efi-trano fikoráñana, h firesáhana, pv fihirátana.

Parmi, Amy ny, afovóany, ampovóany, añivo.

Parodie, Teny fañotána teny sásany; soa-bólana mañòva fòtony ny soáfana, fañováma hévitra ny volan'ólona. PARODIER un air, Mañisy vólana amy ny mozika.—q, Contrefaire.

Paroi, Ny añaty ny riba, añaty ny rindrina; ila añaty, ny lañy ny añaty. —, Ny mólotra ny z foañ'aty.

Paroisse, Tanána fehezin'ampijoro; *Église* ny tanána. Messe PAROISSIALE, Mesa ny tanána, ho any ny tanána.

Paroissien, O feheziny ny mpijoro ny tanána. mónina amy ny *Paroisse*.

Parole, Vólana, h Teny; vava. fahaíana mivólana. vo fiteny, fitenénana, fivoláñana.— donnée petra-bólana, hantombólana, ankimbólana; fehi-vólana. Homme de —, O masimbava. Qui n'a qu'une —, Tokam-bólana, tsy roa vava, iray teny, rai-bólana. Retirer sa —, vo manatsóaka teny, manévotra, mamaha ténv; mihémotra. vo mitantevoana; volam-boréraka, volam-bóboka.

Parpaing, Vato físaka matáhitra misákana amy ny rafibato.

Parquer des moutons, Mamala, mamahy mamáhitra ondry; mampíditra *ou* mañatao ambala, mamótrika ambala. PARQUÉ, en PARC.

Parquet, Rari-hazo; lampihazo miefitréfitra, h ríhana. PARQUETER, Mandrari-hazo, manao rari-hazo, h mandriñana, mañisy rápaka miefitréfitra.

Parrain, Lehilahy miántoka o amy ny batemy. Ada amy ny batemy, ada-batemy.

Parricide, Famonoan-dray, vonoan'ada, vonoan-kávana. Mpamono ada; namono hávana.

Parsemer de fleurs, Mamafifafy, mandrabaraba voninkazo amy ny.

part, Famaírana; faitra.

Part, Tápany, tápaka, rasa, zara, anjara; bira, firasána, fizarána, sásany, anjady; bambo, babo; vo zaratokon-tena, zaravilana, vo vadinkóditra, lovantsófina. De ma —, amy ny anara'ko. De — en —, vo D'OUTRE en outre; à —, tókana; vo zevazeva. Se mettre à —, Mitókana, misáraka, mitokantókana. Mettre à —, Manókana, manokantókana. Avoir —, Mimbona; teky tápany. Qui a — égale, h misatahy. En faire ---, Mirasa amy ny o, manome tápany ny o; mirasa vólana amy ny o amy ny k. Prendre ---, Mitahy, mba manao, manósoka, manampy azy. Quelque ---, eny, any; eny ho eny; eny eny. Quelque --- que ce soit, na aiza na aiza, ndre aia ndre aia. Autre ---, ankafá, amy ny tany hafa. De -- et d'autre on fut content, Ravoravo reo samy amy ny lany ny, samby niravoravo reo.

Partage de qc, Firasána, h fizarána, fibirána azy. Mon --, anjara ko, zara ko, rasa ko, bira ko, anjady ko. PARTAGEABLE, Azo rasaina, h azo zaraina; azo biraina.

Partager qc; Mirasa, mibira, h mizára z. — en 4, — éfatra azy. Se — en 3, z— telo Se — d'opinion &, misáraka tery, misara-tsaina; miandány, mifandány, milány; mitaila. — les mêmes dangers, Tsy misara-draha mahavoa. — en deux, manásaka, maméndrana azy, mirasa roy. Q bien partagé, o be bíra, be rasa, be zara.

Partance, Fandehánany ny sambo. En —, efa handeha, manóhotra handeha.

Parterre, Lafi-tany famboliam-boninkazo. — fitoérana ivaiva, fitoérana ambany; Tany kétraka. Au ---, amy ny tápaka, ambány.

Parti, Lániny, Andániny. Le — des Blancs, ny — ny Vazaha. Prendre leur --, Miandány, milány amindreo; momba, manáraka reo. Chef de --, Mpifehy ny miódina, talé sy ampiódina. Se diviser en —, Mifandány, milány. Qui a un ---, o landaniany ny maro; aráhiny ny maro, ombány ny maro, maro manáraka, maro vaviana. En tirer ---, mahazo tombo ou zara amy ny. Choisir un ---, mifidy anjady, anjara, lálana.

Partial, Manao zaravilana; mitahy sásany, h miúngatra, manao mizantsindrianila, miandány, tia sásany, tia antsasany, mivolo anílany, mizahatavanólona, manao vórona mitahy hávana. PARTIALITÉ, Zaravilana; h fiangárana; fiandaniana, loabarimitahihávana, tomboantena, fitsarána m

tanila, fitahíana anila, fitiávana sásany.
Participe, Vólana mba *Verbe* mba *Adjectif.*
Participer, Mba mahazo; teky tápany, mahazo tápany, teky bambo, manan'anjara, mahazo bira, miara-mahazo; mimbona. h miómbona. — à leur honheur, à leur joie, mimbon-jara, mimbon-karavóana, miara-miravo amy ndreo. PARTICIPATION, fimbónana ; fahazoan-tápany.
Particulariser un fait, Mandinidinika, mandínika k lazaina; Miventiventy; manambara tsiraikiraiky; milazalaze ny zañozáño ny ; mitsimpontsimpona, mitsongotsongo, manondrotondro, mitety, manisaisa, manokantókana ny tapatápany; milaza ny niandóhany sy ny niafárany; manonontónona; manatrokátroka k lazaina. —, Milaza nybozak' amin' áhitra. Mivólana o irery; manókana.
Particularité, Ny zañozáño ny k; ny z madinikamitókana, z manirery, z irery, Dinika, andininy; ny dinidinihina, ny ny ráviny ny k; no váninv; ny rantsandrántsana, ny Ongonóngony. Filazána z tsirairay.
Particule, Sómbina; Bitika ; teni-bitika.
Particulier a, Tsy imbólana ny olon-jiaby, tsy ananany olon-jiaby; tsy maro-mánana, tsy maro tompo; tsy ananan-droy, irery, rérika, irérika; tsy miarak' amy ny sásany; manirery, mirérika, tôkana, mitókana, manókana. En —, Tsirairay, tsiraikiraiky. En —, tsy imaso ny maro; ankodiatra, amboho, an-trano, mangingína ; am-pitokánana, am-pirerihana. Q —, BIZARRE, hafaháfa. Chambre —, trano fitokánana, firerehana; trano ho any irery. Être en son —, Mirery, mirérika, manirery, mitókana. Chacun en son —, samby an-trano ny, samby mitókana an-trano ny; mitokantókana. Prendre en —, Manókana, manokantôkana. Une affection —, ? fitiávana manókana. Qui ont les amitiés —, O mifananjohy, mifananjohizohy, mifamehy. C'est — aux Sk, fatao ny Sk foana. Un —, Pik'ólona, olona pika; olom-poana.
Particulièrement, Iudrindra, Sándraka, lombolombo.
Partie, Tápany, tápaka, ilány, sásaka, sásany, h antsasany, sanámany, anjarany, zara, rasa, firasána ; silaka, sómbina. —, vo PARTI, JEU, ADVERSAIRE. Chant en —, Antsa mifampiáraka, miáraka; fehian' antsa. Détruit en —, Róbaka il a, róbaka tápaka. vo vazantány, zorontany; tokotány; tany, fitoérana.
Parti, Il est —, Efa lasa, lásana, Roso izy.
Partiel, somme —, tápany ny vola. —, tsy izy rehetra.
PARTIR, Mandeha, lasa, lásana, roso, loso, mienga, h maingía, miala, áfaka, milefa; mifindra, mantsafary, manafary, mandroso; mandroso dia; mamavatra dia; —

de, Avy amy ny, mivóaka amy ny. — co le canon, mipóaka; le ressort, mibítsoka. Faire ---, laisser ---, Manandefa, mandefa. A --- de, Depuis.

Partisan de q, Momba, mañáraka azy; miandány amy ny.

Partition, Taratasy misy fehian' antsa, misy ny tapak' antsa ziaby.

Partout, Amy ny daholo, amy ny izao tontolo izao, eñy amy ny ziaby eñy, eny kony; eny eny kony, amy ny fitoérana ziaby. — où vous irez, amy ny handehana'nao na aiza na aiza.

Parure, Hávaka; filiaminana, fiománana, haingo. vo Décors; h farejo.

Parvenir au haut, Tonga añabo, avy. vo Atteindre, misándratra, tafákatra, tafanónga. Un parvenu, o ivarázana tafasandra-boñináhitra; nahataka-boñináhitra, nisándratra, nahazo voñináhitra.

Parvis, Lafi-bato añatréfany ny *Église*; hamarémana aloha ny varavárana.

Pas, Dia; sk Lia; pv Singana; h Díngana. Grands —, h Dingandava, dia abo. Bon—; Diandahy. — à —, à — comptés, miadam-pandeha, miandalandálana. Suivre — à —, Mañáraka dia, mañarakáraka dia azy. Faire un faux —, Broncher. vo mitófina, mitofintófina, mitolatola. Perdre ses —, mañary dia. Faire un —, maningana; quelques —, maningantsingana. 100 —, singana zato. Un mauvais —, Tany sárotra iengána, tany mandrevo. —, Défilé. vo Marcher.

Pas. Il ne veut pas, Tsy mety izy.

Pascal, amy ny Paky; Paky.

Passable, Tsy ratsy, tsaratsara, sabaza, mety hiany, azo arétina, tanty.

Passade, Dia mandalo; fandalóvana.—, fiverimberénana.

Passage, Fandalóvana, famantánana, fandehánana; fitána, fitsáhana; lálana; fombána; filindrána, fiañónana. Donner —, Mañome lálana. Oiseau de —, vórona mandalo, mifindra. passager, Mandalo foana, mamántana, mihélina, mifindra, tsy mitoetra; vahiny, mpivahíny, vetivety, tsy ho ela. — à bord, olo-miondrana foana, mpióndrana foana.

Passant, Mpandolo, mpandeha. Rue passante, Lálana fombány ny maro.

Passavant, Taratasy mañome lálana ny vidiana.

Passe en mer, Fombána, lálana.

Passe, (soit,) *adv*. Mety, zany mety tsy mañino; ataóvo.

Passé a, Lasa, lásana, roso, loso, áfaka, maty. Le —, ny —, ny taloha, ny ela.

Passe-droit, vo *Partialité*, Tsy fañajam-pady n'ólona.

Passement, Tady fisaka mandeha vola, Rary tari-bola, tády vola, randrambola, rongo. PASSEMENTERIE, fanàvana —. PASSEMENTER, Manao —; mandrary, ou mandrándrana amy ny tari-bola.

Passe-partout, ? Fañala-gadra mahatontólo ou mahatókana; fañalahídy maháfaka ny gadra ziaby.

Passe-passe, Laolao fañangoléna o amy ny z asitritsitrika ou avoabóaka, ahelinkélina.

Passe-port, Taratasy manome lálana; lálana antsóratra; taratasy mahalefa.

Passer près, — par sans s'arrêter, Mandalo amy ny. — dans le village, mamaky tanána. — en s'arrêtant un peu, miáñona amy ny. — devant, Mihélina amy ny. — par la route, momba lálana; par terre, momba antety; en pirogue, momba lákana. — d'un bout à l'autre sans arrêter, Mamántana azy. — à travers, mamorótaka, manintéraka. — d'ici là, miála éto mandeha añy, mienga eto mifindra añy. — outre, mihóatra, mandilatra; mandroso dia, mandeha fóana. — et repasser, Mihelihely, mihelohelo, mihelikélina, mihelingélina, miverimbérina; h mihelontrélona. — l'eau, mita, mitsáka rano. —, Lasa, roso, nandeha, áfaka. —, miófo, malazo. — par, en touchant, Misérana, mikásika azy, mifótra amy ny. — une phrase, Mamókina, mandika tokombólana. — q en barque, mampita, mampitsáka o. — qc à q, Mamíndra z amy ny o. — ce au de là, Mañóatra; mamindra ankóatra. — de ville en ville, mifindrafindra amy ny tanána, mitety ny tanána maro. — pour grand, Atao ho be, ambara be. — le temps, mandány, manala, mamono andro. Se faire — pour, manao tena ho..... — une liqueur, manávana azy. En — par, manéky. Se — de q, mifady azy. Ne pouvoir se — de, Tsy mahay tsy manana. vo miésotra, midriso, misosa, mikiarétsaka, mizótra, mitsáhatra, mitsatsatsátsa, mitsetsatsétsa, miboritsaka, manérana, misononóka, mañindálo, misémbana, inizozozozo, mizotra, mizétra, mitozétra, mibátana.

passereau, Añaram-bórona madinika.

passe-temps, Laolao fandanian'ándro, fañalan'andro.

passeur, mpampita, mpampitsáka.

passe-volant, Intrus.

Passible, Azo asian-jávatra; Azo ampijalina, maharéñy arétina. —, tòkony hampijalina. PASSIBILITÉ, Ny ahefány mijaly, ny ahefány ampijalina.

Passif a, Ny voa, ny tsindríana, ny ilatsáhana, ny iantontána; mipétraka, mandéfitra; tsy manao fanaóvana. Dette passive, Trosa n'olona amy ko, vola n'olona amy ko.

Passion, Fijaliana; fandeférana; fangotsóhana —, hatambánana, ? hasaderáhana, Tsarora. fitiavan-dóatra, faniriam-be, fo-tsiémpaka, fo may, fo tsiétsaka; filána; harisihana, zotompo may. Passionné pour qc, Támbana azy; azontsadéraka, ? sadéraka, azontsarora amy ny; very jery amy ny fitiavan'azy, maniry azy lóatra, tia azy loatra; maháraka azy; marisi-po, mazoto loatra, mai-fo amy ny. matimpitia azy; rikiany; maty ɪy hiany, karaha adala noho ny fitiávany azy; maláky tézitra, fozina, foizina; mánina; ménjika. vo miandralahy, miandravavy, milelamaoka. — pour le jeu, azo mpisomána, tsy mahafoy soma. PASSIONNER son chant, Mampénjika, mandrisika ny antsa ntena. —, mahatámbana, maharikiana, mampánina. Se —, vo PASSIONNÉ, mihɪatámbana, mitombo-fitiávana, h miantombompitia, h manamtombompitia.

Passoire, Finga loadóaka fitavánana ana-másaka; fitsongórana ana-másaka. —, fiarotsingala.

PASTEL, Tsora-doko fanorátana.

PASTÈQUE, Melon-d'eau, Anaram-boantango, voantsikiry.

Pasteur, Mpiandry ondry, mpiambin'ondry, mpifehy ondry; mpiahy, mpitándrina, mpijoro misy vaviana.

PASTILLE, Vato mamy madínika, Pátsaka mamy.

Pastoral a, ... ny mpiandry ondry —, fambesan'ondry. Une PASTORALE, Antsa sy laolao milaza ny toetry ny mpiambin'ondry any antsaha. Hira ndry mpiandry ondry.

PASTOUREAU, Zazalahy, *et* PASTOURELLE, Zazavavy mpiandry ondry any an-tonda.

PATACHE, Sambo kely mikatso ny sambo mitam-bangána,

Pataraffe, Sòratra ratsiratsy tsy azo lany, harontsóratra, sóratra ratsy éndrika.

PATATE, Batata, h vomanga; tsimanga, h hoda.

Pataud a, (o) botrabótra, botréfona, be ratsy. Un —, amboa kely be vity.

Patauger, Mandia fótaka, manitsa-pótaka, mandiadia fótaka; mihótsaka. mandrevorevo, mitsikapokápoka.

Pâte, Koba atao mofo, pako. vo godrandraha; pakoborétaka. Réduire en —, Mamako.

Pâté, Hena mifoño pako; hánina am-poño; fésana: fisana; fisankena; Hanim-borétaka, hanim-tabébaka. —, miféfana. Faire un — de viande, Mamísana, mamésana, mamoño nofo.

Pate, Patte, Vity mbiby; tóngotra, hóngotra, tómboky ny vórona va ny amboa &. — de devant, Tánana. Marcher à 4 —, mandeha (ou mandia) tóngotr'éfatra, manandrongo. Graisser la — à q, manome vola azy hitaona azy; mitárika o amy ny vola. Tomber sous sa —, azo ny tánany; omby an-táña'ny. Faire — de velour, mamony angofo, mamony hoho; Misafo, misafosafo o.

pattée, Kobandraha miharo hafáhana ny zana-bórona.

Patelin, Mahay fitaka ka mahera o, mpandróboka mahera, mahatárika o.

paténe, Kapila hely talesaka. Paténa.

Patent a, Évident. Lettres patentes, Taratasy misy marika be ny fanjakána.

Patente, Taratasy manome lalan-kivárotra; Taratasy azo vakiny izy rehetra. Payer —, Mividy lálana hivárotra. PATENTER, manome lálana hivárotra. PATENTÉ Manan-dalan-kivárotra.

pater, Ny fijoróana Ray nay &.

Paternel, ... ny ray; avy amy ny ada. PATERNITÉ, Toetry ny ada; fianáhana; fanánana anaka; ny maha-ray.

pâteux, madity; magodra, maditsaka; be pako.

Pathétique. Discours —, Teny Mampangóraka fo, mampalahelo, mampangorakóraka, mahavoa fo.

Pathologie, Filazána ny fòtony sy ny toetry ny arétina. PATHOLOGIQUE, milaza ny anafantárana ny arétina.

pathos, Toriteny may tsisy fòtony.

Patibulaire a, momba ny hazo fañantónana ny méloka. Fourches —, Efakazo fañantónana ny olon-dratsy.

Patience, Faharétana; fiarétana; fahadiñásana, fandeférana; fáritra, fiandrásana. PATIENT, Maháritra, mahadiñy, mahari-po; be faharétana. vo mandéfitra, miáritra, h manáritra, malemy fañahy. Un —, o ho vonóina, o añaty gadra, olon'ampijalina, mpijaly. PATIENTER, Miáritra, mandéfitra, mandiñy.

Patin, Kiraro fitsoritsáhana ambony rano mandry. PATINER, mibolásitra ambony rano mandry amy ny Patins. —, Manier.

pâtir, vo Souffrir, ory, mafiry.

Patisserie, Volavola-mofo, bolabola fohánina, pako mamy, fésana mamy; mofo mámy. PATISSER, Manao ——; mamolavola mofo mamy; mamako, mamakopako mofo mamy. PATISSIER, Mpanao mofo mamy, mpamolavola z mamy.

Patois, Vólany ny antantónda, volan' antañála; fiteny tsy mahitsy, veroberoka; fiboeriboérika.

Patraque s, z somalika efa tsy manjáry, z mikatrokátroka foana, galigaly, gedragedra, vahavaha, robadróbaka. Tsy misy vidy ny, tsy závatra, osa; réraka, fay.

Patriarche, Ry olo-másina nifehy vaviana taloha naviany i Jeso-Kry. Loharázana; Razambe, rázana, Loha ny, loha ny fékiny, loha ny fókony. Patriárika. —, Évéque he. PATRIARCHAT, ny handriánana sy ny tany fehézíny ny Patriárika.

Patrie, Tany ou tanana nivelómana; h tany nahavelómana, h tany nahaterahana; h tany nahabe o; pv tany nibézan' ólona; tany niteraka o; Tany.

Patrimoine, Fanánana ou lova avy amy ny razana; lovatsi-mifindra, lovatsimita.

Patriote, Tia ou ti-hankasoa ny tany niveloma' ny. PATRIOTISME, fitiávana ny tany nivelômana.

Patron, Lamy, fianárana, érana, óhatra; alain-damy; fianaran-damy. —, Mpiaro; mpañéfina, mpañome toky, mpitahy; kady, aro. —, Olo-másina nahazóana añárana, olo-másina imbóñan' añárana. —, Tompo, talé, mpitondra, mpiahy, mpitándrina, mpifehy, solo ndray; Nahoda. PATRONNAGE, fiarovana o, fañomézana toky; fañefénana; h fitaizana; fiambénana. Fête PATRONNALE, lety ny Mpiaro.

Patrouille, Fitilitiliana, pv fitilotilóana, fiambénana. La —, Reo tilitily. Faire —, PATROUILLER, Mitilitily tanána va toby álina, Miriorio miámbina ny tanána álina.

Patrouiller, Mikobankóbana rano maloto, manobatoba, mañaroharo, mañetsikétsika rano maloto. PATROUILLAGE, PATROUILLIS, ny halotóana atao ndreo manobatoba rano maloto.

patu a, (Vórona) misy volo amy ny vity.

Pâturage, Tany misy vilona; vilona, áhitra; tany be ahitra, tany fihinánany ny aomby, tany famaházana aomby. Dans les —, any ambilona. PÂTURE, hánina azo ny aomby an-tsaha; vilona, áhitra; fobánina, h fihínana; fáhana; fameloman-tròka, famahánana; kamáhana. Pâturer, Mihinana antsaha, homan'áhitra, homam-bilona; mihinana any an-kiáka. PÂTUREUR, Mpañátitra sovaly any am-bilona.

pâturon, ny ambány ny tongo-tsovaly.

paume, Felantánana, h felatáñana.

Paupière, Hodi-maso, sk holi-maso. vo voho-maso. Lui fermer les —, h M. ñirina ny maso ny.

Pause, Àhana, fiahánana; h áhona, áhotra, áfitra, jánona, h ákana; fiahónana, fiahórana, fiaférana, g fijanónana. Des —, ahañáhana, fiahañahánana; ahonáhona, fiahonahónana, fiahotrahórana, fiafitraférana. Faire une —, miáhana, miáhona, miáhotra, miáfitra, miákana; mijánona heiy, mitsángana antséndrika; mitsáhatra kely; des —, miahañáhana, miafitráfitra, miahonábana.

Pauvre a; un —, une PAUVRESSE, o Mijaly z, tsy manandraha, halala, pv Veta, g malahelo, maferinaiña, pv mafiraiña, miporedrétra, pv miropiropy, h miporipory, h miforoforo; mandrifehariva, h mikokokoko, h mahántra. —, kely, iva, ratsy, ety, mahia, tsy malaza. vo MISÉRABLE

PAUVRETÉ, pv havetana, toetra halala, fijalian-draha, tsy fananan-draha, Poripory; pv ropiropy; h kokokoko, h foroforo, toetra malahelo.

Pavaner. Se —, mamoha vátana mandehla, mivoha mandeha táhaky ny voroмbola va ny vorontsiloza; mibitaka, h mitrétroka, h mibohibohy; mankabe vátana ou mamélabátana mandeha. mitabiha; mireharcha mandeha, mibitaka-fandehánana ; h miebo. vo midanésaka, mikirindreva, mipiopíoka, miebanébana, midedadeda; mianjonánjona.

Pavé, Rari-vato, rápaka vato, rapa-bato, h lampi-vato. Battre le —, miriorio foana amy no lalambe, mitotototo lálana. ERREB. PAVER, manao ou manisy rari-vato &. PAVEUR, Mpanao rapa-bato; mpandrapa-bato, mpandrari-vato.

Pavillon, Trano-lay. —, Trano mitókana, trano tókana. —, saina, h faneva, sk berámbona, g hémbana. vo Toby, Lasy, tranofotsy, tranobongo, lay. — de trompette, ny voha ny.

PAVOIS, Ampinga be.

Pavoiser le navire, Manangan-tsaina maro, ou manisy saina maro amy ny sambo, Mampihámina ny sambo; manantonkántona faneva amy ny.

Pavot, anaran'ánana mahavoa toromaso; h ahitra mahatory.

Payable, Tókony hefaina; tókony haloa.

PAYE, PAIE, Karama ny miaramila; fondro, tamby

Payement, paiement, Fankefána trosa, fandoávana; fandoávan-karama ; vo tora-bótsotra. PAYER , Mandoa vola, mankefa, mankefa trosa, mankefa ny z vinidy , mandoa karama; Mandoa vola amy ny o, mamaly vola azy. — d'ingratitude, mamaly ratsy azy. vo mampitamby ; torabótsotra. Etre payé, h miefa. PAYEUR, Mpandoa vola, mpandoa karama.

Pays, Tany. vo Lémboka, kara; tokotány. Courir le —, Errer. Maladie du —, NOSTALGIE. Enfants du —, Zana-tany.

Paysage, Tokotány taka-maso, tany tsinjóvina, sarindraha misy saha.? tany itsinjóvana. PAYSAN, O mónina antonda, antantonda, h mpónina an-tsaha, ny Antanindrana.

Péage, Vola aloa ny mpandalo, ? fadi-ndálana ; sara; h hetra.

Peau, Hóditra, sk Hóditra ; hodi-jávatra. Enragée dans sa —, manao helok'ampó tsy ambara. vo zarazara hóditra. PEAUSSIER, Mpandio hóditra, mpandon-kóditra , mpivarokóditra. PEAUSSERIE, fandonan-kóditra, fiasan-kóditra, fandiovan-kóditra.

Pec a, (Filao) vao hasian-tsira, h vao nasiantsira.

Peccable, Mahefa manota. mety ota, mora manota

peccadille, Fahadisóana kely, ota kely.
peccavi, Faneñénana to.
pêche, Añaram-boankazo tsara. pesy. pêcher, hazo-pesy.
Pêche, Filam-pilao, fitadiavan-kazandrano, fanjegiam-pilao; famovóana ou famintánana filao; fakan-kazandrano, filam-pia. pêcher, Mitady (ou mila, manjengy, maka, málaka) ny z an-drano, otry ny filao, ny akora &; mamovo ou mamíntana, mamirango, manihitra, h manihika fia ou hazandrano; vo miankárana, mañankárana; mañarato, mañilo filao;manjono. — à la baleine, Mitopy trózona. pêcherie, Tany fitadiavam-pilao, tany fanjengiam-pia; vo pêche. pêcheur, Mpitady filao, mpamovo hazandrano, mpamintampia, mpaka hazandrano, mpanihitra, mpañarato.
Péché, Ratsy atao, ota atao; ota, h héloka, haotána, hahotána; fahotána, hadisóana, fahadisóana; sata. pécher, mañota, mandiso, manao ratsy. — contre les commandements, mañota, mandíka, tsy mahafady ny malo. — contre q, l'offenser. pécheur, Mpañota; mpanao ratsy, mpandiso; h méloka, méngoka.
pécore, Biby. —, q stupide.
Pectoral, Amy ny tratra, an-tratra. Remède—, Aody tratra, mahajanga tratra. —, Arontratra.
Péculat, Hálatry ny vola n'andríana, fangalaram-bola ny fanjakána; masoandroankárona. Coupable de —, homankaren'andríana, mangala-bola n'andríana.
Pécule, Vola azo amy ny asa, haréany ny tánana, haraana azo ny ankizy amy ny ása ny.
pécunieux, Manam-bola be; bevola, befanjava.
Pédagogie, Fampianaran-jaza. pédagogue, Mpampiana-jaza, mpañana-jaza.
Pédale, Ny lémona ampañenóvina amy ny vity amy ny vatra-mañeno.
Pédant, pédante, a et s, faire le —, la —, pédantiser, mirehareha amy ny fahaizana, mpiháboka mahay z; pv minekoneko, h minehoneho; mihambo mahay z, manao haihay. vo mianganángana, mieva, mitabotabo, miréhaka, mirendrarendra; mitabiha. Pédanterie, Pédantisme, fihabóhana mahay z; fiireharehána amy ny fahaizana; nehoneho, nekoneko; finekonekóana.
pédanter, Mampiana-jaza madiniko.
Pédestre, Antóngotra. Statue —, sarinólona misy ny tongo'ny.
pédiculaire, Maladie —, Arétina mitéraka hao maro.
Pédicule, Ny tsirinkazo tsisy voñy tsisy voa; h táhony, t oraka
pédicure, Mpitaha vity marary, mpahasitran-tóngotra.

Pédiluve, Fampischam-bity, fandroan-tongotra, fisehantomboka, fanasam-bity.

Pédon, Iraka antongotra.

Pédoncule, h tahozany; tsiry misy voñy, tsoraka misy voa; ny zahany ny voñinkazo.

Peigne, g Fihogo; pv fitraboka. vo fañity, fañoritra, fisavika; karatra, fanjaojaofana.

Peigner, Mihogo; mitraboka. vo h mandraotra, manjaotra, manjaojaotra, mamarabaraka. Se —, mihogo volondoha. *Peignures*, Volondoha araraky ny fihogo, taindoha.

Peilles, Voroborodamba andrahoina atao taratasy.

Peindre, Mañoso-doko-fañangiana azy, mañosotra azy, manisy volo, mañisy rangy *ou* soratra, sora amy ny; mandrangy azy, mañova volo azy, mañangiangy *ou* mañeva azy amy ny loko; mamelombolo azy. —, manoratra sarin-draha. — en rouge, manoso-doko mena azy. — q, mala-tsora azy. Se —, mamindra soran-tena amy ny z; miseho, hita.

Peine, Fankalilovana, fampijaliana, fijaliana, fahoriana, fioriana. — alahelo; fo mangoraka, fangoraham-po, tretré, fitretrézana, tsepó, tepó, fitséhana, fitsetséhana, fitsetserampó. —, INQUIÉTUDE. Perdre sa —, ? mikomikomy foana. Que l'on a — à avoir, Sarotra azo. A — entré il sortit, avy niditra izy niboaka; niditra izy ka nivoaka vetivétika. Je l'ai à — vu, kely ho tsy hita ko izy, saiky ho tsy hita ko izy; hita ko kely foana izy, karaha tsy hita ko izy. A — arrivé, vao hiditra, h vao niditra vetikétika. Être en—, INQUIET. Dans la —, PEINÉ, se PEINER, Malahelo, mafirainá, materinaiña, ory, sosotra, madikidiky, sahirana; mangoraka fo, mangora-po; mitretré, mitséka, mitsetséka. PEINER q, mampalahelo, mankalahelo, mahory, mampiory, mampangorapo, manahirana, mahasosotra, mahavoa-fo; mikotram-po. PEINER n, se donner de la peine; miasabe, mikely aiña, mandodi-teña; miasa fatratra; mamono aiña, mirikiriky; ankahoriana.

Peintre, Mpanoratra sari-njavatra amy ny loko fihaminana, mpala-tsora ndraha; mpanao sarinolona, mpañisy volo, mpañisy sora, mpandrangy z, mpañoso-doko fihaminana; mpanao endri-javatra.

Peinture, Fañisiana loko atao sarinjavatra; fanoratana amy ny loko samby hafa volo; fanavan-tsary amy ny loko, sratra amy ny loko; fandrangiana, fahaizana manao sarinjavatra. —, loko, lako fihaminana; Rangy; loko fanoratana

Peinturer, Mañisy loko iray volo, mañoso-doko azy.

Peintureur, Mpanao sarindraha tsy mahay.

Pelade, Arétina maharara-bolo

relage, Ny Sora ny volo ntsovaly.

Pêle-mêle, Miharoharo. Entrer —, — miditra vo mikesonkèsona, sòsona, mikorokoro, mikorónkana.

Peler, Mañóditra, mañéndaka, mañofo; manala hóditra, mañenda-kóditra, mañónotra, mañombo-bolo, manala volo, manélaka, manofy. Se —, maéndaka, misélaka, misílaka; miséndaka, miofo, h miófaka, h miòhaka. Se — facilement, mara voasana.

Pélerin, mandeha lavitra mora hijoro, vahíny, mpivahiny, mpandeha, mivahiny. PÈLERINAGE, Dia lavitra mora hijoro, fivahiniana.

Pélerine, Lombok'avay ny viavy, [zana-tsakónoka, lombo-tsóroka.

Pélican, Añarambórona be misy lasáka ambány sofy ny, ? Lombokòmana.

pelisse, Sakono-javavy.

Pelle, Sadro be fañovizan-tany; sadrontány. ? antsorombilona ; sadrò fanovizana; h sahiratsy.? fanantázana; sotro be fañalan-tany. Une PELLEE de terre, Tany eran-tsadro be.

Pelleterie, Fiasan-kóditra, fizavaron-kodi-draha, fizavarana ny hóditra be volo, fivarotan-kóditra. —, hóditra voa zavatra, hoditra vo'asa. PELLETIER, Mpivaro-kóditra; mpizavatra ny hóditra malemy volo.

Pellicule, ny hóditra matify anaty ny atodinakoho. — intérieure des animaux, h ? elatrélany.

Pelote, Balabala; vóngana boribory; z taboribory; fompóna, pompóna. — de fil, fompon-taretra, pompon-taretra, vongan-taretra, bolabolantaretra, ? balan-taretra, volavola-ntaretra; fehian-taretra taboribory, ? didi-poly boribory. ? vorenan-taretra, tambolimbolin-taretra, volimbolintaretra. vo sampaho. —, ondaukely fanobeham-panjaitra, fañoreñam-panjaitra, fañoremam-pitanjaitra. —, o fohy botrabótra, boribory. Le mettre en —, manampóna, mamolimbólina, mamadiditra, manahoribory, mamboribory, vo manampaho. Faire sa —, mamory vola nangalárina.

Pelotter, misoma amy ny balabala asavoambóana, misoma bala; mitòraka, mitopy; mamalabala z. — q, Mamoambóana o, BATTRE. Se —, mifamoambóana; Se Battre.

Peloton de fil, vo Pelote kely. — de soldats, Miaramila vitsy iray dia; tókony kely, fehian'olona kely, o iray toko. Pelotonner, Manokotoko r y Sorodána. vo mettre en PELOTE.

Pelouse, Tany márina misy lafik'áhitra malemy, Lafik'áhitra. vo fandrotrarana, tany malemy áhitra.

Peluche, lamba volóina; lamba be volo anila. PELUCHÉ, (lamba, áhitra) volóina, be volo, somórina.

pelure, Hóditra ny voankazo &, hóditra malemy.

Penaillon, Voro-tsikina. vo Haillon.
Pénal, mampijaly, manisy fankalilóvana, mankalilo, ombam-pankalilóvana; manaméloka.
Pénalité, fankalilóvana, fijaliana. vo dina, sazy.
Pénates, Trano fonénana. Dieux —, ny sarindraha foana tompóina an-trano; sampy.
Penaud, Menaménatra, kerikery, votivoty, malemi-fo.
PENCHANT a, PENCHÉ a, VO PENCHER n.
Penchant s. Firónana, fitokilánana, fihilánana, h fírehana. — d'une colline, Riry, Riry mbongo; sur le —, ao andriry ny vóhitra ao; En suivre le —, mandriry bongo, momba andriry ny, manara-kodimirina; Chemin sur le —, h hodi-mírina, pv hodiriríny. vo INCLINATION. Avoir du — à la colère, maláky tézitra, mora vinitra.
Pencher qc, vo l'INCLINER; et manánkina, manozinózina. — la tête, mirórika, mirori-doha. — n, se —, vo INCLINER n, et miózina, miozinózina, ? manoa, mitailana, mitongilana, mandray, mihorirana, mitsingóana, mitsingóloka, mirozy, mirozirozy, mirózika, mitarózika, mirózina, mirozindrózina; mifétoka. vo ontsy manonta. Se — contre, miánkina amy ny.
Pendable a, q —, (o ratsy) tókony ho hantónina, tókony ho vonóina.
Pendant a, vo pendre n. Procès —, k mihántona; soromandriandry. Oreilles PENDANTES, Sófina lavo, mihóhoka.
Pendant s, Rámbony. — d'oreilles, vo BOUCLE...; en porter, Mikiviro. Le — de qc, Ny námany, fahanáma'ny, vady ny, faharoy ny; manatrika, manandrify azy; ny tandrify azy; ny mifampitátana, mifanatrika, mitanandrify amy ny.
Pendant ma vie, Mbola zaho miaiña, mbola amy ny andro iaiña' ko; laha mbola (h raha mbola) amy ny andro fiaiña' ko. — un an, manerin-taona, mandrítra herintaona, — le jour, — la nuit &, Dites Le jour &. andromatsána, androálina &: vo manálina. — que j'écris, jouez, mbola zaho manóratra, ou Laha zaho (h Raha izaho, Izikoa zaho, laha zaho mbola, zaho koa, zaho koa mbola, mbo zaho, zaho koa mbo) manóratra, amy ny zaho manóratra, anao misomá.
Pendard, olon-doza, olon-dratsy, karinólona, ikzala ratsy.
Pendeloques, Kávina, kiviro mihevihevy.
Pendiller, Mihántona-mihetsikétsika, g mihevihevy, pv migevigevy; h mihevingévina, h mitsingévina, mitsingevingévina; mihevikévika; h miképika. mikepiképika; pv mikalépika, mikalekalépika, mikalikalipika, miretarefa, mihavinkávina, miraviravy, mirazorazo, mihavihavy, mi-

ramborambo, mikiramborambo, miromarona, mirozaroza, mirombodrombo, mikepikepika, mivorovoro, mihevaheva, ? migeragera.

Pendre qc, Mañántona, mañázona, mañávina, manangázona, manangávina z. — des choses, mañantokántona, mandrazorazo, manazonkázona, mañavinkávina, mandraviravy, mandradorado z maro. — n, (être PENDU,) mihantona, miházona, misangázona, misangásotra, misangivina, mihávina; n ihantokántona, misangazongázona, miradorado, mirajorajo &. vo PENDILLER. Se —, Mañanton-teña, mañanton' iiña.

Pendule, Famantar u'andro be misy fañárina mihevihevy.

Pène, Ny Hidy ny gadra.

Pénétrable, azo idirana, azo loáhana, azo taména. Sa PENETRABILITÉ, Ny ahazóany ho daika.

Pénétrant, Mahadaiky, mahalaitra; vo mahatrébika, mahalóaka, mahahirika, mahatsindrona, marañitra. lalintsaina. *Pénétration*, faudairana, fahalairana, fahadaihana; fidirana. —, halalin-tsaina, fahendréna; fañaby mahadaika. *Pénétre*, daika, saitra; tamy, efa nidirana.—, malahelo be, voa fo. PENETRER qc, — dans qc, Mahadaika, mahalaitra; mandaika, mandaitra; manamy azy; miditra anaty ny; Tamy; h mitsápaka, miórina, mifántsika, mifántaka, mialina, mihánitra amy ny. vo manindrona, manébika, mandóaka, manirika, mandrábaka, mirábaka, mitrábaka, mitsófotra, mitsópaka, mitsorófoka, miboróaka, mamorótsaka, mibosésika; mihánaña, miribika; misórona. vo se FOURRER. —, Connaitre, Approfondir. S'en —, Mandátsaka ou málaka, mikajy azy ampo; manampó; mañampóko azy; minona, manélina azy. Où le fer ne pénètre pas, tsy daiky ny vy, tsy dai-by, tsy lai-by.

Pénible, Sárotra atao, mahasásatra; mampijaly, mahory, manásatra.

Péninsule, Tsiraka, tsira-tany, orontány, órona; h tánjona; tany matsiraka.

Pénitence, Faneñénana amy ny ratsy natao; fivalózana, fibebáhana, fibabóhana, halilóvana; néñina. —, fankalilóvana, fijaliana; fandilóvana, fañaláña lilo; fankalilóvanteña. Faire —, mankalilo teña. PÉNITENCIER, mpampibábaka, h mpampibébaka. Ny mpijoro fivalózana. PÉNITENT, Sady manéñina mankalilo-teña; mivalo, h mibébaka, pv mibáboka; malilo. — s, mpivalo; mpibébaka.

Penne, ny volo lava amy ny elatra ndrak' amy ny vody ny vórona.

Penné, Mifanindritsindry tapany táhaky ny volombóro-

na; h manao fandrinavolo ou fandriavolo.
Pénombre, alokáloka.
Pensée, Hévitra, saina, pv Jery, Eritra. vo Arika. — , fihevérana, fisaiñana, fijeriana, fihevitrevérana, fieritrerétana, fimenimeniana; fañahiana, fierétana; fañahiana, fitandrémana. ---, ny hevérina, saiaina, jeréna, eritreretina; kasaina, kiniana. Penser, --- à qc, Mihévitra, mijery, misaina, miéritra, mimenimeny, mihevitrévitra, mieritréritra, misaintsaina azy, vo mitandrina, mañahy, mikiasa, mikinia, h misisa, minia. --- juste, mahitsy hévitra. --- à soi, mañahy, midòna tena. Ce à quoi j'ai pensé, j'ai eu en pensée, ny nazo ko jery. Ce que j'ai pensé devoir servir, ny nahihi'ko habasoa. Je pense qu'il viendra, Atao ko ho avy, ahihi'ko ho avy izy; tandry ho avy izy biaka, tandrá'ko, tandrása'ko, h tandré'ko ho avy izy. Il pensa tomber, saiky ho lavo izy. Sans y penser, Tsy nahy. Penseur, mpihévitra. vo maróhotr'aio-pó; maroahina. vavantsena. Pensif, mihévitra lava, mimenimeny an-dohálika va an-dálana, miahiahy; vo Mélancolique, et mijoretra, manjénitra, mijohijohy, manjokeka, pv manjónina, manjony, manjónitra, mipatripátry.

Pension, fihatónana, fañatónana, sk fihatóana, pv fihampérana amy ny o; ? fiampíana amy ny o. — , karama fihatóñana ou fihatóana &; vola aloa isantaona amy ny o ihampérana &; vola fivelómana sy fianárana amy ny o; vola fañampérana ou fañampíana anaka amy ny o. — , (Pensionnat), trano fihatóñana ou fihatóana, trano fivelómana sy fianárana; trano fañampérana zanak'ólona. Être en —. Pensionnaire, Mihátona, mañátona o; sk mihato; mpihato; mihámpitra amy ny o. ? miampy amy ny, mónina an-trano n'olona, mandoa vola hivelómana amy ny o; velomin'olona omena karama. Mettre en —, Mañámpitra. ? mañampy azy amy ny o; mampihátona, mampihato, mampañátona azy o. Pensionner q, mañome azy vola fahavelómana isantaona.

Pensum, Asa fankalilóvana, sosok'asa fivalózana.
Pentacorde, Jejy dimy tady.
Pentagone, Dimy zoro; dimy rirana; Dimy ampisany.
Pentamètre s, Toriteny dimy vany.
Pentapole, Tany dimy tanàna.
Pentaptère a, Dimy elatra.
Pentasperme a, Dimy vihiny.
Pentateuque, Ny taratasy dimy no sorátany i Moizy.
Pente, fiónana, fizotsóana, fandrorónana, fitsidihírana Riry. vo Penchant. Terrain en —, tany mandriry, mizotso mandrórona, mitsidihitra, mitondritra, kopiapia, sompirana. Le faire en —, manao mitsidihitra azy, manidihitra

mampandriry azy; mamirana, manompirana.

Pentecôte , Ny fahadimiampolo andro fañaraka ny Paky, ny andro nizotsóany ny Fañahi-Másina tambony ny Apôtra,

Penture, Vy amy ny leféram-baravárana; vi-mbaravárana; vi-léfitra.

Pénultième, Aloha ny fárany. ny Saiky ho fárany; tsy afara indrindra.

Pénurie, Tsy fanánana z, fijaliana z. pauvreté.

Pépie, Arétin-dela amy ny vórona.

Pépier, Mitsiatsiaka, maresadrésaka toy ny *moineaux*? mitoreo.

Pépin, Ny vihiny madinika ao añaty ny voankazo.

Pépinière, Tany fafazan-jávatra hafindra indraiky; tany misy tsabo maletra mbola haketsaketsa; tany maletra tsabo, tsabo maletra mandiñy hafetsifetsy ankafá. masontsabo. —, tany manely, mamafy z maro; tany vañon-draba. —, havoriana. pépiniériste, Mpitsabo hazo madinika mbola hafindra.

Percale, Lamba matify fotsy, hariry madinika.

Perçant, vo Pénetrant. Froid —, nora manamy. Yeux —, maso mahita indrindra, h mahíratra. Son —, h Nántsana, h nantsanántsana, h eno mitsántsana, h mahatsántsana, ? mahatsiatsana, h manántsana; pv marántsana, h minantsanantsana.

Perce. En —, Loáhina. Mettre en —, Mandóaka ny barika hálaka divay.

Percé a, Lóaka, Tombaka; h boróaka, g boróana, h goróbaka, taboróaka ; voa tintéraka ; voa hirika , voa lóaka, voa tómbaka. Tout —, loadóaka, tombatón baka.

Percée, Tombak'ala, hoak'ala, hoapátra.

Perce-oreille, Vóana miditra amy ny sófina, ? fangarontsófina. ? amboalambo kely.

Percepteur, Mpamory hetra; mpamory vidiloha.

Perceptible, azo raisina; azo hita.

Perception des impôts, Ny fandraisana hetra , fandraisan-ketra. — de qc, fahitána, fahalalána, fahazóana, fahatantárana. —, hevitra.

Percer qc, Mandóaka, manómbaka. mañirika, mamboróaka, manaboróaka, mamboróana, mangoróbaka. — les nuages, manintéraka ny rahona. — la foule mañivakivaka ny hamaróana. Lui — l'oreille, Manévika o, manevi-tsófina azy. Le — d'une lance: mandéfona azy, manindrika, manindri-défona azy, manora-défona azy. vo tora-défona; tora-tánana, tora-paza, torak'alefa. — ur abcès, mamoy vonto. vo manindrona, mitrébu a, manébika, mandávaka, mamorótsaka, mandrabaka, manjádona. — n, loy; manintéraka. mamilo, mitranga, mipósaka, mitsídika, mitsiry, mitsirika, misehoseho.

Percevoir, Mamory ny vola aloa n'olona; mandray ny hetra, ou no vidiloha, ny vola ho any ny andriana &.

Perche, Tsorakazo be abo, rotsakazo be avo. fitóroka, téhina, bao, lompóndro; Henjohenjo, Enjoénjo; langilángy. Hazo milenjolénjo; milenjondénjotra, mihenjohénjo, milangalanga; hazo solánga.

Percher n, Se —, (vórona) Mitíkina, miténgina, mirítika añabo nkakazo; o — añabo ndraha. vo miderodérona, mienginéngina, miemonémona, mingitringitra. L'y —, manikina, manéngina azy amy ny.

Perchoir, Henjohenjo fitikinany ny vórona mandry, henjohenjo fandrian' akoho; h hazo fatoriambórona.

Perclus a, Tsy mahahetsi-bátana koa, maty vátana, matimaty, maty ila, reki-bátana.— des jambes, mati-tóngotra.

Perçoir, Z fandoáhana, fañirífana, fanombáhana; mangeri-hòmana; fitrébika.

Percussion, Vely; kona, dona, poka.
Perdable, mety very.
Perdant s, Ny Resy amy ny soma va amy ny fántoka.

Perdition, Fandanian-karéana; fandan'ana, famérézana, fahaverézana. — , Fañarian-téña, famerezan-teña; fahaverézana.

Perdre qc (qui PERD, qui a PERDU qc) i. *olontairement, (o) Very z, látsaka z, latsa-draha. — son procès, resy, resitántoka. — qc *Volontairement*, Mamery, mahavery, mañary, mahafoy, manimba, mandrava; mandátsaka. — courage, mamoy fo. Le — de réputation, mañala laza, mañary laza, mahavery laza, mamery laza azy — sa peine, mañary dia, mañary asa. — n, mihiakely, nahafáhana, naharombiñana, nahaverézana, nahalañíana. Se — , PERDU, very, veri-dia, veri-saina, veri-lany; lany, trobo; lévona, ritra; jeby, jebi-lálana, (rano) Mañinaka, mañinakinaka. se —, mañary teña. Qui l'a perdu ? very ny zovy izy ? Ne le perdez pas, aza very, tsoho very izy; aza very nao izy. vo Miasa foana, miandrifototr'arétina, veriráriny, veri-saina; mañary teña, miantsitrika, miantsótroka, miantonta, laniantsávony, veri-antsávony, mativoloni-ratsy, miforara; mañinaka ny ain'ko zay. — d'honneur, very haja. PAYS —, tany lávitra tsisy olona.

Perdrix, h ? Tsipoy. ? Trotro. PERDREAU, Zana-tsípoy.

Père, Ray namaitra, Ada, Baba, Kaky, Dada, Aba, Angy, h ikiaky; h Iangy. vo Rázana. Mon — , ray ko namaitra ahy. Sans —, Tsy manandray, velomihiafy. vo asorotanitsisatry, ORPHELIN. Nos ---, vo ANCÊTRES.

Pérégrinité. Toetry ry vahiny, fivahiniana.

Péremptoi. e, (Teny, valy) maháfaka ny k isalasalána; mahito ny k; mahatápaka, mahavita, mahefa ny k; tsy azo isalasalána.

Perfectible, azo am, itombóina hatsarána, azo ankatsaratsaraina; h azo tanteráhina.

Perfection, Toetra tsara indrindra, toetra vántana; hatsarána tody; hahitsiana; fanamperan-katsarána, ? hatodiankatsarána; tamponkatsarána. ? fahatanteráhana; fahatodíana. PERFECTIONNER, manody, h mahatantéraka, mandavorary, mahavita, mahalavorary. mahalavoandráriny, mahavánona; mankatsara indrindra, manóndroka, ? manóndritra. Se ---, Mihratsara indrindra, mitombo hatsarána, mihiatsaratsara, manjary vántana ou tody.

Perfide, (Sakaiza, vava) mañody; mamádika, mandenga, mamitaka, vadikádika, mandenga, mivadikádika, tsy mahatoky; tôkony himarimaríhana. PERFIDIE, fitaka, famitáhana, fañodíana, famadíhana, tsy fahatokíana.

Perforer, Mandóaka, mañirika.

Péricarde, Ny foño ny fo, foño-mpo, ? safo-po, ? sarompo, ? safimpo.

Péricliter, Dóñana ho látsaka; ho very; mila ho faty. ambonindoza, midi-doza, ambony may, ambonin'afo; mahitaloza, mila loza, ratsy fáhaña, ratsy iankíñana, omby amy ny ratsy, andringiríngy, an-driry. vo en DANGER.

Péril, vo DANGER, et fahitan-doza, fanavam-bi-very, toetra mahatáhotra, toetra mahalátsaka, fanava-mosalaby, fampahitan-doza. PÉRILLEUX, mahavoa ratsy, mampahitaloza, manan-doza; mahavery, mamohéhatra, ahazoandratsy, mampidi-doza.

Périmer, (fatao) maty, áfaka, very.

Période, (La ---,) hérina, tsingérina, fiherénana, fitsingerénana (ny kíntana &). ---, Tari-ntaona, tohitohintaona; vanintaona, fehezan' taona, fehian' taona; taona, andro. ---, ny Isany ny tapa-taona tsy mety tsy ho tetéziny ny arétina, tarik' andro, fetr' andro. ---, fañaviany ny tazo. ---, Fehiam-bólana vántana; toriteny, tokom-bólana, fehezan-teny vóñona; tari-bólana añon-kévitra. ---, (Le ---,) Támpony; taona; tápaka taona. PÉRIODIQUE, Mihérina, mitsingérina; misy fetr' andro fierénana; mañavy, miherinkérina, misy ántony, misy andro aviany.

Périoste, Ny fóño ny taólana.

Péripétie, Fiovan-toetra támpoka; Toetra miova romóka.

Périphrase, Odi-vólana, odiodi-vólana, fañodiambólana; odi-bólana, fañoditrodirambólana. vo CIRCONLOCU-

TION *ou* PARAPHRASE. —, teny maro hilaza ny hevitry ny teny tòkana. PÉRIPHRASER, manodi-vólana, manodiodi-vólana, manoditrodi-bólana. vo mananjaño. manao teny maro, *ou* manao teny lava asolo teny tókana.

Péripneumonie, Arétina amy ny havokávoka.

Périr, Maty, very, lévona, simba, róbaka, lany, lo, mótraka. vo foy, nafoy, MOURIR. Qu'il PÉRISSE! vereza, matesa, verezamako, verezafako izy. vo ankalaniana, fadiafoahara, tohara-loza. PÉRISSABLE, Mora véry, mora mirávona, mora áfaka, mora lo.

Péristyle, Andry maro manodidina.

Perle, g Hangy, Voahángy; harea, angareja; — jaune. Vony. vo tsilaiby fotsy; ravi-manta, ravimbelo. vákana, rávaka. Une branche de—, sitiliny, táriny, tsipiríany raiky.

Perlé a, misy voahángy. Ouvrage —, asa mivendrivendry. —, karaha voahángy.

Permanent, miáritra toérana, maheri-toérana, mónina, mateza. PERMANENCE, fiaretan-toérana, toétra miáritra, faharetan-toérana, fahatezána; tsy fialána; ny mónina, fonénana.

Perméable. Le verre est — à la lumière, azo taména *ou* azo tanteráhiny ny hazavána ny fitáratra.

Permettre, Manome lálana, manome fahefána, mampahefa, mamela, mambela, maneky, manandefa, mandefa, tsy misákana, tsy mandrara, mamótsotra, tsy mitána. Se —, Oser. C'est là ce qui ne me permet pas d'aller, zany no tsy mampandeha ahy. PERMETTEZ, aza fady; que je passe, mbailálana, mbay. C'est PERMIS, Mety zany. Un —, la permission.

PERMISSION, Lálana omena hanao z. vo famelána, fahefána, fanaóvana. Agir sans —, Mangala-dálana ? loso-an-kibo. J'ai la —, nahazo lálana aho, efaniera amy ny tompo aho. Demander la — de commercer, mangata-dalan-kivárotra; mangátaka fivarótana; mangata-pivangána. Fait sans —, Didiambonimbánkona. Demander —, vo mitóka, manóka, miantóka amy ny tompo; de rester &', manóka toérana, manoka-vadiana &; miera, mirasa-vólana.

Permuter, Manakalo asa. — ensemble, mifanakalo asa, mifanolo asa, mifanova asa. PERMUTATION, fanakalózana asa.

Pernicieux, Mahavoa ratsy, mahavery, mahasimba, mahafaty, maharátra; mandoza. VO PÉRILLEUX.

Péroné, Ny taólana aloha ny ranjo; pv kirandra, baondranjo.

Péronnelle, Viavy adaladala mibedibedy foana.

Peroraison, Ny fanampéran-teny amy ny torivólana vo

Conclusion.
Pérorer, vo Discourir, et mitari-bólana, mikabary, manohitohy vólana.
Perpendiculaire s, Ligne —, Sóritra Mitsángana ou mitíkina, miténgina amy ny mibáboka; vo maórina, maórona, miárina, mitsangambava, mifántaka, mijádona, mijádina; h mijoro. Soleil — sur la tête, masoandro miárina ambony ny loha ntsika.
Perpétuel a, Mandrakizay, andrakizay, mandrakariva, ambarakizay; miáritra —; maháritra —; tsy efa, tsy misy fanampérana, lava, tsy támpitra, matéza, matána, tsy misy elanélana, isan'andro, tsy mitsáhatra, lalan-dava, tsy manam-panampérana. PERPÉTUER qc, mampaháritra andrakizay, mampaháritra, tsy mampitsáhatra, mampatána azy andrakizay. Se —, maháritra andrakizay. PERPÉTUITÉ, faharétana mandrakizay, tsy fanañam-panampérana.
Perplexité, Jery misalasala tsy mahay ny hombány, h saina sabáka, ou sadéka, sadáka; pv jery sambáka ou sambakána, sambakaina; fañáhy misabáka, miahanáhana, miroa saina. h hasabakam-pañahy; fisalasalány ny jery; fiahiana. Q PERPLEXE, o miroasaina, sabáka, sabáka saina, sambáka, ou sambáka jery; misabáka jery; mañahy; h sengenéhana, h sanganéhana; mivadibádika saina. vo jeby, jemby, jebéna, jembéna. Situation —, toetra mahasabáka, mahasabakaina; — jery.
Perquisition, fañadínana, fañaliñaliñana, fañaliñalémana; fandiníhana; fañontaniana. Faire des — sur qc, manádina, mañaliñálina, mandínika, mañontány, mitsikéka k.
Perron, Rarivato abo aloha ny traño, sandrátana, farafara-tany, farafarantany, farafara-vato, kibani-vato. vo talatala, talantálana.
Perroquet, Koera, Boeza; vo h Bobóky; pv Bolóka, paritra. vo boezantsikotra, boezambe; h sarivazo.
Perruche, koera vavy. Petite —, karaoka.
Perruque, fañeva-míndrana, indram-pañeva, indrambolo, solovolo, solombolondoha, maromana-míndrana; ambara-volo, ambara-volondoha, ? tsivolondoha, sarimbolondoha. PERRUQUIER, Mpanao —; mpamboa-bolondoha; mpañala volondoha, mpañala loha, mpañajary loha n'ólona, mpitaly, mpañala sómotra, Mpirándrana.
Pers, perse, ? manga-maitso. Aux yeux —, Gara-maso perse, (étoffe,) h Elabakaka.
Persécuter q, Mañiana o hampijaly azy; h mañénjika hañólana, manindry hamono; mañory, mampijaly, mikotrankótrana, manólana; mañisy ratsy, mahírana azy. vo HARCELER PERSÉCUTION, fañiáñana o hampijalina; fana-

ratsiana, fañolañana, fikotrankotránana; fañenjéhana, fahoríana, fanoriana, fampioríana, fampijaliana, fiadíana, fanahiránana.

Persévérant, Persévérer, Maháritra; matána, maharitoérana; miáritra. vo mikiry, mikiribiby, tsy miova, tsy mihétsika; mifikitra, mikikitra, mikókotra, miéntitra, mifóntitra. — quand même, h mijajirika, vo midadízika; mifántsika, miórina, mívánditra. PERSÉVÉRANCE, faharétana; fahatanána, tsy fiována, tsy fihetséhana, tsy fialána; jajirika. vo ándraka.

PERSIENNE, Varavarankely mangarakáraka.

Persiffler q, h Mamosóbósotra, g mikizakízaka, h mandatsalatsa, h manaraby o; mañanjaño, mikízaka amy ny anjaño. Persifflage, vo Moquerie; Anjaño, fikizáhana, kízaka mañanjaño.

Persil, Añaran'áñana. Persily. vo ravintoto. PERSILLADE, Masikita haroan'áñan-toto. PERSILLÉ, miharo añantoto.

PERSISTER, Maháritra; vo Persévérer; mitompo-tenifántatra.

Personnage, Olombe, ólona lehibé. ólona. Faire le — de roi, Manao kiandriandríana, tsimpanjákampanjáka, kandriandríana; manao-sarimpanjáka, mitsikomba mpanjáka, mody ho, manao ho mpanjáka. Faire le grand —, mihambo olombe, mañandrian-teña, ? mitompo. Étoffe à —, Lamba misy sarin'ólona.

Personnaliser, Mamindra ny tsiñy ny maro amy ny o raiky; manóñona o raiky amy ny k mahavoa ziaby; manondro o, manao tondro-volana *ou* tondro-mólotra o, manora-bólana o irery; mikízaka o irery; vo mañanjaño. PERSONNALITÉ, tena, ny mah'izy azy, ny izy, ho azy. —, fizahóana, fañaranan-tena. —, kízaka atôraka amy ny o irery; torabólana mahavoa o irery.

Personne s, Une —, ólona. Moi en —, zaho lañy ny vata' ko, izaho biany, zaho edy. Ma —, ny teña ko. Il aime sa —, tia tena izy. — *pron.* Il n'y a —, tsy misy ólona, ts'isy tapajaza, tsy misy tapak'ólona iray akory. Que — ne sorte, aza misy mivóaka. Y a-t-il q ici ? misy ólona eto va ? personne, Tsisy. PERSONNEL a, an'ólona, nihin'ólona ; momba azy; momba ny tena ny manao; an'izay manao azy. —, milaza o. —, tia tena. Pronom —, Solo ny añaran'ólona.

Personnifier, Mampody z ho ólona tahaky ny mampivólana ny biby, mampanjary o ny z foana. ? mampiólona *ou* ? mankaólona ny biby.

Perspective s, Eriñérina, fieriñereñana, fitazánana ny z mañeriñérina lávitra. —, Fieriñereñana ny z lávitra. —, Halavírana; ny z hita lávitra; tany mañeriñérina tsara, tany tsinjóvina. Avoir la — d'une grande fortune, Mahita *ou* mañantena haréana be mbola mañeriñérina lávitra. Il est riche mais en —, Manan-karéana izy fa haréana mbola lávitra.

Perspicace, Faingian-tsaina, hendry, marañi-pañahy. PERSPICACITÉ, Hafainganan-tsaina; fañahy mahadaika.

perspicuité, Hahitsian-teny, hamarinan-teny.

perspiration, Dinitra moramora.

Persuader, Mitaona o hanao z; mitarika, mahatárika, mahataona; mampino, mampañéky; manolo-tsaina, mañome-jery, mankató, maható; mañitikitika. Se laisser —, mañéky foana, miéky; mino foana. Se —, manao ho ....; atao ko ho ..., ahihi' ko ho..., tandrasa' ko ho... Chercher à se —, Málaka tavandra-mpó. PERSUASIBLE, Azo taómina; mora ampinóina. PERSUASIF, Mahataona, mampañéky. PERSUASION, Fitaômana.—, finóana, fañekéna, fañampokóana.

Perte, Haverézana, fahaverézana; ny z very lañy; ny fandaniana, fañariana. Être en —, vo PERDRE n; — dans le commerce, fatiántoka; o matiántoka. S'en aller en pure —, Mañinaka, mañinakinaka.

pertinent a, Tokony, sahaza, antóniny, antónony,.

Pertuis, Saláka hely fombány ny sambo; laian'ety; ? saláka fohy; Dilana kely ombány ny sambo.

Pertubateur, Mpitabatabata, o mpikotrankótrana, mpigodangódana, mpampiola, mpampiolaóla, mpikotrókaka, mpikorókaka, h mpanorokóro, mpanahírana, mpahasosotsósotra; mpandrendri-bahóaka, mpandróbaka toeran'olona. PERTURBATION, Trouble.

pertuse a. Feuilles —, Ravina loadóaka, tombatómbaka.

Pervers, (o) ratsy, ratsy lálana, h méloka, sataina. PERVERSION, fiována ho ratsy, fampodiana ho ratsy, fodian-ko ratsy. PERVERSITÉ, Haratsíana, Éngoka, haengóhana, h hamelóhana.

Pervertir q, Mañova ratsy, mañera, manitsika; mankaratsy, mamótitra; maharatsy; mamádika; mañéngoka, mampanía. Se —, miova ratsy, manía, mody ho ratsy, manjary ratsy, miala ny tsara, mihíaratsy, h misavílaka, h misovílaka, mihémotra.

Pesant, Mavésatra; vo LOURD, et mitambésatra, h maónjana, h manjénjina; mirisarisa, mañisahisa, montamonta. Animal —, Biby votsa, vo LENT. marcher PESAMMENT, miribariba, mañibahiba, mandrivirivy; vo LOURDEMENT. PESANTEUR, Havesárana, havesabesárana, fahavesárana, vésatra; havesaran-tsaina. vo Litalita, Bitabita, ribariba, lidrahodrahóana.

pesée, ny mandanja; ny lanjaina, ny voa lanja.

Peser qc, mandanja z; ? mampilanja z. — qc, mandinika,

misaina k. — 3 kilo, vato mizána telo ny lanja ny; lanja uv ny kilo telo izy. — n, MAVÉSATRA. — sur, manindry azy, mitambésatra, mianjetra, mianjeka, miánkina amy ny; mamondipondy azy; vo ÉCRASER. PESKUR, Mpandanja.

Peste, Arétina misindra mahafaty maro; valan'arétina, ? Belemby, arétina be.

Pester, Vínitra, misafóaka, mitafóaka, vinibínitra; mandrahondráhona, mandrohondróhona ; misalambóana, vo CRIER, INSULTER.

Pestifère. Odeur —, Fófona mamindra arétina, fófona mankarary. PESTIFÉRÉ, (o) misy arétina misindra, marary arétina misindra ; (z) misy fófona mankarary. PESTILENTIEL, vo pestifère.

Pet, Étotra; h tréfoka, ? tréfotra; h gioka, h kíoka. vo trifotra, trifoka.

pétale, Ravimboñinkázo. PÉTALÉ,(Voñinkazo) misy félana.

Pétarade, Etotrétotra mifañiaña; étotra maro ny sovaly; etotrétotra sami-áraka; etotrétotra mifañáraka; ? reré mbody, etotrétotra manao veromay;? vangovango-étotra, ? poapoak' étotra.

Pétard, Pondy mangétotra, závatra mipóaka máfy. ? etobanja, ? poa-bánja, ? etotr' afo.

pétase, Sátroky ny antaóto.

Pétaud. Cour du roi —, Fanjakána tsisy tompo, rabantsáhoña, fanjakány ny Bezañozáño; fitabatabána, fikorokoróana, fiharoharóana, fibadabadána, fipotipotéhana; et PÉTAUDIÈRE, Havorian' ólona mitabatába.

Péter, Mangétotra; h mitréfoka, mitréfotréfoka, mitrefotra, miréfoka, mirefodréfoka, migioka, mikíoka. vo mipóaka. mitsifotra, mitsifoka, mamango étotra, mitrítrítra, mamotsotr' étotra, mañandefa étotra.

Pétillant, PÉTILLER, Mipoapóaka táhaky ny sira amy ny afo, mipilampilana, ? mipika, mipifapifaka, nirefodréfotra. —, pv mitsaotsao táhaky ny lel'afo; pv mitsiotsio, h mitsetsatsétsa, h mitsatsatsátsa, vo mitsotsotsótso; miramirana, falihavanja, mitroatróatra, mipitipitika. —, (Maso) mamirapiratra, mandifika, mandifidifika, manorak'afo. PÉTILLEMENT, Poapóaka, famirapirátana.

Petit, Petite, Kely, hely, kelikely, madinika, sk malíniká, madinidinika, kitika, kitsika, kirítika; bitika, birítika, vitsika, vitika, bolitika, masay; kirikítika; kiloy, kiloly, porítika, tsiporítika. Des — objets, Ana-draha, zana-draha. vo Zana-bóhitra, zana-kazo, kánaka hároña, zana-dákana, ana-biláñy; zanak'amboa &. Le — nombre, Ny vitsy, havitsiana, havitsy. — esprit, marivo saina, mamonkin-tsaina. Un — homme, Keliray, kelireny. Les — gens, o iva

PET

razana, ny faraidina, Vahóaka, ny bózak'amin'abitra. Les — du chien, Ny zánaky ny amboa. Elle a fait un —, Nitéraka izy; elle a fait des petits, Nanidina izy. En —, Kelikely, fohifohy. --- à ---, Tsikelikely, tsitaitaika, kelimasesy, miandálana, miandalandálana.

petite-fille, Zafivavy, zafy.

PETITE-guerre, Sarinady Faire la —, manao —; (à feu), mifanóro.

petitement, Kely; matity, matsitsy; iva.

petite-nièce, Zafy vavy ny rahavavy &, vo petit-neveu.

Petitesse, Hakelézana, hahelézana, fahakelézana, hadinihana, hakely, dinika; ? fahakely ny; haivána, ? habitihana, hakitsihana.

Petite-vérole, Nendra; Kisosy, lavira, belemby. —volante, h bonobono. Marques de la —, hola-nendra. Marqué de la —. soki-nendra, vo manaráha aroana.

petites-maisons, Trano fitahána ny olon'adala.

petit-fils, Zafy lahy, zafy.

Pétition, Fangatáhana, hátaka, vo Demande. PÉTICNNAIRE, mpangátaka, mpangaho; mpifóna.

petit-lait, Rano-ndronono, h ranombatsiny.

Petit-maitre, Tsaiky mizakazáka, minehoneho, minekoneko. ? mitompotompo. vo Fanfaron, libre.

Petit-neveu, Zafy lahy ny rahalahy (ou ny rahavavy, ny anadahy, ny anabavy); zanak'asidy.

peton, Tóngotra kely.

pétoncle, Sifotra, sifotr'ala; sifotr'amboa.

pétréе a, Misy rokavato, maromaro vato, be karaobato.

pétreux, Karaha vato.

Pétrifier qc, Mampajary vato azy, manova z ho vato, mampody z ho vato, ? mankavato z. Se —, manjary vato, miova ho vato, mody ho vato, ? mihiavato. Eau PÉTRIFIANTE, Rano mahova z ho vato. PÉTRIFICATION, fiovan-kovato; fanovan-ko-vato. —, z manjary vato, z nody ho vato.

Pétrin, Vatra famolavolána mofo, h vata fanava-mofo. PÉTRIR, Manao koba; mamako, mamakopako, mamolavola, mamolabola mofo, mamotsipótsika; mametafeta, mametapeta.

Pétrole, Loko maimbo be mibóaka amy ny vato; solibato, diti-mbato.

petto. In —, am-po, anóvany, anaty ny.

Pétulant, Maheri-víntana, miolaola, tsy mety mántona, miramirana, tsy mahatoe-bátana, mitrifana, mitrifantrifana, angatrangárina. PÉTULANCE, Tsy fimantónana, olaola, holaolána, fahamiramiránana, herimbintana.

Peu en quantité, kely, hely. — d'eau, Rano kely. — en nombre, vitsy, vitsivitsy, ? tsy firy. — de gens, o vitsy. A — près 100, tòkony ho zato. Tant soit —, kelikely ; h volohoho, aloy. — à —, — à la fois, Tsikelikely, kelimasesy. vo PETIT. Il se rend souvent par la forme duplicative : craindre, manger un —, matahotáhotra, mihinankinana, ou mihinan-kely, mihinan-trely. Regarder un —, mizahazáha. — s'en est fallu qu'il ne tombât, kely ho látsaka izy, saiky ho lavo izy.

Peuplade, Olo-maro misindra tany, fahitr'olona misindra.

Peuple, un —, Fahitr'ólona, olo-maro miara-mónina, karazan'ólona, h firenéna, firazánana, firazañan'ólona ; h fokompirenéna; ólona tokan-tany ? fehian'olona. Le —, ny Vahóaka, ny maro, ny tanibemónina, ny valalabemandry, ny olom-poana; le bas —, rorohantain'ólona, faraidina, faralahintávany. vo Borizány. PEUPLER un pays, Mañisy o amy ny; mameno o azy, mankamaro o azy; mametra-boanjo amy ny. — n, Mahiamaro, mitéraka maro, mitomboisa. Se — d'habitants, mihiamaro o; mahazo o maro; vao ho maro o.

Peur, Táhotra, fahatahôrana, fitahôrana ; fidónana, vo EFFROI. Avoir —, matáhotra o; vo midóña; hevy. Avoir un peu —, matahotáhotra. vo mañahy, tsy mahasáky, tsy matóky; mitsirávina, mangóvitra. Sans —, ? tsy mivohovoho, tsy mañaran-défona. Faire — à q, mampatáhotra, mampitáhotra o, mahatáhotra, mahafatáhotra. De — de mourir, Tsoho, h sao, h fandrao, h fandroa, h andrao maty. PEUREUX, matáhotra. vo Saro-táhotra, mangóvitra, mavozo, mañaran-défona, h mádina, madimádina.

Peut-être, g Handra, g Angaha, pv Biaka. Il viendra —, Handra ho avy izy, handra ho avy izy biaka; Ho avy izy Biaka. ho avy izy Angaha. Un —, z tandry ho avy, z tsy hay ho avy. vo Angamba, anganja, kinanga, anga, angenja, ngenja, kinanja, ngamba, nganga, nginamba, nginanga, nginanja, nginaza, nginao, angenga. tahíny, sao.

Phalange, Miaramila mifankaletra rántina, saramba be. —, ny vany ny tondro. ny vany ny rantsantáñana va ny rantsambity.

Phalène, Tsipelapelak' álina, ? aboálina, ? Boálina.

Phare, Fañilo be añabo amorondranomásina habitány ny sambo ny tany.

Pharisien, Farizay, Farizey, Farisisy.

Pharmacie, Fikopóhan' aody, fanaóvam-panafody ; fanamboaram-panafody. —, trañon' aódy; vatran' aody. PHARMACIEN, (Pharmacopole,) mpanao aody, mpivaro-panafody, mpikopok' aody. PHARMACOLOGIE, ny filazána ny hamasinany ny fanafody. PHARMACOPÉE, ny filazàna ny fanaóvam-panafody.

Phase de la lune, ny tendro (ou ny vonto, ny toetry, ny fisehóany) ny vôlana; ny fiovány ny vôlana.

Phébus, Volam-bóboka tsisy fòtony, volam-boréraka bedibedy fireharehána.

Phénix, Añaran' an tambo mbórona. fg, malaza indrindra; ny ambóny indrindra.

Phénomène, z tsy fohita vao ho hita; antambo avy foana, antambon-draha, z rembatsérika hita romóka; ajima, ajimandraha, samánkona, samankon-draha, sabábona, sababon-draha, Ijy, ijin-draha, loza-njávatra, antambon-dánitra; z mañantambo, z mañajima, z mandoza, z mañijy, z manamánkona, z manabábona. z atao n'Andriamáñitra.

Philantrope, Tia ólona, tia ny ólona. PHILANTROPIE, ny fiitiávana ólona, fiantrána.

Philarmonique. Société —, havorian' ólona tia mozika.

Philologie, fandinihan-teny, fandiníhana ny toa-teny.

Philomèle, Añaram-bórona tsara feo indrindra mañeno álina.

Philosophale. La pierre —, ny vato mahova ny z ho volamena; z tsy ary, z tsy mety ary; z mahefa indrindra.

Philosophe, o Tia ny fahendréna, mpiánatra ny foto-jávatra sy ny rántsany; Olon-kendry; pv Olo-mahíhitra. PHILOSOPHER, miadiady hévitra, mandaha-bólana toy ny olon-kendry, misaintsaina. PHILOSOPHIE, ny fahalalána ny foto-jávatra sy ny rántsany, ny fahalalána ny fombány ny z; ny fianárana ny fahendréna, fianaram-pahendréna, fitiavam-pahendréna, pv fitiavan-kahihirana.

Philtre, Odi-fitia; fitia; odi-fankatóvana, odi-fankatiávana? fanandrámana. h kasoa.

Phlébographie, filazána ny òzatra.

Phlébotomie, fanataran' oza-dra, fandefan-dra.

Phlegmagogue, aody mañala ny naram-po.

Phlegme. vo Flegme.

Phosphore (mitondra hazavána), z mora miréhitra, z mora aréhitry ny rivotra. Fosifôry. — de la mer, kirendrin-drano. Acide PHOSPHORIQUE, Afo-rano. PHOSPHORESCENT, mañiréndrina álina, mitselatsélaka, mitselatsélatra álina, mazava álina. La PHOSPHORESCENCE de la mer, ny mañiréndrina ambóny ny ranomásina lah'álina.

Phrase, Tokombólana, tari-bólana, Teny iray loha, fehiambólana, sari-bólana, teny iray reny. Deux —, Tóko ny, tári'ny, fehéza'ny roy. PHRASÉOLOGIE, fanávana taritaribólana. PHRASER, Manao tari-bólana foana, manokotoko teny, manitsy ny laha-bólana, mañámbana teny, mamboatra-teny; manaingohaingo teny foana.

Phthisie, arétina mankahía, arétina mahalány vátana, arétina hômana. PHTHISIQUE, misy — ; tratraina.

physicien, Mahay *ou* miánatra ny *Physique.*

Physiognomonie, ny fizzhána ny fanahy sy ny vintany ny ólona amy ny tarehy ny.

physiologie, Ny filazány ny fiaínan-jávatra.

Physionomie, Toetry ny sora n'ólona; tarehy, sora, lahara, vajihy, tava, tarehy ntava.

Physique, s, Ny fahalalána (*ou* ny fahaizana, fianárana, filazána) ny vatan-jávatra sy ny fombány ny vatan-jávatra. Le — de q, vo isa Physonomie. —, a, ...ny tena ny z; tonga ho azy. —, PHYSIQUEMENT, manáraka ny fombany ny tena ny z.

Piaffer, (sovaly) mitoto tany, mitipatípaka tany.

Piailler, Cirailler.

Piane-piane. Marcher —, Mandeha moramora, miádana mandeha.

piano, Vatra-maneno titihina.

Piastre, Parata, h ariary. vo Ampanga, belaka, farantsa, parata-tafondro, parata-masoandro. Une demi —, Loso, vakindélana. Un quart de — kirobo. Un huitième de —, sikajy, somóny. vo voamena, eranambatry, venty.

Piauler, Mitsiatsiaka karaha ny zanak'akoho. —, mitaraiña, mitretré,

Pic, Fangady méloka marani-doha famakian-tany, basy kóvika, fipongiana.

pic, Vórona manírika ny hodi-kazo.

Pic, Vóhitra abo; tendrombóhitra. Terrain a —, Tany mananika, mitsángana. vo mitsangambava, miárina; mitatao, h mijoro, maórina, maórona, majádona, mijádina.

Pica, Ny fitiavan-kánina iniováova amy ny viavy be vohóka, ? fanavaliñan-kánina. Qui a le —, Viavy manavalinkánina.

PICORÉE. Aller à la PICORÉE, Mandehandeha manjengy hánina táhaky ny reninantely; g Mitóha, mamabo, pv mitadia. PICORÉE, Fitohána, toha, famabóana, babo, bambo.

Picot, Fátsika hely tavela amy ny hazo ratsy tétika. — de dentelle, Banga.

Picotement, Tsibotsíboka, h Retsidrétsika, pv remarema; hidihídy, lailay, fanindrónana, faniloana. PICOTER, Manindrona, manindrontsindre a, manílo, mitsibotsíboka, mitsongotsóngo, mandretsidrétsika, mandremarema, mangidihídy, mangilikítika, mitsaingoka; mitrebitrébika, manebitrébika. PICOTERIE, Teny mahatrebitrébika, vólana manindrontsindrona, tsongotsóngo.

Picotin, Pisy fañerañam-bary omena sovaly; fañoárana. —, Eram-pisy.

Pie, Añaram-bórona miramira amy ny goaka.

Pièce, Tápaka, tápany; Silaka, silany, sómbina, bakilany; vóngany. En —, vo en MORCEAUX. Mettre en —, vo MORCELER, DÉCHIRER. Y enlever une pièce, vo l'ÉBRÉCHER à Brèche. —, Támpina; tápaka hatámpina. Y mettre une —, manámpina azy. Étoffe pour faire une —, lamba hatámpina azy. — de monnaie, vola, lelambola. — d'étoffe, valónana, valoñan-damba. — de terre, Tokotány. Tout d'une —, tsy mivitrana, tsisy fanardriana. Maison de 6 —, trano enin' Éfitra. A 2 francs la —, kirobo kirobo ny tónony; raiky kirobo raiky, raiky kirobo raiky. —, Jeu.

Pied, h Tóngotra, pv Vity, hóngotra; sk tómboka. —, fañambániny, ambány, tóhana, táhony; hotro, kotro. hálana; vo váhana. — de devant, Tánana, tañam-biby. —, Dia. — d'arbre, de montagne, Vody; Au —, ambody ny. Riz sur —, vary am-pótotra, ampótony. A —, an-tóngotra, a ny ny tóngotra. Mettre — à terre, manitsa-tany, mióntsaka, mandia tany, mizotso. Au — de la lettre, Toy ny hévitry ny fóto-teny. Aux — larges, o Basi-tóngotra. De deux — de long, Roy Dia ny halavány. Aux — mal tournés, Tivaka, tsivaka, Bingo. — du lit, h Tsangam-parafara. — fixés en terre, Antóka. — à —, Peu-à-peu. De — en cap, hatr' amy ny loha ka hatr'amy ny tóngotra. A — secs, tsy mandia rano, tsy manitsa-drano; maina tóngotra, tsy lena tóngotra. Valet de —, ankizy manáraka. vo Avodia. Marcher les — en l'air, h manao anjaingy, pv mitsipótitra, manao tsingolobotétaka. Être sur —, mitsángana. Mettre sur —, manángana. L'avoir aux —, sous les —, Mandia, manitsaka azy. Prendre —, mamáhatra, mahaváhatra, miórina. Avoir toujours le — en l'air, mingitringitra, h mienginéngina, miringiringy, mitringitringy. Aller du même —, miraika dia, miara-dia. Sur un bon —, tsara fipetráhana. Suivre ses —, manáraka ny Dia ny. Donner du — à l'échelle, manidihitra ny tetézana miánkina. 100 — de cocotier, vodivoaniho zato. Le saisir par le —, h manóngotra azy.

Pied-à-terre, Trano hely fiañónana, trano fiafèrana.

Piédestal, Vodiandry, vody ntsarindraha, hálana.

Piège, Fándrika. vo rano-lalin'ila, vovo, tonta, petrak' áhitra, longoamitotobózaka, kibitsoka, tandroha, fandriamilatónony, fandri-bólana, tadivavarana, fandritotófana. Lui tendre des —, mamándrika, mamandripándrika azy. vo mamandri-bórona. — à rat, fandri-boalavo.

Pierraille, vato madinika maro mitobórona; sombintsombim-bato.

Pierre, vato. —, (maladie,) h vato amy ny tatavia; vo fiafia, fiandry. — sépulcbrale, h fiandry. — précieuse, h voahangy sampandralambo. — brute, vato bodo. — de taille, vato-didy, vato-rao, vato-sika. — à feu, — à fusil, vato-falia, vato-afo, h afovato. — de touche, vato fizahambola; famantárana. Coup de —, tora-bato, topi-vato. — à aiguiser, vato-asána, vato-fandodírana, vato-fañasána. Des —, h rokavato, h karaobato, pv rokabato, pv karabato. vo tsingimbato.

Pierre-ponce, Vato sika, fañampalésana z, vato loadóaka maívana avy amy ny *Volcan*.

Pierreries, vato foraváhina.

Pierrette, vato madínika.

Pierreux. Terrain —, tany maro vato; karaobato, tany misy karaobato, *ou* karabato, rokavato; tany maro vato, vatovatóina.

Perrier, Tafondro madínika. vo tafondro-lópatra.

Pierrot, Moineau. —, o kabiaka.

Piété, Fitiávana Zanahary; zotompo hanómpo an'Andriamáñitra; vo Dévotion. — filiale, fitiávana ray amandreny.

Piétiner qc, Mandia, mandiadia, mañítsaka, mañitsakítsaka. vo mandrevorevo; mikotróbaka rano, mikatróbaka rano. ——, mañetsikétsi-bity, mitotototo tany; manipatipaka. vo mingodongódona, mipatrapátraka.

Piéton, Mpandeha an-tóngotra *ou* amy ny hóngotra.

Piètre a, (síkina, trano) sady kely ratsy. PIÈTRERIE, z kely ratsy, zava-poana.

Pieu, Hazo marañi-doha, andry, hazo haórina; vo orinkazo; tsatokazo; h sarodravána; vo katsomanta, jándrana.

Pieux, Tia Zanahary, tsarafó amy ny Zanahary, mankató sy manompo an' Andriamáñitra. vo DÉVOT. Legs —, Vola omen' ólona Zanahary.

Piffre s, o be vata-maré, be kibo, botrabótra, botréfona. —, mahery hômana.

Pigeon, Voro-mailala, voro-mahai-lala. Pizy.— vert *ou* noir,? ramier, Voronadabo,? finaingo,? finaingo-maitso. vo Domóhina. PIGEONNEAU, Zanaboromailala. PIGEONNIER, trañomboromailala, trañompizy.

Pigmée, o madínika, zeny, ivadia, botry.

Pignocher n, Mitsikitsíky amy ny fihinánana; manombintsómbina ny hánina ka mihínana moramora loatra;? mitsamotsámoka.

Pignon, Tapénaka; pv tampénaka; tampena-trano. —, voankazo *Pin*.

Pilastre, Andry efa-drírana, Andri-marírana.

Pilau, Vary ampangotráhina amy ny ro-nkena.

Pile, z mitovontóvona; tovon-draha; antontany. vo Empilé. —, tongo-tetézana, Tovombato miloloha tetézana. —, ny ila ny parata, ny voho ny, ny amboho ny.

Piler, Mandisa, manoto; mitoto, manorotoro. vo manévoka, mandrávoka, mamotsy. pileur, mpandisa, mpanoto, mpitoto.

Pilier, Andry; tohanjávatra; fáhana, tóhana. ? rakaráka.

Pillage, Famabóana, fangalárana, Babo, pv bambo, hálatra, tóha, sámbotra. piller, mamabo, mamambo, mamabobabo, mangálatra, m jirika; mandrodaroda, mikóboka, mandroba, mandrava, mandrómbaka, ? mamaoka, ? mitoha. pillard, Mpamabo, mpamabobabo, mpijirika, mpandrómbaka; mpangálatra; i jiridahy.

Pilon, Fandisa, fanoto.

Pilori, Tsangankazo (ou kady, kosa) fandrohizana ny olomengoka imaso ny vahóaka. Le pilorier, Mándrohy ou mamehy azy amy ny kady, mañalabaráka azy.

Pilotage, hazo tañórina, orinkazo. —, h sarodravána. —, ny fahaizany ny mpitari-tsambo.

Piloter, mitari-tsambo, manátitra sambo; mañamory. —, Mañorin-kazo, mañórina sarodravána.

Pilotin, Tsaika miana-kitari-tsambo. mpiánatra hamory. Tsaika an-kamory.

Pilotis, orinkazo maro atao halan-trano.

Pilule, Fañafody taboribory atao telimóka. ? voanaody.

Pimbèche, Viavy be hasahiana, mijihijiky; viavy mirehareha fa tsy manan-tsaina; ? viavy mihatrakátraka, minekoneko.

Piment, Pilipily, Sakay. vo Mala, Sakamalao.

Pimpant a, faire le —, mihaminkámina, mihaingohaingo; mirehareha mandeba, mehenikénika mandeha, mihetrahetra, mañetrahetra, milantidántika.

Pin, Añarankazo be tsy rara-drávina misy voa be sohánina. piny.

Pinacle, Tampontrano. Être sur le —, Efa manam-boñináhitra indrindra, efa tafasándratra ambony indrindra, efa manan'añaram-pitsahárana.

Pince, de cheval, ny Hotro ny, ny kotro ny. —à roches, Vy be fañoirana, fañoitra, fanavo-bato. —de crabes, hintsina, hintsika. —pour le fil de fer &, Fitsongo, fitsongóana; fitsambórana. —de forgeron, Tandra.

Pinceau, Volondraha fanosôrana, volo fanorátana. peñisily.

Pincée, Ny azo ntsongo, azonkoho; azontondro, voa tsongo; ny tsongóina; sómbiny. vo lásitra, tsípy.

Pince-maille, o mahetry indrindra.

Pincement, Tsongo, fitsongóana, tsongovolólona, tsongoléngo. pincer, Mitsongo, mitsongotsóngo, manongo, manongotsóngo. manékitra; ? manintsina, misámbotra, mametsa, mangia. Se —, tsongoin-draba, kekerin-jáka.

Pincettes, Vy miléfitra fitsongóana z; fitsongo; fisambórana. vo tandra. - - pour arracher le poil, fiávotra, fanombobolo, fiavo-bolo, fanávotra.

pinçon, hòlatra ny tsongo, hola-tsongo.

Pindariser, Manao teny voréraka, mihambohambo teny, mirehareha fivolánana.

pintade, Akanga, Toméndry.

Pinte, kapóaka faneranan-drano. h famaran-drano. pinter, Misotro divay be. migáka divay.

Pioche, Fangady, fihady, sk fihaly, Angady, antsoro, antsétra. piocher, Mangady, mihady; sk mihaly. vo mipongy, mitongy.

pionnier, mpiasa lálana aloha ny táfika; mpamboa-dálana.

Pipe, Tsora-draha foan'áty fitarihan-dobáka; fitròhandobáka, fifoham-paráky, fitsentséran-dobáka. ? kilanjy, kilahy; fitarihan-dobáka; fitarihan-dobáka. —, Baríka be.

Pipeau, Anjomary kely, sódina, sobába. vo antsoly, farára. —, sódina fiantsoam-bórona. —, tsorakazo voa dity handitiam-bórona kaihina amy ny anjomary. pipée, Famandriham-bórona amy ny dinty; fanditiam-bórona. piper, Miantso vórona hahazo fándrika azy, mikai-bórona ho látsaka amy ny dity. —, mandatsak'andrò may, mamitaka, manambáka, mamitaka amy ny filaolaôvana.

Piquant s, z mahatrébika; tsilo, fátsika, hombo, tsíndrona, Tsilo, tsilona.

Piquant a, vo piquer. et mangerokéroka, manékitra, maharikivy; mahalilo hy, mahadilo hy; madiro, matsiko, matsitso. Le — de qc, Ny sira, ny hásiny, láro ny, pilipily ny.

Pique, Léfona, saboha; vo katsomanta. —, Ankány kély, levolevo, adiady; pv levilevy.

piqué, Ténona roa sósona. ? Tenom-bánditra.

pique-nique, Fihinánana samby manefa.

Piquer qc, Mitrébika, manilo; pv manilona, manindrona; mahatrébika, mahatsindrona, mahatsilo; mirebitrébika, manebitrébika. —, manékitra; —, manitikítika. vo picoter. — sa coquille pour éclore, h Mamántsika; pv mamopóka. — d'honneur, mandrísika azy hila vonináhitra. —, Larder. Se —, trebehin-draha, voa tsilo, voa trebi-draha. se —, se fâcher. Se — de science, miháboka mahay z. Bois qui se pique, hazo hániny ny fósitra, voróhina, bániny ny ólitra.

Piquet, Tehina naórina an-tany, antóka, tsatokazo, orinkazo, hazo naórina; hazo natóka antany; h sarodravána. Planter le -- chez q, ? Manóka-toérana amy ny o. --, Miaramila vitsivitsy mitsángana mandiñy hiráhina, tsañgan' ólona, tsangan-tsorodána (Soldats).

Piquette, Divay tsy mahery.

Piqueur, Mpitrébika, mpaníndrona; --, mpialoha ny andriana an-dálana.

Piquier, mpitan-défona, mpitondra léfona. mpitantsabóha.

Piqûre, Trébika; Lékitra. Qui a reçu une --- d'abeille, Voa trébika fanénitra. voa tsindroin-panénitra, nitrebéhiinpanénitra. voa tsilo. --- dans le bois, Hirikirika, Loadóaka; dia n'ólitra. ---, zaitra mody, zai-mody.

Pirate, Mpangálatra an-dranomásina; Jiolahy ou mpijirika ambony ny ranomásina. PIRATER, mijírika andranomásina. PIRATERIE, Jirika ou hálatra andranomásina.

Pire, Ratsiratsy, h --- kokóa. Le ---, Ny ratsy, ny ratsy indrindra, ny mahery ratsy; ny ratsiratsy ny.

Pirogue, Lákana; sk Laka; fiondránana, fañondránana', vo Lakanjilo, lakajilo; lakampiára, lakafiára. vo Fañárina, tehin-day, falazy; sákana, kitrantrá, lohandákana, afarandákana, tañan-dákana; mandray, mahilatrílatra, miongankóngana; milay, mandeha rano; momba lákana, mivé, mivoy, fivé, fivoy. mañamóry; manólotra, mandeha alaôtra ou ambóny; mamahaña, mañárina; manámpika; vevy, féfika, rékitra, réndrika, tody, mióntsaka &.

Pirouette, Sangodingódina, Andróvo, sangódina, pararika, h ampela. Faire la ---, PIROUETTER, Misangódina, misangodingódina, mihodinkódina; ? misafotimpótina, ? miherinkérina. misangeringérina; vo kifanimpánina.

Pis s, Nono ny aomby &.

Pis, adv et s. Aller de mal en ---, Miháaratsiratsy, mitombo haratsíana. vo Pire.

Pis-aller, ? Filan-draha-tsi-mahita; filána laha tsy mahita. Vous me faites votre ---, Zaho atao nao ---.

Piscine, Farihy kely fiséhana. mahetsa-bory famelomam-pilao. ---, Lávaka másina.

Pissat, Amány ny biby. Pisser, Mamány, mañary rano, mandatsa-drano. PISSOIR, Trano famaniana. Pissoter, mamanimany.

Pistache, Voanjo; vo voanjomitohy, voanjombazaha. Sk maroandémboka; maroantány, bob'andémboka.

Piste, Dia, diantóngotra, mariky ny tóngotra. Le suivre à la ---, Manjohy, Mañaraka dia, mañarakara-dia azy. vo mamoha dia, mamanta-dia, mitsongo-dia. Être à la --- l'un de l'autre, mifananjohy, mifananjohizóhy.

Pistil, ? Ny vavy añaty ny z maniry. Pisitily.
Pistole, parata be indrindra, parata roy sôsona.
Pistolet, poleta, basipoleta.
Piston, Z mavóny añaty z poak'áty. tséntsina, tsentsindrano, vóñindraha, vóñinkazo; h ? távoka, ny lahin-dávaka.
Pitance, Hánina ho any isan'ólona, anjara, kely foana.
Piteux, h Mahántra, mahafalahélo, ratsy, mampitretré. Faire le ---, mitretré tsisy fôtony.
Pitié, vo Miséricorde. fo mangóraka, mangorakóraka. Avoir---, Etre Miséricordieux. Faire ---, (être pitoyable), h mahántra, mampalahelo, mampangorakóraka, mampamindra-fo, mampitsepó, mahavoa fo, mahafirañña. Dont on n'a pas ---, h tsy misy mpiántra, tsy iantrána; tsy alaheloana; tsy mampitsepó.
Piton, Fátsika loa-doha; fatsi-doa-doha. ? ríndrany.
Pitoyable, vo faire pitié. ---, ratsiratsy, tsy misy vidy ny.
Pittoresque, Tsara halain-tsary; karaha sarin-draha. Site---, Tany tsara halain-tsary.
Pituite, Rora mahery karaha dity. h ? réhoka. Pituiteux, be réhoka, be rora mahery, madity rora.
Pivot, Lahimbavárana, ny fátsika, ny lahy isangodingodinany ny vararavárana;fisangodínana. --- váhatra miárina, miórina. Pivoter, Mihódina, misangódina táhaka ny tamiana miherikérina. ---, (hazo) ? mañarim-báhatra, ? miórina, ? marim-báhatra.
Placage, Takélaka tsara apétaka ambóny; takela-kázo, takela-bola afoño z. ratsiratsy. z voa foño, hazo tsara foño, hazo ampoño.
Placard, Peta-draha matábitra, Ampisany matáhitra, takela-draha; Riba manámpina. ---, ríndrina; z mitapélaka, z mitapelapélaka. ---, peta-taratasy. Taratasy fañasahána o, ou taratasy fañambarána apétaka amy ny riba. Placarder une loi, Mamétaka amy ny riba. --- q, mankaratsy o amy ny taratasy be apétaka imaso ny vahóaka. mamísaka, mamétaka o amy ny riba.
Place, Tany, tany tókony ho azy, fitoérana, fipetráhana. toérana; tokotány; hávaña. --- publique, haramanja, h karamánja, foantanána, fovoantanána, ampahibemaso, halaláhana; ankalaláhana, tsena. Faire --- à q,mialála, miésotra, midriso homban'ólona. mañome azy tany hipetráha ny; soloan'olona, soafan'olona.. Se faire, Y faire --- au milieu, Mañávana, mañavankávana, h manavangávana azy; mankalálaka azy. Mettre un autre en sa ---; manolo, mañóatra azy. Se mettre en sa ---, misolo, misóatra azy. --- forte,Tanána mirova; rova. ---! ---! Mialá mialá! miesóra miescra

mbailálana mbay ! Mettre en —, vo PLACER.

Placenta, Tavóny; vo foñonjaza, zokinjaza, sámaka.

Placer, Mamétraka, manoetra, mañatao, mampipétraka, mampitoetra, mampifitaka, manómbina; — dans, mañomby. vo à INTÉRÊT. Se —, mipétraka, mitoetra, mifitaka;mametrak'aiña; mambela teña; au premier rang, h misokátraka, pv misokátrika; — amy ny fitoérana aloka. vo misonana, s'INGÉRER; vo se -- à son AISE.

Placet, Sòratra fangatáhana, sora-pangatáhana; sora-pifònana, fifònana an-tsòratra.

Plafond, Ny rápaka ambóny, tora-páfana; rarihazo ambóny, rindrana ambóny, lampihazo ambony, farafara ambony. ? Bihana amboany, témitra ambóny. PLAFONNER, manao —, mañisy —.

Plage, morondranomásina be kétraka, fasindava,fasimbe; tany mérina ou tany lémaka amorondranomásina; morombe. —, Tany foan-tanána.

Plagiaire, Mpangálatra ny hévitra voa sòratry ny námany, mpihambo jery n'òlona. PLAGIAT, Fangalárana ny z nosoratan'òlona.

Plaid, Teny miady, laha-teny. —, sakónoka.

Plaidable. Cause —, k azo faháñana.

Plaider une cause, mamáhaña k, manóhaña k imaso ny mpimalo; mandaha-teny; manao hialána; mifona, mikabary, mitadidy, mitalily. — contre son frère, mañampanga zoky; mifamántoka amy ny zandry; manóhitra hávana, miady k amy ny rahalahy. Avoir à —, manan-kabary, manan-teny. PLAIDEUR, mpandaha-teny, mpamahan-kabary. PLAIDOYER, Laha-teny ou laha-bólana famahañan-kabary; tadidy, kabary, teny fanohanan-kabary; tohan-kabary fahan-kabary.

Plaie, Fery, bay; narátra. ? ratra; DÉGRADATION, BRÈCHE.

Plaignant, ny mpañampanga, ampanga, mpañáraka.

Plain, Plaine; (tany) mira, marindrano, kétraka, lémaka, marivo, ? lembalemba.

Plain-chant, Antsa mira dia antrano ny Zanahary.

Plaindre q, Mitaraiña, mitretré, tomañy,malahelo, mafi-raina, miántra, maferinaiña, mitsetséka, mitseka, mitse-po, mite-kibo o. vo kelifo, mamindrafo amy ny; mániña, manome tsy mahafoy. Q à —, o tòkony ho tarainana, ? ho tretrézana, tòkony halahelóana. vo Pitoyable. Se plaindre, Mitaraiña, mitretré, mitsétra, midereo, mihentohento, misirento; misento, milaza ny alahelo ntena; misaona, vomitatibólana, mitoloko. Se — en justice, mañampanga, miampanga, mamántoka. Se — du travail, miérina, midereo, mitretré asa, mimonjomonjo amy ny asa. vo MURMURER.

Plaine, Tany be kétraka, tany lémaka, h tany lembalemba, tany mira, pv Roranga; hiaka kétraka, hay lémaka. vo havanja, kijá;ʃsaha, antonda.

Plainte, Filazána ny alahelo ntena ; Taraiña, tretre, fitaraiñana, fitretrézana , Dereo, fideréovana , hentohento, sirento, fisaónana, saona, tomany, tany; alahelo, ? toloko, fierénana. —, sanampangána, fiampangána ; faniñiana, tatibólana.

Plaintif, Mitaraiña, misaona, malahelo.

Plaire, Tiana, ankasítrahina. Ce qui ME PLAIT, En quoi, en qui je ME PLAIS, ny z Tia'ko, sitraky ny fo ko, ankasitráhi'ko; h ankasitráha'ko, mamé'ko, ankamami'ko, mámy ko, h ankamamia'ko; maharavo ahy, mahafináritra ahy, áraky ny fo ko, arahi'ko, ? arak'o, eké'ko, ombá'ko. s'y PLAIRE, mankamamy, mankasitraka, mankafy, mankatavy azy; miravoravo amy ny. Plaise à Dieu qu'il vive, h Velôma izy anie; pv Tsándraka, sándraka, h Aoka izy ho vélona; Anóva, anó, ataòvo ho vélona izy; velòmo izy ; tia'ko ho vélona izy. vo anjay, inay, inany, andratra , dieny , enga , eisy.

Plaisance. Maison de — , Trano mahafináritra any antsaha.

Plaisamment. Il raconte —, mampihomehy izy milaza z.

Plaisant, Mahafaly, mahafináritra , maharavo; mampihomehy , mampihomehimehy. vo mamosobósotra, hafahafa , miramirana , zina, mahatsikeky , hehíana. Un —, mpampihomehy,ʃmpamosobósotra , mpahatsikeky, kabiaka, ʃarararailahy , hatsikiana , arirarira , o anganongáno, satriatria. Un manvais —, h mpanao voso-dratsy. PLAISANTER n, g Mampihomehy; vo mamosobósotra, mahatsikeky; manao kivazivazy ou vazivazy; mivazivazy, pv ? manao balao; manao vosobósotra , miarirarira , miangano , mianganongano, manao haihay, mihirahira, mikoniania , mikorirarira, mihanihany. — q, misomonga, misoma o; s'en MOQUER. PLAISANTERIE , h Vosobósotra , g fampihomehíana, h arirarira , somonga, h korirarira , h haihay, kivazivazy, vazivazy, h tsihanihany, hanihány.—Moquerie.

Plaisir, Hafinarétana, Haravóana. vo JOIE. Avoir —, miravoravo , ravoravo, mifalifály. Prendre — , se PLAIRE. Le faire avec —, miravoravo manao azy; manao azy an-javampo, ankaravóana, amy ny haravóana. Faire —, VO PLAIRE; a q. mañanta , mañantahanta, mañárana , mikolélana o; manetsa-po azy. Son bon —, sa VOLONTÉ. Partie de —, soma maharavo. Éprouver du —, h ? mitsetaka.

Plamer une peau , Mandrara-bolo ny hóditra , mañihy ny hóditr'aomby &.

Plan, Plane, Lémaka malama

Plan s, Lémaka, h lembalemba; halemáhana, hamarémana. tany lémaka. —, Érana, ôhatra, sary; éndrika, tarehy; láhatra, fandahárana; hévitra, saina. Rary; fañohárana; fañajaríana.

Planche, Fáfana, fafa, hazo matify, hazo fisaka; Rápaka; tapela-kazo. Faire la —, manao laño-mitsilañy. — de jardin, Faria, farafaratány, pv Tomoro; tokotány lava lava; ? masomboly.

Plancher, Rápaka, rarihazo, h lampihazo, lámaka-hazo, láfika-hazo, lama-kazo, lafi-kazo, h rihana. Planchéié, Misy —. Le PLANCHÉIER, Mañisy —, manao —; et mandrápaka hazo, mandámaka hazo, mandáfika bazo amy ny. PLANCHETTE, fafa madínika, takela-kazo madínika; zana-páfana.

Plane, Vánkona; z fikasóhana hazo. PLANER ac, Mamánkona, mandama, mandámatra, mampira, mampitovy, mikásoka hazo. Oiseau qui PLANE, vórona mitílina miariñárina añabo; miampatr'élatra mihántona añabo; mañeriñérina añabo; miárina, ? mihalohalo. — sur la campagne, Mitsinjo ny tany kétraka, mañondri-maso amy ny.

Planétaire, Amy ny kintana, milaza ny kintana. Un —, Sarindraha misy ny kintana ziaby samby amy ny laha'ny, filaháranany ny kintana, sarindáñitra; sarinjávatra fianárana ny kintana.

planète, Kintana lehibé taboribory vao hiseho.

planisphère, Sary ny tany ziaby an-tsóratra.

Plant, Tsirinkazo aketsa; hazo madínika ambóly ou atsabo. —, vodiáhitra vao hatsabo, z vao hakétsa. ketsa. — de riz, ketsa.

plantage, Tsabo, voly: famboléna.

plantain, Añaran-draha maniry. ? akondro.

plantation, Famboléna, fitsabóana. —, Tsabo, voly.

Plante, z maniry antány, Àhitra, áñana, vodiáhitra, voly, tsabo. —des pieds, Felambity, feladia, h faladia, lambantóngotra.

Planter un arbre, Mamboly hazo; vo Mitsabo, mañetsa, mametsifetsy. p hazo avoly, amboly, atsabo, aketsa, afetsy. — un terrain, Mamboly, mitsabo tany. p tany amboléna z, tsabóana z. Mañórina, manátoka, manóka, mampitoetra. Saison de —, famboléna. — là, mahafoy, mamela. Se —, mametra-bátana, manatok'aiña, manangam-bátana, mipétraka, mitsángana. PLANTEUR, Mpamboly, mpitsabo tany. PLANTOIR, fangady famboléna.

Planton, maramila irery mifitaka am-baravárany ny tompo ny mandiñy hiráhiny hitondra teny. Íraka.

planure, Taimbánkona.

Plaque, Tapélaka, takélaka, z fisaka, z matify; silaka. —

de fer, takela-by; h tsiana; ravimby, lelamby. — de pierre, tapela-bato, vato fisaka, vato lampy.

Plaquer qc, mamoño azy amy ny takela-draha, mametaka ta'kélaka amy ny hahatsara azy; h mameta-tsia-by na tsia-kazo amy ny, manao ankósotra. PLAQUÉ en or, nametahan-takela-bolaména, voa foño volaména, voa peta-bóla.

Plastron, Aro-ntratra, fiaro tratra. —, oudan-tratra, félana be amy ny tratra. PLASTRONNER, mañisy, mañatao —; mameta-pélana amy ny tratra.

Plat, plate, Fisaka, marivo, lémaka, h lembalemba; fézaka, márina, mira, mandry, tsy misy avo tsy misy iva; kémpana, madoso, malama, voa fafa; marivo aty; tésaka; salélaka, talésaka, soliaka, soliadiaka; pélaka, tapélaka, takélaka, mipélaka, mitapélaka. Ventre —, kibo fézaka, kémpana. Assiette —, kapila talélaka. Toit —, voantaza. Le —, ny ampisany. Être à —, mirápaka, mifítsaka, mibáboka, mipitsa, mandry, mitsiláñy, mivétraka, miétraka, ambétraka; sur le ventre, mihóhoka. Se mettre à —, —, et miambétraka, mañandrongo; miankòhoka. Le mettre à —, mandrápaka, mamítsaka, mamáboka, maniláñy, mampitsiláñy, mañétraka, mamétraka, manao ambétraka, mañòhoka. Porter à —, ? mibanabána, ? mibatabáta, ? mambata.

Plat s, Lovia be, finga be, kapila be, ? saháñy.

Platane, Añaran-kazo, ? sárika.

Plateau, Lovia hazo. — de balance, mizána. — Taboribory fisaka. —, Tanety; tany lémaka ambóny vóhitra, ? vohombóhitra, hamarémana ambóny bongo. tampontanety.

Plate-bande, Sisintány, sisintanim-boly, faria manodidina tanimboly; fari-boly, Irin-tani-mboly, fáritra, Irina.

Plate-forme, Tafo-ntraño márina, voantaza. —, farafara, farafaratány, talatala, h talantálana, h farafarantány; tany aboabo márina, hamarémana aboabo, kibani-tany, lafitany. —, halan-tafondro.

Platine, Ny vy fisaka amy ny basy; takélaka, takéla-by.

Platitude, Teny iva, vólana matsatso, teny foana; haivána; hatsatsóana.

Plâtre, Antsoká ahósotra, feta. PLÂTRAGE, hoso-peta, hosotr'antsoká, fanosoram-peta, fañisiam-peta. PLÂTRER, Manosotr'antsoká azy, mandoko azy amy ny antsoká; mañosopeta, mañósotra pako azy. Se —, mañósotra lahara. vo Tombila, áfana. Terrain PLÂTREUX, tany madity, misy sokay. PLÂTRIER, mpanao feta, mpanao sarinjávatra amy ny feta.

Plausible, Karaha to, miseho toa márina.

Plébéien, Olona foana, borizány, Ambaniandro, Vahóaka, Hova, tsy manan'añárana.

Pléiades, Anaran'anakintana mivory. Miadilaona.

Plein, pleine, Feno; très —, — piaka, — pítsaka, — gána, — eky ; fenomórona ; hénika. vo Érana, Etsaka, voky vintsina, mánana be, díboka, dabadaba, midibadiba, dibidiby, tséntsina , bétsaka, seséhana, disovala , somafatra, mitafotafo, bóboka, safonoka, fenomanta, beambilány Lune —, — lune, vólana Fenománana, bory. En --- rue anivo ny lálana. Ouvert en —, mibanabána. En --- travail, andrehirehy ny fiasána. En --- saison, amy ny vonto ny taona. --- la main de riz, vary ovontánana ou erantánana. --- un plat, eran-kapila be, Loviabe feno vary vary feno lovia, vary lovia raiky. --- de fautes, maro ota En ---, amy ny vonto ny indrindra , amy ny foi'ny , anivo márina ; andrehirehy ny. Femelle ---, bevohóka, ma vésatra, mamélatra, mitóhitra, mamorira, manankíntsina vo --- Jour, --- Mer. Le ---, ny vonto ny , ny hafenóana PLEINEMENT, avokoa, indrindra; manétsaka.

plein-pouvoir, Fahefana avokoa, ? fahefána mahatantolo

Pénière, maháfaka ny héloka rehetra. ? mahatókana, mahatontolo.

plénipotentiaire, Íraka mahatápaka ny raharaha.

Plénitude, Habé, habetsáhana, hamaróana; hafenóana vo fitodiana; fahatanteráhana, fitondróhana.

Pléonasme, Teny mimpody, vólana mihérina, hérimbólana, manindroy, verin-tendro; teny mandróatra.

Piéthore, Ra be lóatra anaty vátana, ra lilatr'óbatra , mandróatra; ra mihóatra noho ny ónony amy ny vátana dis'óhatra. PLÉTHORIQUE, be ra lóatra; bobo-drá.

Pleurer, Mitomány, Tomány, miviaka, mihoríaka; Latsa dranomaso, mirotsa-dranomaso; mijoy, mitsointsóina; mi tsontsoina; tsontsoina, tsointsoina. misaona, mitaraiña, mi haika, mihaikaika, mikaikaika; ? mijojy, ? mijohy. mivovo mihentohento, misirento, miangoty, miangotingoty; mian galy, miniaka, misakótika, miangéntsana. tomañi-valala manati-dranomaso. — pour avoir qc, Tomány z , miangol z. p tañiana, angotíana. VO PLEURNICHER.

Pleurésie, Anaran'árétina anaty tratra. Pilorezy. PLEU RÉTIQUE, Marary Pilorezy.

Pleureur, Mpitomány, mpiviaka, ? lavatány, mpitarain —, mpisaona amy ny fandalána.

Pleuricher, Manao sary tomany , manao tsitañitany karaha mitomány. Mitomitomany, miangotingoty , minika, misakótika; h miangoango; vo mikararémotra , mifara rémotra, mifendrofendro. miféndrotra , mihempahemp mifena.

Pleurs; Ranomaso. ---, Tány, tomany, taraiña, fitoma

PLO

nana. Verser des —, Latsa-dranomaso, mandatsa-dranomaso. vo manati-dranomaso, miati-tany.

Pleuvoir, Il PLEUT, Manòrana; manórana ny andro; lásaka ny òrana *ou* ranonòrana. Manérika; —sans cesse, ny andro. vo mijohy, mikija, mijononóka, mijananaika. — à grosses gouttes, mipatrapátraka, mivatravátra. Faire — qc, nandrabaraba z.

Pli, Léfitra; leférana. vo Válona, fóritra, kétrona, horóna. PLIABLE, PLIANT, azo aléfitra, azo ahólona, azo avóhotra, azo aóndrika, azo foláhina. mety fólaka. PLIER qc, Mandéfitra, mandefidéfitra, mamálona; mamalombálona, manórona, manólona, mamóritra, vo mampiléfitra, manòndrika, mamòhotra, mampaneky, mampiféloka, mampifétoka, mampifaingoka; mampanjoko. — bagage, mifehy handeha, manoron-karamaoka handeha, manoron-kaházana; mamehy éntana handeha. — n, Miléfitra, mihórona, mióndrika, mifétoka. vo CÉDER; *et* miróna, manjoko, miraika, miletsy. Se —, (PLIÉ,) miléfitra, mióndrika, mifóritra, mifétoka, miválona. se — à, maneky azy. Pliez-le en deux, ataovo roy léfitra, roy miléfitra izy; alefero roy izy. ataovo roy sôsona izy.

Plioir, Meso-hazo fandeféran-taratasy.

Plisser, Mandefidéfitra lamba. vo manoronkórona, mandepilépika, manopikópika, mamoripóritra. VO PLIER. mifanôsona. PLISSURE, Fandéfitra, fandefidéfitra, famoripóritra; fandefideférana. —, lefidéfitra. PLISSAGE, fandefideférana, famoriporétana, fanolónana. Bien PLIÉ, Tsara léfitra. PLIÉ à l'envers, mivadi-défitra.

Plomb, Trokonéngy, firaka mainty, fira-mainty. —, de chasse, h fátsaka, pátsaka, basia. A —, PERPENDICULAIRE.

Plombé, Livide.

Plomber qc, manisy firaka amy ny; mamoño firaka azy, mameno firaka azy. — le mur, manòhatra ny hamarénany ny rova; ? maneran'árina azy. PLOMBERIE, fanefém-piraka, fanidinam-píraka. PLOMBIER, mpiasa firaka, mpanefy fíraka.

Plongeant, Mianambány, mitangirika. Coup de lance —, Tombo-tsaboha.

Plongeon, Anaram-bórona fitangírika. ? Vivý. —, Tangírika, Talangírika, Talangílitra. Faire le —, PLONGER n, Mi —; *et* h miritra, h maniritra, g misitrika andrano. vo mijaróboka, mijaróbaka, miroboka, mijóboka, mitsaróboka, mirabaka, tavodrano; tangiridambo — pour prendre qc, mitangírika z; p tangirífina. — qc, Manangírika, h maniritra, manitrika, manjóboka, manóboka andrano; mandróboka, mandríhika, manóka, manéka, manófoka z an-drano. vo mitsábaka. PLONGEUR Mpitangirika, mpitalangirika. plonger et marcher longtemps sous l'eau, Manao tangiridambo, h iri-dambo, hiri-dambo.

Plover qc, vo COURBER. —n, FLÉCHIR n, CÉDER n.

Pluie, òrana, Ranonôrana; mahaléna. — de nuit, sovokálina. — d' orage, Orambáratra, ranonorambáratra. — continuelle, Érika, erik' andro, érika famindra-oǹy, érika famindralálana, érika be fandó taolan-tsáko. pluie de 3 ou 4 jours, erikérika. Saisons des —, Asara. vo Riríǹy. La fin de la saison des —, Ny fararano, faraòrana, fararanonakoho. Les pluies vont commencer, efa haǹérika ny andro. vo mahoraravaviántitra. Une— de feu, Afo mirabarába, latsadátsaka.

Plumage, ny volo maro amy ny vórona, volombórona.

Plumasseau, plumeau, kifafa volombórona.

Plumasserie, fivarotam-bolombórona. PLUMASSIER, mpivaro-bolondoha.

Plume, Volombórona; volompitilina, maromaram-pitilina. —, volo fanorátana. Petites ---, volo malemy. PLUMÉE, Erany ny volo fanorátana. PLUMER, Maǹónotra, maǹombo-bolo, maǹala-volo, manongo-bolo akoho &.

Plumet, Volombórona asangasanga amy ny sátroky ny miaramila. sangasanga.

Plumeux, Be volo, misy volo.

Plupart. La --- des hommes, ny maro amy ny o; ny hamaróana, ankamaróana. ny maro indrindra; ny sásany be. La --- sont mauvais, maro ratsy reo. La --- du temps, matétika, matetitétika, mazanjáǹa, mazaǹa.

Pluralité, hamaróana; ny maro.

Pluriel, Teny miláza maro; ny maro.

Plus, Adv. Celui-ci l'est —, en a —, Itý mandílatra, mihóatra, lombolombo, alohaloha, ambonimbóny, bebe, Celui-ci est — grand, — sage, — petit, Itý aboabo, hendrihendry, kelikely; h itý avoavo kokoa; — court que moi, fohifohy ko, h fohifohy noho izaho, h fohifohy mihóatra noho izaho. Il en sait — que moi, mahay aloha ko, h mahay noho izaho izy, mandilatra ahy amy ny fahaian-draha izy, bebe fahaiana karaha zaho izy. Il y en a — de 100, Tsy omby zato reo, mandilatra zato reo. — d'une barrique, tsy omby barika izy, mihóatra barika izy. — de 100 ans, tsy omby arivo taona. — de cent fois, tsy omby in-jato. Dix ni — ni moins, folo paka; folo páka tsy ambony tsy ambany, marimárina. En mettre —, manósoka, manóvona azy, manao bebe azy. Que l'on met en —, ny asósoka azy, atóvona azy, atsindry azy. Combien —, bien ---, à --- forte raison l'or, sándraka, tsándraka, mintsaka, h mainka ny

POË.   601

volamena. Au ---, tout --- vingt, tsy mandilatra roampolo. Il devient de --- en --- sot, mitombotombo hadalána izy, mihiadaladala izy. C'est un remède et de --- un parfum, sady (ou sakady, salakady) aody izy fihánitra, h sady ody izy no fihánitra. Venez au --- chaque Dimanche, sahaza hazána (ou hatétika) anao, avia isany Alahady. En --- de l'argent, ambony ny vola. Cent et dix en ---, zato folo amby, folo amby ny zato. Il y en a tant et ---, Loárana izy, Doáfina izy. Cent --- ou moins, Tókony ho zato. Il n'y en a ---, Efa tsy misy koa, tsy misy eka, tsy misy érika, h tsy misy intsóny. Je n'aime --- que lui, efa izy raiky foana no tia'ko. Le --- s, ny amby ny, ny ambóny, ny mandilatra, ny mihóatra. Le --- et le moins, ny be sy ny kely, ny loatra sy ny tsy ampy.

Plusieurs, Vitsivitsy; Maro, maromaro; vitsy, tsy raiky foana; tsy vitsy loatra. --- fois, Indraikindraiky, h indraindray.

Plus tôt, alohaloha.

Plutôt. Mourir --- que de céder, ny Mahafoy aiña, sitrany karaha ny maneky; h? ny maty aleo noho ny maneky, ny maty aleo toy izay maneky, ny maty tsaratsara noho ny maneky; ny maty alohaloha ny maneky. --- mourir que de céder, sitrany ho maty karaha ny maneky, h aleo ny maty to'izay maneky. J'irai --- demain, sitrany zaho handeha amaray. vo ovaniahay, andaisina, alaina; MIEUX, PRÉFÉRER.

Pluvial, chape.

Pluviale. Eau ---, Rano n'órana.

Pluvieux. Temps ---, andro manórana, be ranonórana, manérika; h mijoy,? mijohy. Vent ---, tsioka mitondra órana.

Pneumatique, filazána ny rívotra, fianárana ny rívotra. Machine ---, vi-somalíka fitarihana tsíoka, fañalan-tsíoka.

Poche, Jamóra, kitapo, kifóka. Pósy. Mettre en ---, mandátsaka an-jamóra.

Pocher les yeux, mamótsika, mandrátra, mamely, mamefika, mandómona; mitsópika maso

Pocheter qc, mamótrika azy amy ny jamòra n'akanjo.

Pochette, Kitápo kely, jamora hely.

Podagre, Marary Goutte.

Poéle. Un ---, Lamba alómboka, lómboka. ---, fátana.

Poéle. Une ---, Viláñy talésaka fañendázana, lapoély..

POÊLON, Poéle hely.

Poésie, Teny fiantsána, teny fihirána.? tononkira. POÉTE, Mpanao ---, mpamórona ---. POÉTIQUE, lazaina amy ny ---. Poétiser, mamórona ---.

Poids, vo PESANTEUR. —, Vatomizána, vato fandajána. lanja. Qui n'est pas de —, h latsa-danja. Du poids de trois piastres, parata telo ny lanja ny.

Poignant. Remords —, Nénina maneki-po, mankarary, mangidy, mahory, mikotram-po.

Poignard, Lefom-pohy, meso be atómboka, kiso asíndrika. POIGNARDER q, manindri-defom-pohy, mitómboka meso, mitombo-defom-pohy azy.

Poignée, Seky ny, sikimbéhana, fina, h fíhina; fin-tánana, rao-tánana, ? raony, ovon-táñan'ila, erantañan'ila. — de brèdes, sekin'áñana. fin'áñana, fihin'áñana. vo rómpotra, raoka, raopaona; fia. Ils se donnent une — de mains, mifamin-tánana, mifandrambi-tánana, mifamia-tánana. Une — de gens, o vitsy. La —d'un coffre, ny sófina; d'un sabre, ny h fihazónana, fitánana, záhany, zárany.

Poignet, Hato-tánana; ? leferan-tánana.

Poil, Volo, volombátana, volonkóditra, marománana. POILU, volóina, bevolo, misy volo.

Poinçon, Fitrébika; fisokitra, fisokirana. vo fanjai-be, fandoáhana, fofy, sávika, tsíndrona. fanindrónana; tsilo. tsilona; fanilónana, fanilóana, ? fanevéhana. —, Márika atrébika. —, ny foitry ny tafontrano, foitra, foiny.

Poindre, (Vary) Mamilo, maniry, mibóaka, mitranga, (masoandro) mipósaka, mitsírika, mitsidika.

poing, Hondry. vo COUP de —, et BROXER.

Point, TRÉBIKa (atao ny fanjaitra). Maso, vikavika, vitra-vitra (amy ny zaitra). TÉBOKA, tebotéboka (amy ny sóratra). Tokotány, zorontány; antóka, fiantóhana; toko, tokóana, mansontány, tsátoka, tsato-draha, láfatra, láfitra, tónona, tróngony, óngona; vonto, foitra (amy ny tany). — principal, Maso. Les — d'un discours, ny tôko ny. — central, foitra. —d'appui, fiankínana, fótotra iankínana. — de côté, síndrika, aretintsindrika; ? aretintévika, arétina mitsílona (amy ny rírana). A — nommé, amy ny tsatok'andro ou tapak'andro nifanaóvana; amy ny fotóana indrindra. Sur le — de tomber, efa ho látsaka. vo ambívitra; antomótra; tóngotrombiandákana. — de vue, zorontány fizahána. Je fus sur le point de mourir, saiky ho faty, kely ho maty aho; h tambavahóana aho. Au — qu'il le fit gardien, h ? hatry ny nanáva'ny azy mpitándrina. — d'orgue, Fitsangánana amy ny mozika. Au — qu'on ne pouvait les — compter, h ? ambarapaha-tsy hita isa. Jusqu'au — du jour, h ? ambarapaha zavaratsy ny ny andro. vo — du JOUR. Deux —, Tebodroy. — virgule, Tebok'amintebo-tsóritra.

Point, adv. Il n'y en a —, tsy misy. —de paix pour lui, Tsy mba misy fiadánana izy, tsisy fiadánana ho azy. — du tout, g tsiary, h tsiadry; tsia; ? sañatria.

pointage, Kendry, fikendréna (amy ny tafondro).

Pointe, Tendro marañitra; téndrony, órona, loha, jilo, jilojilo; tsilo, kitsony, tsoky, tsókiny, filofilo, polopilo. —, fátsika, fántsika, fántoka. — de sagaie, tendrondéfona. — de terre, tsíraka, tsiraka-tány, orontány. — de rocher, orombato. — de sable, orompásina, tsirak'aláñana. En —, kitsoloha, tsokiloha, matsíoka, matsio-doha, marañi-doha. —, teny marañitra, vólana mahatrébika o. vo hafainganan-tsaina, teny misy hévitra roa atao vosobósotra, teny mifelipélika, koniania, saoteny. Faire des —, manao —; mañadaladala amy ny teny, mikoniania.

Pointer, Mitrébika (amy ny sábatra); mikendry (amy ny tafondro); manóhoka tafondro. p? tafondro akendry, atóhoka. (Vórona) miákatra, misándratra. (áhitra) manilo. —, mañisy téboka, manéboka, manebotéboka. POINTEUR, Mpikendry.

Pointillage, Tebotéboka. Pointiller, misokitsókitra z, manebotéboka z. mitsokitsókitra o, mitsibotsíboka o. POINTILLERIE, Tsokitsókitra, tsibotsíboka, vólana atrebitrébika; fitsokitsokírana, fitsibotsibóhana, teny fitsokitsokírana.

Pointu, Marañitra, marañi-doha; vo manindrona, mañilo, tsilo, tsindrona, mifilofilo, mijilo, mijilojilo; miranirány, mitsalsatsatsa, mipilopilo, tsoky.

Poire, Añaram-boankazo. —, Tsifa fasiam-banja, tsiombaháka.

Poireau, Porreau. Añaran'áñana, h kotrokotrobato, h kotrokótroka, ? kotrokely.

pois, Lojy, tsaramaso.

Poison, z mahafaty otry ny tangéna, ody mahafaty; mosavy, vórika, raibóboka, raidrádraka. vo tadilava.

Poissarde, Viavy mpivaro-kazandrano, viavy lozabe; karinólona, karivavy.

poisser, Mañisy dity amy ny lamba; mañoso-doko lamba.

Poisson, Filao, Laoka, fia, h hazandrano. De la POISSONNAILLE, — madínika maro. Lac POISSONNEUX, farihy maro —, be —. POISSONNIER, Mpivárotra —.

poitrail, Tratra ntsovaly.

Poitrine, Tratra. POITRINAIRE. Tratraina, marary tratra, kitratraina; misatra, satraina, voa satra; móhaka, vo ? fehitratra.

Poivre, Pilipily mbazaha, h ? voam-perifery ? Poávitra. POIVRER, mañisy —. POIVRIER, ? Hazoperipery, ? Perifery. —, POIVRIÈRE, fasiam-poávitra.

poix, Ditinkazo ny Pin.

Polaire, Amy ny aváratra va amy ny atsímo indrindra.

Pole, ny avaratra indrindra va ny atsimo indrindra, ny tampontány, tendrontány, lohantány, vodin-tany.

Polémiqne, Ady amy ny sôratra, ady antsôratra.

Poli a, Malama, pv malámatra, mandoso, ? milálotra, ? voa lálotra, voa kásoka, malambolambo. —, mañaja, mahay fañajána. vo Civilisé. Le—, s, hadosóana, ? halamána, ? halamárana. vo Le Luisaut, Brillant.

Police, Malo mahatsara tanána; malontány. malo mampandry tanána; famboárana ny vahóaka. —, mpiámbina antanana; mpiarobim-bahóaka. Préfet de —, Vadintány. Policer, mañisy malo amy ny tany, manao malontany, didítany. vo Civiliser.

Polichinel, o Labíaka mampihomehy. vo Marionnette. ólona mamosobósotra.

Polir, Mandama, mankalámatra, mandámatra, mankadoso, mikásoka, mañásoka, mikasokásoka, mañasokásoka, mamotsy, mandambolambo, mañampaly, mipásoka. vo mitsofa, mamarafara. Polissoir, fikasóhana, fankadosóana, famotsíana, fañampalésana.

Polisson, vo Libertin, et amboa fitondrantena; Jejo, jejojejo. ? sova. Polissonner, h misangisangy, h mijejojejo, h mijilajila. Polissonnerie, fisangisangiana, fijejojejóana, fijilajilána.

Politesse, vo Civilité.

Politique s, Fitondram-panjakána, fahaizam-pitondra fanjakána; fisaiñana fanjakána, fahendréna. —a, mahay mitondra fanjakána, hendry fitondrána raharaha.

Polluer, Mamorery, manéfitra, mandoto. vo mitsábaka, mitábaka, mamoafady, tsy mahafady. Pollution, famoreréna, fanefêrana, loto, havoreréna, hateférana, fandotóaana, fankalotóana, fanevatevána; ota fady, fañotampady, tsábaka, fitsabáhana. vo fitsíhana; o mitsika, o ialány ny azy; very tembo. Pollué, Vorery, téfitra, maloto.

Poltron, Boro, maivan'ady, mavozo, tsy mahasáky ady. vo teramena, manamaso, q Lache. Poltronerie, havozóana; ? haboróana, tsy fahasahiana ady, fañaranan-défona.

Polygame, Mpampirafy, h mpamporafy; maro vady, tsy tokam-bady. Polygamie, fampirafésana, h famporafésana.

Polyglotte, Maro fiteny.

Polygone, Maro rírana.

Polype, Horita.

Polysyllabe, Teny maro vány.

Polythecnique, maro fianárana.

Polythéisme, ny manao Andriamáñitra maro.

Pomade, Ménaka mañitra; ménaka fahósotra volo. Lapomady. Paumader, mañósotra ménaka mañitra.

Pomme, Anaram-boankázo. Pomy; h apoly (de l'anglais Apple). — de terre, Ovimbazaha. —, taboribóry.
Pommé, Boribory loha, be loha, boudofo-doha.
Pommeau, Ny taboribory uy, tóhona, ley mikiboitra.
Pommelé, Misoratsôratra toy ny ráhona; somôratra, vandana. Se POMMELER, manjary —.
Pommelle, takela-by loadóaka. fiaro-tsingala, fiaroáhitra.
Pommette, Taboribory kely, tsoky taboribory, ny vontom-pify.
Pommier, Hazo-pomy.
Pompe, Fireharehána, fiterána, tabiha, fitabotabóana, firendrarendrána; faharevahana, rendraréndra; h rendrirendry, fihamínana, haingo, fiománana.
Pompe, Z fampakaran-drano; Pompa. — à air, fanisoran-drívotra. POMPER, Mampaka-drano amy ny pompa; mitari-drano.
Pompeux, Mirendrarendra, mitabotabo, mitabiha, mihamim-be, mireharéha, mihaingo; h mirendriréndry.
Pompier, Mpampaka-drano amy ny Pompe hamono afo, mpitari-drano; mpamono afo.
Pompon, Taboribori-ndraha fihamínana, soso-pihamínana, ravaka foana. Se POMPONNER, mañatao fihamínana maro ; maro rávaka.
Ponce, Vovok'árina ampóño. Pierre —, Vato malemy avy amy ny Volcan. vato fañampalésana z.
Ponceau, mena ká.
Poncer, Mikásoka amy ny vato malemy; mañampaly amy ny vato.
Ponction; Lóaka atao amy ny vatan'ólona. Faire la —, Mandóaka ou mitómboka vatan'ólona hañala ny rano amy ny; ? manándroka ólona.
Ponctualité, Fitandrémana ny atao, ny tsy diso fotóana, fahazotóana, fahitsiana, zoto.
Ponctuation, Téboka fijanónana ou marika fijanónana amy ny tarrtasy. fijanónana; ? fijánona.
Ponctuel, Tsy diso fotóana, tsy mandika. tsy mamintan' andro. mazoto, márina. vo EXACT.
Ponctuer, Mañisy téboka fijanónana. manéboka, manebotéboka; mañisy márike.
Pondre, Mañatody, sk mañatoly; pv mandátsaka.
Pont, Tetézana mibáboka, hazo mibáboka; ? hazo fitána. — mouvant, Kidóna, kidóny, záhitra. — de navire, Rápaky ny sambo, tora-páfana. Navire PONTÉ, sambo mirákotra, sambo misy rápaka ambóny.
Ponte, Fañantodiana ; fandatsáhana.
Pontife, Mpijoro be , h mpisombe. Le Souverain —; Ny

Papa. PONTIFICAT, Ny Handriánany ny *Papa*.

Ponton, Sambo fitána, kidóny. Pontonage, Karama ny fitána. PONTONIER, Ny mampadóa ny —; mpampita.

poplité, Amy ny leferan-tómboka.

Populace, Ny rorohantay n'olona, vahóaka iva, ny olomaro mihorakóraka, ny faraidina, mpanosi-áhitra, faralahintávany, ny olo-maro tsy mihaja, ny bozak'amin'áhitra.

Populaire a, (z) ¿vy amy ny vahóaka, atao ny vahóaka; (o) tia ny vahóaka, mahatari-bahóaka, tiam-bahóaka; mamahóaka.

Populariser, Man pitia azy ny vahóaka; mamafy azy amy ny vahóaka. Se —, vao hankasitráhiny ny vahóaka, vao hankasitraka ny vahóaka. POPULARITÉ, fitiavam-bahóaka.

Population, Ny hamaróany ny ólona; ny isa ny ólona. Pays POPULEUX, tany maro ólona.

populo, Zaza-botrabótra, botréfona, mahafatifaty.

Porc, Lambo, kisóa, kosó. Du —, henankoso, henándambo. --- salé, lambosira.

porcelaine, Tany fotsy mahery fatao lovia.

porc-épic, Tambótrika.

Porche, áloka fidirana, alo-pidirana; lapa-fidirana; lavarángany. alo-bahíny, alok'amboa.

Porcher, Mpiambin-dambo. PORCHERIE, alo-dambo, vala-ndambo.

porc-marin, Lambo-ndríaka, lambondrano, feso, fésotra.

Pore, ny Loadóaka tsy hita maso amy ny hóditra. POREUX, (z) loadóaka, maro load'aka. POROSITÉ, ? haloadoáhana.

porphyre, Vato soa mena ká misy fotsifotsy.

porreau, vo Poireau.

Port, Fitodian-tsambo, fitodiana, sk fitoliana; h seránana; tafiana, h fiantsonan-tsambo, fiantsónana; fitodiandákana; tany fiondránana, tany fiontsáhana. ---, karama *ou* tamby n'éntana. ---, Fitondram-bátana, fandaisambátana, t:ángana; fandehánana. D'un --- majestueux, midasidasy fandehánana; h tsangánana, mitoetr'andríana, anjanánjana. Fermer les ---, mandrara ny fitodíana; manampi-bárotra.

portable, Leo; azo éntina, tanty.

portage, Fitondrána, fandaisana.

portail, Varavarambé, vavahady.

Portant a. Bien ---, santa, maivana, tsy marary; à bout ---, mariny, mipáka.

Portatif, Leo, azo éntina, sahaza sakonóhina, sahaza beléhina; zaka, vatra.

Porte, Varavárana, tamíana, varavánana; vavahady, fidirana. Aux --- de la mort, efa ho maty, h Ambavahóana

vo matinohovélona, ala-paty, afak'amy ny faty.
  Porte-assiette, Mpitondra lovia.
  Porte-crayon, Zaham-panorátana.
  Porte-croix, Mpitondra hazomisákana.
  Porte-crosse, Mpitondra téhiny ny *Évèque*.
  Portée, Zánaka maro niara-naterak̀a. à ---, tákatra, tratra. à ma ---, taka'ko, takatr'o, tra'ko. La ---, ny tákatra, ny tratra à --- de fusil, Tra-basy, taka-basy; de canon, tratra tafondro, taka-tafondro, tra-tafondro: de la vue, tra-maso, taka-maso.
  Porte-étendard, Mpitondra saina.
  Porte-faix, Mpitátitra éntana, mpitondra éntana.
  Porte-feuille, Hóditra miléfitra fasian-taratasy. z fanisifana taratasy; fitehirizan-taratasy, fikajian-taratasys
  Porte-manteau, Fátsika fañantonan-tsakónoka. ---, kitapo fasíana akanjo.
  Porter, Mitondra, manday, ? mienty; mitaona. p tondraina, andaisaina, éntina; indaosina; vo Miraingitra. — sur la tète, miloloha, mitatao z; — seul sur l'épaule, milanja z, — sur les épaules à plusieurs, mitákona z; — sur les mains, mibanabána, mibeta, mibatabata, mibetabeta z; — en plusieurs voyages, mitátitra, mitaona z; — à la main, mivimbina, mamimbina, mitsintsina, mitintina; manintsina, manintina; mamingy, mamingivingy. — dans les bras, mamotrovotro; sans soin, mamorovoro z. — ailleurs, mamindra z. — à, mitaona, mandrísika. — un seul paquet au bout d'un baton, mitarazo, manongery éntana. — sur le dos, mambaby z. — un mort, mitakom-paty. — bateau, — bien le vin, mahaleo sambo, divay. — sa peine, mandéfitra amy ny alahelo. — le deuil, mandala. — coup, mahavoa. —, mamnaitra, mamoa. — malheur, mampidi-doza. — ses pas, mandroso dia. — la parole, miventy teny, manam-pitenénana. Faire — qc à q, manampaitra z amy ny o. — n, — sur des colonnes, tohanan'andry, fahañan'andry, miánkina amy ny andry. — loin, mahatákatra, mahatrátra lávitra, ? manákatra lávitra; au nord, mañaváratra. vo Sud, Est. — à la tète, mahavoa loha. — en avant, vo Avancer trop &. Se — à ..., mandroso dia, mandroso, mandrisi-bátana, mañira-bátana amy ny; mankamy ny; mañátona, manjó, mamonjy azy. Se — bien, Tsy marary; santa, maívana, fináritra; mal, marary, marofy, farofy, mararirary, mafanafána. Comment vous portez-vous ? Akory anao? *Réponse*, Zaho indreto, akory anao? *ou* mbola tsara, akory anao? Portez-vous bien, sambia tsara samby tsara, velóma, aza marofy anao, tsarántitra, veloma sy fináritra hianao.
  Porte-voix, Trompétra fitondram-peo.

porte-respect, z mampañaja; tsitialainga.
Porteur, Mpitondra, mpanday, mpitátitra, mpiloloha, mpitatao, mpitákona, mpilúnja &.
Portier, Mpitam-baravárana, mpiambim-baravárana, mpiandri-tamiana.
Portion, Tápaka, tápany, ilany, anjara, zara; rasa. firasána. zarazara, tapatápany, antsasany, sásany, sanákany, sanámany. vo ilakéliny, silaka, sómbina, isalahy, isambava, soridóhany, zaratonkonkena. vo PARTAGER.
portioncule. Tápany madinika, sómbina kely.
Portique, fidirana mitafo. lavarángany, alo-baravárana, olo-pidirana, fitoeram-baravárana, lapa-fidirana, éfitra fidirana; fitsangantsangánana mitafo. vo boantaza; vantaza fidirana. tataro, vavahady.
Portrait, Sarin'ólona, sary, sarinjávatra, sarindraha, sarinjáka, ?sariólona. vo éndrika, tarehy; andry, mañandry. —, filazána, fañambarána.
Pose, Fametráhana, fanoérana, — toetra, toe-bátana. —, miaramila hatoetra hiámbina.
Posé, Tafipétraka, tafatoetra. —, manton-jery, mándina, h maótona, h maótina, miádana. POSÉMENT, Miádana, moramora. marcher —, miádana dia.
Poser, Mamétraka, manoétra, mampitoétra, mampipétraka, mañatao, mamela. —, se —, mipétraka, mitoétra; miánkina amy ny z. — sur qc,, Halánan-draha, fahánandraha, lohánan-draha, ondánan-jávatra, misy hálana. — à plat, Mirápaka, miláfika, milámaka. Ne pas —, mingitringitra, mienginéngina, pv mingíningina, mitringitringy. miringiríngy. vo miangánga, mitsingánga; milétaka. POSEUR, mpamétraka, mpanoétra.
Positif, To, Ankítiny, máfy, márina, mahatóky, tsy mampiahiahy, tsy mampisalasala; maható, izy. — s, Ny izy, ny izy hiany.
Position, Tokotány itoérana; fitoérana, fipetráhana; toérana. —, toetra, toe-bátana. vo toetrandrony.
positivement, Ankítiny, to.
Possédé, O itoérany ny demòny, mánana ny demony, itsangánany ny anga-dratsy, misy ny demony, azo ny demony, sazóhany ny demony, isampázany ny lolorátsy, tánany ny devoly.
Posséder, Mánana; mahazo; Tompo. —, Misáraka, mitána. —, CONNAÎTRE. Se —, Mahatam-po, mahafe-po; maháritra, mahadiñy. mándina, máotona.
Possesseur, Mpánana, tompo, olo-mánana. POSSESSIF, milaza ny tompo, milaza z misy tompo, milaza misy tompo.
Possession, Fanánana; ny mánana. Mettre en —, maño-

me, mampanana, mampahazo. Prendre —, maka, málaka; manitsa-tany. Prise de—, vo hitsa-tany. —, Toetr' ólona misy demóny; vo Tromba, fahazóana demóny.

Possible, Azo atao, mety atao, azo, efa, azo efa. Je fais mon —, zaho manao zay tratry ny aiñ'ko, ny hay ko, ny tôkony ho efa ko. ça ne m'est pas —, zany tsy efa ko, tsy leo ko, tsy zaka ko, tsy saky ko, tsy azo ko atao, tsy mety hatao ko, zaho tsy mahefa zany. vo miala-néñina, mañalanéñina, mikeliaiña, matimikeliaiña, miala fo, mimókitra, mimoky, mirikiriky, mikomikomy, áfaka-néñina; lanihaika, lanirambo.

Postcommunion, afárany komonio.

Postdater, Milaza andro aoriana noho izy.

Poste, Tany fitsangánany ny tetezan'ólona. —, fitondran-taratasy maláky; taratasy mákatra, taratasy sy mandry, ampaitra taratasy. —, Íraka mpitondra tarata sy maláky, h tetezan'ólona. —, trano ny tetezan'ólona, trano ny taratasy héntina. Maître des —, h ántony ny tetezan'ólona, mpampitondra ny taratasy tsy mandry.

Poste, Tokotány nanangánana miaramila, fitsangánana; fiambénana. —, ry mpiámbina. POSTER. Mamétraka, manoetra, manángana, manátoka, mampitoetra, mampipétraka. Se—, mipétraka, mitsángana, mitsátoka, mitoetra.

Postérieur, Afárany, mañáraka, aoriana, amboho. Le —, ny vody. tampénaka.

Postérité, Zafy, zánaka. vo tamingiana, h taránaka. Q sans —, o mati-maso. Qui a de la —, velo-maso.

Posthume, Lahefa naty. Enfant —, zaza téraka afárany nifatésany ny ada, zaza naty ada taloha nivelômany. Honneurs —, Fañajána ny maty.

Postiche, Tsy izy, tsy tena ny, nakámbina, mandenga. OEil —, masomindrana, indra-maso, tsi-maso, ambara-maso.

Postillon, Mpañátitra kalesy. Íraka amy ny sovaly.

Post-scriptum, Teny mañampy amy ny taratasy ampitondraina. sósoka, fanampy, fañampiana, farantsôratra, tarani-sòratra.

Postulant, mpangátaka hiditra, mangátaka ho raisina, mifona ho rambésina; mangata-pidírana.

Postuler, mangátaka raharaha ou fidírana.

Posture, Toetra, pétraka, tsángana; fitoérana, fipetráhana, fitsangánana. Être dans une — inconvenante, ratsy fipetráhana.

Pot, Kapóaka, bakoly lalin'aty. — à eau, kanovo, siny. —, vilány.

Potable, azo inómina, azo sotróina. h fisotro.

Potage, Ro-nkena misy mofo na batata koba vóndraka, lasopa.

Potager, Fasiana anana, misy anana. Jardin —, tambolian' anana, sk fitsaboam-pélika.
potasse, Sira hazo, siravondrona.
pot-au-feu, Ny hena ambilány.
pot-de-chambre, Kapóaka famaniana.
Poteau, Tsangankazo, tsorakazo, orinkazo. vo hazofotsy, hazo mahitsy; kady, kòsa.
potée, Erany ny vilany, erambi'any.
Potelé, Botrabótra, dongadonga, donga, fotrafótra, mafotrafótra, kibotabota, kibodobódony, monamónany, ratsiratsy, matavy, saingona, botréfona, borátaka, botátaka, dófoka, dófotra.
Potence, Hazo fañantonan'ólona voa héloka va závatra foana.
Potier, Mpanefy vilany tany, mpanefy fótaka, mpamína fótaka; mpanefy firaka, mpanefy kapóaka.
potion, Aody ho sotróina, fanafody hinómina.
potiron, Voatavo be.
Pot-pourri, Hánina miharoharo miarak' andrahóina. ? Rô-vahia. Fehezan-draha miharo.
pou, Hao.
Pouce, Ankibé. — de la main, — ntánana. vo erianky. Deux — de terre, Tany rapahan-tondro roy, tany rapahan'ankibé roy. Déjeûner sur le —, vo manao sakafo ambanifoitra. Se mordre les —, manéñina.
Poudre, Vovoka, Kiso-draha, hoso-draha, Koso-jávatra, vanjantány. — à tirer, Vanja, pondy. Mettre en —, Mañisoka, mañosoka. Le couvrir de —, POUDRER, Ma-móvoka azy, mamafy vòvoka amy ny. Couvert de —, POUDREUX, Vovóhina, be vòvoka, mitora-jofo. POUDRIÈRE, Fanaóvam-bánja.—, Fitehirizam-banja, Fañompiam-pondy, kotra, tambálana, tambévy; tsifa fasiam-pondy. POUDRIER, Mpanao vánja, mpivaro-banja.
poudrette, Tay maina vovóhina, ? kisoka tay.
pouf, pófaka, páfaka; daboka, deboka.
pouffer de rire, Mitsikáka tsy nahy, ? mikanikány.
pouilleux, maro hao, misy hao, be hao.
Poullailler, Trano n'akòho, valanakoho. —, mpandafo akoho; mpivarotr' akoho.
poulain, Zana-tsovaly; sovaly tanòra; ? vanton-tsovaly.
poularde, Vantotr' akoho.
Poule, Akòho vavy. — mère, Reni-akoko. vo vivý. — mouillée, o osa. Qui a la chair de —, mari-kóditra; nihoditr'akòho. POULET, Zanak'akoho. POULETTE, Zanakakoho vavy, akoho vavy kely.
poulie, Tangérina fitarihan-draha, h kodiadia, ? boláka

souliner, mitéraka (sovaly).
Pouls, Ny tepotépo ou ny tipatipaky ny ôzatra. Tater le —, mitandréñy ny ôzatra, mitsapa ôzatra azy.
poumons, h Havokávoka, vo Ráboka.
poupard, Kizanajánaka botrabótra. Zaza botrabótra.
poupe, Vodi-ntsambo. En — afárany, am-bodintsambo.
poupée, kizanajánaka, sarin'olona fisomaina, sarinjáza.
poupon, poupone, zaza botrabótra lahara.
Pour, Ho, ho any, ho an', ho any ny. pv Nihiny. — moi, Ho ahy, nihinahy; — les pauvres, ho any ny malahelo, nihiny ny malahelo. — ses péchés, noho ny ratsy natao ny, amy ny ratsy natao ny. Je le prends — une piastre, alai'ko amy ny parata raiky izy. J'irai — vous, zaho hisolo anao handeha. C'est — cela que je ne parle pas, zany no tsy ivoláña'ko. Que suis-je pour que vous pensiez à moi ? Ino aho no ijería'nao ahy ? — moi je reste, zaho tavela. Son amour — Dieu, Ny fitiáva'ny Zanahary; pour moi, ny hatiáva'ny ahy. Travailler — la gloire de Dieu, Miasa hañome voniñáhitra Zanahary. — aller, handeha, mora handeha, mba handeha. Il y a — deux jours, mila andro roy izy.
Pourboire, Amby ny tamby, sôsoka ny tamby. vo fitsokipátsika, tambi-ndamósina.
pourceau, Lambo, kosó, h kisóa.
Pourchasser Mañiana, mangórona, mañindry, h manéñjika.
pourfendre q, mamaky o amy ny sábatra, maméndrana.
pourparler, Conférence, Abouchement.
pourpier, Añaran'ánana? Maromaran-tsaiky.
Pourpoint, Tafy ny antaloha. Tirer à Brûle —, mitifitra akeky.
Pourpre. La —, Mena, mena maitso, mangamena. La —, Jaky. pourpré, mena ka, mena mangátraka.
Pourquoi venez-vous? Mañino, h maninona, h nahóana, h ahóana, akory anao avy? Ino, ou mañino no avia'nao? Ino koa no avia'nao? Voila — je viens, Zany no avía'ko eto. C'est — il faut,.., Koa amy ny zany, ary amy ny zany, ary dia tôkony. — non ? h kanahóana ? h kanahóana aza ? — donc ça ? h akority ? vo kala, koa, sady, fa, ka jo.
Pourri, Lo, mótraka; vo móhaka, mómoka, milótaka, drôdroka, véhaka. pourrir ac, Mahaló, mandó, mahamótraka. — n, se —, mihíaló, mihíamótraka, lo, mañaly he lo, h? milótaka. pourriture, ny lo; halóvana, hamotráhana, lótaka, fahalóvana.
Poursuite, Faniánana, fañindríana, h fañenjéhana. — vive, hazakazak'arahin-tósika. — en justice, arakáraka, fañarakaráhana; fitakéna

Poursuivant, Mpañáraka, Mpanénjika, mpitady, mpila. POURSUIVRE q, qc, Mañiana, mañindry, h manénjika o, mañáraka, manjohy o, trosa, lálana; mitáky trosa. — son discours, manohy vólana, p tohízina. vo mañósona, miézaka, manjó, manjohy; mandroso, mandroso dia, tsy mitsáhatra; Tanaráhina, zohína.

POURTANT, Cependant.

POURTOUR, Fañodidínana, fieférana.

Pourvoir au nécessaire, Mihinahina ny z ilaina, mañòhotra ny z ilaina, mañahy sandra, mijery sandra ny ilaina. — q de qc, mañome z. mañampy z, mampahazo z azy; manisy z amy ny. — de vivre, mamatsy azy. Se —, málaka ny z. ilaina. POURVU, mánana. — de tout, a npy z, ary z. — de vivres, mivatsy. POURVOYEUR, Mpamatsy o, mpañampy hánina o.

POURVU que, h Raha, pv Laha, izikoa.

Pousse, Tsiry nkazo, tsimoka; tároka, tarotároka. —, *Asthme* ny sovaly.

Poussée, Tósika, Ronjy, h rónjina; fanoséhana, fandronjiana.

Pousser, Mandronjy, Mañósika; h mandrónjina. vo mandroso, mandrísika, manesy, mamárina, manao roso-lány, manao roso-vátana, manézaka manisika, manófoka, mampandeha, manao sesi-ákoka, mamporísika, manízina, mandetra, mampisosa, manésika, mamosésika, mampivangongo, mandoana, manitakita, h? manisaka, manórona. — n, Maniry, tivóana, mitrébona, mitsimoka, mitsiry, mitrámaka; miolampótotra. —, mibóhitra, mitránga, mibóntsina, misólatra. Se —, mifandronjy, mifanósika, mifanositósika. Se —, mandroso, vátana; misésika, mikísaka, miletra, misándratra, mivangongo, mibosésika, misosa, mijojojojo, mijolojolo, mijongijongy, mijongojongo, mitsorópaka, mitsófoka, misórona.

Poussière, Vóvoka. vovotány. —de riz, mongo, mongombary. Couvrir de —, mamóvoka. Couvert de —, POUSSIÉREUX, Vovóhina.

Poussif. Cheval —, Sovaly séhoka, h séhaka, maiñaiña, miáfona, tiheky, miéhaka, hoíka, tinéhana, sarotr'aiña.

Poussin, Zanak'akoho vao ho foy. POUSSINIÈRE, trano njanak'akoho, valan-janak'akoho. —, les Pléïades.

POUSSOIR, z fandronjiana.

Poutre, Hazo be marírana, sakamandimby, tsimivadimandry. POUTRELLE, sakamandimby kely.

Pouvoir qc, aller, Mahefa, mahazo, mahay z, mety — mandeha. — aller, MAHA-leha, — porter, MAHA-leo. — tout sur q. Mahazáka o. N'en — plus. Être fatigué, afa-po.

Qui se peut, mety, azo atao, mety atao, azo efa. Je ne puis le faire, Tsy azo ko atao ko izy, tsy mety hatao ko izy, tsy efa ko, tsy leo ko, tsy saky ko, tsy hay ko atao, tsy zaka ko Il n'a pas pu monter, tsy tafakatra izy. tsy nahefa niakatra, tsy tonga izy. On ne peut plus y entrer, efa tsisy hidirana koa. Ce que je puis, mon POSSIBLE.

Pouvoir de faire, Fahefána, fahaizana, lálana hanao z. vo fanapáhana; hery, fanaóvana, Lui donner — de faire, mampahefa azy hanao. Qui a —, manampahefána, noména ny fahefána, nomem-pahefána. Qui a — de commercer. Manam-pivarótana. Ce qui est en mon —, mon POSSIBLE.

Prairie, Saha añalan'ahitra, tany be vilona, tany fambolian'ahitra; kijá, havanja, rorangabe, hay, hiaka.

pralines, Vihinkazo voa endy amy ny siramamy.

prame, Lakambe talésaka; lakam-pisak'ambány.

Praticable, Azo atao, azo anaovan-draha, chemin —, lálana azo ombána, azo aleha, azo andeliánana, mora —.

praticien, Mpanao z n.azáña; zatra.

Pratique a, manao, milaza ny hatao, manody ny hay ny, manao tokoa, zatra; mazáña.

Pratique s, Fanaóvana ankitiny, fanodíana, fañaráhana; fatao; fahazarana. —, mpividy mazaña; o mazáña fividíana; o fambidíana, o fandafósana. Mettre en —, PRATIQUER, Manao mazáña, fanao, manody, fanody, mañáraka, manantéraka, zatra, zatra manao; mpanao, tamána. —, FRÉQUENTER. —, Manao. manatao. Se —, fatao. fatao ny maro, fanóina, h fanao, atao matétika.

PRÉ- *Signifiant* D'AVANCE, *dans la composition des mots, se rend,* AU PRÉSENT, *par* h RAHETO, pv LAHETO, ALOHA; *et* AU PASSÉ, *par* h RAHATEO, RAHATAÑY, pv LAHATEO, LAHATAÑY; TALOHA; *ou* n *général par* SANDRA.

pré, Tokotány malemy ahitra, lafik'ahitra.

Préalable, (vo Pré-.) Atao sandra, aloha, rahateo, raheto, laheto, lahateo.

préambule, Ventinteny mialoha.

préau, Tokotány kely mifefy misy ahitra.

prébende, Tokotány atao fanáñany ny *Chanoine*.

Précaire, mindrana, tsy azo loatra, mora very, mora afaka, tsy mahatoky, mora ována, tsy mahaleo tena.

Précaution, (vo PRÉ-.) Fitaóana; fañahiana sandra, z atao raheto fandrao misy loza, fitandrémana lohateo. Prendre des — avec le feu, se PRÉCAUTIONNER, mitao afo, mañhay, mitandrintándrina, mitándrina, n.izahazáha, mañahiahy ny afo; miaro téna.

précédemment, (vo PRÉ-.) Aloha, taloha, mialoha; sandra.

précédent, Aloha, taloha, mialoha.

Précéder q. Mialoha, mandeha aloha, avy aloha, mialohaloha, mañaloha, misalóvana. vo misóaka.

Précepte, Malo. diditány, didy. lálana, teny fañiráhana, ánatra, fañanárana, fañambarána. PRÉCEPTEUR, Mpampianatra ou mpañánatra zaza, mpamindr' ánatra amy ny zaza. PRÉCEPTORAT, Ny raharaha ny —; fampianárana.

Précession, Fialohána.

Prêcher, Mitory ánatra, mitory teny, mañánatra o, Manadidy ny k ny Zanahary. — qc, Mampiánatra z; mañánatra z amy ny o. —, mañady o. — d'exemple, mampaladamy. —, mankalaza; VANTER. — malheur, milaza loza ou rofy ho avy.

Précieuse, s. Viavy mijihijihy. — fivolánana, h malimálina, mitsikitsiky; ? mitsétra, mihaminkánina, ? mahay lahapáhitra, 'nihiabo toétra. vo AFFECTER.

Précieux a, Betónona, bevidy, saro-bidy, saro-tónóna, taisy vidy ny; fividíana, fañavótana, mahavidy, mahávotra. vo PRÉCIEUSE. Conserver PRÉCIEUSEMENT, Mitahiry tsara koa z saro-bidy; ? manao drémana azy. vo Voahangisampandralamão.

Précipice, Fámpana, tévana; h hántsana, lávaka be, hady lálina; aloalo, lava-dálina, ? amoron-kady. vo Dengy, antara. PRÉCIPITAMMENT, Maláky, mianjera. vo sendaotra, mikoritsaka, ? mitsontsórika. PRÉCIPITATION, halakian-dóatra. vo HÂTE et kobaba, kobababába. PRÉCIPITER, Manonta, mandatsaka, manjera, mamárina, mampitréka, mandronjy, mamótraka. —, vo HÂTER Se —, miantónta, mianjera, miantréka, mitandátsaka; mivárina. vo mitsontsórika, miródana, miléntika. Se —, être PRÉCIPÉ, meka loatra; foréhitra, mikobababába, dódona, maintavo, faingan-doatra, sendaotra, manao tampotámpo, manao romóka; mikirodoródo, mikorodondródona, misomaritaka, somebiseby; tóudraka.

précipat, Soso-jara, soso-dova.

Précis, Indrindra, Voa tónona, natepétra, nafétra ankitiny, márina, mihitsy, marimárina, voa tendry; voa tondro, hiany, edy, izy hiany. Le jour —, Ny feir'andro, tsatok' andro. — s, Teny fohifohy milaza ny fótony indrindra, ny teny ny, ny izy hiany. PRÉCISÉMENT, Hiany, edy, indrindra, —, héka, ankítiny, zany. PRÉCISER, Mamepétra, milaza mamárina, manónona, manoñontónona mamepetra; un jour, mametra andro. PRÉCISION, Hatohézana ny vólana; hahitsy ny, hamarínana.

Précoce, (Voankazo) másaka aloha ny taona, mialoha ny taona. mialintaona, mañaloha; mataky másaka, faingiampiháry, tonga aloha ny fetra; mañiana. vo miotimanta.

précocité, fahamasahana haingandoatra.

Préconiser, Mankalaza, midera, mandaza. PRÉCONISATION, fandazána, fankalazána.

Précurseur, o Mialoha, mpialoha, tonga aloha, mpandeha aloha.

prédécéder, Maty aloha. PRÉDÉCÈS, fahafatésana aloha.

Prédécesseur, Ny o nisoá fana, nodimbázana, nosolóana; ny teo taloha ny.

Prédestiner, (vo PRÉ-.) Manendry raheto, mifidy laheto, manondro laheto. PRÉDESTINÉ, Voa fidy ny Zanahary sandra, finidy lahatány, nofidína rahateo; voa tondro rahateo. Prédestination, fifidíana rahateo, fanangánana sandra.

Prédéterminer, (vo PRÉ-.) Mamepetra rahateo. PRÉDÉTERMINATION, famepérana lahateo, fepetra rahateo.

Prédicateur, Mpitory anatra, mpitori-teny, mpanadidy ny k ny Zanahary; mpanánatra. PRÉDICATION, Tori-teny, toriánatra, fitorianteny, fitorian'ánatra, fananárana, fanadidíana ny k ny Zanahary, filazan'ánatra.

Prédiction, (vo PRÉ-.) Filazána ny z ho avy, filazána z rahateo, filazána sandra. h Vinány, h faminaniana.

Prédilection, Fitiávana, fanisóhana, fifofóana, fifidíana. Enfant de —, Isok'ánaka, fofo ánaka. Avoir de la — pour lui, Manisoka, mifofo azy; mitia azy aloha ny sasany.

Prédire, (vo PRÉ-.) Milaza z ho avy, manambara rahateo. (ou raheto, laheto, lahateo, lahatány, sandra). h maminány, vo mamonovolan'andrano.

Prédominer sur, Mihóatra, mandílatra, manetry, maharesy azy; ambonimbóny, bebe, maherihery; g mizerizery, manjerizery.

Prééminent, Mireriréry ambonimbóny, amy ny láfatra ambóny, aboabo, tsaratsara, mandílatra, mihóatra.

Préexistant, Préexister, (vo PRÉ-.) Ary rahatány, ary lahatány, ary rahateo, ary taloha, teo taloha; mialoha; misy taloha. PRÉEXISTENCE, fisiana rahateo.

Préface, Ventintény mialoha, filazána mialoha, teny mialoha.

Préfecture Fanapáhana tany; raharaha ny mpifehy.

Préférable, Tokony halaina alohaloha ny sasany, tokony ho fidina noho ny sasany; sitrany, aleo, tsara, tsaratsara vo ovaniahay. Préférablement a toute chose, alohaloha, ambonimbóny ny z ziaby. PRÉFÉRÉ, mahery tiana, tiana indrindra; tiana aloha ny námana, tiana noho ny sasany, alaina noho ny námana. vo aleo, azoazo PRÉFÉRENCE, fifidiana, fifidianána o aloha ny sasany, fitiávana, fanisóhana, fifofóana, fifidiánana, safidy. Demander la —, Mangátaka ho fidína (ou halaina, ho tiana) aloha ny namana. Lui donner la —, le PRÉFÉRER, Mifidy, mijobona azy; malaka azy aloha ny sasany, maka azy no ho ny namana, tia azy ambony ny namany; manisoka, mifofo azy; vo AIMER. Celui que je préfère, ny tia'ko, ny sitraky ny fo ko; ny tia'ko ambonimbony, ny mahery tia'ko, ny mahery ankasitrahi'ko. Je préfère mourir que de pécher, alai'ko ou andaisi'ko ny maty toy izay manota, sitrany zaho maty karaha ny manota.

Préfet, Mpanapaka, mpifehy, mpanina, loha, talé. — de département, h vadintany, antontany.

Préfixe, Tapabólana madinika mialoha ny vólana hanampy azy, soso-belana mialoha.

Préjudice, vo DOMMAGE; et fanaratsiana, fandrobátana, fandatsáhana, fahasimbána, fahaverézana. Au — de, PRÉJUDICIABLE à, PRÉJUDICIER a ma réputation, Maharátra, mandrátra, mahasimba, mahavery, maudátsaka, maharómbina, maharatsy ny laza ko. vo ÉBRÉCHER, DÉCHIRER, DÉTRUIRE.

Préjugé, (vo PRÉ-.) Saina oména tsy hampitia, malo tsisy fótony, malo tsisy tóhana, hevitra tsisy fahana, jery azo lahateo, malo lahateo, tsy fitiávana rahateo, fo tsy tia lahatány, fo malaiña lahateo, ? soampó, ? vinány, ? hitsakamporano. PRÉJUGER, Mimalo lahateo, mitsara rahateo.

Prélasser, Se —, Mibohibohy, mievaeva, mitretroka. vo SE PAVANER.

Prélat, Mpijoro be, mpisorombe. Évéque. PRÉLATURE, ny fiamboniany ny Mpijoro be, handriánany ny mpisorombé.

Prèle, ahitra fañampalésana.

Prélever, (VO PRÉ-.) Manala (tápany) rahateo.

préliminaire, Mialoha, aloha.

prélire, Mamaky teny rahateo.

Prélude, (vo PRÉ-.) Antsa mialoha, fialobána, ny aloha, loha, tiventy mialoha, lohan'antsa; fanampònana, fañandrámana. PRÉLUDER, Mañaloha, mialoha, manampóna; manao ny aloha; miventy aloha, mañatao aloha, mitsapatsapa, mañándrana.

prématuré, VO PRÉCOCE.

Préméditation, (vo PRÉ-.) Fihevérana lahateo, fisaiñana rahateo. Fait avec —, nohevérina rahateo; nahy, satry. vo EXPRÉS. PRÉMÉDITER, Mikiñia, h mikiasa, mikalikaly, Minia z; Mihévitra rahateo, mijery lahatu, misaina sandra, mihevitrévitra aloha.

Prémices, Sambasamba, sántatra; loha; voaloham-bókatra. prendre (et offrir) les — du riz, mañala sambasambambary, misanta-bary, ? misambasamba-vary.

Premier, Première, pv faharaiky, h voalóhany; somila, loha ny, sambasamba, sántatra; aloha, taloha; lasa. La —

pierre, ny santa-bato, lohambato, voalohambato. Celui qui a parlé le —, ny somila nivólana, ny niteny aloha, ny nanampòna nivólana, ny tampòna-nivólana. C'est la — fois que je le vois, samba ko mahita azy, samba ko zaho mahita azy ; vao hahita azy aho. Le — de l'an, h ny fandróana. vo — NE; ny matoa, matoy; zoky; terak'aloha. PRÉMIÈREMENT, ny faharaiky, ny voalóhany.

Prémisses, Ny laha-bólana roy mialoha amy ny *syllogisme;* ? lohanteny, ? loham-bólana.

Prémunir, (vo PRÉ-.) Miaro rahateo, mankahery lahateo; mañánatra *ou* manome saina rahateo. Se —, miaro tena sandra.

Prenable, (Tanána) mora afaky ny fahavalo, mety ho afaka; mora azo, ho azo.

Prendre, Málaka, (fe añalana; p alaina:) h Maka, (fe akana; p alaina.) mandray, mandramby; mahatratra, mahazo, misámbotra. vo Mitana, mibázona, mitélina, mifidy, mitondra, miraingitra, maningotra, mifidy, mitsimpona, mitsongo mifofo, mamofo; manofa, manaha. — pour, Manao ho; p atao ko ho vola izy, ambara ko volani'ko, antsi' ko, vola'ko volamena izy. — une chose pour une autre, Diso z alaina; málaka ny tsy ilaina. — une ville, Mahafaka, mañáfaka tanána; mandrómbaka azy. En —, mañala amy ny. nañalá'ko izy. — sur le fait, mahatrátra, mahatákatra. — modèle sur q, Mala-damy azy, miana-damy azy. — du bout des doigts, Mitsikitsiky. vo hintsitra, hintsika. — racine, Mamáhatra. vo — GARDE, PARTI. Le — au piège, a l'hameçon, par ruse, Mahazo fándrika, mahazo vintana, mahazo fitaka azy. — n, mandry, madity, mandrékitra. Se —, vo s'ACCROCHER, Savihina, misangázotra, misarángotra.

preneur, Mpalaka, mpaka.

prénon, Añaran-kely, tsy añaran-dray.

Préoccupation (vo PRÉ-.) Ahiahy rahateo, fañahiahiana lahateo, fiahiahiana ny ho avy. PRÉOCCUPER q, Mampañabiahy o ny ho avy, mampieritréritra rahateo. Se —, Être PRÉOCCUPÉ, mañahy ny ho avy, mañahiahy, miahiahy, marimárika ny ho avy, mieritréritra rahatea, misaintsaina rahateo; mijery hafa, mañahy z.

préopiner, Mialoha milaza ny fidina.

Préparatif; PRÉPARATION, (vo PRÉ-.) Faninahinana, fañajariana, fañamboárana, tamboárana, fañohórana; tihanina, fihinahinana. PRÉPARER, Manajary, mañatsary, h mamboatra, manin'thina, m tn o't et, h m tñó n in i, m in Jáhatra, mañajarijary, mañat-tritsary. — en chipotant, mañeninkénina, mañenik n ke z. S —, m in tj tv te tt, m iñajary to ntena, manitsi-tena, mihinahina; mihana; mivoatra, mamboa-tena, miómana, mietra. Se — a partir, mañinahina manòhotra dia hatao, mañajarijary z handeha. Se — sans fin, mibenikenika, miheninkenina. — le tout, Mamorónkona, mandrónkona, mamorongo, mamory, mamónona. PRÉPARÉ, Voa hajary, voa hatsary, voa òhatra, voa hinahina, voa voatra, voa ómana, voa vónona, voa vorongo, voa voronkona, efa andáhatra, efa tsara, efa manjary.

Prépondérance, Hery ndanja, ambi-ndanja, fihoarambonináhitra. Avoir la —, être PRÉPONDÉRANT, Mihóatra, mahaleo, bebe fahefána, bebe venty, bebe, ambony, mahery noho ny sásany, mahery lánja; maharesy.

Préposé, Natsangan-kitándrina z, natsangan-kiántoka; mpiahy, mpañahy, mpiámbina z; mpifehy. nampiantóhina z; nasain-kañahy z. PRÉPOSER q, Manángana o hiántoka cz hitándrina z. Mampiántoka, mampitándrina; mañasa o hañina

Préposition, Sosobólana milaza ny nanaòvana otry ny AMINY. ? fiañonambólana.

Prépuce, Sarontsotsóka; tsoky ntsaiky, tsotsóky, h tsotsóka; tsotsokoy.

Prérogative, Fady, voñináhitra; fahefána, fiamboniana, ? kiany.

Près de la case, Mariny, marikitra, h akéky ny trano. Il est — de mourir, efa — ho faty; efa ho maty, ho faty. Il a été — de mourir, saiky ho faty, kely ho faty izy. — de 100, mariny zato, mariniriny ny zato. Aller — de lui, mankaríny, mankarikitra, mañakeky azy. — les uns des autres, mifañkáriny, mifañkarikitra, mifañakeky, maletra, mifañaletra, mifañizina, mitangizina. — vo Añila, hodijanahary, ambavahoana, antómotra, antóhoka, ambivitra, avivitra, ampotomoty; madiva, vaika, dilatra, lilatra, tòkony ho. A peu — semblable, miramira; à peu — aussi haut, miramira habòsana. à peu — compris, azoazo, fantapántatra.

Présage, (vo PRÉ-.) Famantárana ny z ho avy; h fambara. Mauvais —, ? sámpona; z mañambara loza ho avy. PRÉSAGER, mañambara rahateo, mahazo hiana z ho avy; h maminány. — un malheur, mañambara loza ho avy; mandoza, mañantambo.

Presbyte, Mahita lavitra fa tsy mahita mariny.

Presbytère, Trano ny mpijero ny tanána.

Prescience, (vo PRÉ-.) Fahalalána ny ho avy, fahalalána rahateo.

Prescriptible, (fady) azo vonóiny ny taona; azo veréna, azo simbána, azo levónina. PRESCRIPTION, Haelan'ataoto mahalatratra ny fady n'olona, fady azo amy ny haelan'andro; fahazoam-pady noho ny haelány ny taona. vo fandriandriany, hafadrázana, vontády, hena reketr'ambilány. —, fepétra, malo. PRESCRIRE qc, Mamepétra. vo mandidy, maniraka. — n, mahazo noho ny halavány ny taona. Se — qc, Mamepétra z hatao atena. Se —, n, (fady) very ny haelany ny taona, very ny taona, azo vonóiny ny taona.

préséance, Fitoerana aloha, fialohána.

Présence, Anatréhana, anolóana, anatréfana, imaso. — d'esprit. hafaingan-tsaina. En ma —, anatrefa'ko, anolóa'ko, imaso ko, anila'ko, tandify ahy. Qui sont en —, mifanátrika, mifanandrify, mifampitátana, mifanángana.

Présent, a, J'y étais —, Tao, teo, tany aho, mba teo, mba tany aho; nitsángana tamy ny, nanátrika azy aho, nahita azy aho, tanatrefa'ko zany, tanolóa'ny aho —, (me voici,) zaho indreto. — à l'esprit, azo jery, tsiaro, tsy hadino, azo hévitra. Je ne l'ai pas — à l'esprit, tsy azo ko jery ataonio izy. N'être pas —, lasa jery, roso fañahy. Ce —objet, ity zity, ty z ty. A —, Ataonio, anonio, h Ankehitriny, aneto; Le —, Ny —.

Présent s, Z omena, z amiana, z atólotra; fanomézana, fañamiana, fanolórana, ? talotáñana; h fanátitra. — a un supérieur, fanompóana, fihevérana, h hásina; en nourriture, mahatánjaka. vo jaka, manásina ny andriana, manjaka o.

Présentable, Tsara hatólotra, tsara hoména, ? fanólotra, ? fañátitra; mety atérina, tókony hatólotra. Présenteur, Mpañátitra, mpampandroso o hahazo voninahitra. Présentation, Fañatérana, fanchóana. —, Ny nañateran-dreo i Másina Mary añy an-trano ny Zanahary.

présentement, vo a PRÉSENT, et h eo noho eo.

Présenter, Manólotra, manátitra, mandroso; manome, mañamy; mancho, manóro, vo mamóaka; mampiditra, mampahita, manoka, manángana, mampákatra. — le dos à q, Mañambóho o; lui — la face, Mañátrika azy. — la gueule, l'ouverture, Mitóhoka amy ny. manóhoka vava amy ny. p vava atóhoka. Se —, Miseho; mancho tena, mampiseho tena; mandroso tena. Se — bien, mahay mitondra tena, tsara, manaja, mahay fañajana.

Préserver q de qc, Miaro azy amy ny z; mandrara, manéfina. vo mamonjy, mitahiry. — de la corruption, Tsy mahaló: des maux, tsy mahavoa voina, tsy mankarary. PRÉSERVATIF, fiaro, fiaróvana, ody miaro; fanéfitra, fandáfika, raijaba, fanahóka, fampitsóaka.

Présider, Mifitaka amy ny fitoérana aloha; à qc, Miehy, manápaka, mitándrina, manito. — aux partages, tompo utatana, PRÉSIDENT. Tale, mpifehy, loha, mpanápaka, mpitándrina, tompo, ántony. PRÉSIDENCE, fitoérana aloha, fifehézana, fanapákana, fitandrémana.

Présomptif. Héritier—, ny tandréna handova tókony handova, ho mpandova.

Présomption, far andréna, tanandrasana, fanandrána. vo Conjecture. —, fatokian-dóatra, h herahera; fisangiana baherezan-tena, fatokian-lóatra amy ny tena, fatokian-tena; fahasahian-dóatra. PRÉSOMPTUEUX, matoky lóatra, misengy teña, misengy mahaé, h maùerahera; matoky teña; mahasaky lóatra, h sahisahy. vo mizakazáka, tesontésona, mitesontésona, minehoneho, misótroka.

PRESQUE. Il est —achevé. Efa ho efa izy, kely no tsy efa amy ny; mariny ho efa izy. —mort, matimaty, hériny ny maty, karaka maty. Il a — péri, saiky ho very izy, kely ho very izy. vo vaiky, kelikely sisa, kasa, lilatra, dilatra, madiva, saky, saka, vaikia, ilahoho sisa.

Presqu'ile, Tsiraka, tsiratány, h tanjona, orontány. (? tsinosy, ? kely ho nosy.)

Pressant, Mahasetra, mahameka, h mahamaikia, mahavésoka. vo manery, mahatery, manao terisetra, maharisika, tsy azo ahílana, tsy azo elaina; marósika, mamporísika.

Presse, Fancréna, pv faneriana. vo Tery. En —, sous —, an-tery, mbola terena, mbola amy ny fanerena. vo famiázana, fametsána, ? fanetána, ? fanavan'antóntany. —, o maro mifanéka, mieka, mifanésika, o maro misésika vo FOULE.

Pressé, Meka, h maikia; vésoka, setra; de partir, — handeha. Affaire —, k—, k mahameka, mahavésoka, mahasetra. —, maletra —, vo maláky, faingana, malady; marísika, mifátratra, vo fátratra; hiboka, nikia, mihíboka, mihíkia; ? hítika, ? mihítika; hivoka, mihívoka, hivokivoka; hizingizina, hítsoka.

Pressentiment, Fahareñesana (ou fahitahitána, fahazoazóana, fañahiahiana, fidoñana) ny z ho avy, fahitána ny tsy mbola tonga, fahareñesana rahateo. vo taminjo, Indrakindráfana. PRESSENTIR, mahitahita, mahareñy, mahazoazo rahateo; — ny tsy mbola tonga,

Presser (en presse), Manery. — q, un travail, mahaméka, mahasétra, mahavésoka; mankasétra, mankavésoka, mampaláky, mampalady, mankafaingana, mañafaingana. vo Manao terihéky, ou terisetra, terimeka, terivaimanta; manao terihélika; maneritery; mandétra, mankaletra, mamia, mamiaka, mangia, maniña, mamiñina, inangeja, mangaika, mangegéka; mangija, mangijagija, mangehy; mañotra, manindry, mameja, mametsa, mamejafeja, mamenjafenja, mandrísika, mandroso, mandronjy; mamosesika, mamótrika, manonta. Se —, Mifanéka, mifanery, mifankaletra, mifandetra, h mifanetv, miletra, miéka, h miaikía, mifanízina, mitangizina; mifanésika, misésika, mibosésika. vo miadi-hý, mifandia-hotro, mitóhoka. Se —, vo s'EMPRESSER. PRESSIER, Mpanery taratasy; h mpanao antontany.

Pression, Tery; fanerèna. vo fanindriana, tsindry.

Pressoir, Famiákana, famiaham-boalóboka, famiázana, faneréna, faneríana.

Pressurer, Mamíaka, mamia, mamína, manery; mangia, mangeja azy hañala ny rano amy ny, maneritery, mamótsika.

Prestence, Tsángana, tarehy, fitsangánana, dasidasy, fidasidasíana. Qui a une belle —, tsara —; midasidasy, miendrik'andríana.

Preste, Maláky, h faingana. PRESTESSE de main, hafainganan-tánana, halakian-tánana.

Prestige, Hadisóany ny fañahy voa fitaka; fitaka, angoly, h vohony, h sándoka, famitáhana.

Presto, Maláky; malakía-faingana.

Présumable, Tandry to. ? azo vinaníana, vo PROBABLE.

Présumer, h Manandry, pv manandra, mañahiahy, h manendrikéndrika. — de, Misengy, misengy azy, mitoky loatra amy ny. — savoir, misengy mahay, miháboka mahay, mihambo mahay. vo miahiahy; maminány, manao toatoa, manono vólana andrano, manao hitsakamporano. Il présume qu'il viendra, handra ho avy izy, tandry ho avy izy; ahihí'ko ho avy izy.

Présupposer, (vo PRÉ-.) Manandra lahateo, h manandry rahateo; mihévitra aloha, manao rahateo ho...

Pressure, z mampandry ny ronono; fampandríana ronono.

Prêt à partir, Efa handeha, efa mietra handeha, efa nanóhotra dia, efa voa hinahína dia, vo tongotrombiandákana. VO PRÉPARÉ. Toujours —, mazoto, marísika. Jamais —, tsy efa fañajarian-draha, tsy efa fanohoran-draha, mihenikénika foana, lava fihamínana, mioman-dava.

Prêt s, Fampindrámana. z ampindrámina, vola ampisambúrina.

Prétentaine. Courir la—, Miriorio foana tsisy fótony; mivezivezy.

Prétendant, Mpitady, mpangátaka, mpila.

Prétendre, Miháboka, mihambo; misengy, mitórona, h mitsengitséngy; mila, mitady; manao ho azy, mañantena; manampó, manampókó; miháboka mahazaka, miháboka

ho tompo. ? mitompo; tia, mikasa, mikinia; mila hanjai s ;
soila ho... Un PRÉTENDU bel esprit, mpihambo ho manam-
panahy; mpisengy manampanahy. — s, ilaina ho vadina,
fotovady, vady ilaina.

Prête-nom, Mampindrana ny anaran-tena.

Prétention, Fihambóana, fihambohambóana, fihabóha-
na; nevonevo, sitisity, nehoneho, nekoneko, nitinity, h si-
titsitika, h setrasetra, h setaseta. Avoir des —, être PRÉTEN-
TIEUX, Mihambo, mihambohambo, misititsitika, minitinity,
misetaseta, misetrasetra, misitisity, minehonebo; mihabo-
káboka, misengisengy, mitsengitsengy.

Prêter un instrument, Mampindrana z; de l'argent, mam-
pitrosa, mampisámbotra vola. vo mampanana, manome. —
l'oreille, nanongilan-tsófina, manondri-tsófina. vo ÉCOU-
TER. — la main, AIDER. — SERMENT, vo JURER. —, vo AT-
TRIBUER, mamindra; manandry, manandra, h manendri-
kendrika. —, n, Miátatra, h mitatra. h miézaka, azo atá-
rina, miróritra, mirórotra, miiiritra, mizózaka. Se — qc,
Mifampindrana z; mifampitrosa vola. Se— à, maneky, mie-
ky, mananta, manampy, mampihánta. Qc prêté, vo tsara
mandrórona.

Prétérit, Ny lasa, ny roso.

Préteur, Mpampindrana; o findrámana. —sur gage, Mpam-
pisámbotra maka fampitánana.

Préteur, Mpanápaka tanána.

Prétexte, Vandy atao fótony, lenga; fialána; fanalan'ady,
sary; ? z lengaina.. ? tsy lengalenga, fótony mandenga..
Sous — de maladie, PRÉTEXTER une maladie, manao sary
marary; ? mandenga arétina. manao fialána.

Prétentailles, Soso-pihamínana madinidínika; tsirava-
drávaka.

Prétoire, Trano fitsarána, lapa fimalóana.

Prêtre, Mpijoro, h mpisórona; mpisaotra tompo ny sóro-
na, mpanao sórona; solo ny Zanahary, solontena n'Andria-
mánitra. Prétresse, Mpijoro vavy amin-dreo *Païens*.
PRÉTRISE, ny fahefány ny mpijoro. ny Fady ny mpijoro;
ny handriánany ny mpisórona.

Preuve, Fáhana ny k; tóhana, éfaka ny k; famahánana
k, fanankínana k, fiankinana ny k; famatrárana k; fana-
marínana. vo vavomlombélona, vonosotry, tangéna. —,
MARQUE.

Preux, mahery fo amy ny ady, mpahery, tsy matáhotra,
mahasáky, mpihaika, tsy resy.

Prévaloir, Mahery, Maharesy, mihóatra, mandilatra;
tsaratsara, bebe, sitrany. Se — de ses richesses, miavoná-
vona, miaboabo, mirehareha, midosidosy, midosy amy ny

fanánana; vo être PRÉTENTIEUX.

Prévarication, Fañotána ny rariny *ou* ny raharaha ny fanjakána; fandikam-petra, fañovan-teny, ? fitsoa-teny. PRÉVARIQUER, Manota ny diditány, h mandiso lalána, mandika fetra amy ny raharaha ny fanjakána, h ? mitsoa-teny, ? mitsoatsoa-teny, mañova teny, h méloka, miólaka, matsoa-teny, matsoa-bólana, vadikádika, mandenga. PRÉVARICATEUR, mpanota. Juge —, Mpimalo méngoka.

Prévenant, mpanantitanty e; mañaja; manantitanty o, mananti-dia o, mitezantézana, mitsenatséna o. tia hitahy námana.

Prévenir, (vo PRÉ-.) Mialoha. —, mañaloha, manao aloha. — les malheurs, mandrara, miaro, misákana ny rofy rahateo; ny rofy ho avy. — q, mañambara o sandra, manolotsaina raheto. vo manentsin-tsófina, manongonóngona, h mañampoasa. Se —, mifañambara. Se — pour, maláky hitia; contre, hankahála. Je l'avais prévenu, nambará'ko sandra izy. PRÉVENTION, Fañahy *ou* Fo azo sandra. vo PRÉJUGÉ. — favorable, fitiávana rahateo. — défavorable, tsy fitiávana rahateo.

Prévision, (vo PRÉ-.) Fahitána ny z ho avy; fahitána sandra, fahitána rahateo. vo tsinjovorimazoto.

Prévoir, (vo PRÉ-.) Mahita rahateo, mahita sandra, mahita ny ho avy; mañiana, mahazo hiana azy; mahazo jery azy laheto. — qu'il sera malade, mahita izy harary. PRÉVU, hita rahateo, hita maso lahateo, hita sandra.

prévot, Faharoy ny talé; talé, mpitehy.

Prévoyance, (vo PRÉ-.) Fitandrémana rahateo, fahitána laheto, fisañana sandra. PRÉVOYANT, Mitándrina raheto, mihévitra laheto, misaina aloha.

Prie-Dieu, Fitongalífana hijoro; fitongalífana misy fiankínana.

Prier Dieu, Mijoro Zanahary; misaotra azy; h mivávaka amy ny; g mifóna, mangátaka amy ny; mitantára amy ny. vo mandamban-tánana, mikodradry, mijajy; misórona. — pour q présent, — sur q, Mijoro, misaotra o; pour q absent, Mijoro ho azy, nihiñ azy; h mivávaka ho azy. Je vous en prie, aidez-moi, Masina hianao, tahio aho; mba tahio aho; Zaho mifona amy nao, tahio aho. vo traràntitra, lelafi'ko hongotr'ao, lika'nao. PRIÈRE (à Dieu et aux Saints), Fijoróana, h fivaváhana, h vávaka; fisaórana, saotra. à q, Fangatáhana, fifónana; talaho, vo Demande.

Prieur, Mpifehy amy ny *Monastère*. Loha ny *Religieux*. PRIEURÉ. ny fehéziny ny *Prieur*.

Primat, Evéka ambony indrindra. PRIMATIE, ny fiamboniany ny *Primat*.

Primauté, fiamboniana indrindra, fitoerana aloha indrindra, fialoháana.

Prime, Fijoróana kiakandro, ny voaloham-pivaváhana ny maraina. —, Tamby fankazotóana. —, ? vola fampiantóhana.

Primer, Mialoha; aloha, ambóny, voalóhany; mandresy; bebe. — q, Mihoatra o.

Primeur, Ny vókatra voalóhany, ny sambasamba mboankazo &, ny sántatra fialoháana, voalóhany.

Primitif, Voalóhany indrindra, talóha. Mot —, Teny fótotra aviany ny sásany; manely maro, mitéraka.

Primo, *adv.* ny Voalóhany, ny faharaiky.

Primogéniture, Fizokíana.

Primordial, Voalóhany; fótotra.

Prince, Mpanjáka, Andríana, h roandríana. Andriandahy; Maroserànana, marolahy, lóhany. —, Zanak'andriana, Zanadónaka; zanadoány. PRINCESSE, Andriambavy.

Princier, ... Ny Andríana, miendrikandríana. Panne princière, Kitamby n'anadónaka *ou* n'anadoány.

Principal, Loha ny sásany, voalóhany, fótotra, lahibe. ny ambóny, aloha, másony, mialoha, be, mahery, indrindra. — s, Mpifehy, mpanápaka, loha, Johary, Nahoda. —, renivola, masonkaréana, ántoka. Les PRINCIPAUX, Ry loh'ólona, beventy, roandríana, araralahy.

PRINCIPALEMENT, Sándraka, h mainka; lombolombo; indrindra.

Principalité, Fifehézana, fiamboniany.

Principauté, Fanjakána. Handriánana, fiandriánana, vonináhitry ny Andríana.

PRINCIPE, Fótotra, Tombóana, Intony, fótony, loha; ny aviany, h ihíaviany; voalóhany, fianárana; ny manely, mahamisy, mahary; ny fanampónana, h fanombóhana.

Printanier. Fruit—, Voankazo fahatároka, voankazo amy ny lohataona *ou* loharano. voalóhany.

Printemps, Lohataona, loharano. fahatároka.vo folakandántona.

Priorité, fialoháana.

Pris de boisson, Azo ntóaka. — par les yeux, rikíana ny masondraha, ambakaina ny masondraha. Personne bien prise dans sa taille, feja, maféja, miféja, mafejaféja. vo tantsámbotra.

Prise, Fisambórana; fakána, fanalána, fitanána; fihíazónana.—, Sámbotra, Bámbo, babo. z sinámbotra. vo trapa. —de tabac, tsóngolobáka. Donner—, s'EXPOSER. J'ai— sur lui, misy hañadia'ko azy, misy hisambora'ko, hahazoa'ko azy. En venir aux ---, miady, mifanávika, mandrafitr'ady.

mifampitólona. vo Tari-baniana, sambo-batana, sambo-tánana &.

Prisée, h fanombánana.

Priser, Manómbana vidíana. ---, mitia, mibango, mankafy; manéngy.

Priser, Manisy Kiso-dobáka an'órona. maka paráky amy ny órona, mala-dobáka amy ny órona.

Prison, Trano maízina famotréhana ny o voa héloka; trano maiky, trano famatórana, saron'ólona. Q en ---, un **Prisonnier**, o an-trano maizina. o ambáhotra, o navaléngana ao an-trano maizina; latsak' ambory, latsak' antsárona, latsak' antsalóvana.

Privatif, Manala, manésotra, tsy mampánana.

Privation, Tsy fanánana; fijalian-draha, fanesórana, fanaláña; fifadiana, haotásana. s'imposer des ---, maota z mamy, mifady z tiana. Lui en imposer, mampaota, manóta, h manoty azy, mampifady azy.

Privauté, Fisakaizan-doatra sándraka amy ny viavy. vo FAMILIARITÉ. Prendre de grandes ---, misakaiza loatra amy ny. vo trop LIBRE.

Privé, vo Latrines.

Privé de ses biens, Very haréana, tsy manankaréana, afaka fanáñana, nalan-karéana; latsaka haréana. — d'un œil, maty maso raiky. — d'amis, tsy misy sakaiza, niengan' ólona. — d'un membre, Bólona, gólona, fólona; d'un bras, bolon-tánana. — d'un côté, takila. vo manaláña, nahafáhana, nahaverézana, naharombiñana. Q en son ---, o an-trano, tókana, irery; mangingína; manirery, mirery, mirérika, ireritena. ---, firerihana, fitokánana. Vie ---, fitoérana manókana, manirery. ---, vo APPRIVOISÉ.

Priver q de qc, Manala ny z amy ny, manala z azy, mahavery z azy; ? manota azy amy ny z. vo DÉPOUILLER; tsy mampánana, tsy mampahazo; mampifady, mampimemy, tsy manome, manámpona, misákana, tsy mamp-, tsy maha-. — un animal, L'APPRIVOISER. Se — de qc, mifady, mimemy z; maóta z; tsy málaka, tsy maka, mahafoy.

Privilége, Fady omeny ny andríana ólona irery; fady tsy anánany ny maro, ráriny, Vonináhitra, lálana, fahefána, fiamboniana, fahasoávana; fanafáhana amy ny fanompóana, fahafaham-panompóana; fanafáhana. PRIVILÉGIÉ, Manampady, afaka amy ny fanompóana; mahefa, manampahefána amboni-farafara; afa-panompóana.

Prix, Vidy ny, tónona; tóño'ny; fandafòsana azy, fividíana azy. à quel — est-il? manino ny — ? A quelque — que ce soit, ndre manino ndre manino ny —. De grand —, be tónona, saro-tónona, sarobidy vo voahangi-sampandralambo. A vil —, mora vidy, mora tónona, mora toana, kobarano, bobaina, boba, boba-rano, bohaka, tondrofondro, angatáhina; tsisy vidy ny, tsisy tónona. Vendu son —, velon'ántoka. Qui vaut son —, antónony. Au — de, Comparé à. —, Récompense, valy ny. —, hatsara, hatsarána, hañitra; ny mahabetónona, ny mahatsara azy. vo ny ranomásony.

Probable, Tandry to, tandry misy fótony, tsy vandy loatra. Il est — qu'il y est, Il y est PROBABLEMENT, Tandry eo izy, tandry eo izy biaka. vo Peut-être. On regarde comme probable qu'il viendra, tandrasan-ko-avy izy. vo manandry, manandra. PROBABILITÉ, toa márina, fitovíana amy ny márina, tòkony ho zany, ny mahamárina azy, ny fótony izy tandry to.

Probation, Fañandraman-toetra, fitsapan-toetra, fizahan-toetra ny vao hiditra.

Probatisque. Piscine —, ranovory fanasána ny ondry isorónana.

PROBATOIRE, Fañohárana ou fizahána ny fañahy ny mpiánatra.

Probe, (o) Marin-toetra, mahitsy, márina, tsy mamítaka, tsy mandenga. PROBITÉ, hamarinan-toetra; hahitsíana, hitsy ny fañahy, tsy famitáhana.

Problématique, Azo isalasaléna, azo iadivan-jery, azo ifandírana; Tsy mbola hay fótony; tsy mbola voa dinidínika. PROBLÈME, k mifoño fótony, misaroipótotra; famántatra; k mila ho fanta-pótotra, k mila hadínina; fanadínana, fañontaníana.

Procédé, fatao amy ny námana; fanao, ? fitondrán-tena. —, fandrosóana hanao z, fañalána lañy ny asa. vo sata, sataina.

Procéder, Mandroso, — dia; mandeha, mizótra, mamava-dia, mizohizohy, m ikizohizohy. ---, mañáraka fántoka ou ampanga. --- de, Mivóaka amy ny, avy amy ny, Téraka ny... D'où il procède, ny avia'ny, h ny ihiavia'ny, ny ivoáha'ny;ny mañely azy; ny fóto'ny, ny tombóa'ny.

procédure, ny Fañaráhana fántoka ou ampanga.

Procès, Fántoka, kabary afántoka; ampanga, kabary; ady amy ny fitsaráno, fañaráhana ampanga; famantóhana. Faire un --- à q, mamántoka o, mañáraka o amy ny mpimalo, mañampanga azy. Long ---, k kitozankabary. En ---, Mifamántoka; sans autre forme de ---, Tsy mimalo, tsy manádina, tsy mandínika. Gagner son ---, mahazo, maharesy. Perdre son ---, resy. vo Fantok'ila.

Processif, Tia hañampanga, tia hamántoka o, tia hampihazohazo k, tia fántoka; tia ady amy ny fitsarána, miadiady

PRO

Procession, o mifanohitohy mijoro mandeha; o manosin-dia, o maro mihósina; fandehánana másina, vava-dia fijoróana *ou* ombam-pijoróana; o mizohizohy, o mikizohizohy, mifanesisesy, mifañarakáraka; Dia mijoro; fandrosóana; ? hosin-dia; ? tari-dia másina; fijoróana fandehánana, fijoróana mandeha. Faire la —, ? mamava-dia fijoróana, manosin-dia fijoróana, manao fijoróana ampandehánana.

Prochain. Lieu —, tany akeky, maríny, maríkitra; ? mañátona. Le mois —, ny vólana ho avy, volan-ko-avy; mariny ho avy. — s, Námana, hávana; ny o rehetra. vo mañarakáraka.

prochainement, Tsy ela.

Proche, Maríny, maríkitra, h akeky. vo PRÈS. De — en —, mañarakáraka tany mifanohitohy; mitety tanána. — Parent, des PROCHES, Atirékitra, atinkávana, h atihávana, hávana; tsy havantetézina.

Proclamer, Milaza k amy ny vahóaka, mandrésaka k mañambara, manadidy, mitory k; Mikabary teny. PROCLAMATION, fanadidíana k, filazána k; Teny, kabary, Tadidy, sk talily.

Proconsul, Mpanápaka tany. Solo-*Consul*. PROCONSULAT, fanapáhana.

Procréer, Mamaitra, mitéraka, mañely; mañisy, mahary, mahavókatra. PROCRÉATION, famaírana, fiteráhana, faháteráhana; fañisiana; ? faharíana.

Procurer, Mampahazo, mampánana. —, mampísy, mañisy. Se —, mahazo, málaka, maka, mahazo-mila.

Procureur, procuratrice, Solo, solo-nteña, solovava, solombava, masoivoho, o hafárana hitándrina ny k ny o tsy eo. Mpiaro; tohankabary.

Prodigalité, Fandaniam-panáñana, h fanan-karen'i-Tsiródona; fandrodonan-karena, fandrotsáhan-karéana; fañarian-karéana.

Prodige, vo MERVEILLE, PHÉNOMÈNE. PRODIGIEUX, vo MERVEILLEUX.

Prodigue, Mpandany haréana foana; boim-panáñana, mora mandány, manao fanankareni-tsiródona; ? Dodó, ? midodó, ? manao dodó. — de sa vie, Boin'aiña, mañary teña, manao teña tsy ho závatra. PRODIGUER, Mandány foana, mandródona, mandrótsaka, mañary, mandrodaroda; ? mandodó, mañely, mamafy, manáhaka, manipakípa; mañome be, mamóraka, mamorafora.

Producteur. Génie —, fañahy mahatéraka z maro. Sol PRODUCTIF, Tany vañondraha, vókatra, mahavókatra, mamoa; másaka; h fotsikotro.

Produire, Mitéraka, mamoa, mamaitra —, mancho.

mamoaka. —, Mahary, manely, manisy, manao. —, mampahazo. Se —, mancho tena, mamoa-bátana, Mandrosovátana, mischo, mivóaka, misándratra.

Produit, Ny vókatra, téraka, tómbony, atéraka, tombombárotra; ny avy amy ny. vo ary.

Proéminence, Trinitriny, tringitringy; torosy. —, qc PROÉMINENT, z mitrinitriny, mitringitringy; manantorosy, mivóhitra, mibóntsina, mitrúnga, mipósaka, miávotra.

Profaner, Tsy manaja ny másina, tsy mankamásina, Mandoto, mamorery, manéfitra, mitábaka, mitsábaka, mankaratsy, manota, mandiso, manevateva z ; manao ho závatra tsy másina, manota fady, manota hásina. PROFANATION, fanotána ny másina, tsy fankamasínana, fandotóana, famoreréna, fanefèrana, fitsabáhana, fanevatevána; fanotána ny fady; fanabokána; ota fady.

Profane, Tsy másina, boka, tsy fady. —, tsy manaja ny másina.

Proférer, Manónona, mivólana; mamóaka, mamorafora, mamóraka.

Profès, Religieux efa namehi-tena, efa voa fehi-tena, efa rékitra toérana, efa nanao voady.

Professer, Maneky, mankató. —, manáraka. — manambara, mampiánatra. PROFESSEUR, Mpampiánatra, mpanánatra; mpamindra jery; o fianárana. PROFESSION, Asa, fiasána, raharaha, fiána'ny, h lahasa. —filazána, fanekéna, fanambarána. — de foi, filazána ny z finóana.

PROFESSORAT, Raharaha ny mpampiánatra.

Profil, Sarin'olona mandrirana ou zahána anila ; sarin' olona takon'ila, sarindraha takila; salovantava. vo fify. De —, tsy hita ila, tsy hita fify raiky. hita lany n'orona, hita riran'orona; ? arirana, atréfina fify.

Profit, Tombo ny, tombo azo, tombombárotra, ny soa azo, fitembóana, antómbony, antombonjara, soso-jara, sosodrasa. PROFITABLE, Mahasoa, mahasoso-jara, mampahazo tombo, mampitombo, ahazoan-tombo; vókatra. PROFITER n, Mahazo tombo ou antómbony. Málaka tombo; mitombo, mandroso, mihatsara, mitombo soa, maróroka. —du temps de qc, Tsy mamery, tsy manary andro, tsy manoetra, tsy mamela, tsy mahafoy z, tsy mienga amy ny. — a q, Mahasoa o, manisy zara amy ny, mahatombo zara, mampitombo soa azy, manoso-jara azy.

Profond, Lálina ; lalin'áty. volalin-tsaina, mangoakóaka, mangoahoa; tsitaka-dompondro, tsitaka-polopolórina, ilóvina, tsy taka-body, h tsihitanoanoa, holokóloka, mangolókoka, mangitsokitsoka, antara, dengy. Peu —, Talésaka, marivo, taledaka, talióka, salélaka, vo Talialiaka, sa-

ka, tasy, tasíaka, tésaka; marivo aty, talésak'aty; antémoka.
Dormir PROFONDÉMENT, Mamo-ntoromaso, h tsindriantory,
tsindriantoromaso. s'incliner —, mióndrika bé *ou* ambány.
PROFONDEUR, halalíñana, halálina; halalin-tsaina, halalí-
nan-jery.
Profusion, Fandaníana foana; habetsáhana. vo PRODIGA-
LITÉ. avec —, mandány be, mandródona, mandrótsaka.
PROGÉNITURE, Zánaka, ánaka; natéraka, nafaitra, faitra.
PROGRAMME, Fañambarána, fanehóana, filazána.
Progrès, Fandrosóana; Dia. vo fitombóana, fihiatsarána.
— lents, h rosarosa. Faire des —, PROGRESSER, Mandroso,
mandroso dia; mitombo; mizotra mihiatsara; mirosarosa.
PROGRESSIF, —; *et* miandálana, miandalandálana. PROGRES-
SIVEMENT. tsitaitaika; tsikelikely. PROGRESSION, fandrosóa-
na. —, fitohitohízana, fifanarábana.
Prohiber, Mandrara, misákana, manámpona; mametra,
mankafady. PROHIBÉ, ampétra; fady, misy kady, an-kôsa.
PROHIBITION, fandrarána, fetra, famérana.
Proie, Babo ny biby mangálatra, bambo, toha, sámbotra;
remby, roza. Oiseau de —, vórona mangálatra *ou* mangó-
rona, vórona mamabo. Chercher —, mitoha, miremby, mi-
roza. Ils furent la — des soldats, no bambóiny ny maramila.
Être en — à, être DÉCHIRÉ, AGITÉ par...; vo Antañani-
mamba.
Projectile, Z atóraka, z atifitra; z fatóraka, z fatífitra;? tí-
fitra. PROJECTION, fanorábana, fanopiana, fanipiana.
Projet, z jeréna hatao; saina, hévitra; z kiníana, z kasaina,
z tian-katao, fikiniána, fikiasána, anakampo, ampó, z am-
pokóina; h ampoízina. PROJETER qc, MIJERY hanao z, MISAIN-
KANAO, MIKINIA, h MIKIASA. MAMÉLATRA, mampandroso, mam-
piézaka. Se —, MITRINITRÍNY, pv miriniríny, h mitringitrín-
gy, h mitrintríny, mitrañitrány, mingitríngitra, mivóhitra,
mipósaka.
Prolégomènes, Ventintény mialoha. filazána mialoha; h?
famakian-tsárona, vakisárona.
Prolifique, MITÉRAKA maro, mamaitra maro, h MAMOZEZY,
vañon'ánaka. MAÑIJEJA, pv kiléna. vo MAÑAHELY; MAHAVÓKATRA.
PROLIXE, Lava, lava loatra, h lavareny.
PROLIXITÉ, haláwana.
PROLOGUE, Ventinteny mialoha.
Prolonger, Mankalava, mankalavalava; manohy; (p to-
hízina;) mankaela, mahela, mañela; mañánjaka, mandró-
ritra, mitárika; mampihazohazo. Se —, mihialava; matsí-
raka; mandroso. PROLONGATION, amaray lava, ampitso lava,
sosok' andro,? tohiandro; anampy, fahalavána; fañkalavá-
na andro. --- sans fin, amaray tsy lany.

Promener qc, Mandriorio, mampiriorio, mampitsangantsángana, mampaningantsingana, mampirenireny azy. Se —, Mitsangantsángana, miriorio, miasa dia, maningantsingana, mandehandeha, mibarera. vo mihalohalo, misiontsiona, misointsoina, mizongozongo; MARCHER. PROMENADE, fitsangantsangánana, firioriovana; fiasan-dia, faningantsingánana, famindrána. Aller en—, aller faire une--, mandeha hitsangantsángana.

Promesse, Teny apétraka *ou* afehy amy ny o; vólana hantónina *ou* ankínina amy ny o; Petra-bólana, fehi-vólana, hantom-bólana, ankim-bólana; z velánina homena, z lazaina homena; vólana noména, teny natao, fampanantenána; ? fifofóana, h famofóana, Fikiniána, h fikrasána; fanampokóana. Retirer sa—, nitsoa-teno, matsoa-bólana, manatsoa-bólana, manala vólana napétraka. Faire une—, Promettre qc, Mametra-bólana hañome z; mamétraka teny, manankimbólana amy ny o hañamy azy z; mañantom-bólana, mamehi-teny, mañome vólana; mivólana hañome z. ? h mamofo z, ? mifofo z. Se—, mañampoko, mikinía, h mikiasa, mañampó, mañantena; mijery ti-hanao. Ce que je t'ai promis, ny z nameheza'ko vólana home'ko anao. Celui à qui j'ai promis qc, ny o nametraha'ko vólana home'ko z. Promis, h ? voa fofo.

Promontoire, orontány, tsiraka, tsiratány, h tánjona, h vodivona; tany mitranga *ou* matsíraka, mitsópaka.

Promoteur, Mpampandroso k, mpandroso k; mpampandeha, mpamporisika, mpampahatóky, mpamoha, mpañétsika.

Promotion, Fanandrátana o; fisandrátana, fandrosóana.

Promouvoir, Manándratra, manóndrotra o; manandrabohináhitra o, mampandroso o.

Prompt, Maláky manompôna z; maláky; h mazoto; maika, meka. vo toatsitány, vetivety, miáraka amy ny zay; maílaka, kododona, lakilaky. maladiófana, h misaléhotra. PROMPTITUDE, halakíana, haladiana, hafaingánana; saléhotra, hazotóana. — d'esprit, hafainganan-tsaina, halakian-jery.

Promulguer une loi, Manadidy malontány, h manalálana, mañambara azy amy ny vahóaka; milaza, mitory, mikabary azy. Promulgation, fanadidiana, fanalalána, fitoriana, filazána; h alálana; ? tadídy.

Prône, Filazána ny k ny Zanahary amy ny Mesa. Prôner q, Mankalazalaza, mandazalaza, mañengy, mañañoaño, mandrengy.

Pronom, Solonañárana, teny misolo ny añaran-jávatra.

Prononcer, Manóñona; ? mañintsy, h ? manontsy; mahatónona; miventy. vo milaza, miteny, mivólana; mamorafora. — un jugement, mañito malo, mañito vólana, manápaka, mandidy, mahavita. PRONONCIATION, fanoñónana, fahatoñonana.

Pronostic, Famantárana ny z ho avy, márika fambára. vo fófoka. Pronostiquer, Milaza rahateo, mañandro, h maminány; mañambara ny ho avy. ? mañíana ny ho avy.

Propagande, Fañclézana ny fanambarány i Jeso-Kry. PROPAGATEUR, Mpañely, mpamafy. PROPAGATION, fankamaróana; fampitombóana isa; fañelézana, pv fañeliana; famafázana. PROPAGER, Mampitéraka, mampiely, mañely; mankamaro, mampitombo. mampandroso. Se —, mihíamaro; mitombo-isa, miely, mieliely, mandroso.

propension, firôñana, fitokilánana.

Prophète, Prophétesse, Mpiláza ou mpahay ny ho avy; omasy, ombiasy, ombiasa, moasy; masim-bava, masimpilazána, h Mpaminány PROPHÉTIE, Filazána ny z ho avy; h vinány, faminaniana, fañambarána ny ho avy. PROPHÉTISER, (VO PRÉ-.) Mañambara rahateo, milaza ny z ho avy, h maminány, mañambara ny ho avy.

Propice, Mora, mañámbina, miántra, mañámpy, miaro, mitahy, mañátrika; mahasoa. Soyez-moi —, Atrefo, tahio, ampio, ambino aho. PROPICIATION, (sórona) fañalána ny ratsy natao ny o; h fañalan-kéloka, fañalan'ota. fañalána ny hatezérany ny Zanahary. De —, PROPICIATOIRE, Mampihávana, mañala ny hatezérana; mañala héloka.

Proportion, Fifañaráhana érana, fifañérañana, fitovíana ôhatra, ? arakevi'ny. anjara mahitsy, ráriny, érana, ôhatra. En —, à — de, PROPORTIONNÉ à, Mitovy amy ny, érany ny, ôhatry ny. PROPORTIONNÉS, Añérany, an'ôhany, andrindrany, andráriny, antónony, mifañérana, mifañôko. mitovy; ?ankéviny. PROPORTIONNER, Mampitovy; manao érany ny.

Propos, Fañampokóana, h fañampoizana, petra-bólana ampo, loka, filokána hanao z; fikiniana, h fikasána. voady, fehivólana, hévitra, jery. —, Conversation, Teny, vólana, Je ne l'ai pas fait de — délibéré, Tsy nahy ko, tsy nahy natao ko, tsy satry natao ko, tsy kinia natao ko zany, tsy nia' ko zany. Fait de — délibéré, z nahy, satry; nahy natao, kinia natao. A tout —, matetitétika. A —, amy ny tôkony, amimpotóana, tsy diso fotóana. Hors de —, tsy amy ny fotóana, diso fotóana, tsy amy ny andro tôkony.

Proposer, Manóka z; mamóaka, manólotra, mamétraka, mañambara, mañantona, maneho, manágana z ho zaháña (ou ho hevérina, halaina lamy &); mampahita; mampihévitra, mañome-jery, mamoa-kévitra, manolo-tsaina. Se —, mikinia, h mikasa; mihévitra, misaina, mijery; minia. Je ne m'étais pas proposé cela, tsy nahy ko ho zany.

Proposition, Vólana atóka, teny, vólana, filazana; vava; filazána ny tiana hatao, vólana apétraka, petra-bólana, tobólana, fihantána. Pains de —, petrapetrak'ampempa; mofo fapetrapétraka; petra-mofo, mofo fatólotra.

Propre a. Son Caractère —, ny fanahy azy hiany, anazy hiany, anazy edy; ny fanahy ny tena ny. Terme —, Teny milaza ny fótony, teny márina, antónony. Q — à qc, o Mahefa, mahay z, tókony hanao z. Bois — à bàtir, hazo tsara hatao trano. vo tókony, tandrify, tandry, onony. Habit —, síkina Madio, sk malio. Très —, — jíaka. Manger PROPREMENT, madio fihinánana.

Propre s. Le — du singe, Ny fatao ny antíma, h ny fanao ny; ? fombany, ? fomba. Le —, ny haréana anazy, ny anazy.

Propret, Madio síkina indrindra, madtodio, mihámina, tia ho madio lóatra.

Propreté, Hadióvana, sk halióvana, fahadióvana, hadio, halio, Dio.

Propriétaire, Tompo. — manantány, manan-tsaha, manankaréna.

Propriété, Fanánana, harena, pv haréana, tokotány. —, fahefána, fahaizana, z tsy iengána, ? kiany; fombána, hásina, hery, fatao ny; fomba azy.

Proroger, Mankaela, mankalava andro, manosok'a ndro, mampidriso ny fetr'andro, manohy andro, manela, manome andro. PROROGATION, fankalavan'andro, fankaelána, fampidrosoan'andro, fanelána. vo hatak'andro.

Prosaïque, Teny mitsotra fa tsy teny fihirána. PROSATEUR, manóratra fa tsy hira.

Proscrire q, Mahafoy azy ho vonóina. —, Mandróaka, mitora, mamárina o; manao sesi-tany ou ronji-tany, roatany azy; mandronjy tany, mandroa-tany, manesi-tany azy. —, Mandá, manary, h manaméloka, manéngoka azy. PROSCRIPTION, fandroáhana; fitorávana; fanaovan-tsesi-tany; sesi-tany, fanesian-tany o; famarínana. —, fandavána, fanaríana, h fanamelóhana. PROSCRIT, voa sesitány, noroáhina, naronjy tany; navárina. —, lávina, naríana.

Prose, Teny tsotra fa tsy hira, vólana foana fa tsy fiantsána.

Prosélyte, o Vao híno, h vao mino; vao ho avy, vao híditra, h vao avy, vao níditra amy ny finóana. PROSÉLYTISME, ny harisiham-po hampino námana.

Prosodie, Ny fahaizana tonombólana ou tonon'antsa, tononkira.

PROSOPOPÉE, Oha-draha manángana z hivólana.

Prospectus, Taratasy filazalazána ny hatao; fitsinjóvana, fanehóana.

Prospère, PROSPÉRER, Fináritra, miádana, ambinina, hasoavina, tsara, tahina; Miroandróana, mandroso, miádana, maròroka, h mioronórona, soa-maravo, miaiña, manambíntana, vitáñina, lavoravy, tsara vintana, manjary, másaka. Prospérité, Roandróana, firondroánana, fiadanana, hafinarétana ; fiaiñana tsara, h oroñórona; vo Bonheur.

Prosternation, Hóhoka, báboka, fiankohófana, fihohófana, fibabóhana, fibebáhana. prosternement, ny miankóhoka, mihóhoka an-tány; mibáboka, miláfika, milámaka, mirápaka antany.

Prostitué, Nandafo teña; mañáraka foana; abily. Une —, korombémbana, viavy ngely, viavy cbo, viavy ngelingely; h dodó, midodó, manao dodó; h janga, h jejo, jangajanga, jejojejo. prostituer, Mahafoy azy hanao korombémbana, mandafo azy hanjary ngely; manangelingely, manangely, mampingely, mampidodó, mampijejo, mampijangaganga; manera, mañebo. Se —, Mañome teña ou mahafoy tena, manolo-bátana hanao ratsy, mampingely tena, mañary tena amy ny fahalotóana, ou ? amy ny fingeliana, amy ny fiebóana; mamorery tena; mambidy vátana ho voreréna; mandafo aiña hanao korombémbana. h mijangajanga, mijejojejo. prostitution, fañarian-tena amy ny fahalotóana, ou amy ny fahavoreréna, toetrangely, fingeliana; h fijangajangána, ? fidodóana. —, fanimbána.

Prostration, fiankohófana, fihohófana; — hareráhana ny vátana.

prote, Loha ndreo mpanòratra, h lóhany ny antontány.

Protecteur, Mpiaro, kady, h kiady, aro; Mpañéfina; vato fialòfana; alòk'alòfana. protection, fiaróvana, aro, fitahíana, fañefénana; fañampiana, fanalófana, áloka; tákona, héfina. protégé, Arôvana, tahina, ambínina; alófana. — surnaturellement, Bezanahary. vo? vato fioláhana.

Protéger q, Miaro, mañéfina, manákona, mañáloka, mitahy, miámbina, manámbina, mañampy, manósoka.

Protestant, O mandá ny finóany ny Katolíka; protestantisme, ny finóana sy ny fihevérany ny Protestants.

Protester, Milaza mafy, milaza marina, h mianíana; milóka, mandá. vo manao teny mafy, mitetik'andry, mamakiampinga; fanta, fanta ko. protestation, Filazána mafy; filokána, fanamarínana. fandávana, teny omban-tetik'andry. —, fahatokíana.

protonotaire, Mpanòratra manadidy ny k ny Papa.

Prototype, Lamy voalóhany, voalohan-damy. fototra alain-damy.

Protubérance, ny móntotra, montórana, vonto, havontósana, bongobongo, tsinitsíny, tringitringy, binabina, torosy, kiambo, vóhitra, bóntsina, *et* ny PROTUBÉRANT, mañan, torosy, móntotra, mivonto, mitrinitríny, mitringitríngy, mibóhitra, mivóhitra, mibóngo, mibinabína, mibóntsina, mitranga, misehoseho, mivóaka, mitrañitráñy, mipósaka-mandóndona. pv mandóndoka.

Proue Loha ntsambo.

Prouesse, Ny natao n'ólona mahasáky lóatra; hasahíana, herimpo, hasahiana adala.

Prouver, Mankamárina, manamárina, mankafátatra, mamáhana, manóhana k; mankató.

Provenir de, Avy amy ny; téraky ny. mivóaka amy ny. D'où il provient, ny avía'ny, h ny ihíavía'ny; ny nitéraka azy, ny ivoáha'ny, h ny ahatongáva'ny.

Proverbe,' Oha-bólana, oha-teny, tañohárana; teny fañohárana; vo hainteny, ambentinteny. Proverbialement, amy ny —.

Providence, ny fitondran'Andriamáñitra zao tontolo zao, ny fañahíany *ou* fitandrémany ny Zanahary ny o sy ny z natao ny.

Provigner, Mamóhotra sy manótotra rantsankazo vélona hampaníry azy. Mandevin-drantsambélona. — n, Mihíamaro.

Provin, Rantsankazo voa ézaka antány ka mamáhatra; rántsana navóhotra, rantsambélona milévina.

Province, Tokotány be, firasantány, tany; fokompirenéna. Les —, ny tany lávitra ny doány, ny tany ambany, ny Antambány. Gens de—, les PROVINCIAUX, ny Antambány. PROVINCIAL, Mpifehy tokotány, loha.

Proviseur, Mpitándrina, mpifehy, mpiahy.

Provision, Havorian-draha fohánina, vatsy; vatsy maro loha; hánina. — de riz, vary be. —, z maro, z be, z ampy. vo fitaiza, fonja; laoka fivelòmana. Faire ses —, mala-batsy. Avoir ses—, mivatsy. Lui faire ses—, mamatsy azy; mañampy z azy.

Provisoire, Tsy ho ela, atao fa tsy ho vatofántsika, mbola ho tsoáhana, mbola halána, añelañélena, misy fetra, antséndrika, tsy rékitra; mandiñy; betibétika.

Provocation, Fañatsíhana hiady; hátsika, hatsy; fandrisihana, antso antóngona. PROVOQUER, Mañátsika, mañatsikátsika, mandrísika, mamporísika, mañantso, mikaika; mitárika. vo mitsokitsókitra, mañétsika, mitaona, mamoha, mandroso; mampahatézitra, manahírana, mahadikidíky, h mikatsy, pv mañaty, mañatikátika. Mampan-, mampi-, maha-. — le sommeil, mampandry, mampatoro; mahavoa toromaso; le vomissement, mampandoa.

Proximité, Hariníana, harikítana, ? fanakekéna, ny mariny, a...sy, tsy halavirana. h antánona. à —, mariny.

Prude, a, s, (Viavy) manao sáry mántona, manao sary mahihitra, mandénga fahihírana.

Prudent, Hendry, pv Mahihitra, ari-saina, matoy fañahy, maharára loza, miaro ny loza, 'sy mahavéry. Prudence, Fahendréna, pv fahihirana, hatoezam-pañahy, fitandrémana.

Pruderie, Ny fañahy sy ny fitondranteña ny *Prude*, fahendréna mandénga.

Prune, Añaramboankazo; ? Lamoty mbazaha; ? voandamoty. ? Jingôma. PRUNEAU, voandamoty maina.

Prunelle, Lamoty, voandamoty; jingôma, voanjingôma. — de l'œil, Ny ivakiany ny maso; Anakandriamáso.

Prunellier, Vatandamoty, vodindamoty, lamoty. PRUNIER, — mbazaha,.

prurigineux, Mangidy, mahalailay.

Psaume, Antsa ny Davidy; ? Salamo, fiantsany ny Davidy; fihirány ny Davidy. ? Pisaoma. PSALMODIE, fihirána ny Salamo, fiventésana ny antsa ny Davidy. PSALMODIER, Mihira Salamo, miantsa Pisaoma; miventy antsa.

Psalterion, Mozika táhaky ny Jejy.

Psautier, Fehezan-tsalamo, Taratasy ny Salamo, Taratasy misy ny Pisaoma. (*Psaumes*).

Pseudonyme, Mandenga añárana, mangalatr'añaran' ólona.

psoque, Voaña homan-kazo, hao nkazo.

psychologie, Falazána ny fombány ny amiroy.

Puant, Mántsina ; maimbo ; maïmboreha, maïmboreny, mavóroka; mavao, mafáraka, mafoáraka; mampy, malány, mantsimpófona. Faire la PUANTE, mianjon'órona, mianganga, mirehareha. PUANTEUR, Imbo, haimbóana, fofondratsy, hántsina; hahantsiñana, lány , ? halañiana ; hamaimbóana .

Pubère, Efa be , efa zatovo, efa kijaojao, vo Nubile. PUBERTÉ, ? fahazatovóana.

Public a, (z) ny tany, amy ny izy rehetra , amy ny daholo, ombány ny olona ziaby, fihalohalóana ny o ziaby, miharihary; ampahibemaso, imaso ny tany , imaso ny maro. Homme —, manamboñináhitra, fantatr'ólona, maláza, reñy laza. Le —, ny Vahóaka, ny tany, ny daholo, ny Valalabemandry, tanibemónina.

publicain, Mpamory hetra; h ? farantsa.

Publication, Fanadidiana, filazána amy ny vahóaka; fanavan-kabary. — fañelézana taratasy vao.

Publiciste, Mpampiánatra ny didi tány; mpilaza ny amy ny lalána.

Publicité, Toetra hita ny tany, h fihiarihariana.

Publier, Manadidy, sk manalily amy ny vahóaka, mitory, miláza, mañambara amy ny tany; mikabary. —, mañely taratasy vao hatao.

Publiquement, Imaso ny tany, imaso ny maro, imaso ny izy rehetra; ampahibemaso, antsena; miharihary.

Puce, pv Pía, h parasy, parapandy. Avoir la — à l'oreille, mañahiahy z tsoho izy tsy tody.

Pucelle, Vierge.

Puceron, Olikazo.

Pudeur, Héñatra tsara, heñatr'an-kándrina; heñamaso tsara, fiheñárana tsara; fidóñana ny z mahaméñatra, masomántona, fimantónana ny maso, h fahamaotónana. Qui a de la —, PUDIBOND, meña-maso, méñatra, mora méñatra, mora mañaméñatra, mántona maso, mándina maso, madio maso, madio, h maótona, h maótina, tsy mijilajila.

Pudicité, hadióvana; tsy halotóana, tsy fijejojejóana.

Pudique, madio; méñatra ny maloto; tsy maloto, tsy mijilajila.

Puer, maïmbo vo — rcha, — lotra, — dotra, — tóntona, — rékona, — érona, — tavo, — toraboatavo, — ladimboatavo; mántsina. — l'urine, mampy; — le poisson, maláñy. vo PUANT. Lui —, Le DÉGOÛTER.

Puéril, fatao njaza, fañahy njaza, manao fañahy njaza, táhaky ny zaza. vo bodo, bodobódony, batritra. PUÉRILITÉ. fañahy njaza, fahazazána, fahabodóana. tsilaolao-njaza.

Pugilat, Ady totohondry, ady fetsibáña.

Puiné, Zeny, Zandry, fañáraka.

Puis, aviteo; ndraiky; ary, rehefa izany, lehefa zany.

Puisard, Lávaka fivariñany ny ranonórana.

Puiser, mantsáka; h manovo, pv manovy rano; maka, málaka, mañala. Vase pour —, fanovízana, fanovy, fitovízana; h fanovóana, fanovózana, h kanovo; trobáka.

Puisque vous ne faites rien allez-vous en, anao Sañindra tsy miasa, mandehána; mandehána anao Fa tsy miasa anao. vo fa izany, noho, raha, laha, izikoa, no, no ny, izanihoeizany.

Puissant, Mahery, mahefa, mahefa z be, mahazáka, mahatody ny atao ny, matánjaka, matómboka, mavítrika. Tout —, mahery indrindra, mahefa z ziaby, mahefa ndre ino dre ino, tsy voa fáhaña, tsy fál.aña; h tsy toha, itohandraha, tsy fahandraha, ? tsy azo tohána, tsy azo tanjáhina, tsy azo ntsámpona, tsy azo ntsákana. PUISSANCE, hery, haherézana, faherézana; fahefána; faháizana; Tánjaka, hatanjáhana, fahatodíana. Toute —, fahefána z rehetra, hery tsitoha, haherézana tsy voa fáhaña.

*P*uits, Lavaka fantsakana rano; vovo fantsakana, vovo, loharano. — de science, o maro zava-pantatra. lalintsaina.

*P*ulluler, (zanak' akoho, voaña) pv Mañesikésika, h mañesihesy, mamorifotra, mihamaro be malaky, mivòraka, mikevikevy, miporipory, mipororotra, mipoipoitra; mjeliely be. mañirifatra.

*P*ulmonaire, amy ny havokávoka. *P*ulmonique, Mararv havokávoka.

*P*ulpe, nofo ny voankazo; lemin-javatra. ny malemy ao anaty ny ahitra. aty ny, h lótaka. Fruit *P*ulpeux, Voankazo matavy nofo, be nofo, be lemy, milótaka, boda, bodaboda, h mitsaotsao.

*P*ulsation, Tepotepo, tsipatsipaka, tipatipaka, totototo, kapokápoka, dondóna; fófoka.

*P*ulvérin, Vanja madinika. —, ny vovo-drano, ny vónotry rano miantóraka, ny závony ny rano miantópy.

*P*ulvériser, g Mañisoka, pv mañòsoka; manorotoro, mandisa, məmpanjary vòvoka, mahatonga ho vóvoka; Mahamontsamóntsana. PULVÉRISÉ, voa kisoka, voa hòsoka; efa mongo, efa vòvoka; qe —, kiso-draha. PULVÉRULENT, mora kisóhina, mora vovóhina. —, (ahitra) misy vòvoka, vovóhina.

*P*unais a, Mantsin' órona.

*P*unaise, kongomántsina, kongomorima; h kóngona; kongo; kongompisaka, kongo fisaka, kongohara.

*P*unir, Mankalilo, mandilo, mañala lilo, (p alan-dilo.)vo mampijaly, mamaly ratsy, ? mahavoa héloka. mampalilo, mampivalo. *P*unissable, Tókony hankalilóvina, tòkony ho valiana, mila fankalilóvana, tòkony ho dilóvina, tokony halan-dilo. PUNISSION, Fankalilóvana, fandilóvana, fanalandilo; valy, famaliana ny ratsy natao; kápoka fampijaliana.

*P*upille. Un —, Zaza boty ambésany ny solonada. PUPILLARITÉ, Ny toetry ny zaza mbola inain'òlona hafa, voatavo tsy mifándraka, h atodiorokóroka.

*P*upille. La — de l'œil, Ny ivakiany ny maso, ny Anakandriamaso.

*P*upitre, Vatra fanorátana, latábatra fanorátana. vo LUTRIN.

*P*ur, Tsy miharo, tsy miharo rano; arery. —, Madio, sk malio; tsisy panda, tsisy loto, madio jiaka, mazava. — de crime, tsisy tsiñy, tsisy ratsy, afa-dratsy. En — don, Oména foana. Un — mensonge, vandy foana. Hova — sang, hova vátana ankitiny, hiany, edy, mihitsy, tokoa; hirihirin-Kova. *P*as entièrement —, Madio tsy mangarankárana.

*P*urée, Koba ndojy, kobanambatry, ? tsirondojy.

*P*arement, Foana, hiany, h fotsiny, tsafotra

dio, amy ny hadióvana. PURETÉ, Hadióvana, fahadióvana, Dio ; sk halióvana.

*P*urgatif, Aody fandióvana kibo, fikaoka, ? faneran-dahy, fankadióvana. fanadióvana , fampivaláñana , fañafody mampiválana.

*P*urgation, Fankadióvana, fandióvana, fanadióvána, h fampivaláñana.

*P*urger, Mandio, mankadio, manávana, mitávana; mañala ratsy, mamela tsiñy. Se —, mandio teña; midio; málaka fandióvana , minom-pandióvana , minom-panafody fampivaláñana; h manéhitra, miválana ; minom-pikaoka.

*P*urgatoire , Fitoérana fanadióvana , afo fandióvana. Porigatory.

*P*urification, Fandióvana, fankadióvana, fanadióvana. vo Afana fanafánana.

*P*urificatoire, Lamba fandióvana. Porifikatory.

*P*urifier, Mandio, mankadio, manadio, mahadio; vo mañáfana. Se —; Mihiadio; mandio teña; miáfana, mañafanteña; mankalio' teña.

*P*uriste, Manahy loatra hañitsy ny teny.

*P*urpurin a, menamena, manao manga mena.

*P*urulence, Nana be mihándrona; ? handro-nana, nana very. PURULENT, Karaha nana; mamory nana; mandeha nana; ihandrónana nana; mandranorano, mitsiranorano.

*P*us, Nana. vo akálany, ávana.

*P*usillanime, Osa, mavozo, osaosa. *P*usillanimité , Fahosána, haosána.

*P*ustule, Vay; pv móñina, h mony, bonobono, vadíditra. vo Rófotra, forófotra, rifatra. Les — se forment, mipoi po tra, rmirófotra, mirifotra, miforófotra, mamorifotra, h mivándit a; h mivadíditra ; mibontsimbóntsina. PUSTULEUX, karaha vay; koa z mirófotra; misy vay, misy z mibontsimbóntsina, miémpatra, miómpaka, mivontovónto.

*P*utatif , Atao ho izy. Père —, ambara ndreo ada, volanin-dreo ada, volan-dreo ada, antsin'olona ada, ambara ada, atao ho ada.

*P*utréfaction, Halózana, ny ló; h fihialóvana, fahalóvana; hamotráhana. PUTRÉFIER, Mandó, mankaló, mankamótraka, mahaló. Se —, mihialó, mihiamótraka. PUTRÉFIÉ, Ló, mótraka ; marátra.

*P*utride, Ló, mótraka, maïmbo. Fièvre —, Arétina téraky ny ra ló. PUTRIDITÉ, Ny ló, halózana, hamotráhana, h fahalóvana, fihialóvana, ? fahaló.

*P*ygmées , Antambon'olona fohy indrindra. vo Nabot.

*P*yramide, Tsangambato be kitsoloha, orimbato abo matsio-doha. PYRAMIDAL . Kitsoloha.

QUA

pyrolatrie, Fijoróana ny afo, fanompóana ny afo.
pyromancie, Fanandróana amy ny afo.
pyromètre, Z fanéranana ny afo.
Pyrotechnie, Fahaízana manisy afo amy ny z sándraka amy ny laolao amy ny vanja; fahaialána afo.
Pyrrhonien, O tsy mba mino z ndre ino ndre ino; mpisalasala foana.
Pythonisse, Viavy sazóhany ny demony ka misy fanahy mahavaly. vehivavy mahavaly.

Q

quadragénaire, (o) efa-polo taona.
quadragésimal, Amy ny *Carême*.
quadragésime, Ny Alahady voalóhany amy ny Karemy.
Quadrangulaire, Efa-jóro, efa-drirana. h ? sokera (*de l'Anglais Square*).
quadricapsulaire, (Voankazo) miefitraéfatra, efatr'éfitra
quadridenté, Efa-ký, éfatra hý; efatr' ífy.
Quadriennal, Efatra-taona; mahárìtra efatra taona, isan' efa-taona.
quadrilatère, Efa-dafy, efatr' ampisany.
quadrisyllabe, Teny vaki-éfatra, vólana efa-bány.
Quadrupède, Efa-tóngotra, efa-kóngotra, efa-bity, efatra-tómboka; mánana tóngotr' éfatra.
Quadruple, Éfatra heny, in' éfatra. Quadrupler, Mahéfatra heny, mankaéfatra. — n, mihíaéfatra.
Quai, Tovontány amorondrano; h fefiloha, farafarantány mamefy rano. —, fitodiana.
Qualification, Anárana, famantárana, voninahitra, vokíany. QUALIFIÉ, manan' anárana. Qualifier, Manisy anarana; manisy márika; manao azy hoe....; mampahafántatra; manka-, man-. — de voleur, manao mpangálatra azy. Se — de...., Manao tena ho.., miháboka ho....
Qualité, Sora, éndrika, toetra; h fomba; h bika, h kiany, tónona, hóditra, voninahitra, anárana. fanahy, fombána. En — de père, fa ada. De —, Abo-rázana.
QUAND? h Hahoviana, *pour le futur*; h Oviana, oviena *pour le passé*. pv Ombíana? hafiriana? — viendrai-je? ombíana zaho avy? rahovíana izaho avy? — vous voudrez, zay avia'nao. Peu importe —, ndre ombiana ndre ombiana. Depuis —? Laitr' ombíana? h fony inona? laitr'ino? On ne voit pas —cette affaire finira, k tsy ombíana ho efa. Jusqu'à —? andrak'ombíana? h hatr'inona? h ambarapahoviana. — je partirai, zaho koa mandeha, h raha zaho mandeha, pv Laha zaho mandeha. — il fut parti, Lahefa roso izy, h nony efa lasa izy. vo Dieux

QUAND, — même ce serait mon père, Na (ou ndre, h nadia, sala, samba, tsary) ada ko izy; na dia ada ko aza. J'irai — même, handeha foana aho, handeha edy aho; ndre zany zaho handeha.

Quanquan, Fosa, fosafosa; fosanólona, fosavava. bedibedy foana. Faire des —, QUANQUANER, Mifosafosa, mibedibedy, manao fosavava. Sur qui on fait des —, Fosafosaina.

quant à cela, ny amy ny zany. — à moi je n'irai pas, izaho tsy handeha.

Quantes. Toutefois et —, na oviana na oviana, ndre ombiana ndre ombiana.

Quantième. Le — est-il? fahafiry izy? Le — du mois? andro fahafiry amy ny vôlana?

Quantité, Habe ny, hamaróana, h ankabiázana, habézana. — de chose, z maro, z be, z maro be, hamaroan-draha. En —, vo En MASSE. Quelle — ? firy? Eran' ino? —, Érana fanoñónana —, haelána.

Quarantaine, Efa-polo. Une — de jour, Andro efa-polo, efa-polo andro. Navire en —, sambo mijánona efa-polo andro (ou manoetra andro), fandrao misy arétina mifindra. La —, toetr'andro fandiñésana. Qui a atteint la —, o efa efa-polo taona.

Quarante, Efa-polo. Quarantième, fahefa-polo ny. Un —, h ampahefapolo ny.

Quart s, h Ampahefa'ny; fahéfa'ny; ampahéfatra, fahéfatra. Un — de piastre, kirobo. Un — d'heure, tapak'andro kely, hakiho ny raiky, mokóny ny raiky. Un demi — heure, zehy ny raiky. Les trois — du temps, Matetitétika. Etre de —, Miándry, miámbina.

Quarte a. Fièvre —, Tazo mañavy isan'efatr'andro; tazo mihétsika isan-kefaran'andro, tazo manao fañaviana isan-kefaran'andro.

quarte, Famaran-drano.

Quarteron a, Zanak'ámbiny ny Vazaha amy ny o hodikarabo.

Quartier, Fahéfa'ny, ampahéfa'ny, ampahéfatry ny; tápany ny z vaki-éfatra, ? tapatápa'ny, zarazárany; vonga ny raiky. — de la lune, vakindélany. vo vôlana. —, Tokotány fitoérana. —, Toby, trano ny miaramila, fitobíana. — général, ny troñady, fitoérana ny talé ny táfika. Faire —, miantra, mamela.

quarto, vo In —.

Quatorze, Efatr'amby ny folo; folo efatr'amby. Quatorzième, fahéfatr'ambinifólo; fahafólo-efatr'ámby. Un —, ampahefatr'ambinifolo

Quatre, Éfatra, vo In — ; mañin — ; mi —, efárina. —

jours, éfatr'andro, h hefárana. à — pattes, mandady, mandadilady, milady.

Quatre-temps, Andro telo ifadiana in'éfatra isan-taona; isan-telo vôlana.

Quatre-vingt, Valopolo, pv valompolo. Quatre-vingtième, faha —. Un —, h ampahavalopolo ny.

Quatre-vingt-dix, Sivy folo, pv siviampolo. Quatre-vingt-dixième, faha—.

Quatrième, Fahéfatra, fahefa'ny. Un —, ampahefa'ny, ampahéfatra. Quatrièmement, ny fahéfatra.

quatriennal, Isany éfatra taona. mañerintaona éfatra.

quatuor, Antsa efa-peo.

QUE, *Pron. relat.* est renfermé dans le PARTICIPE PASSIF. La chose, que je prends, que je demande, que je ferai, que je dirai, que j'ai retournée, ny z alai'ko, angatáhi'ko, hatao ko, ho lazai'ko, navadik'o. *C'est-à-dire,* La chose prise, demandée, qui sera dite, qui a été retournée, par moi. vo Zay, izay; lay, ley. Que faites-vous? Ino, h Inona no atao nao? Manao ino anao? mañino anao? Que voulez-vous que je fasse? Ino no tia'nao hatao ko?.

QUE, *Conj.* Je sais qu'il viendra, Fanta'ko izy ho avy, zaho mahafántatra izy ho avy; *et* h fantatr'o izy ho avy. Il est plus haut que moi, aboabo ko izy; h avoavo noho izaho izy; que les autres, aboabo ny námany izy, h avoavo mihoatra noho ny námany izy. Il vaut mieux mourir que de pécher, sitrany ho faty koa (*ou* koazáka, karaha, totry, otry toy) ny manao ratsy; h toy zay manao ratsy. Autant de fruits que de feuilles, Ny isa ny ráviny isa ny voa ny; ny vóany mitovy isa amy ny ráviny. Il est aussi savant que grand, ny fañahy ny mitovy amy ny vata'ny, mitovy habézana amy ny vátany; ny habézany ny fañahy ny habézany ny vata'ny. Qu'il revienne, Mimpodiána izy. Qu'il meurt! Matesa izy! h aoka izy ho faty, sándraka izy ho faty. Que Dieu vous bénisse! ho tahíny ny Zanahary anie hianao!. Donne-le que je le regarde, atoloro izy ho zahá'ko. Retirez-vous que je passe, mialá hombá'ko. Il y a longtemps que je ne l'ai pas vu, Ela no tsy nahitá'ko azy, ela zaho tsy nahita azy. Qu'avez vous que vous ne mangez point? Marary ino anao no tsy mihinana anao? *ou* No tsy ihinána'nao? fa tsy hómana anao? Qu'y a-t-il que vous ne partez pas, Ino No tsy andehana'nao? Ino no tsy mampandeha anareo? Que ne vient-il, mañino izy tsy avy, akory izy tsy avy? Si vous avez des amis et que vous désirez les conserver, Izikoa anao mánana sakaiza tia'nao ho tana'nao, *ou* KA tia'nao ho tana'nao, *ou* KA tia hitána azy. Avant que je parte, aloha ny andehána'ko. Que de travail! mba be asa! Que vous êtes bon!

mba tsara anao e! vo Combien, Quand, Si, Comme, Lorsque, Afin que.

Quel, Quelle, Ino', hỉinona; maǹino, manakory, manahóana, manao ahóana. — qu'il soit, ndre — ndre —. En — état êtes vous ? akory ny toetr'areo ? manahóana ny toetr'areo ? akory anareo ? Tel —, Tsy tsara loatra, foana, ratsiratsy. — père ? Ray Zovy ? QUELCONQUE, vo QUEL qu'il soit.

Quelque. — personne, olona, ólona raiky. — peine, Alahelo kely. — grand qu'il soit, ndre maǹino ndre maǹino ny habôsany. — part, eñy ho eñy, aoao, ao ho ao, arihoarý, anihoány, eñieñy, aǹiany. — part que ce soit, na aiza na aiza, ndre aia ndre aia. De — endroit que ce soit, na avy aiza na avy aiza. — chose que ce soit, na ino na ino, na inona na inona. De — manière que ce soit, na manakory na manakory, na manahóana na manahóana. — jour que ce soit, na andro ino na andro ino. En — temps que ce soit, ndre ombíana ndre ombíana. — temps, elaela hiany, refindréfiny. QUELQUES hommes, o vitsivitsy, raikiraiky, irairay, ? sásany.

Quelque chose, Závatra, raha, zaka; antsínika. — de haut, — abo.

quelquefois, Indraikindraiky, h indraindray.

Quelqu'un, ólona, ólona raiky, olona iray; tena iray. — d'eux, raiky amin-dreo. QUELQUES UNS, vitsivitsy, raikiraiky, irairay, tsy maro, sásany.

Qu'en-dira-t-on. Craindre le —, matáhotra ny hévitry ny ólona, ny teny n'ólona, ny vava n'ólona, ny fosa n'ólona, ny fosafosa; matáhotra ho vólaǹin'ólona, hadín'ólona.

Quenouille, Hazo hely namehézana foly ho hendréna; ? Fañendríana; h tólotra. —, érany ny tólotra.

Querelle, Ankány, adiady. vo DISPUTE. Epouser la — de q, misázoka k n'ólona. Chercher —, mila levilevy, mila sotasota. Se QUERELLER. vo Disputer. — q, gronder. QUERELLEUR, vo Disputeur, et tiady, mpila ady, mahery ankány.

Quérir, Maka, Málaka, Envoyer —, Maǹiraka o hálaka, mampálaka azy.

Question, Fañontaniana, Ontány; Tsikéka, fitsikéhana. vo tsike-may; kabary, fototr' ady, fanadinana, kabary fisalasalána, fiahiahiana. — captieuse, fandri-bólana; antsafa, fañantsafána. Mettre en —, misalasala, miahiahy, tsy mino loatra, tsy mañeky. QUESTIONNER, maǹontány, mitsikéka.

Quête, Fitadiávana, fanjengiana. —, fangataham-bola ho any ny malahelo &. QUÊTER, Mitady vola niḣiny malahelo &. mikátsaka, mila, manjengy, mamory, mangátaka vola amy ny o. QUÊTEUR, Mpangátaka.

Queue à poil, Rámbona; —dure, ohy; —à plumes, Volombody. — de l'armée, vody ny táfika. — de fruit, h tahomboankazo. — de brebis, h hófaka. vo romaroma, romoromo; tsoadrámbony, vody n' akanjo, sahondrámbony ; ¶ ny afárany indrindra; ny táriny, sáriny; záhana. Qui a la ——coupée, bólona, bolon' ohy; fólona. Lui couper la ———, inamólona azy, mamólon' ohy azy; mandrámbona azy.

Qui, *pron. relat.* 1. *Il ne s'exprime pas:* L'homme qui sert Dieu, ny olona manompo Zanahary, zay olona manompo Zanahary, c-à-d l'homme, ceux hommes servant Dieu. (2. h? Il se rend par Izay, Zay: ny olona izay manompo an' Andriamánitra.)

Qui? Zovy? h Iza? pv azý? pv Ia? h hia? —est là? Iza izao? zovy zany? zovy no ao. A qui? An-jovy? an' ia? an' iza? Qui que ce soit, ndre zovy ndre zovy; na iza na iza.

Quia. Être à —, Efa tsy manambólana havaly, tampibólana, very saina ka tsy mahavaly. Mettre à —, Mahavery jery, mandresy.

Quiconque, Na zovy na zovy, na iza na iza, ndre ia ndre ia; ndre zovy ndre zovy.

Quidam, Olona, h olona anankiray.

Quiétude, Fibonéhana, fitsahárana, fiadánana.

Quignon, Tapa-mofo be, vonga-mofo be.

Quille, Tsangantsangan-kazo fosomaina. —, Montsefontsambo, h montsifona, trákony.

Quincaille, Quincaillerie, Z vy, zava-bý, zava-baráhina, z mikirintsana, z fiasána, antsinika vy.

Quinconce. En —, Vokovoko. filaharan-draha éfatra anjoro raiky anivony.

Quinquagénaire, Efa dimiampolo taona.

Quinquagésime, Ny Alahady aloha ny *Carême*.

Quinquet,¶ Akora fañilóvana.

Quintal, Lanja zato.

Quinte, Mihérina isany dimy andro. —, ny tónona faha-dimy. — kohaka be. —, Caprice.

Quintessence, Ny izy, ny tena ny indrindra, ny fótony.

Quinteux, vo Capricieux.

Quintuple, h Dimy heny. Au —, In-dimy heny. Quintupler, Manao dimy heny, manao in-dimy heny.

Quinzaine, Dimy amby ny folo, pv folo dimy amby. —, Tapa-bólana, herin'andro roy. Quinze, Dimy amby ny folo, folo dimy amby. Quinzième, Faha —. Un —, h Ampahadimiambinifolo.

Quiproquo. Diso ólona, diso z alaina. Faire un —, —.

Qui que ce soit. vo à Qui.

Quittance, Taratasy famoáhana; ? fanafahan-trosa.

Quitte, Efa tsy misy trosa, efa talivóaka, áfaka; efa trosa. Jouer — ou double, h manao Ankody.

Quitter, Miala, mienga amy ny, mandao azy, mamela, mahafoy. — son poste, h mandrava sivana.

qui va là? Zovy zao? zovy ao?

Qui-vive? Zovy ao? Iza eto? zovy zao? Être sur le —, Mitándrina ny an-dálana, mitilitily, miandry, manao ambindahy ou andri-lahy.

quoailler, (sovaly) mañetsikétsi-drámbona.

Quoi? Ino? h ínona? Avoir de — manger, travailler, Manan-ko-hánina, mánana asa, manan-kasaina. Il n'y a pas de —, Tsy mañino, tsy mañahy.

Quoique, Na, ndre, h na dia; vo Nefa, Kanefa, anefa, kandrefa.

QUOI QUE CE SOIT, Na ino na ino; ndre ino ndre ino; h na inona na inona.

Quolibet, h Vosobósotra; kihianihiány, koniania, saoteny, teny mifelipélika.

quote-part, Anjara, tápany.

quotidien, Isan'andro.

quotient, Anjara, ny isa ny omby amy ny

quotité, Habé ny anjara.

R

Rabâchage, Vólana miherinkérina. RABÂCHER, Mampiherinkérina teny, miherinkérina teny, miherim-bólana, mimpody vólana, milazalaza lava.

Rabais, Fihéñany ny vidy njávatra; fola-bárotra, folabangána. Être au —, miheña, miheña vidy; fola-bárotra. Donner, metre au —, mamola-bárotra, mampihena ny vidy ny.

Rabaissement, abaissement.

Rabaisser; vo abaisser. —, Déprécier.

Rabat, Haingo-mbózona.

Rabat-joie, Mpañala haravóana, mpañetry ou mpanao haravóana.

Rabattre, Mañetry ny misóndrotra; mandátsaka; mandrápaka; vo ABAISSER. —, Mamola-bárotra, mandatsa-bidy. En —, mañala amy ny; manatsáka azy. Se —, miviry, h mivily; ? mifori-dia.

Rabbin, Mpampiánatra amy ndreo Juifs. Rabíny. Rabinisme, Fañambarány ny Rabíny.

Rabêtir, Mampitombo hadalána. Se —, Mitombo hadalána.

Râble, Ny ambány ny vátana. —, fisoitra.

Rablu, matómboka, maózatra, mavika, mavibika.

Rabonnir, Manatsara, mankatsara, mahasoa. Se —, Mihíatsara, mihíasoa.

Rabot, Vánkona hely, fikasóhana. rabó, h raboha. RABOTER, Mamánkona, mikásoka. VO POLIR.

Raboteux, marokoroko, maraorao, maro óngotra, montomóntotra, kitoantóana, mikitoantóana, mitrikíatrikía, mivohomamba, mikidongadonga, h mirokaróka.

Rabougri, h Botry, pv katréñina, tsy mitombo, bozy, miketronkétrona. manikely, keliela. VO NABOT. RABOUGRIR n, tsy mitombo, mihíabozy, mihíabotry, miheña.

Rabouillère, Lávaka amaírany ny *lapin*, lava-dapíny.

Raboutir, Manohy, manohitohy tapa-damba. p atohy. vo téhina.

Racaille, ny rorohan-tay n'ólona, h mpanosi-áhitra. —, z tsy misy vidy ny.

Raccommoder, Mañajary ny róbaka, mañatsary, mambúatra simba. manámpina ny lóaka. mamítrana ny matríaka; mamodifody; mamodi-vondro. mandípika; h manónitra. vo manípika, manímpy, mitsipi-dákana; mampiádana, mampivitrana o. RACCOMMODAGE, fañajaríana ny róbaka, famodifodíana, famitránana, fandipíhana, lípika.

Raccorder, Mampifañáraka, mamítrana. —, — indraiky.

Raccoupler, Mampikúmbana indroy; mampivady indraiky, mampiray indroa.

Raccourci, nofohézina, fohifohy, voa fohy. Un —, Teny fohy milaza ny ántony ny taratasy lehibé. vo ABRÉGÉ. Anadraha. RACCOURCIR, Mamohy, mankafohy, mamohifohy, mahafohy, mamóritra azy. Se—, mihíafohy, mihíafohifohy. mihíakely, miheña, misónkina. RACCOURCISSEMENT, fanafohézana, fankafohézana, famohézana, famohifohézana. fanakelézana. —, fihíafohézana.

Raccoutrer, Manjaitra ny matríaka, mamítrana.

Raccroc, Un—, par—, Vintan-tsara; zara azo foana, tsy azo ny hitsi-ntáñana.

Raccrocher, Mañántona indraiky. —, Mahazo indraiky ny z very; misámbotra, miházona azy indroa. S'y —, misangázona, mihántona amy ny, misámbotra azy, mamáhatra amy ny.

Race, Karázana, firazáñana. vo firenéna, rázana, fokompirenéna, foko.

Rachalander, Mampiavy indroa ny mpividy.

Rachat, Fividíana ny navidy. fañavótana ny very, famotsórana, famonjéna, fañafáhana. RACHETABLE, azo vidína, azo avótana. RACHETER, Mividy ny navidy, mividy indroa. Mañávotra, mamótsotra, mañáfaka, mamonjy. — un premier né, Manolo azy. —, COMPENSER. Se—, mañavo-bátana, manavotr'aiña, mividy tena, mividy loha.

Rachitis, rachitisme, Arétina mamóhotra ny taolandamósina. RACHITIQUE, marary andamósina.

Racine, Váhatra ; h faka, fákany. —, z fohánina maniry an-tány, otry ny ovy, ny kabija, ny mohogo &. — d'un mot, ny fôtotry ny vólana, foto-bólana, ny ihiaviany, ny aviany, renivólana. Pousser des —, Mamáhatra, h inamaka. Remonter à la —, Mamótotra. Qui a pris —, efa nahaváhatra.

Racler, Mandrókotra, mandrangodrángotra, manihy, mikaoka, mandrángotra, mihohy, h ? mikisaka. RACLOIR, fikaóhana, fandrokótana, fanihisana. RACLURE, tai-nkihy, tai-nkaoka, tai-mbánkona.

Racoler, Mandátsaka ho miaramila.

Raconter, Milaza, miventy, mañambara, mañangano. RACONTEUR, Mpilaza, mpilazalaza; mpañangano.

Racornir, manamafy, mankaditra, mankahery. Se —, mihiahery karaha tándroka , ? mikétrona, mihiamaózatra.

Racquitter q, Mampahazo azy ny z very ny amy ny laolao. Se —, Mahazo ny z very amy ny soma.

Rade, Fitodian-tsambo, fifatseha-tsambo.

Radeau, Záhitra; lakambózaka, kidóny, ? kidóna.

Radial, Maniritsiry, mitselatsélaka.

Radiation, Tsiritsiry mazava, hazavána maniritsiry; tañamasoandro, avanávana, tsirinafo, faniritsiriana, famirapirátana.

Radical, Avy amy ny fôtotra. —, fótotra, fótony, tombóana, aviana, h ihiaviany; mañely, voalóhany.

Radicule, Váhatra madínika, somobáhatra, zana-báhatra.

Radieux, Maniritsiry hazavána, mamirapíratra, mitselatsélaka, mañavanávana.

Radis, Añarán'áñana táhaky ny batata.

Radius, h Taolan-danton-táñana, ny taólana madínika amy ny bao táñana.

Radotage, Volambólana tsisy fôtony, vólana maro tsisy fótony, badabada, vorobéroka, bebobéboka; h bedibedy foana. RADOTER, Mi—; miamañamam-bólana táhaky ny olon'ántitra, miverin-tsaina, veri-jery.

Radouber, Manentsin-dóaka amy ny sambo; mamboatra, mañajary.

Radoucir, Mankalemy, mankamora, manala fe, mampiónina, mañétraka, mañala hasiaka. Se —, Mihialemy, mihiamora, ketrakétraka.

Raffermir, vo affermir.

Raffiner le sucre, mandio ny siramamy, manavantávana. — n, mihiaméndrika; mitándrina loatra. — sur qc, mihoa-

tra azy amy ny hatsarana. Se —, mihíadio, mihíatsara.
Raffinerie, Trano fandióvan-tsiramamy.

Raffoler de qc, Tia azy loatra, matinihiány.

Rafia, h Raofia, pv rafia.

Rafle, Fahimboalómbona afa-boa, tsákiny, átatra, kira.
Rafle, Faoka, paoka, raoka, fifaóhana. Faire —, **Rafler**,
Mifaoka, mipaoka, mamaoka azy; mandraoka.

Rafraîchir, Mankanaranára, mampangatsíaka, mankanintsiníntsy, mamelom-bolo, manavao, mankavaovao, mamboatra, mankatsara, manala sásatra, manavítrika. Se
—, Mihíanaranara, vao ho velombolo; mihíavao. Misotro
hely, misakato andálana, manala-dísaka. **Rafraîchissement**, fanalan-dísaka, fankanaranarána.

Ragaillardir, Mankavitribítrika, mahavítrika, mahavelombélona, mampifalifaly.

Rage, Hadalán'omban-tsíaka, afonáfona, safóaka, samóntitra; h rimorimo. **Manie**, **Passion**. Avec —, vo **Enragé** et mirimorimo, mihidivázana, manehi-bázana, manekibázana.

Ragot a, Be-fohy, botry, botréfona.

Ragoter; vo **Murmurer**, grogner.

Ragoût, Qc **Ragoûtant**, Hánina mahazáva ny troka m..ai-zina, hanim-piró; hanim-pý, volambato. z tían-ku-hánina, laoka. **Ragoûter** un malade, mampitia hánina, mankazava tróka o marary.

Ragrafer, manávitra indroa.

Ragrandir, Manabebé, manátatra, h manitatra, mamoha, manohy azy.

Ragréer, Mamboatra indroa; mamarafara, manajary, mamodifody.

Raide, Hénjana; h hínjitra, pv híntsitra, pv híntitra, midiridiry. vo hinjitrínjitra, maheri-hátoka, ankínjitra, ankézaka; tórana: vo Mafy, mizíhitra, mikiribíby, mihinjihinjy, mideza, homezaheza. —, **Escarpé**, **Raideur**, hahenjánana, fahenjánana; ditra, hadirana. **Raidir**, Manénjana, mankahénjana; mahahénjana; maninjitra, manintsitra, mampidiridiry. Se —, mihénjana, mihíahénjana; mihínjitra, mihíntsitra, mihíntitra. vo mitánjaka, manankenjy.

Raie, Makoba, Fay.

Raie, Sóritra. Qui a une —, mi—. Y faire une —, manóritra. Instrument pour faire la raie, Sávika, kisávika; fisávika, fanity, fanóritra; h fofy, h fiofy. vo Tsipika.

Raifort, anaram-báhatra fobánina masakasáka. *Rave* masakasáka.

Railler q, s'en **Moquer**. **Raillerie**, Moquerie.

Raine, **Rainette**, sábona madinika antety.

Rainure, Lakandákana amy ny hazo; lakaláka, salakandákana, salakalákana.

Rais, Tanan-kodia, tsiry ntangérina.

Raisin h Voalóboka, pv voalómbona, pv Voakitsy. — sauvage, Voalobok'ala. — d'Europe, Voalombom-bazaha.

Raison, Saina, fjery, hévitra, fanahy. Motif. Qui a ---, mahitsy, márina. Donner ---, mankahitsy. Qui a la ---, l'usage de la ---, ari-saina, anon-jery, vori-jery, manan-tsaina. misy fjery, manan-jery. Qc fait avec ---, z misy fòtony, misy ántony, misv tombóany; sans ---, foana. Rendre --- de, manambara ny fotony nanaòvana azy. En chercher, voir, dire la ---, mamòtotra azy. A plus forte ---, sándraka, lombolombo, h mainka. qui est du domaine de la ---, azo sainina, azo saintsaínina. En --- de, Noho ny.

Raisonnable, Manan-tsaina, manan-jery, misy saina; hendry; pv mahíhitra; mijery, mihévitra: ---, mety, antónony, h antóniny, sahaza, ny andráriny, márina, mahitsy. Parler RAISONNABLEMENT, mahitsy vólana, mivólana misy fòtony, marim-bólana.

Raisonné, Misy fòtony; hevérina tsara. ---, milaza ny fótotra, mamòtotra, feno hévitra.

Raisonnement, fisaínana, fandaharan-kévitra, adi-jery, adi-hévitra, ankány, fifandirana.

Raisonner, Misaina, mijery, mihévitra. manádina, mandinika. ? mamòtotra. ---, miadi-jery, miadi-hévitra. mandaha-kévitra, mandáhatra izay hevi'ny; mifandítra, mila fòtony, mila fandávana, mila fialána. Raisonneur, mpisaina. ---, mpifandítra, mpiadi-jery, tia ankány, mpifánditra.

Rajeunir qc, Mankatanòra, mahatanòra, mankazaza, mampody zaza. — n, mody zaza, mihíatanora.

Rajuster, Manohitohy indraiky. mandáhatra indroa.

Râle, râlement, Trona, fontréka, tréfona. Avoir le ràle, RÂLER, Mi —.

Ralentir, Mampiádana ny maláky loatra, mankamoramora; mahamora, mampiheña. Se ---, miadan-dia, mihiamora, miádana, mihíavotsa dia, mihíakétraka. RALENTISSEMENT, fiadanan-dia, fiketráhana.

Râler, vo à râle.

Ralingue, Tady amolo-day.

Ralliement, fiharóana, fihaónana, fivoriana, fampiharóana, famoriana. RALLIER, Mampivérina hiláhatra, mampiray, mamory ny barakaika, mampihaoña, mampiharo. Se ---, Mimpody hiláhatra, mivory, miharo, mitraotra, miraiky.

Rallonge, sósoka atohy. RALLONGER, Manohy, manósoka, mahalava, mankalava, mandava.

Rallumer, Mandréhitra indroa. — le feu, mamelon' afomaty, mamélona indraiky.

Ramage, Volambólany ny voro-madínika, tsiatsiaka, antsa. —, sary ndrantsankazo amy ny lamba; ràntsana, endri-tsòratra. RAMAGER, (Voro-masay) m:volambólana, mivólana, miantsa, maǹeno, mitsiatsíaka.

Ramaigrir, mankahía indraiky, mampody mahia. — n, mody mahia, mihíamahia indraiky.

RAMAS, Havorian-draha ratsiratsy. vo AMAS, MASSE.

Ramassé, Vory, vorinofo, aǹon' aiña, okénana, onkénana, vokénana, h vonkénana; fónitra, botrabótra.

Ramasser des objets, Mamory, mandáǹona, h manáǹgona; mamónkina; manándroka, mamómpona. — ce qui est à terre, Mitsímpona, málaka, mandramby, mandray. — du miel, maǹantely. — des coquilles, miankárana, maǹankárana. Se —, mivónkina, mitambolopoza; mivory; (o lavo) mitsángana, miónjona, mifoha.

Ramassis, Havorian-draha tsy voa fidy; ź maro mitobórona fcana.

Rame, Fivé, h fivoy; fivézana; fivoízana. — de papier. Fehian-taratasy roam-polo horóǹana; ambakoan-taratasy. —, Rantsan-kazo atsátoka hanihiny ny áǹana mandady; tóhany ny tsaramaso.

RAMÉ. Pois —, Lojy toháǹana, lojy mandady, maǹánika.

Rameau, Rantsankazo, sampan-kazo; ráhaka, randráhaka, randráǹa.

RAMÉE, Rantsankazo amindrávi' ny mivandibánditra.

Ramener, Mampody, mampivérina; mitondra-mody, maǹátitra hody, mitárika hody.

Ramer, n, Mivé, h mivoy; — lákana. Ramez, vezo, voízo (ny lákana).

RAMER des pois, Mamáhaǹa, mitóhaǹa lojy.

RAMEUR, Mpivé, mpivoy.

Rameux a. Plante rameuse, áhitra misy vahy, be ráhaka, mandráhaka.

RAMIER. ? finaingo, ? Domóhina. vo PIGEON.

Ramification, Ràntsana, rantsandrántsana, fisampantsampánana, sandráhaka, firitsadritsáhana. Se RAMIFIER, mandráhaka, miráhaka, mandrandráhaka, misandráhaka, manardráhaka, misampantsámpana, mandráutsana.

RAMOITIR, mandendéna, mampando, mamónotra.

Ramollir, Mankalemy, mankafonty; mandemy, mamonty; mankalemilemy, mampahalemy, mamontifonty. Se —, mihíalemy, mihíafonty. RAMOLLISSANT, mahafonty, mahalemy; famonty.

Ramouer, mamafa ny fiboahan-tsétroka; mamaoka molaly, mañala molaly, mamafa molaly.

Rampant, RAMPER, Mandady, mandadilady, miladilady; vo manandrongo, miláditra, misarángotra; mañánika, manao sandra-boay, mirápaka, milelapaladia, mikolélana, mikolélaka, mileladélaka, manompo, miláfika, mizehczeho, mijehojeho, mitsaitsaika, iva, ivaiva, iviva; abily.

Rampe, Lafadáfatra fiakárana; fiakárana, lálana mákatra, tany mitsidihitra. —, Balustre.

RAMPER, vo Rampant.

Ramure, ny hamaróany ny rántsana. r y rántsana rehetra, saletra ny rántsana.

Rance. Lard —, lambo-sira mavao, maimbo, maimboreha, vo malány, mampy, mahery fòfona.

Rancher, Andry misy sakantsákana fiakárana. vo Échafaudage.

RANCIR, vao havao; mavao, mihíahery fòfona.

RANCISSURE, rancidité, havao, imbo, fofo-mahery, lany.

RANÇON, Vola fañavòtana o, ? ávotra.

Rançonner q, Mampandoa vola azy, mandremby o; mangeka azy handoa vola, manao ankery, mangálatra; mandrómbaka, mitondra fady mandremby.

Rancune, Lolompó, otri-pó, foléntika, fólavan'andro. vo levenan'ovy, tenitsiló, teny. RANCUNIER, mitana —, manao —; manao levenan'ovy.

Rang, Rántina, Láhatra, ranty, rantiranty; firanténana, filahárana, andáhatra; andálana, tantárana, láfatra, holáfiny. — de front, Tátana. Ils sont en —, efa andáhatra, efa tafiláhatra reo. Etre, se mettre en —, (Se RANGER,) Miláhatra, mirántina, marantiranty; miandáhatra, milámina, miandálana; mitátana. Etre sur trois—, mirántina telo. Mettre en —, (RANGER,) Mandáhatra, mandrántina; mandranty, mandrantiranty, mandámina, mampiláhatra. Mettre au — de, (RANGER parmi,) mampitovy amy ny; manatao añaty isa ny, mampiraiky amy ny

RANGÉ. Q—, o tia láhatra, mahaláhatra ny atao ny.

Rangée, vo Rang. Une — d'arbres, hazo miláhatra, andáhatra, mirántina.

Ranger, vo mettre en RANG. — la foule, Mampitakila, mampitañila, mampiañila, mampihila ny o maro; mampálaka ny ila ny hamaróana. —, mampañeky, mampiandány. —, Côtoyer. Se —, vc se mettre en RANG. Se —, mañeky, miandány. Se — de côté, mitakila, málaka ny ila, mihila, mitañila.

Ranimer, mamélona ny maty, mamélona indraiky, mampiaiña, mampody fiaiñana, mañisy aiña amy ny; manisy fo. Se —, miaiña indraiky, vao hiaiña, mody aiña, mody to, mala-po, ménjika, malak'aiña.

Rapace, Ngoaim-bambo tábaky ny papango; líana, mangálatra, arára, ta-hahazo, maniry, maka ankery ny; ?miosanósana. RAPACITÉ, fingoainam-babo, haliánana, faniriam-bambo, fanaòva'aiña raha maka.

Rapatrier, vo Réconcilier. --q, mampody o amy ny tany nivelôma'ny.

Râpe, Tsofa malemy, fanotsofána hazo, fikasóhana, fandrokótana, faìiasána, fandodírana, faṅampalésana. vo ohimpay. --, pv, tsakimboa lómbona, fahimboa lómbona áfaka voany, tsákiny, átatra.

Râpé. Habit---, akanjo maty volo, afa-bolo, tonta.

Râper avec la râpe, Manatsofa, maṅampaly, mikásoka.-- sur la râpe de la maronta, Mañasa, mandóditra kabija. mandrókotra.

Rapetasser, Manámpina ny róvitra. manampintámpina.

Rapetisser, Mankahely, manakely, mankahelihely, vo mampiheña, manafohy, manety, mandetsy. Se ---, Mihiakely, mihiahely. vo miheña, mihiafohy, mihiaety, miletsy, mitandetsy, misónkina.

Rapide, (Rano, rívotra) maláky dia, malády mandeha, faingana, mandríana. vo mandrivotra, mirimorimo, mikiarétsaka, mailaka, mavio, mavíngana. RAPIDITÉ, halakiana, hafain-gánana.

Rapiécer, Rapiéceter un habit, Mandípika, manámpina, manampintámpina, mamodivondro, mamodifody akanjo loadóaka. RAPIÉCETAGE. fandipíhana, lípika, fanampénana, fanampintampénana ny róvitra.

Rapine, Hálatra, fangalárana, Roba, fandrobána, Babo, famabóana, z nangalárina ankery, herombabahona, toha, sámbotra. RAPINER, mangálatra, mamabo, mandroba; h mangalatety.

Rappareiller, Mampiharo amy ny nama'ny.

Rapparier, Maṅisy námana amy ny z very námana, maṅisy vady, maṅisv fahanámana.

Rappeler q, Maṅantso o hivérina, mikaika himpódy.--, miantso indray. -- qc, mampahatsiaro z, mamoha, maṅòkatra, maṅómbotra k milévina. vo mitaraintananompaka. Se -- qc, Mahatsiaro, sk mahatiaro, mahatsiahy, mitadidy z, mahazo jery z. C'est là tout ce que je me rappelle, Efa izy ny tsiaro ko, zany edy ny azo ko jery. RAPPEL, Fiantsóana hivérina, fikaihana himpody; fampodíana.

Rapport, Fampodíana z. Terre de —, tany navory. Pièces de —, ketsaketsa. Les — d'une terre, ny vókatry ny tany; ny téraky ny tany. En plein —, (hazo, tany) mamoa be, mitéraka be, vaṅon-draha. Un --, Z lazáina, z ambára.

laza, ampanga, hono, tsahotsaho,; filazána, fañambarána; h tohono. — embrouillé, verin-tendro. Les — entre..., fifañaráhana, fihavánana, fikambánana, fitoviana. Par — a, Izikoa ohárina, laha atátana amy ny...; mariny ny..., miràntina amy ny. noho ny; ny amy ny. Quel — entre....? mifanino? h nifaninona.

Rapporter, Mampody atý, mitondra hivérina atý, mamérina atý, mañampody. —, miláza, mañambára, milazalaza, mivénty. — à moitié, manindao ilany, mandao ilany. vo mitondra haro, mañampanga. —, (Tany) mamoa, mitéraka, mampahazo, ahazóana. — beaucoup, (Tany) vañon-draha, mahavôkatra. Se —, Momba, mañáraka, miáraka, mifampitátana, mifañáraka; mitovy; hávana, námana; ny amy ny. S'en — a, mañeky azy; mieky, maható, mino, matóky, momba.

Rapporteur, Mpiláza, mpilazalaza. —, mantavava, haingiam-bava, maivam-bava, mpitondra haro, mpitati-bólana, marivo vava, tsy mahafihim-bava, tsy mahatam-bava.

Rapprendre, Miánatra indraiky.

Rapprochement, Fampihaóñana, fañaóñana, fampitraófana.—, fihaóñana, fitraófana, fifanakekéna, fifankariniana. RAPPROCHER, Mampihaona, mañáoña, mampitraotra, mampiharo; manao fankariny, mampifanakéky, mampifankariny. Se —, Mihaoña, mitraotra, miharo, mifankariny, mifanakeky; mihávana, mifampitraotra, miray, miraiky, miáraka; miarakáraka; mifañátona.

Rapsoder, Mandipidípika foana, manampintápina foana.

Rapsodie, Haróan-draha ratsiratsy, ketsaketsa ratsiratsy. —, tonon-kira foana tsy mifañáraka.

Rapt, Ny málaka o heraina, maka o ankery, mangalatra o. faok'ólona, Paok'ólona.

Râpure, Taintsofa, vôvoka.

Raquette, Harato hénjana.

Rare. Il est — qu'on soit content de..., Vitsy ny ravoravo ny... Q —, qui vient RAREMENT, Malanka fiaviana ou malálaka, malaladálaka, mañelanélana, mahálana, tsy matétika fiavíana. Qc —, z tsy fohita lóatra. vo tadiávina, tsy hita vanavana, tsirairay, mandikadíka.

Raréfactif, Mahalálaka. RARÉFACTION, Famohána, fahaláhana, fandaláhana. — de l'air, Halaláhany ny tsioka. RARÉFIER, Mamoha, mahalálaka, mankalaladálaka, mandaladálaka. Se —, mihialálaka, mivoha, mivohavoha.

Rarement, vo à Rare.

Rareté, Havitsíana, halaláhana, tsy fisian-dóatra. Une —, z tsy fohita lóatra. z tsy anáñana maro.

Rariflore, Vitsi-voñy, vitsi-félana.

Ras, rase. (Loha, Sómotra) voa hihy; fóngotra, fóngana, (volo) fohy, fohifohy. — campagne, Tany marimarina, miramíra, marindrano. Mesure —, (vary) fafána. vo Mamóngotra, manápaka fóngotra, manihy; malama, lémaka, ts'isy z ambóny, somafatra.

Rasade, Lobaloba feno z finómina. eran-dobalóba.

Raser, Manihy, manáratra, mamóngotra. —, mifôtra amy ny, mikásika azy. vo EFFLEURER. — la côte, Manólotra. —, Mitampísaka an-tany hivóny. —, Se —, Manala sómotra, manihy sómotra. vo Mamángitra, manátsaka, manarátsaka; manatsáka.

Rasoir, Haréza, fiháratra; h fihátsaka. fanihy, fanihísana; ? haréza-bólona.

Rassade, Voahangy hatao fehivózona.

Rassasiant, Mahavóky, mahaféno, mahavintsina. ? mahatóla. mahatómbo.

RASSASIEMENT, Havokisana, havintsinana, hafenóana, fahavokísan-dóatra, fahatolána.

RASSASIÉ, Voky, víntsina; tombo, etsaka, mámo, ámpoka, tola, etsa-po, vo mamo-fótaka, tsitiamainty, tsitiamololo, efa tsy tia koa. RASSASIER, Mamoky, mankavíntsina, mahavoky, mahavíntsina, manétsaka, manámpoka, manamamo, mahatóla. Se —, Mamoky troka, manétsaka kibo.

Rassembler, Mamory ny barakaika; manaona, manaonkaona, mandánona, h manángona; manámbatra, mampikámbana; mampiéka, manéka; h manaika. Se —, mivory, mihaona, milánona, h miángona; miharo; mieka, miaika; mifanízina, mifanety, mivoitra. RASSEMBLEMENT des troupes, famoríana ny miaramila. —, havorían'ólona, o tafivory, aika, eka, ny tafángona.

Rasseoir qc, Mamétraka indraiky; mampandry, mampiónina, mampitoetra. —, (divena) mandry. Se —, mifítaka indraiky; mandry, miléntika, miheña, kétraka.

Rasséréner le temps, Mandio, mankazava, mahasava, manava ny andro.

Rassis a. Pain —, mofo ela, manara, elaela, mahery. Esprit —, Fanahy matoy, mitómbina, mandry, mándina, mántona, h maótona, h maótina, h miónona, h miánina.

Rassoter, Mahafatimpitia, manadala. RASSOTÉ de.... matyny hiany, matimpitia; adala ny fitiávana azy.

Rassurant, mahatóky, mahafatóky. RASSURER, mampatoky, mahatoky, manisy toky, manome toky, manala táhotra, manala ahiahy; mamáhana, mankafátratra, mahafónitra. Se —, matóky indraiky, málaka toki-mpo, mihátoky, mala-po, manary táhotra.

Rat, h Voalavo, py Valavo; — d'eau, --- ndrano, --- an-drano, vo marontrano, maro-an-trano, tsimandriálina, totozy, h rab-araba; ? rafanéntana, rafy n'éntana. ---palmiste, ? Tsídika. --, Caprice.

Ratatiner. Se —, misónkina, mivónkina, mikérotra, h mikétrona, mangérotra, mikainkona, mikarainkona, mihónkina, miónkina; mitambótrika, mitambolopoza, mitabotela, mivolimbólina, mitabonóka, h misokíky. misonkintsónkina.

Rate, pv Bakela, ? áriny. vo katry, lambíñana. Épanouir la —, Mankaravoravo. ---, Voalavo vavy.

Rateau, Fandrangótan-tany, fihogoan-tany, ? fihogontany ? fihogo tany. RATELEF, Erany ny ---. Une --- d'injures, Asaha maromaro.

Rateler des allées, Mandrángotra lálana; des foins, mamory áhitra amy ny fihogontány.

Ratelier, farafara añabo fasian'áhitra ho hániny ny aomby; lokaloka; h karaba, fihinanam-bilona. —, fátsika miláhatra fampandriana basy, lafadáfatra. Remettre les armes au ---, tsy manáfika koa, mametra-défona. ---, ny filaharan-ký, filahara-nify.

Rater, (Basy) mavandy, h mivandy, mamery; vo mandiso, mandainga. ---, (o) mandoly, mandamóka; --- son ennemi, tsy mahazo, tsy mahatákatra ny fahavalo.

Ratière, Fandri-boalavo, fisamboram-balavo; h? tonta any voalavo.

Ratifier, Mankafátatra k natao sandra ; manamafy, mahavita, maható, manórina, tsy mampiova, mandrékitra k. RATIFICATION, famatrárana, fahamafiana, fahavitána k.

Ratillon, Voalavo mandínika, ? totozy.

Ration, Anjara, tapakánina omena isan'ólona, bira; hánina rasaina amy ny miaramila, hánina isanandro, hánina éran'ólona.

Rational, Arontrátra.

Rationel, Manáraka ny saina, mahitsy, misy lany.

Ratisser, Manihy, mandrángotra, mandról.otra, mikaoka, mikaokaoka; mikiky, ? mikísaka, ? manísaka. RATISSOIRE, fanihisana, fandrangótana, fikaóhana, h fanisáhana. RATISSURE, ? tai-ndrángotra, tai-ndrókotra, tain-kíhy.

Raton, voalavo kely.

Rattacher. vo Attacher en ajoutant Indraiky, h indray.

Ratteindre, Mahatrátra ny mialoha.

Rattraper, Mahatrátra indraiky; mahatákatra, mahazo, mahazo fándrika indray.

Rature, Sóritra mamono sóratra; sóritra famonoan-tsóratra, sòratra vinono, sòratra maty. RATURER, manihy Sóratra, mamono, manimba, h mikíky, h ? misaoka sóratra

Rauque, (Feo) farimpárina, fárina, barabara, mangara, mangararáka, gadragadra, mibarabara, migedrogedro, mireorco. Qui a la voix —, Barafeo, farimpeo, mangara feo.

Ravager, Mandróbaka, mamaoka, mifaoka ny z ziaby amy ny, mandrodaroda tanána, mandroda; mañólana, manorona, mandrava, manímba, mamalo, manolonkólona, manosy, mandány azy; mangálatra ny z amy ny. ravage, Rodaroda, fandrodarodána, fandrodána; fandravána, fandrobátana. ravageur, mpandrodaroda, mpandrava, mpandány, fandány, fañérona, jao fañérona.

Ravaler un capuchon sur les épaules, mañimpa lombodoha mandavo azy amy ny avay; mandátsaka. — q, vo Avilir. — sa salive, ses paroles, mitélina, manélina rora, vólana. — un arbre, mankafohy, mañiva azy. Se —, vo s'avilir; saron-kóngotra vaha, miléfitra, mitahorótsaka, mibébaka, mitabébaka.

Ravauder des bas, Manampintámpina saron-kongo-dratsy, manao zaitra ratsy, manjaijaitra, mamitrana foana; manámpina róvitra, mandipika foana, manao zai-páraka, manao zo-balala. —, manao volambólana miverintendro. ravaudage, fanjaifana voroboro-tsikina.

Ravauderies, Valambólana adala tsisy fòsony, saimpotsy, teny foana, tsy závatra, tsinontsinona, ? verintendro.

rave, Añara-báhatra foháñina otry ny ovy.

Ravigoter, Mamelombélona ny matimaty, mamelom-bolo, mampiaiñaiña; mahatánjaka, mahavitrika.

ravi, vo Extasié.

ravilir, vo Avilir.

Ravin, Lalan-drano lálina, alo, aloalo, pv saha, hadirano lálina, lakandrano lálina.

Ravine, Ranonórana mitsororóka avy amy ny bongo, rano midororóka; riana, saha, rano mandríaka, rano mandríana; kinga. —, ravin.

Ravir, Mamaoka, mifaoka, misámbotra, manday, maka ankery, málaka, mandraotra, mandrómotra, mandraoka, misoko, mandraotra, mahatonga, mangálatra, mandroba. —, à —; Ravissant, maharikíana, mahatsérika, mahatalánjona, mahagaga, mahamáñana. Ravis, varivary, varivarina, tonga, rikiana.

raviser. Se —, Miova jery.

Ravissant, vo Ravir. ravissement, ? harikiánana, haravóana mahatonga o; fiakaram-pañahy, faharavóana maharikíana.

Ravitailler..., mamatsy tanána lany vatsy, mamatsy indraiky, mamélona, mañome hánina.

Raviver le feu, mamélona ny afo ho maty, mamelombélona; mamélona indraiky, mampénjika, mahavítrika, mandrísika; — un tableau, mamelom-bolo sarindraha. vo mandódona, mandódo ny afo. Se —, vélona indraiky, miarim-bolólona, ménjika indraika.

Ravoir, Mahazo indraiky, mahazo ny áfaka.

Rayer, Manóritra, manoritsóritra, mañisy sóritra. — un mot, mamono sòratra, manimba, mañala azy. Etoffe RAYÉE, Lamba sámpona, misoritsóritra, ? somòratra; misoratsóratra mahitsy.

Rayon, Tsiry; du soleil, tsirinandro, tsiri-mahamay. — de roue, tsiry ny tangérina, tañan-kodia; des —, tsiritsiry. — de miel, ? lamba-tantely, papinantely, h tóhotra, tohotantely. — de Bibliothèque; talatala, talantálana. —, ny taolambe amy ny baontánana. Jeter des —, RAYONNER, RAYONNANT, Maniritsiry, mitsiritsiry, matsiratsiraka, miritsadritsaka; mamirapíratra.— de joie, maniritsiry haravóana.

RE- ou RÉ-, *Signifiant* DE NOUVEAU, *se rend par* INDRAIKY, h INDRAY: REVOIR, REDIRE, *dites* VOIR, DIRE de nouveau: Mahita indraiky, miteny indray, *et ainsi des autres Verbes:* (On dirait aussi, Mahita INDROY, h INDROA; miteny KOA; *ou même*, mañindroy mahita, mañindroa miteny; *ou encore avec* VAO, MAMÓNY VAO, mamelam-BAO, Refleurir, donner des fleurs NOUVELLES.)

Réactif a, Maharonjy, mahávotra, mahatsóaka, mangéfoña; mahavaly vango.

Réaction, Vali-ndronjy, famalian-dronjy, valíntósika; valy, valinatao; fiverénana, fodíana.

Réajourner, Mampidriso indraiky Lo amy ny andro hafa.

Réaliser, Manao, manody, h manantéraka, mampañandry. Le —, tody, tantéraka, mañandry. RÉALITÉ, Tena, vatantena, ny izy, ? haihainy. En —, to, tatao, ankitiny.

Réapparaître,	Réassigner,	
Réappeler,	Réatteler,	
Réapposer,	Rebaisser,	vo RÉ-.
Réapprécier,	Rebander,	
Réarmer,	Rebaptiser,	

Rébarbaratif, Masiaka tarehy, masia-tsora, saro-tsora, h kisokiso, h ketrikétrika, miketrikétrika, maditra, sárotra, foizina, saro-po.

REBÂTIR, REBATTRE, vo RÉ-.

Rebelle s, Mpiódina, h mpikomy. —, se RÉBELLER, Miódina, malain-kañeky, h mikomy, mitsangan-kanóhitra ny tompo, manao di-doha, mañankenjy; miónjona tsy hañeky, mikiribiby, maheri-hátoka. RÉBELLION, fiodínana, h fikomíana, komy; fionjónana, h héloka bevava, h héloka ro'amby ny folo.

Rebenir, Mijoro indraiky

Rebéquer Se —, Miavom-bava mamaly amy ny be.

Rebiffer. Se —, vo Regimber.

Reblanchir,

Reboire, vo RE-.

Rebondir, Misavóana, mivoambóana, misavoambóana; h miévotra, g miávotra, miavotrávotra. vo BONDIR. REBON-
DISSEMENT, savóana, savoambóana, tsambókina.

Rebord, Kópika, kolípika, válona, mórona, sisiny, mólotra.

REBORDER, SE REBOTTER,
REBOUCHER, REBOUILLIR,
REBOURGEONNER, vo RÉ-.

Rebours, vo l'ENVERS. Au —, mivádika, mifótitra; mihóhoka; dímbana, ota, mañamboho. Le faire, le mettre au —, mamádika, mamótitra, mañóhoka, mandímbana, mañota azy. Au —, mifamótitra, mifandímbana.

Rebontonner, Rebrasser,
Rebrider, Rebroder,
Rebrouiller, vo RE-.

Rebrousser le poil, mamádika volo, mamadi-bolo. — chemin, mimpody, mivérina, mifoti-dia.

Rebroyer,

Rebrunir, vo RÉ-.

Rébus, Teny mañanjáño, teny fisomaina, filaolaovánteny, teny mifelipélika, h koniania.

Rebut, Ny z fariana, ny ratsy távela; átatra, fékana, tay, tainjávatra, áhitra, h tóntona; z mifakofako. vo harátsaka, tohatoha, taintsárika. — du peuple, rorohantainólona. —, fandronjiana.

Rebutant, Rebuter q, Mañary o, malain-kandray, tsy mandramby, mandrónjy, mandróaka, mandá o, mandrofarofa. —, mampamoy fo, mahakivy, mahakétra-po. —, vo Dégoûter, et mahatola, mankaloilóy. Se —, mamoy fo, mañary fo.

Recacher,

Recacheter, vo RE-.

Récalcitrant, Malain-káñeky, maheri-hatoka, mitipaka, h mikimbato, h mikiribiby, maditra, miangatrángatra.

Récapituler, Milaza ny loha ny teny nataó, mampody teny, milaza izay ántony, mañambara ny fótotra indraiky, ? mamarafara volana, ? mañánoka volana. RÉCAPITULATION, filazána ny loha ny teny natao.

Recarder,

Recarreler,

Recasser,

Recéder, vo *RE-*.

Recéler, Mamony ny nangalarin'olona; manafina ny mpangalatra. vo CACHER. — n, se cacher. RECÉLEUR, mpamony &.; fanjóam-borompótsy, trano-andrianómpy, tranonkary, ? tranonimèloka.

Récemment arrivé, vao ho avy, h vao avy, ? vao navy.

Recenser, manisa ny olona &. manisa indraiky. Recensement, fanisána.

Récent, vao, vaovao; ampénjika; vao hatáo; h Vao atao; vao ho efa, h vao efa.

Receper un arbre, manápaka azy hatr'amy ny vody, mamótotra; mamóngotra.

Recépissé, Un reçu.

Réceptacle, Trano fivorian-draha ratsy maro, fanjóanjava-dratsy. — de voleurs, trano filaróany ny mpangálatra, fanjóamborompótsy.

Réception, fandraisana, fandrambésana. On lui fit une magnifique —, no rambésin-dreo amy ny fanahoabóana be izy. vo mihoby.

Recette, z raisina, z rambésina. —, filazána ny z haharo hatao fanafody va z hafa.

Recevable, azo raisina, azo rambésina, mety raisina, tokony ho rambésina. azo ekéna.

Receveur, mpandray ny vola aloa n'ólona; mampandoa hetra.

Recevoir, h mandray, g mandramby; málaka, maka z; mañéky (malo); h mampiandrano (o).

Rechange, sikina fanována, solon-tsíkina, soatr' akánjo. De —, hasolo ny diso; hasóatra; fanala-ito.

Réchapper n, áfaka amy ny may, miala amy ny faty; sitrana.

Recharger.

Rechasser. vo *RE-*.

Réchaud, Fatana atindru; fankafanána hánina; lokótra, famanána; fitanéhana, tananéhana; h fanonárana; tónatra, ? tónaka.

Réchauffer, Mamána indraiky. Se —, mihátána. Du rechauffé, tsy vao, mivérina, hay ela, miverin-tendro, tsy vaovao; voa fana indroy.

Rechausser un arbre, manisy tany amy ny vody ny, manoto-body, manoto-pótotra azy. Se —, vo *RE-*

Rèche, marokoròko, tsy malama, sárotra, h midongy.

Recherche, Fanjengiana, fitadiávana, h fikatsáhana; filána. —, fangatáhana vehivavy ho vady. —, AFFECTATION. RECHERCHÉ, vo AFFECTÉ. —, tsy fohita loatra, sárotra hila. RECHERCHER, Mitady, manjengy, h mikátsaka; manjohy, manjo, manáraka. —, mangataka ho vady. vo mikárona; manádina, mandínika, mañaliñalina; mibáraka, mamasavasa. Se — l'un l'autre, mifanjohy, mifanjohizoby, mifananjohy, mitanjengy. Se — soi-même, ? mamifovélona.

Rechigné a, RECHIGNER n, Vinitra tarehy, tezi-dahara, melokándrina, masia-tsora; masia-tarehy, manjomóka, h jengy, midongidongy, mangero-kándrina.

Rechute, halavóana indraiky; fañaviany ny arétina; simpodiany amy ny ratsy. Faire des —, RÉCIDIVER, faire RÉCIDIVE, lavo indraiky, manao ratsy indraiky, mimpody amy ny ratsy, mañota indroy. RÉCIDIVE, vo Rechute.

Récipient, z foan'aty fandraisana z, fandrambésana; z fasiana z; Tanty, tanantásana; ny z mandray.

Réciprocité, fifamaliana; valy, famaliana. RÉCIPROQUE, mifamaly; —, RÉCIPROQUEMENT, vo Mutuel, s' ENTRE-.

Réciproquer, mamaly.

Récit, Filazána, h tilaza; fiventesana, torivólana, fitoriana, angano, fanambarana; Jijy, fijijiana. RÉCITATEUR, mpilaza, mpiventy. RÉCITATION, fiventesana. RÉCITER, milaza, miventy, mitory, mizáka; mitety, mijijy; miteny, mivólana.

Réclamer, Mikaika z, Mitaky trosa, mangataka ny antena; mañaraka z nangalarin'olona; mañarakáraka; mitady, mila, manantso, miantso; maka ny azy; manátsika; manao hoe ahy. — n, Tsy mañéky, manda, manóhitra. RÉCLAMATION, Arakáraku, fañaráhana, fitakíana, fangatáhana, fitadiávana, filána, fandávana, fanatsihana, fanjengiana. vo Savikonjo, sazoka.

Récliner, Mitsidihitra, mitañila.

Reclure, Mampitoetra irery; mandátsaka, mañompy, mamótrika o raiky an-trano kely. vo Cloitre. RECLUS, o voa rindrina, voa riba, mirindrina, mifáhitra an-trano kely, mañirery an-trano. latsak' ambory maletra; andetra.

Reclusion, Famahérana, famotréhana, fañompiana o. vo ARRÊTS.

Recogner,
Recoiffer, vo RE-.

Recoin, Zoro kely, bodiatra, ankodiatra, leférana madinika.

Récollet, Religieux fehéziny i Masindahy François.

Récolter, Mamory ny voandraha másaka, manángona ny hanimbókatra, mitsongo vary, misango-bary, mijinja vary, mihoty, mitsimpona. vo Moissonner. RÉCOLTE, Fijinjambary; Moisson —, voankazo voa vory, vary voa tsongo, vary voa sángotra; vo vókatra; rava-bókatra vo angona dimilén' antsy, fanambanim-bary, solofó, kolokóa.

Regonfler, feano fompin-dalana. Misondrotra, miontana.

Recommandation, Fanasana hanahy z; ? fepetra, anatra fañanárana, ? famepérana; ? fañadiana; ? adidy. —, fideràna, fañajàna. —, RECOMMANDER qc, — de faire qc, Manasa hanao z., ? mame-bólana amy ny z hatao, manánatra amy ny z hatao. Le — à q, Manasa o hanahy azy ou hiàmbina azy, mampiántoka azy o, manánkina azy amy ny o.? mamepétra, mandidy; milaza ny hatao, —, Lorea. Se — à q, Mifóna amy ny o hiámbina an-tena, mañankin'aiña amy ny o, mampahatsiaro, mampitahy.

Recommencer, Manindroy, manindroa, manao indroy, manao indray, manampòna indraiky. —, mimpody, avy indraiky; manavy. — à fleurir, Mamelam-bao; à produire, mamoa vao. vo RE-.

Récompense, Valy soa, valy ny natao, ny soa avaly; h fitia, valimpitia, ny avaly, famaliana. Sans —, Tsy valiana z, tsy valian-tsóa. RÉCOMPENSER q, qc. Mamaly soa azy. p Valiana; h mañome fitia.

RECOMPOSER,
RECOMPTER, vo RE-.

Réconciliable, (o) azo ampihavanina, azo avitrana.
Réconcilier, Mampihávana o nifandrafy; mampilongo, mampiádana, mamitrana indraiky, mampirav, mampiraiky. — une église, Mañala vorery azy. Se —, mihávana indray, mivitrana, miádana, milongo; mifañeky indraiky. RÉCONCILIATION, Fihavánana indray, fisakaizána; fivitránana; filongóana; tsy fiadivana koa.

Reconduire, Manátitra hody (ou mody); initari-dálana indray, momba o mivérina. —, mampody, mamérina.
RECONFORTER, Mahatánjaka. vo Fortifier.
Reconnaissable, Mora fántatra, azo fantárina. RECONNAISSANCE, Fahafantárana; famantárana. —, fañekéna, fitsórana. — fankasitráhana, famaliána soa, fahatsiaróvana, Valim-pitia, ? falimpó, famerénana, fitia mifamaly. Faire une —, Mitsapatsapa, mizahazaha ny tany ny fahavalo.

RECONNAISSANT, Mankasitraka, mamaly tsara.
Reconnaître, Mahafántatra, mahalála, mahay. Chercher à —, Mamántatra, mamantapántatra. —, Mamaly soa, mankasitraka. —, mañeky. vo mahita, mizába, mandinika, mihitsy, mihitsiloha. Se —, Mahatsiaro tena; mahita, mañeky, mahafántatra ny diso amy ny tena.

RECONQUÉRIR,   RECONTRACTER,
RECONSTRUIRE,   RECONVOQUER,
RECONSULTER,   RECOPIER,
RECONTER,   vo RE-.

Recoquiller, Mañóritra, mañorikóritra; vo Froisser et manolanólana, mampikénkona, mampikétrona; mañópika.

maholipika. Se —, Mikóritra karaha ankora; mikorikóritra, miholonkólona, mikópika, mihorípika. vo Frisé et mikainkona, miforipóritra, mivalombálona.

Recorder, vo *RE-*.

Recorder qc, Miventy z ho tsiaro. Se — mahatsiaro.

Récorriger,　　Recoudre,

Recoucher,　　Recouper,　vo *RE-*.

Recourbé, Se Recourber, Mifétoka, mifeto-doha (milefi-doha, méngoka, mifengoka, miondrika, mifarango, mifirango, mibarengo; vòhotra, vókoka, mivòhotra, mivókoka, mivokobókoka, milefidéfitra, mivalombálona. Le Recourber, Mañengo-doha, mampifétoka, mañondri-doha, mamarengo, mamarángo, mamóhotra, mamaingoka, mampanjoko, mamokobókoka, mamókoka, mamóhotra, mamolimbólina. vo milántika, mibílaka, inibilabíla.

Recourir, Milomay indray. —, avoir recóurs à q, Malabónjy, mila vonjy, mihanta, mihahtahanta amy ny o, manátona o, mañáraka, manjó azy, mangátaka harôvana, mangátaka ho tahína. — à qc, Maka, málaka z. Recours, Fangatáham-bonjy, filam-bónjy, fañalam-bonjy, h fakambonjy, fihantahantána amy ny o, fañatónana, fanjćana o hangátaka z; fangatáhana, fitadiávana. Avoir — sur le vendeur, mañáraka ny namidy ou ny nandafo.

Recouvrable, Azo alaina indray, mora azo indraiky.

Recouvrement, Fahazóana z very, fahazóana indraiky. — des impôts, Fandraisan-ketra, fampandoavan-kétra. Recouvrer, Mahazo indraiky. —, mandray hetra, mampandoa hetra. — la santé, Sitrana.

Recouvrir,

Recracher,　　vo *RÉ-*.

Récréation, Laolao fañalan-tsásatra, fisomána; filaolaòvana. Récréer, Mañala sásatra amy ny fisomána, mankaravo, mampisoma; mampilaolao, mahafináritra. Se —, Milaolao, misoma, mañala voly.

Recrépir,
Recreuser,
Recribler,　vo *RE-*.

Récrier. Se —, Mitaraiña (karaha o amy ny malo tsy tiany); Mañorakóraka, miholahala.

Récrimination, Valinampanga, ampanga mifamaly, famalian'ampanga. Récriminer, mamaly ampanga, ny ampangaina mba miampanga, mifañampanga, mifamántoka, mamaly fántoka.

Récrire,

Recroître,　vo *RE-*.

Recroviqueviller. Se —, (Ravina azo ny hañandro, tara-

tasy, hoditr'aondry ? miholonkólona, mihoronkórona, misónkina, [mihosinkósina, [mikorikoritra. vo se RECOQUII-
IER.

Recrotter, Mañisy fótaka indray.

Recru, ? Dimbin'antsy, ny hazo maniry ambody ny voa tápaka.

Recrudescence (d'une maladie, du froid), fitombósana, fienjéhana.

Recrue, Miaramila vao, miaramila vao látsaka, fañampíana, h anampy; sósoka miaramila, sóatra.

Recruter, Mandátsaka ou maka miaramila hasóatra, manéka, h manaikia, málaka soa-tsorodána.

Rectangle, Rectangulaire, mahitsi-zoro.

Recteur, Mpañina, mpifehy, loha, talé, mpanápaka, mpandidy.

Rectification, Fañitsiana.

Rectifier, Mañitsy, sk mañity, mañárina, mankahitsy; mañajary; mañala éngoka.

Rectiligne, mahitsy sóritra.

Rectitude, Hitsy, hahitsíana fahitsíana, fahamarínana, hamarínana, ráriny.

Recto, ny añatréfany ny takelan-taratasy.

Rectorat, Raharaha ny *Recteur*, fañinána, fifehézana.

Reçu, Taratasy fañafahan-trosa; tandraisana, taratasy ny nandramby.

Recueil, Havorian-tsôratra, havorian-jávatra antsôratra, fanangonan-tsôratra.

Recueillement, Fitombenan-jery, famorian-jery, fimantónana, famandinan-jery. h? faotónana, fieritrerétana, fihevitrevérana, fimenimeniana; fahatsiaróvana.

Recueilli, Manton-jery, mamori-jery. RECUEILIR, mitsimpontsimpona ka mamory; h manángona. Se —, Mamori-jery; mihevitrévitra, mahatsiaro, mandin-jery, manómbina jery, mody maótona.

Recuire, mahandro indray, mandóky indroy.

Recul, Tsípaky ny basy mipóaka, hémotra, dia voho, lópatra.

Reculé, (Taona, tany) Lávitra, lasan-dávitra, ela, lasan' ela, efa lávitra, miháoka.

Reculement, Dia voho, dia miañótra; fiañórana.

Reculer qc, Mañésotra, mampidriso, mampitetéka. — n, se —, Midriso, miésotra, mitetéka, miala; mimpodi-voho, miôtra, miañotra, manao dia miañótra, mitambótsotra afárany, mihémotra, mimpody, mivérina, h miáhotra, h mikemo, mikemokemo, miamboho. Aller à reculons, mandeha voho, mimpody voho.

RED

Récupérer qc, se —, Mahazo indray ny z very.
Récusable, (Sahada) azo lávina. tokony ho lávina, tsy tokony hinóana.
Récuser, Mandá mpimalo, mandá sahada, malain-ko-maloin'iano; tsy mety, manary, tsy maneky.
Rédacteur, Mpandáhatra hévitra, mpanokotoko, mpamoron-hévitra, mpamoron-taratasy.
Rédaction Fandahárana, fanokotokóana; famoronan-taratasy.
Redanser, Mandihy indraiky.
Reddition d'une place, ny mandao tanána nalaina, mambela azy amy ny tómpo ny; fanolórana, famerénana. —de compte, filazalazána, fanebóana, fanokárana.
Redébattre,
Redéclarer,
Redéfaire,   vo RE-.
Redemander, Mangátaka indray. —, mangátaka ny amy ny tena; mangátaka ny z nampindrámina.
Rédempteur Mpanávotra o; mpividy ny o very. vo mpamonjy, mpamélona.
Rédomption, Fanavótana. vo fividíana, famonjéna, famelômana.
Redépêcher, Maniraka o indraiky maláky, manao iramay indray.
Redescendre, Mandrórona indraiky.
Redevable, Ananan'ólona, ananan-trosa. Je suis votre—, ananan'ao trosa aho. Je vous suis —de la vie, anao no nahazoa'ko ny ain'ko.
Redevance, Hofa-ntany, fondro-ntany. REDEVANCIER, o mandoa —.
Redevenir bon, mimpody tsara, mody tsara; manjary tsara indraiky.
Redévider, Manira indray.
Redevoir, Misy tápaka trosa tavela; mbola ananan'ólona tapatrosa.
Rédiger, Mandáhatra hévitra, manokotoko, mamórona, mamoron-kévitra, mamoron-taratasy, mamory.
Rédimer. Se —, Manavo-bátana, manafak'aiña.
Redingote, Akanjo lavalava vaki-tratra.
Redire, Milaza indraiky. —, Révéler. à —, à Blâmer. J'y ai à —, Adi'ko izy, misy anadia'ko azy. REDISEUR, Mpilazalaza, mpamerimbérina tendro ny lazaina. REDITE, Verintendro, teny mimpody, vólana miherinkérina. tariami-vérina; filazána indray.
Redondance, Volan-doatra, teny mandróatra, filazána mandroadróatra. vo Rédite. REDONDANT, REDONDER, Manao

—; lila-bólana, tsontsora-bólana, maro vólana; mihoa-pámpana: vo tsentsintsiomby, tsiombifámpana.

Redonner,
Redorer,
Redormir, vo RE-.

Redoublé. Pas —, Dia maláky, diandahy.

Redoublement, Sósoka, Tombo; fanaòvana roy sósony. — de prières, Rarinkátaka.

Redoubler un habit, Manao roy sósony azy indray, mañisy sósony azy indraiky. —, manòsoka, mampitombo, manamaro; mampiénjika, manao avy roaheny, manao rarinkátaka. — n, Mitombo, mihiamaro, avy roa toko, avy roa heny, ménjika, mihiaroy sósony.

Redoutable, Mahatáhotra, mampangóvitra, atahórana, mahataitra.

Redoute, Rova atahórana, jómana, h zoma. fiarovana.

Redouter, Matáhotra azy. Mangóvitra, hery.

Redresser, Mañitsy, mankahitsy; manala éngoka; mañánko, manángana, manárina.—, manángana ny lavo;manarin-toetra. Se —, Mianko, miángana, miárina, manarin-tena; manitsy teña, mihiahitsy, mahitsy; mitsángana. Se —, mianganángana, mianganga, miandrandra.

Réductible, Azo hakelézina, azo añalána; azo helézina, azo ankavitsina.

Réduction, Fanakelézana. —, ny mampody, mañomby, mampitoetra ny taólana nitsókaka va fólaka. Des —, Tanan' olon-kretiana; fivoriana.

Réduire qc, Manakely, mankahely; mañala amy ny, mankavitsy; mampihena, manety. —, mandresy, mandrébaka, mampañeky. — en, Mañova ho, mampody. mampanjary, mahatonga; — en morceaux, en poudre, vo BRISER, PULVÉRISER. Se —, mitantápany, mitantápaka; nahafáhana, mihiakely, mihiavitsy; miheña, tonga, mody, milévona. A ces deux préceptes se réduisent la loi et ..., amy ny izany didy roa izany no ántony ny lalana sy ny.... RÉDUIT à une triste position, efa omby amy ny fitoérana ratsy.

Réduit s, Fivoniana, zoro kely, efi-trañokely, h fieréna.

Réduit a, nahafáhana, nahaverézana.

Réduplicatif, Manao roa heny. mampiavy sásaka, avy sásaka. mañindroy, mampañindroy.

Rééditier, Mañórina indray.

Réel, Tó, ankítiny, vátana, tokoa, márina, mihitsy.

Réélire, Mifidy indraiky.

Réellement, vo RÉEL et tatao. vo hanky, idindronóno.

Refaire, Manao indraiky. —, Mamoditony, mañajáry, mamboatra; mañova. —, Mankasitrana. Se —, mañala sasatra, h? manáritra; avi-aiña, sitrana.

Refaucher, Mijinja indray.

Réfection, famodifodíana trano. —, sakafo, fihinánana kely.

Réfectoire, Trano fihinánana.

Refend. Mur de —, riba fieférana, éfitra. Bois de —, hazo vináky.

Refendre, Mamaky indroy. —, Mamaky fáfana, mandídy, maméndrana.

Référer qc, Mamindra; mampitondra; mamela. Se —, S'en — à, Momba, mañéky, mañáraka; mifañeky; mifañaraka. vo mirasa vólana, miera, mano-bólana, manóka vólana.

Refermer, mamody indray; mañaoña bay.

Referrer,

Refeuilleter,

Reficher,

se Refiger,   vo RE-.

Réfléchi, (z.) nahy, satry, nahy natao. (o) mieritréritra, matoi-jery, mitándrina. —, mivérina, mivádika amy ny tena.

Réfléchir la lumière, mampody, mamérina, mamádika ny hazavána. — n, mivádika, mivérina, mimpody, miándraka, mandífika amy ny. —, Penser, mihevitrévitra, mieritréritra, misaintsaina; mimenimeny, mijery, mihévitra z.

Réfléchissement, fivadíhany ny hazavána.

Réfléteur, z. Mahavádika ny hazavána, famindran-java.

Reflet, Fivadíhany ny hazavána, tsirimahamay mivádika.

Refléter, Mampaniritsiry ny hazavána, mampody, mamérina, mamádika, mamindra ny hazavána amy ny z hafa. — n, se —, (Hazavána) Mimpody, mivérina, mifótitra, mivádika, maniritsiry, mifindra, mandífika amy ny z; mankazáva z.

Refleurir, Mamóny indray, mamélana indraiky, mamóny vao, mamélam-bao.

Réflexible, (Tsirinandro) azo avádika, azo avérina.

Réflexion des rayons, des sons, fiverénana, fivadíhana fimpodiana, fifindrana. — de l'esprit, Fihevérana, fihevitrevérana, fisainana, fijeríana, fimenimeniana, fandinihana. vo Hévitra, saina, jery. Fait sans —, tsy nahy, tsy satry; tsy nahína, tsy nahinahy.

Refluer, (Rano) Miórika, mórika, mody, mimpody.

Reflux de la mer, Ranomásina mody, rano-mody; fiverénany, fidínany, fizotsóana. fizéfany ny ranomásina; fioríhana, órika. — fiverimberénana. — de.. z miverimbérina

Refondre,
Reforger, vo RE-.
Réformable, Azo ankahitsina. RÉFORMATION, RÉFORME, fañitsiana, fañarémana, fañalan'éngoka; fañováña. —, famorónana indray.

Réformer, Mañitsy, mankahitsy, mañárina, mañala antsa, mañala éngoka; mañova, mañova sora azy. Se —, Mañitsy tena, miova tsara.
Reformer, Mamórona indray. Se —, mibaro indray.
Refortifier,
Refouiller,
Refouir, vo RE-.
Refouler, Manoto, mitoto indray. — le canon, —, mangótsoka ny tafondro. — n, (Ranomásina) miválana, mizotso. — des marchandises dans les magasins, mamárina, mampody, mamérina, mampiórika ny vidíana an-trano fitehirizana; mandronjy hody, mampody hibosésika.
Refouloir, Fihótsoka tafondro, fanoto tafondro.
Refourbir,
Refournir,
Refourrer, vo RE-.
Réfractaire, Malain-kañéky, madi-doha, botraika, mikimbato.
Réfracter, Mampiviry ou mamólaka ny tsirinandro. Se —, (Tsirinandro) miviry, mivíly, mania, manorírana, fólaka RÉFRACTION, fiviríany ny tsirinandro ; tsirinandro fólaka.

Refrain, Fañarahan'antsa, hira-mivérina, antsa miverimbérina, ? verin'antsa.
Réfrangible, Azo aviry, h azo avily.
Refrapper, mamely indray.
Refréner, Mamátotra, mañisy gadra, mamáhotra, mandrohy; misákana, mamétra, mandrara.
Réfrigérant, Réfrigératif, Mankanaranára, mankanintsiníntsy, mampangatsiaka.
Refrire,
Refriser, vo RE-.
se Refrogner, se Renfrogner, Mangero-kándrina, mikétron-kándrina, mélo-kándrina, mikainkona, maizin-kándrina; h Mangárika, ? bemanjamaso.
Refroidir q, Mankanara, mankanintsy, h mampangatsiaka, mankanaranára, mankanintsiníntsy. — une tisane en versant d'en haut, mañororóka azy. — n, se —, mihánara, mihánintsy, mihátsiaka, matimaty; máritra, marimáritra. —, tsy marisika kea. REFROIDI, efa manara.
Refroidissement, Hatsiaka, Naranara, Nintsinintsy. —

de qc, z mihíanaranára.

Refrotter, Mandrókotra indraiky.

Refuge, (Tany, trano, rova) fanjóany ny milefa; filefiana, fiarovan-tena, fifalírana, fivoniana, fiorénana, fiafenana, filefána, fovonjéna, fohatónina; fialófana, fififiana. vo fiankinana, fiaróvana. —, fialána, fivoáhana.

Réfugié, Nanjó tany hafa hiaro-tena, mamony tena. Se RÉFUGIER, Manjó trano hiaro-tena, manjó fiaróvan-tena; milomay hiaro-tena, mifálitra, milefa hivóny, manátona hiery; mifefy, miáloka amy ny.

Refus, Fandávana; falainana; hifika, hifikifika, fitohána, fitanjáhana. vo Vandanimaso, vandanivoho. Qui n'est pas de —, tsy ahifika, tsy iengána. Avoir le — d'un autre, mahazo ny nahifik'ólona, ny niengan'ólona. REFUSER, Mandá, malaina; tsy manome, malain-kanome, tsy mety, ? mitoha, mitánjaka; manamboho, tsy mandray, manifika, manary; tsy maneky. — par gestes, mihifikifika, h mikifikifika, manodinódina. S'y —, tsy manáraka azy, tsy manaram-po amy ny, miála amy ny. vo fatra pandá, tsy azo ahifika; aisy. Se — qc, Tsy málaka, mifady.

Réfuter, Mandróbaka (ou mandavo, mamólaka, manala) ny tohan-kabary natsángany ny námana, mamaly, miady, Manabóka teny o, mampandainga; mamaly; mamono teny. RÉFUTATION, Valy, famalíana; fandrobátana tohan-kabary, famoláhana fahan-kabary, famolaham-páhana; fandavoan-tóhana, fampandaingána, fanabokána teny n'ólona, vonoan-teny.

Regagner, Mahazo indraiky.

Regain, áhitra maniry ambóny ny voa tápaka; dir in' antsy, h kalokalo.

Régal, Fihinánana z firò; tanteli-amindronono, z fi-rô, zava-py; fanantoánana, volambato, voloambato.

Régalade. Boire à la —, Mínona manídina am-bava, migagáka, manao gagáka.

Régaler q, Mampihínana azy z fi-rô; manikotra, manárana, manantóana, mamáhana, manétsaka azy amy ny z tsara. Le — de coups de bâtons, manétsaka azy amy ny kibay. —, NIVELER. Se —, manétsa-po amy ny hánina tsara, manaram-po, manantóan-kibo; homam-py.

Regard, Maso, fanenty, fizaha, toramaso, toetry ny maso. — menaçant, maso mamongítrika, mivatratróka, mamongátrika. mivontíaka. vo Mibélaka. En —, tandrify; fanandrífy, mitátana, mifampitátana, mifanátrika. REGARDER, Mizaha, manenty, h mijery; Au loin, Mitázana. En bas, mitsinjo; En haut, miandra; Un peu, misary, misarisary seránana, mancrinérina lamba; Fixément, h mibánjina, pv manéritra, mijeriana, mitséndrina azy; midiridiry maso amy ny; De côté, mizaha mañorirana, h mangárika; A travers un corps diaphane, mitáratra. Par l'ouverture, Mitsídika. En arrière, mitódika, h mihérika. De tout côtés, mitoditódika, mizahazaha. Avec de grands yeux, mamongítrika maso, mamontrítrika, mamongátraka; mamongátra-maso. Avec tristesse, h Mipitrapitra. vo manora-maso, miandrándra, manerinérina, mitezateza, miandri-maso, mitandro, mitonantónana, mitsinjotsinjo. — comme, manao ho. — á, mitándrina, mañahy; mandínika azy. —, manátrika, tandrify, mañandrify. Se —, mizaha teña, mitáratra lahara; mifampizaha, mifañátrika, mifañandrify, mifampitátana; mifañara-boamaso; mifañatsimaso. Se — comme, manao teña ho, miháboka ho. Ce qui me regarde, ny ahy, ny anahy, ny z momba ahy, ny mifótra amy ko, ny anjara ko, ny amy ko.

Regarnir, vo RE-.

Regayer (le chanvre), Manjaojaotra (rafia).

Regayoir, fanjaojaófana.

Regeler, (Rano) mandry indraiky.

Régence, Fanapáhana tany tsy mbola misy mpanjáka. Solo mpanjakána; faninána. Raharaha ny mpampiánatra, fampianárana.

Régénérateur, Mpampitéraka indraiky, mpamélona indray, mpañisy havelomam-bao.

Régénération, Havelómam-bao, famelómana indraiky, fañiriana indraiky, fitombósana indraiky, fiaiñam-bao, Toetra vao, toe-bao, fiteráhana indray, fivelómana indray.

RÉGÉNÉRER, Mañisy fiaiñam-bao, mañisy fahavelómam-bao, mamélona indray, mitéraka indraiky, mankavao. RÉGÉNÉRÉ, Téraka indraika, vao ho téraka indraiky, natéraka indray, efa nivaóziny ny Fañahi-Másina ho olona ny Zanahary; efa olom-bao.

Régent, Mpañina, solo n'ampanjáka, mpanápaka tany. —, mpampiánatra.

Régenter, Mampiánatra ny tsaiky; mañánatra, mañanatránatra; manao forovato, mitompo.

Régicide, Mpamono mpanjáka.—, Vonóan'andríana, famonóana andriamanjáka.

Régie, Fitondran-draharaha n'ólona; faninána.

Regimber, (Sovaly, ampondra) Manípaka, mitsípaka, h mandáka. vo mihéndratra, mihendratréndratra, miéndratra, mihendra; malain-kañeky. Ex: sárotra itsipaha'nao ny fanindrónana.

Régime, Hánina momba ny fanafody, eram-pamaháñana ny marary, ? famepérana, hánina, ? hánina voa fepetra.

—, fitondrana raharaha, faninana. —, fatao, fanao. —, fahiny. —de bananes, fabin-katakáta.

Régiment, Iray toko miaramila, fahitra miaramila, fehezan-tsorodána, fehény ny kolonely.

Région, Tany, tokotány, fitoérana, habakábaka, bámbana.

Régir, Mañina, mañátitra, mitondra, manápaka, mifehy, manjáka tany; mitondra raharaha. RÉGISSEUR, Mpañina, mpitondra raharaha, mpandáhatra, mpifehy.

Régistre, Taratasy fitadidiana ny atao, fanorátana ny atao isanandro, taratasy fanorátana ny k.

Règle, Érana, ohatra; Lamy. —, Erampanoritana, hazo fanoritana, fitsipika, fitsipíhana, ? vatritra. En —, anérany, anóhany.

Réglé. Papier —, Taratasy misoritsóritra, voa soritsóritra. Qe —, anóhatra, anóhany; miláhatra, andáhatra, andrindrany, andráriny, lavo andráriny, avy amy ny hitsy ny, avy amy ny fandríany, rékitra; voa ina, tsy mandikadika; mifañaraka; mañaraka ny fatao, tsy diso fotóana, tsy diso andro; tsy miova; márina, mahitsy, zozorovoatsaika, efa, vita, efa voa hajary. Bien —, Tsara ina. Non —, ?tsimpandrimpandry.

Règlement, Láhatra; malo ny fitondran-teña, malo faninána ; eram-pitoérana, érany ny fitondran-teña; Lamy, didy, diditány, fanitsian-toetra, fandaharan-toetra, ohamitondra teña. Ito; fandaharana, filaharana, h famepérana ny hatao, ? fepetra, fanapáhana, lálana hombána; fandrarian-toérana, fandrariana fitoérana.

Régler du papier, Manoritsóritra taratasy, mitsípika azy, mañisy tsípika *ou* soritsóritra. —qe, Mañina, mandáhatra, mandrántina, mandrary, mamepetra, mañitsy, iñáñárina, mandátsaka andráriny, mandavo andráriny, mandrékitra, mandátsaka amy ny hitsy ny, mankefa, mahavita. Se —, mañitsy teña, málaka lamy haráhina; sur q, mála-damy azy, mañáraka, miana-damy azy.

Réglementaire. Loi —, Diditány mañambara ny hatao.

Réglet, fitsipíhana, héfina.

Réglisse, Váhatra mamy atao aody nkóhaka.

Réglure, Fanoritana, fanoritsóritana; soritsóritra, tsípika.

Régnant, Manjaka. Maladie —, arétina ankehitriñy.

Régner; Manjaka; manápaka, mifehy; mahazaka. —, mandresy. —, (arétina) mipétraka, mitoétra, tsy miala, efa omby, nahazo ny tany, misy. —, miharihary, lóhany, miseho.

Régnicole, o mónina ao amy ny fanjakána, o misy mpanjaka.

Regonfler, rano tempin-dáfana Misóndrotra, mientana.

Regorger, (Rano, ra) Mandróatra, mandroadróatra, mihoa-pámpana, mihóatra mórona. Faire —, mampandoa. —, manam-be loatra, mpanarivo henika. — (vary) Doáfina, loárana. se gorgement, Roadróatra, fandroátana, fihoaram-pámpana.

Regoûter, Manándrana indraiky.

Regratter, Manihy indraiky.

Regrattier, Regrattière, Mpivarobárotra / madinika novidina.

Regret, Néñina, fanenénana, alahelo; faniñana, hanina. vo afaka-néñina afa-nenina, lanihaika, lamirambo, ala-fotsy sitra-po, malaiña, tsy fia.

Regrettable, Tóhony hañíñana, mampanina.

Regretter, Mániña, malahelo; manéñina ny natao. regretté, Aníñana, Alahelóana, isaónana, anenénana.

Régulariser, Mahitsy toetra, mandáhatra, mankahitsy, mañal'antsa, manao añòhany, mahamárina, mahamety. Se —, manjary añòhany, anérany.

Régularité, Fahitsiana, fañaráhana lalana mahitsy; hamazénana, fañarahan-dáhatra, dia mahitsy, hahitsian-dia, dia anérany, dia añòhany, fitondran-teña tsara.

Régulier, (o) Mañara-dáhatra, anérany, añòhany; misy filaharana; marin-toetra, mahitsy lálana, márina, mahitsy fitondran-teña, tsy manota, tsy mandiso malo, mety, tsisy antsa, patendro. vo règle.

Régulièrement, Tsy mandikadika. vo Tontóhitra, mi —.

Réhabiliter, Mampahefa indraiky, manángana indroy, mampitoetra indray; mampánana indróy; mamérina.

Réhabituer,

Rehacher,

Rehanter,

Rehasarder, vo RE-.

Rehausser, Mañaboabo, mañavoavo, manandrátsandratra azy, mampakatra indray, —, manosoka, mampitombo, miandrávaka, mampamirapiratra. —, mahabebe tohona. rehaussement, fanandrátana, fanondrotana.

Reheurter,

Réimposer,

Réimprimer, vo RE-.

Rein, Vaníana. vo Lambósina, lamosina, lamosy, valahana; lemy, dílana. Qui a mal aux —, folabaviaty, folabaniana.

Reine, Andriambavy, mpanjákavavy, vehivavy manjaka, vady ny mpanjaka; Tompokovavy manjáka — d'abeilles, Renibe t antely.

Réinfecter,

Reinstaller, vo RE-.
Réintégrer, Mampánana indray, manome indray, manángana, manorina indray; mampody, mamerina.
Reinterroger,
Réinviter, vo RE-.
Réitérer, Manao indray, maniodroy mauao. seirisy, manindroa, h manindroa.
Rejaillir n. Mipiritsika, mandifika, vo Jaillir. mifindra, miandraka, maniritsika.
Rejaunir, Mamóndrana indraiky.
Rejet, Fandroahana. —, Tsimoka, tsiry nkazo.
Rejeter, Mañary; — azy indraiky, — azy noriana, manamboho azy, mandróaka; mandoa, manifika, manipaka, manditika azy, manao sanatria; manda, tsy mino, tsy inañeky. —. Manimoka, h manánaka, maniry. — la faute sur q, Mamindra antsa amy ny o. Se —, Mifamindra, mifamaly, mifanopy, mifanampody z.
Rejeton, Tsirinkazo, zanakazo, h tsimoka, taroka, tarotaroka, laingo ny, tsóraka. vo sakeliny, kitrofony, kitrofoka, tovonkazo; —, fara; zánaka. Pousser des —, Maniry, h manánaka, h mitsimoka; pv manároka.
Rejoindre deux choses, Mampiháona, mampiháro, mampikámbana, mamitrana, mampiray. — q, Mahatratra indray, mahatákatra azy, miharo, miháona, miraiky, mikámbana indray amy ny. Se —, Miharo indray, miháona, mitraotra, mikátona; mifanojy indray, mifanehina indray.
Rejointoyer, Manampina ny sefatsefaka amy ny rova vato, mamodifódy, mamodivondro.
Réjoui, Falifaly, Ravorávo, zina, zinjina, mirana, maramirana. RÉJOUIR, Mankaravoravo, maharavoravo, maharavo, mahafalifály, h mahafaly; ? mahasinisiny, inamalifaly, mahavarivary, mampilemolemo, mahafinaritra, mahamiramirana. Se —, Miravoravo, miravo, mifalifály, h mifaly; milemolemo, miramirana, zina, varivary. vo faliambonindóza. RÉJOUISSANCE, Faharavóana, faharavoravóana, fifalifaliana, fohafalifaliana, haravóana. vo voak' ampinga.
Relâchant, (Aody) mahavaha kibo, mampiválana.
Relâche. Un —, Fitsahárana, fijanónana. fiankóana. Sans —, Tsy mitsáhatra. Une —, Fitodian-tsambo; fiañónan-tsambo.
Relâché, Vaha, malálaka, malala-dóatra, kétraka.
Relâchement, Haketráhana, fiketráhana, halalahana, hagerageréna: fahosána, fanagerageréna, havaháns, havotsórana, fiborotsahana, fitaborotsáhana.
Relâcher, Mañétraka, mahakétraka, mamótsotra, mamo-

tsobótsotra, mandefa, manandefa, mamaha, mangeragera, manageragéra. Se —, Mihzakétraka, votsohótsotra, vo Lâche; ez milétaka, milántika, mandranodránoka, mihzaòsa; mitantápana, mitantápaka; manóntika. (Andro) mihzalemy, mihzamora. vo se Délasser. — n, (Sambo) miánona, mitsángana antséndrika.

Relais, Fitoérana fifandimbazany ny sovaly va ny tetézan'olona. Cheval de —, Sovaly hasóatra, sovaly mifandimby.

Relancer, Manóraka indraiky; mandrísika indraiky.

Relaps, Relapse. (O) mimpody indraiky amy ny ratsy nengany, lavo indraiky amy ny ratsy.

Relargir, manahitra indraiky.

Relater, vo raconter.

Relatif, Momba ny...; mankamy ny...; mifanáraka, mifanátrika; tsy mahatókana, misy ombána, misy momba.

Relation, Fikambánana, firaíhana, fifanaráhana, fanjóana, fanjohízana. —, fihavánana. —, Narration. Qui sont en —, mifananjóhy, mifananjohizóhy, mifamotóana, mitamaly, mifanjó, mifampíla, mifamehy; hávana, miháva- na. Avoir de la — avec, mitovitóvy, miramira amy ny; momba ny. Quelle — entre....? mifanino ? mifaninona ?

Relativement à. Ny amy ny.

Relayer, manása indraiky.

Relaxation, Fiketráhana; fanetráhana, filetáhana.

Relaxer, Mamótsotra o.

Relayer, Mampifandimby, mampifanóatra. Se —, Mifandimby, mifampisoatra, mifampisolo.

Reléguer, Mamárina o ka manoetra azy amy ny tokotány lávitra miéfitra; manéfitra, mamala, mamáhitra; mamótrika, manókana o. Se — à la campagne, Mihémotra any antonda; mitoetra anedinedin-tany.

Relent, Imbo ny moto navótrika; havao, havingórana, havingy; lany; imborcha.

Relevailles, Fijoróana viavy nitéraka.

Relevé s. Extrait.

Relevé a, vo Noble, sublime, grand.

Relevée, Mitsidik'andro, folak'andro

Relever, Manángana ny lavo; manóndrotra, manándra- tra, manaboabo, manavoavo; manéntana, mamókaka. — la garde, manóatra ny mpiámbina; — q d'un vœu, mamótsotra, manáfaka; — de, Fehéziny ny..., manompo, manan-tompo, maneky. — q, Manánatra, manády, maniny azy. — de maladie, áfaka amy ny arétina; mianko, miankoanko, sitrantsítrana, h ? manáritra; — la tête, miandra, mianko, miángana, miandrándra. Se —, mitsángana laha lavo, mifoha, miárina, mianko.

Reliage, famehézana barika.

Relief, ny Mivóhitra amy ny sarindraha, mivohibóhitra, mibóhitra, mamóhitra, miávotra, mivonto, mitrinitríny; ny vonto, vóbitra, bongobongo.

Relier, Mamehy ny vaha, vo Lier. — un livre, mamehy, manjaitra, mandadina livatra. Relieur, Mpamehy livatra, mpanao fono-mboky, mpanjaitra taratasy.

Religieux, Religieuse, a, Manompo Zanahary, manéky, manáraka, mankató an'Andriamánitra —, mazoto, — amy ny fanompóana Zanahary.— s, o namehy tena amy ny Zanahary, andevo ny Zanahary.

Religion, Fanompóana Zanahary. Fijoróana, fisorónana. Joro, sórona. —, z finóana. —, hazotoam-po amy ny Zanahary, famehezan-teña amy ny.

Relimer, Mitsofa indraiky.

Reliquaire, Vatra fasiana taolan'olo-másina, fikajíana taolan'olo-másina.

Reliquat, Ny sisa, sómbiny tavela, ny tapa-trosa tsy éndrika efa; ny tapak'arétina tavela.

Relique, Ny sisa ny vatan'Olo-másina, Taolan'olo-másina, Vatan'olo-másina, sisa-másina, sisa-mbata-másina, sisa-n'Olo-másin.

Relire, Miventy indraiky, vo Lire.

Reliure, Famehézan-divatra, fandadiman-taratasy, fonan-taratrsy.

Reloger,

Relouer, vo RE-.

Reluire, Mamaly pelapélatra; vo BRILLER, LUIRE.

Reluquer, h Mangárika, h mitsivalam-pijery, pv mizaha manorírana, maniry.

Relustrer,

Remâcher, (fg, vo Ruminer.)

Remaçonner,

Remanier,

Remarier, vo RE-.

Remarquable, Tókony ho zahána, tókony ho hevérina, malaza, madera, andraina, tsihitavánana. vo ÉLEVÉ.

Remarque, Fitandrémana, fanondróana, fanoróana, fandinihana, fañambarána; z tondróina. Faire une —, manondro z, mampijery, mampizaha z. REMARQUER, Mitándrina, mijery, mizaha, mahita, mandínika. Faire —, Manondro, mampijery, mampizaha z. Se —, Tsy mivony; hita. vo mizezizezy, manjezizezy.

Remastiquer. Se —,

Remballer, vo Emballer. vo RE-,

REM

Rembarquer, vo RE-.
Rembarrer, Mandronjy, manósika maré.
Remblai, Tany atótotra, tany éntina atóvona. —, fanotófana.
Remblayer une terre, Mamafy vary indraiky amy ny, mamboly vary indraiky.
Remblayer, Manótotra azy amy ny tany. manósoka tany azy, mameno lávaka,
Remboiter, Mañomby, mampody ny natsóaka,
Rembourrage, Fanentsénana, fanesèhana. —, Tséntsina. sésika; z atséntsina, z asésika. REMBOURRER, Manéntsina, manésika azy; maniboka ou mamátatra tséntsina anaty ny. REMBOURROIR, hazo famatrárana tséntsina.
Rembourser, mampody ny vola naloa; manoatra ny naloa. h manónitra, ? mamodifódy.
Rembraser,
Rembrasser,
Rembrocher, vo RE-.
Rembruni, (andro, sora) maiziñízina, maniboka, malahelo; vo mavo, hátsatra. REMBRUNIR, vo BRUNIR; makaizinizina. Se —, (andro) mihaiziníżina.
Rembûcher. Se —, (songaomby) Mimpody añala, misitrika anala indraiky, míditra añala indraiky.
Remède, h Ody, g fañafody; pv Aody, sk aoly, fañal'arétina. vo fañafánana. vo Miody, manáody; aodína.
Remédier, Mañisy fañafody; mankasitrana, mañala ratsy, misákana, mandrara.
Remêler, Mañaro, mañaroharo indraiky.
Remémorer, Mámpahatsiaro, h mampitadídy, mampahatadídy. Se —, Mahatsiaro, sk mahatiaro, h miladídy.
Remener, Mampody; mamérina, mañátitra himpody.
Remercier q, mankasitraka o, misaótra o, mamály tsara o. mihaba amy ny o amy ny z nome'ny antsika.—, tsy mandray, tsy málaka. —, mandróaka moramora, misaótra, mitsio-drano, mampody. Je vous en remercie, vo MERCI; et soávina, tsiofindrano. REMERCIEMENT, fankasitrábana, fisaórana, famalian-tsara; fihabána, saotra, mahavélona.
Remesurer, mañóhatra indraiky, mañérana indray.
Remettre, Mampody amy ny nañaléna azy; mañatao, mamétaka indraiky. —, Mañajary, mamboatra, mañomby, mañohitohy, mahohy ny róbaka. — q, le GUÉRIR. — qc, CONFIER. — q, le Reconnaître. — une dette, Mahafoy vola n' ólona. nafoy ny támy ny ny vola ny. —, DIFFÉRER, mañela, mampidiriso, mampihazohazo k; mamétraka k hatao Amaray &. —— les péchés, Mañáfaka, mamela ny ratsy natao n' ólona. vo PARDONNER. Se — à, Mimpody amy

ny, maka indray, malaka indraiky. Se —, mametrak' aiña. Se —, Se Réconcilier. S'en --- à q, Matoky amy ny. Se --- en chemin, Manohy dia, mandroso dia indraiky. Se ---, Se Guérir.

Réminiscence, Fahatsiaròvana, fitadidiana.

Remis, Afak' arétina, afak' ólana; efa tsara.

Remise, ny mametraka, manipody z nalaina. fampodiana. —— à l'acheteur, Famerénana, h verindóhany. ——, Délai. —— fanafahan-trosa, fanakelézana trosa.

Remise, Trano fitodian-kalesy, áloka, fialòfana, trano ny kalesy. Remiser, Mampiditra kalesy ao amy ny —.

Rémissible. Faute ——, haratsiana tókony ho tsy valiana, tókony ho hadiño, azo ivalózana, azo avela.

Rémission, Tsy famaliana ny ratsy nataon' ólona; famotsórana, h fanafahana, fanalána, famelána, fanariana, fiantrána, tsy fankalilóvana.

Remailloter,

Remmancher,

Remmener, Manátitra himpody,   vo RE-.

Rémolade, Ro manékitra, ro mahery.

Remonte, sovaly asóatra, sovaly mifandimby.

Remonter n, Mákatra indraiky. vo Monter. — du fond de l'eau, —— dans l'estomac, mitsikémbona, h mitsikébona, mitsikéfona, miémbona, mitsinkáfona, miáfona. —— la rivière, o mórika, miórika, —— rano, moridrano. rano mórika. ——, manomby z indraiky; Garnir. —— une mécanique, manomby, manohitohy, manetatsétaka, manombiomby.

Remontrance, Anatra, faùanárana; fañadíana. Faire des ———, manánatra, manády.

Remontrer, Manánatra, manady o amy ny z; manambára; manoro. Se ——, miseho indraiky.

Remordre, Manékitra indraiky.

Remords, Néñina, faneñénana; fañadiany ny fo ntena, néñiny ny fo; alahelo; fanindrónana, kékitra; néñina be vava

Remorquer, (sambo) Manjonjory, manao jonjory, manjorijory lákana &; vo mitárika, mañantsoritsory. Remorque, Jonjory.

Remoucher,

Remoudre,

Remouiller,   vo RE-.

Rémouleur, Mpanása, mandránitra meso &.

Remous, rano mihétsika afárany ny sambo; mivolimbólina, misangódina, mifadiditra, misangeringérina.

Rempailler, Mamboatra sezy (chaise) róbaka, mamodivondro, mandrary, manentsina lasezy.

Rempaquer des harengs, Manovontóvona ny filao hely avótrika. mandábatra filao anaty barika. manao fanindritsíndry, mamátratr. filao.

rempaqueter, mamehy, mamoño indraiky.

Remparer une ville, mañisy rova. Se —, miféfy, milampy, miolampy, miampy amy ny z; miaro tena; ? mirova.

Rempart, manda, ova, fefy, roho; ampiana mañodidina tanána. Se faire un — de, vo S'en remparer. Lui faire un — de son corps, miaro, mañéfina, mamefy azy. vo Bako, fefiloha.

Remplaçant s, soto, soatra; mpisolo. vo solo ntena, solovava, solombavà, soa-b.itana; solovaikia. vo Dimby. remplacement, fisolóana, fisoáfana. —, fanolóana, fanoafana, fañoárana. remplacer q par q, qc par qc, Manolo, manóatra azy. — soi-même q, Miselo, misóatra azy. Un veau que je remplace par un agneau, zanak' aómby solóa' ko, ou soáfa' ko zanak' óndry. Par quoi on le remplace, asolo azy, asóatra azy; vo fañala-ito.

remplage, Famenóana barika tsy feno.

Rempli s, Dify, sk Lify; lépika, kópika, kolípika, itra. Curlft. remplier, mandify, mandépika.

Rempli, Remplie, Feno. vo Plein. — de mauvais, maro ratsy. mes vœux sont —, efa nañandry amy ko ny joro ko. remplir, mameno, mankafeno. vo Emplir. — le nombre, manáñona, mañampy ny isa. En — les vides, manésika, manesikésika, mamáhana, manémbana, manéfaka azy. En — la place, le remplacer. — son devoir, manody, manao, mamita, mankefa ny asa tôkony hatao. —, mañétsaka, mamoky, mankavíntsina. —, manámpina, manéntsina, manótotra. Se —, mihiafeno, mameno kibo, mamóky troka. vo mandiboka. remplissage, famenóana. —, ny z atséntsina, atótotra, aséfaka, asémbana; z mahafeno; tséntsina foana.

remployer, mampiasa indraiky.

Remplumer, mañisy volo amy ny maónotra. Se —, (vórona) velombolo indraiky, mimpody volo. manam-bólo indray, mahazo volo indray.

rempocher, mampody an-kitapo.

Remporter, mampody azy añy. mitondra hivérina. —, mahazo, mahatákatra, mahatrátra, mahatonga. — la victoire, mandresy, maharesy.

remprisonner,
remprunter, vo RE-.
remuage, Fañaroharóana.
remuant, miolaola, mihetsikétsika. vo remuer.

Remue-ménage, Tabataba, korataba, korovetsy.
Remuement, fletsikétsika, olaola, fiolaolána; godona, kótrana, gondantány, fañaroharóana, famindrána.
Remuer q, Manétsika, mañetsikétsika; mamindra; manaroharo, h mangaroharo;mampiolaola, migódana, mikotrankótrana. —, Émouvoir. —, mamókaka, mamoiboitra, mandronjy, mandronjironjy; manónjona, mampiódina, mamádika. —, se —, Mihétsika, mihetsikétsika, miolaola; mifindra; miódina. vo s'AGITER.
Remugle, Remucle, Imbo ny závatra navótrika ela, fofony ny bobongolo, fofony ny mómoka. vo RELENT.
Rémunérateur, Mpamaly soa. REMUNÉRER, Mamaly soa.
Renaissance, fiteráhana indraiky, fivelómana indray.—, fisebóana indray, fivelomam-bao.
Renaissant, Renaître, Téraka indraiky, velona indray.—, miseho ou maniry indray. —, mimpody.
Rénal, Amy ny vaniana.
Renard, Biby dy táhaky ny Amboady mahery mamítaka. ? Vontsira, ? fosa, ? amboa haolo, ? kivahy. — fg mpamitaka, mpañangóly. Des —, Lómotra amy ny lakandrano. RENARDE, vontsira vavy. RENARDEAU, zana-bontsira, zanaposa. RENARDIER, Mpamandri-bontsira. RENARDIÈRE, Lávaka ny voantsira, trano mbotsira.
Rencaisser, mampody am-batra.
Renchaîner, mampody an-gadra. vo RE-.
Renchérir ac, MANKABETÓÑONA, mankabebe Vidy, mampitombo várotra; — n, Miton bo vidy, mihiabe vidy, manjary saro-bidy. vo manongombárotra. Faire le renchéri, manao sary saro-bidy, mierin-draha, mijihijihy; majihy, h sarótiny. RENCHÉRISSEMENT, fitombosam-bidy.
Rencogner, Mandronjy o ao anjoro, mandetra, mankaletra; manisika azy. aséfaka, asémbana ao an-tóndrika anjoro.
Rencontrer q, Tozy azy, h tojo azy; fanojy azy, h séhatra azy. Miharo, mitraotra, miháona amy ny. —qc, tojy z, g tontóina, tsitóhina; tontóhitra z, h tafintóhina azy ou amy ny. mifotra, mikásika. Celui que j'ai rencontré, ny o tojy ahy. — q, se— avec q, (o) Mifanojy, fanojy, h mifanojo, h mifanéna, mifanéhina, h mifanéhatra, mifanéhana, pv? mifampanéhana, mihaona, miharo; mitraotra. Se —, Misy. Se —, se choquer. RENCONTRE, Fibaóñana, fiharóana, fitojiana, fifanojiana, fipáhana; fifanehénana, z tojy antsika, z manjó, z hita, h z sendra hita, h ny sendra mihaona. vo Víntana, paikía, tonga támpoka, sendrasendra. —, vo CHOC. En plusieurs —, indraikindraiky, matetitétika. Aller à la — de q, Mananty dia, mitsena, mitsenatséna, manátona, mitezantezana o, ...l'un de l'autre, Mifananty dia

mifampitsena, mifampitezantézana, mifampitsenatsena, mifañátona; en chantant, en jouant, mifampitondra antsa, mifampanday laolao. Heureuse —! h? velonkifahita!

*R*encourager,
se *R*endetter, vo *RE*-.

*R*endez-vous, Fotóana, fotoan-tókana, famotoánana, fotoan' andro. — manqué, fotoantsimihátra, fotoantsimiharo, h fotoantsiévina, fotoandilatra. Lui donner —, Mamotóana o. Se donner —, Mifamotóana, mifamotoan'andro hihaóñana. —, Tany famotoáñana; tany fihaóñana, tany fivoriana.

*R*endormir, mampandry indraiky. Se —, mandry indray.

*R*endoubler un habit, Mandify akanjo añaty mora hankafohy azy.

*R*endre, Mampody, mamérina, mañampódy.—, Manday, mitóndra, mañátitra. — gloire &, Mañome, manólotra voñináhitra. — compte, Mañambára, mirasa vólana, mandínika.— visite, mamángy; vo mañati-dranomaso.— le bien pour le mal. Mamaly tsara ny ratsy. —, Mahafoy, mamela, mandao. — aveugle, Mahagóa, mankagóa. Le — en malgache, Mamindra azy ho teny malagasy. —, Vomir. — service, Mitahy, mañampy. Se — la bàs, Mifindra, mamindra, mandeha, mengo any. S'y ---, Manjó, mamónjy, mañátona azy. Se --- à lui, mañéky, miéky azy *ou* amy ny; mañome teña, mahafoy teña, manólotra teña. Se --- service, mifampitahy; amour pour amour, mifamaly hatia.

*R*endu, Disaka; *R*esy. ---, Tody, tonga. Un ---, Valinatao, teny fitenéna.

*R*enduire, manósotra indraiky.

*R*endurcir, mankáhery vý, mankamafimafy, mankaditra vý.

*R*êne, Tady fañamoriana sovaly, Laboridy, tady fitanan-doha ntsovaly, tady fañankóana sovaly. hamory, tady fañatérana.

*R*enégat, Niala amy ny Zanahary, mañody *ou* Nandá, namádika Zanahary, mpihémotra, mpiódina, mandá ny finóaña.

*R*enfaiter, Mandípika, mamodivondro tafontrañó, manafo indraiky.

*R*enfermé, Imbo ny z mitoetra ela añaty vatra. Sentir le —, ? maimbo vatra, ? mavao. —, voa rindrina, ambátra, vo Enfermé.

*R*enfermer qc, Mañatao azy añaty z, mañompy, mikajy, mamótrika, mamáhitra, mamahy, mañomby, manófoka, manófotra, mandetra, mankalétra, mamony, mañáfina; mandríndrina, mandriba; mañéfitra, mamala, mamáritra.

—, Misy, manana, mahótrona, manótrona. Se —, mivóny; mamony tena, mivótrika; mankaletra. se — en soi même, mamory jery.

Renfiler, Manohitohy indraiky.

Renfler, mivonto indraiky. vo Enfler. —, mivoha. Renfoncement, Enfoncement.

Renfoncer, manórina indraiky. vo Enfoncer. mankalalindálina, manao lalindálina.

Renforcé a. Un ane —, un sot—, Ampondra vátana, adala tokoa.

Renforcer, mankaherihery, mankafatapátatra, mankamafimafy; manósoka ny miaramila; ? manéka, h manaikia. Se —, mihiaherihery, mihiafatrapátratra, mihiamafimafy.

Renfort, Sósoka miaramila, fanampíana, vonjy, eka; h anampy; soródlana avy hanampy, h fitaiza. Chercher du —, malak'eka, malak'eky; mala-bonjy.

Renfrogné, vo Refrogné.

Rengager, vo RE-.

Rengaîner, mampody an-tsárona.

se Rengorger, mamoha tenda, miaiña an-tsikékana, mivoha tenda, h mitrétroka; mirehareha.

se Rengourdir,

Rengraisser,

Renhardir, vo RE-.

Renier, Mandá. vo Manáry, mandá ka mianiana; malaiña, tsy manéky, manala, mikimbato, mikíombato. Reniable, azo lávina. Reniement, fandávana, ? kimbato.

Renifler, Mifo-delo, mitari-delo. vo h Mikéfona, mikefonkéfona, mikefokefo, mikífona, miésina. Reniflement, Fo-delo, Tari-delo.

Reniveler,

Renoircir, vo RE-.

Renom, Laza, Anárana. vo Da, Zo. Q de —, olo-malaza.

Renommé a, Malaza, be laza, mandeha laza, reñi-añarana; reñi-laza, manan-daza, manan'añárana. vo Sangana, sandrátana.

Renommée s, Laza, Anárana, laza be. —, Tsaho, hono. tsahotsaho.

Renommer, Manóñona indraiky, manisy anárana, manome añárana indraiky. —, Mankalaza, Manisy laza. Se —, Mabazo laza, mala-daza

Renoncer, Mandá, mahafoy, mamoy, manary, manala, mandao azy, miala, miénga, milefa amy ny. Renoncement, Fandávana, famoézana, fahafoízana, fañaríana, famelána, fandaóvana, fañalána azy; tialána, fiengána amy ny; Tsy fanekéna koa, tsy fañaráhana koa. — à soi-même faudavan-tena.

Renonciation, Fahafoizana, pv fahafoézana, famoézana, famelána azy; fiengána, fialána amy ny.

Renouer, Manohy ny naito, manohy teny, koràna, vady, fihavánana naito. Se —, nitohy indraiky, vao hitohy.

Renouveller, Mankavao, mankavaovao, mahavao; manao indraiky, manampòna indraiky; manohy; mamoha, mamélona, mampody, mañávotra. — une dispute, manavo-bato, mamoha fótaka mandry. — de zèle, d'attention, Mitombo zotom-po, misòsoka fitandrémana. Se —, Avy indray, tonga indraiky, mitombo, mihiavítrika, ménjika, mañavy; mihérina, mivérina, mimpody. RENOUVELLEMENT, fanavaózana, havaózana; fanohizana; fiherénana, fitohizana; fitombòsana.

Renovation, fankavaózana; fanohizana; famebézana indraiky. vo Avo-bato.

Renseignement, fañambarána, fanehóana; z mampahafántatra, z mampahita; famantárana. Prendre des —, Mañontány, mitsikéka; mandínika, manádina. Donner des —, Mañambara, milaza ny amy ny..

Rensemencer,
Rentamer,
Rentasser, vo RE-.

Rente, Vola miditra isan-taona, fanánana avy isan-taona.? fanofána, haréana mimpody isan-taona. — fon .., h hofantány, h hofantokotány. RENTER q, Mañc zy vola isan-taona.

Renterrer, Mandévina indraiky.

Rentier, Olona mahazo haréana isan-taona. o idirambóla isan-taona.

Rentraiture, zaitra mamitrana tsara, zai-pehy, zai-páraka; h? zaitra tratrankala. RENTRAIRE, Manao — azy; Mamitrana azy tsara.

Rentrant, miditra.

Rentré a, Niditra, tafiditra. Sueur —, Evoka tafimpódy am-bátana, tafiditra, tafihémotra.

Rentrée, Fidirána indraiky; fimpodiánana, fihemórana. fiverénana.

Rentrer, miditra indraiky; mimpody añaty, mihémotra, vo Entrer. — en soi-même, mahatsiaro, mihémotra ampo, mamory jery, mimenimeny an-dohálika. —, Misoatra ny resy amy ny soma. — qc, Mampíditra, mañiditra.

Renvahir,
Renvelopper,
Renvenimer, vo RE-.

Renverse, Tomber a la —, Lavo-miantsilány, Pótraka

miantsilány, lavo amboho. miongana andamòsina, latsak' antsinganga, látsaka mitsipótitra ambóho.

Renversé, Mifótitra, tafifótitra, milontóngana, voa tontóngana. Assiette —, kapila mihòhoka. Couvercle —, Lómboka mitsilány. Trône —, Lápa pótraka, napótraka, naróngana, lavo, látsaka, naóngana. Choses —, Mifamótitra. L'ordre —, Tany mifótitra, foti-tany. Laha-dróbaka.

Renversement, Fótitra, famotérana, fifotérana, Tsipótitra, lontóngana. —, fandavóana, famotráhana, famadíhana, fandrongánana, fanongánana, fanontongánana.

Renverser, Mandavo; manóngana, Mandróngana; mamótraka, manontóngana, Mamótitra, mandátsaka; mamádika, manilány; manóhoka. vo Manjera, manonta; DÉTRUIRE, DÉRANGER. Se —, Lavo miantsilány; miróngana, miongana, pótraka, látsaka, mitsipótitra amboho; mitontóngana; miantsilány, miantonta, miantréka, mitraika, mianjera; mifótitra, mitsipótitra. mihòhoka.

Renvoi, Fampodiána, fampodiánana, famerénana, fandefána. —, fandroáhana, fanorávana.

Renvoyer, Mampody, mañampody, mamérina himpody, mampandeha. —, Mañandefa, mandefa. —, Mandróaka, manora, mañary, mampiévotra; manésotra. — le son, mamaly, manóina; mamaly eno. Se — qc, mifamérina z, mifañampody z. vo mitsio-drano vady.

Réordonner,

Réorganiser, vo RE-.

Repaire de loup, de voleurs, Lavaky ny fosa; trano fanjoam-posa, fanjóan' ampangálatra, lava-bato, zahy, jòmana, lava-pivoníana, lava-pivoríana, lava-panjóana. vo fanjoamborompotsy.

Repaître n, mihínana, hòmana. —qc, Mamáhana, manésika, mampihínana, h mamahy. Se —, Hòmana, mihínana, mamahan-troka, manésika kibo, mañétsaka kibo, mamoky troka.

Répandre qc, Manompa z, tompa z, latsa-draha, manidina, mandrabaraba, mandrótsaka, mandráraka, mandatsadátsaka, mamorabora; mamofáraka, mamosásaka, manóndraka, mamararáka. — des larmes, Latsa-dranomaso; — son sang, latsa-dra, very ra, tompa ra. — le sang, Manompa ra, mandatsa-dra. —, Mamafy, mamafifafy, mañely; mañeliely; mampiháhaka, manáhaka. En — le bruit, Mampandeha laza ny, mampañeno laza, manatsaho azy. Se —, Tompa, ráraka, látsaka, mirabaraba, miborabora, h mitóbaka, miboráraka, mibosásaka. mipasasáka, misasáka, mirótsaka, mikoródana, mikoróntsana, mandoafróatra, miforafora, mivóraka. Se —, vo se DISPERSER.

Se MONTRER. Se —, miboabóaka amy ny o.
Réparable, azo afodifody, azo amboárina.
Reparaitre, Hita indraiky.
Réparer, Manajary ny róbaka, mamboatra, mandipika, mamodifody, h manónitra, mamitrana. manjaitra, manámpina, mankatsara, mamonjy, mahazo indraiky. —, EFFACER. RÉPARATEUR, Mpamboatra ny róbaka, mpamodifody, mpanajary, mpamitrana, mpanjaitra, mpamodivondro, mpandipika. RÉPARATION, famodifodiana, famitránana, fandipihana, famboárana, fanamboárana, fanonérana, fanajariana, fanobizana, fanatsarána; fampodiana.
Reparler, Mivólana indraiky.
Repartie, Valy may, famaliana.
Repartir, Roso indraiky. —, Mamaly vólana.
Répartir, Mirasa, mibira; h mizara, mirasarasa. RÉPARTITION, firasána, firasarasána, fizarazarána.
Repas, Fihinánana; sakafo; hánina, fohánina. vo fanasána.
Repasser, Mandalo indraiky. vo Passer. — un discours, mitetitety vólana ianárana. — dans son esprit, mihevitrévitra. —, AIGUISER. — du linge, Mipasy, mipásoka, mikásoka lamba.
Repasseur, mpanasa, mpandránitra meso &.
Repasseuse, Viavy mipaso-damba, mipasy lamba.
Repaver,   Repeindre,
Repayer,   Rependre,
Repêcher,   Repenser,   vo RE-.
Repentence, Néñina, faneñénana.
Repentant, Manéñina.
Repentie, Viavy manéñina; *Religieuse* manéñina.
Repentir s, Néñina, faneñénana; alahelo. vo fivalózana, valo, fibebáhana, fibabóhana. — faux, Valombava, valombáratra. Se REPENTIR, manéñina. vo mibébaka, mivalo, malilo, mibáboka. Dont on se repend, z aneñénana.
Repercer, mandóaka indraiky. —, mandoadóaka, manirikírika.
Répercuter les humeurs, mampihémotra ny nana ti-hibóaka. — le son, mampody, mamérina eno. RÉPERCUSSION, Fampihemórana, fampodiana, famorénana. — du son, fampodianany ny eno, eno manindroy, valy n'eno.
Reperdre qc, Very z indraiky, vo Perdre.
Repere, Marika, famantárana; —, kady, kosa.
Répetoire, Filaharany ny lohanjávatra, taratasy filadidiana, taratasy fabatsaran-jávatra milahatra, taratasy fanorátana k maro.
Répétailler, Milazalaza ny efa voa laza, mamerimberintendro ny k lazaina.

Répéter, Milaza indraiky ny voalaza; miventy indraiky, miteny indraiky; Mamaly, manóina; miventy, manónona indraiky; manao indraiky; mampody, mamérina.—, Mampiánatra zaza tsirairay. Se —, mimpody, mihérina; manindroy. o mampody volana.

Répétiteur, o mampiánatra indraiky antraño.

Répétition, Filazána indraiky, filazana mañindroy, teny mimpody verin-tendro, teny miverin-tendro, fanaóvana indraiky, tariamivérina. fanoñónana indray. Montre a —; famantáran'andro maneño.

Repétrir,
Repeupler,
Repiler,
Repiquer, vo RE-.

Répit, Tapak'andro fitsaháranà; tañalau-tsásatra; fijanónana, fiankóana, fiaiñana. Avoir du —, misy andro hiaiñana.

Replacer,
Replaider,
Replancheyer,
Replâtrer, vo RE-.

Replet, Vóndraka lóatra, maventy be, matavy, botrabótra, vori-nofo, añon'aiña, be nofo, botrétona.

Réplétion, Haventesam-bátana lóatra, habo rabotrána, habezan-dra; g Dibadiba, pv tibatiba, dibodiboka, tibatibaka, diboka, hadibadibána, hatibatibáhana.

Repli, Léfitra, lefêrana; félika, fóritra, válona, kolípika; kétrona, Dify, lépika, lefidéfitra, felipélika, sáfélika, foripóritra, valombálona, olikólika, olakólaka. En—tortueux, Mifelipélika, miolikólika.

Replier qc, Mandéfitra indraiky. —, Mandefidéfitra, mamalombálona, mamoripóritra, mampiolikólika, mañolonkólona, mañoronkórona, mandépika. Se—, miléfitra, mifóritra, mifélika, mifétoka, mifarango, mifelipélika, miolikólika, mivalombálona, mihoronkórona, milefidéfitra.

Réplique, Valy, vólana avaly, valy mbaly. Répliquer, Mamaly; — vólana; mahavaly.

Replisser,
Replonger,
Repolir, vo RE-.

Répondant, Mpiántoka, ántoka. —, Fáhana, famaháñana. vo mamáhana. —, Mpamaly amy ny Mésa.

Répondre, Mamaly, manóina. — pour, Miántoka azy. vo Manako, manalango, mañaraka, manámbina, mitovy, antónony, manóhitra, mamáhana, mañátrika: mifañátrika: Ne savoir que —, tsy maran-kavaly. Se—, Mifamaly, mifañóina.

Réponse, Valy, famaliana; ny avaly, vo Setry, tohankáratra, tsentsimpano.

Report, fampodiana isa. —, isa ampody.

Reporter, Mampody; mitondra hivérina, mamérina. Se —, mimpody; mivérina; mifindra indraiky.

Repos, Tsy fihetséhana; fipetráhana tsy miasa, fialantsásatra, fitsahárana, fandriana; fiadánana, fiañónana, fijanónana. Fusil en —, ba-y látsaka antoñotóñony. Etre en —, REPOSER n, Mandry; mipétraka foana, tsy mihétsika. — qc, Mamétraka indraiky; mampandry; mampitsáhatra, mampiañona. vo DÉLASSER. Se — , Mitsáhatra amy ny asa, mijánona, mipétraka, mifitaka; mandry. Se —, se DÉTASSER. Se — sur q. Miánkina, matóky, miantéhitra amy ny o. vo miantefa.

Reposoir, Otely (Autel) fitsahárana, fijanónana, fiañónana.

Repoussant; Mahadikidiky, mañésotra, mampiala, mañesotrésotra, mandronjy.

Repousser, Mandronjy himpody; h mandrónjina; manósika, mampody, mampihémotra, mañémotra, mampiévotra, mampiala; mamaly ronjy; manólaka; mañary, mandifika, mañésotra, mañesotrésotra, vo manesy, mamárina, mañilika, manitakita.

Répréhensible, Azo tsiñiana, azo tsiñina; misy antsa, misy tsiñy; tókony hanárina, tókony hadína, misy hadína.

Répréhension, Anatra, fañanárana, fañediana, fañiñiana.

Reprendre qc, málaka azy indraiky, maka indray; misámbotra indray, mahazo indraiky; manao indraiky. —, mamitrambitrana. —, mimpody, mivérina amy ny teny. — ses esprits, ? mimpody saina, mody saina, mody jery, mahatsiaro. — q, mañánatra, mañiñy, mañady, h manadidy. — n, mimpody, mañavy; miarimbolólona, ? miolampótotra; maniry indraiky. Se —, mifandrékitra indray, mihaoña. Se —, mivérina, mimpody amy ny teny, málaka indraiky ny teny natao; manao indraiky.

Représaille, Valy atao ny fahavalo; pv Teny, fitenéna; h Tody; famaliana, z alaina ho solo ny nalaindreo ankery ny. User de représailles, mamaly, pv mitény, h manody.

Représentant, Solo, soloteña, solonteña, solombava, solovava; h masoivoho, mpisolo, teñaninohoténany.

Représentatif, maneho, mampahafántatra. Gouvernement —, Fanjakána éntiny ny mpanjaka indraiky ireo solombahóaka.

Représentation, Sary, óbatra, endrin-jávatra, fañohárana, fañehóana, fanoróana, fañambarána, fanóhana; tóka. — claire, h Vakifónony, Vakimbantsilany, vo antóana

Des ---, ánatra.

Représenter, manólotra indraiky. ---, mancho, manoro, mañambára; mamóaka iinaso, mampahita; mamélatra; manóka; h mañantóana, mampahatsiaro, mampijery. ---, òhatra, sary, mañòhatra; misary; z alain-tsòra, taháka, manáhaka, koa; mañandry. --- un cheval, manao sarintsovaly. ---, REPRÉSENTANT. --- n, midasidasy, Se ---, mihevitrévitra, misaintsaina, mañahiahy, málaka jery azy, manao ho.....; atao ko ho.....

Répressif, mametra, misákana, mandrara. maharesy, manóhitra. RÉPRESSION, Fandraràna, samérana, fañondrefana, famoláhana, famonóana, fanetréna. fandreséna.

Réprimande, Fañadíana, h fanadidíana, adidy; faniñiana; anatra, fañanárana. vo Baibay, enjinénjina, orinórina, fañondréfana, famoláhana. RÉPRIMANDER, mañady, h mañadidy, mañánatra, maniñy, h mibaibay, h manenjinénjina, manorinórina.

Réprimer, Misákana, mametra; mandrara; mandresy, mamólaka, mañóndrika, mañetry, manjétra, manindry; mandia, j mañitsaka.

Reprise, Fandraisana indraiky, uverénana, fañavíana; simpodiana, fanavaòzana. fanohizana, famitráhana. A plusieurs ---, Matétika, indraikindraiky; kosesy, kotsetsy. vo *Reprendre*.

Reprise, Zai-páraka, zai-pehy, zaitratrankala.

Réprobateur, Mpaniñy, mpañady. h mpanadidy. ---, mpamery, mpanary, mpanésotra.

Réprobation, Fañaríana, fahafoízana, famerézana, fandávana, fañesórar a. ---, fahaverézana, haverézana.

Reprochable, Azo adina, azo tsiñiana.

Reproche, Tsiñy, faniñiana; fañadíana, h adidy, fañadidiana, ánatra, fañanárana. Sans ---, vo IRRÉPROCHABLE; tsisy antsa; tsisy añadiana azy. Faire des --- à q, Mañady, maniñy. mañántsa, mañánatra o. Lui RE PROCHER qc, -- azy amy ny z. -- qc, mañady, maniñy, h manadidy z, vo manaratsy, manaraby, mañendrikéndrika, mibaibay. Se ---, mañéñina. vo Afa-néñina, afaka-néñina.

Reproduction, Fankamaróana ou fihamaróany ny z manan'aiña; fañiriana indraiky, fiposáhana indraiky, fielézana, fitohizana, fanohizana, ? fihariana. ---, Ny tároka vao misolo ny áfaka.

Reproduire, mitéraka indraiky, vo PRODUIRE. ---, mampitéraka, mampamaitra, mihary. ---, mañandry. Se ---, miseho indraiky.

Réprouvé, Nariany ny Zanahary, foy, hala, very, lavina ---, Ratsy. RÉPROUVER, Mañary, mahafoy, mamery, manda, manamboho, mahavery. —, tsy maneky, mandá.

Reptile, Biby mandady, zava-mandady.

République, Fanjakána entim-bahóaka. RÉPUBLICAIN, O tia ny —. RÉPUBLICANISME, Ny fitiávana ny —. La république des lettres, Ry mpahay taratasy.

Répudier, Manary, mandróaka; mandá. — sa femme, — vady; manito-vady, h misao-bady, h mitsio-drano vady. RÉPUDIATION, fanitosam-bady, fisaoram-bady, fanaríana, fandroáhana, fanorávana.

Répugnance, tsy fitiávana; tsy zotompó, fo tsy tia, fo malaindaiña, fo manolisoly. vo HAINE. Avoir de la —, Répugner à, Malaindaiña, tsy tia, tsy tia lóatra. RÉPUGNER, RÉPUGNANT, tsy tiana, mahadikidiky. vo DÉGOÛTER. répugner à, tsy mifanáraka amy ny, misákana azy.

Répulsif, Mandronjy, h mandrónjina, manósika; mampiávotra, mampiala, mahésotra. RÉPULSION, ronjy. fandronjiana, h fanevótana.

Réputation, Laza. vo RENOMMÉE. Qui a de la —, Malaza, belaza, reñi-laza, mandeha-laza, manan-daza.

Réputé homme de bien, Atao ho olon-tsara, atao ndreo ho olontsara, ambara ndreo, volanin-dreo, antsin-dreo olon-tsara. RÉPUTER, manao ho.

Requérir, Mitáky, maka ny an-tena; mila, mitady; manáraka, mangátaka fátatra. REQUÉRABLE, azo takéna, azo angatáhina, azo alaina, azo aráhina.

Requête, Hátaka antsôratra, haho, Laho, hávina, h angavy, fangatáhana ; fiangaviana, fangavínana, filahóana, fangahóana; fifónana. vo Tenimiera.

Requin, Akio. ? Antsantsa.

Requinquée a, (antibavy) mihámina, mihaingohaingo; mihaminkámina. Se REQUINQUER, —.

Requis, Ilaina, takéna, angatáhina. —, tôkony, mety.

Réquisition, Fangatáhana fátatra, fangatáhana tsy mety lávina; fitakéna, fanaléna. Mettre qc à —, (Mpanjáka) mangátaka z amy ny o, maniraka ny o hanome azy z, maka, málaka, mitaky, misengy z.

Rescinder, Annuler.

Rescription, Taratasy fandraisam-bola, fakam-bola, mampahazo vola.

Rescrit, Teny ny Papa, teny ny *Empereur,* ito, didy, malo.

Réseau, Harato kely, h kitra, g kitapo.

Réserve, Fañompíana, fikajiana, fitehirizana; ompy, h Rákitra; voa ompy, ompiana, kajina. —, ambeo, ankera, fitaiza, fonja, vodiady, ny tánana hasolo;ny asáraka hasóatra ny lany ; a la —, Excepté. —, Tsy fitenenan-dóatra, fahatanam-bava , fiambenam-bava; hevitra au-kiho. vo fibonéhana, malo, malomalo, sokisoky.

Réservé, Natókana, voa ompy, nailika; tánana, ambésana, kajina. —, Mahatam-bava, vitsy vólana , mahafebava. vo maotona, ? mijamoka, jádina, tsy miteniteny foana, hendry, mitándrina, vitsi-teny, maótina, mitoetoetra, mimalo, mimalomalo, mihímoka, misokisoky. Terre, cas —, z ampetra, misy fetra, misy kady, misy kosa, tsy alefa ny izy tompo.

Réserver, Manompy, h mirákitra, h mitahiry, pv mikajy; manókana. Se —, —ho any ny teña, ho azy. Se —, mandiñy.

Réservoir, Fanompiana; fitchirízana, fañompian-drano, fitabahan-drano, fikajian-drano, fidobibihan-drano; kamory, ranovory, dobo, dobondrano, tohindrano, takoba drano, rano mitoby. vo faria.

Résidence, Fitoérana, fonéñana; tany —, tsy fialána. Qui a deux —, miroa-tany, roi-tany.

Résident, Iraka mipétraka añila ny mpanjaka naniráhana azy; maso ivoho, mpónina.

Résider, Mitoetra, Mónina, mipétraka. Ou résidez-vous ? Aiza itoéra'nao ? aiza no misy anao ?

Résidu, Fékana; ny mandry ambány, fiaka, h tóntona, tay ny. —, ny sisa, tavela.

Résigner qc, Mahafoy z ho azo n'olona, mamela, manome, mamindra, mamétraka z amy ny tanan'ólona. Se — à, mandéfitra amy ny, miantómboka, mañeky, mieky. RÉSIGNATION, h fahafoizana, fameláña, pv famoézana, —, fandeférana, fañekéna.

Résilier, Mahafoana teny nifanaòvana. RÉSILIATION, fahafoánana, fañaláña, famonóana k nifampieráña.

Résine, Diti-nkazo, loko-nkazo. RÉSINEUX, Misy —; Misy dity, misy loko; be dity, be loko.

Résingle, z famokáhana ny lémpona.

Résipiscence, Fivalòzana, fiováña tsara, fialáña amy ny ratsy; fañeñéñana, fibabóhana, h fibebáhana.

Résister à qc, Mitánjaka, mifáhana, Mamáhana, manóhitra, ? mitoha, mitóhana ? manóhatra azy. —, Mamáhana, mamáhatra. Pouvoir —, Mahafáhana. vo Miady, mandrara, misákana, mahatanty, mahaleo, mifáhatra, mañándrina, mandá; manehibebéña, tsy mañeky, mañankenjy; manámpona. RÉSISTANCE, fitánjáhana, fáhana, fanohérana, fanankenjiana, famaháñana; fisakáñana, sámpona, sákana, z misákana, Ady, tsy fañekéña, Ankenjy.

Résolu, (k) voa ito, voa ito malo, efa voa malo; efa voa tápaka, rékitra, vita, efa ampó. (o) efa nañito malo, efa nimalo hanao, efa nanampó hanao,efa mikinia hanao,tsy miova. vo mikiribiby, mihenahéna, mafy, mitompo teny fantatra, mialakaforo, vo Hardi.

Résoluble, (k) azo itósana.

Résolument, amy ny fo tsy miova; amy ny fahasahíana.

Résolutifa, (aody) mahalévona, mampimána.

Résolution, Fañampokóana,h fanampoízana; z ampokóina, h anakampó, fikiniána, h fikíasána; loka ampó, loka; fehivólana ampó, fo mafy, fo mahery hanao z, z kasaina, malo ampo, ito. ? kasamahitsy, ferateny, vo vatonikíaky. —, fahalevónana, fiempóana, fahafoánana, tonitoany. Dans la — de, résolu à. Prendre la — de, mañampoko, h mañampo, h mikíasa, pv mikinia, mijery, mamehi-vólana ampo hanao..., mandidy, manápaka, mañito hanao; manao ampo, mandátsaka ampo.

Résolvant, Mahalévona; mañito.

RÉSONNANT, RÉSONNER, Mañeno, mandeha eno, reñi-eno, mangótroka, mangotrokótroka; manako, manóina, mamaly, mikotrokótroka, maneo; ? re-póka, reñi-poka; mirehondréhona.

Résoudre une substance, Mahalévona, mampimána, maneno, manempo vatanjávatra. — une question, Mañito k, — vólana; mamita, manápaka k. — en fumée, mampanjary sétroka. — q à, Mandrisika, mandroso, mitaona, mandronjy, mampikíasa, mampikinia azy hanao, mampanao, mamp-; mañiditra ampo ny hanao. Se — à, Milóka ampó; Mañampó, pv mañampóko, mikinia, h mikíasa, mañito, mamehy vólana ampo, mipóka. Se — en eau, milévona, mirávona, mimana; miempo ho rano, manjary rano.

Résous en pluie, (Ráhona) nanjary órana, niova ho ranonórana; lévona, réndrika.

Respect, Haja, Asy, fañajána, fanomezan'asy, fañomezan-kaja, vo koezy voñinábitra, jiba, maja, fanekéna, fady, saotra, fitandrémana, fañahiana, fihifihy, hifihifiy. — humain, Heña-maso, heñatr'ankándrina imaso n'ólona, fañahiana ny malo n'ólona, fañajána ny malo ny ólona foana. Qui a du — humain, mpanao ankeñamaso; meña-maso, meñameñatra imaso n'ólona, matáhotra maso n'ólona, meñatra ny Zanahary imaso n'ólona, mpizaha tava n'ólona, Tenir en —, Mampañaja. Avec peu de —, h mifakofáko. Digne de —, RESPECTABLE, Tôkony homen-kaja, tôkony ho hajaina, tôkony homen'asy. vo Ngeza, ngeza-be, ngoay, ngoalahy; endrikandríana, menimenína, omemboñinábitra. Je suis avec —, vo Lelafi'ko feladia nao, hanik'óngotr'ao; zaho likà nao. RESPECTE', Manan-kaja, manan'asy, hajaina.

Respecter, Mañaja, mañomehaja, manome asy. vo mifihifihy, mihifihify ; mañome fady, midóña, mañahy, matáhotra, mitándrina. manemitrivoho, manobohobo. Ne pas —, vo mamingy, mamingivingy, mamimbina, manintina; mandrofarofa. Se —, mañaja tena. Se faire —, mampañaja, mampañome haja ; málaka haja.

Respectif.. ny isandoha; amy ny isandoha n'ólona, ho any isan'ólona; h? avy isandoha. vo misesy, manesy. Chacun son langage —, samby isambólana ny o. vo samby ísany ny azy, samby isany ny trano.

Respectueusement, amy ny fañajána. Parler —, mañaja mivólana. vo mitsetsetra, mifihifihy. RESPECTUEUX, mañaja, mahay haja.

Respiration, Fofon'aiña, fiaiñana, tsioka fiaiñana, aiña. —, fitarihana tsioka fiaiñana. —, fijanónana. RESPIRER, Miaiña; mitaritari-tsio-piaiñana. vo misatrasátra, n iésona, miésina, misonaka, misohika, miérotra, miaiñaiña mitsiñaiñaiña, mitróña; afak'aiña; sarotr'aiña. — qc, Mala-pófona azy; mañiry, mániña; mihentohento, misirento hahazo.

Resplendir, Resplendissant, vo Brillant. RESPLENDISSEMENT, famirapirátana, vo le BRILLANT.

Responsabilité, Fiantóhana. vo ántoka, adidy, tandro, andraikitra, miandraikitra. RESPONSABLE, Miántoka. vo mánana adidy; ampangaina. Rendre —, mampiántoka.

responsif, mamaly.

Ressac, Ríaka mody alaotra, tontandrano mody lahefa nipáka amy ny mórona.

ressaigner,
ressaisir,
ressaler,   vo RF-.

Ressasser, Mañofa indraiky. — un affaire, Mandínika k, g mamasavasa, h mikajakaja, h manajakaja, h mikarakara k.

Ressemblance, Hamirána, hamiran-tsora. fitovíana.—, sary, sora, éndrika, tarehy.

Ressemblant, RESSEMBLER; Mira sora, mitovy toetra, manáhaka, táhaka; misary; mañandry; mira, koa, koazáka, karaha, toa, toy; otry vo kátroka, mikatroka, tolokánina, mifoniny, misary; ? misárina, ? misarintsárina. Se —, Fanáhaka, mifanáhaka, mifampitovy, tokam-bolo, tokantsora, mira.

ressemeler, Mañisy faladia ny kiraro indray.

Ressentiment, vo RANCUNE. Qui a du —, RANCUNEUX. —, fahareñésana indraiky, fahatsiaróvana ; — d'un mal, fangotsóhana mimpody; téhoka reñy indraiky. vo farateny, lolo mamoha ángatra; mamaly.

Ressentir des douleurs, Mahareñy téhoku be; mahazo, mahatsiaro. —, mbola mahareñy arétina áfaka S'en —, Mahazo tápany, teky tápany, manan'anjara, mba mahazo; mimbona.

Resserrement, Hareretana; — de cœur, hakelezam-po, alahelo.

Resserrer, Mandréritra ny malálaka; manakely, mamody, mamókina, mandetra, mankalétra, mampihena, mañetry, manety, mampihémotra. Se —, Miréritra, mihialétra, mivónkina, misónkina, miheña, mihiafohy, mihémotra, mikérotra, mangérotra, miletra, mihiakely.

Ressif, Vato mamaky sambo andranomásina. ? Rivo, riva, ? rano marivo.

Ressort, Kibitsoka; vo Anjalava; fievotrevótana, fibitsóhana, fanevótana, firoritana. Ce n'est pas de mon —, Tsy z fehezi'ko zany; tsy kabary ko, tsy raharaha ko, tsy momba ahy zany; tsy zaka ko zany. Lui donner du —, Mankavítrika, mampiketsikétsika azy.

Ressortir, Mibóaka indraiky. —, vo Proéminent.

Ressource, Fotórana analam-bónjy, fanaòvana, ahazóhana; fitahiana, fanampiana, z mitahy; fótotra. Sans —, Tsy manan-kanaòvana, ? fadirañóvana.

Ressouvenir. se Souvenir, se Rappeler.

Ressuer, n (Rova vato) Diñirina, maévoka.

Ressui, Hitsika fanjóany ny biby dy niñtsahan'òrana; ? alo-biby, fandriam-biby haolo.

Ressusciter q, Mampitambélona o; mamélona ny maty, manángana olo-maty. — une affaire, mañómbotra, manávotra, mamoha, mañokatra k, vato, k lo. — n, Mitambélona; mitsángana amy ny maty. vo Sominda mifoha.

Restant, Tavela, sisa; ámbiny.

Restaurant a, Mahasítrana, mahavélona.—, hánina mahatánjaka, mahafáhana. —, Trano fivarótana nahandro, trano famahánam-bahíny, trano fividian-kani-másaka.

Restaurateur, Mpamodifody; mpanónitra. —, Mpivarokani-másaka, mpivárotra nahandro. mpitándrina trano fivaróta-nahandro. o mahatánjaka.

Restauration, fanonérana, fampodiana, famoditodiana. fampitoérana indraiky.

Restaurer, Mamodifody, h manónitra; mamodivondro, mandípika; mañajary, mamboatra ny robadróbaka. Mahatánjaka, mankasítrana, mankajánga, mampody, mamérina. restauré, Efa janga, sitrana, matánjaka, velombolo, miónitra, voafodifody.

Reste s, Sisa, tavela; ámbiny. vo sombiny, ómbika, ombisisamita, ny tsy lany; faikana. tay, tainjávatra; farasisa, sisan-kánina? fanjaidrovibody. Jouer de son —, Mandraisisa. vo Fara. Laisser quelque —, Mañisa. p z asisa.

Rester derrière, Tavela afárany. Qui restera ? Zovy ho tavela ? — là, Mipétraka, mónina, mitoetra, mantoetra ao. vo mitambótsotra afárany, miaoriana. Ce qui reste de son corps, ny sisa ny vata'ny.

Restituer, Mampody ny z nangalárina; mamérina. ---, *Réparer*, *Restaurer*, et ma nángana, mamétraka, mañórina, mampitoétra indray. REST ITUTION, fampodiana, fampodiánana. ---, h fanonérana.

Restreindre; Mandétra, mankalétra, mamónkina, mankahely, mankahifitra, mañéfitra; mañety, mametra. Se --- à, tsy mihóatra, tsy mandilatra azy. RESTRICTION, fámérana, fieférana, fetra, éfitra, fañeférana. --- mentale, jery tsy ambara, hévi tra ankibo.

Restringent, mahalétra, mankalétra, maharéritra; mangeja, tsy mamaha.

Résultat, Ny avy amy ny, ny fárany, farahévitra, fara eno. RÉSULTER, Avy; tonga, momba, mañáraka, fañáraka, fárany indrindra.

Résumé, Ny fótotry ny teny voa laza, ny lóhany ny lazaina, ny ántony ny teny voa laza, ny farateny, faravólana, farafaram-bólana. RÉSUMER, Mañambára ny ---, mandray ny ---, mampody ny ---, mamara vólana, mamarafara volana,mampody ny fótony ny k; málaka ny fótony indrindra. Se ---, mañambára indraiky amy ny vólana fohifohy.

Résurrection, Fitambelómana; fitsangánana amy ny maty.

Rétablir, Mampitoetra indraiky, manángana ny lavo, mañajary ny róbaka, mañomby ny natsóaka, mambóatra, mamoha; mañórina indraiky, mampody ; h mamérina; mamonjy, h manónitra; mamítrana; manohy ny naïto, mankasitrana, mankajánga. Se ---, Ho sitrana. manampóna ho sitrana. RÉTABLI, sitrana. efa tsara; tafitsángana indraiky, tafiórina &. RÉTABLISSEMENT, Fanangánana indraiky, fanohízana.

Retaille, Ny ómpaka, ompakómpaka; sómbiny, sombintsómbiny, ny alátsaky ny fitétika; ? tain'antsy.

Retailler, vo Tailler.

Retaper un chapeau, mañajary, mambóatra sátroka róbaka *ou* marátra.

Retard, Fahelána, vo DÉLAI. Être en —, Afara lóatra, afárany loatra. Sans —, Aussitót. Le —, Ny fampiadánana.

Retardataire, Zay avy afára lóatra, zay afárany.

Retardement, vo DÉLAI.

Retarder qc, Mankaéla, mañela, mahéla; mampihazohazo, mitána lalana, misákana; mampiadana dia, mampijánona. — n, Ela, miela, mandíñy ela, manao ampitsolava; miahanáhana, mihazohazo, mihebinkébina, miatoáto, mikirindréva, vo Lambiner; mañálina.

Retâter,
Retaxer,
Retendre,
Rétendre,   vo RE-.

Retenir qc, Tsy mañandéfa, Mitána, h miházona; mitánjaka, mamáhana, mamokéky, mamángoka, manémbitra, misákana, mitana-lálana, mitoha, tsy mahalátsaka, manóhaña, tsy mampandéha ; mañímoka, manámpona, mandrékitra z, mampirékitra, mañémotra. — son lait, mañemo-dronono. — q, mifofo o, mamofo o. vo sambomióndrika; vo manao botraika ny zavatr'ólona; misámbotra, mangeka, mameja, sogéka; mañariva, mañálina Se —, Mitam-pó, maháritra , miari-po, mandéfitra, h mihafy, mame-bátana, misakan-téña. vo mahatánty. retenu, Tsy áfaka, tanan-dráha, azon-tsámpona, sakanan-dráha. —, voa fofo, nofofóina, finófo.

Rétention, Fitanána. — d'urine, Amány rékitra ambátana, vo Gravelle. et angamaty. fiafia.
Retentionnaire, O tsy mampody ny zavatr'ólona.

Retentir, Retentissant, Marésaka, mañéno, mangótroka, mangotrokótroka, mandeha éno, mikotrokótroka, mamarabáratra, mandrohondróhona, mandeh hótroka, manako, manalángo, maneo, mipóaka, mitéfoka retentissement , Résaka , Hótroka , hotrokótroka, h kotrokótroka, eno, ako, talángo.

Retentum, Hévitra am-po tsy ambára, jery avóny.
Retenu, Mahatam-bátana, tsy misokátraka, tsy mandroso-vátana, mántona, vo miantaha, miáfitra.
Retenue, Fahatanána vátana, fimantónana, tsy fandrosoam-bátana. En —, Tsy alefa, tánana.
Réticence, Teny h imóhina; teni-tsi-loa-bódy, ? bolodilody, himo-bólana; teny misarom-pótotra. User de —, mañimo-bólana, mañimo-báva.
Réticulaire, Karaha harato.

Rétif, (Ampondra, sovaly) malain-kandeha, mitsángana rékitra; sarotr' inaina, madi-doha, mamáhana, mihizihizy.
Rétiforme, Karaha harato.
Retiré, (o) mijono, mihémotra, mañirery, mivóny, miery, mitókana; (tany) lávitra tsy andehanan'ólona; mangingíña, mihátaka.
Retirer, mitárika indraiky &, vo Tirer. —, mitárika himpody, mañésotra, mañisotra; mamóaka, manóaka, mana-

tsóaka; manala; manómbotra, manávotra; manóhy, manókatra, mamóhatra. manintona. — en dedans, en arrière, manémotra, mampihémotra. vo mamónkina, manónkina. Faire —, mampiala; mampiésotra, mampody, mampivérina. mampidriso. Se —, miala, miésotra, miávotra, miétoka, mienga, mihífika, matsóaka, h mitsóaka; midriso, mitetéka. mimpody, mody, mivérina, mihémotra; miambóho, manòtra, miòtra, mifindra, mihísatra; misinkérotra, mikérotra, mivónkina, misónkina, miheña, mihéndratra, mihoronkórona, miáfitra, miraik*ia*, h miáhotra, mihátaka, mangérotra, mikainkona, mikémpana, mitampísaka.

Retomber, Látsaka indray, lavo indraiky, vo Tomber. — sur sa postérité, miándraka amy ny zafy ny.

Retordre, manótaka, manólana, manotakótaka, manósina, manosinkósina, manolanólana tady indraiky. —, manósina tady roy hatao raiky. ? mamánditra.

Rétorquer un argument, Mampody, mamérina ny torabólana amy ny o nanôraka azy, mamaly tsiñy.

Retors, a, Fil —, Taretra voa ótaka indroy, voa hósina indroa. q —, o mifelipélika, fetsifetsy, miolakólaka, kinga.

Rétortion, fampodiana tsiñy, valintsiñy, Valy.

Retoucher, mitána indraika. mikásoka indraiky, manókitra indray; mamarafara azy; mimpody hankatsara azy.

Retour, Vérina, fimpodiana, fimpodiánana, fiverénana, fodiana; — du Temps, hérina, Tsingérina, fiherénana, fitsingerénana. Sans —, ? alaovalo, ? andrakadia. être de —, Efa tafimpody, efa tody. être sur son —, mimpody, mivérina. —, Valy, solo, teny, ? tody. Qc en —, z avaly, asolo azy, ho valy ny. Qui demande du —, mila-valy, mila valiana. —, famerénana. Les tours et les — de la rivière, Olikólika, olakólaka, felipélika, fiolikolíhany ny òny.

Retourner n, S' en —, mimpody, mody, mandeha mody, mivérina; mihérina, mitsingérina. — en arrière, mimpody voho, mihémotra, mianòtra. mimpody dia, mandeha voho. — le même jour, Tampody, mitampody; de suite, Tampody fohy. vo mitodidoha — qc, Mamádika; mampody, mamérina, mamadibádika. — la terre, mamókaka, mamoiboitra, mitrongy, mipongy tany. vo Manóhoka, mamótitra, manilany. Se —, Mivádika; mitódika, h mihérika, mitoditódika, miherikérika, miódina.

Retracer, Manoritsóritra indraiky, Manòratra indraiky ny k lasa mora izy tsiaro n' ólona, mampahatsiaro; mamoha, manókatra.

Rétracter qc, Manala teny natao, manatsóaka teny, manoa-bólana. Se —, —; *et* h mitsoa-teny, pv matsoa-teny, mihémotra, mandá, h mifody. rétractation, fanatsoahan-teny, tanalam-bólana, tsoa-bólana, ? hemo-bólana; fanemoram-bólana. fandávana, fañevótana.

Retraire un héritage, Mampody lòva nalafo n'ólona. Manatsóaka, mañésotra, initárika, mimpody, manémotra.

Retrait a, Riz—; Vary mahia.

Retraite, Fihemórana, fimpodíana, fimpodiánana.—, dia mody; lósitra. —, (Trano) fivoníana, fitokánana, fijonóana; h fieréna; fisaráhana amy ny hamaróana. Armée en —, Táfika mandósitra, mihémotra. Religieux en —, mitókana an-trano hijóro; mihémotra an-trano; tafihémotra an-trano; tafiditra hañirery; mañirery, tafisáraka. Soldat en —, Miaramila afak' amy ny fanompóana. afa-draharaha, bekotro, menavázana.

Retraiter un officier, Mañáfaka manam-bonináhitra amy ny fanompóana, mañome azy vola fivelômana.

Retranchement, Fañaláina tápany, famorísana. fanatsáhana; fanesórana, fanaláina amy ny; —, hadi-faméraina, alo. aloalo, fialôfana, aro, fiarôvana, rova, manda, ampíana, fefy. fiolampíana.

Retrancher, Mañala tápany, manápaka amy ny, mañala amy ny; mamóritra, manatsáka, mamólona azy, mandrómbina, mandróvitra, mandrómpa azy. —, mañala, manésotra, manatsóaka, manápaka, mañómbotra azy. —, mankahely, mampiheña. — un camp, Mandrova, mamefy, mandroho toby; mañisy rova, roho, manda amy ny. Se —, Manao rova; miaro teña; mifefy; milampy, miolampy, miampy, mivóny, mifálitra amy ny.

Retravailler, Miasa indraiky &.

Rétréci, Efa tsy matáhitra koa, efa mahífitra; malétra; misónkina. RÉTRÉCIR qc, Mankiahifitra, mandetra, mankaletra, h manety, manakely; mamónkina, manónkina. Se —, mihiahífitra, mihialetra, maletra, h mihiaety, mihiakely, mivónkina, misónkina; mihémotra, mifíntina, mitongika. Se —, l'esprit, mamonkin-tsaina. RÉTRÉCISSEMENT, fankahifirana, hahifirana, halérana, hakelézana, fivonkinana; hahety ny.

Retremper,

Retresser, vo *RE*-.

Rétribuer q, Mañome azy ny karama tókony; Mirasa fondro; mamaly z ny natao ny. RÉTRIBUTION, Tamby, fondro, karama, valy, z avaly tsara. vo ónitra, famaliana, sarampanáfana, sarampitañana, tambintarímy, soki-pátsika, fofo-damósina, kitamby, tambitamby.

Rétroactif, Sady mimpody amy ny lasa mahavoa azy; mivérina sy manao, mahavoa aoríana.

Rétrocéder, Mampody z foy n'olona amy ntsika.

Rétrograde, Rétrograder, Mimpody voho, miañôtra, mandeha voho, mihémotra, manao dia miañôtra, mivérina, mimpody.

Retrousser sa manche, Mandépika, manisitra tañan'akanjo, manóndrotra, mandétaka, mañangan-tendro; mandify, mandéfitra, mañópika, mañolípika. vo Misamboritra, misadíka, misikin-dahy, misaribobonga, mikongoitra. Nez retroussé, órona létaka, miangan-tendro. Qui a le nez —, o letak'órona. Cheval aux flancs —, sovaly milántika, milétaka. vo misikimpónitra.

Retrouver, Mahita ny very, mahita indraiky. Aller le —, mandeha hiharo amy ny. —. Mahafántatra. Se —, mifankahita; Se —, Tafimpody, mitsangana ao indraiky, efa omby ao indraiky. Se —, mahatsiaro; mahita lálana very.

Rets, Harato famandrihana; fándrika, harato; vovo. Prendre dans ses —, mandátsaka ampándrika, ambovo. Tendre des —, Mamándrika, mamoha fándrika

Réunion, Famoriana, h fanangónana; fampirailiana, fandañónana; fivoriana, h fiangónana, h firaisana, fitohizana, fihaóñana, filañónana. — de gens, —; Havoriana, Lañóñana, havorian'ólona. Ile de la —, Nosy fihaóñaña, vario fivoriana. réunir, Mampiraiky, h mampiray, mampihaoña, mampiharo, mañaona, mamory, manohy, mamitrana, mampikámbana, h manángoña; vo Réconcilier, accumuler; taombítsika. Se —, Miraiky, miray, mihaoña, mikámbana, mivory, h miángona, mitohy, mitraotra; miek*a*; mifamehy; mihávana, mivitrana, miharo.

Réussir, Mahefa ny atao ny, Mahatody, manody, mazó, mahavita, mahita-mila, mahazo, mahavoa, mahatrátra, mananjara, Vintánina, manjary, tsara-dinitra, mazo-tánana; manam-bintana, mañándry, lavorary, tody, tonga, avy amy ny maso ny, ambinina, soa, efa tsara, tantéraka, vita tsara; avy amy ny maso ny; maróroka, mandroso, miroandróana, ? mida. Ne pas —, tsy mahita-mila, tsy mahefa, ratsi-dinitra, manala, manala-tratra; ? mafana-trátra; kandríñina, tsy mazó. Faire —, mampahefa, mankazo-tánana, mampahita, mañámbina, mampándroso, mampitody; mandavorary, mahatody. réussite, fahefána ny atao, fahavitána tsara, fahatodiana, fahitána, fitodiana, fahatanteráhana ny nokasaina; ny lavorary; fandrosóana, fahatongávana.

Revanche, Valy ny atao, pv Teny; ? Tody. famaliana, fitenéna; fanodiana. Avoir la, Prendre la —, (se revancher), Mamaly, miteny, h manody. En — je vous donnerai une piastre, ho valia'ko parata anao; ny havaly ko anao amy ny izany, ariary iray.

Rêvasser, Mañinofinofy, mañinofy maro. RÊVASSERIES, nofinofy, nofy maro.

Rêve, Nofy ; z azo nofy; z nofisina. De beaux —, Ariarizato ampandriana.

Revêche, Sarotr'inaina, madi-doha, maheri-hátoka, maherizáka, maditra, botraikia, mikiribiby, mihizihizy, mihenahéna, sarotr'éntina, tsy mañeky, saropo, miangatrángatra, ? mingitringitra, séhotra, mibozikia. vo mibaitraitra, tsy zak'anárina, midongidongy, baibo.

Réveil, Famoházana ny mandry; fifoházana, fahatsiaròvana amy ny toromaso. famoha-mandry, fampitairana. — matin, famoha-mandry. Réveiller, Mamoha, mampifoha ny mandry, mañala toromaso azy, mandrísika, mañétsika; manaitra, manónjona, maníndrona; mampahatsiaro. vo mamohafoha mandry, manavo-bato. Se —, mifoha, mahatsiaro, miónjona; taitra, áfaka toromaso, mihétsika.

Réveillon, Sakafo álina, sakafo matoñálina.

Révélation, fañambarána, fanoróana, fañokárana, h famokárana. RÉVÉLER, Mañambara, mamòkatra, pv manòkatra, maneho, mañala sárona, mañala lómboka, mañala foño, mamaha, mamahavaha, maméraka, mamosa, mamámbaka, manoro, milaza.

Revenant a, agréable.— s, Lolovòkatra, lolo vao òkatra, ángatra, avelo.

Revenant-bon s, ny tombo azo, ny soa azo.

Revendeur, Mpividy ka mivárotra indray, mpamadi-bangána, mpamadi-bárotra, mpamadi-bidíana.

Revendication, fitakéna; fitadiana ny ráriny, fitakéna ny fady nteña.

Revendiquer, Mangátaka ny azy, mitáky, mañáraka hálaka, maka ny azy.

Revendre, Mambidy ny vinidy, mamadi-bárotra, mamadi-bangána, mamadi-bidíana.

Revenir, Mimpody, mivérina; avy indraiky. (le temps) mihérina, mitsingérina. — à soi, mody saina, mahatsiaro, mimpody jery. — le même jour que l'on est parti, Tampody, mitampody; —de suite, tampody fohy. —, hánina mitsikébona. vo Miseho indraiky; maniry indraiky; miova hévitra; sitrana manáritra, mahafoy, mamela ny hévitra teo; miónina, avy, tonga, miampy, mitsángana, mitombo, mihátra; manavy. ça revient au même, mpola izy; hérina izy teo; ça revient à la mort, hériny ny maty zany; ça me revient bien, Tia'ko zany.

Revente, Vadi-bárotra, vadi-bangána, vadi-bidiana.

Revenu, ny Tombo azo, soa azo isantaona, vola míditra,

hajia; ? vókatra.

Révenue, fampodianana. —, ny tároka maniry amy ny hazo voa tápaka; ny Dimbin'antsy.

Rêver qc, Mañinófy z, mahazo nofy azy. vo manao hevidrávina, manao saimpotsy. — à, mihevitrévitra, mieritréritra, mijery ta-hahazo.

Réverbération, Fivadihany ny hazavána, vadi-kazavána, verin-tsirin'àndro.

Réverbère, Fañilo mamádika ny hazavána ou mamérina ny zava, ? famerinjava; fañilo maniritsiry, ? famafi-zava.

Réverbérer, Mamérina ou mampody, mamádika ny hazavána, Mangiakíaka.

Reverdie. vo grande MARÉE.

Reverdir qc, Mankamaítso, mankaitso indraiky. — n, mandravim-bao; maniry indraiky, mihamaitso indraiky.

Reverdissement, fandravinam-bao.

Révérence, Haja, fañajána, fañomezam-boñináhitra. —, fiondréfana mañome haja. Lui faire une —, miondrika amy ny. Tirer sa —, Mihémotra, mody, miala; mitari-drébika ka miala.

Révérencieux, Mañajahaja lava, miondrikóndrika amy ny o, mañaja lóatra.

Revérend, Manan-kaja, omeo ntsika haja, be haja, tòkony ho hajaina, omen-kaja. RÉVÉRENDISSIME, — indrindra

Révérer, Mañaja ny z ny Zanahary, Mankamásina, manásina. VO RESPECTER.

Rêverie, Nofinofy, saimpotsy, eritréritra ampandriana, jakoko, hevi-drávina.

Revers, Ny voho ny tánana. Coup de —, Téfaka amy ny —. —, ny voho, ny amboho, ny anilany, ny ilany; famadihana, vádika. —, vintan dratsy nahavoa, fahoriana manjó; loza. Qui a éprouvé des —, voa tólaka, féfika, nahita loza, very z be.

Reverser, Mañidina indraika. Mamindra vatra azy.

Reversible, (haréana) azo avérina, azo ampody amy ny tompo namindra azy.

Reversion, Fampodiánany ny tokotány amy ny tompo manome lahefa maty ny o nome' ny azy; Verin-dova amy ny tompo lahefa naty ny tòkony handova. ? tolo-bóhitra.

Revêtir, Mañisy síkina (ou lamba, saimbo, akánjo); mampitafy, manafy, mampisíkina. — du pouvoir, Manátroka, manáfotra azy amy ny fahefána. manome. manólotra azy fahefána; mampahefa. Se —, Mitafy, misíkina, málaka síkina. — de, Málaka, maka; mitafy z. Revêtu, voa foño, mifoño, voa sárona, mitafy. — de gloire, Misatro-boñináhitra, mitáfy voñináhitra.

Rêveur, Mpañinófy. —, vo Mélancolique.

Revirer, (sambo) Mivádika indray, mivadi-maso indraiky, miviry, h imivily ndray.

Réviser, Mizaha indraiky, mandínika indray. Révision, fizahána indraiky, fandinihana.

Revisiter, Mamangy indraiky.

Revivifier, Mamélona indraiky, mampitambélona, mampody fiaiñana; mampiàiña indray. Revivification, fampitambelômana; famelômana indraiky.

Revivre, Mitambélona; vélona indraiky, málaka aiña indraiky; velombolo. Faire —, mampitambélona, mamelombolo.

Révocable, (Diditány) azo alána, azo tsoáhana, azo ampódy, azo foánana. (Iraka) azo antsóvina himpody.

Révocation, Fañantsóvana himpody; fampodiana, fampiverénana; fanatsoáhana, fanesórana.

Revoir, Mizaha indraiky. Examiner. se —, Mifankahita indraiky. Au —, Sambia tsara; Veloma anao. Adieu jusqu'au —, Másina anao, mbola hifankahita isik'e.

Revoler, Mitílina mimpody.

Révoltant, Mahatézitra.

Révolte, Fiodínana, godantány; h fikomiana, komy. Révolté, Miódina, mpiódina.

Révolter, Mampiódina (ny vahóaka), h mampikiomy, mampiónjona, mampigódana. — q, Mankatézitra vo Fâcher. Se —, Miódina, mivádika amy ny Mpanjáka; mikomy, miúnjona hiady ny Andríana.

Révolu. 10 ans —, h Taona folo ngarangídina, pv girigidy, pv díkina, pv kidikina, h mihodídina, támpitra, tóndroka; Herintaona folo. Pendant un an —, Mañerin-taona.

Révolution, Fiherénana, hérina, fitsingerénana ny taona va ny kíntana. —, Godantány, fiodínany ny vahóaka, kotrantány, vádika tany, famadihan-tany; fiována, fiolaolány ny fanjakána; fivadihana. Révolutionnaire, Mpiódina, mpiolaola, mpikotram-panjakána. Révolutionner un pays, mampiódina, mampikomy, mamádika, mampiady, mañova, migódana, mikótrana, mandróbaka, mamadibádika, mampiólaola tany; mañova ny fanjakána.

Revomir, mandoa ny natélina indraiky, mandoa indraiky.

Révoquer, Mañantso íraka hivérina; mikaika himpody; mampivérina azy; manóaka, manatsóaka, mañésotra, manala diditány, mampihémotra.

Revue, Fizahána indraiky, famasavasána, fandinihana, h fikajakajána indraiky. —, fizahan-toetra ny miaramila tafivory; fivoriany ny miaramila hizaha ny famindrany. Passer en —, Mizaha, mizahazaha, mamasavasa, mandinidinika, h mikajakaja, maneriñérina, misarisary azy, mizaha toetra azy.

Révulsif, (aody) mamindra, mampody, manésotra, mampidriso, maudronjy ny arétina ankafá.

Rez-de-chaussée, Efi-trano ambány mitovy amy ny tany.

Rhabiller, Manome síkina indraiky. — Manajary, mamboatra. vo Habiller, raccommoder.

Rhéteur, Mpampiánatra ny fandaharan-teny. — Mpanao volam-boréraka.

Rhétorique, Fandaharan-teny tsara. Rhétoricien, mahay ny —, Miánatra ny —.

Rhubarbe, Anaran'áhitra atao fanafody mampandeha.

Rhumatisme, Anaran'arétina, ? Róhana. qui a un —, Rohánina, hóhana.

Rhum, Tóaka, Áraka, Barandy.

Rhume, Kóhaka, réhoka, h sery, pv rehoreho. Qui a un —, beréhoka, berehoreho, mandréboka, mikóhaka.

Rhythme, Fifanaráhana, tonontónona, ? vaniváuiny, fanandríana, isa, érana, óhatra.

Riant, Riante, (Sora, trano) Mihomehy, mivanivány, ravoravo, zina, faly, mahafalifaly, ombankehy, arahin-kehy. tiany ny maso, akisakisa, ravo.

Ribambelle, Filaharan-dava, tohitohy lava. — de gens, o maro mitohitohy, mifanarakáraka dia, mifanesy.

Riblette, Masikita atóno, pv safindrina, h kitoza, pv tokoza. En faire des —, Manafindrina, manokoza azy.

Ribote, Mihinam-be indraiky minom-be; fimonambe. Riboter, minom-be ndraka homam-be.

Ric-à-ric. Compter —, Manisa indrindra tsoho diso.

Ricanerie, Heby fikizáhana, pv Vanivány; vaníka, h kikikiky. vo kiaka, tsikiakia, vazivazy. himokímoka, hanihany, kakikaky, kimokímoka. Ricaner, Mihomehy, mivanivány, Mivaníka, mikikikiky; &. Ricaneur, Mpihomehimehy, mpikíraka, mpivanivány, fotsihy.

Richard, Mpanarivo; h mpanjato, arivoara, hénika haréana; o iva rázana be haréana.

Riche, (o) h Manan-karena, pv manan-karéana; be haréna, be hareana; mpanarivo, h mpanjato, trema, tremal ahy, manambé, arivoara, ngéntroka, métroka, heni-karéana, h manefohefo. —, z saro-bidy, be vidy, soa; mirávaka. —, (tany) vanon-draha; en riz, vanombary. —, (vólana) maro rántsana. vo manan-tsi-mamanga. Richement, amy ny fihaminana be. Vêtu —, mihámina. — laid, Ratsy sora malaza.

Richesse, h Haréna, pv Haréana; fanánana. vo Habé, habetsáhuna, havokárana; harentovonjáka.

Ricin, Anaran'ahitra misy vihiny fatao sólika fankandeha. vo ? Palma-Christi.

Ricochet, Ny tsambokimbókina ny vato fisaka atóraka milomay ambony rano; tsambókiny ny balantafondro; tilim-bala; ? tsingolobody. Aller par —, RICOCHER, ? mitsambokimbókina milomay. atteint par —, voa tilimbala.

Ride, h kétrona (amy ny lahara); pv kérotra; ketronkétrona, pv hérotra; ketronkétrona, ketronkándrina, horonkoróna, herotrérotra. —, Misy —. Se RIDER, (sora, rano) Mi —; *et* pv mangérotra, mangerotrérotra; h mikainkona, mivónkina, mikarainkona, misónkina. vo sokíky, tokíky. Le RIDER, h mampikétrona, pv mampikérotra, mampangérotra, mañoronkórona, mampihoronkóditra

Rideau, Lamba mihántona atao riba; lamba ariba, lamba arindrina; riba lamba. — De porte, lamba-mbaravárana, lamban-tamiana; de lit, Lai-mpandríana, ? sárona, lamba fanakófana, firákotra, lamba manákona.

Ridicule, Kabíaka, mampihomehy, tókony hehiana; badíaka, badibadíaka, bodibodiaka, jabadíaka, mijabadiaka; kabiabíaka; adala. Qui a une démarche —. Adala fandeha. Le —, ny Hakabiáhana, fahadalána. Tourner en —, RIDICULISER q, mihomehy azy, mañadala, mikízaka; h manendrikéndrika o. vo se MOQUER. Se —, mody adaladala, adala fatao, manjary kabíaka.

Rien, Tsy závatra, tsy raha, tsy zaka, h tsinontsinona, tsinotsino; tsy ino tsy ino, z tsisy várany, z tsisy fótony, z tsy mañino. vo tsy vañon-ko-inona, Jifajifa, tsipiáhitra, tsipitány, tsiróni-tsiventiny, tsy misy vidy ny, tsy raha ny, tsy ho závatra. Je n'ai rien à vous donner, Zaho tsy misy z home'ko anao. vo Tsy azo ko vetsivetsy, tsy azo ko aroñárona, tsy tsiaro ko aroñárona. Pour —, GRATIS. ça ne fait--, tsy mañino, tsy mañahy. Un —, volohoho. En un — de temps, tsy ampy to'inona. vo à CLIN-D'ŒIL. Des —, vo BAGATELLES.

Rieur, mpihomehy, mpikanikány, mpivañivány, mpitokika, mpivañika, mpitsikáka, mpitokáka. vo RICANER. Moquer. Avoir pour soi les —, omban-dreo mpihomehy, iandañiany ny hamaréana.

Rigide, Fañahy, Hénjana, hintsitra, h hínjitra; tsy malemy, tsy azo alétitra, mihinjihinjy, mafy, sárotra, masiaka. RIGIDITÉ, Hahenjánana, hasarótana, habinjírana, hahintsirana.

Rigodon, Añaran-drébika, mai-dava. Dihy maláky.

Rigole, Lalan-drano, hadirano, hadikely, lakalákana, salakandákana.

Rigorisme, Hasarótana, hasarotam-patao, h hasarotandalana, hamatiana, hasarotam-po; ? hamaisarana. RIGOURISTE; o sarotra, saro-po, ? maisatra.

Rigoureux, Sárotra amy ny námana, vo EXIGENT, *et* makavavadiso, matoi-fanirahana; hénjana, mafy, masíaka, tsy miántra, masíaka, forovato. RIGUEUR, vo Exigence; *et* hahenjánana, hahinjírana, fihinjírana, fakana vavadiso, hasiáhana, tsongorávina.

Rimailler, Mamoron-teny fiantsána tsy mahay. manao tononkira tsy manjary.

Rime, Teny mitovy feo (amy ny antsa.) vo tononkira. tonon'antsa. *Rimer*, Mamórona tonon'antsa, mampira volana fiantsána, mampitovy teny fihirána. —, (teny) mitovy feo, miray feo.

Rincer les bouteilles, Mañóntsana, manasa, h manoza tavohangy. Se — la bouche, mihomokómoka. *Rinçure*, Rano nanasan-draha.

Rioter, Mihomehy kely, Mihomehimehy, k mikikikiky, mivañika, mivañiváñy.

Ripaille, Fihinanam-be. Faire—, Mihinam-pý, mihinambe. mañaran-kibo amy ny zava-pi-ró.

Ripopée, Divay ratsy miharoharo, fisotro ratsy, haroharo ratsy. —, haroharo-ndraha ratsy. ? ròvahía.

Riposte, Valy romóka; valy may, valy támpoka. RIPOSTER, mamaly romóka, mamaly támpoka, ? manao valimay.

RIRE, RIS s, g Hehy, homehy. —moderé, pv Tokika, h kikikiky; vañivañy, h vazivazy, h kanikány. — sous cap, himokimoka, h kimokimoka, h tsiky, g Vañika. — sot aux éc'ats, h Tsikíakía, h Tolakáka, h Takakakáka. — joyeux aux éclats, pv Tohélaka, h Tokélaka, h Tokelakélaka, pv Totohélaka vo Riambáky.

RIRE n, Mihomehy, homehy, *et* Mitokíka, Mitokikikiky & vo Rire s. — de q, Mihomehy o. p o hehíana, h hehéna.

Ris-de-veau, Vihiny ambány ny tenda ny zanak'aomby. —, ? notikátiny, ? sarakatiny.

Risée, Hehy n'olomaro, Riambáky. —, Moquerie. Digne de —, ridicule. Etre la risée, hehíana.

Risible, Mampihomehy, ombankehy, arahin-kehy, hehíana, fihehíana, be fihehíana, kabíaka, badiaka, giagia. vo RIDICULE.

Risque, h fanavam-bi-very; g fitonóan'aiña, tono-aiña; fanávana mosalahy; kajirindraha, fanjoan-doza. vo DANGER. RISQUER, VO HASARDER, EXPOSER. J'ai risqué de tomber, saiky ho lavo aho, kely ho látsaka aho. Vous risquez de tomber, Tsoho látsaka, sao lavo, fandrao látsaka anzo. Se —, mitóno aiña, mitono fo.

Rit, RITE, Fatao amy ny Église

Ritournel, Antsa kely mimpody mazaña, verin'antsa, fiverénana, Tapak'antsa miverimbérina.

Rituel, Taratasy milaza ny fatao, taratasy fijoroan-draha.

Rivage, ny Morondranomásina, sisindranomásina, olodrano. Sur le ---, Amorondranomásina, an-tsisindranomásina, ampásina.

Rival, Rafy; tehitovy, te-hihóatra, samby mitady koa, mifañia amy ny; ? fahatelo ny. RIVALISER, Mifañia, h mifañinana; ti-hifandilatra, ta-hifampihóatra, samby mitady, te-hitovy; ta-hifandresy, samby mila ho azy; mifandrafy, ? miálona. RIVALITÉ, Fifañiána, h fifaninánana, fifañiaiána. vo Fanjáña, mifanjána, fifanjaniána.

Rive, Morondrano, olo-drano, molondrano, h sisin-drano, mórona, ólotra, sisiny; ? fehiloha. morontsaha, moron' oñy. Sur la---, amórona. Il était sur la---, tamorondrano izy.

River un clou, Mamóritra, (*ou* mamarango, mandéfitra) ka mandófoka ny tendro ny añila; mandófoka, mandombo ny tendro, mamono tendro azy; mamísaka tendro azy, mandrékitra fátsika.

Riverain, O mónina amorondrano, ny Antandrano; mpónina añolotr'ala, ao antsisintány; ? ny antañólotra, ? antamórona.

Rivet, Fátsika roy loha.

Rivière, Oñy, teñandrano, renirano, saha, rano mandeha, ríana, rano mandríana.

Rixe, Adiady, ady, tólona.

Riz, Ris, VARY.— sur pied, vary ampótotra.—de marais, h hóraka; pv varihóraka, vary ankóraka. — de montagne, vari-vóhitra; h tavy; pv vari-jinja.— en grappes, en paille, vary antsákiny, vary mifáhina, fahim-bary; h Akátatra, pv akata; vary misy ny akáta ny. — en balle, en robe, en cosse, pv vary korófany, pv vari-ankorófana, h Akotry, h akotrimbary, vary ankótriny; tsirombary. — maigre, à grosse pellicule, h akofa, pv angáfona; akofam-bary.—un peu pilé, h Ovo-bary, pv Evo-bary.—au trois quarts pilé, pv Tsetse-bary, h tsatsabary; pv Vary gamela. — entièrement pilé, blanc, Vari-fotsy, fotsimbary, sk fotimbary, vary mangántsa, vary malándy, vary midisa, vary voa disa.—blanc choisi grain à grain, fantimbary. vo VARY; Ambókana, ampangoro, ampango, angika, rojo, sosoa, variritra.

Rizière, Tanimbary. vo jinja.

Robe, Akanjo jolóbaka *ou* mikararavy, joróbaka, goróbaka; migorábaka. milobaloba; g salóvana; akanjo mikararavy, akanjobe, akanjo lava. — d'un cheval, ny volo ny. — d'un légume, ny korófany, ny hodi'ny.

Robinet, Soñy fikiririhan-drano, soñy fipiritsihan-drano, fitsirìrihana;

Roboratif, Mahatánjaka, mahafátratra.

Robuste, Matánjaka, matómboka, fata.r'aiña, mahery, fátratra, vokénana, voakénana, hénjana, ozárina, ozátina, maózatra, zoárina; vorinofo, maventy.

Roc, Vatolampy, vato be mafy; hárana.

Rocaille, Vato maro madinika miaro ankora rekidrékitra anaty hitsika; rokavato fihaminana; h Vato kely sy akora atao zohy mahafináritra. ROCAILLEUR, mpanao zohy amy ny vato madinika sy akora.

Rocailleux, (Tany) maro vato madinika, vo Pierreux.

Roche, Vato be. vatolampy; karabato, rokavato, rokabato. Cœur de —, fo vato; o saro po, madi-po, ? sómpatra, forovato.

Rocher, Vatolampy kitsoloha, vatobe abo. ? vato haránana, hárana. vo tsingy, tsingimbato.

Rochet, Akanjo fohy ny mpijoro añaty Église.

Rocheux, Rocheuse. Ile—, Nosy harañana, nosy be vato.

Roder, Miriorio &. vo ERRER, et Mifarifary, mivezivezy, mitsimberivery, mihebiheby, mañariary, mihelihely, maniasia, milongolongo, mirangorango, mizenjéna. — après qc, Mifarifary z. RODEUR, Mpinené, mpirenireny &; hao lahy; jirika, mpijirika, kiloy, kiloilahy, olimanga, h olondahy, h olonanahary.

Rodomont, vo Fanfaron. Rodomontade, vo Fanfaronnade.

Rogations, Andro telo fangatáhana, hateloan'andro fivaváhana. andro fangahóana.

Rogatons, ny sisa nkena, sisa ny nahandro, sisan-kánina.

Roger-bontemps, O mibaran-ahy mañaran-tróka.

Rogne, Tako-pery, koko, kókony. —, GÂLE. vo Kongona, tsingaoka.

Rogner, Mamóritra. vo Mamángitra, manarátsaka; manápaka mólotra ou tendro; maratsáka, manetitétika. mankafohy. ROGNEUR, Mpamóritra. ROGNÉ, voa vóritra, voa bóritra. ROGNOIR, Famorísana.

Rogneux, (Ampondra) haténina; ? kongónina, be kóngona, tsingaóhina.

Rognon, (vaníana,) voankena, voa.

Rogonner, Mieroñérona añaty hy.

Rognure, Taï-mpamorísana, taï-mbóritra, ompakómpaka; sombintsómbiny, h harátsaka.

Rogomme, Tóaka. Voix de —, feo barabara noho ny finoman-tóaka.

Roi, Mpanjáka (lahy), Ampanjáka, Andria-manjáka. vo Mpañito, Andriana.

Roitelet, Mpanjáka kely; kimpanjákampanjáka, kiandriandríana. —, voro-madínika, ? tsiporítika, ? tsangarítra? kabantiñy.

Rôle, vo Catalogue, Liste. — , anjara ny, hatao ny, ny ho lazaina. Faire le — de roi, manao sary andríana, manao kiandriandríana, misary mpanjáka; miova ho... A tour de —, mifandimby. vo rébika , távana, dihy, antsa, mirebika antsa n'ólona.

Romain, Olo-Roma, olon-dRoma; Anti-Roma; Romána. —, momba Roma, momba ny Papa. Lettres romaines, Sôratra-Roma, sôratra romána.

Romaine, Fandanjána tsy amy ny vato.

Roman, Angano, Anganongano, laingalainga.

Romance, Antsa kely; hira kely h vazo.

Romanesque, Karaha angano, mila angano, tsy izy loatra, manao ariary zato ampandríana, anganongano, arirarira.

Romantique, Miteny toy ny mpamorona angano. — s, fiteny ny mpamoron'angano.

Rome, Doány itoérany ny Papa, Roma.

Rompre, Mamólaka, mamolapólaka, mañito. vo manápaka, mamáky, manapatápaka, mamakivaky, mirasarasa, manáraka, manimba, mandróbaka. vo Briser. Se—, Fólaka, maito, vaky. rompu, Fólaka, naïto, vaky; maitoito, folapólaka, vakivaky. A batons —, indraikindraiky, maldikadika andro, mamintan'andro, mañelan'andro.

Ronce, g Roy, pv Roitra, hazo-fátsika madínika mandady, hazo be tsilo, bery, roibelahy, roibevavy, roimeny, roimena, roipotsy, roi-madínika.

Ronceux, (hazo, lálana) misy fátsika, miry roy, be roitra, misy tsilo.

Rond, ronde, Boribory, bory, vorivory, vory, taboribory, tavorivory, kiboribory, kivorivory. — oblong, Mavóny. — plat, bory; boribory fisaka, —sphérique, taboribory; boribory mavóny. vo mitankósina, songérina, misongérina; fitsingerénana, tangérina, kodia. Un —, z boribory; taboriborindraha.

Rondache, Ampinga be boribory, ampingabory be.

Ronde, Riorio, ariary ny miaramila miámbina álina, tilitily álina; Ariary, fañariariana. Faire la —, Mañariary tanána miámbina, mitilitily; mandeha manodidina. A la —, Mañariary, mañodidina, mihodídina. Boire ála —, minona mifamindra kapóaka. Une —, sôratra bory.

Rondelet, (zaza) Bory, Matavy, botrabótra, boribory.

Rondelle, ampinga kely boribory. —, z boribory fisaka loak'anivo, félana.

Rondement, Maláky, marimárina, mahitsy, tsy misy ampo, tsy manono, mazoto; boribory.

Rondeur, Hataboribory ny, haboribory ny. — oblongue, havonésana, havòny, havonéana. vo Tankásina, tankósina, fahakiboribóry ny.

Rondin, Vongankazo mavòny, —, kibay be; h langilangy; kinonga mavòny.

Rond-point, Tokotány bory itsoforan-dálana vitsivitsy.

Ronflement, Erotra ny mandry, fierôtana. — très fort. pv foránkana, h foráka. RONFLER, Miérotra; miforákana, miforáka, mitròña; vo mitréña, misonaka, mitréfona. — comme la mer, le canon, mirohondróhona, mangótroka, mirédona, mircondréona, mirehondréhona, mikorodondródona. RONFLEUR, mpiérotra, mpiero-mandry, be érotra, be fierótana. Paroles ronflantes, Teny matavi-lela, volamboréraka, teny miródona, teny mandródona.

Ronger, g mikiky, pv Mikikikíky, pv mikikitra taòlana; mañihy amy ny hý. (hérika) mihínana, hômana, manga ly, mahalány. (Néñina) mañékitra, mitsok tsókitra. vo Tourmenter. Ver rongeur, hánkana mangady; Néñina tsy mampandry.

Roquet, Amboa kely. O iva, olona foana.

Ros, Rot, Fihogo ny mpanénona, fanj aojaotra; fihogo famarabaráhana.

Rosace, Rávaka mira amy ny Rose, Félana.

Rosaire, Chapelet folo vany dimy amby, ou folo toko dimy amby; Rozary, Rozery.

Rosat, Mamofon-droza (Rose); máñitra roza; mivolondroza menamena.

Rosbif, Endit-aomby. aomby voa endy, tokoza voa endy.

Rose, Anaram-boñinkazo; voñi-mena, Roza. Il n'y a pas de — sans épines, Tsisy hamamiana tsy omban-kafairana, tsisy haravóana tsy arahim-pijaliana. Eau de —, rano mañi-droza. ROSE a, Menamena.

Roseau, z mora aléfitra, maniry an-drano; ahi-dranomahery. horefo be, vóndrona, bararata, volotara, zozoro, zorózoro. vo tsontsóraka, fántaka.

Rosée, Ando, vónotra, vonotr'álina, vono-dáñitra. Il fait de la —, Andóina, mavónotra, mamónotra, mañando, mamdo ny andro. Couvert de —, Le-mbónotra, azon-ando, nilatsahambónotra, be ando, misy venotra, vonórina, andóina, mavónotra. Une goutte de —, ando indray mitaika. — du ciel, Vono-dáñitra; ny soa aidiny ny Zanahary ainy ny o.

Rosette, Félana kely

Rosier, Hazo-roza (rose)

Rosse, Rossinante, Sovaly matoy ratsy, sovaly miránkana.

Rossée; Vangovago, Velively. ROSSER q, Mamelively azy

mare. vo BATTRE.

Rossignol, Anaram-borona hely tsara feo indrindra maneno álina. Qui a une voix de —, Anjoinary feo. —, firango fanalána gadra, fanala-gadra, fanala-hidy. ROSSIGNOTER, Miánatra feo ny *Rossignol*, Mitsikomba ny *Rossignol*.

Rosolis, Anaran-toaka mamy.

Rot, Rézatra. vo sikéndrotra.

Rôt, Hena voa endy, voa saly; endinkéna, hena voa tono.

Rotation, Fisangodinana, fitsingerénana, fiherénana, hodina, herinkérina, sangérina. Avoir un mouvement de —, miherinkérina, misangeringérina, misangodingódina, mitsingeringérina, mihodinkódina.

Roter, Mandrézatra, mirézatra.

Rôti, Hena voa endy (*ou* voa tono, voatsátsika, voasaly) tono hena, éndinkena; tono, endy; tsátsika, tonombilány. RÔTIR de la viande *sur le gril ou sur la braise*, mitono azy; *sous la cendre*, manao tono fósitra azy; *à la broche*, manaly azy; *au four ou dans case*, manendy, mikárana azy; *à la flamme*, manátsika azy, mamaly. —, h manánina, manakánina, manikanina. Se —, mitono aiña; mitsátsika; h mikánina Riz RÔTI par le soleil, vary Háraky ny taninandro. vo kárana, karankárana, tsántsana.

Rotie, Lela-mofo voa tono, mofo natono, tonomofo.

Rotin, Viko, Fiko. vo Viky.

Rôtisserie, Trano fitonóana *ou* fanendázana, trano fivarótana tonohena.

Rôtisseur, Mpitono, mpanendy, mpikárana, mpanaly.

Rotissoir, Viláñy talésaka fanendázana.

Rotonde, Trano boribory, trano bory.

Rotondité, Hataboribery mavòny. —, Haventésana boribory, havondráhana taboribory.

Rotule, Ampelandohálika, felandohálika, pv katrokátroka.

Roture, Toetry 'ny ivarázana. ROTURIER, (o) ivarázana, borizány, tsy anak'andriana; olona foana, olom-poana; hova.

Rouage, Saletra ny Tangérina *ou* kodia amyny z somalika. —.

Rouan. Cheval —, Sovaly mara, marara, Vándana.

Rouanne, Z fanávana márika amy ny barika. —, z fandoáhana andávany.

Roucoulement, Eno ny voromahailala, h kóhona, kohonkóhona. ROCOULER, (voromahailala) Mikohonkóhona; maneno; (? mikoraika, mikoraraika, migorareka, migororéka).

Roue, Tangérina ny *Charette*, h kodia, ? satrábana.— de câble, Tady mitambolin 'bólina, tambolimbolin-ta-dy

Faire la—, (vorombola) mamaha volombody; (zaza) mitsipotipótitra miherinkérina, misangeringérina miantsingánga; misangeringérina mandrirana, mitsipotsipótitra mandrirana. La — de la fortune, ny fiovaovány ny o. Pousser à la —, Mba mandroso ny k n'olona, mitahy handroso, mitahy o; mba mivé.

Roué, Olondratsy, karinólona, valavala, sahisahy, mpilongolongo. —, vo Harassé; folapólaka taolana ; trótroka, fola-baniana.

Rouelle (de citron, de veau,) Takélaka boribory; taboribory ny fisaka; hetra, hetretra.

Rouer q, Mampijaly o amy ny tangérina; mahatrótraka, maharéraka, mamolapólaka taólana. — un cable, Mamolimbólina tady.

Rouet, Tangérina famolésana ou fañendriana, fañarinkariñana.

Rouge, Mena. Très —, — ka, — da, — mangatrakátraka, — hátraka, — miréhitra , — midoréhitra , — lomity. Du —, Mena, z —, loko —, volo —. vo — hándatra, — vasobásotra, --- manja.

rougeâtre, Menamena, somarimena, mila ho mena.
rougeau, Mena fify.
Rouge-bord, Lobaloba feno divay mena; divay feno mólotra.
rouge-gorge, Vórona mena vózona.
Rougeole, Arétina mirófotra madinidinika amy ny vatana ziaby; Kisósy. vo Rófotra, rífotra, farófotra, bontsimbóntsina , h kitrotro. Qui a la —, misy kisosy; rofótina, ritátina, niakaran-kisosy.
rouget, Añaram-pilao, ? Gogo.
Rougeur, Hamena, hamenána. —, honte. Des —, rófotra mena, tentinténtina mena amy ny hóditra.
Rougir qc, Mankamena, mahamena, manamena; h manato. — n, Mihamena, mivalo mena. — de honte, h teramena, ménatra, misy heñatr'ankándrina.
Roui s, Imbo avy amy ny haloto ny kápoaka. ? térona.
roui a, maïmbo, mavao.
Rouille, g Hérika; h ? harafésina. —, arétina mañisy vóvoka mahafaty amy ny z manìry. —, Tsy fahaian-draha.
rouillé, Heréfina, h herefésina, h harafésina, voa hérika, misy hérika. —, o efa tsy mahay noho ny tsy fanaóvana matétika; efa bondófoka fañahy. rouiller qc, Mahavoa hérika, mañisy hérika, maha-heréfina, maha-herefésina azy. Se —, Málaka hérika; vao manampôna misy hérika; miháherefina; vao ho herefésina.
rouilleux, Mivolo hérika; ? mena hérika.

Bouillure, Hérika; hady ny hérika.

Rouir le chauvre, Mandóna, manditsaka rongony.

Roulade, Biribiry; Tsimbadibádika mizotso.

Roulage, Famiribiriana ny barika ao an-tafíana. —, fitateran'éntana amy ny lasarety. —, kodia fitondran'éntana.

Roulant, Mibiribiry. Chemin —, Lálana tsara famiribiriana; tany malama, lálam-pamiribiriana, lálana mibiribiry. Chaise —, Lasezy mandeha.

Rouleau, Horónana, holónana, valónana, horónan-draha, horónan-jávatra; valonan-jávatra. — de papier, horónan-taratasy. —, z mavòny, taboribory lava; en bois, ? vòninkazo, hazo mavôny, ? havonésana. vo Hálana.

Roulement, Biribiry, Tsimbadibádika, h kodiadia, harinkárina, h hasinkásina, vadibádika, varimbárina, hosinkósina. — des yeux, harinkárina. — du tonnerre, hotrokótroka lávitra. — des nues, des vagues, h samboara, samboaramboara.

Rouler une pierre, Mamiribiry vato ; manakodiadia, mampikodiadia azy; un cylindre, mañarinkárina, mañasinkásina, mamadibádika, manimbadibádika, mamarimbárina. Du papier, mañórona, mañoronkórona, mañólona, mañolonkólona taratasy. — les yeux, mañarinkárina maso. vo mamálona, mamalembálona; manodinkódina. — n, Mibiribiry, mikodiadia, mitsimbadibádika, miharinkárina, mihosinkósina, mihoronkórona. — n, sambo Mivadibádika, mihilatrílatra, mihilankílana. Se —, Mamiribiry vátana; Mitsimbadibádika, mihosinkósina, mihoronkórona, miholonkólona. — , Errer, Mandehandeha-lava, et midoróka, tsy tampi-dia. vo Mihodinkódina, mitsingeringérina, mitsinkáfona, misangódina, misangodingódina.

Roulette, Tangérin-kely, kodia kely.

Roulier, Mpitátitra éntana amy ny lasarety; mpañátitra kodia fitondran'éntana, mpañati-dasarety.

Roulis, Hilatrílatry ny sambo, tsimbadibádika, hilankílana, Rozindrózina, rozirozy, Raidraika. Qui a du —, mi—.

Roulon, Sákana, sakantsákana amy ny tetézana fiakárana.

Roupie, Rano mitete amy ny órona, lelo teté raiky ; lelo iray teté. Roupieux, misy rano mitete amy ny órona.

Roupiller, Matorotoro, pv mirarótra , h rendremana , h rendréhana. mandriandry, pv midòrina, midorindòrina.

Roussâtre, somari-mena, ? vondro-may.

Rousseau, o mena volo.

Rousseur, ny somari-mena, mila ho mena, menamavo, ? hamenána vasobásotra. —, panda amy ny lahara. ? endaky ny hainandro.

ROUSSI, Imbo lótra. Sentir le —, maimbo lotra.
ROUSSIN, sovaly fohy matánjaka.
Roussir qc, Mahasomari-mena, mankamena mavo, — n, mihiasomari-mena,Mihiamanjamanga. Faire —de la graisse, mampimana soli-dambo hanendázana,manendy ménaka.
ROUT, Havorían' olombe.
Route, Lálana, Safary, fombána, lalambé, ? aleha. En —, efa andálana, antsafary, efa roso. Se mettre en —, mantsafary, manafary, Roso, lasa, mienga, miéntana handeha. Faire — au Nord, manaváratra. vo EST, SUD.
Routier, s, a, Za-dálana, mpahay lálana, — milaza ny lálana, filazan-dálana. Vieux —, O zatra mamitaka; ? za-pítaka, za-pamitáhana; mahay fitaka.
Routine, Fizárana, fahazárana. Routiner q. mampanao azy mazána ka mankazátra azy. Se —, mihiazátra, manaomazána ka mihiazátra. Routinier, Zatra noho ny fanaova' ny ela. manáraka foana, zatra foana.
ROUVRIR, manókatra indraiky. vo Ouvrir.
Roux, Rousse, (aomby, vólana, volo) somari-mena', milahomena, mavomena, manja-mena, ? manja; mena, menamena. vo vasobásotra; vondro-may; mena-fóndrana.
Royal, (Z) ny mpanjáka. Prince —, Anadónaka, zanak' andríana. Palais —, Valamena, valampanjakána, zomba n' Andríana, lapa. De sang —, Atin' andríana. La Garde —, ny Fihitry ny mpanjaka. Air —, Endrik' andríana. Biens royaux, ny Tsianonónany ny mpanjáka, tsy mirango, ROYALEMENT, Tahaky ny mpanjáka, manáraky ny fatao n' Andriana. vo Manobohobo, mikobaby.
Royaliste,Miandány amy ny andríana, Tia ny fanapáhany ny Andriamanjáka, tsy mandao ny mpanjáka, mpaneky an'andria-manjáka; mpomba ny mpanjáka, mankató azy.
ROYAUME, Fanjakána.
ROYAUTÉ, Handriánana manjáka,fiandr'ánana, fanjakána.
RU, Lakandákan-drano seséhin'ony kely; kinga.
Ruade, Diamanga, Tsípaka, daka. Détacher une —, manao diamanga, manípaka.
Ruban, Tady fisaka tsara, Rongo; ribá. Rubaner qc, Mandrongo azy. RUBANERIE, Fanzóvana ribá RUBANTÉ, misy rongo, mirávaka amy ny ribá.
RUBÉFIER, (Aody) mankamena ny hóditra.
RUBICONDE, (sora) Mena, mena ká.
Rubis, Vato soa mena mangarankárana. Vaivato, ? tombok' áfo. ? tsitompa-lio.
Rubrique, sóratra mena. Ny filazána ny fatao amy ny fijoróana; fatao, fanao; fianárana, fanambarána. RUBRICAIRE, Mpahay *Rubriques*.

Ruche, Tranondrenitantely, tranondrenifandrama. ? tóhoka tantely; lavak' antely, tranonantely. RUCHER,Tany misy ny —, fitoérany ny —.

Rude, Maraorao, marakorako; mahery, sárotra; (divay) mafaika, mafaipaitra; ;(tánana, o) marofarofa, mafozafoza. VO RAUQUE; et mirokaroka, mikitoantóana, fátratra, rangásana, mañánika, mangidy, masiaka, masiatarehy, saro-po, forovato, mafy, valavela, lakaláka, sahisahy, mitrikatrika, mañintsa-molaly. Traité RUDEMENT, g rofarofaina, h dronodronaina, h dronadronaina; hotikotéhina, aronjironjy. RUDEMENT, Fátratra, maré. Traiter —, N androfarofa, mandronjironjy azy. RUDESSE, Harokorokóana, Rokoroko, Raorao, faharaoraóvana, hasarôtana; hafatrárana; habarabarány (ny feo); fandrofarofána, harofarofan-tánana.

Rudiment, Fòtotry ny fianárana, taratasy, fianárana, fòtotra, fòtony, fanampònana.

Rudoyer un enfant. Mandrofarofa, h mamozafoza, mañánatra maré, mandronjironjy, mikontrankótrana azy maré, mahasosotsósotra.

Rue, Lálana añaty ny tanána, lálana antsefan-ntraño maro; fombána. hóaka fombána, lalan'ety; aloalo.

RUELLE,Lalan-kely, lalan'ety, lálana maletra añaty tanána.

Ruer des pierres, Mandronjy, mañary, manósika, manóraka maré. --n, (sovaly) Mitsípaka, manípaka, mitipaka, manipatípaka, mamodrôka, mandáka, manao diamanga, mamely diamanga. Il a rué sur moi, notsipáhi'ny, nodaká' ny, novelézi'ny diamanga aho. Se — sur, Miantôraka, miantopy, miantonta amy ny.

Rugissement de Lion, vo Troña, eroñérona, rohondróhona, afatráfatra, ? dradradradra, treña. RUGIR. (Lion, voay tézitra) Mi —.

Rugosité, Rokoroko, raorao. RUGUEUX, Ma —.

Ruine, Traño róbaka, voroborontraño; sisa ntraño róbaka, fon po-draha, forompodraha, bakilan-traño, z róbaka. —, harobátana; fandrobátana, fandraváña; fandrodarodáña, famongórana, famongánana, famonóana. RUINÉ, Róbaka, tóngotra, fongo-body, fómpotra, forómpotra, fórona, lany jabíaka, forompótotra, fóngana; DÉTRUIT. Menacer ruine, ho róbaka, mila hirôdana, mila hiróaka. RUINER qc, Mandróbaka, mandrodaroda, mandroda, mandródana, mandrava, mamóngotra, mamóngona, mamorómpotra, mamótraka, manimba. — de fond en comble, mamongo body. mitondra fangáoka amy ny. Se —, Mandany hareana; lany vola, lany fanáñana

Ruineux,Mahalány haréana,mampandány,maharóbaka, maharodaroda fanáñana, mahavery haréana, maharava.

Ruisseau, *R*ano kely mandeha; sahakely, kinga, sampandrano kely, oñy hely, renirano kely, lakañdrano; Rano kely mikiriríka, midoróka. Des —, kingakinga. — de sang, ra mitsororóka. vo Ruisseler.

Ruisseler, (Rano, ra) Mitsororóka, mijororóka, g mikororosy, misononóka, pv misononóaka, mipirítsika, mitsiriríka, h mitsononóka, h misonénika, pv misonénaka, mitsorótsaka, miválana, mandríana; vo midororóka, kororóka, migogogogo; migoródana, mandeha, mibararáka, miboráraka. — en s'étendant, g Mipasasáka, h miposasáka.

*R*hum, Tóaka , Áraka.

*R*umen, Ny saròtro voalóhany nv biby mandínika.

*R*umeur, vo Bruit de ville, *et* Siontsionteny. — de mécontentement, korataba, tabataba. vo murmure.

*R*uminant, g Mandínika , pv mivázana. Rumination, fandinihana (Hánina); fivazáñana.

*R*uminé a. Feuille —, Rávina misampantsámpana, marantsandrántsana.

*R*uminer, (Aomby) Mandínika, pv Mivázana,mamázana. (O) mandínika, mañaliñálina k. vo Penser.

*R*upture, Hafoláhana , haitósana; famoláhana, fañitósana; famakíana, fandriátana; ny vaky, ny naito, ny tólaka; ny ifoláhana, aitósana, ivakíana. vo Matifáhana. —, Añaran' arétina. Qui a une —, o vorótina.

*R*ural, (z) An-tonda, an-tsaha.

*R*use, Fitaka, Angòly, famitáhana; solóky, sándoka, fañambakána, félika, safélika. vo safelik'óhy, safelijazaminono. User de —, ruser n, Mamitaka, mañangoly, mifelipélika, mamelipélika,mañambáka,manándoka,mamorom-pítaka. manao saina , mañampa-tsaina , manampa-kahendréna; mifetsy; *et* rusé, Mahafítaha, mahangoly, mahambáka; h fetsifétsy, h konjokónjo, h katsoalahy, h kinga, kingakinga; mamakiakótry, mihendry, h tsihelénana, pv tsiheláñana, kanto, hendrehendry, h kapetsipétsy, fátsaka; fatsora, fenty, fentifénty, haránkana, hararailahy.

*R*ussie, Añaran-tany be añy amy ny *Europe* indraiky amy ny *Asie*; Rosy. russe, Anti-Rosy, reo Rosy.

*R*ustaud, vo Grossier; Marokoróko táhaky ny antañala, tsy mañaja, adaladála, h geigy.

*R*ustique, Fatao ndreo Antantonda, (z) ndreo antantsoha; (z) antónda, antsaha, tsy méndrika, tsy vintáñina, tsy bikaina lóatra, marokoróko. vo Grossier. rusticite , fitondran-teña ndreo meñina Antónda *ou* antsaha, fahavalavalána, fatao ny antonda. vo Grossiéreté.

*R*ustre, vo rustique , Grossier.

*R*ut , (Fiantoráhana.) Ny vòlana firaihany ny biby

aṅála. Animal en —, Biby tia, mila, maṅiry.

Rythme, vo Rhythme.

S

Sa maison, g Ny traṅo Ny, pv ny traṅo Anazy, h ny traṅo Azy, sk ny traṅo Anány.

Sabbat, Andro fanoeran'asa, andro fitsahárana ou fipetráhana. Sabata.—, Korovétsy be ndreo mpamórika tafavory, tabataba ny mpamosávy; korataba, holahala, horakóraka. vo kaonkáoṅa, pv haonkáoṅa ; tsikaonkáoṅa. Faire le —, Mikorovétsy be. Année sabbatique, Isantaona fahafito amy ny *Juifs*.

Sabéisme, Sabisme, Ny fijoróana Afo, fanompóana ny Anakíntana.

Sable, h Fásika, g fásina , sk fasy , pv Aláṅana, pv Bajína; Jia. Gros —, h háraṅa.— mouvant, Fasi-mandrevo, fasi-mandrétsotra, fasim-pólaka , fásina mihonankónana, mangótroka, mangóraka.— comme mouvant, fásina mamasimpólaka. Sabler le chemin, Maṅisy, mandámaka, mamafy, mandáfika fásina amy ny lálana. — un verre de vin, manac teli-moka azy.

Sableux, misy fásina , miharo fásina.

Sablier, Vatra kely fasiam-pásika. Fásina famantaran' andro.

Sablière, Sablonnière, Tany faṅalam-pásika; lávaka fikaroṅam-pásina.

Sabline : Plante —, áhitra maniry am-pásina.

Sablon, Fásina madinidínika. Pierre à —, Vato karáha fósika mitámbatra, ? vato-siky, ? vato-fásina.

Sablonner, Mandrókotra, mikasokásoka z amy ny fásina.

Sablonneux, h Faséhina, pv Fasénina, Faséna, fasipaséhina , be fásika , be fásina ; fasimpasénina.

Sablonnière, vo Sablière.

Sabord, Tamian-tafondro amy ny sambo; Lóaka, hírika.

Sabot, kiraro hazo. — de cheval &, hotro, kotro; h kitro. — d'enfant, sangódina fitsopitsóhina. Saboter, Misoma sangódina. sabotier, Mpanao kiraro hazo.

Sabouler q, Mikotrankótrana, manahirana, Mampijaly, mamiravira o, mahasósotra. vo Houspiller.

Sabre, Sábatra; Antsiarára, Viarára. sabrer qc, Manápaka azy amy ny sábatra, g manatsáka , h manarátsaka, manetitétika, mamira azy. — une affaire, manaotao azy maláky, mamatapátatra k.

Sac, Lasáka, kitápo, Jamóra, ?manampáka; kifóka; salóvana tsiloa-body. Le — sur le dos, mambaby éntana.

—, SACCAGEMENT, Fandrobátana tanána, fandrodarodanana vóhitra, famaboan-tanána.

Saccade, Sintona, sintontsíntona, sintontoho, sintonòvaka; hozonkózona, hofokófoka, ronjironjy, tositósika. —, Dikadíka, vokimbókina. —, fañanárana mafy. SACCADER, Manintona. manintontsíntona, mandronjironjy, mañozonkózona. Manao sintontoho.

Saccagement, vo SAC.

Saccager une ville &, Mandrodaroda, mandroda, mandróbaka, mandrava, mañórona, manolonkólona, mamaho sy mandróbaka; —, BOULVERSER.

Sacerdoce, Ny hásiny sy ny Raharaha ny mpijoro; fisorónana. Ny havoriany ny mpijoro. SACERDOTALE,… ny mpijoro, momba ny mpijoro, tahaky ny mpisórona.

Sachée, Erany ny lasáka, eran-dasáka.

Sachet, Lasáka kely, kitapo madínika.

Sacoche, Lasáka roa mitohy.

Sacramental, (z) ny *Sacrement*, momba ny *Sacrement*. mahamásina.

Sacre, Fanamasínana, fankamasínana.

Sacré, Másina, be hásina, voa hásina, misy hásina, he hamasínana, nahamasínina. —, Fady, sk Faly.

Sacrement, sakaramenta, hásina, hasindraha ny Zanahary; Aody *ou* Ody ny Zanahary, famantárany ny fahasoávana ny Zanahary, fankamasínana, z mahamásina; fañásiny ny Zanahary.

Sacrer, Mankamásina, Manamásina. —, Blasphémer.

Sacrifiable, Azo atao sorónana; azo atao fanalamboady; azo foy, tókony ho foy, tókony ho tindry.

Sacrificateur, Mpanao sórona, h Mpanala voady, mpisórona, tompo ny sórona, mpamono isorónana.

Sacrifice, Famoézana z ho an' Andriamánitra, famonoan-jávatra hatólotra Zanahary, sórona *ou* Joro ombandraha atólotra. saotra omban-jávatra vonóina, fisorónana amy ny z vonóina; fijoróana amy ny raha vonóina. —, z vonóina atolotra Zanahary, isorónana, z ijoróana, teñanjoro, loha joro, fanalamboady, fanátitra; z foy, z tindry,

Sacrifier, Mamono z ka mañome azy Zanahary, Mahafoy z ho an' Andriamánitra ; manao sórona, manao joro omban-draha atólotra; misórona *ou* mijoro amy ny z atólotra Zanahary; manao joro-vélona, h manala voady. — qc, Mahafoy, mahatindry z. Se —, mahafoy teña. vo IMMOLER.

Sacrilège s, Fañotána ny hásiny ny Zanahary, fankaratsiana ny z másina, foñotána ny másina, ota másina, ota fady, fandikam-pady, dika fady. Fangalárana ny z más na-
— a, Mañóta fady, mañota ny másina, mañota ny hásiny

ny Zanahary, tsy mahafady ny hásiny ny z, mandíka ny fady, manabóka ny hásiny ny z ny Zanahary; mankaratsy mamorery, maka, mangálatra z másina.

Sacristain, Mpitahíry (*ou* Mpañompy, mpikajy, mpiahy, mpitándrina) ny éntana másina ao antraño ny Zanahary.

SACRISTIE, Trañofitahirízana ny éntana másina; traño fanompiana ny z fijoróana. Efi-traño fisikinany ny mpijoro, efi-pitafiany ny mpisórona. Sakirisitía. —, Entana fijoróana.

Safran, Tamotamo. SAFRANÉ, misy —; visage —, lahara —. SAFRANER, Mañisy — amy ny, Manka — azy. Mamóndrana azy.

safre, Goulu.

Sagace, Faingan-tsaina, malaki-jery, maláky mahazo fotony ny z, hendry. SAGACITÉ, hafainganan-tsaina, halakian-jery, halalin-tsaina, fahendréna, híhitra.

Sagaie, Léfona, Saboha, salohy. SAGAYER, Mandéfona, mamono saboha, mitómboka, mitombo-défona, manindridéfona azy, manora-défona, manopi-saboha azy.

Sage, h Hendry, pv Mahíhitra; matoifañahy, matoy. olonkendry, arisaina, tsara jery, mahíhitra fañahy, manam-pañahy. Enfant —, manton-jery, mandin-jery; boneka, jabonéka, mitabonéka, mimándina, manton-toetra.

Sage-femme, Viavy mitahy ny mitéraka, viavy mamélona; mpamélona.

Sagesse, Fahendréna; pv Híhitra, fahihírana, vo fahalalan-jávatra; fañahy, saina, hatoezam-pañahy, fahatoézana; fimandinana, fimantónana.

sagittaire, Mpañantsáky, mpanipy zana-tsipika.

sagoin, Antima madinika.

Sagou, Totonkoba fohánina avy amy ny óvaka, ? kisok ovadraña.

sagouin a, (o) Maloto koaika, kapótra.

sagoutier, Raofia, Rafia; Banty fatao *Sagou*.

Saignant, Mandeha-rá, mitsororo-drá, miteté-lio, tompalio, latsa-drá, misy ra, mandefa-rá, vaki-rá, h baba-rá, boba-rá, h mibaba-rá, h miboba-rá.

Saignée, Lefa-ra, fandefan-drá, fañalan-drá, ra naléna. —, hady famotsòram-drano; lakan-drano, Tátatra, fátitra, hadindrano. Y faire une —, manátatra tany, mamaki-tany, mamátitra tany handefa rano.

saignement, Filefány ny ra, fandehanan-drá.

Saigner q, Mañala-rá, mandefa-ra, mañandefa-lio, mamotso-dra, mamaki-ra, mandatsa-dio, manompa-ra, mamata-dra, mamati-dra azy. — n, Mandeha-ra, vo SAIGNANT; fg Mamoj-fo. Je saigne du nez, pv Tóntoria aho.

saigneur, Mpandatsa-drá, mpamaki-ra
saigneux, Miteté ra, misy ra.
SAILLANT, SAILLIR n, PROTUBÉRANT.
SAILLIE, vo PROTUBÉRANCE.
saillie, Porótaka, fiporotáhana; fivoáhana támpoka.
Saillir n, Être PROTUBÉRANT. — n, Miporótaka; h mamorótsaka, mivoaka támpoka, miantòraka hibóaka. La Saillir, (aomby) milomy azy.
Sain, Sánta, tsy marary, santa vatana, tsy farary, tsisy arétina. —, mahitsy, tsy diso. —, Tsy mankarary, mahajánga, mahasitrana, tsy mahavoa arétina, mahatánjaka; mahafináritra, mahasanta, miaro-arétina, fiaro-arétina, fandrar'arétina. Il juge SAINEMENT, Mahitsy fañahy, mahitsy malo ou fimalóana. SAIN ET SAUF, Vélona noho vótsotra, tsy voa, soamantsara, tsy azondoza, tsy nahita loza, pv soa mandróso. soa mody vo tsivákiravintótotra.
sain-doux, mena-dambo.
saint, Másina; tsara. Un —, Olo-másina.
saint-Augustin. A —, Añy Oñilahy.
sainte-Barbe, Ny fitoeram-banja amy ny sambo.
saint-Esprit, Ny Fañahi-Másina.
sainte-Marie. Ile —, Nosi-Borahy.
saintement, másina, miendrik'ólo-másina.
Sainteté, Hamasínana, fahamasínana, hásina, toetra másina; tsy fisíany ny ota. A sa —, Amy ny Tompoko másina.
saint-Père, Ny Papa, ny Ray ntsika másina.
saint-siège, Fitoérany ny Papa, Lapa ny Papa.
saisi, (O) misy trosa ka natao ono-bélona; o nalan-karéana, o nofakóina. ? h nosazéna.
Saisie, Sámbotra; fisambórana; h sazy; fitanana. vo sambotaho, sambotáñana, hehimamba, héhitra.
Saisir qc, Misámbotra, Manámbotra, h Miházona, h manazy; mitana, mahazo. vo málaka, mandray, mandramby, mandrámbona, mamíngotra, mamózona, mitangázona, mamina, mangaika, mangegéka, mangeja, mangia, mibeda, manabeda, mamihina, mamihitra, mifikitra, mifaoka, mamaoka, mifako, Mahazáka, mibedabeda, misangózana. Se —de, Misámbotra azy. Le froid l'a SAISI, ny nara nahazo azy, azo ny nara izy. SAISI de peur, Taitra, tómbo, talánjona; azo-mpélana, azo-mbilona, azo-mpóka.
Saisissable, Azo sambórina, azo tánana, mety azo; tákara.
Saisissant, Mahataitra, mahatómbo, misámbotra, mahazo, mampijánona, mahatalánjona, mangia.
Saisissement, Hatairana, hafombóana; táhotra támpo-

ka. Éprouver un —, vo saisi de peur &, vadi-po, koa-po, mivadi-po.

Saison, Taona. La nouvelle —, Lohataona. — sèche, Main-tány. — de pluies, Asara. — froide, Ririñina. La — du, Dans la — du tonnerre, Faha-váratra; des brises, Faha-rivotra. La — des fruits, ny famoázana, famihíana; de planter, ny famboléna. Qui est de —, Amim-potóana, amy ny fotóana. Qui n'est pas de —, Diso fotóana, tsy amim-potóana, ranomaso-tsimiarak'amimpaty.

salade, Félika manta; Salady. SALADIER, Lovia-ntsalady.

salaire, Tamby, karama, fondro, z avaly ny miasa. vo Tangy.

salaison, Ny manisy sira. —, Taona fanaóvana hena-sira, Aomby sira. filao sira, hena sira, hena masira.

salamandre, Añaram-biby mandady tahaky ny tsátsaka.

salant. Marais, Puits —, tany, vovo fakan-tsira, fanaovan-tsira, fanalan-tsira.

salarier q, Mañome karama azy, Louer. mandoa karama.

salaud, Maloto koaika, kapôtra.

Sale, Maloto, Maléotra, kapôtra, maétroka, Leórina, tseróhina, maetrokétroka, h mátroka, matromátroka, betsikoko, voa fotétaka; vo mikesonkésona, misotisoty, mivoredrétra, somapétroka fótaka, mikesonkésom-poana, tevateva, tafihosy; mavo, mavomavo, vetaveta, petsapetsa, petsa, pétsaka, mipótaka, milotidótika, Lótsika, voa hoso-pótaka;somerosero, mérona, merom-bava vazina. vorétra, voredrétra.

salé s, Henasira, lambo sira; koso-sira.

Salé a, Masira, másina, misy sira, nasian-tsira, voa sira, miharo sira, voaharo sira. Un peu —, masirasira, mamásina. Bœuf —, Aomby sira; Poisson —, filao sira.

salement. Manger —, Maloto fihinánana.

saler, Mañisy sira, Mañatao sira, Mankamásina, manamásina, mañásina; mahasira.

Saleté, Loto, halotóana, fahalotóana, leotra, haleórana, fileórana, tséroka, étroka, h átroka, fotétaka, somapétroka, lotidótika, tsikoko, sotisoty. —, vólana mántsina,

salière, Fitoeran-tsira, Vatra-ntsira.

saligaud, Maloto koaika.

Salin, Misy sira, masira.

saline, Tany fankan-tsira, tany fanaóvan-tsira.

Salir, Mandoto, mankaloto, mahaloto; mandeotra, mankaleotra, mandotoloto, mañétroka, manamavo, mankamavo, mañoso-pótaka, mañisy fótaka, mamentimpéntina, manosi-fótaka, Se —, — tena; mihosi-fótaka, vo mikotétaka, mihosinkósina, mipotétaka, mifotétaka.

Salissant, Mahaloto. —, mora maloto.
Salisson. Une —, Zazavavy maléotra, maloto-lamba.
sallissure, z maloto. loto, fótaka. SALETE.
salivation, ny Fitsororóhany ny ranivy, tsororo-drano, ivy mandeha.
salive, h Ivy, pv Ranivy. vo rora, fotafota. SALIVER, be ivy, be-ranivy, mañavy ranivy, mandrara-dranivy, rara-dranivy.
Sal.e, Efi-trano be fivoriana, efi-trano bámbana, trano baban.óana, babalan-trano ; bamban-trano, baban-goan-trano, babalantrano, trano bambala, trano babala; trano fandraisam-bahíny, éfitra fampiandranóana ny mamangy. — d'armes, trano fianaran-tsábatra, fianaran-tá-vana. — de danse, Bambantrano fandihizana.
Salon, Bambantrano fandraisana ny mamangy. vo SALLE; Efi-pandrambésana, trano fihirátana, efi-pihirátana.
Salope, (viavy) maloto koaika, maleotra be. Viavy vorery, maloto-toérana. SALOPERIE, Halotóana, havoreréna. z maloto; fatao maloto. vo SALETÉ.
Salpêtre, Sirantány, sirandrova-vato. salipetra, nitara, nitra, (Nitre). Le SALPÊTRER, Manisy salpétra. Se —, (Rova ela) mamoa sira.
salsifis, Añaram-báhatra foha̍nina.
Saltimbanque, O kabiaka mampihomehy, manao rébika imaso n'ólona ka mambidy aody.
Salubre, vo SAIN. SALUBRITÉ, Hatsarána ny z tsy mankarary; fòfona tsara, hatsarampòfona.
Saluer, Miarahaba, mañome koezy, mikoezy azy; mañala sátroka, mióndrika amy ny, mañome finári̍tra, manao Akory anao, manao trarántitra amy ny.
Salure, Fahasirána, ? hasirána.
Salut, Arahaba, fiarahabána; koezy; fañomezana koezy (ou finári̍tra, salama). —, M, Je vous salue, M, Koezy, Arahaba, Finári̍tra, Velòma, trarántitra, Masína, Salama, salamanga e, sambiatsara, samby tsara, Tompo ko.
Salutaire, Mahasanta vátana, mahasalama, mahasitrana, mahasákana arétina, tsy mankarary; Mankafinári̍tra, mahavonjy; masin-tánana; másina.
salutation, vo SALUT, et Fiondréfana, fiankohòfana.
Salve, Poapóaka ntafondro maro, Poapoak'ampingatra maro; Veromay, volomay, reré. vo rehondréhona, réhona, réóna; korodondródona, korodódo, ngoródona.
Samedi, Sabotsy, h Asabotsy; Botsy.
sanctifiant, Mahamásina, mankamásina, manamási
sanctificateur, Mpanamasina
Sanctification, Fankamasinana, fahamasinana, fanama

sinana. ---, Hamasinana.
Sanctifier, Mankamásina, mahamásina, manamasina ---, observer. SANCTIFIÉ, Hasinina, h hamasinina, g ankamasinina; mâsina.
Sanctionner, Manamaty, mankafátratra (diditány). SANCTION, Fankaherézana, fanamafiana, fankafatrárana; hery, fáhana.
Sanctuaire, Fitoérana másina, trano-másina, trano fahamasinana; éfitra másina anaty *Eglise*.
sandal, Anaran-kazo mánitra.
Sandale, Kapa, Lambankiraro, Lambambity mindrana, Indran-dambambity. Porter des —, Mikapa.
sandaraque, Diti-nkazo fotsy.
Sang, Ra; sk Lio. Mettre à feu et à —, Manoro sy mamono. Se Faire du mauvais —, Vinitra, vinibinitra. —, vo PARENT, Aty, hávana, firazánana, rázana, zafy, atirékitra, atinkávana, atihávana. De — royal, Atinandriana. Frère de — par serment, vo à FRÈRE. De SANG-FROID, tsy marisika, matimaty, morainy, moramorainy, mora.
sanglade, kápoka mangirifiry, vely tsitotra, veli-litsaka, veli-tsika, veli-poka (amy ny tady be).
Sanglant, vo SAIGNA T. Combat —, ady mandatsa-dra, mahatompa-ra, manompa-ra. Outrage —, h Héloka be vava.
Sangle, Fehikibo ntsavaly, Étra, fehikibo. —, Irindamba mahery. SANGLER le cheval, manétra azy, mamehi-kibo azy. --- un lit, manénjana irindamba amy ny. --- un soufflet à q, mamely rantéhaka azy, manéfaka azy maré. vo mikápoka, mamioka, mikorápaka, mamely, manéhaka.
sanglier, Lambo dý, lambo madý. ? komankory.
Sanglots, Sirento, sento, sentosento, hentohento, Taraiña, taraiña misirento, vo kaikia, kaikaikia, haika, gogogogo, tololo, gagagaga, gigigigy. SANGLOTTER, Misirento, misento, misentosento, mihentohento, mitaraña; kinto, mikaikia, mikaikaikia, migogogogo, mitoloko, migagagiga, migigigigy.
sangsue, (Mpitsentsi-drá) Dinta, Linta. vo Dintarano, dintanala, dintambórona.
sanguification, Fiována ho ra. SANGUIFIER, manao ra, manova ho ra
sanguin, Be-ra, be lio. —, mena ka, toy ny ra, tsitompa-ra.
sanguinaire, Ta-handatsa-dra, ti-hamóno, tia ra; mamono.
sanquine, Anaram-bato mena. vo tsitompa-lio.
sanguinolent, Miharo ra, misy ra hely.
sanhédrin, Havoriany ny lohólona ainy ny *Juifs*. Reo

mpimalo fitompolo.

sanie, Nana. SASIEUX, (Fery) Be nana, manory nana, mitsiranorano.

sanitaire, Tsy mankarary, miaro ou mandrara aretina. Sans habit, Tsy amy ny sikina, tsy amin-tsikina, tsy antsikina, tsy misy tafy, ts'isy tafy, tsy manan-damba. Parti — parler, Lasa tsy nivolana. — moi il périssait, Laha tsy zaho, h Raha tsy izaho naty izy; zaho koa tsy teo naty izy. — cela, laha tsy izany. — y penser, tsy satry, tsy nahy. — nombre, tsy azo isa, tsy azo isaina. — aide, tsy no tahina. On ne peut l'atteindre sans rames, on ne peut s'en emparer sans pirogue, Tsy azo tsy fivé, tsy ramby tsy lákana. —, ndre tsy, h na dia tsy. — que, ? nefa, ? ka nefa. — souci, Mibaranahy, miaran'ahy, tsy mba manahy na ino na ino; tsy mitsapa ny fárany.

Santé, Hasantána; tsy fisian'arétina, hasitránana, hajangána; haivánana, h salama, h salamalama, hasalamalamána, fahasalamána, fahafinarétam-bátana, fiadanam-bátana. En —, tsy marary, santa, h salama, h antsalamany, sitrana. Qui a mauvaise —, farary, mparary, Tararéna. Seigneux de sa —, Mitahiry tena.

sapajou, Antima kely fohi-orona, fisa-doha, mivolin'ohy.

Saper une muraille, Mangady ou mandávaka ambany rova handavo azy; mandringan-drova; mangady vody, mihady fototra, mañiri-pototra, mamóngotra, manao longo-body, mitevy rova.

sapeur, Mpangady fototra, mpanongan-drova; mpandringana. —, Mpanava lálana aloha ny táfika.

sapoir, Añaram-bato soa maitso jeny mangarangárana.

sapience, Fahendréna, fahalalána.

sapin, Añaran-kazo madity mora asaina.

saponacé, Tahaky ny savóny (savon).

saponifier, Manova ho savóny.

saporifique, Mahatsiro, mahamamy, vo SAVEUR.

sarbacane, Fontróaka; h tsírika, fitsirika.

sarcasme, Kizaka masiaka, Eso, haraby, vo MOQUERIE.

sarcelle, Tsiríry, ? Vivy.

Sarcler, Miava, mikapa tsabo. SARCLAGE, Ava, kapa, fiavána, fikapána. SARCLOIR, (Fangady) fiavána, fikapána. SARCLURE, ny Ahitra voa ómbotra, akata.

Sarcophage, (Homan-kena,) Sa ntamango; tamango; tamango foan olona fanaovana tañilávitra.

sardine, Añaram-pilao madinika; ? sorindra, ? keli-mañitra.

sardonique. Rire —, h Homehi-ra, behy masiaka, homehy fankahalána.

Sarment, Vahy. --- de vigne, vahimboalómbona, h vahimboalóboka, rantsan-tahom-boalóboka.

sas, Tenom-bolontsóvaly fitavánana mongombary; h fanofána, fitsongorána.

sassafras, Añaran-kazo be, ? Avozo.

Sasse, Sadrò fañalána ny rano añaty nv sambo ; sòtrobe fanovy; fanovizana, h kanovo, fanovóana, trobáka.

Sasser de la farine, h Mañofa, pv mitávana, mitsongòra azy. --- et ressasser une question, mamasavasa, mandínika k.

Satan, Nv Anga-dratsy. Demòny; ny tale ny loloratsy. Satána. Méchanceté SATANIQUE, Haratsiana avy amy ny satána, sata ny demòny, ratsy fatao nv satána.

Satellite, Fihitra, Mpitandéfona añila ny Tompo ka mandiñy hasaina hitómboka; mpomba añila, mpañáraka, tsy mandao.

satiété, Havokisana, Havintsiñana. Il y en a à ---, Mahavintsina, mahavoky izy.

Satin, Lamba Sahary malemy madoso mangilotrílotra; ? Hariry. SATINÉ, sady madoso mangilotrilotra; mivolo-ntsatin. SATINER, mandama, mamisaka, mankadoso taratasy, lamba.

Satyre, Fañadíana masiaka, faniñiana masiaka, kizaka masiaka. vo MOQUERIE. Trait SATIRIQUE, Teny sady mañady masiaka, sady mikízaka mañékitra, maneso, mandatsa, manaraby. ---, Mpamoron'ántsa fikizáhana.

Satisfaction, Fo-étsaka, fo-émpaka, fañetsáham-po, fañempáham-po, hafinarétam-po. vo CONTENTEMENT ; velimpitia. Combler de ---, Mañétsa-po, mañeni-po, mañempa-po. vo CONTENTER. ---, famodifodiana, fankefána. vo RÉPARATION. ---, ny tsara asolo ny ratsy natao, famaliana, ny fankalilovan-teña hañalána ny ratsy natao; fañavotanteña.

Satisfactoire, Mahafodifody; mahésotra, mahefa, mahavita, Mahavaly. OEuvres ---, asa famodifodiana, asa famoahan-teña.

Satisfaire q, Mañetsa-po, mañeni-po, mañárana, mañampo-po, mahétsaka, mahetsa-po, Mamoky, mankasítraka, Mankaravo &; vo CONTENTER. --- pour ses péchés, mamodifody, mañefa amy ny ratsy natao; manao zay tókony. vo mamaly, mandoa, mahavita, mahatantéraka; RÉPARER. Se ---, Mañaran-tróka, mañetsak'aiña, mañénikatróka, miárana; mañaram-po, mañara-po.

satisfaisant, mahetsa-po, maharavo, sahaza, mahafináritra, mahasítraka.

Satisfait, Étsaka, etsa-po; Ravo, ravoravo, tapi-java-nirína, tampi-jaka-nirína, tampi-draha-nirína, mitsaha-pilána; voa valy.

saturation, hafenóana, havokísana. SATURER, Mahafeno, mameno, manámpoka. SATURÉ, étsaka, ámpoka, voky, feno.

saturne,⁋ Añarán-kíntana.

satyre, Añarambiby no tompoin-dreo taloha, ny tápany ny vátany lehilahy, ny tápany osilahy.

sauce, Ró. Qu'on peut mettre à toute —, Tsara hanaóvana ndre ino ndre ino, tsara hatao na ino na ino.

saucer, Manjóboka añaty ro, manitrika, mandóna, mandena, manóboka, mañisy ro. — q, Manóndraka o.

saucière, Bakoly fasian-dro, fitoeran-drô.

saucisse, Tsentsin-dambo, h sésika. saucisson, — be.

sauf, Excepté. — votre respect, sañatria ny haja nao.

sauf, sauve, Afáka amy ny may, vélona, tsy nahaverézana, áfaka amy ny loza. VO SAIN ET —.

Sauf-conduit, Taratasy famelan-kandehandeha amy ny tany; lálana hiverivery, lálana hihalohalo; mpanátitra miaro, mpiaro an-dálana.

sangrenu, Adaladala, maola, léfaka, tsy tôkony, tsy mety, tsy andráriny, mahatsikeky, kabíaka, jabadíaka.

saule, Añaran-kazo maniry amoron-drano, ny rántsany lava madínika mirotsadrótsaka.

saumâtre, (Rano) Masirasira, masimásina; matraba, matrabatraba; ? boka.

saunage, Fivarotan-tsira. SAUNER, Manao sira. SAUNIER, Mpanao sira, mpivaro-tsira.

saupoudrer qc, Mandrabaraba sira amy ny, mamafy sira & amy ny.

Saure a, ? Mavo-manja. harengs —, Filao kely natánina amy ny sétrok'afo; tsatsi-pilao, filao tsátsika. SAURER, Mankamaika ou manánina amy ny sétrok'afo, g Manátsika.

Saut, Tsambókina, Lópatra, tróatra. vo tsambíkina, vókina, vokin-tsáhona, víkina, antsambókina, antsámbotra, tsambíkina, antsambotsámbotra, ankóatra, bítaka, anteza, antôraka; héndratra, hóndratra. SAUTER, Mitsambókina, mitsambokimbókina, mandópatra, miantsambókina, mitroatróatra, mitroatra, miantôraka, miantopy, mamókina, miantsámbotra, miantsambotsámbotra. vo Mióntsina, mihorípika, mihéndratra, mihendratréndratra, mihóndratra, taitra; mihendra, mihorípika, mitsípika, mipíkia, mitsítika, mihadrahadra, manindáfotra, mivoambóaña, mihoríaka, midífika, mihífika, mibítaka, mitávana; mandikádika, mandika, mihavatrávatra, mibitabitaka, misamóaña, misamoimóitra. — aux yeux, misákana maso. — par dessus, mitsambókina ankóatra. — le fossé, 4 feuillets, mitsambókina ny hady, mamókina, mandíka takélany telo; mihóatra, h manóatra; mamela, mahafoy, mandíngana.

sauterelle, Valala, kijeja. vo kijejandolo, ambolo, tsindohalákana, sompanga.

sauteur, Mpitsambókimbókina, mpitroatróatra, mpitsimbadibádika.

Sautillement, Tsambokimbókina, troatróatra, hedrahedra, bitabítaka, dikadika, tsinjatsínjaka. SAUTILLER, Mi—; et mandikadika, mifindrafindra. vo Mañota.

Sautoir, Lombok'avay atao mitsiválana ambony tratra. Placés en —, mitsiválana, misákana, mifanákana. Collier en —, Rávaka asampy amy ny vózona ka manindri-tratra, fehivózona mihántona matsíraka ambony ny tratra.

Sauvage, Dy, h Día; sk Ly; madý, malý; haolo, gaona, manga, añala, haolohaolo. Les —, ny Antañala. vo masíaka, loza, foizina, fozina, tsy hendry, maniry ho azy, lavavolo, foan' olona, lozabe, mandráhona, hafahafa, tsy voa fólaka, tsy hita zay ántony, sómpatra, tsy misakáiza, tsy mañaja, eboebo, tsimitondraroa, valavala, kimama. Air —, hadrahadra. o mihadrahadra. Miel —, h Tantely remby pv tantely rémbona.

sauvageon, hazo tsy soa maniry ho azy.

Sauvagerie, hadízana, fahadízana, fijalóana, fijonóana, toetra madý, toetr' añala. ny mihemotrémotra, miafináfina, mivonivóny.

sauvagin, a, Maïmbo voron-dranomásina, ? malány.

sauve-garde, Aro, kíady; fiarôvana; Mpiaro, mpiámbina.

Sauver, Mañáfaka, mamótsotra; mañávotra, mamonjy, mamélona, mañala; mahatonga, mananti-ra; vo mampiala, mampilefa; miaro, mitahíry. Se —, milefa, mandósitra, áfaka, mañafak' aiña, mahatonga teña, manday teña. mamonji-teña. — les apparences, mañal' antsa.

sauvetage, Famonjena éntana réndrika an-dranomásina, famonjem-péfika.

sauveur, Mpañáfaka, mpamonjy, mpamélona, mpañávotra.

savane, híaka be foan-tsabo. hay.

Savant, Mahay (ou mahalala, mahafántatra) z maro; maro zava-pántatra, maro z hay, maro raha fántatra, hendry, efa niánatra.

savantasse. Un —, Mpanao sary mahay z, mihambo mahay z maro tsy mahay.

savate, kiraro róbaka, kiraro tonta, kiraro símba. SAVATERIE, Trano fivarotan-kiraro ratsy.

savetier, Mpamboatra kiraro tonta; mpiasa tsy mahay, mpiasa ratsy.

Saveur, Tsiro, Tavy, hafízana; hatavy, hatavézana, makiana, lofona tsara, Tsiko; hamy, hañitra, hamamiana; hasiloka, hasilóhana. — du vin, hahándatra, hahandatrándatra.

Savoir, Mahalala, mahay, mahafántatra. — bon gré, mankasítraka. Je ne sais pas, Asa, Válaka; tsy hay ko, tsy fánta' ko.

Savoir, z hay, zava-pántatra, raha fántatra. fahalaláña, fahaízany, fahaíana, fahafantárana. Mets-y tout ton —, asio ny fañahy nao ziaby izy.

savoir-faire, fahaizana asa, hahitsian-táñana, fahendréna. vo INDUSTRIE.

Savon, z mahasasa lamba. savóny, h savoha. SAVONNER, Mañisy savony; Manasa amy ny savony. — q, Mañanatra azy maré. SAVONNETTE, savony mañitra, savony kely vorivory, taboriborintsavony. SAVONNEUX, karaha savony, misy savony.

savonnier, Añaran-kazo misy voa mamory. ? Bevory, ? takotako, ? Mañondro, ? Lazalaza.

savourer, Mibango, MANKAFY, MANKATAVY, mañándrana lava amy ny haravóana; mankamamy.

Savoureux, MATAVY, matsiro, fy, firò, matsiro, matsiko, mamy, vo mahatelindrora, tiankohánina, tiana, mahatia, masiloka.

scabellon, Hálana fanangánana sari-njávatra.

scabieux, karaha hátina; tsingaóhina, ? kongónina, mandroka.

Scabreux, (Lálana) sárotra, maraorao, kitoantoana, montomóntotra. —, mampidi-doza, mañadoza, mahavery, mahalátsaka.

scalpel, Antsy fañihísana taólana.

Scandale, Chose SCANDALEUSE, Qui SCANDALISE, Z mahalavo ny fañahy, fandavóana, fandavo, z mahatontóhina, z mahatsitóhina, z mahatontóhitra ; h z mahatafintóhina, h fahatafintohínana; z mampala-damy ratsy, mañana-dratsy. vo MAHAMÉÑATRA, bevava, mahafabaráka. Se SCANDALISER, Tontóhina, tsitóhina, Tontóhitra, h tafintóhina, méñatra, miana-dratsy, mala-damy ratsy; tézitra ny reñy ny.

scander, Mitety lafadáfatra, mandínika.

scapulaire, Lamba ntsóroka, sampy másina. Sikapolary.

scarablée, Añarany ny vóaña mira-élatra amy ny voantay.

Scarifier, Mamátitra hóditra, manátatra, mandidy, mamatipátitra, manatatrátatra hóditra. SCARIFICATION, Fátitra, tátatra, didy amy ny hóditra. SCARIFICATEUR, meso famateran-kóditra.

scarlatine Fievre — fazo mahamena hoditra

Sceau, (et scel), vo CACHET, et lokofady, Loko famantárana, márika, loko mena, márika ny fanjakána, ? felam-pady, márika fady.

scélérat, o ratsy indrindra. Un —, O sataina, olondoza, kafiry, karinólona, idirondoza, mpamono.

scélératesse, Sata, haratsiana maintina.

Scellé, Lokofady apétaka ny mpanito amy ny varavárana va amy ny vatra, Lokomena mahafady ny trano. kasé. SCELLER, Manisy sora-pady, mameta-pady, mameta-doko-fady, manisy kasé amy ny; mandoko, mamari-dokomena azy; mankafady azy amy ny loko apétaka.

scelleur, Mpameta-dokofady.

Scène, Ny hamarénana hanaovan-drébika, tokotány filaoladana, haramanja, lohalo. filanónana; farafara fisomána, Rarihazo fanehóanjávatra. Faire une — à q, Mamely ranteha-bólana azy.

scénographie, Ny fahaizan-tsarinjávatra áraky ny toetry ny tena ny.

sceptique, O tsy mba mino z, misalasala foana; miahiahy foana.

sceptre, Téhiny ny mpanjáka, tehinkely, tehimbola, tehim-panjakána, tehim-paninána

Schismatique, Tsy maneky ny Papa. SCHISME, fisaráhana amy ny Papa, tsy fanekéna ny Papa. Misáraka, miláñy, mifandány.

schisteux, Misilatsilaka, miselatsélaka, miendakéndaka, mihelakélaka. SCHISTE, Vato —.

Scie, Randrána. g Lasý, h tsofa, tsofarávina.— (poisson), Vavána. SCIAGE, fandidiam-pafa. Bois de —, hazo azo didiana, azo vakivakína.

sciemment, satry, nahy.

science, Fahalalána, fahafantárana, fahaizana, pv fahaiana, fahendréna, zava-pántatra, zaka hay, raha fántatra.

scientifique, Mampahafántatra; fianárana z maro ahazoam-pahendréna.

Scier en long, Mandidy amy ny randrána, mamaky, mamakivaky, maméndrana; En travers, manápaka amy ny lasý (scie). —, h Manofa, manatsofa. — le riz, mijinja vary. SCIERIE, Fehian-drandrána famakivakíana hazo. h fanatsofan-kazo; trano fandidian-kazo. Scieur, mpandidy hazo, mpandidy fáfana; h mpanatsófa hazo.

Scintillement, Pindapinda (ny kintana); Pilapílatra, Pilapílaka, pelapélatra. SCINTILLANT, SCINTILLER, (kintana, afo) MI—; et ? manirendrina, mamirapíratra, mandifidífika.

scion, Tsorakazo kely malemy, tsimokazo mora alefitra.

scissile, (solaitra) mora vakína.

scission, Fisaráhana ny havorían'ólona. Il y a —, misáraka, tafisáraka, mifandány reo.

scissure, Ny Vakivaky amy ny vato, herakéraka amy ny vato be. vo Fente.

sciure, Vovo-kazo, Tai-ndrandráña, vovo-tsofa, taintsófarávina.

scolastique, manáraka ny fatao ny mpiánatra. Un —, mpiánatra,

scorbut, Añaran'arétina, h ? Climanara. Scorbutique, marary Scorbut.

Scorie, Tai-mbý, tainjávatra, faikana; ? hérika. Scorifier du fer, Mañala faikana ny vy, mañala tay ny vy, mandio vy, mampangery vy.

scorpion, Hala; h mambambóhitra. —, Añaran-kíntana; méngoka.

scribe, Mpanóratra, mpamindra sóratra. mpaka sóratra.

scrofules, Añaran'arétina.

Scrupule, Ahiahy, hararo; fiahiahíana, fimarimaríhana, fidóñana; fitandreman-dóatra, fañahían-dóatra. —, sombinjávatra; kely indrindra, volonkoho, ilankoho. scrupuleux, Be hararo, mañahiahy lava, mitandrin-dóatra, matáhotra, marimari-dava, mandinidínika lóatra, azon-kararo; ? saro-pady, bebe fady, maro fady, be sakaray; be fadifády, soro-táhotra, matahotáhotra, midóña lava, tsy mpahasáky loatra. Rendre —, Inspirer des scrupules à, Manararo azy; ? mandrivandrívana; ? mañarato.

Scruter, Mañadína ny fótony, manálina, manadinádiña, mañaliñálina, mangady, mandínika, mamótotra, miharokároka, mikarokároka k; mikárona an-kibo. vo mamasavása; mikátsaka, mikadaha, mikatso, mangírika, mitsikeka. scrutateur, Mpikárona ankibo n'ólona; mpangady, mpandínika, mpanádina, mpamátotra.

Scrutin, ? Fifidiánana samby mamony ny fidína, ? safidy samby mamony. ? Malo samby mamony. vo Latsabato.—, z éntina mifidy, ankimbólana fifidíana.

Sculpter, Manókitra sarinjávatra, mitétika hazo va vato hatao sarinjávatra, mamándraka sarin-draha. vo manetitétika, manatsáka. sculpteur, Mpanókitra sarindraha; mpitétika sary. sculpture, sarinjávatra vato, sarihazo; sokitra, sary va sókitra, sary amy ny vato; vato natao sarin' ólona.

scylla. Tomber de Carybde en —, Miléfa ny fosa tojy ny vontsira.

Se, Se rend ou par, Tena, aiña, ny tena ny, vátana, après un verbe actif: se vendre, Mandafo tena; ou par les formes neutre ou réfléchie en Mi : Se lever, Mitsángana;

ou par des adjectifs verbaux: Se fâcher, Tézitra; *ou enfin par les formes réciproques,* MIFAMPI-, Mifan-, mifampan-, mifanka-, *comme* s'Entre...

Séance, ny mipétraka, fipetráhana himalo. —, havorian' ólona mipétraka mimalo. Lever la —, Mañandefa ny havoríana. Ouvrir la —, manampôna ny malo.

séant, Anko, toetra mianko. Un malade sur son —, olomarary mifítaka añaty fandríany, mianko, tafi-anko.

séant, Mipétraka, mónina. —, Mety, tòkony, méndrika, tsara.

Seau, kapóaka fonovizan-drano; h kanovo, pv fanovy, fanovízana; h fanovózana, h fanovóana, fisao-drano. siny, gamela, trobáka

sébille, Lovia hazo boribory.

Sec, sèche, g Maina, pv Maika; káfana, maina káfana; DESSÉCHÉ *et* karankaina, makíana, kátrana, h málana, malamálana, ritra, mangéntana, kiha, somalantsiatra, ? miantsona. Le —, ny Maina, fahamaínana. A —, Ritra; káfana; à — (de paroles), ri-bólana, tampi-bólana. Tirer au —, Mettre à —, Mandrítra, mankamaina; mañala rano amy ny. Mettre au —, Manapy, manánina, h manahy azy. Parler —, Mivólana maika, mivólana foana kafy kafy, maimbólana, main-teny. Semer le riz sec, manao fafikátrana azy.

sécante, sóritra mamáky.

sèchement, Maina, maika; káfana.

Sécher qc, Manamaina, mankamaika, manánina, manapy, h manahy; mandrítra. vo mandazo, mampikétrona. — n, se —, maina, mihamaina, ritra, malazo; kátrana.

sécheresse, Hamaínana, hamaihana, ny maina. vo andromaina, maintany.

séchoir, Tany fanapázana *ou* fanapésana, fananínana, h fanaházana, fanamainana.

Second, seconde, Faharoy, h faharoa; fañáraka. vo Indroy; fañindroy; mañindroy; fañindroa ko manao azy; ampañindroa ko manao azy. vo Fois.

second, faharoy; solo, mpanampy, námana, tóhana, mpanóhana.

secondaire, Mañáraka, mañarakáraka foana, momba foana; tsy tena ny, tsy loha.

seconde, Tapak' andro madinika indrindra, ny fahenimpólony ny *Minute.* ? singambolo ny.

secondement, ny Faharoy, faharoa.

seconder, mañampy, mitahy, mamonjy, manóhana o.

secondines, Tavóny; áhitra.

Secouer, Mañozonkózona, h mañozongózona, mañintsankíntsana, mañifika, mañifikífika, mañontsankóntsana, mańétsika, mańetsikétsika, mańovotróvotra, manositósika, mandronjironjy; mańofokófoka élatra, lamba; mańevitrévitra, manóhina, manohintóhina, mamoambóana, manongankóngana, mampihóntsina, maningévina. — la tête, Mihifikifika, mańodińódina, h mikifikifika. Se —, Mihofokófoka, mihifikifika, h mikofokófoka, mihozonkózona, mihetsikétsika, mihendratróndratra, mihendrahéndratra, mańetsi-bátana.

Secourir, Mamonjy, mandomba, mitahy, mańampy, miaro. — un ingrat, mamelon-jana-báratra, manavotr' aombirevo.

Secours, Vonjy, famonjéna, famonjiana, fitahiana, tahy. Aller au —. Mamonjy, mandomba azy. Au — ! au —! Vonjeo! Vonjeo! ou vonjeo aho! vonjeo aho!

Secousse, Hovotróvotra, hofokófoka, hetsikétsika, tositósika, ronjironjy, héndratra, hifikifika, kifikifika, hozonkózona.

Secret a, (z) mivoni-fòtotra, misarom-pòtotra, mivony, tsy hita, miáfina, mangingína, ve tákotra, tákona; takontákona, mikononkónona, miery, mifońo, tsy miseho. Secret s, z —; et tsy fambara; h tsy fanambara, z ankaromitáfina, ankaro-mitámpina. Qui ne sait pas garder le —, loa-bólana, tsy mahatam-bava. Le garder, mamehivava. vo misórona. Sortir en —, SECRÈTEMENT, mivony dia &, vo CACHETTE.

secrétaire, Mpanóratra ny k ny Andriana, mpanòratra ny tsy fambara. —, SECRÉTAIRERIE, fitoeran-tsòratra.

sécrétion, Fisaráhana, fanaratsaráhana, fanaváhana.

sectaire, O misáraka amy ny maro, miandány amy ny o, miódina.

sectateur, Mpańáraka; miandány amy ny, mańáraka ny andániny ny.

Secte, Olo-mivory misáraka amy ny maro, manao toko hafa, o hafa toko; tokon'ólona hafa loha, Andániny, Diany, antókony, toko, fisaráhana, havoriana. filíhana, fiaváhana, firasána, fizarána.

section, Tápany, firasány, rasa, fizarána; anjárany, didy.

séculaire, Zato taona; isanjatotaona. Année —, Taona fahazato.

séculariser, Mampody ho olom-poana; mańala vońinahitra ny mpijoro, mampody amy ny vahóaka.

Séculier, Tsy mpijoro, tsy andevo ny Zanahary, Tsy Religieux; momba izao tonto!o izao. mitándrina ny z amy ny zao tany zao; ny hita maso, ny ankehitríny.

Sécurité, Hatokiana, fahatokiana, toky, tsy fańahiana;

fiaròvana, famonjéna, toetra mahatoky. En —, matoky. tsy matáhotra.

Sédentaire, Mitoétra, mónina, mipétraka foana, mivorétaka. tsy mba mandehadeha, tsy mifindrafindra, tsy mihétsika.

sédiment, Ny loto ambány rano; Faikana, tóntona; ny godra ny, ny mandry ambany rano.

Séditieux, Miódina, mivádika, miónjona; mikomy amy ny Mpanjáka; miolaola; mikótrana ny tany, migódana ny tany; mampiódina. sédition, fiodínana amy ny Andríana, h komy, fikomíana; fivadíhana, fionjónana, godan-tany, kotran-tany, ? héloky ny tany, adarin-tany.

séducteur, Mpañera, Mpitsitsika. vo Séduire.

Séduction, Fañerána, fitsitsihana, Era, tsitsika, fanitsihana; fitaômana hanao ratsy, fampaniána, fampiviriana. fanatérana amy ny ratsy; fanandóhana, ? sándoka.

Séduire, Mañera, mitsitsika, manitsika, mahazo era azy; manándoka, mañangely, mañangelingely, mampania; mampiala amy ny tsara, mamárina, mitaona amy ny ratsy, mitárika hanao ratsy, mampiova ho ratsy, mañambáka; mamítaka, mandátsaka, mankadala; mandiso lalana azy, manilikítika, mañatihaty.

séduisant, Mahera, mahatsitsika, mahazo era o.

ségréger, Manáraka, mañilika, mañávaka; manòkana.

seigle, Añaram-bari-mbazaha.

seigneur, Tompo; Andríana; Andrian-dahy, Roandríana. Faire le —, Mañandrian-teña

seigneurial, Momba ny tompo; (z) ny Andríana, amy ny tompo, nihiny Andriana; Tamy ny Andríana; —, fiandriánana; menakely.

Sein, Tratra, Nono. vo Vavafó, foto-nono, sondrara, sandandy, sondenda, sandenda. paza, somondrára; lavo nono. Vohóka; fo; añòvany, ampó, añaty ny. Donner le —, mampinono.

seine, Harato be taríhina. seiner, Mañarato filao.

seing, Añaran-tena antsòratra.

Seize, h Enin'ambinifolo, pv foloenin'amby. Seizième, fahenin'ambinifolo; fahafolo-enin'amby. Un —, h Ampahenin'ambinifolony.

séjour, Fonéñana, fitoérana.

séjourner, Mónina, mitoetra, mipétraha, mivahíny, mitoby; (rano) mihándrona.

sel, sira; fañásina. vo sirahazo, siratany, siratarao, siravatra, siravaza. —, Raillerie.

sélénographie, Filazány ny vôlana.

selle, sampy fipetráhana (ou fitoérana) ambony ny soya-

ly; Lasely. —, Fangereana. Aller à la —, mangery.
　seller, manisy lasely amy ny.
　sellette, lasely hely; hálana fipetráhana.
　sellier, mpanao lasely; mpanjaitra sampisampi-ntsovaly.
　Selon, manáraka, áraka. — mon gré, áraka ny to ko. C'est —, ? manáraka ny manjó. — la règle, añôhany, an'érany, andráriny.
　semailles, Famafázana (vary); —, Taona famafazam-bary, famboliam-bary, fambolénа; loharano, lohataona. —, Ny voanjávatra afafy, ny voa nafafy.
　semaine, Herinandro, heri-mahámay. Deux —, Tapabólana. Par —, isan-kerinandro. Qui dure une —, manerin' andro.
　semainier, mpanerin' andro amy ny asa, mpiasa herin' andro raiky.
　Semblable, Mira. mérana, mera. manáhaka, táhaka, mitovy; fanáhaka, sahala. vo tóraka, tóvitra, tóvotra, trandrabináky, toy, koa, karaha, lanizara; simisihílana, antónony, misárina, tsimisihivoasana, tsifidiánana, somary, manandry, mifandraidraika, fehitratra, indray mihira; ovany, laho. —, s, námana, fahanámana.
　semblant, sora, tarehy, fisehóana, ivélany, hóditra, sary. Faire — de dormir, Manao-sary mandry. Faites — de rien, Aza manao-sary manahy z, manaova sary tsy manao z.
　sembler grand, vo Paraître, et manandry.
　semelle, Faladia ny kiraro, lambambity ny kiraro, lámbany.
　semence, Voanjávatra kajina hatsabo, voa ambeo, ambezo, masomboly, maso. — qui ne pousse plus, voa matimaso. —, Tembo.
　semer, Mamafy, mamafifafy; manely, mandrabaraba, maneliely, manáhaka.
　semestre, Vôlan' énina, tapa-kérin-taona. —, enim-bólana.
　semestrier, Miaramila vótsotra amy ny volan' énina.
　semeur, mpamafy voa, mpamafy vary.
　semi-, vo Demi-.
　semi-double, ? roa-sòsony tápaka.
　Sémillant, (zaza, aondry) Mivarivary, mitarémbana, mitroatróatra, angárina, silasila, h miramirana, mihavatrávatra, mikarenjy, mirodo, falifaly, h lity, litulity, pílaka, tsepotsepony, falihavanga, ? miangitrángitra.
　séminaire, Trano fianárana ho mpijoro. semináry..
　séminal, momba ny voanjávatra.
　séminariste, mpiánatra ho mpijoro.
　sémination, ny fifafázany ny voanjávatra.

Semis, Tany fafazany z mbola haketsa; tsabo nafefy; tsabo mbola haketsa. ? masomboly, —, fampaniriana, ny voa nafafy.

Semi-ton, ? tapa-tonon' antsa.

Semoir, z famafázana. famafazam-bary.

Semonce, Anatra, fananarana; fanadiaña. SEMONCER, Mananatra o hiova tsara; manady.

Semoule, ? Lohambarimbazaha.

Sempiternel, Andrakizay, h mandrakizay, pv Ambarakizay, h mandrakariva; tsy mety maty, tsy mety róbaka andrakizay.

Sénat, havoriany ny loholona hihévitra ny raharaha ny fanjakána. —, trano fiangónany ny beventy. sénateur, Loholona, beventy; mpimalo, mpisatra, mpihévitra ny raharaha ny fanjakána: senatory.

Sánatus-consulte, Ny malo ny *Sénat*; ito, didy, ny notapáhiny, tinápaky ny loholona.

Sénevé, Ny hazo misy voa fatao *Moutarde*.

Sens, vo Organe; Fahareñésana, fahaizana ny vata'ntsika, fiainana; ny fahatsiarôvana, ny ahareñésana;, ny mahareñy. —, Hévitra, saina, jery; ántony, fòtony, ny ilanjavatra, zóroay, ny diany, olikólika. Donner dans le — de q, Miraiky AMY NY HÉVITRA. Le — commun, ny sainy ny hamaróana. Dans son bon sens, velontsaina, anonjery. Qui a perdu l'usage des —, Tsy mahareñy, tsy mahalala z koa, mati-hena. Hors de son—, very jery, tsy mahatsiaro z. Retrouver ses —, Mahatsiaro, mody saina. Qc SENS DESSUS DESSOUS, à CONTRE SENS, z Mifótitra; mihohòka, mivádika; Des choses —, mifótitra; mifamótitra, sens devant derrière, Miváðika. Choses en tous sens, z mivadibádika, mitsivalambálana, mifamotipótitra, mitsimbadimbádika, mifanakantsákana, mifandikadíka, manao voatr'ampango, miharoharo, mifandímbana, mifanésotra, manao fandriavolo, mifotimpótina, misafotimpótina.

Sensation, Reñy, h Re; hitikitika, ngidy, fahareñésana, z reñy, vo sérana; hendratra. Eprouver une —, Mahareñy z. Privé de —, matihena.

Sensé, matoi-jery, ary saina, añon-jery, manam-panahy, hendry, pv mahihitra.

Sensibilité, Tsy fahadiñásana hitikítika, halakiany ny fahareñésana, baladiana. fo malaky malahelo, saina malaky mahazo, fahareñésana maláky; alahelo.

Sensible, (o) maláky mahareñy z, manam-pahareñésana, mahareñy, h maharé z.—, matirinaiña o, maferaiña o, malemy fanahy; mamindra-fo, miantra; (fo) mangorakózaka, (fo) mangóraka, ? saro-kitikitihina, mora hitikítihina. Qe —, z reñy, ... hita, mora tsapaina, be toñona, misy tóñona, m... .... mora reñy, reñy tóñona.

Sensiblement, Hita ma... malaky, mora ohárina.

Sensorium, Ny foitra fañareñésana anaty atidoha.

Sensualité, Fañaránan'aiña; fañaranam-bátana, Ny fañaráhana ny maharavo ny vátana.

Sensuel, Mañaram-bátana foana, mañaram-tróka, mañaram-bátana, mijejojejo, tia ny fahafinarétany ny vátana. —, mahafináritra ny vátana, mañárana.

Sentence, Teny fohy fañanárana, Teny fohy mahavoa, Voanteny, hévitra iray loha antsóratra, ohabólana fañanárana. Ana-pohy. —, Ito, malo, didy.

Sententieux, Manao teny fohy fañanárana, mañánatra, manao ventinteny fañanárana. —, mahavoa, fohy hiany fa maro hévitra.

Sentier, Lálana kely, lalan'ety, lala-malétra; lombáña kely, safary kely vo hitsin-dálana, hodimírina, fandiávana.

Sentiment, Fahareñésana, h fandreñésana, fahazóana, fahitána. —, Fo, fañahy; toetry ny fañahy, toetry ny fo; —, fo mangóraka, fiantrána, fitepózana, famindram-po, fo mahareñy; hatiávana, fitiávana. Privé de —, Matihena, tsy mahareñy z. h tsy maharé z, ? matihóditra. Qui a des —, Tsara fo, tsara fañahy, tsy ratsy fo, misy hatiávana; misy fo mahareñy z, salama fo, mazavo fo. — intime, fahalalána, fahitána, fahafantárana.

Sentimental, misy hatiávana, misy fo mahareñy, mazava fo, manam-pó.

Sentine, Ny ambány ny sambo ibandrónany ny halotóana, fivorian-kalotóana, Toby ndrano mántsina; firinga, foringa.

Sentinelle, miaramila raiky mitsángana miámbina, Tilitily, mpiámbina. Faire —, miámbina, mitilitily, mizaha, mitsikilo.

Sentir le froid, mahareñy nara, mahare, h mandré nara. vo mahafántatra, mahalala, mahazo, daika, laitra, mahatsiaro, mahita, mahay. Faire —, mampahareñy. — une fleur &, mióroka, miorokóroka, mañántsona, mala-pófona azy, mitsapa, mitsapatsapa. — n, mamófona, misy fófona, reñy fofona. —, — fort, maimbo. mavao. — le brulé, maïmbo tóntona. — très mauvais, mántsina; — l'urine, mampy; — le poisson, malañy; — bon, mánitra, tsara fófona, mani-pófona; — le vin, mamofon-divay, mañitra divay. — de la bouche, mantsím-bava. Se — malade, mahareñy arétina. Ne pas se — de froid, mati-hóditra noho ny nara. Que l'on sent, Reñy, h Re. Je le sens, Reñy ko, re ko izy. fleur que l'on sent, voñinkazo orófana, alaim-pófona.

SEO

(seoir.) Il sied, mety, méndrika, antónony, tòkony.

séparable, Azo asáraka, mety misáraka, mety asáraka. h ? azo saráhina.

Séparation, Fisaráhana, filihana, fiaváhana, fanaráhana, fanilihana, fanaváhana, fanokánana. —, Efitra, fieférana. vo fanéfitra.

séparément, Raikiraiky, tsiraikiraiky; manókana, mitokantókana.

Séparer, Manáraka, manilika, manávaka, manaratsáraka, manavakávaka, mahasáraka; mamarabáraka, mamáraka, manókana, manokantókana, mampihátaka; mirasa, mizara. Se —, misáraka, misaratsáraka, milika, miávaka, miliátaka, mitókana, mitokantókana; miváraka, mivarabáraka. Se — en 3, misáraka telo. vo Déjoindre.

Sept, Fito. — fois, Im-pito. Agir — fois, manimpito. Avoir — fois l'unité, mamito, mifito. Le diviser en —, mamito azy, p fitóina. — par —, fitofito, tsifitofito. — jours, h Hafitóana.

septante, Fitopolo, pv fitompolo. Les —, Reo— lahy namindra ny Tesitamenta taloha ho teny Giréka (Grecque).

septantième, a, fahafitompolo. Un —, h Ampahafitopolo ny.

septembre, Ny Vòlana fahasivy amy ny Vazaha. h ? Adaoro, pv ? Asaramanta. vo Vòlana.

septénaire, Fito taona.

septennal, Avy isam-pito taona, indray mandeha isampito taona.

septentrion, Ny Aváratra. septentrional, Any Aváratra, Aváratra, manaváratra; Antaváratra.

septième, a, Fahafito. Un —, h ampahafito ny.

septièmement, Fahafito.

septuagénaire, fitopolo taona.

septuagésime, Misy andro fitopolo aloha ny Paky.

septuple, Fito heny.— a, impito heny. septupler, Manao fito heny, manao impito.

Sépulcre, Trano fandevénana ny maty, zohy fandevénana, hitsi-pandevénana, trano manára, trano masina, tamango, h fásana. sépulcral, Amy ny trano fandevénana, momba ny fásana, avy amy ny fásana. Pierre —, h vatompásana, rangolahy, fiandry.

Sépulture, Fandevénana, Levénana, ? lévina. —, Lavapandevénana. Privé de —, tsy milévina, mihahy taólana, miely faty, mifafy taólana.

séquelle, Olo-maro andiany, Olona sady miraiky dia mirai-kévitra. Mpanáraka afárany.

séquence, fifanaráhana, fanaráhana.

Séquestration, Fanokánana, fanaráhana. SÉQUESTRE, —; z natòkana, nasáraka, naílika. SÉQUESTRER, manôkana, manáraka, manésotra, manilika. mañávaka. Se —, mitòkana, misáraka, mílika, miala, miery.
 sérail, Trano lijejojóana, trano fampirafésana.
 séraphin, Anjely abo voninàhitra indrindra. serafina.
 serein, s, Ando hariva, Vónotra hariva.
 Serein, a, (Andro, lánitra) madio, ? manendo. mazava, maneriñérina, manavanávana, kétraka; (o) tsara, mora, malemi-fanahy, mántona, mibonéka, h onony, h tony.
 sérénade, Antsa álina amy ny o.
 sérénissime, Manam-boninàhitra indrindra.
 Sérénité, Haketráhana, fimantónana, hamorána, fimandínana; h ónona, fahatóny ny; faotónana, fiadánana, halemíana.
 séreux, Misy rano; mandranorano, maranorano, mitsiranorano.
 serf, serve, Andevo, Ondevo, Ankizy.
 Serfouette, fangady kely liavána, antsy fikapána, liavána kely. SERFOUIR; Mangady, mihady tany amy ny antsoro kely.
 serge, Tenombánditra Volonondry.
 Sergent, ? Miaramila roa voninàhitra. —, Iraka hisámbotra, fihitra, mpisámbotra, tsitialenga. vadintány. —, Vy fandrafétana. Serizány. vo sahazabeny, sahazany. SERGENTER q, Manáraka o mitaky z, manahirana o mangata-draha, manery, mangegeka. — un écolier, Manady tsaika, manánatra maré.
 sergent-Major, ? Miaramila efa-boninàhitra.
 Série, fifanaráhana, fitohitohízana, láhatra; z mitohitohy, z miláhatra, mifanesy. —, toko, tókony; andáhany, andíany; holáfiny, holáfany.
 Sérieux, Tsy mihomehy, tsy endrinéndrina, tsy misoma, matoi-jery, matoi-fanahy, manton-jery, mandim-panahy; h maotona. mitándrina tsara. vo GRAVE. —, To, ankítiny, tokoa, márina. Le —, hatoezan-jery, fimantonan-jery, haboneham-panahy, fijaboneham-panahy; h faotónana, fitandrémana tsara. Prendre au —, Mino fóana, mankató, manao ho márina.
 serin, Anaramboro-madínika tsara feo. Antsiona, pv Sabery, pv Jery.
 seriner un oiseau ; Mampiánatr'antsa vórona amy ny mozika.
 serinette, Vatra maneno fampianáram-bórona. Sarinety.
 Seringue, Volo fampiritsihan-drano; h z fampitsirirandrano; h fantsitsitra; h Basirano; ? famiritsihan-drano, ? fa-

miritsi-drano. ? fontroa-drano. Le SERINGUER, mampifantsitsi-drano, mampipiritsi-drano, mamiritsi-drano amy ny; manofo-drano amy ny, mitifi-drano azy; ? manefa drano, ? manemban-drano azy, manora-drano amy ny.

Serment, Loka, lokaloka, filokána; h Aniana, fianiánana; fanta, ngosa. Prêter —, vo Jurer. Faux —, Parjure. vo — de FIDÉLITÉ; le prêter, h miveli-rano, pv atao velirano, ou lefonaomby.

Sermon, Tori-ánatra, fitorian'ánatra, fañanárana. SERMONNAIRE, Taratasy famoriana ánatra. SERMONNER, mitori-ánatra, mañánatra lava, mañady, maniñy.

sérosité, ny rano añaty ra.

serpe, Antsy méngoka, antsy kóvika.

Serpent, Bibilava, kakalava, biby. vo Dó. be mora, bibimora, holapata, Mandotra, matahotr' andro, menarana, menapitsoka, pily, renivitsika, ankôma, kanifo.

serpenteau, Bibilava kely: —, kilaolao amy ny vanja miolikólika.

serpenter, Miolikólika otry ny bibilava, miolakólaka, mifelipélika; mengoméngoka, mamelipélika.

serpette, Meso méngoka, meso kóvitra, antsy kely.

Serre, Traño fitehirizana hazo vélona na voñinkazo na voankazo fahaririñina. Traño Fanantsasáhana. —, Hohombórona mangálatra; Angofo; hintsina, hintsika.

Serré, Maletra, mieka. vo COMPACTE, et mikeja, fafatra, fatatra, ety, aika. CONCIS. Q —, o Mahetry, vo AVARE. Avoir le cœur —, kelifó, malahelo.

serrement de cœur, Hakelezam-po, ferinaiña.

Serrer un nœud, Mandréritra fehy, maméhy maré; mamátratra. — les rangs, Mandétra, mankalétra; mañeka, h manety, h manetry; Mamína &; manery, mandatsy, vo PRESSER, et mamihitra, Mamókina, mamónkina. vo mahory, mañóhona, mitólona, mampikámbana, manésika, mampizihitra, misakámbina, manámpina. Se —, Miréritra. Se —, miletra, h miety, h mietry, mifanety; vo Se —, PRESSER. Se — la main, mifamin-tánana. vo mitóhoka, tohobory, antánanimámba.

SERRER qe dans .., Mañampy, mikajy mitahiry z antraño, ambátra.

serre-tête, satro-mandry.

serrure, Gadra; hidy. SERRURERIE, Fanaóvana —. SERRURIER, mpanao —.

serum, Ny rano misáraka amy ny ra mandry va amy ny ronono mandry.

servage, Handevózana, fiandevózana, toetr' andevo.

servant, Mpanompo. — de Messe, —, mpamaly.

servante, Ankizy vavy; viavy manompo, mpanompo vavy. vo vadifady.

serviable, (o) mazoto hitahy námana; ti-hanompo námana. vo PRÉVENANT.

Service, Fanompóana, Raharaha; fañaráhana; fatao. vo latsabato. —, fitahiana hávana, fañajána, tahy, fañampiana, soa atao amy ny o. —, Petrakánina, lambankánina. —, ny havoriany ny kapila fihinánana. Rendre —, Manompo, mitahy, manósoka, mañampy. Il est à mon —, miasa amy ko izy.

serviette, Lamba fihinánana, lamba famoram-bava (ou hefintsikina) amy ny fihinánana.

Servile, (z) ny andevo, fatao ny andevo, abily, manompo, mifañahy n'andevo, miandevo. mitoetr'andevo, mila sitraka, iva, iviva, mila fitia. SERVILEMENT, karaha andevo, milela-paladia, mileladélaka, mikolélaka, mandadilady. mañarak' ambókony; kofehi-mañara-panjaitra; manompotompo.

Servilité, Fanahy n'andevo, Habiliana, fandadiladiana, fanompóana, fiondréfana, fikolelahana, fanompotompóana, filan-tsitraka, filam-pitia.

Servir, manompo azy; —, Mitahy, mañampy, mamonjy. mahasoa; manósoka, mampandroso azy, manao ny raharaha ny, miasa amy ny. — la messe, le canon, à table, manompo amy ny. — de père, solo n'ada, solo ray, manjary ada; karaha ada, mody ada. —les mets, les plats, Mamétraka hánina, mandamban-kánina; — à chacun, Mirasarasa, mirasa hánina. — n, être utile, Misy várana, mahasoa, mahatahy, mahasósoka, mahabe, mahatombo, misy tombo ny, mahavókatra. S'en —, málaka, maka, manday, mitondra azy hangady tany; mampiasa. Dont on se sert, Entina, andaisina, alaina. A quoi sert-il ? hatao ino izy ? hanaóvana ino izy ? miasa ino izy ? à faire du pain, hatao mofo izy, hanaóvana mofo izy. Vous en servez-vous ? Miasa amy nao izy va ? ça ne sert de rien, Tsy mahasoso-jara, tsy mahalav'amálona, tsy mahasoa. Que vous sert de pleurer ? Ino koa azo nao amy ny tañy nao? ahazoan'ao ino ny tañy nao? mahasoa anao amy n'ino ny tarai'nao ? Se servir sôi-même. Manompo tena. andevo ntena.

serviteur, Mpanompo, Ankizy lahy.

servitude, Handevózana, fahandevózana, fandevózana, toetr'andevo, haverézana.

session, andro fipetráhana ny mpimalo, andro fimalóana.

séton, Tady hely atintéraka ny nofo hañome lálana ny nana.

seuil, h Tokonambaraválana, tokonana. ? sakambaravárana ambany.

Seul, Raiky, h iray; irery, irérika, rérika, tòkana, mitòkana, manòkana; raiky foana, iray hiany, tsy misy fahanámana, h ireritena, vo hany, hanikoa, honjihonjy, hozihozy, hozingoziny, monja, singa, singiany. Rester, être —, mitoka-mónina, mañirery, mirérika, h mirery; vo misiotsioka, siontsiona, miolonólona; Ermite.

seulement, Foana, hiany, avao; h fotsiny.

sève, Rano-nkazo.

Sévère, (o) Sárotra, tsy mora; vo Exigent; tsy miántra, mahory, hénjana. mandrofarofa; masiaka. Front —, sora maizina, hándrina mañizina, mañiboka.

sévérité, Hasarótana, hamafiana, tsy fiantrána. vo halózana, fampahoríana, hasiáhana.

sévéronde, Vívitry ny tafontrano; Alok' avivitra, alok' ambivitra, alo-bivitra, alok'amboa'vivitry ny trano.

sévices, Haratsiany ny lehilahy amy ny vady ny, va ny ada amy ny zana'ny. fankaratsiana, sata. Vango, kapoka

sévir contre q, mankalilo azy maré, mampijaly fátatra. mañólana azy, masiaka amy ny.

Sévrage, Fañotázana ánaka, fañotásana. sévrer, mañota, mampaota, h manoty zaza. s'en —, maota azy, maota amy ny. sévreuse, Viavy mpanota zaza; mpamelon-jaza voa ota, h voa oty.

sexagénaire, (o) efa Enim-polo taona nivelómany.

sexdigital, (Táñana) Enin-tondro.

Sexe, Ny mahalahy sy ny mahavavy; Diany, Andiany, sk Liany. Le —, ny viavy, Vehivavy. Le — masculin, Reo lehilahy.

sexte, Fijoróana amy ny ora fahénina.

sextuple, Énina heny; —, a, in'énina. sextupler, manao in'énina,

sexuel, a, mahalahy sy mahavavy.

Si j'y vais, h Raha, pv Laha, g Izikoa zaho mandeha; Zaho koa mandeha. Je ne sais s'il viendra, Tsy hay ko izy ho avy, tsy hay ko handra ho avy izy, asa izy ho avy, tsy fanta'ko izy ho avy biaka. Demande-lui s'il viendra, Añontanio izy, ho avy izy va? anontanio izy, handra izy ho avy? S'il viendra ou non, h handra izy ho avy sa tsia, pv handra izy ho avy va tsy ho avy. Vous n'irez pas? Si, Tsy handeha anao? handeha aho. Il n'est pas fini? si, Tsy efa izy va? efa izy. Si ce n'est moi, Raha tsy izaho, laha tsy zaho, h? afa tsy izaho. vo sainga, saingy. Si par hazard, handra, vo Peut-être.

Sibylle, Viavy misy fañahy mahavaly, Vehivavy mpaminány, viavy mahavaly.

Sicaire, Mpamono o; mpanindri-defompohy o; mpitómboka meso o.

Sicité, Haritrivana, hamaínana.

Sicle, Kirobo amy ny *Juifs*

Siècle, Taona zato; zato taona. — de fer, de misère, Taona mangidy, taona sárotra. Le —, ny ataonio, ny ankehitríny, ny tany, izao tontolo izao; ny o ataonio.

Siège, (z) fipetráhana, fitoérana; fiketráhana. —, Lapa, Doany, Lónaka; tany fehézina.— antomponénana.— d'une ville, h Fahi-rano, pv fehirano. En faire le —; vo Assiéger.

Siéger, mipétraka, mifítaka, mitoetra, mónina.

Sien. Le —, La sienne, h Ny Azy, pv ny Anazy, sk ny Anány.

Sieste, (Ny) mandriandry antoandrobe. Faire la —, —.

Sieur, (Monsieur) Ra-.

Sifflement, pv fioka, h síoka, h siaka; pv Talampioka, pv talampitro. siffler après, Mi — azy. — q, Mi — azy mikízaka azy.—, (Dô, tarondro) mifôka. siffle après le chien, fioho ny amboa. vo h Mísitra o; mibizizioka, misiatsiaka, mitsiatsiaka.

Sifflet, ? Fifioka, fifióhana; Sodi-madinika.

Siffleur, Mpifioka, mpisioka &.

Signal, Tsangan-draha ho famantárana, helan-jávatra, hélana, helankélana, z ahélana, z ahelankélana. z atsángana ho famantárana. — donné avec du feu, g Tsangan' afo. vo hátsika. vo faire signe, faire des signaux avec des pavillons, Manelankélana saina maro hañambara k. manangantsángana saina maro ho famantárana, mamindra vólana amy ny saina maro ahelankélana.

Signalé, malaza, hay sora, hay n'ólona, fántatra; tendriloha.

Signalement, Famantárana tarehy n'ólona, fampahafantárana; filazána ny sora n'ólona. sora, tarehy, lahara, ? tendry.

Signaler q, Mañambára ny lahara ny; mampahafántatra. — une flotte, Mañélana, mañelan' Isaina, manangan-tsaina hañambara misy sambo avy. —, manándratra, manángana, mamóaka, maneho, mampahita. Se —, mamoa-bátana, manandra-bátana, manjary maláza, mihalaza.

Signature, Añárana antsòratra. Apposer sa —, mañisy, manòratra, mamétaka añárana.

Signe, Famantárana, márika; fángo, fanondróana, ? fanóndro; hélana, tsangan-jávatra, fahatsiaróvana. — d'approbation, ántoka. — de la main pour appeler, Hátsika, helan-tánana. — de l'œil, Hatsi-maso. Faire —, des —, Mañelana, mañélana z, mañelankélana z; avec son mouchoir

&, — lamba, satroka, tánana &.. h manofa tánana. Faire — de venir, Mañátsika o. Faire — de l'œil, mañatsi-maso azy, mami-maso, mipipý ámy ny.Faire un—d'approbation, miántoka. ? manoa. Se faire des —, Mifampañélana, mifañátsika, mifañatsi-maso, mifami-maso; mifampiántoka.—, Phénomène.

Signer, manòratra añárana; mañeky, mankató; manamárika.

Signe', Irindamba ho famantárana anaty lívatra, irindamba asísitra

Signifiant, Significatif, Misy fótony, tsy famantárana foana, famantaran-draha ; mampahafántatra ; mahavoa; milaza z.

Signification, Fókony ny famantárana; hévitry ny famantárana, hévitry ny teny.

Signifier, Milaza, mañambára; mampahafántatra. —, Ce que ça signifie, Ny fótony, ny hevi'ny, ny tomboa'ny, ny ambara ny, ny lazainy.

Silence, Hagiñana, fangiñana; h jiny, jinijiny Silence! Mangiña ! — anareo ! Imposer —, mampangiña. ...nehivava. Faire —, Garder le —, Être en —, être SILENCIEUX, Mangiña, Giña. mijiny, mijinijiny, mibahimo, mañimobólana, mihimoka, mizihitra, sina, vatolahy, móntsona, mongena, kéhaka, kéhana, h mihombom-báva.Nous étions en silence profond, Hagiñana zahay tany, hagingiñana zahay tañy tsy miteny, h jádina, midongidóngy, tsy tia résaka.

Silex, Vato afo, vato falia; vatofalý. vo CAILLOU.

Silique, Voandraha mivory anaty hodi-dava táhaky ny tsaramaso; hodi-dava misy víhiny. Siliquex, misy voa añaty hodi-dava, mamoa añaty hóditra.

Sillage, Dia ny sambo, ny ivakiany ny rano nombantsambo. ? tori-ranon-tsambo.

Sillon, Hady lava ho fafazam-bary, tátatra lava dia ny lasarety, didy lava antany, ny ivakíany ny tany,vaky,lakaláka, lakandákana, salakandákana, salakalákana; falákana. SILLONNÉ, Misy hadihady lava, misy vakivaky, misy lakaláka. SILLONNER, Mamakivaky tany &, manatatátatra, mamatipátitra, mandidididy.

Simagrée, Fatao mandenga, tarehy mavandy. Des —, MINAUDERIES.

Similaire, Mitovy, mira, sahala. SIMILITUDE, vo Ressemblance, Comparaison.

Similor, Karaha vola, *Métal* mivoio volamena.

Simoniaque, Mividy ny z másina ny Zanahary amy ny mpijoro. SIMONIE, fivarótana ny raha másina ny Andriamámitra.

Simple, Tsy roa sósony, tsy miharo z, tsy miharo rano, ts'isy sósoka, tsy mifanósona; arery, hiany, foana; h fotsiny, ts'isy ámbiny; tsy misy rávaka, tsy mihámina, tsy manam-bonináhitra; tsy mamítaka, tsy manangoly, tsy manao saina; Mahitsy, márina, tsy kiankiana; tsy ary saina, geigy, gerigia, mitsipy, sakaka, tangary, tsoroaka, mora, lefaka, lefadefaka; tsy mikapetsy, tsy misy ampo, tsy teréna, mizotra, bodo, hendriadala, ? mivendrivendry. Un simple, z maniry atao fanafody.

simplement, Foana, hiany; h fotsiny.

Simplicité, Hahitsíana, tsy felipélika, tsy fitaka, tsy fisian-tsôsona, hamarínana, ? tsy fikapetséna, tsy famitáhana. —, Halefáhana, halefadefáhana. vo vakimbantsilana, ahonáhona, vendrivendry.

Simplifier, Manala sôsona, manala sôsoka, manla sárotra, mankamora, manala haro azy. Se —, mihíamora, afatsôsona, afa-bánditra.

simulacre, sary foana, sarinjávatra foana, tandindon-jávatra, tandindona.

Simuler une maladie, Mandenga arétina, manao sary marary. Qc SIMULÉ, z lengaina, tsilengalenga, sarindraha tsy izy, tsy to; h hatsotso be. Maison —, Tsi-tranotrano, ki-tranotrano, sari-ntrano, ambara-trano. vo Tsi-.

simultané, simultanément, MIÁRAKA. SIMULTANÉITÉ, fiarahana.

Sinapisé, (fanafody) misy *moutarde*. SINAPISME, fesan' aody misy voantsinapy (moutarde): fanempáhana, fanempahan-kóditra.

Sincère, Marim-bava, mazava vava, mivólana marimárina, mahitsy vava, tsy mandenga, tsy mamítaka, tsy manan'ampó. SINCÈREMENT, marimárina. SINCÉRITÉ, hamarinam-bava, hamarimarínany ny vava, tsy fandengána, hahitsíana.

sinciput, Tampon-doha.

Singe, Antima. vo Várika, Maky, Ankomba, Amboanala, gridro, tsimaho, sifaka, sifakely, simpona, babakoto. SINGER q, MITSIKOMBA o, miánatra o mikízaka azy, manáraka ny fatao ny. SINGERIE, fitsikombána, fatao ny antima, rebik' antima, fihomehézana. vo vosobósotra, famosobósotra.

Singulariser. Se —, Tsy mánaraka ny fatao ny maro, mihíafahafa, pv manafahafa, mihíafahafa fiaínana; manao hafahafa fitoérana, miangesongeso. vo BIZARRE. SINGULARITÉ, fihafahafána, z hafahafa, tsy fatao ny maro, Samponjávatra, tsy fitoviana amy ny sásany. vo BIZARRERIE.

Singulier. Tókana, tsy roa, raiky, irery, rerika, vo tokanamintany, isafatsiroa, singa, singana. —, Hafahafa, tsy mitovy amy ny námana, tsy fatao, misakan-toeran'ólona, miangesongeso. vo Bizarre. Le —, Ny Hatokánana, fireríhana, Harerihana, hareriana, fitokánana, ny tôkana, ny iray, ny raiky.

Sinistre, Ratsy víntana, milaza vitandratsy ho avy, mampidi-doza, mampahita loza, tsy mahasoa, tsy mañámbina, fifantána, fivoadíana ; mañantambo, tahôrana, mandráhona.

sinon, h Raha tsy izany, pv Laha tsy zany.

Sinueux, vo serpentant. sinuosité, Olikólika, olakólaka, felipélika, dian'ólitra, Engokéngoka, helokéloka, fiolikoléhana, fifelipeléhana, fiviriviriana. —, d'un ruisseau, helo-drano.

siphilis, h ? kibay, h kibango.

siphon, Fontróaka méngoka fitarihan-drano, fifohan-drano, volo méloka.

Sire, Andríana, mpanjáka, Andrian-tompo. Un pauvre —, o halala, olon'ory. — Renard est mort, Naty Ra-Vontsira, nihilana Ra-Fosa.

sirac, siroco, Tsioka may avy Atsimo-atsiñánana.

sirop, Rano mamy, rano matavy mamy, ranomboankazo matavy; godramamy, godrandrahamamy.

siroter n, misotrosotro tsikelikely, minominona tsihelihely matétika.

sirtes, Fásika be afindrafindra ny ranomásina, fasimihonahóna.

sirupeux, Táhaka *sirop*; matavy mamy.

site, Fitoérana, tokotány, toetra.

sitôt que, Dès que.

situation, Toetra, toetr'andro ny fitoérana.

situé, Mitoetra, mipétraka. situer, Manoetra, mamétraka, mampitoetra.

six, Énina; sk Tsiota. — fois, In'énina, in-tsiota. Agir — fois, Mañin'énina, manin-tsiota. Qui a — fois l'unité, Mañénina, maniota; h miénina, mitsiota. Le diviser en —, mañénina, maniota azy. pv Enénina.

sixième, Fahénina, sk fahatsiota. Un —, h ampahéniny. sixièmement, Fahénina.

Sobre, Homan-kely, hely fihinánana, tsy lila-pihinánana, tsy lóatra fihinánana. vitsy hánina; mandany hely. vo manonimpo, h mahalala onony, mahonon-tena; mahatampo; mahafady, antónony. —en paroles, Vitsi-teny, vitsi-vólana. sobriété, Fihinanan-kely, tsy fandaniam-be, fahatanampo, fameram-po, tsy fihoárana ny sahaza, tsy fanaòvana lóatra; fahalalána ny sahaza, h fahalalan'onony.

sobriquet, sosok'anárana fikizáhana; ? anaram-bósotra, anaran-kabíaka.

soc, Ny lela ny angady famakian-tany.

Sociable, Mila sakaiza, mila fahanámana, tia hiharo amy ny maro, tsy mahatókana, tsy manirery, tsy tia ho tôkana. —, misakaiza, milongo amy ny maro, tsy malain-kiratra, tia korána, h tia résaka, mora havánina, fiharóana, mora, olombe, tsy sompatra, mora sakaizaina, mora longóina

Social, a, Milongo, misakaiza; mampilongo, mampisakaiza, Mahafehy ny hamaróana; (z) ny fivoriany ny o; firaihana amy [ny námana; mahazo ny maro. Guerre —, Adi-milongo.

Société, Firaisany ny o maro, filongóany ny maro, fihiavánana, fimbónana, fiombónana, firahalahiana; fahitr'ólona, fehian'ólona, havorian'ólona mifamehy, olo-maro mifamehy, olo-maro mimbom-pivarótana. Faire — avec q, Miharo, miraiky, mimbona amy ny.

socle, Vody ny andry, Hálana, fótotra, fitsangánana.

socque, Kiraro hazo, Lamban-kiraro-hazo, kiraro talésaka, kiraro-léfitra.

Sœur d'une femme, Ny Rahavavy ny; d'un homme, ny Anabavy ny. Des —, Mpirahavavy. Elles sont —, mirahavavy reo, vo FRÈRE.

sofa, Kibány miláfika, farafara malemi-láfika, kanapy.

soi, Tena, ny tena ny. Parler de —, Milaza tena.

soit-disant. Un — roi, Olona atao ny sásany ho mpanjáka, Olona anárana ampanjáka, tsimpanjakampanjáka.

Soie, h Landy. pv ? Hariry, ? sahary ; Lasoa. — tissée, h tenondandy, lambalandy, rarindandy, pv ? lamba sahary, lambahariry. — de cochon, Volondambo, vombonkisóa. Ver à —, Renilandy. — noire, h soka. vo Háboka.

soierie, vo SOIE TISSÉE, et Fivarotan-dandy; fanenomandandy, fanaovan-dambalandy.

soif, Hetaheta. Avoir —, Mangetaheta.

Soigner, (SOIGNEUX,) Mitarimy, miahy, mitahiry, mitándrina, miámbina, mitao, miandry; mitoty, mitaiza, h mikajy. — un malade, mitaha, h mitsabo, mikópoka o marary. Se —, — tena. —, miasa tsara, vo manomóny, miboty; mikajakaja, mikarakara, manolokolo, ? mikerikery; mikópoka; mazoto.

soi-même, Tena, ny tena ny. De —, h ho azy; maimaimpoana, tsy teréna.

Soin, Fitandrémana, fitarimiana, h fitehirízana, fiahiana; fanahiana, ahy, fitahia , tahy. — d'un malade, pv fitahána; taha; h fitsabóana. En avoir —, le SOIGNER. L'objet des —, z tarimina, ahina, tehirízina, tandrémana, ambésana, andrásana, h kajina, tahina, tsabóina. vo koloкolo, ahiahy, tsímbina, karakara kerikery. être pour lui aux petits —, maǹisoka, mikobaby, mikobikoby, maǹantóana azy. ? mikópoka azy, manao volambato amy ny. vo maǹobohobo.

Soir, Au —, hariva; le —, ny Hariva. vo harivariva; takariva, alin' andro, hálina, lah' álina, andro hariva, mazavaratsy.modi-aombi-tera-bao, tsy ahitan-tsoratr' omby. somambasamba. Hier —, Hariva nomaly. Tarder jusqu' au —, maǹariva andro, maǹariva. Retenir q jusqu'au —, maǹariva o.

soirée, Le soir.

Soit l'un soit l'autre, Ndre ny raiky ndre ny raiky: na ny iray na ny iray. soit, adv. ataovo, heka, eny, tsara, tia' ko, tsy maǹino, tsy maǹahy, aveláo.

Soixante, Enimpolo, sk Tsiotam-polo. soixantaine, —. Soixante et dix, Fito-polo, fitompolo. soixantième, fahenim-polo, fahatsiotampolo. Un —, h Ampahenimpólony

sol, Tany, lémboka. — dur, h Lalangy, handrintány.

solaire, (z) ny masoandro, ny amy ny masoandro, momba ny masoandro.

solbattu.Cheval —, sovaly marary amy ny faladia. vo sole.

Soldat, miaramila; pv sorodána; fihitra, fihi-dahy; mpiady, mpanáfika. mœurs soldatesques, Toetra ny —; fitondran-teǹa ny —. miéndrika —, miendri-tsorodána. La —, miaramila ratsy fanahy.

solde, karama ny miaramila, Tamby, fondro. —, fandoavam-bola.

solder, Mandoa vola, maǹefa trosa, Maǹefa.

sole, faladia ntsovaly. —, Aǹaram-pilao, ? henalaza.

solécisme, Teny ota, faǹotam-bólana, antambom-m'bólana, teny tsy mifandrékitra, fiteny miótaka.

Soleil, Masoandro; sk masomahamay; mahamay. —, chaleur, Taninandro, tanimahamay, hainandro, h? nehinandro. Se chauffer au —, mitaninandro. vo tsirinandro, manarakandromody; azo ny hainandro. azonkainandro.

Solemel, Ombána fanaboabóana be, lehibé, midasidásy, be omban-jamá; misy Laǹónana, imaso ny tany, ampahibemaso; omban' antsabe; másina.

Solemnisation, fanaboabóana, fanandrátana be, faǹaǹcaǹóana; fahamasinana, fankamasinana; fanamasinana, fankalazána.

solemniser, maǹaboabo, maǹavoavo, manándratra, manóndrotra, mankalaza; maǹaǹoáǹo; mahatsiaro.

solemnité, vo solemnisation. vo fitandrémana; fondróana, andro fahatsarôvana, fanasána.

Solidaire, mifampiántoka, mimbon-miántoka, mimbompiantòhana, mimbon' ántoka. SOLIDARITÉ, Fimbónan 'ántoka; fifampiantòhana.

Solide, Tsy foan' aty, tsy poak' aty. —, fátratra, mafy, mahery, matómboka, matána. vo FERME, homezaheza; maviká. SOLIDEMENT, Maré, fátratra, fátatra, mafy. SOLIDIFIER, vo SOLIDITÉ, hafatrárana, hamafy, havíhana havibíhana, hamafiana, FERMETÉ; et tsy fihetséhana, tsy fiována. —, tena ny.

soliloque, Fitenénana irery.

solitaire, s et a, vo ERMITE; et mipétraka raiky, mitoetra irery, monimanáraka.

Solitude, Fitokánana, firerihana, fikonjiana, fijonóana, fireríana; trano —. trano mitókana, toetra irery. —, tany foan' olona, tany mangiña, tany giña. Aimer la —, h miolonólona, misiontsiona, misointsoina, tia mijona, maniontsiona, siliotra, lóbotra.

solive, soliveau, sakamandimby, ny sákana mibáboka ipetráhany ny rápaka; hálana, lafindrihana; tsikálana.

Solliciter, Mangátaka fátatra, mifóna, mangátaka, mandrari-hátaka, fatra-pangátaka, maheri-mangátaka, mihanta, mitoty. vo mandady, mikolélaka.—, Mitaona, mitárika, mandrísika, h mamporísika, mandroso. SOLLICITEUR, mpangátaka fátatra. SOLLICITATION, Fangataham-pátatra, vo DEMANDE. et fihantána, fitosiana; fifónana; rarinkátaka. —, fitaòmana, fandrisíhana, fitaríhana, fandrosóana; faneràna. fandrarána.

Sollicitude, Fañahíana, ahy; fitandrémana. Avoir la — de qc, manahy, miahy, mitándrina z. L'objet de la —, Ny z ahina, ny raharaha tandrémana, fahína, fotandrémana. Plein de —, mahinahína, mahína, maro òhotr'ampo, maróhotrampó, maro zavatr'ahína, be fañahíana.

solstice, Ny andro itampérany ny dia ny masoandro mañaváratra va mañatsimo.

soluble, Mety mimana, azo levónina, azo ampimanaina; mora teno, mora empóina, azo tenóina.

Solution, Fimanána, fitenóana, filevónana; fisarábana. En —, mimána, teno, miémpo, milévona. —, fañitósana; famahaváhana, famahána; fañaléna fehy; famavána.

solvable, manan-kañefána, manan-kañefan-trósa, manan-kaloa; ? velondreny.

Sombre, Maízina, maiziñizina; vo OBSCUR. Il fait —, mañizina, mañáloka, maníboka ny andro. vo mandráhona, mainti-hariva, manja.

Sombrer, (sambo) Réndrika, miréndrika, midobo, léntina, miléntika, miléntina, midéka, mihitsoka.

Sommaire, vo ABRÉGÉ; et filazána ny lohateny, fitambárana. SOMMAIREMENT, Amy ny teny vitsivitsy, amy ny volam-pohifóhy, amy ny teny tsy lavareny.

Sommation, Fañantsóvana o ho maloina, fiantsóana, famantóhana; fañasána; haikia, antso, kantsy; fanaóvana terihéky; terisetra. fangegéhana, fañiráhana.

Somme, Havoriana, antóntany, volóngany; Éntana, vo MASSE. ---, Teny fohifóhy, fitambárana, lohateny, filazána ny lohateny. izy rehetra, daholo; isa ny; ? ántony. En Somme, fohifoly; ? indraimbava. Une --- d'argent, vola be ; vavavola, vorifanjava, havoriam-bola.

somme, Toromaso, h torimaso. Faire un ---, MATORO, h matory, miráròtra, mandriandry.

Sommeil, Toromaso, h torimaso; toro, tory, vo torimasiaka, toritory, kimpin'akoho; matorianakampo. SOMMEILLER, Matorotoro, mandriandry, h matoritory, voa toromaso hely, h rendrémana, h rendréhana, miraróra.

sommelier, Mpitándrina ny amy ny latábatra. SOMMELLERIE, Trano fañompíana ny z fihinánana,

Sommer, Manao terisetra (ou terihéky, terimoka, terivaimanta); mangeka, mangagéka; manasa o hanao (ou handeha, avy); mañasa fátatra, mañíraka, mañantso, mamántoka, mamotóana, mañáfatra, mamoha, mihaika, mikantsy ; misangázotra.

sommet, Támpony. vo Tendro, loha, tandrimo. Au ---, Antámpony, andóhany. --- de la tète, Tampon-dóha.

sommier, montséfona, trako; hazo be; volóngana.

sommité, Tendro ny hazo va ny bongo; ny lengolengo, léngony, lengoléngony, ny zañozáño, volólona.

somnambule, mandry mandeha, mpandehandeha álina.

somnifère, Mahavoa toromaso, mahamamo toromaso, mampatoro, h mampatory.

somptuaire. Lois ---, Didítány mamepètra ny tabiha sy ny fandaniam-bola, milaza ny vola mety lanína.

Somptueux, Be fandaniam-bola, mandany be, sarobidy, be fihaminana, sárotra, lehibé. SOMPTUOSITÉ, Fandaniambe amy ny tabiha, vola be lany, hasarotam-bidy.

son père, Ny ada Ny, ny ada Anazy, sk ny ada anány.

Son s, Eno; dh ? Neno. fañenóana, fañenóvana vo Résaka. karatsadrátsaka, nántsana, nantsanántsana, ngádona, ngédona, kirintsana, kirintsandríntsana, h diboka, h dóboka, pv kiboka, takíboka, tsakíboka, takibokíboka; kántsona, kantsonkántsona; vo BRUIT.

son de riz, g Ampombo, h amongo, g mongo; ampombombary, mongombary.

Sonde, Z fañeránana ny [halalinany ny rano; fañeranandranomásina, tady fañohárana. —, fikaróñana. sonder, Mañérana ranomásina, mañóhatra, manákatra ny rano, manaka-drano. —, mikárona an-kibo n'ólona, mikadaha o, mizaha toetry ny fañahy ny, mikatso, manádina, mandinika, mangároka, mangarokároka, mikarokároka; mañantsafa. — le pays, misafo, misafosafo, mitsapa, mitsapatsapa tany. vo tsikata-dompóndro, tsotakapolopolórina.

Songe, Nofy, h tsindrimandry. Apparaître en —, h manindri-mandry, azo nofy. avoir un —, mañinofy, iboáhany nofy, mahazo nofy.

souge (Légume), saonjo. — fotsy, — kira, — ndrano, — manga, — vato; sonjo.

songe-creux, mpañinofy, mpanao hevi-drávina.

Songer de qc, Mañinofy, h mañonofy z. — à, Penser, Mihevitrévitra hanao, mieritréritra, misaintsaina; mikíasa, mikinía z. Sans y —, Tsy nahy, tsa satry, tsy nikiniana, tsy niniana, tsy nañahy. songeur, Mpañinofy. vo songe-creux.

Sonnaille, Famohamandry kely mihántona amy ny vózony ny biby. kirintsana. sonnailler, Mampañenoéno foana, mampikirintsankirintsana; mamangovango lakilosy tsisy fótony.

sonnant, mañeno, mikirintsana; ? mitintína.

Sonner n, Mañeno, mañeno, mikirintsana, mikorintsana, mikirintsankirintsana, mikorintsandrintsana, mikintsana, minántsana, minantsanántsana, mitsántsana, manam-peo. — la cloche, de la trompette, Mampañeno azy; mamango lakilosy. — le dîner, mamango lakilosy fihinánana.

Sonnerie, Kirintsana, kirintsankirintsana, korintsandrintsana; Eno, fañeno, fañenóvana; fikirintsánana, fanenóana; ny mañeno.

sonnette, Famohamandry kely; Lakilosy hely.

sonneur, Mpamango lakilosy; mpampañeno lakilosy.

Sonore, Mañeno, h midárona, pv? midároka, misy feo, manam-peo, manako, manalango. Qui a une voix —, antsiva feo, mandeha eno, reñy eno.

sopeur, Toromaso manan-pòna.

Sophisme, Fandri-bólana, fandripandri-bólana. Lahabólana mahafitaka. Sophiste, Mpanao — ; mpamandri-bólana o.

soporatif, soporifère, soporifique, mahavoa toromaso, mampatoro, h mampatory, ? mahatory; mampandry.

soporeux, mahavoa toromaso mankarary.

sorbet, Ranomboasary miharo rano amy ny sira mamy.

sorcellerie, Vórika, mosavy, Hazary; ody mahery, ody ratsy, h fankatoávana. —, fanaóvana ody ratsy, famoréhana.

Sorcier, Mpamórika, mpamosavy, mañazary, mpanao

ody mahery, mpanao fankatoávana, mpisikidy, mososa, mpañohi-maty.

Sordide, (Fahetríana) iva no maheméñatra; maloto, vetaveta, abily. SORDIDEMENT, amy ny fahetríana mahaméñatra.

sorite, Rari-vólana maletra. Laha-bólana maletra mifanohitohy.

sorne, Taimby.

sornettes, Anganongano, saim-potsy, saim-poana, hevi-potsy, teny foana; volampotsy.

sororiai, (z) ny anabavy, (z) ny rahavavy.

Sort, Vintana. Anjady, anjara, zara. Lui faire un —, mampananjara azy. Echu par le —, látsaka ho anjara, tonga ho anjara ny. — mauvais, vintandratsy. Tirer qc au —, h Milóka z; manao filokána. ? mivíntana, ? mianjady. Tomber au —, Látsaka ho miaramila. —, sikidy, fany. vo SORCELLERIE. Consulter les —, misikidy, mifány.

sortables, Tsara, tòkony, mety, sahaza, antónony, h onony.

Sorte, Karázana, fáhitra, rázana; filahárana, díditra, fadíditra. vo foko, fombána, fomba, héjaka. Parler de la —, Mivólana hoe; miteny zany, manao hoe. Qc de cette —, z manao hoe. En — que, Ka, dia, ary dia, kala, hatr'amy ny. vo sami-hafa rehetra.

Sortie, Fivoáhana, fiboáhana; fivoráhana, tiengána, fialána, fifindrána. C'est ma première —, samba ko mibóaka. Faire à q une—, Mamorótsaka amy ny o mañady azy maré. sortilège, vo sorcellerie.

Sortir, Mibóaka, h mivóaka; vo mivóraka, miávotra, miómbotra, matsóaka, h mitsóaka, miforañora, miborabora, tsi-omby, miala, mienga, mipósaka, mamilo, maniry; fóhatra, mifóhatra, mifókatra, miróatra, mipotsíatra, mamorótsaka, ? miporísika, miporítsaka, mitsiriríka, miókatra; mipororotra. — qc, Mamóaka, mampibóaka; mamóraka, mañala, manóaka, manatsóaka. vo manókatra, mamóhatra, mañohy, mamorabora, mañávotra, mañómbotra, manálotra, mampiala. Au — de, en sortant de manger j'irai, avy nihínana zaho handeha. Au —, Raha mivóaka, ampivoáhana. vo h Izy nañátitra anay ambara-pivoak'ay tany antanána.

Sot, sotte, Adala, adaladala, maola, léfaka, fóka; very fañahy, geigy, ambáka, marivo-jery, fanadala, tsy manantsaiña, varivariana, baibo, tondrantondrana, ondranondránana, gegigegy, mihihihihy, tsy antóneny, tsy ántony, fóka, fokafóka; mifókafóka, sokaka, hendri-ádala, zanak'alondrano, miahonáhona, manásaka, manasatsásaka; nahafahana. Un —, olon'adala.

sot-l'y-laisse, Ny tsoky vóndraka amy ny vody n'akoho.

sottise, Hadalána, hadaladalána, ola, halefáhana;fahadalána, haverezam-pañahy, ahonáhona. Des —, Injures.

sou, Vola kely, ? Eranambátry. Qui n'a pas le —, Tsy manam-bola na dia kely aza, h mahantra, kivihy.

soubassement, vodintraño, halan-trano; fanambániny.

Soubresaut, Hóntsina ; tsambókina taitra , hatairana, ? héndratra, ? kéfina, ? kéfona. Faire des —, mihóntsina, mihéndratra, mihendratréndratra, taitra, mikéfina, mikéfona. Lui donner un —, Mampañóntsina, mañendra, mampihéndratra, manaitra azy.

soubreveste, Akanjo bory bolon-táñana.

Souche, Vodihazo, vatankazo, vátana, fototra hazo, voditronga, foto-kazo. —, ny aviana, h ihiaviany ny fototra, fotorana, tombóana, fótony, loha ny, voa lóhany.

Souci, Fiahiana, fañahiana, ahy; ahiahy, fañahiahíana, vo sollicitude. sans —, Mibaran' ahy, baran' ahy, miadan' ahy, tsy mañahy z, boina, mahafoy. vo borobosy, toabórona. s'en soucier, Mañahy, miahy azy, mitándrina, miandry. Je m'en soucie peu, tsy ahi'ko, tsy ahoa'ko, tsy manino ahy, tindry ko, foy ko izy. vo h ? tsy jiba'ko, ialahy ! vo manóhotra.

soucieux, Mañahiahy, marimárika. manjomótra, vo mélancolique.

soucoupe, Tanti-mbakoly, kapila ambány ny bakoly.

Soudain, h Támpoka,pv Romóka. vo sémbana,misémbana , faingana. —, soudainement , tsiampi-to'inona; síaka, vo Aussitôt. soudanité, ? haromóhana, ? fahatampóhana, ? hatampóhana.

soudard, soudart, Miaramila ántitra, sorodána ela fanompóana; h fotsi-kotro.

soude, Añaran'áhitra amorondranomásina. —, sira avy amy ny zany áhitra zany.

Souder, h Manao solohoto, pv manao alahemo azy, h maningina; mandoko, manohy; mampaniry; mampiraiky, manámbana amy ny alahemo. mamórona. soudé, h voa tsingina , mitsingina.

soudoir, vy fanataóvana solohoto, h vy faninginana.

soudeyer, mañome karama ny miaramila, mandoa karama, manome vola o hitárika azy hitahy. vo misólika.

Soudure,Trokonengy fondokóana. h solohoto. firaka alóko; loko. —, ny itohizany ny fanandriana, ny fiharóana ny mikámbana.

souffle, fofon'aiña; Tsioka, tsio-piaiñana, aiña, fiaiñana, vo fofofófo, h tsiotra.

Souffler le feu, Mitsioka, g mitsiotra, h mitsoka, ? mitsótra afo. — avec un soufflet, mamòfotra afo, vatra manèno &. Lui --- de l'eau au visage, mitsio-drano azy. Le vent souffle, manioka, maniotsioka ny rivotra; vo mamaniotsioka o. Que l'on souffle à l'oreille de q, Atsioka ou atsiotra amy ny sofin'ólona. --- n, Mitsiñaiñaiña, miaiñaiña; h miésona, pv mikefokéfo, h mikefonkéfona, h mikéfona, sehotséhoka; vo mifófotra, mimamáma, mifofofófo. mamofófo; mibóntsina.

soufflet, Tafofòrana, famofòrana.

Soufflet, Téfaka, h Téhaka, rantéhaka, h tahamaina, teha-maina. souffletade, tefatéfaka maro mifañarakáraka. Souffleter q, Manéfaka, manéhaka, mamely rautéhaka, mandisa tehamaina azy.

souffleur, (sovaly) mitsiñaiñaiña, miésona, sehotséhoka. (o) mpamòfotra. ---, mpitsioka, manioka.

soufflure, Lóaka amy ny metaly naidina

Souffrance, Téhoka, Hótsoka, fanehóhana, fangotsòhana, firy; fahoriana; fioriana, fijaliana, fangirifiríana; faharariana. —, Arétina. En ---.souffrant, vo souffrir n.

souffre-douleur, mpitondra ny asa sárotra, mpitondra ny sárotra, farofy.

souffreteux, Oriory, ory, mijaly, mafiraiña; h mahántra, fadiranòvana. ---, mrarirary.

Souffrir n, Manéhoka, mangótsoka; marary, mafiry; farary, farofy; mijaly, ory, miory, oriory, marofy, mangirifiry. Où souffrez-vous ? Ino marary amy nao ? Ino manéhoka (ou mangótsoka) amy nao? --- la douleur &, mahárìtra firy, mahari-piry; mahatanty, mahaleo azy; mandéfitra amy ny. vo mihiafy, miáritra, tsy mandrara. Je ne puis le ---, Tsy tanty ko, tsy leo ko, tsy ari'ko, tsy áritr'o azy.

soufre, Tany fóndrana malaky miréhitra. Solifera, salifera. soufrière, Tany fakan-tsolifera; vatra-fasiantsolifera.

sougarde, Ny vy vòkoka miaro ny fihatsik'ampingáratra. fiaro famonóana.

Souhait, Saotra, fisaòrana, fañiriana; z saòrana ho azo. zavatr'iriña, z tian-ko azo. Au comble de ses —, tampi-java-nirina. à —, érany ny kibo, Faire des — pour son arrivée, Misaotra izy ho avy, saoran-ko azo.

souhaitable, Irina, ilaina, tian-ko avy.

souhaiter, Tia, ti-hahazo, Maniry, mila, ti-hahazo; misaotra; mániña, mangátaka, mifòna.

Souillé, Vorery, Téfitra, maloto, voa loto, h vorétra, voredrétra; voa tsábaka. souiller, Mamorery, manéfitra, mandoto azy; mitsábaka; tsy mahafady, mamorétra, mamoredrétra azy, ? mamoa fady. Se —, — tena.

Souillon, (zaza, viavy) maloto sikina, tsy iengan-doto, kapôtra, mivoredretra, misotisoty. ? rainimena, reninimena, h mikesonkésona.

souillure, Loto, halotóana; Panda, tsiñy, péntina, téntina; Havoreréna, hateférana. vo salcté.

soûl, soûle, Voky pítsaka, feno píaka, feno eky; erany; mamo, h leony, ? tola. Soûl s, havokísana. Il en a tout son —, voky píaka izy.

Soulager, Mankaívana, mankaivanívana, h manamaívana azy; — éntana azy; mañala amy ny énta'ny, mañala éntana anazy, mañala arétina. Se —, mifankaívana, mifampitahy. Soulagement, fankaivánana, fitahiana; haivánana, vo fialan-tsásatra, fiaiñana, fahamoráua, fanafahan arétina, famonjéna, fañampíana, fampangínana, fampianínana.

soûlaud, Olona fomamo, mpino-tóaka.

soûler, Mamóky pítsaka, mameno eky; mankamamo, mahamamo.

Soulèvement, Fionjónona, ónjona, fientánana. vo njandrano, olandrano, valandrano. — d'estomac, Nausée. —, Révolte. Soulver qc, Mañonjona, mañéntana, mamókak, mañentanéntana; mamokabókaka, mañonjonónjona; mañenga, mibatabata, mambata, mañanko, mampifoha. vo Tsimampangarangaran-tany. —le cœur, mañónjona ny fo; vo être Nauséabonde. — le peuple, Révolter. Se —, miónjona, miéntana, mivókaka; mianko, mionjonónjona, mivokabókaka. Se —, (Cœur) qui éprouve des Nausées.

soulier, Kiraro, — hóditra. Porter—. Mi—.

souligner, Manóritra ambány ny sôratra, mañisy sóritra, mañisy tsípika ambány.

Soumettre, Mandresy, mampañeky, mandrébaka, mañetry, manjetra, mamólaka, mañóndrika. —, manóka k h manantóana k amy ny beventy ho malóina, mamétraka. Se—, mañeky, mieky, miambány; miláfika, mibáboka, mibébaka, mitsótra; mañetri-tena; mañeki-lémpona; vo mino, mankató, mañáraka.

Soumission, Fañekéna, fiekéna, fitsórana, fibabóhana, fañetren-teña; fiondréfana, fankatoávana, fankatózana, finóana. --, Fañajána, haja.

soumissionner, Mamehi-tena hanao z, mañeky hanao.

soupape, Lela ndraha mionjonónjona mampibóaka ny rano va ny tsioka; kápika, fivoáhana, lela mangapikápika.

Soupçon, Fañahiahiana o, ahiahy, fimarimarihana; vo sakaray, tsy fatokiana; fanandrána, fanandrásana. Un —, Tápany kelikely, sómbiny, kely, volonkoko, bitibítika. vo mamonopotretra.

Soupçonner, Mañahiahy, miahiahy, marimarika o; tsy matoky o, manandry ratsy, manandra ratsy azy. Je le soupçonne d'avoir volé, ahihi'ko nangálatra, tandrása'ko hálatra izy. SOUPÇONNEUX, vo soupçonner; *et* be ahiahy.

Soupe, Sosoa vóndraka, dobadoba mofo, rorô, rano vóndraka; rorô mañéndro; ro-nkena, ronáñana; ? hóntsa. Lasopy, lasópa.

Soupente, Ny sampy ambány. ---, Talatala mihántona andriana ny ankizy.

Souper, Soupé, s, Fihinánana, --- hariva, sakafo hariva; h fialémana, h ialémana. Le temps du ---, h homan' ólona, h fialémana. ---, Hanin-kariva. SOUPER, Hómana hariva, Misakafo hariva, mihínana hariva. Se coucher sans ---, mandrifahariva, mandrifotsy, mandimery.

Soupeser, mañonjona éntana bandaja azy amy ny táñana foana.

Soupière, Lovia-ndasopy; lovia lalin' aty. ? valontsoñy.

Soupir, Senso, sirento, Hentohento; taraiña; fisentóana, fihentoheatóana. Rendre le dernier—, mañal' aiñ, vo mamela dindo.

Soupirail, Hirika fidiran-tsioka, loaka fidiran-drivotra; kápika fivoáhana.

Soupirant, mpañiry, mpániña, matim-pitia.

Soupirer après qc, Mihentohénto z; misénto, misirento, misentosénto amy ny z; mitaraiña; miritr'aiña; mitsetra, mitséka, mániña; mañiry, kinto, hintokinto.

Souple, Koníaka, konéaka, mafonty, maléfaka; malefadéfaka, mora miléfitra, malemy, mora aléfitra; mora anárina, milebolébo, folak'ánatra, mañeky, mibonaika; mora taómina, maléfaka, malefadéfaka. SOUPLESSE, Hakoniáhana, hakoneáhana, hafontésana, halemy ny, Léfaka, lefadéfaka; ny mahamora aléfitra azy, ny ahazoa'ny aléfitra, hamoráña, h lefolefo.

Souquer, mañénjana maré.

Source, Loharano, loha ny, g tabóaka, taboa-drano fótotra, tombóhana, ny aviana, h ihiavíany, isehóany, ivoáhany. ? lohavovo. vo mamono vav'ala; boiboika, taboika.

Sourcier, mpahita loharano. ? an-tandoharano.

Sourcil, Volo-maso, vo Volonkíky. Froncer les —. miketron-kándrina.

Sourciller, (rano) Miboabóaka. mitaboabóaka, miboiboika, ? miboabóa; mivoabóaka an-tany, maro loha. —, manetsikétsi-bolo-maso.

Sourcilleux, (Bongo, hazo) Abo, andraina.—, (Hándrina) malabelo, manjomótra, mañiboka, mañizina.

Sourd, Maréñina, h karéñina, tsy maharéñy, h tsy mahare, bada sófina, h tsy malady, h lalodalóvana, mafi-sófina, mati-sófina, mamono sófina. vo dombo, hóboka, lémpona. Faire le —, manampin-tsófina, mitsentsin-tadiny, mareñindreñim-boláñina. vo Tadíny n'ompandrasa; vo mikatsaotaoka, misaosao, masaosao; mangótroka; gadragadra. —, tsy reny, mangina, tsy marésaka.

Sourdaud, mareñindréñina.

Sourdement, Tsy marésaka, mangingina, moramora, tsy reñy hótroka, ? mikóboka, ? mangóboka.

Sourdine, Ny z maharéñina ny eno, famonovono éno. A la —, mangina, mangingína, misokosoko, manao ankóboka, miéry, mivony, tsy hita, tsy reñy; mamony dia, tsy marésaka, h mikonokono

Sourdre (Rano) Miboabóaka, miboibóika, miboiboy, miboaboa, mitabóaka, mitaboika, ? mibobobobo.

Souriceau, Totozy madínika, antsintsy kely.

Souricière, Fandri-boalavo, fandrik' antsintsy. h Akatram-boalavo. tonta; fisamboran-totozy.

Sourire, Souris, Homehy kely, himokímoka, h kimokímoka, vañíka, vañiváñy, h hanihány, h tsiky, ? kikikiky, pv kikíky, tokíky. vo kahankáhana. SOURIRE n, Mi—.

Souris, Voalavo madínika, pv Antsintsy, h totozy. —, Ny antséfany ny ankibé sy ny fanondro.

Sournois, Manjomótra ka mamony jery; mamony fañahy; h midongidongy, h mongena, mimonjomónjo, maizim-po. Saro-boláñina; mimonjomónjo, sarotr'éntina.

Sous, Ambány. Arret rendu—la cheminée, malo voa ito amy ny takola-baravárana, ankodíatra, amboho, antraño. — la main, tratra táñana, taka-táñana, amy ny táñana, maríny, atý. — les yeux, Imaso. Mort — Radama, Naty faha i Radama. Gens — moi, O ambany ko, fehezi'ko. — Gouverneur, Faharoy ny Mpanjáka, solo mpanápaka. — peu, Tsy ela. Rire— cap, SOURIRE.— main, à la SOURDINE. — une figure d'homme, takofan-tsarin'olona.

Sous-bibliothécaire, solo-mpitahiri-taratasy.

Souscripteur, Mpametrak'añárana, manòratr'añárana. mamehi-añárana.

Souscription, sòratra fañekéna, sora-pañekéna.

Souscrire, Manòratra añárana, manisy añárana, mamehi-añárana; mañeky.

Sous-diacre, ambany ny Diakóny; solo diakóny.

Sous-directeur, solontálé, solompifehy, soatr'ampifehy, solompañina.

Sous-entendu, Tsy tonónina, avóny, tsy ambara. SOUS-ENTENDRE, tsy manóñona, tsy milaza.

SOUS-FERMER, SOUS-AFFERMER, prendre en SOUS-FERME,

une terre, Mifondro tany amy ny o nifondro fa tsy amy ny tompo ny; manofa tany hofána.

Sous-gouverneur, solo-mpanápaka.

sous-lieutenant, ? solo-ntsolo, ? soa-tsolo; h ? ambány léfitra, ? soa-défitra; efa-boñináhitra.

sous-locataire, mpifondro amy ny nifondro.

Sous-louer, Mifondro trañó fondróina. —, mamondro trañó fondróina; h manofa amy ny nanofa; mañofa trañó hofána..

sous-maitre, sous-maitresse, solo ny tompo, solompañina, solo ntalé.

sous-marin, sous-marine, Plante —, Ahitra ambany ranomásina.

sous-officier, solo ny mpifehy.

sous-ordre, mpifehy, fehézina, mpañina misy talé, kofehimanárapanjaitra.

sous-préfet, solo ny vadintány, solompanápaka tany.

Sous-seing-privé, k antsóratra misy anaran'ólona foana fa tsy misy ny any ny ampanjáka; vontady antrañó fa tsy andapa.

soussigner, manóratra añárana, mañisy añáran-tena ambany.

soustraction, Fañalána, fañesórana.

Soustraire, mañala, manésotra, mampiala, manóaka, manatsóaka. Se —, miala, miésotra, miáfaka, miétoka, mienga, miávotra, matsóaka, mihífika.

sous-ventrière, kofehinkibo ntsovaly, ambaninkibo, sampinkibo.

soutane, Akanjo jolóbaka ny mpijoro. sotána.

soutanelle, sotána kely.

soute, Efitra fañompiam-batsy ambány ny sambo; efipañompíana, efi-pitabirízana, fikajiam-batsy.

soutenable, Tanty, leo, vatra, azo iarétana, áritra, voa fáhana, azo faháñana, azo toháñana, ? zaka.

Soutenir, Mamáhana, manóhaña, mitánjaka; manánjaka. mananjatánjaka, tsy mandavo; mananty, mahatanty, mitondra, mibongo, milanja, miloloha, miháritra, mahavátra, mahadíñy, mahazáka, mahafáhana, mahatóhana, mahatánjaka. vo mamókaka, miafy, miáritra, mañáritra, mamélona, mandéfifra, miaro, mamonjy, mañampy, mankafátratra, manamafy. mampandroso, mitahíry, mampitoetra; miaro. ianarandrékitra. Se — à qc, Mamáhana amy ny z, mitsángana, tsy lavo; mahafáhana; manohan-tena, mamahan-tena, maháritra, miáritra, matána, mitoetra. Se —, Mifamáhana, mifanóhana, mifananjatánjaka, mifampitahy, mifampitánjaka.

soutenu, Tsy këtraka, tsy mitongálika, tsara fáhana, mitsángana.

Souterrain, Ambany tany. Un—, Traño ambany tany, zohy (ou lálana, hitsika, jômana, torabintsy, lávaka-mitsidihitra, kótona) ambany tany.

Soutien, Fáhaña, Tóhaña; famaháñana, fanoháñana, fiankinana, iankinana; mpamáhana, mpanóhana, z mahatánjaka; fanankínana. vo kofehimando mitampanjaka, mpiaro, mpanéſina; famatrárana.

Soutirer du vin, Mitárika divay hitsiririka.— de l'argent, mahazo vola tsikelikely, mitsókitra vola amy ny o. manoatsoabola amy ny o tsikelikely. vo manávana.

Souvenance, Fahatsaróvana, fahatsiaróvana, sk fahatiaróvana, fahatarovana; h fitadidiana. souvenir, —; et táratasy —, sòratra—; z—; lalampó. Rappeler le — de qc, Mamoha, mañókatra, mañohy, mamóhatra k; mampahatsiaro azy. Se souvenir de qc, Mahatsiaro, sk mahatiaro, mitadidy vo mamelively. Je m'en souviens, Tsiaro ko, tiaro ko, tadidy ko izy; azo ko jery izy.

Souvent, Matétika, Mazáña. Peu —, tsy —. mahalankálana, malálaka. vo Rarement. Un peu —, Matetitétika, mazanjáña. vo sesilany. *Il se rend aussi par la forme habituelle en F, ou la forme en* Mpi, Mpan-: Je vais souvent au Palais, Fandeha andapa, Mpandeha andapa aho. J'y vais souvent, fandebana' ko izy.

Souverain s, Andria-Manjáka, Mpanjáka, Tompo indrindra.—, a, ambony indrindra, tompo be, tsy manantompo, abo indrindra, manjáka indrindra, lehibé, mahazáka indrindra.

SOUVERAIREMENT, indrindra.

souveraineté, Fanapáhana indrindra, Handriánana lehibe, fiamboniana, fanjakána.

soyeux, Sady malemy madoso otry ny landy.

Spacieux, (Tany, trano) Malálaka, bámbana, bambala, babála, babangóana, mangabakábaka, mahálana, be, lehibé, matáhitra, h Mikódana, mangábaka, mitanatána. vo tanatanaina, mivenavéna, mivanavána; (Tany) miétraka. Lieu —, Halaláhana.

spadassin, Mpil' ady, mpiadiady, mpikántsy. mpitsokitsókitra ti-hiady.

spasme, Fihendrátana. SPASMODIQUE, mihéndratra, mihendratréndratra.

spatule, Sotro fisaka fitsokiran' aody va famisáhana menak' aody.

Spécial, ho any irery, ho azy raiky. nihin' azy raiky, tsy imbónana, tsy ikambánana, momba raiky, ho any karázana raiky; ho azy hiany, ho any sásany, nihiny tókony raiky. vo izy indrindra, manivoany, misy ántony, mahizy azy, izy hiany. Chaque peuple a son langage —, samby isambólana ny o.

spécialement, Lombolombo ; sándraka. —, Spécial.

Spécialité, Ny tsy fitoviany amy ny sásany; z hafa karázana, izy hiany, z manókana, z manirery, z mitókana, asa tsy imbónana, z Momba karazan-draha raiky, z tsara amy ny raiky. Il a plus de --- pour le piano, ny vatra maneno no mahery ombány ou aráhiny. vo kiany, z azy hiany, z tsirairay, sata, z tókana.

spécieux, Táhaka márina, karaha to, tsara hóditra, tsara ivélany, tsara sora foana, manao ho márina, malazarávina.

Spécification, fanondróana tsiraikiraiky ; fanendréna ; tendry. SPÉCIFIER, manondro, --- irairay, --- tsiraikiraiky, manondrotondro, manèndry, manao tendri-loha; milaza, manoro, mampahafántatra, manókana, manónona. ? mikajakaja. SPÉCIFIÉ, h tendri-loha, tinendry, voatendry. voatondro.

spécifique, Tsara indrindra, másina. —, ody másina.

Spectacle, z be mahatárika maso, z fozahána, z maharikiana; z be mischo, miharihary; fanehóana, fisehóana. En ---, Imaso, anatréfana, atréfiny, ampahibemaso, miharihary, zahána. ---, Tabiha be. ---, Filanónana, Lanónana.

spectateur, mpizaha, mpanátrika, mpitázana, mpitsinjo, h mpijery.

spectre, sarindolo mahafatáhotra, lolo, h matoatoa ; ángatra, avelo.

spéculaire, Táhaka fitáratra; mamérina ny hazavána.

spéculateur, spéculatif, Mpihévitra, mpisaina.

Spéculer, Mihévitra ny hahazoam-bola, misaina ny hampitombosam-bola, manisa, manisaisa, manao mosalahy. SPÉCULATION; fihevérana hahazo vola, fisainana hampitombo vola, fandiníhana; hévitra hanao fa tsy ny atao.

spermacéti, atindoha ntrózona voavoatra hatao z.

sperme, Tembo mbiby.

spermiode, atodi-ntsáhona.

sphère, Taboribory mavóny, kivorivory. —, ny fahaízana, fahaiana, fahefána, hévitra, ny tákatry ny fanahy, lany ny fanahy.

sphéricité, hataboribory ny.

sphérique, Taboribory mavòny, vorivory mavòny, kivorivory mavòny.

sphéroïdal, Karaha boribory, somary taboribory; saiky

vorivory.

sphinx, Antambombiby karaha songaomby misari-viavy mananélatra. ? sampombiby.

spinal, Amy ny taolan-damósina.

spinelle, Mena mavo, saiky mena.

spinescent, Toa tsilo, karaha roitra.

Spirale, Volimbólina, volingólina, borimbórina, tambólina, tambolimbólina. vo vandibánditra, fadíditra; felipélika. En —, Mi—.

spire, Vólina raiky, isany vólina.

spiritualiser, Maha-fañahy, mañova ho fañahy; mañisy fañahy; manisy fótony; mahadio fanahy.

spiritualité, Ny maha-fanahy, ny tsy fisiam-bátana, ny tsy manisy tena.

Spirituel, (z) fañahy; tsy vátana, tsy manam-bátana, tsy misy tena; amy ny fanahy, (z) ny fanahy, atao ny fanahy. (o) hendry, lalin-tsaina, manam-pañahy, ari-saina, misy fanahy.

spiritueux, Misy tóaka, mamófon-tóaka. Du —, tóaka, finómona mahery, fisotro mahery fófona.

Splendeur, Avanávana, famirapirátana, Hazavána. vo Tabiha, h ? faharevához. SPLENDIDE, mamirapíratra, manavanávana, be tabiha. Repas —, fihinánana mihámina, fihinánana be fandaníana, lehibé. vo ? marévaka,? mavana.

splénique, amy ny áriny.

Spolier q, Manao ono-bélona, manao halala-vélona, mifako o, mañenda-karéana o; mandrodaroda, mamaoka, mikaoka, mandroba, mamabo, mangálatra. SPOLIATEUR, Mpifako, mpamaho, mpandrodaroda. SPOLIATION, fanaóvana ono-bélona, fanendaha-karéana o; famabóana, fandrodarodána.

spondée, Teny roy vany maty, vólana vakiroy mafy.

Spongieux, Táhaky ny atodin-tany (*Éponge*). h Mikitsaotsao, mifo-drano, mitsaotsao, mitsentsi-drano, loadóaka.

Spontané, Atao an-jotom-po, amy ny zotom-po, áraky ny fo, sitra-po, atao ny fo, tampó, tsy gegéhina, tsy vozónana. SPONTANÉITÉ, ny zoto, hazotóana.

Squelette, Faty áfaka nofo, karánkana, Taolan'olo-maty mbola mitohitohy, faty maika, faty maina. Comme un —, Miránkana, mikaoankandránkana.

squirre; ? Oza-mivónkina. SQUIRREUX, Mivonkin'ózatra.

stabilité, Faharetan-toetra, fiaretan-toetra, tsy fiována, hamafiana, fahatanána, toetra mahery.

Stable, Tsy miova toérana, matána toérana; maháritra, maheri-toetra, mateza, mafy, tsy miova, tsy mifindra, mifántsika, tsy mihétsika, mitoetra, mafi-toetra.

stade, Tany foana, singana zato roampolo dimy amby ny halavána.

stagnant, (rano) mandry, tsy mihándrona, mitoby, tsy mandeha, mipétraka; tsy mandroso.

stalle, Fiketráhana, fipetráhana.

station, Fijanónana, fitsangánana;fiañónana, fiahánana; —, fonéñana, fitoérana.

Stationnaire, Mitoetra, tsy mifindra, mónina. mifántsika, mijánona; rékitra, mipétraka, mitsángana, mihezaheza, mihezohezo.

statique, Fahalalána ny lanja.

statistique, Fahalalány ny z ziaby anaty ny fanjakána, fahalalány ny toetry ny tany.

statue, sarin'ólona, sarinjávatra, sary. STATUAIRE, Mpanao —; Mpanókitra —. (z) misy —. (z) fatao —.

statuer, Manápaka k, mandidy, mahavita, mamepetra k amy ny rafia, mamontady k; manao diditány.

stature, Habósany ny vátana, havoan-ten..; tsángana. D'une belle —, abo, avo; h tsangánana.

statut, Diditány, didy, malo, vontady, h lalána; ito.

stellionat, fandafósana lova n'olona. stellionataire, na idafo lova n'olona, mpangálatra mivárotra lova n'ólona.

sténographie, sóratra fohifohy, sóra-pohy, sóratra manara-báva, sóratra maláky. STÉNOGRAPHE, mahay —.

stentor. Voix de —, Feo fátatra, feo mangótroka, feo be.

stère, Faneráñana ny z efa-drírana tsy poak'aty; faneráñana ny z mahery aty.

stereographie, Fahaizana mala-tsary ny z tsy foan'aty.

Stéréotyper, Manôratra livatra amy ny sora-píraka tafikámbana ka tsy mety asaratsáraka koa, manao antontany amy ny vy mafy.

Stérile, Tsy mitéraka, tsy mamaitra; tsy mamoa; tsy vañondraha, tsy vañon-jávatra; Bada; tsy mahavánona, tsy mahavókatra, tokantena. h momba. année —, h hodivitaona, mihodivitra ny taona. STÉRILITÉ, tsy fahefána mitéraka; h ? hamombána; tsy fahavokárana. STÉRILISER, tsy mampitéraka, tsy mahavañondraha, mibada; tsy mampahavókara.

sternum, Taolan-tratra, taolam-písaka amy ny tratra.

sternutatoire, Mampiévina, mampitsihéna, mampivena.

stéthoscope, Tándroka apétaka amy ny tratra hahareñésana ny tsioka anaty ny.

Stigmate Máriky ny fery; hólatra, hola-bay, hola-pery; ? ratra. STIGMATISER, Manisy márika amy ny o amy ny vy may apétaka. manamárika. maniñy; manisy hólatra mahaméñatra tsy mety afaka, manalabaraka.

stiller n, miteté.

Stimuler, Manindrona, manilo, mitrébika, mandrisika, mitsibotsiboka. STIMULANT, —; maharísika; mañétsika, mahétsika ózatra.

stipendiaire, karamaina. STIPANDIER des bandis, mikarama karinólona, mifondro jirika.

Stipuler, Mifañeky, mifankaazo, miera ny fanankínana ny k fanaòvana; miadi-várotra, mamarafara. STIPULATION, fara-teny *ou* faravólana, fifanekéna; fañekéna, farambólana fanaòvana, farafara, famarafarána, fifanantóhana, farafarantalevana; fañankínana k.

stomachique, Mahatánjaka tratra. —, aody ntratra, aody mahazava kibo.

store, Lamba mbaravárana makamákatra.

strabite, Vevimaso, ambala-maso, h njola maso, ambevi-maso, misabáka maso.

strangulation, Fañendána. vo Étrangler.

stratagème, Fitaka ny mpiady, Félika, safélika, vo petrak'áhitra, ranolalin'ila, RUSE.

stratifier, Mandámaka mifanindritsindry.

Strict, (o) Sárotra, hénjana, maka ny diso, manao antsoláfaka. Le— nécessaire, ny ilaina indrindra, fanalan'antsa, ny tsy mety tsy atao.

strophe, Tapak'antsa, tápaka, tápany, tókony, zarampihirána.

Structure, Ráfitra, firafétana; fórona, famorónana, rary, fitohizana, ténona, fikambánana, filahárana, fehy, faméhézana, ny mahafehy, mahatsúngana.

studieux, Miana-drékitra, miana-dava, tsy voly fianárana, tia fianárana, mametak'aiña amy ny taratasy.

Stupéfait, Talánjona; azompôka, azombilona, azompélana, vo gaga, tsérika; taitra, rikiana, héndratra, very saina, kéhaka, kébana, mitanaka, variana, varivariana, zéndana, mitolagaga, mivadi-po, koa-po. STUPÉFACTION, fahatalanjónana, hatseréhana; STUPÉFIER; Mahatalánjona, mahalánjona, mahataitra; maháña, mampinaná, mampidadá, mahaveri-hévitra, maharikiana, mahavarivaríana, mampikoapo, mampivadi-po.

Stupeur, Harekétany ny vátana; havoliam-bátana. —, fahatalanjónana; Fôka, vílona. Frappé de —, Azo-mpôka, azo-mbilona.

Stupide, vo ABRUTI *et* mavesa-tsaina, bondofo-pañahy, adala, tsy ari-saina, mavesabesatr'éndrika, geigy, h miahoaho, bakaka, mafisófina, tahontáhona, mitahontáhona. vo GROSSIER. STUPIDITÉ, Havesáran-tsaina, hadalána, fañahy bondétoka, fañahy n'aomby, h ahonáhona, ahoaho, fiahoahóana.

style, Fiteny, fivólana; fanóratra. Qui a du —, Mahay vólana, mahalaha-bólana, mahitsy fiteny, tsara fivólana.

styler, Mañitsy, mañárina, mankazátra, mampahay azy.

stylet, Lefompohy telorírana.

styptique, (aody) mampijanon-drá, mameby, mangia.

su. Au su de tous, hay ndreo maro, fántatry ny maro.

suaire, Lamba afoño ny faty, foñompaty.

suant, suer.

suave, (Fôfona) mánitra, mafinto; mamy, matavy. SUAVITÉ, Háñitra, finto; hamamy, hamamiana.

subalterne, (Tale) ambany hafa, misy talé, fehézina olompehéna, olompehézina, kofehimañarapanjaitra.

Subdélégué, Íraky ny iraka, solo ny solo, solo ny misolo, iraky ny niráhina. vo solon'ólona, solontena, solombava, maso ivoho. ? mpisolo-raharaha. Subdéléguer, (Íraka) mba mañíraka olon-kafa indraiky. ? mampisolo-raharaha.

Subdiviser, Mirasarasa indraiky ny efa voa rasarasa, mizarazara. SUBDIVISION, firasarasána indraiky; tapa-drasa, ampolokéliny. — de province, fokompirenéna manana mpifehy.

subir qc, Voa z; nasíana z; mandélitra amy ny z, mitondra, mañeky, málaka, miáritra, miafy, mieky, mahazo azy.

subit a, subito ade, h Támpoka; pv Romóka, tsy ampoizina, tandrévaka.

subjonctif, Ny manohy.

Subjuguer, Mandresy, mandrébaka, mampañeky, mahatoto ady; mañóndrika, mamólaka, mamola-kátoka. SUBJUGUÉ, resy, rébaka, fola-kátoka, efa mañeky; leo, azo.

Sublime, sady abo indrindra tsara; Mijalajala, abo mañeriñérina; manaka-dáñitra; vo ELEVÉ. SUBLIMITÉ, Habôsana, fisandrátana; hajilajiléna, fijalajalána.

sublunaire, Ambany ny vólana.

Submerger, Mamofo rano azy. vo INONDER et mandéntika, mampidóbo, manitrika, manjóboka andrano, mampideka. SURMERGÉ, fofo ndrano, difotra, sémpotra; saforan-drano; safo-drano, réndrika, sémpotra, toto-drano. SUBMERSION, fanjobóhana andrano, fanaforan-drano, fanitrihana an-drano, famofoan-drano, fanempòrana; safo-drano.

subodorer, Mañántsona; mióroka z lávitra; mala-pófona z lávitra.

subordination, Fañekéna; fañaráhana, fifañaráhana, fiankolafárana; toerana ambanimbány.

Subordonné, Mañeky, fehézina, ambány, mitoetra ambany, inaina, mañáraka. SUBORDONNER, Mampifanáraka, manatao samby amy ny holáfany holáfany, mandáhatra azy samby amy ny láfiny láfiny; mampañáraka, mampañeky.

Suborner un juge, Mañera mpimalo, manitsíka azy hanota ny ráriny, mitaona azy hanao ratsy, mañome azy vola hampañota azy ny fady, manamby azy hanao ratsy, manoloky, mahazo amy ntsoloky, misolika. vo tangy. Subornation, fañerána o hanao ratsy fanitsihana; fitaômana, fanaovan-tambitamby, fitaoman-kañeky ny ratsy.

subrécargue, (o) Antony ny éntana any an-tsambo, mpiántoka ny vidiana an-tsambo.

Subreptice, Atao mangingína, azo amy ny fitaka, natao ankodíatra, nangalarin-dálana, azo sóvoka, nangalárina. subreption, fangalárana málo amy ny mpimalo amy ny famoníana ny to. famitáhana ny mpimalo, faudengána amy ny, fahazóana z amy ny mpitsara tsy nambarána ny to, fisovóhana, sóvoka.

subroger, substituer.

subséquent, Mañáraka, fañáraka, mañarakáraka.

subside, Vola famonjéna ny fanjakána; Vonjy, fañampiana, vola fitahíana fanjakána; ? fitaiza.

subsidiare, mamonjy, manoso-bonjy, mañampy, manampi-vonjy, mahavonjy, mitaby, mahatahy.

Subsistance, Fáhana, hánina, sésika, vatsy, famaháñana, z afáhana, fahavelómana. vo fisiana, fisy; fiaíñana.

Subsister, Ary, vélona, mitsángana, misy, miaiña, mitoetra, maháritra, matána. — d'aumônes, velóminy ny hánina omeny ny o azy.

Substance, Tena, ny izy, fótony, ny mahizy azy. foto-njávatra, vátana, vatanténany, venty ny, ny izy indrindra. vo h tenamambany.

substantiel, (hánina) mahafahana, mahatánjaka, misy tenany, misy venty ny.

substantiellement, Láñiny ny vátany, láñiny ny tena ny, ombány ny tena ny, misy ny tena ny.

substantif, Añaram-jávatra, teny milaza z.

Substitut, solo, sóatra; o asolo, o asoatra, o misolo, o misoatra, mpisolo, mpisoatra. vo solovaika, solofo, solovoina, soabátana. Lui en substituer un autre, Manolo, manoatra azy. (p solóana, soáfana, soárana.) Se — en sa place, Misolo, misoatra, h misoaka azy, misoabátana azy. vo mitongálika. substitution, fanolóana, fanoáfana, fanoárana.

subterfuge, z Fialána amy ny adihévitra. filefána, fandosirana, lenga fialána amy ny k.

Subtil, Matify no mavítrika, h manify madinika indrindra, mahadníka, mahatamy, maláky, maivana, mailaka.

fetsifehy, maranitra, mamituka, mavingana, mavingambingana, konjo, avanávana; maláky. —, malaky tànana; —, lalintsaina, marani-panahy, faingan-tsaina.

SUBTILISER, manify, mankatify, mankaivana, mankaláky, manadio, mankailaka.

Subtilité, Hafaingénana, havitrihana, havingánana, halakiana, hatifisana. —, fanavan-tsaina, h ? fahafetsifetsy ny; soloky, fahafainganan-tsaina; saina famitáhana.

Subvenir, Manampy, mamonjy, mitahy, manósoka, manome vonjy, manome vola famonjéna. SUBVENTION, vola famonjena, z mahavonjy, fanampiana; vonjy, fitahiana.

Subversif, maharóbaka, maharava, manimba, manóngana. subversion, fanongánana, fandavóana, fandrobátana. SUBVERTIR, mandróbaka, manóngana, mandrava, mandringana.

Suc, Ranonjavatra, ro-njávatra ; ny Dity anaty ny z maniry va anaty tany; tsoka, pékina. Terre pleine de —, Tany velon-dity. sans —, maty dity, maina.

Succéder à q, mandimby azy; misóatra, misolo azy. vo —, mandova. —, manáraka. —, manandry, tody, tantéraka, mazó. se —, mifandimby, mifampisoatra, mifampisolo, mifanarakáraka. vo mahatrátra. manámbina, lovorary, ambininy, mitontóhitra.

Succès, Vintan-tsara, k tody, k tsara fitodiana, k mazó, fanambinana; fahatodiana ny atao, zara azo. ? hazóana. Avec —, mazó; vo RÉUSSIR, sans —, kandrínina, tsy mahitamila, foana, tsy lavorary, avao.

successeur, Dimby, mpandimby.

Successif, mifandimby, mifanesisesy, mifanarakáraka, manáraka. Droit —, Lálana handova, fady mampandova. vo sesilany, sesiomby, mifanontona.

Succession, fifandimbázana, fandimbázana, fifanaráhana, filahárana; tohilány, fitohízina. Par — immédiates, arak'afo. —, Lova; fandováaa.

successivement, vo sucessif.

succin, Anaran-dity fóndrana.

succint, Fohifohy, fohy, tsy lavareny, vitsy 'eny. Repas —, fihinánana kely ou kely hánina, vitsy hánina.

succion, Ny mitséntsitra, mifóka, tséntsitra, foka.

succomber, Resy, rébaka, lavo, mitréka ; tsy nahaleo, tsy nahatoto ady, tsy nahatanty, tsy nahafáhana, féfika, réraka. very

succulent, (Hena) matavy, fy, firò, mamy, be rano mamy.

succursale, Zana-tanána, tanána fehézina, tanána manampy, ny anampy, ny asósoka; soso-tanána.

sucement, vo succion.

Sucer le sang &, Mitséntsitra, mifóka, mitróka mitritry, h mamintsitra ra. — une canne, inisíka fary, misi-pary. vo h mifántsona, mifántsaka; mamiaka ; minóno.

suçoter, mitsentsitséntsitra, ? mifopòka, ? mitrotròka.

Sucre, Siramamy. — candi, vatomamy. Le SUCRER, manisy — amy ny, mankamamy azy. SUCRERIE, Trano fanaòvan-tsiramamy. SUCRERIES, z mamy, voandraha miharo siramamy.

sucrier, Bakoly ntsiramamy, fasian-tsiramamy, loviantsiramamy.

sucrin, (Melon) mamy, mamimamy.

Sud, Le —, Atsimo, Ambálaka; sk Atimo. Au —, Du—, Any —, ao —. Les gens du —, Ny Ant—. Aller vers le —, Regarder le —, Manatsimo; manambálaka, h mianatsimo.

sud-est, Atsimo-atsiñánana; sk Ambalak' atiñanana ou Atiñanan'ambálaka. vo anjoronakoho.

sud-ouest, Atsimo-andréfana; sk Andrefan'ambálaka ou Ambalak' andréfana. vo anjorombaravárana.

sudorifique, (Fañafody) mampaévoka, mahatsémboka.

suée, Ahiahy romóka omban-táhotra, Hatairana, táhotra támpoka.

Sueur, Dínitra, Linitra, Évoka, h ? tsémboka, h hatsembóhana, ? tsémboka. vo Dinitrombelahy, asa, etona. En —, SUER, Diñirina, Liñirina, maévoka, h tsémboka; mivoa-dinitra. Sujet a —, h sarotin-tsémboka. Qui fait —, Mahadiñirina, mampaévoka. --- sang et eau, miasa be. mandodi-teña, mikeli-aiña; mitsimitsimy ra amind.ano, mitsi-dra, mitsika ra.

suette, Arétina avy amy ny habe ndinitra.

Suffire, Sahaza, tandry, ámpy, h aoka, érana, sahala, misahala, maháimpy, mahétsaka, mahatéky. Qui suffit pour moi, sahaza ahy zany; pour dix hommes, (vary) sahaza ny olona folo, (vary) mahateky olom-polo. Dix suffisent pour une piastre, Folo mahampy parata. ça suffit comme ça, sahaza érika, h aok'ary. Se suffire à soi-même, Mahaleo teña, mahatondra teña.

suffisamment, sahaza, tandry. J'ai --- d'argent, ampy vola aho. --- instruit, Ampy fianárana, ampy fañahy.

Suffisance, Ny sahaza, ny ampy. ---, fahefána, fahaizana. ---, h tehatéha, pv tehotého, h tchintéhina, pv tefotéfo, pv tefontéfona, trehatréha, reharéha, bohihy, h Efokéfoka, h efonéfona, avonávona, anjonánjona, eboebo, hambo, trehantréhana ; (et fitehatehána, fitefotetóana, fitrehatrehána, fireharehána). SUFFISANT, Mi ---; et vo Présomptueux. ---, vo SUFFIRE.

Suffoqué, Bohia, sakahina, kenda, feмpim-péo, kofina,

Rofiñina, ? voina, Étouffé. SUFFOCATION, Fanendana, hakendána, habohiána, fahasempórana. SUFFOCANT, SUFFOQUER. Mahabohía, mankabohía, manenda, mikenda, mahakófina, maharofíñina; mahasakáhina, mamempim-péo.

suffragant, Evêque fehéziny ny Archevêque.

Suffrage, Teny fifidiana, ankimbólana, teny milaza ny fidina, vava, vosafidy, tifidiánana, teny famaháñana, fanekéna, fankasitráhana, fanampiana, latsabato. Donner son —, milaza ny fidina. mifidy. voter.

suffumigation, Fanetróhana; fañoroan-java-mañitra.

Suggérer une penser, Mañisy, mampíditra, mañome, monólotra jery; mampihévitra, mampijery; mampálaka jery. SUGGESTION, jery ratsy avy amy ny o, jery omena.

Suicide, Vonoan-tena, famonoan-tena. —, mpamono aiña, mpamono vátana. se suicider, Mamono tena, mamono aiña.

suie, Molaly. Plein de —, molaléna, raiki-molaly.

Suif, Jabora, h sabora, safindroróhany, safodroróhany; menak'aomby, menak'aondry, foñombóany, safimboany. safisafy

Suinter, Mitsimitsimy, Mitsika, mitika, miteté. vo manámika, mandeha, mipariritra, mipararatra, mipiriritra, mitsorarano; mirófotra. SUINTEMENT, fitsimitsimíana, tsimitsimy, fitsihana, tsika? támika.

Suite, (o) mañáraka, ny momba, mpomba, mpiáraka, mpanáraka, fanáraka; tsy mandao, tsy miala, fomba. —. fañaráhana, fanohízana, fárany, afárany, ny avy afárany.— tsindranovavy, tsindranolahy, sindráño. Que — d'objets, z maro mifanarakáraka, mirántina, mitohitohy. mifanesy, mifanohitohy, mirántina, miláhatra, andáhatra. Sans —, tsy mitohy, tsy mifañáraka. De —, Vetivety, vetikétika, Betibétika, amy ny zay; vo Aussitôt, en un Clin-d'œil, et Támpoka, pv Romóka.

Suivant, Prép. mañánaka, áraka, erany. — a, Mañáraka, momba, miáraka, mpañáraka, mpomba. —, ny fañáraka azy. sa suivante, ny viavy fañáraka azy.

suiver, manósotra jabora azy.

suivi, mitohy, tsy maito. — de joie, arahin-kehy, ombanhehy.

Suivre, Mañáraka, mañarakáraka, mañara-dia; manjohy, manesy, mañósona, monosonósona; momba azy, miarak'amy ny. mandodo, mandodododo, miafárany. manénjika azy. — le torrent, manara-drenirano. — des yeux, manara-boamaso, mañara-maso. — à l'aveugle, Mañarak'ambókony. vo mkehankéhana. se —, mifañáraka, mifañaráraka, mitohitohy, mifanohitohy, mifanesy, se —, des yeux, mitahara-boamaso.

Sujets aux lois, Azo ou takatra, fehézina, gegehina, arahiny ny diditany, tsy mahefa tsy mañeky azy;tsy afak'amy ny malontány. — à s'enivrer, zatra mamo, mora mámo, malaky mamo, tomamo. — s. Les — du roi, ny o fenéziny ou fehény ny andriana; ny vavia'ny. uy Vahóaka, ny ambany andro. Un mauvais —, o ratsy, o tsy manjary, karinólena, fadiafoahara. — d'une affaire, Fôtony, tombóany, ántony; Dispute sans —, ankány tsisy fôtony, foana, avan. ny voamaso ny, ny maso ny k. Un — de vanité, z fireharehána; de dispute, k fiankaniana. Le — d'une action, Ny manao, ny mpanao, ny tompo ny atao.

Sujétion, fanompóana. fañekéna, toetr'andevo. Dans un état de —, mañeky, manompo, andevózina, ampanompóina. azetra, aetry, aétaka, diána, mirápaka, fehézina.

sulphate de cuivre, h kiloimanga. vo h kilio.

sulphureux, misy salifera (soufre). Acide sulphurique, h afo rano.

sultan, Andriamanjáka amy ny *Turcs*. sorotana.

Superbe, vo Orgueilleux, Dédaigneux. —, Méndrika, abo tsara, misy másony, misy pindrony, misy fahaminana be; mañavanávana, miendrik'andriana, mivendrivendry, tsara indrindra, tsara dia tsara. Sa —, L'orgueil. superfement, amy ny fiavonavónana. —, amy ny fihaminam-be.

Supercherie, Fitaka, angoly, h soloky; famitáhana, fanangoléna, fanambakána, fanaovan-tsaina, fanaovan an-kósotra.

Superficie, Ny Voho, hóditra, ambóny, ivélany, ambélany; volo, sora;? volovol o. superficiel, tsy mahadaika,tsy miditra; ambony foana. amy ny hóditra, ambélany, ivélany, tsy anáty ny, miringiringy foana amy ny. —, (o) marivo saina, taliaka jery, talela-pánahy, tsy lalin-tsaina, mahafantapántatra kely foana, vo antéfaka, antémoka, miémbona, antelo, harakambony, hevitr'ambóny.

superfin, sady tsara indrindra saro-bidy.

Superflu. Lóatra. vo mihóatra ny sahaza, mandroadróatra; mandroatra, mihoa-pámpana, disoléka disofámpana. —, (néñina) foana; tsisy várany, very, tsy m añino; Le —, ny loatra, ny amby ny, ny mihoatra. superflutté, z loatra, sósoka foana, ambóny, ny tsy ilaina.

supérieur, Be, Talé, Mpifehy, Loha, Tompo, Ambóny. Son —. Ny be ny.

Supérieur a, Ambóny, ambo nisóny, abo, aboabo, añabo, añaboabo; mihóatra, manetry, mandílatra, maharesy, tsy resy, ny alohalóhany. Il m'est —, Bebé ko izy. D'un génie —, Be fañahy, be jery izy. D'un grade —, Abo tady, be voninahitra. SUPERIEUREMENT, tsara indrindra.

Supériorité, Fiamboniana; fifehézana; raharaha ny mpifehy, faninána, toetr'ambóny, fizokiana, habézana, habezam-boninahitra, halehibézana, fihoárana, habôsana.

Superlatif, Ambóny indrindra; Indrindra. — s, ny indrindra, ny avo indrindra, ny tsara indrindra, ny mahaindrindra azy.

Superposer, Mamétraka ambóny, mañatao ambony. Que l'on superpose, Atóvona, atsindry azy. SUPERPOSÉS, mifanindritsindry, mifanovotóvona, mifanóvona, mifanongóa. Superposez-les, ataóvo — reo.

Superstition, Fijoróana diso, joro diso, fijoroan-dilatra, fivavahan-diso, joro adala, hadisoan-joro, sorou-diso, joro tsy mety, fady, tsisy fótony, fadifady foana; fany, sikidy tatokiana foana. —, SCRUPULE. SUPERSTITIEUX, Diso-joro, Lilatra joro, lila-pijoróana, misórona tsy tókony, momba fivavahan-dilatra, manao joro tsy mety, tsy marin-tsórona, tsy mahitsy fivaváhana; adala fijoróana, manao joro tsisy fótony; maro fadifady tsisy fótony, matoky z foana; manao sikidy; be fadifady. —, saro-táhotra amy ny z madinidínika. VO SCRUPULEUX.

Supplanter, h Mamíngana (ou mañésotra, py manao tsipéloka, manóngana, mandávo, mandróaka) o ka misolo azy.

suppléant, solo, sóatra, h sóaka.

Suppléer, Mañampy. — q, — qe, Misolo, misóatra azy. La valeur suppléé au nombre, Ny hery mahampy, mañampy, manósoka ny isa. SUPPLÉMENT, Fañampiana, h añampy, h fañampy; sósoka, soso-pañampiana.

Suppliant, Mifóna; mpifona, mpibáboka, mpivalo, mpilela-paladia. Supplication, Fifónana, vo fitantaránà, fijajiana, fikodradríana, filelafam-paladia. fihantahantána, fihantána, fangatáhana, hátaka, fibabóhana.

Supplice, Fañolañan'olona, fampijaliana, fahoríana, fijaliana, fankalilóvana, fañotahan'ólona; fañolan'ólona. SUPPLICIER, mañólana o mamono azy, mampijaly, mampiory.

Supplier q, Mifóna amy ny o, misoloho, mitantára, mijajy, mikodradry amy ny Zanahary; milela-paladia azy.. mihantahanta, mihanta amy ny, vo mikolélaka, miangoty, mibáboka. Je vous en supplie, Lelafi'ko faladia nao, lelafi'ko hongotr'ao.

supplique, fifónana, fangatáhana; hanta.

Support, VO SOUTIEN. — des injures, faharétana, fahatantásana, fahadiñésana ny asáha, fandeférana amy ny. SUPPORTABLE. VO Soutenable. SUPPORTER, Mamáhana, mañóhana; mananty.—,maháritra, mahatánty, mahaváhatra.

SUR

mahaleo, mahadiñy. vo SOUTENIR. Je ne puis le —, tsy tanty ko, tsy vatr'o, tsy leo ko, tsy áritr'o, tsy diñy ko izy. Se —, Mifananty, mifampaháritra, mifamáhana, mifanóhana.

supposé, tsy izy; lengaina, ataotao foana, tsy to, tsy márina, atao ho to,? tandrásana, tandréna. Enfant —, atao ho zánaka. —que, Izikoa; Raha, Laha.

Supposer, Mihévitra, mijery, manao vinány, manandra. h manandry, manao ho...; mamono volan'andrano, manao hitsakamporano; vo Conjecturer,.

supposition, vo CONJECTURE; et fanandrásana, fanandrána.

suppôt, Solo, Iraka, solontena; mpañampy. mpandrísika amy ny ratsy.

Supprimer, Mañala, mamono, mañesotra, mandróbaka, mahafoana, mandrava; tsy mampisy intsóny. SUPPRESSION, fañalána, fañesórana, fandrobátana, famonóana, fandraváńa, fanapáhana. —, handron-drá, fola-drá, reki-drá, nana tsy áfaka.

Suppurer, (Fery) Mandeha nana, mamory nana; bay mitsiranorano, mandranorano, miranorano. Le faire —, mampandeha nana azy, mamoy azy. Suppuration, fandehánana nana, nana mandeha. Suppuratif, (aody) mahavory nana, mampandeha nana; famori-nana.

supputer, g Mañisa, pv mañísaka. supputation, fañisána, fanisáhana.

suprême, Ambony indríndra, ambony ny ziaby, lehibé, abo indrindra.

Sur, Prép. Ambóny, antety. vo Añabo; amy ny; an-, am-, Maison sur la rue, trano an-dálana, manolo-dálana, amoron-dálana, manatri-dálana. vo Près. Discours sur la résurrection, Fanambarána Ny amy ny hitsangánany ny maty. Aller sur 100 ans, Efa ho zato taona. Sur cela il partit, Amy ny zany, amy ny zay, ary amy ny izany, ary dia, kala, manarak'izany, lahefa zany, efa zany, no ny efa zay, lasa izy. Sur tout, sur toutes choses, Indrindra; alohaloha ny z rehetra,

Sûr, sûre, Mahatóky, mahafatoky, mampatoky, tsy mapañahiahy; atokiana, tsy ahihíana, tsy imarimarihana, tsisy atahórana, tsy dónana, tsy ahitan-doza; tsy mety diso, tsy azon-doza, mazó, fántatra, (k) To, ankítiny; márina, (aody) másina, tsy ota, tsy diso. o matoky, tsy midóna, tsy mañahy, tsy matáhotra, tsy miova. Mieux vaut un sol dont on est sûr qu'une piastre dont on n'est pas sûr, h aleo mitsangan-ko-eranambatry toy izay midon-ko-ariary.

sûr, sûre, Madiro, h maharikivy. vo matsitso, matsiko; masakasáka, hándatra.

Surabondant, SURABONDER, Lóatra, bétsaka, maro be, manan'amby, tsy ombifámpana, disavala, tsontsôraka, mandróatra, mandroadróatra, loárana, doáfina; mandongóatra. La SURABONDANCE, ny loatra, ny amby ny, ny tsontsôraka, ny tsy omby. vo tsentsintsiomby.

suracheter, mandóa vola be noho ny vidy ny.

surajouter, manóvona, manôsoka, manindry indraiky, manohy indraiky.

suranné, Ela ka tsy féntina koa; ántitra, tsy fatao intsony.

suranner, mandílatra herintaona.

surarbitre, Elanelampanahy ny elanélana, mpimalo ny mpimalo.

surard, atao amy ny voninkazo Sureau.

Surcharge, Sosok'éntana, éntana be lóatra. SURCHARGER q. Manisy éntana loatra amy ny; manôsok'éntana, mankavesa-dóatra, manindri-éntana be, mampivongengy, mamokeka, ? mamongengy azy; (éntana) mivokéka amy ny; mamongika azy. SURCHARGÉ, be éntana lóatra, mivongengy, vokéhan'éntana, vokeka, vokeky ny éntana, tsindrian' éntam-be. vo midongaingy, dogaingaina, monamonaina, vakitrátra.

surcroit, Amby ny, Tombo, tómbony, sòsoka, tóvona, h anampy. — de travail, de peine, h ? tsindrihazolena.

surdent, Soso-nify, soso-ký. —, nify raiky traka.

surdité, Faharéñina, ? tsy fahareñésana.

sureau, Añaran-kazo malemy aty; ny voñy ny fatao aody mankalemy, ny tsora'ny fatao fontróaka.

sûrement, Amy ny hatokíana; vo sûr. —, Ankítiny. fántatra marimárina.

suréminent, avo dia abo, ambony ny námany indrindra.

surenchérir, Manongom-bárotra.

surérogation, Ny atao mihoatra noho ny nasain-katao, ny tsy nasaina hatao, ny mihóatra noho ny andidíany.

suret, Madirodiro, masakasáka, somary maharikivy.

sûreté, Toetra tsisy atahôrana, tsy fisian-táhotra, toky, hatokíana, fahatokiana, toetra mahatoky, fiaróvana, famonjena; —, fiantóhana, ántoka. En—, tsisy atahórana, matóky, tsy azo-ndoza, tsy tra-doza, tsy taka-doza, tsy idiran-doza, tsy taka-drofy; tsy taka-dratsy. En — de conscience, matoky fo.

surface, Ny ambóny, ambélany, ivélany, hóditra, voho, volo.

Surfaire, et — une marchandise, Mampandoa vola be loatra, manao sarobidy, manondro-bidy, manondro-tómbana, manómbana amy ny tsy tokony ho vidy ny.

surgeon, vo Rejeton; et sakéliny.

Surgir, Tonga, avy, mitody, manitsa-tany. Maniry, mamilo, mitsángana, mitrébona, mitovo, miboibéika, miboabóaka.

Surhausser, Manóndrotra indraiky, manondrotsóndrotra.

Surhumain, Ambóny fombány ny olombelona, tsy efa n'ólona, tsy tratr'ólona, tsy azo atao n'ólona, tsy hay n'olombélona.

Surintendant, Mpitándrina, mpiahy, mpifehy, mpiambimaso, ántony, mpanina, ? masondrano. SURINTENDANCE, fitandrémana, fifehézana, fizahána, fiambésana.

Sur le champ, Támpoka, Romóka; siaka; tsy ampy to' inona, vetivety, vetivety foana, miarak'amy ny zay, amy ny zay, teo noho teo.

surjet, ? Zai-pehy. Surjeter, manao —.

surlendemain, h Afak'ampitso, afak'amaraina.

surlonge de bœuf, Mananetiny

surmener des bœufs, Mankadisaka aomby amy ny dia be noho malaky.

surmesure, ny Mihóatra ny óhatra, ny ambóny ny érany.

surmontable, Azo hoárina.

Surmonté d'un chapeau, Misy sátroka anabo; itengénana, itikínana, itikirana, tovónana, tsindriana, ipetráhana, itsangánana, diána, diávina, miloloha, mitatao sátroka. vo mambaby. —, resy, rébaka, naetry, nazeka, nazetra. Le surmonter, Mihóatra, h manóatra; manonga ambóny, mákatra, mipétraka, mitsángana ambóny; mitíkina, miténgina, mitikitra amy ny; loloháv́i'ny, tataóvi'ny, babe'ny, mandia, manítsaka azy; misampy amy ny. —, mandresy, mandrébaka, manetry, manjetra azy. Se —, mandresy tena.

Surnager, h Mitsinkáfona, pv mitsikéfona, miémbona, mitsikémbona, mitsikébona, miáfona; vo mivoambóana, misavóana, miéfona.

surnaturel, vo SURHUMAIN, et avy amy ny Zanahary, be Zanahary, avy amy ny lánitra, atao ny Zanahary.

surnom, sósok'anárana. SURNOMMER, manosok'anarana azy.

surnuméraire, mihóatra noho ny isa ny; h manóatra, tsy anaty ny isa; amby ny; hámbina, kámbina.

Surpasser, Mihóatra, aboabo, mandilatra, mandongóatra, mandikóatra, mandompotra, mandokótra, mandrésy, mandrébaka. Le — de la tête, Mandilatra azy amy ny loha.

surpayer, mandoa be noho ny vidy ny, manéfa be lóatra.

surpeau, Hóditra matify ambóny ny hóditra bo.

surplis, Akanjo fotsy fóhy miléfidéfitra.

surplomb. En—, surplomber, Tsy márina, mitrinitríny, mañantorósy , mibóhitra.

Surplus, le —, de —, Ny amby ny, ambóny. vo ambonifarafára, amboniampánga, tsiariafo. Avoir du —, misy ámby ny, manan' ámby.

surpoids, Herindánja.

surprenant, Étonnant. mankatrátra.

Surprendre , Mankatrátra, Mahatákatra; h manámpoka ; mahazo sóvoka , misóvoka, misovok'ady. —, Tromper. —, mangálatra, mahazo amy ny fitaka. —, ÉTONNER. Chercher à —, Misokosóko, misóko, mijokojóko, mijóko. vo manakibétroka, mahatrátra, misámbotra, miházona, manóboka. SURPRIS par la nuit, Tratr' álina; par le vent; azondrívotra. —, nosokóina, nisokosokóina; sinóko ; nojokóina, azo sóvoko, nosovóhina; sinóvoka; nangalarin'ady. —, Étonné.

Surprise, Sóvoka; fisovóhana; h fanampóhana, fankatrárana, fahatakárana. táhotra támpoka; z avy támpoka, z avy romóka, sovok'ady, sovo-bólana, halatr'ady , hatairana, hafombóana; fisokosokóana, fijokojokóana, sokosoko. —, Ruse. — , ÉTONNEMENT.

Sursaut, Hatairana ny o mandry. S'éveiller en —, (olomandry) taitra, pv tsilónana. Réveiller q en —, Manaitra olo-mandry.

surséance, Elan'andro fañantonan-kabary, fijanónana.

surseoir, Mampihazohazo k, mankaela, manantena, mamétraka k antséndrika, mampijánona.

sursis, Andro omena o foy ho vonóina; fanomezan'andro, toetr'andro, faheléna.

Surtaxer, Mampandoa be loatra, mankabe tóñona loatra ny z avidy, manao be tóñona loatra, manómbana amy ny tsy tókony ho vidy ny.

surtout, sakónoka, kapoty.

Surtout les bœufs, Sándraka, tsándraka, h mainka, l. mainkía, h indrindra; lombolombo ny aomby. Ce que j'aime —, ny mahery tia'ko, ny tia'ko alohaloha ny sásany, ambonivóny ny ziaby.

Surveiller, Miámbina, mitándrina, miambi-maso, miandri-maso, mizaha, miahy. SURVEILLANT, Mpiámbina, mpitándrina, mpiandry, mpizaha, mpiambi-maso, mpifehy, h vavahadimizahavarivókatra. SURVEILLANCE, Fiambésana, fitandrémana, fiandrásana; ambi-maso, andri-maso.

survendre, Mambidy mala-bola loatra, mambidy sárotra, manao saro-bidy, mivárotra saro-bidy.

Survenir, Survenant, Avy támpoka, pv avy romóka; tonga foana, manjó; manámpoka; tsy ampoizina, avy tsy diñasana. vo Masimposaina.

survêtir, Manatao tafy ambony tafy, manosoka tafy, manoso-tsikina.

survider, Manala ny loatra manidina azy amy ny z hafa, mamindra kapóaka ny loatra.

survie, Tombon'aiña, ny manan-tombon'aiña, havelômana mandilatra.

survivance, Fitanan-dova ho azo rehefa naty ny tompony. vo tolobóhitra; fifandimbázana.

Survivre, h Tratra vélona; farafaty tavela. Elaela havelômana noho izy, lavalava andro fiaiñana, mbola vélona tamy ny nifatésany ny raiky, manan-tombon'aiña. Je survis seul, pv farafaty aho tavela.

sus, *Prép.* En —, Ambóny. 10 en sus, folo amby ny. Il n'y a rien en —? Ts'isy amby ny izy va?.

Susceptible de, Mora azo ndraha, Azo *suivi d'un participe*. mora voa, mora mahazo, mora málaka, mora mandray, mora idírana. q —, o mora tézitra, saro-boláñina. mora méloka, be sakaray; sorisoréna, saro-po, sarotsarótina, haitraitra. SUSCEPTIBILITÉ, hamoran-tézitra.

susception, Fandraisana, fandrambésana.

Susciter, Manángana, Mampisy, Mañisy, Mañiraka. —, mahary, manao, mamaitra, mamoha, mamóaka, manókatra; mandrisika. SUSCITATION, famoházana, fanangánana, fañiráhana.

suscription, Sôratra ambóny, sôratra añabo.

susdit, Voalaza teo, voalaza betibétika.

Suspect, Tsy mahatoky, tsy mahafatóky, imarimaríhaná, mampañahiahy, ahihína. — de vol, Tandrasan-kálatra, tandran-kálatra. SUSPECTER, vo soupçonner.

Suspendre, Mañántona z, k; — z ambony; — z añabo. vo PENDRE. — un agent, Mañisy fetra amy ny, misákana, manámpona, mampijánoua. SUSPENDU, mihántona. vo PENDU. SUSPENS, ampetra, sakánana. En —, (Fañahy, jery) mihántona, mihambahamba, mihazohazo, misalasala, miahanáhana.

suspense, Fisakánana, fampijanónana.

suspension, Fañantónana; fihantónana, hántona.

suspensoir, Fehikibo mananty tsinay, famehézana, fanantásana.

Sustenter, Mamáhana, mañisy hánina, manésika, mamélona, mahatánjaka, mitánjaka, manome hánina; mitaiza, mitarimy. Se —, mamelon-troka, mamahan-kibo. SUSTENTATION, hánina, fáhana; sésika, famelômana, hánina fahavelômana.

suture, Zaitra fañaónam-pery, zaitra famodiam-bay.

Suzerain, Andriana mifehy andríana, Mpifehy, loha ny,

ambony ny, be ny. suzeraineté, fiamboniana, fifehézana.

svelte, Ngeza, h mafeja, feja ; pv fezak'aiña, fezapezak' aiña.

sycomore, Añaran-kazo.

syllabaire, vo Alphabet.

syllabe, Vanimbólana, vany, tapa-bólana. De 4 —, teny vaki-éfatra, efa-bany.

syllogisme, Teny telo fiadian-kévitra, laha-teny, laha-bólana mirasa telo mifandrai-kévitra. teny maharesy, teny tsy resy.

Sylphe, h ? anakandriana.

sylvain, An'ala.

Symbole, Famantárana, sary, tandindona, òhatra, òhadraha. — de foi, filazána ny z finóana. symbolique, òhatra, añohárana; mampahafántatra.

Symboliser, Mitovy, mañandry, mira; mifañérana, mifañáhaka amy ny; manáhaka azy.

Symétrie, Fifañaráhana, fifañeránana; fimbonan-òhatra, fitovian-dáhatra, mifamaly. symétrique, symétriser, mifamaly láhatra, mitovy láhatra, mitovy rántina, mitovy tátana, mifañáraka.

Sympathie, Fifamalíana, Fifañarahan-katiávana, fitoviam-po, fifañaraham-po. sympathisant, sympathiser, mifamaly, mifañara-po, mifañáraka. mifañara-pañahy, mitovy fo, mifankatia, miara-mahareñy.

symphonie, firaisampeo, Rédon'antsa tsara, ródona mifañara-peo.

symptôme, Famantárana ny arétina, fòfoka, toto ny dona. vo Lazo ny, atodintazo.

Synagogue, Havorian-dreo *Juifs*; fivorian-dreo *Juifs*, trano fivavahan-dreo.

syncope, Hatoránana. Tomber en —, Tórana. —, fanapáhana, famohézana; fanohézana. (note) syncopée, mitohy.

syndic, Mpitondra raharaha ny.

Synecdoche, Synecdoque, Teny manóñona ny tápany ny raha lazaina, toy ny manao izao : Lay zato, izay sambo zato.

synode, Havorian'ampijoro handinika k; mpisórona mivory mimalo.

synodique. Mois —, fiovány ny vólana; herimbólana.

Synonime, Añárana mitovy hévitra. Son —, ny teny fanována azy. Ils sont —, tòkana, tokávina, mbola izy.

synoptique, Miara-hita, mitátana, milaza ny loha ny ziaby.

Syntaxe, Ny fandrantenam-bólana, fandaharan-teny, fifañarahan-teny.

synthèse, Fampiraisana, fanambárana, fañambánana. Système, Rari-hévitra, fehian-tsaina, tenon-kévitra, hévitra mifañáraka, jery mifamehy, Jery somalika. —, ny havoriana, fehézana; izy réhetra, ny daholo. —, fatao. SYSTÉMATIQUE, SYSTÉMATISER, Mandrary hévitra, manao rari-hévitra; mampifañáraka.

T

Ta main, Ny táña' NAO.

Tabac, h Paráky, pv Lobáka, tambáko, antambáko, fi-tsáko. vo Be hátoka, be kira, be sófina, parakijolo, paraki-volotsángana. — en poudre, Kisodobáka, Hoso-dobáka, koso-dobáka, g kisoka. — en corde, Didi-dobaka, tambo-lim-paráky, lili-dobáka, fadidi-dobáka, olamparáky. — en carotte, Dorindobáka. — en tablette, pakondobáka.

TABAGIE, Trañofivorian-dreo mpitari-dobáka ou mpifo-dobáka, mpitro-dobáka.

TABABA, Amponga be, Hazolahy.

TABARIN, Bouffon.

TABATIÈRE, Vatra hely fasian-dobáka; g TABACÉRA. tonom-bolo fasiana kiso-dobáka.

TABERNACLE, Trañolay, áloka, Lay, trañon'Andriamáñi-tra. Vatra másina. taberináloka, taberinakoly.

TABIDE, Mahia indrindra, miránkana.

TABLATURE, Embarras. Donner de la —, EMBARRASSER.

Table, Latábatra, tapélaka, talatala, fáfana, tapela-kazo, fandambanan-kánina; fametrahan-kánina. — de pierre, tapela-bato, vato fisaka; vato mitapélaka. A —, Ampihiná nana, vo Mitakárina, mikúpoka.

Tableau, Tapélaka misy sarinjávatra antsóratra; Sary, sarindraha. Fáfana fanorátana z. vo ? lohandohany, tapé-laka fañisána, tapela-panorátana, fafa-fanorátana.

TABLETIER, mpanao fafa fikatrána, mpanao lahárana, mpiasa fifangána.

TABLETTE, Latábatra madínika, talatala, talantálana. —, fafa fanorátana.

TABLIER, Hefintsikina, lamba ahéfina, lamba mañéfina, fiaro lamba, lambamiaro. Lamban-tsikina mañéfina.

TABOURET, hálana fipetráhana.

TAC, Aretin' ondry.

TACET, Ny mangíña, fangínana. Garder le —, MANGÍÑa, manimo-bólana.

Tache, Pánda, Péntina, téntina; pentimpéntina, tentin-téntina, téboka, tebotéboka, loto. — sur la peau, g Tándra, Antsa amy ny hóditra, hándra, h Hámatra, pv Kavaho, pv Sóvaka; h angola. — artificiello, h Renty, réntina, g téntina. —, tsiñy. vo Tombila, tsimipáka, áfana. TACHÉ, misy —; mipentimpéntina, mitentinténtina, mavo, maloto, vo SALE, tanan-kavaho, kavahóina, sováhina, angolaina; niakaran-tsovaka, voa kavaho; taindalérina, be tsikoko. TACHER, Mañisy pánda ou téntina, péntina, tándra, loto & ámy ny; mandóto, mamentimpéntina, manéntina. vo SALIR. manamávo, manápitra, manapi-damba, mahabetsikoko.

Tâche, Asa misy fetr'ándro, asa nameran'andro, asa ny andro, asa ny isan'andro; raharaha. Être à la —, Mañáraka asa tsy muñarak'andro, miantok' ása. TÂCHER, vo s'EFFORCER.

Tacheté, Vándana, misoratsóratra, misy tebotéboka, misy pentimpéntina, misy pandapánda; ? tomendriténdry. vo makanga, soratsóratra, sada, volavita, mara, marara, mitanarivo, somóratra, mandróvo. TACHETER, Mamándana, mamentimpéntina, manentinténtina, maneboteboka, mañisy tentinténtina, manoratsóratra.

Tachigraphe, mpanóratra maláky indriodra. malaky manóratra.

Tacite, tsy toñónina, mangiña, fántatra fa tsy lazaina, mangingíña, hay ndre tsy voa láza.

Taciturne, Vitsy teny, tsy mivólana, tsy miteny, mangiña. vo SILENCIEUX. TACITURNITÉ, Fangíñana, falaiñankoráña.

Tact, Fitsapána, fitendréna, fahareñésana, toetra ny a tsapaina. Avoir du —, hendry, pv mahihitra, tsy ambáka, mahareñy ny tsapaina.

Tacticien, Mahaláhatra ny miaramila hiady, mahavalombálona ny miaramila amy ny fiadívana.

Tactile, Azo tsapaina.

Tactique, Fahaizana mandáhatra miaramila hiady, fandahárana miaramila.

Tafetas, Añaran-damba landy. —, lamba atámpina bay, tampim-bay.

Tafia, tóaka.

Taie, Saron'óndana, foñon'óndana. —, Areti-maso mahajamba, fotsy amy ny maso, kavaho amy ny máso. Qui a une — sur l'œil, fotsi-maso, misy fotsy amy ny maso; ? kavahóina maso.

Taillade, Didy, didididy amy ny hóditra va amy ny lamba; sk lily, lililily; tátatra, fátitra, tatatátatra, fatipátitra. TAILLADER, Mandididy, sk mandililily ; manatatátatra, mamatipátitra, manetitétika, mandidy, manétika, manátatra, mamátitra, manapatápaka, manatsáka.

Taillanderie, Fanaovan-draha maráñitra, fanefen-java-maráñitra. TAILLANDEUR, Mpanefy raha-maráñitra.

Taillant, Lela-njava-maráñitra. sáñitra, ráñitra.

Taille, Didy, sk Lily, fandidíana, fanapáhana. Pierre de —, Vato-didy. —, hazo voa tapaka maniry indraiky, dimbin'antsy. —, tapa-drafia amepérana k; hazo anaóvana márika; vontady. —, Ny habóany sy ny bika ny vátana, h tsángana, h tsangánana. D'une belle —, abo vátana. —, Dílana amy ny vátana; mince de la —, madílana. —, Feo tsy abo tsy ambány, tsy rántsana tsy lémona, feo atriátry, mamátona, antenaténa, salasala.

Taille-douce, Sary sókitra ambony takela-baráhina, sókikitra, fisokírana ambony varáhina.

Tailler, Manápaka, manapatápaka, mandidy, mandidididy; manétika, manetitétika; manatsáka, mijinja, mamángitra; mañetrétra, mandrátsana (hazo); manety (volondoha; mandríngana (ny fahavalo). — droit, mamárana.

Tailleur, Mpanapatápaka; Mpanao akanjo, mpanjaitra. — de pierre, Mpandidi-vato, mpanapa-bato; h tambato.

Taillis, Ala fotapatapáhina; ala fohifohy; kiríhitra, hiríhitra, hirihitr'ala, ? ala fanalan-kitay. Gagner le —, Misítrika an-kiríhitra.

Talloir, Hálana va fáfana be fandidididían-kena.

Taire qc, Tsy milaza, tsy mañambara, tsy mivólana, tsy miteny azy, manímoka k; mamony, manáfina, manárona. Se —, Mangíña, gina, mañimo-bólana, manimo-bava; sina. vo mihangihangy; et SILENTIEUX. Fair —, Mampangíña, h mampihombombava ; Mahasina , mamchi-vava, mamono vava, mamato-bava.

Tale, Añaram-bato mangarangárana.

Talent, Lelambola, vola, parata be. —, fañahy, faháizana, saina. —, ny hay, ny hay ny fañahy.

Talion, Valy ny ratsy natao. valy mitovy amy ny ratsy, famalíana, Teny, h Tody.

Talisman, Sary ndraha va sóratra atao he fanafody; ody mahery. vo AMULETTE. —, z mahefa z mahatsérika.

Talles, Sampankazo, tsímoka. TALLER n, (hazo) Misámpana, mitsímoka.

Talmud, Táratasy ny *Juifs* milaza ny hevi-dalána.

Taloche, Dómona ambóny loha amy ny tánana, kápoka, dona, velihondry. Lui donner une —, Mandómona, mandóna azy. — loha azy, mameli-fetsibaña ny loha ny.

Talon, ny Tómotra, pv tómitra; h ombelahintóngotra. Marcher sur les —, Talonner, Mañarak'antómotra; mifandia hotro, mifañitsa-kotro. —, mitaky, mañáraka; IMPORTUNER, PRESSER.

Talus, Sompirana; ? sirana. En —, (Tany) mitsidihitra, (z) misompirana; sirana; h kisolisoly, h kisolosolo, ? misolampilampy. Faire en —, TALUTER, Manompirana, mamirana azy, manao sirana.

TAMARIN, Voamadiro; madiro. —, TAMARINER, madiro, ? hazo mahadilo.

Tamatave, Taomásina.

Tambour, h Amponga, sk Hazolahy; pv langoróny; h langoraony, pv Bingy. Hatrotrobe, tambóro; toranga. second h Tary, pv Anakazolahy, Anabingy. Battre le —, mamely —. se —, ny mpamely —. — de basque, h kipántsona, h kitsántsona. Les premiers coups de —, h satra, satranamponga. —, vatra bory holok'aty, zava-poan'aty. —, Efi-pidirana antrano. vo SON.

TAMBOURIN, Amponga kely, h kipántsona; h kitsántsona, anakazolahy. TAMBORINER, Mamelively amponga, miánatra vango hazolahy.

TAMBOUR-MAITRE, Mpampiánatra hazolahy.

TAMBOUR-MAJOR, Tale ndreo mpamango amponga.

Tamis. pv Fitsongorána, h fanofána, fitavánana. TAMISER, mitongoza, manofa, mitávana, manávana.

Tampon, Tséntsina atámpina, tákona, támpina, támpika, tákotra; tsentsimbarika, tsentsindrano, kámpy, kámpina, TAMPONNER, Manámpika, manákotra, manámpika, manéntsina.

TAN, Hodi-kazo torotoro, vovo-kodi-kazo handonankoditr'aomby, kiso-kodi-kazo.

TANCER, manánatra maré, maniñy maré.

TANDISQUE je vis, mbola zaho vélona, vo Pendant.

Tangage, Samóana, samoimóitra, onganóngana, kongankóngana, tsikongankógana, voambóana, savoambóana (ny sambo). Éprouver du —, tanguer, mi—.

Tangence, Ny fipáhana. TANGENT, mipáka amy ny zoro ny raiky foana. TANGENTE, Sóritra mahitsy mipaka amy ny vonto.

TANGHEN, tangéna. Lui faire boire le —, manangéna azy, h mampínona azy. vo sosoamora.

TANGIBILITÉ, tsápa, Páka, fòtra; fitsapána, fipáhana, fifòrana. TANGIBLE, azo tsapaina, azo ipáhana, azo ifòrana.

TANGUER, vo à TANGAGE.

TANIÈRE, Lávaka fivoniany ny bibi-dý, hítsika, h zohy mbiby, lava-bato, fierenam-biby, trañombiny.

TANNE, Péntina kely maintina amy ny hóditra.

TANNÉ, ? mavo-mena.

Tanner, Mandon-kóditra amy ny Tan; mandio-hoditr'aomby. —, Molester, TANNERIE, trano fandóñan-kóditra. TANNEUR, mpandon-kóditra, mpamboa-kóditra, mpañíhy hóditr'aomby, mpandio hóditra.

Tant, *Adv*. — ceux là que ceux-ci, Ndre ireny ndre irety, Na ny añy na ny atý. Il y en a — que je ne puis les compter, Ny hamaróa'ny no tsy ahisá'ko azy, no tsy ahazóa'ko isa azy. Il y a — d'hommes qu'on ne peut les compter, Maro bétsaka ny o ka tsy azo isa. Je n'en ai pas — que toi, Ny ahy tsy mitovy habe amy n'hin'ao, ny ahy tsy erany ny anao, zaho tsy mánana be karaha anao, tahak'anao, toy hianao. Si — est que, Raha izany, Izikoa zany, laha zany. Il a — mangé qu'il a crevé, Nihínana dia nihínana izy, nihinan-dóatra izy, kala vaky ny kibo ny. N'en mettez pas —, Aza atao be karaha zany, aza atao be manao zao. — soit peu, Kelikely, sómbina, volohoho; très peu. Il a travaillé —, ? izy niasa erany hoe. — bien que mal, ndre tsara ndre ratsy, ratsiratsy, ataotao foana, tsy ohatrahárina; na ankasoávana na ankaratsiana; afatapátatra foana. — que je ne l'ai pas connu, Mbola zaho tsy nahalala azy. — que je vivrai, zaho koa mbola vélona. — que, ohatr'izay, ambarapara-, ambarapi-. En — qu'homme, Amy ny fombány ny olombélona, fa olona izy, izy ólona. toy ny ólona. Tant-pis, Ratsy zany, loza zany; tant pis, (peu m'importe,) Válaka, asa, vasa. Tant-pis pour toi, Válak'ao, asa nao. Tant-mieux, tsara zany.

Tante paternelle, Anabavy ndray namaitra, Adavavy, Angivavy, raivavy, babavavy. — maternelle, Rahavavy ndreny nitéraka, Reny tsy nitéraka. ? reny kely. Grand' —, Anabavy ny dady lahy, rahavavy ny dady vavy. vo ONCLE.

Tantôt. Il est venu —, Teo no naviany, tsy ela naviany; vao ho avy vetikétika izy. ato ho ato. J'irai —, teléka zaho handeha, tsy ela zaho handeha. — il pleure, — il rit, Indraiky tomány, ndraiky mihomehy izy, indray izy tomány indray izy mihomehy.

TAON, MOKA be. ? Lali-pangírika

Tapage, pv Résaka, tabataba, korovetsy, korataba, horakóraka, varabáratra, hotrokótroka, h traoka, traotraoka, kitrankitrana adary; h dóboka, h diboka, pv kiboka, takiboka, tsakíboka. Faire —, Marésaka, —mena; mitabataba, mikorovetsy, mikorataba, mihorakóraka, mangotrokótroka, mitraoka, mitraotraoka, mañadary, manao varabáratra; vara-dátsaka. TAPAGEUR, mparésaka, mpikorovetsy, mpitabataba, mpikorataba, vara-dátsaka; mpanao varabáratra, be adary, mpañadary, mparesa-bava, mipatsopátsoka, mipentsopéntsona, mifentsampéntsana. vo Babiller, *et* miradarada, mifofofofo, mifotofoto.

Tape, Tefaka; Veliomby. vo soufflet. Taper, Manófaka, manéhaka; mandómona; mamely, mamely tehamaina; mipaoka, mandona, mandáboka. vo Battre. — du pied, mitoto tany.

Tapé a. Fruit —, Voankazo tinisaka, fisaka, nofisábina.

Tapecu, Famelivody, velivody.

Tapioca, Mahogo torotoro, kisoka mbazaha, kisok'ovihazo.

Tapir. Se —, Mitabotétaka, mifify z hivóny; mitabokely, mibotétaka. vo se Blottir, se ratatiner; et milampy, miolampy, mifítsaka, mipitsa.

Tapis, Láfika, Lámbana, Lámaka, filámaka; tsihi-volon' ondry. — verd, Lafik'áhitra.

Tapisser, Mamétaka lamba va taratasy amy ny riba; mameta-damba, mandáfika, mandámaka amy ny rindrina, h manémitra trano; se —, miláfika, milámaka.

Tapisserie, Taratasy na lamba misoratsôratra aláfika amy ny riba; h témitra. Láfika, lámaka, filámaka apétaka amy ny riba, ou asoso-drindrina, fonondríndrina. Lamba arávaka ny riba, taratasy fanangiangian-trano. Tapissier, Mpanémitra trano, mpivárotra taratasy fampihaminan-trano.

Tapoter, Manefatéfaka moramora, mamelively hely.

Taquer, Mikonkóna hampira ny sóratra, mampira; Mandomondómona; manétry, manjetra.

Taquet, Tapakazo mamáhana, mamehy.

Taquin, Mpitsokitsókitra námana. Taquiner, mitsokitsókitra, mitsibotsiboka, mikítrana, mikotrankótrana, migodangódana, manatikátika, manaty, mihatsy, mitsokórika, manitikítika. h manibokibo, manotikótika, mandrofarofa, mitrebitrébika, mitsongotsongo, mitsilontsilona, manahírana o; Mahasósotra, mahadikidiky o; mikidikidy, manao kivarivary ? mampisaríntona. Se —, s'agacer Taquinerie, Tsibotsiboka, fitsibotsibóhana, fitsokitsokírana, fikotránana, fikotrankotránana, fanatikatihana &: sahírana, kidikidy, sósotra ? dikidiky, kivazivazy; tarik'ady.

Taquoir, Vongan-kazo hampiránana ny sóratra; vongankazo fanjefan-tsóratra.

Tarabuster q, Manahírana o amy ny tabataba be va amy ny volan-dava. —, Brusquer.

Taquons, Hálana manóndrotra. Taquoner, Mañálana, manóndrotra ny sóratra; manisy hálana.

Tarare, Int. Vandy nao zany; bítra, sanatría. —, Válaka, asa; tsy ahoa'ko, tsy ahoa'ko ino.

Tarare, z fandiovam-bary.

Taraud, Vy fandoaham-by. Tarauder, mandóaka azy mora hampiditra fàtsika misy didy, manao loaka misy didy.

Tard, *Adv*. Mandilatra ny fetr'andro, afárany ny fotoan' andro, afarány ny andro tòkony. Venir —, trop —, Avy afárany, avy afara lóatra; (*le matin*,) avy matsaña, matsaña loatra; (*l'aprés midi*,) Hariva, hariva loatra. Venez plus —, Avia matsantsaña, harivariva. Il arriva —, navy tafárany izy, tafara-loatra izy. Nous veillâmes —. Nañálina zahay niámbina, niámbina Ela zahay. Ne restez pas —, Aza mañariva, aza mañálina, aza ela anareo. Il est —, il se fait —, Efa lasan-dávitra ny andro, efa hariva, efa mañariva, efa mañálina; efa álina ny andro; efa alin'andro, efa lasa ela ny masoandro; ho álina, efa ela ny andro, tratr'ela ny andro. Plus —, Tetek'any; añány, añiány, h anihoány.

Tarder, Ela, miela; mihaela, mañela; lehánika. vo mihebinkébina, mitaredretra, mitarétra, mitarekireky, miezanézana, mihevohevo, misodisody. mitoetoetra; miantaha, vo Lambiner. Il me tarde de, Ela zaho mandíñy; mañiry, mániña, tia aho; aníña' ko izy &. ratsiaiña aho...

Tardif, Ela, Votsa, votsavotsa, h vosavosa, mihebinkébina, mitaredrétra, mavesabésatra. vo Lambin.

Tardivité, havotsána. —. haelána ho másaka.

Tare, Handra, antsa (amy ny sovaly); hasimbána, ny narátra (amy ny vidiana). Taré, handraina, antsaina; misy antsa, misy handra; simba, símbana, narátra, nahaverézana. —, (o) afa-baráka, veri-laza. Tarer, Manimba, mandrátra, mahavery tápaka. —, mandanja kapoaka foana aloha ny mañisy raha añaty ny.

Tarentule, Añaran-dreni-mparóratra mahafaty. h Taratra, ? maro táñana.

Targe, Ampinga abo mahatákona ny vátana ziaby.

Targette, Hidy, tsorabý kely famodiam-baravárana; fanidiana.

Targuer. Se — de qc, mirehareha amy ny.

Tarière, Fandoáhana be; fanirifana, homa-manta, h kamósitra; pv Mangerihòmana.

tarif, Filazána ny fadintseráñana na ny vidy njávatra. Tarifer, milaza ny vidy ny, manómbana.

Tarir un étang, Mandrítra, mankarítra, maharítra farihy; manamaina, mankamaika, mandány. —n, Se —, Ritra, mirítra, mihíarítra; maina, maika, lany, átaka. Tari, Ritra, efa ritra. Qui n'est pas tarissable, Tsy azo ritrívina, tsy azo lany, tsy rítra, tsy mety rítra. Tarissement, haritrivana, fandrítana, fandritrívana.

Tarte, tapéla-mofo mamy misy voankazo.

Tartine, takela-mofo voa hoso-dronono mandry. silaka hoso-tsoli-dronono.

Tartre, Haran-ký, tainify, tain-ký; h kitro.
Tartufé, Hypocrite.
Tas, Antóntany, tonta; tóvona (tovon-draha, tovombato, antontam-bato, antontan-jézika ;) ándroka, (androk'ahitra; fatárana, (fataram-bary, vary ampátatra, fata-bary;) ambángony, angábony, gáboka, vangongo. vo Masse, Amas. En —, Mifanovontóvona, mifanindritsindry, mitobíbika, misavóvona, mifátratra, mitovontóvona, miaboabo, mitabórona, mifamangoa, mivory, mivóngana, mivangongo, miangoango, mivongovongo, mibongo, mivengavenga. vo En masse. Mettre en —, Mamory, manándraka, manobórona, manovontóvona, manao mifanindritsindry, mamátratra, manobibika, mampifanongoa, mamómpona, manámbatra, mamaingavainga.
Tasse, Kopy, finga, bakoly, kapóaka hely.
Tasseau, Hálana, tóhana kely.
Tassée, Eram-pinga, eram-bakoly.
Tasser, vo mettre en tas. — n, mitokotoko faniry.
Tâter, Mitsapa, mitsapatsápa, manapatsapa, mijabajaba, misafosafo. Vo mipámpana, manándrana, tsapa-rôroka, maneritery, mitantána, h mikatokato.
Tatillonner, Mandinidínika lóatra ny k; h mikarakara, mikajakája loatra.
Tâtonnement, Tsapatsapa, fitsapatsapána, jabajaba, fitsapána. katokato.
Tâtonner, aller à tatons, Mitsapatsapa, misafosafo; mikároka, mikarokároka, (mikaro-jávatra;) mijabajaba, miraparapa.? mirabaraba. A tatons, —. Chercher qc à q, Mikarokaro-jávatra.
Tatouage, Téntina, tentinténtina (atao amy ny lahára), péntina,pentimpéntina, soratsôratra,téboka, tebotéboka, h renty. (vo tombila, tsimipáka, áfana, fanafánana, sori-daza. Tatoué, se Tatouer, Mi—, Mi— hándrina, Mi— sora.
Tatouer, Manéntina, manentinténtina, manebotéboka, mamentimpéntina; manao tombila, manoratsôratra vátana.
Taudis, Taudion, Kivohy ratsy maloto.
Taupe, Anaram-biby miramira amy ny voalavo be mipétraka anaty tany vo trándraka. Topa. Taupier, mpitóm. boka topa.
Taupinée, Tany kely vokáhiny ny Taupe toy ny votry; bongo hely, ongontány madínika.
Taure, Vantotr'aomby.
Taureau, Aombilahy tsy vósitra, ombilahy, h ombelahy, g Jao, jaolahy. vo Filohany, lahiloha; miantsoarivo, lahinaomby. Jeune —, Mandongo, manarivo, ombimitrongitány. vo Dronga, vantotr'aomby, ɔ jaojao.

rautologie, Teny miverimbérina, hévitra miverimberin-tendro. Echo Tautologique. Talango mamalivaly, manointoina, manindroy mamaly.

taux, Tonom-bidiana, tónona, Vidy notapáhiny ny andriana, Vidy voa tápaka.

tavelé, (hóditra) vándana. Moucheté. Tavelure, Bigarrure amy ny hóditra.

Taverne, Trano finoman-divay, trano fisotróany ny roròhantainólona, fanjoan' ampinon-toaka. Tavernier, Mpitándrina *Taverne*.

Taxe, Vidy no tapáhiny ny andriana, tónona, fandafòsana, hetra, fandoávana. —, vidiloha. Taxer, Milaza ny vidy ny, manápaka ny vidy ny *ou* ny tónony, mampandoa hetra. —, manandra, manandry; maniny, manao ho

Te, *Pron.* Je te vois, Hita ko Anao, h Hianao. g zaho mahita Anao. Tu te vantes, mankalaza Tena anao. Ce qui te plait, Zay tia' Nao.

technique. Mot —, Teny amy ny fizavaran-jávatra.

tégument, hóditra; sárona, fono.

Teigne, arétiny ny hodi-doha, hátina an-doha; h Tsindoha; ? kifongo; mokoko, koko, koko bay. —, Voana hómana lamba. ? fósitra. —, hátina amy ny hodi-kazo. Teigneux, misy —; tsindohaina; ? kongónina, kongonin-doha.

teiller, vo tiller.

Teindre, manova sora lamba, manisy volo lamba; En noir, manòka maíntina azy; En jaune, mamóndrana azy. En rouge, h manato. vo éngitra. Se —, mivalo sora; azo asoka, azo ována volo.

Teint, Sora, tarehy, volo ny sora, endrika. Bon —, tsara soka, tsara fanóhana.

Teinte, Volon-jávatra, sora-njávatra, sòratra.

Teinture, Fanòfana lamba; Rano fanóhana. vo rano-famondránana; volo, sora, volon-jávatra, sorandamba. Teinturerie, Trano fanòhan-damba. teinturier, Mpanòka, mpano-damba; mpamóndrana, mpanato.

Tel, telle. Une — mort, l ahafatésana zany, *ou* táhaky izany, táhaky izao, manao zany, manao hoe, hoe. tel qu' un bœuf, táhaka, karaha, koazáka, otry, totry, toy aomby. Un ---, Iano, h Iánona, h Ránona ; antsínika, antíka. --- fut son discours, zany ny vólana natao ny. --- quel, tsy tsara tsy ratsy, foana, nataotao foana, tsara tsy tsara, ratsy tsy ratsy. --- qu'auparavant, Faranilóhany.

télégraphe, Závatra manelanélana milaza ny k'lávitra.

télescope, Maso lávitra mahabé ny z taráfina.

tellement, toy izany, to'izay; be ka... Il mangea --- qu'il mourut, nihinam-be izy ka naty, kala naty, h ka dia naty.

réméraire, (o) Boin'aiña, tsy manahy tena, manao vy very, h manaboa-maty ; mahasaky lóatra, h sahisahy, manao tena tsy ho závatra ; (Ahialiy fanandrasan-dratsy o) tsisy fòtony tsisy tombóany, tsisy ántony. vo; Maintavo, maikia loatra, dodona, sendaotra, mitsontsórika, tsy mihévitra. TÉMÉRITÉ, Hasahiana, fahasahiana lóatra, fanaoan' aiña tsy ho z, fanaovam-bi-very, tsy fidoñan-tena.

*Témoignage, Teny ny Sahada; Vólana mankató, filazána, fankatózana, fankatóvana, vav'olombélona, vava. —, marque. Rendre —, Mankalaza, mandaza, mankató. TÉMOIGNER, maneho, mañambara, milaza, mankató; mitsangan-kamáhana, mitsangan-ko vavolombélona; Sahada. TÉMOIN, Sahada, h vav'olombélona. mba-mahita; mba-paharéñy, ? mpañampanga. vo tangem-belondrávina; tangem-boasa. Prendre à —, Mañantso ho Sahada, miantso, ho vavolombélona.

tempe, h ? Fihiriñana, tampom-pify, ilankándrina, ny anila ny hándrina.

*Tempéramment, Toetry ny vátana; tena. —, z mahamora, mahafehy, mahavitrana ny k. —, fifanekéna, elañéiana, fanampy; z mifaneky, mifampañeky, mifankamora.

*Tempérance, h fahonenam-po, fanisiam-petra. h fahalalan' onony; vo SOBRIÉTÉ. TEMPÉRANT, Tsy tia ny loatra, tsy tsontsóraka; Mahakétraka teña, tsy maka loatra, tsy manao loatra, tsy mandílatra ny érany; mahay ny sahaza, h mahay ny onony.

température; Ny toetry ny hafanána va no hanarána, toetry ny tsíoka.

*Tempéré, (Andro, tany) tsy mafana lóatra, malemy hafanána, antónony, mora, h onony, maotona; —, miádana, ? marimáritra.

*Tempérer, Mañala ny loatra, mañétraka, mankalemy, mankamora, mampiheña, mañetry, manjetra, manatsatso, h mampiónina, h mampiárina, mampiónona, mampisahala.

tempète, Rivotra mahery, rivo-dahy, fororo, h tadio, tafio, h tafio-drivotra, ? valazy. Saisi, battu par la —, azo ny —. Emporté par la —, nahólony ny rivotra.

tempêter, (o tézitra) Marésaka be, ménjika, mandráhona maré, h mirézatra, pv mandalála; h mirohondróhona; mandrívotra.

tempêtueux, Mandrívotra, be rívotra.

temple, Trano fijoróana; h fivaváhana.

*Temporaire, Tsy andrakizay, ho misy fanampérana, ho támpitra vetikétika, vitsy andro, misy fetr'andro, tsy maháritra, tsy mitoetra. temporel, vo TEMPORAIRE, *et* amy ny izao fahavelómana izao, amy ny izao tontolo izao, aty an-tany aty, antely tany, aty ambany lanitra aty, amy ny ty tany ty. —, h fanánana. Temporiser, Ela, Manela, mahela, manao ampitsolava, manao amaray lava, manao tatalava, mangatak'andro, mampitsotra. TEMPORISATION, fanaovan' ampitsolava &. — sans fin, amaraitsilány.

Temps, Andro, taona. Je n'ai pas le —, tsy mánana, tsy misy, ts'isy andro aho. Qui a le —, malala-draharaha. à — amy ny fotoan'andro, fetr'andro, amim-potóana, amy ny zay andro tôkony, amy ny andro anazy. Le — est à la pluie, Hanôrana ny andro. De — en —, de — à autre, indraikindraiky, h indraindray. Du — de Radama, faha i Lahidama; de mon —, faha izaho tany, faha zaho teto. En ce — là, fahíny, fahizany, faizay; tamy ny zany andro zany. — fixé, tsatok'andro, fotoan'andro, paik'andro, ? fotoa-maty. En même — que, PENDANT. se donner du bon —, Manaran-trôka; Prendre son —, miádana. Avant le —, Misamboboa tsilátsaka, misazo-boatsilátsaka.

Tenable, azo tánana, azo hazónina; azo itoérana.

Tenace, Mandrékitra, madity, mamáhatra, vo manékitra, mifikitra, mikiribiby, maditra, mihenahena, mitompo teny fántatra, manao fihinkala; mivánditra amy ny z. TÉNACITÉ, fandrekétana, haditiana, famahárana, ditra, fikiribibiana, fihenahenána, fanavan-ditra, fitompoan-teny fántatra, jajírika, fijajirihana, h fijarihana.

Tenailles, Fisamboram-bý, fanalam-pátsika, fanombotam-pátsika, h fanalan-kombo, fanavo-pátsika. — de forgeron, Tandra, Fanambôrana. TÉNAILLER q, Mandriatriatra o amy ny tandra va amy ny fanalam-pátsika; mandrotidrótika, mamiravira o.

Tenant, Mitohy, mipáka, mandrékitra amy ny. —, mpiaro, mpiántoko. Biens tout d'un —, tany mipaka, fankaríny, mifanohy, mitohy.

Tendance vers qc, Fandrosóana amy ny z; fanatónana z, ny mankamy ny.

Tendant, vo Tendre.

Tendelet, Lamba hénjana manáloka lákana, áloka.

Tendoires, Henjohenjo ou Enjoenjo fanalampázana lamba voa soka.

Tendon, Tendro ny òzatra, òzatra. vo traingovázana.

Tendre qc, Manénjana; h maninjitra. --- des pièges, mamoha fándrika, mamándrika. --- vers qc, Mandroso amy ny, manátona, mankaríny azy, mank'amy ny, miézaka. vo Mikendry, mihátra, mila, mikasa, manandrify; ABOUTIR.

Tendre a, Malemy, mafonty, maléfaka, mora, mora rasaina, malía, malea, tanora, tsótsana. vo Rano, Antarávana, malemy paika, lako, lakolako, lanto, milenoleno, mondra, vohavoha, vololondrávina; antr'ólona, miantra, mafiraiña o; malahelo o.

 rendresse, Fiantrána, hatiávana, fitiávam-be, famindram-pó.

Tendreté, Halemv, halemiana, hafontésana, hafontíana.

Tendron, Lengolengo-njávatra; sakéliny; tovondraha, tsimoka, volólona, ládiva. Jeune —, tovovavy. vo táñora, tsótsana.

Tendu, Hénjana; voa hénjana, mihínjitra, midiridiry. vo daridary, dibadiba.

Ténèbres. vo Obscurité. Ténébreux, Obscur.

Ténesme, Arétina ta-hangery lava fa tsisy z, arétina mangidy fory.

Teneur, Ny z añaty sôratra, ny fótony, ántony.

Tenir qc. Mitána. vo Porter; Retenir, et mambeda, mibeda, miházona, misámbotra, nahazo, mitahiry; mitsikitsiky. — le ménage, mitándrina sy mitondra ny raharaha ny trano. — pour, manao ho. — lieu, solo, misolo. vo Remplacer. — à ses idées, h mitompo teny fántatra. Tiens-le bien, Táno maré izy. Tiens, le voici, indré izy, indreto izy. vo indro aoeho. Tenir n, — à, vo Attaché, rékitra, mirékitra, mandrékitra amy ny; tánany ny; mifántsika amy ny, fatséhany ny. —, Durer, Matána, maháritra, mateza. — à, (Contigu,) mipáka amy ny. Qc qui ne tient qu' à un fl, tánany tady kely foana, tady kely foana no mitana azy. Q qui tient aux lois, o mitána ny diditány tsy mahafoy azy, tsy mahalefa azy. —, — contre, — tête, vo Résister, Mahafáhana, mamáhana. — de, avy amy ny, aviany. —, vo Ressembler; et mifotra amy ny, mañandry azy? milaho. — pour q, miandány amy ny, miaro azy. Se — à qc, Mamáhana, mamáhatra amy ny z. Se — là, mipétraka, mitsángana, mitoetra eo. Se — les bras croisés, (dites croiser les bras,) Manovon-tánana. Se — droit, miárina. — ensemble, se — l'un l'autre, — l'un à l'autre, mifandrékitra, mifampitána, mifanávitra, mifandrávitra, mifandravidrávitra, mifampirávitra, miravidrávitra; mitohitohy, mifanohitohy. Qu'à cela ne tienne, Tsy maniño ny zany; ndre zany, zany tsy mañino.

Tenon, Ny tendro ny hazo miditra añaty vavan-omby, ny lahy ny, tsoky ny, loha ny, fitánana.

Tenor, Feo atriátry.

Tension, Diridiry, hahenjánana, fihenjánana, fañenjánana, fidiridiríana.

Tentateur, Mpitárika, mpitaona amy ny ratsy, h mpaka fanahy. — a, vo Tenter.

Tentation; Fitaríbana amy ny ratsy, fitaoman-dratsy,

fanahy ratsy, jery ratsy, h fakampanahy, fandrisihana. —, faniríana, fo tia z, jery ti-hanao. vo petrak'áhitra.

Tentative, Fanandrămana hanao z, fanohárana, fanohatrohárana, fitsapána asa, famantárana fikomikomiana, firikirikiana; sántatra, sôlatra, fanampònana, ny|samba atao ny somila atao; manao ny hay, manao ny tratry ny aiña.

Tente, Trano lay, lay, trano fotsy, áloka, alokáloka; toby, lasy. Dresser ses —, Manangan-trano lay, mitoby, milasy, manangan-day.

Tenter, Manándrana hanao z, mitsapa asa, manantatra, mikomikomy, mirikiriky, manohatrôhatra, manambahamba, manôlatra, manampòna. — q, Mitárika, Mandrísika, mitaona, mandronjy amy ny ratsy, h maka fanahy azy. —, Mitsapa fanahy, mizaha toetra, mitsapa fo azy.

Tenture, Lamba ahénjana amy ny riba, lamba arindrina, lamba mihántona, h temitra; ribalamba.

Tenu. Bien —, (miaramila) tsara ina, tsara faninana, (tsabo) tsara fanajaríana. — à, Obligé, azo, tánana, andrekétana, géhina. vo antanamamba; andraikitra.

ténu a, Matify, h manify, madínika indrindra, piripitika, tsikiritika.

Tenue, Toetra, fitondran-tena, fipetranana, fitsangánana, tsángana, fitsángana. —, sikina, fisíkina, fisikinana. En grande —, mihámina, milávana, tsara síkina. vo anjaika; mianjaika, milatsak'anjaika.

ténuité, Hadinihana, hakelézana, hatifísana, habitihana.

térébenthine, Anaran-dokonkazo mahery fôfona. Loko ny *Térébinthe*.

Tergiverser, Mila fiariana, mila fialána, manomboho, mivoho, mitovevy, miáfaka, miahanáhana. vo mamalampálana, mialala, mifelipélika, mivádika, miovaova, mifindrafindra, miverimbérina. TERGIVERSATION, Fiariána, filána ny fiariana. vo HÉSITATION.

Terme, Fanampérana, fiefána; fárany. —, fetr'andro, febólana; à son —, tondro-bólana, todi-vólana. Elle attend son —, mandiny vôlana; miandry andro izy. Qui est au — de ses jours, tampitr'andro. vo tampi-téraka, tampi-dia, tampitr'ariary; ánona.

Terminaison, Fanampérana, h fahatapérana, fiefána, fifána; farantsòratra, fara-sòratra.

Terminé, *T*ámpitra, tápitra, efa, tody. TERMINER, manámpitra, h manápitra, mankefa, manody, mandify, mamita, mahavita, mahatápitra; támpitra atao. Se —, tápitra, támpitra, vita; tsófotra, mipáka, vo zozorovoatsaika; lambotsimandry, soromandriandry; antefa terne, Tsy mangilotra be, tsy mipelapélatra, tsy mazava loatra; ? málotra, h máloka. matimaty hazavána, mátroka, matromátroka. vo mandaviana, nalazo, voa lazo. Ternir, Manala hilotra, mamono hilotra, h mahamátroka, mahamatromátroka; mankaiziñizina; mandazo, manamavo, manamaizina; ? mandálotra. Se —, Malazo, mihiamátroka, mihiamavo, mihialazo; vo Terne. Ternissure, ny mátroka, hamatróhana, lazo, halazóana, panda.

Terrain, Tany, lémboka. vo handrintány, lalangy. Bon —, tany lalinofo.

Terraqué, Misy tany sy rano.

Terasse, Tany aboabo marimárina fitsangatsangánana; hamarénana, lafi-tany, farafaratány; kibanitány, halaláhana aboabo.

Terrassement, Fanondrotan-tany, ? sondro-tany, fanovonan-tany, fanavan-tovontány. fipongisan-tány.

Terrasser, Manovon-tany amy ny; mamátratra tany, manóndrotra tany. — q, Manonta o an-tany, mamioka, maméfika, manólaka, mandrampy; mandavo, mandátsaka, mampitreka.

Terre, tany; Lémboka. vo tazoa. tanety. Sur terre, antety, amonto. Les biens de la terre, ny haréana an-tany, aty an-tany ty, amy ny zao tontolo zao. Dans les —, Andoha rano, antety, anedinedin-tany, Prendre terre; manitsa-tany, mióntsaka. — blanche, taniravo; dure, handrintany. — ferme, Tanibé, tany mitohy. Perdre —, (o) lasa tany, niengány ny tany.

Terreau, Zézika. ? tany lonaka.

Terre-plein, Tany avo márina.

Terrer, Manótotra tany azy; manisy tany amy ny. Se —, misitrika antány, mivony, miery antany; mandevim-bátana. Se —, Manangan-tany hiaro tena.

Terrestre, Antány, ambony tany, momba ny tany, mónina antany. ? antantány.

Terreur, Táhotra be, Vilona, telana, hovotra, fangovótana, horohoro.

Terreux, misy tany; manáhaka tany.

Terrible, Mahatáhotra, atahôrana, mahafati-vilona o, vo Effrayant, Effrayer.

Terrier, Lávaka antány ivoniany ny biby; lava-tany, hitsi-tany, torabintsy.

Terrifier, vo Effrayer. —, Manova z ho tany, mampanjary tany izy.

Terrine, Lovia tany lalin'aty, finga be.

Terrir, (Fano) Manaton-tany, mitody ka manatody; (Filao) mankariny tany.

Territoire, tany, tany fehézina, fanjakána, fizaran-tany, tokotány inaina.

Terser, Manintelo miasa tanimboalóboka.

Tertre, Bongontány madínika, havóana kely, tanety hely, kivorontany; tendrombóhitra kely.

Tesson, tèt, Bakilambilány; Bakilan-kapila, h tavilotra, h ? tavimbilány.

Testacé, (Biby) misy sísika, misy akárany (ou akora, korókany, hara.)

Testament, Faravólany ny maty, háfatra, farafaravólana, farateny, farambólany ny maty; fanomézany ny maty. ---, fanekéna; tesitamenta. TESTATEUR, (o ho maty) manafatra, mpanáfatra, manáfatra. TESTER, (o ho faty) manáfatra, mamarafara vólana.

Testicules, Víhiny, vihy, tabory. vo vórotra,

Testimonial a, (taratasy) milaza ny izy, filazána ny izy.

Tet, test, Ny korókany ny biby, kindránony, karákony, kárany, hara. ---, korófany ny vary &, ---, TESSON,

Tétanos, Anaran'arétina, ? hetsiketsik'òzatra tsy kétraka. tetanosy.

Tétard, Zana-tsáhona.

Tête, Loha. Perdre la —, very jery, very fanahy. — de mort, karandoha. vo SIGNE de —. Aller — levée, miandra, miandrándra, mianganga. vo misótro-rò-ndánitra, misolanandrana. Y donner — baissée, misótroka azy, miantsótroka amy ny. A qui la — tourne, fánina, fanimpánina; azontambérina. vo MAL de —, vangoloha &. Donner des coups de —, h manao katrok'ondry lahy. Tenir —, s'Entêter, Résister. En — aloha. Aller en —, mialoha. Faire à sa —, manáraka ny jery ntena, manjak'aiña.

Tête-à-tête, Korána n'olon-droy mangingína.

Téter, Minono. — avec empressement, vo h misomótaka, pv mandatsa-bory, mampanjotso, mamótaka. Donner à—, mampinono.

Tétin, Lohanono, tendronono. — très petit, nono tsitika. vo tsiti-nono izy.

Tétine, Nono n'omby, nono fohánina.

Téton, Nono ny viavy.

Tétracorde, Jejy éfatra tady.

Tétragone, Efa-drírana, efatr'ampísany.

Tétrarque, Mpanápaka tokotány. TÉTRARCHIE, tokotány fehény ny Trétrarque, ny ampahéfatry ny tany.

Tette, ny lohanono ny biby.

Tétu, Madi-doha, maheri-loha, maheri-hátoba, botraika, mibodo, maheri-záka, mahalavavava, tsy azo anárina, mihenahéna.

Texte, ny teny ny hiany. ny vólana, teny iray reny; teny lazain-kévitra, fótotry ny hévitra.

Textile, Azo tenómina.

Texture, tœtry ny z voa ténona. —fanenómana.

Thé, Rano finómina mahalátsaka hánina. Dité, te.

Théatre, Hamarénana filaolaóvana, halaláhana filanónana, lampihazo fanehoan-jávatra, tany filanónana. Coup de —, zava-támpoka mahatalánjona, raha romóka mahatsérika, tola-draha romóka. Un roi de —, kimpanjakampanjáka, mpanjáka boka.

Théière, kapóaka fasiana dité (Thé).

Théiste, o mankató misy Zanahary fa tsy mino ny teny ny.

Thême, Loha hévitra, hévitra; teny afindra. vo voamaso ny.

Théocratie, Fanjakána éntiny ny Zanahary, fampahan' Andriamánitra.

Théogonie, Fiterahan'Andriamanitra.

Théologal a, Amy ny Zanahary, mank'amy ny..., momba, manátrika, manátona, mila Zanahary; Zanahary no fótony; an'Andriamanitra hiany.

Théologie, Fahalalána k ny Zanahary, fianárana ny z amy ny Zanahary. THÉOLOGIEN, Mahalala ny k ny Zanahary, mpanádina ny k ny, mpanaliñalina ny z amy ny Zanahary.

Théorie, Hévitra fa tsy ny atao, fahaízana amy ny jery foana fa tsy amy ny tánana, fihevérana tsy fanaóvana; fahaizana tsy fanaóvana. THÉORICIEN, mahay mihevi-jávatra fa tsy zatra manao; mahay fa tsy mba manao.

Thermal a. Eau —, rano mafána avy amy ny tany.

Thermes, trano fandróana amy ny rano mafána; fiséhana mafána.

Thermomètre, z fanerañana ny hafanána sy ny nara, famantaran-kafanána.

Thésauriser, Mamory vola, h manangom-bola, mihary; manovontovom-bola. THÉSAURISEUR, mpamory vola.

Thèse, ny maso ny vólana, maso ny kabary. Antony, fótony; teny hankamarinana, ny teny faháñana; toriteny.

Thon, Añaram-pilao.

Thorax, tratra. THORACHIQUE, thoracique, amy ny tratra.

Thuriféraire, mpitondra émboka, mpanémboka, mpitondra fanembóhana.

Thym, Añaran'ahi-mánitra.

Tiare, Sátroka ny Papa.

Tibia, kirandra.

Tic, Fihendrátana ny tapa-bátana va ny lahara; hendratra, hétsika.

Tiède, g marimáritra; máritra. vo matimaty, mafána kely, tsy may, manaranara, afa-dranompanala, afa-panala, afaka nara; mahalalatondro. ---, (o) tsy marísika, tsy mazoto, malaindaina. tiédeur, naranara, hanaranarána, ? hamarimarétana, tsy hafanána, hafanána kely. tiédir, mihiamarimáritra; mihianaranára, mihiamatimaty.

Tien. Le ---, h ny anao, pv nihin'ao, nihy nao.

Tierce s, Fahatélony, ampahatelony.

Tiercer, mampitombo ampahatelony, manósoka ampahatélony azy. ---, manintelo manao.

Tiers, tierce a, fahatelo, --- ny. Le tiers-état, ny o ivarázana, Fièvre tierce, tazo manavy isantelo andro.

Tiers s, fahatélony, h ampahatelony. ---, elan'ólona, ólona manélana.

Tige, Vodinkazo, h táhony ; rotsakazo. ---, loha rázana, ray voalóhany, fitohizan-drázana. Dépouillé de sa ---, h voa taho.

Tignasse, Indrambolondoha ratsy. vo Perruque.

Tigre, Biby masíaka mena mira amy ny piso be indrindra. tigré, moucheté.

Tillac, Ny rápaka ambony ny sambo.

Tiller, vo Manísatra; mitory rafia, manáfotra, manódika, manéndaka. ---, manendry háfotra, manósina hafotra.

Tilleul, Anaran-kazo, ny voniny fatao róboka finomina.

Timbale, Amponga karaha finga be, kipántsona. ---, kapóaka metaly, kapoa-bola finómana, bakoly vola, finga varáhina. Timbalier, Mpamely amponga.

Timbre, ? Fitehábana; feo, tónona; márika, fanava-márika; fanoto. timbrer, Manisy márika, manamárika azy. Timbré, voo márika, misy márika. ---, adala, geigy.

Timide, Matahotáhotra, menaméñatra, menamaso, tsy mahasáky, mifihifihy, be fihifihy, mihifihify, mipitsipítsika, mena-maso olona, h mihangihangy, saro-kéñatra, teramena, somaingisaingy. vo mendamenda, h lodilody, mándina, resinkéñatra, joko, jokojoko, kaody, mangenabena, mibolidy, mibolidilidy, sarotáhotra, tsiravindrávina, tsy sahy, homaingisaingy, misodisody, misokisoky, sokoka. timidité, hena-maso, heñatréñatra, héñatra, fiheñárana, fahatahotahórana, tahotáhotra; fibifihy, hifihify, tsy fahasahíana, h hangihangy: h malo, malomalo; sodisody, sokisoky.

Timon, hamory ny lasarety. timonier, mpanamory, ankamory.

Timoré, Matáhotra Zanahary, mifihifihy amy ny; tsy mahasáky Zanahary. ---, timide.

Tin, Hálana; fáhana, tóhana, fañankínana.
Tine, baríka hely, tanty, hárona.
Tintamarre, vo tapagc.
Tintement, kinkína (ny lakilosy va ny sófina), h ngingína, tintína, ?kitrankítrana, kirintsandríntsana. Tinter, Mi —; et h? mangintsingíntsina; (sófina) karaha añenovampinjy.
Tintouin, ahiaby mikitrankítrana fañahy.
Tique, Voaña be mandrékitra amy ny hóditry ny biby hómana azy; ?kongona.
Tiquer, (sovaly) misy *Tic*, azonkéndratra, ataontsingévitra.
Tiqueté, tacheté.
Tir, *T*ífitra, fitifírana. —, sólatra. fikendréna.
*T*irade, *T*áriny, taríhany, taríhiny, toríny, tohitohy ny, filahárana, z mitohitohy, mifañarakáraka, tsy maïto, lava. *T*out d' une —, lava, tsy maïto. atao tari-dava.
*T*irage, Fitaríhana, tárika.
*T*iraillement, síntona, sintontoho, [sintonóvaka taritárika, saritsárika, sarítaka, rórotra, róritra, retsidrétsika, rotidrótika, hotikótika. — des nerfs, tsetsétra. *T*irailler, Mitaritárika, manaritárika, misaritsárika, maníntona, manao sintontoho, manao sintonóvaka, manar:taka, mandrórotra, mandróritra, mandretsidrétsika, mandrotidrótika, mañotikótika. —, mitsetsetra. —, mitaritarik' ády, mitifitífitra. Se —, mifampanaritárika, mifanaritárika, mifanaritaka, mifandrórotra.
*T*iraillerie, *T*ifitífitra, poapóaka, kitaritarik' ady.
*T*irailleur, Mpitaritarik' ady, mpitarik' ady, mpitifitífitra aloha; Mpañatsikátsika.
Tirant, fitaríhana.
*T*irasse, harato famandriham-bórona, fandri-kibo. *T*irasser des, — aux cailles, mamándrika kibo.
*T*ire. *T*out d'une —, mamántana, tsy maïto, tsy mañito, tsy mitsáhatra, tsy miáhana, manao taridava.
*T*iré, a, Mahia, fézaka, kémpana.
*T*iré, s, *T*ífitra.
*T*ire-balle, fañalam-bala, fañombo-bala, fañobotambala.
*T*ire-botte, fañalan-kiraro abo. h fanalam-behoty.
*T*ire-bouchou, fañalan-tákotra, fañalan-tséntsina, fanala-támpina.
*T*ire-bourre, fanalan-koto. fanala hoto; fikaróñan' ampingáratra.
*T*ire-clou, fanaIam-pátsika, fanala fátsika, h fanalan-kombo, fanombo-pátsika.

Tire-d'aile, Holokofok' élatra ny voro-mitílina. à —, Maláky.

Tire-larigot. Boire à —, Minona be, migáka be.

Tire-ligne, Fanoritana, fitarihan-tsôratra, h fanavan-tsípika.

Tirelire, kapóaka keli-vava fasiam-bola; h vatambola, vatrambola.

Tirer qc, Mitárika, manárika, misárika; vo mitaritárika, mitari-dava; mañantsóry, mañantsoritsóry. — avec secousses, maníntona, manao sinton-toho; mamali-vintana. —, Puiser. —, Mañála, mañómbotra, mañávotra, mañáfaka, manóaka, mañatsóaka, mañésotra, mañisotra; misókitra, mamóaka, mañôkatra, mañôhy, mampipítsoka. — q, maka sary, mala-tsôra azy. — du sang, mañala ra ámy ny. —, mañénjana, mandrórotra, mañátatra, h manítatra. — une vache, Mitéry aomby. — la détente, mañátsika, — basy. — sa source de, Avy ámy ny ; mibóaka ámy ny. —, tirer le canon, &, Mitifitra, mampipóaka basy, mañandefa tafondro. — des flèches, mañandéfa zanak'antsáky. — sur q, mitifitra o. — à part, manôkana. — la langue, tabodela, tranga lela, dabodela, h mitanaka. vo mañantsaky. — les vers du nez, manao saina hahafántatra ny jery ny námana. mañantsáfa, mamóvo, mikátso. — chacun de son côté, Se-- l'un l'antre, Mifandrórotra, mifandróritra; mifampitaritárika. — la bonne aventure, Misikídy o, miláza ny vintana. — n. — sur le noir, Somary mainty.— vers l'est, mañiñanana; le nord, mañaváratra. — à conséquence, (k) bevava, lehibe, mampidi-doza, arahin-doza. Se—, miala, miésotra, matsóaka, mihífika, miávotra, miléfa, mandósitra, manavobátana, mañáfaka teña.

Tiret, Sóritra fohy, sori-pohy, tari-pohy; sóritra fanohízana, sori-pitraófana.

Tireur, Mpitifitra; mpañandéfa basy. —, Mpisikídy, mpiláza víntana.

Tiroir, Vatra talésaka taríhina. ? vatra fitárika, ? vatra fanárika.

Tisane, Robok'aody; fañafody finómina.

Tison, Forôhana. vo — tápaka, — tápitra; kao-porôhana ? rôhotra.

Tisonné, (Sovaly) misoratsôratra mainty; mandrôvo, sada, sada-mainty.

Tisonner, Mañetsikétsika ny forôhana, misoitr' afo, misoitsóitr' afo; mikontrankotran' afo. manorontsórona forôhana. tisonneur, Mpisoitr'áfo. tisonnier, fisoitr'áfo.

Tissage, Ny manénona, fanenómana.

Tisser, Manénona, mamango lamba, vo mandrándraña,

mandrary. TISSERAND, mpanénona; mpamango lamba. TISSERANDERIE, Fanenômana, famangóana lamba.

Tissu, ténona; rary. vo Vango, tenombánditra, rándrana; z voa ténona, z voa rary, fahantsiatohy, vangonkova, tenombaráhina, tenombola, tenontsaoka; ténona mifahambola. Le—du discours, ny fitohízana, fitohitohizany ny vola. VO TISTRE.

TISSU, (*Particip. du verbe* TRISTRE *inusité*) voa rary, voa rándrana. Qui a —qc, nandrary, nandrándrana z.

TISSURE, toetry nv ténona.

Titillation, g Hitikítika, pv hilikítika, pv hilikílika. h kibokibo. TITILLER ac, Mañitikítiky, mañilikítika, mangilikílika azy, manibokibo azy. — n, o —, *et* o hitikitíhina, kibokibóina.

Titre, Sôratra andoha ny lívatra, loha ntsôratra, ny andoha ny. Añárana; —, Voñináhitra; — taratasy ahazóana, taratasy mampahazo, fôtony, ráriny, vavolombélona, fahazóana.

Titrer q, Mañisy añaram-be azy, mañome voñináhitra, manampady azy. TITRÉ, manan'añárana, manam-boñináhitra, malaza añárana.

TITULAIRE, MANAN'AÑÁRANA.

TOCSIN, Lakilosy fanaírana *ou* fahataírana, fampitaírana, famombóana. Sonner le —, mamango —.

TOI, Anao, h hianao; vo Ia, ialaby, rikia, roky.

Toile, Lamba atao amy ny róngony (h *chanvre*). Lamba manara, lambarano. — bleu, kanikia, h paraikiala. vo lambasámpona, patana, lambasôratra, patry. — d'araignée, farôratra, farora-bankohy, h folihala, farora-manga, h tranonkala, ladimpolihala.

TOILERIE, Lamba avidy; fivarotan-damba.

Toilette, Fiakanjóana, fihamínana, filaváñana; síkina —, lamba —. Faire sa —, être en —, Mihámina, milávana, miómana, misikina tsara, tsara akanjo.

TOILIER, MPIVARO-DAMBA.

Toise, Refy be. Mesurer les autres à sa —, MANAO námana mitovy amy ny tena. TOISÉ s, Refy ny, fandrefésana. TOISER, Mandrefy; mañérana, mañôbatra. —q, mizaha ny vity ny sy ny loha ny; ? mitety maso azy, ? mañôhatra maso azy, ? mandrefi-maso azy.

Toison, Volon' ondry iray manintolo.

Toit, Vòvona, tafo, vovòñana, tafontraño. Sans —, tafolánitra, — plat, vantaza; ? voantaza; h tatazo; talatala, farafara.

Toiture, vo Toit, —, ny manafo, fanafóana, famovôñana.

role, Takela-bý, ravim-bý.
Tolérable, Tanty, leo, áritra, h azo arétina, azo iarétana mety, tsy rarána. TOLÉRANCE; tsy fandrarána, fiarétana, famelána, faharétana, fañarañana. TOLÉRER, miáritra ny tókony ho tsy iarétana, mamela, tsy mandrara, mañárana ny tókony ho rarána, maháritra, mahadiñy azy. mañimpy maso amy ny. TOLÉRANT, mañárana. vo tsiambaibay, mora.
Tomate, Voantabiha, ?aña-malao, voangilombazaha, tabiha, voan-damóro.
Tombant. Cheveux —, volondoha mirótsaka, mitsorótsaka, mirotsadrótsaka; lavo. Tige tombante, hazo manonta.
Tombe, Lávaka fandevéñana, lava-pandevéñana; levéñana, h fásana. vo SÉPULCRE. —, vatompásana.
TOMbeau, vo Tombe.
Tombée. à la — de la nuit, amy ny itsoiórany ny andro, harivariva.
Tomber d'en haut, Látsaka; de son haut, Lavo. vo (Rávina, òrana) latsadátsaka, ráraka, raradráraka, mirabaraba. (vato) midabóka, midebóka an-drano; (o) Pótraka, mipótraka, midabóboka, midalabóboka, miapoka, miforara, mikarápoka, mídina, mihíntsana, mitáboka, mitávoka, mitsingádina, mitsingídina, miheña, mizetra, mizeka, mietry, mitsinkásina, mitsirara, mivalóngana, mióndrika, manonta, misíntona, mirétaka, mitreka, miantefa, miródana, mikoródana, mifòfoka; mirótsaka, mirotsadrótsaka, mitaborótsaka, miborótsaka, mitsororóka, lanja mandrórona. Laisser —, faire —, Mandátsaka, mandavo, mamótraka, mandráraka, mamorabora, mandrabaraba, mandalabóboka, mandrótsaka, manonta &. — sur, se laisser — sur, Mitandátsaka, mitandavo, miantonta, miantréka, miampófoka, misafófoka amy ny. vo aomby miόvoka. — malade, azo n'arétina. — dans l'oubli, matilevy, matisiontsíona, matisíntsina. — en défaillance, Tórana, ana, mihiaréraka. — comme mort, lamba látsaka. — en masse, fari-lavo. — dans le malheur d'où l'on voulait retirer un autre, h mañara-miritra. — en enfance, mody zaza, mihiazaza, mifanahy njaza. — d'accord, mifañeky, mifanka-azo, tokantsátoka. — des nues, Tsérika be. — sous les sens, azo tsapaina, mora reñy. — au pouvoir de q. tonga n'ólona, nentin'ólona, lasa n'ólona, azo n'ólona; an-tanan'ólona. Il tombe de la pluie, Látsaka ny mahaléna, mañórana. Vous avez laissé — votre chapeau, látsaka sátroka anao.
TOMbereau, Lasarety fitateran'éntana.
TOMe, firasan-taratasy, rasa, fizarána.
TON pied, ny vity NAo, ny tongotr'Ao.

Ton, Toñon'antsa, tóñona, toñonkira. vo toky ---, feo, fanoñónana; toetra. Des ---, des AIRS. Sur un bon ---, ? antóñony, añôhany. --- hautain, vava miávona, avombava. Donner le ---, málaka toñon'antsa; ? Manoky antsa, p ? tokína; ? miventy hira.

TONDRE, Mañety volon-doha, manety ondry, mañala volo ny ondry, ? mamongobolo. —une haie, Mamángitra valavélona. TONDU, mihety, voa hety, bory; fóngotra. vo mifángitra. TONDEUR, mpanety.

TONIQUE a, Mampiaiña, mahatánjaka, mampody aiña. —s, Toñon'antsa, lohatóñona.

TONNAGE, Hetra aloa ny sambo. —, habézany ny sambo; ny érany ny sambo.

TONNE, Baríka be.

TONNEAU, Baríka, pipa.

TONNELIER, Mpanao baríka.

Tonnelle, Alo-dráhaka, raha-bahy, Alo-bahy, alodrándrana, trano rantsan-kazo. —, harato famandrihambórona, fandri-bórona. TONNELER, Mamandri-bórona. TONNELEUR, Mpamandri-bórona amy ny harato.

Tonner, (il tonne,) Mangótroka, mangotrokótroka, h mikótroka; mamáratra, mamarabáratra. vo Ampy, mañampy. — fg, —, et mandróhona, mirohondróhona, mandráhona maré.

TONNERRE, Váratra; Hotro-báratra, hotrokotro-báratra, h kótroka; vo ampy, rañanjy. —mèlé de pluie, hotrok' ôrana.

Tonsure, Havan'akanga amy ny loha ny mpijoro; Hávaña. ? havam-bolondoha, ? havan-doha, TONSURÉ, voa havan-doha, voa havam-bolondoha, voa hety loha, voa hety tampon-doha. TONSURER, Manety volo, manety loha; mañavam-bolo, manety ny tampondoha.

TONTE, Fanetézan'ondry &.

TONTINE, Vola aloa isan-taona.

TONTURE, Ny sombitsómbiny ny hetézana, ny zañozaño ny hetézana. ? tai-nkety.

TOPAZE, Vato soa tamotamo.

Tope! Eke'ko, efa, rékitra, létaka, ataovo, heka; mety aho. TOPER, Mañeky, mifañeky; mandrékitra k.

TOPINAMBOUR, Anaram-batata.

Topique, Aody apétaka, fesan'aody, petak'aody. —, fôtotra hévitra analány ny maro, loha hévitra.

TOPOGRAPHIE, Fanorátana tokotány raiky, filazára tokotány raiky.

TOQUE, Satrok'iva, ? satro-bálona.

Torche, Fañilo, ilo, fañilována; hazo fañilóvana. vo Fu-

dratra. —, Héfina, hefin-doha, óndana; halana.
Torcher, Mamótra maré, mamitra, mamopótra, mandrókotra, mikásoka. —, manaotao foana, mamatapátatra.
torchis, Feta miharo mololo, fótaka miharo áhitra.
torchon, Lamba bakóraka famórana, gony famirana; Famórana.
Tordre, Mañótaka, mañotakótaka. vo mañota-bózona; manota-bólana, manota-damba, mañólana, mañolañólana, mañolakólaka. mandímbana, mamiríoka. Se —, miótaka, miotakótaka; (rávina) mihósina, mihosinkósina, mihoronkórona; o miotikótika. Se — les mains, mañotakótaka táñana. TORDAGE, ótaka. TORDEUR, mpañótaka. TORDOIR, z fañotáhana. TORDU, Miótaka, miotakótaka, voa otaka. vo mifétoka, mifarengo, mifaingoka, miviríoka, mivaibaitra, miviry, miólana, miolañólana, voa olana, mibiríoka, méloka, mitangólika, mibílaka, mibilabílaka, mivilavila.
tore, Válona amy ny vody n'andry.
torpeur, Ngoly, fahangoly, havoliana.
torpille, Añarampilao mahamamosiana, mahaváhotra, (h mahavoly, pv mahamáritra) ny mitána azy, Fia-mangátaka, fai-mangátaka,
torporifique, Mahamamosiana, h mahavoly, h mahangoly, mahamarimáritra, pv mahamáritra, mahaváhotra.
torquer le tabac, Mañótaka, mañósina, mañosinkósina paráky.
Torréfier du café, Mañendy kafe; mitono tsako, manamaina, mañánina. vo káraka, fórona. TORRÉFACTION, fañendázana, fananínana.
Torrent, Riana, rano be mandríana; rano be midoróka, h ríaka, rano mandríaka. — d'été, h ranontrambo. vo Tóndraka, ranotóndraka. Comme un —, mandríana, midoróka, mandríaka. TORRENTUEUX, (òrana) mibararáka, mikararána, miboráraka, h miboraróaka.
torride. Zonne —, tany may.
tors, torse, vo TORDRE. Cou tors, miota-bózona, melo-bózona.
torsade, hósina fihamínana; hosimbola.
torse, sary bólona, sary bory tsisy loha tsisy sandry.
torser une colonne, Mañótaka andry.
torsion, fañotáhana; fiotáhana; ótaka.
Tort, ótaka, éngoka, héloka, ota, diso, hadisóana. Qui a —, mañota, méngoka, miótaka, diso, ota, dímbana, ratsy. Donner —, maniñy; manéngoka, h manaméloka. A — et à travers, mandikadika, mamilabila, mandimbandímbana, manaotao foana, mandisodiso, manao somariaka,? mamatovato, mitovantóvana. —, vo DOMMAGE, PRÉ-

JUDICE. Porter —, faire —, vo PRÉJUDICIER.

torticolis, Ota-bózona. Qui a le —, Mitovevy, miotabózona.

tortillage, Teny mivandibánditra, miolikólika; g Badabáda. Dabadaba.

Tortillement, otakótaka, olanólana, vandibánditra, olikólika, Tangólika. vo fadíditra, felipélika, otikótika, hosinkósina, safotimpótina. Se Tortiller, Mi—; vo mikolepadépaka, mitangólika. —n, Mifelipélika, mamelipélika. — qc, Mañotakótaka, manolikólika, mañolañólana; manosinkósina, mamandibánditra.

tortillère, Lalan-kely miolikólika an' alavory; ? olikolidálana.

Tortillon, sátroka maventy ny viavy miloloha éntana, hefin-doha, halan-doha; satro-pitataóvana.

tortis, hendri-vánditra, Tady maro rándrana.

Tortu, a, Méngoka, mengokengoka, miengoméngoka, méloka, meloméloka. vo mibílika, mibilabila, mibiríoka, mibengobengo. Qui a les jambes —, Bingo, bingobingo, bingomalaza; tívaka; h tsívaka, mikon-dohálika, mivaditóngotra, mivadi-bity. vo Tortuer.

Tortue de mer, Fano; très grosse; fano fandranto. — d' eau douce trgs grosse, Reré. — de terre de Saint Augustin, Renikongo; ? Angónoka. — à écaille précieuse, fanohara. — très petite qui s'ouvre, g kápika, sòkatra, hily, ? kapidolo.

tortueusement. Agir —, Mamelipélika.

tortueux, Mengoméngoka, mibengobengo, meloméloka, mifengopéngoka, miolikólika, miolakólaka, mifelipélika, mifelopéloka; mibilabílaka.

Tortuosité, Engokéngoka, éngoka, bengobengo, fengopéngoka, ¦héloka, helokéloka; haengóhana, haéngoka, haengófana, haengokengófana, olikólika, olakólaka, fiolikolihana; fiolakoláhana.

Torture, fañoláñana, ólana, ótaka, fañotáhana; fijaliana, tampijaliana, fahoriana. torturer, Mañólana, mañolañólana o; mañótaka, mañotakótaka, mañotikótika, mamiravira; Mampangótsoka, mampijaly, mampiory, mampangirifiry, manahirana, mahasòsotra. — le sens d'un mot, Mañota-bólana.

Toste, Toaste s, Minon-draha misaòtra o. toster le roi, Misaòtra ny andriana amy ny finómana.

Tòt, Adv. Maléky; aloha. Plus —, alohaloha. Assez —, tsy afárany, mahatákatra. Bien —, maláky, faingana. — on tard, ndre ombiana ndre ombiana.

Total a, Avokoa, daholo, tontolo, indrindra; ziaby, rehetra, aby. vo longo-body, Ruine. Le TOTAL, la TOTALITÉ, izy daholo, ny volóngany, ny hamaróany, izy rehetra, izy ziaby, ny habény, ny ankabiázany, ny antsahabény, ny tontolo, ny havoríany; ny isa ny, pv sabo, h hasabo; ? ehany. TOTALEMENT, avokoa, indrindra, aby. vo Entièrement.

Touchant, a, Mahavoa fo, mampangóraka ny fo; mampiferinaiña. ---, *Prép.* Mipák; amifòtra amy ny; ny amy ny.

Touche, Fitendréna, fititíhana; fanohínana; fizaháña, fañandrámana. Pierre de—, vato fizaham-bola; famantárana.

Toucher, Mitendry, manendritendry, mitána, mitantána, manóhina, mitítika, mandray, mandrairay, mitsapa, mikásika, mikasikásika, manibéña azy; mahazo. —, Mifôtra, mipáka, mitéhina, mihátra, mipika; misaoka, misaso amy ny, mahatakatra. vo Tibeña, tefôtra, tikásika, (sambo) mahazo tany. —, Proche. Se—, Mifampitána; CONTIGU. vo Nitouche. Ce qui touche à Dieu, ny z mifòtra amy ny Zanahary. vo mifo-bólana. —, VO TOUCHANT. Etre touché, (o) Mangóraka, mangora-po, mangorakóraka; voa fo, mafiraiña, maferinaiña, malahelo, miantra.

Toucher s, Ny manendry, fanendréna, fitanána, fitsapána, fanohínana, fititíhana.

Touer, Mampañátona sambo mandroso, mampandroso azy, mitárika.

Touffe, Toko, tókony, tokotoko, bongo, bongobongo; havoriana, fehíana, fehy. — de cheveux, volondoha iray vóngana, raiky fehy, tokombolo, bongombolo, volo vory. Qui sont par—, mitokotoko, mibongobongo, h mibangobango, mitsitokotoko; mitokotokofaniry. Les mettre par—, Manokotoko, mamongobongo; mamorivory, h mamangobango.

Touffu, (Ala, volo) malétra, vory, h milobolóbo, pv miroborobo, mitokotoko faniry, miboalaboala, h mibolobolo, maro rávina, maro rántsana.

Toujours, pour ---, Andrakizay, h mandrakizay, g ambarakizay, p" Barkizay, -- doria, h -- alaovalo, h mandrakariva. — travailler, miasa lava, tsy voly asa, tsy méñina miasa. miasa ndre ombiana ndre ombiana, lava fiasána. Qui parle —, Lava vava. Qui a --- été gros, Be lahatañy, lahatrizay; be laitrizay niaiña'ny. Que l'on porte ---, féntina isanandro, vo HABITUELLEMENT. J'en ai ---, tsy ienga' ny aho, fománana aho. Frappez ---, frappez encore, vangoy, vangoy; volézo eka. Allez --- je vons suivrai, mandehána foana,..... vo Antaranóana, antára, hoatrínona; Andraka, Doria.

Toupet, Sanga, tsokotsóko, tokombolo, sangasánga; volo iray vóngana. Porter ---, misanga. Avoir du ---,

Hardi.

Toupie, Sangódina, vo Pirouette. TOUPILLER, misangódina, misangeringérina. ---, mihelinkélina, mihelihely, mihebiheby, miverivéry tsisy fótony.

Toupillon, sánga kely, toko kely.

Tour. Un —, Hérina, sangérina; hódina, sangódina, fiherénana, fisangerénana, fihodinana. Des —, herinkérina, sangeringérina, sangodingódina, fiherinkerénana. A —de bras, Amy nv hérv ny ziaby. En un — de main, tsy ampitoinona, maláky. Faire un —, Mitsangatsángana hely; se PROMENER. Le — de la ville, Hodídina, fañodidínana ny tanána; fáritra, fieférana. Des —, GAMBADES. —, Ruse, Safélika, fitaka, angoly, fanambakána. Lui jouer un —, mañangoly azy. — de force, Atao mila hery. Affaire qui prend un bon —, k tsara fanampónana. Parler à son —, Mandímby mivólana, mba mivólana. mamaly. Chacun à son —, — à —, Mifandimby, mifandimbidímby, mifañáraka, mifampisolo, mifampisóatra, mifanandro. C'est mon — aujourd'hui, hériny ny ahy niány, ierénany ny ahy aneto, ny ahy niany, izaho niany.

Tour, Z famonésana, fañkavonésana hazo. Fait au —, tg tsara fanaóvana, koazaka zinávatra, koa naloa, koa nivánina, mirijarija, méndrika, mafeja, feja, marótsaka.

Tour, Rova abo kitsoloka, trano fiaróvana. ? Jómana, h zoma.

Tourbe, POPULACE, vodiahitrarivo, bozakamin'áhitra.

Tourbe, tany azo aréhitra, fótaka asolo hazomaty; ? tany ataina. TOURBIÈRE, Fakan-tany Tourbe.

Tourbillon de vent, Rambondánitra, pv Gosy; un petit —, h tadio. —d'eau, pv Amboalava. (Tsioka, rano) Misafotimpótina, misangeringérina, mákatra. Tourbillonnement, safotimpótina, herinkérina, sangodingódina. TOUOBILLONNER, Mi—.

Tourelle, Rova abo madinika, trano hely tataóvina.

Tourière, Religieuse mitam-baravárana.

Tourment, vo Torture.

Tourmente, Tempête.

Tourmenter, vo Torturer. Se —; miólana, miolañólana. vo s'Agiter, s'INQUIÉTER.

Tournailler, g Mihelihely, mifarifary, g mihebiheby, mihelinkélina, h mihelontrélona, miriorio, manodídina, vo Roder.

Tournant, s, fiviríana, h fivilíana, fiherénana, Takólaka, —, famiriana, familiana, fañerénana. —, fiolíhany ny rano, olika. rano misangodina, ranomody, rano misangeringérina. vo tangólika, fifelipeléhana.

Tournant, a. Pont —, tetézana ahérina.
Tourne-à-gauche, Fanerénana, fanotábana.
Tournebroche, Fanerenan-tsali-trébika.
Tourné. Esprit Mal—, fañahy miótaka. Bien —, mahitsy. — de côté, mivorioka, mivírotra, mivirobírotra, mibirioka, mandímbana, bila, mibilaka, mania.
Tournée, Ny famindrány ny mpanápaka mamangy tany; dia ny tompo mitety tany anazy, fitetézany, famangiana tany fitsangatsagánana. Faire sa —, Manodidina ny tany mamangy azy.
Tourner la roue, Mañerinkérina. — la table, mañérina azy. — bride, mimpody. — la téte, mitódika, mitoditódika, h mihérika. — une corde autour de l'arbre, Mamandibánditra, mamadíditra, mamánditra tady amy ny hazo, — l'ennemi, mamélika, mamálana ny fahavalo. — le feuillet, Mamádika ny takélany. Lui — le dos, Mañamboho azy. — qc vers, manódika, manóhoka amy ny. p z atódika, atóhoka amy ny. — les esprits, Manova, mamádika azy. —, faire — la tête à q, Mañadala o, mankafánina, mahafánina, mahavery fañahy. — en tous sens. — et retourner, mamadibádika; manao vadibóntona azy. — en bien, Mañova ho tsara, mañódina ho tsara. — la montagne, Miary bongo. — un bâton (au tour), mamóny azy amy ny famonésana aherinkérina; mañarinkárina azy. — en ridicule, mikízaka, mañadala, manendrikéndrika, h mamingivíngy azy. — casaque, Miódina, mivádika, mamadi-tsátroka, mivadi-tsátroka. vo Manódina, mañodinkódina, mañóhoka, mamótitra, mamindra, manakoriana, mañarinkárina, mampitsingeringérina, mampitangólika, mampitódika. Tourner n; — sur soi, Miherinkérina, mihérina, h mihódina, mihodinkódina, misangeringérina, mitsingérina, mitsingeringérina. — autour, Mañodídina, mañariary, miariary, mihodídina, mamalampálana azy. — à droite, h Miviry, pv mivíly ankavánana. — de côté; vo Côté. —, (tsioka) mivádika. — bien, mody tsara, ho tsara fitodiana. — en eau, manjary rano, miova ho rano. — de tout côté, miverimbérina, mitsimberivery, mitamberivery, mifarifary. La tête me tourne, Fánina aho, azo ny tamberin-tany aho; tamberintány aho; azon-tambérina aho. Le lait a tourné, tola ny ronono. se Tourner, Mihérina; mivádika. se — vers q, Mañátrika o; vo mitódika o. Se — en, manjary..., miova ho.., vo Mifótitra, mihóhoka, mikodiadia, mihodívitra, mikidingodingo, mivadibóntona, mivadi-maso.
Tournesol, Anaram-boninkazo mira amy ny masoandro ka mañátrika azy.
Tourneur, Mpamóny z amy ny famonésana aherinkérina.

Tournevis, g Fañerikeréñam-pátsika, h ? fanodinandrindrany, fañerénam-pátsika.

Tourniquet, Sakan-dálana mihérina; fisakánana.

Tournoiement, Sangodingódina, sangódina, sangeringérina, tsingeringérina, safotimpótina, ? tambolimbólina, h kapilipily. Tournoyer, Mi — : vo Fanimpánina.

Tournure, Endrika, bika, toetra, tarehy, fitondranteña &. fandeha.

Tourterelle, Domóhina. Tourtereau, Zana—.

Toussaint, Andro fandazána ny Olo-másina ziaby.

Tousser, mikóhaka. — exprès, faire hem ! h mikehankébana. — pour avoir avalé de travers; kófina, rofiñina, mikofinkófina, mikófina. vo mikáhaka, miháhaka, be réhoka.

Tout, toute a, Ziaby, h rehetra; aby, sk Iaby, ziaby rehetra; ziaby kony. Tous ceux du même village, Saletra ou hetra reo tanána raiky. Aller tous, mandeha daholo. Ils sont tous morts, efa naty avokoa izy rehetra, efa maty aby reo ziaby ; tout le jour, tontolo andro; tout un jour, raik' andro jitra, h indraiandro maninjitra, indraiandro mañénjana. Toute la nuit, miloak'álina, mandrítra ny álina, niloak'álina. Ils en auront tous chacun un, samy hahazo iray avy. Tout homme désire, vo Chaque. Tout homme qui, Zay, na zovy na zovy, ndre ia ndre ia, na iza na iza. Tout ce qui, ndre ino ndre ino, na inona na inona, zay; izay závatra. Tous les deux jours, Isan-droi-andro. Toutes les fois que je l'appelle, isany añantsova'ko azy.

Tout s, Ny z ziaby, ny z rehetra, izao tontolo izao, zao ziaby zao. C'est —, efa ziaby ; támpitra. Le —, izy rehetra; ziaby, izy daholo, ny volóngana, sarambabe. vo Total.

Tout, Adv. — malade, Marary avokoa ou indrindra, be. Maître et père — ensemble, Tompo ndraiky ada. — roi qu'il est, ndre mpanjaka izy. Il est — oreille, tadíny avokoa ny vátany rehetra. — au plus dix, tsy mandilatra folo. vo Plus, Moins.

Tout-à-coup, h Támpoka. pv Romóka. vo Clin d'œil, Coup.

Tout-à-fait, Indrindra, pv indríndraka, h avokoa, aby, h hiany. vo Entièrement.

Tout-à-l'heure. J'irai —, Tetéka zaho handeha. Il est arrivé —, vao ho avy vetivétika izy. vo Vetivety, vetivety foana, betibétika, betibety, atohoato, rahefa, rehefa, lehefa, teonohoeo.

Tout-au-long, mamántana azy.

Tout-beau ! moramorá ! sahaza érika ! aok' ary ! aok' aloha.

TRA

tout-contre, vo Contigu.
tout-court, fohifohy.
tout-de-bon, Ankítiny, tokoa, márina; tsy vandy, tsy lainga. tsy vazivazy, tsy manao kivazivazy.
tout-de-suite, Maláky, vetivety, miárak' amy ny zay, siaka. vo CLIN-D'OEIL.
tout-doux ! Moramorá !
Tout-d'un-coup, h támpoka, pv Romóka; tsy ampoizina. —, indray maka; &. vo Coup ; MANDRAOKA, mifaoka.
toutefois, pv Tsantsala, kanjo, ndre zany. vo Cependant.
Toutpuissant, vo Puissant, *et* mahatody z ziaby, mahatontósa ny z rehétra, Nahary ndre ino ndre ino, mahatantéraka na inona na inona. TOUTE-PUISSANCE, vo à PUISSANCE, *et* fahatodiana ny z ziaby, fahatontosána ndre inona ndre inona, fahatanteráhana z rehétra; ? fahariana na inona na inona.
toute-science, Fahalalána ny z rehétra.
toutou, amboa kely.
toux, Kóhaka. vo koadambo, koakántitra; fófoka, kátraka. Réhoka, rehoreho, káhaka, hóhaka. ? sátra
traçant a, (Váhatra) mipasasáka tsy mangady.
tracas, Fanahiráṅana, z mahasahirana, fahasosórana, korataba, tabataba, gódana, kótana, korókaka; figodánana.
Tracasser q, Manahirana, mahasahirana, mahasósotra, mikotrankótrana, mitsokitsókitra, migódana. mahadikidiky o, ? mampaṅahiahy o. mampitamby. — n, se —, Sahirana, sahiránina; maṅahy, mifarifary, mikorataba.
tracasserie, Fikotráṅana o, fanahiráṅana, fitsokitsokirana, faṅoláṅana o, levilevy, filan'ady. vo CHICANE.
Tracassier, Mpikotrakótrana námana, mpanahirana, mpil'ády, mpanisotrísotra hávana lava, mpahasósotra, mpitsokitsókitra námana, mpanao ady antsángana, mpila levilevy, mpandevilevy o.
Trace, Dia, sk Lia; diá ny. Qui ne laisse point de—, tsisy dia ny; tsy voa dia. Suivre ses —, manara-dia azy; mandia ny no diá'ny; (Pour le trouver ou le reconnaître,) Mitsongo-dia, mamoadia.— des roues, lalan-dasarety; des ongles, lalan-koatra. — sur le papier, Sóritra. Des—, soritsóritra.
tracé, soritsóritra, sarinjávatra.
Tracer, Manoritsóritra, manao sarindraha, manóratra, manao sarinjávatra, h manao tsípika; manao antsóratra, maného, manóro, manóndro. — n, (hazo) mamáhatra lava fa tsy lálina, mamaka lava tsy lálina, mipasasa-báhatra, mandáma-báhatra, mandrapa-báhatra.
traceret, tracelet, fanorítana.
Trachée, Vava fiaiṅana.— artère, ? treotréoka, tenda be.

traçoir, Fanorítana; ? fanóritra. fanavan-tsóritra, h fanavan-tsípika, fanava-márika.

Tradition, Fanolórana. —, fifindrafindrány ny teny ndrázana amy ny z. —, teny ndrázana tsy natao antsòratra, teny avy amy ny rázana, nentindrázana, vontadindrázana, filazandrázana, fatao ndrázana, h fanao-ndrázana, lovantsófina. Traditionnel, avy ny rázana fa tsy voa sòratra, lovantsófina, lazaina fa tsy voa sòratra. avy amy ny ntaolo.

Traduire, Mamindra teny, mamindra vólana, mibeko; h mibaikío, mandika teny. Le —en Malgache, mamindra azy ho teny malagasy; mal —, diso famindran-teny, diso beko. —q, mamántoka o. TRADUCTEUR, Mpamindra vólana, mpibeko; mauvais —, manota famindranteny, tsy mahafindra teny, tsy mahay beko. TRADUCTION, famindranteny, beko, fibekóana. TRADUISIBLE, azo afindra, azo bekóina.

Trafic, Várotra, vanga. h jírika, ranto. fivarótana, fivangána. TRAFIQUER, Mivárotra, mivanga, mandranto; h manao jírika. TRAFICANT, Mpivárotra, mpandranto vidíana, mpivanga, mpanao jírika.

Tragédie, Filazána z toa hampidi-doza ao antraño filaoloàvana. Filazána loza nahavoa o; loza, alahelo. Trazedy.

Tragi-comédie, Filazan-jávatra miharo ny mahatsikeky sy ny mahalahelo. filazan-kajirindraha kabiaka tsy mahafaty; loza mampihomehy ka tsy mamono.

Tragi-comique, sady mahalahelo mampihomehy.

Tragique, karaha *tragédie*. —, manao trazedy. —, mampalahelo, mampidi-doza, loza, mandoza.

Trahir, Mamádika o, ? manódina azy, miódina amy ny, ? mivádika amy ny. —, Mahafoy, mandao; mañampanga; mañòkatra, maneho. mantavava, vadikádika. vo mañani-drova. TRAHISON, famadíhana, fiodínana. Haute —, komy handróbaka ny mpanjáka.

Traille, Lakampísaka fitána, zahi-pitána, lakantalésaka fitsáhana.

Train, Fandehánany ny sovaly. fandeha, leha, dia. Aller bon —, MALAKY. Aller son —, mandeha mandeha, mandeha foana, midoróka; mitoháka manao z, mandroso foana, tsy mitsáhatra. En —, Marésaka, ménjika, efa mandeha, may dia, marísika. Mettre en —, Mandrésaka; mandródona, mandroso, manampòna, mampandeha, mandrísika, mampiénjika. —, adary, godana, BRUIT, TAPAGE. Faire du —, Mañadary, be adary. —, tabiha; avoir du —, MITABIha, —d'artillerie, ny hamaroan-draha fomba ny tafondro. —, kidóny, záhitra, —, Lákana mifamehy. vo réhona.

Trainant a, (Akanjo) mikararávy, mitsoritsory, mirefarefa, mikorefarefa; taríhina, taritaríhina, antsoritsorína. (Vólana, feo) midarésaka, mitaredrétra mikirindréva, mihenahena. vo LAMBIN, osa, saozanina. D'une voix —, miadampiteny.

TRAÎNARD, vo TRAÎNEUR.

TRAÎNASSE, Ládina ny áhitra sásany. — de calebasse, Ladimboatavo.

TRAÎNASSER, vo LAMBINER.

Traîne. En —, à la —, Taríhana, antsoritsorína, jonjorína. A la—, mireparépa, mirebaréba, mibarakaika, mieliely, mipetrapétraka ao ao.

Traîneau, Vatra antsoritsorína, fañantsoritsorían'éntana, h ? Ambarambana; h ? arana; fitarihan-jávatra; kodóny antety, záhitra antsoritsorína antety.

Traînée, Taríhina, táriny, sáriny; tohítohy. — de poudre, Tariham-póndy, tarimbanja; vanja mihósina, vanja mivávatra, pondy mitsoritsóry, tohitohi-mbánja; ? vanja taritaríhina. ? tsoritsorimbanja.

Traîner qc, Mañantsoritsóry, manoritsóry, mitárika, misárika, manárika z. vo manao jonjory azy, manjonjory; manao tari-dava. — n, Mitsoritsory, mirefarefa, mikararávy, h mikorefaréfa, mireparépa, mirebaréba, miremaréma; misy rámbony, misy romaroma, mikirindréva afárany, mitambótsotra afárany; taríhina, antsoritsorína, arefarefa, mirerarera, mitaredrétra; vo LAMBINER. Se —, Mañantsoritsóry teña, mitari-bátana, mandady, mandadilády. miladilády. vo mikizehozeho; mizehozeho, mikorisa, mikorisarísa. mikísaka, mikisakísaka.

TRAÎNEUR, Mpañantsoritsóry. —, TRAÎNARD, mpikirindréva afárany, mpitambótsotra afárany, ny romaroma ny dia, mpikirireva, ny rambondia, mpitaredrétra, h mihenahena afárany, mañáraka afárany.

TRAIRE, g MITERY aomby, ? manery aomby. vo terivótsotra, terimpanavy, terivóry, terirá.

TRAIT, a. Argent —, tari-bola, vola tinárika.

Trait, Lefompohy atôraka; zanak'antsaky, h zana tsípikza, tsipika, tsindrona atopy. Partir comme un —, síaka izy roso, sélatra foana izy lasa, sélatra izy dia lasa. —, vólana mahatrébika o, tsíndrona, teny maníndrona, —, Tady fitaríhana, ánjaka, anja-kóditra fitaríhana. —, ny inómina indray mitárika. Tout d'un —, indray misotro, indray mitélina. Boire à longs —, minona manao tari-dava, mitarídáva mínona, manao tari-dava ny inómina, ? migáka, ? mitsóntsona. Goûter à longs —, Mibango. Ses —, ny soritsóritry ny sora ny, ny sora ny, ny lahara ny, ny tarehy ny. — de lumière, tsélaka, tsirin'afo. — de plume, sóritra, soritsóritra, táriny, sáriny. --- fil de métal, tarihana, tariny, sariny. --- de scie, Didy, lily; dididídy, lilílily. --- d'union, sori-pitraófana, sori-pamehézana, fikambánana, sori-panohízana. ---, ACTION.

Traitable, (o) mora, mora voláñina, zak'anárina, azo éntina, h malemy paik*i*a, moraina, moramoreiny.

Traitant, (Commerçant), Mpivárotra, mpivanga; mpandranto vidíana.

Traite, Dia tsy maito, dia lava, leha, fandehánana. Une longue —, lalan-dava. ? tari-dia lava. —, Famindram-bidíana an-tany hafa. —, vo TRAFIC. La — des nègres, Fandafosan'olo-maíntina, fivarótana, fividiana, famindrána olo-mainty.

Traité, k fanaóvana, fanekéna, fifanekéna, teni-miera. vo ACCORD. Faire un —, Mifamehi-vólana, mifañeky, mifañantom-bólana. —, Taratasy filazána.

Traitement, Ny atao, anoanóina, fanaotaóvana, fañanoanóana, fanoanóina, fataotao amy ny o; ny kabary atao amy ny o; fandraísana, fandrairaisana, fandrambirambésana o. Mauvais —, sata, hasiáhana amy ny o; fankaratsíana, fandrofarofána o, vo MALTRAITER. Bon —, Hobohobo, fañobohobóana, kobaby, kobikoby, fikobabíana, fikobikobiana; fañabahabána, habahaba. —, karama ny manambonináhitra; sara. —, Fitahána ny marary, h fitsabóana ny marary.

Traiter q, Mandray, mandamby. — sans soins, manaotao, mananoano amy ny, mandrairay, mandrambiramby azy, mandrofarofa, mamotsipótsika, mitintina, mitsíntsina, mamingivingy. vo Maltraiter. — cruellement, masíaka amy ny. — bien, largement, Mikobaby, mikobikoby, mañobohobo, mañabahaba, mañárana, mañantóana, mañikotra. mandray, mañaja. — un malade, Mitaha, h mitsabo azy, mitaiza, mitoty, mañome aody, manaody azy. —, mampihínana, mañome hánina. — son sujet, mamótsika maso ny k; mitory. — une question, mikabary, mimalo k, mizáka, mandínika, mirésaka k; mifampiera. — ses affaires, miraharaha. miasa, mitondra ny k ntena Le — de voleur, manao azy ho inpangálatra; de fou, mankadala azy, mivólana izy adala, manao izy adala. Le — comme son fils, manao azy karaha zánaka, manao amy ny táhaka amy ny zánaka. Se —, mamelon-trok*a*; malak'aody.

TRAITEUR, mpivaro-nahandro, mpivaro-kani-másaka, mpampihínana, mpandafo hánina.

Traître, Traîtresse, Mpamádika; mpiódina, mpañódina; manani-drova. —, Mamádika; mañody, pv manódina. vadikádika, mivádika, mañamboho; mamítaka; mivadibádika. mandainga.

Trajet, Halavány ny lálana; Elanélana hitsáhana, elanélana itána; lálana, fandehánana, aleha, halavána ny fitána, —, fitána, fitsáhana, dia.

Tramail, Síhitra, h síhika, fanihírana, h fanihífana; vo harato, vovo, tandroho. Pêcher au —, Maníhitra, maníhika filao. vo mamovo, manarato; mamandri-pilao.

Trame, Fahanténona, fáhana. La — de la vie, ny haelá' ny ny havelómana. —, Complot. Ourdir une —, Mamoron-tsaina hiódina, Mandrari-hévitra hiódina, vo COMPLOTER.

Tramer, mamáhana ténona. —, mandrary, manénona; mamoron-tsaina, manao saina miray tétika, mijery hanao ratsy.

Tramontane, Rivotra avy aváratra; ny kintana aváratra manambara lálana ny sambo. Qui a perdu la —, Very jery, very fanahy.

Tranchant a, Marániтra, Marángitra, velondránitra, mahatápaka, Mahadaika, Mahadidy. vo DÉCISIF. — s, Ránitra, rángitra, sanitra. A deux —, Roy —; marani-droy.

Tranche, Takélaka, tapélaka, sélaka, sílaka. Des —, selatsélaka. — de pain, sílaka mofo, sela-mofo; de bœuf, selakena, Masikita, safindrina, tokoza, kitoza, hena iray didy, takela-kena. Couper par —, Manelatsélaka, manilatsílaka, mandididídy matify, Manafindrina, manokóza hena.

Tranchée, Hady fivoahan-drano, hady fivoníana ny mitífitra tanána, aloalo fifefíana, hadi-manákona. vo hadítapaka, hadimamóngana, hadifetsy. —, vo COLIQUES; et hotikótika ny tinay. Causer des —, Manotikótika ny tinay.

Tranche-file, fehin-doha ntaratasy.

Tranche-montagne, Fanfaron.

Trancher, Manápaka, manito. — n, — du grand, Mitabiha, tia be, mitrehatreha, manandrian-tena, manao tena ho be. — à tors et à travers, manapatápaka foana tsy manerañérana; h manámaka. vo Mandidy, mandidididy, mamita, mankefa; manito dnaá.

Tranchet, Antsy ny mpanao kiraro, fanápaka, fandidy, meso.

Tranchoir, Hálana fanapatapáhan-kena, latábatra fandidididian-kena.

Tranquille, Tsy miolaola, Bonéka, bonika, honóka; Jabonéka, miádana, mándina, mántona; h maótona, mánina, mora, moraina, rainazy, mandry, morabe, vo mijámoka, Baranahy, mibaranahy, ? tony, ? oniny, fiádana; mandrinahalémana, miroandróana, mitsilanimandry; amparafara; matoky; tsy azontsámpona. Mahíhitra, miaran'ahy.

Rester —, Mibonéka, mibonika, mibonóka, mijabonéka, mitabonéka, midabonóka, mitabonóka, mimándina, mimántona, mipétraka, mitómbina; mantoetra;matoky; mangiña, mandéfitra, manao baranahy; miárana. Soyez —, Aza mañahy, matokía.

Tranquillement, Moramora, miádana, tsy mañahy. Tranquilliser, Manala ahiahy, mampatóky, mampitoetra, mampiádana, tsy mampañahiahy. h mampiónina, mampiánina, h manony, mampitóny azy. Se —, Matoky, mody matoky, tsy mañahy koa, mañary ahiahy, h mónina.

Tranquillité, Habonéhana; fibonéhana, fitabonéhana, fijabonéhana; fimandínana, fimantónana, fipetráhana, fiaránana, fiadánana, Barauahy, fiaránan'ahy, ? habaranahy, faotónana, h ónana, hasalamalamána; salamaláma, salama.

Transaction, Fañekéna; fifañekéna. vo Accords.

Transcendant, mandilatra, mihoatra.

Transcrire, Mamindra sôratra; mamindra amy ny taratasy hafa; mala-tsôratra. Transcription, sôratra voa findra, sòratra nafindra. —, famindran-tsôratra, findra-sòratra.

Transe, Táhotra be, Vílona, félana. Dans les—, matáhotra be, mandryandriran'antsy, mandry antendrondéfona, azombilona, mangorohoro.

Transférer, mamindra, —tany azy. Transférable, azo afindra. Transfert, famindrána.

Transfiguration, Fiovan-tsora, fiovan-tarehy, fiovan-dahara. Se transfigurer, Miova tarehy, miova sora, miova lahara.

Transformer, Manova tarehy (ou sora; lahara); —en, manova azy ho...; Se—, mody ho...; manjary. Transformation, fanovan-tarehy &, fiovan-tarehy &; fanována ho...; fiována ho...

Transfuge, Miaramila mañani-drova miandány amy ny fahavalo; mpiandany amy ny fahavalo. mpilefa, mpandósitra, lava fe mañátona ny fahavalo. mpamádika.

Transfuser, Mañidina amy ny lovia hafa, mamindra lovia, mialo azy. Transfusion, fañidíñana amy ny hafa, famindrána kapóaka azy, fialózana. vo mañororóka.

Trangresser, Mandika, mañota, mandiso, mamókina, tsy mahafády, tsy mañáraka diditány. &. Transgresseur, Mpandika didy, mpañota. mpandiso lalána. Transgression. fandikána, pv fandikávana, fañotána, fandisóana; ota-fady, ota.

Transi, Reki-katsíaka, Rineki-katsíaka, tami-nara, azo ny nara; mangatsíaka, manára; antara. vo voly, ngoly, — de frayeur, azom-pelana, mangóvitra.

Transiger, mifañeky. — avec, Mifampañeky.
Transir, — de froid, Manamy nara azy, mankanara be, mahareki-katsiaka. h mahavoly, mahangoly azy; de peur, Manamy vílona azy, mamono vílona, mampangóvotra azy, — n, Transi. Transissement, havoliana, hangoliana, hatsiaka be, harekétan-katsiaka. —, hovotróvotra.
Transit, Fanomezan-dálana, lálana homba.
Transitif, (Verbe) mamindra, mahavoa.
Transition, fifindrána.
Transitoire, mandalo, mamántana, mihélina, tsy mitoétra; vetivety, tsy ela.
Translation, Famindrána, fanapíhana.
Transmarin, a, Andafindranomasina, andafy.
Transmettre, mamindra, manapika z amy ny o.
Taansmigration, Fifindran-tany, fifindrána, fitsapíhana. --- de Babylone, Ny nifindran-dreo ou ny fifindrá'ny tany am-Babilôna.
Transmissible, Azo afindra amy ny o.
Transmission, Famindrána, fanapíhana amy ny o; fañatérana, fitondrána.
Transmuable, Azo ampifanována.
Transmuer, manova vy ho vy hafa, mampifanova.
Transmutation, Fifañována, fampifañována, fanována.
Transparent, a, h Mangarangárana, pv mangarankárana; madio ---; h manganohano, mahita, mazava, ahitána, tantéraka, madio, tomaratara, mangirangírana, mangarakáraka, mibonáka, mibolálaka; taratasy mangerakéraka, homerakéraka, miverangérana, miverambérana, matify mangerakéraka, matify vérana, matify verambérana, ? matify jérana. Un ---, z mangarangárana, &. Transparence, Hazavána mangarangárana; fangarangaránana, fangarankaránana, hadio, hadiévana.
Transpercer, mamboróaka, manintéraka, mandóaka, manómbaka, mangoróbaka.
Transpiration, vo Sueur. Transpirer, Mitsimitsimy, miboiboika, mitsika, mitika. ---, vo Suer. ---, k mischoseho, manampôna ho reñy n'ólona, mitránga, mivoabóaka, reñy fôfona, voa vahavaha.
Transplanter, Mamindra vodihazo (ou voly, tsabo); mañetsa (vary); mañetsakétsa, mametsy, manobotrolo azy. Riz bon à ---, vary fañetsa, vary fanobotróbo. Le temps de ---, Fañetsána, fametsiana. Riz transplanté, Ketsa, vary ketsa, vary fetsy. --- au hazard, ketsandramoraina. Transplantation, Famindram-boly, fañetsána, fametsiana, fanobotrobóana.
Transport, Famindrána ankafá; fitatérana, fitondrána

andafy. — de joie, Haravóana mahatámbana; de colère, Hasira mahasadéraka ; safóaka , tafóaka , hatezeram-bé, afonáfona. —, — au cerveau, hadalána betibétika avy amy ny tazo, firadaradáne.

Transporté, Ravoravo be. — de fureur, miafonáfona, misafóaka, misamóntitra. —, azon-tsadéraka, támbana.

Transporter, Mamindra ankafá, manapíka; mitondra hivóaka; mampitsáka, mampíta. —, Mahatámbana, mahasadéraka, maharikíana. —, maharavoravo mahavarivary. —, mahatézitra, mampisamóntitra, mampisafóaka, mampiénjika. Se—, mifindra, mitsapíka, mank'amyny, mandeha.

Transposer, Mamíndra. — tany. — láfatra azy. — azy an-koláfany hafa. TRANSPOSITION, fa.nindran-dáfatra.

Transsubstantiation, Fiovány ny mofo sy ny divay ho vátana sy ho ra ny Jeso-Kry Tompo ntsika; fiovam-pôtotra. TRANSSUBSTANCIER, mañova z ho z hafa; ? fañovam-pôtotra.

Transsuder n, mitsimitsimy, mitsika, mitíka, ? manétona, ? tsémboka.

Transvaser, Mañidina, h mañaidina amy ny hafa, mialo, manapíka, mamindra amy ny kapóaka hafa. mañororóka.

Transversal, Mitsiválana, manompírana, misákana, ? Mifandalo, ? manavokovoko. vo OBLIQUE.

Trantrau. Le — du palais, ny fiheveran-draharaha any an-dapa.

Trappe, Varavárana atonta, tamiana alátsaka; Tonta, fandrik'atonta. vo hadifetsy, fándrika mitótotra, longoamitoto-bózaka.

Trapu, Fohi-be, botréfona, tabokely, boteta, botétaka, botry botrabótra.

Traquenard, vo Amble. —, fándrika famandriham-bibimaimbo.

Traquer un bois, Manárona ala hálaka ny biby, mamehy, mañodídina, manampin-dálana, mamehi-lálana. —des voleurs, Mandátsaka azy ambory, mamono-láiana azy, mamala. vo ASSIÉGER.

Traquet, Fiteháfana. —, fandri-bibimántsina.

Travail, Asa, h Lahasa, taozávatra, raharaha; z atao, závatra, fiasána. — fahasasárana. — forcés, ny raharaha ny andríana ampanaóvina ny olona very. En— d'enfant, marary efa bitéraka. — mal fait, vangovango, vo sakafoamba nifoitra.

Travaillé avec soin, Tsara fanaóvana. Koa zinávatra, koa naloa. —, sásatra, trótraky ny asa.

Travailler, Miasa, mizávatra, mitsabo, manao, vo Mamórona, mandrary, manefy, mamboatra, miraharaha, mizáka. —, de toutes ses forces, h miantotomaty, miasa fátratra, mikely aina, man dóditra tena. — constamment et vigoureusement, mak'ampandairany, mak'ankihitra. — grossièrement, mamangovango. — le bois, la pierre, mandráfitra hazo, vato. —, (hazo) Mihénkina, mangérotra, miólana, milántika, h mifántsika, mibaraingo, mivóhotra, mivava, mikénkona, miova. —, (Toaka) mitánika, mandevilevy. —, Mañólana, mañétsika, mañozonkózona, mamòfoka, Se —, se tourmenter, s'inquiéter. Travaillé de la fièvre, atao ntazo, anoin-tazo, azontazo.

Travailleur, Mpiasa; mpizávatra. Grand —, fatra-piasa, maheri-miasa; fiasa, fatratr'asa, maheri-fiasa.

Travers. Le —, ny Antsákany, ampóhiny, sákany. Un — de doigt, rapahan-tondro. En —, Antsákany, ampóhiny. misákana, mitsiválana; manákana, fanákana, mifampisákana, mivokovoko, vokovoko. Se mettre en —, misákana, manákana, nibáhana, mibada. Mets-le en —, asakáno izy, Du TRAVERS, tsy hahitsiana; Vilana, viríoka, biríoka, bila, bilabila, kobila, sia, siasia, éngoka, engokéngoka, ótaka, ólika, ólaka, dímbana, viry, vily, sobílaka, sobílatra, sirana, sompírana, diso, ota, vírotra, virobírotra, vevy, vila, vilavila, fibilabilána. Qui sont, qui vont de, qui est de —, Bila, bilabila, vila, vilavila, kobila, mikobíla, mikobilabila, mibiríoka, miviríoka, vírotra, mivírotra, vilana, mivílana, mania, maniasia, méngoka, dímbana, mandímbana, miviry, mivily, misobilaka, misobilatra, sírana, sompírana, diso, ota. miótaka, miólika, miólaka, vevy, mitovevy, mivirobírotra, njola, manjola, mikobilabílaka. vo o ambevimaso, o miviro-maso, o miviro-bava; aomby bila ou vila, zara vílana; lákana bila; fañahy, teny miótaka; o mifingafinga, o mivilampijery. vo REGARDER, MARCHER, BOITER. Le faire de —, Mamilabila; mikobilabila, mampikobilabila azy, mañéngoka, mampiótaka, mamilavila, manao miviríoka, manao mivírotra azy, mamiravira, Qui a avalé de —, kófina, rofiñina, sakáhina. Qui fait avaler de —, Maha —. Aller de —, (Rano atélina) misondróvaka; vo à TORT et à —. A — la ville, Mamaky tanána; la cloison, manintéraka, manaboróaka, mitaboróaka, mandóaka riba. Par le —, Tandrify, fañandrify, fanjó.

Traverses, Sákana, hazo asákana, antsákany, ampóhiny; z misákana, z mitsiválana, latsy, sakamandimby. Chemin de —, lálana mamaky, sampandálana, lalankely, sampañandálana. Prendre la —, mamaky, h mamitravitra. Venir à la — de, misákana, manámpona. Des —, Sámpona, fanampónana. émbitra.

Traversée, Fitána ou fitsáhana ranomásina, dia andranomásina; faudchánana.

Traverser une ville, Mamáky tanána; — en tout sens, mamakiváky tanána. — la forêt, Manintéraka, h manantéraka, Mandóaka, Manaboróaka ala. — la nuit, miloak'álina. — l'eau, Mita, mitsáka rano, —, Misákana, manámpona, mañémbitra. Forêt que traversent des chemins, Ala vakivakin-dálana maro. Traversé en différents sens, h tafasiantsíana.

TRAVERSIER a, (Lálana) mamaky, mitsiválana, misákana, (Lákana) fitána, fitsáhana.

TRAVERSIN, óndana lava, ondan-dava, onda-misákana. —, hala-misákana.

Travesti, Novan-tsikina, navádika ho ratsy, novan-tarehy, natao ratsy sora, novan-ko-ratsy sora, niova-tarehy. TRAVESTIR, mañova tarehy, mañova lamba, mañova ho ratsy, h mañendrikéndrika, mañadala, mamádika ho ratsy; mañafahafa. vo DÉGUISER. Se —, Misíkina hafa, miova tarehy, mody hafa; mody ho tsy izy, mody hafa. vo se DÉGUISER.

TRAVESTISSEMENT, vo Déguisement, et fitafiana tsy ahafantárana.

TRAYON, Lohanono ny aomby.

TRÉBUCHER, (o) mifingana &. vo BRONCHER; ny vity ny mamítaka, mavandy, ? mandenga; diso. — dans une affaire, tsy mazó, mandoly, mandamóka.

Trébuchet, Fandri-bórona, tonta, hadifetsy, lávaka tótotra, fándrika mitótotra, lávaka tsy hita. Prendre au —, Man látsaka o an-dromay, ou antsóboka; manao sesi-ákoka azy, mamárina o; mamándrika, mañambáka, mamangopángoka o. —, Fandanjam-bola, filanjána madínika.

Tréfler, Manao tari-bý, ou tari-baráhina, Mandroro-bý, mandrori-bý; manjao, manjaozao, manjaotra vy. mañalava, mañánjaka, mitárika vy. TRÉFILIÈRE, fanavan-tari-bý, TRÉFILEUR, mpanao tari-bý.

Tréfle, Ahitra telo ravin-kely.

Treillage, Latsy mitsivalambálana, harato-hazo, haratový, Rari-tsorakazo mangorakóraka, Tsorakazo mifanakantsákana. TREILLAGER, Mañisy —.

Treille, harato hazo mifify riba amahañam-tahomboalóboka, Tohamboalóboka, harato hazo aníhiny ny voalómbona, toham-boalómbona.

Treillis, Tsora-draha (ou tsora-bý, tsorakazo) mifanakantsákana, ou mitsivalambálana; harato-hazo, harato vý. vo vokovoko. Treillisser, manisy —.

Treize, pv folo telo amby, h telo amby ny folo. Treizièmement, TREIZIÈME, Faha—. Un —, h ampahatelo amby ny folo.

Tréma, Tebo-droy tataòvin-tsòratra.

Tremblant, (tànana, olo-matoy) ataontsingévitra, azontsingévitra, mitsingévitra. h (feo) mipararetra. vo Rano-andrávina.

Tremble, Añaran-kazo abo misy ràvina mitsingevitrévitra foana.

Tremblé, a. Écriture —, sôratra mitsingevitrévitra; miolikólika. —, s, olikólika, tsingévitra.

Tremblement, horohoro, hòvotra, hovotróvotra, hevitrévitra, tsingévitra, tora-kévotra, tora-kóvitra. vo Jihijíhy, vihivihy, fihifíhy, hifihífy; hofokófoka, hozonkózona, pararétra. — de terre, horohoro-ntány. Trembler, Mi —; et Mangorohoro, mangóvotra, mangovotróvotra. — de peur, manaran-défona, mitsirávina; hevy; de froid, mivihivihy, mangóntsina. vo TREMBLANT; et ménjika, mihenavélona, mitsirávina; mievotrévotra.

TREMBLOTER, TREMBLOTANT, mangovotróvotra, mitsingevitrévitra, mihebikébika, mihevitrévitra, mihefikéfika. Mitsingevikévika, mitsingevingévina, mikevikevy, mihavatrávatra, mihevihevy; hevihevy; mihevingévina, mitsingévina. mipempéna, mipendrampéndrana. vo TREMBLER.

Trémoussement, hetsikétsika; hofokófoka, h kofokófoka, ofikófika; honinkónina, h koropadrópaka, korofodrófoka, hendratréndratra, olaola. vo AGITATION, TREMBLEMENT. TRÉMOUSSER, mi —. Se —, Mihefikéfika hanao z, — des ailes, mañofokófoka élatra. ? mitehatehak' élatra. vo Mikarokároka, mirofodrófoka, mitrehantréhana, miraharaha.

Trempe, òfana, soka. De bonne —, (Antsy) tsara —.

Tremper du linge &, Mandóna, manòka; mɔnjóboka lamba; la soupe, Mandóna lasopa; le fer, manòfana, manoka vy; son vin, mamaky rano azy, Mandena azy; la terre, (Orana) Mandéna, mañámpoka, manditsaka, mahaléna tany. Mandona, mandena taratasy. — n, Milóna; mibobo-drano, ? misóka. — dans une affaire, (o) miditra añaty malo ratsy, mirai-tétika, miara-manao, mirai-kévitra. TREMPÉ, Lena, ámpoka, ampo-drano, tamy rano. dítsaka, bobo-drano, voa lona; vo h kotsa, kotsakótsa, kotsátsa. —, (vy) efa voa òfana, voa soka. vo mitsoitsoy, mitsontsoina.

Tremperie, trempage, fandémana, fandónana taratasy.

Trempis, Ranomadiro fandónana vy va hòditra ho fotsiana.

Tremplin, Fafa milebolebo diány ny mpitsambókina.

Trempoire, Vilañy fandónana éngitra.

Trente, une TRENTAINE, Telopolo, Trentièmement, TRENTIÈME, Faha —; faha — ny. Un —. h Ampaha — ny

TRÉPAN, z fandoahána ny haran-doha. Trépaner, Mandóaka, vo mandidy ny taolandoha.

Trépas, (fitána, famantánana;) fahafatésana, fialan' aiña, tonompaty. Trépassé, naty, maty, nafoy. TRÉPASSER, Maty; mial'aiña, modimandry. maty an-jofo.

trépidation. Tremblement.

Trépied, (Telotóngotra,) Toko, tokóana, mandiatelo; en pierre, tokodidy; en fer, tokový. Fipetráhana telo tóngotra, hálana telo tómboka.

Trépignement, Totototo tany. TRÉPIGNER, (o tézitra, o miravoravo) mitotototo tany.vo? mipatrapátraka,? migodongódona, midiadia,? mitróatra.

Très haut, Abo Be, abo Indrindra. vo — ROUGE, mena ká. — noir, — obscur, maintim-pónitra, maizim-pátatra, maizin-goka. — blanc, fotsy mangántsa, fotsy jiaka. — méchant, masiaka mena. —actif, maláky féngana. — bon, tsara dia tsasa, tsara malaza. Je le sais très bien, hay ko loatra.

Trésor, Haréna, Antontambola, vola navory, vola vory, hávoriam-bola, h Rákitra; pv Dremana, ankera, Vola. haréana, fanánana, ompy. —, TRÉSORERIE, Famoriam-bola, firakétana, fitahirizam-bola, fañompiam-bola. TRÉSORIER, Mpitam-bola, mpiraki-bola, mpañompi-vola, mpiambimbola.

Tressaillir, Taitra, taitaitra, héndratra, mihéndratra, mihendratréndratra, héndra, éndratra. — de joie, Tai-dravoravo, mibítaka, mibitabítaka, taitra haravóana; varivary, mitroatróatra. — de frayeur, Mihóntsina. TRESSAILLEMENT, Hataírana, héndratra; bitaka, hóntsina.

Tresse longue, Rándrana, taly; en forme de natte, Rary. vo eka, ólana. TRESSER une corde, les cheveux, Mandrándrana, mirándrana, mitaly;? manólana. — une natte, un chapeau, Mandrary. TRESSÉ, mitaly, mirándrana, voa taly, voa rándrana. TRESSEUR, mpandrándrana, mpitaly; mpandrary. TRESSOIR, fandrandránana, fitalíana; fandrariana.

Tréteau, Tómbo-datábatra, tómboka, indran-tómboka, indram-bity, antóka, hálana, toko, tóhana.

treuil, Z fampakaran'enta-mavésatra.

Trève, Andro itsaharan'amy ny ady, andro fanoeran' ady, andro tsy iadivana, fitsahárana amy ny ady; andro iaukóana; fañitósan'ady. Faire —, mitsáhatra; mañito asa.

Triage, Fañaráhana ny tsara amy ny ratsy, fifidíana, fifidiánana, sk fifiliana; fidy, safidy; fily; fántina, fifanténana, ny mitsongora, ny mitsimpona.

Triangle, qc triangulaire, Telo-zoro.

tribord, ny ankavánany ny sambo.

tribu, Tahiti 'ólona, fahitra, h fokompirenéna. firenény.

firazáñaua, vavíana.

Tribulation, fahoríana. ADVERSITÉ, AFFLICTION.

Tribun, Mpifehy. — du peuple, Tale ny vohóaka, mifehy ny vahóaka, mpiaro ny vodiahitrarivo, mpanápaky ny arivo; kapiteny be.

Tribunal, Lapa fimalóana, h fitsarána, fikiabaríana.

Tribunat, Ny raharaha sy ny voñináhitra ny *Tribun*.

Tribune, Rápaka abo fikabaríana, sandrátana fitorianteny, Fikabaríana, fitoeran'abo, hálana, talatala.

Tribut, Ny aloa amy ny Mpanjáka, h hetra. — de soumission, hásina, habahaba, fanompóana. — personnel, vidiloha, h? tombandoha. vo fadintseráñana. Soumis au —, TRIBUTAIRE, h mihetra; ? mañefa ny tsy mirango; mandoa hetra.

Tricher, MAMITAKA, mañangoly amy ny fisomána. vo TROMPER. TRICHERIE, fitaka, angoly.

Tricolore, telo volo ny, telo sóra. vo lambasámpona.

Tricot, Kibay be fohy, kinongo, kononga, h langilangy, fively, famely. TRICOTER, Mandráry toy ny *Bas*. Manénona amy ny tsoratsora-bý madinika mirimbon'ása. —, (Sovaly) mañetsiketsi-bity fa tsy maláky fandehánana.

Trictrac, Añaran-daolao.

Trident, telo nify, telo bý; éfaka telo tsindrona.

Triduum, Andro telo, h hatelóana; hateloan'ándro.

Triennal, Mañerintaona telo;..... telo taona; maháritra telo taona, ísany telo taona.

Trier, Manáraka, manaratsáraka ny tsara amy ny ratsy; mifidy, mifántina, mitsímpona, mitsimpontsímpona; g mitsongo ny tsara; mitsongóra z; mañesotra ny ratsy.

Trifide, Vakitelo, misampan-telo.

Trigaud, a, Trigauder, Mañangoly, tsy maria-bava, mifelipélika.

Trigonométrie, Fañohárana ny z telo zoro.

Trilatéral, Telo lafy, telo ila, teto ampísany.

Trillion, Tapitrisa-tapitrisa-tapitrisa. telo-tapitrisa.

Trimbaler, Mitondratóndra karamaoka, mitaritárika, mamindrafindra, mikorókaka éntana.

Trimer, Mandeha maláky ka málaka disaka, menjik'asa, ménjika dia.

Trimestre, Telovólana, volanatelo, hateloam-bòlana.

Tringle, Tsora-bý, rotsa-bý; tsorakazo marírana, irimpafa, írina, latsy, tsípika. TRINGLER, Manóritra hazo amy ny tady fotsy, mitsípika.

Trinité, Telo-raiky; Zanahary raiky ólona telo, ny Ray, ny Zánaka, ny Fañahi-Másina; sady telo no iray, hateloan' ólona; Olona telo Andriamáñitra iray.

Trinôme, Tolo toko, telo rasa.
Trinqueur, Mifampikòna lobaloba, mifanositósika ou mifanóhina kapóaka laha hinona.
Trio, (antsa) telo feo.
Triolet, Hateloan-tsoratr'antsa.
Triomphal, Fañaboabóana, fiaboabóana, fireharehána, fitabihána
TRIOMPHER n, TRIOMPHANT a, Naharesy ka aboabóina, asándratra amy ny fankalazána be, ankalazaina amy ny fañanoañóana be, añoañóina. —, Mirehareha naharesy, miravoravo, matoky; mifalifaly. — de, Mandresy, Mandrébaka.
TRIOMPHATEUR, Nandresy ka aboabóina, mpandresy; mirehareha naharesy.
Triomphe, Fañaboabóana ny naharesy, fanandrátana, fañañoañóana. —, fifalifalíana, firavoravóany ny nandresy, fireharehána ny naharébaka. —, fandreséna, fahareséna.
Tripaille, Tsinay ny biby.
Tripartite, Telo rasa. TRIPARTITION, firasána telo.
Tripe, Tsinay, sk tinay. vo masonantéliny, masontantelinkena, rombo.
Triperie, fivarotan-tsinay.
Tripétale, Voñinkazo telo félana.
Tripette, Tsinay kely.
Tripier, Mpivárotra tsinay, mpivaro-tsinay.
Triple, Telo sósona, telo miléfitra, telo válona, telo heny, intelo, avy telo heny. Rendre au —, mamoa telo heny, mandoa intelo, manao intelo. TRIPLER a, manao avy intelo heny, ? manintelo azy, manao telo azy. — n, Mitombo intelo, avy telo heny.
Triplicité, Hateloan-tsósona; hatelóana.
Tripoli, Tany mavo famotsiana. TRIPOLIR, mamotsy vy amy ny tany mavo.
Tripot, Trano fisomána ratsy.
Tripotage, Haroharo ndraha maro ratsiratsy.
Tripoter, Mañaroharo, mampikorokoro, mikorókaka, mikotrókaka, mamotipótika, mamotsipótsika, mikotrankótrana, migodangódana entana &.
Trique, kibay be, kinonga, h langilangy, tehim-be.
Trique-balle, Z famindran-táfondro; fandaisan-tafondro.
Triquet, Tapa-páfana fanoraham-bala.
Trirème, Sambo telo filaharam-pivé.
Trisaïeul, Ada ny dady. TRISAÏEULE, Reny ny dady.
Trisection, Firasána telo, fandidíana telo. fizaran-telo.
Trisme, Hehi-bázana ny marary, hidi-vázana.

rrispcrme, telo vihiny.

Trissyllabe, teny telo vany, vakitelo.

Triste, Malahelo, voa-fó, keli-fo, keli-kibo, miantómboka; malahelo tarehy. feno rano. vo AFFLIGÉ, MÉLANCOLIQUE. —, vo mahalahelo, mampalahelo, mahafalahelo, mankalahelo, mahavoafó, vo AFFLIGER. vo maintimainty, mahantra; mijakoretra, manjobonjóbona, mandrahondráhona, mahitangano, tanóndrika. Sorisoréna.

Tristesse, Alahelo, fahalahelóana, fahalahelóvana. vo PLAINTE.

Trituration, Fanorotoróana, fanosóhana, fanisóhana. fandevónana. TRITURER, Marorotoro, manisoka, manôsoka. —, mandévona hánina an-kibo.

Triumvir, Raiky amy ny telolahy milanja fanjakána; iray amy ny telolahy miara-mitondra raharaha. TRIUMVIRAT, Olon-telo lahy miara-manápaka tany.

Triviaire, Sampanan-dalan-telo, fiharóan-dalan-telo, fitraófan-dalantelo, telo sámpana, telo lálana.

Trivial, (tsy misy vidy ny), (Teny) Iva, iviva, tsy manjary loatra, fatao ny rorohantain'ólona, vetaveta, tsy méndrika, ratsy. TRIVIALITÉ, teny ivaiva.

Troc, Takalo, fanakalózana.

Trochet, Fáhiny, sampaho, salohy, fahimboan-kazo, fahimbońinkazo. Venir par —, ? Manampaho; ? mitokotoko faniry, ? Mamahy.

Trogne, Tava bory ravo, lahara bory ravoravo. Rouge—, lahara mena ntóaka.

Trognon de maïs, taolan-tsakotsako; vo fo, voa ny, akálany, vody.

Trois, Telo. — fois, Intelo. Qui a-- fois l'unité, manelo, mitelo. Le diviser en —, Manelo azy. Agir — fois, pour la troisième fois, manintelo. — à —, — par —, telotelo, tsitelotelo —, sk Mamóka. — jours, telo andro, andro telo, h hatelóana, hateloan'andro. troisièmement, TROISIÈME, fahatelo. — ny. Un —, h ampahatelo ny. Une — fois, fanintelo. C'est la — fois que je le vois, fanintelo ko ou ampanintelo ko mahita azy. Il tombe pour la — fois, fanintélony lavo, lavo ampanintelony, ? manintelo lavo izy.

Trombé, Tsangan-drano ambony rano másina, pv Amboalava; h ? rambondánitra, ? Gosirano. vo TOURBILLON.

Tromblon, Basy fohy be vava, tafondrolópatra.

Trombone, Trompetra lava, trompe-dava, trompetra tarihina.

Trompe, Antsiva, bakora, angaroha. —, órona ny Éléphant.

Tromper, Mamitaka, manangoly, manambaka, h manándoka, h manoloky, h misódika, h misólika, pv manombeha. vo mamérika, mañome voho ny, mampanantéña, manolo-bato-mafána, manóboka, mifetsy, manolikoly, mihendry, mañomevoandambo, mañadala, mamaka, mamakaváka, manao ankósotra, mamangopángoka, mamálana, manao goróbaka, mikapetsipetsy, misíoka. Faire — q, Mandiso, mañota o, mahadiso o. ça trompe, mahadiso zany. vo? mampandiso. Se —, Ota, diso, sinda, tafa, maninda. vo mania, maniasia. Mandímbana, mañota, mandiso, misobilaka, tsontsa. Se — de chemin, de mot, diso lálana, ota vólana, sindra vólana.

Tromperie, Fitaka, Angoly, famitáhana, fanangolíana, fanangoléna; fañambakána, h sándoka, h soloky, sódika, vóhony, antohim-bato, fángoka. fangopángoka, goróbaka, h solia, h sombia, pv sombeha; solohoto, tsongotsongo, tsongorávina.

Trompeter, Mitsíoka, h misíoka trompetra. —qc, Mañantsiva; mandrésaka, manakora, mikorovetsy k; manadidy k amy ny antsiva tsófina.

Trompeteur, Mpitsiok'antsiva, mpitsíoka trompetra.

Trompette, Antsiva varáhina, bakora varáhina; g trompetra; h farara; anjomary varáhina. —, mpitsíoka —. Sonner de la —, mampañeno ny —, mitsíoka —.

Trompeur s, Mpamitaka, mpañangoly, mpamérika. —a, Tromper.

Tronc, Vatankazo, vody, tronga, vodinkazo, vodihazo, voditranga, vátana, fótotra. Du même —, tokam-pôtotra. —, Vatra fandatsaham-bola. — de colonne, ny volo be ny, vátana, rótsana, tóhana, volo ny.

Tronchet, Hálana be telo vity,

Tronçon, Vóngana, tápaka, tápany be, hetra, hetretra. vo tronc. — d'anguille, vongan'amálona, tapak'amálona, helr'amálona. tronçonner une anguille, Mamongambóngana, mamóngana, manapatápaka amálona, mañetretra, mañetra azy, mañéntitra.

Trone, Lapa, fipetráhany ny mpanjáka, fiketrahan'Andriana.

Tronqué, g Bólona, g Folona, pv Gólona, pv kólona, misy napiaka, misy rómbina, naharombíñana, nahafoláhana, tsy vántana, tsy áñona, simba, misy róvitra; tsy tantéraka, tsy tody, takila. tronquer, Mamólona, mankabólona, mampigólona azy; mañala ámy ny, manápaka, manimba azy, mandrómbitra, mandrómbiña, mandróvitra azy.

Trop, *Adv.* Lóatra, be lóatra, maro loatra. Pas —, Tsy lóana, tsy loany. Parler —, Lílatra teny, lila-bólana, tsontsóraka teny, tsontsora-bólana, maro vólana lóatra, mivonan-dóatra. Le —, Ny lóatra, ny tsontsóraka, ny tsy omby, ny amby ny, ny mihóatra, ny tsy antónony, tsy anérany, tsy anóhany. — pour être bien manié, exécuté, traité &, Tsy érany ny tánana, tsy érany ny, tsy érany ny tratra.

Trope, teny fanohárana, vólana aóhatra, oha-bólana.

Trophée, Ny bambo avy amy ny fahavalo resy; famantaram-pandreséna, fehían-défona amin-tsábatra, fehíandraha fiadivana ho famantaram-pandreséna, Ampinga sy basy asándratra ho máriky ny fahareséna. Faire —de, mireharéha amy ny.

Tropique, Ny fanamperan-dia ny masoandro aváratra sy atsimo.

Tropologique. Sens —, ny fôtotry ny ôhatra.

Troquer, manakalo; mifanakalo; vo Échanger. TROQUEUR, mpanakalo, ti-hanakalo, tia takalo.

Trot, Dia ny sovaly tsy mandringito tsy miádana; Ritirity, h hanjahanja, hejaheja; firitiritiana. Petit —, jekijeky. vo ? tsaikontsaikona.

Trotte, Halavan-dálana; tapa-dálana. —, Course.

Trotte-menu, Mijekijeky, miritirity.

Trotter, Miritirity, mihanjahanja, mihejaheja, manejaheja; mijekijeky, mitratreva, mitratrévaka. ? mitsaikontsaikona. ? migodongódona, mipatrapátraka.—, mandeha lava.

Trottiner, mijekijeky, miritirity madínika, vo TROTTER.

Trottoir, Lalan'abo, morondalan'aboabo, farafara tany fombána, ? sondro-dálana.

Trou, Lávaka. — qui traverse, Lóaka, tómbaka. Petit —, hirika. Des —, loadóaka. Des — en terre, kitoantóana, kantoantóana. vo Tora-bintsy, vodi-fanjaitra, hóboka, boróaka, boróbaka, longoa, tangirika, tangolóaka, hóaka, kótona, hady, hadintsékatra, tsibongy, vava, vavatany, bana, banabána, longoa mitoto-bózaka, bongo. Qui présente un — large et profond, mangoakóaka, mangoahoa. vo mangoangóana, mangoankéana.

Trouble a, (maso) Tsy mazava, manjávona, manjavonjávona, manambahamba; páhiny, (Rano) maloto, voa haroharo, tsy madio, maríhitra, marihidríhitra, magodragodra, métroka, h mátroka. Je vois ---, manjávona ny maso ko.

Trouble, s, Gódana, kótrana, kótana; korataba, tabataba, olaola, haroharo, adiady. ---, ahiahy, harivánana, h fianánana, pv finanána, pv fidadána. vo ahanáhana, korokoro, fahasosórana, haverezan-kévitra, haverezam-pañahy, adary; tokoamboa.

Trouble-fête, O avy romóka mandróbaka ny haravóany ny maro; mpikotran-karavóana.

Troublé, very jery, Sahirana; támbana, sámpona.
Troubler, Mandoto (rano), mañaroharo, h mangaroharo azy. migódana o, mikótana, mikótrana, migodangódana, mikotrankótrana, tsy mampandry, mandrivana, mampitabataba, manahirana, mahasósotra o; tsy mampiádana, mampañahiahy, mampikorokoro; manámpona, misákana, mañito. Se—, (rano) mihialoto; miharoharo. (maso) manjávona. (ándro) mañiboka, mañizina, mañiziñizina, pv o minaná, pv midadá, h mianána; mañahy, mañahiahy, rivana. very hévitra, verisaina. misalasala, mikodedidedy, miambakambáka, mibadabada, rekidela. sahirana, malemy fo. vo mbola tsivakilay.
Troué a, Lóaka, tómbaka. boróaka, boróbaka, goróbaka; taboróaka; voa tróbaka, voa tómbaka, voa lóaka.—en plusieurs endroits, Loadóaka, tombatómbaka.
Trouée, Hóaka amy ny valavélona va amy ny ala; hoak' ala, hoa-patra, fátrana. —, Lóaka, boróaka atao ny balantafondro.
Trouer, Mandóaka, Manómbaka, manaboróaka, mamboróaka, mamboroana, mangoróbaka, mañirika, mitróbaka, mitrábaka azy.
Troupe, z (miaiña) andiany, iray dia; mirai-dia, miara-mandeha, miara-dia, iray toko, manao andiany, antókony. miaramila maro; hamaróana. Par —, mitokotoko, Samby amy ny tókony tokony. Aller en—, miara-dia, mivory dia, miray dia, miraiky dia, manao andiany; en grande —, mivangongo, mivongo, mivalólana, mivalóngo.
Troupeau, (Aomby, ondry) miara-dia, mivory, miraidia, iray toko. 3 — de moutons, ondry telo toko, telo dia, telo andiany, fehian' ondry telo; —, ondry, aondry maro. —, o tarimin' ampijóro.
Trousse, Fehian-draha, fehiana, fehézana; z mifehy, z voa fehy. —, Trano njanak' antsaky; trano ny zana-tsipika. —, Akanjontóugotra. Être aux — de q, Mañiana o, manara-dia, manarak' azy antómotra.
Troussé, voavoatra, voa hajary. Bien—, tsara voatra, tsara fehy, tsara fanaóvana.
Trousseau, Fehian-draha, fehiana, fehézana; z voa fehy, z iray fehy, sampaho, z miharo. —de clefs, fehezam-panala gadra. —, Fehian-tsikina, fehezam-damba, fañampian-tsikina, éntana, ny akanjo ny ziaby,? entan'akanjo.
Troussequin, ny hazo milántika amy ny lasely (Selle). —, famoritana, eram-pamangirana.
Trousser, vo Retrousser, et mañólona, mañórona. Se —, manóndrotra lamba.
Troussin, Dify, lify, lépika.

TUL

trouvaille; z hita n'ólona, o vao ho hita; bambo.
trouvé, hita n'ólona. vao. Enfant---, zaza very, nahôhoka, narian-dreny, hita n'ólona.
Trouver, Mahita. vo mañôkatra. — bon, Mankamamy, mankatavy, mankafý. — mal, tsy—, tsy mañeky. Je le trouve bon, mamy ko zany, tsara ahy zany. vo Plaire. S'y—, ao, añy, mitsángana, mipétraka, mitoetra. Se — mal, fánina, tórana. Aller—, Manjó, manátona o; vo manávina. Il s'en trouve, misy.
truand, Vagabond.
truchement, Interprète.
Truelle, Sotro fañalan-tsokay, famelaran-tsokay, fandamboan-tsokay, fametahan'antsoká. truellée, eran-tsotro.
Truffe, Añaran'ovy sarobidy. vo voanjo, takodiboanjo. truffer, mañisy *truffes*. truffière, tany misy *truffes*.
Truie, Lambovavy, koso-vavy, h kisóavavy.
truite, Añaran-daoka vandamena amy ny oñy. truité, Vanda-mena.
Trumeau, Ny elañélany ny varavaran-kely roy. ---, fitáratra antséfany varavarankely roy. ---, Leferantomhok' aomby ho hánina; ? ranjon'omby, sintak'aomby.
tu es malade, marary Anao, h Hianao. Ce que tu demandes, ny angatahi'Nao.
tuable, Azo voñóina.
tuage, Famonóana sy fanamboárana hena.
tuant, (asa) mahafaty, mahatrótroka, mamono.
tu autem, ny maso ny k, ny adiny, ny fôtotra, ny izy.
Tube, Tsóraka foan'aty, tsóraka taboróaka, Volo, fontróaka, ? tavolo. vo farara, sobaba.
Tubercule, h kiambo, ? dórina, taborindraba maniry; voto, votondraba maniry antány tahaky ny ovy. vo Atody, hálana, voany, akálany, taboribory ny.
Tubérosité, Kirambo, ? dórina.
Tuer, Mamono; Mahafaty. vo manjédana, manámpitra, mamaky. Se —, mamono tena. Tuerie, Famonóana; vonóana. —, trano famonóana.
tue-tête. Crier à —, Mankaréñina, mamparéñina, matsintsíña izy marésaka.
tueur, Mpamono; tsy tia vélona.
tue-vent, (riba) famono rívotra.
tuf, Tany fotsy, tany ravo, h ? tany lónaka.
Tuile, Takela-tany loky atafo trano, sila-bato, sela-bato, Tany loky, tany fisaka. tuilerie, fandokiana —, fanaôvana ---.
tulipe, Añaram-boñinkazo kapoak'aty.

Tulle Lamba matify mangarakáraka tahaky ny harato maletra maso.

Tuméfaction, Vonto, mi—. vo Enflure.

Tuméfier, Mampivonto. Se —, mivonto. vo Enfler.

Tumeur, Ny mivonto, havontósana, fivontósana, vonto. vo mony, sarimbay, kifongo, ? ny mandákana, ny mivatra.

Tumulaire a, amy ny levénana, am-pásana.

Tumulte, Korovetsy, tabataba, korataba, olaola, kótana, gódana, kótrana, godangódana, korókaka, kotrókaka, h hotakótaka, h hotankótana, h kotaba, h horikórika, h vazavaza. En —, tumultueux, mi —; et marésaka; barabosy, vara-dátsaka, mañadary.

Tunique. vo Ankajo, sakónoka, hóditra, rákotra, foño.

Turban, Hamama. vo kemba.

Turbiné a, Kitsoloha mifótitra.

Turbot, Anaran-kazandrano.

Turbulence, Oloalo, tabataba, kotankótana. Turbulent, Mi—; et mampiolaola, migódana tany, mampiadiady tany, mikotankótana tany, ? mañadary, vo Tumultueux.

Turcie, h Fefiloha, fefirano.

Turgescent, Mivonto.

Turion, ? Ládina, váhatra, ? tsimoka.

Turlupin, Mpanao vosobósotra foana; mpamosobósotra foana. Turlupinade, h vosobósotra, h koniania; vólana fananjañóana, fikizáhana, h saoteny ratsiratsy. Turlupiner r. Mamosobósotra, manao vosobósotra, manao teny mifelipélika, mikoniania. — q. Mañadala o amy ny teny fikizáhana, mikoniania, misomonga, misoma o.

Turlurette, Jejy ny mpiriorio mangatakátaka; Valiha.

Turpitude, Héñatra be avy amy ny maloto natao ; atao maloto mahameñatra; z fiheñárana, h z vetaveta.

Tutélaire, Miaro, Mañéfina, manákona; Mitaiza. vo Mitoty. mananty, manomóny.

Tutelle, h Fitaizana, fitandrémana, fiarovana, fiambénana. En —, mihámpitra, mihato, miánkina amy ny o, h atodihorokóroka, atodiorokóroka.

Tuteur, o iankinan-jaza boty, Mpitaiza zaza boty, mpiaro, mpanéfina mpiántoka, mpiámbina. mpitoty, mpiboty, mpanomony. —, fáhaña, tóhaña.

Tutoyer, Manao hoe: hianao.

Tuyau, vo Tube. —, Lakandákana amy ny sátroky ny viavy.

Tympan, Ny mampahareñy añaty ny sófina. —, fáritra misy hóditra hénjana, z hénjana.

Tympaniser q. (Mamango hazolahy) mikizaka o imaso

ny maro.

Tympanon, ? kipantsona.

Type, Fòtotra alain' òhatra, lamy, òhatra; marika, famantàrana,

Typique, a, fañohárana, òhatra. misy òhatra.
Typographie, Imprimerie.
Tyran, Tompo masiaka, sataina, forovato, loza be.
Tyranneau, Tompo kely masiaka.
Tyrannie, Fanjakána masiaka, fahasiáhana, fanaovan' ankery, fangegéhana, fanerèna o. TYRANNIQUE, TYRANNISER, Masiaka amy ny o fehézina, mitondra fady mandremby. mafy sitondra, masiaka fanapáhana, mampahory, mampiory, mañitsakao, manao terivamanta o. manao forovato.

U

Ubiquiste; Mitoetra ndre aiza ndre aiza; akanga roy tany, Mitoetra eñy ziaby eñy.

Ulcération, Fanjariana fery, ? fañasáhana, fihiaviam-pery; fery; ? hararaotra. —, lolompo.

Ulcère, Fery, bay. ULCÉRÉ, misy fery, be fery, feréna, voa fery. ULCÉRER, manisy fery, mandrátra, manisy bay. Manao hararaotra. S'—, mody fery, manao hararaotra. ULCÉREUX, karaha fery. —, feréna, be fery.

Utérieur, Añy, Andafy, añila any. —, afara, afárany, mañáraka aoriana.

Ultimatum, Faratény, faravólana, farambólana maharékitra k.

Ultra, Lóatra, mihóatra, mandílatra. An-kóatra.
Ultramontain, Ankóatry ny habóana.
Un, Une, — seul, Raiky, h iray; tòkana. Un seul homme, Olona raiky. Un homme, Olona; L'un veut l'autre ne veut pas, ny raiky mety, ny raiky tsy mety, h ny iray mety ny anankiray tsy mety. Les uns sont ici les autres là bas, ny sásany eto ny sásany añy. vo AUTRE. D'une seule couleur, tokam-bolo. Qui n'a qu'une parole, tokam-bólana. C'est tout un, tókana, tokávina, mbola izy. Un mille, arivo. Une dizaine de mille, álina. Ni à l'un ni à l'autre, tsy any koto tsy any vázana. L'un et l'autre sont savant, samby mahay z reo; ignorants, samy tsy mahalala z izy; izy roa tsy mahay z. L'un ou l'autre, na ity na irý. Tous en un, en un coup, indray maka, indray manao, indray mandeha. Un à un, Tsiraikiraiky, raikiraiky, h irairay, h tsirairay. —, isa.

Unanime, (o) Raiky teny, iray teny, iray vava, tokambava, miraikévitra, tsato-tókana, iray hévitra. UNANIMITÉ, firaihan-jery, firaisan-teny, hatokánan-teny, fimboñan-jery.

Uni, vo s'UNIR.

Uni a, Malama, malámatra, madoso; mira, mitovy, marina, marindráno, mitovy rano, lémaka, malambolambo; físaka, mandrivolo. —, tsy misy rávaka, tsy misoratsóratra, tsy misy tonontónona, tokambolo ; mitoháka. —, (o) maríaka.

Unième. Quarante et —, fahefapolo raiky amby, h faharaiky amby ny folo.

Uniflore,{Tokam-bony, Tokam-pélana.

Uniforme, Mira, mérana, mitovy, tókana, mitovy tátana, mitovy láhatra, tokam-bolo, mitovy fórona, iray fórona, iray fatao, rano iray, tsy miova, akanga-tsi-roa-volo. — s, akanjo mitovy fórona, fitafiana tokam-pórona, síkina mira volo

U iformité, Hamiránana,fitoviana, fitoviam-pórona, hamiran-tsora, hamiram-panaóvana, ny iray fanao.

Unilabiée, Toka-mólotra.

Unilatère, Tokan'ila, takila.

Uniment, foana, tsy mirávaka, tsy mihámina, tsy mitabíha.

Union, Firaihana, h firaísana, fikambánana; filongóana, fitohízana, tohy, fehy, famehézana, fifehézana, fifamehézana. —, Tándroka miarak'amin-tsófina,

Unique, Tókana, irery, rérika, raiky foana, iray, raiky, tsy misy fahanámana; tsy mba táhaka ny sásany, isafatsiroa; hafahafa. Son fils —, lahy toka'ny; vo hany, hanikoa.

Uniquement, foana, h fotsy.

Unir, Mampiraiky, h mampiray, manámbana, mamehy, manohy, manakámbana, mampikámbana, manámbatra, mamítrana, manaona, mandrékitra, mampiáraka, manômpana. vo mandraidraika. —, vo POLIR et mampira, mampitovy. S' —, Miraiky, miray, mikámbana, mihámbana, mikámbina, mihámbina; mitámbatra, mifamehy,mihaona, mitraotra, miharo, mifandrékitra, miômpana, mifanólotra. UNIS, —, et tafikámbana, tafaraiky. Ne pas s'unir, h mitsikiona.

Unisson, Feo tókana. à l' —, Tokampeo, iray feo, raipeo.

Unité, Raiky, iray, isa; ny iray, z tókana; monja; venty, ny iray venty, hatokánana, firaihana, firaisana. Unité, dizaine, centaine, Isa, folo, zato &.Chaque —, isany venty ny, volóngany, vonga'ny.

Unitif, Mampiraiky, h mampiray, mampikámbana, manakámbana.

Univalve a, akora tsy miléfitra; h ? akárany iray; ? tokana rákotra.

Univers,Izao tontolo izao, zao daholo zao, zao rehetra azo

mihétsika zao, ny daholo, tany amindánitra.

Universaliser, Milaza ny daholo, ? manontolo, ? mamahóaka.

Universalité, ny Daholo, izy rehetra, hamaróana; ziaby rehetra.

Universel, Amy ny daholo, tafi-ely amy ny zao tontolo zao; amy ny izy rehetra, mahazo azy rehetra, milaza daholo, any tontolo. (o) mahatontolo, mahavónona, mahatókana, mahafórona, ? manontolo; mahay z rehetra. vo ranoray.

Université, Lohólona fianárana, reo tale ny fianárana, reni-trano fianárana; trano fianaran-dreo rehetra.

Univoque, mira fanońónana, tokam-panońónana, raipeo.

Uranographie, Filazána ny lánitra.

Uranométrie, fanohárana ny lánitra.

Urbain, Antanána.

Urbanité, Politesse.

Urgence, Hasérana, haméhana, havesóhana, h fahamaihiana. Urgent, (Asa) mahasétra, mahaméka, mahavésoka; tsy azo ahilana.

Urinal, Kapóaka famaníana. Urine, Amány. Sentir l'—, Mámpy; maimbo hámpy. Uriner, Mamány. Urineux, Táhaky ny amány.

Urne, Kapóaka be lalin'áty fanompian-dreo taloha ny lavenok' olo-maty. ? Bakoly be famanána.

Us, Usage.

Usage, Fatao, fanóina, h fanao, h sambo, fataondrázana. Fetaontány, nentindrázana, vontady ndrázana, volontany; ? z zárina. Qc en —, z fatao, fanóina, fatao; (fangady) iniasa, féntina miasa. Habit à mon —, Akanjo fisikini'ko. vo F. Expression très en —, Vólana marésaka (ou mahery) atao n'ólona. Je n'ai pas l'— de faire cela, Tsy fatao ko zany, tsy fanao ko zany, tsy mpanao zany aho. En avoir l'—, zatra azy; mahazáka, mahay. L'— d'un droit, de l'autorité, Ny fandaisana fady, fanapáhana. Le mettre en —, mampiása azy, mitondra azy hiady ou hiasa. vo Raison.

Usant, Tsy manan-tompo, manjak'aiña; tsy ambésan' ólona. ts'isy tompo.

Usé, (Lamba) Tonta, hoto, hotóhoto, támpitra, róvitra, rovidróvitra, h laniavy, h lanираратра, hotikótika, kotikótika; (o) róbaka, ela, trótraka, efa osa.

User qc, Manonta, manámpitra, mandróbaka, manotohoto, mandány, mandróvitra, mandrátra, maharátra o; en frottant, mandóditra. — de qc, málaka, maka; málaka z ou mitondra z hanaóvana z. — mal de qc, manday z hanaovan-dratsy. En — avec..., Manaotao amy ny, manao amy ny. Dont on use, miasa amy ny, éntina miasa, féntina. Dont j'use, (z) miasa amy ko. S'user Mihiatonta, mihialány, mihiarátra, mihiaratsy, mihiaróbaka, miheña.

Usine, Trano fanavan-jávatra amy ny afo.

Usité, fatao n'ólona; falain'olona. Mot fort —, vólana marésaka atao n'ólona. vo mazána, matétika.

Ustensile, Antsínika, Antíka miasa an-trano; z fiasána, fanaka, karamaoka. Les — de cuisine, salaitra ny z fahandróana; ny féntina handokiana; ny z fandokiana.

Ustion, Fandoróana, fanoróana ny tápany marary amy ny Vatan'ólona.

Usuel, vo Usité.

Usufruit, Fananam-bókatra hiany fa tsy ny tany ny, ny mánana ny Vóany. Usufruitier, Tompo ny vókatra foana fa tsy tompo ny tany, mánana ny vókatra, mánana ny voa ny *ou* ny tombo ny. Usufructuaire, mampánana ny vókatra foana.

Usure, Tombo mbola be loatra, zana-bola be loatra. Avec —, omban-tombo be, misy tombo be, asian-tombo be. Usurier, Malak'antombom-bola be loatra, málaka zana-bola loatra. vo Intérêt.

Usurper, Málaka foana; málaka ankery ny, maka ny an'ólona, mangálatra. Usurpateur, Mpálaka ny an'ólona; mpangálatra fanjakána, (*ou* fady, anárana), fangadibelela. Usurpation, Hálatra, fangalárana, fakana, fanalána foana.

Utérin, Utérine, (zaza) kiboraiky, reniraiky, vôtrakaraiky, iray kibo, tokandreny, iraiky reny, iray reny,? mifanapatsinay amy ny. —, h amy ny fananáhana, pv fananáhana.

Utile, misy várany, misy boka, misy bony, tsara hatao, tsara hatao z, mahasoa, tsara, tsy foana, misy fôtony, mahavókatra, mahatahy, tsara hanaóvana z, mampahazo soa, manampy;? vántona. q —, o vókatra, olon-jávatra. Utiliser qc, málaka azy hanaóvana tsara, málaka tombo amy ny; tsy manary, tsy mandány foana, mampiasa azy, tsy mahafoy. p. éntina hahazoan-tsoa, alain-kanaovan-draha. S'—, miasa, mampiasa tena. Utilité, Várany, boka, bony, tombo ny, vókatra. Havokárana, fahavokárana, ny soa azo, voa ny.

Utopie, s, soa fa tsy misy, tsara fa tsy mety efa, soa fa tsy to; fanao fótsiny, kianoano be, kinaonao be, kinoanoa be.

Uvée, Rákotry fahatelo ny maso, hodi-maso matify.

V

V. En forme de V, Baka, bakabáka, sabáka, mi —. Le faire en..., mambáka, manabáka azy.

Va, Andao; mandehána anao.

Vacance, Famelána asa, fanoeran'asa, ? toetr'andro, fanoeran'andro, fitsahárana, hafoánana. Être en —, Mamela raharaha, manoetr'andro, miaran'asa, mibonéka, mamela asa, afaka amy ny asa, malala-draharaha, foan'asa, tsy misy asa.

vacant, foana, tsy misy z, foan-draha, babangóana.

vacarme, vo Tapage.

Vacation, Asa, raharaha, lahasa. —, andro firaharahána ny z n'Andríana. —, fialána amy ny fitsarána, volana tsy fimalóana, famelána malo.

Vaccin, Nana n'aomby vavy atao Ody nendra, fiaro nendra. VACCINE, Aretin'aomby vavy afindra amy ny o hatao fiaro nendra. —, fañeférana nendra; fañéfitra nendra, aody nendra. VACCINER, Mañisy aody nendra, mañéfitra nendra; mamindra nendra atao fañéfitra, manao ody fiaro nendra.

Vache, Aomby vavy, h Omby vavy. VACHER, mpiámbina —, mpiandry —. VACHERIE, trano n'—, valan'—. Une vache et son veau, aomby miánaka.

Vacillation, Hetsikétsika, g repirepy, pv rebireby, h vezivezy, hilatrílatra, pv sebiseby, pv ? sebintsébina, raidraiky, g papapapa, h apanapana; hilangílana, vezimbézina, hebiheby, helihely, viombíona, helankélana, ozinózina, rozirozy, hevingévina, tsingevingévina, sangiongíona. vo hefahefa, hambahamba, hebintrébina, helohelo, anotránotra, raparapa, pempena, ? rondrona. —, INDÉCISION. VACILLER, Mi —. vo Hésiter,

vacuité, Hafoánana, tsy fisian-jávatra.

vade, vola filokána, loka.

vade-mecum, Z féntina, fandaisina, z tsy fiengána, z tenaina.

va-et-vient, z miverimbérina, miverivery; Lákana —. vo mihalohalo.

Vagabondage, finenéna, firioriovana, firenirenéna, pv rémbana. rendra, ? firendrénana, firendránana, firendrána, h fijiojióvana, nené. VAGABONDER, Miriorio, mijiojio, minené, pv mirémbana, mireniréñy, mizenizeñy, mizenjena, mibolidilidy; vo ERRER. Vagabond a, —, — s, mpiriorio, mpinené, mpirémbana, mpirenireny, Jiolahy, lavafe, bolody, jirika, bolidilidy, olimanga, olonanahary, amboalambo. Une vagabonde, jiovavy, jiri-bavy.

vagissement, Tomány ou tany ny zaza vao ho téraka, ? dradradradra. VAGIR, (zaza mena) mitomany.

Vague s, Onjandrano, alondrano, onja, valondrano, riaka, tontandrano. S'élever en —, soulever des —, Mañonja, h mañalona, mivalombálona, mamalombálona, maydriaka, mionjonónjona, miolaola. Bruit des —, topatopa; izy mitopatopa, manopatopa.

Vague a, Tsy hita zay ántony, tsy hay itoérany, tsy hay toko-tány itoérany, tsy hay fieférana, tsy mitoetra, mivoivoy, mibarera, (hévitra) ambóny; tsy misy fetra, tsy fántatra loatra. Le ---, Habakábaka. vo vanavana, banabana, bámbana.

vaguer, vo Errer.

vaillance, Courage. VAILLANT, Courageux.

vaillantise, Atao ny mahery; ---, Fanfaronnade.

Vain a, Foana, avao, tsisy várana, tsy vókatra, h tsy fanao inona, tsy hatao ino, tsy vanon-ko-ino, tsy misy tómbony, (o) manao saimpotsy, manao saimpoana; mieva, mievaeva, mieboebo, mirehareha, mitera. En ---, foana, avao.

Vaincre, Maharesy, Maharébaka, mandresy, mandrebaka, mandóaka, mahalóaka, mahatoto ady, mahaleo ady, mampañéky, manetry, mihóatra. Se —, mandresy tena. Se laisser —, mañeky foana, resy tsy miady. VAINCU, Resy, rébaka, leo, lóaka, azo. vo resiláhatra, resivava, vozónana.

vainement, Foana, avao; tsy mahazo. J'ai travaillé —, Háraka foana aho, tsy teky zaka zaho niasa tañy.

vainqueur, Naharesy, naharébaka, nandresy, mpandresy, mpandrébaka. VO VAINCRE.

vairon, ? (o) Garamaso, ? garagaramaso.

Vaisseau, Antsínika fasian-draha, kapóaka, bakoly. —, sambo, trano milay, trano mitílina; sipy (de l'Anglais Ship). —, ny Anaty ny trano be.

vaisselle, Salaitry ny z fihinánana, kapila, lovia, finga; fanaka, fehian-kapila.

valable, Azo raisina.

Valet, Ankizy, mpanompo. —de chambre, Ankizy ampátana, ankizy antrano. —, Anjabý méloka mitana ny házo asaina.

valetaille, Ankizy maro andíany, hamaroan'ankizy.

Veleter, Mikolélana, mikolélaka, mandadilady karaha andevo mora hahazo z, manompotompo, manompo angóka, milela-paladia an-góka.

valétudinaire, Farary, fararéna, farofy, marisarisa, osa, fay.

Valeur, vidy ny, tóñona; fandafósana, fividíana. ranomasony, Tómbona. Vendu sa ---, antónony. Donner de la —, mahabetóñona azy. —, Hery, herimpo, hatanjáhana. VO BRAVOURE.

Valeureux, Mahery miady, mahery fo, mpahery, tsy matahotr'ady; tsy mañaran-défona, tsy mataho-draha. matóky, matánjaka.

Valide, (o) Santa, tsy marary, fátratra. (k) tsy foana, másina, manjary, tody, mahefa, mafy, márina, tsy boka, mitsángana. VALIDER, Mahamafy, mahavita, mahafátratra, mankamásina. [VALIDITÉ, hafatrárana ny k, hamafy, hamasinana, hásina.

valise, Lasáka lava, kitapo lava asampy; éntana, anéntana.

Vallée, Hadilañanam-bóhitra, hadiláñana, dilana lava, lohasaha, saha, bangoa, aloalo, tany látsaka, tany kétraka. VALLON, —kely.

Valoir. Dites son prix. Que vaut-il? Mañino ny tono'ny ou ny vidy ny? Il vaut deux piastre, Parata roy ny tono'ny. —qc, misy vidy ny. —l'autre, mitovy ny raiky, mahasolo, miratóñona. Faire—, vo VANTER, mankabetóñona, mankabevidy, manatsara, mampitombo, mampahavókatra. Lui — qc, Procurer. Il vaut mieux, Sítrany, aleo. vo MIEUX et PRÉFÉRABLE. Vaille que vaille, ndre tsara ndre ratsy. na manino na manino.

valse, Dihy misangeringérina, tsinjaka misangódina. VALSER, misangodingódina mandihy.

valvé, ankora, ? akárany, kira.

vampiré, Lolo va fanihy mitsentsi-drá ólona.—. Exacteur.

van, pv fañofána vary, fikopáhana, fikópaka, sahafa, fañofam-bary, fikakaham-bary. Lotsero.

vanillier, Añaram-bahy mamoa máñitra, hazo vanily. vanille, voam-banily.

Vanité, Hafoánana, tsy várany, tsy fótony, z foana, zavapoana, tsy misy várany, tsinonísinona, tsy ino tsy ino. —, Rehareha, fiteránà, fireharehána. Vaniteux, Mirchareha, mitera, ? mihambohambo, miaboabo, mihámina foana, mihaingohaingo, ? mieboebo.

vanne, varavaran-drano, fiaiñan-drano, ? vavahadindrano, famotsôran-drano.

Vanner, Mañofa vary, mañáhaka, mañaha-bary, mikaka-hary, (p hakáhina, kakáhina,) h mihópaka, mikópaka. mikopakópaka vary. vo Mikororóka,

vannerie, Fivarotan-károna.

vannette, sahafa kely.

vanneur, Mpañofa vary. vo vanner.

vannier, Mpandrary hárona amy ny kira va amy ny viko.

vantail, lla mbaravárana.

Vanter, Mandróboka o, h mandrobo, h Mandoka, Midera, mankalaza, mañaboabo o, manandra-bidy, mañengy. Se —, — teña; miréhaka, midcradera, midoradora, mirehadréhaka, mireharcha, mihambo, mihaboka. VANTARD, Mpiréhaka, mpandróboka teña. VANTERIE, Réhaka, Rehadréhaka, fandrobohan-téña, h fandokafan-teña, róboka, h robo, hambohambo, doravava, h doróka, rehareha.

Vapeur, Fófona, fofon-drano may, fofontány, sétroka, étona, dónaka, évoka. Prendre un bain de —, miévóka, miévok' aody. Lui en donner un, mañévoka azy. Un —, milaisétroka, sambosétroka.

vaporeux, MAMÓFONA, mañévoka, h mañétona. —, manjávona.

vaporiser, Mañóva ho fófona, mandévona. Se —, manjary sétroka *ou* fófona; mody ho sétroka.

Vaquer n, (Trano, asa) ts'isy tompo, tsy misy ólona, niengan' ólona, foana, foan-draha, mila o. — à qc, miraharaha z, miása, mizávatra, mañahy, misaina,mihévitra z.

vaquois, vakoána, karaka, rámbo.

varangue, Aloka ambaravárana, lavaranga, lavaranganv, ? traño mivarañana; ? vantáza.

varech, Ahi-drano. —, Sambo féfika, z féfika, h Antsánga , róatra.

varenne; Tany lava volo.

variable, (Andro) miovaová. (o) fitovava. VARIABILITÉ, Fiovaována, fiována.

variantes, Teny hafahafa, tsy mifañáraka, tsy mira, miova, miovaóva.

variation, Fiována, fiovaována, tsy fitoviana, fañována.

varice , ózatra mivonto.

varié, Hafahafa, samby hafa, maro volo, misoratsôratra, maro loha, maro sóra, miovaova.

Varier qc, Mañovaóva, mankahafahafa, mañova volo, tsy mampitovy. — n, Miovaova, miova, miova-teny. tsy mitovy, hafahafa.

variété , Fiovaována, fiována, fañována; fihafahafána, fifandimbázana , ny maro loha.

Variole, Néndra. vo Petite-vérole.

varlope, Vánkona be.

vasculaire, vasculeux, maro poak'aty.

Vase, Kapóaka, Lovia, bakoly, Antsinika fasian-drano; haron-tany, antomby tany. — - de nuit, kapóaka famaniana.

Vase, Fótaka. vo tany mandrevo, peta, fota-mainty. VASEUX, be fótaka , fotáhina. vo mifotapótaka , mandrevo, mandrétsotra, be pako.

vassal, Andriana fehezin'andriana , ny mánana menakely.

vaste, vo SPACIEUX, (Tany) miétraka, mivétraka. lebibe, miv elatra vatican, ny Zomba ny Papa, ny valamena ny Papa any i Roma. vatikána.

vau-l'eau. à ---, Miválana, mañara-drano, very an-drano, tonga ny rano, vevy. Aller à —, (k) tsy mazó, tsy tody, mandoly, mandamóka.

vaurien, O tsisy várany, tsisy bok*a*, bok'ólona, karin' ólona.

vautour, Papango.

Vautrer. Se —, Mihosinkósina ampótaka, mikosinkósina, mitsimbadibádika, miharinkárina, mihasinkásina, mitsinkasinkásina, mivarimbárina, mikodiadia, mibiribiry añaty fótaka va ambony fandríana, mihosy, mihosihosy ou mihosihosy fótaka.

Veau, Zanak'aomby, h zanak'omby. — de lait, — minono. Grand —, dronga be minono, dronga naomby. vo vantotr'aomby, henanjanakaomby, hodi-janak'aomby; sáraka, sarak'andro. — marin, omby rano.

védette, Tilitily ambóny sovaly. —, trano ntilitily, áloky ntilitily; trano kely fitsikilóana.

végétable, Maniry, momba z maniry.

végétal a, Maniry. Terre —, tany tsara amboliana. — s, les VÉGÉTAUX, ny zava-maniry, raha maniry.

végétation, Fañiriana. —luxuriante, h rongaronga, pv rondrarondra, pv róbona. Qui a une —, mi—; maróroka.

végéter, Maniry foana, velombélona ratsiratsy.

Véhémence, Haré, hery (ny riaka va ny rívotra); haherézana, hafatrárana; fo, herimpo, aiña. VÉHÉMENT, (Vólana, ríana) Maré, maharisika, fátratra, mandronjy, marísika, mahery, maiky, may, mikorobobo, mafy, be aiña, dodona.

véhicule, Fiarakodia; fitondrána.

Veille, Ambin'álina, tsy toromaso, tsy mandry álina, fiambenan'álina. —, tapak'álina. La —, ny andro aloha, ny andro taloha, ? ny omaly.

veillée, Ny tsy matoro álina fa miara-miasa; asa álina, fiasan'álina. —, fiambénana marary álina, ambin'álina.

Veiller, Tsy mandry álina, miámbina álina, tsy matoro. —un malade, miámbina, Mitárana olo-marary; un mort, mitaram-paty. — à, — sur, Mitándrina, mañahy, Miámbina, miandry azy.

veilleur, Mpitaram-paty, mpiambin'olo-maty.

vielleuse, Fañilo miambin'álina, fañilo fiambesan'álina.

veine, oza-drá, ózatra fombány ny ra.

veiné, (hazo) ozátina, ozárina, be ózatra, misoratsóratra.

VEINER, Mañisy ózatra, manoratsóratra, mañisy sarinózatra.

veineux, Ozátina, maro ózatra.

vêler, (aomby vavy) mitéraka. vo manahady.

velin, hodijának'aomby sady madio madoso.

velleité, fitiatiávana. Avoir quelque ---, initiatia, tia kely, tia tsytia, tsy tia lóatra. vo volovolo.

vélocifère, kalesy maláky. fiarakodia faingana.

vélocité, Halakíana, haladjana, hafaingánana, fahafaingánana.

Velours, Lamba be volo maletry no madoso. h velaory. velory. Faire la patte de ---, mamony angofo ka misafosafo mora hañangoly. VELOUTÉ, misy volo madoso, sady malemy volo madoso; mivolo-velaory. somary velory.

velte,? Tsípika fañohárana ny rano anaty barika. VELTER,? MITSIPIKA barika.

velu, volóina, be volo, maro volo, maletra volo, malebolo.

venaison, Henambiby azo hórona, henankaka hazaina ou horónina. haza.

Vénal, a, avídy, sk avíly, h amidy, sk ambidy; aláfo, favidy, fambidy, favily; azo amy ny vóla, azo mbola, azontambitamby, tambázana, azontamby. azo kolikoléna. Ame ---, abilin' ólona. Homme ---, o mampitamby. Que l'on vénalise, atao tsena, atséna, éntina havidy, hambidy. VÉNALITÉ, habiliana; fañahy tia vola. Jery mampitamby.

venant. Les allants et les venants, ny mandeha sy ny avy.

vendable, azo avidy, favidy, h fivárotra; falafo, fambidy. favily, azo avidy.

Vendanger, MAMORY, mitsongo, h mañoty ny voalóboka ou pv ny voalómbona. VENDANGE, famoriam-boalómbona, fitsongoam-boalómbona. fañotazam-boalóboka; fararanomboalóboka. voalómbona voa tsongo, voavory. VENDANGEUR, mpamory voalómbona.

vendeur, venderesse, Mambidy, mamidy.

Vendeur, vendeuse, Mpamidy, mpambidy, mpandafo, mpivárotra. --- de marée, mpivaro-kazou-drano. --- de mithridate, --- d'orviétau, Mpihambo mahay fañafódy. de fumée, mpanangoly.

Vendre, Mambidy, mamidy, sk mamily, sk mambily, mandafo; mitsena, h ? mivárotra, ? mamanga, ? mivanga. Se ---, --- teña. ---, DÉCOUVRIR. A ---, havidy, hamidy, hambidy, avidy, avily. VENDU, Lafo, efa lafo, nalafo, navidy. --- son prix, velon' ántoka, antóñony. Je l'ai --- 3 piastres, navidy ko parata telo izy. On le vend 10 piastres, Parata folo no fandafòsana azy. vo BLOC.

vendredi, Jomá, h zomá.

vendu, Nandafo teña amy ny námana iandañía' ny, abily n' ólona.

Vénéfice, *Vorika* mahafaty.

Vénéneux, (ahitra) mahafaty.

Vener, Mangórona aomby &.

Vénérable, vo Respectable; et mih aja. VÉNÉRATION, fañajána. vo RESPECT. VÉNÉRER, vo Respecter.

Vénérie, pv Fahaiza-mihaza biby dý amy ny amboa arisika. Fangorónana biby dý. h fihiazána. Ry mpangórona, mpihaza.

Venette, vo Peur.

Veneur, Mpihaza, mpangórona biby dý amy ny amboa arisika. Mpandrisika amboa mangérona.

Vengeance, Famaliana ratsy, valy ny ratsy natao, famaliana; pv teny, fitenéna; h tody, fanodiana. famalian-dratsy. Porté à la —, ti-hamaly ny ratsy. Resté sans —, tsy novaliana, tsy voa valy. Esprit de —, fañahy ti-hamaly ny ratsy. vo Hifona, Mana. *Venger* qc, S'en —, Mamaly, pv miteny, h manody azy; p *Valiana*, tenéna, dh todina, ? atody. vo Mañifona. Se —, mamaly ratsy ny ratsy. Savoir se —, Mahavaly ny ratsy, mahateny. VENGEUR, mpamaly ratsy, mpiteny, mpanody; ? mpanifona; ranofanalakenda, vatofiolahana.

Véniel, (Ota, ratsy) tsy mahafaty, mor' alána, mora ivalózana, mora áfaka, kely, mora fifoñana, mora fivalózana, tsy mahavery, mora avela. Pécher véniellement, Manao ota —.

Vénimeux, (Biby) mahafaty, mamindra raiboboka.

Venin, Raiboboka, raidrádraka; vo raiméloka, z mahafaty, ody ratsy, mosavy. —, Rancune.

Venir, Avy; de loin, avy lávitra; de Nosi-bé, avy ti-Nosibe, mibóaka i Nosi-be. A —, ho avy, ho tonga. —, POUSSER. — bien, *Vañona*. — au monde, NAÎTRE. vo — à BOUT, ACHEVER; de le porter, soulever, Maha-tonga, Mahónjona azy, mahefa mañéntana azy. Je ne puis pas en venir à bout, tsy efa ko, tsy leo ko izy, tsy azo ko izy. Aller et —, miverimbérina, miverivery. — avec, Miáraka, momba. — à moi, Avy amy ko, mañátona, manjo ahy, mank'amy ko. Faire —, mampiavy, miantso, mañátsika; mañenga, mañaingía, mampiákatra, mitárika. Il vient d'arriver, vao ho avy, h vao avy izy; de se lever, vao hifoha, h vao nifoha. Il venait d'entrer, avy níditra izy; en venant de manger, avy nihinana. Je vais partir, ho roso aho, handeha aho. Il va tomber, ho látsaka izy. D'où venez-vous ? Avy taiza anao ? vo Miatoato, mañavy, mitratro. *Viens ici*, Avia atý, mankañesa aty. ? ambiatý, ? mesoa. D'où il vient, ny aviany, ny tótotra aviany, h ny ihíavia'ny. Je viens vous voir, Avy hamangy anao aho.

Vent, Tsioka, h Rivotra, añina, h tafiotra. ? tsiok'ánina. — sec, Rivo-maina. — pluvieux, pv Rívotra, tafio. — d'ouest, (sur le còte-Ouest,) Talio, tadio, ? Añintambony. — du sud, Añimbálaka. — du nord et du Nord-Est, Aváraka. ? varatrázo. — de mer, Tafio-drano, ? tadio, ? talio: rivo-dranomásina. Au —, Amy ny rívotra, amy ny aviany ny tsioka, amy ny maso ntsioka, ankatsiondrívotra. Ao ampiavian-drivotra. Mettre le — dedans, ? Málaka ny maso ndrívotra, málaka ny tsioka. Coup de —, Rívotra be támpoka, pv rivo-dahy, h tsiodrivotra. —, vo Pet, *V*esse. —, ODEUR. En donner —, Mamahavaha k. Il fait du —, vo VENTER.

*V*ente, Fandafòsana, fambidiana, famidiana, sk fambiliana. *V*árotra, vánga, fivarótana. Qc en —, vo à VENDRE. — ou l'on surfait, *V*aro-mahery. — graduelle, varo-miandry. — conditionnelle, varo-mahai-mody, varo-maminara, vo — en BLOC, en DÉTAIL.

*V*enter, faire, il faut du vent, Manioka, mandrivotra, mañánina, miáñina; *ou* — ny andro. Légèrement, Maniotsioka, mandrivodrivotra. vo mandrivomaina, manafio.

*V*enteux, vo VENTER *et* be rívotra, misy rívotra, mahery rívotra. Jour —, Andrombalala. —, (Añana) mampangétotra, manontava, manintava.

*V*entilateur, Fihimpa be, tañimpa be, z fañimpána trano.—, z fikororôham-bary, fañofána vary amy ny rivotra.

*V*entilation, Hímpa, ny mañimpa; fañimpána. vo kororóka.

*V*entiller, Mihimpa, mañimpa; mampidi-drívotra. —, mikororóka, mañofa amv ny rivotra. —, ÉVALUER.

*V*entosité, Tsíoka an-kibo.

*V*entouse, Tándroka va kapóaka fanandróhona olo-marary. Appliquer des — à q. VENTOUSER q, Manándroka o.

*V*entre, Kibo, vòtraka, troka. vo *V*ohóka. Le bas —, ? kibo malemy. vo kidara, ? kitatao, ? kitata; rotarota, takidara, tsinaka, takibaka. Faire un —, Mivóhitra, mibóntsina, mañantorosy. Le — en l'air, Mitsilány, miétraka, mivétraka; se mettre le.., miambétraka, miantsilány. Le — à terre, sur le —, mihóhoka. Qui a un gros —, be kibo. VENTRU.

*V*entrée, Ny zánaka niara-natéraka.

*V*entricule, Sarótro ny biby; ? vavafó. —, ny loadóaka amy ny betro va amy ny fo.

*V*entrière, Fehikobo ntsovaly.

*V*entriloque, mpiteny an-kibo, mpivólana añaty kibo.

*V*entru, Be kibo, be vòtraka, be tróka, kibóina, kibokibóina, h kitataina, mirotoroto, lotso, milo'so, mibontsinkibo, mitsinaka, mitsinatsinaka; mañantorosy kibo, be takibaka; mitakíbaka, mihíbaka, manahíbaka, mitahíbaka. vo Mihibahiba, miribariba, mañibahiba, mandrivirivy.

Venu a, ny tonga, ny avy. Être bien —, raisina anjavampó. Nouveau —, pv vao ho avy, h vao avy, vao tonga, pv vao ho látsaka, h vao látsaka. Le premier —, zay hita aloha, zay somila hita, zay tojy ahy aloha, zay somila tojy aho. Le dernier venu, zay avy afárany.

vêpres, Fijoroan-kariva, fivavahan-kariva.

Ver (dans le ventre), Hánkana, h kánkana, biby ankibo, sakoitra. vo Hankandoróka. —des végétaux, ólitra. vo fósifra. samoina, samoimboatavo. — à soie, h Oli-dandy, bibindandy, ? Bokana. Zana-dandy, lolofotsy; — de bois, Olikazo. vo — LUISANT. h ángatra; Voaña, tapia. — de terre, Hánkana, h sakohivy, tsiazonáñina. Qui a des —, vo VÉREUX. VO TIRER les —.

véracité, Hamarínana, tsy hadisóana, ny tsy mety diso.

Verbal, a, (verbalement,) Lazaina fa tsy natao antsóratra, amy ny vava, Am-bava, tam-bava, toñónina; ampiteneñana.—, avy amy ny *Verbe*.

verbaliser, Manóratra ny nata n'olona mbola ampangaina.

Verbe, Teny milaza ny manao. Qui a le — haut, maresabava, miteny maré, fatra-bava, vavána, abo feo. Le —, Ny Zanaky Zanahary, ny Teny.

verbération, Hetsi-drívotra mampañeno, fihetsiketséhany ny tsíoka mañeno.

Verbeux, (o) vavaríana, lava vava, lava fivoláñana, mivolan-dava, tsy tampi-bólana, tsy maito vólana, manao teny mandríana, lava teny, manao teny lavareny, mivolambolan-dava, mibedibedy foana, manohitohy vólana, tsy mañito teny, tsy ri-bólana.

verbiage, volambólana lava tsisy fótony; bedibedy foana.

verbiager, Mivolambólana tsisy fótony, mibedibedy foana. VO VERBEUX.

verbosité, Teny tsy támpitra, vava lava, teny lavareny; volambolan-dava.

ver-coquin, ólitra téraka amy ny loha ny biby ka mahafánina. —, Caprice.

verdâtre, maitsoítso, somary maítso.

verdelet, (Divay) madirodiro, somary maharikivy, ?hándatra, masakosako.

Verdeur, Hasakosako ny z tsy másaka, hatsiko, hadito, hatsitso; hamantána, hahándatra, ngidy, raorao. —, hatanjáhany ny zatovo, hery, bafatrárana.

verdict, filazána ny *Jury*, ny malo ny *Jury*, farateny ny.

verdier, Añarambórona maro.

verdir, Mankamaitso, manamaitso azy, manisy volo maitso amy ny. — n, Mih*i*amaitso.

verdoyant, (Lafikáhitra) maitsoitso.

verdoyer n, Mih*i*amaitso.

verdure, Ahi-maitso, rávina maitso, áhitra antsetra, tovonáhitra maitso. —, áñana, rávina fohánina.

verdurier, Mpitándrina ny áñana.

Véreux, (o) hankánina, kankánina, sakoárina, be sakóitra, misy hánkana, marary hánkana; (hazo) Olérina, hániny ny ólitra, be olitra, maro ólitra, misy ólitra.

Verge, vo Baguette. Des —, fitsopitsokazo, tsoratsorakazo famitsopitsóhana zaza. Lui donner de la —, Mamitsopitsoka azy.

vergé, (Taratasy, lamba) tsy madoso loatra.

verger, Tanimboly nkazo mamoa, tany maro hazo mamoa.

vergette, vergettes, Kifafa hamafan-damba, borosy (*brosse*). VERGETER, Mamafa akanjo &, miborosy.

verglas, Ranonòrana mandri-rékitra ambony vato nilatsáhana.

vergue, Sákana, sakam-palazy, sakamandimby ny andrintsambo.

véricle, vato soa mandainga.

véridicité, ? Ható, ? hatózana; ny tó. hamaríñana.

véridique, Marim-bava; To, márina, ankítiny, tsy mandenga.

Vérifier, Mankató, mankamárina. —, mizaha azy handra izy to handra tsy to, mizaha raha izy márina; mizaha toetra, mizaha ny to. Se —, Tody, mañandry, tantéraka. VÉRIFICATEUR, Mpizaha ny márina ny tsy márina, mpanádina, mpandínika. VÉRIFICATION, fizahána ny to ny tsy to, fañadínana, fandiníhana.

verin, z aheñinkérina amy ny fañoitra mora hampákatra éntana.

Véritable, Ankítiny, márina, marimbava, mahatoky, to, tokoa, démoka. vo Hirihíriny, tena ny, vatanténany, ny izy, vátana, tatao. idindronono.

véritablement, Ankítiny, marimárina, tokoa. hanky.

Vérité, To, ny to, z to, ankítiny; márina, démoka. En —, tokoa, márina, ankítiny; à la —, hiany, edy, tokoa; zany tsy vandy.

verjus, h voalóboka maharakivy, pv voalómbona, madiro. —, divay madiro, —, voalóboka manta.

verjuté, (divay) madirodiro, maharikivy.

vermeil a, mena, manamena. —, vola fotsy mifoño-volamena, h *ou* ankosobolameña *ou* voa hoso-bolameña.

vermicelle, vo Macaroni.

vermiculaire; Toa kánkana, misarinkánkana, misarihánkana, karaha ólitra.

vermiculant, (Tepotepo n'óza-drá) manao dian-kánkana, manjehy, koa hánkana.

vermiculé a, (asa) olérrina, karaha dia n'ólitra, sari-ndia n'ólitra.

vermiforme a,Toa kánkana, koazáka hánkana, toy ólitra.

vermifuge, fanafody fanala-hánkana, fandroa-kánkana, fanora-hánkana.

Vermiller, (Lambo dý) misotro iany *ou* mitongy tany mitady hánkana, manohy hánkana, ? mikarona kánkana, mila hánkana.

Vermillon, mena, h mena manja. Loko mena. VERMILLONNER, mañisy —, mankamena, manamena. —, vo vermiller.

Vermine, vóaña homan'ólona, hao, pia, kongo mántsina, parasy &. —, Rorohantain'ólona, mpañosiáhitra.

vermisseau, hánkana hely, sakoitra. hankan-kely, ólitra kely.

vermouler. Se —, hanin'ólitra. olérina, vovóhina, hanimpósitra.

vermoulure, dia n'ólitra. —, vovok'ólitra, vovo-pósitra, vovo-kánkana, ? tain'ólitra, ? tai-nkánkana.

vermout, Divay miharo tai-mborontsiloza.

vernal, amy ny lohataona.

Vernis, Sólika hampangilórana z, sólika alálotra, (*ou* handalórana, handrondróana, hankamendóana z); sólika mangílotra. veriný, h verinísy. VERNIR, mañisy viriný amy ny hazo &. VERNISSER, mañisy viriný amy ny lovia-tany. mandálotra, mandrondo, midory, mankamendo, mampinendo, mampangílotra hazo, kapila-tany, mandalo-tefy &. vo LAISSER, faire BRILLER. VERNISSÉ, voa lálotra, ? milálotra, mangílotra, voa hoso-tsólika mangílotra.

(verole). vo Petite —, *et* nendramboalavo, nendramaïnty, nendrafotsy. Avoir la petite — volante, mibonobono.

véroter, mila hánkana, mangady hánkana.

verrat, Lambolahy, h kisoalahy, pv koso-lahy.

Verre, Fitáratra. — à boire, Lobaloba, h tombaboha; kapóaka finómana, kapoa-pinómana, ? kapóaka hangy. ? bakoly hangy, ? finga hangy. Un — d'eau, Rano erandobaloba, lobaloba feno rano.

verrerie, Fanaovam-pitáratra, fanávana hangy, fahaiana manao fitáratra. ---, z fitáratra. z hangy, hangy.

verroterie, z hangy madinika, pátsaka hangy, voahangy.

verrou, hidy, sakamby mihalohalo. g halohalo mbaravárana. VERROUILLER, Mañidy, mangadra.

vers, Tari-bólana fiantsána, teny fihirána. ? toñon-kira, toñon' antsa.

Vers, amy ny. Lah' amy ny, rah' amy ny. tókony ho; ho amy ny, raha, laha. --- le soir, lahariva, raha ariva, takariva. --- le dixième jour, Raha tamy ny fahafolo andro. --- la mer, Mank'amy ny, Mañátona, mankaríny ranomásina, ho añy an-dranomásina. vo Nord, Sud, Est &. savoandánitra; manao savoandánitra; manondro lánitra. Tournez-vous vers lui, atrefo, oloáno izy. mañatréfa, manolóa azy.

versant a, mora mióngana.

versant s, Riry. Sur le —, andriry, vo Penchant.

versatile, miovaova, Mirari-áñina. Versatilité, fiovaována.

Verse. Il pleut à —, Mipatrapátraka, mivatravátra, miboraráka, mikararána, miboráraka, mikoródana, h mibororóaka ny ôrana. vo mikoródana, mikorótsaka.

versé a, zatra, mahay.

verseau, Añaran-kíntana ao amy ny Zodiaque; ? kíntana ny vólana atsia.

versement, Idimbola amy ny vatra, mandatsa-bola ambatra.

Verser, Mañidina, sk Mañilina, h manaidina; mandátsaka, mandrótsaka, manómpa, manóndraka, mikororóka; mandráraka, mampikararána, mamoráraka, mamosásaka, h mamororóaka. —, mandréndrika, mañóngana. — n, Réndrika, mihilana, mitokilana, mióngana. vo RÉPANDRE.

verset, Teny iray loha, andíniny, tokonteny, tokombólana, vany ny torivólana.

versifier, Mamórona (vers) teny fiantsána. ? manao tononkira.

version, Famindran-teny ho teny ntena. —, filazána.

verso, Ny voho ny takela-taratasy. Imprimer le —, mamádika, hanôratra amboho.

Vert a, g (áhitra) Maítso, pv Antsétra. vo milobolobo. Fruit —, Voankazo tsy másaka, mánta, vaovao, somaravo, masakosako, mafôtra, mafotrafôtra, h maisatra, maisatrisatra. Bois —, Hazo léna. Vieillard encore —, Antidahy mbola mahery. Tête verte, fañahy manta, o manta jery. Arbre —, Hazo tsy rara-drávina, tsy mandráraka. Homme —, O fátratra, sárotra, mahery.

vert s, Ny maitso; hamaitsóana, hamaitso. Itso; volomaitso, loko maitso, ántsétra.

vert de gris, Ny hérika maitso amy ny varáhina; ? heribaráhina.

vertèbre, Isany ny taolandamósina mifanohitohy, isany

vany, isany famavány ny taolandamósina. Isany hetra, hetrétra.

vertex, Tampondoha. ? tataovovóñana.

vertical, Mitsángana márina, mitataovovóñana. Verticalité, Fitataovovóñana.

vertige, Hafaníñana; fihafaníñana. Qui a des —, fániña. fanimpánina. Qui cause des —, mahafánina.

vertigineux, Fánina, fanimpánina, miovaova, mirepirepy.

vertigo, Hafaníñany ny sovaly sy ny bíby. —, hadalána hely, halefáhana. LUBIE.

Vertu, Herimpo, hery, haherezam-pó, hatsaram-pañahy, fahatsaram-po.—, hadióvana. — des remèdes, hásina, hamasínany ny aody. vo Fahefána, fahaizana, fahatontosána, fomba ny, hitsy, habitsiana.

Vertueux, Maháritra amy ny tsara, Tsara fañahy, mahery manao tsara, márina, marin-toetra, fatra-pó amy ny tsara, mahatána ny tsara, mañáraka ny tsara, mahery fo amy ny tsara; mahítsy, másina.

Verve, Hafanam-pañahy maharísika ny mpivólana, harisihana, faharisihana, haméhana, h hamaihana, afo, jery may, vo Tsilanky, tsilákina, fametsivetsiana.

verveux a, Teny may, marísika.—, VERVIER, Harato.

vesce, Añaran-kani-mainty, Ambatry mainty.

vésical, Amy ny tatavia.

vésicatoire, Fañafody mañémpaka hóditra, fañempáhana. —, ny nempábiny ny aody, ny maéndaka.

vésiculaire, a, miempakémpaka, poapoak'aty.

vésicule du fiel, Trano n'afero; fono n'afero, saron'afero.

vésiculeux, toy ny tatavia madínika.

vesou, Rano-mpary, ro-mpary.

vespéral, Taratasy misy ny antsa hariva.

Vesse, Tsifotra, g tsifoka; tsio-body, fofombody, étoira giña. VESSER, Mitsifotra, mitsifoka; látsaka tsifotra, vótsotra tsifotra, mamótsotra tsifotra, ? manioka, ? mamófona. vo Pet.

vessie, pv Trano n'amany, h Tatavia, h tatavaniana, h tantavaniana.

vestale, Tsy azondahy.

veste, Akanjo bory, boritáñana.

vestiaire, Fikajian'akanjo, fitehirizan'akanjo. —, vola laniny ny akanjo.

Vestibule, Fidirana, aloalo fidirana an-trano, hoaka fidirana, hoa-pidirana, dilana fidirana, lavaranga, ny Efi-pidirana.

vestiges, Dia ny vity &, Lia, lálana, márika, famantárana.

vêtement, Tafy, sikína, fitafíana, z sikinina. vo Habit.
vétéran, Miaramila-ela efa fanompóana ; sorodána ela, menavázana, bekotro, maintimolaly.
Vétérinaire a, Mahajanga ny aomby ; fañafody ny biby manompo. Un —, Mpitaha aomby marary, mpanao aody ntsovaly.
Vétille, vo Bagatelle, et fonoponodraha, ? antendrivary.
VÉTILLER, Misoma potipoti-draha, mitándrina tsiñontsíñona; Miadiady amy ny zava-poana, manao adiantsanga.
vétilleux, (asa) sarotsárotra.
Vêtir, vo HABILLER q. Se —, s'habiller, et mañatao síkina, mifoño. VÊTU, Misíkina, mitafy, misy síkina, misy lamba, antsíkina, amintsíkina. Mal —, ratsy síkina, ratsy fitafíana, mivorovoro, mivoro-damba. Bien —, tsara síkina, Mihámina.
vêture, fitafíana, ny manafy; fanafíana Religieuse.
vétusté, Haelána, Hantérana.
Vétyver, áhitra mañi-báhatra, ny vaha'ny miaro lamba amy ny ólitra; fandrara-ólitra, fiaro-ólitra, fiaro-vóaña.
veuf, veuve, Maty vady, h (vehivavy) momba ou mpitondra tena; vo ampelambántotra.
veuvage, Toetry ny mati-vady; toetry ny mpitondra teña.
veuve s, (vórona;) ? Railovy.— bleu, ? mariha.
Vexation, fanahiránana o, fikotrankotránana o, fahadikidikíana, fampijalíana, fañolánana, fañotáhana, fampioríana, fahasosórana o, fahoríana. vo Taquinerie. VEXATOIRE, mampiory, manahírana. VEXER, Manahírana o; mikótrana, mikotrankótrana, mahadikidiky, mañólana, mampijaly, mahasósotra. vo TAQUINER. VEXÉ, sahírana, madikidiky, sósotra. vo milasaintsaina.
viable, (zaza) mety vélona, karaha ho vélona.
viager a, azo andrak'ifatésana, hatr'amy ny fañafatésana, momba ny vélona. Pension —, h fahatelontánana.
viande, Hena, nofo, nófotra, pv mady, sk maly, mahatia. vo aombimaty.
viander, (Biby dý) mihínana, hômana.
viandis, hanim-biby dý.
viatique, vatsy. — másina.
Vibration, Hetsikétsika (ny tady hénjana va ny saboha hetriketréhina); hovotróvotra, hetrikétrika, hitrikítrika, viombiona, hozonkózona, h ebieby, savilivily. VIBRER, Mi—. Faire—, Mañetsikétsika, mañetrikétrika, mañovotróvotra, mañozonkózona, mamiombiona, mampisavilivily. vo OSCILLATION, VACILLATION.
Vicaire, Solo ny mpijoro be, Mpisolo. Grand —, solo ny

Eveka. — Apostolique, solo ny Papa. vicariat, Raharaha ny solo; fisolóana; Tany fehéziny ny solo. vicarier, Misolo o, solo.

Vice, Handra, Antsa; Tsiñy, ratsy, haotána, hadisóana, ota, haratsíana. —, halotóana, fijejojejóana.
    vice- (suivi d'un nom,) solo ny. . . ; solo teña ny. . .
    vice-amiral, solo ny *Amiral*.
    vice-amirauté, Raharaha ny solo ny *Amiral*.
    vice-consul, solo ny *Consul*.
    vice-gérant, solo.
    vice-légat, solo ny iraka.
    vicennal, mañerintaona roapolo, maháritra roapolo taona.
    vice-président, solo ny loha, solo ny mpifehy, solo ny loh' ólona. vice-présidence, Raharaha ny —.
    vice-reine, vady ny solo n' ampanjáka.
    vice-roi, solo n' ampanjáka, solon' andríana, solo tena ny andríana. vice-royauté, Raharaha ny —.
    Vice-versa, Mifamaly, mifandimby.
    vicié, Handraina, misy handra, misy antsa, simba, simbana.
    vicier, Mañova ratsy, manimba, mañantsa, mañandra, mahaló. Se —, Miova ratsy, mihiasimbana.
    Vicieux, (z) handraina, antsaina, tsy tody, misy antsa, tsy manjary loatra, misy handra, tsy tody, tsy tantéraka, tsizarizary. —, (o) Ratsy, maloto, mijejojezo, mpanao halotóana, vo Impudique. —, (sovaly) ratsy, mañékitra, tsy fólaka,
    vicinal s, (Lálana) mankaríny tanána, akeky, mañátona ny tanána.
    Vicissitude, Fiovaována, fifandimbázana. voatr'ampango ny olombélona, ny antety mody ambány, ny ambany mody antety.
    vicomte, Olombe manan-tany.
    Victime, z vonóina hijoróana, isorónana, tenanjoro, lohajoro, h fanalamboady, fañátitra, z foy hisorónana, z tindry hijoróana, zava-bonóina ho fañátitra.
    victimer, Mahafoy, mahatindry, Mamono, mamela, manólotra.
    victoire, Fandreséna, faharesiana, fahareséna, fandrebáhana, faharebáhana.
    victorieusement, Mandresy, toy ny maharesy.
    victorieux, Naharesy, nandresy, Naharébaka, naudrébaka.
    victuailles, vátsy, hánina; z famelòman-tròka, fohánina, h fihinana.
    Vidange, Fanavána ala voa tétika, fanohiana. —, fako,

tainkohy, taìnala. —, tay ariana. Tonneau en —, Barika efa nanalána. támpana, nahafáhana, famátona.

vidangeur, Mpanésotra foringa, mpanala tay, mpanala firinga. Mpanésotra ny diky.

Vide, foana, foan-draha, foan-jávatra, lany z; Lasa z, lae z; tsy misy z, mafafa, poak'aty, foan' aty, babangóana, bámbana; mangoankóana, mangoahoa, mangoakóaka; tompa z, afa-draha tanaty ny. Le —, ny —; et ny hafoánana, tsy fisian-jávatra, elanélana, banabána, mangabakábaka, habakábaka, vanaváña.

vide-bouteilles, Trano madinika akeky ny tanána.

Vider, Manala ny anáty ny, Mamóana, mahafoana, manala aty, manala fo azy, mamóaka, mamóraka, mamoraborana ny anaty ny. —, manala tsinay azy. —, Décider. Se —, mihiafoana, ho very z, manaly ho foana, mitantápana.

viduité, Toetry ny viavy maty vady.

Vie, Havelòmana, fahavelòmana, aiña fiaiñana; fivelòmana. —, fitondran-tena, fitoérana atao. En —, miaiña, vélona. Demander la —, mangátaka ho vélona, Donner la —, mamélona, tsy mamono. L'Arbre de vie, hazo mahavélona, hazo fahavelòmana. Sans —, afak' aiña, lasa aiña; afa-piaiñana, maty. A —, amy ny andro fiaiñana ziaby, andrak' ifatésana.

vieil, vieille, vo Vieux.

Vieillard, Anti-dahy, lahi-ántitra, matoi-lahy, lehilahy ántitra, ngahy, Ingahy, rangahy. vo Anti-pánahy, be ántitra, gologoay; trarántitra.

vieille. Une —, Anti-bavy, matoivavy, viavy ántitra, rafotsy be, rataloha. — (poisson), ? Alovo.

vieillerie, z ela, z ántitra, z tonta, z taloha, z elaela, z matoy, z robadróbaka.

vieillesse, Hantérana, fahantérana, haantérana, hatoézana, Haeléna. —, ny o matoy.

vieilli, Efa matoy, efa ela, efa ántitra, tsy fatao koa loatra.

vieillir, Mihiántitra, mihiatoy, miántitra, mihiaela. — q, Manántitra, mankatoy.

vieillot, Antitrántitra, manampòna ho ántitra.

vielle, Jejy misy tangérina. vieller, mititika —.

Vierge, Vehivavy tsy azondahy, ? viavy tovo ou mitovo. ? vinjo, ? vehézina, tsy maimbolahy; tsy nahay lahy, tsy nahafanta-dahy. Virijiny, virjiny.

Vieux, vieil, vieille, Ela, ántitra, lehánika, matoy, py kaina, h koay, h kainkana, kanty, konántitra. vo gologoa, homandroka, goga, elacla. keliántitra, be ló. Un vieil homme, Anti-dahy. Une vieille femme, anti-bavy. vieil ami, sakaiza ela. Le vieux temps, fah'antaloha.

Vif, vive, vélona ; (o) Mavíngana, mavítrika, mavingambíngana, mavitribítrika, faingana, Maláky, malády, maherivíntana, marísika, mavio, hélatra, tsélika, avanávana, mazoto, maimay, miramírana, zina, zinjína, meka, maikia, kinga, maladiófana, aviaiña, antsíaka, lakilaky, mirotoroto, mirotótra; (vay) manta. Eau —, rano maria. Plaie —, fery mihenahena, mangenahena. De vive voix, miteny amy ny vava.

vif s, ny aty ny, nofo ny, tsy ny hodi'ny foana,
vif-argent, vola-vélona.

Vigie, Mpitázana anabo ny falazy, mpizaha, Mpitsinjo lávitra, tilítily. Tany Fitazánana, fitsinjóvana, fiambénana, fizahána. Q'en —, o mitázana, mitsinjo, miámbina, mizaha, mitilítily, miandry.

Vigilant, Mitándrina. vo miandry, miámbina, hendry misaina, mihévitra, mazoto, manahy VIGILANCE, fitandrémana. vo fiambénana, fiandrásana, fanahiana.

vigile, Andro aloha ny fety ; andro taloha; ? fialohanpandróana.

Vigne, h Tahomboalóboka, tanimboalóboka ; pv fotoboalómbona, vodi-voalómbona, tanimboalómbona.

Vigneron, Mpitsabo —; mpitsabo voalóboka ou voalómbona, tanimboalómbona.

Vignette, Soritsora-pihamínana, soritsori-pihamínana, endri-tsóratra, haingo-ntsóratra, rava-tsóratra, fáritra, faci-tsóratra, sarinjávatra madinidínika.

vignoble, h Tanimboalóboka, pv tanimboalómbona.

Vigoureux, (o, zaza) Matómboka, matánjaka, maózatra, mavíka, mavibíka, mahery, fónitra, mafy, fátratra, fátatra, daroy, darodároy, hénjana, ozárina, ozátina, avia'ña, manilahy, okénana, beaiña, dófoka, dófotra, fakafaka, mifakafaka; (zaza) botrabótra, fotratótra, mafotrafótra. vigueur, hatanjáhana, hery, haherézana, hafatrárana, havibíhana, havitríhana. Donner de la —, Mahavíka, mahatánjaka, mahavibíka; mankahery. Être en —, vélona, marésaka, fatao, mitsángana. Mettre en —, mamélona, mamoha, manángana. Sans —, matimaty.

Vil a, Tsy misy vidy ny, ratsiratsy, iva, iviva, vetaveta, abily, tsy raha, tsy zaka, láviny, rétaka, tsy méndrika. A— prix, bobaina angatáhina. vo lavenon'ambonivato.

Vilain, vo LAID, et hala ny maso. —, Ratsy, tsy manjary, maloto-mahaméñatra, iva, iviva, vetaveta, tsy mety. Un—, Olondratsy, olondoza, tsy manjary.

Vilebrequin, kamósitra fanirifana.

vilenie, Habiliana, haivána, havetavetána, haratsiana,

z atao mahamenatra, halotóana, z velaveta, z tsy mety, z tsy manjary, z tsy misy vidy ny.

vileté, hamoram-bidy.

Vilipender, Mivaza, manalabaráka, mandatsa-bidy, manazimba, manamavo, manétaka, maniviva, manébaka.

villa, Traño antsaha, antondra, antamboho. Tokotány.

Village, Tanána kely; h vóhitra; zanabóhitra; zanatanána, ? tamboho. VILLAGEOIS, vo PAYSAN et mpónina antamboho.

ville, Tanána be, h vóhitra, Tanambé. vo bentanána, tananaolo.

villette, Tanána kely, zanatanána.

vimaire, Ny róbaky ny rivotra anaty ala.

vin, Ranomboalóboka, ranomboalómbona, Divay, divéna. Pris de ---, azo ndivay. Entre deux vins, mamomamo, haribary, h bariny.

vinaigre, Divay efa madiro, Divay madiro, h ranomaharikivy, divay maharikivy. vinegery. VINAIGRER, manisy ---. VINAIGRETTE, Ro miharo ---. VINAIGRIER, mpanao ---, mpivárotra ---.

vinaire, Fasian-divay.

vineux. (Divay) mahery. (z) mamofon-divay, hándatra. (z) mena, menamena, tahaky divay, misarindivay, tsi-tompa-lio.

vingt, Une VINGTAINE, Roapolo, roampolo. VINGTIÈME, faha ---. Un ---, Ampaha --- ny.

vinicole, mamoa voalómbona, mampánana voalóboka.

viol, Fisengíana viavy; ankery; fakana azy ankery, famoreréna azy.

violat, Nasiana Violette.

violateur, mpañota fady, mpanimba, mpandika, mpañota, mpandiso.

violation, fañotána, fanimbána, fandikána, fandikávana, ota, ota fady, fanotampady, fanotampady, tsy fahafadíana.

viole, Jejy fito tady rokótina.

Violence, Haré, Ré, hafatrárana, hery. ---, vo CONTRAINTE et fanaovan-ditra, fanavan' aiña, fanaovan-kery; Par ---, Ankery ny, ankézaka, ankínjitra.

violent, maré, mahéry, fátratra, fátatra; vo CONTRAINDRE. ---, (o) antsiaka, maláky tézitra, foizina, saropó, sómpatra, may, maimay, mandronjy, mafy. VIOLENTER, vo CONTRAINDRE, et manao ankézaka, ankínjitra, ankery ny. miantretréka.

violer, mañota, mandika, tsy mahafady, mandiso (ny diditány); mañota fady; ---, mamorery viavy ankery.

violet, mainti-añáloka, ?py vasotra, ? vasohásotra, mena-

mainty, h mangamena.
violette, Añaram-boñinkazo.
violon, h Lokanga, — mbazaha; Jejy rokótina. Jouer du —, Mitendry, mititika, mandrókotra, mandrángotra lokanga.
violoncelle, *violon* be.
violoniste, Mpitendry lokanga, mahay jejy.
viorne, Añaram-bahy mandady.
vipère, Bibilava mahafaty. vo Lapata, bolapata.
virago, viavy toe-dahy. vo Hommasse.
virement, famindrána.
Virer, Mihérina, miherinkérina. — de bord, mivádika, mivadi-maso, mihérina. — de bout, mifótitra, mivérina. Le —, Mañérina, mamádika, mamótitra, mamérina azy.
virevolte, vadibádika.
virginité, Toetry ny virijiny, fitovóana, toetra tovo, toetra mitovo.
virgule, Tebo-tsóritra fijanónana, otry io (,).
viril a, Lahy, ny lehilahy, miendri-dahy, toe-dahy, tomban-dahy, mahery mitoa-dahy. (zaza) toe-baventy.
virilité, fahalahíana, halahíana, h filahíana, fahalahilahíana, halahilabíana; ny mahalahy, mahalehilahy azy.
virole, h Hónkona, h ampemby, h anjónjany; pv? fehy. Y mettre une —, manónkona azy.
virtuel, mahefa fa tsy manao.
virtuose, mahay ny mozika ndraka ny fahaizana tsara sásany.
virulence, Hasíaka, hasiáhana, hafaika, foléntika. VIRULENT, (fery) mahafaty. (vólana) masiaka, mafaika.
virus, Ny maso ny arétina mahafaty.
vis, Fátsika misy didy mivandibánditra, h ? vaholio, ? rindrany, ? fatsi-bánditra.
Vis-à-vis qc, Tandrify z, añatréfany, h añatréhany, fanjó, fañandrify, mañátrika, mañolóana, mañandrify azy. — l'un de l'autre, mifañandrify, mifanjó, mifañátrika, mifañolóana. Mettez-vous — de lui, tandrifio, atrefo, aloáno izy. Rangés et tournés — les uns des autres, mifampitátana, h mifampitaha. vo mifáfana.
visage, h Tarehy, h tava, h éndrika, pv sora, pv, Lahara, vajihy. vo bika, toetra. Au — court et plein, Tabebak'éndrika. vo teramena, miova tarehy.
viscéral, ... ny tsinay, amy ny tsinay.
viscères, Ny òzatra miharo amy ny aty sy ny tsinay.
viscosité, Haditiana, fahaditiana.
visée, Kendry, fikendréna, lálany ny maso mikendry, ny dia ny maso, ny kendréna, ny voa maso. vo diany, fótony.

antony.

viser, Mikendry z. —, Mitady, mila, manao hahazóana.

visible, Azo hita, hita, mora hita, hita maso; —, azo vangiana. vo mitsanga, mitotojanjina, mitotozanjina, miseho, mivóaka, mipoitra, mipoipoitra. VISIBILITÉ, ny ahitána azy, ny fisehóana.

visière, vivitra ny sátroka mañáloka maso, áloka maso, Alo-panenty. fikendréna, fizahána. — Maso, jery.

vision, Fahitána. —, tsindrimandry, ? énjika ny Zanahary amy ny o; ny z ascho (ou ambara, atoró, avóaka) ny Zanahary amy ny ombiasy, nofy avy a ny ny Zanahary.

Visionnaire, Mihambo namoábany ny Zanahary tsindrimandry ou nofy; miháboka nanenjehany ny Zanahary, mánana tsindrimandry, mpaninofy lava, misy nofy, lava nofy; manao hitsakandro, manao toatoa, mahitahita nofy.

visitation, Famangiana. Ny namangíany i Mary Virijiny any i Masimbavy Elizabety.

Visite, Famangiana, fitsidíhana, fitilíhana , vangy. Une petite —, vangivangy. —, fizahána, fikatsáhana, fitadiávana, fandiníhana. Rendre une — à q. VISITER, Mamangy; mitsídika, sk mitílika; mamangivangy. — à la porte sans entrer, Mitsídika. —, Mizaha, manenty, mizahazaha, mandínika. Se —, mifamangy, mifampitsídika. vo manati-dranomaso, mañátitra haravóana. VISITEUR, Mpamangy, mpamangivangy, mpitsidika, mpitílika. —, mpizahazaha, mpandínika.

visqueux, madity, ? mitsiloliloly.

Visser, Mañisy fátsika misy didy. h mandy amy ny rindrany. — la vis, Mañerinkérina fátsika, ? mandréritra.

Visuel, Amy ny maso, mahita, mampahita; atao ny maso, mañátona maso.

vital, Mampiaiña. VITALITÉ, fiaiñana.

Vite, Maláky, melady, h faingana, haingana. vo maílaka, avanávana, hélatra; miézaka. —! Malakía! maladía, faingána, ? mesoa. VITESSE, Halakiana, haladiana, hafaingánana, fahafaingánana, haméhana.

vitrage, fañisiana fitáratra, ny Fitáratra ziaby. —, Riba fitáratra.

vitraux, Rindrim-pitáratra , riba fitáratra, Varavárana fitáratra.

Vitre, Fitáratra, ? Hangy, ? takélaka hangy, ? hangy fisaka, takela-kangy. VITRÉ, misy —. VITRER, Mañisy —. VITRERIE, fahaizana manao fitáratra, fanaovana hangy.

vitreux, karaha fitáratra.

vitrier, Mpañisy fitáratra.

vitrifiable, azo atao fitáratra.

Vitrifier, Mañova ho fitáratra , mampanjary fitaratra, mampody ho fitáratra. Se —, miova ho fitáratra , manjary fitáratra, mody fitáratra, tonga ho fitáratra. VITRIFICATION, fiována *ou* fañována ho fitáratra.

vitriol, ? Rano-mahery.

Vivace, Maháritra taona maro, tsy mora maty, mateza, matána, vélona ela, sárotra maty, manam-pahavelómana, ela fiaiñana.

Vivacité, Havingánana, havingambingánana, havitríhana, halakiana, hafaingánana; havibíhana, afo, hamaíana, fahamaimaiana, aiña, fiaiñana. — d'esprit, hafainganantsaina.

vivandier, vivandière, Mpivaro-kánina mañáraka ny miaramila añy an-táfika.

Vivant, vélona; miaiña. De son —, mbola izy vélona, faha izy vélona, faha izy teto, fanjó izy teto. Un bon —, o mibaranahy miravoravo foana.

vivat! véloma! ho vélona izy! aoka izy ho vélona! sándraka izy ho vélona! Traránitra izy!

vivelle, Zai-páraka.

vivement, Sady fátratra malaky, maimay, may, maré, mafy, arak'afo; mánao terisetra *ou* terivai-manta.

vivier, Ranovory famelomam-pilao, h kamory.

Vivifier, vivifiant, Mahavélona, mamélona, miampiaiña, mañisy aiña, manisy fiaiñana. VIVIFICATION, fampiaiñana, famelómana, fahavelómana.

vivipare, Mitera-belona, mamai-bélona.

vivoter, velombélona ratsiratsy, miaiñaiña ratsiratsy, mamelombélon-trok*a* ratsiratsy.

Vivre, Vélona, miaiña, manañ'aiña, manampiaiñana; ary. — de qc, mamelon-trók*a* amy ny; hómana z.—, vo DEMEURER, se CONDUIRE. — peu, tsy tratr'ántitra, tsy tratr'ela, tsy lava havelómana. Faire —, Mamélona, mahavélona, mampiaiña.

vivre, vivres, Hánina; vatsy, vaty, z fameloman-trók*a*.

vocabulaire, vo *Dictionnaire*.

vocal, Toñónina; tenénin: , voláñina, amy ny vava, miteny, manóñcna.

vocatif, Vilaza ny antsóvina va ny irasam-bólana.

Vocation, Zanahary mañantso, feo ny Zanahary mikaika; fañantsóana, fikaíhana; ny z añiráhany ny Zanahary o; asa, raharaha omeny antsika.

Vociféra*t*ion s, Afatráfatra, róntona, rontoróntona, rontondróntona, h traotraoka, pv holahala, h hogahoga, h hohahoha, horakóraka. VOCIFÉRER, Miafatráfatra, Mandróntona, m androntondróntona, mañorakóraka, miholahala, mihogahoga, mitraotraoka, marésaka be, Mikaikaika, mikorovetsy.

vœu, voady,Tsakafara, fehivólana, vólana afehy amy ny Zanahary, Loka. filokána. vœux, joro, saotra. Faire un —, Manao voady, mivoady, mamehi-vólana *ou* milóka amy ny Zanahary. Faire des — pour, misaotra, mijoro. Au comble de ses vœux, mañandriany ny joro ny. vo mañala voady, manody ny vólana napétraka.

vogue, Filaizana, fandeha ny sambo. En —, mandeha laza, fatao ny maro.

voguer, (sambo) Mandeha, milay, mivoy, mivé, éntiny ny rano, misononóka, h mizozozozo, misononóaka.

voici votre argent, Indre ny vola nao. — votre père, Avy ada nao, efa indreto ada nao. ME —, zaho indreto, eto aho, aty aho. ME — arrivé, efa avy indreto aho. —, Indro. Le —, itý izy, atý izy. — ce qu'il a dit, Zao no nolazai'ny, io ny vola'ny; hoy izy. vo Intsy, etsy, inty, ato, indry, eingy, inay, ingy, injay.

voie, Lálana, fombána, safary. — de faite, VIOLENCE. vo — LACTÉE, *et* fibiran-taona, firasan-dánitra, fibiran-dánitra, lalambe-ndánitra.

voilà, Indreo, Indrý. — votre père, Avy indreo ada nao. Le — là bas assis, arý izy mifitaka; en mouvement, Iñy izy. vo LÀ BAS. — ce que je cherchais, izany, Zany,izany hiany, zany edy no nilai' ko.

voile, Lómboka, sárona, sarontava, fanaronan-tava, lombo-doha, Trózona, filombófana, fisolombónana. Porter —, Milombo-doha, mitrózona. —, obscurité.

voile, Lay, lay ntsambo, lay ndákana. —, sambo. Mettre à la —, Mamava-day; mañenja-day, mamela-day, mampaka-day. Être à la —, milay. Aller bien à la —, (Lákana) tsara filaizana.

voilé, Milómboka, milombo-doha, mitrózona, misarondoha, misy lombo-doha, voa lómboka, voasalóbona, misalóbona, sarónana, lombófana, takófana, tákotra, tako-draha; rahónana. (Andro) mandómboka.

voiler, Mandómboka, mandombo-doha, manákona, manalómbona, manalóbona, manalóndona, vo COUVRIR. Se —, Milómboka, milombo-doha, misalóbona, misalóndona, mitrózona.

voilerie, Fanavan-day.

voilier, Mpanao lay, mpanjai-day. Bon —, sambo tsara filaizana.

voilure, Ny lay ntsambo ziaby.

Voir, Mahita. — le jour, Naître. — trouble, manjávona ny maso ny. — bien , mazava maso, h maliratra. Faire

—, Mampahita, maneho, manoro, mamóaka, manambara. Qc a —, z tsara te-ho zahána. —, vo REGARDER, EXAMINER, COMPRENDRE, VISITER. Y — peu, vo manjavo-maso, sanja, sanjaina, jembi-maso. pahimpáhina. vo tratry ny maizina, tratr' álina, mazava-ratsy, mangirangírana, kiak' andro. Se —, mifankahita. Qui se voit tous les jours, z fohita.

voirie, Tany fanaríana biby maty; foringa, firinga.

Voisin de q, maríny, marikitra, h akeky azy. Qui sont —, mifankaríny, mifankaríkitra, mifanakeky, mifanolotraño, mifañólotra, mifanólotra. Un peu —, mariniríny, marindríny, marikidríkitra. Il est mon —, mifankaríny zahay. vo antánona. VOISINAGE, ny mariny &. tany akeky.

voisiner, mamangivángy ny mónina akeky.

Voiture, Vatra mandeha, trano mandeha, vatra be ou trano ambony tangérina mandeha, fiarakodia, ? kiarafodia, kodia, kalesy lehibe. — à bras, fiara tarihin' ólona. VOITURER, mitondra z amy ny sarety. VOITURIER, mpañátitra fiarakodia.

voix, Feo; tenda. vo Befeo, barafeo, sakahim-peo, doháka, antsiva feo, anjomari-feo; mikonétaka, mikonanaika; Tout d'une —, tokam-bava, mirai-bava, iray teny, mirai-bólana. De vive —, amy ny vava, manóñona, mivolana. —, vo SUFFRAGE.

vol, Hálatra, fangalárana; z angalárina, robaina. vo mangala-tety, tami-trano, fanamian-trano.

Vol, Hémbana, Tílina, Tsídina, fitilínana, fitsidínana, fanidínana, fihembánana, fanembánana, fanembankembánana.vo FUITE.

volable, azo angalárina.

volage, (zaza) maivan-jery, miovaova, endrinéndrina, tia vao, tsy maháritra, tsy matoy jery.

volaille,Vórona tarimína ho hánina, akoho, vórona ompiana, vórona ampáhitra, afahy, afáhitra.

Volant a, h anidina, pv mitilina. vo VOLER; lamba mihemba, mihembahemba, mihevaheva. —, afindra, famindrafindra, tsy rékitra. — s, z ampitilínina, fitilina. Volatile s, voro-manidina, ny fitilina, z mitilina, biby mitsídina.

Volatile a, mora lévona, mora manjary sétroka. VOLATILISER, Mandévona ho tsíoka, mañova ho sétroka, maharávona. Se —, mirávona, milévona, mody tsíoka, miova ho sétroka, manjary tsíoka ou fófona mitilina.

volatille, vórona fohánina.

Volcan, Tendrombóhitra mamóraka afo ou misy afo añaty. —, o may fañahy. VOLCANISER les esprits, mankamay azy.

volée, Tílina, fanidinana &. vo VOL. --- d' oiseau, vórona irayfitilinana, miara-mañémbana, miara-manídina, iray toko, miraiky tílina. ---, vo BANDE, RANG. --- de canons, poapóaka ntafondro manao reré, reré ntafondro; tafondro miara-mipóaka. vo veromay. --- de coups de batons, vango alatsadátsaka, kapokápoka. Sonner à la ---, mamiombiona lakilosy, mamango azy maré. Le saisir à la ---, manao fandro-tilina azy. Le faire à la ---, manaotao foana maláky; maika loatra, dodona, maintavo.

voler, (vórona) mitsídina, mitílina, h manidina, g mañémbana, mañembankémbana, mihémbana, vo misavóaña, misidina. ---, vo FUIR, COURIR. --- en ECLATS. Faire --- la poussière, mampanjávona; mampaka-bóvo-tány; dans les yeux, mandítsika o.

voler, (o) mangálatra z; mandróba. vo mangalatety, manami-trano, mangaron-dapa, sóvoka.

volerie, fangalárana.

volet, hazo-mbaravaran-kely. ---, Trano mboro-mailala.

voleter, (Zana-bórona, Tsipelapélaka) Mitilintilina, mitsidintsidina, manidintsidina, mañembankémbana; mañambahamba, ou mañambahamba-hitílina, mañohatróhatra; mivoivoy; ? mihefahefa.

voleur, Mpangálatra; mpandroba. --- d'habitude, fangálatra, fangalárina. --- de grand chemin, g Jiolahy, h jirika.

volière, Trano famahiram-bórona, Trano famelomam-bórona maro; vórona ampáhitra.

Volontaire, Tsy géhina, tsy vozónana, tsy teréna; sitraky ny fo, nahy, satry, kinia atao, sitra-po, atao anjotompó, amy ny zotompo. ---, malain-kinaina, manjak'aiña. --- s, Miaramila nandatsa-bátana. Volontairement, anjotom-po, amy ny zotompo, nahy, satry minia, miniana, kinia atao. vo fitia tsy mba hetra, maimam-poana.

Volonté, Ny sítraky ny fo, sitra-po, tiany ny fo, ny fo, ny kibo, daninikibo, ngalimpo, erampo, arampo, soampó, ngarangarampo; zompo, zotompo, áraky ny fo; safidy. ---, háfatra. De bonne ---, mazoto, mazoto-fo; maríky, maríky fo, mañeky, tia. Une bonne ---, fo mazoto; fitiávana, hazotóana, zoto, zotompo, harikíana.

volontiers, Amy ny zotompo, anjotompo; tia, mariky, mariky fo.

volte, Hérina, fiherénana, vádika, hódina, fiafáhana. Faire --- face, Mivádika, mitódika mitólika, miáfaka, miódina, mihódina.

volter, Mitsambókina hiáfaka fandrao voa; mamókina,

mandópatra.

Voltiger, vo VOLETER; *et* (volondoha, saina,) Mihemba-hemba, mihemba, h miheva, mihevaheva; (élatra) mikepa-kepa, mikepaképaka. —, Mirenireny, mihehiheby, mivoi-voy, milompilompy, mipendrampéndrana, misodisody, mi-findrafindra, mifarifary.

voltigeur, Miaramila mañiana, mpañiana, mpitilintilina. Mpañátsik'ady, mpitarik'ady.

volubilis, vahy mivandibánditra, mivolimbólina.

Volubilité, Biribiry, habiribiríana. — de paroles, vólana maro maláky, teny mibiribiry maláky, halakiam-bava. Qui a une — de parole, maláky fivolánana, malady vava, ma-lefadefa-bava, faingam-bava, mamiribiry vólana.

volume, Horoñan-taratasy, venty, tena, vátana, vónga-na, habe, halehibény, ambángona, antsahabény, vonga-dy, ankabiázana

volupté, fankaravóam-bátana, fahafinaretam-bátana, ny sítraky ny vátana, ny sitraky ny teña. VO SENSUALITÉ.
VOLUPTUEUX, VO SENSUEL, *et* manao zay mahafináritra ny teña ny, mila hankaravo vátana, mankaravo vátana.

volute, vandibánditra ; válona mivandibánditra; való-nana.

vomer, ny taolankely mañéfitra ny vav'órona, efi-bav'ó-rona.

vomique, Mampandoa.

vomir, Mandoa z. — beaucoup, Mibararáka, mandoa-miboráraka. Sujet à —, ?marivo-solisoly. —des injures &, mamóraka, mamorabóraka, mamorafora ompa. VOMISSE-MENT, Fandoávana, Loa, ny z aloa, naloa.

vomitif, aody mampandoa, fankandoa, fampandoávana.

vorace, Homam-be maláky, Liana, maheri-hômana; vo manger AVIDEMENT; *et* tendána, fati-hánina.

voracité, Haliánana, fahaliánana, famboséhana, famosi boséhana, fanolantsolánana, fanjolanjolánana, fanolotso-lóhana, fanafokafóhana, fandrapadrapáhana, famotampo-tánana, fifotampotánana, famotánana, fitsamotsamóhana; h fanoranoránana.

vos bœufs, Ny aomby nareo, ny omby nao.

vôte, suffrage. VOTER, mifidy, milaza zay fidína, milaza zay vava ny, milaza ny safidy.

votif a, fañalamboady, hanalam-boady, mañala tsaka-fara.

votre poule, Ny akohovavy Nao.

vouer qc, Mañome azy Zanahary, manólotra, mahafoy, manókana ho azy. — qc, Mamehivólana hañome azy z. Milóka hanao. Lui — son cœur, mamehi-fo amy ny; p afehy.

Se —, a, manehi-tena amy ny. vo mivoady, mitsakafara. —q aux furies, manozon-dratsy, mititika, misao-dratsy o.

Vouhémar, Vohi-márina. A —, any I-Vohimárina, any Am-Bohimárina.

Vouloir, Tia; mety; mankasítraka, maneky. Ne — pas, malaiña; ...aller, manlain-kandeha; mourir, malain-ko-faty. —, mila, maniry, tomany, ta-bahazo. En — à q, manao lolompó, otripó amy ny. vo Rancune; mikinia o; à qc, mila z, mijery bahazo azy. —, manasa, mandidy, maniraka. — dire, signifier, ce que je veux, ny tia'ko, ankasitráhi'ko, sitraky ny fo ko; ny asai'ko atao. Quand irai-je? Quand tu voudras, Ombiana zaho handeha? Zay handehána'nao.

Vouloir s, Volonté.

Vous, Anareo, h hianareo, Anao, Hianao. vo Rizalahy, rizareo, reo, rizavavy.

voussure, vonto ny z vókoka, fivókoka, voho ny z vokoka.

Voute, Tafo, vókoka, v' vombókoka, vo volantsiñana. vo Arc. vouté, Vókoka, véhotra, vónkoka et mi---. Se vouter, Mi---, et mihia---; et manjoko. Le---, l'arquer, et mampanjoko, manisy volantsinana, manisy tafovókoka ou vovoin-bókoka.

Voyage, Fandehánana, dia, leha. Bon---, Tsara mandroso tsara mody e! En---, ampandehánana. vo Dísaky ny día ko aho. voyager, Mandeha, manao dia, mivahiny; mandehandeha, mirenireny, misafary. voyageur, mpandeha, mpivahiny, vahiny, mpandehandeha mivahiny.

voyant, Mahita, mahíratra. ---s, mpahita ny ho avy, h ny mahiratra. vo Prophète.

voyelle, Sòratra vaki-feo, sora-bakifeo, sòratra mampiny, mampivólana, ? zana-tsôratra.

voyer, mpitándrina ou mpiandry ny lalam-be.

vrai, To, ankítiny, démoka, márina; tokoa. vo mananety marimárina, mihitsy, vátana, tena, vatantena, hiany, edy. Un — Hova, hova válana; hirihirin-kova; hova indrindra. Le —, Ny to, ny márina, ny hamarínana. Le — et le faux, Ny izy sy ny ts'izy.

vraiment, Ankitiny, tokoa, vo Vrai; et Tatao; adre! adrey! andray! e! eingia! hay! hailahy hairoalahy, hanky, hainky. Vraisemblable, Karaha to, handra to, márina angaha, ankitiny biaka, Tókony hinóana, toa márina, koa zaka ankítiny, táhaky ny márina. Ce n'est pas —, karaha tsy to, Tsy tókony ho zany. vo Probable.

Vraisemblance, Ny toa márina &, ny hamirána amy ny to; sora to, tókony ho izany.

Vrille, Fangirífana, kamósitra, fandoáhana, homamanta. —, ny Ládina mivolimbólina amy ny voalóboka, ny tánany ny tahomboalóboka.

Vrillette, Vóaña mangiri-kazo.

Vu. Au — de tous, Imaso ny izy rehetra. Vu ses actions, noho ny natao ny. Vu qu'il n'y a pas d'argent, noho ny tsy fisiam-bola, fôtony, akory, fa, h satria tsisy vola.

Vue, Maso, fanenty; fahitána, fanentíana. vo h fijeréna, hiratra, fizahána, fandinihana, fahalalána, fahaizana, fitazánana. —, Qc en —, z hita, tsinjóvina, ny hita maso, imaso. z zahána, kendrèna, voa maso, tian-ko-azo. A — d'œil, hita maso. A portée de la —, tra-maso, taka-maso. Garder à —, Miandri-maso, miambi-maso azy, manao andri-maso azy. En — de terre, Mahita tany. A perte de —, tsy taka-maso, andakira, fofo. Qui a bonne —, h mahitra;mauvaise —, pahimpáhina. vo Trouble.

vulgaire, Fatao ny hamaróana, fatao ny vahóaka; iva, iviva. Le —, Ny iva zázana, ny o tsy mihaja,ny ambány,ny vahóaka, ny maro, ny ambaniandro. vo Populace.

vulgairement, Amy ny o maro, mañáraka ny fatao ny hamaróana; matétika.

vulgarité, Haivána, tsy éndrika.

vulgate, Ny *Bible* amy ny teny Latina.

vulnérable, Azo ferena, mety voa bay, mety marátra, azo arátina; mety daiky.

vulnérare, Mahajanga fery, Mahasitram-pery aody bay.

W

Wagon, Sarety amy ny lalambý.

X

Xénélasie, Fandrarána ny vahíny.
Xérasie, Hamaínany ny volondoha.
Xérophage, Homam-boan-kazo maina.
Xylographie, fahaízana manóratra na misókitra sarinjávatra ambony hazo. soki-kazo, fisokiran-kazo.
xylologie, Filazána ny karazan-kazo rehetra.
xylon, hazo mamoa foly.
xylophage, Vóaña homan-kazo.

Y

Y, *Pron*. à Lui, à Cela.
yeuse, Añaran-kazo.
Yeux, Maso. vo Œil. *et* parata maso, rangy, rangirangy; didivéndrana.

Z

Zagaie, vo Sagaie.
zèbre, ? songaomby, ampondra somôratra.
Zèle, Zoto, zotompó, hazotóana, hazotoampó, harikiana

fo mazoto, fo maríky, fo may, fahazotóana, faharikíana. ZÉLÉ, Mazoto, maríky, may, mazoto fó, marisika, maitrañontratra, maimay, maimaimpoana; be zotom-pó. ZÉLATEUR, vo zélé *et* Mpandrísika, mparísika.

zénith, Tataovovóñana ny ambóny ny loha ntsika.

Zéphir, Tsioka malemy, tsiotsíoka, tsiokánina malemy. Il fait un doux —, Maniotsioka ny andro, mandrivodrívotra malemy.

zéro, Soratr' isa foana. tsinontsínona, tsy závatra.

zeste, Ny hóditra mañefitréfitra ny tsoha.

Zigzag, olikólika, olakólaka, Tsapilipílika, Tsabilibílika, Aller en —, mi —.

zing, Añaram-píraka maínty.

Zizanie, IVRAIE, DISCORDE.

zodiaque, Ny aleha ny masoandro. Zodiáka.

zône, Fizaran-tany, tokotány, tany.

ZOOGRAPHIE, ZOOLOGIE, Filazána ny z manan' aiña.

zoophage, Homam-bíby.

zoophyte, Karazambíby miramira amy ny áhitra maníry.

Zootomie, Fañatrokatróhana vatam-biby. vo Anatomie.

VITA.

ERRATA
Du Dictionnaire Français-Malgache.

Page.	Ligne.			
11	36	nokia saina	Lisez	nokiasaina
12	11	manantsary		mañatsary
	26	fanantsariana		fanatsaríana
16	31	mañantsary		manatsary
17	36	tany		tamy
25	22	misávitra		misávika
26	21	atripo		otripo
34	8	mpintondra		mpitondra
47	23	mañantsary		mañatsary
48	18	nanao		manao
53	31	faha*i*rana		fahaizana
64	6	rzy		azy
	46	man-		mian-
74	11	fo tsy		fotsy
	20	asa		aza
85	22	mañosinózina		mañoziñózina
92	28	manao, vola		manao vola
94	17	ba-lela		ba-dela
95	18	ima		hima
109	15	rómoka		romóka
117	35	halahala		holahala
130	19	fehivozo		fehivózona
145	23	tsilaky		tsilanky
158	22	górana		goránа
169	36	antséndrika		antséndrika,
180	2	tondra		tondra,
203	22	mivady		mivady,
206	13	samho		sambo
215	13	manámika		manánika
	39	Aanaram-		anaram-
218	11	fidodóana		fidodóana,
224	44	faháfoezan-		fahafoézam-
225	7	takonfan-		takofan-
241	30	nahia'ko		nahaia'ko
244	23	miparakaika		mibarakaika
250	29	fikaniána,		fikiniána
		fikisána		fikiasána
252	6	mpandróboka		mpandróbaka
255	6	rebaka		róbaka
256	26	divise		devise
266	5	divaaner		divaguer
267	36	Un — d'épaisseur,		(otez-le.)
	37	-bity, voan-	Lisez	-bity. Un — d'épaisseur, voan-tondro, rapahan-ton-

			dro.
274	42	éblouir	ébloui
290	37	mifontimpótina	mifontimpóntina
292	25	—afa-	—, afa-
294	44	náfoná	náfona
306	9	manámvatra	manámbatra
309	13	-bozoná	-bózona
311	19	tamby	; tamby
317	45	mpijóna	mpijóno,
318	15	miréndana	mirémbana, miréndrana,
325	25	espri	esprit
	26	andetrat	andétra,
330	14	mitílika	mitítika
353	18	very	vory
355	5	mitsikáfona	mitsinkáfona
	6	misavombóana	misavoamboana
356	46	roi-defitra	roi-léfitra
357	26	hita zay	tsy hita zay
358	45	mañiraka	mañirika
362	44	mañamby	manampy
363	22	mitsaloloaka	mitsolólohka
365	7	manioka	mamioka
368	22	hósina, fanopiam-	hósina fanopiam-
	24	ma- *effacez-le*.	
369	22	—vo *Lisez*	—; vo
	34	madrara	mandrara
373	44	hatiava-	hatsivo-
375	2	gosseur	gausseur
381	2	goâlette	goêlette
	20	mangeoka, azy	mangeoka azy
	29	saháhina	sakáhina
	33	fisitriene	fisitríana
382	23	patsak'ala	patrak'ala
384	16	betribe	batribe
	27	Indrindra, no	indrindra no
	42	mosontoho	masontoho
389	7	ny,	ny
	23	sonendrinéndrina	tonendrinéndrina
	46	antokóny	antókony
392	4	fiandridavénona	fiandrilavénona
	16	miborioka	mibirioka
	28	gymastique	gymnastique
	30	limisazy	Jiminazy
	36	mahálala-	mahalala,
393	15	garde	regarde
	43	ho tiana	ho tsy tiana
395	37	hazard	hasard

401	20	sandrasándraina	sandrasandraina
	28	mankavoty	mankavotivoty
403	31	huiler	huiler
	43	hatelóana	havalóana
	44	ampahafolo	ampahavalo
406	45	zavatra fo	zavatr'afo
408	7	mihávitra	mihévitra
418	15	manonditra	manondritra
434	41	mamonji-	mamonjy
436	5	deconcerté	déconcerter
	33	ampizinahina	ampizanahina
441	8	marátra. i	marátra.
	9	kítika.	kítika. i
448	38	ambany	ambony
450	6	, vo Exécrer vo	, Exécrer; vo
451	41	izy là	izy; la
453	31	tombok'ala	tombak'ala
458	6	tassif	lascif
466	17	fandama	fandamána
468	16	antsísiñy	antsisiny
469	12	njara	jara
	14	dera	fidera
	20	miberadera	mideradera
470	2	fihavesárana	fahavesárano.
	33	. vo Jeter	. Jeter
472	2	-bola, be	-bola be
	36	mitsamotsámona	mitsamontsámona
473	10	fonaraka	fanáraka
	32	ríhana	riha
477	14	toebavy	toedahy
	41	andefa	andrefa
480	41	fijeréana	fijeríana
597	23	manao-dreny	manan-dreny
508	5	masáka	másaka
509	27	monne	momie
513	2	atao toetra	atao, toetra
	27	, §, ny	, ny
515	1	ivre-morte	ivre-mort
	17	tsimpontsimpóna	tsimpomtsimpónina
517	23	firo-moka	fiaro moka
518	29	rahondráhona	rehondréhona
519	33	, manta.	. Pas —, manta.
520	16	muscau,	museau
521	32	zenizony	zenizeny
525	34	-kompiavy	-kampiavy
541	45	d o	do
556	21	tsy nika	nika

	23	tonónina	tsy tonónina
559	14	miraharaha	mizahazaha
577	11	miderodérona	miderondérona
580	35	mahírana	manahírana
584	14	kisosy (*effacez-le*.)	
595	10	ankasitrahina	ankasitráhina
598	41	pleuricher	pleurnicher
599	4	Manérika; — sans cesse,	— sans cesse, Manérika
600	41	arivo	zato
612	21	maniosika	manósika
636	41	dre	ndre
640	34	zanak'ambiny	zanak'aminámbiny
693	26	andrakadia	ándraka dia
698	3	imivily ndray	mivily indray
704	46	mamono	mamony
744	21	mangageka	mangegeka
745	16	tsa	tsy
748	4	vo ma-	vo
	12	-maina	-maika
	37	azo.	azo; saoran-ko azo.
	40	avy, saoran-ko azo.	avy.
764	46	maháváhatra	mahavátra
801	9	taríhana	taríhina
804	14	ónana	ónona
813	12	marorotoro	manorotoro
	39	trombé	trombe
816	43	famorítana	fanorítana
817	27	mahatrótroka	mahatrótraka